개정세법
2025

www.nanumclass.com

분개법 원리로 배우는
법인세법

김갑순 · 양성희 · 양재영 저

NANUM CLASS
나눔클래스

※ 분개법(分介法) 원리를 이용한 세무조정과 소득처분

[조정분개와 세무조정 및 소득처분과의 대응관계표]

조정분개 차 변		세무조정 소득처분		조정분개 대 변		세무조정 소득처분	
① 차) 익 금	×××	익금불산입	×××	ⓐ 대) 익 금	×××	익금산입	×××
② 차) 손 금	×××	손금산입	×××	ⓑ 대) 손 금	×××	손금불산입	×××
③ 차) 자 산	×××	유 보	×××	ⓒ 대) 자 산	×××	△유 보	×××
④ 차) 부 채	×××	유 보	×××	ⓓ 대) 부 채	×××	△유 보	×××
⑤ 차) 유출잉여금	×××	사외유출	×××	ⓔ 대) 불입자본 잉여금	×××	기 타	×××
⑥ 차) 불입자본 잉여금	×××	기 타	×××				

머리말

1981년부터 1989년까지 미국의 제40대 대통령으로 재임했던 공화당 소속의 로널드 레이건(Ronald Reagan)은 기업에 대한 세금 부과에 대해 다음과 같은 명언을 남겼다. "기업에 세금을 부과해서는 안 됩니다. 기업은 세금을 내는 주체가 아니라 세금을 모으는 주체인 것입니다(You can't tax business. Business doesn't pay taxes. It collects taxes)." 이 말은 미국 공화당의 법인소득세에 대한 정치적 철학을 함축하고 있는 말인 동시에, 기업의 경제적 활동과 세금의 관계를 잘 묘사하고 있는 말이기도 하다.

기업은 돈을 버는 경제적 실체이므로 일반적으로 벌어들인 소득에 대해 법인세라는 이름의 법인소득세를 납부한다. 그리고 기업은 돈을 벌기 위해 사람을 고용하고 이들에게 인건비를 지급한다. 인건비는 근로자 개인 입장에서는 주된 소득이고 여기에는 소득세라는 이름의 개인소득세가 부과된다. 또한 기업은 주주와 채권자로부터 자본과 부채의 형태로 자본을 조달한다. 그리고 조달한 자본의 대가로서 배당과 이자를 지불한다. 이 배당과 이자에도 세금이 부과된다.

이렇듯 기업은 다양한 경제주체가 참여하는 복잡한 경제활동의 집합체라고 할 수 있고, 이들 경제활동에는 세금이 관련되어 있다. 그러므로 기업 경영 의사결정을 효과적으로 하기 위해서는 법인세에 대한 이해, 특히 회계를 전제로 한 법인세 계산구조와 원리에 대한 이해가 매우 중요하다.

이 책의 제목은 「분개법 원리로 배우는 법인세법」이다. 제목에서 알 수 있듯이 이 책은 법인세법을 회계학적 측면에서 접근(accounting approach)하고 있다. 법인세법을 정확하게 이해하기 위해서는 회계학적 지식이 필수적이다. 세법의 일차적 존재 이유는 납세자의 세금을 정확하게 계산(account)하는 기준을 제공하는 것으로 회계학적 측면과 깊은 연관이 있다. 따라서 세법 공부의 시작은 세금 계산의 원리를 정확하게 이해하는 것이다.

'분개(分介)'란 복식부기법에서 거래내용을 차변과 대변으로 나누어 적는 일을 말한다. 경영대학에서 회계원리와 중급회계 등 주요 회계학 과목을 이수한 학생이라면 회계상 거래를 분개로 기록하는 것에 어려움을 느끼지 않을 것이다. 그런데 회계기초가 튼튼한 학생들도 법인세법을 공부할 때 '세무조정과 소득처분의 원리'를 쉽게 이해하지 못하는 경우가 대부분이다. 법인세법상 세무조정과 소득처분은 기업회계와 세무회계의 차이에 해당하는 분개를 세법상 변형된 방식으로 표현한 것에 불과하다. 본질이 이러함에도 불구하고 회계학을 충실히 공부한 사람이 법인세의 계산원리를 이해하는데 어려움을 느꼈던 것은 기존의 교과서에서 법인세법을 회계학의 관점에서 접근하여 설명하는데 부족함이 있었기 때문이다. 이 책은 기존 교과서의 한계를 극복하기 위해 법인세회계의 주요 주제들을 '분개법 원리'로 접근하여 풀이하였다.

공인회계사와 세무사 시험을 준비하는 수험생에게 법인세법을 정복하는 것은 합격을 위해 매우 중요하다. 법인세법에 대한 자신감은 '세무조정과 소득처분의 원리'를 확실히 이해함으로써 얻어진다. 이 책에서 설명하는 '분개법 원리'를 반복하여 학습하는 것은 법인세법의 '세무조정과 소득처분의 원리'를 이해할 수 있도록 함으로써 독자들에게 '단단한' 자신감을 만들어 줄 것이다.

저자들의 노력에도 불구하고 '분개법 원리'를 통해 법인세를 체계적으로 설명하고자 하는 이 책의 시도는 많은 부족함을 안고 있을 것이다. 앞으로 독자들의 지적과 평가에 귀를 기울여 이러한 부족함을 메워나가고자 한다.

올해 2025년판에서는 2024년 말에 개정된 세법 내용을 반영하였다. 본서 집필을 위하여 각 세법항목의 취지를 보다 상세히 기록하고자 기획재정부로부터 개정세법 자료를 협조받아 실무적으로 접근하였다. 끝으로 편집과 출판을 맡아 애써준 김상길 사장과 박채연 과장에게도 고마움을 전한다.

2025년 2월 19일

김갑순(kks@dongguk.edu) · 양성희(ysh11000@hanmail.net) · 양재영
(y8925y@naver.com)

PART 01 법인세의 총설

제1절 납세의무자와 과세대상소득 ·· 2
제2절 사업연도 ·· 8
제3절 납세지 ·· 18

PART 02 각 사업연도 소득에 대한 법인세

제1절 각 사업연도 소득에 대한 법인세 계산구조 ················ 32
제2절 각 사업연도 소득의 계산구조와 세무조정 ·················· 36
제3절 소득처분 ·· 46
제4절 익금과 익금불산입 ·· 84
제5절 손금과 손금불산입 ·· 165
제6절 인건비 ·· 191
제7절 세금과 공과금 등 ·· 205
제8절 손익의 귀속시기 ·· 225
제9절 기업업무추진비 ·· 267
제10절 기부금 ·· 303
제11절 자산의 취득가액과 자산·부채의 평가 등 ················ 336
제12절 재고자산과 유가증권 ·· 359
제13절 감가상각비 ·· 387
제14절 지급이자 ·· 460
제15절 충당금 ·· 480
제16절 대손금과 대손충당금 ·· 498
제17절 퇴직급여충당금과 퇴직연금부담금 ·························· 535
제18절 준비금 ·· 564
제19절 소득금액 계산의 특례 ·· 572
제20절 과세표준과 산출세액 ·· 618
제21절 자진납부세액 ·· 640
제22절 최저한세 ·· 673
제23절 신고·납부와 결정·경정 및 징수·환급 ···················· 680

PART 03 비영리법인에 대한 법인세

제1절 비영리법인의 납세의무 ··· 698
제2절 과세표준과 세액 ··· 700
제3절 신고·납부 및 각종 과세특례 ·· 701

PART 04 외국법인에 대한 법인세

제1절 개요 ·· 706
제2절 과세방법 ··· 708
제3절 과세표준과 세액의 계산 ··· 711
제4절 신고·납부·결정·경정과 징수 ··· 714
제5절 외국법인의 국내사업장에 대한 과세특례(지점세) ············ 715

PART 05 청산소득에 대한 법인세

제1절 청산소득에 대한 납세의무 ·· 720
제2절 청산소득에 대한 과세표준과 세액 ································· 722
제3절 납세절차 ··· 724

PART 06 법인세의 특수분야

제1절 합병 및 분할에 대한 과세 ·· 728
제2절 각 연결사업연도의 소득에 대한 법인세 ·························· 741
제3절 법인과세 신탁재산의 각 사업연도의 소득에 대한 법인세 과세특례 ···· 751

PART 01 법인세의 총설

제1절 납세의무자와 과세대상소득
제2절 사업연도
제3절 납세지

제1절 납세의무자와 과세대상소득

I. 법인세법상 납세의무자
II. 법인세법상 과세대상소득
III. 법인의 유형별 납세의무의 범위

　법인세란 일정기간 법인이 가득한 소득을 과세대상으로 하여 해당 법인에게 부과하는 조세이다. 이하에서는 과세요건의 구성요소인 법인세의 납세의무자와 과세대상소득에 대하여 살펴보기로 한다.

I. 법인세법상 납세의무자

1 납세의무자의 의의

(1) 납세의무자의 범위

　납세의무자는 과세요건의 구성요소 중 하나로서 법인세의 납세의무자는 법인이다. 이러한 법인에는 설립등기를 하여 법인격을 부여받은 법인뿐만 아니라 설립등기를 하지 않았으나 국세기본법의 규정에 따라 법인으로 보는 법인 아닌 단체(세법상 당연히 법인으로 보는 단체 및 신청·승인에 의하여 법인으로 보는 단체)도 포함된다.

(2) 유의점

　한편, 국가 또는 지방자치단체(지방자치단체조합 포함)는 비록 법인으로 분류되지만, 법인세법상 법인세 납세의무를 부담하지 아니하는 비과세법인에 해당하며, 외국의 정부나 지방자치단체는 비영리외국법인으로 본다.
　참고로 소득세법상 납세의무자는 거주자와 비거주자, 법인으로 보지 않는 법인 아닌 단체이며, 부가가치세법상 납세의무자는 사업자와 재화를 수입하는 자이다.

2 법인의 분류

(1) 법인분류의 의의

　법인은 그 분류기준에 따라 내국법인과 외국법인, 영리법인과 비영리법인으로 구분되며, 법인세법에서는 이러한 법인의 유형에 따라 과세소득의 범위와 과세방법에 차이를 두고 있다.

(2) 내국법인과 외국법인

내국법인이란 국내에 본점이나 주사무소 또는 사업의 실질적 관리장소를 둔 법인을 말하고, **외국법인**이란 외국에 본점 또는 주사무소를 둔 법인(국내에 사업의 실질적 관리장소가 소재하지 아니하는 경우에 한함)을 말한다.

(3) 영리법인과 비영리법인

영리법인이란 영리를 목적으로 설립된 법인을 말하며, **비영리법인**이란 학술·종교·자선·기예·사교 등을 목적으로 설립된 법인을 말한다.

여기서 영리를 목적으로 한다는 것은 특정법인이 경제활동을 하는 이유가 해당 경제활동을 통하여 가득한 이익을 해당 법인의 구성원인 주주 등에게 분배를 하기 위함을 의미하는 것이다.

법인세법상 비영리법인

현행 법인세법에서는 다음에 해당하는 법인을 비영리법인으로 규정하고 있다(법법 2 제2호).
① 민법 제32조[비영리법인의 설립과 허가]의 규정에 따라 설립된 법인
② 사립학교법 그 밖의 특별법에 따라 설립된 법인으로서 민법 제32조[비영리법인의 설립과 허가]에 규정된 목적과 유사한 목적을 가진 법인(세법이 정하는 조합법인 등이 아닌 법인으로서 그 주주·사원 또는 출자자에게 이익을 배당할 수 있는 법인을 제외한다)
③ 국세기본법 제13조 제4항의 규정에 따라 법인으로 보는 단체

II. 법인세법상 과세대상소득

 소득의 개념

법인세법상 **소득**이란 기업회계상 **이익**과 같은 개념이다. 현행 법인세법에서는 이를 각 사업연도 소득·청산소득·토지 등 양도소득·미환류소득의 4가지로 구분하여 과세하고 있다. 이 중 각 사업연도 소득이 정상적인 경영활동의 산물로서 우리가 일반적으로 법인세라 하면 동 각 사업연도 소득에 대한 법인세를 일컫는 것이며, 이는 본서의 제3편 법인세법의 거의 대부분을 차지하고 있을 정도로 중요한 개념이다.

참고로 소득세법에서도 법인세법과 마찬가지로 '**소득**'이란 용어를 사용하고 있으며, 동 소득세법에서는 소득의 종류를 8가지(이자소득·배당소득·사업소득·근로소득·연금소득·기타소득·퇴직소득·양도소득)로 구분하여 과세하고 있다.

 각 사업연도 소득

일반적으로 법인세라 하면 법인의 매 사업연도의 경영활동의 결과로서 기업에 유입된 순자산의 증가분을 과세대상으로 하여 부과하는 세금을 말한다. 이 경우 매 사업연도의 경영활동의 결과로서 기업에 유입된

순자산의 증가분을 "각 사업연도 소득"이라 하며, 이는 기업회계상 당기순이익에 대응되는 개념이다. 이러한 각 사업연도 소득의 과세표준 계산구조는 다음과 같다.

> 과세표준 = 각 사업연도 소득금액 - 이월결손금 - 비과세소득 - 소득공제

청산소득

청산소득은 법인이 해산에 의하여 소멸할 때 해당 잔여재산가액이 세무상 자기자본총액을 초과하는 금액을 말한다. 이는 법인이 해산 후 청산과정에서 그동안의 미실현소득 또는 누락된 소득이 포착된 것이므로 이를 과세소득으로 규정한 것은 너무도 당연하다 할 것이다.(제5장 참조)
이러한 청산소득의 과세표준 계산구조는 다음과 같다.

> 과세표준 = 잔여재산가액 - 세무상 자기자본총액

토지 등 양도소득

토지 등 양도소득은 국내에 소재하는 주택 및 별장, 비사업용 토지, 조합원입주권 및 분양권의 양도로 인하여 발생한 소득을 말하는데, 이는 소득세법상 거주자에 대한 양도소득세 과세와의 형평과세를 도모함과 동시에 부동산투기를 제어하고자 하는 다분히 정책적 목적으로 규정한 소득이라 할 수 있다. 왜냐하면 법인이 법소정 토지 등을 양도하면 각 사업연도 소득에 포함되어 동 소득에 대한 법인세를 과세함에도 불구하고 토지 등의 양도소득을 별도로 측정하여 다시 한 번 과세를 하기 때문이다.
이러한 토지 등 양도소득의 과세표준 계산구조는 다음과 같다.

> 과세표준 = 양도가액 - 장부가액

미환류소득

상호출자제한기업집단에 속하는 법인은 조세특례제한법 제100조의 32(투자·상생협력 촉진을 위한 과세특례 또는 투자·상생협력촉진세제)에 따른 미환류소득이 있는 경우에는 해당 미환류소득에 20%를 적용하여 계산한 금액을 미환류소득에 대한 법인세로 하여 법인세 산출세액에 추가하여 납부해야 한다.

> 과세표준 = 미환류소득

Ⅲ. 법인의 유형별 납세의무의 범위

위에서 살펴본 "법인의 분류" 및 "법인세법상 과세대상소득"을 토대로 하여 법인의 유형별 납세의무의 범위를 정리하면 다음과 같다.

구 분		각 사업연도 소득	청산소득	토지 등 양도소득	미환류소득
내국법인	영리법인	국내외의 모든 소득	과 세	과 세	과 세
	비영리법인	국내외의 수익사업소득	비과세	과 세	비과세
외국법인	영리법인	국내원천소득	비과세	과 세	비과세
	비영리법인	국내원천 수익사업소득	비과세	과 세	비과세
국가・지방자치단체※		비 과 세			

※ 지방자치단체조합 포함

청산소득에 대한 법인세

청산소득에 대한 법인세는 영리내국법인만이 부담한다. 외국법인의 경우는 본점이 외국에 있어 청산절차가 외국에서 이루어지므로 과세권이 없으며, 비영리법인의 경우 해산시의 잔여재산은 다음 참고에서 설명하고 있는 민법 제80조(잔여재산의 귀속)의 규정에 따라 다른 비영리법인 또는 국가에 귀속되므로 정책적 배려 또는 과세의 실익이 없어 과세를 하지 않는 것이다.

민법 제80조(잔여재산의 귀속)

① 해산한 법인의 재산은 정관으로 지정한 자에게 귀속한다.
② 정관으로 귀속권리자를 지정하지 아니하거나 이를 지정하는 방법을 정하지 아니한 때에는 이사 또는 청산인은 주무관청의 허가를 얻어 그 법인의 목적과 유사한 목적을 위하여 그 재산을 처분할 수 있다.
③ 위 ②의 규정에 따라 처분되지 아니한 재산은 국고에 귀속한다.

미환류소득의 납세의무자

각 사업연도 종료일 현재 독점규제 및 공정거래에 관한 법률 제31조 제1항에 따른 상호출자제한기업집단에 속하는 법인

참고로 법인세법에서는 영리내국법인의 각 사업연도 소득에 대하여 순자산증가설을 채택함으로써 입법방식 중 포괄주의 과세방식을 채택하고 있다.

그러나 비영리법인의 **수익사업소득**과 외국법인의 **국내원천소득**에 대하여는 법인세법에 구체적으로 열거한 소득에 대해서만 과세를 하는 열거주의 과세방식을 채택하고 있음을 부언해 둔다.

① 영리내국법인의 각 사업연도 소득 : 포괄주의 과세방식
② 비영리법인의 수익사업소득 : 열거주의 과세방식
③ 외국법인의 국내원천소득 : 열거주의 과세방식

조세법령 확인을 통해 기본개념 익히기

※ 다음 법인세 관련 조세법령의 빈 칸을 채우시오.

1. 법인세법 제3조 【납세의무자】
    ① 다음 각 호의 법인은 이 법에 따라 그 소득에 대한 □□□를 납부할 의무가 있다.
       1. □□법인
       2. □□□□소득이 있는 □□법인
    ② □□법인 중 □□와 □□□□□□(□□□□□□□□을 포함한다. 이하 같다)는 그 소득에 대한 법인세를 납부할 의무가 □□.
    ③ □□법인은 제76조의 14 제1항에 따른 각 □□사업연도의 소득에 대한 법인세(각 □□법인의 제55조의 2에 따른 토지등 양도소득에 대한 법인세 및 「조세특례제한법」 제100조의 32에 따른 투자·상생협력 촉진을 위한 과세특례를 적용하여 계산한 법인세를 포함한다)를 □□하여 납부할 의무가 있다.
    ④ 이 법에 따라 법인세를 □□□□하는 자는 해당 법인세를 납부할 의무가 있다.

> **해설과 해답**
> ① 법인세, 내국, 국내원천, 외국
> ② 내국, 국가, 지방자치단체, 지방자치단체조합, 없다
> ③ 연결, 연결, 연결, 연대
> ④ 원천징수

2. 법인세법 제4조 【과세소득의 범위】

① □□법인에 법인세가 과세되는 소득은 다음 각 호의 소득으로 한다. 다만, □□□□□법인의 경우에는 제1호와 제3호의 소득으로 한정한다.
   1. □ □□□□□ 소득
   2. □□소득
   3. 제55조의 2에 따른 □□□ □□소득
② 제1항 제1호를 적용할 때 연결법인의 각 사업연도의 소득은 제76조의 14 제1항의 각 연결사업연도의 소득으로 한다.
③ 제1항 제1호를 적용할 때 □□□□□법인의 각 사업연도의 소득은 다음 각 호의 사업 또는 수입(이하 "□□사업"이라 한다)에서 생기는 소득으로 한정한다.
   1. 제조업, 건설업, 도매 및 소매업 등 「통계법」 제22조에 따라 통계청장이 작성·고시하는 한국표준산업분류에 따른 사업으로서 대통령령으로 정하는 것
   2. 「소득세법」 제16조 제1항에 따른 이자소득
   3. 「소득세법」 제17조 제1항에 따른 배당소득
   4. 주식·신주인수권 또는 출자지분의 양도로 인한 수입
   5. 유형자산 및 무형자산의 처분으로 인한 수입. 다만, 고유목적사업에 직접 사용하는 자산의 처분으로 인한 대통령령으로 정하는 수입은 제외한다.
   6. 「소득세법」 제94조 제1항 제2호 및 제4호에 따른 자산의 양도로 인한 수입
   7. 그 밖에 대가(對價)를 얻는 계속적 행위로 인한 수입으로서 대통령령으로 정하는 것
④ □□법인에 법인세가 과세되는 소득은 다음 각 호의 소득으로 한다.
   1. 각 사업연도의 □□□□소득
   2. 제95조의2에 따른 □□□ □□소득
⑤ 제4항 제1호를 적용할 때 비영리외국법인의 각 사업연도의 국내원천소득은 □□사업에서 생기는 소득으로 한정한다.

해설과 해답

① 내국, 비영리내국, 각 사업연도의, 청산, 토지등 양도
③ 비영리내국, 수익
④ 외국, 국내원천, 토지등 양도
⑤ 수익

제2절 사업연도

- I. 사업연도의 개념 및 유의점
- II. 사업연도에 대한 법인세법의 입장
- III. 사업연도의 변경
- IV. 최초 사업연도 개시일
- V. 사업연도의 의제

I. 사업연도의 개념 및 유의점

1 사업연도의 개념

사업연도란 법인세법상 각 사업연도 소득과 토지 등 양도소득에 대한 법인세, 미환류소득에 대한 법인세를 계산하는 일정기간, 즉 과세기간을 말한다. 이를 기업회계에서는 회계연도 또는 회계기간이라 한다.

2 유의점

이러한 사업연도는 각 사업연도 소득과 토지 등 양도소득을 계산하기 위하여 필요한 개념이지, 청산소득의 계산시에는 사업연도 규정이 적용될 여지가 없음에 유의하여야 한다.

II. 사업연도에 대한 법인세법의 입장

1 원칙

법인세법상 사업연도는 법령이나 법인의 정관 등에서 정하는 1회계기간으로 하도록 규정하고 있다. 다만, 그 기간은 1년을 초과하지 못한다(법법 6①).

2 법령이나 법인의 정관 등에 미규정 시

(1) 내국법인과 국내사업장이 있는 외국법인

내국법인과 국내사업장이 있는 외국법인은 따로 사업연도를 정하여 법인설립신고(외국법인은 국내사업장설치신고) 또는 사업자등록과 함께 사업연도를 납세지 관할세무서장에게 신고하여야 한다(법법 6②, ③).

(2) 국내사업장이 없는 외국법인

국내사업장이 없는 외국법인으로서 국내원천소득 중 부동산소득, 부동산 등 양도소득이 있는 법인은 따로 사업연도를 정하여 그 소득이 최초로 발생하게 된 날부터 1개월 이내에 납세지 관할세무서장에게 이를 신고하여야 한다(법법 6④).

3 무신고 시

법인이 위 "2"의 사업연도 신고를 하지 아니한 경우에는 매년 1월 1일부터 12월 31일까지를 1사업연도로 한다(법법 6⑤).

> **참고** 외국법인의 국내원천소득에 대한 과세방법
>
> 상기 외국법인의 사업연도에 대한 규정과 다음에 나오는 납세지에 대한 규정은 다음의 외국법인의 국내원천소득에 대한 과세방법과 연계하여 정리하면 쉽게 이해할 수 있다. 즉, 국내사업장이 있거나 부동산소득 또는 부동산 등 양도소득이 있는 외국법인은 국내원천소득에 대한 법인세를 신고납부하여야 하는데, 여기에는 두 가지의 기본적 개념을 필요로 하게 된다. 즉, '언제부터 언제까지의 소득을 계산하여야 하는가?'라는 일정한 기간(사업연도)과 '어디에다 신고납부를 하여야 하는가?'라는 장소(납세지)가 그것이다.
>
> | 구 분 | | 과세방법 |
> |---|---|---|
> | 국내사업장·부동산소득이 있는 경우 | | 신고·납부(=종합과세) |
> | 국내사업장·부동산소득이 없는 경우로서 | 부동산 등 양도소득이 있는 경우 | 신고·납부(=분리과세) |
> | | 그 밖의 소득이 있는 경우 | 완납적 원천징수(=분리과세) |
>
> 부동산 등 양도소득 지급시에도 원천징수를 하지만 이는 예납적 원천징수에 해당한다.

III. 사업연도의 변경

1 사업연도 변경의 필요성

우리나라 대부분의 법인은 매년 1월 1일부터 12월 31일까지를 회계연도로 하는 12월말 법인이나 일본의 경우에는 특이하게도 매년 4월 1일부터 이듬해 3월 31일 까지를 1회계연도로 하는 3월말 법

인이 대다수를 차지하고 있다. 그런데 3월말 법인인 일본기업이 12월말 법인인 우리나라 기업에 투자를 한 경우 회계연도의 차이로 인하여 일본기업이 투자성과를 해당 일본기업의 재무제표에 적절하게 계상하기 위해서는 실로 많은 노력과 불편이 따르게 된다. 이러한 이유 등으로 일본기업은 피투자회사인 우리나라 기업에 회계연도의 변경을 요구하게 된다. 결국 이러한 이유 등으로 인한 회계연도의 변경은 사업연도의 변경을 초래하고 법인세법은 이에 대한 내용을 규정하고 있는 것이다.

2 변경신고기한

사업연도를 변경하려는 법인은 해당 법인의 직전 사업연도 종료일로부터 3개월 이내에 납세지 관할세무서장에게 이를 신고하여야 한다(법법 7①).
그러나 신설법인은 최초 사업연도가 지나기 전에는 사업연도를 변경할 수 없다(법기통 7-4…1).

3 기한이 지난 후 변경신고 시

만일 법인이 기한이 지난 후 변경신고를 한 경우에는 변경신고한 해당 사업연도는 변경되지 아니한 것으로 보며, 다음 사업연도의 입장에서는 연도는 틀리지만 이미 한 변경신고를 유효한 신고로 보아 다음 사업연도부터 사업연도가 변경된다.
한편, 법령에 따라 사업연도가 정하여지는 법인의 경우 관련 법령의 개정에 따라 사업연도가 변경된 경우에는 변경신고를 하지 아니한 경우에도 해당 법령의 개정내용과 같이 사업연도가 변경된 것으로 본다(법법 7② 후단).

4 사업연도의 의제

이와 같이 사업연도가 변경된 경우에는 종전 사업연도 개시일부터 변경된 사업연도 개시일 전날까지의 기간을 1사업연도로 본다.
다만, 그 기간이 1개월 미만인 때에는 변경된 사업연도에 이를 포함시킨다(법법 7③).

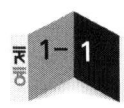
예제 1-1 사업연도의 변경

㈜A는 제조업을 영위하는 12월말 법인이다. ㈜A는 제23기인 직전 사업연도(2024.1.1.~12.31.)에 일본기업인 ㈜B로부터 지분비율 50%에 해당하는 투자를 받으면서 3월말 법인으로 변경할 것을 요청받았다. 이에 따라 ㈜A는 3월말 법인으로 변경하기 위하여 다음과 같이 변경신고를 하였다.

[유형 1] 2025년 3월 31일에 변경신고를 한 경우
[유형 2] 2025년 4월 1일에 변경신고를 한 경우
위 각각의 경우 사업연도의 변경과 관련하여 구체적으로 설명하시오.

해답

[유형 1] 2025년 3월 31일에 변경신고를 한 경우
　　신고기한 내에 적법하게 신고하였으므로 다음과 같이 사업연도가 변경된다.
　　① 제24기 : 2025. 1. 1. ~ 2025. 3. 31.
　　② 제25기 : 2025. 4. 1. ~ 2026. 3. 31.
　　③ 제26기 : 2026. 4. 1. ~ 2027. 3. 31.

[유형 2] 2025년 4월 1일에 변경신고를 한 경우
　　신고기한 경과 후 신고하였으므로 다음과 같이 사업연도가 변경된다.
　　① 제24기 : 2025. 1. 1. ~ 2025. 12. 31.
　　② 제25기 : 2026. 1. 1. ~ 2026. 3. 31.
　　③ 제26기 : 2026. 4. 1. ~ 2027. 3. 31.

Ⅳ. 최초 사업연도 개시일

 내국법인

(1) 일반법인

1) 일반적인 경우

　내국법인 중 일반법인의 최초 사업연도 개시일은 설립등기일로 한다. 따라서 정관상 사업연도가 12월말 법인인 경우 최초 사업연도는 설립등기일부터 사업연도 종료일(12월 31일)까지로 하게 된다.

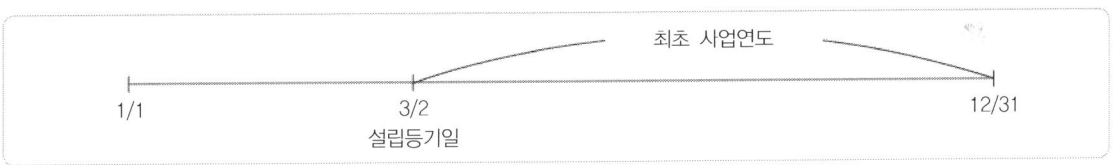

2) 설립일 전에 생긴 손익을 법인에게 귀속시킨 경우

　법인의 설립일 전에 생긴 손익은 조세포탈의 우려가 없는 때에 한하여 최초 사업연도의 기간이 1년을 초과하지 아니하는 범위 내에서 해당 법인의 최초 사업연도의 손익에 산입할 수 있다(법령 4②). 이 경우 최초 사업연도 개시일은 해당 법인에 귀속시킨 손익이 최초로 발생한 날로 한다. 예컨대, 이를 사례를 통하여 설명하면 다음과 같다.

① 영업개시일 : 2025. 2. 3.　　② 최초 손익발생일 : 2025. 2. 20.
③ 설립등기일 : 2025. 3. 2.　　④ 정관상 사업연도 : 1. 1.~12. 31.

　상기의 경우 최초 사업연도는 2025년 2월 20일부터 2025년 12월 31일까지로 한다.

(2) 법인 아닌 단체

국세기본법에 따라 법인으로 보는 법인 아닌 단체는 설립등기일이 없으므로 다음의 날을 최초 사업연도 개시일로 한다(법령 4① 제1호).

① 법령에 설립일이 정하여진 경우 : 그 설립일
② 주무관청의 허가·인가를 받았거나 주무관청에 등록한 경우 : 허가일·인가일 또는 등록일
③ 공익을 목적으로 출연된 기본재산이 있는 재단 : 그 기본재산을 출연받은 날
④ 관할세무서장의 승인을 얻은 단체 : 그 승인일

 외국법인

국내사업장이 있는 외국법인의 최초 사업연도 개시일은 국내사업장을 가지게 된 날로 하고, 국내사업장이 없는 외국법인의 최초 사업연도 개시일은 부동산소득, 자산·권리양도소득이 최초로 발생한 날로 한다(법령 4① 제2호).

V. 사업연도의 의제

한편, 법인에 해산·합병·분할 등 특정사유가 발생한 경우에는 위의 사업연도 규정과는 달리 다음과 같은 사업연도 규정을 적용한다(법법 8).

 내국법인

(1) 해산 시

내국법인은 주주총회·사원총회의 결의에 의한 해산과 합병·분할에 의한 해산의 경우로 구분하여 그 내용을 달리하고 있는데, 이를 살펴보면 다음과 같다.

1) 주주총회·사원총회의 결의에 의한 해산 시

① 사업연도 중 해산 시
   내국법인이 사업연도 중에 해산한 경우에는 다음의 기간을 각각 1사업연도로 한다.

㉠ 사업연도 개시일부터 해산등기일*까지의 기간 ➡ 1사업연도
㉡ 해산등기일*의 다음날부터 그 사업연도 종료일까지의 기간 ➡ 1사업연도

* 파산으로 인하여 해산한 경우에는 파산등기일, 법인으로 보는 법인 아닌 단체의 경우는 해산일

② 청산 중 잔여재산가액 확정 시
   해산 이후 청산 중에 있는 내국법인의 잔여재산가액이 사업연도 중에 확정된 경우에는 사업

연도 개시일부터 잔여재산가액 확정일까지의 기간을 1사업연도로 본다.
여기서 잔여재산가액 확정일이란 잔여재산의 추심 또는 환가처분을 완료한 날(잔여재산을 그대로 분배하는 경우에는 그 분배를 완료한 날)을 말한다.

③ 청산 중 사업의 계속 시
청산 중에 있는 내국법인이 상법의 규정에 따라 사업을 계속하는 경우에는 다음의 기간을 각각 1사업연도로 본다.

> ㉠ 사업연도 개시일부터 계속등기일⊙까지의 기간 ➡ 1사업연도
> ㉡ 계속등기일⊙ 다음날부터 그 사업연도 종료일까지의 기간 ➡ 1사업연도

⊙ 또는 사실상 사업계속일

2) 합병이나 분할에 의한 해산 시
내국법인이 사업연도 중에 합병이나 분할에 의하여 해산하는 경우에는 사업연도 개시일부터 합병등기일 또는 분할등기일까지의 기간을 1사업연도로 한다(법법 8②).

(2) 연결납세방식의 적용 시
내국법인이 사업연도 중에 연결납세방식을 적용받는 경우에는 그 사업연도 개시일부터 연결사업연도 개시일의 전날까지의 기간을 1사업연도로 본다(법법 8④).

2 외국법인

외국법인은 국내사업장이 있는 경우와 없는 경우로 구분하여 그 내용을 달리하고 있는데, 이를 살펴보면 다음과 같다.

(1) 국내사업장이 있는 외국법인
국내사업장이 있는 외국법인이 사업연도 중에 그 국내사업장을 가지지 않게 된 경우에는 사업연도 개시일부터 그 국내사업장을 가지지 않게 된 날까지의 기간을 1사업연도로 한다. 다만, 국내에 다른 사업장을 계속하여 가지고 있는 경우에는 그러하지 아니하다(법법 8⑥).

(2) 국내사업장이 없는 외국법인
국내사업장이 없는 외국법인이 부동산소득, 부동산 등 양도소득이 발생하지 않게 되어 납세지 관할세무서장에게 이를 신고한 경우에는 사업연도 개시일부터 그 신고일까지의 기간을 1사업연도로 한다(법법 8⑦).

조세법령 확인을 통해 기본개념 익히기

※ 다음 법인세 관련 조세법령의 빈 칸을 채우시오.

1. 법인세법 제6조 【사업연도】

① 사업연도는 □□이나 법인의 □□ 등에서 정하는 1□□기간으로 한다. 다만, 그 기간은 □□을 초과하지 못한다.
② 법령이나 정관 등에 사업연도에 관한 규정이 없는 내국법인은 따로 사업연도를 정하여 제109조 제1항에 따른 법인 □□신고 또는 제111조에 따른 □□□□□과 함께 납세지 관할 세무서장(제12조에 따른 세무서장을 말한다. 이하 같다)에게 사업연도를 □□하여야 한다.
③ 제94조에 따른 국내사업장(이하 "국내사업장"이라 한다)이 있는 □□법인으로서 법령이나 정관 등에 사업연도에 관한 규정이 없는 법인은 따로 사업연도를 정하여 제109조 제2항에 따른 국내사업장 □□신고 또는 제111조에 따른 사업자등록과 함께 납세지 관할 세무서장에게 사업연도를 신고하여야 한다.
④ 국내사업장이 없는 외국법인으로서 제93조 제3호 또는 제7호에 따른 소득이 있는 법인은 따로 사업연도를 정하여 그 소득이 최초로 발생하게 된 날부터 □□□ 이내에 납세지 관할 세무서장에게 사업연도를 신고하여야 한다.
⑤ 제2항부터 제4항까지의 규정에 따른 신고를 하여야 할 법인이 그 신고를 하지 아니하는 경우에는 매년 □□ □□부터 □□□ □□□까지를 그 법인의 사업연도로 한다.
⑥ 제1항부터 제5항까지의 규정을 적용할 때 법인의 최초 사업연도의 개시일 등에 관하여 필요한 사항은 대통령령으로 정한다.

해설과 해답

① 법령, 정관, 회계, 1년
② 설립, 사업자등록, 신고
③ 외국, 설치
④ 1개월
⑤ 1월 1일, 12월 31일

2. 법인세법 시행령 제4조 【사업연도의 개시일】

① 법인의 최초 사업연도의 개시일은 다음 각 호의 날로 한다.
  1. 내국법인의 경우에는 □□□□일. 다만, 법 제2조 제2호 다목에 따른 법인으로 보는 단체(이하 "법인으로 보는 단체"라 한다)의 경우에는 다음 각 목의 날로 한다.
    가. 법령에 의하여 설립된 단체에 있어서 당해 법령에 설립일이 정하여진 경우에는 그 □□일
    나. 설립에 관하여 주무관청의 허가 또는 인가를 요하는 단체와 법령에 의하여 주무관청에 등록한 단체의 경우에는 그 □□일·□□일 또는 □□일
    다. 공익을 목적으로 출연된 기본재산이 있는 재단으로서 등기되지 아니한 단체에 있어서는 그 기본재산의 □□을 □□ 날
    라. 「국세기본법」 제13조 제2항의 규정에 의하여 납세지 관할세무서장의 승인을 얻은 단체의 경우에는 그 □□일
  2. □□법인의 경우에는 법 제94조에 따른 국내사업장(이하 "국내사업장"이라 한다)을 가지게 된 날(국내사업장이 없는 경우에는 법 제6조 제4항의 규정에 의한 소득이 최초로 발생한 날)

② 제1항의 규정을 적용함에 있어서 최초 사업연도의 개시일전에 생긴 손익을 사실상 그 법인에 귀속시킨 것이 있는 경우 □□□□의 우려가 없을 때에는 최초 사업연도의 기간이 □□을 □□하지 아니하는 범위내에서 이를 당해 법인의 최초사업연도의 손익에 산입할 수 있다. 이 경우 최초 사업연도의 개시일은 당해 법인에 귀속시킨 □□이 최초로 □□한 날로 한다.

> **해설과 해답**
> ① 설립등기, 설립, 허가, 인가, 등록, 출연, 받은, 승인, 외국
> ② 조세포탈, 1년, 초과, 손익, 발생

3. 법인세법 제7조 【사업연도의 변경】

① 사업연도를 변경하려는 법인은 그 법인의 □□ 사업연도 종료일부터 □□□ 이내에 대통령령으로 정하는 바에 따라 납세지 관할 세무서장에게 이를 □□하여야 한다.

② 법인이 제1항에 따른 신고를 기한까지 하지 아니한 경우에는 그 법인의 사업연도는 변경되지 아니한 것으로 □□. 다만, □□에 따라 사업연도가 정하여지는 법인의 경우 관련 법령의 개정에 따라 사업연도가 변경된 경우에는 제1항에 따른 신고를 하지 아니한 경우에도 그 법령의 개정 내용과 같이 사업연도가 변경된 것으로 본다.

③ 제1항 및 제2항 단서에 따라 사업연도가 변경된 경우에는 종전의 사업연도 개시일부터 변경된 사업연도 개시일 □□까지의 기간을 1사업연도로 한다. 다만, 그 기간이 □□□ □□인 경우에는 변경된 사업연도에 그 기간을 포함한다.

> **해설과 해답**
> ① 직전, 3개월, 신고
> ② 본다, 법령
> ③ 전날, 1개월 미만

제2절 사업연도

4. 법인세법 제8조 【사업연도의 의제】

① 내국법인이 사업연도 중에 □□(□□ 또는 □□에 따른 해산과 제78조 각 호에 따른 □□□□은 제외한다)한 경우에는 다음 각 호의 기간을 각각 1사업연도로 □□.
　1. 그 사업연도 개시일부터 □□□□일(파산으로 인하여 해산한 경우에는 □□□□일을 말하며, 법인으로 보는 단체의 경우에는 □□일을 말한다. 이하 같다)까지의 기간
　2. □□등기일 다음 날부터 그 사업연도 종료일까지의 기간
② 내국법인이 사업연도 중에 합병 또는 분할에 따라 해산한 경우에는 그 사업연도 개시일부터 □□등기일 또는 □□등기일까지의 기간을 그 해산한 법인의 1사업연도로 본다.
③ 내국법인이 사업연도 중에 제78조 각 호에 따른 조직변경을 한 경우에는 조직변경 □□ 사업연도가 □□되는 것으로 본다.
④ □□ 중인 내국법인의 사업연도는 다음 각 호의 구분에 따른 기간을 각각 1사업연도로 본다.
　1. 잔여재산가액이 사업연도 중에 확정된 경우: 그 사업연도 개시일부터 잔여재산가액 □□일까지의 기간
　2. 「상법」 제229조, 제285조, 제287조의 40, 제519조 또는 제610조에 따라 사업을 계속하는 경우: 다음 각 목의 기간
　　가. 그 사업연도 개시일부터 □□등기일(계속등기를 하지 아니한 경우에는 사실상의 사업 계속일을 말한다. 이하 같다)까지의 기간
　　나. 계속등기일 다음 날부터 그 사업연도 □□일까지의 기간
⑤ 내국법인이 사업연도 중에 연결납세방식을 적용받는 경우에는 그 사업연도 개시일부터 □□사업연도 개시일 전날까지의 기간을 1사업연도로 □□.
⑥ 국내사업장이 □□ 외국법인이 사업연도 중에 그 국내사업장을 가지지 아니하게 된 경우에는 그 사업연도 개시일부터 그 사업장을 가지지 아니하게 된 날까지의 기간을 1사업연도로 □□. 다만, 국내에 다른 사업장을 계속하여 가지고 있는 경우에는 그러하지 아니하다.
⑦ 국내사업장이 □□ 외국법인이 사업연도 중에 제93조 제3호에 따른 국내원천 부동산소득 또는 같은 조 제7호에 따른 국내원천 부동산등양도소득이 발생하지 아니하게 되어 납세지 관할 세무서장에게 그 사실을 신고한 경우에는 그 사업연도 개시일부터 □□일까지의 기간을 1사업연도로 □□.

해설과 해답

세법 조문에서는 '의제한다'를 '본다'로 표현하고 있다.
① 해산, 합병, 분할, 조직변경, 본다, 해산등기, 파산등기, 해산, 해산
② 합병, 분할
③ 전의, 계속
④ 청산, 확정, 계속, 종료
⑤ 연결, 본다
⑥ 있는, 본다
⑦ 없는, 신고, 본다

제3절 납세지

- I. 납세지의 의의
- II. 내국법인의 납세지
- III. 외국법인의 납세지
- IV. 원천징수한 법인세의 납세지
- V. 납세지의 지정
- VI. 납세지의 변경신고

I. 납세지의 의의

 **납세지의 개념**

납세지란 과세당국(=관할세무서)을 결정하는 기준이 되는 장소를 말한다. 즉, 납세의무자인 법인은 납세지를 관할하는 세무서에 법인세에 관한 각종 신고·신청·납부 등을 하게 되고, 해당 과세당국(=관할세무서)은 해당 법인에 대한 법인세의 결정·경정 등의 처분을 하게 된다.

 유의점

납세의무자는 관할을 위배하여 신고를 한 경우에도 해당 신고의 효력에는 영향이 없으나, 과세당국이 세액의 결정 또는 경정결정을 관할을 위배하여 한 경우 해당 결정 또는 경정결정처분은 그 효력이 없다.

II. 내국법인의 납세지

 일반법인

일반법인의 납세지는 등기부에 따른 본점이나 주사무소의 소재지(국내에 본점이나 주사무소가 없으면 사업을 실질적으로 관리하는 장소의 소재지)로 한다(법법 9①).

2 법인 아닌 단체

법인으로 보는 법인 아닌 단체는 일반법인과 달리 설립등기를 하지 않았으므로 납세지를 다음과 같이 규정하고 있다(법령 7).

(1) 사업장이 있는 경우

사업장이 있는 경우에는 사업장 소재지로 하되, 사업장이 둘 이상인 경우에는 주된 사업장 소재지로 한다.

(2) 주된 소득이 부동산소득인 경우

부동산 소재지로 하되, 부동산이 둘 이상인 경우에는 주된 부동산 소재지로 한다.

주된 사업장과 주된 부동산의 범위

위에서 주된 사업장 또는 주된 부동산이란 직전 사업연도의 사업수입금액이 다액(多額)인 사업장 또는 부동산을 말한다. 이러한 주된 사업장 소재지 판정은 최초 납세지를 정하는 경우에만 적용한다.

(3) 사업장이 없는 경우

주사무소의 소재지로 하되, 정관 등에 주사무소에 관한 규정이 없는 경우에는 그 대표자 또는 관리인 주소지로 한다.

3 피합병법인 등의 납세지 특례

법인이 사업연도 중에 합병 또는 분할로 인하여 소멸한 경우 피합병법인·분할법인 또는 소멸한 분할합병의 상대방법인의 각 사업연도의 소득(합병 또는 분할에 따른 양도손익 포함)에 대한 법인세 납세지는 합병법인·분할신설법인 또는 분할합병의 상대방법인의 납세지(분할의 경우 승계한 자산가액이 가장 많은 법인의 납세지)로 할 수 있다. 이 경우 합병법인·분할신설법인 또는 분할합병의 상대방법인은 납세지의 변경을 신고해야 한다(법령 9③).

Ⅲ. 외국법인의 납세지

외국법인의 납세지는 국내사업장이 있는 경우와 없는 경우로 구분하여 그 내용을 달리하고 있는데, 이에 대하여 살펴보면 다음과 같다(법법 9②).

국내사업장이 있는 경우

국내사업장이 있는 외국법인의 납세지는 국내사업장 소재지로 하되, 국내사업장이 둘 이상인 경우에는 주된 국내사업장 소재지로 한다.

위에서 주된 국내사업장이란 직전 사업연도의 사업수입금액이 다액(多額)인 국내사업장을 말한다. 이러한 주된 국내사업장 소재지의 판정은 최초 납세지를 정하는 경우에만 적용한다.

 국내사업장이 영해에 소재하는 등의 경우 납세지

건설업 등을 영위하는 외국법인의 국내사업장이 영해에 소재하는 이유 등으로 국내사업장을 납세지로 하는 것이 곤란한 경우에는 국내의 등기부상 소재지를 납세지로 한다. 다만, 등기부상 소재지가 없으면 국내에서 그 사업에 관한 업무를 총괄하는 장소를 납세지로 한다(법령 7⑤).

 국내사업장이 없는 경우

국내사업장이 없는 외국법인으로서 부동산소득, 자산·권리양도소득이 있는 경우에는 해당 부동산 등 소재지를 납세지로 하되, 둘 이상의 자산이 있는 경우에는 국내원천소득이 발생하는 장소 중 해당 외국법인이 신고하는 장소를 납세지로 한다.

이 경우 납세지 신고는 둘 이상의 국내원천소득이 발생하게 된 날부터 1개월 이내에 납세지 관할 세무서장에게 하여야 한다(법법 9②, 법령 7④).

Ⅳ. 원천징수한 법인세의 납세지

원천징수의무자가 원천징수한 법인세의 납세지는 다음과 같다(법법 9④).

 원천징수의무자가 개인인 경우

(1) 거주자인 경우

원천징수의무자가 거주자인 경우에는 해당 거주자가 원천징수하는 사업장의 소재지(사업장이 없는 경우에는 주소지 또는 거소지)를 납세지로 한다.

(2) 비거주자인 경우

원천징수의무자가 비거주자인 경우에는 해당 비거주자가 원천징수하는 국내사업장의 소재지(국내사업장이 없는 경우에는 해당 비거주자의 거류지 또는 체류지)를 납세지로 한다.

2 원천징수의무자가 법인인 경우

(1) 원 칙

원천징수의무자가 법인인 경우에는 해당 법인의 본점·주사무소 또는 국내에 본점·주사무소가 소재하지 아니하는 경우 사업의 실질적 관리장소의 소재지(법인으로 보는 단체의 경우 그 단체의 사업장 소재지, 외국법인의 경우 그 법인의 주된 국내사업장의 소재지)를 납세지로 한다(법령 7⑥).

(2) 특 례

① 법인의 지점·영업소 그 밖의 사업장이 독립채산제에 의하여 독자적으로 회계사무를 처리하는 경우에는 그 사업장의 소재지(그 사업장의 소재지가 국외에 있는 경우는 제외)로 한다.
② 법인이 지점·영업소 그 밖의 사업장에서 지급하는 소득에 대한 원천징수세액을 본점 또는 주사무소에서 전자계산조직 등에 의하여 일괄계산하는 경우에는 위 ①에 불구하고 본점 등의 관할세무서장에게 신고한 경우와 부가가치세법 제8조(사업자등록) 제3항 및 제4항에 따라 사업자단위로 관할세무서장에게 등록한 경우에는 본점 또는 주사무소를 해당 소득에 대한 법인세 원천징수세액의 납세지로 할 수 있다.

> **참고** **원천징수의 개관**
>
>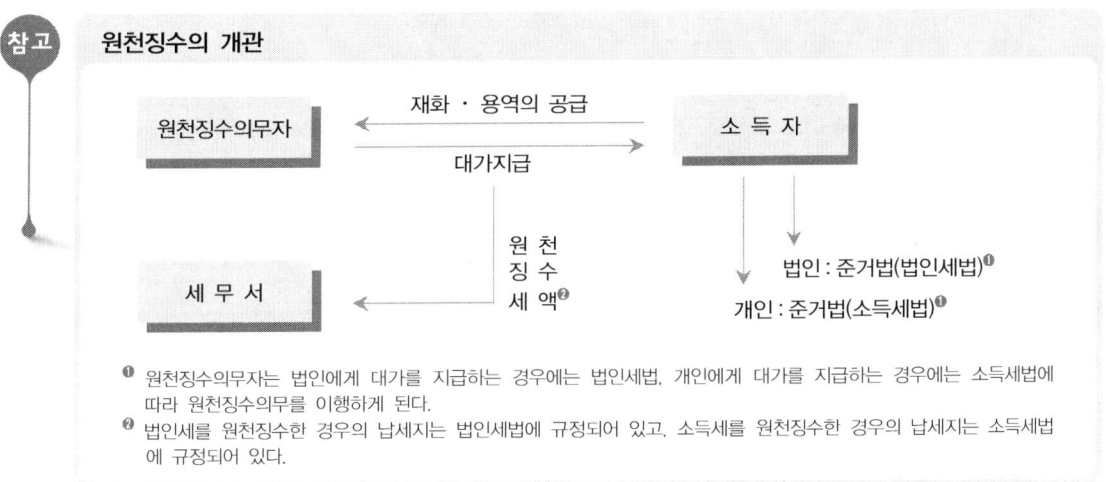
>
> ❶ 원천징수의무자는 법인에게 대가를 지급하는 경우에는 법인세법, 개인에게 대가를 지급하는 경우에는 소득세법에 따라 원천징수의무를 이행하게 된다.
> ❷ 법인세를 원천징수한 경우의 납세지는 법인세법에 규정되어 있고, 소득세를 원천징수한 경우의 납세지는 소득세법에 규정되어 있다.

V. 납세지의 지정

1 납세지의 지정권자와 지정사유

법인의 납세지가 다음의 사유로 적당하지 아니하다고 인정되는 경우에는 관할지방국세청장(새로이 지정될 납세지가 관할을 달리하는 경우에는 국세청장)이 납세지를 지정할 수 있다(법법 10①, 법령 8①).

① 법인의 본점이나 주사무소 소재지가 등기된 주소와 동일하지 아니한 때
② 법인의 본점이나 주사무소 소재지가 자산이나 사업장과 분리되어 있어 조세포탈의 우려가 있다고 인정되는 때
③ 국내에 둘 이상의 국내사업장을 가지고 있는 외국법인의 주된 사업장 소재지를 판정할 수 없을 때
④ 국내사업장이 없는 외국법인으로서 국내에 둘 이상의 장소에 부동산소득, 자산·권리양도소득이 있는 외국법인이 납세지를 신고하지 아니한 때

 납세지의 지정통지

지방국세청장(새로이 지정될 납세지가 관할을 달리하는 경우에는 국세청장)이 납세지를 지정한 때에는 해당 법인의 사업연도 종료일부터 **45일 이내**에 통지하여야 한다(법령 8③).

 기한 내 미통지 시

만일, 기한 내에 통지하지 아니한 경우에는 종전의 납세지를 그 법인의 납세지로 한다(법령 8④).

Ⅵ. 납세지의 변경신고

 변경신고절차

법인이 납세지를 변경한 경우 그 변경한 날부터 **15일 이내**에 변경 후의 납세지 관할 세무서장에게 납세지 변경신고를 하여야 한다. 다만, 부가가치세법 제8조(사업자등록)에 따라 그 변경된 사실을 신고한 경우에는 납세지 변경신고를 한 것으로 본다(법법 11①).

 무신고 시

만일 법인의 변경신고가 없는 경우에는 종전의 납세지를 그 법인의 납세지로 한다(법법 11②).

 기한이 지난 후 변경신고 시

만일 법인이 신고기한이 지난 후 변경신고를 한 경우에는 변경신고를 한 날부터 그 변경된 납세지를 해당 법인의 납세지로 한다(법칙 3).

조세법령 확인을 통해 기본개념 익히기

※ 다음 법인세 관련 조세법령의 빈 칸을 채우시오.

1. 법인세법 제9조【납세지】

   ① 내국법인의 법인세 납세지는 그 법인의 □□부에 따른 □□이나 □□□□의 소재지(국내에 본점 또는 주사무소가 있지 아니하는 경우에는 사업을 □□적으로 □□하는 장소의 소재지)로 한다. 다만, 법인으로 보는 단체의 경우에는 대통령령으로 정하는 장소로 한다.
   ② 외국법인의 법인세 납세지는 □□□□□의 소재지로 한다. 다만, 국내사업장이 없는 외국법인으로서 제93조 제3호 또는 제7호에 따른 소득이 있는 외국법인의 경우에는 각각 그 □□의 소재지로 한다.
   ③ 제2항의 경우 둘 이상의 국내사업장이 있는 외국법인에 대하여는 대통령령으로 정하는 □□ 사업장의 소재지를 납세지로 하고, 둘 이상의 자산이 있는 법인에 대하여는 대통령령으로 정하는 장소를 납세지로 한다.
   ④ 제73조, 제73조의 2, 제98조, 제98조의 3,

   원천징수한 법인세의 납세지는 대통령령으로 정하는 해당 원천징수□□□의 소재지로 한다. 다만, 제98조 및 제98조의 3에 따른 원천징수의무자가 □□에 그 소재지를 가지지 아니하는 경우에는 대통령령으로 정하는 장소로 한다.

> **해설과 해답**
> ① 등기, 본점, 주사무소, 실질, 관리
> ② 국내사업장, 자산
> ③ 주된
> ④ 의무자, 국내

2. 법인세법 제10조 【납세지의 지정】

① 관할지방국세청장(제12조에 따른 지방국세청장을 말한다. 이하 같다)이나 국세청장은 제9조에 따른 납세지가 그 법인의 납세지로 적당하지 아니하다고 □□되는 경우로서 대통령령으로 정하는 경우에는 같은 조에도 불구하고 그 납세지를 □□□ □ 있다.

② 관할지방국세청장이나 국세청장은 제1항에 따라 납세지를 지정한 경우에는 대통령령으로 정하는 바에 따라 해당 법인에 이를 □□□ □□.

해설과 해답

① 인정, 지정할 수
② 알려야 한다

3. 법인세법 시행령 제8조 【납세지의 지정 및 통지】

① 법 제10조 제1항에서 "대통령령으로 정하는 경우"란 다음 각 호의 어느 하나에 해당하는 경우를 말한다.
  1. 내국법인의 본점 등의 소재지가 □□된 주소와 동일하지 아니한 경우
  2. 내국법인의 본점 등의 소재지가 자산 또는 사업장과 분리되어 있어 □□□□의 우려가 있다고 인정되는 경우
  3. 둘 이상의 국내사업장을 가지고 있는 외국법인의 경우로서 제7조 제3항에 따라 □□ 사업장의 소재지를 판정할 수 없는 경우
  4. 법 제9조 제2항 단서에 따른 둘 이상의 자산이 있는 외국법인의 경우로서 제7조 제4항에 따른 □□를 하지 않은 경우

② 제1항 각호의 1에 해당하는 경우 관할지방국세청장은 법 제10조 제1항의 규정에 의하여 납세지를 지정할 수 있다. 이 경우 새로이 지정될 납세지가 그 관할을 달리하는 경우에는 □□□□이 그 납세지를 지정할 수 있다.

③ 법 제10조 제2항의 규정에 의한 납세지의 지정통지는 그 법인의 당해 사업연도종료일부터 □□□ 이내에 이를 하여야 한다.

④ 제3항의 규정에 의한 □□를 기한내에 하지 아니한 경우에는 종전의 납세지를 그 법인의 납세지로 한다.

해설과 해답

① 등기, 조세포탈, 주된, 신고
② 국세청장
③ 45일
④ 통지

4. 법인세법 제11조 【납세지의 변경】

① 법인은 납세지가 변경된 경우에는 그 변경된 날부터 □□□ 이내에 대통령령으로 정하는 바에 따라 변경 □□ 납세지 관할 세무서장에게 이를 □□하여야 한다. 이 경우 납세지가 변경된 법인이 「□□□□□□」 제8조에 따라 그 변경된 사실을 신고한 경우에는 납세지 변경신고를 한 것으로 □□.

② 제1항에 따른 신고를 하지 아니한 경우에는 □□의 납세지를 그 법인의 납세지로 한다.

③ □□법인이 제9조 제2항에 해당하는 납세지를 국내에 가지지 아니하게 된 경우에는 그 사실을 납세지 관할 세무서장에게 □□하여야 한다.

해설과 해답

① 15일, 후의, 신고, 부가가치세법, 본다
② 종전
③ 외국, 신고

5. 법인세법 제12조 【과세 관할】

법인세는 제9조부터 제11조까지의 규정에 따른 □□□를 관할하는 □□□□ 또는 □□□□□□이 과세한다.

해설과 해답

납세지, 세무서장, 지방국세청장

exercise

01 「법인세법」상 납세의무자와 과세소득의 범위에 대한 설명으로 옳지 않은 것은? [국가직 9급 2023]

① 비영리내국법인은 청산소득에 대한 법인세를 납부할 의무가 없다.
② 영리외국법인은 청산소득에 대한 법인세를 납부할 의무가 있다.
③ 비영리외국법인은 각 사업연도의 국내원천소득(수익사업에서 생기는 소득으로 한정한다)에 대한 법인세를 납부할 의무가 있다.
④ 내국법인 중 국가와 지방자치단체(지방자치단체조합을 포함한다)는 그 소득에 대한 법인세를 납부할 의무가 없다.

> **해설** 영리외국법인은 청산소득에 대한 법인세를 납부할 의무가 없다.

 ②

02 법인세법상 납세의무자에 대한 설명으로 옳지 않은 것은? [국가직 9급 2013]

① 영리내국법인은 각 사업연도 소득(국내외원천소득), 청산소득, 미환류소득, 토지등 양도소득에 대한 법인세 납세의무가 있다.
② 비영리내국법인은 국내원천소득 중 일정한 수익사업에서 발생한 소득과 청산소득, 미환류소득에 대한 법인세 납세의무가 있다.
③ 영리외국법인은 각 사업연도 소득(국내원천소득), 토지 등 양도소득에 대한 법인세 납세의무가 있다.
④ 국가 및 지방자치단체에 대하여는 법인세를 부과하지 않는다.

> **해설** 비영리내국법인의 경우 청산소득과 미환류소득에 대해서는 법인세 납세의무가 없다.

 ②

03 법인세법상 납세의무와 사업연도에 관한 설명으로 옳지 않은 것은? [회계사 2013]

① 법령이나 정관 등에 사업연도에 관한 규정이 없는 내국법인은 따로 사업연도를 정하여 「법인세법」상 법인설립신고 또는 사업자등록과 함께 납세지 관할세무서장에게 사업연도를 신고하여야 한다.
② 사업연도를 변경하려는 법인은 그 법인의 직전 사업연도 종료일부터 3개월 이내에 납세지 관할세무서장에게 신고하여야 한다.
③ 학술, 종교, 자선 등 영리 아닌 사업을 목적으로 설립된 비영리내국법인이라 하더라도 해당 법인의 수익사업에서 생기는 소득에 대해서는 각 사업연도의 소득에 대한 법인세 납세의무를 진다.
④ 외국에서 주된 영업을 하는 영리법인은 국내에 본점이나 주사무소 또는 사업의 실질적 관리장소를 두고 있다 하더라도 내국법인으로 분류될 수 없다.
⑤ 내국법인 중 국가와 지방자치단체(지방자치단체조합을 포함)에 대해서는 법인세를 부과하지 아니한다.

해설 ④ 외국에서 주된 영업을 하는 영리법인이 국내에 본점이나 주사무소 또는 사업의 실질적 관리장소를 두었다면 내국법인에 해당한다.

해답 ④

04 법인세법상 사업연도에 관한 설명으로 옳은 것은? [세무사 2013]

① 사업연도의 변경이 아닌 경우에 법인의 사업연도는 원칙적으로 1년을 넘지 못하나 정당한 사유가 있어 관할 세무서장의 승인을 받으면 초과도 가능하다.
② 정관상 사업연도에 관한 규정이 있다 하더라도 내국법인은 법인 설립신고 또는 사업자등록과 함께 납세지 관할 세무서장에게 그 내용을 신고하여야 한다.
③ 사업연도를 변경하려면 직전 사업연도 종료일 이전 3개월 이내 관할 세무서장에게 신고하여야 한다.
④ 국내사업장이 없는 외국법인이라도 국내에 소재한 건물 양도에 따른 소득이 있을 경우 사업연도를 신고하여야 한다.
⑤ 법령에 따라 사업연도가 정해지는 법인의 경우, 사업연도를 정하고 있는 법령이 개정되어 사업연도가 변경되었을 때 신고하지 아니하면 종전의 사업연도가 적용된다.

해설 ① 사업연도의 변경이 아닌 경우에 법인의 사업연도는 어떠한 경우에도 1년을 초과할 수 없다.
② 정관상 사업연도에 관한 규정이 있는 경우에는 그 내용을 신고하지 아니하여도 된다.
③ 사업연도를 변경하려면 직전 사업연도 종료일부터 3개월 이내 관할세무서장에게 신고하여야 한다.
⑤ 법령에 따라 사업연도가 정하여지는 법인의 경우 사업연도를 정하고 있는 법령이 개정되어 사업연도가 변경되었을 때 변경신고를 하지 아니한 경우에도 해당 법령의 개정내용과 같이 사업연도가 변경된 것으로 본다.

해답 ④

05 다음은 법인세법상 사업연도에 관한 설명이다. 옳지 않은 것은? [회계사 2012 수정]

① 내국법인이 사업연도 중에 연결납세방식을 적용받는 경우에는 그 사업연도 개시일부터 연결사업연도 개시일의 전일까지의 기간을 1사업연도로 본다.
② 법령에 의하여 사업연도가 정해지는 법인이 아닌 ㈜A(사업연도 1.1.~12.31.)가 제24기 사업연도를 2025.10.1.~2026.9.30.로 변경하기 위하여 2025.3.5.에 사업연도 변경신고서를 납세지 관할세무서장에게 제출한 경우 변경 후 최초사업연도는 2025.1.1.~2025.9.30.이다.
③ 내국법인인 ㈜C(사업연도 1.1.~12.31.)가 분할에 따라 해산하여 2025.5.1.에 해산등기를 한 경우에는 2025.1.1.부터 2025.5.1.까지를 ㈜C의 1사업연도로 본다.
④ 국내사업장을 가지고 있으며 법령이나 정관 등에 사업연도에 관한 규정이 없는 외국법인 ㈜B가 사업연도 중에 그 국내사업장을 가지지 않게 된 경우에는 사업연도 개시일부터 그 국내사업장을 가지지 않게 된 날까지의 기간을 1사업연도로 한다.
⑤ 국내사업장이 없는 외국법인이 부동산소득, 부동산 등 양도소득이 발생하지 않게 되어 납세지 관할세무서장에게 이를 신고한 경우에는 사업연도 개시일부터 그 신고일까지의 기간을 1사업연도로 한다.

해설 ③ 내국법인이 사업연도 중에 합병 또는 분할(분할합병 포함)에 의하여 해산한 경우에는 그 사업연도 개시일부터 합병등기일 또는 분할등기일까지의 기간을 그 해산한 법인의 1사업연도로 한다. 따라서 문항의 "해산등기를 한 경우"를 "분할등기를 한 경우"로 변경하여야 맞는 표현이 된다.

해답 ③

06 ㈜A는 2025년부터 사업연도를 변경하기로 하고 2025.4.20.에 사업연도 변경신고를 하였다. 법인세법상 사업연도의 구분으로 옳은 것은? (단, ㈜A는 법령에 따라 사업연도가 정하여지는 법인이 아님) [세무사 2014]

> 변경 전 사업연도(제24기) : 2025.1.1.~12.31.
> 변경하려는 사업연도 : 7. 1.~다음 연도 6. 30.

① 제24기: 2025.1.1. ~2025.4.20.
② 제24기: 2025.1.1. ~2025.6.30.
③ 제24기: 2025.1.1. ~2025.12.31.
④ 제25기: 2025.4.21.~2025.12.31.
⑤ 제25기: 2025.7.1. ~2025.6.30.

해설 ③ 사업연도를 변경하려는 법인은 그 법인의 직전 사업연도 종료일로부터 3개월 이내에 대통령령으로 정하는 바에 따라 납세지 관할 세무서장에게 이를 신고하여야 한다. 따라서 법정신고기한 이후에 변경신고를 하였으므로, 제24기는 2025.1.1.~2025.12.31., 제25기는 2026.1.1.~2026.6.30.이 된다.

해답 ③

07 법인세법령상 법인세 납세지에 대한 설명으로 옳지 않은 것은? [국가직 7급 2023]

① 국내에 본점 또는 주사무소가 있지 아니한 내국법인의 납세지는 사업을 실질적으로 관리하는 장소의 소재지로 한다.
② 둘 이상의 국내사업장이 있는 외국법인의 납세지는 직전 사업연도의 사업수입금액이 가장 많은 국내사업장의 소재지로 한다.
③ 국세청장은 내국법인의 본점의 소재지가 등기된 주소와 동일하지 아니한 경우 납세지를 지정하여야 하고, 동일하지 아니한 사실을 안 날부터 45일 이내에 지정통지를 하여야 한다.
④ 법인은 납세지가 변경된 경우에는 그 변경된 날부터 15일 이내에 변경 후의 납세지 관할 세무서장에게 변경신고를 하여야 한다.

> **해설** 국세청장은 내국법인의 본점의 소재지가 등기된 주소와 동일하지 아니한 경우 납세지를 지정하여야 하고, 그 법인의 사업연도 종료일부터 45일 이내에 지정통지를 하여야 한다.
>
> **해답** ③

08 법인세법상 사업연도와 납세지에 관한 설명이다. 옳지 않은 것은? [회계사 2019 수정]

① 영리내국법인의 경우에는 국외에 소재하는 부동산의 양도로 인한 소득에 대하여도 각 사업연도 소득에 대한 법인세가 과세된다.
② 내국법인이 사업연도 중에 연결납세방식을 적용받는 경우에는 그 사업연도 개시일부터 연결사업연도 개시일 전날까지의 기간을 1사업연도로 본다.
③ 사업연도를 변경하려는 법인은 그 법인의 직전 사업연도 종료일부터 3개월 이내에 사업연도 변경신고서를 납세지 관할세무서장에게 제출하여 이를 신고하여야 한다.
④ 둘 이상의 국내사업장이 있는 외국법인의 경우 주된 사업장의 소재지를 납세지로 한다.
⑤ 국내사업장이 없는 외국법인으로서 국내원천소득 중 부동산소득이 있는 외국법인의 납세지는 해당 외국법인이 신고하는 장소를 납세지로 한다.

> **해설** ⑤ 외국법인이 신고하는 장소가 아니라 그 자산의 소재지로 한다.
>
> **해답** ⑤

PART 02

각 사업연도 소득에 대한 법인세

제 1 절 각 사업연도 소득에 대한 법인세 계산구조
제 2 절 각 사업연도 소득의 계산구조와 세무조정
제 3 절 소득처분
제 4 절 익금과 익금불산입
제 5 절 손금과 손금불산입
제 6 절 인 건 비
제 7 절 세금과 공과금 등
제 8 절 손익의 귀속시기
제 9 절 기업업무추진비
제10절 기 부 금
제11절 자산의 취득가액과 자산·부채의 평가 등
제12절 재고자산과 유가증권
제13절 감가상각비
제14절 지급이자
제15절 충 당 금
제16절 대손금과 대손충당금
제17절 퇴직급여충당금과 퇴직연금부담금
제18절 준 비 금
제19절 소득금액 계산의 특례
제20절 과세표준과 산출세액
제21절 자진납부세액
제22절 최저한세
제23절 신고·납부와 결정·경정 및 징수·환급

제1절 각 사업연도 소득에 대한 법인세 계산구조

- I. 각 사업연도 소득금액의 계산구조
- II. 과세표준의 계산구조
- III. 산출세액의 계산구조
- IV. 자진납부세액의 계산구조

I. 각 사업연도 소득금액의 계산구조

```
      당 기 순 이 익
   (+) 익금산입·손금불산입  ┐
   (-) 손금산입·익금불산입  │ 세무조정(소득처분)
      차 가 감 소 득 금 액  │
   (+) 기 부 금 한 도 초 과 액 │
   (-) 기부금한도초과이월액손금산입 ┘
      각 사 업 연 도 소 득 금 액   (개념 : 익금총액 - 손금총액)
```

위의 계산구조에서 차가감 소득금액을 구하기 위한 가산조정(익금산입·손금불산입)과 차감조정(손금산입·익금불산입)은 소득금액조정합계표[별지 제15호 서식], 각 사업연도 소득금액을 계산하기 위한 기부금(비지정기부금 제외)의 세무조정은 기부금조정명세서[별지 제21호 서식]에서 수행한다.

한편, 소득금액조정합계표[별지 제15호 서식]의 세무조정사항 중 유보·△유보로 처분된 사항은 자본금과적립금조정명세서(을)[별지 제50호 서식(을)]에 이기하여 사후관리를 하게 된다.

II. 과세표준의 계산구조

```
      각 사 업 연 도 소 득 금 액
   (-) 이 월 결 손 금         · 15년 이내에 개시한 사업연도에 발생한 이월결손금
   (-) 비 과 세 소 득         · 공익신탁의 신탁재산에서 생긴 소득 등
   (-) 소 득 공 제            · 유동화전문회사 등에 대한 소득공제 등
      과 세 표 준
```

위의 계산구조에서 과세표준 계산시 이월결손금, 비과세소득, 소득공제는 각 사업연도 소득금액 범위에서 차례로 공제하여 계산한다. 이월결손금의 경우 15년(2008.12.31. 이전에 개시한 사업연도에 발생한 결손금은 5년, 2009.1.1. 이후 2019.12.31. 이전에 개시한 사업연도에 발생한 결손금에 대해서는 10년) 이내로 제한하며, 조세특례제한법에 따른 중소기업과 회생계획을 이행 중인 기업 등의 법인을 제외한 내국법인의 경우 이월결손금 공제의 범위는 각 사업연도 소득의 80%로 한다(법법 13①).

III. 산출세액의 계산구조

과 세 표 준	
(×) 세 율	9%, 19%, 21%, 24% (단, 성실신고확인대상 소규모법인은 19%, 21%, 24%)
산 출 세 액	• 토지 등 양도소득에 대한 법인세, 미환류소득에 대한 법인세 포함

과세요건의 구성요소인 과세표준에 또 하나의 과세요건의 구성요소인 세율을 적용하게 되면 세액이 도출되는데, 이를 산출세액이라 한다. 한편, 법인세법에서는 토지 등 양도소득에 대한 법인세와 미환류소득에 대한 법인세를 별도로 계산하여 산출세액에 포함시킨다.

IV. 자진납부세액의 계산구조

산 출 세 액	• 토지 등 양도소득에 대한 법인세·기업소득환류세액 포함
(−) 공 제 · 감 면 세 액	• 세액감면과 세액공제
(+) 가 산 세	
(+) 감 면 분 추 가 납 부 세 액	
(=) 총 부 담 세 액	
(−) 기 납 부 세 액	• 중간예납세액, 원천징수세액, 수시부과세액
자 진 납 부 세 액	• 각 사업연도 종료일이 속하는 달의 말일부터 3개월 이내 신고·납부

참고로 위의 계산구조에서 감면분 추가납부세액은 해당 사업연도의 경영실적과는 아무런 관련이 없는 항목이다. 왜냐하면 이는 법인이 과거에 조세감면혜택을 적용받은 후 사후관리규정을 위배하여 추징하는 세액이기 때문이다.

법인세 과세표준 및 세액조정계산서[별지 제3호 서식]

위의 법인세 세액계산구조는 법인세 과세표준 및 세액조정계산서[별지 제3호 서식]의 내용을 발췌하여 정리한 것임을 부언해 둔다.

조세법령 확인을 통해 기본개념 익히기

※ 다음 법인세 관련 조세법령의 빈 칸을 채우시오.

1. 법인세법 제13조 【과세표준】

    ① 내국법인의 각 사업연도의 소득에 대한 법인세의 과세표준은 각 사업연도의 소득의 범위에서 다음 각 호의 금액과 소득을 차례로 공제한 금액으로 한다. 다만, 제1호의 금액에 대한 공제는 각 사업연도 소득의 100분의 □□ [「조세특례제한법」 제6조 제1항에 따른 중소기업(이하 "중소기업"이라 한다)과 회생계획을 이행 중인 기업 등 대통령령으로 정하는 법인의 경우는 100분의 100]을 한도로 한다.
    1. 제14조 제3항의 □□□□□ 중 다음 각 목의 요건을 모두 갖춘 금액
        가. 각 사업연도의 개시일 전 □□년 이내에 개시한 사업연도에서 발생한 결손금일 것
        나. 제60조에 따라 □□하거나 제66조에 따라 □□·□□되거나 「국세기본법」 제45조에 따라 □□신고한 과세표준에 포함된 결손금일 것
    2. 이 법과 다른 법률에 따른 □□□소득
    3. 이 법과 다른 법률에 따른 □□□□액
    ② 제1항의 과세표준을 계산할 때 다음 각 호의 금액은 해당 사업연도의 다음 사업연도 이후로 이월하여 공제할 수 □□.
    1. 해당 사업연도의 과세표준을 계산할 때 공제되지 아니한 □□□소득 및 □□□□액
    2. 「조세특례제한법」 제132조에 따른 □□□□의 적용으로 인하여 공제되지 아니한 소득공제액

> **해설과 해답**
> ① 80, 이월결손금, 15, 신고, 결정, 경정, 수정, 비과세, 소득공제
> ② 없다, 비과세, 소득공제, 최저한세

2. 법인세법 제14조【각 사업연도의 소득】

① 내국법인의 각 사업연도의 소득은 그 사업연도에 속하는 □□의 총액에서 그 사업연도에 속하는 □□의 총액을 뺀 금액으로 한다.

② 내국법인의 각 사업연도의 결손금은 그 사업연도에 속하는 □□의 총액이 그 사업연도에 속하는 □□의 총액을 초과하는 경우에 그 초과하는 금액으로 한다.

③ 내국법인의 이월결손금은 각 사업연도의 개시일 전 발생한 각 사업연도의 □□□으로서 그 후의 각 사업연도의 □□□□을 계산할 때 공제되지 아니한 금액으로 한다.

> **해설과 해답**
> ① 익금, 손금
> ② 손금, 익금
> ③ 결손금, 과세표준

제2절 각 사업연도 소득의 계산구조와 세무조정

```
I. 각 사업연도 소득에 대한 법인세 신고·납부절차의 개관      III. 세무조정
II. 각 사업연도 소득의 개념 및 계산구조
```

I. 각 사업연도 소득에 대한 법인세 신고·납부절차의 개관

법인에 매 사업연도별 경영활동의 결과치인 각 사업연도 소득금액이 있는 경우에는 사업연도 종료일이 속하는 달의 말일부터 3개월 이내에 법인세 과세표준과 세액을 납세지 관할세무서장에게 신고·납부를 하여야 한다. 이를 요약·정리하면 다음과 같다.

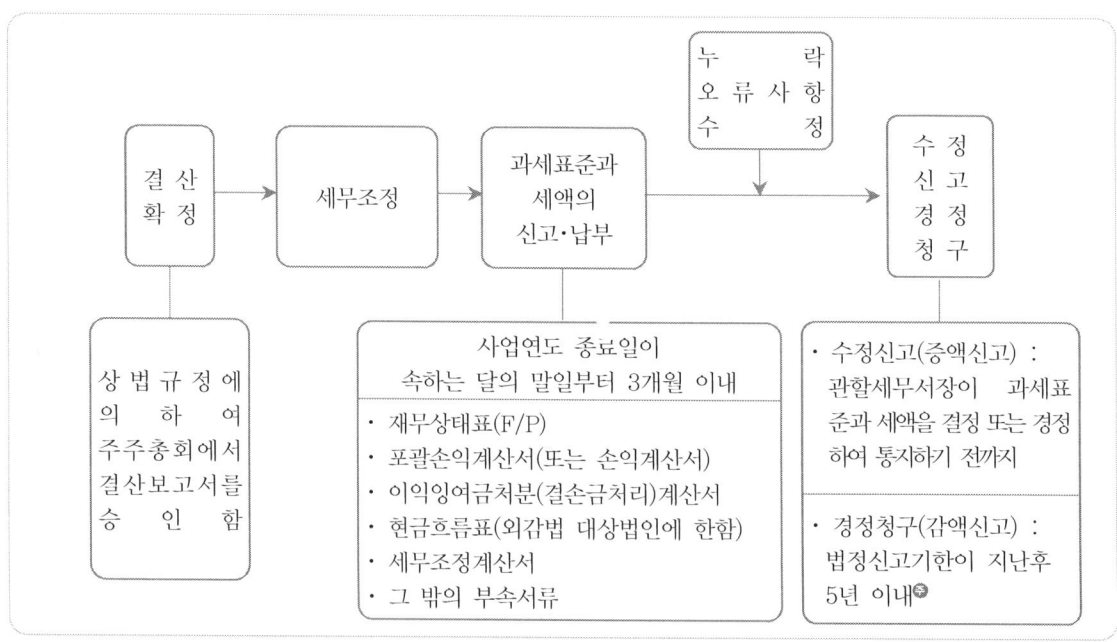

❶ 법인세법에 따른 결정 또는 경정으로 인하여 증가된 과세표준 및 세액에 대하여는 해당 처분이 있는 것을 안 날(해당 처분의 통지를 받은 때에는 그 통지를 받은 날)로부터 90일 이내(법정신고기한이 지난 후 5년 이내에 한함)(국기법 45의2① 후단). 한편, 상기 규정(5년 이내, 90일 이내) 불구하고 심사청구 결정이나 소송 판결 등 일정 사유에 발생한 것을 안 날부터 3개월 이내에 경정청구할 수 있음(국기법 45의2②).

Ⅱ. 각 사업연도 소득의 개념 및 계산구조

각 사업연도 소득이란 해당 사업연도에 속하는 익금(기업회계상 수익과 같은 개념임)의 총액에서 손금(기업회계상 비용과 같은 개념임)의 총액을 공제한 금액을 말한다(법법 14①).

그런데 이러한 개념규정에 의해서 각 사업연도 소득을 도출하기 위해서는 세무상 장부체계를 별도로 유지하여야만 가능한데, 이는 엄청난 추가적 비용이 소요되므로 현행 법인세법에서는 다음과 같이 기업회계상 당기순이익에 기업회계와 법인세법의 차이를 가감조정하는 세무조정절차를 거쳐 각 사업연도 소득을 도출하도록 규정하고 있다.

```
        당  기  순  이  익
( + ) 익 금 산 입 · 손 금 불 산 입  ┐
( - ) 손 금 산 입 · 익 금 불 산 입  │
        차 가 감 소 득 금 액          ├ 세무조정, 소득처분
( + ) 기 부 금 한 도 초 과 액         │
( - ) 기부금한도초과이월액손금산입   ┘
        각  사 업 연 도  소 득 금 액   (개념 : 익금총액 - 손금총액)
```

위의 계산구조는 궁극적으로 독자 여러분들이 받아들이고 이해를 하여야 하는 개념이지만 이를 이해하기 위해서는 기부금과 관련된 범위까지 어느 정도 세법의 사전지식을 필요로 하므로 일단 여기서는 다음과 같이 축약된 방식의 계산구조를 토대로 각 사업연도 소득금액을 설명하도록 하겠다.

> 당기순이익 + 익금산입·손금불산입 - 손금산입·익금불산입 = 각 사업연도 소득금액

구 분	내 용
익 금 산 입	결산서에 수익으로 계상되지 아니하였으나 세법상 익금인 경우의 익금가산액 또는 결산서에 수익으로 계상하였으나 세법상 익금액이 더 큰 경우의 익금가산액
익 금 불산입	결산서에 수익으로 계상되었으나 세법상 익금이 아닌 경우의 익금차감액 또는 결산서에 수익으로 계상한 금액이 세법상 익금액보다 더 큰 경우의 익금차감액
손 금 산 입	결산서에 비용으로 계상되지 아니하였으나 세법상 손금인 경우의 손금가산액 또는 결산서에 비용으로 계상하였으나 세법상 손금액이 더 큰 경우의 손금가산액
손 금 불산입	결산서에 비용으로 계상되었으나 세법상 손금이 아닌 경우의 손금차감액 또는 결산서에 비용으로 계상한 금액이 세법상 손금액보다 더 큰 경우의 손금차감액

위에서 "익금산입"과 "손금불산입"은 모두 각 사업연도 소득금액을 계산함에 있어서 해당 소득금액을 증가시키는 효과를 가져오며, "손금산입"과 "익금불산입"은 모두 해당 소득금액을 감소시키는 효과를 가져온다.

따라서 전자를 "가산조정", 후자를 "차감조정"이란 용어를 사용하기도 하는데, 이는 본절 후반부

에 나오는 세무서식 중 "소득금액조정합계표"를 살펴보아도 알 수 있는 바와 같이 가산조정(익금산입 및 손금불산입)은 왼쪽에 차감조정(손금산입 및 익금불산입)은 오른쪽에 일률적으로 기재하도록 되어 있기 때문이다.

결국 가산조정을 함에 있어서 그것을 익금산입으로 하던 손금불산입으로 하던 또는 차감조정을 함에 있어서는 그것을 손금산입으로 하던 익금불산입으로 하던 실무적으로는 아무런 구분의 실효성이 없는 것이다.

한편, 위의 도표에 있는 각 사업연도 소득금액의 계산구조를 입체적으로 표시하면 다음과 같다.

Ⅲ. 세무조정

1 세무조정의 의의

(1) 세무조정의 개념

세무조정이란 결산서상 당기순이익에서 출발하여 기업회계와 세무회계의 차이를 가감함으로써 세무상의 과세소득인 각 사업연도 소득금액을 계산하는 절차를 말한다.

이러한 세무조정은 법인 스스로 행하는 자기조정·법인 외부의 자인 공인회계사나 세무사가 행하는 외부조정·과세당국이 법인세의 결정 또는 경정과정에서 행하는 정부조정으로 구분할 수 있다.

(2) 결산조정사항과 신고조정사항

한편, 상기의 세무조정과정(자기조정·외부조정·정부조정을 의미함)에서 나타나게 되는 세무조정사항은 크게 두 가지, 즉 결산조정사항과 신고조정사항으로 구분된다.

2 결산조정사항과 신고조정사항의 차이점

결산조정사항과 신고조정사항의 차이점을 살펴보면 다음과 같다.

(1) 결산조정사항과 신고조정사항의 종류

1) 결산조정사항

결산조정사항은 손금항목 중 충당금·준비금, 자산의 평가와 같이 그 손금산입의 여부가 외부와의 거래가 아닌 해당 법인의 내부적 의사결정에 의하여 결정되는 항목들이다.

즉, 이들 항목은 손익의 귀속시기가 불분명하므로 기업회계상 추정에 의하여 결산에 반영되는 항목들이다.

2) 신고조정사항

신고조정사항은 모든 익금항목과 결산조정사항을 제외한 손금항목으로서 대부분 외부와의 거래에서 발생되는 항목들이다.

이는 손익의 귀속시기가 명확한 항목으로서 만일 이러한 항목들의 귀속시기를 법인의 자의적 판단에 맡기게 되면 과세소득의 조작을 허용하는 것과 같은 결과를 가져오는 항목들이다.

(2) 결산조정사항과 신고조정사항의 특징

1) 결산조정사항

결산조정사항은 손익의 귀속시기(금액과 시점의 두 가지 측면을 모두 고려한 결과)가 불분명하므로 법인세법상 손금산입이 강제되지 않는 항목을 말한다.

따라서 법인이 해당 결산조정사항을 손금으로 인정받기 위해서는 반드시 장부상 비용으로 계상하여야 한다. 즉, 세무조정을 통하여는 어떠한 경우에도 손금인정을 받을 수 없는 것이다.

다만, 결산조정사항 중 세법상 손금한도액을 초과하여 장부에 비용으로 계상한 경우, 해당 초과금액은 반드시 손금불산입하는 세무조정을 하여야 한다.

2) 신고조정사항

신고조정사항은 손익의 귀속시기(금액과 시점의 두 가지 측면을 모두 고려한 결과)가 결산조정사항과는 달리 분명하므로 법인세법상 해당 사업연도의 각 사업연도 소득금액 계산 시 반드시 반영이 되어야 하는 항목을 말한다.

따라서 법인이 신고조정사항을 장부에 과소·과대 계상한 경우에는 반드시 세무조정을 하여야 한다.

(3) 결산조정사항과 신고조정사항의 귀속시기

1) 결산조정사항

결산조정사항은 장부상 비용으로 계상한 사업연도의 손금이므로 법인이 원하는 사업연도에 장부상 비용으로 계상하면 해당 사업연도의 손금으로 인정된다.
따라서 결산조정사항을 임의조정사항(=임의계상항목)이라고도 한다.

2) 신고조정사항

신고조정사항은 세법에서 규정하고 있는 특정 사업연도의 익금 또는 손금이므로 그 이후의 사업연도에 수익 또는 비용으로 계상하여도 이를 해당 수익 또는 비용을 계상한 사업연도의 익금 또는 손금으로 인정하지 아니한다.
따라서 신고조정사항을 강제조정사항(=강제계상항목)이라고도 한다.

(4) 경정청구 또는 수정신고

1) 결산조정사항

결산조정사항은 임의조정사항(=임의계상항목)으로서 장부에 비용계상을 하지 않은 경우에는 해당 사업연도에 손금인정을 받지 않겠다는 의사표시를 한 것이므로 이에 대하여는 경정청구를 할 수 없다.

2) 신고조정사항

신고조정사항은 강제조정사항(=강제계상항목)이므로 장부에 비용계상을 하지 않은 경우에는 반드시 세무조정에 의하여 손금산입을 하여야 한다. 만일 법인이 세무조정 시에도 이를 누락했다면 해당 항목은 추후 어떠한 경우에도 손금인정을 받을 수 없게 되므로 이에 대하여는 경정청구를 할 수 있다.
물론 익금항목의 누락 시에는 수정신고도 가능하다.

3 결산조정사항

결산조정사항의 유형은 충당금과 준비금, 법소정 자산의 평가로 대별되는데, 이를 구체적으로 살펴보면 다음과 같다.

구 분	결산조정사항	비 고
충당금 준비금	① 대손충당금·구상채권상각충당금	한국채택국제회계기준(K-IFRS)을 적용하는 법인의 구상채권상각충당금은 잉여금처분에 의한 신고조정 가능❷
	② 퇴직급여충당금	퇴직연금부담금(퇴직연금충당금)은 신고조정 사항임
	③ 일시상각충당금(또는 압축기장충당금)	신고조정 가능❷
	④ 보험업을 영위하는 법인의 책임준비금, 비상위험준비금, 비영리법인의 고유목적사업준비금	한국채택국제회계기준을 적용하는 보험업 영위법인의 비상위험준비금, 외부회계감사를 받는 비영리법인의 고유목적사업준비금은 잉여금처분에 의한 신고조정 가능❸

제2절 각 사업연도 소득의 계산구조와 세무조정

상각비	유형자산 및 무형자산의 감가상각비❶	—
대손금	채권의 대손금	소멸시효완성분 등 특정한 채권의 대손금은 신고조정사항임
자산의 평가	① 법소정 주식으로서 해당 주식의 발행법인이 부도 등이 발생한 경우 해당 주식의 평가손실	장부가액 - 시가 ※ 시가가 1,000원 이하인 경우 : 1,000원으로 평가함
	② 주식발행법인이 파산선고를 받은 경우 해당 주식의 평가손실	
	③ 시설의 개체·기술낙후로 인한 생산설비의 일부 폐기손실	장부가액 - 1,000원
	④ 천재지변으로 인한 유형자산평가손실	장부가액 - 시가
	⑤ 파손·부패 등으로 인한 재고자산평가손실	

❶ 한국채택국제회계기준을 적용하는 내국법인이 보유한 감가상각자산 중 유형자산과 내용연수가 비한정인 무형자산(=무형자산 중 감가상각비를 손금으로 계상할 때 적용하는 내용연수를 확정할 수 없는 것(예컨대, 추가비용 없이 갱신이 가능한 상표권 등), 한국채택국제회계기준을 최초로 적용하는 사업연도 전에 취득한 영업권)의 감가상각비는 개별 자산별로 장부에 계상한 금액 이외에 추가로 법소정 금액을 신고조정에 의하여 손금에 산입할 수 있다.

 이는 원칙적으로 결산조정사항이나 기업회계에서는 이를 인정하지 않고 있기 때문에 법인세법에서는 이를 신고조정을 통하여 손금인정을 받을 수 있도록 특례규정을 운용하고 있다. 한편, 신고조정을 통한 손금산입방법은 단순히 세무조정계산서에 손금산입을 하는 방법과 해당 사업연도의 잉여금 처분시 일정금액을 적립하고 세무조정계산서에 손금산입을 하는 방법이 있다. 현행 법인세법에서는 일시상각충당금과 압축기장충당금은 전자, 한국채택국제회계기준을 적용하는 법인의 구상채권상각충당금과 비상위험준비금, 영리법인의 손실보전준비금과 외부회계감사를 받는 비영리법인의 고유목적사업준비금은 후자에 의하여 손금산입하도록 규정하고 있다.

신고조정사항에 해당하는 대손사유

다음에 해당하는 대손사유로 인한 채권은 회수가능성이 0(zero)이므로 법인세법에서는 해당 사유가 발생한 날이 속하는 사업연도에 반드시 대손금으로 손금산입하도록 규정하고 있다.
① 민법·상법·어음법·수표법에 따라 소멸시효가 완성된 채권
② 채무자 회생 및 파산에 관한 법률에 따른 회생계획인가의 결정이나 법원의 면책결정에 따라 회수불능으로 확정된 채권
③ 서민의 금융생활 지원에 관한 법률에 따른 채무조정을 받아 신용회복지원협약에 따라 면책으로 확정된 채권 (2019. 7. 1. 이후 면책으로 확정되는 채권부터 적용)
④ 민사집행법의 규정에 따라 채무자의 재산에 대한 경매가 취소된 압류채권
⑤ 법인이 다른 법인과 합병하거나 분할하는 경우로서 결산조정사항에 해당하는 채권을 합병등기일 또는 분할등기일이 속하는 사업연도까지 제각하지 않은 경우 해당 채권

4 신고조정사항

(1) 신고조정사항의 범위

신고조정사항은 결산조정사항을 제외한 모든 익금항목과 손금항목으로 한다.

(2) 유의점

그러나 앞의 결산조정사항에서 설명한 항목 중 본래 결산조정사항이지만 기업회계와의 충돌로 인하여 신고조정을 허용하는 항목(① 한국채택국제회계기준(K-IFRS)을 적용하는 법인의 구상채

권상각충당금과 비상위험준비금, ② 일시상각충당금과 압축기장충당금, ③ 손실보전준비금, ④ 고유목적사업준비금, ⑤ 일부 감가상각비 등)들은 본래의 신고조정사항과는 근본적으로 다르다는 점에 유의하여야 한다.

세무조정사항(결산조정사항 VS 신고조정사항)의 요약

세무조정사항	결산조정사항	① 귀속시기 : 금액과 시점에 입각한 귀속시기의 측면에서 살펴보았을 때 불분명한 거래에 해당함
		② 거래측면 : 회계상 내부거래에 해당함
		③ 유 형 : 손금항목(충당금·준비금, 법소정 자산의 평가)만 이에 해당함
		④ 방 법 : 장부상 비용처리를 하는 경우에 한함
	신고조정사항	① 귀속시기 : 금액과 시점에 입각한 귀속시기의 측면에서 살펴보았을 때 분명한 거래에 해당함
		② 거래측면 : 대부분 외부거래에 해당함
		③ 유 형 : 모든 익금항목과 결산조정사항을 제외한 손금항목이 이에 해당함
		④ 방 법 : 장부에 계상하는 것이 바람직하지만, 만일 계상이 되지 않은 경우에는 반드시 세무조정을 통하여 인식하여야 함

세무조정

다음은 ㈜A의 당기 사업연도 법인세 신고를 위한 자료이다.

1. (포괄)손익계산서의 내용

과목	금액
매 출 액	1,770,000,000
매 출 원 가	(1,050,000,000)
매 출 총 이 익	720,000,000
판 매 비 와 관 리 비	(450,000,000)
영 업 이 익	270,000,000
영 업 외 수 익	40,000,000
영 업 외 비 용	(12,000,000)
당 기 순 이 익	298,000,000

2. 결산내용과 관련한 추가자료

(1) 당기말에 신용판매한 상품의 판매가액 144,000,000원(원가 120,000,000원)이 누락되어 있다.
(2) 판매비와관리비 중 화재보험료 154,000,000원에는 손금귀속시기가 도래하지 아니한 선급비용 해당액 36,000,000원이 포함되어 있다.
(3) 판매비와관리비 중 기업업무추진비는 42,000,000원이나 세무상 손금한도액은 20,000,000원이다.
(4) 판매비와관리비에는 비품의 감가상각비와 대손충당금(=대손상각비)이 계상되어 있지 아니한 바, 세무상 손금한도액은 각각 9,000,000원과 7,000,000원이다.
(5) 당기에 귀속되는 이자비용 23,000,000원이 선급비용으로 계상되어 있다.
(6) 당기의 기업회계상 사채할인발행차금의 상각액은 8,000,000원이나 장부에는 이를 반영하지 아니하였다.
(7) 당기에 압축기장충당금 17,000,000원을 설정할 수 있으나 장부에는 반영하지 아니하였다.

상기 자료에 의하여 세무조정을 하고, 각 사업연도 소득금액을 계산하라. 다만, ㈜A는 법인세의 부담을 최소화하려고 한다.

해답

(1) 세무조정

〈익금산입·손금불산입〉
①	매출누락액	144,000,000
②	선급보험료	36,000,000
③	기업업무추진비 한도초과액	22,000,000
	합 계	202,000,000

〈손금산입·익금불산입〉
①	매출원가 과소계상액	120,000,000
②	이자비용 과소계상액	23,000,000
③	사채할인발행차금상각	8,000,000
④	압축기장충당금	17,000,000
	합 계	168,000,000

(2) 각 사업연도 소득금액의 계산

①	당기순이익	298,000,000
②	익금산입·손금불산입	202,000,000
③	손금산입·익금불산입	(168,000,000)
④	차가감소득금액	332,000,000
⑤	기부금한도초과	-
⑥	기부금한도초과이월액손금산입	-
	각 사 업 연 도 소 득 금 액	332,000,000

① 신용판매는 신고조정사항이므로 관련 매출액과 매출원가는 반드시 해당 사업연도의 익금 또는 손금에 산입되어야 한다.
② 선급보험료는 해당 사업연도에 귀속되는 손금항목이 아니다.
③ 감가상각비와 대손충당금(=대손상각비)은 결산조정사항이므로 장부에 반영한 경우에 한하여 손금으로 인정된다.
④ 사채할인발행차금의 상각은 신고조정사항이다.
⑤ 일시상각충당금과 압축기장충당금은 본래 결산조정사항이나 기업회계상 인정되지 아니하므로 신고조정을 허용하고 있다. 따라서 위 사례는 법인세부담의 최소화를 요구하였으므로 압축기장충당금 손금한도액 17,000,000원을 손금산입한다.

참고

문제에서 '세부담의 최소화'를 요구하는 의미는 결산조정사항 중 신고조정이 가능한 손금항목(일시상각충당금·압축기장충당금)이 있으면 이를 세무조정시 손금산입을 하라는 것이다.

exercise

01 다음 중 법인세법상 신고조정항목이 아닌 것은? [세무회계 2급 2019]
① 공사부담금으로 취득한 유형자산가액의 손금산입
② 대손충당금의 손금산입
③ 보험차익으로 취득한 유형자산가액의 손금산입
④ 자산의 평가차손의 손금불산입

해설 ② 대손충당금은 결산조정사항에 해당한다.

해답 ②

02 다음 중 법인세법상 반드시 신고조정을 하여야 하는 것은? [세무회계 2급 2019]
① 대손충당금
② 고유목적사업준비금
③ 퇴직연금부담금
④ 구상채권상각충당금

해설 ③ 퇴직연금부담금은 신고조정사항에 해당한다.

해답 ③

03 법인세법상 결산서에 비용으로 계상하지 않고도 손금산입이 가능한 것은? (단, 세무조정에 따른 손금산입요건은 충족된 것으로 가정함) [세무직 7급 2017]
① 내국법인이 각 사업연도에 외상매출금·대여금, 그 밖에 이에 준하는 채권의 대손에 충당하기 위하여 계상한 대손충당금
② 주식회사의 외부감사에 관한 법률에 따른 감사인의 회계감사를 받는 비영리내국법인의 고유목적사업준비금
③ 국제회계기준을 적용하는 법인으로서 보험사업을 경영하는 내국법인의 책임준비금
④ 내국법인이 보유하는 유형자산이 천재지변으로 파손되어 그 자산의 장부가액을 사업연도 비용으로 계상하지 않은 경우

해설
① 대손충당금은 결산조정사항이므로 결산서에 비용으로 계상해야 손금산입이 가능하다.
③ 한국채택국제회계기준을 적용하는 법인으로서 보험사업을 경영하는 내국법인의 비상위험준비금이 결산조정사항이다.
④ 천재지변으로 인하여 파손된 유형자산의 장부가액은 결산조정사항이므로 결산서에 비용으로 계상해야 손금산입이 가능하다.

해답 ②

05

「법인세법」에서는 손금에 관하여 한도액을 규정하고, 그 한도액 내에서는 기업의 임의에 맡기고 있는 항목이 있다. 그러나 결산서 또는 법인세신고서상에 손금으로 계상하지 않으면 차기 이후에는 이를 손금으로 전혀 인정하지 않는 항목도 있는데, 이에 해당하는 것으로만 묶어진 항목은?

> ㉠ 천재지변으로 인한 유형자산평가차손 ㉡ 사채할인발행차금 상각액
> ㉢ 소멸시효완성채권의 대손금 인식 ㉣ 퇴직급여충당금 전입액

① ㉠, ㉡ ② ㉠, ㉢ ③ ㉠, ㉣
④ ㉡, ㉢ ⑤ ㉢, ㉣

해설 이는 신고조정사항을 선택하라는 문제이다.
㉠·㉣ → 결산조정사항, ㉡·㉢ → 신고조정사항

해답 ④

06

다음은 결산조정과 신고조정에 관련된 내용이다. 가장 잘못된 것은? [회계사 2005]

① 결산조정항목을 손금으로 산입하기 위하여는 결산서상에 비용으로 계상하여야 한다.
② 소멸시효가 완성된 채권에 대한 대손금의 손금산입은 손금산입시기의 선택이 가능하다.
③ 일시상각충당금은 신고조정이 허용된다.
④ 법인세 신고 후 신고조정항목 중에 강제조정항목이 누락된 것을 알게 되었다면 경정청구가 가능하다.
⑤ 무형자산상각비는 결산조정사항이다.

해설 ② 소멸시효가 완성된 채권에 대한 대손금은 신고조정사항이므로 손금산입시기를 선택할 수 없다.

해답 ②

제3절 소득처분

I. 소득처분의 의의   II. 소득처분의 내용

I. 소득처분의 의의

 소득처분의 개념

제2절에서 살펴본 바와 같이 각 사업연도 소득금액은 결산서상 당기순이익에서 출발하여 일정한 세무조정절차를 거쳐 산출하게 된다. 그런데 결산서상 당기순이익은 상법규정(주주총회 결의)에 따른 해당 기업의 결산시 이익잉여금처분에 의하여 그 귀속이 확정되며, 해당 귀속의 유형은 법정적립금이나 임의적립금 등의 적립과 같은 사내유보와 배당금·성과급 등의 지급과 같은 사외유출로 구분된다.

한편, 결산서상 당기순이익이 100억원이고 각 사업연도 소득금액이 150억원이라면, 해당 각 사업연도 소득금액은 결산서상 당기순이익 100억원과 세무조정금액(익금산입액·손금불산입액에서 손금산입액·익금불산입액을 차감하여 계산한 순액 개념임)으로 구성되어 있다고 볼 수 있다.

그런데 결산서상 당기순이익 100억원은 결산시 이미 해당 귀속을 확정시켰으므로 세무상 당기순이익에 해당하는 각 사업연도 소득금액을 구성하는 세무조정금액 50억원도 그 귀속(익금산입·손금불산입 및 손금산입·익금불산입에 대한 귀속)을 확정시킬 필요가 있다. 이와 같이 세무조정금액 50억원의 귀속을 확정하는 절차를 소득처분이라 한다.

그렇다면 이러한 소득처분은 왜 하는 것일까? 즉, 소득처분의 목적을 알아 둘 필요가 있는데, 이하에서는 소득처분의 목적을 두 가지로 요약·설명하고 있다.

 소득처분의 목적

(1) 각 사업연도 소득금액 및 청산소득금액계산의 적정화

일반적으로 세무조정시 파악된 법인의 소득이 사내에 유보되어 있는 경우에는 기업회계상 자산·부채가액에 동 세무조정금액을 반영하여 세무상 자산·부채가액을 계산하게 된다. 따라서 이를 기초로 각 사업연도 소득금액 및 청산소득금액계산의 적정화를 도모할 수 있게 된다.

참고로 법인세법상 각종 손금한도액은 세무상 자산·부채가액을 기준으로 계산함을 부언해 둔다.

(2) 소득귀속에 따른 조세부담의 적정화

그러나 만일 세무조정시 파악된 법인의 소득이 사외로 유출된 경우에는 해당 소득의 귀속자에게 소득세 또는 법인세를 과세함으로써 조세부담의 적정화를 도모할 수 있게 된다.

3 소득처분의 형식

(1) 기업회계상 당기순이익

기업회계상 당기순이익은 상법의 규정에 따라 주주총회에서 그 귀속을 결정하게 되는데, 이를 이익잉여금의 처분이라 한다.

(2) 법인세법상 각 사업연도 소득금액

이와같이 기업회계상 당기순이익은 이익잉여금의 처분절차를 통하여 이미 그 귀속이 결정되어 있으므로 법인세법상 각 사업연도 소득금액을 계산함에 있어서 발생한 세무조정사항에 대해서도 추가적으로 그 귀속을 결정하여야 하는데, 이를 소득처분이라 함은 이미 설명하였다.

이를 그림으로 표시하면 다음과 같다.

각 사업연도 소득	당기순이익	주주총회를 통한 이익잉여금 처분 (배당·상여·사내유보)
	세무조정사항	법인세법상 소득처분 (사외유출·사내유보·기타)

Ⅱ. 소득처분의 내용

1 소득처분의 유형

법인세법상 세무조정시 발생되는 소득처분사항은 크게 ① 유보(또는 △유보), ② 사외유출, ③ 기타의 세가지로 구분된다.

구 분	내 용
(1) 유 보 (△유보)	유보(△유보)는 세무조정금액만큼 기업회계상 자산(또는 부채)과 세무상 자산(또는 부채)에 차이를 유발시키는 경우에 행하는 소득처분임 ▶ 이는 궁극적으로 기업회계와 법인세법간 손익의 귀속시기의 차이로 인하여 발생하는 것이다.
(2) 사 외 유 출	사외유출은 가산조정(익금산입·손금불산입)에서만 나타나는 것으로 세무조정금액만큼 기업외부로 유출되어 해당 기업 이외의 자에게 귀속되는 경우에 행하는 소득처분임 ▶ 따라서 이 경우에는 기업회계상 자산(또는 부채)과 세무상 자산(또는 부채)간에 차이를 유발시키지 않는다.
(3) 기 타	상기 (1)과 (2)에 해당하지 않는 경우에 행하는 소득처분임

분개법(分介法) 원리를 이용한 세무조정과 소득처분

　한 회계기간 동안 발생한 '회계상 거래'*를 분개로 장부에 인식하여 포괄손익계산서를 통해 측정한 경영성과가 바로 재무회계상 '당기순이익'이다. 그리고 한 사업연도 동안 발생한 법인세회계상 당기순이익이 바로 '각 사업연도 소득'이다.
　만약 우리나라 법인세법에서 재무회계상 장부 이외에 법인세법상 장부를 따로 유지하도록 규정하였다면 세무조정과 소득처분은 필요치 않았을 것이다. 왜냐하면 법인세회계장부를 통해 '각 사업연도 소득'이 직접 측정될 수 있기 때문이다. 하지만 현행 법인세법은 효율성을 중시하여 이중장부시스템을 유지하는 대신 재무회계상 '당기순이익'을 조정하여 법인세법상 '각 사업연도 소득'을 계산하고 있다. 따라서 당기순이익계산에 반영된 재무회계상 회계처리를 각 사업연도 소득의 계산을 위한 법인세법상의 회계처리로 조정하여야 하는데 이것이 바로 '세무조정과 소득처분'이다. 다시 말해 법인세법상 각 사업연도 소득금액을 계산하기 위해 재무회계상의 회계처리와 법인세법상의 회계처리의 차이를 조정하기 위한 회계처리 즉 재무회계상 분개(Book entry)를 법인세법상 분개(Tax entry)로 조정하기 위해 필요한 양 회계간 조정분개(Adjusting entry)에 해당하는 법인세법상 장치가 세무조정과 소득처분(Tax adjustment)이다.
　재무회계상 회계처리를 법인세법상 회계처리로 조정하기 위해 필요한 조정분개는 '손익항목의 차이'와 '자산·부채의 차이'로 구분된다. 조정분개에 나타난 손익항목의 차이를 법인세법상 조정하는 장치가 '세무조정' 즉 '소득금액조정'이다. 그리고 조정분개에 나타난 '자산·부채의 차이' 즉 '순자산의 차이'에 대해 그 차이분이 법인 내부에 여전히 남아 있는지 아니면 법인 외부로 유출되어 다른 납세주체에 귀속되었는지를 밝히는 법인세법상의 장치가 '소득처분'이다.

*　재무회계에서 등장하는 개념으로 분개의 대상이 되는 경제적 사건을 의미한다. 경제적 사건이 발생한 결과, 자산, 부채, 자본, 수익, 비용에 변동이 초래되고, 변동의 크기를 합리적인 방법을 통해 금액으로 측정할 수 있다면 이 사건은 장부에 인식해야할 '회계상 거래'가 되는 것이다.

(1) 재무회계상 당기순이익(book income)과 법인세법상 각 사업연도 소득(tax income)의 산출근거
　　① 당기순이익 : GAAP(일반적으로 인정된 회계원칙)
　　② 각 사업연도 소득 : 법인세법(세무상 GAAP)

　☞ 이중장부시스템이라면 세무조정은 필요 없음

(2) 현행 법인세법상 각 사업연도 소득(tax income)의 산출방법은 당기순이익(book income)에 GAAP과 법인세법의 회계처리 차이를 가감함

Book	차) ○○○　　　　　　　600	대) □□□	600
Tax	차) ○○○　　　　　　　660	대) □□□	660
Adjustment	차) ○○○　　　　　　　60	대) □□□	60

Book	재무회계상 회계처리
Tax	법인세법상 회계처리
Adjustment	재무회계상 회계처리를 법인세법상 회계처리로 만들기 위한 '조정분개'

　따라서 재무회계상 회계처리(Book)는 당기순이익에 반영되어 있으므로 여기에 양 회계간 차이만을 조정(Adjustment)하면 법인세 회계(Tax)상 각 사업연도 소득금액을 산출할 수 있음

(3) 법인세법상 '조정분개(Adjustment)'의 표시방법
　　세무조정은 기업회계상(장부상) 회계처리를 세무상 회계처리로 인정하는 것을 전제로 이루어진다. 그래서 장부상 수익을 익금으로 비용을 손금으로 가정한 상태에서 이루어지는 조정이므로 익금산입은 장부상 수익을 세무상 익금으로 볼 때 추가로 인식해야 할 익금액을 의미하고, 익금불산입은 장부상 수익을 세무상 익금으로 볼 때 차감해야 할 익금액을 의미한다. 또한 손금산입은 장부상 비용을 세무상 손금으로 볼 때 추가로 인식해야 할 손금액을 의미하고, 손금불산입액은 장부상 비용을 세무상 손금으로 볼 때 차감해야 할 손금액을 의미한다. 세무조정의 대상에는 익금과 손금의 차이뿐만 아니라 자산·부채·자본항목의 차이도 포함된다. 법인세법에서는 이들 차이를 분개(ex, 차) 감가상각누계액 100,000 대) 감가상각비 100,000)로 표시하는 대신 '세무조정'이라

는 '소득금액조정'과 '소득처분'의 결합된 형식(ex. 〈손금불산입〉 감가상각비한도초과 100,000·유보)으로 표시하도록 규정하고 있다.

예를 들어, 기업회계상 당기에 계상된 기계장치에 대한 감가상각비는 60,000원 인데 반하여 법인세법상 해당 사업연도에 손금으로 인정되는 감가상각비가 30,000원이라면, 기업회계상 필요한 분개는 다음과 같다.

| Book | 감가상각비(비용=손금) | 60,000 / 감가상각누계액(자산) | 60,000 |

반면에, 법인세법상 인정되는 분개는 다음과 같다.

| Tax | 감가상각비(손금) | 30,000 / 감가상각누계액(자산) | 30,000 |

기업회계상 분개(Book)는 결산과정을 거쳐 포괄손익계산서상 당기순이익에 반영된다. 그러므로 포괄손익계산서상 당기순이익을 법인세법상 각 사업연도 소득으로 그대로 사용한다면 감가상각비 즉, 손금이 30,000원 과대하게 인식되고, 기계장치의 장부금액은 30,000원 과소하게 인식된다. 따라서 당기순이익을 조정해서 각 사업연도 소득을 산출해야 하는데 이를 위해서는 다음과 같은 조정분개가 필요하다.

| Adjustment | 감가상각누계액(자산) | 30,000 / 감가상각비(손금) | 30,000 |

그런데 법인세법은 장부를 유지하지 않고, 오직 세액산출에 필요한 정보만을 효율적으로 계산하는 '서식' 시스템을 두고 있다. 이러한 서식시스템은 조정분개의 결과가 당기순이익에 가산하여 각 사업연도 소득을 증가시켜야 하는가 아니면 차감하여 감소시켜야 하는가에 초점을 맞추고 있다. 그리고 자산·부채의 장부금액의 차이는 미래의 이익과 소득에 차이를 유발하고, 청산소득계산을 위한 세무상 자기자본가액에도 영향을 미치므로 세무상 관리할 필요가 있다. 이러한 이유에서 법인세법상 세무조정과 소득처분(Tax adjustment)은 다음과 같이 소득에 미치는 영향과 순자산에 미치는 영향만을 표시하는 형식을 취하고 있다.

| Tax-Adj | 자 산↑(순자산↑) | 30,000 / 손 금↓(순자산↑) | 30,000 |

〈손금불산입〉 감가상각비 30,000·유보(기계장치)

조정분개의 대변에 있는 감가상각비는 재무회계에서는 비용의 감소를 의미한다. 하지만 장부상 이익(당기순이익)을 세무상 이익(각 사업연도 소득)으로 조정하는 조정분개의 관점에서 보면 감가상각비 60,000원을 모두 손금으로 인정하기에는 과대하므로 30,000원을 차감해야 한다는 의미이다. 그러므로 '손금의 감소' 즉 '손금불산입' 세무조정과 대응 된다.

그리고 조정분개의 차변에 있는 감가상각누계액은 재무회계에서는 '자산의 차감적 평가계정'의 감소 즉 자산의 장부금액의 증가를 의미한다. 이를 조정분개의 관점에서 해석하면 재무회계상 기계장치의 장부금액보다 세무회계상 기계장치의 장부금액을 30,000원 증가시켜야 한다는 의미이다. 이와 같이 재무회계와 기업회계의 자산의 장부금액의 차이가 법인 외부로 유출되지 않고 법인 내부에 남아있다는 법인세법상의 표시 장치가 바로 '유보'라는 소득처분사항이다.

이러한 일련의 과정을 집약하여 정리하면 다음과 같다.

Book	감가상각비	60,000 / 감가상각누계액	60,000
Tax	감가상각비	30,000 / 감가상각누계액	30,000
Adjustment	감가상각누계액	30,000 / 감가상각비	30,000
Tax-Adj	자 산↑(순자산↑)	30,000 / 손 금↓(순자산↑)	30,000

〈손금불산입〉 감가상각비 30,000·유보(기계장치)

본서에서는 세무조정과 관련된 모든 문제를 이러한 분개법 원리에 따라 풀이할 예정이다. 따라서 독자들은 여기에서 설명하는 분개법 원리의 기본내용과 형식을 충분히 이해하여야 한다.

조정분개(Adjustment)와 세무조정 및 소득처분(Tax adj)은 기계적인 대응관계를 갖는다.

조정분개의 차변에 등장할 수 있는 계정과 이에 대한 세무조정과 소득처분은 다음과 같다.

① 차) 익 금   ××× → 익금불산입 ××× ; 당기순이익보다 소득이 감소(당기순이익>소득)
② 차) 손 금   ××× → 손금산입   ××× ; 당기순이익보다 소득이 감소(당기순이익>소득)
③ 차) 자 산   ××× → 유   보   ××× ; Book보다 Tax의 자산이 증가(장부상 순자산<세무상 순자산)
④ 차) 부 채   ××× → 유   보   ××× ; Book보다 Tax의 부채가 감소(장부상 순자산<세무상 순자산)
⑤ 차) 유출잉여금 ××× → 사외유출 ××× ; 세무상 불입자본을 제외한 세무상 잉여금의 감소를 의미
하는 조정분개로서 해당 잉여금에 해당하는 세무상 순자산이 법인외부로 유출된 경우(ex, 장부상 비용으로 회계처리된 항목을 법인세법상 손금으로 부인하는 경우)의 소득처분 (장부상 순자산 = 세무상 순자산)

☞ 이것은 미래 주주의 배당으로 과세되어야 할 부분이 회사 밖으로 유출되어 '누군가'의 주머니(소득)로 들어간 것이므로 주주 대신의 소득귀속자인 그 '누군가'에 대한 과세가 이루어져야 함('누군가'가 주주면 '배당', 대표자 등 사원이면 '상여', 제3자면 '기타소득', 사업자 또는 법인이면 '기타사외유출'로 처분함)

⑥ 차) 불입자본 또는 잉여금 ××× → 기   타   ××× ; 세무상 순자산의 감소를 의미하는 조정분개로서 해당 순자산의 감소에도 불구하고 동시에 자산이 증가하거나, 부채가 감소함으로써 세무상 순자산의 변동이 없는 경우의 소득처분 (장부상 순자산 = 세무상 순자산)

조정분개의 대변에 등장할 수 있는 계정과 이에 대한 세무조정과 소득처분은 다음과 같다.
ⓐ 대) 익 금   ××× → 익금산입   ××× ; 당기순이익보다 소득이 증가(당기순이익<소득)
ⓑ 대) 손 금   ××× → 손금불산입 ××× ; 당기순이익보다 소득이 증가(당기순이익<소득)
ⓒ 대) 자 산   ××× → △유 보   ××× ; Book보다 Tax의 자산이 감소(장부상 순자산>세무상 순자산)
ⓓ 대) 부 채   ××× → △유 보   ××× ; Book보다 Tax의 부채가 증가(장부상 순자산>세무상 순자산)
ⓔ 대) 불입자본 또는 잉여금 ××× → 기   타   ××× ; 세무상 순자산의 증가를 의미하는 조정분개로서 해당 잉여금의 증가에도 불구하고 동시에 자산이 감소하거나, 부채가 증가함으로써 세무상 순자산의 변동이 없는 경우의 소득처분 (장부상 순자산 = 세무상 순자산)

(4) 조정분개와 세무조정 및 소득처분과의 관계
위에서 설명한 조정분개와 세무조정 및 소득처분과의 대응관계를 정리하면 다음과 같다.

차 변		세무조정 및 소득처분		대 변		세무조정 및 소득처분	
① 차) 익 금	×××	익금불산입	×××	ⓐ 대) 익 금	×××	익금산입	×××
② 차) 손 금	×××	손금산입	×××	ⓑ 대) 손 금	×××	손금불산입	×××
③ 차) 자 산	×××	유 보	×××	ⓒ 대) 자 산	×××	△유 보	×××
④ 차) 부 채	×××	유 보	×××	ⓓ 대) 부 채	×××	△유 보	×××
⑤ 차) 유출잉여금	×××	사외유출	×××	ⓔ 대) 불입자본 또는 잉여금	×××	기 타	×××
⑥ 차) 불입자본 또는 잉여금	×××	기 타	×××				

재무회계상 분개와 세무회계상 분개의 조정분개가 '① + ⓒ' 즉, '차) 익 금   ××× 대) 자 산   ×××'에 해당한다면, 법인세법상 '〈익금불산입〉 ×××·△유보'의 세무조정과 소득처분을 하면 된다. 그리고 만약 조정분개가 '③ + ⓔ' 즉, '차) 자 산   ××× 대) 잉여금   ×××'에 해당한다면, 법인세법상 '×××·유보와 ×××·기타'의 소득처분만 하면 된다. 하지만 법인세법에서는 총액법 회계처리를 전제로 하고 있어 세무조정 없는 소득처분을 인정하지 않고 있다. 따라서 '〈익금산입〉 ×××·유보와 〈익금불산입〉 ×××·기타'로 세무조정(소득금액조정)을 추가해야 한다. 하지만 궁극적으로 그 효과는 소득처분만 남게 된다.
분개법 원리를 정리한 위의 표는 본서의 예제들을 풀이해 가는 과정에서 자연스럽게 이해하고 암기하게 될 것이다. 분개법 원리를 익히는 초기단계에서는 위의 표를 자주 참고해야 할 것이므로 독자의 편의성을 위해 앞 표지 뒷면에 위 표를 제시하였다.

 유보와 △유보

(1) 유 보

유보란 세무조정상 익금산입·손금불산입한 금액만큼 각 사업연도 소득금액이 증가하는 동시에 해당 금액만큼 기업회계상 순자산가액(자산-부채)보다 세무상 순자산가액(자산-부채)이 증가한 것으로 인정되는 소득처분을 말한다.

예컨대, 감가상각비의 과대계상액과 퇴직급여충당금의 과대계상액을 손금불산입하는 경우, 신용

매출누락의 익금산입, 무상주교부에 의한 의제배당의 익금산입 등이 이에 해당한다.

1) 감가상각비를 과대계상한 경우

① 자 료

㉠ 기계장치의 취득원가 : 10,000원 ㉡ 회사가 장부에 계상한 감가상각비 : 2,000원
㉢ 법인세법상 손금한도액❋ : 1,000원

❋ 이를 실무에서는 상각범위액이라 한다.

② 설 명
상기의 자료에서 회사는 감가상각비를 세무상 상각범위액(=손금한도액)보다 1,000원을 과대계상하였으므로 해당 금액을 손금불산입하여야 하며, 이러한 결과로 기업회계상 감가상각 완료 후의 장부가액은 8,000원(10,000원-2,000원)이나 세무상 장부가액은 9,000원(10,000원-1,000원)이 된다.
따라서 다른 세무조정사항이 없다고 가정하면 회사는 1,000원 만큼의 자산을 과소계상한 결과를 초래하고, 이는 회사의 장부상 해당 금액만큼의 순자산가액을 감소시킨 결과가 되는 것이다.

③ 결 론
결국 다음과 같은 세무조정과 소득처분을 하여야 한다.

〈손금불산입〉 감가상각비 한도초과❋   1,000 (유보)

❋ 이를 실무에서는 상각부인액이라 한다.

이를 도표로 설명하면 다음과 같다.

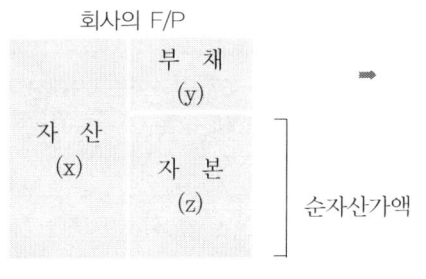
회사의 F/P

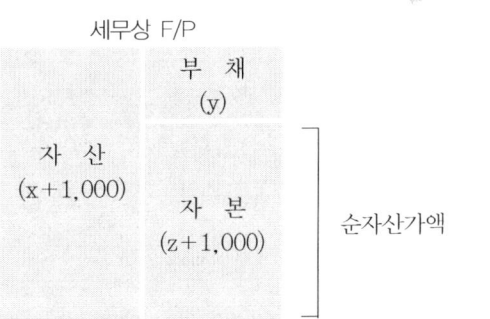
세무상 F/P

분개법   감가상각비를 과대계상한 경우 : 유보 사례

Book	감가상각비(비용=손금)	2,000 / 감가상각누계액(자산)	2,000
Tax	감가상각비(손금)	1,000 / 감가상각누계액(자산)	1,000
Adjustment	감가상각누계액(자산)	1,000 / 감가상각비(손금)	1,000
Tax-Adj	자 산↑(순자산↑)	1,000 / 손 금↓(순자산↑)	1,000

〈손금불산입〉 감가상각비 1,000·유보(기계장치)

2) 퇴직급여충당금을 과대계상한 경우

① 자 료

㉠ 회사가 해당 사업연도에 설정한 퇴직급여충당금 : 3,000원
㉡ 세무상 퇴직급여충당금 손금한도액 : 2,500원

② 설 명

상기의 자료에서 다른 세무조정사항이 없다고 가정하면 회사는 세무상 퇴직급여충당금 손금한도액보다 500원 만큼 비용을 과대계상하였으므로 해당 금액을 손금불산입하여야 하며, 이러한 결과로 회사는 500원 만큼의 부채를 과대계상한 결과를 초래하고, 이는 회사의 장부상 해당 금액만큼의 순자산가액을 감소시킨 결과가 되는 것이다.

③ 결 론

결국 다음과 같은 세무조정과 소득처분을 하여야 한다.

〈손금불산입〉 퇴직급여충당금 한도초과　　　　500 (유보)

이를 도표로 설명하면 다음과 같다.

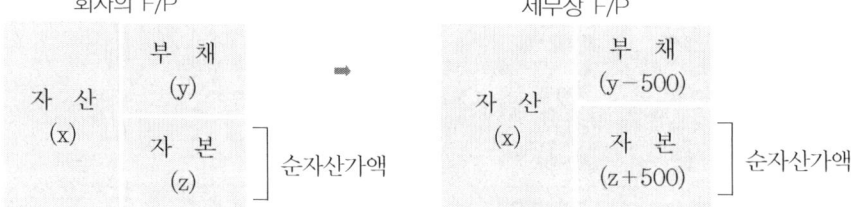

분개법　퇴직급여충당금을 과대계상한 경우 : 유보 사례

Book	퇴직급여(비용=손금)	3,000	퇴직급여충당금(부채)	3,000
Tax	퇴직급여(손금)	2,500	퇴직급여충당금(부채)	2,500
Adjustment	퇴직급여충당금(부채)	500	퇴직급여(손금)	500
Tax-Adj	부 채↓(순자산↑)	500	손　금↓(순자산↑)	500

〈손금불산입〉 퇴직급여　500·유보(퇴직급여충당금)

(2) △유보

△유보란 세무조정상 손금산입·익금불산입한 금액만큼 각 사업연도 소득금액이 감소하는 동시에 해당 금액만큼 기업회계상 순자산가액보다 세무상 순자산가액이 감소하는 것으로 인정되는 소득처분을 말한다.

예컨대, 선급비용 과대계상에 대한 손금산입이 이에 해당한다.

한편, 위에서 순자산가액이란 '자산-부채'와 같은 개념이다. 따라서 세무조정결과 기업회계상 자산가액보다 세무상 자산가액이 작거나, 기업회계상 부채가액보다 세무상 부채가액이 큰 경우에 △유보로 처분한다.

1) 선급비용을 과대계상한 경우

① 자 료

> ㉠ 회사가 선급비용으로 계상한 금액 : 800원
> ㉡ 해당 선급비용 계상액 800원은 세무상 해당 사업연도에 귀속되는 보험료이다.

② 설 명

상기의 자료에서 다른 세무조정사항이 없다고 가정하면 회사는 800원 만큼의 자산을 과대계상한 결과를 초래하고, 이는 회사의 장부상 해당 금액만큼의 순자산가액을 증가시킨 결과가 되는 것이다.

③ 결 론

결국 다음과 같은 세무조정과 소득처분을 하여야 한다.

> 〈손금산입〉 선급비용 과대계상 800 (△유보)

이를 도표로 설명하면 다음과 같다.

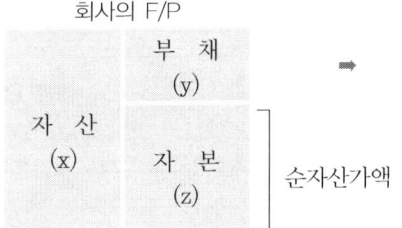
회사의 F/P

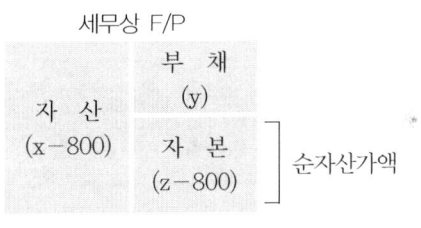
세무상 F/P

분개법 선급비용을 과대계상한 경우 : △유보 사례

Book	선급비용(자산)	800	현 금(자산)	800
Tax	보험료(손금)	800	현 금(자산)	800
Adjustment	보험료(손금)	800	선급비용(자산)	800
Tax-Adj	손 금↑(순자산↓)	800	자 산↓(순자산↓)	800

〈손금산입〉 보험료 800·△유보(선급비용)

2) 손실보전준비금의 손금산입

① 자 료

> 회사가 해당 사업연도에 잉여금처분에 의한 신고조정으로 손실보전준비금을 손금에 산입한 금액은 700원이다.

② 설 명

상기의 자료에서 조세특례제한법상 손실보전준비금은 기업회계상 부채로 인정되지 아니하므로 회사에서는 이를 결산에 반영하는 대신 잉여금처분에 의한 신고조정에 의하여 손실보전준비금 700원을 손금산입하였다. 따라서 다른 세무조정사항이 없다고 가정하면 회사는 700원 만큼의 부채를 과소계상한 결과를 초래하고, 이는 회사의 장부상 해당 금액만큼의 순자산가액을 증가시킨 결과가 되는 것이다.

③ 결 론

결국 다음과 같은 세무조정과 소득처분을 하여야 한다.

〈손금산입〉   손실보전준비금   700 (△유보)

이를 도표로 설명하면 다음과 같다.

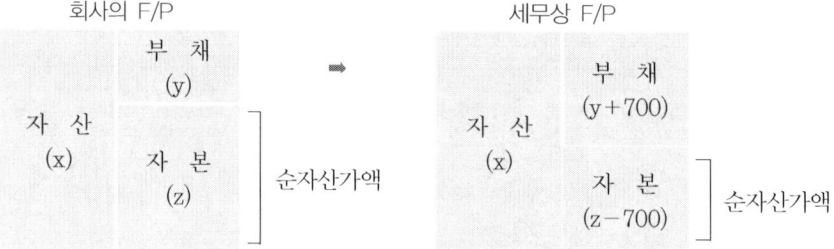

분개법 | 손실보전준비금의 손금산입 : △유보 사례

Book	분개 없음			
Tax	손실보전준비금전입액(손금)	700	/ 손실보전준비금(부채)	700
Adjustment	손실보전준비금전입액(손금)	700	/ 손실보전준비금(부채)	700
Tax-Adj	손 금↑(순자산↓)	700	/ 부 채↑(순자산↓)	700

〈손금산입〉 손실보전준비금전입액   700·△유보(손실보전준비금)

참고 | 유보·△유보와 자산·부채·자본과의 관계

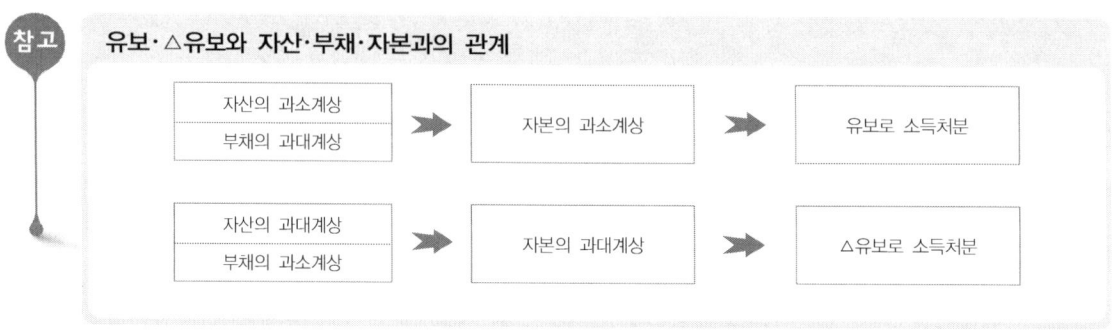

(3) 유보(△ 유보)처분액의 사후관리

지금까지 살펴본 유보와 △유보로 처분되는 항목들의 공통점은 모두 기업회계와 법인세법의 본질적인 차이가 아닌 기간귀속의 차이로 발생하는 세무조정사항이라는 점이다.

따라서 해당 사업연도에 처분된 유보 또는 △유보는 다음 사업연도 이후 언젠가는 반드시 △유보 또는 유보로 처분되어 소멸하게 되며, 또한 감가상각비 또는 퇴직급여충당금 등의 손금한도액 계산에 영향을 미치게 되므로 지속적인 관리를 요한다. 이를 구체적으로 살펴보면 다음과 같다.

1) 직접적 영향

해당 사업연도에 유보 또는 △유보로 처분된 경우 다음 사업연도 이후 해당 자산의 감가상각시 또는 처분시에 △유보 또는 유보로 처분(이를 유보 또는 △유보의 추인이라 함)되어 소득금액에 직접적인 영향을 미친다.

예컨대, 해당 사업연도에 비용처리한 토지의 취득세 100원에 대해서 손금불산입(유보)한 경우 다음 사업연도에 해당 토지를 처분한 경우에는 기업회계상 처분이익(처분손실)이 세무상 처분이익(처분손실)보다 과다(과소)하게 계상되므로 익금불산입·손금산입(△유보)을 하여야 한다.

분개법 **유보(△유보)처분액의 사후관리**

① 해당 사업연도 : 토지 1,000원 취득 시 취득세 100원을 비용처리함

Book	토 지(자산)	1,000 / 현 금(자산)		1,100
	세금과공과(비용=손금)	100		
Tax	토 지(자산)	1,100 / 현 금(자산)		1,100
Adjustment	토 지(자산)	100 / 세금과공과(비용=손금)		100
Tax-Adj	자 산↑(순자산↑)	100 / 손 금↓(순자산↑)		100

〈손금불산입〉 세금과공과 100 · 유보(토지)

② 다음 사업연도 : 해당 토지를 1,500원에 처분함

Book	현 금(자산)	1,500 / 토 지(자산)		1,000
		토지처분이익(수익=익금)		500
Tax	현 금(자산)	1,500 / 토 지(자산)		1,100
		토지처분이익(익금)		400
Adjustment	토지처분이익(익금)	100 / 토 지(자산)		100
Tax-Adj	익 금↓(순자산↓)	100 / 자 산↓(순자산↓)		100

〈익금불산입〉 토지처분이익 100 · △유보(토지)

> **참고** 유보 또는 △유보의 사후관리

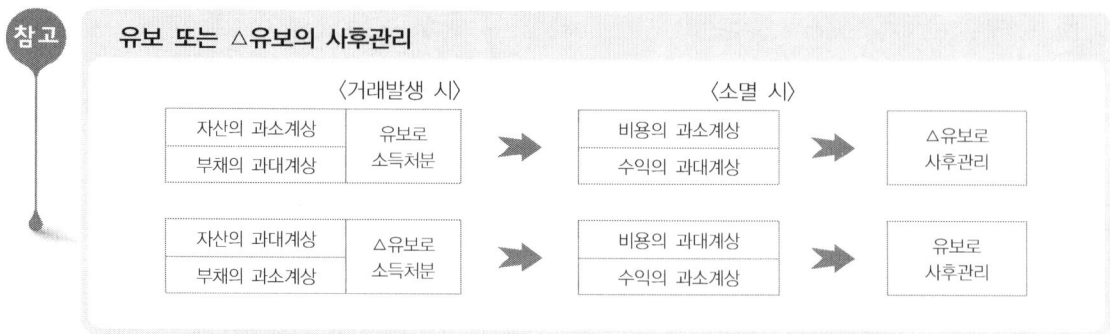

> **참고** 유보 또는 △유보의 사후관리

구 분	세무조정사항	반대의 조정시기(=추인시기)
자 동 조 정 사 항	대손충당금 한도초과액	무조건 다음 사업연도에 반대의 세무조정을 함
그밖의 조 정 사 항	유형자산 및 무형자산의 상각부인액	시인부족액 발생시 또는 양도 시
	자산의 과대계상액	감가상각 시 또는 양도 시
	재고자산평가감·재고자산평가증	해당 재고자산의 처분 시
	대손금 부인액	대손요건 충족 시 또는 회수 시

2) 간접적 영향

법인세법상 각종 손금한도액을 계산함에 있어 기준이 되는 자산 또는 부채의 가액은 세무상 가액을 말하므로, 해당 자산 또는 부채에 유보 또는 △유보가 있는 경우에는 장부상 자산 또는 부채 가액에 해당 유보 또는 △유보금액을 가감하여 손금한도액을 계산하여야 한다.

(4) 자본금과 적립금 조정명세서(갑)과 자본금과 적립금 조정명세서(을)

위에서 살펴본 바와 같이 유보 또는 △유보로 처분된 금액은 차기 이후의 소득금액을 계산함에 있어서 직접 또는 간접적인 영향을 미치므로 정확한 소득금액의 계산을 위하여 반드시 유보 또는 △유보금액에 대한 사후관리가 필요한 것이며, 이러한 유보 또는 △유보금액의 사후관리 및 세무회계상 자기자본의 계산과 관리를 위하여 제정된 서식이 자본금과적립금조정명세서인 것이다.

자본금과적립금조정명세서(갑)은 세무회계상의 자기자본을 계산함과 동시에 세무회계상의 이월결손금을 관리하는 서식이며, 자본금과적립금조정명세서(을)은 유보 또는 △유보금액의 증감내용을 관리하기 위하여 유보 또는 △유보로 처분된 세무조정사항을 기록하는 서식이다.

참고로 자본금과적립금조정명세서(갑)에서 계산하게 되는 세무회계상 자기자본의 계산구조를 살펴보면 다음과 같다.

```
        F / P 상 자 기 자 본
  ( ± ) 유 보 잔 액 의  합 계   ⇒ 자본금과 적립금조정명세서(을)표에서 이기
  ( − ) 손 익 미 계 상 법 인 세 등   ⇒ [법인세+지방소득세+농어촌특별세] − 결산재무제표상 법인세비용
        세 무 상 자 기 자 본
```

예 3-1 유보와 △유보(I)

다음 자료에 의하여 ㈜A의 제8기와 제9기의 세무조정을 하시오.

구 분	내 용
제8기	토지의 취득 : 취득원가 10,000원, 취득세 400원 (차) 토　　　지　　10,000　　(대) 현　　　금　　10,400 　　　세금과공과　　　　400
제9기	토지의 처분 : 양도가액 12,000원 (차) 현　　　금　　12,000　　(대) 토　　　지　　10,000 　　　　　　　　　　　　　　　토지처분익　　 2,000

1. 제8기 세무조정
   〈손금불산입〉 토　　　지　　400(유보)

2. 제9기 세무조정
   〈익금불산입〉 토　　　지　　400(△유보)

참 고

1. 제8기 세무조정
   자산의 취득과 관련하여 부담하는 취득세는 취득부대비용으로써 취득원가에 가산하여야 한다. 그런데 회사는 이를 자산의 증가로 처리하지 않고 비용처리하였으므로 당기순이익이 감소되어 결과적으로 각 사업연도 소득금액을 감소시켰다. 따라서 세무조정은 가산조정(손금불산입)이 필요하다. 한편, 세무상 자산가액은 10,400원이나 회사는 자산가액을 10,000원으로 계상하였으므로 400원의 자산가액이 과소계상되어 있는 상태이다. 따라서 소득처분을 유보로 하여 세무상 자산가액을 증가시켜야 한다.

〈소득금액조정합계표〉

익금산입 및 손금불산입			손금산입 및 익금불산입		
과 목	금 액	소득처분	과 목	금 액	소득처분
토 지	400	유 보			

〈자본금과 적립금조정명세서(을)〉

과 목	기초잔액	감 소	증 가	기말잔액
토 지	-	-	400	400

2. 제9기 세무조정
   회사는 토지의 처분과 관련하여 처분익 2,000원(=12,000원-10,000원)을 계상하였다. 그런데 세무상 처분이익은 1,600원(=12,000원-10,400원)이므로 결과적으로 당기순이익이 400원 과대계상되어 각 사업연도 소득금액을 증가시켰다. 따라서 세무조정은 차감조정(익금불산입)이 필요하다. 한편, 세무상 처분이익을 계산할 때 토지의 취득원가 10,500원의 근거는 장부가액 10,000원과 유보금액 400원의 합계액이었다. 그런데 해당 유보와 관련된 토지가 처분되었으므로 해당 유보금액도 소멸시켜야 타당하다. 따라서 소득처분을 △유보로 하여 유보금액을 제거시켜야 한다.

〈소득금액조정합계표〉

익금산입 및 손금불산입			손금산입 및 익금불산입		
과 목	금 액	소득처분	과 목	금 액	소득처분
			토 지	400	유 보

〈자본금과 적립금조정명세서(을)〉

과 목	기초잔액	감 소	증 가	기말잔액
토 지	400	400	–	–

분개법 유보와 △유보

① 제8기 사업연도 : 토지 취득원가 10,000원, 취득세 400원

Book	토 지(자산)	10,000 / 현 금(자산)	10,400
	세금과공과(비용=손금)	400	
Tax	토 지(자산)	10,400 / 현 금(자산)	10,400
Adjustment	토 지(자산)	400 / 세금과공과(비용=손금)	400
Tax-Adj	자산↑(순자산↑)	400 / 손금↓(순자산↑)	400

〈손금불산입〉 세금과공과   400 · 유보(토지)

② 제9기 사업연도 : 토지 양도가액 12,000원

Book	현 금(자산)	12,000 / 토 지(자산)	10,000
		토지처분이익(수익=익금)	2,000
Tax	현 금(자산)	12,000 / 토 지(자산)	10,400
		토지처분이익(익금)	1,600
Adjustment	토지처분이익(익금)	400 / 토 지(자산)	400
Tax-Adj	익 금↓(순자산↓)	400 / 자 산↓(순자산↓)	400

〈익금불산입〉 토지처분이익   400 · △유보(토지)

3 사외유출

(1) 사외유출의 의의

1) 개 념

사외유출이란 세무조정상 익금산입·손금불산입한 금액만큼 각 사업연도 소득금액이 증가하지만, 해당 금액만큼 회사외부로 유출된 경우에 행하는 소득처분을 말한다.

2) 특 징

이 경우 유의하여야 할 점은 당기순이익에 비하여 증가한 각 사업연도 소득금액이 회사내부에 남아 있지 아니하고 회사외부로 유출되어 기업회계와 세무상 순자산가액은 일치한다는 점이다.

따라서 앞에서 설명한 유보의 경우에는 해당 사업연도 이후의 세무조정시 반대의 영향을 미치지만 사외유출의 경우에는 이와는 달리 아무런 영향을 미치지 않는다.

3) 참 고

한편, 사외유출의 경우에는 해당 귀속자에 따라 배당·상여·기타사외유출·기타소득으로 소득처

분을 하게 되는데, 배당·상여·기타소득의 경우에는 소득세법상 배당소득·근로소득·기타소득으로 분류되므로 해당 법인은 원천징수의무를 진다.

① 배   당 : 인정배당이라고도 하며, 소득세법상 배당소득임
② 상   여 : 인정상여라고도 하며, 소득세법상 근로소득임
③ 기타소득 : 소득세법상 기타소득임

(2) 소득의 귀속자에 따른 구체적 처분내용

위에서 살펴본 바와 같이 세무조정을 통하여 파악된 법인의 소득이 사외로 유출된 경우에는 해당 귀속자에 따라 배당·상여·기타사외유출·기타소득으로 처분된다고 하였는데, 해당 소득처분사항과 소득의 귀속자를 요약하면 다음과 같다.

구 분		소득의 귀속자
배 당		주주·출자자(출자임원과 직원 제외) ⇔ 개인주주 등을 의미함(특정한 경우 외국법인 주주 등을 포함)
상 여		임원이나 직원(출자임원과 직원 포함)
기 타 사 외 유 출	법 인	① 내국법인(법인주주 등을 포함)의 각 사업연도 소득금액을 구성하는 경우
		② 외국법인(법인주주 등을 포함)의 국내사업장의 각 사업연도 소득금액을 구성하는 경우
		③ 비과세법인인 국가·지방자치단체·지방자치단체조합에 귀속된 경우
	개 인	① 거주자의 사업소득을 구성하는 경우
		② 비거주자의 국내사업장의 사업소득을 구성하는 경우
기 타 소 득		위에 열거된 자 이외의 자

주주·출자자의 용어해설 : 상법상 회사의 유형은 합명회사·합자회사·유한회사·유한책임회사·주식회사로 구분되는데, 이러한 회사의 유형 중 주권을 발행하는 회사는 유일하게 주식회사에 한정하며, 오늘날 대부분의 회사는 주식회사의 형태로 운영하고 있다. 한편, 이들 회사는 모두 법인세법상 법인에 해당하므로 특정 법조문을 제정함에 있어서는 이들 납세의무자에 해당하는 모든 회사의 형태를 다 언급하여야 하므로 복잡한 문구를 갖게 되기도 하는데, 이와 관련된 대표적 용어를 살펴보면 다음과 같다.
① 주주(주식회사) ⇔ 출자자(그 밖의 회사)
② 주식(주식회사) ⇔ 출자지분(그 밖의 회사)
③ 주주총회(주식회사) ⇔ 사원총회(그 밖의 회사)

참고 주주에게 귀속되는 경우 소득처분의 구체적 사례

1차 구분	2차 구분		소득처분	비 고
개인주주	임원·직원이 아닌 경우		배 당	원천징수(소득세법)
	임원·직원인 경우		상 여	원천징수(소득세법)
법인주주	내국법인(국가·지방자치단체·지방자치단체조합 포함)		기타사외유출	사후관리 없음
	외국법인	국내사업장에 귀속되는 경우	기타사외유출	사후관리 없음
		국내사업장에 귀속되지 않는 경우	배 당	원천징수(법인세법)

배당·상여·기타소득의 귀속시기 및 원천징수시기

세무조정상 익금산입·손금불산입한 금액에 대한 소득처분이 배당·상여·기타소득인 경우 해당 소득의 귀속시기 및 원천징수시기는 다음과 같다.

소득의 귀속시기		소득의 원천징수시기		
배 당	해당 사업연도의 결산확정일	배당, 상여, 기타 소득	자기조정시	그 신고일 또는 수정신고일
상 여	해당 사업연도 중 근로를 제공한 날			
기타소득	해당 사업연도의 결산확정일		정부조정시	소득금액변동통지서가 도달한 날

사외유출 사례

㈜A는 제11기 중에 건물을 수리하고 수선비를 ㈜B에 지출하고 다음과 같이 회계처리하였다.

| (차) 수 선 비 | 20 | (대) 현 금 | 20 |

그러나 그 건물은 사실상 ㈜A가 아닌 제3자가 ㈜A의 업무와 전혀 관련 없이 사용하는 것임이 밝혀졌다. 이러한 업무무관비용은 손금으로 인정되지 않는다. 이 경우 그 제3자가 다음과 같다면 그 세무조정과 소득처분은 각각 어떻게 되는가?

(1) 임직원이 아닌 개인주주인 경우
(2) 임직원인 경우
(3) 출자임직원인 경우
(4) 주주가 아닌 법인인 경우
(5) 법인주주인 경우
(6) 그 외의 자인 경우

CASE Ⅰ : 사외로 유출된 수선비를 제3자로부터 회수한 경우
          (1) 재무회계상 회수에 대한 기록이 있는 경우
          (2) 재무회계상 회수에 대한 기록이 없는 경우(즉, 세무상 현금계정은 적정)

CASE Ⅱ : 사외로 유출된 수선비를 제3자로부터 회수하지 못한 경우

CASE Ⅰ : 사외로 유출된 수선비를 제3자로부터 경우

(1) 장부상 회수에 대한 기록이 있는 경우

Book	수선비(비용)		20 / 현 금		20
	현 금		20 / 수선비(비용)		20
Tax	없 음				
Adjustment	없 음				
Tax-Adj	없 음				

(2) 장부상 회수에 대한 기록이 없는 경우(즉, 세무상 현금계정은 적정)

Book	수선비(비용)	20 / 현 금	20
Tax	없 음		
Adjustment	현 금	20 / 수선비(손금)	20
Tax-Adj	자 산 ↑(순자산 ↑)	20 / 손 금 ↓(순자산 ↑)	20

〈손금불산입〉 현금 20·유보 : '유보' 처분은 소득금액조정 결과 세무상 순자산이 증가되었음을 의미함

CASE Ⅱ : 사외로 유출된 수선비를 제3자로부터 회수하지 못한 경우
→ 법인세회계에서는 법인세법에서 업무무관비용을 손금으로 인정하지 않으므로 잉여금 유출(세무회계상 계정과목은 "유출잉여금")로 회계처리한다.

Book	수선비(비용)	20 / 현 금	20
Tax	잉여금(to 제3자)	20 / 현 금	20
Adjustment	잉여금(to 제3자)	20 / 수선비(손금)	20
Tax-Adj	잉여금 ↓(순자산 ↓)	20 / 손 금 ↓(순자산 ↑)	20

〈손금불산입〉 수선비(업무무관비용) 20·사외유출

; 위의 CASE Ⅰ과 CASE Ⅱ에서 알 수 있듯이 CASE Ⅱ의 사외유출은 CASE Ⅰ에서 회수되었더라면 사내에 유보되었을 현금이 사외로 유출되어 ㈜A 이외의 법인 또는 개인의 소득으로 흘러 들어갔음을 의미한다. 다시 말해 장부상으로는 ㈜A의 비용으로 회계처리 되어 ㈜B에 지출된 거래를 세무상으로는 ㈜A의 손금이 아니라 잉여금의 형태로 직접 '누군가'의 소득으로 유출되어 그 '누군가'의 소득을 증가시킨 후에 그 '누군가'에 의해 ㈜B에 수선비로 지출된 것으로 본다는 것이다.

세무상 관점에서 보면 장부상의 회계처리는 당기 과세소득을 20원 과소계상하고 있는 것이다. 그리고 유출된 잉여금의 귀속으로 소득이 증가한 '누군가'의 소득에 대한 과세 근거가 누락되어 있다. 과세소득 관점에서 장부상 과소계상한 20원을 포착하여 과세하는 법인세법상의 장치가 세무조정 중 '〈손금불산입〉 20'이고, 장부상 근거가 누락된 유출된 잉여금의 귀속으로 증가한 누군가의 소득에 대한 과세를 가능하게 하는 법인세법상의 장치가 세무조정 중 '사외유출' 소득처분이다. '사외유출'소득처분의 구체적인 내용은 '누군가'가 어떤 성격의 주체이냐에 따라 다음과 같이 달라진다.

(1) 임직원이 아닌 개인주주인 경우   : 배당(소득세법상)
(2) 임직원인 경우   : 상여(소득세법상)
(3) 출자임직원인 경우   : 상여(소득세법상)
(4) 주주가 아닌 법인인 경우   : 기타사외유출
(5) 법인주주인 경우   : 기타사외유출
(6) 그 외의 자인 경우   : 기타소득(소득세법상)

4 기 타

(1) 가산조정(익금산입·손금불산입) 시 기타

가산조정 시 기타란 해당 세무조정사항이 기업회계와 세무상 순자산가액의 차이(=기업회계상 자산·부채의 가액과 세무상 자산·부채의 가액과의 차이)를 발생시키지 않을 뿐만 아니라 사외유출된 것으로도 볼 수 없는 경우에 적용하는 소득처분을 말한다.

한편, 기타로 소득처분되는 경우에는 사외유출과 마찬가지로 해당 사업연도 이후의 세무조정 시

아무런 영향을 미치지 아니하므로 사후관리가 필요하지 않다.
이하 기타로 소득처분되는 유형과 사례를 살펴보면 다음과 같다.

구 분	내 용
1) 유 형	① 자본잉여금 등으로 계상한 항목에 대하여 익금산입하는 경우 ② 전기오류의 수정사항 중 이익잉여금에 반영한 항목을 익금산입하는 경우
2) 사 례	10,000원에 취득한 자기주식을 12,000원에 처분하면서 다음과 같이 회계처리한 경우 (차) 현　　　　금　　12,000　　　(대) 자 기 주 식　　10,000 　　　　　　　　　　　　　　　　　　자기주식처분이익　2,000 ➡ 〈익금산입〉 자기주식처분이익　2,000(기타)

분개법 기타사례

① 자기주식의 취득 : 10,000원

Book	자기주식(자본조정, 자본의 감소)	10,000 / 현　금(자산)	10,000
Tax	자기주식(자본의 감소)	10,000 / 현　금(자산)	10,000
Adjustment Tax-Adj	없 음 없 음		

〈세무조정 없음〉

② 자기주식의 처분 : 12,000원

Book	현　금(자산)	12,000 / 자기주식	10,000
		(주식재발행, 자본조정, 자본의 증가)	
		자기주식처분이익(자본잉여금)	2,000
Tax	자기주식(자산의 증가)	10,000 / 자기주식(자본의 증가)	10,000
	현　금(자산)	12,000 / 자기주식	10,000
		(자산의 처분, 자산의 감소)	
		자기주식처분이익(익금)	2,000
Adjustment Tax-Adj	자기주식처분이익(자본잉여금) 불입자본↓(순자산↓)	2,000 / 자기주식처분이익(익금) 2,000 / 익　금↑(순자산↑)	2,000 2,000

〈익금산입〉 자기주식처분이익　2,000·기타

기업회계에서 자본의 증가로 회계처리한 거래에 대해 세무회계에서는 익금의 증가로 회계처리하여야 하는 경우로서, 해당 거래로 인하여 양 회계의 자본이 증가하는 것은 동일하나 기업회계에서는 당기순이익에 영향을 미치지 않으면서 자본이 증가하는 데 비해 세무회계에서는 각 사업연도 소득을 통해 순자산이 증가하는 것에 차이가 있을 뿐이다. 따라서 세무조정 시에는 소득금액조정만이 필요하고, 기업회계상 자본과 세무회계상 순자산에 차이가 없으므로 소득처분은 불필요하다. 그러나 세무조정의 형식적 요건으로서 소득처분이 필요하므로 '빈자리' 대신에 '기타'라는 처분을 하는 것이다.

(2) 차감조정(손금산입·익금불산입) 시 기타

차감조정 시 기타란 △유보에 해당하지 않는 경우에 적용하는 소득처분을 말한다.
한편, 기타로 소득처분되는 경우에는 △유보로 소득처분되는 경우와는 달리 해당 사업연도 이후의 세무조정 시 아무런 영향을 미치지 아니하므로 사후관리가 필요하지 않다.

이하 기타로 소득처분되는 유형과 사례를 살펴보면 다음과 같다.

구 분	내 용
1) 유 형	① 자본잉여금 등의 감소로 처리한 항목에 대하여 손금산입하는 경우 ② 전기오류의 수정사항 중 이익잉여금을 차기한 항목을 손금산입하는 경우 ③ 국세·지방세 과오납금 환급금이자에 대하여 익금불산입하는 경우 ④ 법인의 수입배당금액 중 일정금액을 익금불산입하는 경우
2) 사 례	10,000원에 취득한 자기주식을 8,000원에 처분하면서 다음과 같이 회계처리한 경우(법인에는 이전의 자기주식거래로 인한 자기주식처분이익 500원이 있음) (차) 현　　　　　금　　　　　8,000　　(대) 자 기 주 식　　10,000 　　자기주식처분이익　　　　　500 　　자기주식처분손실　　　　1,500 ➡ 〈손금산입〉 자기주식처분손실　2,000(기타)

분개법 기타사례

① 자기주식의 취득 ; 10,000원

Book	자기주식(자본조정, 자본의 감소)	10,000 / 현　금(자산)	10,000
Tax	자기주식(자본의 감소)	10,000 / 현　금(자산)	10,000
Adjustment	없 음		
Tax-Adj	없 음		

〈세무조정 없음〉

② 자기주식의 처분 ; 8,000원(이전의 자기주식거래로 인한 자기주식처분이익 500원이 있음)

Book	현　금(자산)	8,000 / 자기주식	10,000
	자기주식처분이익(자본잉여금)	500　(주식재발행, 자본조정, 자본의 증가)	
	자기주식처분손실(자본잉여금)	1,500	
Tax	자기주식(자산의 증가)	10,000 / 자기주식(자본의 증가)	10,000
	현　금(자산)	8,000 / 자기주식	10,000
	자기주식처분손실(손금)	2,000　(자산의 처분, 자산의 감소)	
Adjustment	자기주식처분손실(손금)	2,000 / 자기주식처분이익(자본잉여금)	500
		자기주식처분손실(자본조정)	1,500
Tax-Adj	손　금↑(순자산↓)	2,000 / 불입자본↑(순자산↑)	2,000

〈손금산입〉 자기주식처분손실　2,000·기타

기업회계에서 자본의 감소로 회계처리한 거래에 대해 세무회계에서는 손금의 증가로 회계처리하여야 하는 경우로서, 해당 거래로 인하여 양 회계의 자본이 감소하는 것은 동일하나 기업회계에서는 당기순이익에 영향을 미치지 않으면서 자본이 감소하는 데 비해 세무회계에서는 각 사업연도 소득을 통해 순자산이 감소하는 것에 차이가 있을 뿐이다. 따라서 세무조정 시에는 소득금액조정만이 필요하고, 기업회계상 자본과 세무회계상 순자산에 차이가 없으므로 소득처분은 불필요하다. 그러나 세무조정의 형식적 요건으로서 소득처분이 필요하므로 '빈자리' 대신에 '기타' 라는 처분을 하는 것이다.

5 소득처분의 특례

(1) 무조건 기타사외유출로 소득처분하는 사례

① 특례기부금 및 일반기부금 한도초과액 손금불산입액
   - 비지정기부금 손금불산입액은 기부받은 자의 구분에 따라 배당·상여·기타사외유출로 소득처분한다.
② 기업업무추진비 손금불산입액(증명자료 불비분 기업업무추진비 제외)
③ 채권자불분명사채이자 및 수취인불명 채권·증권의 이자 중 원천징수세액 상당액
④ 업무무관 부동산 등과 관련된 지급이자 손금불산입액
⑤ 임대보증금 등에 대한 간주임대료 익금산입액
⑥ 귀속자가 불분명하여 대표자 상여로 처분한 경우에 있어서 해당 법인이 그 처분에 따른 소득세를 대납하고 이를 손비로 계상하거나 그 대표자와의 특수관계가 소멸할 때까지 회수하지 않음으로써 익금에 산입한 금액❶
⑦ 불공정자본거래(증자·감자·합병)❷ 등으로 인하여 부당행위계산부인규정의 적용을 받아 익금산입된 금액으로서 귀속자에게 상속세 및 증여세법에 따라 증여세가 과세되는 경우
⑧ 외국법인의 국내사업장의 각 사업연도의 소득에 대한 법인세의 과세표준을 신고하거나 결정 또는 경정함에 있어서 익금에 산입한 금액이 그 외국법인 등에 귀속되는 소득과 국제조세조정에 관한 법률에 따른 과세조정으로 익금에 산입한 금액이 국외특수관계인으로부터 반환되지 않은 소득❸

❶ 이를 사례를 들어 설명하면 다음과 같다.

구 분						세무조정
(차) 잡 손 실	×××	(대) 현 금	×××			〈손금불산입〉 잡손실 ××× (기타사외유출)
(차) 대 여 금	×××	(대) 현 금	×××			세무조정 없음
(차) 대손상각비	×××	(대) 대 여 금	×××			〈손금불산입〉 대손금 ××× (기타사외유출)

한편, 대표자에게 귀속된 것이 분명하여 대표자에 대한 상여로 소득처분함에 따른 소득세를 법인이 대납한 경우에는 해당 대납한 소득세를 손금불산입하고 대표자에 대한 상여로 처분함에 유의하여야 한다.

❷ 불공정자본거래에 대한 현행법상 규정을 살펴보면 다음과 같다.

손실을 본 주주	이익을 얻은 주주
① 영리법인 : 익금산입(기타사외유출)	① 영리법인 : 익금산입(유보)
② 개인·비영리법인 : 현행법상 규정없음	② 개인·비영리법인 : 증여세 과세(단, 증여세 미(未)과세 시 배당, 상여 등으로 소득처분)

❸ 외국법인의 국내사업장은 우리나라와 해당 외국법인의 거주지국과 체결한 조세조약의 규정에 따라 일정액의 지점세를 각 사업연도 소득에 대한 법인세에 추가하여 납부하여야 한다(법법 96). 이의 과세취지는 자회사 형태로 국내에 진출하는 외국법인과 지점(국내사업장) 형태로 진출하는 외국법인간의 과세형평을 도모함에 있다. 결국 익금산입액이 외국법인의 본점에 귀속되는 경우에 기타사외유출로 소득처분을 하는 이유는 이미 지점세과세를 하였기 때문에 이중과세를 방지하기 위함이다.

분개법 무조건 기타사외유출로 소득처분하는 사례

① 귀속자가 불분명하여 대표자 상여로 처분한 경우에 있어서 해당 법인이 그 처분에 따른 소득세를 대납하고 이를 장부상 잡손실로 계상한 경우 : 10,000원

Book	잡손실(비용=손금)	10,000 /	현 금(자산)	10,000
Tax	유출잉여금(to 대표자)	10,000 /	현 금(자산)	10,000
Adjustment	유출잉여금(to 대표자)	10,000 /	잡손실(손금)	10,000
Tax-Adj	유출잉여금 ↓(순자산↓)	10,000 /	손 금 ↓(순자산↑)	10,000

〈손금불산입〉 잡손실 10,000·사외유출 (대표자상여 × → 기타사외유출 O)

② 귀속자가 불분명하여 대표자 상여로 처분한 경우에 있어서 해당 법인이 그 처분에 따른 소득세를 대납하고 이를 대여금으로 계상하였다가 그 대표자와의 특수관계가 소멸할 때 대손상각비로 계상한 경우 ; 10,000원

〈대여금 계상 시〉

Book	대여금(자산)	10,000 / 현 금(자산)		10,000
Tax	대여금(자산)	10,000 / 현 금(자산)		10,000
Adjustment	없 음			
Tax-Adj	없 음			

〈세무조정 없음〉

〈대손충당금과 상계 시〉

Book	대손상각비(비용=손금)	10,000 / 대여금(자산)		10,000
Tax	유출잉여금(to 대표자)	10,000 / 대여금(자산)		10,000
Adjustment	유출잉여금(to 대표자)	10,000 / 대손상각비(손금)		10,000
Tax-Adj	유출잉여금 ↓(순자산↓)	10,000 / 손 금 ↓(순자산 ↑)		10,000

〈손금불산입〉 대손상각비   10,000·사외유출 (대표자상여 × → 기타사외유출 O)

(2) 귀속자가 불분명 시

소득이 사외로 유출되었으나 귀속자가 불분명한 경우에는 대표자에게 귀속된 것으로 간주하여 대표자에 대한 상여로 처분한다.

예컨대, 기업업무추진비 계정과목 중 1,500,000원에 대하여 증명자료가 존재하지 않는 경우에는 다음과 같은 세무조정을 하게 된다.

〈손금불산입〉 증명자료 불비분 기업업무추진비   1,500,000(상여)❶

❶ 해당 상여는 대표자에 대한 상여로 처분한 것을 의미한다.

이는 국세기본법상 국세부과의 원칙 중 하나인 '실질과세의 원칙'의 예외적 규정에 해당한다.

분개법 귀속자가 불분명 시 : 기업업무추진비 중 1,500,000원에 대하여 증명자료가 존재하지 않는 경우

Book	기업업무추진비(비용=손금)	1,500,000 / 현 금(자산)		1,500,000
Tax	유출잉여금(귀속자불분명)	1,500,000 / 현 금(자산)		1,500,000
Adjustment	유출잉여금(귀속자불분명)	1,500,000 / 기업업무추진비(손금)		1,500,000
Tax-Adj	유출잉여금 ↓(순자산↓)	1,500,000 / 손 금 ↓(순자산 ↑)		1,500,000

〈손금불산입〉 기업업무추진비   1,500,000·사외유출(대표자 상여 → '실질과세의 원칙'의 예외적 규정)

(3) 추계결정·경정 시

추계조사에 의하여 결정·경정된 익금산입액(추계 과세표준 − 회계상 법인세비용차감전 순이익)은 대표자에 대한 상여로 처분한다.

다만, 천재지변 그 밖의 불가항력으로 장부 등이 멸실되어 추계결정·경정하는 경우에는 기타사외유출로 소득처분한다.

① 추계 과세표준 : 12억원
② 세차감전 순이익 : 9억원
→ 〈익금산입〉 3억원(상여, 기타사외유출)
  (원 칙)   (불가항력 시)

 해당 상여는 대표자에 대한 상여로 처분한 것을 의미한다.

참고: 결정과 경정

법인세는 납세의무자인 법인이 과세당국에 신고·납부하는 것을 원칙으로 한다. 그런데 만일 법인이 법에서 정한 기한 내에 법인세를 신고하지 않으면, 과세당국에서는 일정한 행정행위를 거쳐 세액을 확정한 후, 고지서에 의해서 법인세를 징수하게 된다. 이와 같이 법인의 무신고 시 과세당국에서 법인세의 확정을 짓는 행정행위를 결정이라 한다. 한편, 납세의무자인 법인이 법인세의 신고·납부를 하였으나 추후 세무실사 등의 조사과정에서 누락된 소득 등을 포착하게 되면 정확한 과세소득과 세액을 재계산하여 당초 신고세액과의 차이를 추가로 징수하게 되는데, 이를 경정이라 한다.

분개법: 추계결정·경정 시 ; 추계조사에 의하여 결정·경정된 익금산입액 (추계 과세표준 − 회계상 법인세비용차감전순이익)

〈원 칙〉
Book   없 음

Tax   유출잉여금(귀속자불분명)   3억원 / 익 금   3억원

Adjustment   유출잉여금(귀속자불분명)   3억원 / 익 금   3억원
Tax−Adj   유출잉여금 ↓(순자산↓)   3억원 / 익 금 ↑(순자산 ↑)   3억원

〈익금산입〉 3억원·사외유출(대표자 상여)

〈예외 : 불가항력 시〉
Book   없 음

Tax   유출잉여금(귀속자불분명)   3억원 / 익 금   3억원

Adjustment   유출잉여금(귀속자불분명)   3억원 / 익 금   3억원
Tax−Adj   유출잉여금 ↓(순자산↓)   3억원 / 익 금 ↑(순자산 ↑)   3억원

〈익금산입〉 3억원·사외유출(기타사외유출)

제3절 소득처분

 소득처분의 요약

(1) 가산조정 시(=익금산입·손금불산입)

구 분		내 용	비 고
유 보		기업회계상 순자산가액 < 세무회계상 순자산가액	① 일시적 차이 ② 자본금과 적립금조정명세서 (을)에서 관리
사외유출	배 당	귀속자에게 종합소득세 과세 ▣ 법인은 소득세법상 원천징수 의무가 있다.	배 당 ⇨ 소득세법상 배당소득 상 여 ⇨ 소득세법상 근로소득 기타소득 ⇨ 소득세법상 기타소득
	상 여		
	기 타 소 득		
	기 타 사 외 유 출	사후관리 불필요	—
기 타		사후관리 불필요	—

(2) 차감조정 시(=손금산입·익금불산입)

구 분	내 용	비 고
△유 보	기업회계상 순자산가액 > 세무회계상 순자산가액	① 일시적 차이 ② 자본금과 적립금조정명세서 (을)에서 관리
기 타	사후관리 불필요	—

> **분개법** 총액법·순액법과 세무조정

- 기업회계의 인식 대상은 '회계상의 거래(accounting transactions)'이다.
- '회계상의 거래'는 기업의 활동 결과로서 기업의 자산·부채·자본의 구조, 즉 재무상태에 변화를 일으키는 경제적 사건(economic events)을 의미한다. 그리고 이 중 화폐단위로 측정가능한 것만이 분개의 대상이 된다(이창우·김갑순·조형득, IFRS 회계원리, 2010).
- 법인세법상 세무조정의 단위는 '법인세법상의 거래(tax accounting transactions)'이다.
- 법인세법에서는 '익금'과 '손금'에 대해 '거래'를 평가단위로 하여 정의하고 있다.
- 법인세법 제15조【익금의 범위】
  ① 익금은 자본 또는 출자의 납입 및 이 법에서 규정하는 것을 제외하고 당해 법인의 순자산을 증가시키는 거래로 인하여 발생하는 수익의 금액으로 한다.
- 법인세법 제19조【손금의 범위】
  ① 손금은 자본 또는 출자의 환급, 잉여금의 처분 및 이 법에서 규정하는 것을 제외하고 당해 법인의 순자산을 감소시키는 거래로 인하여 발생하는 손비의 금액으로 한다.
- 법인세법은 순자산증가나 감소의 발생원인에 해당하는 거래를 대상으로 특정 사업연도의 과세소득 계산상 이를 익금과 손금에 산입할지를 결정한다.
- 이 때 거래의 단위를 회계처리의 관점에서 총액법을 기준으로 판단할 것인지 아니면 순액법을 기준으로 판단할 것인지의 문제가 등장한다.
- 예를 들어, 1,000원의 매출을 올리는 과정에서 800원의 매출원가가 발생한다고 하자. 이것을 수익 1,000원과 비용 800이 발생하는 다시 말해 순자산을 1,000원 증가시키는 거래와 순자산을 800원 감소시키는 두 개의 거래로 볼 것인가, 아니면 이익 200원이 생기는 다시 말해 순자산을 200원 증가시키는 하나의 거래로 볼 것인가 하는 문제이다.

- 전자의 관점에서 이루어지는 회계처리의 관점이 '총액법'이고, 후자의 관점에서 이루어지는 회계처리의 관점이 '순액법'이다.
(1) 총액법
 - 자산·부채의 증감 총액을 수익·비용의 발생으로 모두 인식하는 회계처리방법
 - 예) 상품 800원을 현금을 받고 1,000원에 판매한 경우

    현　　금　　　　　　　1,000　/　매　　출　　　　　　　1,000
    매출원가　　　　　　　　800　/　상　　품　　　　　　　　800

(2) 순액법
 - 자산·부채의 증감 총액에 대응하는 수익·비용의 순액(또는 차액)을 이익 또는 손실로 인식하는 회계처리방법
 - 예) 800원에 취득했던 토지를 현금을 받고 1,000원에 매각한 경우

    현　　금　　　　　　　1,000　/　토　　지　　　　　　　　800
    　　　　　　　　　　　　　　　　유형자산처분이익　　　　200

 - 위 '총액법'의 예)를 '순액법' 회계처리로 전환하면 다음과 같다.

    현　　금　　　　　　　1,000　/　상　　품　　　　　　　　800
    　　　　　　　　　　　　　　　　매출총이익　　　　　　　200

 - 위 '순액법'의 예)를 '총액법' 회계처리로 전환하면 다음과 같다.

    현　　금　　　　　　　1,000　/　토지처분수익　　　　　1,000
    토지처분원가　　　　　　800　/　토　　지　　　　　　　　800

(3) '법인세법상의 거래'와 총액법
 - 기업회계에서는 정보의 유용성을 고려하여 '회계상의 거래'에 대해 총액법 회계처리와 순액법 회계처리를 모두 사용하고 있다.
 - 예를 들어, 매출거래의 경우 매출액과 매출원가를 총액법으로 회계처리하여 손익계산서에 매출액과 매출원가, 매출총이익으로 구분하여 표시한다. 왜냐하면 기업의 이해관계자에게 있어 매출액과 매출원가는 모두 재무의사결정시 매우 유용한 정보이기 때문이다.
 - 한편 유형자산처분거래와 같이 매출거래에 비해 거래 비중이 낮거나 빈도가 적어 매출거래에 비해 상대적으로 중요도가 떨어지는 거래의 경우에는 순액법 회계처리를 통해 처분손익만을 손익계산서에 표시한다.
 - 하지만 재무제표에 어떠한 정보가 얼마나 자세하게 공시되는가는 법인세법의 관심사가 아니다.
 - 법인세법은 기업회계와 달리 이해관계자의 정보유용성과 관계없이 거래단위는 순자산 증감의 원인을 법률적으로 평가하여 과세소득에 포함시킬 것인지 여부를 판단할 수 있는 수준이어야 한다는 관점에서 총액법 회계처리를 원칙으로 하고 있다.
 - 예를 들어, 100만원의 비용을 들여 위법한 행위를 저질러 1,000만원의 불법이득을 얻었다고 하자. 이에 대해 법인세법이 위법한 행위에 들어간 비용 100만원을 손금으로 인정하지 않고 불법이득 1,000만원 전액에 대해 과세할 수 있으려면 비용 100만원을 손금으로서 부인하여야 한다. 그러기 위해선 위의 예를 두 개의 거래로 구분하여 과세소득 포함여부를 판단하여야 한다. 만약 위의 예를 수익 900만원이 생기는 하나의 거래로 본다면 위법한 행위와 관련된 비용을 인정할 수 밖에 없어 과세소득이 두 개의 거래로 보는 경우에 비해 100만원 줄어든다.
 - 따라서 법인세법은 사업수입금액을 익금으로 하는 동시에, 판매한 상품의 원가를 손비로 한다는 규정을 두고 있다. 또 자산의 양도금액을 익금으로 하는 동시에, 양도한 자산의 장부가액을 손비로 하고 있다.
 - 세무조정의 대상이 되는 '법인세법상의 거래'의 이러한 특성은 세무조정이 갖는 두 가지 중요한 특징으로 귀결된다.
 - 첫 번째 특징은 법인세법상 세무조정은 위에서 설명한 바와 같이 총액법 회계처리를 전제로 한다는 점이다.
 - '소득금액조정'의 구성요소인 익금산입과 익금불산입은 기업회계상 수익과 법인세법상 익금의 차이를 조정하는 요소이고, 손금산입과 손금불산입은 기업회계상 비용과 법인세법상 손금의 차이를 조정하는 요소이다. 즉 법인세법상 당기순이익과 소득금액의 차이를 순액 관점에서 직접 조정하는 요소는 없다.
 - 위의 예로 돌아간다면 법인세법에 따르면 불법이득 1,000만원과 비용 100만원을 독립된 거래로 놓고 익금·손금의 산입여부와 귀속시기를 따져야 한다.
 - 위의 예를 분개법을 이용하여 세무조정하면 다음과 같다.

    Book　　　현　　금　　　　10,000,000　/　수　　익　　　　10,000,000
    　　　　　비　　용　　　　 1,000,000　/　현　　금　　　　 1,000,000

Tax	현　금	10,000,000	/ 수　익	10,000,000	
	유출잉여금	1,000,000	/ 현　금	1,000,000	
Adjustment	유출잉여금	1,000,000 /	비　용 1,000,000		
Tax-Adj	유출잉여금↓(순자산↓)	1,000,000	/ 손　금↓(순자산↑)	1,000,000	

〈손금불산입〉 1,000,000 · 사외유출(기타사외유출-사업자)

- 위의 예에서 장부상으로는 비용에 해당하지만 법인세법상 손비로 인정받지 못한 것이 바로 '유출잉여금'이다. 유출잉여금은 손금과 마찬가지로 법인세법상 순자산 구성요소의 하나인 세무상 잉여금을 감소시킨다. 손금과 유출잉여금 간의 차이점은 손금은 당기 과세소득을 감소시키지만, 유출잉여금은 당기 과세소득에 영향을 미치지 못한다는 점이다. 하지만 손금과 유출잉여금 모두 당기말 세무상 순자산을 감소시킨다는 점은 같다.
- 참고로 장부상 분개와 세무상 분개가 당기순이익과 각 사업연도 소득에 미치는 영향은 총액법과 순액법 회계처리간에 차이가 없다. 따라서 다음과 같이 장부상 회계처리는 순액법이고 세무상 회계처리는 총액법으로서 이외에 다른 차이가 없다면 필요한 세무조정은 없다.

Book	현　금	10,000,000	/ 토　지	8,000,000	← 순액법
			토지처분이익	2,000,000	
Tax	현　금	10,000,000	/ 토지처분수익	10,000,000	← 총액법
	토지원가	8,000,000	/ 토　지	8,000,000	
Adjustment	토지처분이익	2,000,000	/ 토지처분수익	10,000,000	
	토지원가	8,000,000			
Tax-Adj	익　금↓(순자산↓)	8,000,000	/ 익　금↑(순자산↑)	10,000,000	
	손　금↑(순자산↓)	2,000,000			

〈익금불산입〉 8,000,000 · 기타
〈익금산입〉 10,000,000 · 기타
〈손금산입〉 2,000,000 · 기타
→ 당기 과세소득과 세무상 순자산에 미치는 효과 없음

- 하지만 다음 사례와 같이 장부상 금액과 세무상 금액에 차이가 있을 때는 세무조정이 필요하다. 이 경우 분개법을 통한 세무조정은 '장부상 순액법 vs. 세무상 총액법', '장부상 총액법 vs. 세무상 총액법', '장부상 순액법 vs. 세무상 순액법' 등 세 가지의 대안이 있다.

장부상 취득원가 1,700원(세무상 취득원가 1,500원)의 토지를 2,000원에 매각하고 장부상 2,500원에 매각한 것으로 잘못 기록한 경우

1) 장부상 순액법 vs. 세무상 총액법

Book	현 금	2,500 / 토 지	1,700	☞ 순액법
		유형자산처분이익	800	
Tax	현 금	2,000 / 토지매각수익	2,000	☞ 총액법
	토지취득원가	1,500 / 토 지	1,500	
Adjustment	① 토 지	200 / ④ 현 금	500	
	② 유형자산처분이익	800		
	③ 토지취득원가	1,500 / ⑤ 토지매각수익	2,000	
Tax-Adj	① 자 산↑(순자산↑)	200 / ④ 자 산↓(순자산↓)	500	
	② 익 금↓(순자산↓)	800		
	③ 손 금↑(순자산↓)	1,500 / ⑤ 익 금↑(순자산↑)	2,000	

① 　　　　　200　　　　　·유보　　〈익금산입〉　토지취득원가　200·유보(토지)
② 〈익금불산입〉 800
③ 〈손금산입〉 1,500　　　＝
④ 　　　　　500　　　　　·△유보　〈익금불산입〉 토지매각대금 500·△유보(현금)
⑤ 〈익금산입〉 2,000

2) 장부상 총액법 vs. 장부상 총액법

Book	현 금	2,500 / 토지매각수익	2,500	☞ 총액법
	토지취득원가	1,700 / 토 지	1,700	
Tax	현 금	2,000 / 토지매각수익	2,000	☞ 총액법
	토지취득원가	1,500 / 토 지	1,500	
Adjustment	토지매각수익	500 / 현 금	500	
	토 지	200 / 토지취득원가	200	
Tax-Adj	익 금↓(순자산↑)	500 / 자 산↓(순자산↓)	500	
	자 산↑(순자산↑)	200 / 손 금↓(순자산↑)	200	

〈익금불산입〉 토지매각수익　500·△유보(현금)
〈손금불산입〉 토지취득원가　200· 유보(토지)

3) 장부상 순액법 vs. 세무상 순액법

Book	현 금	2,500 / 토 지	1,700	☞ 순액법
		유형자산처분이익	800	
Tax	현 금	2,000 / 토 지	1,500	☞ 순액법
		유형자산처분이익	500	
Adjustment	토 지	200 / 현 금	500	
	유형자산처분이익	300		
Tax-Adj	① 자 산↑(순자산↑)	200 / ③ 자 산↓(순자산↓)	500	
	② 익 금↓(순자산↓)	300		

①	200	· 유보	〈익금산입〉	토지취득원가 200 · 유보(토지)
②	〈익금불산입〉	300		=
③	500	· △유보	〈익금불산입〉	토지매각수익 500 · △유보(현금)

- 위 세 가지 대안을 비교해 보면 결과적인 세무조정에는 차이가 없다. 다만, 장단점을 비교해 보면, 첫 번째 대안인 '장부상 순액법 vs. 세무상 총액법'은 기업회계기준과 법인세법의 입장에 가장 충실한 방법이지만 세무조정 과정이 가장 복잡하다. 두 번째 대안인 '장부상 총액법 vs. 세무상 총액법'은 법인세법이 총액법을 전제로 하고 있으므로 세무조정과정이 가장 단순하고 이해하기 쉬운 장점이 있다. 하지만 장부상 회계처리를 익숙하지 않은 총액법으로 해야 한다는 것이 불편하다. 마지막 대안인 '장부상 순액법 vs. 세무상 순액법'은 법인세법상 회계처리 또한 순액법으로 처리하므로 순액법에 익숙한 독자들에게는 가장 친근한 방법이 될 수 있다. 그리고 세무조정시에도 분개법 원리에 따라 차이분개 'Adjustment'의 자산·부채·잉여금 계정에 대해서만 소득처분한 후 총액법 관점에서 소득금액조정하면 쉽게 세무조정할 수 있다.
- 독자들은 위에 세 가지 대안들 중 자신이 이해하기 편한 방법을 이용하여 세무조정하면 된다. 단, 기업회계와 세무회계의 기본입장이 첫 번째 방법임은 명심해 둘 일이다. 앞으로 본서에서는 세 번째 방법을 기준으로 풀이할 것이다.
- '법인세법상의 거래'의 특성으로 인해 귀결되는 세무조정의 두 번째 특징은 법인세법상 세무조정의 형식이 고정되어 있다는 것이다.
- '세무조정'의 기본구조는 다음 예와 같이 '소득금액조정' 즉 익금산입, 익금불산입, 손금산입, 손금불산입 등과 '소득처분' 즉 유보(또는 △유보), 사외유출(배당, 상여, 기타소득, 기타사외유출 등), 기타 등의 합으로 구성되어 있다.

예) 〈익금산입〉 유형자산처분이익 1,000,000 · 유보(토지)

- 세무조정의 구조가 위와 같이 정형화된 형식을 취하고 있는 것은 법인세법의 주된 관심사가 '당기 과세소득'과 '당기말 세무상 순자산'이 얼마인가에 있기 때문이다. 그래서 기업회계상 회계처리기준인 GAAP과 세무상 회계처리기준인 법인세법에서 회계처리를 달리 규정하고 있어 조정분개가 필요한 경우 '법인세법상의 거래'를 기준으로 이 조정분개의 효과를 '당기 과세소득'과 '당기말 세무상 순자산'에 미치는 효과로 구분하여 표시하도록 한 것이다.
- '소득금액조정'은 '법인세회계상 거래'에 대해 법인세법상 인정하는 익금 또는 손금이 장부상 당기순이익에 반영된 금액과 차이가 존재할 때 이를 조정하여 당기 과세소득 산출을 가능하도록 하는 법인세법상의 장치이다. 그리고 '소득처분'은 '소득금액조정'의 효과를 당기말 장부상 자본에 가감함(유보·△유보와 기타)으로써 정확한 당기말 세무상 순자산을 산출하여 '청산소득'에 대한 과세를 가능하도록 하고, 세무상 손비를 통하지 않고 잉여금이 직접 사외유출된 경우 그 귀속자를 밝혀(주주(배당), 임원 또는 종업원(상여), 제3자(기타소득), 법인 또는 사업자(기타사외유출)) 당해 귀속자에 대한 추가과세가 가능하도록 하는 법인세법상의 장치이다.

세무조정자료와 세무서식간 흐름관계

다음 자료는 ㈜A의 제24기(2024.1.1~12.31) 자본금과적립금조정명세서(을)표상의 기초 유보잔액과 제6기 세무조정사항이다. 이 자료에 근거하여 다음의 서식간 흐름관계를 살펴보도록 하자.
① 법인세 과세표준 및 세액조정계산서[별지 제3호 서식]
② 소득금액조정합계표[별지 제15호 서식]
③ 기부금조정명세서[별지 제21호 서식]
④ 자본금과 적립금조정명세서(갑)[별지 제50호 서식(갑)]
⑤ 자본금과 적립금조정명세서(을)[별지 제50호 서식(을)]

[기본자료]

① 기초 유보잔액
   (1) 감가상각비 한도초과액   40,000,000원
   (2) 대손금 부인액   20,000,000원
   (3) 대손충당금 한도초과액   30,000,000원
   (4) 합 계   90,000,000원

② 제6기 세무조정사항
   (1) (포괄)손익계산서상의 당기순이익   100,000,000원
   (2) 익금산입 및 손금불산입
      ① 법인세비용   20,000,000원
      ② 감가상각비 한도초과액   30,000,000원
      ③ 대손충당금 한도초과액   40,000,000원
      ④ 업무무관자산관련이자   80,000,000원
      ⑤ 벌금과 과료   10,000,000원   180,000,000원
   (3) 손금산입 및 익금불산입
      ① 전기 대손금 부인액   10,000,000원
      ② 전기 대손충당금 한도초과액   30,000,000원
      ③ 전기 감가상각비 한도초과액   20,000,000원   60,000,000원
   (4) 차가감소득금액   220,000,000원
   (5) 기부금한도초과액   25,000,000원
   (6) 기부금한도초과 이월액 손금산입   13,000,000원
   (7) 각 사업연도 소득금액   232,000,000원

제3절 소득처분

[별지 제3호 서식] (앞 쪽)

사 업 연 도	. . . ~ . . .	법인세 과세표준 및 세액조정계산서	법 인 명	㈜A
			사업자등록번호	

① 각 사 업 연 도 소 득 계 산	⑩ 결산서상 당기순손익	01	100 000 000
	소득조정 금액 ⑩ 익 금 산 입	02	180 000 000
	⑩ 손 금 산 입	03	60 000 000
	⑩ 차 가 감 소 득 금 액 (⑩ + ⑩ - ⑩)	04	220 000 000
	⑩ 기 부 금 한 도 초 과 액	05	25 000 000
	⑩ 기부금한도초과이월액 손금산입	54	13 000 000
	⑩ 각 사업연도소득금액 (⑩+⑩-⑩)	06	232 000 000

② 과 세 표 준 계 산	⑩ 각 사업연도소득금액 (⑩=⑩)		232 000 000
	⑩ 이 월 결 손 금	07	
	⑩ 비 과 세 소 득	08	
	⑪ 소 득 공 제	09	
	⑫ 과 세 표 준 (⑩ - ⑩ - ⑩ - ⑪)	10	
	⑮ 선 박 표 준 이 익	55	

③ 산 출 세 액 계 산	⑬ 과 세 표 준(⑫+⑮)	56	
	⑭ 세 율	11	
	⑮ 산 출 세 액	12	
	⑯ 지 점 유 보 소 득 「법인세법」 제96조	13	
	⑰ 세 율	14	
	⑱ 산 출 세 액	15	
	⑲ 합 계(⑮ + ⑱)	16	

④ 납 부 할 세 액 계 산	⑳ 산 출 세 액(⑳ = ⑲)		
	㉑ 최저한세 적용대상 공제감면세액	17	
	㉒ 차 감 세 액	18	
	㉓ 최저한세 적용제외 공제감면세액	19	
	㉔ 가 산 세 액	20	
	㉕ 가 감 계(㉒-㉓+㉔)	21	
	기한내납부세액 ㉖ 중간예납세액	22	
	㉗ 수시부과세액	23	
	㉘ 원천납부세액	24	
	㉙ 간접투자회사등 의 외국납부세액	25	
	㉚ 소 계 (㉖+㉗+㉘+㉙)	26	
	㉛ 신고납부전가산세액	27	
	㉜ 합 계(㉚+㉛)	28	

	⑬ 감면분추가납부세액	29	
	⑭ 차 감 납 부 할 세 액 (⑮-⑫+⑬)	30	

⑤ 토지 등양도 소득에 대한 법인세 계산	양도 차익 ⑮ 등 기 자 산	31	
	⑯ 미 등 기 자 산	32	
	⑰ 비 과 세 소 득	33	
	⑱ 과 세 표 준 (⑮+⑯-⑰)	34	
	⑲ 세 율	35	
	⑩ 산 출 세 액	36	
	⑪ 감 면 세 액	37	
	⑫ 차 감 세 액 (⑩-⑪)	38	
	⑬ 공 제 세 액	39	
	⑭ 동업기업 법인세 배분액 (가산세 제외)	58	
	⑮ 가 산 세 액 (동업기업 배분액 포함)	40	
	⑯ 가 감 계(⑫-⑬+⑭+⑮)	41	
	기납부세액 ⑰ 수 시 부 과 세 액	42	
	⑱ ( ) 세 액	43	
	⑲ 계 (⑰+⑱)	44	
	⑳ 차감납부할세액(⑯-⑲)	45	

⑥ 미환류소득법인세	㉑ 과세대상 미환류소득	59	
	㉒ 세 율	60	
	㉓ 산 출 세 액	61	
	㉔ 가 산 세 액	62	
	㉕ 이 자 상 당 액	63	
	㉖ 납부할세액(㉓+㉔+㉕)	64	

⑦ 세 액 계	⑮ 차감납부할 세액 계 (⑭ + ⑯ + ⑯)	46	
	⑯ 사실과 다른 회계처리 경정 세액 공제	57	
	⑰ 분납세액계산범위액 (⑮-㉓-⑬-⑮-⑯+⑬)	47	
	분납할 세액 ⑱ 현 금 납 부	48	
	⑲ 물 납	49	
	⑳ 계 (⑱ + ⑲)	50	
	차감납부세액 ㉑ 현 금 납 부	51	
	㉒ 물 납	52	
	㉓ 계 (㉑ +㉒) (㉓ = ⑮-⑯-⑳)	53	

73

[별지 제15호 서식] (앞 쪽)

사 업 연 도	소 득 금 액 조 정 합 계 표		법 인 명
. . . ~ . . .			㈜A
사업자등록번호		법 인 등 록 번 호	

익금산입 및 손금불산입					손금산입 및 익금불산입				
① 과 목	② 금 액		③ 소득처분		④ 과 목	⑤ 금 액		⑥ 소득처분	
			처분	코드				처분	코드
법인세비용	20 000 000		기타사외유출		전기대손금부인액	10 000 000		유 보	
감가상각비 한도초과액	30 000 000		유 보		전기대손충당금 한도초과액	30 000 000		유 보	
대손충단금 한도초과액	40 000 000		유 보		전기감가상각비 한도초과액	20 000 000		유 보	
업무무관자산 관련이자	80 000 000		기타사외유출						
벌금과 과료	10 000 000		기타사외유출						
합 계	180 000 000				합 계	60 000 000			

※ 본서의 세무조정(소득처분)의 표현방식
"제3절 소득처분"의 내용설명 중 저자는 특별한 설명없이 다음과 같은 형식으로 세무조정(소득처분)을 설명하였다.

〈손금불산입〉 퇴직급여충당금 한도초과   ×××(유보)

이러한 형식은 사실상 상기 [소득금액조정합계표]의 형식을 빌어 저자뿐만 아니라 모든 세법관련 교재에서 표현하고 있는 방식이다. 앞으로 본서에서는 모든 세무조정(소득처분)을 이와 같은 방식으로 설명할 것이다. 따라서 독자 여러분은 이러한 형식에 익숙할 필요가 있음을 강조해 둔다.

※ 상기 "소득처분"란의 코드
상기 코드란은 [익금산입 및 손금불산입]의 경우 상여 100, 배당 200, 기타소득 300, 유보 400, 기타사외유출 500, 기타 600으로 기입하며, [손금산입 및 익금불산입]의 경우 △유보 100, 기타 200으로 기입한다.

[별지 제21호 서식]

사 업 연 도	. . . ~ . . .	기부금조정명세서	법 인 명	㈜A
			사업자등록번호	

① 기부금 시부인계산

본 서식 상단란에서는 기부금 한도시부인 결과로 도출된 손금불산입액 [=한도초과액 합계]을 계산하게 된다.

그리고 동 금액을 법인세과세표준 및 세액조정계산서[별지 제3호 서식]의 「⑩ 기부금한도초과액」란에 이기하게 된다.

한도초과액 합계	25,000,000원

※ 기부금한도액

(1) 특례기부금 손금한도액
기준소득금액×50%

(2) 일반기부금 손금한도액
(기준소득금액 - 특례기부금 손금산입액)×10%

② 기부금한도초과 이월액 조정명세

본 서식 하단란에서는 기부금 한도초과 이월손금산입액을 관리하게 된다.

만일 본란의 「해당 사업연도 손금추인액」란에 금액이 도출되면 동 금액을 법인세과세표준 및 세액조정계산서 [별지 제3호 서식]의 「⑩ 기부금한도초과 이월액 손금산입」란에 이기하게 된다.

해당 사업연도 손금추인액	13,000,000원

※ 기부금 한도초과 이월액 손금산입

(1) 특례기부금
10년간 이월하여 이월된 사업연도의 특례기부금 한도미달액 범위 내에서 손금산입

(2) 일반기부금
10년간 이월하여 이월된 사업연도의 일반기부금 한도미달액 범위 내에서 손금산입

[별지 제50호 서식 (을)]   (앞 쪽)

사 업 연 도	. . ~ . .	자본금과 적립금조정명세서(을)	법인명	㈜A

※ 관리번호 □□-□□   사업자등록번호 □□□-□□-□□□□□

※표시란은 기입하지 마십시오.

세무조정유보소득 계산

① 과목 또는 사항	② 기초잔액	당기 중 증감		⑤ 기말잔액 (익기초현재)	비 고
		③ 감 소 ①	④ 증 가 ②		
감가상각비 한도초과액	40,000,000	20,000,000	30,000,000	50,000,000	
대손금부인액	20,000,000	10,000,000	-	10,000,000	
대손충당금 한도초과액	30,000,000	30,000,000	40,000,000	40,000,000	
합 계	90,000,000	60,000,000	70,000,000	100,000,000	

① "당기 중 증감"의 [③ 감소]란에는 [② 기초잔액] 중 당기에 반대의 세무조정, 즉 [② 기초잔액]의 유보 또는 △유보의 감소되는 거래분을 기재한다. 이 경우 유의하여야 할 사항은 [② 기초잔액]과 [③ 감소]란의 부호는 반드시 일치하여야 한다는 점이다. 이를 예시하면 다음과 같다.

① 과 목	② 기초잔액	당기 중 증감		⑤ 기말잔액
		③ 감 소	④ 증 가	
	50,000,000	30,000,000		20,000,000
	△40,000,000	△10,000,000		△30,000,000

② "당기 중 증감"의 [④ 증가]란에는 당기의 유보 또는 △유보의 신규 발생분을 기재한다.

[별지 제50호 서식(갑)] (앞 쪽)

사 업 연 도	. . ~ . .	자본금과 적립금 조정명세서(갑)	법 인 명	㈜A
			사업자등록번호	

Ⅰ. 자본금과 적립금 계산서

①과목 또는 사항		코드	②기초잔액	당 기 중 증 감		⑤기 말 잔 액	비 고
				③감 소	④증 가		
자 본 금 및 잉 여 금 등 의 계 산	1. 자 본 금	01					
	2. 자 본 잉 여 금	02					
	3. 자 본 조 정	15					
	4. 기타포괄손익누계액	16					
	5. 이 익 잉 여 금	14					
		17					
	6. 계	20					
7. 자본금과 적립금명세서(을) 계		21	90,000,000	60,000,000	70,000,000	100,000,000	
손익미계상 법인세 등	8. 법 인 세	22					
	9. 지 방 소 득 세	23					
	10. 계 (8+9)	30					
11. 차 가 감 계(6+7-10)		31					

Ⅱ. 이월결손금 계산서

1. 이월결손금 발생 및 증감내역

⑥ 사업 연도	이월결손금			감 소 내 역						잔 액		
	발 생 액			⑩ 소급 공제	⑪ 차감계	⑫ 기공제액	⑬ 당기 공제액	⑭ 보전	⑮ 계	⑯ 기한 내	⑰ 기한 경과	⑱ 계
	⑦계	⑧일반 결손금	⑨배 분 한도초과 결손금 (⑨=㉕)									
계												

2. 법인세 신고 사업연도의 결손금에 동업기업으로부터 배분한도를 초과하여 배분받은 결손금(배분한도 초과결손금)이 포함되어 있는 경우 사업연도별 이월결손금 구분내역

⑲ 법 인 세 신 고 사업연도	⑳ 동업기업 과세연도 종 료 일	㉑ 손금산입한 배 분 한 도 초 과 결 손 금	㉒ 법 인 세 신 고 사 업 연 도 결 손 금	㉓ 합 계 (㉓=㉓= ㉕+㉖)	배분한도 초과결손금이 포함된 이월결손금 사업연도별 구분		㉖법인세 신고 사업연도 발생 이월결손금 해당액 ((⑧일반결손금으로 계상) (㉑≥㉒의 경우는 "0", ㉑<㉒의 경우는 ㉒-㉑)
					배분한도 초과결손금 해당액		
					㉔ 이월결손금 발생 사업연도	㉕이월결손금 (㉕=⑨) ㉑과㉒ 중 작은 것에 상당하는 금액	

210mm×297mm[일반용지 70g/㎡(재활용품)]

조세법령 확인을 통해 기본개념 익히기

※ 다음 법인세 관련 조세법령의 빈 칸을 채우시오.

1. 법인세법 제67조 【소득처분】

   다음 각 호의 법인세 과세표준의 신고·결정 또는 경정이 있는 때 익금에 산입하거나 손금에 산입하지 아니한 금액은 그 귀속자 등에게 □□(賞與)·□□·□□□□□(其他社外流出)·□□□□(社內留保) 등 대통령령으로 정하는 바에 따라 처분한다.
   1. 제60조에 따른 신고
   2. 제66조 또는 제69조에 따른 결정 또는 경정
   3. 「국세기본법」 제45조에 따른 수정신고

상여, 배당, 기타사외유출, 사내유보

2. 법인세법 시행령 제106조【소득처분】

① 법 제67조에 따라 익금에 산입한 금액은 다음 각 호의 구분에 따라 처분한다. 비영리내국법인과 비영리외국법인에 대해서도 또한 같다.

1. 익금에 산입한 금액(법 제27조의 2 제2항에 따라 손금에 산입하지 아니한 금액을 포함한다)이 사외에 유출된 것이 분명한 경우에는 그 귀속자에 따라 다음 각 목에 따라 □□, 이익처분에 의한 □□, □□□□, □□ □□□□로 할 것. 다만, 귀속이 불분명한 경우에는 □□□(소액주주등이 아닌 주주등인 임원 및 그와 제43조 제8항에 따른 특수관계에 있는 자가 소유하는 주식등을 합하여 해당 법인의 발행주식총수 또는 출자총액의 100분의 □□ 이상을 소유하고 있는 경우의 그 임원이 법인의 경영을 사실상 지배하고 있는 경우에는 그 자를 대표자로 하고, 대표자가 2명 이상인 경우에는 사실상의 대표자로 한다. 이하 이 조에서 같다)에게 귀속된 것으로 본다.
    가. 귀속자가 주주 등(임원 또는 직원인 주주 등을 제외한다)인 경우에는 그 귀속자에 대한 □□
    나. 귀속자가 임원 또는 직원인 경우에는 그 귀속자에 대한 □□
    다. 귀속자가 법인이거나 사업을 영위하는 개인인 경우에는 □□ □□□□. 다만, 그 분여된 이익이 내국법인 또는 외국법인의 국내사업장의 각 사업연도의 소득이나 거주자 또는 「소득세법」 제120조에 따른 비거주자의 국내사업장의 사업소득을 구성하는 경우에 한한다.
    라. 귀속자가 가목 내지 다목외의 자인 경우에는 그 귀속자에 대한 □□□□
2. 익금에 산입한 금액이 사외에 유출되지 아니한 경우에는 □□□□로 할 것
3. 제1호에도 불구하고 다음 각 목의 금액은 □□ □□□□로 할 것
    가. 법 제24조에 따라 법 제24조 제2항 제1호에 따른 기부금 또는 같은 조 제3항 제1호에 따른 기부금의 손금산입한도액을 초과하여 익금에 산입한 금액
    나. 법 제25조 및 「조세특례제한법」 제136조에 따라 익금에 산입한 금액
    다. 법 제27조의 2 제3항(같은 항 제2호에 따른 금액에 한정한다) 및 제4항에 따라 익금에 산입한 금액
    라. 법 제28조 제1항 제1호 및 제2호의 규정에 의하여 익금에 산입한 이자·할인액 또는 차익에 대한 원천징수세액에 상당하는 금액
    마. 법 제28조 제1항 제4호의 규정에 의하여 익금에 산입한 금액
    바. (삭제, 2006. 2. 9.)
    사. 「조세특례제한법」 제138조의 규정에 의하여 익금에 산입한 금액
    아. 제1호 각 목 외의 부분 단서 및 제2항에 따라 익금에 산입한 금액이 대표자에게 귀속된 것으로 보아 처분한 경우 당해 법인이 그 처분에 따른 소득세 등을 대납하고 이를 손비로 계상하거나 그 대표자와의 특수관계가 소멸될 때까지 회수하지 아니함에 따라 익금에 산입한 금액
    자. 제88조 제1항 제8호·제8호의 2 및 제9호(같은 호 제8호 및 제8호의 2에 준하는 행위 또는 계산에 한정한다)에 따라 익금에 산입한 금액으로서 귀속자에게 「상속세 및 증여세법」에 의하여 증여세가 과세되는 금액
    차. 외국법인의 국내사업장의 각 사업연도의 소득에 대한 법인세의 과세표준을 신고하거나 결정 또는 경정함에 있어서 익금에 산입한 금액이 그 외국법인 등에 귀속되는 소득과 「국제조세조정에 관한 법률」 제6조, 제7조, 제9조, 제12조 및 제15조에 따라 익금에 산입된 금액이 국외특수관계인으로부터 반환되지 않은 소득

② 제104조 제2항에 따라 결정된 과세표준과 법인의 재무상태표상의 당기순이익과의 차액(법인세상당액을 공제하지 않은 금액을 말한다)은 대표자에 대한 □□□□에 의한 □□로 한다. 다만, 법 제68조 단서에 해당하는 경우에는 이를 □□ □□□□로 한다.

③ 제2항의 경우 법인이 결손신고를 한 때에는 그 결손은 없는 것으로 본다.

④ 내국법인이 「국세기본법」 제45조의 수정신고기한내에 매출누락, 가공경비 등 부당하게 사외유출된 금액을 회수하고 세무조정으로 익금에 산입하여 신고하는 경우의 소득처분은 □□□□로 한다. 다만, 다음 각 호의 어느 하나에 해당되는 경우로서 경정이 있을 것을 □□ □□ 사외유출된 금액을 □□□□하는 경우에는 그러하지 아니하다.
1. 세무조사의 통지를 받은 경우
2. 세무조사가 착수된 것을 알게 된 경우
3. 세무공무원이 과세자료의 수집 또는 민원 등을 처리하기 위하여 현지출장이나 확인업무에 착수한 경우
4. 납세지 관할세무서장으로부터 과세자료 해명 통지를 받은 경우
5. 수사기관의 수사 또는 재판 과정에서 사외유출 사실이 확인된 경우
6. 그 밖에 제1호부터 제5호까지의 규정에 따른 사항과 유사한 경우로서 경정이 있을 것을 미리 안 것으로 인정되는 경우

해설과 해답

① 배당, 상여, 기타소득, 기타 사외유출, 대표자, 30, 배당, 상여, 기타 사외유출, 기타소득, 사내유보, 기타 사외유출
② 이익처분, 상여, 기타 사외유출
④ 사내유보, 미리 알고, 익금산입

제3절 소득처분

Exercise

01 법인세법상 소득처분에 대한 설명으로 옳지 않은 것은? [국가직 9급 2014]

① 외국법인의 국내사업장의 각 사업연도의 소득에 대한 법인세의 과세표준을 신고하거나 결정 또는 경정함에 있어서 익금에 산입한 금액이 그 외국법인 등에 귀속되는 소득은 기타사외유출로 처분한다.
② 익금에 산입한 금액이 사외에 유출된 것이 분명한 경우에 그 귀속자가 사업을 영위하는 개인의 경우에는 상여로 처분한다.
③ 법인세를 납부할 의무가 있는 비영리내국법인과 비영리외국법인에 대하여도 소득처분에 관한 규정을 적용한다.
④ 익금에 산입한 금액의 귀속자가 임원 또는 직원인 경우에는 그 귀속자에 대한 상여로 처분한다.

> **해설** 익금에 산입한 금액이 사외에 유출된 것이 분명한 경우에 그 귀속자가 사업을 영위하는 개인의 경우에는 <u>기타사외유출</u>로 처분한다.
>
> **해답** ②

02 법인세법상 소득처분에 대한 설명으로 옳은 것은? [국가직 7급 2012]

① 배당, 상여 및 기타사외유출로 소득처분하는 경우 당해 소득처분하는 법인에게는 원천징수 의무가 있다.
② 업무무관자산에 대한 지급이자의 손금불산입액은 기타사외유출로 소득처분한다.
③ 채권자가 불분명한 사채이자에 대한 원천징수세액 상당액은 상여로 소득처분한다.
④ 익금산입한 금액의 귀속자가 법인의 출자임원인 경우에는 그 귀속자에 대한 배당으로 소득처분한다.

> **해설** ① 배당, 상여 및 <u>기타소득</u>으로 소득처분하는 경우 당해 소득처분하는 법인에게는 원천징수의무가 있다.
> ③ 채권자가 불분명한 사채이자에 대한 원천징수세액 상당액은 <u>기타사외유출</u>로 소득처분한다.
> ④ 익금산입한 금액의 귀속자가 법인의 출자임원인 경우에는 그 귀속자에 대한 <u>상여</u>로 소득처분한다.
>
> **해답** ②

03 법인세법상 내국법인의 소득처분에 대한 설명으로 옳지 않은 것은? [국가직 7급 2018]

① 대표자가 2명 이상인 법인에서 익금에 산입한 금액이 사외에 유출되고 귀속이 불분명한 경우에는 사실상의 대표자에게 귀속된 것으로 본다.
② 익금에 산입한 금액이 사외에 유출되지 아니한 경우에는 사내유보로 처분한다.
③ 세무조사가 착수된 것을 알게 된 경우로 경정이 있을 것을 미리 알고 법인이 국세기본법 제45조의 수정신고 기한 내에 매출누락 등 부당하게 사외 유출된 금액을 익금에 산입하여 신고하는 경우의 소득처분은 사내유보로 한다.
④ 사외 유출된 금액의 귀속자가 불분명하여 대표자에게 귀속된 것으로 보아 대표자에 대한 상여로 처분한 경우 해당 법인이 그 처분에 따른 소득세를 대납하고 이를 손비로 계상함에 따라 익금에 산입한 금액은 기타사외유출로 처분한다.

> **해설** 법인이 수정신고 기한 내에 매출누락 등 부당하게 사외 유출된 금액을 익금에 산입하여 신고하는 경우의 소득처분은 사내유보로 한다. 다만, 경정이 있을 것을 미리 알고 수정신고를 한 경우는 제외한다.
>
> **해답** ③

04 법인세법상 소득처분에 관한 설명으로 옳지 않은 것은? [국가직 7급 2014]

① 사외유출이란 손금산입·익금불산입한 금액에 대한 소득처분으로 그 금액이 법인 외부로 유출된 것이 명백한 경우 유출된 소득의 귀속자에 대하여 관련되는 소득세를 징수하기 위하여 행한다.
② 세무조정으로 증가된 소득의 귀속자가 국가·지방자치단체인 경우 기타사외유출로 소득처분하고 그 귀속자에 대하여 소득세를 과세하지 않는다.
③ 당기에 유보로 소득처분된 세무조정사항이 발생하게 되면 당기 이후 추인될 때까지 이를 자본금과적립금조정명세서(을)에 사후관리 하여야 한다.
④ 손금산입·익금불산입으로 세무조정한 금액 중 유보가 아닌 것은 기타로 소득처분하며 별도로 사후관리하지 아니한다.

> **해설** 사외유출이란 익금산입·손금불산입한 금액에 대한 소득처분으로 그 금액이 법인 외부로 유출된 것이 명백한 경우 유출된 소득의 귀속자에 대하여 관련되는 소득세를 징수하기 위하여 행한다.
>
> **해답** ①

05 ㈜C의 제24기 사업연도(2025.1.1.~12.31.)의 법인세 세무조정 자료의 일부이다. 세무조정사항 중 유보금액의 합계액은 얼마인가? [회계사 2012 수정]

> (1) 감가상각비를 2,200,000원 과대계상하였다.
> (2) 퇴직급여충당금을 800,000원 과대계상하였다.
> (3) 회사는 300,000원을 선급비용으로 자산계상하였으나, 이는 세무상 해당 사업연도에 귀속되는 이자비용이다.

① △300,000원 ② 300,000원 ③ 2,200,000원
④ 2,700,000원 ⑤ 3,000,000원

해설
(1) 감가상각비 과대계상액에 대해 〈손금불산입〉 감가상각비 한도초과액 2,200,000원 (유보)의 세무조정을 해야 한다.
(2) 퇴직급여충당금 한도초과액에 대해 〈손금불산입〉 퇴직급여충당금 한도초과액 800,000원 (유보)의 세무조정을 해야 한다.
(3) 자산계상한 선급비용에 대해 〈손금산입〉 선급비용 300,000원 (△유보)의 세무조정을 해야 한다.

∴ 유보금액 : 2,200,000원 + 800,000원 + △300,000원 = 2,700,000원

해답 ④

06 다음은 내국법인 ㈜A의 제24기 사업연도(2025.1.1.~12.31.) 자료이다. 세무조정 시 기타사외유출로 소득처분할 금액은 얼마인가? [세무사 2017 수정]

> (1) 업무무관 부동산 등과 관련된 지급이자 손금불산입액 10,000,000원
> (2) 채권자가 불분명한 사채이자 15,000,000원(원천징수세액 4,125,000원 포함)
> (3) 기업업무추진비 손금불산입액 4,000,000원
> (4) 임대보증금 등에 대한 간주임대료 익금산입액 1,000,000원
> (5) 사외유출된 금액의 귀속이 불분명하여 대표자에 대한 상여로 처분을 한 경우, ㈜A가 그 처분에 따른 소득세를 대납하고 이를 손비로 계상한 금액 2,500,000원

① 11,625,000원 ② 19,125,000원 ③ 21,625,000원
④ 28,375,000원 ⑤ 32,500,000원

해설

구 분	기타사외유출
(1) 지급이자 손금불산입액	10,000,000원
(2) 사채이자(원천징수세액)	4,125,000원
(3) 기업업무추진비 손금불산입액	4,000,000원
(4) 간주임대료	1,000,000원
(5) 소득세 대납액	2,500,000원
합 계	21,625,000원

해답 ③

제4절 익금과 익금불산입

- I. 익금의 의의
- II. 익금의 항목별 구분
- III. 익금불산입의 항목별 구분
- IV. 익금의 세무조정구조

I. 익금의 의의

1 익금의 정의

(1) 법인세법의 규정

익금이란 해당 법인의 순자산(純資産)을 증가시키는 거래로 인하여 발생하는 수익 중에서 다음을 제외한 금액을 말한다(법법 15①).

① 자본금 또는 출자금의 납입
② 이 법 및 다른 법률에서 익금이 아닌 것(=익금불산입항목)으로 정하는 것

(2) 사 례

예컨대, 상품 또는 제품의 신용매출이 순자산 증가거래의 대표적인 예라 할 수 있다.

```
             자산의 증가                  자본의 증가
 (차) 외상매출금        ×××    (대) 매   출        ×××
```

(3) 결 론

이는 법인세법상 과세대상소득을 순자산증가설에 입각하여 파악하고 있다는 사실을 알 수 있게 해주는 규정이다.

따라서 다음의 'II 익금의 항목별 구분'에서 설명하고 있는 익금항목 이외에도 순자산가액을 증가시킨 금액은 자본금 또는 출자금의 납입, 이 법 및 다른 법률에서 익금이 아닌 것으로 정하는 것을 제외하고는 모두 익금에 해당한다.

(4) 익금의제

그러나 위의 규정에 불구하고 다음의 금액은 익금으로 본다.

> ① 특수관계인인 개인으로부터 유가증권을 시가보다 낮은 가액으로 매입하는 경우 시가와 그 매입가액의 차액에 상당하는 금액
> ② 법인세법 제16조(배당금 또는 분배금의 의제)에 따라 이익을 배당받았거나 잉여금을 분배받은 금액
> ③ 합병, 증자, 감자 등 대통령령으로 정하는 자본거래에 따라 특수관계인으로부터 분여받은 이익
> ④ 법인세법 제57조(외국납부세액공제 등) 제4항에 따라 세액공제를 받는 외국법인세액에 상당하는 금액
> ⑤ 법인세법 제76조의9[연결납세방식의 취소] 제2항 제1호, 법인세법 제76조의12[연결자법인의 배제] 제2항 제1호 및 제3호에 따른 소득금액
> ⑥ 조세특례제한법 제100조의18(동업기업 소득금액 등의 계산 및 배분) 제1항과 제2항에 따라 배분받은 소득금액
> ⑦ 법인세법 및 다른 법률에서 익금으로 보는 금액

이에 대한 자세한 내용은 "Ⅱ 익금의 항목별 구분"에서 설명하기로 한다.

2 순자산증가설과 소득원천설

법인과 자연인이 특정 과세기간 동안의 경제활동을 통하여 가득한 소득에 대하여 부과하는 과세소득의 범위를 산정하는 방법은 이론적으로 순자산증가설과 소득원천설로 구분할 수 있는데, 이를 설명하면 다음과 같다.

(1) 순자산증가설

이는 과세기간 동안에 발생한 순자산증가분은 그 유형을 가리지 않고 모두 과세대상으로 하여야 한다는 견해로서 입법방식 중 포괄주의 과세방식을 채택하게 된다.

(2) 소득원천설

이는 과세기간 동안에 발생한 순자산증가분 중 경상적이고 반복적인 소득만을 과세대상으로 하여야 한다는 견해로서 입법방식 중 열거주의 과세방식을 채택하게 된다.

(3) 현행 법인세법과 소득세법

현행 법인세법은 상기의 이론 중 영리내국법인의 각 사업연도 소득에 대하여는 순자산증가설을 채택하여 입법방식 중 포괄주의 과세방식에 의하고 있다. 그러나 비영리법인의 수익사업소득과 외국법인의 국내원천소득은 법인세법에서 구체적으로 열거하는 소득에 대해서만 과세를 하는 열거주의 과세방식을 채택하고 있다.

이에 반하여 소득세법은 소득원천설을 채택하여 열거주의 과세방식에 의하고 있으나, 일부 소득(이자소득, 배당소득 등)에 대해서는 포괄주의 과세방식을 채택하고 있다.

II. 익금의 항목별 구분

 사업수입금액

(1) 개 념

사업수입금액이란 한국표준산업분류에 따른 사업에서 생기는 수입금액[도급금액·판매금액과 보험료액을 포함하며, 매출에누리금액과 매출할인금액(법인의 임직원에 대한 재화·용역 등 할인금액은 사업수입금액에 포함, 이하 같음)은 제외함]을 말하며, 이는 기업회계상 재고자산의 판매로 인한 매출액을 의미한다. 이러한 사업수입금액은 익금항목이다.

한편, 이에 대응되는 개념으로서 판매한 상품·제품에 대한 원료의 매입가액(매입에누리금액과 매입할인금액과 그 부대비용은 손금항목이다. 이에 대해서는 후술하기로 한다.

(2) 유의점

법인세법상 사업수입금액을 결정함에 있어서는 위에서 설명한 바와 같이 매출에누리금액과 매출할인금액을 제외하도록 규정하고 있다. 기업회계에서는 매출에누리, 매출환입, 매출할인을 명시적으로 언급하고 있는데 반해서 법인세법에서는 매출에누리와 매출할인만 언급하고 있을 뿐, 매출환입에 대해서는 아무런 규정이 없다.

구 분	
기 업 회 계	매출액 = 총매출액 – 매출에누리 – 매출환입 – 매출할인
법 인 세 법	사업수익금액 = 수입금액 – 매출에누리 – 매출할인

이는 실질주의에 입각해서 제정된 법인세법의 입장에서 보면 매출환입은 사실상 출고되었다가 재입고된 것에 불과하기 때문에 당연히 언급할 필요가 없는 것이다.

 자산의 양도가액

(1) 개 념

자산의 양도가액이란 위 '1'의 사업수입금액에 해당하지 아니하는 것으로서 재고자산 외의 자산의 양도가액을 말하며, 해당 자산의 양도가액은 익금항목이다.

한편, 이에 대응되는 개념으로서 양도한 자산의 양도 당시의 장부가액은 손금항목이다. 이에 대해서는 후술하기로 한다.

(2) 유의점

법인세법에서는 총액법에 입각해서 자산의 양도가액을 익금항목으로, 이에 대응하는 양도한 자산의 양도 당시의 장부가액을 손금항목으로 규정하고 있으나, 기업회계기준에서는 재고자산 이외의 자산을 처분한 경우에는 순액법에 입각하여 해당 자산의 처분손익만을 수익 또는 비용으로 계상한다. 그러나 어떻게 처리하던 소득금액에 미치는 효과에는 차이가 없으므로 세무조정은 하지 아니한다.

3 자기주식의 양도가액

자기주식의 양도가액은 익금항목에 해당한다. 여기서 자기주식의 범위에는 합병법인이 합병에 따라 피합병법인이 보유하던 합병법인의 주식을 취득하게 된 경우 해당 주식을 포함한다.

자기주식거래에 대한 세무조정여부

구 분	내 용	세무조정
자기주식처분거래	① 기업회계기준 : 자본거래로 봄 ② 법인세법 : 손익거래로 봄	자기주식처분이익 계상 ➡ 익금산입(기타) 자기주식처분손실 계상 ➡ 손금산입(기타)
자기주식소각거래	① 기업회계기준 : 자본거래로 봄 ② 법인세법 : 자본거래로 봄	자기주식소각이익 ➡ 세무조정 없음 자기주식소각손실 ➡ 세무조정 없음

자기주식의 거래에 대하여

자기주식소각거래와 자기주식처분거래에 대한 기업회계의 입장은 과거부터 현재까지 일관되게 자본거래로 취급하고 있다. 이에 반하여 법인세법에서는 자기주식소각거래는 기업회계와 동일하게 자본거래로 취급하지만 자기주식처분거래는 손익거래로 취급하고 있다. 사실은 한때 법인세법에서도 자기주식처분거래를 자본거래로 취급한 적이 있었다. 그러다가 1970년대 후반 자기주식처분거래의 남발로 인한 사회적 문제점들이 가시화되면서 과세당국에서는 정책적으로 자기주식처분거래를 손익거래로 보아 과세를 하기 시작하였다. 이로 인하여 법인과 과세당국간에는 조세마찰이 발생함과 동시에 과세처분을 받은 법인들은 일제히 조세불복을 하였다. 이에 대하여 최종적으로 대법원에서는 다음과 같은 판결을 내림으로써 해당 조세마찰문제가 일단락되었다.
"자기주식처분을 자본거래로 보지 아니하고 과세대상이 되는 손익거래로 보아 과세한 과세당국의 처분이 타당하다(대법원 79누 370, 1980. 12. 31)"
이에 과세당국에서는 1988년 3월 1일 법인세법 기본통칙의 개정시 다음과 같은 규정[법기통 2-2-14 (2001년 11월 1일 개정 후에는 법기통 15-11…7)]을 제정하였다.
"자기주식을 취득하여 소각함으로써 생긴 손익은 각 사업연도 소득계산상 익금 또는 손금에 산입하지 아니하는 것이나, 매각함으로써 생긴 매각차손익은 익금 또는 손금으로 한다."
그러나 위의 규정들은 모두 법원성이 없다는 치명적인 단점을 갖고 있었으므로 과세당국은 1998년 12월 31일 법인세법 시행령의 전면개정시 다음과 같은 형태로 법조문을 정비하여 자기주식처분거래가 손익거래임을 명확히 하였다.

① 익금항목(법령 11)
　자산의 양도가액 ⇨ 자산(자기주식 포함)의 양도가액
② 손금항목(법령 19)
　양도한 자산의 양도당시의 장부가액

그리고 2009년 2월 4일 법인세법 시행령을 다음과 같이 개정하였다.

① 익금항목(법령 11)
　2. 자산의 양도가액
　2의2. 자기주식(합병법인이 합병에 따라 피합병법인이 보유하던 합병법인의 주식을 취득하게 된 경우를 포함)의 양도가액

② 손금항목(법령 19)
　　양도한 자산의 양도당시의 장부가액

여기서 유의할 사항은 당초 과세당국은 자기주식을 일반적인 자산과 동일시하겠다는 취지에서 위의 법조문을 정비한 것이 아니라는 점이다. 혹자는 이러한 자기주식거래의 변천사를 모르고 단지 현재 제정된 법조문만을 기준으로 자기주식을 일반자산과 동일시(물론 현행 법인세법 시행령의 규정이 자기주식을 자산으로 해석할 수밖에 없는 문제점을 내포하고 있음)하여 자기주식의 취득 시 다음과 같은 세무조정을 하고 있으나, 이는 명백히 잘못된 것임을 부언해둔다.

```
(차) 자 기 주 식    10,000    (대) 현      금    10,000
⇨ 〈손금산입〉 자본조정   10,000(기타)
   〈익금산입〉 자기주식   10,000(유보)
```

이 밖에도 자기주식을 자산으로 보아 위의 사례와 같이 세무조정 및 소득처분을 하면 다음과 같은 문제점이 발생한다.
첫째, 회사가 주식을 발행한 즉시 자기주식을 취득한 경우의 사례를 살펴보기로 하자

```
(차) 현      금    10,000    (대) 자  본  금    10,000
(차) 자 기 주 식    10,000    (대) 현      금    10,000
⇨ 〈손금산입〉 자본조정   10,000(기타)
   〈익금산입〉 자기주식   10,000(유보)
```

위 사례의 경우 이론적으로 회사의 세무상 순자산가액은 0(zero)이 되어야 하나, 자기주식을 자산으로 보아 위의 세무조정과 소득처분을 하게 되면 세무상 순자산가액이 10,000원이 되는 논리적 모순이 발생한다.
둘째, 자기주식을 보유한 주권비상장법인의 상속세 및 증여세법상 주식평가 시 자기주식을 자산으로 보아 세무조정과 소득처분을 하게 되면 주식평가의 정확성을 해치게 된다. 왜냐하면 주권비상장법인의 주식평가는 세무상 순자산가치와 순손익가치의 가중평균에 의하여 계산하게 되는데 위의 세무조정과 소득처분을 하게 되면 순자산가치의 왜곡현상이 발생하기 때문이다.

자기주식처분손익의 세무조정

㈜A가 해당 사업연도에 법인설립 후 최초로 50,000,000원에 취득한 자기주식을 다음과 같이 처분하고 기업회계기준에 따라 회계처리한 경우 세무조정을 하시오.

CASE 1. 자기주식을 법인세법상 자산으로 해석한 경우
　　[유형 1] 70,000,000원에 처분한 경우
　　[유형 2] 40,000,000원에 처분한 경우

CASE 2. 자기주식을 법인세법상 자본으로 해석한 경우
　　[유형 1] 70,000,000원에 처분한 경우
　　[유형 2] 40,000,000원에 처분한 경우

CASE 1. 자기주식을 법인세법상 자산으로 해석한 경우

[유형 1] 70,000,000원에 처분한 경우
(1) 취득시
  〈익금산입〉 자기주식 50,000,000(유보)
  〈손금산입〉 자기주식 50,000,000(기타)
(2) 처분시
  〈손금산입〉 자기주식 50,000,000(△유보)
  〈익금산입〉 자기주식 50,000,000(기타)
  〈익금산입〉 자기주식처분이익 20,000,000(기타)

[유형 2] 40,000,000원에 처분한 경우
(1) 취득시
  〈익금산입〉 자기주식 50,000,000(유보)
  〈손금산입〉 자기주식 50,000,000(기타)
(2) 처분시
  〈손금산입〉 자기주식 50,000,000(△유보)
  〈익금산입〉 자기주식 50,000,000(기타)
  〈손금산입〉 자기주식처분손실 10,000,000(기타)

CASE 2. 자기주식을 법인세법상 자본으로 해석한 경우

[유형 1] 70,000,000원에 처분한 경우
(1) 회사의 회계처리를 추정하면 다음과 같다.

(차) 현　금	70,000,000	(대) 자기주식	50,000,000
		자기주식처분이익	20,000,000

(2) 세무조정
  〈익금산입〉 자기주식처분이익　　20,000,000(기타)
※ 자기주식의 양도가액 70,000,000원은 익금항목, 자기주식 양도 당시의 장부가액 50,000,000원은 손금항목이므로 20,000,000원(=70,000,000원-50,000,000원)의 과세소득이 창출되었으나 장부상으로 수익계상을 하지 않았으므로 익금산입(기타)한다.

[유형 2] 40,000,000원에 처분한 경우
(1) 회사의 회계처리를 추정하면 다음과 같다.

(차) 현　금	40,000,000	(대) 자기주식	50,000,000
자기주식처분손실	10,000,000		

(2) 세무조정
  〈손금산입〉 자기주식처분손실　　10,000,000(기타)
※ 자기주식의 양도가액 40,000,000원은 익금항목, 자기주식 양도 당시의 장부가액 50,000,000원은 손금항목이므로 △10,000,000원(=40,000,000원-50,000,000원)의 과세소득이 감소하였으나 장부상으로 비용처리를 하지 않았으므로 손금산입(기타)한다.

자기주식처분손익의 세무조정

CASE 1. 자기주식을 법인세법상 자산으로 해석한 경우

[유형 1] 70,000,000원에 처분한 경우

① 자기주식의 취득 ; 50,000,000원

Book	자기주식(자본조정, 자본의 감소)	50,000,000 / 현금(자산)	50,000,000
Tax	자기주식(자산의 증가)	50,000,000 / 현금(자산)	50,000,000
Adjustment	자기주식(자산의 증가)	50,000,000 / 자기주식(자본조정, 자본의 증가)	50,000,000
Tax-Adj	자산↑(순자산↑)	50,000,000 / 불입자본↑(순자산↑)	50,000,000

〈익금산입〉 자기주식 50,000,000 · 유보(자기주식)
〈손금산입〉 자기주식 50,000,000 · 기타

② 자기주식의 처분 ; 70,000,000원

Book	현금(자산)	70,000,000 / 자기주식(주식재발행, 자본조정, 자본의 증가)	50,000,000
		자기주식처분이익(자본잉여금)	20,000,000
Tax1	현금(자산)	70,000,000 / 자기주식양도가액(익금)	70,000,000
	자기주식장부가액(손금)	50,000,000 / 자기주식(자산)	50,000,000

                                                                         ☞ 총액법

Tax2	현금(자산)	70,000,000 / 자기주식(자산의 처분, 자산의 감소)	50,000,000
		자기주식처분이익(익금)	20,000,000

                                                                         ☞ 순액법

Adjustment	자기주식처분이익(자본잉여금)	20,000,000 / 자기주식처분이익(익금)	20,000,000
Tax-Adj	불입자본↓(순자산↓)	20,000,000 / 익금(순자산)	20,000,000

〈손금산입〉 자기주식 50,000,000 · △유보
〈익금산입〉 자기주식 · 50,000,000 기타
〈익금산입〉 자기주식처분이익 20,000,000 · 기타

[유형 2] 40,000,000원에 처분한 경우

① 자기주식의 취득 ; 50,000,000원

Book	자기주식(자본조정, 자본의 감소)	50,000,000 / 현금(자산)	50,000,000
Tax	자기주식(자산의 증가)	50,000,000 / 현금(자산)	50,000,000
Adjustment	자기주식(자산의 증가)	50,000,000 / 자기주식(자본조정, 자본의 증가)	50,000,000
Tax-Adj	자산↑(순자산↑)	50,000,000 / 불입자본↑(순자산↑)	50,000,000

〈익금산입〉 자기주식   50,000,000 · 유보(자기주식)
〈손금산입〉 자기주식   50,000,000 · 기타

② 자기주식의 처분 ; 40,000,000원

Book	현금(자산)	40,000,000 / 자기주식(주식재발행, 자본조정, 자본의 증가)	50,000,000
	자기주식처분손실(자본잉여금)	10,000,000	

Tax	현금(자산)	40,000,000	/ 자기주식(자산의 처분, 자산의 감소)		50,000,000
	자기주식처분손실(손금)	10,000,000			
Adjustment	자기주식(주식재발행,자본조정,자본의 증가)	50,000,000	/ 자기주식(자산의 처분, 자산의 감소)		50,000,000
	자기주식처분손실(손금)	10,000,000	/ 자기주식처분손실(자본잉여금)		10,000,000
Tax-Adj	불입자본↓(순자산↓)	50,000,000	/ 익금↑(순자산↑)		50,000,000
	손금↑(순자산↓)	10,000,000	/ 불입자본↑(순자산↑)		10,000,000

〈손금산입〉 자기주식 50,000,000 ·△유보
〈익금산입〉 자기주식 50,000,000 ·기타
〈손금산입〉 자기주식처분손실 10,000,000 ·기타

CASE 2. 자기주식을 법인세법상 자본으로 해석한 경우

[유형 1] 70,000,000원에 처분한 경우

① 자기주식의 취득 ; 50,000,000원

Book	자기주식(자본조정, 자본의 감소)	50,000,000	/ 현금(자산)	50,000,000
Tax	자기주식(자본의 감소)	50,000,000	/ 현금(자산)	50,000,000
Adjustment	없 음			
Tax-Adj	없 음			

〈세무조정 없음〉

② 자기주식의 처분 ; 70,000,000원

Book	현금(자산)	70,000,000	/ 자기주식(주식재발행, 자본조정, 자본의 증가)		50,000,000
			자기주식처분이익(자본잉여금)		20,000,000
Tax1	자기주식(자산의 증가)	50,000,000	/ 자기주식(자본의 증가)		50,000,000
	현금(자산)	70,000,000	/ 자기주식양도가액(익금)		70,000,000
	자기주식장부가액(손금)	50,000,000	/ 자기주식(자산)		50,000,000
					총액법
Tax2	자기주식(자산의 증가)	50,000,000	/ 자기주식(자본의 증가)		50,000,000
	현금(자산)	70,000,000	/ 자기주식(자산의 처분, 자산의 감소)		50,000,000
			자기주식처분이익(익금)		20,000,000
					순액법
Adjustment	자기주식처분이익(자본잉여금)	20,000,000	/ 자기주식처분이익(익금)		20,000,000
Tax-Adj	불입자본↓(순자산↓)	20,000,000	/ 익금↑(순자산↑)		20,000,000

〈익금산입〉 자기주식처분이익 20,000,000 ·기타

[유형 2] 40,000,000원에 처분한 경우

① 자기주식의 취득 ; 50,000,000원

Book	자기주식(자본조정, 자본의 감소)	50,000,000	/ 현금(자산)	50,000,000
Tax	자기주식(자본의 감소)	50,000,000	/ 현금(자산)	50,000,000
Adjustment	없 음			
Tax-Adj	없 음			

〈세무조정 없음〉

② 자기주식의 처분 ; 40,000,000원

Book	현금(자산)	40,000,000	/ 자기주식(주식재발행, 자본조정, 자본의 증가)		50,000,000
	자기주식처분손실(자본잉여금)	10,000,000			
Tax	자기주식(자산의 증가)	50,000,000	/ 자기주식(자본의 증가)		50,000,000
	현금(자산)	40,000,000	/ 자기주식(자산의 처분, 자산의 감소)		50,000,000
	자기주식처분손실(손금)	10,000,000			
Adjustment	자기주식처분손실(손금)	10,000,000	/ 자기주식처분손실(자본잉여금)		10,000,000
Tax-Adj	손금↑(순자산↓)	10,000,000	/ 불입자본↑(순자산↑)		10,000,000

〈손금산입〉 자기주식처분손실 10,000,000·기타

4 자산의 임대료

자산의 임대료란 임대업을 영위하는 법인 이외의 법인이 자산을 대여하고 얻은 수입금액을 말한다. 왜냐하면 임대업을 영위하는 법인의 임대료는 '익금의 항목별 구분'의 첫 번째 사항인 사업수입금액에 해당하기 때문이다.

(차) 현 금	×××	(대) 임대료수익	×××

이러한 임대료수익은 순자산의 증가를 초래하므로 법인세법상 익금항목에 해당한다.

5 자산의 평가이익

법인세법에서는 자산의 평가이익을 익금항목으로 열거하고 있으나, 실제 유형별 적용과정에서는 익금항목으로 인정하지 않고 있는 것도 존재하고 있다. 이하에서는 이에 대하여 살펴보기로 한다.

(1) 임의평가이익

보험업법이나 그 밖의 법률(이하, "보험업법등"이라 함)에 따르지 아니하고 법인이 임의로 평가 증한 금액을 임의평가이익이라 하며, 이러한 유형자산 및 무형자산의 임의평가이익은 익금불산입 항목이다.

그 이유는 유형자산 및 무형자산의 평가이익을 익금항목으로 인정하면 이와 반대의 임의평가손실도 손금항목으로 인정을 하여야 하는데, 이는 결국 과세소득의 임의적 도출을 그대로 방치하는 결과가 되기 때문이다.

(2) 보험업법 등에 따른 평가이익

보험업법등에 따른 유형자산 및 무형자산의 평가이익은 익금항목이다. 여기서 유의하여 할 점은 유형자산 및 무형자산의 평가손실은 손금항목으로 인정되지 않는다는 점이다.

(3) 집합투자재산의 평가이익

자본시장과 금융투자업에 관한 법률에 따른 투자회사(Mutual Fund)가 보유하고 있는 집합투자재산의 평가이익은 익금항목이다. 물론 평가손실은 손금항목이다.

자산수증익과 채무면제익

(1) 원 칙

타인으로부터 무상으로 증여받은 자산의 가액을 '자산수증익'이라 하며, 채무의 면제 또는 소멸로 생기는 부채의 감소액을 '채무면제익'이라 한다.

구 분	회 계 처 리			
자 산 수증익	(차) 자　　　산	×××	(대) 자산수증이익	×××
채 무 면제익	(차) 부　　　채	×××	(대) 채무면제이익	×××

이러한 자산수증익과 채무면제익은 순자산의 증가를 초래하므로 법인세법상 익금항목에 해당한다.

(2) 예 외

자산수증익과 채무면제익이 이월결손금 보전에 충당된 경우는 해당 금액을 익금불산입한다. 다만, 2020.1.1. 이후 개시하는 사업연도에 지급받은 국고보조금 등으로 취득한 사업용자산가액의 손금산입 규정(법법 36)에 따른 국고보조금 등은 익금불산입되는 자산수증익에서 제외한다(2010.1.1. 전에 개시한 사업연도에서 발생한 결손금 보전에 충당된 경우에는 종전과 같이 익금불산입). 여기서 이월결손금이란 다음의 금액을 말한다.

① 발생연도에 제한이 없는 세무상 이월결손금
② 채무자 회생 및 파산에 관한 법률에 따른 회생계획인가의 결정을 받은 법인의 결손금으로서 법원이 확인한 것
③ 기업구조조정촉진법에 따른 경영정상화계획의 이행을 위한 약정이 체결된 법인으로서 채권금융기관협의회가 의결한 결손금

위에서 '이월결손금 보전에 충당된 경우'란 자산수증익과 채무면제익을 기업회계기준에 따라 수익으로 계상한 법인이 '자본금과적립금조정명세서(갑)'에 그 금액을 이월결손금의 보전에 충당한다는 뜻을 표시하는 것(해당 서식의 '보전'란에 해당금액을 기재하는 것을 의미함)을 말한다(법기통 18-18…2).

참고 | 이월결손금 보전에 충당하는 실무적용사례

세무상 이월결손금(제3기 9,200,000원)이 있는 ㈜A에 제15기 사업연도 중 자산수증이익 10,000,000원이 발생한 경우 다음과 같이 세무상 이월결손금 보전에 충당함으로써 9,200,000원만큼 익금불산입을 할 수 있다.

2. 이월결손금 계산서

⑥ 사업 연도	이 월 결 손 금			감 소 내 역						잔 액		
	발 생 액			⑩ 소급 공제	⑪ 차감계	⑫ 기공 제액	⑬ 당기 공제액	⑭ 보 전	⑮ 계	⑯ 기한내	⑰ 기 한 경 과	⑱ 계
	⑦ 계	⑧ 일반 결손금	⑨배분 한도초과 결손금 (⑨=㉕)									
제3기	9,200,000	9,200,000	-		9,200,000	-		9,200,000	9,200,000	-		
계												

※ 위의 양식은 "자본금과 적립금조정명세서(갑)"의 일부를 발췌한 것이다.

분개법 | 이월결손금 보전에 충당하는 실무적용사례(토지 10,000,000원을 수증 받았다고 가정)

Book	토 지(자산)	10,000,000 / 자산수증이익	10,000,000
Tax	토 지(자산)	10,000,000 / 자산수증이익	10,000,000
	자산수증이익	9,200,000 이월결손금	9,200,000
Adjustment	자산수증이익	9,200,000 / 이월결손금	9,200,000
Tax-Adj	익 금 ↓(순자산 ↓)	9,200,000 / 순자산 ↑(순자산 ↑)	9,200,000

〈익금불산입〉 자산수증이익   9,200,000·기타

(3) 특 례

법인이 다음의 요건을 모두 갖춘 채무의 출자전환으로 주식 등을 발행하는 경우로서 해당 주식 등의 시가(시가가 액면가액에 미달하는 경우에는 액면가액)를 초과하여 발행된 금액(=채무면제이익 상당액) 중 이월결손금 보전에 충당하지 아니한 금액은 이를 해당 사업연도의 익금에 산입하지 아니하고 그 이후의 각 사업연도에 발생한 결손금의 보전에 충당할 수 있다(법법 17②, 법령 15).

① 채무의 출자전환으로 주식을 발행한 법인이 다음의 어느 하나에 해당하는 법인일 것
  ㉠ 채무자 회생 및 파산에 관한 법률에 따른 회생계획인가의 결정을 받은 법인
  ㉡ 기업구조조정촉진법에 따른 경영정상화계획의 이행을 위한 약정을 체결한 부실징후기업인 법인
  ㉢ 금융실명거래 및 비밀보장에 관한 법률 제2조 제1호의 규정에 따른 금융기관으로서 해당 법인에 대하여 채권을 보유한 금융기관과 경영정상화계획의 이행을 위한 협약을 체결한 법인
  ㉣ 기업 활력 제고를 위한 특별법 제10조에 따른 사업재편계획승인을 받은 법인이 채무를 출자전환하는 경우로서 해당 주식등의 시가(시가가 액면가액에 미달하는 경우에는 액면가액을 말한다)를 초과하는 금액
② 위 ①의 ㉠·㉡·㉢·㉣의 규정에 따른 회생계획인가, 경영정상화계획의 이행을 위한 약정 또는 협약에 채무를 출자로 전환하는 내용이 포함되어 있을 것

제4절 익금과 익금불산입

> **참고** 이월결손금 보전에 충당하는 실무적용사례

구 분	회계처리
사 례	법원으로부터 법소정 요건을 충족시킨 회생계획인가의 결정을 받은 ㈜A는 장기차입금 200,000,000원을 대한은행과 협의하에 ㈜A의 주식 20,000주(액면가액 5,000원, 시가 6,000원)를 발행하는 채무의 출자전환을 하였다.

회 계 처 리	(차) 장기차입금 200,000,000 (대) 자 본 금 100,000,000
	                                      주식발행초과금 20,000,000
	                                      채 무 면 제 익 80,000,000

세 무 조 정	이 경우 ㈜A에 세무상 이월결손금이 60,000,000원만 있는 경우에도 ㈜A는 채무면제익 80,000,000원을 전액 익금불산입 할 수 있다. 물론 ㈜A는 차기 이후 사업연도에 결손금이 발생하게 되면 20,000,000원 만큼은 우선적으로 결손금보전을 하여야 한다.
소 득 처 분	의 채무면제익 80,000,000원을 익금불산입 할 때 소득처분은 현재 실무서식인 자본금과적립금조정명세서(갑)의 '2. 이월결손금 계산'에서 사후관리를 할 수 있게 개정되지 않았으므로 사후관리를 위하여 △유보로 처분하여야 한다. 그러나 이는 세무회계의 이론적 측면에서 세무상 순자산가액의 왜곡을 가져오므로 빠른 시일 내에 서식의 개정이 이루어져야 할 것이다. 만일 동 서식에서 사후관리를 할 수 있게 개정이 이루어지면 그 때의 소득처분은 △유보가 아니라 기타로 하여야 한다.

> **분개법** 채무의 출자전환 시 익금불산입 특례(세무상 이월결손금이 60,000,000원인 경우)

Book	장기차입금	200,000,000 /	자본금 (= 액면가액) 주식발행초과금 (= 시가 - 액면가액) 채무면제이익 (= 발행가액 - 시가) (영업외수익)	100,000,000 20,000,000 80,000,000
Tax	장기차입금	200,000,000 /	자본금 주식발행초과금 이월결손금 잉여금	100,000,000 20,000,000 60,000,000 20,000,000
Adjustment	채무면제이익(익금)	80,000,000 /	이월결손금(잉여금) 잉여금	60,000,000 20,000,000
Tax-Adj	익금↓(순자산↓)	80,000,000 /	잉여금↑(순자산↑)	80,000,000

〈익금불산입〉 채무면제이익 80,000,000・기타 ; '익금불산입'을 했지만 결과적으로 순자산의 변동이 없도록 하는 소득처분 즉, '기타' 처분은 소득금액조정에도 불구하고 세무상 순자산의 증감이 없음을 의미함.

→ 실무상으로는 자본금과적립금조정명세서(갑)의 "2. 이월결손금 계산"에서 사후관리를 하여야 하지만 서식의 미비로 사후관리를 할 수 없으므로 사후관리를 위해 △유보로 처분하여 자본금과적립금조정명세서(을)에서 사후관리한다.

각 사업연도 소득금액과 과세표준 계산 시 공제하는 이월결손금의 비교

구 분	각 사업연도 소득금액 계산 시 공제되는 이월결손금	과세표준 계산 시 공제되는 이월결손금
① 범 위	① 발생연도에 제한이 없는 세무상 이월결손금 ② 법원이 확인한 누락결손금 등	발생연도에 제한(15년, 2009.1.1.~2019.12.31. 10년, 2008.12.31. 이전 5년 이내)이 있는 세무상 이월결손금
② 적용 여부	선택사항	강제사항
③ 공제시 소멸 여부	이월결손금 소멸	이월결손금 소멸

 청산소득금액 계산 시 공제하는 이월결손금

청산소득금액 계산 시에도 자기자본총액을 구하는 과정에서 이월결손금을 공제하게 되는데, 이 경우 공제되는 이월결손금은 발생연도의 제한이 없는 세무상 이월결손금으로서 세무상 잉여금(자본잉여금＋이익잉여금)을 한도로 공제한다.

손금에 산입한 금액 중 환입한 금액

(1) 원 칙

손금에 산입한 금액 중 환입한 금액이란 해당 사업연도 이전에 세법상 손금으로 인정받은 금액이 해당 사업연도에 환입된 금액을 말하는 것으로 법인세법에서는 이를 익금항목으로 규정하고 있다.

(2) 예 외

이에 반하여 해당 사업연도 이전에 세법상 손금부인된 금액이 해당 사업연도에 환입된 금액(＝이월익금) 또는 지출당시 손금불산입되는 세금의 환급액에 대하여 법인세법에서는 동일한 소득에 대한 이중과세방지를 위해 익금불산입항목으로 규정하고 있다.

(3) 사 례

1) 전연도에 납부한 재산세(손금항목임) 중 해당 연도에 환급된 2,000원을 잡이익으로 처리한 경우

| (차) 현 금 | 2,000 | (대) 잡 이 익 | 2,000 |

이는 손금에 산입한 금액의 환입액에 해당하므로 익금항목에 해당하나, 장부상 수익으로 처리하였으므로 세무조정은 필요없다.

제4절 익금과 익금불산입

[분개법] 전연도에 납부한 재산세(손금항목임) 중 해당 연도에 환급된 2,000원을 잡이익으로 처리한 경우

① 전연도
Book	재산세(비용=손금)	2,000 / 현 금		2,000
Tax	재산세(손금)	2,000 / 현 금		2,000
Adjustment	없 음			
Tax-Adj	없 음			

〈세무조정 없음〉

② 해당 연도
Book	현 금	2,000 / 잡이익(수익=익금)		2,000
Tax	현 금	2,000 / 재산세환입(손금환입=익금)		2,000
Adjustment	없 음			
Tax-Adj	없 음			

〈세무조정 없음〉

2) 전연도에 납부한 법인세(손금불산입항목임) 중 해당 연도에 환급된 4,000원을 잡이익으로 처리한 경우

(차) 현 금	4,000	(대) 잡 이 익	4,000

이는 이월익금에 해당하므로 익금불산입항목에 해당하나, 장부상 수익으로 처리하였으므로 익금불산입(기타)한다.

[분개법] 전연도에 납부한 법인세(손금불산입항목임) 중 해당 연도에 환급된 4,000원을 잡이익으로 처리한 경우

① 전연도
Book	법인세(비용=손금)	4,000 / 현 금	4,000
Tax	유출잉여금(to 국가)	4,000 / 현 금	4,000
Adjustment	유출잉여금(to 국가)	4,000 / 법인세(손금)	4,000
Tax-Adj	유출잉여금↓(순자산↓)	4,000 / 손 금↓(순자산↑)	4,000

〈손금불산입〉 법인세비용 4,000·기타사외유출(사외유출 to 국가)

② 해당 연도
Book	현 금	4,000 / 잡이익(수익=익금)	4,000
Tax	현 금	4,000 / 잉여금(이월익금)	4,000
Adjustment	잡이익(익금)	4,000 / 잉여금	4,000
Tax-Adj	익 금↓(순자산↓)	4,000 / 잉여금↑(순자산↑)	4,000

〈익금불산입〉 잡이익 4,000·기타 ; '익금'은 감소했으나 같은 금액만큼 잉여금(순자산)이
증가하여 세무상 순자산은 적정함

3) 전연도에 손금으로 인정받은 채권 제각액 2,000원을 해당연도에 회수하면서 기업회계기준에 따라 대손충당금을 증가시킨 경우

(차) 현　　　　금　　　　2,000　　　(대) 대 손 충 당 금　　　2,000

이는 손금에 산입한 금액의 환입액에 해당하므로 익금항목에 해당하나, 장부상 수익계상 효과를 가져왔으므로 세무조정은 필요없다.

> **분개법** 전연도에 손금으로 인정받은 채권 제각액 2,000원을 해당 연도에 회수하면서 기업회계 기준에 따라 대손충당금을 증가시킨 경우

① 전연도
　Book　　　　대손상각비(비용=손금)　　　2,000 / 채　권　　　　2,000

　Tax　　　　　대손금(손금)　　　　　　　2,000 / 채　권　　　　2,000

　Adjustment　 없　음
　Tax-Adj　　　없　음

〈세무조정 없음〉

② 해당 연도
　Book　　　　현　　금　　　　　　　　　2,000 / 대손충당금　　　　　　　　2,000
　　　　　　　대손충당금　　　　　　　　2,000 / 대손충당금환입(수익=익금)　2,000

　Tax　　　　　현　　금　　　　　　　　　2,000 / 대손금환입(손금환입=익금)　2,000

　Adjustment　 대손충당금　　　　　　　　2,000 / 대손충당금　　　　　　　　2,000
　Tax-Adj　　　없　음

〈세무조정 없음〉

4) 전연도에 손금부인된 퇴직급여충당금 한도초과액 중 3,000원을 환입하여 판매비와 관리비의 부(-)의 금액으로 처리한 경우

(차) 퇴직급여충당금　　　3,000　　　(대) 퇴직급여충당금환입　　3,000

이는 이월익금에 해당하므로 익금불산입항목에 해당하나, 장부상 판매비와 관리비의 부(-)의 금액으로 처리하여 수익계상효과를 가져왔으므로 익금불산입(△유보)한다.

전연도에 손금부인된 퇴직급여충당금 한도초과액 중 3,000원을 환입처리한 경우

① 전연도
Book   퇴직급여충당금전입액   13,000 / 퇴직급여충당금   13,000

Tax   퇴직급여충당금 한도액 : 10,000
       퇴직급여충당금전입액   10,000 / 퇴직급여충당금   10,000

Adjustment   퇴직급여충당금   3,000 / 퇴직급여충당금전입액   3,000
Tax-Adj   부 채↓(순자산↑)   3,000 / 손 금↓(순자산↑)   3,000

〈손금불산입〉 퇴직급여충당금전입액 3,000 · 유보(퇴직급여충당금)

② 해당 연도
Book   퇴직급여충당금   3,000 / 퇴직급여충당금환입(=익금처리효과)   3,000

Tax   없 음(전연도에 이미 세무조정을 통해 인식했음)

Adjustment   퇴직급여충당금환입(익금)   3,000 / 퇴직급여충당금   3,000
Tax-Adj   익 금↓(순자산↓)   3,000 / 부 채↑(순자산↓)   3,000

〈익금불산입〉 퇴직급여충당금환입 3,000 · △유보(퇴직급여충당금)

손금산입액 중 환입액 VS 이월익금

① 손금산입액 중 환입액
  (1) 현금지출(비용계상) → 며칠후 현금회수(수익계상)

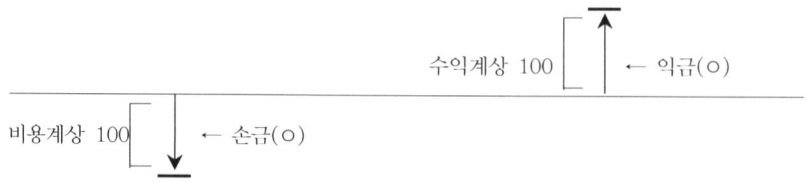

  (2) 사업연도의 대입

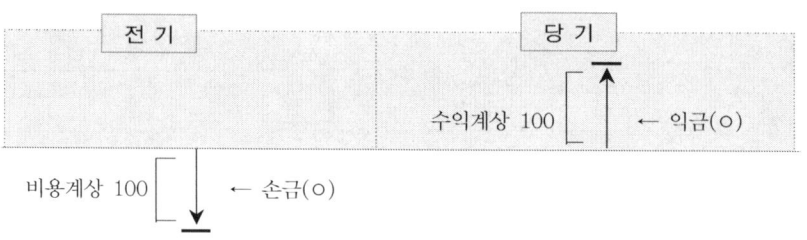

  (3) 결 론
    따라서 전기 이전 손금산입액이 당기에 환입된 금액은 익금항목에 해당한다.

② 이월익금
  (1) 현금지출(비용계상) → 며칠후 현금회수(수익계상)

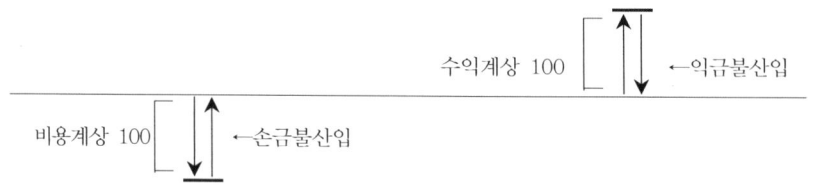

  (2) 사업연도의 대입

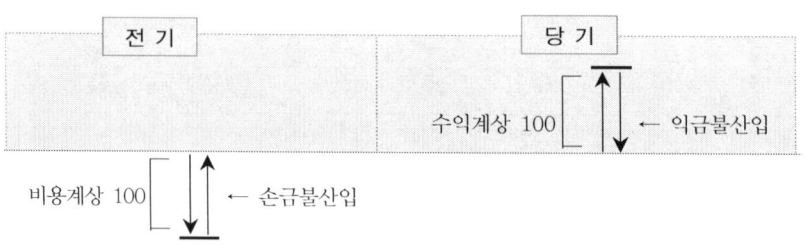

  (3) 결 론
    따라서 전기 이전 손금부인액이 당기에 환입된 금액은 익금불산입항목에 해당한다.

8 이익처분에 의하지 아니하고 손금으로 계상된 적립금액

(1) 개 념

이익처분에 의하지 아니하고 손금으로 계상된 적립금액이란 이익처분으로 처리하여야 할 적립금액(예 : 사업확장적립금·감채기금적립금 등)을 결산시 비용으로 계상한 금액을 말하는데, 법인세법에서는 해당 금액을 익금항목으로 규정하고 있다.

(2) 유의점

기업회계상 적립금은 이익처분에 의해서만 적립할 수 있으므로 기업회계에 따라 회계처리를 한다면 적립금을 비용과 부채로 계상하는 경우란 있을 수 없다. 따라서 법인세법에서는 잘못된 회계처리에 의하여 적립금을 비용과 부채로 계상한 경우 이를 인정하지 않겠다는 것을 의미한다. 결국 해당 금액은 개념상 손금불산입항목으로 규정하는 것이 타당하나 법인세법에서는 이를 익금항목으로 규정하고 있다.

(3) 사 례

㈜A는 사업확장적립금을 적립하면서 다음과 같이 회계처리를 하였다.

| (차) 비　　용 | ××× | (대) 사업확장적립금(부채) | ××× |

상기의 회계처리에 대하여 법인세법은 이를 인정하지 않고 있으므로 다음과 같은 세무조정을 하여야 한다.

〈손금불산입〉 사업확장적립금　×××(유보)

분개법 이익처분에 의하지 아니하고 손금으로 계상된 적립금액

Book	비　용(= 손금)	2,000 / 사업확장적립금(부채)	2,000
Tax	없　음(세무상 인정하지 않는 회계처리임)		
Adjustment	사업확정적립금(부채)	2,000 / 손　금	2,000
Tax-Adj	부　채↓(순자산↑)	2,000 / 손　금↓(순자산↑)	2,000

〈손금불산입〉 비용　2,000·유보(사업확정적립금)

불공정 자본거래에 의하여 특수관계인으로부터 공여 받은 이익

(1) 개 념

법인세법에서는 불공정한 자본거래(합병거래·증자거래·감자거래)로 인하여 특수관계인으로부터 공여 받은 이익을 익금항목으로 규정하고 있다.

(2) 참 고

법인이 특정법인의 주주로서 주식을 매개체로 자본거래(합병거래·증자거래·감자거래)를 하는 경우 기업회계상으로는 실제 발생된 거래를 기준으로 회계처리를 하게 된다. 그러나 법인세법에서는 이러한 자본거래가 불공정한 경우에는 실제 발생된 거래 이면의 특수관계인 간에 주고 받은 이익을 계산하여 이익을 공여한 자에 대해서는 부당행위계산부인규정(제19절에서 설명할 것임)을 적용하고, 이익을 공여 받은 자에 대해서는 해당 금액을 익금으로 보아 과세를 하고 있다.

(3) 유의점

위에서 설명한 바와 같이 주식을 매개체로 한 불공정 자본거래로 인하여 특수관계인으로부터 공여 받은 이익에 대해서는 기업회계상 회계처리대상이 되지 아니하므로 장부상 주식가액에는 반영되어 있지 아니하나, 법인세법상으로는 익금항목으로 규정하고 있으므로 익금산입하는 세무조정을 하여야 하며, 해당 세무조정 시 소득처분은 세무상 주식의 장부가액을 증가시켜야 하므로 유보로 한다.

 불공정 자본거래의 개관

손실을 본 주주	이익을 얻은 주주
① 영리법인 : 익금산입(기타사외유출) 　∵ 부당행위계산부인규정 적용	① 영리법인 : 익금산입(유보) 　∵ 익금항목임
② 개인·비영리법인 : 현행법상 규정없음	② 개인·비영리법인 : 증여세 과세✽

✽ 개인·비영리법인에게 증여세가 과세되지 않는 경우에는 배당·상여 등으로 소득처분한다.

 유가증권의 저가양수

일반적으로 자산의 저가양수 시에는 해당 양수가액을 취득가액으로 하므로 아무런 세무조정문제가 발생하지 않는다.

다만, 현행 법인세법에서는 특수관계인인 개인으로부터 유가증권을 저가로 양수한 경우에는 익금의제규정을 운용하고 있는데, 이를 살펴보면 다음과 같다.

제4절 익금과 익금불산입

구 분	내 용	비 고
(1) 특수관계인인 개인으로부터 유가증권을 저가로 매입한 경우	해당 매입가액과 시가와의 차액을 익금에 산입한다.	따라서 취득가액은 시가가 된다.
(2) 그 밖의 경우❷	—	따라서 취득가액은 매입가액이 된다.

❷ 유가증권이 아닌 그 밖의 자산인 경우와 유가증권이라 할지라도 특수관계인이 개인이 아닌 법인으로부터 저가로 매입한 경우를 말한다.

예 4-2 유가증권의 저가양수

다음 자료에 의하여 세무조정을 하시오.
1. 주권비상장법인인 ㈜A는 제10기에 출자자인 甲씨로부터 시가 5억원인 유가증권을 3억원에 취득하였다.
   (차) 단기매매증권   300,000,000   (대) 현   금   300,000,000
2. ㈜A가 보유하고 있는 유가증권의 제10기말 시가는 장부가액과 일치하였다.
3. ㈜A는 제11기에 동 유가증권을 6억원에 처분하였다.
   (차) 현   금   600,000,000   (대) 단기매매증권   300,000,000
                                          단기매매증권처분이익   300,000,000

해답

취득시(제10기) : 〈익금산입〉 단기매매증권   200,000,000 (유보)
처분시(제11기) : 〈익금불산입〉 단기매매증권 200,000,000 (△유보)

만일 위의 사례에서 취득자산이 유가증권이 아닌 그 밖의 자산인 경우와 유가증권이라 할지라도 특수관계있는 개인이 아니라면 저가로 매입한 경우 세무조정이 발생하지 않는다. 한편, 위 사례를 분석해 보면 유가증권의 취득시점에 세무조정을 하지 않더라도 처분시점에 처분이익으로 적절한 과세가 됨을 알 수 있다. 즉, 유가증권의 저가양수에 대한 익금의제 규정은 절대적인 과세소득의 창출이 아니라 단지 과세시점을 유가증권의 처분시점에서 취득시점으로 조기과세의 효과만 가져오는 특징을 갖고 있는 것이다.

구 분	제10기 과세소득	제11기 과세소득	합 계
세무조정(×)	—	300,000,000원	300,000,000원
세무조정(○)	200,000,000원	100,000,000원	300,000,000원

분개법 유가증권의 저가양수

1. 매입시 (제10기)

Book	단기매매증권	300,000,000 / 현 금	300,000,000
Tax	단기매매증권	500,000,000 / 현 금	300,000,000
		익 금	200,000,000
Adjustment	단기매매증권	200,000,000 / 익 금	200,000,000
Tax-Adj	자 산 ↑(순자산 ↑)	200,000,000 / 익 금 ↑(순자산 ↑)	200,000,000

〈익금산입〉 단기매매증권 200,000,000·유보(단기매매증권)

2. 처분시 (제11기)

Book	현 금	600,000,000	/ 단기매매증권		300,000,000
			단기매매증권처분이익(수익=익금)		300,000,000
Tax	현 금	600,000,000	/ 단기매매증권		500,000,000
			단기매매증권처분이익(익금)		100,000,000
Adjustment	단기매매증권처분이익(익금)	200,000,000	/ 단기매매증권		200,000,000
Tax-Adj	익 금 ↓(순자산 ↓)	200,000,000	/ 자 산 ↓(순자산 ↓)		200,000,000

〈익금불산입〉 단기매매증권   200,000,000・△유보(단기매매증권)

법인세법상 유가증권의 저가매입에 따른 이익은 기업회계기준과 마찬가지로 매입 당시에는 익금에 해당하지 아니하므로 세무조정이 필요 없다.

1. 매입시(제10기)

Book	단기매매증권	300,000,000	/ 현 금	300,000,000
Tax	단기매매증권	300,000,000	/ 현 금	300,000,000
Adjustment	없 음			
Tax-Adj	없 음			

〈세무조정 없음〉

2. 처분시(제11기)

Book	현 금	600,000,000	/ 단기매매증권	300,000,000
			단기매매증권처분이익(수익=익금)	300,000,000
Tax	현 금	600,000,000	/ 단기매매증권	300,000,000
			단기매매증권처분이익(익금)	300,000,000
Adjustment	없 음			
Tax-Adj	없 음			

〈세무조정 없음〉

11 외국자회사의 간접외국납부세액

(1) 익금의제의 배경

법인세법상 내국법인은 국내원천소득 뿐만 아니라 국외원천소득에 대해서도 납세의무를 진다. 그런데 해당 국외원천소득에 대해서는 외국정부가 과세를 하므로 국가간의 이중과세문제가 발생한다. 따라서 법인세법에서는 이러한 국가간의 이중과세를 조정하기 위하여 외국납부세액공제 제도를 도입하여 운용하고 있는데, 본 규정은 내국법인이 외국자회사로부터 수입배당금액을 받는 경우에 해당 수입배당금액에 대한 외국법인세액 상당액(=간접외국납부세액)을 계산하여 익금산입(기타사외유출)하고, 해당 금액에 대해서 외국납부세액공제를 적용받을 수 있게 해줌으로써 이중과세의

조정효과를 가져오게 하는 이중과세조정제도의 일부분에 해당한다.

예컨대, 한계세율이 22%인 내국법인의 간접외국납부세액이 100원이라면 해당 금액을 익금에 산입함으로써 소득금액이 100원 증가하여 산출세액은 22원이 증가하지만 100원의 외국납부세액 공제를 적용받음으로써 78원의 세부담 경감효과를 가져오게 되는 것이다.

(2) 간접외국납부세액

내국법인의 각 사업연도 소득금액에 외국자회사로부터 받은 수입배당금액이 포함되어 있는 경우에는 해당 수입배당금액에 대한 외국법인세액 상당액(=간접외국납부세액)을 익금산입(기타사외유출)한다. 여기서 간접외국납부세액은 다음 산식에 의하여 계산된 금액을 말한다.

$$외국자회사의\ 법인세액 \times \frac{수입배당금액}{외국자회사의\ 소득금액^{*} - 외국자회사의\ 법인세액}$$

✱ 외국자회사의 해당 사업연도 소득금액은 세율을 곱하기 전의 과세표준을 의미함

(3) 외국자회사의 범위

구 분	세 목
지분요건	10% 이상(해외자원개발사업에 출자한 경우에는 5% 이상)
보유요건	외국자회사의 배당기준일 현재 6개월 이상 보유(적격합병, 적격분할, 적격물적분할, 적격현물출자에 따른 승계취득 시 승계 전 보유기간 인정)

(4) 유의점

1) 지분비율

지분비율의 계산은 의결권 있는 주식 또는 출자지분을 대상으로 한다.

2) 배당확정일

배당확정일이란 배당금의 지급을 결의한 날(예컨대, 주주총회결의일)을 말한다(국조(재) 46017 -95, 2002. 6. 19).

3) 외국납부세액의 이중과세조정방법

종전에는 외국자회사의 외국납부세액(해당 외국나라의 법인세액, 외국법인세액)에 대한 이중과세조정 방법으로 손금산입이나 세액공제의 두가지 방법 중 하나를 선택할 수 있었다. 2021.01.01. 이후 개시하는 사업연도부터 세액공제 방법만 허용하고 손금산입 방법은 삭제되었는데, 다만, 세액공제를 적용하지 않은 경우 직접외국납부세액에 한정하여 손금으로 인정하도록 개정되었다.
• 법인이 세액공제방법을 적용한 경우 : 상기의 익금산입(손금불산입)규정 적용
• 외국납부세액을 이월공제기간(10년)까지 공제받지 못한 금액 : 외국납부세액을 손금으로 산입

4) 외국자회사의 간접외국납부세액의 미적용

외국자회사 수입배당금액에 대한 익금불산입의 적용대상이 되는 수입배당금액에 대해서는 상기 외국자회사의 간접외국납부세액 규정을 적용하지 않는다(법법 57⑤).

외국납부세액의 유형, 회계처리 및 세무조정

① 외국납부세액의 유형

외국납부세액은 직접외국납부세액, 의제외국납부세액, 간접외국납부세액으로 구분된다. 간접외국납부세액에 대해서는 위에서 설명하였으므로 여기서는 사례를 통하여 직접외국납부세액과 의제외국납부세액을 설명하기로 한다. 예컨대, 외국의 세법에 따라 계산된 산출세액이 1,000원이고 감면세액이 400원이라면 내국법인이 외국의 과세당국에 실제로 납부한 세액은 600원일 것이다. 여기서 실제로 납부한 600원을 직접외국납부세액이라고 하며, 감면세액 400원을 의제외국납부세액이라 한다.

② 외국납부세액의 회계처리 및 세무조정

구 분	회계처리	세무조정	
		원칙(세액공제 적용을 선택한 경우)	예외(세액공제를 적용받지 못한 경우)
직접외국납부세액	세금과공과	손금불산입(기타사외유출)	없 음(손금인정)
의제외국납부세액	없 음	없 음	없 음
간접외국납부세액	없 음	익금산입(기타사외유출)	없 음

국가간의 이중과세조정

① 지점의 형태로 진출한 경우

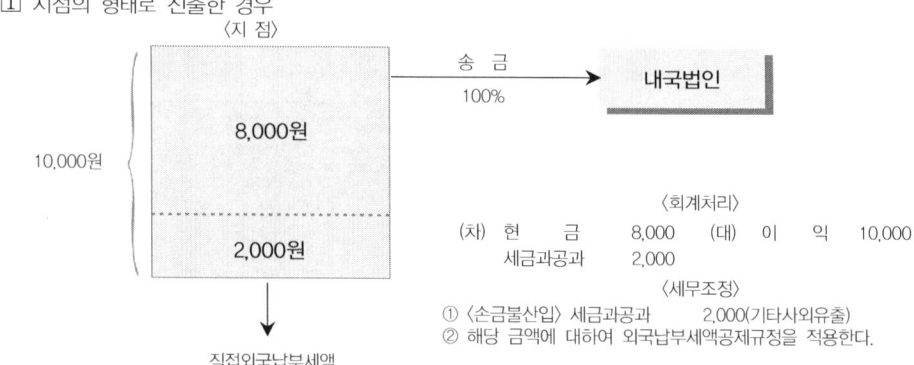

② 자회사의 형태(지분율 : 100%)로 진출한 경우

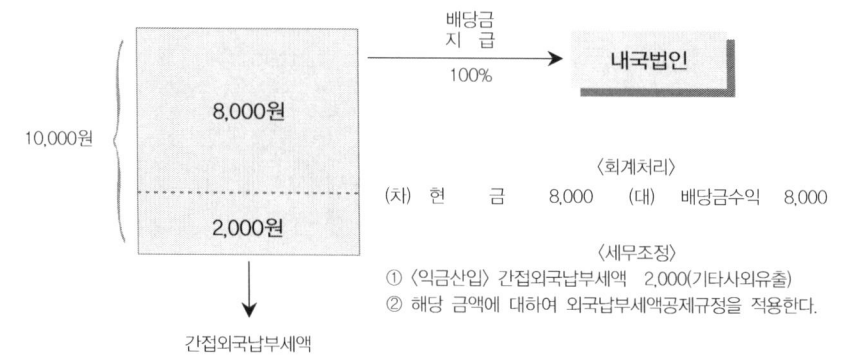

제4절 익금과 익금불산입

③ 두 방식에 대한 세법적용의 효과

구 분	지점형태로 진출 시	자회사형태로 진출 시
① 국외원천소득	세무조정을 반영한 결과 국외원천소득금액은 10,000원임❶	세무조정을 반영한 결과 국외원천소득금액은 10,000원임❷
② 세액공제액	2,000원을 세액공제함	2,000원을 세액공제함

❶ 10,000원-2,000원+2,000원
❷ 8,000원+2,000원

외국자회사의 간접외국납부세액

다음 자료에 의하여 ㈜A의 간접외국납부세액에 대한 세무조정을 하시오.

1. ㈜A의 제12기 사업연도의 외국자회사에 대한 투자내역과 배당금수익에 관련된 내용은 다음과 같다.

외국자회사	투자비율	외국자회사 소득금액	외국자회사 법인세액	수입배당금액
미국 소재 B회사	25%	50,000,000원	10,000,000원	5,000,000원
대만 소재 C회사	30%	80,000,000원	20,000,000원	12,000,000원
이란 소재 D회사	8%	70,000,000원	7,000,000원	4,200,000원

2. ㈜A는 상기 B회사 주식은 제9기, C회사 주식은 제11기, D회사 주식은 제10기에 취득하여 보유하고 있다.
3. 외국자회사는 모두 제조업을 영위하는 법인이다.
4. 상기 외국자회사들로부터 받은 수입배당금은 외국자회사 수입배당액에 대한 익금불산입의 적용대상이 아니라고 가정한다.

해답

1. 미국 소재 B회사

$$10,000,000원 \times \frac{5,000,000원}{50,000,000원 - 10,000,000원} = 1,250,000원$$

2. 대만 소재 C회사

$$20,000,000원 \times \frac{12,000,000원}{80,000,000원 - 20,000,000원} = 4,000,000원$$

3. 이란 소재 D회사
   지분비율이 10% 미만이므로 간접외국납부세액 공제규정을 적용받을 수 없다.

4. 세무조정
   〈익금산입〉 간접외국납부세액   5,250,000 (기타사외유출)

만일 ㈜A의 법인세 한계세율이 22%라고 가정하면 5,250,000원의 소득금액 증가로 세액이 1,155,000원(=5,250,000원×22%) 증가하지만, 5,250,000원의 외국납부세액공제를 적용받게 되면 4,095,000원(=5,250,000원-1,155,000원)만큼의 이중과세조정효과가 나타나게 된다.

외국자회사의 간접외국납부세액

Book	현 금	21,200,000 / 배당금수익	21,200,000
		(미국 5,000,000*+대만 12,000,000+이란 4,200,000)	
Tax	현 금	21,200,000 / 배당금수익	26,450,000
	유출잉여금(외국납부세액, 세액공제대상)5,250,000	(미국 6,250,000*+대만 16,000,000+이란 4,200,000)	

* 세무상 미국자회사배당금 6,250,000원과 장부상 미국자회사배당금 5,000,000원의 차이 1,250,000원은 미국자회사의 법인세액 10,000,000원도 배당되었다고 가정할 때의 추가배당금임. 미국자회사 법인세액 10,000,000원을 (미국자회사 수입배당금액 5,000,000원/세후배당가능총액(50,000,000원 − 10,000,000원))으로 안분한 결과임

Adjustment	유출잉여금(외국납부세액, 세액공제대상)	5,250,000 / 배당금수익	5,250,000
Tax−Adj	유출잉여금↓(순자산 ↓) 5,250,000 / 익 금↑(순자산 ↑)		5,250,000

〈익금산입〉 간접외국납부세액 5,250,000·기타사외유출(사외유출 to 다른 국가)

12 임대보증금 등에 대한 간주임대료

(1) 개념과 유형

1) 개 념

일반적으로 부동산임대의 경우 계약의 유형은 임대료만 받는 경우, 임대보증금과 임대료를 받는 경우, 임대보증금만 받는 경우로 구분할 수 있다.

이 경우 임대료는 순자산의 증가분이므로 익금항목에 해당하지만, 임대보증금은 임대차계약 종결시 임차인에게 되돌려 주어야 하는 부채(Liability)에 해당한다. 그러나 이 경우에도 임대법인이 수령한 임대보증금을 이용하여 투자를 하고, 해당 투자의 산물인 투자수익을 장부에 적절하게 반영만 한다면 적절한 과세를 할 수 있으므로 아무런 문제가 없을 것이나, 만일 임대법인이 투자수익을 누락한 경우에 아무런 조치를 강구하지 않으면 형평과세의 측면에서 문제가 발생할 것이다.

이에 따라 법인세법에서는 임대보증금 등에 대한 이자상당액을 임대료로 간주하여 익금항목으로 규정하고 있는 것이다.

2) 유 형

임대보증금 등에 대한 간주임대료의 유형은 일반적인 경우와 추계결정·경정의 경우로 구분할 수 있다.

 간주·의제 및 추정

세법에서는 "의제"와 "간주"라는 용어를 자주 사용하고 있다. 이러한 "의제"와 "간주"는 유사하거나 이질적인 사건들을 특정한 사건과 동일시하는 효과를 가져오게 하는데, 이에 대해서는 뒤에 서술하는 "추정"과 달리 설사 반대의 입증을 한다 하더라도 법률적 효력에 변화를 가져오지 않는 특징을 갖고 있다. 이의 예로는 법인세법과 소득세법상 "의제배당"과 "간주임대료", 상속세 및 증여세법상 "명의신탁재산의 증여의제"가 있다. 즉, 법인세법과 소득세법에서는 의제배당과 간주임대료를 배당과 임대료와 동일시하고 있으며, 상속세 및 증여세법에서는 명의신탁재산의 증여의제를 증여와 동일시하고 있다.

한편, "추정"은 "의제"나 "간주"와 달리 반대의 입증을 하게 되면, 해당 추정에 따른 법률적 효과가 상실되는 특징을 갖고 있다. 예컨대, 상속세 및 증여세법상 명의신탁재산의 증여의제규정의 적용을 받게 되면 반드시 증여세를 납부하여야 하지만, 증여추정규정의 적용 시에는 납세자가 반대의 입증을 하게 되면 증여세를 납부할 필요가 없다.

(2) 일반적인 경우(조특법 138)

1) 대상법인과 주업의 판정기준

일반적인 경우의 간주임대료 적용대상법인은 ① 차입금 과다법인(차입금적수가 자기자본적수의 2배를 초과하는 법인)으로서, ② 부동산임대업을 주업으로 하는, ③ 영리내국법인(비영리내국법인 제외)에 한한다.

여기서 부동산임대업을 주업으로 하는 법인이란 해당 법인의 사업연도 종료일 현재 자산총액 중 임대사업에 사용된 자산가액이 50% 이상인 법인을 말한다(조특령 132③). 이 경우 자산가액은 기준시가에 의한다.

2) 간주임대료의 계산

구 분		내 용
① 적용 산식		$\left[\begin{array}{c}\text{해당 사업연도의}\\ \text{보증금 등의 적수}\end{array} - \begin{array}{c}\text{임대용 부동산의}\\ \text{건설비상당액의 적수}\end{array}\right] \times \dfrac{1}{365(366)} \times \text{정기예금이자율}$
		− 해당 사업연도의 임대사업부분에서 발생한 수입이자와 할인료·배당금·신주인수권처분익 및 유가증권처분익의 합계액
② 유의사항	㉠ 보증금	부동산 또는 그 부동산상의 권리 등을 대여하고 받은 보증금·전세금 등을 말한다. 다만, **주택 및 그 부수토지의 임대**는 간주임대료 계산대상에서 제외한다.
	㉡ 건설비 상당액	임대용 부동산의 건설비상당액이란 해당 건축물의 취득가액(자본적 지출을 포함하고, 토지가액 및 재평가차액을 제외)을 말한다.
	㉢ 정기 예금 이자율	정기예금이자율은 법인세법 시행규칙 제6조에 규정되어 있는데, 2024년도 말 현재 연간 1,000분의 35(연 이자율 3.5%)를 말한다.
	㉣ 금융 수익	유가증권처분익이란 유가증권의 매각익에서 매각손을 차감한 금액을 말하며, 유가증권처분익의 합계액이 부수(−)인 경우에는 0(zero)으로 하여 계산한다. 한편, 금융수익 중 수입이자와 할인료는 발생주의에 의하여 계산한다.

임대보증금 등의 적수계산 시 유의사항

간주임대료를 계산함에 있어서 각 사업연도 중에 임대사업을 개시한 경우에는 임대사업을 개시한 날부터 적수를 계산한다(초일산입). 즉, 적수의 계산은 임대보증금의 수령일과는 아무런 상관이 없다는 점에 유의하여야 한다. 한편, 적수의 계산은 매월말 현재의 잔액에 경과일수를 곱하여 계산할 수 있다(간편법 허용).

참고: 적수의 개념과 계산방법

구 분	내 용
개 념	본래 이자는 예금의 평잔(예금의 연평균 잔액을 말함)에 연 이자율을 적용하여 계산하게 되는데, 여기서 평잔은 먼저 1년 동안의 일일잔액의 합계에 해당하는 적수를 계산하고, 해당 적수를 365(윤년의 경우에는 366)로 나누어 계산하게 된다. 법인세법에서는 임대보증금 등에 대한 간주임대료, 지급이자 손금불산입, 부당행위계산부인규정 중 가지급금 인정이자 등의 계산 시 적수를 계산하게 된다.
계 산 방 법	적수의 계산은 **초일산입·말일불산입의 원칙**에 의한다. 예컨대, 법인이 2025년 11월 25일 예금 1억원을 예입하고 2025년 12월 15일에 인출하였다면, 해당 예금의 적수는 1억원×20일(=6일+14일)=20억원이 된다.

참고: 주택의 부수토지

주택의 부수토지=MAX[①, ②]
① 건물의 정착면적×5배(도시지역 밖은 10배)
② 건물의 연면적(지하층의 면적, 지상층의 주차장으로 사용되는 면적, 주민공동시설면적 제외)

참고: 정기예금이자율, 가중평균차입이자율 및 당좌대출이자율

① 간주임대료의 계산 시 적용되는 정기예금이자율 : 정기예금이자율은 금융회사 등의 정기예금이자율을 참작하여 기획재정부령으로 정하는 이자율을 말한다.
② 가지급금인정이자의 계산 시 적용되는 가중평균차입이자율 및 당좌대출이자율 : 가중평균차입이자율이란 법인의 자금대여시점 현재 각각의 차입금 잔액(특수관계인으로부터의 차입금 제외)에 차입당시의 각각의 이자율을 곱한 금액의 합계액을 차입금 잔액의 총액으로 나눈 이자율을 말하며, 당좌대출이자율이란 법인세법 시행규칙 제43조 제2항에 규정되어 있는데 연간 1,000분의 46(연이자율 4.6%)를 말한다.

(3) 추계결정·경정의 경우(법령 11 제1호 단서)

구 분	내 용
대 상 법 인	추계결정·경정의 경우에는 모든 법인을 대상으로 하여 간주임대료를 계산한다.
적 용 산 식	해당 사업연도의 보증금 등의 적수 × $\dfrac{1}{365(366)}$ × 정기예금이자율 (2024년도 말 현재 3.5%)
유 의 사 항	추계결정·경정 시에는 간주임대료 계산 시 건설비상당액 적수와 금융수익을 차감하지 않으며, 주택 및 그 부속토지의 임대를 포함한다.

(4) 세무조정

1) 일반적인 경우

이 경우에는 간주임대료 산식에 의하여 계산된 금액을 다음과 같이 세무조정한다.

〈익금산입〉 간주임대료　　×××(기타사외유출)

2) 추계결정·경정의 경우

추계결정·경정 시에 간주임대료 산식에 의하여 계산된 금액은 일반적인 경우와 달리 사업수입금액에 해당할 뿐 세무조정대상이 아님에 유의하여야 한다. 추계결정·경정 시에는 이와같이 계산된 사업수입금액을 기준으로 하여 추계소득금액을 계산한 후, 충당금 환입액을 가산하여 추계과세표준을 계산하고 해당 금액과 회계상 법인세비용 차감 전 순이익과의 차액을 익금산입(상여 또는 기타사외유출)한다.

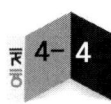

4-4 간주임대료

다음 자료에 의하여 차입금 과다법인으로서 부동산임대업을 주업으로 하는 ㈜A의 제23기(2025.1.1.~12.31.) 임대보증금에 대한 간주임대료를 계산하고 세무조정을 하시오(단, 계산의 편의상 1년은 365일로 계산함).

1. 사무실 임대관련 보증금 및 임대료의 내역

사무실	임 대 기 간	임대면적	보 증 금	월임대료
(가)	2024. 12. 1.~2025. 12. 1.	200평	1,200,000,000원	6,000,000원
(나)	2025. 12. 1.~2026. 11. 30.	300평	1,800,000,000원	9,000,000원

2. 임대자산(토지 : 1,000평, 건물 : 500평)의 장부가액

구 분	토 지	건 물
취 득 가 액	1,500,000,000원	2,000,000,000원
감 가 상 각 누 계 액	-	400,000,000원
장 부 가 액	1,500,000,000원	1,600,000,000원

3. 제24기 임대사업부분에서 발생한 금융수익내역

구분	수입이자와 할인료	수입배당금	유가증권처분손익	신주인수권처분이익
(가)	1,000,000원	2,000,000원	2,500,000원	3,000,000원
(나)	6,000,000원 ❋	4,000,000원	(3,000,000원)	1,000,000원
계	7,000,000원	6,000,000원	(500,000원)	4,000,000원

❋ 상기의 금액에는 발생주의에 의하여 계산된 미수수익 계상액 700,000원이 포함되어 있다.

4. (나)사무실의 보증금 수령일은 2025년 12월 15일이다.

5. 정기예금이자율은 5%로 가정한다.

해답

1. 간주임대료 계산
   ① 임대보증금의 적수
      1,200,000,000원×334일+1,800,000,000원×31일=456,600,000,000원
   ② 건설비 상당액의 적수
      $2,000,000,000원 \times \frac{200평}{500평} \times 334일 + 2,000,000,000원 \times \frac{300평}{500평} \times 31일 = 304,400,000,000원$
   ③ 간주임대료
      $(456,600,000,000원 - 304,400,000,000원) \times \frac{1}{365} \times 5\% - (7,000,0000원 + 6,000,000원 + 4,000,000원) = 3,849,315원$

2. 세무조정
〈익금산입〉 간주임대료 3,849,315(기타사외유출)

1. 보증금의 적수계산은 보증금의 수령일과 관계없이 무조건 임대개시일부터 계산한다.
2. 수입이자와 할인료는 발생주의에 의하여 계산된 금액으로 한다.
3. 유가증권처분익은 유가증권의 매각익에서 매각손을 차감한 금액을 말하며, 유가증권처분익의 합계액이 부수(−)인 경우에는 0(zero)으로 하여 계산한다.

분개법 | 간주임대료

Book	없 음		
Tax	유출잉여금(to ?)	3,849,315 / 임대료(익금)	3,849,315
Adjustment	유출잉여금(to ?)	3,849,315 / 임대료(익금)	3,849,315
Tax-Adj	유출잉여금 ↓(순자산 ↓)	3,849,315 / 익 금 ↑(순자산 ↑)	3,849,315

〈익금산입〉 간주임대료 3,849,315·기타사외유출

13 의제배당

(1) 의제배당의 의의

1) 의제배당의 개념

의제배당이란 실질배당(=현금배당)과 같이 배당절차를 거치지는 않았지만, 그 경제적인 효과가 실질배당(=현금배당)과 같이 주주 등에게 법인의 이익이 귀속되는 경우 이를 배당으로 의제하는 것을 말한다.

2) 의제배당의 유형

현행 법인세법상 의제배당의 유형은 다음과 같이 두 가지로 구분된다.

① 무상주 교부에 의한 의제배당(=세무상 잉여금의 자본전입으로 인한 의제배당)
② 주식의 소각, 자본의 감소, 법인의 해산·합병·분할 등으로 인한 의제배당

(2) 의제배당유형의 구체적 사례

1) 무상주 교부에 의한 의제배당(=잉여금의 자본전입으로 인한 의제배당)

① 개 념

무상주 교부란 피투자회사(주식발행법인)가 자본잉여금 또는 기처분된 이익잉여금(법정적립금을 말함)을 자본에 전입하면서 주주 등에게 신주을 무상으로 교부하는 것을 말하며, 주식배당이란 미처분이익잉여금(임의적립금 포함)을 자본에 전입하면서 주주 등에게 신주을 무상으로 교부하는 것을 말한다. 이러한 무상주 교부나 주식배당시 피투자회사(주식발행법인)는 다음과 같이 자본계정을 재분류하는 분개만 수행할 뿐, 과세문제는 전혀 발생하지 않는다.

[무상주 교부시 회계처리]
(차) 자본잉여금   ×××   (대) 자 본 금   ×××
    법정적립금   ×××

[주식배당시 회계처리]
(차) 임의적립금   ×××   (대) 자 본 금   ×××
    미처분이익잉여금   ×××

그러나 주주의 경우에는 무상주 수령이나 주식배당을 받은 경우 원칙적으로 이를 배당으로 의제하되, 법인세가 과세되지 않은 자본잉여금(=익금불산입항목인 자본잉여금을 의미함)의 자본전입으로 인한 무상주의 경우에는 예외적으로 배당으로 의제하지 않는다.

이러한 논리는 법인세법상 너무나 당연한 것이다. 왜냐하면 주주는 투자의 대가로서 피투자회사의 이익을 배분받는 것인데, 기업회계상 피투자회사의 이익인 당기순이익이 법인세법의 입장에서는 각 사업연도 소득금액이므로 익금항목으로 과세된 잉여금(각 사업연도 소득금액을 구성했던 잉여금을 말함)이 결국 주주에게 배분할 수 있는 과실이기 때문이다.

② 예 외

앞에서 살펴본 바와 같이 법인세가 과세되지 않은 자본잉여금(=익금불산입항목인 자본잉여금)의 자본전입으로 인한 무상주의 경우에는 원칙적으로 의제배당으로 보지 않지만, 다음의 경우에는 예외적으로 의제배당으로 본다.

㉠ 자기주식소각익은 과세되지 않은 자본잉여금(∵익금불산입항목임)이지만, 소각 당시 시가가 취득가액을 초과하거나 소각일로부터 2년 이내에 자본전입하는 경우에는 의제배당으로 본다.

〈소각당시〉   〈자본전입시〉
| 시 가 > 취득가액 | → | 무조건 의제배당임 |
| 시 가 ≤ 취득가액 | → | 2년 이내 자본전입분만 의제배당임 |

㉡ 과세되지 않은 자본잉여금의 자본전입에 있어서 법인이 자기주식을 보유한 상태에서 자본전입을 함에 따라 **주주의 지분비율이 증가한 경우** 해당 증가한 비율에 상당하는 주식가액에 대해서는 의제배당으로 본다.

구 분	전입전	자본전입❶	전입후
자기주식	400주(40%)	-	400주(20%)
그 밖의 주주	600주(60%)	1,000주	1,600주(80%)
계	1,000주(100%)	1,000주	2,000주(100%)

❶ 주식발행초과금의 자본전입
위 사례의 경우 그 밖의 주주는 자본전입 후 지분비율이 20%(=80%-60%) 증가하였으므로 400주(=2,000주×20%)에 액면가액을 적용하여 계산한 금액을 의제배당액으로 본다.

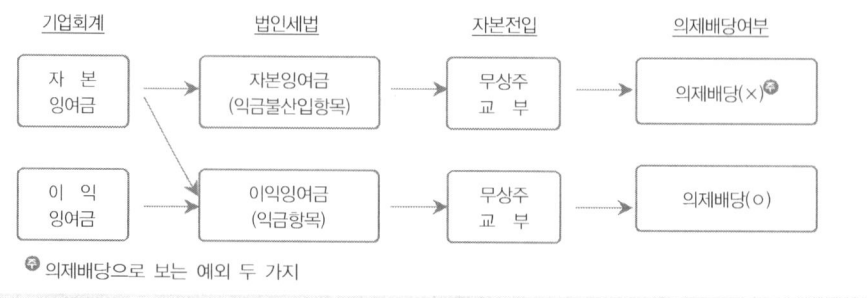

무상주교부 관련 의제배당 여부의 판정기준

❶ 의제배당으로 보는 예외 두 가지
① 자기주식소각익의 자본전입시
   소각당시의 시가가 취득가액을 초과하는 경우(기간불문)와 초과하지 않은 경우로서 2년 이내 자본전입시 의제배당으로 봄
② 자기주식을 보유한 법인의 자본전입시
   자본잉여금(익금불산입항목)의 자본전입시 자기주식보유로 인한 지분비율 상승분 무상주 교부에 대해서는 의제배당으로 봄

③ 유의점

기업회계상 주식배당이나 무상주의 수령은 회계처리의 대상이 되지 않는다. 따라서 세무상 의제배당액이 계산되면, 해당 금액을 익금산입하고 유보로 소득처분을 하여야 한다.

④ 요 약

구 분	내 용
주식발행액면초과액	의제배당에 해당하지 않는다. 한편, 채무의 출자전환으로 주식을 발행하는 경우로서 해당 주식의 시가가 액면가액 이상이고 발행가액 이하에 해당하는 경우에는 시가에서 액면가액을 차감한 금액에 한하여 의제배당에 해당하지 않는다. 다만, 회사의 이익으로 소각하기로 예정되어 있는 상환주식의 주식발행액면초과액은 의제배당에 해당한다. 예컨대, 채무의 출자전환으로 감소하는 부채의 가액이 10,000원(=발행가액)이고, 발행주식의 시가가 8,000원, 액면가액이 5,000원이라면 주식발행액면초과액은 3,000원(=8,000원－5,000원)이므로, 해당 3,000원에 한하여 의제배당에 해당하지 않는다.
주식의 포괄적 교환차익과 이전차익	의제배당에 해당하지 않는다. ▶ 법인세법에서는 주식의 포괄적 교환과 이전에서 발생하는 교환차익과 이전차익을 자본거래의 산물로 보아 익금불산입항목으로 규정하고 있다.
감자차익	의제배당에 해당하지 않는다. 한편 감자차익에는 자기주식소각익을 포함하며, 다음에 해당하는 자기주식소각익은 의제배당에 해당한다. ㉠ 소각당시의 시가가 취득가액을 초과하는 경우(기간불문) ㉡ 소각당시의 시가가 취득가액을 초과하지 아니하는 경우에는 소각일로부터 자본전입일까지의 기간이 2년 이내인 경우
합병차익과 분할차익	의제배당에 해당하지 않는다. 다만, 적격합병 또는 적격분할시 피합병법인 또는 분할법인으로부터 승계한 잉여금 중 법인세가 과세된 잉여금(자산조정계정의 합계액, 익금항목인 자본잉여금과 이익잉여금을 말함)의 경우에는 의제배당에 해당한다.❷

제4절 익금과 익금불산입

구 분	내 용
재평가 적립금	의제배당에 해당하지 않는다. 다만, 익금에 산입되었던 토지의 재평가차액 상당액(재평가세율 1% 적용분)의 경우에는 의제배당에 해당한다. ▶ 만일 재평가적립금의 일부만 자본전입하는 경우에는 익금항목인 재평가적립금과 익금불산입항목인 재평가적립금의 구성비율에 비례하여 각각 자본전입한 것으로 본다.
자 기 주 식 처 분 이 익	의제배당에 해당한다.
이 익 잉여금	의제배당에 해당한다.
자 기 주 식 보유시	과세되지 않은 자본잉여금(=익금불산입항목인 자본잉여금)의 자본전입에 있어서 법인이 자기주식을 보유한 상태에서 자본전입을 함에 따라 주주의 지분비율이 증가한 경우 해당 증가한 비율에 상당하는 주식가액은 의제배당에 해당한다.

◉ 이 경우 합병차익(분할차익)은 다음의 항목들로 구성된 것으로 보며, 합병차익(분할차익)의 일부를 자본전입하는 경우에는 의제배당대상이 아닌 항목부터 먼저 전입한 것으로 본다(법령 12).

구분		구성항목
(1) 의제배당대상인 항목	① 합병차익 중 의제배당대상인 항목 (합병차익 한도)	① 자산조정계정(승계가액 - 장부가액)의 합계액 ② 피합병법인의 의제배당대상 자본잉여금 상당액 ③ 피합병법인의 이익잉여금 상당액
	② 분할차익 중 의제배당대상인 항목 (분할차익 한도)	① 자산조정계정(승계가액 - 장부가액)의 합계액 ② 분할법인의 감자차손
(2) 의제배당대상이 아닌 항목		위 외의 합병차익(분할차익)

[분개법] 무상주 교부에 의한 의제배당(=잉여금의 자본전입으로 인한 의제배당)

– 투자회사의 회계처리

무상증자(무상주) From 자본잉여금 또는 법정적립금(이익준비금 등)	주식배당 From 임의적립금 또는 미처분이익잉여금

Book
없음 〈회계상거래가 아님〉
〈피투자회사 자본(주주지분)의 재분류〉
  자본잉여금   ××× / 자본금   ×××
  법정적립금   ×××
	Book
	없음 〈회계상거래가 아님〉
	〈피투자회사 자본(주주지분)의 재분류〉
	  임의적립금 ××× / 자본금 ×××
	  미처분이익잉여금 ×××

Tax
① 과세된 잉여금(세무상 이익잉여금) ; 소득의 실현에 해당
  유가증권   ××× / 수입배당금   ×××
  〈액면가액〉
② 과세되지 않은 잉여금(세무상 자본잉여금)
  없음 〈순자산의 재분류〉
	Tax
	과세된 잉여금(세무상 이익잉여금) ; 소득의 실현에 해당
	  유가증권 ××× / 수입배당금 ×××
	  〈발행금액〉

Adjustment ① 유가증권 ××× / 수입배당금 ××× ② 없 음	**Adjustment** 유가증권 ××× / 수입배당금 ×××

Tax-Adj
① 자 산↑(순자산↑)××× / 익 금↑(순자산↑)   ×××
  〈익금산입〉 ×××·유보
② 없 음
	Tax-Adj
	  자 산↑(순자산↑)××× / 익 금↑(순자산↑) ×××
	  〈익금산입〉 ×××·유보

2) 주식소각·감자·퇴사·탈퇴·출자의 감소·법인의 해산·합병·분할에 의한 의제배당

① 개 념

주식의 소각, 자본의 감소, 사원의 퇴사·탈퇴, 출자의 감소, 법인의 해산·합병·분할로 인하여 **주주 등이 취득하는 금전이나 그 밖의 재산가액 합계액이 해당 주식 등을 취득하기 위하여 사용된 금액을 초과하는 금액은 의제배당에 해당된다**(법법 16①).

법인세법에서 이를 의제배당으로 보는 이유는 위의 거래가 발생하여 결국 주주로서의 피투자회사와의 관계가 일단락되면서 그 동안의 미분배된 피투자회사(주식발행법인)의 이익이 형식은 다르지만 그 실질에 있어서는 마지막 주주자격으로서 분배받은 배당금과 동일하기 때문이다.

② 유의점

한편, 위의 거래 중 주식소각·감자 등의 거래가 발생하면 회사(피투자회사가 아니라 주주인 투자법인을 말함)의 장부상으로는 해당 주식 등의 처분손익이 계상된다. 따라서 세무상 의제배당액이 계산되면 해당 금액과 장부상 처분손익과의 차이를 세무조정하여야 하며, 소득처분은 유보 또는 △유보가 될 것이다.

(3) 의제배당액의 계산

의제배당액의 계산은 그 유형별로 다음과 같이 각각 계산한다.

의제배당유형	의제배당액
1) 무상주	무상주식수 × 1주당 가액
2) 주식소각·감자·퇴사·탈퇴·출자의 감소·해산·합병·분할	취득한 금전 등 재산가액 − 구주식 등의 취득가액

(4) 의제배당액의 계산시 주주 등이 받은 재산가액의 평가

위의 "(3) 의제배당액의 계산"에서 주주 등이 받은 주식 또는 그 밖의 재산가액은 다음과 같이 평가한다.

구 분		재산가액
① 주식	㉠ 무상주의 경우	액면가액❋
	㉡ 주식배당의 경우	발행가액❋
	㉢ 그 밖의 경우	시 가❋
② 그 밖의 재산인 경우		시 가

❋ 자본시장과 금융투자업에 관한 법률에 따른 투자회사(Mutual Fund) 등이 취득하는 주식은 0(zero)으로 한다.

한편, 취득한 재산이 다음의 요건을 모두 갖추어 취득한 주식등인 경우에는 종전의 장부가액(합병대가 중 일부를 금전이나 그 밖의 재산으로 받는 경우로서 합병으로 취득한 주식등을 시가로 평가한 가액이 종전의 장부가액보다 작은 경우에는 시가를 말한다)

① 외국법인이 다른 외국법인의 발행주식총수 또는 출자총액을 소유하고 있는 경우로서 그 다른 외국법인에 합병되거나 내국법인이 서로 다른 외국법인의 발행주식총수 또는 출자총액을 소유하고 있는 경우로서 그 서로 다른 외국법인 간 합병될 것(내국법인과 그 내국법인이 발행주식총수 또는 출자총액을 소유한 외국법인이 각각 보유하고 있는 다른 외국법인의 주식등의 합계가 그 다른 외국법인의 발행주식총수 또는 출자총액인 경우로서 그 서로 다른 외국법인 간 합병하는 것 포함)
② 합병법인과 피합병법인이 우리나라와 조세조약이 체결된 동일 국가의 법인일 것
③ ②에 따른 해당 국가에서 피합병법인의 주주인 내국법인에 합병에 따른 법인세를 과세하지 아니하거나 과세이연할 것
④ ①부터 ③까지의 사항을 확인할 수 있는 서류를 납세지 관할 세무서장에게 제출할 것

(5) 구주식 등의 취득가액계산

위의 "(3) 의제배당액의 계산"에 있어 구주식 등의 취득가액은 구주식 등을 취득하기 위하여 소요된 금액으로 하되, 보유기간 중에 무상주의 수령이 있는 경우에는 다음과 같이 처리한다.

1) 의제배당으로 과세된 무상주 수령시

의제배당으로 과세된 무상주의 경우에는 의제배당액을 취득가액에 가산한다(∵ 해당 무상주 수령시 익금산입(유보)되어 세무상 장부가액이 증가되었으므로).

2) 의제배당으로 과세되지 아니한 무상주 수령시

의제배당으로 과세되지 아니한 무상주의 경우에는 취득가액에 가산할 금액이 없으므로 구주식의 1주당 장부가액을 다음 산식에 의하여 수정한다.

$$1주당\ 장부가액 = \frac{구주식\ 1주당\ 장부가액}{1 + 구주식\ 1주당\ 신주배정수}$$

▶ 위 산식은 총평균법에 입각하여 도출된 것이며, 이를 다른 각도에서 살펴보면 법인이 보유주식의 일부를 처분하는 경우에는 ① 당초 취득분, ② 의제배당으로 과세된 무상주, ③ 의제배당으로 과세되지 아니한 무상주가 처분전 보유비율에 의하여 균등하게 처분된 효과를 가져온다.

3) 단기주식소각특례

주식소각에 의한 의제배당금액의 계산에 있어서 주식의 소각전 2년 이내에 의제배당에 해당하지 아니하는 무상주의 취득이 있는 경우에는 그 주식을 먼저 소각한 것으로 보며, 그 주식의 당초 취득가액은 0(zero)으로 한다. 이를 단기주식소각특례라 한다.

한편, 주식의 소각전 2년 이내의 기간 중에 주식의 일부를 처분한 경우에는 해당 주식과 다른 주식을 그 주식수에 비례하여 처분한 것으로 보며, 그 주식의 소각후 1주당 장부가액은 위 "2)"의 규정에 불구하고 소각후 장부가액의 합계액을 소각후 주식의 총수로 나누어 계산한 금액으로 한다.

$$소각후\ 1주당\ 장부가액 = \frac{소각후\ 장부가액의\ 합계액}{소각후\ 주식의\ 총수}$$

(6) 의제배당의 귀속시기

의제배당의 귀속시기는 다음과 같다.

구 분	귀 속 시 기
1) 무상주	잉여금의 자본전입 결의일
2) 주식소각, 감자, 퇴사, 탈퇴	주주총회나 사원총회에서 주식의 소각, 자본의 감소를 결의한 날 또는 사원이 퇴사, 탈퇴한 날
3) 해 산	해당 법인의 잔여재산가액이 확정된 날
4) 합병·분할(분할합병 포함)	해당 법인의 합병등기일·분할등기일

(7) 의제배당에 대한 세무조정시 유의사항

 1) 무상주 수취의 경우

이 경우에는 기업회계상 회계처리대상이 아니므로 의제배당액 전액을 익금산입(유보)한다.

 2) 주식소각 등의 경우

이 경우에는 기업회계상 회계처리대상이 되며, 해당 회계처리결과 주식 등의 처분손익이 계상되므로 의제배당액과 처분손익의 차이를 익금산입(유보) 또는 익금불산입(△유보)한다.

주식소각으로 인한 의제배당

[유형 1] 다음 자료에 의하여 의제배당금액을 계산하시오.

1. ㈜A가 보유하고 있는 ㈜B의 주식내역은 다음과 같다.

취득일자	주식 수	내 역
2021. 1. 20.	14,000주	1주당 취득가액은 12,000원(액면가액 5,000원)이다.
2022. 2. 12.	2,000주	재무구조개선적립금의 자본전입으로 취득한 무상주이다.
2023. 7. 25.	4,000주	감자차익의 자본전입으로 취득한 무상주이다.
합 계	20,000주	

2. ㈜B는 2025년 10월 20일 주주들에게 주식 1주당 15,000원의 현금을 지급하면서 20%의 주식을 소각하였다.

[유형 2] 위 [유형 1]에서 주식소각일이 2025년 1월 25일이라면 의제배당금액은?
[유형 3] 위 [유형 1]에서 주식소각일이 2025년 1월 25일이고, 감자율이 30%라면 의제배당금액은?

[유형 1]

1. 주식소각으로 인해 받은 재산가액
    4,000주^{주)} × 15,000원 = 60,000,000원
    주) 20,000주 × 20% = 4,000주
2. 소멸한 주식의 취득가액
    ① 세무상 장부가액

일 자	주 식 수	1주당 취득가액	세무상 장부가액
2021. 1. 20	14,000주	12,000원	168,000,000원
2022. 2. 12	2,000주	5,000원	10,000,000원
2023. 7. 25	4,000주	—	—
합 계	20,000주		178,000,000원

② 1주당 장부가액 = $\dfrac{\text{세무상 장부가액}}{\text{보유주식수}}$ = $\dfrac{178{,}000{,}000원}{20{,}000주}$ = 8,900원

③ 소멸한 주식의 취득가액 = 4,000주 × 8,900원 = 35,600,000원

3. 주식소각으로 인한 의제배당금액
   60,000,000원 − 35,600,000원 = 24,400,000원

[유형 2]
1. 주식소각으로 인해 받은 재산가액
   4,000주 × 15,000원 = 60,000,000원
2. 소멸한 주식의 취득가액
   소멸한 주식 4,000주의 취득가액은 0(zero)이다. 왜냐하면 주식소각 전 2년 이내에 의제배당에 해당하지 아니하는 무상주의 취득이 있는 경우에는 해당 주식이 먼저 소각된 것으로 보며, 이때 해당 주식의 취득가액은 0(zero)으로 보기 때문이다.
3. 주식소각으로 인한 의제배당금액
   따라서 의제배당금액은 60,000,000원이다.

[유형 3]
1. 주식소각으로 인해 받은 재산가액
   6,000주[주] × 15,000원 = 90,000,000원
   [주] 20,000주 × 30% = 6,000주
2. 소멸한 주식의 취득가액
   4,000주 × 0(zero) + 2,000주 × 11,125원[주] = 22,250,000원
   [주] $\dfrac{178{,}000{,}000원}{16{,}000주}$ = 11,125원
3. 주식소각으로 인한 의제배당금액
   90,000,000원 − 22,250,000원 = 67,750,000원

해설

상기의 사례는 법인세법상 의제배당금액을 구하는 것으로 종결되었다. 그러나 실제로 ㈜A의 장부에는 주식의 처분손익이 계상되었을 것이고, 위 사례에서 계산한 의제배당금액과 차이가 나게 되면 해당 차이를 세무조정하여야 한다. 따라서 문제에서의 요구사항이 무엇인지를 정확하게 파악하여야 한다.

[분개법] 주식소각으로 인해 의제배당

㈜A가 기업회계기준에 따라 회계처리했다고 가정한 경우-

[유형 1]
Book	현 금	60,000,000*	/ 매도가능증권**	33,600,000
			매도가능증권처분이익	26,400,000
Tax	현 금	60,000,000*	/ 매도가능증권***	35,600,000
			수입배당금	24,400,000

```
                            * 20,000주 × 20% = 4,000주, 4,000주 × 15,000원 = 60,000,000원
                           ** 장부상 1주당 장부금액=(14,000주×12,000원)/20,000주 = 8,400원, 8,400원 × 4,000주
                                  = 33,600,000원
                          *** 세무상 1주당 장부가액=세무상 장부가액 178,000,000원/보유주식수 20,000주 = 8,900원,
                                  8,900원 × 4,000주 = 35,600,000원
```

| Adjustment | 매도가능증권처분이익 | 2,000,000 / 매도가능증권 | 2,000,000 |
| Tax-Adj | 익 금↓(순자산↓) | 2,000,000 / 자 산↓(순자산↓) | 2,000,000 |

〈익금불산입〉 매도가능증권처분이익 2,000,000·△유보(매도가능증권)

[유형 2]
Book   현 금   60,000,000 / 매도가능증권   33,600,000
                                     매도가능증권처분이익   26,400,000

Tax   현 금   60,000,000 / 매도가능증권*   0
                                     수입배당금   60,000,000
              * 단기주식소각특례의 적용을 받으므로 소멸한 주식 4,000주의 취득가액은 '0'이다

Adjustment 매도가능증권   33,600,000 / 배당금수익   33,600,000
Tax-Adj   자 산↑(순자산↑) 33,600,000 / 익 금↑(순자산↑)   33,600,000

〈익금산입〉 수입배당금 33,600,000·유보(매도가능증권)

[유형 3]
Book   현 금   90,000,000* / 매도가능증권**   50,400,000
                                     매도가능증권처분이익   39,600,000
              * 20,000주 × 30% = 6,000주, 6,000주 × 15,000원 = 90,000,000원
             ** 장부상 1주당 장부금액=(14,000주×12,000원)/20,000주 = 8,400원, 8,400원 × 6,000주
                  = 50,400,000원

Tax   현 금   90,000,000 / 매도가능증권***   22,250,000
                                     수입배당금   67,750,000
            *** 4,000주 × 0 + 2,000주 × 11,125원 = 22,250,000원

Adjustment 매도가능증권   28,150,000 / 배당금수익   28,150,000
Tax-Adj   자 산↑(순자산↑) 28,150,000 / 익 금↑(순자산↑)   28,150,000

〈익금산입〉 수입배당금 28,150,000·유보(매도가능증권)

심화예제 : 주식소각으로 인한 의제배당

A사가 자회사인 B사의 배당가능이익잉여금 10,000원을 배당소득에 대한 법인세 부담 없이 배당받는 방법과 이를 방지하기 위한 방법은 무엇인가?

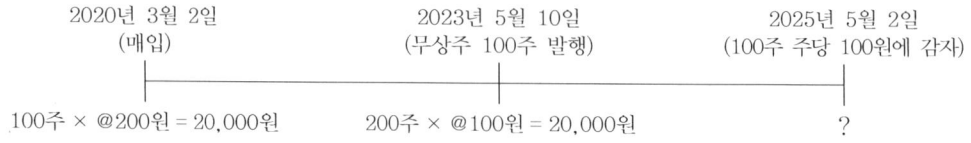

- A사가 감자의 대가로 받는 금액 : 100주 × @100원 = 10,000원
- A사의 주식취득원가 : 법인세법상 총평균법 원칙 → 20,000원 × 100주/200주 = 10,000원
- B사의 감자로 인한 A사의 소득은 얼마인가?

> **해답**
- 감자대가 10,000원 − 취득원가 10,000원 = 0원(세금부담 없음)
- 이러한 조세회피는 현재 '단기소각주식'이라 하여 '감자'시점으로부터 2년 이내에 무상주를 발행한 경우에는 당해 무상주가 먼저 감자된 것으로 보는 법인세법상의 규정을 통해 규제하고 있으나, 감자를 무상주를 발행한 시점으로부터 2년이 지난 후(2년이 되는 날의 다음 날부터)에 실시한다면 적법하게 이용가능한 방법이다.

예 4-6 무상주교부

[유형 1] ㈜B는 주권비상장법인인 ㈜A의 주식발행초과금의 자본전입으로 인하여 무상주를 수령하고, 해당 수령한 무상주의 액면가액을 배당금수익으로 회계처리하였다. ㈜A의 1주당 액면가액은 5,000원, 시가는 10,000원이다.

다음 자료에 의하여 ㈜B의 세무조정을 하시오. 다만, 수입배당금액의 익금불산입규정은 고려하지 않는다.

㈜A의 주주	무상증자 전 보유주식수	무상주배정내역	무상증자 후 보유주식수
㈜A	20,000주	–	20,000주
㈜B	30,000주	25,000주	55,000주
그 밖의 주주	30,000주	25,000주	55,000주
계	80,000주	50,000주	130,000주

[유형 2] [유형 1]에서 무상주의 재원이 주식발행초과금 50%, 이익준비금 50%로 주어졌다고 가정하고 세무조정을 하시오. 다만, 수입배당금액의 익금불산입규정은 고려하지 않는다.

> **해답**

[유형 1]
1. 의제배당금액의 계산
   (1) 초과배정받은 주식수의 계산
       $25,000주 - 50,000주 \times \dfrac{30,000주}{80,000주} = 6,250주$
   (2) 의제배당금액의 계산
       6,250주 × 5,000원 = 31,250,000원
2. 세무조정
   〈익금불산입〉 배당금수익 과대계상   93,750,000^{주} (△유보)
   $^{주)}$ 125,000,000원(= 25,000주 × 5,000원) − 31,250,000원 = 93,750,000원
   ※ 위 사례는 의제배당재원이 아닌 자본잉여금의 자본전입시 자기주식의 보유효과로 지분비율이 증가하게 되므로, 동 지분비율의 증가분에 대한 주식수에 액면가액을 적용하여 의제배당금액을 계산하고, 장부상 배당금수익으로 계상한 금액과의 차이를 세무조정하는 유형이다. 물론 장부상 배당금수익으로 계상한 것은 기업회계기준에 위배되는 회계처리임을 부언해 둔다.

[유형 2]
1. 의제배당금액의 계산
   (1) 과세된 재원(이익준비금)
       25,000주 × 50% × 5,000원 = 62,500,000원
   (2) 과세되지 않은 재원(주식발행초과금)
      1) 초과배정받은 주식수의 계산
         $25,000주 \times 50\% - 25,000주^{주)} \times \dfrac{30,000주}{80,000주} = 3,125주$
         $^{주)}$ 주식발행초과금을 재원으로 한 무상주 교부주식수

2) 의제배당금액의 계산
   3,125주×5,000원=15,625,000원
(3) 의제배당금액
   (1)+(2)=78,125,000원

2. 세무조정
   〈익금불산입〉 배당금수익 과대계상   46,875,000[주] (△유보)

   [주] 125,000,000원(=25,000주×5,000원)−78,125,000원=46,875,000원

   ※ 위 사례는 의제배당재원이 아닌 자본잉여금과 의제배당재원인 이익잉여금이 혼합된 상태에서 자본전입하는 사례이다. 의제배당재원이 아닌 자본잉여금에 대해서는 [유형 1]을 준용하면 될 것이고, 의제배당재원인 이익잉여금의 자본전입은 항상 의제배당에 해당하므로 자기주식의 보유효과를 고려할 필요가 없다. 나머지 사항은 [유형 1]에 준해서 이해하면 된다.

분개법 무상주교부

[유형 1] 의제배당재원이 아닌(ex, 주식발행초과금) 자본잉여금의 자본전입시 자기주식의 보유효과로 지분비율이 증가하게 되므로, 동 지분비율의 증가분에 대한 주식수의 액면가액을 적용하여 의제배당금액을 계산하고, 장부상 배당금수익으로 계상한 금액과의 차이를 세무조정하는 유형

Book   매도가능증권   125,000,000* / 배당금수익(수익=익금)   125,000,000
   * 25,000주 × 5,000원 = 125,000,000원

Tax   매도가능증권   31,250,000** / 수입배당금(익금)   31,250,000
   ** {25,000주 − 50,000주 × (30,000주/80,000주)} × 5,000원 = 31,250,000원

Adjustment 배당금수익(익금)   93,750,000 / 매도가능증권   93,750,000
Tax−Adj   익 금 ↓(순자산 ↓)   93,750,000 / 자 산 ↓(순자산 ↓)   93,750,000

           〈익금불산입〉 배당금수익   93,750,000・△유보

[유형 2] 의제배당재원이 아닌(ex, 주식발행초과금) 자본잉여금과 의제배당재원인 이익잉여금이 혼합된 상태에서 자본전입하는 사례

Book   매도가능증권   125,000,000* / 배당금수익(수익=익금)   125,000,000
   * 25,000주 × 5,000원 = 125,000,000원

Tax   매도가능증권   78,125,000** / 수입배당금(익금)   78,125,000
   ** {25,000주 × 50% × 5,000원} + {25,000주 × 50% − 25,000주 × (30,000주/80,000주)} × 5,000원 = 78,125,000원

Adjustment 배당금수익(익금)   46,875,000 / 매도가능증권   46,875,000
Tax−Adj   익 금 ↓(순자산 ↓)   46,875,000 / 자 산 ↓(순자산 ↓)   46,875,000

           〈익금불산입〉 배당금수익   46,875,000・△유보

제4절 익금과 익금불산입

 **예 4-7 의제배당 종합사례(1)**

다음 자료에 대한 ㈜A의 기업회계기준에 따른 회계처리를 하고, 필요하다면 세무조정을 하라. 다만, 수입배당금액의 익금불산입규정은 고려하지 않는다.

1. ㈜A는 3월 2일 ㈜B로부터 무상주 20,000주(액면가액 : 5,000원, 시가 : 8,000원)를 수령하였으며, 무상주의 재원은 다음과 같다.

구 분	비 율
주 식 발 행 초 과 금	20%
재 평 가 적 립 금	20%
감 자 차 익	10%
이 익 준 비 금	10%
재 무 구 조 개 선 적 립 금	40%
계	100%

상기의 자료에서 재평가적립금은 당초 재평가시 토지분 재평가차액 1% 적용분 50%, 그 밖의 재평가차액 50%가 발생되었었다.

2. ㈜A는 6월 4일 ㈜B로부터 현금배당 48,000,000원과 주식배당 4,000주(1주당 발행가액 6,000원)를 수령하였다.

3. ㈜A는 11월 15일 ㈜B의 주식 중 12,800주를 115,200,000원에 양도하였다. 양도 직전 ㈜A의 주식내역은 다음과 같다.

일 자	구 분	수 량	비 고
1월 1일	전 기 이 월	40,000주	매입가액 1주당 5,000원
3월 2일	무 상 주	20,000주	
6월 4일	주 식 배 당	4,000주	
	계	64,000주	

 **해답**

1. 무상주 수령(3월 2일)
   ① 기업회계상 회계처리
      기업회계기준에서는 잉여금의 자본전입에 의한 무상주의 수령은 자산의 증가로 보지 아니하므로 무상주 수령에 대하여는 회계처리를 하지 않는다.
   ② 의제배당금액의 계산
      ㉠ 재 평 가 적 립 금   10,000,000원   (=20,000주×20%×50%×5,000원)
      ㉡ 이 익 준 비 금   10,000,000원   (=20,000주×10%×5,000원)
      ㉢ 재 무 구 조 개 선 적 립 금 40,000,000원   (=20,000주×40%×5,000원)
      ㉣ 합   계   60,000,000원
   ③ 세무조정
      〈익금산입〉 배당금수익 과소계상   60,000,000(유보)

2. 배당금 수령(6월 4일)
   ① 기업회계상 회계처리
      (차) 현   금   48,000,000   (대) 배당금수익   48,000,000

      ※ 기업회계기준에서는 주식배당은 자산의 증가로 보지 아니하므로 주식배당에 대하여는 회계처리를 하지 않는다.
   ② 세무조정
      〈익금산입〉 배당금수익 과소계상   24,000,000[주] (유보)
      [주] 4,000주×6,000원=24,000,000원

3. 주식의 양도(11월 15일)
   ① 기업회계상 회계처리

123

|(차) 현　　　금 | 115,200,000 | (대) 단기매매증권 | 40,000,000❶ |
| | | 단기매매증권처분이익 | 75,200,000 |

② 세무조정
　　〈익금불산입〉 단기매매증권처분이익 과대계상　　16,800,000❷　　(△유보)

❶ $(40{,}000주 \times 5{,}000원) \times \dfrac{12{,}800주}{64{,}000주} = 40{,}000{,}000원$

❷ $(60{,}000{,}000원 + 24{,}000{,}000원) \times \dfrac{12{,}800주}{64{,}000주} = 16{,}800{,}000원$

※ 양도 직전 64,000주에 대한 기업회계상 장부가액과 세무상 장부가액의 차액은 무상주 수령(3월 2일)과 배당금 수령(6월 4일)에 대한 세무조정금액 84,000,000원(=60,000,000원+24,000,000원)으로서 세무상 장부가액이 더 크다. 따라서 12,800주를 양도하면서 장부상 처분이익을 계산한 경우 세무상 처분이익보다 16,800,000원(=84,000,000원× $\dfrac{12{,}800주}{64{,}000주}$) 만큼의 처분이익이 더 계상된 결과를 초래한다. 따라서 동 금액을 익금불산입한 것이다.

의제배당 종합사례(1)

1) 무상주 수령(3월 2일)

Book	없 음		
Tax	단기매매증권	60,000,000* / 수입배당금(익금)	60,000,000

　　* 취득주식 액면가액
　　　㉠ 재평가적립금　　10,000,000원(= 20,000주 × 20% × 50% × 5,000원)
　　　㉡ 이 익 준 비 금　　10,000,000원(= 20,000주 × 10% × 5,000원)
　　　㉢ 재무구조개선적립금　40,000,000원(= 20,000주 × 40% × 5,000원)
　　　㉣ 합　　　　　　계　　60,000,000원

Adjustment	단기매매증권	60,000,000 / 수입배당금(익금)	60,000,000
Tax-Adj	자 산↑(순자산 ↑)	60,000,000 / 익　금↑(순자산 ↑)	60,000,000

〈익금산입〉 수입배당금　60,000,000 · 유보(매도가능증권)

2) 배당금 수령(6월 4일)

① 현금배당

Book	현　금	48,000,000 / 수입배당금(수익=익금)	48,000,000
Tax	현　금	48,000,000 / 수입배당금(익금)	48,000,000
Adjustment	없 음		
Tax-Adj	없 음		

〈세무조정 없음〉

② 주식배당

Book	없 음		
Tax	단기매매증권	24,000,000* / 수입배당금(익금)	24,000,000

　　* 4,000주 × 6,000원(취득주식 발행가액) = 24,000,000원

| Adjustment | 단기매매증권 | 24,000,000 / 수입배당금(익금) | 24,000,000 |

Tax-Adj	자 산↑(순자산 ↑)	24,000,000	/ 익 금↑(순자산 ↑)	24,000,000

〈익금산입〉 수입배당금   24,000,000・유보(단기매매증권)

3) 주식의 양도(11월 15일)

Book	현 금	115,200,000	/ 단기매매증권
			   단기매매증권처분이익
			   (수 익)
				40,000,000*
				75,200,000

   * (40,000주 × 5,000원) × (12,800주/64,000주) = 40,000,000원

Tax	현 금	115,200,000	/ 단기매매증권
			   단기매매증권처분이익
			   (익 금)
				56,800,000*
				58,400,000

   * {(40,000주 × 5,000원) + 60,000,000원 + 24,000,000원} × (12,800주/64,000주)
     = 56,800,000원

Adjustment	단기매매증권처분이익(익금)	16,800,000	/ 단기매매증권	16,800,000
Tax-Adj	익 금 ↑(순자산 ↑)	16,800,000	/ 자 산 ↓(순자산 ↓)	16,800,000

〈익금불산입〉 단기매매증권처분이익   16,800,000・△유보(단기매매증권)

예제 4-8 의제배당 종합사례(2)

다음 자료에 의하여 의제배당금액의 합계액을 계산하시오.

1. ㈜A는 ㈜B주식 20,000주(액면가액 : 10,000원) 중 제10기 10월에 주식발행법인의 유상감자로 인하여 보유주식 중 50%인 10,000주를 반납하였으며, 그 대가로 현금 120,000,000원을 수령하였다.
2. ㈜A의 ㈜B주식 취득내역은 다음과 같다.

일 자	주 식 수	비 고
제9기 2월	14,000주	매입가액 1주당 15,000원
제10기 3월	4,000주	무상주(감자차익)
제10기 4월	2,000주	무상주(이익준비금)
계	20,000주	

해답

1. 무상주 수령(제10기 4월)
   2,000주×10,000원(액면가액)=20,000,000원
2. 유상감자(제10기 10월)
   ㉠ 감자대가 : 120,000,000원
   ㉡ 구주식의 취득가액
      4,000주❶ ×0원(zero)❷ +6,000주×14,375원❸=86,250,000원

❶ 유상감자전 2년 이내에 취득한 의제배당에 해당하지 아니하는 무상주가 먼저 감자된 것으로 본다.

❷ 취득가액은 0(zero)로 한다.

❸ (14,000주×15,000원+2,000주×10,000원)× $\frac{1}{14,000주+2,000주}$ =14,375원

   ㉢ 의제배당금액의 계산
      ㉠-㉡=120,000,000원-86,250,000원=33,750,000원

3. 의제배당금액 합계
   1+2=53,750,000원

의제배당 종합사례(2)

1) 제9기 2월 (14,000주 : 1주당 15,000원에 유상취득)

Book	매도가능증권 (㈜B)	210,000,000* / 현 금		210,000,000

   * 14,000주 × 15,000원 = 210,000,000원

Tax	매도가능증권 (㈜B)	210,000,000 / 현 금		210,000,000

Adjustment	없 음
Tax-Adj	없 음

〈세무조정 없음〉

2) 제10기 3월 (4,000주 : 감자차익의 자본전입으로 인해 취득(액면가액 10,000원))

Book	없 음
Tax	없 음
Adjustment	없 음
Tax-Adj	없 음

〈세무조정 없음〉

3) 제10기 4월 (이익준비금의 자본전입으로 인해 취득(액면가액 10,000원))

Book	없 음			
Tax	매도가능증권	20,000,000** / 수입배당금(의제배당, 익금)		20,000,000

   ** 2,000주 × 10,000원 = 20,000,000원

Adjustment	매도가능증권	20,000,000 / 수입배당금(익금)	20,000,000
Tax-Adj	자 산 ↑(순자산 ↑)	20,000,000 / 익 금 ↑(순자산 ↑)	20,000,000

〈익금산입〉 의제배당 20,000,000·유보(매도가능증권)

4) 제10기 10월 (유상감자로 인하여 보유주식 중 50%인 10,000주를 반납하고 그 대가로 120,000,000원을 수령)

Book	현 금	120,000,000 / 매도가능증권	105,000,000*
		매도가능증권처분이익 (수 익)	15,000,000

   * 210,000,000원 × (10,000주/20,000주) = 105,000,000원

Tax	현 금	120,000,000 / 매도가능증권	86,250,000**
		수입배당금 (의제배당, 익금)	33,750,000

   ** 4,000주 × 0원(zero) + 6,000주 × 14,375원*** = 86,250,000원
   *** (14,000주 × 15,000원 + 2,000주 × 10,000원) × 1/(14,000주 + 2,000주) = 14,375원

Adjustment	매도가능증권	18,750,000 / 수입배당금(익금)	18,750,000
Tax-Adj	자　산 ↑(순자산 ↑)	18,750,000 / 익　금 ↑(순자산 ↑)	18,750,000

〈익금산입〉 의제배당　18,750,000·유보(매도가능증권)

14 책임준비금의 감소액으로서 수익으로 계상된 금액

책임준비금의 감소액으로서 수익으로 계상된 금액이 익금항목에 해당하는 경우는 다음과 같다 (법령 11).

① 보험업법에 따른 보험회사가 같은 법 제120조에 따라 적립한 책임준비금의 감소액(할인율의 변동에 따른 책임준비금 평가액의 감소분 제외)으로서 보험감독회계기준에 따라 수익으로 계상된 금액

② 주택도시기금법에 따른 주택도시보증공사가 같은 법 시행령 제24조에 따라 적립한 책임준비금의 감소액(할인율의 변동에 따른 책임준비금 평가액의 감소분 제외)으로서 보험감독회계기준에 따라 수익으로 계상된 금액

15 그 밖의 수익으로서 그 법인에 귀속되었거나 귀속될 금액

지금까지 열거한 익금항목이 아니라 하더라도 다음에 다루게 될 익금불산입항목을 제외한 일체의 순자산증가분은 모두 익금항목에 해당한다.

예컨대, 보험차익·국고보조금과 공사부담금 수령액이 이에 해당하며, 참고로 법인세법 기본통칙에서 열거하고 있는 익금항목 중 대표적인 것을 살펴보면 다음과 같다.

구 분	내　　　용
(1) 보상금	법인이 손해배상청구권 또는 손실보상청구권의 행사에 의하여 받는 보상금 등은 해당 법인의 순자산을 증가시키는 거래로 인하여 발생하는 수익이므로 익금항목에 해당한다(법기통 15-11…1).
(2) 입회금	골프장을 경영하는 법인이 그 회원인 자로부터 수입한 입회금은 익금항목에 해당한다. 다만, 정관·규약 등에서 해당 회원이 탈퇴할 때에 반환할 것을 명백히 규정하고 있는 경우에는 그러하지 아니하다(법기통 15-11…5). 이는 부채에 해당하는 것이므로 익금항목으로 볼 수 없는 것이다.

Ⅲ. 익금불산입의 항목별 구분

 주식발행액면초과액

(1) 주식발행액면초과액의 개념

주식발행액면초과액이란 액면금액 이상으로 주식을 발행한 경우 그 액면금액을 초과한 금액(신주발행비는 제외하며, 무액면주식의 경우에는 발행가액 중 자본금으로 계상한 금액을 초과하는 금액으로 한다)을 말한다.

주식발행액면초과액 = 발행가액(신주발행비용을 차감한 가액) - 액면가액

(2) 법인세법의 입장

1) 원 칙

법인세법에서는 법인의 신주발행시 발생하는 주식발행액면초과액을 자본거래의 산물로 보아 익금불산입항목으로 규정하고 있다.

2) 채무의 출자전환 시

다만, 법인의 채무의 출자전환으로 주식을 발행하는 경우에는 해당 주식의 시가를 초과하여 발행된 금액을 제외한다. 즉, 채무의 감소액인 발행가액에서 시가를 차감한 금액은 채무면제이익에 해당하므로 익금항목에 해당한다.

예컨대, 채무의 출자전환으로 감소하는 부채의 가액이 10,000원(=발행가액)이고, 발행주식의 시가가 8,000원, 액면가액이 5,000원이라면 주식발행액면초과액은 3,000원(=8,000원-5,000원)이고, 2,000원(=10,000원-8,000원)은 채무면제이익에 해당하는 것이다.

3) 상기 채무면제이익(=발행가액-시가)을 세무상 이월결손금의 보전에 충당 시

상기의 채무면제이익(=발행가액-시가)은 법인세법상 익금항목에 해당하지만 세무상 이월결손금의 보전에 충당한 경우에는 익금불산입 혜택을 받을 수 있다. 이에 대해서는 "Ⅱ 익금의 항목별 구분"에서 이미 설명한 바 있다.

4) 특 례

한편, 위의 채무면제이익(=발행가액-시가) 중 이월결손금의 보전에 충당하지 않은 금액은 다음의 요건을 갖춘 경우 이를 해당 사업연도의 익금에 산입하지 아니하고 그 이후의 각 사업연도에 발생한 결손금의 보전에 충당할 수 있다(법법 17②). 이에 대해서도 "Ⅱ 익금의 항목별 구분"에서 이미 설명하였다.

① 채무의 출자전환으로 주식을 발행한 법인이 다음의 어느 하나에 해당하는 법인일 것
  ㉠ 채무자회생및파산에관한법률에 따른 회생계획인가의 결정을 받은 법인
  ㉡ 기업구조조정촉진법에 따른 경영정상화계획의 이행을 위한 약정을 체결한 부실징후기업인 법인
  ㉢ 금융실명거래및비밀보장에관한법률 제2조 제1호의 규정에 따른 금융기관으로서 해당 법인에 대하여 채권을 보유한 금융기관과 경영정상화계획의 이행을 위한 협약을 체결한 법인
  ㉣ 기업 활력 제고를 위한 특별법 제10조에 따른 사업재편계획승인을 받은 법인이 채무를 출자전환하는 경우로서 해당 주식등의 시가(시가가 액면가액에 미달하는 경우에는 액면가액을 말한다)를 초과하는 금액
② 위 ①의 ㉠·㉡·㉢·㉣의 규정에 따른 회생계획인가, 경영정상화계획의 이행을 위한 약정 또는 협약에 채무를 출자로 전환하는 내용이 포함되어 있을 것

본래 채무면제이익은 세무상 이월결손금의 보전에 충당한 경우에만 익금불산입규정이 적용되는 것이지만 법인세법에서는 재무구조개선책의 일환인 채무의 출자전환 시에는 정책적인 배려차원에서 이와 같은 규정을 운용하고 있는 것이다.

채권·채무의 출자전환

구 분	내 용
자 료	① ㈜A는 ㈜B에 대한 매출채권 1,000,000원(대손충당금 없음)이 있다. ② 이에 대하여 법원은 전기말에 매출채권 1,000,000원 전액을 당기초에 출자전환을 하고 액면가액 5,000원인 신주 100주를 교부하는 채권·채무조정을 인가하였다. ③ 각 일자별 주식의 시가는 다음과 같다. 　• 법원인가일(전기말): 8,000원　　• 출자전환일(당기초): 7,500원

	㈜A – 채권자	㈜B – 채무자
회계 처리	① 법원인가일(전기말) (차) 출자전환채권　1,000,000 　　　대손상각비　　　200,000 　(대) 매출채권　　　1,000,000 　　　대손충당금　　　200,000 ② 출자전환일(당기초) (차) 매도가능증권　　750,000❶ 　　대손충당금　　　200,000 　　대손상각비　　　　50,000 　(대) 출자전환채권　1,000,000	① 법원인가일(전기말) (차) 매입채무　　　1,000,000 　(대) 출자전환채무　　800,000 　　　채무조정이익　　200,000 ② 출자전환일(당기초) (차) 출자전환채무　　800,000 　(대) 자본금　　　　　500,000❷ 　　　주식발행초과금　300,000❷
법인 세법	내국법인이 보유중인 채권을 채무자인 법인에 출자전환하는 경우 해당 출자전환으로 취득하는 주식의 가액은 취득 당시의 **시가**다만, 채무의 출자전환을 한 채무법인이 채무면제이익을 이후 연도에 결손보전을 할 수 있는 요건을 충족시킨 채무의 출자전환으로 취득한 주식은 출자전환된 채권의 **장부가액**로 한다.	① 발행가액: 1,000,000원 ② 시　가: 800,000원 ③ 액면가액: 500,000원 　　　채무면제이익: 200,000원 　　　주식발행초과금: 300,000원

❶ 채권자는 매도가능증권의 가액을 출자전환일의 시가로 한다.
❷ 채무자는 출자전환채무가액을 기준으로 주식발행분개를 한다.

채권·채무의 출자전환

(1) ㈜A

① 법원인가일(전기말)

Book	출자전환채권	1,000,000	/ 매출채권		1,000,000
	대손상각비	200,000	대손충당금		200,000
Tax	출자전환채권	1,000,000	/ 매출채권		1,000,000
	대손상각비	200,000	대손충당금		200,000
Adjustment	없 음				
Tax-Adj	없 음				

〈세무조정 없음〉

② 출자전환일(당기초)

Book	매도가능증권	750,000	/출자전환채권		1,000,000
	대손충당금	200,000			
	대손상각비	50,000			
Tax	매도가능증권	750,000*	/ 출자전환채권		1,000,000
	대손충당금	200,000			
	대손상각비	50,000			

　* 법인세법상 내국법인이 보유중인 채권을 채무자인 법인에 출자전환하는 경우 해당 출자전환으로 취득하는 주식의 가액은 취득 당시의 시가(다만, 채무의 출자전환을 한 채무법인이 채무면제익을 이후 연도에 결손보전을 할 수 있는 요건을 충족시킨 채무의 출자전환으로 취득한 주식은 출자전환된 채권의 장부가액)로 한다.

Adjustment	없 음	
Tax-Adj	없 음	

〈세무조정 없음〉

(2) ㈜B

① 법원인가일(전기말)

Book	매입채무	1,000,000	/ 출자전환채무		800,000
			채무조정이익		200,000
Tax	없 음				
Adjustment	출자전환채무	800,000	/ 매입채무		1,000,000
	채무조정이익	200,000			
Tax-Adj	익 금↓(순자산↓)	200,000	/ 부 채↑(순자산↓)		200,000

〈익금불산입〉 채무조정이익 200,000·△유보(매입채무)

② 출자전환일(당기초) : 세무상 이월결손금의 보전에 충당하지 않은 경우

Book	출자전환채무	800,000	/ 자본금		500,000
			주식발행초과금		300,000

Tax	매입채무	1,000,000 / 자본금	500,000
		주식발행초과금	300,000
		채무면제이익(익금)	200,000
Adjustment	매입채무	1,000,000 / 출자전환채무	800,000
		채무면제이익(익금)	200,000
Tax-Adj	부 채↓(순자산↑)	200,000 / 익 금↑(순자산↑)	200,000

〈익금산입〉 채무면제이익 200,000・유보(매입채무)

③ 출자전환일(당기초) : 세무상 이월결손금의 보전에 충당한 경우

Book	출자전환채무	800,000 / 자본금	500,000
		주식발행초과금	300,000
Tax	매입채무	1,000,000 / 자본금	500,000
		주식발행초과금	300,000
		이월결손금	200,000
Adjustment	매입채무	1,000,000 / 출자전환채무	800,000
		이월결손금	200,000
Tax-Adj	부 채↓(순자산↑)	200,000 / 잉여금↑(순자산↑)	200,000

〈익 금 산 입〉 매입채무   200,000・유보(매입채무)
〈익금불산입〉 채무면제이익 200,000・기타

2 주식의 포괄적 교환차익과 이전차익

(1) 주식의 포괄적 교환과 이전의 개념

주식의 포괄적 교환이란 완전자회사가 되는 회사의 주주가 보유한 주식을 주식교환일에 포괄적으로 완전모회사가 되는 회사에 이전하고, 완전모회사는 완전자회사의 주주에게 신주를 발행하여 배정하거나 자기주식을 이전하여 지주회사와 자회사의 관계를 형성하는 것을 말한다. 그 결과 완전자회사의 주주는 완전모회사의 주주가 된다.

한편, **주식의 포괄적 이전**이란 완전자회사가 되는 회사의 주주가 가지는 주식을 포괄적으로 완전모회사가 되는 회사에 이전하여 회사를 설립하고, 완전모회사는 완전자회사의 주주에게 주식을 발행하여 배정함으로써 지주회사와 자회사의 관계를 형성하는 것을 말한다. 그 결과로 완전자회사의 주주는 자신의 주식을 완전모회사에 이전하고 완전모회사가 설립시에 발행하는 주식을 배정받아 완전모회사의 주주가 된다.

(2) 주식의 포괄적 교환차익과 이전차익

1) 주식의 포괄적 교환차익

주식의 포괄적 교환차익이란 상법 제360조의 2에 규정하는 자본증가의 한도액이 완전모회사의 증가한 자본금을 초과한 경우의 해당 초과액을 말한다.

주식의 포괄적 교환차익=자본금 증가의 한도액❶ − 완전모회사의 증가한 자본금

❶ 완전모회사의 자본금 증가의 한도액 : 완전모회사가 되는 회사의 자본금은 주식교환일에 완전자회사가 되는 회사에 현존하는 순자산가액에서 다음의 금액을 공제한 금액을 초과하여 증가시킬 수 없다(상법 360의7).
① 완전자회사가 되는 회사의 주주에게 지급할 금액
② 완전자회사가 되는 회사의 주주에게 이전하는 주식의 회계장부가액

2) 주식의 포괄적 이전차익

주식의 포괄적 이전차익이란 상법 제360조의 15에 규정한 자본금의 한도액이 설립된 완전모회사의 자본금을 초과한 경우의 해당 초과액을 말한다.

주식의 포괄적 이전차익=자본금의 한도액❶ − 완전모회사의 자본금

❶ 완전모회사의 자본금의 한도액 : 설립하는 완전모회사의 자본금은 주식이전일에 완전자회사가 되는 회사에 현존하는 순자산가액에서 그 회사의 주주에게 지급할 금액을 공제한 금액을 초과하지 못한다(상법 360의 18).

(3) 법인세법의 입장

법인세법에서는 주식의 포괄적 교환과 이전에서 발생하는 교환차익과 이전차익을 자본거래의 산물(∵실질적으로 완전자회사의 주주가 불입한 부분에 해당하므로)로 보아 익금불산입항목으로 규정하고 있다.

예중 4-9 주식의 포괄적 교환차익

다음 자료에 의하여 ㈜A의 세무조정을 하시오.

1. ㈜A는 주식의 포괄적 교환에 의하여 순자산가액이 800,000,000원인 ㈜B의 완전모회사가 되었다.
2. 주식의 포괄적 교환과 관련된 자료는 다음과 같다.
   (1) ㈜A가 ㈜B의 주주에게 교부한 내역
      ① ㈜A의 주식 : 시가 600,000,000원, 액면가액 540,000,000원
      ② ㈜A의 자기주식 : 장부가액 70,000,000원
      ③ 현금 : 40,000,000원
   (2) ㈜B로부터 이전받은 주식의 내역
      ① 시가 : 800,000,000원
      ② 액면가액 : 700,000,000원
3. ㈜A의 회계처리는 다음과 같다.
   (차) 관계회사투자주식   800,000,000   (대) 자   본   금   540,000,000
                                              자 기 주 식   70,000,000
                                              현   금   40,000,000
                                              잡   이   익   150,000,000

1. 주식의 포괄적 교환차익
   주식의 포괄적 교환차익 = 자본증가의 한도액 − 완전모회사의 증가한 자본액
   = (800,000,000원 − 70,000,000원 − 40,000,000원) − 540,000,000원
   = 150,000,000원
2. 세무조정
   〈익금불산입〉 잡이익(주식의 포괄적 교환차익)   150,000,000(기타)

제4절 익금과 익금불산입

주식의 포괄적 교환차익은 기업회계에서도 자본잉여금으로 처리하도록 규정하고 있다. 따라서 법인이 기업회계에 따라 회계처리를 하게 되면 세무조정문제는 발생하지 않는다. 다만, 본 사례에서 ㈜A가 주식의 포괄적 교환차익을 수익으로 계상했다는 자료를 준 이유는 세무조정의 연습차원에서 변화를 준 것임을 부언해 둔다.

분개법 | 주식의 포괄적 교환차익

(1) 재무회계상 주식의 포괄적 교환차익을 기업회계기준에 따라 자본잉여금으로 계상한 경우

Book	관계회사투자주식	800,000,000	/	자 본 금	540,000,000
				자기주식	70,000,000
				현 금	40,000,000
				자본잉여금	150,000,000
				늑	
	현 금	690,000,000	/	자 본 금	540,000,000
				주식발행초과금	150,000,000
Tax	관계회사투자주식	800,000,000	/	자 본 금	540,000,000
				자기주식	70,000,000
				현 금	40,000,000
				포괄적 교환차익*	150,000,000
				(익금불산입)	

* '포괄적 교환차익'은 '주주불입분'으로서 '주식발행초과금'과 성격이 같음(익금불산입)
　주식의 포괄적 교환차익(상법 306의7) = 자본증가의 한도액** − 완전모회사의 증가한 자본액
** 완전자회사의 순자산가액 − (완전자회사의 주주에게 지급할 금액 + 완전자회사의 주주에게 이전하는 주식의 회계장부가액)

Adjustment	없 음
Tax−Adj	없 음

〈세무조정 없음〉

(2) 재무회계상 주식의 포괄적 교환차익을 기업회계기준과 달리 영업외수익으로 계상한 경우

Book	관계회사투자주식	800,000,000	/	자 본 금	540,000,000
				자기주식	70,000,000
				현 금	40,000,000
				잡이익(수익=익금)	150,000,000
Tax	관계회사투자주식	800,000,000	/	자 본 금	540,000,000
	(증가한 자산)			자기주식	70,000,000
				(증가한 자본)	
				현 금	40,000,000
				(감소한 자산)	
				포괄적 교환차익*	150,000,000
				(익금불산입)	

*'포괄적 교환차익'은 '주주불입분'으로서 '주식발행초과금'과 성격이 같음(익금불산입)

| Adjustment | 잡이익(익금) | 150,000,000 | / 포괄적 교환차익(순자산) | 150,000,000 |
| Tax-Adj | 익 금↓(순자산 ↓) | 150,000,000 | / 순자산↑(순자산 ↑) | 150,000,000 |

〈익금불산입〉 잡이익　150,000,000·기타

☞ '익금불산입'을 했지만 결과적으로 순자산의 변동이 없도록 하는 소득처분
즉, '기타' 처분은 소득금액조정에도 불구하고 세무상 순자산의 증감이 없음을 의미함

3 감자차익

(1) 감자차익의 개념

감자차익(자기주식소각익 포함)이란 자본감소의 경우로서 그 감소액이 주식의 소각, 주금(株金)의 반환에 든 금액과 결손의 보전(補塡)에 충당한 금액을 초과한 경우의 그 초과금액을 말한다.

감자차익=자본금 감소액－주식소각 등에 소요된 금액－결손금 보전에 충당한 금액

(2) 회계처리

(차) 자　본　금	100,000	(대) 현　　　　금	60,000
		이 월 결 손 금	30,000
		감 자 차 익	10,000

(3) 법인세법의 입장

법인세법에서는 감자차익(자기주식소각익 포함)을 자본거래의 산물로 보아 익금불산입항목으로 규정하고 있다.

4 합병차익과 분할차익

(1) 개　념

1) 합병차익

합병차익이란 상법 제174조[회사의 합병]에 따른 합병의 경우로서 소멸된 회사로부터 승계한 재산의 가액이 그 회사로부터 승계한 채무액, 그 회사의 주주에게 지급한 금액과 합병 후 존속하는 회사의 자본금증가액 또는 합병에 따라 설립된 회사의 자본금을 초과한 경우의 그 초과금액. 다만, 소멸된 회사로부터 승계한 재산가액이 그 회사로부터 승계한 채무액, 그 회사의 주주에게 지급한 금액과 주식가액을 초과하는 경우로서 이 법에서 익금으로 규정한 금액은 제외한다.

2) 분할차익

분할차익이란 상법 제530조의2[회사의 분할, 분할합병]에 따른 분할 또는 분할합병으로 설립된 회사 또는 존속하는 회사에 출자된 재산의 가액이 출자한 회사로부터 승계한 채무액, 출자한 회사의 주주에게 지급한 금액과 설립된 회사의 자본금 또는 존속하는 회사의 자본금증가액을 초과한 경우의 그 초과금액. 다만, 분할 또는 분할합병으로 설립된 회사 또는 존속하는 회사에 출자된 재산의 가액이 출자한 회사로부터 승계한 채무액, 출자한 회사의 주주에게 지급한 금액과 주식가액을 초과하는 경우로서 이 법에서 익금으로 규정한 금액은 제외한다.

(2) 합병차익과 분할차익의 계산

구 분	내 용
1) 합병차익의 계산	합병차익 = 승계한 순자산가액 − (합병교부주식가액❋ + 합병교부금)
2) 분할차익의 계산	분할차익 = 승계한 순자산가액 − (분할교부주식가액❋ + 분할교부금)

❋ 합병차익과 분할차익의 계산시 주식가액은 항상 액면가액 자본금으로 평가하여 계산함에 유의하여야 한다.

(3) 회계처리

1) 자 료

① 합병일 현재 ㈜B의 재무상태표

자 산	900,000	부 채	450,000
		자 본 금	360,000
		주식발행초과금	54,000
		이 익 잉 여 금	36,000
	900,000		900,000

② 자산의 시가는 1,170,000원이다.
③ ㈜A가 ㈜B의 주주들에게 지급한 합병대가는 액면가액 270,000원인 주식인데, 해당 주식의 시가는 675,000원이다.
④ 위의 합병은 적격합병에 해당한다.

2) 기업회계상 회계처리

(차) 자 산	1,170,000	(대) 부 채	450,000
		자 본 금	270,000
		주식발행초과금	405,000
		염 가 매 수 차 익	45,000

3) 법인세법상 회계처리

(차) 자 산	1,170,000	(대) 부 채	450,000
		자 본 금	270,000
		합 병 차 익	450,000 ❋

합병차익의 구성항목은 다음과 같다.
① 자 산 조 정 계 정 :　270,000원　　(=1,170,000원-900,000원)
② 합 병 감 자 차 익 :　 90,000원　　(= 360,000원-270,000원)
③ 주 식 발 행 초 과 금 :　 54,000원
④ 이 익 잉 여 금 :　 36,000원
　　합 병 차 익 계　 450,000원

(4) 세무처리

법인세법에서는 합병차익과 분할차익을 기업회계와는 달리 자본거래의 산물로 보아 익금불산입 항목으로 규정하고 있다.

5 이월익금과 손금불산입된 세금의 환급액

(1) 이월익금

이월익금이란 전기 이전에 이미 과세된 소득(비과세소득 또는 면제소득 포함)을 다시 당기의 수익으로 계상한 금액을 말한다. 이러한 이월익금은 동일한 소득에 대한 이중과세의 방지를 위하여 익금불산입항목으로 한다(법법 18).

예컨대, 전기 이전에 비용으로 계상하였으나 손금불산입으로 세무조정되어 과세된 금액이 당기에 환입되어 수익으로 계상된 금액이 이월익금의 대표적인 예이다.

(2) 손금불산입된 세금의 환급액

손금불산입된 세금(법인세 및 법인세에 부가되는 법인지방소득세·농어촌특별세 등)을 환급받았거나 환급받을 금액을 다른 세액에 충당한 금액은 이월익금과 마찬가지로 익금불산입항목으로 한다.

이월익금 등

㈜A는 다음에 열거된 사항을 당기 포괄손익계산서상 수익으로 계상하고 있다. 전기 세무조정은 적절하게 이행되었다는 가정하에서 익금불산입액을 계산하시오.

1. 전기 대손충당금 한도초과액의 환입액	15,000,000원
2. 전기에 대손부인된 외상매출금의 당기 회수액	3,000,000원
3. 전기 건물의 화재로 인한 보험차익	10,000,000원

해답

1. 전기대손충당금 한도초과액의 환입액	15,000,000원
2. 전기에 대손부인된 외상매출금의 당기 회수액	3,000,000원
3. 전연도 건물의 화재로 인한 보험차익 미계상분	10,000,000원
합　　　　계	28,000,000원

제4절 익금과 익금불산입

① "1"과 "2"는 전기에 손금부인된 금액이 당기에 환입 또는 회수되어 수익으로 계상한 것이므로 이월익금에 해당한다.
② 전기 건물의 화재로 인한 보험차익은 전기의 익금항목에 해당한다. 이를 문제에서 당기의 수익으로 계상하였다는 것은 전기에는 수익계상을 하지 않았다는 것이고 따라서 전기에 익금산입의 세무조정을 하였을 것이다. 따라서 이 또한 이월익금에 해당하므로 익금불산입한다.

분개법 — 이월익금 등

(1) 전기 대손충당금 한도초과액의 환입액

① 전 기

Book	대손상각비(비용=손금)	X	/ 대손충당금	X
Tax	대손상각비(손금)	X−15,000,000	/ 대손충당금	X−15,000,000
Adjustment	대손충당금	15,000,000	/ 대손상각비(손금)	15,000,000
Tax-Adj	자 산↑(순자산 ↑)	15,000,000	/ 손 금↓(순자산 ↑)	15,000,000

〈손금불산입〉 대손충당금 한도초과   15,000,000·유보

② 당 기

Book	대손충당금	15,000,000	/ 대손충당금환입 (영업외수익)	15,000,000
Tax	없 음			
Adjustment	대손충당금환입 (익 금)	15,000,000	/ 대손충당금	15,000,000
Tax-Adj	익 금↓(순자산↓)	15,000,000	/ 자 산↓(순자산↓)	15,000,000

〈익금불산입〉 대손충당금환입   15,000,000·△유보

(2) 전기에 대손부인된 외상매출금의 당기 회수액(직접차감법 가정)

① 전 기

Book	대손상각비(비용=손금)	3,000,000	/ 외상매출금	3,000,000
Tax	없 음			
Adjustment	외상매출금	3,000,000	/ 대손상각비(손금)	3,000,000
Tax-Adj	자 산↑(순자산 ↑)	3,000,000	/ 손 금↓(순자산 ↑)	3,000,000

〈손금불산입〉 대손상각비   3,000,000·유보

② 당 기

Book	외상매출금	3,000,000	/ 대손상각비	3,000,000
	현 금	3,000,000	/ 외상매출금	3,000,000
Tax	현 금	3,000,000	/ 외상매출금	3,000,000

Adjustment	대손상각비(손금)	3,000,000 / 외상매출금	3,000,000
Tax-Adj	손금↑(순자산↓)	3,000,000 / 자산↓(순자산↓)	3,000,000

〈손금산입〉 대손상각비 3,000,000·△유보

(3) 전기 건물의 화재로 인한 보험차익

① 전 기

Book	없 음		
Tax	현 금 감가상각누계액	X+10,000,000 / 건 물 Y 보험차익(익금)	X+Y 10,000,000
Adjustment	자 산	10,000,000 / 보험차익(익금)	10,000,000
Tax-Adj	자 산↑(순자산↑)	10,000,000 / 익 금↑(순자산↑)	10,000,000

〈익금산입〉 보험차익 10,000,000·유보

② 당 기

Book	현 금 감가상각누계액	X+10,000,000 / 건 물 Y 보험차익(수익=익금)	X+Y 10,000,000
Tax	없 음		
Adjustment	보험차익(익금)	10,000,000 / 자 산	10,000,000
Tax-Adj	익 금↓(순자산↓)	10,000,000 / 자 산↓(순자산↓)	10,000,000

〈익금불산입〉 보험차익 10,000,000·△유보

국세·지방세 과오납금의 환급금에 대한 이자

(1) 개 념

국세환급가산금과 지방세환급가산금은 국가 또는 지방자치단체가 납세의무자로부터 과다징수한 것에 대한 보상차원에서 지급하는 것이므로 해당 보상효과의 유지를 위하여 법인세법에서는 이를 익금불산입항목으로 규정하고 있다.

(2) 유의점

그러나 국세 또는 지방세 자체의 환급금은 당초 국세 또는 지방세가 손금에 산입된 경우에는 익금항목으로, 국세 또는 지방세가 손금불산입된 경우에는 익금불산입항목으로 한다.

 환급금에 대한 이자

㈜A는 다음에 열거된 사항을 당기 포괄손익계산서상 수익으로 계상하고 있다. 전기 세무조정은 적절하게 이행되었다는 가정하에서 세무조정을 하면?

1. 전기에 납부한 법인세 환급액(국세환급가산금 1,000,000원 포함)   15,000,000원
2. 전기에 납부한 재산세 환급액(지방세환급가산금 1,000,000원 포함)   11,000,000원

해답

1. 전기에 납부한 법인세 환급액
   〈익금불산입〉 법인세 환급액 등   15,000,000 (기타)

2. 전기에 납부한 재산세 환급액
   〈익금불산입〉 지방세환급가산금   1,000,000 (기타)

해설

① 전기에 납부한 법인세와 국세환급가산금은 손금불산입항목이므로 당기에 환급되는 경우 익금불산입항목에 해당한다. 그런데 장부상 수익에 계상하였으므로 익금불산입한다.
② 전기에 납부한 재산세는 손금항목이므로 당기에 환급되는 경우 익금항목에 해당한다. 그런데 장부상 수익에 계상하였으므로 세무조정은 필요치 않다. 다만, 지방세환급가산금은 익금불산입항목인데 수익계상을 하였으므로 익금불산입한다.

분개법 | 환급금에 대한 이자

(1) 전기에 납부한 법인세환급액(국세환급가산금 1,000,000원 포함) 15,000,000원

① 전 기

Book	법인세비용(비용=손금)	14,000,000	/ 현 금	14,000,000
Tax	유출잉여금	14,000,000	/ 현 금	14,000,000
Adjustment	유출잉여금	14,000,000	/ 법인세비용	14,000,000
Tax-Adj	유출잉여금↓(순자산↓)	14,000,000	/ 손 금↓(순자산↑)	14,000,000

〈손금불산입〉 법인세비용   14,000,000·기타사외유출(사외유출 to 국가)

② 당 기

Book	현 금	15,000,000	/ 법인세환급액(수익=익금)	15,000,000
Tax	현 금	15,000,000	/ 잉여금	14,000,000
			국세환급가산금	1,000,000
			(익금불산입 → 잉여금)	
Adjustment	법인세환급액(익금)	15,000,000	/ 잉여금	14,000,000
			국세환급가산금	1,000,000
Tax-Adj	익 금↓(순자산↓)	15,000,000	/ 잉여금↑(순자산↑)	15,000,000

〈익금불산입〉 법인세 환급액 등   15,000,000·기타

(2) 전기에 납부한 재산세 환급액(지방세환급가산금 1,000,000원 포함) 11,000,000원

① 전 기

Book	재산세(비용=손금)	10,000,000	/ 현 금	10,000,000

Tax	재산세(손금)	10,000,000	/ 현　금		10,000,000
Adjustment	없 음				
Tax-Adj	없 음				
	〈세무조정 없음〉				
② 당 기					
Book	현　금	11,000,000	/ 재산세 환급액(수익=익금)		11,000,000
Tax	현　금	11,000,000	/ 재산세 환급액(익금)		10,000,000
			지방세환급가산금		1,000,000
			(익금불산입 → 잉여금)		
Adjustment	재산세 환급액(익금)	1,000,000	/ 지방세환급가산금		1,000,000
Tax-Adj	익　금↓(순자산↓)	1,000,000	/ 잉여금↑(순자산↑)		1,000,000
	〈익금불산입〉 지방세환급가산금　1,000,000・기타				

7 부가가치세 매출세액

(1) 개 념

부가가치세 납세의무자인 사업자는 재화나 용역을 공급하는 경우 해당 공급받는 자로부터 부가가치세를 거래징수하게 되는데, 이를 부가가치세 매출세액이라 한다.

이와 같이 사업자가 거래징수한 부가가치세 매출세액은 사업자 자신에게 귀속되는 것이 아니라 과세당국에 납부하여야 하는 금액, 즉 부채(Liability)에 해당하므로 기업회계에서는 이를 'VAT예수금'이라는 계정으로 회계처리하고 법인세법에서는 이를 익금불산입항목으로 규정하고 있다.

구 분	내　용			
회 계 처 리	(차) 외상매출금	11,000	(대) 매　　출	10,000
			VAT예수금	1,000
법 인 세 법	익금불산입항목			
세 무 조 정	익금불산입항목을 부채로 계상하였으므로 세무조정이 필요없음			

(2) 참 고

이와 반대로 부가가치세 납세의무자인 사업자가 재화 또는 용역을 공급받거나 재화를 수입할 때 공급자나 세관장에게 거래징수당한 부가가치세 매입세액은 환급받거나 과세당국에 납부하여야 할 부가가치세 매출세액에서 차감하는 금액, 즉 자산(Assets)에 해당하므로 기업회계에서는 이를 'VAT대급금'이라는 계정으로 회계처리하고 법인세법에서는 이를 손금불산입항목으로 규정하고 있다.

제4절 익금과 익금불산입

구 분	내 용
회계처리	(차) 매 입　　　　　5,000　　(대) 외상매입금　　5,500 　　　VAT대급금　　　 500
법인세법	손금불산입항목
세무조정	손금불산입항목을 자산으로 계상하였으므로 세무조정이 필요없음

한편, 부가가치세법에서는 일정한 경우 정상적인 지출임에도 불구하고 매입세액공제를 허용하지 않는 경우가 있다. 이 경우 이를 앞의 사례와 같이 손금불산입항목으로 규정하게 되면 매우 불합리한 결과가 발생하므로 법인세법에서는 이를 손금항목으로 규정하고 있다. 그러나 이와는 달리 해당 법인의 귀책사유 또는 업무무관비용에 해당하여 공제받지 못하는 것은 손금불산입항목으로 규정하고 있다. 이에 대한 구체적인 내용은 '제7절 세금과 공과금'에 서술되어 있다.

참고) 부가가치세 관련 회계처리

구 분	회계처리
매입시	(차) 매 입　　　　　5,000　　(대) 외상매입금　　5,500 　　　VAT대급금　　　 500
매출시	(차) 외상매출금　　11,000　　(대) 매 출　　　　10,000 　　　　　　　　　　　　　　　　VAT예수금　　 1,000
납부시	(차) VAT예수금　　 1,000　　(대) VAT대급금　　　 500 　　　　　　　　　　　　　　　　현 금　　　　　　 500

분개법) 부가가치세 매출세액과 매입세액

(1) 장부상 부가가치세에 대한 올바른 회계처리

```
(매입시)
  매      입         100,000  / 현      금         110,000
  VAT대급금          10,000

(매출시)
  현      금         165,000  / 매      출         150,000
                                VAT예수금          15,000
(VAT납부시)
  VAT예수금          15,000  / VAT대급금          10,000
                                현      금           5,000
```

(2) 장부상 부가가치세에 대한 잘못된 회계처리로 인한 세무조정 사례

1) 매입시

```
Book     매입(비용=손금)    110,000  / 현      금         110,000
```

Tax	매입(손금)	100,000	/ 현　　금	110,000	
	VAT대급금(자산)	10,000			
Adjustment	VAT대급금(자산)	10,000	/ 매입(손금)	10,000	
Tax-Adj	자산↑(순자산↑)	10,000	/ 손금↓(순자산↑)	10,000	

〈손금불산입〉 VAT대급금　10,000 · 유보

2) 매출시

Book	현　　금	165,000	/ 매출(수익=익금)	165,000	
Tax	현　　금	165,000	/ 매출(익금)	150,000	
			VAT예수금(부채)	15,000	
Adjustment	매출(익금)	15,000	/ VAT예수금(부채)	15,000	
Tax-Adj	익금↓(순자산↓)	15,000	/ 부채↑(순자산↓)	15,000	

〈익금불산입〉 VAT예수금　15,000 · △유보

3) VAT납부시

Book	잡손실(비용=손금)	5,000	/ 현　　금	5,000	
Tax	VAT예수금(부채)	15,000	/ VAT대급금(자산)	10,000	
			현　　금	5,000	
Adjustment	① VAT예수금(부채)	15,000	/ ② VAT대급금(자산)	10,000	
			③ 잡손실(손금)	5,000	
Tax-Adj	① 부채↓(순자산↑)	15,000	/ ② 자산↓(순자산↓)	10,000	
			③ 손금↓(순자산↓)	5,000	

[총액법]
① 〈익금산입〉 15,000 · 유보　⎤
　　　　　　　　　　　　　　　⎬ + = 〈익금산입〉 5,000 · 유보
② 〈손금산입〉 10,000 · △유보　⎦

[분개법]
①　　　　　15,000 · 유보　⎤
②　　　　　10,000 · △유보　⎬ + = 〈손금불산입〉 5,000 · 유보
③ 〈손금불산입〉 5,000　　　⎦

8 자본준비금을 감액하여 받은 배당

상법 제461조의2(준비금의 감소)에 따라 자본잉여금을 감액하여 받는 배당은 익금불산입항목으로 한다(법인이 보유한 주식의 장부가액을 한도로 하며, 장부가액은 종전 장부가액에서 감액배당 받은 금액을 차감한 금액으로 함).

다만, 다음의 어느 하나에 해당하는 자본준비금을 감액하여 받는 배당금액은 제외한다.
- 법인세법 제16조(배당금 또는 분배금의 의제) 제1항 제2호 가목에 해당하지 아니하는 자본준

비금(익금불산입에 해당하는 자본준비금)
- 법인세법 제44조(합병 시 피합병법인에 대한 과세) 제2항 또는 제3항의 적격합병에 따른 제17조 제1항 제5호의 합병차익 중 피합병법인의 제16조 제1항 제2호 나목에 따른 재평가적립금에 상당하는 금액(대통령령으로 정하는 금액을 한도로 함)
- 제46조(분할 시 분할법인등에 대한 과세) 제2항의 적격분할에 따른 제17조 제1항 제6호의 분할차익 중 분할법인의 제16조 제1항 제2호 나목에 따른 재평가적립금에 상당하는 금액(대통령령으로 정하는 금액을 한도로 함)

준비금의 감소(상법 제461조의2)

회사는 적립된 자본준비금 및 이익준비금의 총액이 자본금의 1.5배를 초과하는 경우에 주주총회의 결의에 따라 그 초과한 금액 범위에서 자본준비금과 이익준비금을 감액할 수 있다.

9 수입배당금액에 대한 익금불산입특례

(1) 제도의 도입취지

1) 이중과세

일반적으로 주주가 주식발행법인으로부터 배당금을 지급받게 되면 이중과세문제가 발생한다. 왜냐하면 주식발행법인에 이익이 발생하면 현행법상 법인세를 과세하게 되고, 주식발행법인은 과세된 후 잔여이익을 주주들에게 배당하게 되는데, 배당금 수령시 개인주주에게는 다시 소득세가 법인주주에게는 법인세가 과세되기 때문이다.

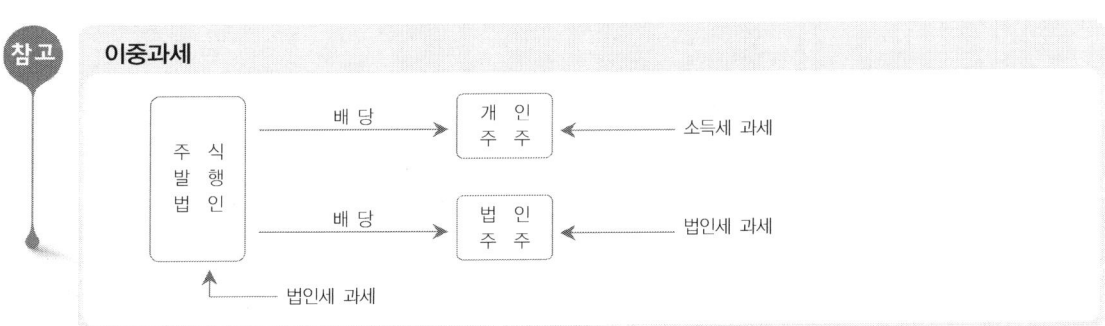

2) 이중과세 조정제도

이러한 이중과세문제를 해결하기 위하여 현행 세법상 도입된 이중과세 조정제도를 살펴보면 다음과 같다.

① 소득세법 : 소득세법에서는 Gross-up제도(=Imputation제도)를 운용하고 있다.
② 법인세법 : 법인세법에서는 다음과 같은 두 가지 제도를 운용하고 있다.
　㉠ 수입배당금액 익금불산입 : 투자법인에 수입배당금액이 발생한 경우 일정금액을 익금불산입하도록 규정하고 있다.
　㉡ 소득공제 : 이는 ㉠과 같이 주주단계에서 조정하는 것이 아니라, 해당 주식발행법인단계에서 조정하는 제도이다. 즉, 주식발행법인에 대해서 소득공제를 받도록 하여 법인세 과세를 하지 않도록 함으로써 이중과세를 조정하는 제도이다.

참고　현행법상 이중과세 조정제도

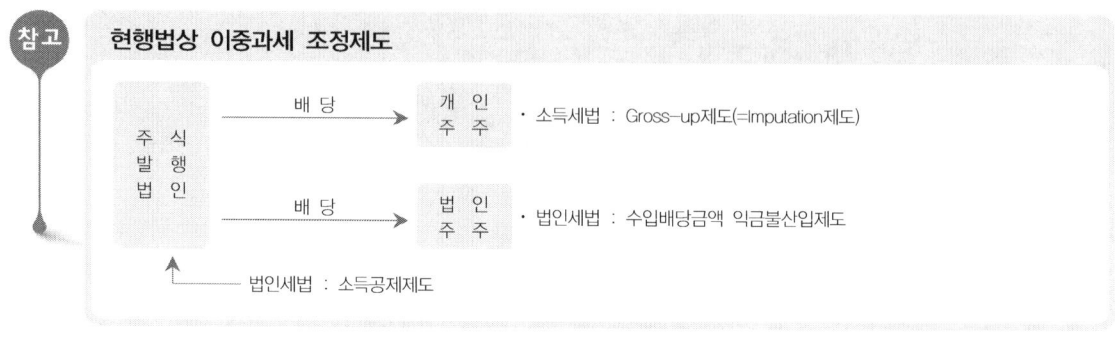

(2) 내국법인 수입배당금액 익금불산입

1) 규　정

내국법인이 국내 피출자법인로부터 받은 수입배당금액은 각 사업연도의 소득금액을 계산할 때 익금에 산입하지 아니한다(법법 18의2①). 종전에는 지주회사와 일반법인, 상장여부에 따라 수입배당금액에 대한 익금불산입 대상금액이 상이하였으나, 2022.12.31. 개정을 통해 기업형태와 관계 없이 동일한 익금불산입 대상금액을 적용하게 되었다. 다만, 특례규정에 따라 지주회사가 자회사로부터 2023년까지 받는 수입배당금액에 대해서는 종전 규정에 따른 익금불산입율을 적용할 수 있다(법법 부칙 2022.12.31. 16).

2) 수입배당금액 및 지분비율

① 수입배당금액

내국법인(고유목적사업준비금을 손금에 산입하는 비영리법인 제외)이 출자한 다른 내국법인(내국피출자법인)으로부터 받은 수입배당금액을 말한다.

② 지분비율

피출자법인의 배당기준일 현재 3개월 이상 계속해서 보유하고 있는 주식을 기준으로 지분비율을 계산한다.

이 경우 보유 주식등의 수를 계산할 때 같은 종목의 주식등의 일부를 양도한 경우에는 먼저 취득한 주식등을 먼저 양도한 것으로 본다.

3) 익금불산입액의 계산

① 계산구조

익금불산입액의 계산구조는 다음과 같다.

익 금 불 산 입 대 상 금 액	• 수입배당금액 × 익금불산입률(30%, 80%, 100%)
(-) 공 제 금 액	• 지급이자 차감액
익 금 불 산 입 액	• 익금불산입(기타)

② 익금불산입 대상금액

지분비율^주	익금불산입 대상금액
50% 이상	수입배당금액 × 100%
20% 이상 50% 미만	수입배당금액 × 80%
20% 미만	수입배당금액 × 30%

☞ 위 지분비율은 피출자법인의 배당기준일 현재 3개월 이상 계속하여 보유하고 있는 주식을 기준으로 계산한다.

③ 지급이자 차감액

내국법인이 각 사업연도에 지급한 차입금의 이자가 있는 경우에는 다음의 금액을 익금불산입 대상금액에서 공제한다(법령 17의2③).

$$\text{내국법인의 지급이자}^{①} \times \frac{\text{해당 피출자법인의 세무상 주식등의 장부가액 적수}^{②} \times \text{익금불산입률}^{③}}{\text{내국법인의 재무상태표상 자산총액의 적수}^{④}}$$

❶ 지급이자는 지급이자 손금불산입규정에 의하여 손금불산입된 금액과 현재가치할인차금상각액 및 연지급수입의 지급이자를 제외한다.
❷ 해당 피출자법인의 주식등(국가 및 지방자치단체로부터 현물출자받은 주식등은 제외)의 장부가액 적수출자주식 적수(積數, 일별 잔액의 합계액을 말함)로, 적수 계산 시 정부로부터 현물출자받은 주식은 제외한다. 이는 차입금을 통한 취득과 무관한 주식을 제외하여 수입배당금 익금불산입액 계산을 합리화하기 위함이다.
❸ 익금불산입률은 30%, 80%, 100%로 한다.
❹ 자산총액은 내국법인의 사업연도 종료일 현재 재무상태표상 자산총액을 말한다.

4) 익금불산입규정의 배제

다음에 해당하는 수입배당금액에 대하여는 내국법인 수입배당금액 익금불산입규정을 적용하지 아니한다(법법 18의2②).

구 분	내 용
이중과세문제 없음	법인세법 또는 조세특례제한법에 따라 지급배당에 대하여 소득공제되거나 그 밖에 법인세가 비과세·면제 또는 감면되는 다음의 법인으로부터 받은 수입배당금액 ① 법인세법상 소득공제를 적용받은 법인[유동화전문회사, 투자회사(Mutual Fund) 및 사모투자전문회사, 기업구조조정투자회사, 기업구조조정부동산투자회사 및 위탁관리부동산투자회사, 선박투자회사, 기업구조조정증권투자회사] ② 조세특례제한법상 세액감면(법인의 공장 및 본사의 수도권 외의 지역으로의 이전에 대한 임시특별세액감면, 제주첨단과학기술단지 입주기업에 대한 법인세감면 등)을 적용받은 법인(감면율이 100%인 사업연도에 한함) ③ 조세특례제한법 제100조의 15 제1항의 동업기업과세특례를 적용받는 법인 ④ 법인세법 제75조의 14(법인과세 신탁재산에 대한 소득공제)에 따라 지급한 배당에 대하여 소득공제를 적용받는 법인과세 신탁재산으로부터 받은 수입배당금액 ⑤ 자산재평가법 제28조 제2항을 위반하여 법인세법 제16조 제1항 제2호 나목에 따른 재평가적립금을 감액하여 지급받은 수입배당금액

보유기준 미달	배당기준일전 3개월 이내에 취득한 주식 등을 보유(배당기준일 현재 3개월 미만 보유)함으로써 발생하는 수입배당금액

⑥ 법인세법 제18조 제8호 나목 및 다목에 해당하는 자본준비금을 감액하여 지급받은 수입배당금액
⑦ 자본의 감소로 주주등인 내국법인이 취득한 재산가액이 당초 주식등의 취득가액을 초과하는 금액 등 피출자법인의 소득에 법인세가 과세되지 아니한 수입배당금액으로서 대통령령으로 정하는 수입배당금액유상감자 시 주식 취득가액 초과금액 및 자기주식이 있는 상황에서 자본잉여금의 자본전입으로 인해 발생하는 이익

내국법인 수입배당금액

내국법인 ㈜A는 해당 사업연도에 피출자법인(내국법인)인 ㈜B와 ㈜C로부터 배당금을 받았다. 다음 자료에 의하여 ㈜A의 익금불산입액을 계산하시오.

1. 피출자법인에 대한 출자 및 배당소득의 내역

피출자법인	출자내역		배당소득
	출자액	지분비율	
㈜B	40억원	75%	4억원
㈜C	80억원	30%	8억원

2. ㈜B는 주권상장법인이고, ㈜C는 주권비상장법인이다.
3. ㈜A의 재무현황은 다음과 같다.
   ① 자산총액 : 150억원
   ② 차입금 : 70억원
   ③ 자본 : 80억원
   ④ 지급이자 : 7억원(채권자불분명사채이자 1억원 포함)
4. 계산의 편의상 적수계산은 생략한다.

1. 익금불산입 대상금액
   ① ㈜B로부터 받은 배당소득금액 : 400,000,000원 × 100% = 400,000,000원
   ② ㈜C로부터 받은 배당소득금액 : 800,000,000원 × 80% = 640,000,000원

2. 지급이자 차감액
   ① ㈜B

   $(700,000,000원 - 100,000,000원) \times \dfrac{40억원 \times 100\%}{150억원} = 160,000,000원$

   ② ㈜C

   $(700,000,000원 - 100,000,000원) \times \dfrac{80억원 \times 80\%}{150억원} = 256,000,000원$

3. ㈜A의 익금불산입액

피출자법인	대상금액	지급이자 차감액	익금불산입액
㈜B	400,000,000원	160,000,000원	240,000,000원
㈜C	720,000,000원	256,000,000원	464,000,000원
계			704,000,000원

제4절 익금과 익금불산입

① 수입배당금액 익금불산입액 계산 시 지급이자 차감액은 배당금 지급법인(피출자법인)별로 각각 계산한다.
② 지급이자 차감액 계산 시 지급이자는 지급이자 손금불산입규정에 의하여 손금불산입된 금액을 제외한다.

분개법 내국법인 수입배당금액

1. 피출자법인 ㈜B로부터 받은 배당금 중 익금불산입액 : 지분비율 75%, 익금불산입률 100%

Book	현 금	400,000,000	/	배당금수익(수익=익금)	400,000,000
Tax	현 금	400,000,000	/	수입배당금(익금)	160,000,000
				잉여금(익금불산입)	240,000,000*

* 수입배당금액 × 익금불산입률 − 지급이자차감액
  = 400,000,000 × 100% − {(700,000,000원 − 100,000,000원) × (40억원 × 100%/150억원)}
  = 240,000,000원

Adjustment	수입배당금	240,000,000	/	잉여금(익금불산입)	240,000,000
Tax−Adj	익 금↓(순자산↓)	240,000,000	/	잉여금↑(순자산 ↑)	240,000,000

〈익금불산입〉 수입배당금   240,000,000·기타

2. 피출자법인 ㈜C로부터 받은 배당금 중 익금불산입액 : 지분비율 30%, 익금불산입률 80%

Book	현 금	800,000,000	/	배당금수익(수익=익금)	800,000,000
Tax	현 금	800,000,000	/	수입배당금(익금)	336,000,000
				잉여금(익금불산입)	464,000,000*

* 수입배당금액 × 익금불산입률 − 지급이자차감액
  = 800,000,000원 × 90% − {(700,000,000원 − 100,000,000원) × (80억원 × 80%/150억원)} = 464,000,000원

Adjustment	수입배당금	464,000,000	/	잉여금(익금불산입)	464,000,000
Tax−Adj	익 금↓(순자산↓)	464,000,000	/	잉여금↑(순자산↑)	464,000,000

〈익금불산입〉 수입배당금   464,000,000·기타

일정기간 보유요건 판정 시 기준일의 차이(간접외국납부세액 VS 수입배당금액 익금불산입)

간접외국납부세액	수입배당금액 익금불산입
배당기준일 현재 6개월 이상 보유	• 내국법인 수입배당금액 익금불산입 : 배당기준일 현재 3개월 이상 보유 • 외국자회사 수입배당금액 익금불산입 : 배당기준일 현재 6개월 이상 보유

법인이 배당을 하는 경우에는 특정 시점의 주주에게 배당금을 지급하는데, 해당 특정시점을 배당기준일이라 하며, 주주총회 또는 사원총회에서 배당금의 지급을 결정한 날을 배당확정일이라 한다. 예컨대, 2026년 3월 17일에 개최된 주주총회에서 2025년 12월 31일 현재의 주주에게 2025년 사업연도에 대한 배당금의 지급을 결의한 경우 2025년 12월 31일이 배당기준일이다.

외국자회사 수입배당금액 익금불산입(법법 18의4)

기존의 외국자회사 수입배당금에 대한 이중과세 조정방식은 외국납부세액공제 방식이었으나, 외국자회사로부터 받은 수입배당금액을 익금에 산입하지 않는 규정이 추가로 신설되었다.

배당기준일 현재 6개월 이상 보유하는 지분율 10%(해외자원개발사업을 영위하는 외국자회사는 2%) 이상의 외국자회사 배당금을 말하며, 익금불산입액은 수입배당금액의 95%로 한다.

외국자회사 수입배당금의 익금불산입 규정이 적용되는 경우에는 해당 외국자회사에 대해서는 외국납부세액공제를 적용하지 않는다(법법 57⑦).

Ⅳ. 익금의 세무조정구조

법인세법상 각 사업연도 소득금액은 결산상 확정된 포괄손익계산서(또는 손익계산서)상 당기순이익에서 출발하여 기업회계와 법인세법의 차이를 조정하여 계산하게 된다.

따라서 법인세법상 익금항목과 익금불산입항목이 바로 익금산입과 익금불산입이라는 세무조정으로 연결되는 것은 아니다. 예컨대, 법인세법상 익금항목이 이미 적절하게 장부에 수익으로 반영되어 있는 경우에는 세무조정을 할 필요가 없는 것이다.

이를 유형별로 살펴보면 다음과 같다.

구 분	장부상 회계처리	세무조정
익금항목	수익으로 계상한 경우	세무조정 없음
	수익으로 계상하지 않은 경우	익금산입
익금불산입항목	수익으로 계상한 경우	익금불산입
	수익으로 계상하지 않은 경우	세무조정 없음

다만, 세무상 자산가액이나 부채가액의 적절한 관리 등을 위하여 때에 따라서는 익금산입과 익금불산입의 동시 세무조정을 하여야 하는 경우도 있다.

익금의 세무조정

다음은 각각 독립된 상황이다. 각 항목별로 세무조정을 하시오.

1. ㈜A는 직전 사업연도에 납부하였던 종합부동산세 중 과다하게 납부한 금액 2,500,000원과 동 과다납부액에 대한 환급이자 120,000을 현금으로 환급 받으면서 다음과 같이 회계처리하였다.

(차) 현　　　　금	2,620,000	(대) 이 익 잉 여 금	2,500,000
		잡　이　익	120,000

2. ㈜B는 직전연도에 신용매출액 300,000,000원을 누락하였으며 세무조정 시 이를 적절하게 반영하였다. 동 신용매출액은 당기에 회수되었는데, 회사에서는 이를 중대한 오류로 보아 회계처리하였다.

3. ㈜C는 자기사채상환이익 50,000,000원을 기타자본잉여금에 계상하였다.

4. ㈜D는 보험업법에 따른 유형자산의 평가이익 250,000,000원을 다음과 같이 회계처리하였다.

| | (차) 자 산 | 250,000,000 | (대) 자산평가이익
(자본잉여금) | 250,000,000 |

5. ㈜E는 주주로부터 결손보전목적으로 시가 30,000,000원인 토지를 증여받으면서 다음과 같이 회계처리하였다.

| | (차) 토 지 | 30,000,000 | (대) 자산수증이익 | 30,000,000 |

※ ㈜E에는 세무상 이월결손금 28,000,000원, 기업회계상 이월결손금 45,000,000원이 있으며, 결산과 세무조정 시 결손보전을 위한 적절한 절차를 이행하였다.

해답

1. 〈익금산입〉 종합부동산세 환급액   2,500,000(기타)
   〈익금불산입〉 지방세환급가산금   120,000(기타)
2. 〈익금산입〉 이익잉여금   300,000,000(기타)
   〈익금불산입〉 전기신용매출누락   300,000,000(△유보)
   ※ 회사는 해당연도에 다음과 같은 분개를 하였을 것이다.

   | (차) 외상매출금 | 300,000,000 | (대) 이익잉여금 | 300,000,000 |
   | (차) 현   금 | 300,000,000 | (대) 외상매출금 | 300,000,000 |

   따라서, 순자산가액이 증가하였으므로 익금산입(기타)하고, 이월익금에 해당하므로 익금불산입(△유보)한다. 여기서 소득처분을 △유보로 하는 이유는 문제에서 회사는 전연도 세무조정시 적절하게 반영하였다고 하였으므로 익금산입(유보)하였다는 것을 추정할 수 있기 때문이다.
3. 〈익금산입〉 자기사채상환이익   50,000,000(기타)
   ※ 법인이 자기사채를 취득하는 경우 해당 사채의 장부가액과 취득가액의 차액을 각 사업연도 소득금액계산상 익금 또는 손금에 산입한다.
4. 〈익금산입〉 자산평가이익   250,000,000(기타)
5. 〈익금불산입〉 자산수증이익의 이월결손금보전액   28,000,000(기타)

분개법 익금의 세무조정

1. ① 전 기

Book	종합부동산세(비용=손금)	2,500,000 / 현 금	2,500,000
Tax	종합부동산세(손금)	2,500,000 / 현 금	2,500,000
Adjustment	없 음
Tax-Adj	없 음

   〈세무조정 없음〉

   ② 당 기

Book	현 금	2,620,000 / 이익잉여금	2,500,000
		잡이익	120,000
Tax	현 금	2,620,000 / 종합부동산세환급액(익금)	2,500,000
		지방세환급가산금	120,000
		(익금불산입 → 잉여금)	

Adjustment	이익잉여금	2,500,000	/ 종합부동산세환급액	2,500,000
	잡이익	120,000	/ 지방세환급가산금	120,000
Tax-Adj	잉여금↓(순자산↓)	2,500,000	/ 익 금↑(순자산↑)	2,500,000

〈익 금 산 입〉 종합부동산세환급액 2,500,000 · 기타

	익 금↓(순자산↓)	120,000	/ 잉여금↑(순자산↑)	120,000

〈익금불산입〉 지방세환급가산금 120,000 · 기타

2. ① 전 기

Book	없 음			
Tax	외상매출금	300,000,000	/ 매 출	300,000,0000
Adjustment	외상매출금	300,000,000	/ 매 출	300,000,000
Tax-Adj	자 산↑(순자산↑)	300,000,000	/ 익 금↑(순자산↑)	300,000,000

〈익금산입〉 매출 300,000,000 · 유보

② 당 기

Book	외상매출금	300,000,000	/ 전기오류수정이익	300,000,000
			(전기이월이익잉여금)	
	현 금	300,000,000	/ 외상매출금	300,000,000
Tax	현 금	300,000,000	/ 외상매출금	300,000,000
Adjustment	전기오류수정이익	300,000,000	/ 외상매출금	300,000,000
Tax-Adj	잉여금↓(순자산↓)	300,000,000	/ 자 산↓(순자산↓)	300,000,000

〈익 금 산 입〉 전기오류수정이익(잉여금) 300,000,000 · 기타
〈익금불산입〉 외상매출금 300,000,000 · △유보(외상매출금)

3.
Book	현 금	50,000,000	/ 자기사채상환이익	50,000,000
			(자본잉여금)	
Tax	현 금	50,000,000	/ 자기사채상환이익	50,000,000
			(익 금)	
Adjustment	자기사채상환이익	50,000,000	/ 자기사채상환이익	50,000,000
	(자본잉여금)		(익 금)	
Tax-Adj	잉여금↓(순자산↓)	50,000,000	/ 익 금↑(순자산↑)	50,000,000

〈익금산입〉 자기사채상환이익 50,000,000 · 기타

4.
Book	자 산	250,000,000	/ 자산평가이익	250,000,000
			(자본잉여금)	
Tax	자 산	250,000,000	/ 자산평가이익	250,000,000
			(익 금)	
Adjustment	자산평가이익	250,000,000	/ 자산평가이익	250,000,000
	(자본잉여금)		(익 금)	
Tax-Adj	잉여금↓(순자산↓)	250,000,000	/ 익 금↑(순자산↑)	250,000,000

〈익금산입〉 자산평가이익 250,000,000 · 기타

5. Book	토　지(자산)	30,000,000	/ 자산수증이익	30,000,000	
Tax	토　지(자산)	30,000,000	/ 자산수증이익	30,000,000	
	자산수증이익	28,000,000	이월결손금	28,000,000	
Adjustment Tax-Adj	자산수증이익	28,000,000	/ 이월결손금	28,000,000	
	익　금↓(순자산↓)	28,000,000	/ 순자산↑(순자산↑)	28,000,000	

〈익금불산입〉 자산수증이익　　28,000,000·기타

조세법령 확인을 통해 기본개념 익히기

※ 다음 법인세 관련 조세법령의 빈 칸을 채우시오.

1. 법인세법 제15조 【익금의 범위】

① 익금은 □□ 또는 □□의 납입 및 이 법에서 규정하는 것은 제외하고 해당 법인의 □□□)을 증가시키는 □□로 인하여 발생하는 □□ 또는 □□[이하 "수익"(收益)이라 한다]의 금액으로 한다.
② 다음 각 호의 금액은 익금으로 본다.
  1. 특수관계인인 □□으로부터 유가증권을 제52조 제2항에 따른 □□보다 □□ 가액으로 매입하는 경우 시가와 그 매입가액의 차액에 상당하는 금액
  2. 제57조 제4항에 따른 □□□□□□으로서 대통령령으로 정하는 바에 따라 계산하여 같은 조 제1항에 따른 세액공제의 대상이 되는 금액
  3. 「조세특례제한법」 제100조의18 제1항에 따라 □□받은 소득금액
③ 수익의 □□ 및 □□ 등에 필요한 사항은 대통령령으로 정한다.

> **해설과 해답**
> ① 자본, 출자, 순자산, 거래, 이익, 수입
> ② 개인, 시가, 낮은, 외국법인세액, 배분
> ③ 범위, 구분

2. 조세특례제한법 제100조의 18 【동업기업 소득금액 등의 계산 및 배분】

① 동업자군별 배분대상 소득금액 또는 결손금은 각 과세연도의 종료일에 해당 동업자군에 속하는 동업자들에게 동업자 간의 □□□□□□에 따라 배분한다. 다만, 동업기업의 경영에 참여하지 아니하고 출자만 하는 자로서 대통령령으로 정하는 동업자(이하 이 절에서 "수동적동업자"라 한다)에게는 결손금을 배분하지 아니하되, 해당 과세연도의 종료일부터 □□년 이내에 끝나는 각 과세연도에 그 수동적동업자에게 소득금액을 배분할 때 배분되지 아니한 결손금을 그 배분대상 소득금액에서 대통령령으로 정하는 바에 따라 공제하고 배분한다.
② 제1항에 따라 각 동업자에게 배분되는 결손금은 동업기업의 해당 과세연도의 종료일 현재 해당 동업자의 지분가액을 한도로 한다. 이 경우 지분가액을 초과하는 해당 동업자의 결손금은 대통령령으로 정하는 바에 따라 해당 과세연도의 다음 과세연도 개시일 이후 15년 이내에 끝나는 각 과세연도에 이월하여 배분한다.
(이하 생략)

> **해설과 해답**
> ① 손익분배비율, 15

3. 법인세법 시행령 제11조 【수익의 범위】

법 제15조 제1항에 따른 이익 또는 수입[이하 "수익"(收益)이라 한다]은 법 및 이 영에서 달리 정하는 것을 제외하고는 다음 각 호의 것을 포함한다.

1. 「통계법」 제22조에 따라 통계청장이 작성·고시하는 한국표준산업분류(이하 "한국표준산업분류"라 한다)에 따른 각 사업에서 생기는 □□□□□[기업회계기준(제79조 각 호의 어느 하나에 해당하는 회계기준을 말한다. 이하 같다)에 따른 □□□□금액 및 □□□□금액은 제외한다. 이하 같다]. 다만, 법 제66조 제3항 단서에 따라 추계하는 경우 □□□□에 의한 전세금 또는 임대보증금에 대한 사업수입금액은 금융회사 등의 정기예금이자율을 고려하여 기획재정부령으로 정하는 이자율(이하 "정기예금이자율"이라 한다)을 적용하여 계산한 금액으로 한다.
2. 자산의 □□금액
2의 2. 자기주식(합병법인이 합병에 따라 피합병법인이 보유하던 합병법인의 주식을 취득하게 된 경우를 포함한다)의 □□금액
3. 자산의 □□료
4. 자산의 □□차익
5. □□으로 받은 자산의 가액
6. 채무의 □□ 또는 □□로 인하여 생기는 부채의 감소액(법 제17조 제1항 제1호 단서의 규정에 따른 금액을 포함한다)
7. 손금에 산입한 금액 중 □□된 금액
8. 제88조 제1항 제8호 각 목의 어느 하나 및 같은 항 제8호의 2에 따른 자본거래로 인하여 □□□□□으로부터 분여받은 이익
9. 법 제28조 제1항 제4호 나목에 따른 □□□□ 및 그 □□(이하 이 조에서 "가지급금등"이라 한다)로서 다음 각 목의 어느 하나에 해당하는 금액. 다만, 채권·채무에 대한 쟁송으로 회수가 불가능한 경우 등 기획재정부령으로 정하는 □□한 사유가 있는 경우는 제외한다.
   가. 제2조 제5항의 특수관계가 소멸되는 날까지 회수하지 아니한 □□□□등(나목에 따라 익금에 산입한 이자는 제외한다)
   나. 제2조 제5항의 특수관계가 소멸되지 아니한 경우로서 법 제28조 제1항 제4호 나목에 따른 가지급금의 □□를 이자발생일이 속하는 사업연도 종료일부터 1년이 되는 날까지 회수하지 아니한 경우 그 □□
10. 「보험업법」에 따른 보험회사(이하 "보험회사"라 한다)가 같은 법 제120조에 따라 적립한 책임준비금의 감소액(할인율의 변동에 따른 책임준비금 평가액의 감소분은 제외한다)으로서 같은 조 제3항의 회계처리기준(이하 "보험감독회계기준"이라 한다)에 따라 수익으로 계상된 금액
10의 2. 「주택도시기금법」에 따른 주택도시보증공사가 같은 법 시행령 제24조에 따라 적립한 책임준비금의 감소액(할인율의 변동에 따른 책임준비금 평가액의 감소분은 제외한다)으로서 보험감독회계기준에 따라 수익으로 계상된 금액
11. 그 밖의 □□으로서 그 법인에 귀속되었거나 □□될 금액

해설과 해답

사업수입금액, 매출에누리, 매출할인, 부동산임대, 양도, 양도, 임대, 평가, 무상, 면제, 소멸, 환입, 특수관계인, 가지급금, 이자, 정당, 가지급금, 이자, 이자, 수익, 귀속

4. 법인세법 제17조 【자본거래로 인한 수익의 익금불산입】

① 다음 각 호의 금액은 내국법인의 각 사업연도의 소득금액을 계산할 때 익금에 산입(算入)하지 □□한다.
1. □□□□□□□□: 액면금액 이상으로 주식을 발행한 경우 그 액면금액을 초과한 금액(무액면주식의 경우에는 발행가액 중 자본금으로 계상한 금액을 초과하는 금액을 말한다). 다만, 채무의 출자전환으로 주식 등을 발행하는 경우에는 그 주식등의 제52조 제2항에 따른 시가를 초과하여 발행된 금액은 제외한다.
2. □□□ □□□ □□□□:「상법」제360조의 2에 따른 주식의 포괄적 교환을 한 경우로서 같은 법 제360조의 7에 따른 자본금 증가의 한도액이 완전모회사의 증가한 자본금을 초과한 경우의 그 초과액
3. □□□ □□□ □□□□:「상법」제360조의 15에 따른 주식의 포괄적 이전을 한 경우로서 같은 법 제360조의 18에 따른 자본금의 한도액이 설립된 완전모회사의 자본금을 초과한 경우의 그 초과액
4. □□□□: 자본감소의 경우로서 그 감소액이 주식의 소각, 주금(株金)의 반환에 든 금액과 결손의 보전(補塡)에 충당한 금액을 초과한 경우의 그 초과금액
5. □□□□:「상법」제174조에 따른 합병의 경우로서 소멸된 회사로부터 승계한 재산의 가액이 그 회사로부터 승계한 채무액, 그 회사의 주주에게 지급한 금액과 합병 후 존속하는 회사의 자본금증가액 또는 합병에 따라 설립된 회사의 자본금을 초과한 경우의 그 초과금액. 다만, 소멸된 회사로부터 승계한 재산가액이 그 회사로부터 승계한 채무액, 그 회사의 주주에게 지급한 금액과 주식가액을 초과하는 경우로서 이 법에서 익금으로 규정한 금액은 제외한다.
6. □□□□:「상법」제530조의2에 따른 분할 또는 분할합병으로 설립된 회사 또는 존속하는 회사에 출자된 재산의 가액이 출자한 회사로부터 승계한 채무액, 출자한 회사의 주주에게 지급한 금액과 설립된 회사의 자본금 또는 존속하는 회사의 자본금증가액을 초과한 경우의 그 초과금액. 다만, 분할 또는 분할합병으로 설립된 회사 또는 존속하는 회사에 출자된 재산의 가액이 출자한 회사로부터 승계한 채무액, 출자한 회사의 주주에게 지급한 금액과 주식가액을 초과하는 경우로서 이 법에서 익금으로 규정한 금액은 제외한다.

② 제1항 제1호 단서에 따른 초과금액 중 제18조 제6호를 적용받지 아니한 대통령령으로 정하는 금액은 해당 사업연도의 익금에 산입하지 아니하고 그 이후의 각 사업연도에 발생한 결손금의 □□에 □□할 수 있다.

해설과 해답

① 아니, 주식발행액면초과액, 주식의 포괄적 교환차익, 주식의 포괄적 이전차익, 감자차익, 합병차익, 분할차익
② 보전, 충당

5. 법인세법 제18조 【평가이익 등의 익금불산입】

다음 각 호의 금액은 내국법인의 각 사업연도의 소득금액을 계산할 때 익금에 산입하지 □□한다.
1. 자산의 □□이익. 다만, 제42조 제1항 각 호에 따른 평가로 인하여 발생하는 평가이익은 제외한다.
2. 각 사업연도의 소득으로 □□ 과세된 소득(이 법과 다른 법률에 따라 비과세되거나 면제되는 소득을 포함한다)
3. 제21조 제1호에 따라 손금에 산입하지 아니한 법인세 또는 법인지방소득세를 □□받았거나 □□받을 금액을 다른 세액에 □□한 금액
4. 국세 또는 지방세의 과오납금(過誤納金)의 환급금에 대한 □□
5. 부가가치세의 □□□□
6. □□으로 받은 자산의 가액(제36조에 따른 국고보조금등은 제외한다)과 채무의 □□ 또는 □□로 인한 부채(負債)의 감소액 중 대통령령으로 정하는 이월결손금을 □□하는 데에 □□한 금액
7. □□자법인으로부터 제76조의19 제2항에 따라 지급받았거나 지급받을 금액
8. 「상법」 제461조의2에 따라 자본준비금을 감액하여 받는 □□금액(내국법인이 보유한 주식의 장부가액을 한도로 한다). 다만, 다음 각 목의 어느 하나에 해당하는 자본준비금을 감액하여 받는 배당금액은 제외한다.
   가. 제16조 제1항 제2호 가목에 해당하지 아니하는 자본준비금
   나. 제44조 제2항 또는 제3항의 적격합병에 따른 제17조 제1항 제5호의 합병차익 중 피합병법인의 제16조 제1항 제2호 나목에 따른 재평가적립금에 상당하는 금액(대통령령으로 정하는 금액을 한도로 한다)
   다. 제46조 제2항의 적격분할에 따른 제17조 제1항 제6호의 분할차익 중 분할법인의 제16조 제1항 제2호 나목에 따른 재평가적립금에 상당하는 금액(대통령령으로 정하는 금액을 한도로 한다)

> **해설과 해답**
> 아니, 평가, 이미, 환급, 환급, 충당, 이자, 매출세액, 무상, 면제, 소멸, 보전, 충당, 연결, 배당

6. 법인세법 제18조의 2 【내국법인 수입배당금액의 익금불산입】

① 내국법인(제29조에 따라 고유목적사업준비금을 손금에 산입하는 □□□□법인은 제외한다. 이하 이 조에서 같다)이 해당 법인이 출자한 다른 내국법인(이하 이 조에서 "피출자법인"이라 한다)으로부터 받은 이익의 □□금 또는 잉여금의 □□금과 제16조에 따라 배당금 또는 분배금으로 보는 금액(이하 이 조 및 제76조의14에서 "수입배당금액"이라 한다) 중 제1호의 금액에서 제2호의 금액을 □ 금액은 각 사업연도의 소득금액을 계산할 때 □□에 산입하지 □□한다. 이 경우 그 금액이 0보다 작은 경우에는 없는 것으로 본다.

1. 피출자법인별로 □□□□금액에 다음 표의 구분에 따른 익금불산입률을 곱한 금액의 합계액

피출자법인에 대한 출자비율	익금불산입률
50퍼센트 이상	100퍼센트
20퍼센트 이상 50퍼센트 미만	80퍼센트
20퍼센트 미만	30퍼센트

2. 내국법인이 각 사업연도에 지급한 차입금의 □□가 있는 경우에는 차입금의 이자 중 제1호에 따른 익금불산입률 및 피출자법인에 출자한 금액이 내국법인의 □□총액에서 차지하는 비율 등을 고려하여 대통령령으로 정하는 바에 따라 계산한 금액

② 제1항은 다음 각 호의 어느 하나에 해당하는 수입배당금액에 대해서는 적용하지 아니한다.
1. 배당기준일 전 □개월 이내에 취득한 주식등을 보유함으로써 발생하는 수입배당금액
2. (삭제, 2022. 12. 31.)
3. 제51조의2에 따라 지급한 배당에 대하여 □□□□를 적용받는 법인으로부터 받은 수입배당금액
4. 이 법과 「조세특례제한법」에 따라 법인세를 □□□·□□·□□받는 법인(대통령령으로 정하는 법인으로 한정한다)으로부터 받은 수입배당금액
5. 제75조의 14에 따라 지급한 배당에 대하여 소득공제를 적용받는 법인과세 신탁재산으로부터 받은 수입배당금액
6. 「자산재평가법」 제28조 제2항을 위반하여 이 법 제16조 제1항 제2호 나목에 따른 재평가적립금을 감액하여 지급받은 수입배당금액
7. 제18조 제8호 나목 및 다목에 해당하는 자본준비금을 감액하여 지급받은 수입배당금액
8. 자본의 감소로 주주인 내국법인이 취득한 재산가액이 당초 주식등의 취득가액을 초과하는 금액 등 피출자법인의 소득에 법인세가 과세되지 아니한 수입배당금액으로서 대통령령으로 정하는 수입배당금액

③ 제1항과 제2항을 적용할 때 내국법인의 피출자법인에 대한 출자비율의 계산방법, 익금불산입액의 계산, 차입금 및 차입금 이자의 범위, 수입배당금액 명세서의 제출 등에 필요한 사항은 대통령령으로 정한다.

해설과 해답

① 비영리내국, 배당, 분배, 뺀, 익금, 아니, 수입배당, 이자, 자산
② 3, 소득공제, 비과세, 면제, 감면

7. 법인세법 시행령 제17조의 2 【내국법인 수입배당금액의 익금불산입】

① 법 제18조의2 제1항 제1호를 적용할 때 내국법인이 출자한 다른 내국법인(이하 이 조에서 "피출자법인"이라 한다)에 대한 출자비율은 피출자법인의 □□□□□ 현재 □개월 이상 계속해서 보유하고 있는 주식등을 기준으로 계산한다. 이 경우 보유 주식등의 수를 계산할 때 같은 종목의 주식등의 일부를 양도한 경우에는 먼저 □□한 주식등을 먼저 양도한 것으로 본다.

② 법 제18조의2 제1항 제2호를 적용할 때 제55조에 따라 이미 손금불산입된 금액은 차입금 및 그 차입금의 □□에서 제외한다.

③ 법 제18조의2 제1항 제2호에 따라 계산한 금액은 다음 계산식에 따라 계산한 차감금액의 합계액으로 한다.

$$차감금액 = A \times \frac{B}{C} \times D$$

A: 내국법인의 차입금 □□
B: 해당 피출자법인의 주식등(국가 및 지방자치단체로부터 현물출자받은 주식등은 제외한다)의 □□가액 적수
  (積數: 일별 잔액의 합계액을 말한다. 이하 같다)
C: 내국법인의 사업연도종료일 현재 재무상태표상 □□총액의 적수
D: 법 제18조의 2 제1항 제1호의 구분에 따른 □□□□□□

④ 법 제18조의2 제2항 제4호에서 "대통령령으로 정하는 법인"이란 다음 각 호의 어느 하나에 해당하는 법인을 말한다.
  1. 「조세특례제한법」 제63조의2, 제121조의8 및 제121조의9를 적용받는 법인(감면율이 100분의 100인 사업연도에 한정한다)
  2. 「조세특례제한법」 제100조의15 제1항의 동업기업과세특례를 적용받는 법인

⑤ 법 제18조의 2 제2항 제8호에서 "대통령령으로 정하는 수입배당금액"이란 다음 각 호의 금액을 말한다. (2024. 2. 29. 신설)
  1. 법 제16조 제1항 제1호(자본의 감소로 인한 경우로 한정한다)의 금액
  2. 법 제16조 제1항 제3호의 금액

⑥ 법 제18조의2 제1항을 적용하려는 법인은 법 제60조에 따른 신고와 함께 기획재정부령으로 정하는 수입배당금액명세서를 첨부하여 납세지 관할 세무서장에게 제출하여야 한다.

해설과 해답

① 배당기준일, 3, 취득
② 이자
③ 이자, 장부, 자산, 익금불산입률

exercise

1 법인세법상 익금에 해당하는 것은? [세무사 2018]

① 부가가치세의 매출세액
② 주식발행액면초과액
③ 이월익금
④ 손금에 산입한 금액 중 환입된 금액
⑤ 무액면주식의 경우 발행가액 중 자본금으로 계상한 금액을 초과하는 금액

해설 ④ 손금에 산입한 금액 중 환입된 금액은 익금에 해당한다. 그 외의 다른 항목은 익금불산입항목에 해당한다.

해답 ④

2 법인세법상 익금에 대한 설명으로 옳지 않은 것은? [국가직 9급 2012]

① 채무의 출자전환으로 주식을 발행한 경우 그 주식의 시가를 초과하여 발행된 금액은 익금에 산입한다.
② 자본 또는 출자의 납입 금액은 익금에 산입하지 아니한다.
③ 법인이 특수관계인인 개인으로부터 유가증권을 시가보다 낮은 가액으로 매입하는 경우 시가와 그 매입가액의 차액에 상당하는 금액은 익금에 산입하지 아니한다.
④ 무상으로 받은 자산의 가액과 채무의 면제 또는 소멸로 인한 부채의 감소액 중 법령이 정하는 이월결손금의 보전에 충당한 금액은 익금에 산입하지 아니한다.

해설 법인이 특수관계인인 개인으로부터 유가증권을 시가보다 낮은 가액으로 매입하는 경우 시가와 그 매입가액의 차액에 상당하는 금액은 익금에 산입한다.

해답 ③

3 법인세법상 익금으로 산입하지 않는 것에 관한 설명으로 옳지 않은 것은?

① 각 사업연도의 소득으로 이미 과세된 것을 다시 당해연도의 소득으로 계상한 것은 익금으로 산입하지 않는다.
② 지방세 과오납금의 환급금에 대한 이자는 익금으로 산입하지 않는다.
③ 부가가치세의 매출세액은 익금으로 산입하지 않는다.
④ 자기주식의 양도가액은 익금으로 산입하지 않는다.
⑤ 합병차익 또는 분할차익은 익금으로 산입하지 않는다.

해설 ④ 자기주식을 양도하는 경우, 양도가액은 익금에 산입한다.

해답 ④

04 법인세법상 익금에 관한 설명으로 옳지 않은 것은? [세무사 2017 수정]

① 익금은 자본 또는 출자의 납입 및 법인세법에서 규정하는 것은 제외하고 해당 법인의 순자산을 증가시키는 거래로 인하여 발생하는 수익의 금액으로 한다.
② 이월결손금의 보전에 충당하지 않은 자산수증이익과 채무의 출자전환에 따른 채무면제이익은 해당 사업연도에 익금불산입하고 그 이후의 각 사업연도에 발생한 결손금의 보전에 충당할 수 있다.
③ 부가가치세의 매출세액은 익금으로 산입하지 않는다.
④ 국세 과오납금의 환급금에 대한 이자는 익금으로 보지 않는다.
⑤ 채무의 출자전환 시 시가가 액면가액에 미달하는 경우 익금에 산입되는 채무면제이익은 발행가액에서 액면가액을 차감하여 계산한다.

해설 ② 이월결손금의 보전에 충당하지 않은 자산수증이익과 일반적인 채무의 출자전환에 따른 채무면제이익은 해당 사업연도에 익금불산입하고 그 이후의 각 사업연도에 발생한 결손금의 보전에 충당할 수 없다.

해답 ②

05 다음 자료를 이용하여 ㈜A의 의제배당액을 계산한 것으로 옳은 것은?

(1) 영리내국법인 ㈜B는 2025년 4월 20일(자본전입 결의일)에 주식발행초과금 1억원을 자본에 전입하는 무상증자를 실시하고, 무상주 10,000주를 발행하여 주주들에게 교부하였다.
(2) ㈜B의 주주인 ㈜A(무상증자 직전 지분율은 20%임)는 ㈜B의 자기주식에 배정하지 아니한 주식을 포함하여 무상주 3,000주를 수령하였다.
(3) ㈜B의 발행주식 1주당 액면가액은 10,000원이다.

① 0원   ② 5,000,000원   ③ 10,000,000원
④ 20,000,000원   ⑤ 30,000,000원

해설
1. 초과배정받은 주식 수 : 3,000주 − 10,000주 × 20% = 1,000주
2. 의제배당액 : 1,000주 × 10,000원 = 10,000,000원

해답 ③

06 제조업을 영위하는 영리내국법인 ㈜A의 제24기(2025.1.1.~12.31.) 자료이다. 영리내국법인 ㈜B의 주식소각으로 인하여 ㈜A에게 발생하는 의제배당금액으로 옳은 것은? 단, 수입배당금 익금불산입은 고려하지 않는다. [회계사 2023]

(1) ㈜A는 ㈜B의 주식 5,000주(1주당 액면가액 5,000원)를 보유하고 있고 취득명세는 다음과 같다.

취득일	주식수	비 고
2021.5.10.	2,000주	1주당 9,500원에 유상취득
2022.7.20.	2,500주	이익준비금의 자본금 전입으로 인해 취득
2023.3.20.	500주	주식발행초과금의 자본금 전입으로 인해 취득

(2) ㈜B는 2025년 2월 20일에 모든 주주가 소유하는 주식의 20%를 1주당 20,000원의 현금을 지급하고 소각하였다.

① 11,500,000원   ② 13,500,000원   ③ 14,500,000원
④ 15,500,000원   ⑤ 16,500,000원

해설

1. 주식소각 대가 수령액 : 5,000주×20%×20,000원=20,000,000원

2. 소각주식 취득가액 : (500주×0원[*])+500주×7,000원^{**}=3,500,000원
   * 의제배당으로 과세되지 않은 무상주가 2년 내에 감자되었으므로 단기소각주식특례를 적용한다.
   ** $\dfrac{(2,000주 \times 9,500원) + (2,500주 \times 5,000원)}{2,000주 + 2,500주}$ =7,000원

3. 의제배당액 : 20,000,000원−3,500,000원=16,500,000원

제4절 익금과 익금불산입

7 다음 자료에 의하여 차입금과다법인으로서 부동산임대업을 주업으로 하는 ㈜A의 제24기 (2025.1.1.~12.31.) 임대보증금에 대한 간주임대료를 계산하면? 단, 1년은 365일로 가정한다.

(1) 사무실 임대관련 보증금 및 임대료의 내역

사무실	임 대 기 간	보 증 금	월임대료
A	2024.12.1.~2025.11.30.	1,200,000,000원	6,000,000원
B	2025.12.1.~2026.11.30.	1,800,000,000원	9,000,000원

(2) 임대자산(토지와 건물)의 장부가액내역

구 분	토 지	건 물
취 득 가 액	1,500,000,000원	1,000,000,000원
감 가 상 각 누 계 액	–	400,000,000원
장 부 가 액	1,500,000,000원	600,000,000원

(3) 제24기 임대사업부분에서 발생한 금융수익내역

구 분	수입이자와 할인료	수입배당금	유가증권처분손익	신주인수권처분이익
A	1,000,000원	2,000,000원	2,500,000원	1,000,000원
B	3,000,000원	2,000,000원	(3,000,000원)	1,000,000원
합 계	4,000,000원	4,000,000원	(500,000원)	2,000,000원

(4) 사무실 B의 보증금수령일은 2025년 12월 15일이다.
(5) 정기예금이자율은 5%이다.

① 2,547,945원 ② 8,975,375원 ③ 9,038,334원
④ 9,343,884원 ⑤ 9,994,997원

 1. 간주임대료 계산
   (1) 임대보증금의 적수
      1,200,000,000원×334일+1,800,000,000원×31일=456,600,000,000원
   (2) 건설비 상당액의 적수
      1,000,000,000원×365일=365,000,000,000원
   (3) 간주임대료
      $(456{,}600{,}000{,}000원 - 365{,}000{,}000{,}000원) \times \dfrac{1}{365일} \times 5\% - (4{,}000{,}000원 + 4{,}000{,}000원 + 2{,}000{,}000원) =$
      2,547,945원

2. 참 고
   (1) 임대보증금의 적수계산 시 유의할 사항은 임대보증금의 수령일이 아니라 임대개시일부터 계산한다는 점이다.
   (2) 건설비 상당액의 적수계산 시 건물의 장부가액이 아닌 취득가액으로 계산한다는 점과 일수는 임대보증금의 일수에 맞춰서 계산하나, 임대개시일 이후에 자본적 지출액이 발생한 경우에는 해당 발생일부터 사업연도 종료일 (사업연도 종료일 이전에 임대종료일이 도래하면 해당 임대종료일)까지의 일수에 의해서 적수를 계산한다는 점에 유의하여야 한다.

 ①

08 부동산 임대업을 주업으로 하며 법인세법상 차입금 과다법인에 해당하는 내국법인 ㈜A의 제24기 사업연도(2025.1.1.~12.31.) 임대사업에 관한 자료는 다음과 같다. 추계결정하는 경우의 간주임대료를 계산하면 얼마인가? 단, 1년은 365일로 가정한다. [세무사 2011 수정]

> (1) 임대면적 : 주택부분 150㎡, 상가부분 600㎡
> (2) 임대보증금 : 주택부분 60,000,000원, 상가부분 600,000,000원
> (3) 주택임대사업 부문의 수입금액 : 이자수입 2,400,000원
> (4) 상가임대사업 부문의 수입금액 : 이자수입 3,800,000원, 배당금수입 6,400,000원,
>   유가증권처분손실 2,000,000원
> (5) 2024년 8월 해당 부동산을 500,000,000원(토지가액 300,000,000원 포함)에 취득하였다.
> (6) 임대기간은 2025.1.1.부터 2년간이고, 정기예금이자율은 연 5%로 가정한다.

① 9,800,000원   ② 11,800,000원   ③ 20,400,000원
④ 30,000,000원   ⑤ 33,000,000원

해설
1. 임대보증금의 적수 : 660,000,000원×365일=240,900,000,000원
2. 간주임대료 : 240,900,000,000× $\dfrac{1}{365}$ ×5%=33,000,000원

※ 추계의 경우 간주임대료 계산 시 건설비상당액 적수와 금융수익을 차감하지 않으며, 주택 및 그 부수토지의 임대를 포함한다.

해답 ⑤

09 다음은 제조업을 영위하는 영리내국법인 ㈜A의 제24기 사업연도(2025.1.1.~12.31.) 거래내용이다. 한국채택국제회계기준을 적용하고 있는 ㈜A가 제24기에 익금산입으로 세무조정할 금액은 얼마인가? (단, 법인세법상 수입배당금액의 익금불산입 규정은 고려하지 않으며, 주어진 자료 이외의 다른 사항은 고려하지 않음) [세무사 2013 수정]

> (1) ㈜A는 지분비율이 20%인 관계기업 ㈜B로부터 주식발행초과금 10,000,000원(채무의 출자전환으로 법인세법상 시가를 초과하여 발행된 금액 5,000,000원 포함)의 자본전입으로 무상주를 수령하였다.
> (2) ㈜A는 제23기에 특수관계인이 아닌 개인甲으로부터 500,000원에 취득한 자기주식(시가 1,500,000원)을 2,500,000원에 처분하였다.

① 2,000,000원   ② 3,000,000원   ③ 4,000,000원
④ 5,000,000원   ⑤ 6,000,000원

해설

구 분	금 액	비 고
(1) 자본전입	1,000,000원	5,000,000원×20%
(2) 자기주식 처분	2,000,000원	2,500,000원−500,000원
합 계		

5,000,000원×20%+2,000,000원(자기주식처분이익)=3,000,000원

해답 ②

10 ㈜A는 제24기 사업연도(2025.1.1.~12.31.) 중 ㈜B를 흡수합병하면서 ㈜B의 주주인 ㈜C에게 다음 자료와 같이 합병대가를 지급하였다. 합병으로 인한 ㈜C의 의제배당금액은 얼마인가? (단, 주어진 자료 이외의 다른 세무조정 사항은 없는 것으로 가정하고, 법인세법상 수입배당금액의 익금불산입 규정은 적용하지 아니함) [세무사 2012 수정]

> (1) ㈜C는 2024년에 ㈜B의 주식 1,000주를 취득하였으며, 동 주식에 대한 ㈜C의 장부가액은 9,000,000원이다.
> (2) ㈜C는 당해 합병으로 인해 ㈜A로부터 ㈜A의 주식 800주(1주당 액면가액은 10,000원, 합병 당시 1주당 시가는 15,000원)와 현금 2,000,000원을 받았다.

① 2,000,000원 ② 5,000,000원 ③ 6,000,000원
④ 7,000,000원 ⑤ 9,000,000원

해설 피합병법인의 주주에 대한 의제배당은 합병대가(합병교부주식가액+합병교부금)에서 소멸주식의 장부가액을 차감하여 계산한다.
합병대가 : (15,000원×800주)+2,000,000원)-9,000,000원=5,000,000원

해답 ②

11 영리내국법인 ㈜A의 제24기 사업연도(2025.1.1.~12.31.) 수입배당금 익금불산입액을 계산한 것으로 옳은 것은? [회계사 2018 수정]

> (1) 회사는 비상장 영리내국법인 ㈜갑과 ㈜을로부터 수입배당금 11,000,000원을 수령하여 수익으로 계상하였다.
>
> | 배당지급법인 | 현금 배당금 | 보유주식 취득가액* | 지분율 | 주식 취득일 |
> |---|---|---|---|---|
> | ㈜갑 | 10,000,000원** | 10억원 (적수는 3,650억원) | 60% | 2024년 9월 5일 |
> | ㈜을 | 1,000,000원** | 20억원 (적수는 7,300억원) | 70% | 2024년 10월 5일 |
>
> * 법인세법상 장부가액으로 제23기 중 보유주식변동은 없음
> ** 배당기준일: 2024년 12월 31일, 배당결의일: 2025년 3월 20일
> (2) ㈜A의 2025년 12월 31일 현재 재무상태표상의 자산총액은 100억원 (적수는 36,500억원)이다.
> (3) 제24기 손익계산서상 이자비용은 없다.
> (4) 지분율 50% 이상 법인으로부터 받은 배당에 대한 익금불산입률: 100%

① 5,000,000원 ② 5,500,000원 ③ 9,000,000원
④ 9,900,000원 ⑤ 10,000,000원

해설

구 분	익금불산입액	
㈜갑	10,000,000원×100%=	10,000,000원
㈜을	배당기준일 전 3개월 이내에 취득한 주식이므로 해당사항 없음	—
합 계		10,000,000원

해답 ⑤

12 다음은 제조업을 영위하는 영리내국법인 ㈜A의 제24기 사업연도(2025.1.1.~ 12.31.) 귀속 수입배당금액 관련 자료이다. 수입배당금액에 대한 익금불산입액을 계산한 것으로 옳은 것은?

(1) 제조업을 영위하는 비상장 내국법인으로부터 받은 수입배당금액의 내역은 다음과 같으며, 배당기준일은 모두 2024년 12월 31일이다.

배당지급법인	수입배당금액	보유주식 장부가액 적수	지분율	주식취득일
㈜갑	10,000,000원	365억원	40%	2023. 2. 15.
㈜을	6,000,000원	438억원	60%	2024. 10. 5.

(2) 사업연도 종료일 현재 재무상태표상의 자산총액은 10억원(적수는 3,650억원)이다.
(3) 제24기의 차입금이자는 30,000,000원이다.
(4) 수입배당금액에 대한 익금불산입률
　　가. 지분율 20% 이상 50% 미만 : 80%
　　나. 지분율 50% 이상 : 100%

① 2,400,000원　　② 5,600,000원　　③ 8,000,000원
④ 10,000,000원　　⑤ 16,000,000원

구 분	익금불산입액	
㈜갑	[10,000,000원−(30,000,000원× $\frac{365억 원}{3,650억 원}$)]×80%=	5,600,000원
㈜을	배당기준일 전 3개월 이내에 취득한 주식이므로 해당사항 없음	−
합 계		5,600,000원

 ②

제5절 손금과 손금불산입

- I. 손금의 개요
- II. 손금항목
- III. 손금불산입항목
- IV. 손금의 세무조정구조

I. 손금의 개요

1 손금의 개념

(1) 법인세법의 규정

손금은 해당 법인의 순자산을 감소시키는 거래로 인하여 발생하는 손비(손실 또는 비용)의 금액으로서 다음의 것을 제외한 것으로 한다. 손비는 그 법인의 사업과 관련하여 발생하거나 지출된 손실 또는 비용으로서 일반적으로 인정되는 통상적인 것이거나 수익과 직접 관련된 것으로 한다(법법 19).

① 자본 또는 출자의 환급
② 잉여금의 처분
③ 이 법 및 다른 법률에서 손금이 아닌 것으로 정하는 것(손금불산입항목)

(2) 사 례

예컨대, 상품 또는 제품의 매출시 매출원가가 순자산 감소거래의 대표적인 예라 할 수 있다.

	자본의 감소			자산의 감소	
(차)	매 출 원 가	×××	(대)	상품(또는 제품)	×××

2 비용배분의 원칙

(1) 규 정

법인에게 귀속되는 모든 비용(손비)은 일반적으로 공정·타당하다고 인정되는 기업회계기준에 준거하여 판매비와 관리비, 제조원가, 자산취득가액(자산매입부대비 포함) 등으로 명확히 구분하여 경리하여야 한다(법기통 4-0…3).

(2) 이 유

왜냐하면 손금항목은 해당 손금이 발생한 사업연도에 즉시 손금으로 인정되는 경우와 일단 자산으로 처리하였다가 추후 감가상각 또는 해당 자산의 처분시 손금으로 인정받는 경우로 구분되기 때문이다.

(3) 유의사항

따라서 손금불산입항목은 이 모든 것을 부인하는 것이므로 장부상 비용으로 처리하면 해당 비용을 손금불산입하는 것이며, 장부상 자산으로 처리하면 해당 자산을 감액하는 세무조정(이 경우에는 동시세무조정을 하게 됨)을 한 후, 추후 장부상 비용으로 처리하는 시점에 이를 손금불산입하여야 한다.

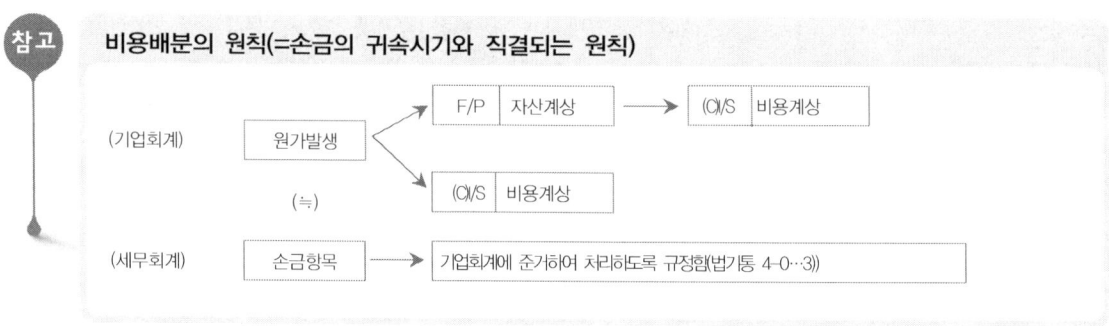

3 손금의 증명자료요건

(1) 일반적인 손비(기업업무추진비 제외)

법인이 재화 또는 용역을 제공받고 해당 대가를 지급하는 경우로서 건당 거래금액(VAT 포함)이 3만원을 초과하는 경우에는 원칙적으로 신용카드매출전표(현금영수증, 여신전문금융법상 직불카드영수증·기명식 선불카드영수증, 전자금융거래법상 직불 전자지급수단, 기명식 선불 전자지급수단영수증 포함)·세금계산서(매입자발행세금계산서 포함) 또는 계산서를 수취하여야 하며, 해당 법정증명서류는 법정신고기한이 지난 날부터 5년간(다만, 법인세법 제13조 제1호에 따라 각 사업연도 개시일 전 5년이 되는 날 이전에 개시한 사업연도에서 발생한 결손금을 각 사업연도의 소득에서 공제하려는 법인은 해당 결손금이 발생한 사업연도의 증명서류를 공제되는 소득의 귀속 사업연도의 법정신고기한부터 1년이 되는 날까지) 보관하여야 한다. 다만, 공급받은 재화 또는 용역의 건당 거래금액(VAT 포함)이 3만원 이하인 경우에는 임의증명서류(영수증 등)를 수취하여도 아무런 제재를 가하지 않는다.

(2) 기업업무추진비

그러나 기업업무추진비는 일반적인 손비와 다른데, 기업업무추진비 지출 건당 거래금액(VAT 포함)이 3만원(경조사비는 20만원)을 초과하는 경우로서 법정증명서류를 수취하지 않은 경우에는 전액을 즉각 손금불산입(기타사외유출)하고, 기업업무추진비 지출 건당 거래금액(VAT 포함)이 3만원(경조사비는 20만원) 이하인 경우에는 직접적인 제재는 받지 않고 기업업무추진비 지출액으로 보아 시부인계산을 하도록 규정하고 있다.

참고 **법정증명서류를 수취하지 않은 경우의 제재**

법인이 손금과 관련된 거래에 대하여 법정증명서류 이외의 임의증명서류(영수증 등)를 수취하는 경우에는 법인세법에서 다음과 같은 제재를 가하고 있다.

① 일반적인 손비(기업업무추진비 제외)

구 분	법인세법상 제재
건당 3만원 초과	손금인정은 하되, 지출증명서류미수취가산세(거래금액의 2%) 적용
건당 3만원 이하	손금인정

② 기업업무추진비

구 분	법인세법상 제재
건당 3만원❋ 초과	손금불산입
건당 3만원❋ 이하	직접적인 제재는 받지 않고 기업업무추진비 지출액으로 보아 시부인계산을 함

❋ 경조사비는 20만원을 기준으로 함

II. 손금항목

법인세법상 손금항목으로 열거한 것을 정리하면 다음과 같다.

구 분	비 고
(1) 판매한 상품 또는 제품에 대한 원료의 매입가액과 그 부대비용	① 매입가액에는 매입에누리금액과 매입할인금액 제외 ▶ 사업수입금액 : 익금항목 ② 판매한 상품 또는 제품의 보관료, 포장비, 운반비, 판매장려금 및 판매수당 등 판매와 관련된 부대비용(판매장려금 및 판매수당의 경우 사전약정 없이 지급하는 경우 포함)도 손금항목에 해당함
(2) 자산의 양도 당시의 장부가액	▶ 자산의 양도가액 : 익금항목

구 분	비 고
(3) 인건비	① 손금항목으로 하는 것을 원칙으로 하되, 제한적으로 열거된 특정 인건비는 손금불산입함 ② 내국법인(중소기업 및 중견기업에 한함)이 발행주식총수 또는 출자지분의 100%를 직접 또는 간접 출자한 해외현지법인에 파견된 임원 또는 직원의 인건비 포함(해당 내국법인이 지급한 인건비가 해당 내국법인 및 해외출자법인이 지급한 인건비 합계의 50% 미만인 경우에 한함) ③ 법인의 임직원·계열회사에 대한 재화·용역 등 할인금액
(4) 자산의 임차료	▶ 자산의 임대료 : 익금항목
(5) 회수할 수 없는 부가가치세 매출세액 미수금	부가가치세법 제17조의2[대손세액공제]에 따라 대손세액공제를 받지 않은 것에 한함
(6) 자산의 평가손실❶	—
(7) 조합 또는 협회비	영업자가 조직한 단체로서 법인이거나 주무관청에 등록된 조합·협회에 지급한 회비로서 법령·정관이 정하는 바에 따른 정상적인 회비징수 방식에 의하여 경상경비 충당 등을 목적으로 조합원 또는 회원에게 부과하는 회비(경상회비)는 손금으로 인정된다. ▶ 경상회비 외의 회비(종전 특별회비)에 대해서는 법인세법상 규정이 없으나, 해당 조합 또는 협회가 특례기부금단체 또는 일반기부금단체인 경우에는 특례기부금 또는 일반기부금으로 볼 수 있다.
(8) 광고선전목적으로 기증한 물품의 구입비용	특정인에게 기증한 물품(개당 30,000원 이하의 물품은 제외)의 경우에는 연간 5만원 이내의 금액에 한함
(9) 그 밖의 손금항목	① 식품등 기부 활성화에 관한 법률에 따른 식품 및 생활용품(이하 "식품등"이라 한다)의 제조업·도매업 또는 소매업을 영위하는 내국법인이 해당 사업에서 발생한 잉여 식품등을 제공자 또는 제공자가 지정하는 자에게 무상으로 기증하는 경우 기증한 잉여 식품등의 장부가액 ② 업무와 관련있는 해외시찰·훈련비 ③ 근로자복지기본법에 따른 우리사주조합에 출연하는 자사주의 장부가액 또는 금품❷ ④ 초·중등교육법에 따라 설치된 근로청소년을 위한 특별학급 또는 산업체부설 중·고등학교의 운영비 ⑤ 장식·환경미화 등을 위해 사무실·복도 등 여러사람이 볼 수 있는 공간에 상시 비치하는 미술품의 취득가액을 그 취득한 날이 속하는 사업연도의 손금으로 계상한 경우 해당 취득가액(거래단위별로 취득가액이 1,000만원 이하인 것에 한함) ⑥ 임원 또는 직원(지배주주 제외)의 사망 이후 유족에게 학자금 등으로 일시적으로 지급하는 금액으로서 기획재정부령으로 정하는 요건(임원 또는 직원의 사망 전에 정관이나, 주주총회·사원총회 또는 이사회의 결의에 의하여 결정되어 임원 또는 직원에게 공통적으로 적용되는 지급기준에 따라 지급되는 것)을 충족하는 것 ⑦ 임직원 출산·양육지원금 ⑧ 상법 제340조의2, 540조의2 등에 따른 주식매수선택권, 근로복지기본법에 따른 우리사주매수선택권 ⑨ 법인의 임직원에 대한 재화·용역 등 할인금액과 법인이 계열회사에 지급하는 할인금액 상당액 ⑩ 그 밖의 손비로서 그 법인에 귀속되었거나 귀속될 금액

❶ 법인세법상 자산의 평가손실은 손금불산입하는 것을 원칙으로 하되, 다음의 경우에는 손금에 산입된다.

제5절 손금과 손금불산입

구 분	내 용
① 유형자산 평가손실	① 천재지변·화재·법령에 따른 수용·채굴예정량의 채진으로 인한 폐광의 사유로 인하여 파손·멸실된 유형자산의 장부가액과 정상가액과의 차액. 손금귀속시기는 파손·멸실이 발생한 사업연도뿐만 아니라 확정된 사업연도에도 손금산입이 가능하다. ② 시설의 개체 또는 기술낙후로 인하여 생산설비의 일부를 폐기한 경우 장부가액에서 1,000원을 공제한 금액
② 재고자산 평가손실	① 재고자산을 저가법으로 평가함에 따라 발생한 평가손실 ② 사업연도 종료일 현재 파손, 부패 등 사유로 인하여 정상가액으로 판매가 불가능한 재고자산의 장부가액과 처분가능가액과의 차액
③ 유가증권 평가손실	① 법소정 주식으로서 해당 주식발행법인이 부도 등이 발생한 경우 해당 주식의 장부가액과 시가(1,000원 이하인 경우에는 1,000원)와의 차액 ② 주식발행법인이 파산한 경우 해당 주식의 장부가액과 시가(1,000원 이하인 경우에는 1,000원)와의 차액

❶ 우리사주조합에 자사주를 출연하는 경우의 회계처리방법 : 우리사주조합에 자사주를 출연하는 경우에는 자기주식의 시가를 급여 등으로 비용처리하고 장부가액과의 차액을 자기주식처분손익으로 처리한다(한국회계연구원 질의회신 02-14, 2002. 1. 9).

예 5-1 우리사주조합에의 자사주 출연

다음 자료에 의하여 근로자복지기금법에 따른 우리사주조합에의 자사주 출연에 대한 회계처리와 세무조정을 하시오.

[유형 1]	[유형 2]
① 자기주식의 취득가액 : 100,000,000원 ② 자기주식 출연시 시가 : 120,000,000원	① 자기주식의 취득가액 : 100,000,000원 ② 자기주식 출연시 시가 : 90,000,000원

[유형 1]
(1) 회계처리

(차) 급 여	120,000,000	(대) 자 기 주 식	100,000,000
		자기주식처분이익	20,000,000

(2) 세무조정
　〈익금산입〉 자기주식처분이익　　　　　　20,000,000(기타)
　　※ 법인세법에서는 우리사주조합에 출연하는 자사주의 장부가액(상기의 사례에서는 100,000,000원)을 손금항목으로 규정하고 있는데, 상기의 세무조정을 반영한 결과 100,000,000원(=120,000,000원-20,000,000원)의 손금계상효과를 가져왔다.

[유형 2]
(1) 회계처리

(차) 급 여	90,000,000	(대) 자 기 주 식	100,000,000
자기주식처분손실	10,000,000		

(2) 세무조정
　〈손금산입〉 자기주식처분손실　　10,000,000(기타)
　　※ 법인세법에서는 우리사주조합에 출연하는 자사주의 장부가액(상기의 사례에서는 100,000,000원)을 손금항목으로 규정하고 있는데, 상기의 세무조정을 반영한 결과 100,000,000원(=90,000,000원+10,000,000원)의 손금계상효과를 가져왔다.

분개법	**우리사주조합에의 자사주 출연**				
Book	급 여	120,000,000	/ 자기주식		100,000,000
			자기주식처분이익		20,000,000
			(자본잉여금)		
Tax	급 여	100,000,000*	/ 자기주식		100,000,000
	*「근로자복지기본법」에 따른 우리사주조합에 출연하는 자사주의 장부가액 또는 금품 (2005. 2. 19. 개정) ; 법인세법 시행령 제19조 [손비의 범위] 제16호				
Adjustment	자기주식처분이익	20,000,000	/ 급 여		20,000,000
	(자본잉여금)		(손 금)		
Tax-Adj	잉여금↓(순자산↓)	20,000,000	/ 손 금↓(순자산↑)		20,000,000
	〈손금불산입〉 급여 20,000,000·기타				
Book	급 여	90,000,000	/ 자기주식		100,000,000
	자기주식처분손실	10,000,000			
	(자본잉여금)				
Tax	급 여	100,000,000	/ 자기주식		100,000,000
Adjustment	급 여	10,000,000	/ 자기주식처분손실		10,000,000
	(손 금)		(자본잉여금)		
Tax-Adj	손 금↑(순자산↓)	10,000,000	/ 잉여금↑(순자산↑)		20,000,000
	〈손금산입〉 급여 10,000,000·기타				

Ⅲ. 손금불산입항목

순자산감소거래 중 현행 법인세법상 손금불산입항목으로 열거하고 있는 것을 유형별로 구분하여 살펴보면 다음과 같다.

 자본거래에서 발생한 금액

(1) 주식할인발행차금

주식할인발행차금이란 신주발행시 주식의 발행가액(신주발행비용을 차감한 가액을 말함)이 액면가액에 미달하는 경우 해당 액면가액에 미달하는 금액을 말하며, 이는 손금불산입항목에 해당한다.

주식할인발행차금＝액면가액－발행가액(신주발행비용을 차감한 가액)

(2) 잉여금의 처분을 손비로 계상한 금액

잉여금의 처분 및 잉여금의 처분으로 하여야 할 것을 결산을 확정할 때 손비로 계상한 금액은 각 사업연도 소득금액을 계산할 때 손금에 산입하지 아니한다.

(3) 감자차손

감자차손이란 자본감소의 경우로서 그 감소액이 주식의 소각, 주금의 반환에 소요된 금액을 미달하는 경우 그 미달하는 금액을 말하며, 이는 손금불산입항목에 해당한다.

> 감자차손=주식소각 등에 소요된 금액-결손금 보전에 충당한 금액-자본금 감소액

2 업무와 관련없는 비용

(1) 업무와 관련없는 비용의 범위

다음에 해당하는 비용은 업무와는 직접적인 관련성이 없으므로 법인세법에서는 이를 손금불산입항목으로 규정하고 있다.

① 업무무관자산을 취득·관리함으로써 발생하는 비용·유지비·수선비 및 이와 관련되는 비용
② 법인이 직접 사용하지 아니하고 타인이 주로 사용하는 장소·건물·물건 등의 유지비·관리비·사용료와 이에 관련되는 지출금
  ▸ 직원과 비출자임원·소액주주임원은 타인의 범위에서 제외됨
③ 법인의 출자임원 또는 그 친족이 사용하고 있는 사택의 유지비·사용료와 이에 관련되는 지출금
  ▸ 직원과 비출자임원·소액주주가 사용하고 있는 사택의 유지비 등은 손금으로 인정됨
④ 업무무관부동산 등을 취득하기 위한 자금의 차입과 관련되는 비용
⑤ 해당 법인이 공여한 형법상 뇌물(외국공무원에 대한 뇌물 포함)에 해당하는 금전과 금전 이외의 자산 및 경제적 이익의 합계액
  ▸ 뇌물과 알선수재·배임수재에 의하여 받는 금품은 소득세법상 기타소득에 해당하므로 해당 법인이 세무조정 시에는 손금불산입하고 기타소득으로 소득처분하여야 한다.
⑥ 노동조합 및 노동관계조정법 제24조를 위반하여 같은 조 제2항에 따른 전임자에게 지급하는 급여[즉, 근로시간면제(Time-Off) 한도를 초과하여 노조전임자에게 지급한 급여를 말함]
  ▸ 노동조합 및 노동관계조정법 제24조를 위반하여 같은 조 제2항에 따른 전임자에게 지급하는 급여[즉, 근로시간면제(Time-Off) 한도를 초과하여 노조전임자에게 지급한 급여를 말함] 또한 소득세법상 기타소득에 해당하므로 해당 법인이 세무조정시에는 손금불산입하고 기타소득으로 소득처분하여야 한다.

(2) 유의사항

위의 규정과 관련하여 유의하여야 할 사항은 다음과 같다.

① 업무무관자산의 취득과 관련하여 부담한 취득세는 취득부대비용에 해당하므로 법인세법에서는 이를 취득가액으로 인정하고 있다. 따라서 업무무관자산의 취득과 관련하여 부담한 취득세는 추후 해당 자산의 양도시 양도당시의 장부가액으로 손금인정을 받게 된다. 그러나 보유기간 중에 감가상각비를 계상한 경우에는 이를 인정하지 않으므로 손금불산입(유보)한 후, 처분시 손금산입(△유보)함에 유의하여야 한다.
② 업무무관자산의 보유와 관련하여 부담한 재산세·종합부동산세 등은 업무무관자산의 유지와 관련된 비용이므로 손금불산입항목에 해당한다.
③ 출자임원 또는 그 친족에게 사택을 무상 또는 낮은 임대료를 받고 제공하는 것은 부당행위계산부인규정의 적용대상이 된다. 다만, 직원과 비출자임원·소액주주임원의 경우에는 그러하지 아니하다.

(3) 업무와 관련 없는 지출에 대한 소득처분

위 규정에 따라 손금에 산입하지 않은 금액은 기타사외유출로 한다. 다만, 업무와 관련없는 자산을 사용하는 자가 따로 있을 경우에는 다음과 같이 처분한다(법기통 67-106…2).

① 출자자(출자임원 제외): 배당
② 직원(임원 포함): 상여
③ 법인 또는 사업을 영위하는 개인: 기타사외유출
④ 위 외의 개인: 기타소득

업무용승용차 유지비용

(1) 개 요

내국법인이 업무용승용차를 취득하거나 임차하여 해당 사업연도에 손금에 산입하거나 지출한 감가상각비, 임차료, 유류비, 보험료, 수선비, 자동차세, 통행료 및 금융리스부채에 대한 이자비용 등 업무용승용차의 취득·유지를 위하여 지출한 비용(이하 '업무용승용차 관련비용'이라 한다) 중 업무사용금액에 해당하지 아니하는 금액은 해당 사업연도의 소득금액을 계산할 때 손금에 산입하지 아니한다(법법 27의2②).

(2) 업무용승용차의 범위

업무용승용차란 개별소비세법상 과세대상에 해당하는 승용자동차(정원 8인 이하에 한하되 배기량 1,000cc·길이 3.6m·폭 1.6m 이하인 경차는 제외), 이륜자동차, 캠핑용자동차 등을 말한다. 다만, 운수업, 자동차판매업 등에서 사업에 직접 사용하는 승용자동차 및 연구개발을 목적으로 사용하는 승용자동차로서 다음 중 어느 하나에 해당하는 승용자동차는 제외한다(법법 27의2①, 법령 50의2①).

① 운수업, 자동차판매업, 자동차임대업, 운전학원업, 기계경비업무를 하는 경비업(출동차량에 한함) 등 이와 유사한 업종 또는 시설대여업에서 사업상 수익을 얻기 위하여 직접 사용하는 승용자동차
② ①과 유사한 승용자동차로서 기획재정부령으로 정하는 승용자동차(장례식장 및 장의관련 서비스업을 영위하는 법인이 소유하거나 임차한 운구용 승용차)
③ 자동차관리법에 따른 국토교통부장관의 임시운행허가를 받은 자율주행자동차

(3) 업무용 사용금액

구 분	내 용
① 해당 사업연도 전체 기간(임차한 승용차의 경우 해당 사업연도 중에 임차한 기간) 동안 일정한 사람❶이 해당 법인의 업무를 위하여 운전하는 경우만 보상하는 자동차보험(업무전용자동차보험)❷에 가입한 경우	업무용승용차 관련비용 × 업무사용비율❸
② 업무전용자동차보험에 가입하지 아니한 경우	전액 손금불인정❹
③ 법인전용 자동차등록번호판(연두색)의 미부착	전액 손금불인정

❶ 일정한 사람이란 ㉠ 해당 법인의 임원 또는 직원, ㉡ 계약에 따라 해당 법인의 업무를 위하여 운전하는 사람, ㉢ 해당 법인의 업무를 위하여 필요하다고 인정되는 경우로서 기획재정부령으로 정하는 사람(법인의 운전자 채용을 위한 면접에 응시한 지원자)를 말한다.
❷ 다만, 기획재정부령으로 정하는 임차 승용차(등록 시설대여업자 외의 자동차대여사업자로부터 임차한 승용차로서 임차계약기간이 30일 이내인 승용차)로서 위 ❶에 해당하는 사람(㉢ 제외)을 운전자로 한정하는 임대차 특약을 체결한 경우에는 업무전용자동차보험에 가입한 것으로 본다.
❸ 업무사용비율은 운행기록 등에 따라 확인되는 총 주행거리 중 업무용 사용거리가 차지하는 비율로 한다. 이를 적용받으려는 내국법인은 업무용승용차별로 운행기록 등을 작성·비치해야 하며, 납세지 관할세무서장이 요구할 경우 이를 즉시 제출해야 한다. 한편, 운행기록등을 작성·비치하지 않은 경우 해당 업무용승용차의 업무사용비율은 다음의 구분에 따른 비율로 한다.

㉠ 업무용승용차 관련비용이 1,500만원* 이하인 경우 : 100%
㉡ 업무용승용차 관련비용이 1,500만원* 초과인 경우 : 1,500만원* ÷ 업무용승용차 관련비용
*해당 사업연도가 1년 미만인 경우 '1,500만원 × 해당 사업연도의 월수/12'로 산출한 금액을 말함

❹ 한편, 해당 사업연도 전체기간(임차한 승용차의 경우 해당 사업연도 중에 임차한 기간을 말함) 중 일부기간만 업무전용자동차보험에 가입한 경우에 따른 업무사용금액은 다음의 계산식에 따라 산정한 금액으로 한다.

업무용승용차 관련비용 × 업무사용비율 × $\dfrac{\text{해당 사업연도에 실제로 업무전용자동차보험에 가입한 일수}}{\text{해당 사업연도에 업무전용자동차보험에 의무적으로 가입해야 할 일수*}}$

* 위 산식의 분모에서 '업무전용자동차보험에 의무적으로 가입해야 할 일수'란 '2016.4.1. 이후 도래하는 기존 보험의 만기일의 다음날부터 사업연도 종료일까지의 일수'를 말한다. 개정 전 법인세법 시행령 부칙에 따르면 2016년 4월 1일 이후 도래하는 기존 보험의 만기일 이후에는 업무전용자동차보험에 하루라도 가입하지 않으면 해당 사업연도의 업무용승용차 관련 비용 전체를 손금불산입하는 것이나, 제도 도입 초기 납세자의 부담을 완화하기 위하여 일부 기간만 업무전용보험에 가입한 경우에도 손금산입이 가능하도록 규정을 신설하였다.

❺ 일정요건을 충족하는 취득가액 8,000만원 이상의 승용자동차의 경우 법인업무용 전용번호판(법인업무용 자동차에 부착하는 번호판으로 연녹색바탕에 검은색 문자)을 부착하여야 한다.

(4) 업무용승용차에 대한 감가상각비

1) 감가상각방법

업무용승용차는 정액법을 상각방법으로 하고 내용연수를 5년으로 하여 계산한 금액을 감가상각비로 하여 손금에 산입하여야 한다(감가상각 의제).

2) 감가상각비 한도초과액과 이월액

위 (3)의 규정을 적용할 때 업무사용금액 중 업무용승용차별 감가상각비 또는 업무용승용차별 임차료 중 감가상각비 상당액(임차료 중 보험료와 자동차세 등을 제외한 금액으로 기획재정부령으로 정하는 금액)에 해당하는 비용이 해당 사업연도에 각각 800만원(해당 사업연도가 1년 미만인 경우 800만원에 해당 사업연도의 월수를 곱하고 이를 12로 나누어 산출한 금액을 말하며, 사업연도 중 일부 기간 동안 보유하거나 임차한 경우에는 800만원에 해당 보유기간 또는 임차기간 월수를 곱하고 이를 사업연도 월수로 나누어 산출한 금액을 말함)을 초과하는 경우 그 초과하는 금액(감가상각비 한도초과액)은 해당 사업연도의 손금에 산입하지 않고 이월하여 손금에 산입한다.

업무용승용차에 대한 감가상각비 한도초과액
= 감가상각비(또는 임차료 중 감가상각비 상당액) × 업무사용비율 − 800만원

감가상각비 한도초과액은 해당 사업연도의 다음 사업연도부터 해당 업무용승용차의 업무사용금액 중 손금에 산입된 감가상각비가 800만원에 미달하는 경우 그 미달하는 금액을 한도로 하여 손금으로 추인한다. 임차료 중 감가상각비 상당액 이월액의 경우에도 해당 사업연도의 다음 사업연도부터 해당 업무용승용차의 업무사용금액 중 손금에 산입된 감가상각비 상당액이 800만원에 미달하는 경우 그 미달하는 금액을 한도로 손금에 산입한다.

(5) 업무용승용차 처분손실의 이월

업무용승용차를 처분하여 발생하는 손실로서 업무용승용차별로 800만원(해당 사업연도가 1년 미만인 경우 800만원에 해당 사업연도의 월수를 곱하고 이를 12로 나누어 산출한 금액)을 초과하는 금액은 해당 사업연도의 다음 사업연도부터 800만원을 균등하게 손금에 산입하되, 남은 금액이 800만원 미만인 사업연도에는 남은 금액을 모두 손금에 산입한다.

(6) 부동산임대업 주업 법인 등에 대한 손금산입액 축소

한편, 부동산임대업을 주된 사업으로 하는 등 다음의 요건을 모두 갖춘 내국법인의 경우에는 위 (3), (4), (5)의 규정을 적용할 때 '1,500만원'은 각각 '500만원'으로, '800만원'은 각각 '400만원'으로 한다. 이는 기업업무추진비의 손금인정액이 50%로 축소되는 규정을 적용받는 법인의 범위와 동일하다.

① 해당 사업연도 종료일 현재 내국법인의 지배주주등이 보유한 주식등의 합계가 해당 내국법인의 발행주식총수 또는 출자총액의 50%를 초과할 것
② 해당 사업연도에 부동산 임대업을 주된 사업❶으로 하거나 다음의 금액 합계가 기업회계기준에 따라 계산한 매출액(㉠부터 ㉢까지의 금액이 포함되지 아니한 경우에는 이를 포함하여 계산한다)의 50% 이상일 것
  ㉠ 부동산 또는 부동산상의 권리의 대여로 인하여 발생하는 수입금액(임대보증금에 대한 간주익금 포함)
  ㉡ 소득세법에 따른 이자소득의 금액
  ㉢ 소득세법에 따른 배당소득의 금액
③ 해당 사업연도의 상시근로자❷ 수가 5명 미만일 것

❶ 내국법인이 둘 이상의 서로 다른 사업을 영위하는 경우에는 사업별 사업수입금액이 큰 사업을 주된 사업으로 본다.
❷ 상시근로자는 근로기준법에 따라 근로계약을 체결한 내국인 근로자로 한다. 다만, 다음 중 어느 하나에 해당하는 근로자는 제외한다.
한편, 상시근로자는 근로기준법에 따라 근로계약을 체결한 내국인 근로자로 한다. 다만, 다음의 각 호의 어느 하나에 해당하는 근로자는 제외한다(법령 42④).
  ㉠ 해당 법인의 최대주주 또는 최대출자자와 그와 친족관계인 근로자
  ㉡ 소득세법에 따른 근로소득원천징수부에 의하여 근로소득세를 원천징수한 사실이 확인되지 아니하는 근로자
  ㉢ 근로계약기간이 1년 미만인 근로자. 다만, 근로계약의 연속된 갱신으로 인하여 그 근로계약의 총기간이 1년 이상인 근로자는 제외한다.
  ㉣ 근로기준법에 따른 단시간근로자

(7) 서류제출

업무용승용차 유지비용을 손금에 산입한 법인은 세법이 정하는 바에 따라 업무용승용차 유지비용에 관한 명세서를 납세지 관할세무서장에게 제출하여야 한다(법법 27의2②).

특정 여비 등과 부당한 공동경비

(1) 특정 여비 등

내국법인이 임원이나 직원이 아닌 지배주주 및 그 특수관계인에게 지급한 여비 또는 교육훈련비는 손금불산입한다(법령 46).

여기서 지배주주란 해당 법인의 발행주식총수의 1% 이상의 주식을 소유한 주주로서 그와 특수관계에 있는 자와의 소유주식합계가 해당 법인의 주주 중 가장 많은 경우의 해당 주주를 말한다(법령 43⑦).

(2) 부당한 공동경비

법인이 공동사업 등을 영위함에 따라 발생한 손비 중 다음의 기준에 따른 분담금액을 초과하는 금액은 손금불산입한다. 이 경우 공동경비 분담 적용 손비로는 조직·사업 등의 공동운영·영위에 따른 손비와 자산의 공동운영에 따른 손비가 해당한다.

구 분	내 용
공동출자사업	출자지분비율
공동경비	① 비출자공동사업자간에 특수관계가 있는 경우 : 직전 사업연도 또는 해당 사업연도 매출액비율과 총자산가액❶비율 중 법인이 선택하는 비율❷ ② 비출자공동사업자간에 특수관계가 없는 경우 : 비출자공동사업자간 약정에 따른 분담비율. 다만, 해당 비율이 없는 경우에는 위 ①의 비율에 따른다.
그밖의 경우	① 공동행사비 : 참석인원수비율 ② 공동구매비 : 구매금액비율 ③ 공동광고선전비 : 국외공동광고선전비는 수출액❸, 국내공동광고선전비는 국내매출액❹

❶ 한 공동사업자가 다른 공동사업자의 지분을 보유하고 있는 경우 그 주식의 장부가액은 제외한다.
❷ 선택하지 아니한 경우에는 직전 사업연도 매출액비율을 선택한 것으로 보는데, 비출자공동사업자의 직전 사업연도 매출액이 없는 경우에는 해당 사업연도 매출액과 총자산가액 비율로 선택(미선택 시 해당 사업연도 매출액으로 선택하는 것으로 간주), 선택한 사업연도부터 연속하여 5개 사업연도 동안 적용하여야 한다.
❸ 대행수출금액은 제외하며, 특정제품에 대한 광고선전의 경우에는 해당 제품의 수출금액을 말한다.
❹ 특정제품에 대한 광고선전의 경우에는 해당 제품의 매출액을 말하며, 주로 최종소비자용 재화나 용역을 공급하는 법인의 경우에는 그 매출액의 2배에 상당하는 금액 이하로 할 수 있다.

Ⅳ. 손금의 세무조정구조

법인세법상 각 사업연도 소득금액은 결산상 확정된 포괄손익계산서(또는 손익계산서)상 당기순이익에서 출발하여 기업회계와 법인세법의 차이를 조정하여 계산하게 된다.

따라서 법인세법상 손금항목과 손금불산입항목이 바로 손금산입과 손금불산입이라는 세무조정으로 연결되는 것은 아니다. 예컨대, 법인세법상 손금항목이 이미 적절하게 장부에 비용으로 반영되어 있는 경우에는 세무조정을 할 필요가 없는 것이다.

이를 유형별로 살펴보면 다음과 같다.

구 분	장부상 회계처리	세무조정
손금항목	비용으로 계상한 경우	세무조정 없음
	비용으로 계상하지 않은 경우	손금산입(결산조정사항은 제외)
손금불산입항목	비용으로 계상한 경우	손금불산입
	비용으로 계상하지 않은 경우	세무조정 없음^{주)}

주) 다만, 세무상 자산가액이나 부채가액의 적절한 관리 등 때에 따라서는 손금산입과 손금불산입의 동시세무조정을 하여야 하는 경우도 있다.

 5-2 손금의 세무조정

다음은 각각 독립된 사례이다. 세무조정을 하시오.

1. ㈜A는 해당 사업연도 중 유상증자를 실시하였는데, 주식의 발행가액은 500,000,000원(액면가액은 400,000,000원)이었다. 또한, 신주발행과 관련하여 발생한 등록면허세와 주권인쇄비 등 신주발행비용은 1,800,000원이었다. ㈜A는 위의 유상증자와 관련된 회계처리를 다음과 같이 실시하였다.

(차)	현 　 금	500,000,000	(대)	자 본 금			400,000,000
				잡 이 익			100,000,000
(차)	잡 손 실	1,800,000	(대)	현 　 금			1,800,000

2. ㈜B는 기계장치에 대한 감가상각비 350,000,000원을 장부에 계상하였다. 해당 기계장치에 대한 상각범위액은 390,000,000원이며, 전기 상각부인액은 없다.

3. ㈜C의 임차보증금 300,000,000원 중 해당 사업연도 증가분은 25,000,000원이었으나, 해당 증가분에 대한 관련 증명자료가 없는 사실을 세무조정 시 발견하였다.

 해답

1. 유상증자: 〈익금불산입〉 잡이익 100,000,000원 기타
   〈손금불산입〉 잡손실 1,800,000원 기타

2. 감가상각비: 〈세무조정 없음〉

3. 임차보증금: 〈익금산입〉 임차보증금 25,000,000 대표자상여
   〈익금불산입〉 임차보증금 25,000,000 △유보

 해설

① 상기의 사례에서 보는 바와 같이 ㈜A의 유상증자로 인하여 발생한 주식발행액면초과액은 발행가액 498,200,000원(= 500,000,000원 − 1,800,000원)에서 액면가액 400,000,000원을 차감한 98,200,000원이며, 해당 금액은 법인세법상 익금불산입항목에 해당한다. 그런데 회사는 신주발행비용을 차감하지 않은 발행가액과 액면가액과의 차액 100,000,000원을 잡이익으로, 신주발행비용 1,800,000원을 비용으로 처리하였다. 따라서 수익과 비용계상액 각각에 대해서 이를 부인하는 세무조정을 하게 되는 것이다.

장　부		세무조정		세무조정 결과
잡 이 익	100,000,000원	익금불산입	△100,000,000원	0
잡 손 실	△1,800,000원	손금불산입	1,800,000원	0
당기순이익	98,200,000원	차감조정	98,200,000원	0

② 법인이 임차보증금을 임대법인에게 지급하면서 정상적 회계처리를 하면 다음과 같다.

(차)	임차보증금	×××	(대)	현　금	×××

그런데 상기 사례에서는 차변에 계상한 임차보증금이 실제로는 존재하지 않으므로 대변 현금의 행방을 알 수 없다는 결론이 나온다. 따라서 상기와 같은 세무조정을 하게 되는 것이다.

제5절 손금과 손금불산입

분개법 손금의 세무조정

(1) 유상증자

Book	현 금	500,000,000 / 자본금	400,000,000
		잡이익(수익=익금)	100,000,000
	잡손실(비용=손금)	1,800,000 / 현 금	1,800,000
Tax	현 금	498,200,000 / 자본금	400,000,000
		주식발행초과금(순자산)	98,200,000
Adjustment	잡이익	100,000,000 / 주식발행초과금	98,200,000
		잡손실	1,800,000
Tax-Adj	익 금↓(순자산↓)	100,000,000 / 불입자본↑(순자산↑)	100,000,000
	불입자본↑(순자산↑)	1,800,000 / 손 금↓(순자산↑)	1,800,000

〈익금불산입〉 잡이익   100,000,000·기타(장부상 잡이익 100,000,000원 계상 결과 순자산 100,000,000원이 이미 증가하였음)
〈손금불산입〉 잡손실   1,800,000·기타(장부상 잡손실 1,800,000원 계상 결과 순자산 1,800,000원이 이미 감소하였음)

또는

	익 금↓(순자산↓)	100,000,000 / 불입자본↑(순자산↑)	98,200,000
		손 금↓(순자산↓)	1,800,000

〈익금불산입〉 98,200,000·기타(장부상 잡이익, 잡손실 계상 결과 순자산 98,200,000원이 이미 증가하여 세무상 적정함)

(2) 감가상각비

Book	감가상각비	350,000,000 / 감가상각누계액	350,000,000
Tax	감가상각범위액 :	390,000,000원(결산조정 사항임)
	감가상각비	350,000,000 / 감가상각누계액	350,000,000
Adjustment	없 음		
Tax-Adj	없 음		

〈세무조정 없음〉

(3) 임차보증금

Book	임차보증금	25,000,000 / 현 금	25,000,000
Tax	유출잉여금(to ?)	25,000,000 / 현 금	25,000,000
Adjustment	유출잉여금	25,000,000 / 임차보증금	25,000,000
Tax-Adj	유출잉여금↓(순자산↓)	25,000,000 / 자 산↓(순자산↓)	25,000,000

〈익금산입〉 임차보증금   25,000,000·대표자상여
〈익금불산입〉 임차보증금   25,000,000·△유보

조세법령 확인을 통해 기본개념 익히기

※ 다음 법인세 관련 조세법령의 빈 칸을 채우시오.

1. 법인세법 제19조 【손금의 범위】

   ① 손금은 자본 또는 출자의 □□, 잉여금의 □□ 및 이 법에서 규정하는 것은 제외하고 해당 법인의 순자산을 □□시키는 거래로 인하여 발생하는 □□ 또는 □□[이하 "손비"(損費)라 한다]의 금액으로 한다.
   ② 손비는 이 법 및 다른 법률에서 달리 정하고 있는 것을 제외하고는 그 법인의 사업과 □□하여 발생하거나 지출된 손실 또는 비용으로서 일반적으로 인정되는 □□적인 것이거나 수익과 □□ 관련된 것으로 한다.
   ③ 「조세특례제한법」 제100조의 18 제1항에 따라 배분받은 □□□은 손금으로 본다.
   ④ 손비의 범위 및 구분 등에 필요한 사항은 대통령령으로 정한다.

   해설과 해답
   ① 환급, 처분, 감소, 손실, 비용
   ② 관련, 통상, 직접
   ③ 결손금

2. 법인세법 시행령 제19조 【손비의 범위】

법 제19조 제1항에 따른 손실 또는 비용[이하 "손비"(損費)라 한다]은 법 및 이 영에서 달리 정하는 것을 제외하고는 다음 각 호의 것을 포함한다.

1. 판매한 상품 또는 제품에 대한 원료의 □□가액(기업회계기준에 따른 매입에누리금액 및 매입할인금액을 제외한다)과 그 □□비용
1의 2. 판매한 상품 또는 제품의 보관료, 포장비, 운반비, 판매장려금 및 판매수당 등 판매와 관련된 부대비용(판매장려금 및 판매수당의 경우 □□□□ 없이 지급하는 경우를 포함한다)
2. 양도한 자산의 양도당시의 □□가액
3. 인건비[내국법인{「조세특례제한법 시행령」 제2조에 따른 중소기업(이하 "중소기업"이라 한다) 및 같은 영 제4조제1항에 따른 중견기업으로 한정한다. 이하 이 호에서 같다}이 발행주식총수 또는 출자지분의 100분의 100을 직접 또는 간접 출자한 해외현지법인에 파견된 임원 또는 직원의 인건비(해당 내국법인이 지급한 인건비가 해당 내국법인 및 해외출자법인이 지급한 인건비 합계의 100분의 50 미만인 경우로 한정한다)를 포함한다]
4. 유형자산의 □□비
5. 유형자산 및 무형자산에 대한 감가상각비
5의 2. 특수관계인으로부터 자산 양수를 하면서 기업회계기준에 따라 장부에 계상한 자산의 가액이 시가에 □□하는 경우 다음 각 목의 금액에 대하여 제24조부터 제26조까지, 제26조의 2, 제26조의 3, 제27조부터 제29조까지, 제29조의 2 및 제30조부터 제34조까지의 규정을 준용하여 계산한 감가상각비 □□액 (2019. 2. 12. 개정)
  가. 실제 취득가액이 시가를 □□하는 경우에는 시가와 장부에 계상한 가액과의 차이
  나. 실제 취득가액이 시가에 □□하는 경우에는 실제 취득가액과 장부에 계상한 가액과의 차이
6. 자산의 □□료
7. 차입금이자
8. 회수할 수 없는 부가가치세 □□□□미수금(「부가가치세법」 제45조에 따라 □□□□□□를 받지 아니한 것에 한정한다)
9. 자산의 □□차손
10. 제세공과금(법 제57조제1항에 따른 세액공제를 적용하지 않는 경우의 외국법인세액을 포함한다)
11. 영업자가 조직한 단체로서 법인이거나 주무관청에 등록된 조합 또는 협회에 지급한 회비
12. 광업의 탐광비(탐광을 위한 개발비를 포함한다)
13. 보건복지부장관이 정하는 무료진료권 또는 새마을진료권에 의하여 행한 무료진료의 가액
13의 2. 「식품등 기부 활성화에 관한 법률」 제2조 제1호 및 제1호의 2에 따른 식품 및 생활용품(이하 이 호에서 "식품등"이라 한다)의 제조업·도매업 또는 소매업을 영위하는 내국법인이 해당 사업에서 발생한 잉여 식품등을 같은 법 제2조 제4호에 따른 제공자 또는 제공자가 지정하는 자에게 무상으로 기증하는 경우 기증한 잉여 식품등의 □□가액(이 경우 그 금액은 법 제24조 제1항에 따른 기부금에 포함하지 아니한다)
14. 업무와 관련있는 해외시찰·훈련비
15. 다음 각 목의 어느 하나에 해당하는 운영비 또는 수당
  가. 「초·중등교육법」에 설치된 근로청소년을 위한 특별학급 또는 산업체부설중·고등학교의 운영비
  나. 「산업교육진흥 및 산학연협력촉진에 관한 법률」 제8조의 규정에 따라 교육기관이 당해 법인과의 계약에 의하여 채용을 조건으로 설치·운영하는 직업교육훈련과정·학과 등의 운영비
  다. 「직업교육훈련 촉진법」 제7조의 규정에 따른 현장실습에 참여하는 학생들에게 지급하는 수당
  라. 「고등교육법」 제22조의 규정에 따른 현장실습수업에 참여하는 학생들에게 지급하는 수당
16. 「근로복지기본법」에 따른 우리사주조합(이하 "우리사주조합"이라 한다)에 출연하는 자사주의 □□가액 또는 금품

17. 장식·환경미화 등의 목적으로 사무실·복도 등 여러 사람이 볼 수 있는 공간에 항상 전시하는 미술품의 취득가액을 그 취득한 날이 속하는 사업연도의 손비로 계상한 경우에는 그 취득가액(취득가액이 거래단위별로 □천만원 이하인 것으로 한정한다)

18. 광고선전 목적으로 기증한 물품의 구입비용[특정인에게 기증한 물품(개당 3만원 이하의 물품은 제외한다)의 경우에는 연간 □만원 이내의 금액에 한정한다]

19. 임직원이 다음 각 목의 어느 하나에 해당하는 주식매수선택권 또는 주식이나 주식가치에 상당하는 금전으로 지급받는 □□□으로서 기획재정부령으로 정하는 것(이하 "주식기준보상"이라 한다)을 행사하거나 지급받는 경우 해당 주식매수선택권 또는 주식기준보상(이하 "주식매수선택권등"이라 한다)을 부여하거나 지급한 법인에 그 □□ 또는 □□비용으로서 보전하는 금액

　가. 「금융지주회사법」에 따른 금융지주회사로부터 부여받거나 지급받은 주식매수선택권등(주식매수선택권은 「상법」제542조의 3에 따라 부여받은 경우만 해당한다)

　나. 기획재정부령으로 정하는 해외모법인으로부터 부여받거나 지급받은 주식매수선택권등으로서 기획재정부령으로 정하는 것

19의 2. 「상법」제340조의 2, 「벤처기업육성에 관한 특별조치법」제16조의 3 또는 「소재·부품전문기업 등의 육성에 관한 특별조치법」제15조에 따른 주식매수선택권 또는 금전을 부여받거나 지급받은 자에 대한 다음 각 목의 금액. 다만, 해당 법인의 발행주식총수의 100분의 □□ 범위에서 부여하거나 지급한 경우로 한정한다.

　가. 주식매수선택권을 부여받은 경우로서 다음의 어느 하나에 해당하는 경우 해당 금액

　　1) 약정된 주식매수시기에 약정된 주식의 매수가액과 시가의 차액을 □□ 또는 해당 법인의 □□으로 지급하는 경우의 해당 금액

　　2) 약정된 주식매수시기에 주식매수선택권 행사에 따라 주식을 □□보다 낮게 발행하는 경우 그 주식의 실제 매수가액과 시가의 차액

　나. 주식기준보상으로 금전을 지급하는 경우 해당 금액

20. 「중소기업기본법」제2조 제1항에 따른 중소기업 및 「조세특례제한법 시행령」제4조 제1항에 따른 중견기업이 「중소기업 인력지원 특별법」제35조의 3 제1항 제1호에 따라 부담하는 □□□

21. 임원 또는 직원(제43조 제7항에 따른 지배주주등인 자는 제외한다)의 사망 이후 유족에게 학자금 등으로 □□적으로 지급하는 금액으로서 기획재정부령으로 정하는 요건을 충족하는 것

22. 다음 각 목의 기금에 출연하는 금품 (2021. 2. 17. 신설)

　가. 해당 내국법인이 설립한 「근로복지기본법」제50조에 따른 사내근로복지기금

　나. 해당 내국법인과 다른 내국법인 간에 공동으로 설립한 「근로복지기본법」제86조의 2에 따른 공동근로복지기금

　다. 해당 내국법인의 「조세특례제한법」제8조의 3 제1항 제1호에 따른 협력중소기업이 설립한 「근로복지기본법」제50조에 따른 사내근로복지기금

　라. 해당 내국법인의 「조세특례제한법」제8조의 3 제1항 제1호에 따른 협력중소기업 간에 공동으로 설립한 「근로복지기본법」제86조의 2에 따른 공동근로복지기금

23. 보험회사가 「보험업법」제120조에 따라 적립한 책임준비금의 증가액(할인율의 변동에 따른 책임준비금 평가액의 증가분은 제외한다)으로서 보험감독회계기준에 따라 비용으로 계상된 금액

23의 2. 「주택도시기금법」에 따른 주택도시보증공사가 같은 법 시행령 제24조에 따라 적립한 책임준비금의 증가액(할인율의 변동에 따른 책임준비금 평가액의 증가분은 제외한다)으로서 보험감독회계기준에 따라 비용으로 계상된 금액

24. 그 밖의 손비로서 그 법인에 귀속되었거나 귀속될 금액

> 해설과 해답

매입, 부대, 사전약정, 장부, 수선, 미달, 상당, 초과, 미달, 임차, 매출세액, 대손세액공제, 평가, 장부, 장부, 1, 5, 상여금, 행사, 지급, 10, 금전, 주식, 시가, 기여금, 일시

제5절 손금과 손금불산입

3. 법인세법 제20조【자본거래 등으로 인한 손비의 손금불산입】

다음 각 호의 금액은 내국법인의 각 사업연도의 소득금액을 계산할 때 손금에 산입하지 아니한다.
1. 결산을 확정할 때 □□□의 처분을 손비로 계상한 금액
2. 주식□□□□□:「상법」제417조에 따라 액면미달의 가액으로 신주를 발행하는 경우 그 미달하는 금액과 □□□□□의 합계액

> **해설과 해답**
> 잉여금, 할인발행차금, 신주발행비

4. 법인세법 제27조【업무와 관련 없는 비용의 손금불산입】

내국법인이 지출한 비용 중 다음 각 호의 금액은 각 사업연도의 소득금액을 계산할 때 손금에 산입하지 아니한다.
1. 해당 법인의 업무와 □□ 관련이 없다고 인정되는 □□으로서 대통령령으로 정하는 자산을 □□·□□함으로써 생기는 비용 등 대통령령으로 정하는 금액
2. 제1호 외에 해당 법인의 업무와 직접 관련이 없다고 □□되는 □□금액으로서 대통령령으로 정하는 금액

> **해설과 해답**
> 직접, 자산, 취득, 관리, 인정, 지출

5. 법인세법 시행령 제49조 【업무와 관련이 없는 자산의 범위 등】

① 법 제27조 제1호에서 "대통령령으로 정하는 자산"이란 다음 각호의 자산을 말한다.
  1. 다음 각목의 1에 해당하는 □□□. 다만, 법령에 의하여 사용이 금지되거나 제한된 부동산,「자산유동화에 관한 법률」에 의한 유동화전문회사가 동법 제3조의 규정에 의하여 등록한 자산유동화계획에 따라 양도하는 부동산 등 기획재정부령이 정하는 부득이한 사유가 있는 부동산을 제외한다.
    가. 법인의 업무에 □□ 사용하지 아니하는 부동산. 다만, 기획재정부령이 정하는 기간(이하 이 조에서 "유예기간"이라 한다)이 경과하기 전까지의 기간 중에 있는 부동산을 제외한다.
    나. 유예기간 중에 당해 법인의 업무에 직접 사용하지 아니하고 □□하는 부동산. 다만, 기획재정부령이 정하는 부동산매매업을 □□으로 영위하는 법인의 경우를 제외한다.
  2. 다음 각목의 1에 해당하는 □□
    가. 서화 및 골동품. 다만, 장식·□□□□ 등의 목적으로 사무실·복도 등 여러 사람이 볼 수 있는 공간에 □□ 비치하는 것을 제외한다.
    나. 업무에 □□ 사용하지 아니하는 자동차·선박 및 항공기. 다만, □□권의 실행 기타 채권을 변제받기 위하여 취득한 선박으로서 □년이 경과되지 아니한 선박 등 기획재정부령이 정하는 부득이한 사유가 있는 자동차·선박 및 항공기를 제외한다.
    다. 기타 가목 및 나목의 자산과 유사한 자산으로서 당해 법인의 업무에 직접 사용하지 아니하는 자산
② 제1항 제1호의 규정에 해당하는 부동산인지 여부의 판정 등에 관하여 필요한 사항은 기획재정부령으로 정한다.
③ 법 제27조 제1호에서 "대통령령으로 정하는 금액"이란 제1항 각호의 자산을 □□·□□함으로써 생기는 비용, □□비, □□비 및 이와 관련되는 비용을 말한다.

해설과 해답

① 부동산, 직접, 양도, 주업, 동산, 환경미화, 상시, 직접, 저당, 3.
③ 취득, 관리, 유지, 수선

6. 법인세법 시행령 제50조 【업무와 관련이 없는 지출】

① 법 제27조 제2호에서 "대통령령으로 정하는 금액"이란 다음 각 호의 어느 하나에 해당하는 지출금액을 말한다.
　1. 해당 법인이 직접 사용하지 아니하고 □□ 사람(주주등이 아닌 임원과 소액주주등인 임원 및 직원은 □□한다)이 주로 사용하고 있는 장소·건축물·물건 등의 유지비·관리비·사용료와 이와 관련되는 지출금. 다만, 법인이 「대·중소기업 상생협력 촉진에 관한 법률」 제35조에 따른 사업을 중소기업(제조업을 영위하는 자에 한한다)에 이양하기 위하여 무상으로 해당 중소기업에 대여하는 생산설비와 관련된 지출금 등은 □□한다.
　2. 해당 법인의 주주등(소액주주등은 □□한다)이거나 출연자인 임원 또는 그 친족이 사용하고 있는 □□의 유지비·관리비·사용료와 이와 관련되는 지출금
　3. 제49조 제1항 각 호의 어느 하나에 해당하는 자산을 취득하기 위하여 지출한 자금의 □□과 관련되는 비용
　4. 해당 법인이 공여한 「형법」 또는 「국제상거래에 있어서 외국공무원에 대한 뇌물방지법」에 따른 □□에 해당하는 금전 및 금전 외의 자산과 경제적 이익의 합계액
　5. 「노동조합 및 노동관계조정법」 제24조 제2항 및 제4항을 □□하여 지급하는 급여

② 제1항 제1호 및 제2호에서 "소액주주등"이란 발행주식□□ 또는 출자□□의 100분의 □에 □□하는 주식등을 소유한 주주등(해당 법인의 국가, 지방자치단체가 아닌 지배주주등의 □□관계인인 자는 제외하며, 이하 "소액주주등"이라 한다)을 말한다.

③ 법 제19조의 2 제2항 각 호의 어느 하나에 해당하는 채권의 □□손실은 손금에 산입하지 않는다.

해설과 해답
① 다른, 제외, 제외, 제외, 사택, 차입, 뇌물, 위반
② 총수, 총액, 1, 미달, 특수
③ 처분

7. 법인세법 제27조의 2 【업무용 승용차 관련비용의 손금불산입 등 특례】

① 「개별소비세법」 제1조 제2항 제3호에 해당하는 승용자동차(운수업, 자동차판매업 등에서 사업에 직접 사용하는 승용자동차로서 대통령령으로 정하는 것과 연구개발을 목적으로 사용하는 승용자동차로서 대통령령으로 정하는 것은 □□하며, 이하 이 조 및 제74조의 2에서 "업무용승용차"라 한다)에 대한 □□□□는 각 사업연도의 소득금액을 계산할 때 대통령령으로 정하는 바에 따라 손금에 산입하여야 한다.

② 내국법인이 업무용승용차를 취득하거나 임차함에 따라 해당 사업연도에 발생하는 감가상각비, 임차료, 유류비 등 대통령령으로 정하는 비용(이하 이 조 및 제74조의 2에서 "업무용승용차 관련비용"이라 한다) 중 대통령령으로 정하는 업무용 사용금액(이하 이 조에서 "업무사용금액"이라 한다)에 해당하지 아니하는 금액은 해당 사업연도의 소득금액을 계산할 때 손금에 산입하지 □□한다.

③ 제2항을 적용할 때 업무사용금액 중 다음 각 호의 구분에 해당하는 비용이 해당 사업연도에 각각 □□□만원(해당 사업연도가 1년 미만인 경우 800만원에 해당 사업연도의 월수를 곱하고 이를 12로 나누어 산출한 금액을 말하고, 사업연도 중 일부 기간 동안 보유하거나 임차한 경우에는 800만원에 해당 보유기간 또는 임차기간 월수를 곱하고 이를 사업연도 월수로 나누어 산출한 금액을 말한다)을 초과하는 경우 그 초과하는 금액(이하 이 조 및 제74조의 2에서 "감가상각비 한도초과액"이라 한다)은 해당 사업연도의 손금에 산입하지 아니하고 대통령령으로 정하는 방법에 따라 이월하여 손금에 산입한다.
  1. 업무용승용차별 감가상각비
  2. 업무용승용차별 □□□ 중 대통령령으로 정하는 감가상각비 상당액

④ 업무용승용차를 처분하여 발생하는 손실로서 업무용승용차별로 □□□만원(해당 사업연도가 1년 미만인 경우 800만원에 해당 사업연도의 월수를 곱하고 이를 12로 나누어 산출한 금액을 말한다)을 초과하는 금액은 대통령령으로 정하는 방법에 따라 이월하여 손금에 산입한다.

⑤ 제3항과 제4항을 적용할 때 부동산임대업을 주된 사업으로 하는 등 대통령령으로 정하는 요건에 해당하는 내국법인의 경우에는 "800만원"을 각각 "□□□만원"으로 한다.

⑥ 제1항부터 제5항까지에 따라 업무용승용차 관련비용 등을 손금에 산입한 법인은 대통령령으로 정하는 바에 따라 업무용승용차 관련비용 등에 관한 명세서를 납세지 관할 세무서장에게 제출하여야 한다.

⑦ 업무사용금액의 계산방법, 감가상각비 한도초과액의 계산 및 이월방법과 그 밖에 필요한 사항은 대통령령으로 정한다.

해설과 해답

① 제외, 감가상각비
② 아니
③ 800, 임차료
④ 800
⑤ 400

제5절 손금과 손금불산입

8. **법인세법 시행령 제46조 【여비 등의 손금불산입】**

    법인이 □□ 또는 □□이 아닌 지배주주등(제43조 제8항에 따른 특수관계에 있는 자를 포함한다)에게 지급한 여비 또는 교육훈련비는 해당 사업연도의 소득금액을 계산할 때 손금에 산입하지 아니한다.

    > **해설과 해답**
    > 임원, 직원

9. **법인세법 시행령 제48조 【공동경비의 손금불산입】**

    ① 법인이 해당 법인 외의 자와 동일한 조직 또는 사업 등을 공동으로 운영하거나 영위함에 따라 발생되거나 지출된 손비 중 다음 각 호의 기준에 따른 분담금액을 □□하는 금액은 해당 법인의 소득금액을 계산할 때 손금에 산입하지 아니한다.
    1. □□에 의하여 특정사업을 공동으로 영위하는 경우에는 출자총액 중 당해 법인이 출자한 금액의 비율
    2. 제1호 외의 경우로서 해당 조직·사업 등에 관련되는 모든 법인 등(이하 이 항에서 "비출자공동사업자"라 한다)이 지출하는 비용에 대하여는 다음 각 목에 따른 기준
        가. 비출자공동사업자 사이에 제2조 제8항 각 호의 어느 하나의 관계가 있는 경우: 직전 사업연도 또는 해당 사업연도의 □□□ 총액과 □□□가액(한 공동사업자가 다른 공동사업자의 지분을 보유하고 있는 경우 그 주식의 □□가액은 제외한다. 이하 이 호에서 같다) 총액 중 법인이 □□하는 금액(선택하지 아니한 경우에는 □□ 사업연도의 매출액 총액을 선택한 것으로 보며, 선택한 사업연도부터 연속하여 □개 사업연도 동안 적용하여야 한다)에서 해당 법인의 매출액(총자산가액 총액을 선택한 경우에는 총자산가액을 말한다)이 차지하는 비율. 다만, 공동행사비 및 공동구매비 등 기획재정부령으로 정하는 손비에 대하여는 □□□□수·□□금액 등 기획재정부령으로 정하는 기준에 따를 수 있다.
        나. 가목 외의 경우: 비출자공동사업자 사이의 □□에 따른 분담비율. 다만, 해당 비율이 없는 경우에는 가목의 비율에 따른다.
    ② 제1항의 규정을 적용함에 있어서 매출액의 범위 등 분담금액의 계산에 관하여 필요한 사항은 기획재정부령으로 정한다.

    > **해설과 해답**
    > ① 초과, 출자, 매출액, 총자산, 장부, 선택, 직전, 5, 참석인원, 구매, 약정

01 법인세법상 손금에 대한 설명으로 옳지 않은 것은? (다툼이 있는 경우 판례에 의함) [국가직 7급 2015]

① 법인이 사업과 관련하여 지출한 비용이 법인세법상 손금으로 인정되기 위해서는, 법인세법과 다른 법률에서 달리 정하고 있지 않는 한, 그 지출이 사업과 관련된 것만으로는 부족하고 그 외에 비용지출이 일반적으로 인정되는 통상적인 것이거나 수익과 직접 관련된 것이어야 한다.
② 위법소득을 얻기 위하여 지출한 비용이나 지출 자체에 위법성이 있는 비용도 그 지출의 손금산입이 사회질서에 심히 반하는 등 특별한 사정이 존재하지 않는 한 손금으로 산입할 수 있다.
③ 손금의 요건으로서 '일반적으로 인정되는 통상적인 비용'이라 함은 납세의무자와 같은 종류의 사업을 영위하는 다른 법인도 동일한 상황 아래에서는 지출하였을 것으로 인정되는 비용을 의미한다.
④ 법령에서 달리 정하지 않는 한, 제품판매와 관련한 판매장려금 및 판매수당 등 판매와 관련된 부대비용이 손금으로 인정되기 위해서는 사전약정하에 비용지출이 이루어져야 한다.

> **해설** 판매장려금 및 판매수당의 경우 사전약정 없이 지급하는 경우도 손금으로 본다.

해답 ④

02 법인세법령상 내국법인의 각 사업연도 소득금액을 계산할 때 손금에 산입하지 않는 것은? [국가직 7급 2023]

①「상법」제417조에 따라 주식을 액면미달의 가액으로 신주를 발행하는 경우 그 미달하는 금액과 신주발행비의 합계액
② 회수할 수 없는 부가가치세 매출세액미수금(「부가가치세법」제45조에 따라 대손세액공제를 받지 아니한 것에 한정한다)
③ 영업자가 조직한 단체로서 법인이거나 주무관청에 등록된 조합 또는 협회에 지급한 일반회비
④ 우리사주조합에 출연하는 자사주의 장부가액 또는 금품

> **해설** 주식을 액면미달의 가액으로 신주를 발행하는 경우 그 미달하는 금액과 신주발행비의 합계액은 손금불산입 항목이다.

해답 ①

제5절 손금과 손금불산입

03 법인세법상 손금에 관한 설명으로 옳은 것을 모두 고른 것은? [세무사 2016]

ㄱ. 「채무자 회생 및 파산에 관한 법률」에 따른 회생계획인가의 결정에 따라 회수불능으로 확정된 채권은 당해 채권을 손금으로 계상한 날이 속하는 사업연도의 손금으로 한다.
ㄴ. 내국법인이 임원 및 직원에게 지급하는 성과배분상여금은 잉여금의 처분을 손비로 계상한 것이라도 각 사업연도의 소득금액을 계산할 때 손금에 산입한다.
ㄷ. 회수할 수 없는 부가가치세 매출세액 미수금으로서 「부가가치세법」에 따라 대손세액공제를 받지 아니한 것은 손금에 해당한다.
ㄹ. 내국법인이 해당 법인 이외의 자와 출자에 의하여 특정사업을 공동으로 영위함에 따라 발생된 손비에 대한 분담금액은 출자총액 중 당해 법인이 출자한 금액의 비율에 우선하여 당해 공동사업자 사이의 약정에 따른 분담비율을 기준으로 정한다.

① ㄷ   ② ㄴ, ㄷ   ③ ㄷ, ㄹ
④ ㄱ, ㄴ, ㄹ   ⑤ ㄱ, ㄷ, ㄹ

해설
ㄱ. 「채무자 회생 및 파산에 관한 법률」에 따른 회생계획인가의 결정에 따라 회수불능으로 확정된 채권은 신고조정 사항이다.
ㄴ. 잉여금의 처분을 손비로 계상한 성과배분상여금은 손금에 산입하지 않는다.
ㄹ. 내국법인이 해당 법인 이외의 자와 출자에 의하여 특정사업을 공동으로 영위함에 따라 발생된 손비에 대한 분담금액은 출자총액 중 당해 법인이 출자한 금액의 비율에 따른다.

해답 ①

4 법인세법상 특수관계인이 아니고 출자에 의해 공동사업을 영위하지 않는 ㈜갑과 ㈜을은 공동으로 사업개발비 100,000,000원을 부담하였고, 이에 대해 회계기준에 따라 적정하게 회계처리하였다. ㈜갑과 ㈜을의 세무조정 및 소득처분으로 옳은 것은? [회계사 2012]

구 분	실제분담액	전기매출액	당기매출액	당기자본총액	약정분담비율
㈜갑	51,000,000원	100,000,000원	300,000,000원	50,000,000원	40%
㈜을	49,000,000원	400,000,000원	500,000,000원	50,000,000원	60%
합 계	100,000,000원	500,000,000원	800,000,000원	100,000,000원	100%

	㈜갑	㈜을
①	〈손금불산입〉 1,000,000원(기타사외유출)	세무조정 없음
②	〈손금불산입〉 11,000,000원(기타사외유출)	세무조정 없음
③	〈손금불산입〉 13,500,000원(유보)	〈손금산입〉 13,500,000원(△유보)
④	〈손금불산입〉 31,000,000원(유보)	〈손금산입〉 31,000,000원(△유보)
⑤	세무조정 없음	세무조정 없음

해설 법인세법상 특수관계인이 아니고 출자에 의한 공동사업이 아니므로 약정분담비율에 따라 공동경비를 부담한다.

1. ㈜갑
   51,000,000원 − 100,000,000원 × 40% = 11,000,000원
   〈손금불산입〉 공동경비 초과부담분 11,000,000원(기타사외유출)

2. ㈜을
   49,000,000원 − 100,000,000원 × 60% = △11,000,000원
   세무조정 없음

해답 ②

제5절 손금과 손금불산입

05 다음은 제조업을 영위하는 내국법인 ㈜A의 제24기 사업연도(2025.1.1.~12.31.)의 업무용 승용차 관련 내용이다. ㈜A의 업무용 승용차 관련비용 중 손금불산입금액은? [국가직 7급 2018]

(1) 2024년 12월 10일 대표이사 업무용승용차(배기량 3천cc, 5인승)를 100,000,000원에 구입함
(2) 해당 업무용승용차 관련비용으로 손금산입하거나 지출한 항목은 아래와 같음
  - 업무전용자동차보험료: 1,000,000원
  - 유류비: 20,000,000원
  - 자동차세: 1,500,000원
  - 감가상각비: 20,000,000원
(3) 차량운행기록부 내역 중 업무사용비율은 90%로 확인됨
(4) 그 외 업무용승용차는 없고, 해당 업무용승용차는 취득 이후 업무전용자동차보험에 가입되어 있으며 위 비용 이외에 업무용승용차 관련비용은 없음

① 4,250,000원
② 10,000,000원
③ 14,250,000원
④ 28,250,000원

해설

1. 감가상각의제
   (1) 회사계상액 : 20,000,000원
   (2) 상각범위액 : 100,000,000원×0.2(정액법, 5년)=20,000,000원
   (3) 한도초과액 : 없음

2. 업무용 승용차 유지관리비
   (1) 유지관리비 : 1,000,000원+20,000,000원+1,500,000원+20,000,000원=42,500,000원
   (2) 업무사용금액 : 42,500,000원×90%(업무사용비율)=38,250,000원
   (3) 업무외 사용금액 : 42,500,000원-38,250,000원=4,250,000원

3. 감가상각비 한도초과액 : 20,000,000원×90%(업무사용비율)-8,000,000원=10,000,000원

4. 업무용 승용차 관련비용 손금불산입액 : 4,250,000원+10,000,000원=14,250,000원

 ③

06 ㈜A는 제조업을 영위하는 영리내국법인이다. ㈜A의 제24기 사업연도(2025.1.1.~12.31.)의 임원전용 업무용승용차 관련 자료가 다음과 같을 경우 손금불산입금액은? (단, 주어진 자료 이외에는 고려하지 않음) [세무사 2022]

(1) ㈜A는 업무전용 자동차보험에 가입하였고 업무용승용차 운행기록부를 작성·비치하고 있으며, 제24기 사업연도의 상시근로자 수는 10인이다.
(2) ㈜A는 리스회사인 ㈜B에서 제24기 초에 운용리스(리스기간 3년)로 임원전용 업무용승용차를 임차하였다.
(3) 제24기 사업연도에 발생한 업무용승용차 관련비용은 다음과 같다.

구 분	손익계산서에 계상한 비용
리스료	30,000,000원
(상기 리스료에 포함되어 있는 항목)	
－ 자동차보험료	3,000,000원
－ 자동차세	2,000,000원
－ 수선유지비	1,750,000원
기타 유지비	3,000,000원

(4) 제24기 사업연도 운행기록 : 총 주행거리 20,000km, 업무용 사용거리 15,000km

① 8,250,000원　　② 10,750,000원　　③ 17,687,500원
④ 18,750,000원　　⑤ 24,750,000원

 1. 업무용 승용차 유지관리비
(1) 유지관리비 : 30,000,000원+3,000,000원=33,000,000원
(2) 업무사용금액 : 33,000,000원×75%*(업무사용비율)=24,750,000원
　* 업무사용비율= $\frac{15,000km}{20,000km}$ =75%
(3) 업무외 사용금액 : 33,000,000원-24,750,000원=8,250,000원

3. 감가상각비 한도초과액 : [30,000,000원-3,000,000원(보험료)-2,000,000원(자동차세)-1,750,000원(수선유지비)]×75%(업무사용비율)-8,000,000원=9,437,500원

4. 업무용 승용차 관련비용 손금불산입액 : 8,250,000원+9,437,500원=17,687,500원

 ③

제6절 인건비

- I. 인건비의 의의
- II. 인건비의 항목별 내용

I. 인건비의 의의

1 인건비의 개념

인건비란 법인이 임원과 직원에게 근로를 제공받는 대가로 지급하는 금액을 말하며, 이러한 인건비는 급여·상여금·퇴직급여·복리후생비 등으로 구분된다.

2 유의사항

인건비는 업무와 관련된 손비이고, 해당 인건비의 지출은 법인의 순자산을 감소시키므로 손금으로 인정되는 것이 원칙이나, 이익처분에 의하여 지급되는 상여금과 일정한 인건비(주로 임원과 관련된 금액임)는 손금으로 인정되지 않고 있다.

II. 인건비의 항목별 내용

1 급여(임금·급료·보수·수당 등)

(1) 원 칙

임원이나 직원에게 지급하는 급여는 손금항목에 해당한다.

(2) 예 외

그러나 다음에 해당하는 것은 손금불산입한다(법령 43①, ③, ④).

① 비상근임원(예 : 사외이사)에게 지급하는 보수 중 부당행위계산부인에 해당하는 것
② 합명회사·합자회사의 노무출자사원에게 지급하는 보수. 이는 출자의 대가로서 이익처분을 통하여 지급하여야 하므로, 현행 법인세법에서는 이를 손금불산입항목으로 규정하고 있다. 그러나 합명회사·합자회사의 신용출자사원이 출자와는 별도로 근로를 제공하고 해당 근로제공의 대가로 받는 보수는 손금으로 인정된다.
③ 내국법인이 지배주주 및 그와 특수관계에 있는 임원이나 직원(지배주주 등)에게 정당한 사유없이 동일 직위에 있는 지배주주 등 외의 임원이나 직원에게 지급하는 금액을 초과하여 지급한 경우 해당 초과금액

2 상여금

(1) 원 칙

임원이나 직원에게 지급하는 상여금은 손금항목에 해당하는 것을 원칙으로 한다.

(2) 예 외

다만, 임원상여금 중 **급여지급기준**을 초과하는 금액은 손금불산입한다.

여기서 급여지급기준을 초과하는 금액이란 정관·주주총회·사원총회 또는 이사회의 결의에 의하여 결정된 급여지급기준에 따라 지급하는 금액을 초과하여 지급하는 경우 해당 초과금액을 말한다(법령 43②).

한편, 법인에 임원 상여금에 대한 급여지급기준의 규정이 없는 경우에는 임원상여금 전액이 손금불산입되는 것임에 유의하여야 한다.

3 퇴직급여

(1) 퇴직급여의 처리

1) 원 칙

임원이나 직원이 현실적으로 퇴직하는 경우에 지급하는 퇴직급여(근로자퇴직급여보장법에 따른 퇴직급여 및 퇴직연금을 말함)는 손금항목으로 하는 것을 원칙으로 한다.

2) 예 외

다만, 임원퇴직급여는 일정 한도내 금액까지 손금에 산입하며, 한도초과액은 손금불산입한다.

(2) 임원퇴직급여 한도액

1) 퇴직급여지급규정이 있는 경우

법인에 정관 또는 정관에서 위임된 퇴직급여지급규정이 있는 경우에는 해당 정관 등에 정해진 금액을 임원퇴직급여 한도액으로 한다(법령 44④1호).

2) 퇴직급여지급규정이 없는 경우

그러나 만일 법인에 퇴직급여지급규정이 없는 경우에는 다음 산식에 의한 금액을 임원퇴직급여 한도액으로 한다.

$$\text{임원퇴직급여 한도액} = \text{퇴직 직전 1년간 총급여액} \times \frac{1}{10} \times \text{근속연수}$$

① 퇴직 직전 1년간 총급여액

퇴직 직전 1년간 총급여액의 범위를 살펴보면 다음과 같다.

총급여액에 포함되는 것	총급여액에 포함되지 않는 것
㉠ 근로의 제공으로 인하여 받는 봉급·급료·상여·수당 등의 급여	㉠ 법인세법에 따라 상여로 처분된 금액(인정상여)
	㉡ 퇴직함으로써 받는 금액으로서 퇴직소득에 속하지 아니하는 소득
㉡ 법인의 주주총회·사원총회 등 의결기관의 결의에 의하여 상여로 받는 소득	㉢ 손금불산입되는 인건비
	㉣ 소득세법상 비과세 근로소득

② 근속연수

근속연수는 역(曆)에 따라 계산한다. 이 경우 1년 미만은 월수로 계산하되, 1개월 미만의 기간은 없는 것으로 본다(법칙 22).

한편, 해당 임원이 직원에서 임원으로 된 때에 퇴직급여를 지급하지 아니한 경우에는 직원으로 근무한 기간을 근속연수에 합산할 수 있다.

법인세법상 월수의 계산방법

구 분	내 용
현 황	법인세법은 원칙적으로 사업연도 월수를 12개월로 가정하여 제규정을 운용하고 있으며, 예외적으로 사업연도 월수가 12개월 미만인 경우의 월수계산방법을 다음과 같이 2가지의 유형으로 운용하고 있다.
종 류	① 유형① : 월수는 역(曆)에 따라 계산하되, 1개월 미만의 일수는 1월로 한다. ② 유형② : 1년 미만의 기간은 월수로 계산하되, 1개월 미만의 기간은 절사한다.
유형①	① 기업업무추진비 한도액 계산시 월수의 계산 ② 신규취득자산의 감가상각비 손금한도액 계산시 월수의 계산 ③ 사업연도가 1년 미만인 법인의 산출세액 계산시 월수의 계산
유형②	퇴직급여 지급규정이 없는 경우 법인세법상 임원퇴직급여 한도액 계산시 월수의 계산

구 분	내 용
대 상	연구및인력개발비세액공제 규정에서 초과발생액기준 적용시 월수의 계산
규 정	월수는 역(曆)에 따라 계산하되, 사업연도 개시일이 속하는 달이 1개월 미만인 경우에는 이를 1개월로 하고, 사업연도 종료일이 속하는 달이 1개월 미만인 경우에는 이를 산입하지 아니한다.

참고: 조세특례제한법상 월수의 계산방법

(3) 비현실적인 퇴직으로 인하여 지급한 퇴직급여

1) 개 요

법인세법상 손금에 산입되는 퇴직급여는 임원이나 직원이 현실적으로 퇴직함에 따라 지급하는 것만으로 한다.

만일 현실적인 퇴직이 아님에도 불구하고 법인이 퇴직급여를 지급하는 경우 해당 퇴직급여는 현실적으로 퇴직할 때까지 해당 임원이나 직원에 대한 업무무관가지급금으로 한다. 이러한 업무무관가지급금은 ① 지급이자 손금불산입규정과 ② 가지급금 인정이자규정을 적용받게 된다.

2) 사 례

① ㈜A는 상무이사인 甲氏가 주주총회에서 재신임을 받아 연임되었으나, 8천만원의 퇴직급여를 지급하고 비용처리를 한 경우 관련 세무조정을 하면 다음과 같다.

(차) 퇴 직 급 여   80,000,000   (대) 현   금   80,000,000

⇒ 〈손금불산입〉 업무무관가지급금   80,000,000 (유보)

분개법: 퇴직급여충당금 차감시

Book	퇴직급여충당금(부채)	80,000,000 / 현 금	80,000,000
Tax	업무무관가지급금(자산)	80,000,000 / 현 금	80,000,000
Adjustment	업무무관가지급금	80,000,000 / 퇴직급여충당금	80,000,000
Tax-Adj	자 산↑(순자산↑)	80,000,000 / 부 채↑(순자산↓)	80,000,000

〈익금산입〉 80,000,000·유보(업무무관가지급금)
〈손금산입〉 80,000,000·△유보(퇴직급여충당금)

(4) 현실적인 퇴직과 비현실적인 퇴직의 구분예

현행 세법상 현실적인 퇴직으로 보는 경우와 보지 않는 경우를 구분하여 보면 다음과 같다.

현실적 퇴직으로 보는 경우	현실적 퇴직으로 보지 않는 경우
① 법인의 직원이 임원으로 취임한 경우 ② 법인의 임직원이 조직변경·합병·분할 또는 사업양도에 의하여 퇴직한 경우 ③ 근로자퇴직급여보장법 제8조 제2항❶의 규정에 따라 퇴직급여를 중간정산하여 지급한 때 (중간정산시점부터 새로 근무연수를 기산하여 퇴직급여를 계산하는 경우에 한정함) ④ 정관이나 정관에서 위임된 퇴직급여지급규정에 따라 장기요양 등의 사유로 그 때까지의 퇴직급여를 중간정산하여 임원에게 지급한 때 (중간정산시점부터 새로 근무연수를 기산하여 퇴직급여를 계산하는 경우에 한정함)	① 임원이 연임된 경우 ② 법인의 대주주변동으로 인하여 계산의 편의 그 밖의 사유로 전 직원에게 퇴직금을 지급한 경우 ③ 외국법인의 국내지점 종업원이 본점으로 전출하는 경우 ④ 정부투자기관 등이 민영화됨에 따라 전종업원의 사표를 수리한 후 재채용한 경우 ⑤ 근로자퇴직급여보장법 제8조 제2항의 규정에 따라 퇴직급여을 중간정산하기로 하였으나 이를 실제로 지급하지 아니한 경우❷

 사용자는 근로자의 요구가 있는 경우에는 근로자가 퇴직하기 전에 해당 근로자가 계속 근로한 기간에 대한 퇴직급여를 미리 정산하여 지급할 수 있다. 이 경우 미리 정산하여 지급한 후의 퇴직급여 산정을 위한 계속근로연수는 정산시점부터 새로이 기산한다.

 다만, 확정된 중간정산 퇴직급여를 회사의 자금사정 등을 이유로 퇴직급여 전액을 일시에 지급하지 못하고 노사합의에 따라 일정기간 분할하여 지급하기로 한 경우에는 그 최초 지급일이 속하는 사업연도의 손금에 산입한다.

참고 법기통 26-44…1 [현실적인 퇴직의 범위]

① 다음 각호의 1에 해당하는 경우에는 현실적인 퇴직으로 한다.
  1. 법인의 직영차량 운전기사가 법인소속 지입차량의 운전기사로 전직하는 경우
  2. 법인의 임원 또는 직원이 사규에 의하여 정년퇴직을 한 후 다음날 동 법인의 별정직 사원(촉탁)으로 채용된 경우
  3. 합병으로 소멸하는 피합병법인의 임원이 퇴직급여지급규정에 따라 퇴직급여를 실제로 지급받고 합병법인의 임원이 된 경우
  4. 법인의 상근임원이 비상근임원으로 된 경우
② 다음 각호의 1에 해당하는 경우에는 현실적인 퇴직으로 보지 아니한다.
  1. 임원이 연임된 경우
  2. 법인의 대주주 변동으로 인하여 계산의 편의, 기타 사유로 전직원에게 퇴직급여를 지급한 경우
  3. 외국법인의 국내지점 종업원이 본점(본국)으로 전출하는 경우
  4. 정부투자기관 등이 민영화됨에 따라 전종업원의 사표를 일단 수리한 후 재채용한 경우
  5. 근로자퇴직급여 보장법제8조 제2항에 따라 퇴직급여를 중간정산하기로 하였으나 이를 실제로 지급하지 아니한 경우. 다만, 확정된 중간정산 퇴직급여를 회사의 자금사정 등을 이유로 퇴직급여 전액을 일시에 지급하지 못하고 노사합의에 따라 일정기간 분할하여 지급하기로 한 경우에는 그 최초 지급일이 속하는 사업연도의 손금에 산입한다.

참고 법기통 26-44…5 [연봉액에 포함된 퇴직금의 처리]

다음 각호의 요건을 모두 갖춘 연봉계약에 의하여 그 계약기간이 만료되는 시점에 퇴직급여를 지급한 경우에도 법인세법 시행령 제44조 제2항 제3호에 따른 현실적인 퇴직으로 본다. 다만, 퇴직급여를 연봉액에 포함하여 매월 분할지급하는 경우 매월 지급하는 퇴직급여상당액은 당해 직원에게 업무와 관련없이 지급한 가지급금으로 본다.
1. 불특정다수인에게 적용되는 퇴직급여지급규정에 사회통념상 타당하다고 인정되는 퇴직급여가 확정되어 있을 것
2. 연봉액에 포함된 퇴직급여의 액수가 명확히 구분되어 있을 것
3. 계약기간이 만료되는 시점에 퇴직급여를 중간정산받고자 하는 직원의 서면요구가 있을 것

4 복리후생비

(1) 개 요

법인세법에서는 법인이 임원과 직원(파견근로자보호 등에 법률 제2조에 따른 파견근로자 포함)을 위하여 지출한 복리후생비 중 다음에 해당하는 비용 외의 비용은 손금불산입하도록 규정하고 있다(법령 45①).

① 직장체육비
② 직장문화비
③ 직장회식비
④ 소득세법에 따른 우리사주조합의 운영비
⑤ 국민건강보험법 및 노인장기요양보험법에 따른 사용자부담 보험료 및 부담금
⑥ 영유아보육법에 따라 설치된 직장보육시설의 운영비
⑦ 고용보험법에 따른 사용자부담 고용보험료
⑧ 사회통념상 타당하다고 인정되는 범위내의 경조금 등 그 밖에 이와 유사한 복리후생비

(2) 유의사항

1) 사용자부담 보험료 및 부담금과 고용보험료

사용자부담 보험료 및 부담금과 고용보험료에 대한 법인세법과 소득세법의 입장은 다음과 같다.

① 법인세법 : 복리후생비로서 전액 손금으로 인정한다.
② 소득세법 : 복리후생비로서 전액 필요경비로 인정하고, 근로소득으로 과세하지 않는다(비과세근로소득).

2) 경조금

사회통념상 타당하다고 인정되는 범위내의 경조금에 대한 법인세법과 소득세법의 입장은 다음과 같다.

① 법인세법 : 복리후생비로서 전액 손금으로 인정한다.
② 소득세법 : 복리후생비로서 전액 필요경비로 인정하고, 근로소득으로 보지 않는다(과세 제외).

예제 6-1 인건비(Ⅰ)

다음은 상장법인인 ㈜A의 제10기 사업연도(1.1~12.31) 인건비 내역이다. 세무조정을 하시오.

1. ㈜A의 포괄손익계산서에 계상된 임원에 대한 급여 등의 내역은 다음과 같다.

구 분	급 여	상 여 금
대 표 이 사	72,000,000원	40,000,000원
전 무 이 사	48,000,000원	28,800,000원
상 무 이 사	36,000,000원	7,200,000원

2. 급여지급기준상 임원상여금은 급여의 50%이며, ㈜A는 창사 이래로 급여와 상여금을 매월 정액으로 지급하고 있다.

3. 직원의 급여 중에는 지배주주와 특수관계인인 영업사원이 동일 지위에 있는 직원들에게 지급하는 금액보다 더 지급받은 12,000,000원이 포함되어 있다.

4. 임원 중 상무이사가 해당 사업연도 중에 명예퇴직을 하였는데, 회사에서는 주주총회의 특별결의에 의하여 100,000,000원을 퇴직급여로 지급하였다. 상무이사는 4년 8개월 20일 근무하였으며 퇴직 직전 1년간 지급받은 급여총액은 80,000,000원(상여 20,000,000원 포함)이다. 한편, ㈜A는 퇴직급여지급규정이 제정되어 있지 아니하며 퇴직급여충당금도 설정하지 않고 있다.

해답

1. 임원상여금
   〈손금불산입〉임원상여금 한도초과(대표이사) 4,000,000 (상여)
   〈손금불산입〉임원상여금 한도초과(전무이사) 4,800,000 (상여)
   ※ 대표이사 : 40,000,000원 − 72,000,000원 × 50% = 4,000,000원
      전무이사 : 28,800,000원 − 48,000,000원 × 50% = 4,800,000원
      상무이사 : 7,200,000원 − 36,000,000원 × 50% = △10,800,000원

2. 지배주주인 임원 등에 대한 과다지급액
   〈손금불산입〉인건비 과다지급액   12,000,000 (상여)
   ※ 지배주주와 특수관계인 영업사원의 과다지급액은 손금불산입한다.

3. 상무이사의 퇴직급여
   퇴직급여지급규정이 없으므로 법인세법상의 한도액만 손금인정된다.
   ① 퇴직 직전 1년간 총급여액의 분석

구 분	총 액	해당 사업연도	직전 사업연도
급 여	60,000,000원	36,000,000원	24,000,000원
상 여	20,000,000원	7,200,000원	12,800,000원
계	80,000,000원	43,200,000원	36,800,000원

   따라서, 직전 사업연도에 지급한 상여금 중 손금불산입액은 다음과 같다.
   12,800,000원 − 24,000,000원 × 50% = 800,000원
   ② 퇴직급여 한도액
   $(80,000,000원 - 800,000원) \times 10\% \times 4\frac{8}{12} = 36,960,000원$
   ③ 퇴직급여 한도초과액
   100,000,000원 − 36,960,000원 = 63,040,000원
   ④ 세무조정
   〈손금불산입〉임원퇴직급여 한도초과액 63,040,000 (상여)

인건비(Ⅰ) 〔분개법〕

(1) 급여에 대한 세무조정

Book	급 여(비용=손금)	156,000,000	/ 현 금	156,000,000
Tax	급 여(손금)	156,000,000	/ 현 금	156,000,000
Adjustment	없 음			
Tax-Adj	없 음			

·〈세무조정 없음〉

(2) 임원상여금에 대한 세무조정

1) 대표이사

Book	상여금(비용=손금)	40,000,000	/ 현 금	40,000,000

Tax	상여금(손금) 유출잉여금	36,000,000* 4,000,000	/ 현 금	40,000,000
	* 72,000,000원 ×50%			
Adjustment Tax-Adj	유출잉여금 유출잉여금↓(순자산↓)	4,000,000 4,000,000	/ 상여금 / 손금↓(순자산↑)	4,000,000 4,000,000

〈손금불산입〉 상여금 4,000,000·상여(대표이사)

2) 전무이사

Book	상여금(비용=손금)	28,800,000	/ 현 금	28,800,000
Tax	상여금(손금) 유출잉여금	24,000,000* 4,800,000	/ 현 금	28,800,000
	* 48,000,000원 ×50%			
Adjustment Tax-Adj	유출잉여금 유출잉여금↓(순자산↓)	4,800,000 4,800,000	/ 상여금 / 손금↓(순자산↑)	4,800,000 4,800,000

〈손금불산입〉 상여금 4,800,000·상여(전무이사)

3) 상무이사

Book	상여금(비용=손금)	7,200,000	/ 현 금	7,200,000
Tax	상여금(손금)	7,200,000*	/ 현 금	7,200,000
	* 36,000,000원 ×50% = 18,000,000원 보다 적으므로 전액 손금인정함			
Adjustment Tax-Adj	없음 없음			

〈세무조정 없음〉

(3) 지배주주인 임원 등에 대한 과다지급액

Book	급여(비용=손금)	X	/ 현 금	X
Tax	급여(손금) 유출잉여금	X − 12,000,000 12,000,000	/ 현 금	X
Adjustment Tax-Adj	유출잉여금 유출잉여금↓(순자산↓)	12,000,000 12,000,000	/ 상여금 / 손금↓(순자산↑)	12,000,000 12,000,000

〈손금불산입〉 상여금 12,000,000·상여(지배주주와 특수관계인 영업사원)

(4) 상무이사의 퇴직급여

Book	퇴직급여(비용=손금)	100,000,000	/ 현 금	100,000,000
Tax	퇴직급여(손금) 유출잉여금	36,960,000* 63,040,000	/ 현 금	100,000,000
	* (80,000,000원 − 800,000원**) × 10% × 4(8/12) = 36,960,000원 ** 직전사업연도 상여금 12,800,000원 중 손금불산입된 금액 (= 12,800,000원 − 24,000,000원 ×50%)			

Adjustment	유출잉여금	63,040,000	/	퇴직급여	63,040,000
Tax-Adj	유출잉여금↓(순자산↓)	63,040,000	/	손금↓(순자산↑)	63,040,000

〈손금불산입〉 퇴직급여 63,040,000 · 상여(상무이사)

 **6-2 인건비(Ⅱ)**

다음 자료에 의하여 ㈜A(사업연도 : 매년 1월 1일부터 12월 31일까지)의 인건비 관련 세무조정을 하시오.

1. ㈜A는 상무이사인 甲씨가 해당 사업연도 종료일에 퇴직을 함에 따라 퇴직급여 70,000,000원과 주주총회결의에 의한 퇴직위로금 10,000,000원을 지급하였다.
2. 해당 사업연도 甲씨의 급여와 상여금은 각각 40,000,000원과 12,000,000원이며, ㈜A에는 급여지급규정이 없다.
3. ㈜A에는 임원에 대한 퇴직급여지급규정이 있으며, 그 내용은 다음과 같다.
   ① 근속연수의 계산 시 1년 미만은 절사한다.
   ② 퇴직급여는 퇴직 전 1년간 총급여액(손금불산입되는 상여금 제외)의 10% 상당액에 근속연수를 적용하여 계산한 후, 동 금액에 3의 가중치를 적용한 금액으로 한다.
4. ㈜A는 퇴직급여충당금을 설정하지 않고 있으며, 甲씨의 근속연수는 3년 10개월 12일이다.

1. 임원상여금
   〈손금불산입〉 임원상여금 한도초과   22,000,000^{주)} (상여)
   주) 10,000,000원 + 12,000,000원 = 22,000,000원

2. 임원퇴직급여
   (1) 임원퇴직급여 한도액
       40,000,000원^{주)} × 10% × 3년 × 3 = 36,000,000원
       주) 손금불산입되는 상여금 22,000,000원 임원퇴직급여지급 규정에서 제외된다고 규정하고 있다.
   (2) 한도초과액
       70,000,000원 − 36,000,000원 = 34,000,000원
   (3) 세무조정
       〈손금불산입〉 임원퇴직급여 한도초과   34,000,000 (상여)

① ㈜A에는 급여지급규정이 없으므로 상여금 전액이 손금불산입되며, 주주총회결의에 의한 퇴직위로금은 퇴직급여 지급규정상 금액이 아니므로 상여금으로 보아야 하며, 따라서 같은 이유로 전액 손금불산입된다.
② ㈜A에는 임원에 대한 퇴직급여지급규정이 있으므로 동 규정에 의하여 계산한 금액을 손금인정되는 퇴직급여로 한다.

분개법 인건비(Ⅱ)

(1) 임원상여금

Book	퇴직위로금(비용=손금)	10,000,000	/	현 금	22,000,000
	상여금(비용=손금)	12,000,000			

Tax	유출잉여금	22,000,000	/ 현　금		22,000,000
Adjustment	유출잉여금	22,000,000	/ 퇴직위로금		10,000,000
			상여금		12,000,000
Tax-Adj	유출잉여금↓(순자산↓)	22,000,000	/ 손금↓(순자산↑)		22,000,000

〈손금불산입〉 퇴직위로금·상여금 22,000,000·상여(상무이사 甲)

(2) 임원퇴직급여

Book	퇴직급여(비용=손금)	70,000,000	/ 현　금		70,000,000
Tax	퇴직급여(손금)	36,000,000*	/ 현　금		70,000,000
	유출잉여금	34,000,000			
	* 급여 40,000,000원 × 10% × 3년 × 3 = 36,000,000원				
Adjustment	유출잉여금	34,000,000	/ 퇴직급여		34,000,000
Tax-Adj	유출잉여금↓(순자산↓)	34,000,000	/ 손금↓(순자산↑)		34,000,000

〈손금불산입〉 퇴직급여 34,000,000·상여(상무이사 甲)

# 조세법령 확인을 통해 기본개념 익히기

※ 다음 법인세 관련 조세법령의 빈 칸을 채우시오.

1. 법인세법 시행령 제43조【상여금 등의 손금불산입】

① 법인이 그 임원 또는 직원에게 □□□□에 의하여 지급하는 상여금은 이를 손금에 산입하지 아니한다. 이 경우 합명회사 또는 합자회사의 □□□□사원에게 지급하는 보수는 이익처분에 의한 상여로 본다.
② 법인이 임원에게 지급하는 □□□ 중 정관·주주총회·사원총회 또는 이사회의 결의에 의하여 결정된 □□□□ □□에 의하여 지급하는 금액을 초과하여 지급한 경우 그 초과금액은 이를 손금에 산입하지 아니한다.
③ 법인이 지배주주등(특수관계에 있는 자를 포함한다. 이하 이 항에서 같다)인 임원 또는 직원에게 □□한 사유 없이 동일 □□에 있는 지배주주등 외의 임원 또는 직원에게 지급하는 금액을 초과하여 보수를 지급한 경우 그 초과금액은 이를 손금에 산입하지 아니한다.
④ 상근이 아닌 법인의 □□에게 지급하는 보수는 법 제52조에 해당하는 경우를 제외하고 이를 손금에 산입한다.
⑤ 법인의 해산에 의하여 퇴직하는 임원 또는 직원에게 지급하는 해산수당 또는 퇴직위로금 등은 □□ 사업연도의 손금으로 한다.
⑥ (삭제, 2009. 2. 4.)
⑦ 제3항에서 "지배주주등"이란 법인의 발행주식총수 또는 출자총액의 100분의 1 이상의 주식 또는 출자지분을 소유한 주주등으로서 그와 특수관계에 있는 자와의 소유 주식 또는 출자지분의 합계가 해당 법인의 주주등 중 가장 많은 경우의 해당 주주등(이하 "지배주주등"이라 한다)을 말한다.
⑧ 제3항 및 제7항에서 "특수관계에 있는 자"란 해당 주주등과 다음 각 호의 어느 하나에 해당하는 관계에 있는 자를 말한다.
  1. 해당 주주등이 개인인 경우에는 다음 각 목의 어느 하나에 해당하는 관계에 있는 자
    가. 친족(「국세기본법 시행령」 제1조의 2 제1항에 해당하는 자를 말한다. 이하 같다)
    나. 제2조 제8항 제1호의 관계에 있는 법인
    다. 해당 주주등과 가목 및 나목에 해당하는 자가 발행주식총수 또는 출자총액의 100분의 30 이상을 출자하고 있는 법인
    라. 해당 주주등과 그 친족이 이사의 과반수를 차지하거나 출연금(설립을 위한 출연금에 한한다)의 100분의 30 이상을 출연하고 그 중 1명이 설립자로 되어 있는 비영리법인
    마. 다목 및 라목에 해당하는 법인이 발행주식총수 또는 출자총액의 100분의 30 이상을 출자하고 있는 법인
  2. 해당 주주등이 법인인 경우에는 제2조 제8항 각 호(제3호는 제외한다)의 어느 하나에 해당하는 관계에 있는 자

해설과 해답
① 이익처분, 노무출자
② 상여금, 급여지급기준
③ 정당, 직위
④ 임원
⑤ 최종

2. 법인세법 시행령 제44조 【퇴직급여의 손금불산입】

① 법인이 임원 또는 직원에게 지급하는 퇴직급여(「근로자퇴직급여 보장법」 제2조 제5호에 따른 급여를 말한다. 이하 같다)는 임원 또는 직원이 □□적으로 퇴직(이하 이 조에서 "현실적인 퇴직"이라 한다)하는 경우에 지급하는 것에 한하여 이를 손금에 산입한다.

② 현실적인 퇴직은 법인이 퇴직급여를 실제로 지급한 경우로서 다음 각 호의 어느 하나에 해당하는 경우를 포함하는 것으로 한다.
   1. 법인의 직원이 해당 법인의 □□으로 취임한 때
   2. 법인의 임원 또는 직원이 그 법인의 조직변경·□□·□□ 또는 □□□□에 의하여 퇴직한 때
   3. 「근로자퇴직급여 보장법」 제8조 제2항에 따라 퇴직급여를 □□□□(종전에 퇴직급여를 중간정산하여 지급한 적이 있는 경우에는 직전 중간정산 대상기간이 종료한 다음 날부터 기산하여 퇴직급여를 중간정산한 것을 말한다. 이하 제5호에서 같다)하여 지급한 때
   4. (삭제, 2015. 2. 3.)
   5. 정관 또는 정관에서 위임된 □□□□□□규정에 따라 장기 요양 등 기획재정부령으로 정하는 사유로 그 때까지의 퇴직급여를 중간정산하여 □□에게 지급한 때

③ 법인이 임원(지배주주등 및 지배주주등과 제43조 제8항에 따른 특수관계에 있는 자는 제외한다) 또는 직원에게 해당 법인과 특수관계인인 법인에 근무한 기간을 □□하여 퇴직급여를 지급하는 경우 기획재정부령으로 정하는 바에 따라 해당 퇴직급여상당액을 각 법인별로 □□하여 손금에 산입한다. 이 경우 해당 임원 또는 직원이 마지막으로 근무한 법인은 해당 퇴직급여에 대한 「소득세법」에 따른 원천징수 및 지급명세서의 제출을 일괄하여 이행할 수 있다.

④ 법인이 임원에게 지급한 퇴직급여 중 다음 각 호의 어느 하나에 해당하는 금액을 초과하는 금액은 손금에 산입하지 아니한다.
   1. □□에 퇴직급여(퇴직□□금 등을 포함한다)로 지급할 금액이 정하여진 경우에는 정관에 정하여진 금액
   2. 제1호 외의 경우에는 그 임원이 퇴직하는 날부터 소급하여 □년 동안 해당 임원에게 지급한 총급여액[「소득세법」 제20조 제1항 제1호 및 제2호에 따른 금액(같은 법 제12조에 따른 비과세소득은 제외한다)으로 하되, 제43조에 따라 손금에 산입하지 아니하는 금액은 제외한다]의 10분의 □에 상당하는 금액에 기획재정부령으로 정하는 방법에 의하여 계산한 근속연수를 곱한 금액. 이 경우 해당 임원이 직원에서 임원으로 된 때에 퇴직금을 지급하지 아니한 경우에는 □□으로 근무한 기간을 근속연수에 합산할 수 있다.

⑤ 제4항 제1호는 정관에 임원의 퇴직급여를 계산할 수 있는 기준이 기재된 경우를 포함하며, 정관에서 위임된 □□□□□□규정이 따로 있는 경우에는 해당 규정에 의한 금액에 의한다.

⑥ 제3항에 따라 지배주주등과 제43조 제8항에 따른 특수관계의 유무를 판단할 때 지배주주등과 제2조 제8항 제7호의 관계에 있는 임원의 경우에는 특수관계에 있는 것으로 보지 아니한다.

> **해설과 해답**
> ① 현실
> ② 임원, 합병, 분할, 사업양도, 중간정산, 퇴직급여지급, 임원
> ③ 합산, 안분
> ④ 정관, 위로, 1, 1, 직원
> ⑤ 퇴직급여지급

3. 법인세법 시행령 제45조 【복리후생비의 손금불산입】

① 법인이 그 □□ 또는 직원을 위하여 지출한 복리후생비 중 다음 각 호의 어느 하나에 해당하는 비용 외의 비용은 손금에 산입하지 아니한다. 이 경우 직원은 「파견근로자보호 등에 관한 법률」 제2조에 따른 □□근로자를 포함한다.

1. 직장□□비
2. 직장□□비

2의 2. 직장□□비

3. 우리사주조합의 □□비
4. (삭제, 2000. 12. 29.)
5. 「국민건강보험법」 및 「노인장기요양보험법」에 따라 사용자로서 부담하는 보험료 및 □□금
6. 「영유아보육법」에 의하여 설치된 직장어린이집의 운영비
7. 「고용보험법」에 의하여 사용자로서 부담하는 보험료
8. 그 밖에 임원 또는 직원에게 □□□□상 타당하다고 인정되는 범위에서 지급하는 □□□비 등 제1호부터 제7호까지의 비용과 유사한 비용

② (삭제, 2000. 12. 29.)
③ (삭제, 2000. 12. 29.)
④ (삭제, 2000. 12. 29.)

해설과 해답

① 임원, 파견, 체육, 문화, 회식, 운영, 부담, 사회통념, 경조사

exercise

01 법인세법상 인건비의 손금산입에 대한 설명으로 옳지 않은 것은? [국가직 9급 2012]

① 합명회사 또는 합자회사의 노무출자사원에게 지급하는 보수는 손금에 산입하지 아니한다.
② 비상근임원에게 건전한 사회통념 및 상거래 관행에 따라 지급하는 보수는 손금에 산입하지 아니한다.
③ 임원에 대한 상여금의 지급이 정관·주주총회 또는 이사회에서 결정된 급여지급규정을 초과하여 지급하는 경우에는 그 초과금액은 손금에 산입하지 아니한다.
④ 법인의 해산에 의하여 퇴직하는 임원 또는 직원에게 지급하는 해산수당은 최종사업연도의 손금으로 한다.

> **해설** 상근이 아닌 법인의 임원에게 지급하는 보수는 부당행위계산의 부인에 해당하는 경우를 제외하고 이를 손금에 산입한다.

해답 ②

02 법인세법상 인건비의 손금산입에 관한 설명으로 옳은 것은? [회계사 2016]

① 법인이 임원에 대하여 퇴직 시까지 부담한 확정기여형 퇴직연금의 부담금은 전액 손금에 산입한다.
② 상근이 아닌 법인의 임원에게 지급하는 보수는 법인세법상 부당행위계산 부인에 해당하는 경우에도 손금에 산입한다.
③ 「파견근로자보호 등에 관한 법률」에 따른 파견근로자를 위하여 지출한 직장문화비와 직장회식비는 기업업무추진비로 본다.
④ 임원이 아닌 종업원에게 주주총회의 결의에 의한 급여지급기준을 초과하여 지급한 상여금은 전액 손금에 산입한다.
⑤ 내국법인이 임원에게 이익처분에 의하여 지급하는 상여금으로 임원과 성과산정지표 및 그 목표, 성과의 측정 및 배분방법 등에 대하여 사전에 서면으로 약정하고 이에 따라 그 임원에게 지급하는 성과배분상여금은 손금에 산입한다.

> **해설**
> ① 법인이 임원에 대하여 퇴직 시까지 부담한 확정기여형 퇴직연금 기여금은 임원에 대한 퇴직급여로 보아 임원퇴직금한도규정을 적용하여 한도초과금액이 있는 경우에는 손금불산입한다.
> ② 상근이 아닌 법인의 임원에게 지급하는 보수는 법인세법상 부당행위계산 부인에 해당 하는 경우에는 손금불산입한다.
> ③ 「파견근로자보호 등에 관한 법률」에 따른 파견근로자를 위하여 지출한 직장연예비와 직장회식비는 복리후생비로 본다.
> ⑤ 내국법인이 이익처분에 의하여 지급하는 상여금으로 성과산정지표 및 그 목표, 성과의 측정 및 배분방법 등에 대하여 사전에 서면으로 약정하고 이에 따라 지급하는 성과배분상여금은 손금에 산입하지 않는다.

해답 ④

제7절 세금과 공과금 등

- I. 세금과 공과금의 의의
- II. 손금인정되는 세금
- III. 손금불산입되는 세금
- IV. 공과금
- V. 벌금·과료·과태료
- VI. 징벌적 목적의 손해배상금

I. 세금과 공과금의 의의

1 세금과 공과금의 개념

세금이란 국가 또는 지방자치단체가 재정수입을 조달할 목적으로 법률에 규정된 과세요건을 충족한 모든 자에게 직접적인 반대급부없이 부과하는 금전급부이며, 공과금이란 세금 이외의 강제적 부담금(개발부담금, 교통유발부담금 등)을 말한다.

2 법인세법상 규정

법인에 이러한 세금과 공과금의 지출이 있게 되면 해당 법인의 순자산가액은 감소되므로 세금과 공과금은 원칙적으로 손금항목에 해당한다.

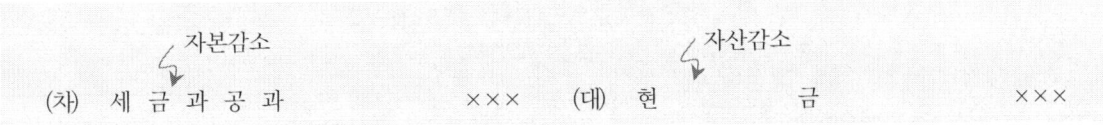

다만, 세금과 공과금의 성격 또는 조세정책적 목적 등에 따라 손금불산입되는 것이 있는데, 이하에서는 손금으로 인정되는 세금과 손금불산입되는 세금 그리고 공과금으로 구분하여 그 내용을 살펴보기로 한다.

II. 손금인정되는 세금

 손금인정되는 세금의 유형

손금으로 인정되는 세금의 유형은 일단 자산의 취득원가로 인식하였다가 후에 손비로 인정되는 것[유형 1]과 지출 즉시 손비처리되는 것[유형 2]으로 구분할 수 있다.

 유형별 구분

(1) [유형 1] : 자산계상 후 손비처리

취득세 등 자산의 취득단계에 부과되는 세금은 자산의 취득원가에 포함된 후 감가상각 또는 양도 시에 손금으로 인정된다.

(2) [유형 2] : 지출 즉시 손비처리

재산세·종합부동산세·자동차세 등 자산의 보유단계에 부과되는 세금과 인지세·증권거래세 등의 세금은 지출 즉시 손금으로 인정된다.

(3) 유의사항

본세에 부가되는 농어촌특별세, 교육세, 지방교육세 등의 부가세는 본세에 따라 처리한다. 예를 들어, 취득세에 부가되는 농어촌특별세와 지방교육세는 위 유형 1에 따라 자산의 취득원가에 포함된 후 감가상각 또는 양도 시에 손금으로 인정된다.

III. 손금불산입되는 세금

 법인세와 법인지방소득세 및 농어촌특별세

(1) 규 정

법인세와 해당 법인세에 대한 부가세인 **법인지방소득세·농어촌특별세**는 손금불산입항목에 해당한다.

(2) 이 유

왜냐하면 법인세는 법인의 소득에 대해서 과세하는 세목으로서, 해당 법인세는 법인의 소득이 확정된 이후 세율을 적용함으로써 계산이 가능한 것인데, 만일 법인세를 손금항목으로 규정한다면 법인세가 먼저 확정되어야 소득을 계산할 수 있게 되는데, 이는 구조적 논리의 모순에 빠지게 되는 것인 동시에 현실적으로도 계산 자체가 불가능하기 때문이다.

> **참고** 법인세비용의 계상방식에 따른 세무조정사례
>
> ① 법인세 비용 9,000원만 계상한 경우
> (1) 회계처리
>
> | (차) 법 인 세 비 용 | 9,000 | (대) 당기법인세자산 | 2,500 |
> |---|---|---|---|
> | | | 당기법인세부채 | 6,500 |
>
> (2) 세무조정
> 〈손금불산입〉 법인세비용 9,000(기타사외유출)
>
> ② 이연법인세자산이 있는 경우
> (1) 회계처리
>
> | (차) 법 인 세 비 용 | 8,000 | (대) 당기법인세자산 | 2,500 |
> |---|---|---|---|
> | 이연법인세자산 | 1,000 | 당기법인세부채 | 6,500 |
>
> (2) 세무조정
> 〈손금산입〉 이연법인세자산 1,000(△유보)
> 〈손금불산입〉 법인세비용 9,000(기타사외유출)
>
> ③ 이연법인세부채가 있는 경우
> (1) 회계처리
>
> | (차) 법 인 세 비 용 | 8,000 | (대) 당기법인세자산 | 2,500 |
> |---|---|---|---|
> | | | 당기법인세부채 | 4,500 |
> | | | 이연법인세부채 | 1,000 |
>
> (2) 세무조정
> 〈손금불산입〉 이연법인세부채 1,000(유보)
> 〈손금불산입〉 법인세비용 7,000(기타사외유출)

> **분개법** 법인세비용의 계상방식에 따른 세무조정사례

법인세법상 이연법인세자산·부채는 자산·부채로 인정하지 않음

(1) 법인세비용 9,000원만 계상한 경우

Book	법인세비용(비용=손금)	9,000 / 당기법인세자산	2,500
		당기법인세부채	6,500
Tax	유출잉여금(to 국가)	9,000 / 당기법인세자산	2,500
		당기법인세부채	6,500
Adjustment	유출잉여금	9,000 / 법인세비용	9,000

Tax-Adj	유출잉여금↓(순자산↓)	9,000	/ 손 금↓(순자산↑)		9,000
	〈손금불산입〉 법인세비용 9,000·기타사외유출(to 국가)				

(2) 이연법인세자산이 있는 경우

Book	법인세비용(비용=손금)	8,000	/ 당기법인세자산		2,500
	이연법인세자산	1,000	당기법인세부채		6,500
Tax	유출잉여금(to 국가)	9,000	/ 당기법인세자산		2,500
			당기법인세부채		6,500
Adjustment	유출잉여금	9,000	/ 법인세비용		8,000
			이연법인세자산		1,000
Tax-Adj	유출잉여금↓(순자산↓)	9,000	/ 손 금↓(순자산↑)		8,000
			자 산↓(순자산↑)		1,000
	〈손금불산입〉 법 인 세 비 용 9,000·기타사외유출(to 국가)				
	〈손 금 산 입〉 이연법인세자산 1,000·△유보(이연법인세자산)				

(3) 이연법인세부채가 있는 경우

Book	법인세비용(비용=손금)	8,000	/ 당기법인세자산		2,500
			당기법인세부채		4,500
			이연법인세부채		1,000
Tax	유출잉여금(to 국가)	7,000	/ 당기법인세자산		2,500
			당기법인세부채		4,500
Adjustment	유출잉여금	7,000	/ 법인세비용		8,000
	이연법인세부채	1,000			
Tax-Adj	유출잉여금↓(순자산↓)	7,000	/ 손 금↓(순자산↑)		8,000
			부 채↓(순자산↑)		1,000
	〈손금불산입〉 법 인 세 비 용 7,000·기타사외유출(to 국가)				
	〈손금불산입〉 이연법인세부채 1,000·유보(이연법인세부채)				

 가산금과 강제징수비, 세법상 의무불이행으로 인한 세액과 가산세

(1) 개 념

 가산금이란 납세자가 세금을 납부고지서 등의 납부기한까지 납부하지 아니한 경우에 고지세액에 가산하여 징수하는 금액을 말하며, **강제징수비**란 국세징수법에 따른 강제징수시 재산의 압류·보관·운반 및 공매(공매를 대행시키는 경우 해당 수수료를 포함)에 소요된 비용을 말한다.
 한편, **세법상 의무불이행으로 인한 세액**이란 간접국세의 징수불이행 및 납부불이행과 그 밖의 의무불이행으로 인한 세액을 말하며, **가산세**란 세법상 의무를 불이행한 때에 산출세액에 가산하여 징수하는 세액을 말한다.

(2) 규 정

이러한 가산금·강제징수비·세법상 의무불이행으로 인한 세액과 가산세에 대해서 법인세법에서는 손금불산입항목으로 규정하고 있다.

3 부가가치세 매입세액

(1) 매출세액에서 공제되는 매입세액

부가가치세는 간접세이므로 재화 또는 용역을 공급받거나 재화를 수입할 때 거래징수당한 부가가치세 매입세액은 당연히 과세당국으로부터 환급을 받거나 해당 사업자가 거래징수하여 과세당국에 납부할 부가가치세 매출세액에서 공제받게 되므로 법인세법에서는 이를 손금불산입항목으로 규정하고 있다.

(2) 매출세액에서 불공제되는 매입세액

1) 원 칙

그러나 법인이 업무와 관련된 정상적인 지출과 관련하여 거래징수당한 부가가치세 매입세액 중 부가가치세법 고유논리에 의하여 매출세액에서 공제받지 못하거나 환급받지 못한 매입세액에 대해서는 손금이나 자산으로 인정하고 있다.

2) 예 외

다만, 해당 법인의 귀책사유 또는 사업과 관련없는 지출이기 때문에 공제받지 못하거나 환급받지 못한 매입세액은 손금불산입항목으로 규정하고 있다.

3) 요 약

이를 요약하면 다음과 같다.

매입세액 불공제사유	법 인 세 법
① 면세사업 관련 매입세액	· 자본적 지출 : 자산의 취득가액 · 그 밖의 지출 : 손금산입
② 개별소비세 과세대상 자동차의 구입, 임차 및 유지 관련 매입세액	· 구입 : 자산의 취득가액 · 임차 및 유지 : 손금산입
③ 영수증 관련 매입세액	· 자본적 지출 : 자산의 취득가액 · 그 밖의 지출 : 손금산입
④ 기업업무추진비 및 이와 유사한 지출 관련 매입세액	기업업무추진비 등으로 보아 시부인계산
⑤ 간주임대료에 대한 매입세액	임차인·임대인 중 부담한 자가 손금산입
⑥ 다음의 매입세액 • 사업자등록신청 전의 매입세액 • 사업과 관련 없는 매입세액❷ • 세금계산서 미수취 등 매입세액	손금불산입(∵해당 법인의 귀책사유로 불공제됨)

❷ 예컨대, 업무무관자산을 취득·관리함으로써 발생하는 매입세액 및 공동경비 중 분담금액 초과비용에 대한 매입세액 등을 말한다.

4 미판매 제품에 대한 개별소비세, 주세 또는 교통·에너지·환경세의 미납액

(1) 규 정

판매하지 아니한 제품에 대한 반출필의 개별소비세, 주세 또는 교통·에너지·환경세의 미납액은 해당 개별소비세, 주세 또는 교통·에너지·환경세가 부가가치세와 마찬가지로 간접세로서 최종소비자가 부담할 금액이므로 법인세법에서는 이를 손금불산입항목으로 규정하고 있다.

(2) 예 외

다만, 제품가격에 그 세액에 상당하는 금액을 가산한 경우에는 예외로 한다. 즉, 제품가격에 가산하지 않은 법인에 비하여 매출액이 증가하였으므로 해당 금액을 손금으로 인정해야 적절한 소득금액이 계산될 수 있는 것이다.

> **미판매 제품에 대한 개별소비세 등 미납액의 회계처리 및 세무조정**
>
> ① 제조장 반출시점
>
> | (차) 대 납 세 금 | 1,000 | (대) 미 납 세 금 | 1,000 |
> |---|---|---|---|
>
> ② 매출 및 개별소비세 납부시점 ⇨ 제품가격에 세액을 가산하지 아니한 경우
>
> | (차) 현   금 | 11,000 | (대) 매   출 | 10,000 |
> |---|---|---|---|
> | 미 납 세 금 | 1,000 | 대 납 세 금 | 1,000 |
> | | | 현   금 | 1,000 |
>
> ③ 매출 및 개별소비세 납부시점 ⇨ 제품가격에 세액을 가산한 경우
>
> | (차) 현   금 | 11,000 | (대) 매   출 | 11,000 |
> |---|---|---|---|
> | 미 납 세 금 | 1,000 | 현   금 | 1,000 |
>
> ④ 세무조정
>   (1) 제품가격에 세액을 가산하지 아니한 경우
>   이 경우 법인세법에서는 손금불산입항목으로 규정하고 있으며, ①과 ②의 회계처리결과를 분석해 보면 세무조정은 필요없음
>   (2) 제품가격에 세액을 가산한 경우
>   이 경우 법인세법에서는 손금항목으로 규정하고 있으며, ①과 ③의 회계처리결과를 분석해 보면 세무조정은 필요없음

제7절 세금과 공과금 등

 미판매 제품에 대한 개별소비세, 주세 또는 교통·에너지·환경세의 미납액

〈자 료〉
A회사는 국내에서 주류를 제조하여 판매하는 법인으로서 제품을 제조장에서 출고할 때 주세의 납부의무가 발생한다. A회사가 20×1년 5월 중 1,000,000원(제조원가 200,000원)에 판매하고, 이에 대한 주세 475,000원은 20×1년 6월에 납부하였으며, 20×1년 7월에 판매대가를 회수하였다. (부가가치세 등은 고려하지 않음)

(1) 제품가격에 세액을 가산하지 아니한 경우(GAAP)

① 20×1년 4월 제조장에서 물류창고로 주류 출고시

Book	대납주세(채권=자산)	475,000	/	미납주세(부채)	475,000
Tax	대납주세(자산)	475,000	/	미납주세(부채)	475,000
Adjustment	없 음				
Tax-Adj	없 음				

〈세무조정 없음〉

② 20×1년 5월 주류 판매시

Book	매출채권(채권=자산)	525,000	/	매 출	525,000
Tax	매출채권	525,000	/	매 출	525,000
Adjustment	없 음				
Tax-Adj	없 음				

〈세무조정 없음〉

③ 20×1년 6월 주세 납부시

Book	미납주세(부채)	475,000	/	현 금	475,000
Tax	미납주세(부채)	475,000	/	현 금	475,000
Adjustment	없 음				
Tax-Adj	없 음				

〈세무조정 없음〉

④ 20×1년 7월 판매대가 회수시

Book	현 금	1,000,000	/	매출채권	525,000
				대납주세(자산)	475,000
Tax	현 금	1,000,000	/	매출채권	525,000
				대납주세(자산)	475,000
Adjustment	없 음				
Tax-Adj	없 음				

〈세무조정 없음〉

(2) 제품가격에 세액을 가산한 경우(장부상 주세를 재고자산에 포함하여 회계처리한 경우)

① 20×1년 4월 제조장에서 물류창고로 주류 출고시

Book	재고자산(자산)	475,000 / 미납주세(부채)	475,000
Tax	재고자산(자산)	475,000 / 미납주세(부채)	475,000
Adjustment	없 음		
Tax-Adj	없 음		

〈세무조정 없음〉

② 20×1년 5월 주류 판매시

Book	매출채권(채권=자산)	1,000,000 / 매 출	1,000,000
	매출원가	675,000 / 재고자산	675,000
Tax	매출채권(채권=자산)	1,000,000 / 매 출	1,000,000
	매출원가	675,000 / 재고자산	675,000
Adjustment	없 음		
Tax-Adj	없 음		

〈세무조정 없음〉

③ 20×1년 6월 주세 납부시

Book	미납주세(부채)	475,000 / 현 금	475,000
Tax	미납주세(부채)	475,000 / 현 금	475,000
Adjustment	없 음		
Tax-Adj	없 음		

〈세무조정 없음〉

④ 20×1년 7월 판매대가 회수시

Book	현 금	1,000,000 / 매출채권	1,000,000
Tax	현 금	1,000,000 / 매출채권	1,000,000
Adjustment	없 음		
Tax-Adj	없 음		

〈세무조정 없음〉

(3) 제품가격에 세액을 가산한 경우(장부상 주세를 당기비용으로 회계처리한 경우)

① 20×1년 4월 제조장에서 물류창고로 주류 출고시

Book	주 세(비용=손금)	475,000 / 미납주세(부채)	475,000
Tax	재고자산(자산)	475,000 / 미납주세(부채)	475,000
Adjustment	재고자산(자산)	475,000 / 주 세(손금)	475,000
Tax-Adj	자 산↑(순자산↑)	475,000 / 손 금↓(순자산↓)	475,000

〈손금불산입〉 주세 475,000·유보(재고자산)

② 20×1년 5월 주류 판매시

Book	매출채권(채권=자산)	1,000,000 / 매 출	1,000,000
	매출원가	200,000 / 재고자산	200,000
Tax	매출채권(채권=자산)	1,000,000 / 매 출	1,000,000
	매출원가	675,000 / 재고자산	675,000
Adjustment	매출원가	475,000 / 재고자산	475,000
Tax-Adj	손 금↑(순자산↓)	475,000 / 자 산↓(순자산↓)	475,000

〈손금산입〉 매출원가 475,000 · △유보(재고자산)

③ 20×1년 6월 주세 납부시

Book	미납주세(부채)	475,000 / 현 금	475,000
Tax	미납주세(부채)	475,000 / 현 금	475,000
Adjustment	없 음		
Tax-Adj	없 음		

〈세무조정 없음〉

④ 20×1년 7월 판매대가 회수시

Book	현 금	1,000,000 / 매출채권	1,000,000
Tax	현 금	1,000,000 / 매출채권	1,000,000
Adjustment	없 음		
Tax-Adj	없 음		

〈세무조정 없음〉

Ⅳ. 공과금

1 원칙

공과금의 지출은 순자산을 감소시키는 거래이므로 법인세법에서는 이를 손금으로 인정하는 것을 원칙으로 하고 있다. 손금으로 인정되는 공과금의 예로는 교통유발부담금, 폐기물처리부담금 등이 있다.

2 예외

다만, 다음에 해당하는 공과금은 손금불산입한다.

① 법령에 따라 의무적으로 납부하는 것이 아닌 것
② 법령에 따른 의무불이행 또는 금지·제한 등의 위반을 이유로 부과되는 것(예: 폐수배출부과금, 장애인 고용부담금 등)

V. 벌금·과료·과태료

1 벌금·과료·과태료의 개요

벌금·과료란 범죄행위에 대한 처벌을 위하여 부과하는 형벌 중 재산형을 말하며, **과태료**란 공법상의 의무이행을 위반하는 자에게 부과하는 행정벌을 말한다.

2 규 정

이러한 벌금·과료·과태료는 실정법을 위반하여 납부하는 것이므로 법인세법에서는 이를 손금불산입항목으로 규정하고 있다.

3 유의사항

그러나 사계약상의 의무불이행으로 인한 지체상금·연체이자·연체료 등은 사회적 문제를 야기시키는 것이 아니므로 법인세법에서는 이를 손금항목으로 규정하고 있다.

4 사 례

현행 세법상 손금산입되는 것과 손금불산입되는 것을 구분해 보면 다음과 같다.

손 금 산 입	손 금 불 산 입
① 사계약상 의무불이행으로 인한 지체상금(정부와 납품계약으로 인한 지체상금을 포함하며, 구상권 행사가 가능한 지체상금을 제외함)	① 법인의 임원·직원이 관세법을 위반하고 지급한 벌과금
② 보세구역에 장치되어 있는 수출용 원자재가 관세법상의 장치기간 경과로 국고귀속이 확정된 자산의 가액	② 업무와 관련하여 발생한 교통사고벌과금
③ 철도화차사용료의 미납액에 대하여 가산되는 연체이자	③ 산업재해보상보험법의 규정에 따라 부과하는 산업재해보상보험료의 가산금❶
④ 산업재해보상보험법의 규정에 따른 산업재해보상보험료의 연체금❶	④ 금융기관의 최저예금지불준비금 부족에 대하여 한국은행법의 규정에 따라 금융기관이 한국은행에 납부하는 과태금
⑤ 국유지사용료의 납부지연으로 인한 연체료	⑤ 국민건강보험법에 따라 징수하는 연체금
⑥ 전기요금의 납부지연으로 인한 연체가산금	⑥ 외국의 법률규정에 따라 국외에서 납부한 벌과금

❶ 산업재해보상보험법에 따르면, 사업주는 매 보험연도마다 해당 1년 동안 모든 근로자에게 지급할 임금총액의 추정액에 보험료율을 곱하여 산정한 금액(이를 "개산보험료"라고 함)을 보험연도의 초일부터 70일내에 근로복지공단에 신고·납부하여야 하며, 매 사업연도의 말일까지 모든 근로자에게 실제로 지급한 임금총액에 보험료율을 곱하여 산정한 금액(이를 "확정보험료"라고 함)을 다음 보험연도의 초일부터 70일내에 신고하고 개산보험료와의 차액을 납부하여야 한다. 이때 확정보험료를 신고하지 아니하거나 사실과 다르게 신고한 경우에는 근로복지공단이 확정보험료를 산정하여 이미 신고·납부한 개산보험료와의 차액을 징수하고 추가징수하는 보험료의 10%를 가산금으로 징수한다. 한편 개산보험료나 확정보험료와의 차액을 법정납부기한까지 납부하지 않는 경우에는 해당 금액 100원에 대하여 1일 7전의 한도 내에서 연체금을 징수한다.

> **용어해설**
>
> 1. 지체상금 [compensation of deferment, 遲滯償金]
>   사계약상 정당한 사유 없이 의무를 이행하지 아니함으로써 부담하는 경제적 부담금을 말한다. 세법에서는 계약의 위약 등으로 받는 주택입주지체상금을 기타소득으로 분류하고 있다. (참조조문)소득세법 시행령 제87조
>
> 2. 구상권 [right of indemnity, 求償權]
>   구상권은 타인을 위하여 재산상의 이익을 부여한 자가 그 타인에 대해서 가지는 상환청구권을 의미한다. 연대채무자의 1인이 채무를 변제하였을 경우에 다른 채무자에게, 보증인·물상(物上)보증인이 채무를 변제한 경우에 주채무자(主債務者)에게, 저당부동산의 제3취득자가 저당권자에게 변제한 경우에는 채무자에게 각각 반환을 청구할 수 있는 경우가 그 예이다. 현행 세법상 구상권이 발생하는 경우는 공유물·공동사업에 대한 연대납세의무, 상속인에 대한 연대납세의무, 주세법상(酒稅法上) 납세보증인이 납세보증채무를 이행한 경우, 국세기본법상 납세보증인이 채무를 이행하는 경우 등이 있다.

VI. 징벌적 목적의 손해배상금

법인이 지급한 손해배상금 중 실제 발생한 손해를 초과하여 지급하는 금액으로서 다음 중 어느 하나에 해당하는 금액(손금불산입 대상 손해배상금)은 법인의 각 사업연도의 소득금액을 계산할 때 손금에 산입하지 않는다. 이는 손해배상금과 관련된 비용의 손금인정을 합리적으로 조정하기 위하여 도입된 규정이다.

① 「가맹사업거래의 공정화에 관한 법률」, 「개인정보 보호법」, 「공익신고자 보호법」, 「기간제 및 단시간근로자 보호 등에 관한 법률」, 「남녀고용평등과 일·가정 양립 지원에 관한 법률」, 「농수산물 품질관리법」, 「대규모유통업에서의 거래 공정화에 관한 법률」, 「대리점거래의 공정화에 관한 법률」, 「대·중소기업 상생협력 촉진에 관한 법률」, 「독점규제 및 공정거래에 관한 법률」, 「디자인보호법」, 「부정경쟁방지 및 영업비밀보호에 관한 법률」, 「산업기술의 유출방지 및 보호에 관한 법률」, 「상표법」, 「식물신품종 보호법」, 「신용정보의 이용 및 보호에 관한 법률」, 「실용신안법」, 「자동차관리법」, 「제조물 책임법」, 「중대재해 처벌 등에 관한 법률」, 「축산계열화사업에 관한 법률」, 「특허법」, 「파견근로자 보호 등에 관한 법률」, 「하도급거래 공정화에 관한 법률」, 「환경보건법」에 따라 지급한 손해배상액 중 실제 발생한 손해액을 초과하는 금액
② 외국의 법령에 따라 지급한 손해배상액 중 실제 발생한 손해액을 초과하여 손해배상금을 지급하는 경우 실제 발생한 손해액을 초과하는 금액

다만, 실제 발생한 손해액이 분명하지 않은 경우에는 다음의 금액을 손금에 산입하지 않는다.

$$\text{손금불산입액} = A \times \frac{B-1}{B}$$

A: ①의 법률 또는 ②의 외국 법령에 따라 지급한 손해배상금
B: ①의 법률 또는 ②의 외국 법령에 따라 실제 발생한 손해액 대비 손해배상액의 상한이 되는 배수

예제 7-1 세금과 공과금(Ⅰ)

다음은 상장법인인 ㈜A의 포괄손익계산서에서 발췌한 내용이다. 각 항목별 세무상 처리를 설명하라.

1. 과세사업과 면세사업에 공통으로 사용예정인 건물의 신축에 따른 일련의 공통매입세액 중 면세사업분 : 15,800,000원
2. 건물의 임대보증금에 대한 간주임대료 부가가치세 매출세액 : 1,500,000원
3. 산재보험료 연체료 650,000원과 가산금 750,000원
4. 영업자가 조직한 단체(법인)의 경상회비 600,000원과 경상회비 외의 회비 1,800,000원
5. 교통유발부담금 340,000원과 교통사고벌과금 950,000원
6. 폐수배출부과금 : 4,500,000원
7. 장애인 고용부담금 : 720,000원

해답

1. 공통매입세액 중 면세사업분 : 공통매입세액 중 면세사업분은 부가가치세법상 매입세액이 공제되지 아니한다. 이때 법인세법상 세무처리는 사업연도말 현재의 상황에 따라 달리 처리되는데, 만일 해당 건물이 건설중이라면 손금불산입(유보)하지만, 건설이 완료되었다면 즉시상각의제규정을 적용하여 감가상각비 시부인계산을 하여야 한다.
2. 간주임대료에 대한 부가가치세 매출세액 : 부가가치세법에서는 부동산임대용역 중 간주임대료에 대해서는 세금계산서 발급을 허용하지 않고 있다. 또한 실무적으로 간주임대료에 대한 부가가치세는 특정의 약정이 없는 경우, 임대인이 사실상 부담하게 되며 임대인이 직접 부담하는 간주임대료에 대한 부가가치세 매출세액은 임대인의 소득금액 계산상 부가가치세 과세기간 종료일이 속하는 사업연도의 손금으로 인정된다. 따라서 법인세법에서는 간주임대료에 대한 부가가치세는 이를 부담하는 자의 손금으로 인정하도록 규정하고 있다.
3. 산재보험료 연체료와 가산금 : 산재보험료 연체료는 손금으로 인정되나, 산재보험료 가산금은 손금불산입(기타사외유출)한다.
4. 영업자가 조직한 단체(법인) 회비 : 영업자가 조직한 단체로서 법인이거나 주무관청에 등록된 조합·협회에 지급한 경상회비는 손금으로 인정된다. 경상회비 외의 회비(종전 특별회비)에 대해서는 법인세법상 규정이 없으나, 해당 조합 또는 협회가 특례기부금단체 또는 일반기부금단체인 경우에는 특례기부금 또는 일반기부금으로 볼 수 있다. 다만, 2019년 12월 31일 현재 특례기부금단체로 지정된 경우는 없으며 일반기부금단체로 지정된 경우도 일부(사단법인 한국사회적기업중앙협의회 등)에 불과하다.
5. 교통유발부담금과 교통사고벌과금 : 교통유발부담금은 손금으로 인정되나, 교통사고벌과금은 손금불산입(기타사외유출)한다.
6. 폐수배출부과금 : 폐수배출부과금은 손금불산입(기타사외유출)한다.
7. 장애인 고용부담금 : 장애인 고용부담금은 의무의 불이행 또는 금지·제한 등의 위반에 대한 제재로서 부과되는 공과금에 해당하여 손금으로 인정되지 않는다(기획재정부 법인세제과-253, 2022.06.30., 기획재정부 법인세제과-145, 2018.02.21., 조심2024서0529(2024.08.08. 등). 다만, 장애인 고용부담금이 손금산입 대상이라 서울고등법원(2023누45325, 2023.12.05.)과 서울행정법원(2022구합65757)의 판결도 있다.

분개법 세금과 공과금(Ⅰ)

1. (1) 해당 건물이 건설중인 경우

Book	면세사업분부가가치세 (비용=손금)	15,800,000	/ 현 금	15,800,000
Tax	건설중인 자산	15,800,000	/ 현 금	15,800,000
Adjustment	건설중인 자산	15,800,000	/ 면세사업분부가가치세	15,800,000
Tax-Adj	자 산↑(순자산↑)	15,800,000	/ 손 금↓(순자산↑)	15,800,000

〈손금불산입〉 면세사업분부가가치세   15,800,000·유보(건설중인 자산)

제7절 세금과 공과금 등

(2) 해당 건물이 건설이 완료된 경우

Book	면세사업분부가가치세 (비용=손금)	15,800,000	/ 현 금		15,800,000

Tax 즉시상각의제 – 감가상각범위 내에서 인정
감가상각비   15,800,000 / 현 금   15,800,000
이때 감가상각범위액이 15,800,000원보다 많다면 세무조정이 없고, 적다면 세무조정이 필요하다.
만약 감가상각범위액이 15,000,000원이라면, 다음과 같이 세무조정한다.

Tax 감가상각범위 = 15,000,000원
감가상각비   15,000,000 / 현 금   15,800,000
건 물   800,000

Adjustment 건 물   800,000   면세사업분부가가치세   800,000
Tax–Adj   자 산↑(순자산↑)   15,800,000 / 손 금↓(순자산↑)   15,800,000

〈손금불산입〉 면세사업분부가가치세   800,000·유보(건물)

2.
Book   임차료(비용=손금)   1,500,000 / 현 금   1,500,000
Tax   임차료   1,500,000 / 현 금   1,500,000
Adjustment 없 음
Tax–Adj   없 음

〈세무조정 없음〉

3.
Book   산재보험료(비용=손금)   1,400,000 / 현금   1,400,000

Tax   산재보험료(연체료)   650,000 / 현금   1,400,000
       유출잉여금(가산금)   750,000

Adjustment 유출잉여금(to 근로복지공단)   750,000 / 산재보험료(손금)   750,000
Tax–Adj   유출잉여금↓(순자산↓)   750,000 / 손 금↓(순자산↑)   750,000

〈손금불산입〉 산재보험료 750,000·기타사외유출(to 근로복지공단)

4. Book   영업자단체회비(비용=손금)   2,400,000 / 현금   2,400,000

Tax   경상회비(손금)   600,000 / 현금   2,400,000
       경상회비외회비(비지정기부금) 1,800,000
경상회비 외의 회비(종전 특별회비) 1,800,000원에 대해서는 법인세법상 규정이 없으나, 해당 영업자단체가 특례기부금단체 또는 일반기부금단체인 경우에는 특례기부금 또는 일반기부금으로 볼 수 있다. 다만, 2019년 12월 31일 현재 특례기부금단체로 지정된 경우는 없으며 일반기부금단체로 지정된 경우도 일부(사단법인 한국사회적기업중앙협의회 등)에 불과하다. 따라서 비지정기부금으로 처리한다.

Adjustment 유출잉여금(to 법인)   1,800,000 / 경상회비외회비   1,800,000
Tax–Adj   유출잉여금↓(순자산↓)   1,800,000 / 손 금↓(순자산↑)   1,800,000

〈손금불산입〉 영업자단체회비(경상회비외회비)   1,800,000·기타사외유출(to 법인)

5.
Book	교통유발부담금(비용=손금)	340,000	/ 현 금		1,290,000
	교통사고벌과금(비용=손금)	950,000			
Tax	교통유발부담금(비용=손금)	340,000	/ 현 금		1,290,000
	유출잉여금(to 정부)	950,000			
Adjustment	유출잉여금(to 정부)	950,000	/ 교통사고벌과금(손금)		950,000
Tax-Adj	유출잉여금↓(순자산↓)	950,000	/ 손 금↓(순자산↑)		950,000

〈손금불산입〉 교통사고벌과금　950,000·기타사외유출(to 정부)

6.
Book	폐수배출부과금(비용=손금)4,500,000		/ 현 금		4,500,000
Tax	유출잉여금(to 정부)	4,500,000	/ 현 금		4,500,000
Adjustment	유출잉여금(to 정부)	4,500,000	/ 폐수배출부과금(손금)		4,500,000
Tax-Adj	유출잉여금↓(순자산↓)	4,500,000	/ 손 금↓(순자산↑)		4,500,000

〈손금불산입〉 폐수배출부과금　4,500,000·기타사외유출(to 정부)

7.
Book	장애인고용부담금(비용=손금)	720,000	/ 현 금		720,000
Tax	유출잉여금(to 정부)	720,000	/ 현 금		720,000
Adjustment	유출잉여금(to 정부)	720,000	/ 장애인고용부담금(손금)		720,000
Tax-Adj	유출잉여금↓(순자산↓)	720,000	/ 손 금↓(순자산↑)		720,000

〈손금불산입〉 장애인고용부담금　720,000·기타사외유출(to 정부)

예제 7-2 세금과 공과금(Ⅱ)

다음 자료에 의하여 요구사항의 유형별 회계처리와 세무조정을 하시오.

1. ㈜A는 제10기에 토지를 취득하였는데, 그 내역은 다음과 같다.
   ① 토지의 매입가액 : 1,000,000원
   ② 취득세 : 40,000원
   ③ 가산세 : 10,000원
2. ㈜A는 제11기에 상기의 토지를 1,100,000원에 처분하였다.

[유형 1] ㈜A가 취득세와 가산세를 자산에 계상한 경우
[유형 2] ㈜A가 취득세와 가산세를 비용처리한 경우
[유형 3] ㈜A가 취득세는 비용, 가산세는 자산에 계상한 경우

[유형 1] 자산에 계상한 경우

1. 제10기의 회계처리와 세무조정
   (1) 회계처리

(차) 토 지	1,050,000	(대) 현　금	1,050,000

(2) 세무조정
〈손금산입〉 토 지   10,000(△유보)
〈손금불산입〉 가산세   10,000(기타사외유출)
※ 가산세는 손금불산입항목이다. 그런데 동 가산세를 토지의 취득원가에 가산하였으므로 이를 부인하는 세무조정을 하여야 한다(손금산입, △유보). 그런데 동 세무조정은 차감조정으로서 손비계상효과를 가져왔으므로 이를 부인하는 세무조정을 병행하여야 한다(손금불산입, 기타사외유출).

2. 제11기의 회계처리와 세무조정
   (1) 회계처리

(차) 현 금	1,100,000	(대) 토 지	1,050,000
		처 분 이 익	50,000

   (2) 세무조정
   〈익금산입〉 토 지   10,000(유보)
   ※ 토지가 기업외부로 유출되었다. 따라서 관련 △유보금액을 제거시켜야 한다. 이렇게 세무조정을 하게 되면 세무상 처분이익이 적절하게 계상되는 효과를 가져온다.

[분개법]
(1) 제10기 취득시

Book	토 지	1,050,000	/ 현 금		1,050,000
Tax	토 지 유출잉여금(to 정부)	1,040,000 10,000	/ 현 금		1,050,000
Adjustment	세금과공과 유출잉여금(to 정부)	10,000 10,000	/ 토 지 / 세금과공과		10,000 10,000
Tax-Adj	손 금↑(순자산↓) 유출잉여금↓(순자산↓)	10,000 10,000	/ 자 산↓(순자산↓) / 손 금↓(순자산↑)		10,000 10,000

⟨손금산입⟩ 세금과공과 10,000 · △유보(토지)
⟨손금불산입⟩ 세금과공과 10,000 · 기타사외유출(to 정부)

(2) 제11기 처분시

Book	현 금	1,100,000	/ 토 지 처분이익		1,050,000 50,000
Tax	현 금	1,100,000	/ 토 지 처분이익		1,040,000 60,000
Adjustment	토 지	10,000	/ 처분이익		10,000
Tax-Adj	자 산↑(순자산↑)	10,000	/ 익 금↑(순자산↑)		10,000

⟨익금산입⟩ 처분이익 10,000 · 유보(토지)

[유형 2] 비용처리한 경우
1. 제10기의 회계처리와 세무조정
   (1) 회계처리

(차) 토 지 세금과공과	1,000,000 50,000	(대) 현 금	1,050,000

   (2) 세무조정
   ⟨손금불산입⟩ 토지(취득세) 40,000(유보)
   ⟨손금불산입⟩ 세금과공과(가산세)10,000(기타사외유출)
   ※ ① 취득세는 손금항목으로서 지출 즉시 비용처리하는 것이 아니라 취득원가에 계상하여야 하는 항목이다. 그런데 회사는 비용처리하였으므로 손금불산입(유보)한다.
   ② 가산세는 손금불산입항목이다. 그런데 회사는 비용처리하였으므로 손금불산입(기타사외유출)한다.

2. 제11기의 회계처리와 세무조정
   (1) 회계처리

(차) 현 금	1,100,000	(대) 토 지 처 분 이 익	1,000,000 100,000

   (2) 세무조정
   ⟨익금불산입⟩ 토 지 40,000(△유보)
   ※ 토지가 기업외부로 유출되었다. 따라서 관련 유보금액을 제거시켜야 한다. 이렇게 세무조정을 하게 되면 세무상 처분이익이 적절하게 계상되는 효과를 가져온다.

[분개법]
(1) 제10기 취득시

Book	토 지	1,000,000	/ 현 금	1,050,000	
	세금과공과	50,000			
Tax	토 지	1,040,000	/ 현 금	1,050,000	
	유출잉여금(to 정부)	10,000			
Adjustment	토 지	40,000	/ 세금과공과	50,000	
	유출잉여금(to 정부)	10,000			
Tax-Adj	자 산↑(순자산↑)	40,000	/ 손 금↓(순자산↓)	50,000	
	유출잉여금↓(순자산↓)	10,000			

　　　〈손금불산입〉 세금과공과　40,000 · 유보(토지)
　　　〈손금불산입〉 세금과공과　10,000 · 기타사외유출(to 정부)

(2) 제11기 처분시

Book	현 금	1,100,000	/ 토 지	1,000,000	
			처분이익	100,000	
Tax	현 금	1,100,000	/ 토 지	1,040,000	
			처분이익	60,000	
Adjustment	처분이익	40,000	/ 토 지	40,000	
Tax-Adj	익 금↓(순자산↓)	40,000	/ 자 산↓(순자산↓)	40,000	

　　　〈익금불산입〉 처분이익　40,000 · △유보(토지)

[유형 3] 취득세는 비용, 가산세는 자산에 계상한 경우

1. 제10기의 회계처리와 세무조정
   (1) 회계처리

(차) 토 지	1,010,000	(대) 현 금	1,050,000
세금과공과	40,000		

   (2) 세무조정
   　　〈손금불산입〉 토지(취득세)　　40,000(유보)
   　　〈손금산입〉 토지(가산세)　　10,000(△유보)
   　　〈손금불산입〉 가산세　　10,000(기타사외유출)

2. 제11기의 회계처리와 세무조정
   (1) 회계처리

(차) 현 금	1,100,000	(대) 토 지	1,010,000
		처분이익	90,000

   (2) 세무조정
   　　〈익금불산입〉 토지(취득세)　　40,000(△유보)
   　　〈익금산입〉 토지(가산세)　　10,000(유보)

[분개법]

(1) 제10기 취득시

Book	토 지 세금과공과	1,010,000 40,000	/	현 금	1,050,000
Tax	토 지 유출잉여금(to 정부)	1,040,000 10,000	/	현 금	1,050,000
Adjustment	토 지 유출잉여금(to 정부)	30,000 10,000	/	세금과공과	40,000
Tax-Adj	자 산↑(순자산↑) 유출잉여금↓(순자산↓)	30,000 10,000	/	손 금↓(순자산↓)	40,000

〈손금불산입〉 세금과공과　40,000·유보(토지)
〈손금산입〉 세금과공과　10,000·△유보(토지)
〈손금불산입〉 세금과공과　10,000·기타사외유출(to 정부)

(2) 제11기 처분시

Book	현 금	1,100,000	/	토 지 처분이익	1,010,000 90,000
Tax	현 금	1,100,000	/	토 지 처분이익	1,040,000 60,000
Adjustment	처분이익	30,000	/	토 지	30,000
Tax-Adj	익 금↓(순자산↓)	30,000	/	자 산↓(순자산↓)	30,000

〈익금불산입〉 처분이익　30,000·△유보(토지)

제7절 세금과 공과금 등

조세법령 확인을 통해 기본개념 익히기

※ 다음 법인세 관련 조세법령의 빈 칸을 채우시오.

1. 법인세법 제21조 【세금과 공과금의 손금불산입】

    다음 각 호의 세금과 공과금은 내국법인의 각 사업연도의 소득금액을 계산할 때 손금에 산입하지 아니한다.
    1. 각 사업연도에 납부하였거나 납부할 □□□(제18조의 4에 따른 익금불산입의 적용 대상이 되는 수입배당금액에 대하여 외국에 납부한 세액과 제57조에 따라 세액공제를 적용하는 경우의 □□법인세액을 포함한다) 또는 □□□□소득세와 각 세법에 규정된 □□ □□□□으로 인하여 납부하였거나 납부할 세액(□□□를 포함한다) 및 부가가치세의 □□□□(부가가치세가 면제되거나 그 밖에 대통령령으로 정하는 경우의 세액은 제외한다)
    2. 반출하였으나 □□하지 아니한 제품에 대한 □□□□□ 또는 주세(酒稅)의 미납액. 다만, 제품□□에 그 세액에 상당하는 금액을 가산한 경우에는 예외로 한다.
    3. 벌금, □□(통고처분에 따른 벌금 또는 과료에 상당하는 금액을 포함한다), 과태료(과료와 과태금을 포함한다), □□□ 및 체납처분비
    4. 법령에 따라 의무적으로 납부하는 것이 □□ 공과금
    5. 법령에 따른 의무의 불이행 또는 금지·제한 등의 위반을 □□로 부과되는 공과금
    6. 연결모법인에 제76조의 19 제2항 또는 제3항에 따라 지급하였거나 지급할 금액

    해설과 해답

    법인세, 외국, 법인지방, 의무불이행, 가산세, 매입세액, 판매, 개별소비세, 가격, 과료, 가산금, 아닌, 이유

2. 법인세법 제21조의 2 【징벌적 목적의 손해배상금 등에 대한 손금불산입】

    내국법인이 지급한 손해배상금 중 실제 발생한 손해를 □□하여 지급하는 금액으로서 대통령령으로 정하는 금액은 내국법인의 각 사업연도의 소득금액을 계산할 때 손금에 산입하지 아니한다.

    해설과 해답

    초과

다음은 법인세법령상 내국법인 ㈜B의 제24기(2025.1.1.~12.31.) 손익계산서에 손비로 계상한 항목이다. 해당 항목 중 제24기 각 사업연도의 소득금액을 계산할 때 손금불산입할 합계액은?
[국가직 7급 2022]

(1) 법인 소유 차량에 대해 부과된 과태료: 1,500,000원
(2) 본사 건물에 대한 재산세: 5,500,000원(재산세에 대한 납부지연가산세 1,000,000원이 포함된 금액임)
(3) 판매하지 아니한 제품에 대한 반출필의 주세의 미납액(제품가격에 해당 세액이 가산되지 않음): 5,500,000원
(4) 「국민건강보험법」에 따라 사용자로서 부담한 보험료: 2,500,000원
(5) 「제조물 책임법」 제3조 제2항에 따라 지급한 손해배상금(실제 발생한 손해액이 분명하지 않음): 4,500,000원

① 9,500,000원   ② 11,000,000원
③ 12,500,000원   ④ 13,500,000원

구 분	손금불산입액	비 고
(1) 과태료	1,500,000원	과태료는 손금불산입 항목임
(2) 재산세	1,000,000원	납부지연가산세 손금불산입
(3) 주세 미납액	5,500,000원	제품가격에 가산하지 않은 주세는 손금불산입 항목임
(4) 사용자 부담 건강보험료	-	손금항목
(5) 징벌적 목적 손해배상금	3,000,000원	손해액 불분명하므로 손해배상금의 2/3 손금불산입
합 계	11,000,000원	

 ②

제8절 손익의 귀속시기

- I. 손익귀속시기의 개관
- II. 자산의 판매·양도손익
- III. 용역매출과 예약매출
- IV. 수입이자와 지급이자·배당소득
- V. 임차료와 임대료 등 그 밖의 손익
- VI. 전기오류수정손익
- VII. 기업회계기준과 관행의 적용

I. 손익귀속시기의 개관

1 기업회계와 법인세법상 손익의 귀속시기

(1) 기업회계상 손익의 귀속시기

기업회계에서는 일정 회계기간의 경영성과를 나타내주는 당기순이익은 발생주의에 입각하여 도출하도록 하고 있는데, 수익은 가득요건과 측정요건을 만족시켰을 때 인식하는 실현주의, 비용은 수익·비용대응의 원칙에 의하여 인식(① 직접대응, ② 간접대응, ③ 즉시인식)하도록 규정하고 있다.

(2) 법인세법상 손익의 귀속시기

한편, 법인세 또한 기간과세세목으로서 일정 과세기간의 소득을 측정하여 세액을 계산하는 특징을 갖고 있다. 따라서 경영활동의 결과로서 나타나게 되는 익금과 손금을 어느 과세기간에 포함시킬 것인가 하는 것은 세수의 안정적 확보라는 과세당국의 목표에 직접적인 영향을 미치게 되므로 현행 법인세법은 회계담당자의 주관성이 개입될 여지가 많은 발생주의를 버리고, 권리가 확정된 시점에 익금을 인식하고, 의무가 확정된 시점에 손금을 인식하는 권리의무확정주의를 채택하고 있다.

2 권리의무확정주의에 대한 법인세법상 근거규정

법인세법에서는 "내국법인의 각 사업연도의 익금과 손금의 귀속사업연도는 그 익금과 손금이 확정된 날이 속하는 사업연도로 한다(법법 40)"라고 규정하고 있는데, 이것이 "권리의무확정주의"의 근거규정이라 할 수 있다.

즉, 법인세법에서는 익금은 권리가 확정된 날이 속하는 사업연도에, 손금은 의무가 확정된 날이 속하는 사업연도에 귀속시킬 것을 요구하고 있는 것이다.

유형별 손익의 귀속시기

그런데 위 법인세법 제40조[손익의 귀속사업연도의 일반원칙]의 규정은 실제로 법인에 발생하는 다양한 거래의 귀속시기를 판단하는 기준이 되기에는 다소 추상적이므로 법인세법에서는 귀속시기에 관한 규정을 이에 그치지 않고 추가적으로 권리의무확정주의에 입각한 손익의 귀속시기의 예를 거래의 유형별로 구분하여 규정하고 있는데, 이를 살펴보면 다음과 같다.

① 자산의 판매·양도손익
② 용역매출·예약매출
③ 수입이자와 지급이자·배당소득
④ 임대료와 임차료 등 그 밖의 손익
⑤ 전기오류수정손익

II. 자산의 판매·양도손익

 ### 일반적인 자산의 판매·양도

(1) 기업회계기준과 법인세법의 규정

일반적인 자산의 판매·양도의 귀속시기를 살펴보면 다음과 같다.

유 형	기업회계기준	법인세법
재고자산의 판매 ▶ 부동산 제외	인도기준	재고자산을 인도한 날(=인도기준)
재고자산의 시용판매 ▶ 부동산 제외	매입자가 매입의사를 표시한 날 또는 반품기간이 종료되는 시점	상대방이 구입의사를 표시한 날. 다만, 일정기간 내에 반송하거나 거절의 의사를 표시하지 아니하면 특약 등에 의하여 해당 판매가 확정되는 경우에는 그 기간의 만료일
재고자산 이외의 자산양도 ▶ 부동산 포함	법적 소유권이 구매자에게 이전되는 시점(소유권이전등기일)과 소유에 따른 위험과 효익이 구매자에게 실질적으로 이전되는 시점(잔금청산일 또는 사용가능일) 중 빠른 날	① 대금청산일 ② 소유권이전등기·등록일 ③ 인도일·사용수익일 중 빠른날
자산의 위탁매매	수탁자가 위탁자산을 판매한 날	수탁자가 위탁자산을 매매한 날

(2) 인도한 날의 범위

위의 귀속시기와 관련된 규정을 적용함에 있어 인도한 날의 판정시 다음에 해당하는 경우에는 해당 규정된 날을 인도한 날로 한다(법칙 33).

① 납품계약 또는 수탁가공계약에 의하여 물품을 납품하거나 가공하는 경우에는 해당 물품을 **계약상 인도하여야 할 장소에 보관한 날**. 다만, 계약에 따라 검사를 거쳐 인수 및 인도가 확정되는 물품의 경우에는 해당 **검사가 완료된 날**로 한다.
② 물품을 수출하는 경우에는 수출물품을 **계약상 인도하여야 할 장소에 보관한 날**. 여기서 "수출물품을 계약상 인도하여야 할 장소에 보관한 날"이란 계약상 별단의 명시가 없는 한 **선적을 완료한 날**을 말한다.
다만, 선적완료일이 불분명한 경우로서 수출할 물품을 보세구역이 아닌 다른 장소에 장치하고 통관절차를 완료하여 수출면장을 받은 경우에는 계약상 인도하여야 할 장소에 보관한 날에 해당하는 것으로 본다(법기통 40-68…2).

(3) 재고자산판매의 의미

위에서 설명하고 있는 "재고자산의 판매"의 의미는 시용판매와 위탁매매를 제외한 일체의 판매유형을 다 포괄하는 개념임에 유의하여야 한다. 즉, 재고자산의 판매에는 현금판매·외상판매·할부판매(단기·장기) 등을 모두 포함하고 있다.

또한 귀속시기가 인도기준이라는 것은 단지 그 시점에 국한된 것이 아니라 사업수입금액의 인식액과도 직결되어 있다는 것을 간과해서는 안된다. 즉, 인도시점에 현금판매는 현금판매가액·외상판매는 외상판매가액·할부판매(단기·장기)는 할부판매가액 전액을 사업수입금액으로 인식하여야 한다는 의미를 포함하고 있는 것이다.

매출할인의 귀속시기

구 분	내 용
① 규 정	법인이 매출할인을 하는 경우 해당 매출할인금액은 상대방과의 약정에 의한 지급기일(지급기일이 약정되지 아니한 경우에는 지급한 날)이 속하는 사업연도의 매출액에서 차감한다(법령 68④).
② 사 례	제10기 12월 27일 "2/10, n/30" 조건으로 10,000원의 외상판매를 한 후, 제11기 1월 4일 대금결제를 받은 경우의 각 일자별 회계처리는 다음과 같다. 제10기 12월 27일 : (차) 외상매출금　　　10,000　　(대) 매　　출　　　10,000 제11기 1월 4일 : (차) 현　　금　　　9,800　　(대) 외상매출금　　10,000 　　　　　　　　　　매 출 할 인　　　200 이 경우 매출할인 200원은 제11기 사업연도의 사업수입금액에서 차감한다.

자산(재고자산·그 밖의 자산)의 장기할부조건부 판매·양도

(1) 장기할부조건의 범위

먼저 장기할부조건의 범위를 살펴보면 다음과 같다.

일반적인 경우	부동산의 경우
① 판매금액 등을 2회 이상으로 분할하여 수입하는 것	① 양도금액을 2회 이상으로 분할하여 수입하는 것
② 해당 목적물의 인도일의 다음날부터 최종 할부금 지급기일까지의 기간이 1년 이상인 것	② 해당 목적물의 소유권이전등기일 또는 사용수익일 중 빠른 날의 다음날부터 최종 할부금의 지급기일까지의 기간이 1년 이상인 것

(2) 장기할부조건부 판매·양도의 원칙적 귀속시기

장기할부조건으로 자산을 판매·양도한 경우에도 원칙적으로는 위 재고자산의 판매 또는 그 밖의 자산의 양도에서 살펴본 바와 같이 해당 자산을 인도한 날 등으로 한다(➡ 명목가치 인도기준 등).

(3) 현재가치할인차금을 인식한 경우의 귀속시기

법인이 장기할부조건 등에 의하여 자산을 판매·양도함으로써 발생한 채권에 대하여 기업회계기준에 따라 현재가치할인차금을 계상한 경우 해당 현재가치할인차금 상당액은 기업회계기준이 정하는 바에 따라 환입하였거나 환입할 금액을 각 사업연도의 익금에 산입한다(➡ 현재가치 인도기준 등 수용).

(4) 회수기일도래기준을 적용한 경우의 귀속시기

1) 규 정

법인이 결산을 확정함에 있어서 해당 장기할부조건에 따라 각 사업연도에 회수하였거나 회수할 금액과 이에 대응하는 비용을 각각 수익과 비용으로 계상한 경우에는 이를 각각 계상한 해당 사업연도의 익금과 손금으로 한다(➡ 회수기일 도래기준 수용).

다만, 중소기업인 법인이 장기할부조건으로 자산을 판매하거나 양도한 경우에는 비록 장부상 인도기준으로 회계처리를 하였더라도 그 장기할부조건에 따라 각 사업연도에 회수하였거나 회수할 금액과 이에 대응하는 비용을 각각 해당 사업연도의 익금과 손금에 산입할 수 있다.

2) 참 고

한편, 회수기일도래기준을 적용함에 있어서 인도일 이전에 회수하였거나 회수할 금액은 인도일에 회수한 것으로 보며, 법인이 장기할부기간 중에 폐업한 경우에는 그 폐업일 현재 익금에 산입하지 않은 금액과 이에 대응하는 비용을 폐업일이 속하는 사업연도의 익금과 손금에 각각 산입한다(법령 68③).

▷ 인도일 이전에 받은 할부금은 선수금처리를 하였다가 인도일이 속하는 사업연도의 익금으로 인식한다.
▷ 폐업일 이후에 도래하는 금액은 폐업일이 속하는 사업연도의 익금으로 인식한다.

손익의 귀속시기(Ⅰ)

다음 자료는 각각 독립된 상황이다. 항목별 세무조정을 하시오.

1. ㈜A는 재고조사를 실시한 결과 A제품이 장부상 수량보다 200개가 부족한 것을 발견하였다. 이유를 살펴보니 3개월 후에 대금을 결제하는 조건으로 사업연도 말에 인도하였으나 담당자가 회계처리를 하지 않았다. A제품의 개당 원가는 40,000원이고 판매가는 원가에 15%의 이익을 가산한 금액이다.

2. ㈜B는 재고조사를 실시한 결과 B제품이 장부상 수량보다 300개가 부족한 것을 발견하였다. 이유를 살펴보니 현금판매로 기록된 것 이외에는 아무도 그 사유를 파악하지 못하고 있다. B제품의 개당 원가는 30,000원이고 판매가는 원가에 10%의 이익을 가산한 금액이다.

3. ㈜C의 해당 사업연도말 현재 재무상태표상 선수금에 계상된 8,000,000원은 거래처인 ㈜D로부터 받은 A제품의 판매계약금이다. A제품 400개는 해당 사업연도말 현재 ㈜D에 도착되었으나 계약조건에 따른 물품의 검사가 아직 완료되지 아니하였다. A제품의 개당 원가 및 판매가는 각각 18,000원, 30,000원이다.

4. ㈜E는 제10기 사업연도에 ㈜F와 위탁매매계약을 체결하고 제품 60,000,000원을 적송하였다. ㈜F는 해당 적송품 중 40%는 제10기말에, 나머지 60%는 제11기초에 판매하였으며 이에 대한 매출계산서는 모두 제11기 초에 ㈜E에 도착되었다. 위의 위탁매매계약조건에 의하면 수탁자인 ㈜F의 판매가격은 제품원가에 25%의 이익을 가산한 금액으로 하며 위탁판매수수료는 판매가격의 2%를 지급하기로 약정되어 있다. 한편, ㈜E는 적송품의 발송에 소요된 운임 3,000,000원을 판매비와관리비로 계상하였으며, 적송품 관련손익을 적송일에 회계처리하였다.

해답

1. 신용매출누락
   〈익금산입〉 신용매출 과소계상 9,200,000❶(유보)
   〈손금산입〉 매출원가 과소계상 8,000,000❷(△유보)
   ❶ 200개×40,000원×115%
   ❷ 200개×40,000원
   ※ 신용매출누락액을 익금산입하고, 세무상 순자산가액이 증가하므로 유보로 처분한다. 한편, 매출원가누락액은 손금산입하고, 세무상 순자산가액이 감소하므로 △유보로 처분한다.

2. 현금매출누락
   〈익금산입〉 현금매출 과소계상 9,900,000❶(상여)
   〈손금산입〉 매출원가 과소계상 9,000,000❷(△유보)
   ❶ 300개×30,000원×110%
   ❷ 300개×30,000원
   ※ 현금매출누락액을 익금산입하고, 귀속자를 알 수 없으므로 대표자 상여로 처분한다. 한편, 매출원가누락액은 손금산입하고, 세무상 순자산가액이 감소하므로 △유보로 처분한다.

3. 선수금 : 세무조정 없음
   ※ 계약에 따라 검사를 거쳐 인도가 확정되는 물품의 경우에는 해당 검사가 완료된 날을 인도일로 본다.

4. 위탁매매
   (1) 제10기
       〈익금불산입〉 적송품매출   45,000,000(△유보)
       〈손금불산입〉 적송품매출원가   36,000,000(유보)
       〈손금불산입〉 위탁판매수수료   900,000(유보)
       〈손금불산입〉 적송운임   1,800,000(유보)
       ※ 적송품매출 : 75,000,000원❶−75,000,000원 × 40%=45,000,000원
          적송품 매출원가 : 60,000,000원−60,000,000원 × 40%=36,000,000원
          위탁판매수수료 : 1,500,000원❷−75,000,000원 × 2%× 40%=900,000원
          적송운임 : 3,000,000원−3,000,000원 × 40%=1,800,000원
       ❶ 60,000,000원 × 125%=75,000,000원
       ❷ 75,000,000원 × 2%=1,500,000원
   (2) 제11기
       〈익금산입〉 전기 적송품매출   45,000,000(유보)
       〈손금산입〉 전기 적송품매출원가   36,000,000(△유보)
       〈손금산입〉 전기 위탁판매수수료   900,000(△유보)
       〈손금산입〉 전기 적송운임   1,800,000(△유보)

손익의 귀속시기(Ⅰ)

(1) 신용매출누락

① 매출누락 (당기)

Book	누 락			
Tax	매출채권	9,200,000* / 매 출		9,200,000
	* 200개 × 46,000원			
Adjustment	매출채권	9,200,000 / 매 출		9,200,000
Tax-Adj	자 산↑(순자산↑)	9,200,000 / 익 금↑(순자산↑)		9,200,000

〈익금산입〉 매출 9,200,000・유보(매출채권)

〈참 고〉 차기의 세무조정

Book	현 금	9,200,000* / 매 출		9,200,000
	* 200개 × 46,000원			
Tax	없 음(Why? 전기에 이미 '자산의 증가와 익금의 증가'로 인식하였으므로)			
Adjustment	매 출	9,200,000 / 현 금		9,200,000
Tax-Adj	익 금↓(순자산↓)	9,200,000 / 자 산↓(순자산↓)		9,200,000

〈익금불산입〉 매출 9,200,000・△유보(현금)

② 매출원가 누락

[Case 1] 실지재고조사법

Book	매 입	××× / 기초재고(A제품)		×××
	기말재고(A제품)	A / 매 입		A
Tax	매 입	××× / 기초재고(A제품)		×××
	기말재고(A제품)	(A − 8,000,000*) / 매 입		(A − 8,000,000)
	* 200개 × 40,000원			
Adjustment	매 입	8,000,000 / 기말재고(A제품)		8,000,000
Tax-Adj	손 금↑(순자산↓)	8,000,000 / 자 산↓(순자산↓)		8,000,000

〈손금산입〉 매출원가 8,000,000・△유보(재고자산)

〈참 고〉 차기의 세무조정

Book	매 입	A / 기초재고(A제품)		A
	기말재고(A제품)	B / 매 입		B
Tax	매 입	(A − 8,000,000*) / 기초재고(A제품)		(A − 8,000,000)
	* 200개 × 40,000원			
	기말재고(A제품)	B / 매 입		B
Adjustment	기초재고(A제품)	8,000,000 / 매 입		8,000,000
Tax-Adj	자 산(순자산↑)	8,000,000 / 손 금(순자산↑)		8,000,000

〈손금불산입〉 매출원가 8,000,000・유보(재고자산)

[Case 2] 계속기록법 가정시(문제에서는 실사를 통해 재고부족을 발견하였음)

Book	누 락		
Tax	매출원가 * 200개 × 40,000원	8,000,000* / A제품(재고자산)	8,000,000
Adjustment	매출원가	8,000,000 / A제품(재고자산)	8,000,000
Tax-Adj	손 금↑(순자산↓)	8,000,000 / 자 산↓(순자산↓)	8,000,000

〈손금산입〉 매출원가   800,000 · △유보(재고자산)

〈참 고〉 제12기의 세무조정

Book	매출원가 * 200개 × 4,000원	8,000,000* / A제품(재고자산)	8,000,000
Tax	없 음(Why? 전기에 이미 '손금의 증가와 자산의 감소'로 인식하였으므로)		
Adjustment	A제품(재고자산)	8,000,000 / 매출원가	8,000,000
Tax-Adj	자 산↑(순자산↑)	8,000,000 / 손 금↓(순자산↑)	8,000,000

〈손금불산입〉 매출원가   8,000,000 · 유보(재고자산)

☞ 결론 : 정확한 매출원가는 실지재고조사법이나 계속기록법이나 모두 같아야 하므로 이해하기 편리한 계속기록법으로 세무조정하는 것이 편리함

(2) 현금매출누락

① 매출누락 (당기)

Book	누 락		
Tax	유출잉여금(to ?) * 300개 × 33,000원	9,900,000* / 매 출	9,900,000
Adjustment	유출잉여금	9,900,000 / 매 출	9,900,000
Tax-Adj	유출잉여금↓(순자산↓)	9,900,000 / 익 금↑(순자산↑)	9,900,000

〈익금산입〉 매출   9,900,000 · 상여(대표자)

② 매출원가 누락

Book	누 락		
Tax	매출원가 * 300개 × 30,000원	9,000,000* / B제품(재고자산)	9,000,000
Adjustment	매출원가	9,000,000 / B제품(재고자산)	9,000,000
Tax-Adj	손 금↑(순자산↓)	9,000,000 / 자 산↓(순자산↓)	9,000,000

〈손금산입〉 매출원가   9,000,000 · △유보(재고자산)

(3) 선수금

① 계약시

Book	현 금	8,000,000 / 선수금	8,000,000
Tax	현 금	8,000,000 / 선수금	8,000,000
Adjustment	없 음		

Tax-Adj	없 음	

<세무조정 없음>

② 사업연도말

Book	없 음	
Tax	없 음	
Adjustment	없 음	
Tax-Adj	없 음	

<세무조정 없음>

(4) 위탁매매

① 제10기

Book	매출채권	75,000,000* / 매 출	75,000,000
	* 60,000,000원 × 125%		
	매출원가	60,000,000 / 적송품	60,000,000
	위탁판매수수료	1,500,000 / 현 금	4,500,000
	적송운임(판매비와 관리비)	3,000,000	
Tax	매출채권	30,000,000* / 매 출	30,000,000
	* 75,000,000원 − 75,000,000원 × 60%		
	매출원가	24,000,000* / 적송품	24,000,000
	* 60,000,000원 − 60,000,000원 × 60%		
	위탁판매수수료	600,000* / 현 금	4,500,000
	선급비용	900,000	
	적송품	3,000,000	
	* 1,500,000원 − 75,000,000원 × 2% × 60%		
	매출원가	1,200,000* / 적송품	1,200,000
	* 3,000,000원 × 40%		
Adjustment	매 출	45,000,000 / 매출채권	45,000,000
	적송품	36,000,000 / 매출원가	36,000,000
	선급비용	900,000 / 위탁판매수수료	900,000
	적송품	1,800,000 / 적송운임	3,000,000
	매출원가	1,200,000	
Tax-Adj	익 금↓(순자산↓)	45,000,000 / 자 산↓(순자산↓)	45,000,000

<익금불산입> 매출 45,000,000·△유보(매출채권)

자 산↑(순자산↑)	36,000,000 / 손 금↓(순자산↑)	36,000,000

<손금불산입> 매출원가 36,000,000·유보(적송품)

자 산↑(순자산↑)	900,000 / 손 금↓(순자산↑)	900,000

<손금불산입> 위탁판매수수료 900,000·유보(선급비용)

자 산↑(순자산↑)	1,800,000 / 손 금↓(순자산↑)	1,800,000

<손금불산입> 적송운임 1,800,000·유보(적송품)

② 제11기

Book	없 음			
Tax	매출채권	45,000,000*	/ 매 출	45,000,000
	* 75,000,000원 × 60%			
	매출원가	36,000,000*	/ 재고자산	36,000,000
	* 60,000,000원 × 60%			
	위탁판매수수료	900,000*	/ 선급비용	900,000
	매출원가	1,800,000**	/ 적송품	1,800,000
	* 1,500,000원 − 75,000,000원 × 2% × 40%			
	** 3,000,000원 × 60%			
Adjustment	매출채권	45,000,000	/ 매 출	45,000,000
	매출원가	36,000,000	/ 재고자산	36,000,000
	위탁판매수수료	900,000	/ 선급비용	900,000
	매출원가	1,800,000	/ 적송품	1,800,000
Tax-Adj	자 산↑(순자산↑)	45,000,000	/ 익 금↑(순자산↑)	45,000,000

〈익금산입〉 매출 45,000,000·유보(매출채권)

손 금↑(순자산↓) 36,000,000 / 자 산↓(순자산↓) 36,000,000

〈손금산입〉 매출원가 36,000,000·△유보(적송품)

손 금↑(순자산↓) 900,000 / 자 산↓(순자산↓) 900,000

〈손금산입〉 위탁판매수수료 900,000·△유보(선급비용)

손 금↑(순자산↓) 1,800,000 / 자 산↓(순자산↓) 1,800,000

〈손금산입〉 매출원가 1,800,000·△유보(적송품)

예제 8-2 손익의 귀속시기(Ⅱ)

1. 일반기업인 ㈜A는 제3기에 제품을 할부조건으로 10,000,000원(원가율 60%)에 판매하였다.
2. 제품판매대금의 회수약정금액 및 실제회수한 금액의 내역은 다음과 같다.

사업연도	회수약정금액	실제회수한 금액
제 3 기	7,000,000원	7,500,000원
제 4 기	3,000,000원	2,500,000원
계	10,000,000원	10,000,000원

3. 인도기준을 적용시 현재가치평가액은 9,000,000원이며, 매 사업연도별 현재가치할인차금상각액은 제3기 550,000원, 제4기 450,000원이다.
   다음의 각 유형별 세무조정을 하시오.

	인 도 일	최종할부금 지급일	㈜A의 회계처리
(1)	제3기 10월 1일	제4기 4월 1일	회수기일도래기준 적용
(2)	제3기 10월 1일	제4기 11월 1일	대금청산일기준 적용
(3)	제3기 10월 1일	제4기 12월 1일	회수기준 적용

해답

(1) 회수기일도래기준 적용

(단위 : 천원)

구 분	연 도	회사계상	세무상	세무조정
할부매출	제3기	7,000	10,000	3,000(익금산입, 유보)
	제4기	3,000	-	3,000(익금불산입, △유보)
매출원가	제3기	4,200	6,000	1,800(손금산입, △유보)
	제4기	1,800	-	1,800(손금불산입, 유보)

※ 이는 단기할부판매이므로 인도기준(명목가액)과의 차이를 세무조정한다.

(2) 대금청산일기준 적용

(단위 : 천원)

구 분	연 도	회사계상	세무상	세무조정
할부매출	제3기	-	10,000	10,000(익금산입, 유보)
	제4기	10,000	-	10,000(익금불산입, △유보)
매출원가	제3기	-	6,000	6,000(손금산입, △유보)
	제4기	6,000	-	6,000(손금불산입, 유보)

※ 이는 장기할부판매로서 회사는 대금청산일기준을 적용하였으나, 법인세법상 인정되지 않는 기준이므로 원칙적인 기준인 인도기준(명목가액)과의 차이를 세무조정한다.

(3) 회수기준 적용

(단위 : 천원)

구 분	연 도	회사계상	세무상	세무조정
할부매출	제3기	7,500	7,000	500(익금불산입, △유보)
	제4기	2,500	3,000	500(익금산입, 유보)
매출원가	제3기	4,500	4,200	300(손금불산입, 유보)
	제4기	1,500	1,800	300(손금산입, △유보)

※ 이는 장기할부판매로서 회사는 회수기준을 적용하였으나, 법인세법상으로는 인정되지 않는 기준이다. 그러나 과세당국에서는 이를 회수기일도래기준의 적용상 실수로 보아 회수기일도래기준과의 차이를 세무조정하도록 규정하고 있다(법인(재) 46012-64, 1999. 5. 4).

분개법 손익의 귀속시기(II)

(1) 장부상 회수기일도래기준 적용 vs. 세무상 단기할부판매이므로 인도기준(명목가액) 적용

① 제3기

Book	매출채권	7,000,000 / 매 출		7,000,000
	매출원가	4,200,000 / 재고자산		4,200,000
Tax	매출채권	10,000,000 / 매 출		10,000,000
	매출원가	6,000,000 / 재고자산		6,000,000
Adjustment	매출채권	3,000,000 / 매 출		3,000,000
	매출원가	1,800,000 / 재고자산		1,800,000
Tax-Adj	자 산↑(순자산↑)	3,000,000 / 익 금↑(순자산↑)		3,000,000

〈익금산입〉 매 출 3,000,000 · 유보(매출채권)

	손 금↑(순자산↓)	1,800,000 / 자 산↓(순자산↓)		1,800,000

〈손금산입〉 매출원가 1,800,000 · △유보(재고자산)

② 제4기

Book	매출채권	3,000,000	/ 매 출	3,000,000	
	매출원가	1,800,000	/ 재고자산	1,800,000	
Tax	없 음				
Adjustment	매 출	3,000,000	/ 매출채권	3,000,000	
	재고자산	1,800,000	/ 매출원가	1,800,000	
Tax-Adj	익 금↓(순자산↓)	3,000,000	/ 자 산↓(순자산↓)	3,000,000	

〈익금불산입〉 매 출   3,000,000 · △유보(매출채권)

	자 산↑(순자산↑)	1,800,000	/ 손 금↓(순자산↑)	1,800,000	

〈손금불산입〉 매출원가   1,800,000 · 유보(재고자산)

(2) 장부상 대금청산일기준 적용 vs. 세무상 장기할부판매이므로 원칙상 인도기준(명목가액) 적용

① 제3기

Book	없 음				
Tax	매출채권	10,000,000	/ 매 출	10,000,000	
	매출원가	6,000,000	/ 재고자산	6,000,000	
Adjustment	매출채권	10,000,000	/ 매 출	10,000,000	
	매출원가	6,000,000	/ 재고자산	6,000,000	
Tax-Adj	자 산↑(순자산↑)	10,000,000	/ 익 금↑(순자산↑)	10,000,000	

〈익금산입〉 매 출   10,000,000 · 유보(매출채권)

	손 금↑(순자산↓)	6,000,000	/ 자 산↓(순자산↓)	6,000,000	

〈손금산입〉 매출원가   6,000,000 · △유보(재고자산)

② 제4기

Book	매출채권	10,000,000	/ 매 출	10,000,000	
	매출원가	6,000,000	/ 재고자산	6,000,000	
Tax	없 음				
Adjustment	매 출	10,000,000	/ 매출채권	10,000,000	
	재고자산	6,000,000	/ 매출원가	6,000,000	
Tax-Adj	익 금↓(순자산↓)	10,000,000	/ 자 산↓(순자산↓)	10,000,000	

〈익금불산입〉 매 출   10,000,000 · △유보(매출채권)

	자 산↑(순자산↑)	6,000,000	/ 손 금↓(순자산↑)	6,000,000	

〈손금불산입〉 매출원가   6,000,000 · 유보(재고자산)

(3) 장부상 회수기준 적용 vs. 세무상 장기할부판매로서 회수기일도래기준(명목가액) 적용

① 제3기

Book	매출채권	7,500,000	/ 매 출	7,500,000	
	매출원가	4,500,000	/ 재고자산	4,500,000	

Tax	매출채권	7,000,000	/ 매 출	7,000,000	
	매출원가	4,200,000	/ 재고자산	4,200,000	
Adjustment	매 출	500,000	/ 매출채권	500,000	
	매출원가	300,000	/ 재고자산	300,000	
Tax-Adj	익 금↓(순자산↓)	500,000	/ 자 산↓(순자산↓)	500,000	

〈익금불산입〉 매 출 500,000 · △유보(매출채권)

	자 산↑(순자산↑)	300,000	/ 손 금↓(순자산↑)	300,000	

〈손금불산입〉 매출원가 300,000 · 유보(재고자산)

② 제4기

Book	매출채권	2,500,000	/ 매 출	2,500,000	
	매출원가	1,500,000	/ 재고자산	1,500,000	
Tax	매출채권	3,000,000	/ 매 출	3,000,000	
	매출원가	1,800,000	/ 재고자산	1,800,000	
Adjustment	매출채권	500,000	/ 매 출	500,000	
	매출원가	300,000	/ 재고자산	300,000	
Tax-Adj	자 산↑(순자산↑)	500,000	/ 익 금↑(순자산↑)	500,000	

〈익금산입〉 매 출 500,000 · 유보(매출채권)

	손 금↓(순자산↓)	300,000	/ 자 산↓(순자산↓)	300,000	

〈손금산입〉 매출원가 300,000 · △유보(재고자산)

 **8-3 손익의 귀속시기(Ⅲ)**

다음 자료에 의하여 12월말 법인인 ㈜A의 제12기와 제13기 사업연도에 대한 세무조정을 하시오.

1. ㈜A는 당초 공장용 부지로 매입하였던 토지 2,000평(장부가액 300,000,000원) 중 1,000평을 처분하기로 하였다.
2. 해당 토지의 처분과 관련된 내역은 다음과 같다.
   ① 양도계약 체결일 : 제12기 9월 15일
   ② 계약금(50,000,000원) 수령일 : 제12기 9월 15일
   ③ 1차 중도금(50,000,000원) 수령일 : 제12기 12월 15일
   ④ 2차 중도금(50,000,000원) 수령일 : 제13기 3월 15일
   ⑤ 3차 중도금(50,000,000원) 수령일 : 제13기 6월 15일
   ⑥ 잔금(50,000,000원) 수령일 : 제13기 9월 15일
3. 해당 토지의 소유권 이전등기일은 제13기 3차 중도금을 수령한 6월 15일이며, 사용수익일은 제12기 9월 30일이다.
4. ㈜A는 회수기일도래기준에 의하여 회계처리하였다.
5. ㈜A는 중소기업에 해당한다.

1. 사례의 분석
   위의 사례는 해당 토지의 소유권이전등기일(제13기 6월 15일) 또는 사용수익일(제12기 9월 30일) 중 빠른 날의 다음

날부터 최종 할부금의 지급기일(제13기 9월 15일)까지의 기간이 1년 미만이므로 장기할부조건을 만족시키지 않는다. 따라서 대금청산일, 소유권이전등기일, 사용수익일 중 가장 빠른 날을 법인세법상 손익의 귀속시기로 한다.

2. 세무조정
   (1) 제12기

   〈익금산입〉 토지양도가액 과소계상   150,000,000❶(유보)
   〈손금산입〉 토지장부가액 과소계상   90,000,000❷(△유보)

   ❶ 250,000,000원 − 100,000,000원 = 150,000,000원

   ❷ 150,000,000원 − 150,000,000원 × $\frac{100,000,000원}{250,000,000원}$ = 90,000,000원

   (2) 제13기

   〈익금불산입〉 전기 토지양도가액 과소계상   150,000,000(△유보)
   〈손금불산입〉 전기 토지장부가액 과소계상   90,000,000(유보)

분개법 손익의 귀속시기(Ⅲ)

① 제12기

Book	현　금	100,000,000	/ 토　지	60,000,000	
			처분이익	40,000,000	
Tax	현　금	100,000,000	/ 토　지	150,000,000	
	미수금	150,000,000	/ 처분이익	100,000,000	
Adjustment	미수금	150,000,000	/ 토　지	90,000,000	
			처분이익	60,000,000	
Tax−Adj	자　산↑(순자산↑)	150,000,000	/ 자　산↓(순자산↓)	90,000,000	
	익　금↑(순자산↑)	60,000,000			

〈익 금 산 입〉 150,000,000·유보(미수금)
〈익금불산입〉 90,000,000·△유보(토지)

② 제13기

Book	현　금	150,000,000	/ 토　지	90,000,000	
			처분이익	60,000,000	
Tax	현　금	150,000,000	/ 미수금	150,000,000	
Adjustment	토　지	90,000,000	/ 미수금	150,000,000	
	처분이익	60,000,000			
Tax−Adj	자　산↑(순자산↑)	90,000,000	/ 자　산↓(순자산↓)	150,000,000	
	익　금↓(순자산↑)	60,000,000			

〈익 금 산 입〉 90,000,000·유보(토지)
〈익금불산입〉 150,000,000·△유보(미수금)

III. 용역매출과 예약매출

 원 칙

　용역매출과 예약매출은 원칙적으로 작업진행률에 의하여 계산한 수익과 비용을 각각 익금과 손금에 산입한다. 이를 요약하면 다음과 같다.

① 익금(공사수익)
　도급금액×작업진행률－직전 사업연도 말까지의 수입계상액
② 손금(공사원가)
　해당 사업연도에 발생한 총비용

 **예외 ①**

　다만, 다음의 어느 하나에 해당하는 경우에는 그 목적물의 **인도일**(용역제공의 경우에는 **용역제공을 완료한 날**)이 속하는 사업연도로 할 수 있다.

① 중소기업이 수행하는 계약기간이 1년 미만인 건설 등의 경우
② 기업회계기준에 따라 그 목적물의 인도일이 속하는 사업연도의 수익과 비용으로 계상한 경우❋

❋ 한국채택국제회계기준(K-IFRS)에 따른 아파트 분양의 예약매출

 예외 ②

　한편, 위의 규정을 적용할 때 법인이 비치·기장한 장부가 없거나 비치·기장한 장부의 내용이 충분하지 아니하여 해당 사업연도 종료일까지 실제로 소요된 총공사비누적액을 확인할 수 없어 작업진행률을 계산할 수 없는 경우 또는 유동화전문회사 등(=법인세법 제21조 제1항 각 호의 법인)으로서 한국채택국제회계기준을 적용하는 법인이 수행하는 예약매출의 경우에는 그 목적물의 **인도일**(용역제공의 경우에는 **용역제공을 완료한 날**)이 속하는 사업연도의 익금과 손금에 각각 산입한다(법법 61②, 법령 69②, 법칙 34③).

 공사계약의 해지시

　진행기준 적용시 작업진행률에 의한 수입금액이 공사계약의 해약으로 인하여 수입금액으로 확정된 금액과 차액이 발생된 경우에는 그 차액을 해약일이 속하는 사업연도의 익금 또는 손금에 산입한다.

5 작업진행률의 계산

(1) 일반적인 경우

작업진행률은 다음 산식에 의하여 계산한 비율을 말한다. 다만, 건설의 수익실현이 건설의 작업시간·작업일수 또는 기성공사의 면적이나 물량 등(이하 "작업시간 등"이라 함)과 비례관계가 있고, 전체 작업시간 등에서 이미 투입되었거나 완성된 부분이 차지하는 비율을 객관적으로 산정할 수 있는 경우에는 그 비율로 할 수 있다(법칙 34①).

$$작업진행률 = \frac{해당\ 사업연도\ 말까지\ 발생한\ 총공사비누적액}{총공사예정비}$$

위에서 총공사예정비란 기업회계기준에 따른 도급계약 당시 추정한 공사원가에 해당 사업연도 말까지의 변동상황을 반영하여 합리적으로 추정한 공사원가를 말한다(법칙 34②).

한편, 자재비를 부담하지 아니하는 조건으로 도급계약을 체결한 경우에는 위의 작업진행률 계산에 있어서 "해당 사업연도 말까지 발생한 총공사비누적액"에는 자기가 부담하지 아니한 자재비를 포함하지 않는다(법기통 40-69…6).

(2) 예약매출의 경우

주택·상가 또는 아파트 등의 예약매출을 진행기준에 의하여 익금과 손금을 인식하는 경우 해당 주택 등의 부지로 사용될 토지의 취득원가는 작업진행률 계산시 고려하지 아니한다. 이 경우 토지의 취득원가는 작업진행률에 의하여 안분된 금액을 손금에 산입한다(법기통 40-69…7).

Ⅳ. 수입이자와 지급이자·배당소득

 1 수입이자와 지급이자

(1) 수입이자

1) 원천징수되지 않는 수입이자

법인세법상 원천징수되지 않은 수입이자의 귀속시기는 소득세법상 이자소득 수입시기(소령 45)로 하되, 법인이 결산을 확정함에 있어서 미수수익을 계상하는 경우에는 그 계상한 사업연도의 익금으로 한다.

2) 원천징수되는 수입이자

법인세법상 원천징수되는 수입이자의 귀속시기는 소득세법상 이자소득 수입시기(소령 45)로 한다. 그런데 원천징수되는 수입이자는 상기 "1)"의 경우와 같이 미수수익계상 특례를 허용하지 않으므로,

만일 법인이 미수수익과 관련된 회계처리를 한 경우에는 다음과 같이 세무조정을 하여야 한다.

① 미수수익 계상시

(차) 미수수익　　　　　　　　　　×××　　(대) 이자수익　　　　　　　　×××
➡ 〈익금불산입〉 미수수익　×××(△유보)

② 미수수익 실현시

(차) 현　　　금　　　　　　　　×××　　(대) 미수수익　　　　　　　　×××
　　　당기법인세자산　　　　　×××
➡ 〈익금산입〉 전기 미수수익　×××(유보)

이와 같이 원천징수되는 수입이자에 대하여 미수수익계상 특례를 허용하지 않는 이유는 현재 실무에서 운용되고 있는 원천징수시스템의 유지를 위함이다.

예컨대, 만일 기간경과에 따른 미수수익 계상액을 익금으로 보아 법인세를 과세한다면 원천징수의무자는 추후 실제로 이자를 지급할 때 이자지급액 총액에서 이미 법인세가 과세된 이자상당액을 차감한 잔액에 대해서만 원천징수를 하여야 할 것이다. 그러나 실무상 원천징수의무자가 법인의 미수수익계상 여부를 확인한다는 것은 거의 불가능한 것이므로 법인세법상 원천징수되는 수입이자에 대하여는 미수수익계상 특례를 일체 허용하지 않고 있는 것이다.

소득세법상 이자소득 수입시기(소령 45)의 주요 예시

구　분	수 입 시 기
① 보통예금·정기예금·적금 또는 부금의 이자	원칙적으로 실제로 이자를 지급받는 날
② 저축성 보험의 보험차익	보험금 또는 환급금의 지급일
③ 무기명 공채 또는 사채의 이자와 할인액	그 지급을 받은 날
④ 기명의 공채 또는 사채의 이자와 할인액	약정에 의한 이자지급일
⑤ 비영업대금의 이익	약정에 의한 이자지급일
⑥ 채권의 보유기간 이자상당액	해당 채권의 매도일 또는 이자 등의 지급일

(2) 지급이자

법인세법상 지급이자의 귀속시기는 소득세법상 이자소득 수입시기(소령 45)로 하되, 법인이 결산을 확정함에 있어서 미지급이자를 비용으로 계상한 경우에는 그 계상한 사업연도의 손금으로 한다.

2　배당소득(의제배당 포함)

법인이 수입하는 배당소득의 귀속시기는 소득세법상 배당소득 수입시기가 속하는 사업연도로 한다. 이를 살펴보면 다음과 같다.

① 잉여금처분에 의한 배당 : 해당 법인의 잉여금처분결의일
② 무기명주식의 이익이나 배당의 경우 : 그 지급을 받은 날
③ 의제배당 : "의제배당"의 귀속시기를 참조

V. 임차료와 임대료 등 그 밖의 손익

1 임대료와 임차료

(1) 일반적인 경우(=임대료 지급기간이 1년 이하인 경우)

자산의 임대·임차로 인한 익금과 손금의 귀속사업연도는 계약서상의 지급일(계약서에 지급일이 정해지지 않은 경우에는 실제지급일)이 속하는 사업연도로 한다.

다만, 법인이 이미 경과한 기간에 대응하는 임대료 상당액과 이에 대응하는 비용을 결산확정시 수익과 비용으로 계상한 경우 이미 경과한 기간에 대한 임대료 상당액과 비용은 이를 각각 해당 사업연도의 익금과 손금으로 한다. ➡ **발생주의 수용**

(2) 임대료 지급기간이 1년을 초과하는 경우

임대료 지급기간이 1년을 초과하는 경우에는 법인의 회계처리와 상관없이 무조건 기간경과에 따른 임대료 상당액과 비용을 각각 해당 사업연도의 익금과 손금으로 한다. ➡ **발생주의 강제**

2 관세환급금

(1) 관세환급금의 개념

원자재 등을 수입하면서 부담한 관세는 기업회계상 취득부대비용에 해당하며, 세법상 손금항목에 해당한다. 따라서 이러한 수입원자재 등을 가공하여 제품을 만든 후 내수판매를 하게 되면 해당 관세는 매출원가로 인식하게 되어 종결되지만, 수출을 하는 경우에는 해당 제품의 원자재에 부과된 관세 상당액을 되돌려 주는데 이를 관세환급금이라 한다.

(2) 기업회계와 법인세법의 입장

관세환급금에 대하여 기업회계에서는 (포괄)손익계산서상 매출원가의 차감항목으로 표시하도록 규정하고 있으며, 법인세법에서는 이를 익금항목으로 규정하고 있다.

(3) 관세환급금의 귀속시기

관세환급금의 귀속시기는 다음에 해당하는 날이 속하는 사업연도로 한다(법기통 40-71…6).

① 수출과 동시에 환급받을 관세 등이 확정된 경우 : 해당 수출을 완료한 날
② 수출과 동시에 환급받을 관세 등이 확정되지 아니한 경우 : 환급금의 결정통지일 또는 환급일 중 빠른 날

 사채할인발행차금

법인이 사채를 발행하는 경우에 상환할 사채금액의 합계액에서 사채발행가액(사채발행수수료와 사채발행을 위하여 직접 필수적으로 지출된 비용을 차감한 후의 가액을 말함)을 공제한 금액인 사채할인발행차금은 기업회계기준에 따른 사채할인발행차금의 상각방법에 따라서 이를 손금에 산입한다(법령 71③). ➡ 신고조정사항임

 기업업무추진비

기업업무추진비의 손금귀속시기는 발생주의에 의한다. 즉, 대금지급여부와 관계없이 접대행위를 한 날이 속하는 사업연도에 기업업무추진비 지출이 있는 것으로 본다.

 기부금

기부금의 손금귀속시기는 현금주의에 의한다. 이 경우 기부금을 어음으로 지급한 경우에는 결제일을 귀속시기로 하며, 수표(선일자수표 포함)로 지급한 경우에는 교부일을 귀속시기로 한다.

 개발비

법인이 무형자산인 개발비로 계상하였으나 해당 제품의 판매 또는 사용이 가능한 시점이 도래하기 이전에 개발을 취소한 사업연도에 다음의 요건을 모두 충족하는 경우에는 그 충족하는 날이 속하는 사업연도의 손금에 산입한다(법령 71⑤).

① 해당 개발로부터 상업적인 생산 또는 사용을 위한 해당 재료·장치·제품·공정·시스템 또는 용역을 개선한 결과를 식별할 수 없을 것
② 해당 개발비를 전액 손금으로 계상하였을 것

7 매출채권 또는 받을어음의 배서양도

법인이 금융회사에 매출채권 또는 받을어음을 배서양도하는 경우에는 기업회계기준에 따른 손익 인식방법에 따라 관련 손익의 귀속사업연도를 정한다(법령 71④).

8 파생상품 거래손익

파생상품의 거래로 인한 익금 및 손금의 귀속사업연도는 그 계약이 만료되어 대금을 결제한 날 등 해당 익금과 손금이 확정된 날이 속하는 사업연도로 한다(법기통 40-71…22①).

9 차액만 정산하는 파생상품 거래손익

계약의 목적물을 인도하지 않고 목적물의 가액변동에 따른 차액을 금전으로 정산하는 파생상품의 거래로 인한 손익은 그 거래에서 정하는 대금결제일이 속하는 사업연도의 익금과 손금으로 한다(법령 71⑥).

10 금전등록기 설치시

영수증 교부대상 업종을 영위하는 법인이 금전등록기를 설치·사용하는 경우 그 수입하는 물품대금과 용역대가의 귀속사업연도는 그 금액이 실제로 수입된 사업연도로 할 수 있다(법령 71②). ➡ **임의적 규정임에 유의할 것**

11 그 밖의 손익

법인세법·법인세법 시행령 및 조세특례제한법에서 규정한 것 외의 익금과 손금의 귀속사업연도에 관하여는 법인세법 시행규칙에서 정하며, 법인세법 시행규칙에서 별도로 규정한 것 외의 익금과 손금의 귀속사업연도는 그 익금과 손금이 확정된 날이 속하는 사업연도로 한다(법령 71⑦, 법칙36).

예 8-4 그 밖의 손익의 귀속시기

다음 자료는 각각 독립된 사항이다. 각 사항별로 세무조정을 하시오.

1. ㈜A는 제12기 10월 1일에 3년 만기 정기적금에 가입하고 해당 사업연도에 매월 300,000,000원씩 총 900,000,000원을 불입하였다. 해당 적금의 만기일은 제13기 10월 1일이며, 해당 사업연도 말 기간 경과분 미수이자는 12,000,000원이다. ㈜A는 기업회계기준에 따라 회계처리하였다.
2. ㈜B는 제12기 9월 1일 일본에 있는 C은행에 3년 만기 정기예금 5억원을 가입하였다. 해당 사업연도 말 기간경과분 미수이자는 7,000,000원이며, ㈜B는 기업회계기준에 따라 회계처리하였다.
3. ㈜D는 제12기 7월 1일 10억원을 연 12% 이자율로 차입하였다. 이에 대한 이자는 제13기 6월 30일에 120,000,000원을 일시에 지급하기로 하였으며, ㈜D는 기업회계기준에 따라 회계처리하였다.
4. 제조업을 주업으로 하는 ㈜E는 제12기 7월 1일 본사건물 중 일부를 보증금 2억원, 월임대료 4,000,000원에 임대하였다. 임대료는 익월 7일에 받기로 약정하였으며, 사업연도 말 ㈜E는 기업회계기준에 따라 적절히 회계처리하였다.

해답

1. 정기적금이자
  정기적금이자는 원천징수가 되는 이자수익이므로 법인세법상 미수수익계상을 인정하지 아니한다. 따라서 미수수익 계상액 12,000,000원을 익금불산입(△유보)한다.

2. 국외이자
  국외이자는 원천징수대상이 아니므로 기간경과분에 대한 미수이자를 장부에 계상한 경우 법인세법에서는 이를 인정한다. 따라서 세무조정은 불필요하다.

3. 지급이자(=차입금이자)
  법인세법에서는 지급이자에 대한 기간경과분 미지급이자의 계상을 인정하므로 세무조정은 불필요하다.

4. 임대료
  법인세법에서는 법인이 이미 경과한 기간에 대한 임대료를 수익으로 계상한 경우에는 이를 인정하므로 세무조정은 불필요하다.

분개법 그 밖의 손익의 귀속시기

(1) 정기적금이자(원천징수 대상)

Book	미수이자	12,000,000 /	이자수익		12,000,000
Tax	없 음				
Adjustment	이자수익	12,000,000 /	미수이자		12,000,000
Tax-Adj	익 금↓(순자산↓)	12,000,000 /	자 산↓(순자산↓)		12,000,000

〈익금불산입〉 이자수익 12,000,000·△유보(미수이자)

(2) 국외이자(원천징수 대상이 아님)

Book	미수이자	7,000,000 /	이자수익		7,000,000
Tax	미수이자	7,000,000 /	이자수익		7,000,000

〈세무조정 없음〉

(3) 이자비용(= 지급이자)

Book	이자비용	60,000,000	/ 미지급이자	60,000,000
Tax	지급이자	60,000,000	/ 미지급이자	60,000,000

〈세무조정 없음〉

(4) 임대료

Book	미수임대료	4,000,000	/ 임대료	4,000,000
Tax	미수임대료	4,000,000	/ 임대료	4,000,000

〈세무조정 없음〉

VI. 전기오류수정손익

1 오류수정의 회계처리방법

회계상의 오류는 그 발생원인에 따라 회계기준의 적용상 오류, 회계추정의 오류, 계정분류의 오류, 거래의 누락 등을 들 수 있다. 기업회계기준에서는 이러한 오류로 인하여 전기 이전의 손익이 왜곡된 경우에는 이를 전기오류수정이익 또는 전기오류수정손실로 하여 당기 손익에 반영하되, 해당 오류가 재무제표의 신뢰성을 심각하게 손상시킬 수 있는 중대한 오류에 해당하면 이로 인한 금액을 이익잉여금에 반영하고 비교공시되는 전기의 재무제표를 수정하도록 규정하고 있다.

2 법인세법의 입장

법인세법은 회계상 오류의 중대성 여부에 관계없이 과거에 잘못된 회계처리로 인해 왜곡된 세금부과를 당기에 바로잡는 것이 무엇보다 중요하므로 당해 사업연도의 익금과 손금으로 처리하도록 하는 입장을 취하고 있다. 그러므로 오류수정손익이 당해 사업연도의 손금 또는 익금에 해당하면 세무조정이 필요 없지만, 직전연도 이전 사업연도의 손금 또는 익금에 해당하거나 오류수정손익을 이익잉여금의 증감으로 기업회계상 처리한 경우에는 당해 사업연도의 손금 또는 익금으로 1차 세무조정한 후 직전연도 이전 사업연도의 손금 또는 익금에 해당하는 경우에는 추가로 세무조정한다.

3. 회계처리의 유형에 따른 세무조정

(1) 당기 손익에 반영한 경우

구 분	1단계	2단계
오류수정이익 (영업외수익)	세무조정 없음	해당 연도의 익금에 해당 : 세무조정 없음 직전 연도 이전의 익금에 해당 : 익금불산입(△유보, 기타)
오류수정손실 (영업외비용)	세무조정 없음	해당 연도의 손금에 해당 : 세무조정 없음 직전 연도 이전의 손금에 해당 : 손금불산입(유보, 기타 등)

(2) 이익잉여금에 반영한 경우

구 분	1단계	2단계
오류수정이익 (잉여금 증가)	익금산입(기타)	해당 연도의 익금에 해당 : 세무조정 없음 직전 연도 이전의 익금에 해당 : 익금불산입(△유보, 기타)
오류수정손실 (잉여금 감소)	손금산입(기타)	해당 연도의 손금에 해당 : 세무조정 없음 직전 연도 이전의 손금에 해당 : 손금불산입(유보, 기타 등)

예제 8-5 전기오류수정손익

다음 자료는 ㈜A가 제9기 사업연도에 이익잉여금의 증감사항으로 처리하고 있는 전기오류수정손익의 내용이다. 세무조정을 하시오.

1. 전기오류수정이익의 내용

과 목	금 액	비 고
① 대 손 금	4,000,000원	전기에 대손처리하였으나 손금부인된 외상매출금
② 선 급 이 자	2,000,000원	전기에 비용계상한 이자비용 중 선급비용으로 손금부인된 금액
③ 부 산 물 매 각 대	9,000,000원	전기에 신용판매한 것으로 전기 세무조정시 누락된 금액임[1]
④ 재 산 세 환 급 액	7,700,000원	전기에 납부한 사업용 자산 재산세 과오납액의 환급액임[2]
⑤ 외 상 매 출 금	6,000,000원	전기에 인도하였으나 누락한 신용매출액[3]
계	28,700,000원	

[1] 당기에 수정신고를 할 예정임
[2] 환급가산금 200,000원 포함
[3] 전기에 적절한 세무조정이 이루어졌음

2. 전기오류수정손실의 내용

과 목	금 액	비 고
① 감 가 상 각 비	5,000,000원	전기분 과소상각액 추가설정분
② 토 지 평 가 이 익	6,500,000원	전기에 시가로 평가함에 따라 계상한 평가이익의 취소[주]
③ 법 인 세 추 납 액	5,500,000원	전기분 법인세의 수정신고로 인한 것이며, 가산세1,500,000원 포함
④ 퇴 직 급 여 충 당 금	10,000,000원	전기 과소계상액 추가설정분
계	27,000,000원	

[주] 전기에 적절한 세무조정이 이루어졌음

제8절 손익의 귀속시기

해답

1. 전기오류수정이익

구 분	과 목	금 액	소득처분
익 금 산 입 손 금 불 산 입	전기오류수정이익(이익잉여금)	28,700,000원	기 타
	계	28,700,000원	
손 금 산 입 익 금 불 산 입	① 전기대손금부인액 ② 전기선급이자 ③ 부산물매각대 ④ 재산세환급가산금 ⑤ 전기 신용매출액	4,000,000원 2,000,000원 9,000,000원 200,000원 6,000,000원	△유 보 △유 보 △유 보 기 타 △유 보
	계	21,200,000원	

2. 전기오류수정손실

구 분	과 목	금 액	소득처분
익 금 산 입 손 금 불 산 입	① 토지평가이익 ② 법인세추납액	6,500,000원 5,500,000원	유 보 기타사외유출
	계	12,000,000원	
손 금 산 입 익 금 불 산 입	전기오류수정손실(이익잉여금)	27,000,000원	기 타
	계	27,000,000원	

해설

감가상각비와 퇴직급여충당금 추가설정분은 회사계상액에 가산하여 감가상각 시부인계산·퇴직급여충당금 시부인계산을 하면 된다.

분기법 전기오류수정손익

(1) 전기오류수정이익

1) 대손금

〈제8기(전기)〉

Book	대손상각비	4,000,000 / 외상매출금	4,000,000
Tax	없 음(손금부인되었으므로)		
Adjustment	외상매출금	4,000,000 / 대손상각비	4,000,000
Tax-Adj	자 산↑(순자산↑)	4,000,000 / 손 금↓(순자산↑)	4,000,000

〈손금불산입〉 대손상각비 4,000,000·유보(외상매출금)

〈제9기(당기)〉 전기오류수정이익을 전기이월이익잉여금에 반영한 경우

Book	외상매출금	4,000,000 / 전기오류수정이익 (전기이월이익잉여금)	4,000,000
Tax	없 음 (Why? 전기에 손금으로 인식하지 않았으므로)		

Adjustment Tax-Adj	전기오류수정이익 잉여금↓(순자산↓)	4,000,000 4,000,000	/ 외상매출금 / 자 산↓(순자산↓)		4,000,000 4,000,000

차변의 '잉여금' 감소는 대변의 '자산' 감소가 '소득' 감소를 거치지 않고 직접 '잉여금' 감소로 이어짐을 나타내는 것으로 세무조정도 '소득'에 영향 없이 오직 '자산'의 감소만을 반영하여야 한다.

〈익금불산입〉 외 상 매 출 금   4,000,000 · △유보(외상매출금)
〈익 금 산 입〉 전기오류수정이익(잉여금) 4,000,000 · 기타

2) 선급이자

〈제8기(전기)〉

Book	이자비용	2,000,000	/ 현 금		2,000,000
Tax	선급이자	2,000,000	/ 현 금		2,000,000
Adjustment Tax-Adj	선급이자 자 산↑(순자산↑)	2,000,000 2,000,000	/ 이자비용 / 손 금↓(순자산↑)		2,000,000 2,000,000

〈손금불산입〉 이자비용   2,000,000 · 유보(선급이자)

〈제9기(당기)〉 전기오류수정이익을 전기이월이익잉여금에 반영한 경우

Book	선급이자	2,000,000	/ 전기오류수정이익 (전기이월이익잉여금)		2,000,000
Tax	없 음(Why? 전기에 손금으로 인식하지 않았으므로)				
Adjustment Tax-Adj	전기오류수정이익 잉여금↓(순자산↓)	2,000,000 2,000,000	/ 선급이자 / 자 산↓(순자산↓)		2,000,000 2,000,000

〈익금불산입〉 선 급 이 자   2,000,000 · △유보(선급이자)
〈익 금 산 입〉 전기오류수정이익(잉여금) 2,000,000 · 기타

3) 부산물매각대

〈제8기(전기)〉

Book	누 락				
Tax	매출채권	9,000,000	/ 매 출		9,000,000
Adjustment Tax-Adj	매출채권 자 산↑(순자산↑)	9,000,000 9,000,000	/ 매 출 / 익 금↑(순자산↑)		9,000,000 9,000,000

〈익금산입〉 매 출   9,000,000 · 유보(매출채권)

〈제9기(당기)〉 전기오류수정이익을 전기이월이익잉여금에 반영한 경우

Book	매출채권	9,000,000	/ 전기오류수정이익 (전기이월이익잉여금)		9,000,000
Tax	없 음(Why? 전기에 익금으로 인식하였으므로)				
Adjustment Tax-Adj	전기오류수정이익 잉여금↓(순자산↓)	9,000,000 9,000,000	/ 매출채권 / 자 산↓(순자산↓)		9,000,000 9,000,000

〈익금불산입〉 매 출 채 권   9,000,000 · △유보(매출채권)
〈익 금 산 입〉 전기오류수정이익(잉여금) 9,000,000 · 기타

4) 재산세환급액

〈제8기(전기)〉

Book	재산세	7,500,000 / 현 금	7,500,000
Tax	재산세	7,500,000 / 현 금	7,500,000
Adjustment	없 음		
Tax-Adj	없 음		

〈세무조정 없음〉

〈제9기(당기)〉 전기오류수정이익을 전기이월이익잉여금에 반영한 경우

Book	현 금	7,700,000 / 전기오류수정이익 (전기이월이익잉여금)	7,700,000
Tax	현 금	7,700,000 / 재산세환급액(익금) 재산세환급가산금(익금불산입)	7,500,000 200,000
Adjustment	전기오류수정이익	7,700,000 / 재산세환급액(익금) 재산세환급가산금(익금불산입)	7,500,000 200,000
Tax-Adj	잉여금↓(순자산↓)	7,700,000 / 익 금↑(순자산↑) 잉여금↑(순자산↑)	7,500,000 200,000

〈익금산입〉 전기오류수정이익(잉여금)   7,500,000 · 기타

5) 외상매출금

〈제8기(전기)〉

Book	누 락		
Tax	외상매출금	6,000,000 / 매 출	6,000,000
Adjustment	외상매출금	6,000,000 / 매 출	6,000,000
Tax-Adj	자 산↑(순자산↑)	6,000,000 / 익 금↑(순자산↑)	6,000,000

〈익금산입〉 매 출   6,000,000 · 유보(외상매출금)

〈제9기(당기)〉 전기오류수정이익을 전기이월이익잉여금에 반영한 경우

Book	외상매출금	6,000,000 / 전기오류수정이익 (전기이월이익잉여금)	6,000,000
Tax	없 음(Why? 전기에 익금으로 인식하였으므로)		
Adjustment	전기오류수정이익	6,000,000 / 외상매출금	6,000,000
Tax-Adj	잉여금↓(순자산↓)	6,000,000 / 자 산↓(순자산↓)	6,000,000

〈익금불산입〉 외 상 매 출 금   6,000,000 · △유보(외상매출금)
〈익 금 산 입〉 전기오류수정이익(잉여금)   6,000,000 · 기타

(2) 전기오류수정손실

1) 감가상각비

〈제8기(전기)〉

Book	과소계상				
Tax	없 음(Why? 감가상각비는 결산조정사항이므로)				
Adjustment	없 음				
Tax-Adj	없 음				
	〈세무조정 없음〉				

〈제9기(당기)〉 전기오류수정손실을 전기이월이익잉여금에 반영한 경우

Book	전기오류수정손실 (전기이월이익잉여금)	5,000,000	/	감가상각누계액	5,000,000
Tax	감가상각비 (손 금)	5,000,000	/	감가상각누계액	5,000,000
Adjustment	감가상각비 (손 금)	5,000,000	/	전기오류수정손실 (전기이월이익잉여금)	5,000,000
Tax-Adj	손 금↑(순자산↓)	5,000,000	/	잉여금↑(순자산↑)	5,000,000
	〈손금산입〉 전기오류수정손실(잉여금) 5,000,000·기타				

2) 토지평가이익

〈제8기(전기)〉

Book	토 지	6,500,000	/	토지평가이익	6,500,000
Tax	없 음				
Adjustment	토지평가이익	6,500,000	/	토 지	6,500,000
Tax-Adj	익 금↓(순자산↓)	6,500,000	/	자 산↓(순자산↓)	6,500,000
	〈익금불산입〉 토지평가이익 6,500,000·△유보(토지)				

〈제9기(당기)〉 전기오류수정손실을 전기이월이익잉여금에 반영한 경우

Book	전기오류수정손실 (전기이월이익잉여금)	6,500,000	/	토 지	6,500,000
Tax	없 음(Why? 전기에 익금으로 인식하지 않았으므로)				
Adjustment	토 지	6,500,000	/	전기오류수정손실 (전기이월이익잉여금)	6,500,000
Tax-Adj	자 산↑(순자산↑)	6,500,000	/	잉여금↑(순자산↑)	6,500,000
	〈손금불산입〉 토 지 6,500,000·유보(토지) 〈손 금 산 입〉 전기오류수정손실(잉여금) 6,500,000·기타				

3) 법인세추납액

〈제9기(당기)〉 전기오류수정손실을 전기이월이익잉여금에 반영한 경우

Book	전기오류수정손실 (전기이월이익잉여금)	5,500,000	/	당기법인세부채	5,500,000

Tax	유출잉여금	5,500,000	/	당기법인세부채	5,500,000
Adjustment	유출잉여금	5,500,000	/	전기오류수정손실 (전기이월이익잉여금)	5,500,000
Tax-Adj	유출잉여금↓(순자산↓)	5,500,000	/	잉여금↑(순자산↑)	5,500,000

〈손금불산입〉 법　　인　　세　　5,500,000 · 기타사외유출(to 정부)
〈손 금 산 입〉 전기오류수정손실(잉여금) 5,500,000 · 기타

4) 퇴직급여충당금

〈제8기(전기)〉

Book	과소계상
Tax	없　음(Why? 퇴직급여충당금은 결산조정사항이므로)
Adjustment	없　음
Tax-Adj	없　음

〈세무조정 없음〉

〈제9기(당기)〉 전기오류수정손실을 전기이월이익잉여금에 반영한 경우

Book	전기오류수정손실	10,000,000	/	퇴직급여충당금 (전기이월이익잉여금)	10,000,000
Tax	퇴직급여 (손금)	10,000,000	/	퇴직급여충당금	10,000,000
Adjustment	퇴직급여 (손금)	10,000,000	/	전기오류수정손실 (전기이월이익잉여금)	10,000,000
Tax-Adj	손　금↑(순자산↓)	10,000,000	/	잉여금↑(순자산↑)	10,000,000

〈손금산입〉 전기오류수정손실(잉여금)　10,000,000 · 기타

Ⅶ. 기업회계기준과 관행의 적용

1 규정

　내국법인이 각 사업연도의 소득금액을 계산할 때 해당 법인이 **익금과 손금의 귀속사업연도**와 **자산·부채의 취득 및 평가**에 관하여 일반적으로 공정·타당하다고 인정되는 기업회계의 기준을 적용하거나 관행을 계속 적용하여 온 경우에는 **법인세법 및 조세특례제한법에서 달리 규정하고 있는 경우**를 제외하고는 해당 기업회계의 기준 또는 관행에 따른다(법법 43).

유의사항

그러나 익금과 손금의 귀속사업연도에 대한 다음의 규정을 판단해 보면 귀속시기와 관련해서는 현실적으로 위 '1'의 규정에 따라 기업회계의 기준이나 관행을 적용할 만한 사항은 거의 없을 것으로 판단된다.

"법인세법·법인세법 시행령 및 조세특례제한법에서 규정한 것 외의 익금과 손금의 귀속사업연도에 관하여는 법인세법 시행규칙에서 정하며, 법인세법 시행규칙에서 별도로 규정한 것 외의 익금과 손금의 귀속사업연도는 그 익금과 손금이 확정된 날이 속하는 사업연도로 한다(법령 71④, 법칙36)".

그러나 자산·부채의 취득 및 평가와 관련해서는 위와 같은 규정이 없으므로 상기 "1"의 규정을 적용할 수 있는 것으로 판단된다.

조세법령 확인을 통해 기본개념 익히기

※ 다음 법인세 관련 조세법령의 빈 칸을 채우시오.

1. 법인세법 제40조【손익의 귀속사업연도】

    ① 내국법인의 각 사업연도의 익금과 손금의 귀속사업연도는 그 익금과 손금이 □□된 날이 속하는 사업연도로 한다.
    ② 제1항에 따른 익금과 손금의 귀속사업연도의 범위 등에 관하여 필요한 사항은 대통령령으로 정한다.

해설과 해답
　　① 확정

2. 법인세법 시행령 제68조【자산의 판매손익 등의 귀속사업연도】

    ① 법 제40조 제1항 및 제2항을 적용할 때 자산의 양도 등으로 인한 익금 및 손금의 귀속사업연도는 다음 각 호의 날이 속하는 사업연도로 한다.
    1. 상품(부동산을 제외한다)·제품 또는 기타의 생산품(이하 이 조에서 "상품 등"이라 한다)의 판매 : 그 상품 등을 □□한 날
    2. 상품 등의 시용판매 : 상대방이 그 상품 등에 대한 구입의 의사를 □□한 날. 다만, 일정기간내에 반송하거나 거절의 의사를 표시하지 아니하면 특약 등에 의하여 그 판매가 확정되는 경우에는 그 기간의 □□일로 한다.
    3. 상품 등외의 자산의 양도 : 그 대금을 □□한 날[「한국은행법」에 따른 한국은행이 취득하여 보유 중인 외화증권 등 외화표시자산을 양도하고 외화로 받은 대금(이하 이 호에서 "외화대금"이라 한다)으로서 원화로 전환하지 아니한 그 취득원금에 상당하는 금액의 환율변동분은 한국은행이 정하는 방식에 따라 해당 외화대금을 매각하여 원화로 전환한 날]. 다만, 대금을 청산하기 전에 소유권 등의 이전등기(등록을 포함한다)를 하거나 당해 자산을 인도하거나 상대방이 당해 자산을 사용수익하는 경우에는 그 이전□□일(등록일을 포함한다)·□□일 또는 사용수익일 중 □□ 날로 한다.
    4. 자산의 위탁매매 : 수탁자가 그 위탁자산을 □□한 날
    5. 「자본시장과 금융투자업에 관한 법률」 제8조의 2 제4항 제1호에 따른 증권시장에서 같은 법 제393조 제1항에 따른 증권시장업무규정에 따라 보통거래방식으로 한 유가증권의 매매 : 매매계약을 □□한 날
    ② 법인이 장기할부조건으로 자산을 판매하거나 양도한 경우로서 판매 또는 양도한 자산의 인도일(제1항 제3호에 해당하는 자산은 같은 호 단서에 규정된 날을 말한다. 이하 이 조에서 같다)이 속하는 사업연도의 결산을 확정함에 있어서 해당 사업연도에 회수하였거나 회수할 금액과 이에 대응하는 비용을 각각 수익과 비용으로 □□한 경우에는 제1항 제1호 및 제3호에도 불구하고 그 장기할부조건에 따라 각 사업연도에 회수하였거나 회수

할 금액과 이에 대응하는 비용을 각각 해당 사업연도의 익금과 손금에 산입한다. 다만, 중소기업인 법인이 장기□□조건으로 자산을 판매하거나 양도한 경우에는 그 장기할부조건에 따라 각 사업연도에 □□하였거나 회수할 금액과 이에 대응하는 비용을 각각 해당 사업연도의 익금과 손금에 산입할 수 있다.

③ 제2항을 적용할 때 인도일 □□에 회수하였거나 회수할 금액은 인도일에 회수한 것으로 보며, 법인이 장기할부기간 중에 폐업한 경우에는 그 □□일 현재 익금에 산입하지 아니한 금액과 이에 대응하는 비용을 폐업일이 속하는 사업연도의 익금과 손금에 각각 산입한다.

④ 제2항에서 "장기할부조건"이라 함은 자산의 판매 또는 양도(국외거래에 있어서는 소유권이전 조건부 약정에 의한 자산의 임대를 포함한다)로서 판매금액 또는 수입금액을 월부·연부 기타의 지불방법에 따라 □회 이상으로 분할하여 수입하는 것 중 당해 목적물의 □□일의 다음날부터 최종의 할부금의 지급기일까지의 기간이 □년 이상인 것을 말한다.

⑤ 제1항의 규정을 적용함에 있어서 법인이 매출□□을 하는 경우 그 매출할인금액은 상대방과의 약정에 의한 지급기일(그 지급기일이 정하여 있지 아니한 경우에는 지급한 날)이 속하는 사업연도의 □□액에서 차감한다.

⑥ 법인이 제4항에 따른 장기할부조건 등에 의하여 자산을 판매하거나 양도함으로써 발생한 채권에 대하여 기업회계기준이 정하는 바에 따라 현재가치로 평가하여 현재가치할인차금을 계상한 경우 해당 현재가치할인차금 상당액은 해당 채권의 회수기간 동안 기업회계기준이 정하는 바에 따라 □□하였거나 환입할 금액을 각 사업연도의 익금에 산입한다.

⑦ 「조세특례제한법」 제104조의 31에 따른 프로젝트금융투자회사가 「택지개발촉진법」에 따른 택지개발사업 등 기획재정부령으로 정하는 토지개발사업을 하는 경우로서 해당 사업을 완료하기 전에 그 사업의 대상이 되는 토지의 일부를 양도하는 경우에는 제1항 제3호에도 불구하고 그 양도 대금을 제69조 제1항 각 호 외의 부분 본문에 따른 해당 사업의 작업진행률에 따라 각 사업연도의 익금에 산입할 수 있다.

⑧ 제1항 제1호의 규정에 의한 인도한 날의 범위에 관하여 필요한 사항은 기획재정부령으로 정한다.

해설과 해답

① 인도, 표시, 만료, 청산, 등기, 인도, 빠른, 매매, 체결
② 계상, 할부, 회수
③ 이전, 폐업
④ 2, 인도, 1
⑤ 할인, 매출
⑥ 환입

3. 법인세법 시행령 제69조 【용역제공 등에 의한 손익의 귀속사업연도】

① 법 제40조 제1항 및 제2항을 적용함에 있어서 건설·제조 기타 용역(도급공사 및 예약매출을 포함하며, 이하 이 조에서 "건설 등"이라 한다)의 제공으로 인한 익금과 손금은 그 목적물의 건설등의 □□일이 속하는 사업연도부터 그 목적물의 □□일(용역제공의 경우에는 그 제공을 □□한 날을 말한다. 이하 이 조에서 같다)이 속하는 사업연도까지 기획재정부령으로 정하는 바에 따라 그 목적물의 건설등을 완료한 정도(이하 이 조에서 "작업□□률"이라 한다)를 기준으로 하여 계산한 수익과 비용을 각각 해당 사업연도의 익금과 손금에 산입한다. 다만, 다음 각 호의 어느 하나에 해당하는 경우에는 그 목적물의 □□일이 속하는 사업연도의 익금과 손금에 산입할 수 있다.
　1. 중소기업인 법인이 수행하는 계약기간이 □년 미만인 건설등의 경우
　2. 기업회계기준에 따라 그 목적물의 인도일이 속하는 사업연도의 수익과 비용으로 □□한 경우
② 제1항을 적용할 때 다음 각 호의 어느 하나에 해당하는 경우에는 그 목적물의 □□일이 속하는 사업연도의 익금과 손금에 각각 산입한다.
　1. □□□□률을 계산할 수 없다고 인정되는 경우로서 기획재정부령으로 정하는 경우
　2. 법 제51조의 2 제1항 각 호의 어느 하나에 해당하거나 「조세특례제한법」 제104조의31제1항에 따른 법인으로서 한국채택국제회계기준을 적용하는 법인이 수행하는 □□매출의 경우
③ 제1항을 적용할 때 작업진행률에 의한 익금 또는 손금이 공사계약의 해약으로 인하여 확정된 금액과 차액이 발생된 경우에는 그 차액을 □□일이 속하는 사업연도의 익금 또는 손금에 산입한다.

> **해설과 해답**
> ① 착수, 인도, 완료, 진행, 인도, 1, 계상
> ② 인도, 작업진행, 예약
> ③ 해약

4. 법인세법 시행령 제70조 【이자소득 등의 귀속사업연도】

① 법 제40조 제1항 및 제2항을 적용할 때 이자 등의 익금과 손금의 귀속사업연도는 다음 각 호의 구분에 따른다.
1. 법인이 수입하는 이자 및 할인액:「□□세법 시행령」제45조에 따른 수입시기에 해당하는 날(한국표준산업분류상 금융 및 보험업을 영위하는 법인의 경우에는 □□로 수입된 날로 하되, 선수입이자 및 할인액은 제외한다)이 속하는 사업연도. 다만, 결산을 확정할 때 이미 경과한 기간에 대응하는 이자 및 할인액(법 제73조 및 제73조의 2에 따라 원천징수되는 이자 및 할인액은 제외한다)을 해당 사업연도의 수익으로 계상한 경우에는 그 □□한 사업연도의 익금으로 한다.
2. 법인이 지급하는 이자 및 할인액:「소득세법 시행령」제45조에 따른 수입시기에 해당하는 날이 속하는 사업연도. 다만, 결산을 확정할 때 이미 경과한 기간에 □□하는 이자 및 할인액(차입일로부터 이자지급일이 1년을 초과하는 특수관계인과의 거래에 따른 이자 및 할인액은 제외한다)을 해당 사업연도의 손비로 계상한 경우에는 그 □□한 사업연도의 손금으로 한다.

② 법 제40조 제1항 및 제2항을 적용할 때 법인이 수입하는 배당금은「소득세법 시행령」제46조에 따른 수입시기에 해당하는 날이 속하는 사업연도의 익금에 산입한다. 다만, 제61조 제2항 각 호의 금융회사 등이 금융채무등불이행자의 신용회복 지원과 채권의 공동추심을 위하여 공동으로 출자하여 설립한「자산유동화에 관한 법률」에 따른 유동화전문회사로부터 수입하는 배당금은 실제로 □□받은 날이 속하는 사업연도의 익금에 산입한다.

③ 법 제40조 제1항 및 제2항을 적용할 때 한국표준산업분류상 금융 및 보험업을 영위하는 법인이 수입하는 보험료·부금·보증료 또는 수수료(이하 이 항에서 "보험료 등"이라 한다)의 귀속사업연도는 그 보험료 등이 실제로 □□된 날이 속하는 사업연도로 하되, □□□보험료등을 제외한다. 다만, 결산을 확정함에 있어서 이미 경과한 기간에 대응하는 보험료상당액 등을 해당 사업연도의 수익으로 계상한 경우에는 그 □□한 사업연도의 익금으로 하고,「자본시장과 금융투자업에 관한 법률」에 따른 투자매매업자 또는 투자중개업자가 정형화된 거래방식으로 같은 법 제4조에 따른 증권(이하 이 조에서 "증권"이라 한다)을 매매하는 경우 그 수수료의 귀속사업연도는 매매계약이 □□된 날이 속하는 사업연도로 한다.

④ 투자회사등이 결산을 확정할 때 증권 등의 투자와 관련된 수익 중 이미 □□한 기간에 대응하는 이자 및 할인액과 배당소득을 해당 사업연도의 수익으로 계상한 경우에는 제1항 및 제2항의 규정에 불구하고 그 □□한 사업연도의 익금으로 한다.

⑤「자본시장과 금융투자업에 관한 법률」에 따른 신탁업자가 운용하는 신탁재산(같은 법에 따른 투자신탁재산은 제외한다. 이하 제111조 및 제113조에서 같다)에 귀속되는 법 제73조 제1항 각 호의 소득금액의 귀속사업연도는 제1항 및 제2항에도 불구하고 제111조 제6항에 따른 □□□□일이 속하는 사업연도로 한다.

⑥ 제1항 및 제3항에도 불구하고 다음 각 호의 항목은 보험감독회계기준에 따라 수익 또는 손비로 계상한 사업연도의 익금 또는 손금으로 한다.
1. 보험회사가 보험계약과 관련하여 수입하거나 지급하는 이자·할인액 및 보험료등으로서「보험업법」제120조에 따른 책임준비금의 산출에 반영되는 항목
2.「주택도시기금법」에 따른 주택도시보증공사가 신용보증계약과 관련하여 수입하거나 지급하는 이자·할인액 및 보험료등으로서 같은 법 시행령 제24조에 따른 책임준비금의 산출에 반영되는 항목

해설과 해답

① 소득, 실제, 계상, 대응, 계상 ② 지급
③ 수입, 선수입, 계상, 체결 ④ 경과, 계상
⑤ 원천징수

5. 법인세법 시행령 제71조【임대료 등 기타 손익의 귀속사업연도】

① 법 제40조 제1항 및 제2항의 규정을 적용함에 있어서 자산의 임대로 인한 익금과 손금의 귀속사업연도는 다음 각호의 날이 속하는 사업연도로 한다. 다만, 결산을 확정함에 있어서 이미 □□한 기간에 대응하는 임대료 상당액과 이에 대응하는 비용을 당해 사업연도의 수익과 손비로 계상한 경우 및 임대료 지급기간이 □년을 초과하는 경우 이미 경과한 기간에 대응하는 임대료 상당액과 비용은 이를 각각 당해 사업연도의 익금과 손금으로 한다.
1. 계약 등에 의하여 임대료의 지급일이 정하여진 경우에는 그 □□일
2. 계약 등에 의하여 임대료의 지급일이 정하여지지 아니한 경우에는 그 지급을 □□ 날

② 법 제40조 제1항 및 제2항의 규정을 적용함에 있어서「소득세법」제162조 및「부가가치세법」제36조 제4항을 적용받는 업종을 영위하는 법인이 금전등록기를 설치·사용하는 경우 그 수입하는 물품대금과 용역대가의 귀속사업연도는 그 금액이 □□로 □□된 사업연도로 할 수 있다.

③ 법 제40조 제1항 및 제2항의 규정을 적용함에 있어서 법인이 사채를 발행하는 경우에 상환할 사채금액의 합계액에서 사채발행가액(사채발행수수료와 사채발행을 위하여 직접 필수적으로 지출된 비용을 차감한 후의 가액을 말한다)의 합계액을 공제한 금액(이하 이 항에서 "사채할인발행차금"이라 한다)은 □□□□기준에 의한 사채할인발행차금의 상각방법에 따라 이를 손금에 산입한다.

④ 법 제40조 제1항 및 제2항을 적용할 때「자산유동화에 관한 법률」제13조에 따른 방법에 의하여 보유자산을 양도하는 경우 및 매출채권 또는 받을어음을 배서양도하는 경우에는 □□□□기준에 의한 손익인식방법에 따라 관련 손익의 귀속사업연도를 정한다.

⑤ 법 제40조 제1항 및 제2항을 적용할 때 법인이 제24조 제1항 제2호 바목에 따른 개발비로 계상하였으나 해당 제품의 판매 또는 사용이 가능한 시점이 도래하기 전에 개발을 □□한 경우에는 다음 각 호의 요건을 □□ 충족하는 날이 속하는 사업연도의 손금에 산입한다.
1. 해당 개발로부터 상업적인 생산 또는 사용을 위한 해당 재료·장치·제품·공정·시스템 또는 용역을 개선한 결과를 □□할 수 없을 것
2. 해당 개발비를 전액 손비로 □□하였을 것

⑥ 법 제40조 제1항 및 제2항을 적용할 때 계약의 목적물을 인도하지 아니하고 목적물의 가액변동에 따른 차액을 금전으로 정산하는 파생상품의 거래로 인한 손익은 그 거래에서 정하는 □□□□일이 속하는 사업연도의 익금과 손금으로 한다.

⑦ 법 제40조 제1항 및 제2항을 적용할 때 법(제43조를 제외한다)·「조세특례제한법」및 이 영에서 규정한 것외의 익금과 손금의 귀속사업연도에 관하여는 기획재정부령으로 정한다.

해설과 해답

① 경과, 1, 지급, 받은 ② 실제, 수입
③ 기업회계 ④ 기업회계
⑤ 취소, 모두, 식별, 계상 ⑥ 대금결제

6. 법인세법 제43조【기업회계기준과 관행의 적용】

내국법인의 각 사업연도의 소득금액을 계산할 때 그 법인이 익금과 손금의 귀속사업연도와 자산·부채의 취득 및 평가에 관하여 일반적으로 공정·타당하다고 인정되는 기업회계기준을 적용하거나 관행(慣行)을 계속 적용하여 온 경우에는 □ □ 및 「□□□□□□법」에서 달리 규정하고 있는 경우를 제외하고는 그 □□□□□□ 또는 □□에 따른다.

> **해설과 해답**
>
> 이 법, 조세특례제한, 기업회계기준, 관행

제8절 손익의 귀속시기

01 법인세법상 손익의 귀속사업연도에 관한 설명으로 옳은 것은? [국가직 9급 2013]

① 부동산 양도 시 대금을 청산하기 전에 소유권의 이전등기를 하는 경우 대금을 청산한 날이 속하는 사업연도로 한다.
② 상품(부동산 제외)·제품 또는 기타의 생산품을 판매하는 경우 그 상품 등의 대금을 청산한 날이 속하는 사업연도로 한다.
③ 자산의 위탁매매의 경우 위탁자가 그 위탁자산을 인도한 날이 속하는 사업연도로 한다.
④ 자산의 임대료 지급기간이 1년을 초과하는 경우 이미 경과한 기간에 대응하는 임대료 상당액은 이를 당해 사업연도의 익금으로 한다.

> **해설**
> ① 부동산 양도 시 대금을 청산하기 전에 소유권의 이전등기를 하는 경우 소유권 이전등기일, 사용수익일 중 빠른 날이 속하는 사업연도로 한다.
> ② 상품(부동산 제외)·제품 또는 기타의 생산품을 판매하는 경우 그 상품 등의 인도일이 속하는 사업연도로 한다.
> ③ 자산의 위탁매매의 경우 수탁자가 그 위탁자산을 매매한 날이 속하는 사업연도로 한다.
>
> **해답** ④

02 법인세법령상 내국법인의 손익귀속시기에 대한 설명으로 옳은 것만을 모두 고르면? [국가직 7급 2021]

> ㄱ. 중소기업인 ㈜A가 장기할부조건으로 자산을 판매한 경우에는 그 장기할부조건에 따라 각 사업연도에 회수하였거나 회수할 금액을 해당 사업연도의 익금에 산입할 수 있다.
> ㄴ. 중소기업인 ㈜B가 장기할부조건 등에 의하여 자산을 양도함으로써 발생한 채권에 대하여 기업회계기준이 정하는 바에 따라 현재가치로 평가하여 현재가치할인차금을 계상한 경우 해당 현재가치할인차금상당액은 해당 채권의 회수기간 동안 기업회계기준이 정하는 바에 따라 환입하였거나 환입할 금액을 각 사업연도의 익금에 산입한다.
> ㄷ. 중소기업인 ㈜C가 수행하는 계약기간이 1년 미만인 건설등의 제공으로 인한 익금은 그 목적물의 인도일이 속하는 사업연도의 익금에 산입할 수 있다.
> ㄹ. 제조업을 경영하는 ㈜D가 결산을 확정할 때 이미 경과한 기간에 대응하는 이자(법인세법에 따라 원천징수되는 이자를 포함)를 해당 사업연도의 수익으로 계상한 경우에는 그 계상한 사업연도의 익금으로 한다.

① ㄱ, ㄹ
② ㄴ, ㄷ
③ ㄱ, ㄴ, ㄷ
④ ㄱ, ㄴ, ㄷ, ㄹ

> **해설** 법인세법에 따라 원천징수되는 이자는 기간경과분 미수이자를 해당 사업연도의 수익으로 계상하더라도 해당 사업연도의 익금으로 보지 않는다.
>
> **해답** ③

03 법인세법상 손익의 귀속시기에 대한 설명이다. 옳지 않은 것은? [회계사 2011 수정]

① 중소기업인 법인은 장기할부조건에 따른 결산상 수익인식방법에 관계 없이 회수하였거나 회수할 금액을 해당 사업연도의 익금에 산입할 수 있다.
② 금융보험업 이외의 법인이 원천징수되는 이자를 해당 사업연도의 수익으로 계상한 경우 이를 익금으로 보지 않으나, 이미 경과한 기간에 대응하는 이자를 당해 사업연도의 손금으로 계상한 경우에는 그 계상한 사업연도의 손금으로 인정한다.
③ 임대료 지급기간이 1년을 초과하는 경우 이미 경과한 기간에 대응하는 임대료 상당액과 비용을 각각 해당 사업연도의 익금과 손금으로 한다.
④ 모든 법인이 수행하는 계약기간이 1년 미만인 건설용역의 경우에는 그 목적물의 인도일이 속하는 사업연도의 익금과 손금에 산입할 수 있다.
⑤ 사업연도 종료일 발생하여 회수되지 않은 외상매출액에 대하여 매출할인을 적용하기로 하고 결산상 순액법에 의하여 회계처리한 경우 동 매출할인액을 매출한 사업연도의 익금에 산입하여야 한다.

> **해설** ④ 중소기업인 법인이 수행하는 1년 미만인 건설용역의 경우에는 그 목적물의 인도일이 속하는 사업연도의 익금과 손금에 산입할 수 있다.

해답 ④

04 법인세법상 손익의 귀속사업연도에 관한 설명으로 옳지 않은 것은? [세무사 2015]

① 자산을 위탁판매하는 경우 수탁자가 그 위탁자산을 매매한 날이 속하는 사업연도의 익금으로 한다.
② 중소기업인 법인이 장기할부조건으로 자산을 판매하거나 양도한 경우에는 그 장기할부조건에 따라 각 사업연도에 회수하였거나 회수할 금액과 이에 대응하는 비용을 각각 해당 사업연도의 익금과 손금에 산입할 수 있다.
③ 법인이 장기할부조건 등에 의하여 자산을 판매하거나 양도함으로써 발생한 채권에 대하여 기업회계기준이 정하는 바에 따라 현재가치로 평가하여 현재가치할인차금을 계상한 경우 해당 현재가치할인차금 상당액은 해당 채권의 회수기간 동안 기업회계기준이 정하는 바에 따라 환입하였거나 환입할 금액을 각 사업연도의 익금에 산입한다.
④ 중소기업인 법인이 수행하는 계약기간이 1년 미만인 건설용역의 경우에는 그 목적물의 인도일이 속하는 사업연도의 익금과 손금에 산입할 수 있다.
⑤ 법인이 사채를 발행하는 경우에 상환할 사채금액의 합계액에서 사채발행가액(사채발행수수료와 사채발행을 위하여 직접 필수적으로 지출된 비용을 차감한 후의 가액을 말한다)의 합계액을 공제한 금액을 기업회계기준에 의한 사채할인발행차금의 상각방법에 따라 상각한 금액은 각 사업연도의 손금에 산입할 수 없다.

> **해설** ⑤ 법인이 사채를 발행하는 경우에 상환할 사채금액의 합계액에서 사채발행가액(사채발행수수료와 사채발행을 위하여 직접 필수적으로 지출된 비용을 차감한 후의 가액을 말한다)의 합계액을 공제한 금액(이하 이 항에서 "사채할인발행차금"이라 한다)은 기업회계기준에 의한 사채할인발행차금의 상각방법에 따라 이를 손금에 산입한다(법령 71③).

해답 ⑤

제8절 손익의 귀속시기

05 제조업을 영위하는 영리내국법인 ㈜A의 제24기(2025.1.1.~12.31.) 각 사업연도 소득에 대한 법인세 세무조정에 관한 설명으로 옳지 않은 것은? [회계사 2016]

① 이미 경과한 기간에 대한 원천징수대상 정기예금 미수이자 10만원을 이자수익으로 계상한 경우에는 이를 익금불산입한다.
② 이미 경과한 기간에 대한 미지급이자 20만원을 이자비용으로 계상한 경우에는 세무조정이 필요 없다.
③ 당기 중 파산한 B회사 주식(2025년 12월 31일 현재 시가 0원)의 장부가액 100만원을 전액 감액손실로 계상한 경우에는 1,000원을 손금불산입한다.
④ 장기할부조건으로 제품을 판매하고 발생한 장기매출채권을 기업회계기준에 따라 현재가치로 평가하여 현재가치할인차금을 계상한 경우에는 세무조정이 필요 없다.
⑤ 건물을 2025년 10월 1일부터 2년간 임대하고 2년치의 임대료 2,400만원을 임대만료일에 회수하기로 약정하여 당기 임대료수익을 계상하지 아니한 경우 세무조정이 필요 없다.

해설 ⑤ 임대료 지급기간이 1년을 초과하는 경우이므로 발생주의에 의한다. 따라서 당기 임대료수익을 계상하지 아니한 경우, 이미 경과한 기간에 대응하는 임대료 상당액과 비용은 각각 해당 사업연도의 익금과 손금으로 한다.

$$24,000,000원 \times \frac{3개월}{24개월} = 3,000,000원$$

〈익금산입〉 임대료수익 3,000,000원 (유보)

해답 ⑤

06 제조업을 영위하는 영리내국법인 ㈜A(중소기업 아님)의 제24기(2025.1.1.~12.31.) 손익의 귀속사업연도에 관한 설명으로 옳은 것은? [회계사 2017 수정]

① 법인이 장기할부조건 등에 의하여 자산을 판매하거나 양도함으로써 발생한 채권에 대하여 기업회계기준이 정하는 바에 따라 현재가치로 평가하여 현재가치할인차금을 계상한 경우 해당 현재가치할인차금 상당액은 해당 채권의 회수기간 동안 기업회계기준이 정하는 바에 따라 환입하였거나 환입할 금액을 각 사업연도의 익금에 산입한다.
② 장기할부조건으로 자산을 판매하고 인도기준으로 회계처리한 경우, 그 장기할부조건에 따라 각 사업연도에 회수하였거나 회수할 금액과 이에 대응하는 비용을 신고조정에 의하여 해당 사업연도의 익금과 손금에 산입할 수 있다.
③ 이미 경과한 기간에 대한 미지급이자 20만원을 이자비용으로 계상한 경우, 이를 손금불산입한다.
④ 이미 경과한 기간에 대응하는 이자 300,000원을 당기의 비용으로 계상한 경우 그 이자는 법인세법에 따라 원천징수되는 이자에 해당하지 않는 경우에만 당기의 손금으로 한다.
⑤ 임대료 12,000,000원(임대계약기간: 2025.10.1.~2026.9.30.)을 2025.10.1. 선불로 받는 조건으로 임대계약을 체결하고, 그 임대료를 제24기의 수익으로 계상하지 않은 경우 당기의 법인세법상 임대료수익은 3,000,000원이다.

해설

② 회수기일 도래기준의 신고조정이 가능한 기업은 중소기업이다.
③ 법인이 결산을 확정함에 있어서 미지급이자를 비용으로 계상한 경우에는 그 계상한 사업연도의 손금으로 한다.
④ 이미 경과한 기간에 대응하는 이자 및 할인액을 당해 사업연도의 손금으로 계상한 경우에는 그 계상한 사업연도의 손금으로 한다.
⑤ 임대료 지급기간이 1년 이하이므로 단기임대료에 해당하며, 따라서 당기에 임대료를 수익으로 계상하지 않은 경우 당기 법인세법상 임대료수익은 12,000,000원이다.

해답 ①

07 영리내국법인 ㈜A(중소기업이 아님)는 다음 자료를 이용하여 제24기 사업연도의 할부판매에 대한 세무조정을 하고자 한다. 세무조정을 통해 감소될 수 있는 제24기 각 사업연도의 소득금액은 얼마인가? (단, 주어진 자료 이외의 다른 세무조정 사항은 없음) [세무사 2012]

(1) 제24기 사업연도 초에 원가 5,000,000원인 상품을 7,500,000원에 할부판매하고, 제24기 사업연도 말부터 매 사업연도 말에 1,500,000원씩 5년간 균등하게 회수하기로 하였다. 단, 제24기 사업연도에 실제 회수된 할부금은 없다.

(2) ㈜A는 해당 할부매출에 대하여 제24기 사업연도에 다음과 같이 기업회계기준에 따라 적정하게 회계처리 하였다.

〈상품인도시점〉

(차변)	장기매출채권	7,500,000	(대변)	할부매출	5,686,180
				현재가치할인차금	1,813,820
(차변)	할부매출원가	5,000,000	(대변)	상 품	5,000,000

〈제24기 사업연도 말〉

| (차변) | 현재가치할인차금 | 568,618 | (대변) | 이자수익 | 568,618 |

① 0원 ② 137,236원 ③ 568,618원
④ 754,798원 ⑤ 1,003,838원

해설

법인이 장기할부조건 등에 의하여 자산을 판매·양도함으로써 발생한 채권에 대하여 기업회계기준에 따라 현재가치할인차금을 계상한 경우 해당 현재가치할인차금 상당액은 기업회계기준이 정하는 바에 따라 환입하였거나 환입할 금액을 각 사업연도의 익금에 산입한다(➡ 현재가치 인도기준 등 수용).

해답 ①

제8절 손익의 귀속시기

8 ㈜A의 다음 자료에 의하여 제24기 사업연도(2025.1.1.~12.31.)의 각 사업연도 소득금액에 반영하여야 할 세무조정금액(순액)을 구하면?

(1) 임대현황

구 분	임 대 기 간	임대료 지급조건	비 고
A자산	2025. 9. 1.~2026. 8. 31.	익월 5일	현금주의에 의하여 회계처리❶
B자산	2025.10. 1.~2026. 9. 30.	익월 5일	미수임대료 계상❷
C자산	2025. 8. 1.~2028. 7. 31.	임대개시일에 일시 회수	현금주의에 의하여 회계처리
D자산	2025.10. 1.~2027. 9. 30.	임대종료일에 일시 회수	현금주의에 의하여 회계처리

❶ 회사는 제24기에 2개월분 임대료만 수령하였다.
❷ 회사는 2개월분 임대료를 수령하였고, 12월분에 대해서는 미수임대료를 계상하였다.

(2) 모든 자산의 월 임대료는 1,000,000원으로 동일하다.

① 23,000,000원 차감 ② 27,000,000원 가산 ③ 27,000,000원 차감
④ 29,000,000원 가산 ⑤ 29,000,000원 차감

 해설

1. A자산 임대료
 〈익금산입〉 임대료 1,000,000원 (유보)

2. B자산 임대료 : 세무조정 없음

3. C자산 임대료
 〈익금불산입〉 임대료 31,000,000원^{주)} (△유보)
 ^{주)} $36,000,000원 \times \dfrac{36개월 - 5개월}{36개월} = 31,000,000원$

4. D자산 임대료
 〈익금산입〉 임대료 3,000,000원^{주)} (유보)
 ^{주)} $24,000,000원 \times \dfrac{3개월}{24개월} = 3,000,000원$

5. 세무조정금액(순액)
 1,000,000원 − 31,000,000원 + 3,000,000원 = △27,000,000원

[임대료의 귀속시기]
1 A자산 임대료 : 제24기 사업연도에 계약서상 지급일이 10월 5일, 11월 5일, 12월 5일 3회인데, 회사는 2회분만 장부에 계상하였으므로 1회분에 대해서 추가로 인식하여야 한다.
2 B자산 임대료 : 발생주의를 수용하므로 세무조정은 필요가 없다.
3 C자산과 D자산 임대료 : 모두 임대료 지급기간이 1년을 초과하므로 발생주의를 강제한다. 따라서 발생주의에 의하여 계산된 금액과의 차액에 대하여 세무조정을 하여야 한다.

 ③

9 다음은 영리내국법인 ㈜A(중소기업임)의 제24기 사업연도(2025.1.1.~12.31.) 할부판매 관련 자료이다. 할부매출액에 대한 세무조정이 제24기 각 사업연도 소득금액에 미치는 영향으로 옳은 것은? [회계사 2014]

(1) 모든 할부판매는 인도일이 속하는 달의 말일부터 매월 1,000,000원씩 할부기간에 걸쳐 대금을 회수하기로 약정하였으며, 거래별 내역은 다음과 같다.

구 분	제품인도일	총판매대금	할부기간	제19기의 대금회수액
거래1	2025. 11. 1.	10,000,000원	10개월	2,000,000원
거래2	2025. 3. 1.	20,000,000원	20개월	10,000,000원

(2) 제24기 결산상 회계처리
  가. [거래1]에 대하여 대금회수액을 회수일에 각각 매출액으로 계상하였다.
  나. [거래2]에 대하여 인도일에 총판매대금을 매출액으로 계상하였다.
(3) 할부매출원가에 대한 세무조정은 고려하지 아니하며, 제24기 법인세 부담의 최소화를 가정하여 세무조정할 것.

① 영향 없음 ② 10,000,000원 증가 ③ 8,000,000원 증가
④ 10,000,000원 감소 ⑤ 2,000,000원 감소

해설

구 분	장부상 금액	세무상 익금	차 이
거래1	2,000,000원	10,000,000원	8,000,000원
거래2	20,000,000원	10,000,000원	△10,000,000원
계	22,000,000원	20,000,000원	△2,000,000원

해답 ⑤

10 다음은 영리내국법인 ㈜A의 제24기(2025.1.1.~12.31.) 건설도급공사 자료이다. ㈜A의 건설도급공사 관련 세무조정으로 인하여 제24기 각사업연도소득금액이 증가하는 금액을 계산한 것으로 옳은 것은? [회계사 2015 수정]

(1) 교량공사(공사기간 : 2024.4.1.~2027.10.25.)의 총 도급금액은 300,000,000원이다.
(2) 제23기의 공사진행과 관련된 내역은 다음과 같다.
  ① 총공사예정원가는 125,000,000원이다.
  ② 비용으로 계상된 공사원가는 50,000,000원이다.
  ③ 세무조정은 적절히 이루어졌다.
(3) 제24기의 공사진행과 관련된 내역은 다음과 같다.
  ① 총공사예정원가는 160,000,000원으로 증액되어 있다.
  ② 당기에 수익으로 계상된 공사수익은 100,000,000원이다.
  ③ 당기에 비용으로 계상된 공사원가는 68,000,000원이다.
  ④ 건설현장 근로자의 인건비 10,000,000원이 판매비와 관리비로 계상되어 있다.

① 10,000,000원 ② 12,000,000원 ③ 15,000,000원
④ 18,000,000원 ⑤ 20,000,000원

해설

1. 제23기
   ① 진행률 : $\frac{50,000,000원}{125,000,000원}=40\%$
   ② 공사수익 : 300,000,000원×40%=120,000,000원
   ③ 공사원가 :   = 50,000,000원

2. 제24기
   ① 진행률 : $\frac{50,000,000원+68,000,000원+10,000,000원}{160,000,000원}=80\%$
   ② 공사수익 : 300,000,000원×80%-120,000,000원=120,000,000원
   ③ 공사원가 :   = 78,000,000원

3. 세무조정
   〈익금산입〉 공사수익   20,000,000원* (유보)
   * 120,000,000원-100,000,000원(회사계상액)=20,000,000원

4. 각 사업연도 소득금액 증가금액 : 20,000,000원

해답 ⑤

11 제조업을 영위하는 영리내국법인 ㈜A는 제24기 사업연도(2025.1.1.~12.31.)에 ㈜B(제조업)로부터 잉여금 처분에 따른 금전배당금 5,000,000원(㈜B의 잉여금 처분결의는 2024년에 이루어 진 것임)을 수령하였고, 이에 대한 ㈜A의 회계처리는 다음과 같다.

- 제23기 : 배당수익과 관련한 아무런 회계처리를 하지 않았음
- 제24기 : 〈차변〉 현금 5,000,000원   〈대변〉 배당금수익 5,000,000원

제23기에 대하여 ㈜A가 해야 할 모든 세무조정은 적법하게 이루어졌다고 가정할 때, ㈜A가 제24기의 각 사업연도의 소득금액 계산 시 해야 할 세무조정과 소득처분으로 옳은 것은? (단, 법인세법상 수입배당금액의 익금불산입 규정 등 주어진 자료 이외 다른 사항은 고려하지 않음) [세무사 2016]

① 세무조정 없음
② 〈익금산입〉   배당금수익 5,000,000원 (배당)
③ 〈익금불산입〉 배당금수익 5,000,000원 (기타)
④ 〈익금산입〉   배당금수익 5,000,000원 (유보)
⑤ 〈익금불산입〉 배당금수익 5,000,000원 (△유보)

해설

1. 제23기 : 〈익금산입〉   배당금수익 5,000,000원 (유보)

2. 제24기 : 〈익금불산입〉 배당금수익 5,000,000원 (△유보)
   ※ 배당금수익의 귀속시기는 소득세법상 배당소득의 수입시기가 속하는 사업연도이며, 소득세법상 배당소득의 수입시기는 잉여금 처분결의일이다.

해답 ⑤

12 ㈜B는 제7기 사업연도(1.1.~12.31.) 초에 2년 동안 사무실을 임차하면서 임차료 20,000,000원을 지급하고 전액 비용으로 장부상 회계처리하였고, 이에 대해 적정하게 세무조정하였다. 한편 회사는 제8기말에 다음과 같은 수정회계처리를 하였다.

| (차) 임 차 료 | 10,000,000원 | (대) 전기오류수정이익 | 10,000,000원 |

다음 중 ㈜B가 전기오류수정이익을 '영업외수익'으로 회계처리한 경우와 '이월이익잉여금의 증가'로 회계처리한 경우의 세무조정으로 올바르게 묶인 것은? [회계사 2007]

	영업외수익으로 회계처리 시	이익잉여금의 증가로 회계처리 시
①	세무조정 없음	세무조정 없음
②	〈익금불산입〉 10,000,000원(△유보)	〈익 금 산 입〉 10,000,000원(기타) 〈익금불산입〉 10,000,000원(△유보)
③	〈익 금 산 입〉 10,000,000원(유보)	〈익금불산입〉 10,000,000원(기타) 〈익 금 산 입〉 10,000,000원(유보)
④	〈익금불산입〉 10,000,000원(△유보)	〈익금불산입〉 10,000,000원(기타) 〈익 금 산 입〉 10,000,000원(유보)
⑤	〈익 금 산 입〉 10,000,000원(유보)	〈익 금 산 입〉 10,000,000원(기타) 〈익금불산입〉 10,000,000원(△유보)

해설 주어진 자료에 의하여 ㈜B는 제7기에 다음과 같은 세무조정을 하였을 것으로 추정된다.
〈손금불산입〉 임차료 과대계상 10,000,000원 (유보)

1. 영업외수익으로 회계처리한 경우
   전기인 제7기에 행한 〈손금불산입〉의 세무조정을 추인한다.
   〈익금불산입〉 임차료 과대계상 10,000,000원 (△유보)

2. 이익잉여금의 증가로 회계처리한 경우
   전기인 제7기에 행한 〈손금불산입〉의 세무조정을 추인하며, 이익잉여금의 증가로 회계처리한 금액 역시 반대의 세무조정을 행해야 한다.
   〈익금불산입〉 임차료 과대계상 10,000,000원 (△유보)
   〈익금산입〉 전기오류수정이익 10,000,000원 (기타)

해답 ②

제9절 기업업무추진비

- I. 기업업무추진비의 의의
- II. 기업업무추진비의 범위
- III. 기업업무추진비의 시부인계산
- IV. 현물기업업무추진비와 손금귀속시
- V. 자산계상 기업업무추진비가 있는 경우의 세무조정

I. 기업업무추진비의 의의

기업업무추진비의 개념

　법인세법상 기업업무추진비란 접대, 향응, 위안, 선물, 사례, 그 밖에 어떠한 명목이든 상관없이 내국법인이 직접 또는 간접적으로 업무와 관련이 있는 자와 친목을 두텁게 함으로써 업무의 원활한 진행을 도모하기 위한 손비를 말한다(법법 33①).

　여기서 기업업무추진비인지의 여부는 해당 거래의 실질적 내용에 입각하여 판정하여야 한다. 그러므로 법인은 기업업무추진비의 세무조정을 하기에 앞서 먼저 장부에서 해당 장부에 기재되어 있는 거래의 명칭이나 계정과목 등에 불구하고 그 실질내용에 따라 기업업무추진비에 해당하는 금액은 모두 발췌를 하여야 한다.

　참고로 실무에서는 이를 기업업무추진비 조정명세서(을)에 기입함으로써 그 목적을 달성하고 있는데, 다음은 해당 서식의 일부를 발췌한 것이다.

2. 기업업무추진비 해당금액

④ 계정과목	기업업무추진비	광고선전비	세금과공과	합 계
⑤ 계정금액	72,000,000	13,000,000	16,000,000	101,000,000
⑦ 접 대 비 해당금액	72,000,000	4,000,000	2,000,000	78,000,000

기업업무추진비의 세무조정단계

　기업업무추진비의 세무조정은 다음 순서에 의한다.

구 분	내 용
1단계	기업업무추진비 중 개인적(사적) 사용 및 증명자료 불비분은 전액을 즉시 손금불산입(상여❶)한다.
2단계	증명자료가 비치된 기업업무추진비 중 신용카드 등을 사용하지 않은 건당 3만원(경조사비는 20만원) 초과 기업업무추진비도 전액을 즉시 손금불산입(기타사외유출)한다.
3단계	법인의 기업업무추진비 지출액에서 1단계와 2단계에서 손금불산입된 금액을 제외한 금액(이하 "기업업무추진비 해당액"이라 함)이 기업업무추진비 한도액을 초과하는 경우, 해당 금액을 손금불산입(기타사외유출)한다.

❶ 귀속을 알 수 없으므로 대표자에 대한 상여로 처분하는 것임

II. 기업업무추진비의 범위

  기업업무추진비 등 손금항목의 구분

구 분	내 용
(1) 주주, 임원·직원이 부담하여야 할 기업업무추진비를 법인이 부담한 것	기업업무추진비로 보지 않음 ➡ 이는 결국 업무와 관련이 없는 지출분이므로 직접 손금불산입(배당·상여)한다.
(2) 종업원이 조직한 조합 등에 대하여 지출한 복리시설비❶	① 조합·단체가 법인인 경우 : 기업업무추진비로 봄 ② 조합·단체가 법인이 아닌 경우 : 법인경리의 일부로 봄
(3) 약정에 따라 포기한 채권	① 포기사유가 정당한 경우❷ : 대손금으로 손금인정 ② 포기사유가 정당하지 아니한 경우 : 기업업무추진비(매출채권) 또는 기부금(기타채권)으로 봄 ▣ 채무자가 특수관계인인 경우에는 부당행위계산부인규정을 적용함
(4) 기업업무추진비 관련 부가가치세 매입세액	기업업무추진비로 봄 ▣ 기부금 관련 부가가치세 매입세액은 기부금으로 봄 ▣ 기업업무추진비 100,000원(VAT 제외) 지출시 회계처리 (차) 기업업무추진비 110,000 (대) 현 금 110,000

(5) 접대목적으로 제공한 자산에 대한 부가가치세 매출세액 부담액	이는 부가가치세법상 재화의 간주공급에 해당하는 사업상 증여에 따른 부가가치세 매출세액으로서 법인세법에서는 이러한 사업상 증여가 업무와 관련성이 있는 경우라면 이를 판매부대비용 또는 기업업무추진비로 본다. 만일 이러한 사업상 증여가 업무와 관련이 없는 기부금에 해당하면 동 사업상 증여에 따른 부가가치세 매출세액은 기부금으로 본다.
	▣ 원가 2,000,000원, 시가 3,000,000원의 제품 증정(접대목적)
	  (차) 기업업무추진비 3,300,000 (대) 제 품 2,000,000
	                                    VAT예수금 300,000
	                                    잡이익 등 1,000,000

(6) 회의비	① 통상회의비 : 전액 손금인정 ② 통상회의비를 초과하는 금액 : 기업업무추진비로 봄
(7) 판매장려금 및 판매수당	사전약정 여부에 관계없이 전액 손금으로 인정함
(8) 광고선전목적으로 기증한 물품의 구입비용	① 불특정다수인에게 기증 : 전액 손금인정 ② 특정인에게 기증한 물품(개당 3만원 이하의 물품은 제외)으로서 연간 5만원 이내의 금액 : 전액 손금인정 ③ 특정인에게 기증한 물품(개당 3만원 이하의 물품은 제외)으로서 연간 5만원 초과시 : 기업업무추진비로 봄

❶ 위에서 "지출한 복리시설비"란 법인이 종업원을 위하여 지출한 복리후생의 시설비·시설구입비 등을 말한다(법기통 25-42…1).
❷ 예컨대, 특수관계자외의 자와의 거래에서 발생한 채권으로서 채무자의 부도발생 등으로 장래에 회수가 불확실한 어음·수표상의 채권 등을 조기에 회수하기 위하여 해당 채권의 일부를 불가피하게 포기한 경우 해당 채권의 일부를 포기하거나 면제한 행위에 객관적으로 정당한 사유가 있는 때에는 그 채권 포기액을 손금에 산입한다(법기통 34-62…5).

9-1 기업업무추진비 해당액의 계산

다음 자료에 의하여 ㈜A의 제3기 사업연도의 기업업무추진비에 대한 세무조정을 하시오.
1. ㈜A의 (포괄)손익계산서상 기업업무추진비 계정의 금액은 250,160,000원이며, 해당 금액에는 다음의 항목이 포함되어 있다.
   ① 거래처에 12월 25일 접대를 하였으나 미지급한 금액 : 1,700,000원
   ② 증명자료 불비분 기업업무추진비 : 160,000원
   ③ 종업원들의 회식비로 지출한 금액 : 2,300,000원
2. 그 밖의 계정과목
   ① 광고선전비 계정에는 ㈜A의 대리점 중 거래실적이 우수한 업체인 ㈜B에 대해서만 한정적으로 제공한 물품의 가액 4,500,000원이 포함되어 있다.
   ② 대손상각비 계정에는 우량거래처와 정당한 사유없이 약정에 의하여 포기한 업무관련 채권액 3,000,000원이 포함되어 있다.
   ③ 복리후생비 계정에는 종업원이 조직한 단체(법인)에 지출한 복리시설비 2,700,000원이 포함되어 있다.
   ④ 세금과공과 계정에는 기업업무추진비 관련 부가가치세 매입세액 2,000,000원이 포함되어 있다.
3. 기업업무추진비 한도액은 195,000,000원이며, 건당 3만원(경조사비는 20만원) 초과분 중 신용카드 미사용분 기업업무추진비는 없는 것으로 한다.

1. 기업업무추진비 해당액

① 기업업무추진비계정의 금액		250,160,000원
② 증명자료 불비분 기업업무추진비	(-)	160,000원
③ 종업원들의 회식비	(-)	2,300,000원
④ 특정거래처에만 지급한 물품가액	(+)	4,500,000원
⑤ 업무관련채권포기액	(+)	3,000,000원
⑥ 종업원단체 복리시설비	(+)	2,700,000원
⑦ 기업업무추진비 관련 부가가치세 매입세액	(+)	2,000,000원
		259,900,000원

2. 기업업무추진비 한도초과액

① 기업업무추진비 해당액		259,900,000원
② 기업업무추진비 한도액	(-)	195,000,000원
		64,900,000원

3. 세무조정
   〈손금불산입〉 증명자료 불비분 기업업무추진비   160,000(상여)
   〈손금불산입〉 기업업무추진비 한도초과액   64,900,000(기타사외유출)

해설

1. 기업업무추진비는 접대행위를 한 시점이 속하는 사업연도의 손금으로 한다(발생주의).
2. 증명자료 불비분 기업업무추진비는 손금불산입하고, 대표자에 대한 상여로 처분한다.
3. 종업원들의 회식비는 복리후생비에 해당하므로 기업업무추진비 해당액의 계산시 차감하여야 한다.

4. 특정인에게 기증한 물품(개당 3만원 이하의 물품은 제외)이라 하더라도 1인당 연간 5만원 한도내에서는 판매부대비용으로 보지만, 위 사례의 경우에는 5만원을 초과하므로 기업업무추진비로 본다.
5. 거래처와 정당한 사유없이 약정에 의하여 포기한 업무관련 채권액은 기업업무추진비로 본다.
6. 종업원이 조직한 단체(법인)에 대한 복리시설비는 기업업무추진비로 본다.
7. 기업업무추진비 관련 부가가치세 매입세액은 기업업무추진비로 본다.

기업업무추진비 해당액의 계산

Book	기업업무추진비	250,160,000 /	현 금	248,460,000
			미지급기업업무추진비	1,700,000
	광고선전비	4,500,000 /	현 금	4,500,000
	대손상각비	3,000,000 /	매출채권	3,000,000
	복리후생비	2,700,000 /	현 금	2,700,000
	세금과공과	2,000,000 /	현 금	2,000,000

Tax1 1단계 : 직접 부인 여부와 한도평가 대상 기업업무추진비 해당액 계산

기업업무추진비 247,700,000* / 현금 248,460,000
유출잉여금(to 대표자) 160,000 / 미지급기업업무추진비 1,700,000
복리후생비 2,300,000

* 250,160,000원 − (증명자료 불비 분기업업무추진비 160,000원 + 종업원들의 회식비 2,300,000원)

기업업무추진비 4,500,000 / 현 금 4,500,000
기업업무추진비 3,000,000 / 매출채권 3,000,000
기업업무추진비 2,700,000 / 현 금 2,700,000
기업업무추진비 2,000,000 / 현 금 2,000,000
∴ 한도평가대상 기업업무추진비 259,900,000

Adjustment1 유출잉여금(to 대표자) 160,000 / 기업업무추진비 160,000
Tax-Adj1 유출잉여금↓(순자산↓) 160,000 / 손금↓(순자산↑) 160,000

〈손금불산입〉 기업업무추진비(증명자료 불비분) 160,000·대표자상여

Tax1 기업업무추진비 259,900,000 / 현 금 255,200,000
                                  미지급기업업무추진비 1,700,000
                                  매출채권 3,000,000

Tax2 2단계 : 기업업무추진비 한도액 내에서 기업업무추진비 인정
기업업무추진비 한도액 : 195,000,000원
기업업무추진비(손금) 195,000,000 / 현 금 255,200,000
유출잉여금(to 기타 사업자) 64,900,000 / 미지급기업업무추진비 1,700,000
                                        매출채권 3,000,000

Adjustment2 유출잉여금(to 기타 사업자) 64,900,000 / 기업업무추진비 64,900,000
Tax-Adj2 잉여금↓(순자산↓) 64,900,000 / 손금↓(순자산↑) 64,900,000

〈손금불산입〉 기업업무추진비(한도초과분)64,900,000·기타사외유출

건당 3만원(경조사비는 20만원) 초과 지출 기업업무추진비의 신용카드 등 사용 의무화

(1) 개 요

법인이 한 차례의 접대에 지출한 금액이 3만원(경조사비는 20만원)을 초과하는 경우에는 반드시 신용카드 등을 사용하여야 한다. 만일 신용카드 등을 사용하지 아니하고 지출한 금액이 있는 경우에 해당 금액은 손금불산입(기타사외유출)한다.

다만, 다음에 해당하는 기업업무추진비 지출액에 대해서는 위의 손금불산입규정을 적용하지 않는다.

① 해당 법인이 직접 생산한 제품 등으로 제공한 것(=현물기업업무추진비)
② 매출채권의 임의포기액(법인(재) 46012-155, 2000. 10. 16)
③ 증명자료를 구비하기 어려운 법소정 국외지역(예 : 아프리카 등)에서 지출한 것으로서 지출사실이 객관적으로 명백한 기업업무추진비
④ 농어민으로부터 직접 재화를 공급받은 경우의 지출로서 그 대가를 금융회사 등을 통하여 지급한 경우. 해당 법인은 과세표준신고를 할 때 송금사실을 적은 송금명세서를 첨부하여 납세지 관할세무서장에게 제출한 경우로 한정함.

(2) 신용카드 등 미사용분

결국 건당 3만원(경조사비는 20만원) 초과 지출 기업업무추진비 중 신용카드 등 미사용분에 대해서는 기업업무추진비 시부인계산 이전에 직부인되는데, 여기서 신용카드 등의 범위를 살펴보면 다음과 같다 (법법 25②).

① 신용카드
② 직불카드
③ 외국에서 발행된 신용카드
④ 기명식 선불카드
⑤ 현금영수증
⑥ 계산서 또는 세금계산서
⑦ 매입자발행세금계산서
⑧ 원천징수영수증*

* 소득세법 제168조[사업자등록 및 고유번호의 부여]에 따라 사업자등록을 하지 아니한 자로부터 용역을 제공받고 같은 법 제144조[사업소득에 대한 원천징수의 방법과 원천징수영수증의 교부] 및 제145조[기타소득에 대한 원천징수의 방법과 원천징수영수증의 교부]에 따라 교부하는 원천징수영수증을 말한다.

(3) 유의사항

한편, 신용카드 등 사용과 관련하여 유의할 사항은 다음과 같다.

① 신용카드는 해당 법인의 명의로 발급받은 신용카드에 한한다. 따라서 개인명의의 신용카드로 사용한 금액은 신용카드사용 기업업무추진비로 보지 아니한다.* 다만, 신용카드에 법인의 명의와 직원의 명의를 함께 기재하고 신용카드 이용대금이 직원 개인계좌에서 결제되나 최종적으로 법인이 연대책임을 지는 법인개별 신용카드는 법인명의의 신용카드로 본다.
② 재화(財貨) 또는 용역을 공급하는 신용카드·현금영수증의 가맹점과 다른 가맹점의 명의로 작성된 매출전표 등을 발급받은 경우 해당 지출금액은 적법한 신용카드·현금영수증을 구비하지 못한 기업업무추진비로 본다 (법법 24③).*

* 즉, 영수증 사용 기업업무추진비로 본다. 따라서 건당 3만원 초과 지출분이라면 전액을 즉시 손금불산입(기타사외유출)하고, 3만원 이하인 경우에는 회사의 기업업무추진비 지출액에 가산하여 기업업무추진비 시부인계산을 하면 된다.

III. 기업업무추진비의 시부인계산

 시부인계산의 구조

	기업업무추진비 해당액	개인적(사적) 사용 및 증명자료 불비분 기업업무추진비, 건당 3만원 (경조사비 20만원) 초과 신용카드 등 미사용분 제외
(−)	기업업무추진비 한도액	
	기업업무추진비 한도초과액	손금불산입(기타사외유출)

 기업업무추진비 한도액

(1) 기업업무추진비 한도액 산식

기업업무추진비 한도액을 산식으로 표시하면 다음과 같다.

기업업무추진비 한도액 = ① + ②

① 기본금액한도 : 1,200만원(중소기업은 3,600만원[1]) × $\dfrac{\text{사업연도월수}[2]}{12}$

② 수입금액기준한도 : 일반수입금액×적용률 + 특정수입금액[3]×적용률×10%

[1] 중소기업 영업활동 지원을 위해 기존 조세특례제한법상의 규정을 법인세법으로 이관하여 적용기한을 폐지하고, 최저한세 적용에서도 제외하였다(법법 25).
[2] 월수는 역에 따라 계산하되, 1개월 미만의 일수는 1개월로 한다.
[3] 특정수입금액이란 특수관계인과의 거래에서 발생한 수입금액을 말한다.

한편, 부동산임대업을 주된 사업으로 하는 등 다음의 요건을 모두 갖춘 내국법인의 경우에는 기업업무추진비의 손금인정액을 위 한도액의 50%로 한다.

① 해당 사업연도 종료일 현재 내국법인의 지배주주등이 보유한 주식등의 합계가 해당 내국법인의 발행주식총수 또는 출자총액의 50%를 초과할 것
② 해당 사업연도에 부동산 임대업을 주된 사업[1]으로 하거나 다음의 금액 합계가 기업회계기준에 따라 계산한 매출액(㉠부터 ㉢까지의 금액이 포함되지 아니한 경우에는 이를 포함하여 계산한다)의 50% 이상일 것
 ㉠ 부동산 또는 부동산상의 권리의 대여로 인하여 발생하는 소득의 금액(임대보증금에 대한 간주익금을 포함한다)
 ㉡ 소득세법에 따른 이자소득의 금액
 ㉢ 소득세법에 따른 배당소득의 금액
③ 해당 사업연도의 상시근로자[2] 수가 5명 미만일 것

[1] 내국법인이 둘 이상의 서로 다른 사업을 영위하는 경우에는 사업별 사업수입금액이 큰 사업을 주된 사업으로 본다.
[2] 상시근로자는 근로기준법에 따라 근로계약을 체결한 내국인 근로자로 한다. 다만, 다음 중 어느 하나에 해당하는 근로자는 제외한다.
한편, 상시근로자 수의 계산방법은 조세특례제한법상 '근로소득 증대 기업에 대한 세액공제'의 규정을 준용한다.

㉠ 해당 법인의 최대주주 또는 최대출자자와 그와 친족관계인 근로자
㉡ 소득세법에 따른 근로소득원천징수부에 의하여 근로소득세를 원천징수한 사실이 확인되지 아니하는 근로자
㉢ 근로계약기간이 1년 미만인 근로자. 다만, 근로계약의 연속된 갱신으로 인하여 그 근로계약의 총기간이 1년 이상인 근로자는 제외한다.
㉣ 근로기준법에 따른 단시간근로자

(2) 수입금액

기업업무추진비의 한도액 계산기준이 되는 수입금액은 기업회계에 의하여 계산한 매출액(매출에누리와 환입·매출할인을 차감하고, 부산물매출액·작업폐물매출액은 포함)으로 한다.

한편, 위의 수입금액에는 사업연도 중에 중단된 사업부분의 매출액을 포함하며, 자본시장과 금융투자업에 관한 법률에 따른 파생결합증권 및 파생상품거래의 경우에는 해당 거래의 손익을 통산한 순이익(0보다 작은 경우 0으로 함)을 말한다.

(3) 적용률

수입금액기준에 적용하는 수입금액 구간별 적용률은 다음과 같다. 수입금액에 특정수입금액이 있는 경우 특정수입금액에 적용률을 곱하여 산출한 금액은 전체 수입금액에 적용률을 곱하여 산출한 금액에서 일반수입금액에 적용률을 곱하여 산출한 금액을 차감하여 계산한다. 즉, 일반수입금액부터 높은 적용률을 곱한다.

수 입 금 액	적 용 률
100억원 이하	$0.3\%(\frac{30}{10,000})$
100억원 초과 500억원 이하	3,000만원 + 100억원 초과액의 $0.2\%(\frac{20}{10,000})$
500억원 초과	1억 1,000만원 + 500억원 초과액의 $0.03\%(\frac{3}{10,000})$

기업업무추진비 시부인계산

다음 자료에 의하여 제조업을 영위하는 ㈜A의 기업업무추진비 관련 세무조정을 하시오.

1. ㈜A의 사업연도는 1.1.~6.30.이며, 중소기업에 해당한다.
2. 기업업무추진비 지출금액은 107,100,000원이며, 건당 3만원(경조사비는 20만원) 초과 기업업무추진비 지출액 중 신용카드 등으로 결제하지 아니한 금액 6,000,000원이 포함되어 있다.
3. 기업업무추진비 이외의 거래내역 중 다음의 거래가 포함되어 있다.
    ① 약정에 의하여 포기한 거래처의 채권액(포기의 정당성은 없음) : 9,000,000원
    ② 광고선전비에 계상된 거래처에 대한 증정품(제품) : 21,000,000원(시가 28,000,000원)
    ③ 세금과 공과에 계상된 사업상 증여에 대한 부가가치세 매출세액 : 2,800,000원
4. ㈜A의 해당 사업연도 매출액은 38,000,000,000원이며, 동 매출액 중 특수관계인에 대한 매출액은 6,000,000,000원이다.
5. 단, ㈜A는 기업업무추진비 손금산입한도액이 50%로 축소되는 규정을 적용받는 부동산임대업을 주된 사업으로 하는 법인 등에 해당하지 아니한다.

해답

1. 기업업무추진비 해당액의 계산
   (107,100,000원 − 6,000,000원) + (9,000,000원❶ + 28,000,000원❷ + 2,800,000원) = 140,900,000원

   ❶ 약정에 따라 포기한 채권 중 포기의 정당성이 인정되면 대손금으로 전액 손금인정되나 포기의 정당성이 인정되지 않으면 기업업무추진비(매출채권) 또는 기부금(그 밖의 채권)으로 본다.

   ❷ 이는 현물기업업무추진비에 해당하며 시가를 기업업무추진비 지출금액으로 한다.

2. 기업업무추진비 한도액의 계산
   기업업무추진비 한도액 = ① + ② = 93,200,000원

   ① 기본금액한도: $36,000,000원 \times \frac{6}{12} = 18,000,000원$

   ② 수입금액기준한도: 10,000,000,000원 × 0.3% + 22,000,000,000원 × 0.2% + 6,000,000,000원 × 0.2% × 10%
   = 75,200,000원

3. 기업업무추진비 한도초과액
   140,900,000원 − 93,200,000원 = 47,700,000원

분개법 기업업무추진비 시부인계산

Book

기업업무추진비	107,100,000	/ 현 금	107,100,000
대손상각비	9,000,000	/ 매출채권	9,000,000
광고선전비	28,000,000	/ 재고자산	28,000,000
세금과공과	2,800,000	/ 현 금	2,800,000

Tax

1단계 : 직접 부인 여부와 한도평가 대상 기업업무추진비 해당액 계산

기업업무추진비	101,100,000*	/ 현 금	107,100,000
유출잉여금(to 그 밖의 사업자)	6,000,000		

* 107,100,000원 − (신용카드미사용분 6,000,000원)

기업업무추진비	9,000,000	/ 매출채권	9,000,000
기업업무추진비	28,000,000	/ 재고자산	28,000,000
기업업무추진비	2,800,000	/ 현 금	2,800,000

∴ 한도평가대상 기업업무추진비 140,900,000

2단계 : 기업업무추진비 한도액 내에서 기업업무추진비 인정
기업업무추진비 한도액 : 93,200,000원**

기업업무추진비(손금)	93,200,000	/ 현 금	107,100,000
유출잉여금(to 그 밖의 사업자)	47,700,000	매출채권	9,000,000
		재고자산	28,000,000

** 36,000,000원 × 6/12 + (10,000,000,000원 × 0.3% + 22,000,000,000원 × 0.2%) + 6,000,000,000원 × 0.2% × 10%

Adjustment

유출잉여금(to 그 밖의 사업자)	6,000,000	/ 기업업무추진비	6,000,000
유출잉여금(to 그 밖의 사업자)	47,700,000	/ 기업업무추진비	47,700,000

Tax-Adj

유출잉여금↓(순자산↓)	6,000,000	/ 손 금↓(순자산↑)	6,000,000

⟨손금불산입⟩ 기업업무추진비(신용카드비사용분) 6,000,000·기타사외유출

유출잉여금↓(순자산↓)	47,700,000	/ 손 금↓(순자산↑)	47,700,000

⟨손금불산입⟩ 기업업무추진비(한도초과분) 47,700,000·기타사외유출

제9절 기업업무추진비

 기업업무추진비의 손금산입특례

(1) 정부출자기관 등의 기업업무추진비한도액 축소
다음의 법인에 대하여는 기업업무추진비 한도액을 일반법인 기업업무추진비 한도액의 70%로 한다(조특법 136②, 조특령 130③,④).

> ① 정부가 20% 이상 출자한 정부출자기관(공기업·준정부기관이 아닌 상장법인은 제외)
> ② 위 ⓐ의 법인이 최대주주로서 출자한 법인

(2) 문화기업업무추진비의 손금산입특례
법인이 2025년 12월 31일 이전에 지출한 문화비로 지출한 기업업무추진비(문화기업업무추진비)에 대해서는 기업업무추진비 한도액의 20%의 범위 안에서 이를 손금에 산입한다(조특법 136③, 조특령 130⑤,⑥).

문화기업업무추진비 한도액 = Min{㉠ 문화기업업무추진비, ㉡ 일반기업업무추진비 한도액* × 20%}

✽ 부동산임대업을 주된 사업으로 하는 등 대통령령으로 정하는 법인의 경우에는 그 금액에 50%를 곱한 금액

여기서 문화기업업무추진비란 국내 문화관련 지출로서 다음의 용도로 지출한 금액을 말한다.
① 문화예술진흥법에 따른 문화예술의 공연이나 전시회 또는 박물관 및 미술관 진흥법에 따른 박물관의 입장권 구입
② 국민체육진흥법에 따른 체육활동의 관람을 위한 입장권의 구입
③ 영화 및 비디오물의 진흥에 관한 법률에 따른 비디오물의 구입
④ 음악산업진흥에 관한 법률에 따른 음반 및 음악영상물의 구입
⑤ 출판문화산업 진흥법에 따른 간행물의 구입
⑥ 관광진흥법에 따라 문화체육관광부장관이 지정한 문화관광축제의 관람 또는 체험을 위한 입장권·이용권의 구입
⑦ 관광진흥법 시행령에 따른 관광공연장의 입장권 구입비용 전액
⑧ 기획재정부령으로 정하는 박람회의 입장권 구입
⑨ 근현대문화유산의 보존 및 활용에 관한 법률에 따른 지정문화유산, 문화유산의 보존 및 활용에 관한 법률에 따른 국가등록문화유산,자연유산의 보존 및 활용에 관한 법률에 따른 천연기념물등, 무형유산의 보전 및 진흥에 관한 법률에 따른 국가무형유산 및 무형유산의 보전 및 진흥에 관한 법률에 따른 시·도무형유산의 관람을 위한 입장권의 구입
⑩ 문화예술진흥법에 따른 문화예술 관련 강연의 입장권 구입 또는 초빙강사에 대한 강연료 등
⑪ 자체시설 또는 외부임대시설을 활용하여 해당 내국인이 직접 개최하는 공연 등 문화예술행사비
⑫ 문화체육관광부의 후원을 받아 진행하는 문화예술, 체육행사에 지출하는 경비
⑬ 소액(100만원 이하) 증정용 미술품 구입비용
⑭ 관광진흥법 및 같은 법 시행령에 따른 종합유원시설업 또는 일반유원시설업의 허가를 받은 자가 설치한 유기시설 또는 유기기구의 이용을 위한 입장권·이용권의 구입
⑮ 수목원·정원의 조성 및 진흥에 관한 법률에 따른 수목원 및 정원의 입장권 구입
⑯ 궤도운송법에 따른 궤도시설의 이용권 구입

(3) 전통시장 기업업무추진비 손금산입특례
법인이 2025년 12월 31일 이전에 전통시장(소비성서비스업 등 대통령령으로 정하는 업종 제외)에서 지출한 기업업무추진비(전통시장 기업업무추진비)에 대해서는 기업업무추진비 한도액의 10%의 범위 안에서 이를 손금에 산입한다(조특법 136⑥)

전통시장 기업업무추진비 한도액 = Min{㉠전통시장 기업업무추진비*, ㉡ 일반기업업무추진비 한도액 × 10%}

✽ 소비성서비스업지출액 제외

Ⅳ. 현물기업업무추진비와 손금귀속시기

 현물기업업무추진비

(1) 현물기업업무추진비의 개요

현물기업업무추진비란 법인이 직접 생산한 제품 등을 거래처 등에게 제공하는 것을 말하며, 이러한 현물기업업무추진비는 이를 제공한 때의 **시가**(시가가 장부가액보다 낮은 경우에는 장부가액)에 의하여 기업업무추진비를 계산한다.

한편, 현물기업업무추진비의 지출은 부가가치세법상 사업상 증여에 해당하므로 부가가치세를 과세하게 되는데, 법인세법에서는 이 또한 기업업무추진비로 보도록 규정하고 있다.

(2) 현물기업업무추진비와 관련된 세무조정시 유의사항

현물기업업무추진비와 관련된 세무조정시 유의사항을 살펴보면 다음과 같다.

① 현물기업업무추진비는 자사제품 등을 거래처 등에게 제공하는 것이기 때문에 현실적으로 신용카드 등을 사용하는 것이 불가능하므로 법인세법에서도 신용카드 등 사용의무를 규정하지 않고 있다. 따라서 외부에서 선물용 상품 등을 구입하여 거래처 등에게 제공하는 것은 신용카드 등의 사용이 가능하므로 현물기업업무추진비가 아니다.
② 현물기업업무추진비와 관련하여 법인이 이를 장부상 매출액으로 회계처리를 한 경우에도 이는 기업회계상 매출액이 아니므로 기업업무추진비 한도액 계산시 이를 수입금액에 포함시켜서는 안된다.

 기업업무추진비의 손금귀속시기

기업업무추진비는 접대행위를 한 시점이 속하는 사업연도의 손금으로 한다(발생주의). 예컨대, 당해연도 12월에 접대를 하고 신용카드를 사용한 경우 다음연도 1월에 해당 신용카드 대금이 결제되더라도 기업업무추진비 지출은 당기 12월에 한 것으로 본다.

제9절 기업업무추진비

참고 현물기업업무추진비(원가 100원, 시가 200원)에 대한 회계처리방식과 이에 대한 세무조정방법

구 분	내 용			
① 세무상 회계처리	(차) 기업업무추진비	220	(대) 제　품 VAT예수금 잡 이 익	100 20 100
② 원가법	(차) 기업업무추진비	120	(대) 제　품 VAT예수금	100 20
③ 시가법	(차) 기업업무추진비 　　매 출 원 가	220 100	(대) 매　출 VAT예수금 제　품	200 20 100
④ 세무조정	(1) 법인세법 VS 원가법 　이 경우 어떻게 회계처리를 하던 당기순이익에 미치는 효과는 같음을 알 수 있다. 따라서 다음과 같은 두가지의 세무조정방법이 있을 수 있다. 　① 총액법 　　〈손금산입〉기업업무추진비　100(기타) 　　〈익금산입〉잡이익　100(기타) 　　기업업무추진비 지출액을 220원으로 하여 시부인계산함 　② 순액법 　　세무조정없이 기업업무추진비 지출액을 220원으로 하여 시부인계산함 (2) 법인세법 VS 시가법 　이 경우 어떻게 회계처리를 하던 당기순이익에 미치는 효과는 같음을 알 수 있다. 따라서 다음과 같은 두가지의 세무조정방법이 있을 수 있다. 　① 총액법 　　〈손금불산입〉매출원가　100(기타) 　　〈익금불산입〉매　출　100(기타) 　　장부상 기업업무추진비 지출액을 기준으로 시부인계산함. 이 때 유의할 사항은 장부상 계상한 매출액 200원은 기업회계상 매출액이 아니므로 기업업무추진비한도액 계산 시 사업수입금액에서 제외시켜야 한다. 　② 순액법 　　세무조정없이 기업업무추진비 지출액을 220원으로 하여 시부인계산함. 이 때 유의할 사항은 장부상 계상한 매출액 200원은 기업회계상 매출액이 아니므로 기업업무추진비한도액 계산 시 사업수입금액에서 제외시켜야 한다.				
⑤ 결론	결국 총액법은 실무적으로나 수험목적상으로나 시간낭비에 불과하므로 순액법이 타당하다. 따라서 이하 본서에서는 문제풀이방식을 순액법에 의하여 설명할 것이며, 향후 동일 사례에 해당하는 경우(예 : 현물기부금 등) 반복설명을 하지않고 순액법에 의하여 내용설명과 문제풀이를 할 것이다.			

분개법 현물기업업무추진비(원가 100원, 시가 200원)에 대한 회계처리방식과 이에 대한 세무조정

(1) 원가법 vs. 법인세법

Book	기업업무추진비	120 /	제　품 VAT예수금	100 20
Tax	기업업무추진비	220 /	제　품 VAT예수금 잡이익	100 20 100
	기업업무추진비 220원에 대해 한도 시부인계산			

Adjustment	기업업무추진비	100	/ 잡이익		100
Tax-Adj	손 금↑(순자산↓)	100	/ 익 금↑(순자산↑)		100

〈손금산입〉 기업업무추진비 100 · 기타
〈익금산입〉 잡이익 100 · 기타

; 세무조정의 효과가 없으므로 세무조정하지 않음

(2) 시가법 vs. 법인세법

Book	기업업무추진비	220	/ 매 출		200
			VAT예수금		20
	매출원가	100	/ 제 품		100
Tax	기업업무추진비	220	/ 제 품		100
			VAT예수금		20
			잡이익		100

기업업무추진비 220원에 대해 한도 시부인계산(이 때 장부상 매출액 200원은 기업회계상 매출액이 아니므로 기업업무추진비한도액 계산시 사업수입금액에서 제외시켜야 함)

Adjustment	매출원가	100	/ 매 출		100
Tax-Adj	손 금↑(순자산↓)	100	/ 익 금↑(순자산↑)		100

〈손금산입〉 기업업무추진비 100 · 기타
〈익금산입〉 잡이익 100 · 기타

; 세무조정의 효과가 없으므로 세무조정하지 않음

Ⅴ. 자산계상 기업업무추진비가 있는 경우의 세무조정

자산계상 기업업무추진비가 있는 경우의 세무조정은 다음과 같다.

 **기업업무추진비 시부인계산**

먼저 비용계상 기업업무추진비와 자산계상 기업업무추진비를 합한 금액을 대상으로 기업업무추진비 시부인계산을 하여, 기업업무추진비 한도초과액을 손금불산입(기타사외유출)한다.

 자산에 대한 세무조정

기업업무추진비 한도초과액이 비용계상 기업업무추진비보다 크지 아니한 경우에는 위 "1"의 세무조정으로 종료되며, 기업업무추진비 한도초과액이 비용계상 기업업무추진비보다 큰 경우에는 그 차액만큼 자산(건설중인 자산, 유형자산 및 무형자산의 순서로 함)을 손금산입(△유보)한다.

사후관리

자산의 손금산입(△유보)금액에 대하여 추후 회사가 상각비를 계상하면, 다음 산식에 의하여 계산한 금액을 손금불산입(유보)하고, 자산의 처분 시에는 처분당시 잔액을 전액 손금불산입(유보)한다.

$$\text{손금불산입액} = \text{회사가 계상한 상각비} \times \frac{\triangle\text{유보분 잔액}}{\text{해당연도 감가상각전 장부가액}}$$

 **자산계상 기업업무추진비**

㈜A의 당기 사업연도에 발생한 다음 자료에 의하여 기업업무추진비에 대한 세무조정을 하시오.

1. ㈜A의 기업업무추진비 지출내역은 다음과 같다.

구 분	금 액
판매비와 관리비에 계상된 기업업무추진비	20,000,000원
건설중인 자산에 계상된 기업업무추진비	20,000,000원
건물에 계상된 기업업무추진비	40,000,000원
합 계	80,000,000원

2. ㈜A의 해당 사업연도 기업업무추진비 한도액은 28,000,000원이며, 전액 신용카드를 사용하였다.
3. ㈜A의 당기말 현재 재무상태표상 건물의 취득원가는 440,000,000이다.
4. 해당 건물의 취득일은 전기 1월 1일. 감가상각방법은 정액법이고, 내용연수는 4년(상각률 0.250)이며, ㈜A는 해당 사업연도에 110,000,000원의 감가상각비를 계상하였다.

해답

(1) 기업업무추진비 한도초과액
   ① 기업업무추진비 해당액   80,000,000원
   ② 기업업무추진비 한도액   28,000,000원
   ③ 기업업무추진비 한도초과액   52,000,000원   ← 손금불산입(기타사외유출)

(2) 기업업무추진비 한도초과액의 구분
   ① 판매비와 관리비   20,000,000원
   ② 건설중인 자산   20,000,000원   ← 손금산입(△유보)
   ③ 건 물   12,000,000원   ← 손금산입(△유보)
                       52,000,000원

(3) △유보분 상각비 상당액
   기업업무추진비 해당분   3,000,000원*   ← 손금불산입(유보)
   * $110,000,000원 \times \dfrac{12,000,000원}{440,000,000원} = 3,000,000원$

(4) 감가상각 시부인계산
  ① 회사계상액   107,000,000원 (=110,000,000원−3,000,000원)
  ② 상각범위액   107,000,000원 (=440,000,000원−12,000,000원)×0.250
  ③ 시부인액   0원

(5) 세무조정요약
  〈손금불산입〉 기업업무추진비 한도초과액   52,000,000(기타사외유출)
  〈손금산입〉 건설중인 자산   20,000,000(△유보)
  〈손금산입〉 건   물   12,000,000(△유보)
  〈손금불산입〉 △유보분 상각비(건물)   3,000,000(유보)

분개법 자산계상 기업업무추진비

(1) 기업업무추진비에 대한 세무조정

Book	기업업무추진비(비용)	20,000,000	/ 미지급비용	80,000,000
	건설중인자산	20,000,000		
	(기업업무추진비지출 자산계상분)			
	건 물	40,000,000		
	(기업업무추진비지출 자산계상분)			

Tax	기업업무추진비 한도액 : 28,000,000*			
	기업업무추진비(손금)	28,000,000	/ 미지급비용	80,000,000
	유출잉여금(to 그 밖의 사업자)	52,000,000		

* 기업업무추진비 한도액은 하나의 사업연도에 비용계상할 수 있는 한도액을 의미하는 것이 아니라, 하나의 사업연도에 사용할 수 있는 한도액을 의미한다. 이 경우 손금부인 순위는 ① 비용계상한 기업업무추진비 ② 자산계상한 기업업무추진비(건설중인자산, 유형자산 및 무형자산 순으로 배분함) 순으로 한다.

Adjustment	유출잉여금(to 그밖의 사업자)	52,000,000	/ 기업업무추진비(손금)	20,000,000
			건설중인자산(자산)	20,000,000
			건물(자산)	12,000,000
Tax-Adj	① 유출잉여금↓(순자산↓)	52,000,000	/ ② 손 금↓(순자산↓)	20,000,000
			③ 자 산↓(순자산↓)	20,000,000
			③ 자 산↓(순자산↓)	12,000,000

[간편법]
  ①   52,000,000・기타사외유출
  ② 〈손금불산입〉 20,000,000
  ③   32,000,000・△유보
  〈손금불산입〉 기업업무추진비 52,000,000・기타사외유출
  〈손금 산 입〉 기업업무추진비 32,000,000・△유보(건설중인자산 20,000,000원, 건물 12,000,000원)
  ; 이 세무조정은 세무상 기업업무추진비에 해당하는 80,000,000원 중 52,000,000원을 손금불산입하기 위해서는 자산으로 계상된 32,000,000원을 세무상 기업업무추진비로 손금산입해야 함을 의미함

[총액법]
  ①+② 〈손금불산입〉 52,000,000・기타사외유출 (₩32,000,000 과다 손금불산입)
  ③   〈손금 산 입〉 32,000,000・△유보

(2) 감가상각비에 대한 세무조정

Book	감가상각비(비용)	110,000,000 / 감가상각누계액		110,000,000
Tax	전액 한도내 금액으로 가정			
	감가상각비(손금)	107,000,000** / 감가상각누계액		107,000,000
	** (440,000,000원 − 12,000,000원) × 0.25			
Adjustment	감가상각누계액	3,000,000 / 감가상각비(손금)		3,000,000
Tax-Adj	자 산↑(순자산↑)	3,000,000 / 손 금↓(순자산↑)		3,000,000

〈손금불산입〉 감가상각비 3,000,000[*] · 유보

[*] 감가상각비와 기업업무추진비 모두 법인세법상 한도 내 금액임을 가정할 때, 위와 같이 감가상각비에 대한 장부상 회계처리를 법인세법상 인정하면 해당 3,000,000원에 대하여 '기업업무추진비'와 '감가상각비'로 이중으로 손금이 계상되는 것을 인정하는 결과가 되므로, 감가상각비로 계상된 세무상 기업업무추진비에 해당하는 부분은 손금불산입해야 한다. 한편, 해당 손금불산입액은 110,000,000원 × (건물의 △유보잔액 12,000,000원/해당연도 감가상각 전 장부가액 440,000,000원) = 3,000,000원으로도 계산할 수도 있다.

참고: 중소기업의 범위와 주요 세제지원 내용

1. 중소기업의 범위

구 분	내 용
개 요	법인 중 중소기업은 각종 세제혜택을 받을 수 있는데, 이러한 중소기업의 구체적 범위에 대해서는 조세특례제한법에서 규정하고 있다. 즉, 조세특례제한법상 중소기업은 다음의 요건을 모두 충족하는 경우에 한하여 세법상 중소기업으로 본다(조특령 2).
중 소 기 업 요 건	① **업종기준**: 소비성서비스업을 주된 사업으로 영위하지 않아야 한다.
	② **규모기준**: 매출액이 업종별로 중소기업기본법 시행령 [별표1]에 따른 규모기준 이내여야 하며, 자산총액이 5,000억원 미만이어야 한다.
	③ **독립성기준**: 기업의 소유와 경영이 실질적인 독립성을 갖고 있어야 하는데, 이는 독점규제및공정거래에관한법률의 규정에 따른 상호출자제한기업집단에 속하지 않는 회사일 것을 요구하고 있다.

2. 현행 세법상 중소기업에 대한 주요 세제지원내용

구 분	일반기업	중소기업
(1) 기업업무추진비 한도액	기본금액한도 : 1,200만원	기본금액한도 : 3,600만원 (최저한세 적용 제외)
(2) 대손금	N/A	① 부도발생일로부터 6개월 이상 경과한 외상매출금의 대손금 인정(부도발생 전의 외상매출금 제외) ② 회수기일이 2년 이상 지난 외상매출금 및 미수금의 대손금 인정(특수 관계인과의 거래분 제외)
(3) 결손금의 소급공제	N/A	소급공제 가능
(4) 분납기간	납부기간이 지난 날부터 1개월 이내	납부기간이 지난 날부터 2개월 이내
(5) 통합투자세액공제	투자금액의 1%(기본공제)	투자금액의 10%(기본공제) 등 높은 공제율 적용
(6) 창업중소기업 등에 대한 세액감면	N/A	최초로 소득이 발생한 사업연도와 그 후 4년간 50%·100% 감면 + 상시근로자수 증가에 따른 추가 감면
(7) 중소기업에 대한 특별세액감면	N/A	지역·업종·규모에 따라 5%, 10%, 15%, 20%, 30% 감면 (한도 1억원)

[별지 제51호 서식] 〈개정 2022. 3. 18.〉

※ 제3쪽의 작성방법을 읽고 작성해 주시기 바랍니다. (4쪽 중 제1쪽)

사업연도	. . . ~ . . .	중소기업 등 기준검토표	법 인 명	
			사업자등록번호	

구분		① 요 건	② 검 토 내 용	③ 적합여부	④ 적정여부
중소기업	⑩¹ 사업요건	ㅇ 「조세특례제한법 시행령」 제29조제3항에 따른 소비성 서비스업에 해당하지 않는 사업	구분 / 기준경비율코드 / 사업수입금액 업태별 (01) ( )업 (04) (07) (02) ( )업 (05) (08) (03) 그 밖의 사업 (06) (09) 계	(17) 적 합 (Y) 부적합 (N)	(26) 적 (Y) 부 (N)
	⑩² 규모요건	ㅇ 아래 요건 ①, ②를 동시에 충족할 것 ① 매출액이 업종별로 「중소기업기본법 시행령」 별표 1의 규모기준("평균매출액등"은 "매출액"으로 봄) 이내일 것 ② 졸업제도 - 자산총액 5천억원 미만	가. 매 출 액 - 당 회사(10) (억원) - 「중소기업기본법 시행령」 별표 1의 규모기준(11) (억원) 이하 나. 자산총액(12) (억원)	(18) 적 합 (Y) 부적합 (N)	
	⑩³ 독립성요건	ㅇ 「조세특례제한법 시행령」 제2조제1항제3호에 적합한 기업일 것	• 「독점규제 및 공정거래에 관한 법률」 제31조제1항에 따른 공시대상기업집단에 속하는 회사 또는 같은 법 제33조에 따라 공시대상기업집단의 국내 계열회사로 편입·통지된 것으로 보는 회사에 해당하지 않을 것 • 자산총액 5천억원 이상인 법인이 주식등의 30퍼센트이상을 직·간접적으로 소유한 경우로서 최다출자자인 기업이 아닐 것 • 「중소기업기본법 시행령」 제2조제3호에 따른 관계기업에 속하는 기업으로서 같은 영 제7조의4에 따라 산정한 매출액이 「조세특례제한법 시행령」 제2조제1항제1호에 따른 중소기업기준(⑩²의① 기준) 이내일 것	(19) 적 합 (Y) 부적합 (N)	
	⑩⁴ 유예기간	① 중소기업이 규모의 확대 등으로 ⑩²의 기준을 초과하는 경우 최초 그 사유가 발생한 사업연도와 그 다음 3개 사업연도까지 중소기업으로 보고 그 후에는 매년마다 판단 ② 「중소기업기본법 시행령」 제3조제1항제2호, 별표 1 및 별표 2의 개정으로 중소기업에 해당하지 아니하게 되는 때에는 그 사유가 발생한 날이 속하는 사업연도와 그 다음 3개 사업연도까지 중소기업으로 봄	ㅇ 사유발생 연도(13) (년)	(20) 적 합 (Y) 부적합 (N)	
소기업	⑩⁵ 사업요건 및 독립성요건을 충족할 것		중소기업 업종(⑩¹)을 주된사업으로 영위하고, 독립성요건(⑩³)을 충족하는지 여부	(21) (Y), (N)	(27) 적 (Y) 부 (N)
	⑩⁶ 자산총액이 5천억원 미만으로서 매출액이 업종별로 「중소기업기본법 시행령」 별표 3의 규모기준("평균매출액등"은 "매출액"으로 본다) 이내일 것		ㅇ 매 출 액 - 당 회사(14) (억원) - 「중소기업기본법 시행령」 별표 3의 규모기준(15) (억원) 이하	(22) (Y), (N)	

210mm×297mm[백상지 80g/㎡ 또는 중질지 80g/㎡]

(4쪽 중 제2쪽)

구분	① 요 건	② 검 토 내 용	③ 적합여부	④ 적정여부
중견기업	⑩⑦ 「조세특례제한법」상 중소기업 업종을 주된 사업으로 영위할 것	중소기업이 아니고, 중소기업 업종(⑩①)을 주된 사업으로 영위하는지 여부	(23) (Y), (N)	(28) 적 (Y) 부 (N)
	⑩⑧ 소유와 경영의 실질적인 독립성이 「중견기업 성장촉진 및 경쟁력 강화에 관한 특별법 시행령」 제2조제2항제1호에 적합할 것	• 「독점규제 및 공정거래에 관한 법률」 제31조제1항에 따른 상호출자제한기업집단에 속하는 회사에 해당하지 않을 것 • 「독점규제 및 공정거래에 관한 법률 시행령」 제38조제2항에 따른 상호출자제한기업집단 지정기준인 자산총액 이상인 법인이 주식등의 30% 이상을 직·간접적으로 소유한 경우로서 최다출자자인 기업이 아닐 것(「중견기업 성장촉진 및 경쟁력 강화에 관한 특별법 시행령」 제2조제3항에 해당하는 기업은 제외)	(24) (Y), (N)	
	⑩⑨ 직전 3년 평균 매출액이 다음의 중견기업 대상 세액공제 요건을 충족할 것 ① 중소기업 등 투자세액공제(법 제5조제1항): 1천5백억원 미만(신규상장 중견기업에 한함) ② 연구·인력개발비에 대한 세액공제(「조세특례제한법」 제10조제1항제1호가목2)): 5천억원 미만 ③ 기타 중견기업 대상 세액공제 : 3천억원 미만	직전 3년 과세연도 매출액의 평균금액 	직전 3년	직전 2년	직전 1년	평균
---	---	---	---
(억원)	(억원)	(억원)	(억원)		(25) (Y), (N)	

(4쪽 중 제3쪽)

작성방법

1. ① 요건란의 소비성 서비스업은 아래의 사업을 말하며, ② 검토내용란에는 사업내용을 적습니다. 둘 이상의 사업을 겸영하는 경우에는 사업수입금액이 큰 사업을 주된 사업으로 합니다.

   - 호텔업 및 여관업(「관광진흥법」에 따른 관광숙박업은 제외합니다), 주점업(일반유흥주점업, 무도유흥주점업 및 「식품위생법 시행령」 제21조에 따른 단란주점업을 말하며, 「관광진흥법」에 따른 외국인전용유흥음식점업 및 관광유흥음식점업은 제외합니다) 등

2. ② 검토내용란의 ⑩ 독립성요건에서 관계기업 여부는 2012년 1월 1일 이후 최초로 개시한 사업연도 분부터 검토합니다.

3. ② 검토내용란의 ⑭ 유예기간의 사유발생 연도는 최초로 사유가 발생한 연도를 적습니다. 「조세특례제한법 시행령」 제2조제2항 단서에 따른 사유에 해당하는 경우에는 유예기간을 적용하지 않습니다.

4. ③ 적합여부란은 요건의 충족여부에 따라 "적합" 또는 "부적합"에 "○" 표시를 합니다. 이 경우 (25)란은 ① 요건란 ⑩의 ①~③의 요건 중 어느 하나에 해당되는 경우 "(Y)"에 "○"표시하며, ⑩의 ①~③의 세액공제 대상에 해당하지 아니하는 경우에는 ③의 금액을 기준으로 작성합니다.

5. ④ 적정여부의 (26)란은 ① 요건란의 ⑩·⑫·⑬의 요건이 동시에 충족되거나, ① 요건란의 ⑭ 요건(유예기간)이 충족되는 경우에만 "적(Y)"에 "○" 표시를 합니다.

6. ④ 적정여부의 (27)란은 ① 요건란 ⑮ 및 ⑯의 요건이 동시에 충족되는 경우에만 "적(Y)"에 "○" 표시를 합니다.

7. ④ 적정여부의 (28)란은 중소기업이 아닌[(26)에 "부(N)"로 기재] 기업으로서 ①요건란의 ⑰, ⑱, ⑲의 요건이 동시에 충족되는 경우에만 "적(Y)"에 "○" 표시를 합니다.

※ 「중소기업기본법 시행령」 별표 1 중소기업 규모기준 ("평균매출액등"은 "매출액"으로 봅니다)

해당 기업의 주된 업종	분류기호	규모 기준	해당 기업의 주된 업종	분류기호	규모 기준
1. 의복, 의복액세서리 및 모피제품 제조업	C14	평균매출액등 1,500억원 이하	25. 음료 제조업	C11	평균매출액등 800억원 이하
2. 가죽, 가방 및 신발 제조업	C15		26. 인쇄 및 기록매체 복제업	C18	
3. 펄프, 종이 및 종이제품 제조업	C17		27. 의료용 물질 및 의약품 제조업	C21	
4. 1차 금속 제조업	C24		28. 비금속 광물제품 제조업	C23	
5. 전기장비 제조업	C28		29. 의료, 정밀, 광학기기 및 시계 제조업	C27	
6. 가구 제조업	C32		30. 그 밖의 제품 제조업	C33	
7. 농업, 임업 및 어업	A	평균매출액등 1,000억원 이하	31. 수도, 하수 및 폐기물 처리, 원료재생업 (수도업은 제외한다)	E (E36제외)	
8. 광업	B		32. 운수 및 창고업	H	
9. 식료품 제조업	C10		33. 정보통신업	J	
10. 담배 제조업	C12		34. 산업용 기계 및 장비 수리업	C34	평균매출액등 600억원 이하
11. 섬유제품 제조업(의복 제조업은 제외한다)	C13		35. 전문, 과학 및 기술 서비스업	M	
12. 목재 및 나무제품 제조업(가구 제조업은 제외한다)	C16		36. 사업시설관리, 사업지원 및 임대 서비스업(임대업은 제외한다)	N (N76 제외)	
13. 코크스, 연탄 및 석유정제품 제조업	C19		37. 보건업 및 사회복지 서비스업	Q	
14. 화학물질 및 화학제품 제조업(의약품 제조업은 제외한다)	C20		38. 예술, 스포츠 및 여가 관련 서비스업	R	
15. 고무제품 및 플라스틱제품 제조업	C22		39. 수리(修理) 및 기타 개인 서비스업	S	
16. 금속가공제품 제조업(기계 및 가구 제조업은 제외한다)	C25		40. 숙박 및 음식점업	I	평균매출액등 400억원 이하
17. 전자부품, 컴퓨터, 영상, 음향 및 통신장비 제조업	C26		41. 금융 및 보험업	K	
18. 그 밖의 기계 및 장비 제조업	C29		42. 부동산업	L	
19. 자동차 및 트레일러 제조업	C30		43. 임대업	N76	
20. 그 밖의 운송장비 제조업	C31		44. 교육 서비스업	P	
21. 전기, 가스, 증기 및 공기조절 공급업	D				
22. 수도업	E36				
23. 건설업	F				
24. 도매 및 소매업	G				

* 해당 업종의 분류 및 분류부호는 「통계법」 제22조에 따라 통계청장이 고시한 한국표준산업분류에 따릅니다.

(4쪽 중 제4쪽)

작 성 방 법

※ 「중소기업기본법 시행령」 별표 1 중소기업 규모기준 ("평균매출액등"은 "매출액"으로 봅니다)

해당 기업의 주된 업종	분류기호	규모 기준	해당 기업의 주된 업종	분류기호
1. 식료품 제조업	C10	평균매출액등 120억원 이하	18. 농업,임업 및 어업	A
2. 음료 제조업	C11		19. 광업	B
			20. 담배 제조업	C12
			21. 섬유제품 제조업(의복 제조업은 제외한다)	C13
3. 의복, 의복액세서리 및 모피제품 제조업	C14		22. 목재 및 나무제품 제조업(가구 제조업은 제외한다)	C16
4. 가죽, 가방 및 신발 제조업	C15		23. 펄프, 종이 및 종이제품 제조업	C17
5. 코크스, 연탄 및 석유정제품 제조업	C19		24. 인쇄 및 기록매체 복제업	C18
6. 화학물질 및 화학제품 제조업(의약품 제조업은 제외한다)	C20		25. 고무제품, 및 플라스틱제품 제조업	C22
			26. 의료, 정밀, 광학기기 및 시계 제조업	C27
7. 의료용 물질 및 의약품 제조업	C21		27. 그 밖의 운송장비 제조업	C31
8. 비금속 광물제품 제조업	C23		28. 그 밖의 제품 제조업	C33
9. 1차 금속 제조업	C24		29. 건설업	F
10. 금속가공제품 제조업(기계 및 가구 제조업은 제외한다)	C25		30. 운수 및 창고업	H
			31. 금융 및 보험업	K
11. 전자부품, 컴퓨터, 영상, 음향 및 통신장비 제조업	C26		32. 도매 및 소매업	G
			33. 정보통신업	J
12. 전기장비 제조업	C28		34. 수도, 하수 및 폐기물 처리, 원료재생업 (수도업은 제외한다)	E (E36제외)
			35. 부동산업	L
13. 그 밖의 기계 및 장비 제조업	C29		36. 전문·과학 및 기술 서비스업	M
			37. 사업시설관리, 사업지원 및 임대 서비스업	N
14. 자동차 및 트레일러 제조업	C30		38. 예술, 스포츠 및 여가 관련 서비스업	R
			39. 산업용 기계 및 장비 수리업	C34
15. 가구 제조업	C32		40. 숙박 및 음식점업	I
			41. 교육 서비스업	P
16. 전기, 가스, 증기 및 공기조절 공급업	D		42. 보건업 및 사회복지 서비스업	Q
17. 수도업	E36		43. 수리(修理) 및 기타 개인 서비스업	S

* 해당 업종의 분류 및 분류부호는 「통계법」 제22조에 따라 통계청장이 고시한 한국표준산업분류에 따릅니다.

조세법령 확인을 통해 기본개념 익히기

※ 다음 법인세 관련 조세법령의 빈 칸을 채우시오.

1. 법인세법 제25조【기업업무추진비의 손금불산입】

① 이 조에서 "기업업무추진비"란 접대, □□, □□ 또는 그 밖에 어떠한 명목이든 상관없이 이와 유사한 목적으로 지출한 비용으로서 내국법인이 직접 또는 □□적으로 업무와 관련이 있는 자와 업무를 원활하게 진행하기 위하여 지출한 금액을 말한다.

② 내국법인이 한 차례의 접대에 지출한 기업업무추진비 중 대통령령으로 정하는 금액을 초과하는 기업업무추진비로서 다음 각 호의 어느 하나에 해당하지 □□하는 것은 각 사업연도의 소득금액을 계산할 때 손금에 산입하지 아니한다. 다만, 지출사실이 객관적으로 명백한 경우로서 다음 각 호의 어느 하나에 해당하는 기업업무추진비라는 증거자료를 구비하기 어려운 □□지역에서의 지출 및 □□□에 대한 지출 등 대통령령으로 정하는 지출은 그러하지 아니하다.

1. 다음 각 목의 어느 하나에 해당하는 것(이하 "신용카드등"이라 한다)을 사용하여 지출하는 기업업무추진비
   가. 「여신전문금융업법」에 따른 □□카드(신용카드와 유사한 것으로서 대통령령으로 정하는 것을 포함한다. 이하 제117조에서 같다)
   나. 「조세특례제한법」 제126조의 2 제1항 제2호에 따른 □□영수증(이하 "현금영수증"이라 한다)
2. 제121조 및 「소득세법」 제163조에 따른 계산서 또는 「부가가치세법」 제32조 및 제35조에 따른 □□계산서를 발급받아 지출하는 기업업무추진비
3. 「부가가치세법」 제34조의 2 제2항에 따른 □□□□세금계산서를 발행하여 지출하는 기업업무추진비
4. 대통령령으로 정하는 □□□□영수증을 발행하여 지출하는 기업업무추진비

③ 제2항 제1호를 적용할 때 재화 또는 용역을 □□하는 신용카드등의 가맹점이 아닌 다른 가맹점의 명의로 작성된 매출전표 등을 발급받은 경우 해당 지출금액은 같은 항 같은 호에 따른 기업업무추진비로 보지 아니한다.

④ 내국법인이 각 사업연도에 지출한 기업업무추진비(제2항에 따라 손금에 산입하지 아니하는 금액은 제외한다)로서 다음 각 호의 금액의 합계액을 □□하는 금액은 해당 사업연도의 소득금액을 계산할 때 손금에 산입하지 아니한다.

1. 기본한도: 다음 계산식에 따라 계산한 금액

   기본한도금액 = A × B × $\frac{1}{12}$

   A: 1천200만원(중소기업의 경우에는 □천□□□만원)
   B: 해당 사업연도의 □□ 수[이 경우 개월 수는 역(曆)에 따라 계산하되, 1개월 미만의 일수는 1개월로 한다]

2. 수입금액별 한도: 해당 사업연도의 수입금액(대통령령으로 정하는 수입금액만 해당한다)에 다음 표에 규정된 비율을 적용하여 산출한 금액. 다만, 특수관계인과의 거래에서 발생한 수입금액에 대해서는 그 수입금액에 다음 표에 규정된 비율을 적용하여 산출한 금액의 100분의 □□에 상당하는 금액으로 한다.

제9절 기업업무추진비

수입금액	비율
가. 100억원 이하	0.3퍼센트
나. 100억원 초과 500억원 이하	3천만원+(수입금액-100억원)×0.2퍼센트
다. 500억원 초과	1억1천만원+(수입금액-500억원)×0.03퍼센트

⑤ 제4항을 적용할 때 부동산임대업을 □□ 사업으로 하는 등 대통령령으로 정하는 요건에 해당하는 □□법인의 경우에는 같은 항 각 호의 금액의 합계액의 100분의 □□을 초과하는 금액은 해당 사업연도의 소득금액을 계산할 때 손금에 산입하지 아니한다.

⑥ 기업업무추진비의 범위 및 가액의 계산, 지출증명 보관 등에 필요한 사항은 대통령령으로 정한다.

해설과 해답

① 교제, 사례, 간접
② 아니, 국외, 농어민, 신용, 현금, 세금, 매입자발행, 원천징수
③ 공급
④ 초과, 3, 600, 개월, 10
⑤ 주된, 내국, 50

2. 법인세법 시행령 제40조 【기업업무추진비의 범위】

① 주주 또는 출자자(이하 "주주등"이라 한다)나 다음 각 호의 어느 하나에 해당하는 직무에 종사하는 자(이하 "임원"이라 한다) 또는 직원이 부담하여야 할 성질의 기업업무추진비를 법인이 지출한 것은 이를 기업업무추진비로 보지 □□한다.
  1. 법인의 회장, 사장, 부사장, 이사장, 대표이사, 전무이사 및 상무이사 등 □□회의 구성원 전원과 □□인
  2. 합명회사, 합자회사 및 유한회사의 □□□□사원 또는 □□
  3. 유한책임회사의 □□□□자
  4. □□
  5. 그 밖에 제1호부터 제4호까지의 규정에 준하는 직무에 종사하는 자

② 법인이 그 직원이 조직한 □□ 또는 □□에 복리□□비를 지출한 경우 해당 조합이나 단체가 □□인 때에는 이를 기업업무추진비로 보며, 해당 조합이나 단체가 법인이 아닌 때에는 그 법인의 □□의 일부로 본다.

③ (삭제, 2008. 2. 22.)
④ (삭제, 2009. 2. 4.)
⑤ (삭제, 2009. 2. 4.)

해설과 해답
① 아니, 이사, 청산, 업무집행, 이사, 업무집행, 감사
② 조합, 단체, 시설, 법인, 경리

3. 법인세법 시행령 제41조 【기업업무추진비의 신용카드 등의 사용】

① 법 제25조 제2항 각 호 외의 부분 본문에서 "대통령령으로 정하는 금액"이란 다음 각 호의 구분에 따른 금액을 말한다.
  1. 경조금의 경우 : □□만원
  2. 제1호 외의 경우 : □만원
② 법 제25조 제2항 각 호 외의 부분 단서에서 "국외지역에서의 지출 및 농어민에 대한 지출 등 대통령령으로 정하는 지출"이란 다음 각 호의 지출을 말한다.
  1. 기업업무추진비가 지출된 국외지역의 장소(해당 장소가 소재한 인근 지역 안의 유사한 장소를 포함한다)에서 □□ 외에 다른 지출수단이 없어 법 제25조 제2항 각 호의 증거자료를 구비하기 어려운 경우의 해당 국외지역에서의 지출
  2. 농·어민(한국표준산업분류에 따른 농업 중 작물재배업·축산업·복합농업, 임업 또는 어업에 종사하는 자를 말하며, 법인은 제외한다)으로부터 □□ 재화를 공급받는 경우의 지출로서 그 대가를 「금융실명거래 및 비밀보장에 관한 법률」 제2조 제1호에 따른 금융회사등을 통하여 지급한 지출(해당 법인이 법 제60조에 따른 과세표준 신고를 할 때 과세표준 신고서에 송금사실을 적은 □□명세서를 첨부하여 납세지 관할 세무서장에게 제출한 경우에 한정한다)
③ 법 제25조 제2항 제1호 가목에서 "대통령령으로 정하는 것"이란 다음 각 호의 어느 하나에 해당하는 것을 말한다.
  1. 「여신전문금융업법」에 따른 □□카드
  2. □□에서 발행된 신용카드
  3. 「조세특례제한법」 제126조의 2 제1항 제4호에 따른 □□식선불카드, □□전자지급수단, 기명식□□전자지급수단 또는 기명식전자□□
④ 법 제25조 제2항 제4호에서 "대통령령으로 정하는 원천징수영수증"이란 「소득세법」 제168조에 따라 □□□ □□을 하지 아니한 자로부터 용역을 제공받고 같은 법 제144조 및 제145조에 따라 발급하는 원천징수영수증을 말한다.
⑤ 법 제25조 제3항을 적용할 때 재화 또는 용역을 공급하는 신용카드등의 가맹점이 아닌 다른 가맹점의 명의로 작성된 매출전표 등을 발급받은 경우는 매출전표 등에 기재된 상호 및 사업장소재지가 재화 또는 용역을 □□하는 신용카드 등의 가맹점의 상호 및 사업장소재지와 다른 경우로 한다.
⑥ 제1항부터 제3항까지 및 제5항을 적용할 때 법 제25조 제2항 제1호에 따른 신용카드등은 해당 법인의 명의로 발급받은 신용카드등으로 한다.
⑦ (삭제, 2001. 12. 31.)
⑧ (삭제, 2019. 2. 12.)

> **해설과 해답**
> ① 20, 3
> ③ 직불, 외국, 기명, 직불, 선불, 화폐
> ⑤ 공급
> ② 현금, 직접, 송금
> ④ 사업자등록

4. 법인세법 시행령 제42조【기업업무추진비의 수입금액계산기준 등】

① 법 제25조 제4항 제2호 본문에서 "대통령령으로 정하는 수입금액"이란 □□□□기준에 따라 계산한 매출액[사업연도 중에 중단된 사업부문의 매출액을 □□하며, 「자본시장과 금융투자업에 관한 법률」 제4조 제7항에 따른 파생결합증권 및 같은 법 제5조 제1항에 따른 파생상품 거래의 경우 해당 거래의 손익을 통산(通算)한 순이익(0보다 작은 경우 0으로 한다)을 말한다. 이하 "매출액"이라 한다]을 말한다. 다만, 다음 각 호의 법인에 대해서는 다음 계산식에 따라 계산한 금액으로 한다.
  1. 「자본시장과 금융투자업에 관한 법률」에 따른 투자매매업자 또는 투자중개업자: 매출액 + 「자본시장과 금융투자업에 관한 법률」 제6조 제1항 제2호의 영업과 관련한 보수 및 수수료의 □배에 상당하는 금액
  2. 「자본시장과 금융투자업에 관한 법률」에 따른 집합투자업자: 매출액 + 「자본시장과 금융투자업에 관한 법률」 제9조 제20항에 따른 집합투자재산의 운용과 관련한 보수 및 수수료의 □배에 상당하는 금액
  3. 「한국투자공사법」에 따른 한국투자공사: 매출액 + 「한국투자공사법」 제34조 제2항에 따른 운용수수료의 □배에 상당하는 금액
  4. 「한국수출입은행법」에 따른 한국수출입은행: 매출액 + 수입보증료의 □배에 상당하는 금액
  5. 「한국자산관리공사의 설립 등에 관한 법률」에 따른 한국자산관리공사: 매출액 + 같은 법 제31조 제1항의 업무수행에 따른 수수료의 □배에 상당하는 금액
  6. 제63조 제1항 각 호의 법인: 매출액 + 수입보증료의 □배에 상당하는 금액

② 법 제25조 제5항 및 법 제27조의 2 제5항에서 "대통령령으로 정하는 요건에 해당하는 내국법인"이란 각각 다음 각 호의 요건을 모두 갖춘 내국법인을 말한다.
  1. 해당 사업연도 종료일 현재 내국법인의 제43조 제7항에 따른 지배주주등이 보유한 주식등의 합계가 해당 내국법인의 발행주식총수 또는 출자총액의 100분의 □□을 초과할 것
  2. 해당 사업연도에 부동산 임대업을 주된 사업으로 하거나 다음 각 목의 금액 합계가 기업회계기준에 따라 계산한 매출액(가목부터 다목까지의 금액이 포함되지 않은 경우에는 이를 포함하여 계산한다)의 100분의 □□ 이상일 것
    가. 부동산 또는 부동산상의 권리의 □□로 인하여 발생하는 수입금액(「조세특례제한법」 제138조 제1항에 따라 익금에 가산할 금액을 포함한다)
    나. 「소득세법」 제16조 제1항에 따른 이자소득의 금액
    다. 「소득세법」 제17조 제1항에 따른 배당소득의 금액
  3. 해당 사업연도의 □□근로자 수가 5명 미만일 것

③ 제2항 제2호를 적용할 때 내국법인이 둘 이상의 서로 다른 사업을 영위하는 경우에는 사업별 □□□□금액이 큰 사업을 주된 사업으로 본다.

④ 제2항 제3호를 적용할 때 상시근로자는 「근로기준법」에 따라 근로계약을 체결한 □□인 근로자로 한다. 다만, 다음 각 호의 어느 하나에 해당하는 근로자는 제외한다.
  1. 해당 법인의 최대주주 또는 최대출자자와 그와 「국세기본법 시행령」 제1조의 2 제1항에 따른 □□관계인 근로자
  2. 「소득세법 시행령」 제196조 제1항에 따른 □□□□□□□□부에 의하여 근로소득세를 원천징수한 사실이 확인되지 아니하는 근로자
  3. 근로계약기간이 1년 □□인 근로자. 다만, 근로계약의 연속된 갱신으로 인하여 그 근로계약의 총기간이 1년 이상인 근로자는 제외한다.
  4. 「근로기준법」 제2조 제1항 제8호에 따른 □□□근로자

⑤ 제2항 제3호를 적용할 때 상시근로자 수의 계산방법은 「조세특례제한법 시행령」 제26조의4 제3항을 준용한다.
⑥ 기업업무추진비 가액의 계산에 관해서는 제36조 제1항 제3호를 준용한다.

해설과 해답

① 기업회계, 포함, 9, 9, 6, 6, 6, 6
② 50, 70, 대여, 상시
③ 사업수입
④ 내국, 친족, 근로소득원천징수, 미만, 단시간

01. 법인세법령상 기업업무추진비에 대한 설명으로 옳은 것만을 모두 고르면? [국가직 7급 2023]

ㄱ. 수입금액별 기업업무추진비 한도 계산 시 특수관계인과의 거래에서 발생한 수입금액에 대해서는 그 수입금액에 법소정 비율을 적용하여 산출한 금액의 100분의 20에 상당하는 금액을 한도로 한다.
ㄴ. 법인이 그 직원이 조직한 조합 또는 단체에 복리시설비를 지출한 경우 해당 조합이나 단체가 법인인 때에는 이를 기업업무추진비로 보며, 해당 조합이나 단체가 법인이 아닌 때에는 그 법인의 경리의 일부로 본다.
ㄷ. 법인이 기업업무추진비를 금전 외의 자산으로 제공한 경우 해당 자산의 가액은 제공한 때의 장부가액과 시가 중 큰 금액으로 산정한다.
ㄹ. 경조금에 해당하는 기업업무추진비 중 20만원을 초과하는 기업업무추진비로서 증명서류를 수취하지 않은 것은 전액 손금불산입하고 기타사외유출로 처분한다.

① ㄱ, ㄴ   ② ㄱ, ㄹ   ③ ㄴ, ㄷ   ④ ㄷ, ㄹ

해설
ㄱ. 수입금액별 기업업무추진비 한도 계산 시 특수관계인과의 거래에서 발생한 수입금액에 대해서는 그 수입금액에 법소정 비율을 적용하여 산출한 금액의 100분의 10에 상당하는 금액을 한도로 한다.
ㄹ. 경조금에 해당하는 기업업무추진비 중 20만원을 초과하는 기업업무추진비로서 증명서류를 수취하지 않은 것은 전액 손금불산입하고 대표자 상여로 처분한다.

해답 ③

02. 법인세법상 기업업무추진비에 관한 설명으로 옳지 않은 것은? [세무사 2011]

① 현물기업업무추진비는 이를 제공한 때의 시가가 장부가액보다 낮은 경우에는 장부가액에 의하여 기업업무추진비를 계산한다.
② 법인이 그 직원이 조직한 법인인 조합 또는 단체에 대하여 지출한 복리시설비는 기업업무추진비로 본다.
③ 내국법인이 국내에서 1회에 3만원(경조금 20만원)을 초과하여 지출한 기업업무추진비로서 신용카드매출전표, 계산서, 세금계산서 등의 적격증명서류를 갖추지 못한 것은 손금에 산입하지 아니한다.
④ 특수관계인과의 거래에서 발생한 수입금액에 대해서는 수입금액을 기준으로 하는 기업업무추진비 한도액을 일반수입금액에 비해 낮게 정하고 있다.
⑤ 기업업무추진비에 해당하는 사업상 증여에 대하여 법인이 부담한 부가가치세 매출세액 상당액은 기업업무추진비로 보지 아니한다.

해설 ⑤ 기업업무추진비에 해당하는 사업상 증여에 대하여 법인이 부담한 부가가치세 매출세액 상당액은 기업업무추진비로 본다.

해답 ⑤

제9절 기업업무추진비

3 다음 자료에 의하여 비상장법인인 ㈜A(중소기업이 아님)의 제24기(사업연도 2025.8.9.~12.31.) 기업업무추진비 관련 세무조정 시 손금불산입액은?

(1) 손익계산서상 매출액 : 3,480,000,000원
(2) 영업외수익에는 이자수익 10,000,000원과 부산물 매각액 20,000,000원이 포함되어 있다.
(3) 기업업무추진비 계정내역
 손익계산서상 기업업무추진비 계정잔액은 40,000,000원으로 여기에는 자사제품으로 현물접대한 금액 5,060,000원(해당 금액에는 부가가치세 460,000원이 포함된 금액으로서 시가는 4,600,000원이고, 원가는 4,000,000원임)이 포함되어 있다. 이에 대해서는 증명서류를 수취하지 못하였으며 접대 시 회사의 회계처리는 다음과 같다.

(차) 접 대 비	5,060,000원	(대) 매 출	4,600,000원
		VAT예수금	460,000원
(차) 매출원가	4,000,000원	(대) 제 품	4,000,000원

(4) 신용카드 사용금액
 회사의 기업업무추진비 중 신용카드로 지출한 금액은 20,000,000원(건당 3만원 초과분)이나, 그 중 2,000,000원은 임직원의 명의로 발급받은 신용카드 사용액이다.
(5) 수입금액에 대한 적용률은 다음과 같다.

수입금액	적용률
100억원 이하	0.3%($\frac{30}{10,000}$)
100억원 초과 500억원 이하	3천만원 + 100억원을 초과하는 금액의 0.2%($\frac{20}{10,000}$)
500억원 초과	1억 1천만원 + 500억원을 초과하는 금액의 0.03%($\frac{3}{10,000}$)

(6) ㈜A는 기업업무추진비 손금산입 한도액이 50%로 축소되는 규정을 적용받는 부동산임대업을 주된 사업으로 하는 법인 등이 아닌 것으로 가정한다.

① 13,420,000원 ② 15,700,900원 ③ 24,513,800원
④ 28,009,200원 ⑤ 32,100,900원

해설

1. 지출증빙서류 미수취 : 〈손금불산입〉 법정증명서류 미수취분 2,000,000원 (기타사외유출)
2. 기업업무추진비 해당액 : 40,000,000원 − 2,000,000원(신용카드 등 미사용분) = 38,000,000원
3. 매출액 구분

구 분	일반매출*	특수매출	합 계
매출액	3,495,400,000원	−	3,495,400,000원

 * 3,480,000,000원 + 20,000,000원(부산물매각) − 4,600,000원(기업업무추진비 매출계상액) = 3,495,400,000원

4. 기업업무추진비 한도액 : 12,000,000원 × $\frac{5월}{12월}$ + (3,495,400,000원) × $\frac{30}{10,000}$ = 15,486,200원

 ※ 월수계산 시 1개월 미만의 일수는 1개월로 하며, 수입금액계산 시 부산물매출액은 기업회계상 매출액에 해당하므로 가산, 사업상 증여와 관련한 매출액 계상액 4,600,000원은 기업회계상 매출액이 아니므로 차감한다.

5. 기업업무추진비 한도초과액 : 38,000,000원 − 15,486,200원 = 22,513,800원
 〈손금불산입〉 기업업무추진비 한도초과액 22,513,800원 (기타사외유출)
6. 손금불산입액 : 2,000,000원 + 22,513,800원 = 24,513,800원

해답 ③

04 다음은 제조업을 영위하는 중소기업인 ㈜B의 제24기 사업연도(2025.1.1.~12.31.)의 기업업무추진비 관련 자료이다. 기업업무추진비 세무조정 및 소득처분으로 옳은 것은? [회계사 2011 수정]

> (1) 손익계산서상 매출액 14,000,000,000원의 내역은 다음과 같다.
>   가. 매출액 중 특수관계인 매출액 : 5,000,000,000원
>   나. 그 밖에 회계기준에 따라 처리한 정상적 매출 : 9,000,000,000원
> (2) 손익계산서상 기업업무추진비 86,500,000원의 내역은 다음과 같다.
>   가. 거래처에 현물로 증정한 당사 제품(원가 3,000,000원, 시가 4,000,000원)을 기업업무추진비로 계상한 금액 : 3,400,000(부가가치세 포함 금액으로, 상기 매출액에 포함되지 아니함)
>   나. 문화 기업업무추진비 금액 : 5,000,000원
>   다. 그 밖의 기업업무추진비 금액 : 56,600,000원
> (3) 기업업무추진비는 모두 법적증명서류를 구비하였고, 전기의 세무조정은 정상적으로 이루어졌으며 상기 자료 이외의 추가적인 세무조정은 없다.
> (4) 기업업무추진비한도액 계산 시 수입금액에 대한 적용률은 다음과 같다.
>
> | 수입금액 | 적용률 |
> |---|---|
> | 100억원 이하 | 0.3%($\frac{30}{10,000}$) |
> | 100억원 초과 500억원 이하 | 3천만원 + 100억원을 초과하는 금액의 0.2%($\frac{20}{10,000}$) |
> | 500억원 초과 | 1억 1천만원 + 500억원을 초과하는 금액의 0.03%($\frac{3}{10,000}$) |
>
> (5) ㈜B는 기업업무추진비 손금산입 한도액이 50%로 축소되는 규정을 적용받는 부동산임대업을 주된 사업으로 하는 법인 등이 아닌 것으로 가정한다.

① 손금불산입 18,400,000원(기타사외유출)
② 손금불산입 24,180,000원(기타사외유출)
③ 손금불산입 23,180,000원(기타사외유출)
④ 손금불산입 25,780,000원(상여)
⑤ 손금불산입 24,180,000원(상여)

해설

1. 기업업무추진비 해당액 : 86,500,000원+1,000,000원(거래처에 제공한 제품 시가차액)=87,500,000원
2. 매출액 구분

구 분	일반매출	특수매출	합 계
매출액	9,000,000,000원	5,000,000,000원	14,000,000,000원

3. 기업업무추진비 한도액 : (1)+(2)=69,100,000원
   (1) 일반기업업무추진비 한도 : 36,000,000원+(9,000,000,000원 × $\frac{30}{10,000}$ +(1,000,000,000원 × $\frac{30}{10,000}$
   +4,000,000,000원 × $\frac{20}{10,000}$)×10%=64,100,000원
   (2) 문화 기업업무추진비 한도 : Min[5,000,000원, 64,100,000원×20%]=5,000,000원
4. 기업업무추진비 한도초과액 : 87,500,000원-69,100,000원=18,400,000원
   〈손금불산입〉 기업업무추진비 한도초과액 18,400,000원 (기타사외유출)

해답 ①

제9절 기업업무추진비

5 제조업을 영위하는 영리내국법인 ㈜A(중소기업 아님)의 제24기(2025.1.1.~12.31.) 기업업무추진비 세무조정을 위한 자료이다. 손금불산입 세무조정 금액으로 옳은 것은? [회계사 2023]

(1) 포괄손익계산서상 매출액은 15,000,000,000원이고, 이 금액에는 매출할인 3,000,000,000원이 차감되어 있다.

(2) 포괄손익계산서상 기업업무추진비로 비용처리한 금액은 70,000,000원이고, 문화 기업업무추진비와 경조금 해당액은 없다.

(3) 제24기 기업업무추진비 내역은 다음과 같다.

구 분	건당 3만원 이하	건당 3만원 초과
적격증명서류 수취분	15,000,000원	53,000,000원
영수증 수취분	1,500,000원	500,000원

(4) 포괄손익계산서상 복리후생비 중 적격증명서류를 수취한 기업업무추진비 해당 금액은 5,000,000원이고, 이 금액에는 대표이사가 업무와 무관하게 사적인 용도로 사용한 금액 1,000,000원이 포함되어 있다.

(5) 기업업무추진비 한도액 계산 시 수입금액에 대한 적용률은 다음과 같다.

수입금액	적용률
100억원 이하	0.3%($\frac{30}{10,000}$)
100억원 초과 500억원 이하	3천만원 + 100억원을 초과하는 금액의 0.2%($\frac{20}{10,000}$)
500억원 초과	1억 1천만원 + 500억원을 초과하는 금액의 0.03%($\frac{3}{10,000}$)

(6) ㈜A는 기업업무추진비 손금산입한도액이 50%로 축소되는 규정을 적용받는 부동산임대업을 주된 사업으로 하는 법인 등이 아닌 것으로 가정한다.

① 1,500,000원 ② 20,000,000원 ③ 21,500,000원
④ 23,000,000원 ⑤ 24,500,000원

해설

1. 영수증 수취: 〈손금불산입〉 기업업무추진비 500,000원 (기타사외유출)

2. 대표이사 개인적 사용: 〈손금불산입〉 기업업무추진비 1,000,000원 (상여)

3. 기업업무추진비 해당액: 70,000,000원−500,000원(영수증 수취)+5,000,000원(복리후생비 계상 기업업무추진비) −1,000,000원(대표이사 개인적 사용)=73,500,000원

4. 매출액 구분

구 분	일반매출	특수매출	합 계
매출액	15,000,000,000원	−	15,000,000,000원

5. 기업업무추진비 한도액: 12,000,000원+(10,000,000,000원×$\frac{30}{10,000}$+5,000,000,000원×$\frac{20}{10,000}$= 52,000,000원

6. 기업업무추진비 한도초과액: 73,500,000원−52,000,000원=21,500,000원

7. 손금불산입 처분금액: 500,000원+1,000,000원+21,500,000원=23,000,000원

 ④

06 제조업을 영위하는 영리내국법인 ㈜A(중소기업)의 제24기(2025.1.1.~12.31.) 자료이다. 기업업무추진비 한도초과액으로 옳은 것은? 단, 기업업무추진비 해당액은 적격증명서류를 수취하였다.

[회계사 2022]

(1) 장부상 매출액은 15,000,000,000원으로 이 중 특수관계인에 대한 매출액은 3,000,000,000원이다.
(2) 손익계산서상 판매비와관리비 중 기업업무추진비로 비용처리한 금액은 90,000,000원으로 다음의 금액이 포함되어 있다.
 ① 전기에 접대가 이루어졌으나 당기 지급시점에 비용처리한 금액: 5,000,000원
 ② 「국민체육진흥법」에 따른 체육활동의 관람을 위한 입장권 구입비: 20,000,000원
 ③ 직원이 조직한 단체(법인)에 복리시설비를 지출한 금액: 4,000,000원
 ④ 거래처에 접대 목적으로 증정한 제품(원가 8,000,000원, 시가 10,000,000원)에 대해 다음과 같이 회계처리하였다.

 (차) 기업업무추진비 9,000,000원 (대) 제   품   8,000,000원
                                  (대) V A T 예 수 금 1,000,000원

(3) 기업업무추진비 한도액 계산 시 수입금액에 대한 적용률은 다음과 같다.

수입금액	적용률
100억원 이하	0.3%($\frac{30}{10,000}$)
100억원 초과 500억원 이하	3천만원 + 100억원을 초과하는 금액의 0.2%($\frac{20}{10,000}$)
500억원 초과	1억 1천만원 + 500억원을 초과하는 금액의 0.03%($\frac{3}{10,000}$)

① 2,280,000원   ② 6,280,000원   ③ 16,400,000원
④ 21,400,000원 ⑤ 84,720,000원

해설

1. 기업업무추진비 해당액 : 90,000,000원 − 5,000,000원(전기 기업업무추진비) + 2,000,000원(거래처에 제공한 제품 시가차액) = 87,000,000원

2. 매출액 구분

구 분	일반매출	특수매출	합 계
매출액	12,000,000,000원	3,000,000,000원	15,000,000,000원

3. 기업업무추진비 한도액 : (1) + (2) = 84,720,000원
 (1) 일반기업업무추진비 한도 : 36,000,000원 + (10,000,000,000원 × $\frac{30}{10,000}$ + 2,000,000,000원 × $\frac{20}{10,000}$)
  + (3,000,000,000원 × $\frac{20}{10,000}$) × 10% = 70,600,000원
 (2) 문화 기업업무추진비 한도 : MIN[20,000,000원, 34,600,000원 × 20%] = 14,120,000원

4. 기업업무추진비 한도초과액 : 87,000,000원 − 84,720,000원 = 2,280,000원
 〈손금불산입〉 기업업무추진비 한도초과액 2,280,000원 (기타사외유출)

해답 ①

제9절 기업업무추진비

7 다음은 제조업을 영위하는 영리내국법인(중소기업)인 ㈜A의 제24기(2025.1.1.~12.31.) 기업업무추진비 세무조정에 관한 자료이다. 법인세법상 손금불산입되는 기업업무추진비는 얼마인가?
[세무사 2015]

(1) 결산서상 기업업무추진비에 대한 내역은 다음과 같다.

구 분	건당 3만원 이하	건당 3만원 초과	합 계
신용카드매출전표 수취	–	62,000,000원	62,000,000원
영수증 수취	600,000원	1,500,000원	2,100,000원
현물 기업업무추진비	–	3,400,000원	3,400,000원
합 계	600,000원	66,900,000원	67,500,000원

(2) 현물 기업업무추진비는 거래처와의 관계를 두텁게 하기 위해 당사의 제품(원가 3,000,000원, 시가 4,000,000원)을 제공한 것으로 회사는 다음과 같이 회계처리하였다.
 (차) 기업업무추진비   3,400,000원   (대) 제품   3,000,000원
                                     부가가치세예수금   400,000원
(3) 기업업무추진비와 관련하여 매입세액불공제된 금액 4,000,000원을 세금과공과로 비용처리하였다.
(4) 기업회계기준에 따라 계산한 제24기 매출액은 100억원으로 특수관계인과의 거래는 없다.
(5) 기업업무추진비 한도액 계산 시 수입금액에 대한 적용률은 다음과 같다.

수입금액	적용률
100억원 이하	0.3%($\frac{30}{10,000}$)
100억원 초과 500억원 이하	3천만원 + 100억원을 초과하는 금액의 0.2%($\frac{20}{10,000}$)
500억원 초과	1억 1천만원 + 500억원을 초과하는 금액의 0.03%($\frac{3}{10,000}$)

(6) ㈜A는 기업업무추진비 손금산입한도액이 50%로 축소되는 규정을 적용받는 부동산임대업을 주된 사업으로 하는 법인 등이 아닌 것으로 가정한다.

① 2,500,000원 ② 5,000,000원 ③ 6,500,000원
④ 11,000,000원 ⑤ 12,500,000원

해설

1. 영수증 수취분 기업업무추진비 : 〈손금불산입〉 기업업무추진비 1,500,000원 (기타사외유출)

2. 기업업무추진비 해당액 : 67,500,000원−1,500,000원(건당 3만원초과 영수증 수취분)+1,000,000원(현물기업업무추진비 시가차액)+4,000,000원(접대목적 부가가치세 부담액)=71,000,000원

3. 기업업무추진비 한도액 : 36,000,000원+10,000,000,000원×$\frac{30}{10,000}$=66,000,000원

4. 기업업무추진비 한도초과액 : 71,000,000원−66,000,000원=5,000,000원
 〈손금불산입〉 기업업무추진비 한도초과액 5,000,000원 (기타사외유출)

5. 기업업무추진비 관련 손금불산입 : 1,500,000원+5,000,000원=6,500,000원

해답 ③

8 제조업을 영위하는 영리내국법인(중소기업 아님)인 ㈜A의 제24기(2025.1.1.~12.31.) 기업업무추진비 한도초과액을 계산한 것으로 옳은 것은? [회계사 2016]

(1) 기업회계기준에 따라 계산한 매출액은 600억원이며, 이 중 200억원은 법인세법상 특수관계인과의 거래에서 발생한 수입금액이다.
(2) 제4기에 지출한 기업업무추진비는 총 141,000,000원으로, 121,000,000원은 손익계산서상 매출원가에, 나머지 20,000,000원은 재무상태표상 재고자산에 포함되어 있다.
(3) 건당 3만원을 초과하는 기업업무추진비는 모두 신용카드(적격증명서류 수취분)로 결제되었으며, 문화기업업무추진비 해당액은 없다.
(4) 기업업무추진비 한도액 계산 시 수입금액에 대한 적용률은 다음과 같다.

수입금액	적용률
100억원 이하	0.3%($\frac{30}{10,000}$)
100억원 초과 500억원 이하	3천만원 + 100억원을 초과하는 금액의 0.2%($\frac{20}{10,000}$)
500억원 초과	1억 1천만원 + 500억원을 초과하는 금액의 0.03%($\frac{3}{10,000}$)

(5) ㈜A는 기업업무추진비 손금산입 한도액이 50%로 축소되는 규정을 적용받는 부동산임대업을 주된 사업으로 하는 법인 등이 아닌 것으로 가정한다.

① 5,000,000원   ② 16,700,000원   ③ 24,700,000원
④ 25,000,000원   ⑤ 36,700,000원

1. 기업업무추진비 해당액 : 121,000,000원+재고자산 계상액 20,000,000원=141,000,000원

2. 매출액 구분

구 분	일반매출	특수매출	합 계
매출액	40,000,000,000원	20,000,000,000원	60,000,000,000원

3. 기업업무추진비 한도액 : 12,000,000원+(10,000,000,000원×$\frac{30}{10,000}$+30,000,000,000원×$\frac{20}{10,000}$)
+(10,000,000,000원×$\frac{20}{10,000}$+10,000,000,000원×$\frac{3}{10,000}$)×10%=104,300,000원

4. 기업업무추진비 한도초과액 : 36,700,000원
〈손금불산입〉 기업업무추진비한도초과액 36,700,000원 (기타사외유출)

해답 ⑤

09

다음은 제조업을 영위하는 중소기업이 아닌 내국법인 ㈜A의 제24기 사업연도(2025.1.1.~12.31.) 기업업무추진비와 관련된 자료이다. 손금불산입되는 기업업무추진비의 총액은 얼마인가? (단, 아래의 자료에서 특별히 언급한 것 이외에는 모든 지출은 ㈜A 명의의 신용카드로 사용하였고, 기업업무추진비로 계상된 금액은 업무관련성이 있으며 경조금은 없는 것으로 가정함)

[세무사 2017]

(1) 기업회계기준상 매출액 : 9,000,000,000원(특수관계인 매출액 3,000,000,000원 포함)
(2) 당기 포괄손익계산서상 기업업무추진비 계정 금액은 66,300,000원으로 상세 내역은 다음과 같다.

구 분	건당 3만원 이하	건당 3만원 초과
현금 사용금액(영수증 수취)	6,000,000원	10,000,000원
㈜A 명의의 신용카드 사용금액	4,000,000원	46,300,000원
합 계	10,000,000원	56,300,000원

(3) 당기 복리시설비 계정에는 법인 형태로 설립된 ㈜A의 노동조합에 지출한 복리시설비 5,000,000원이 포함되어 있다.
(4) 당기 광고선전비 계정에는 ㈜A의 우량 거래처 50곳에 개당 시가 100,000원(부가가치세 포함)의 광고선전물품을 구입하여 제공한 금액 5,000,000원이 포함되어 있다.
(5) 기업업무추진비 한도액 계산 시 수입금액에 대한 적용률은 다음과 같다.

수입금액	적용률
100억원 이하	0.3%($\frac{30}{10,000}$)
100억원 초과 500억원 이하	3천만원 + 100억원을 초과하는 금액의 0.2%($\frac{20}{10,000}$)
500억원 초과	1억 1천만원 + 500억원을 초과하는 금액의 0.03%($\frac{3}{10,000}$)

(6) ㈜A는 기업업무추진비 손금산입 한도액이 50%로 축소되는 규정을 적용받는 부동산임대업을 주된 사업으로 하는 법인 등이 아닌 것으로 가정한다.

① 35,400,000원 ② 39,400,000원 ③ 40,400,000원
④ 45,400,000원 ⑤ 51,400,000원

해설

1. 영수증 수취분 기업업무추진비 : 〈손금불산입〉 기업업무추진비 10,000,000원 (기타사외유출)
2. 기업업무추진비 해당액 : 66,300,000원−10,000,000원(건당 3만원 초과 영수증 수취분)+5,000,000원(종업원이 조직한 법인 지출액)+5,000,000원(5만원 초과 특정인 기증물품)=66,300,000원
3. 매출액 구분

구 분	일반매출	특수매출	합 계
매출액	6,000,000,000원	3,000,000,000원	9,000,000,000원

4. 기업업무추진비 한도액 : 12,000,000원+(6,000,000,000원×$\frac{30}{10,000}$)+(3,000,000,000원×$\frac{30}{10,000}$)×10%
 =30,900,000원
5. 기업업무추진비 한도초과액 : 66,300,000원−30,900,000원=35,400,000원
 〈손금불산입〉 기업업무추진비 한도초과액 35,400,000원 (기타사외유출)
6. 손금불산입되는 기업업무추진비 총액 : 10,000,000원+35,400,000원=45,400,000원

 ④

10 영리내국법인 ㈜A는 제조업을 영위하는 중소기업이다. ㈜A의 제24기(2025.1.1.~10.31.) 사업연도에 대한 자료가 다음과 같을 경우 법인세법령상 기업업무추진비에 대한 손금불산입금액 중 기타사외유출로 소득처분되는 금액의 합계는? (단, 주어진 자료 이외에는 고려하지 않음) [세무사 2023 수정]

(1) 제24기 포괄손익계산서에 계상된 비용

항 목	금 액	내 역
복리후생비	3,000,000	㈜A의 직원이 조직한 조합(법인)에 지출한 복리시설비(세금계산서를 통해 지출 사실이 확인됨)
대손상각비	10,000,000	원활한 업무진행을 위해 객관적으로 정당한 사유없이 거래처(특수관계인 아님)와의 약정에 의하여 채권을 포기하고 이를 비용으로 계상한 금액
기업업무추진비	225,000,000	대표이사의 개인적 사용금액 15,000,000원 포함

(2) 상기 포괄손익계산서 상 기업업무추진비 225,000,000원은 모두 한 차례의 접대에 지출한 금액이 3만원을 초과하며, 지출증빙서류가 없는 귀속불분명 금액 5,000,000원과 영수증을 수취하고 지출한 금액 4,000,000원을 제외하고는 신용카드를 사용하여 지출하였다.

(3) 제24기 수입금액(기업회계기준에 따라 계산된 제조업 매출액)은 650억원(이 중 특수관계인과의 거래에서 발생한 수입금액 90억원 포함)이다.

① 75,930,000원 ② 80,930,000원 ③ 89,930,000원
④ 90,930,000원 ⑤ 100,930,000원

1. 대표이사 개인적 사용 : 〈손금불산입〉 기업업무추진비 15,000,000원 (상여)

2. 지출증빙서류 미수취 : 〈손금불산입〉 기업업무추진비 5,000,000원 (상여)

3. 영수증 수취 : 〈손금불산입〉 기업업무추진비 4,000,000원 (기타사외유출)

4. 기업업무추진비 해당액 : 225,000,000원−15,000,000원(대표이사 개인적 사용)−5,000,000원(증빙불비 기업업무추진비)−4,000,000원(영수증 수취)+3,000,000원(직원단체 복리시설비)+10,000,000(약정에 따른 채권포기액)=214,000,000원

5. 매출액 구분

구 분	일반매출*	특수매출	합 계
매출액	56,000,000,000원	9,000,000,000원	65,000,000,000원

* 수입금액은 기업회계기준에 따라 계산한 매출액으로 하며, 중단사업부문 매출액을 포함한다.

6. 기업업무추진비 한도액 : $36,000,000원 \times \frac{10월}{12월} + (10,000,000,000원 \times \frac{30}{10,000} + 40,000,000,000원 \times \frac{20}{10,000} + 6,000,000,000원 \times \frac{3}{10,000}) + (9,000,000,000원 \times \frac{3}{10,000}) \times 10\% = 142,070,000원$

7. 기업업무추진비 한도초과액 : 214,000,000원−142,070,000원=71,930,000원

8. 손금불산입 기타사외유출 처분금액 : 4,000,000원+71,930,000원=75,930,000원

해답 ①

1. 개인명의 신용카드 사용 기업업무추진비 : 〈손금불산입〉 기업업무추진비 4,000,000원 (기타사외유출)

2. 기업업무추진비 해당액 : 110,700,000원−2,000,000원(증빙누락분)−4,000,000원(개인명의 신용카드 사용분)+
5,000,000원(당기 미결제 기업업무추진비)=109,700,000원

3. 매출액 구분

구 분	일반매출*	특수매출	합 계
매출액	22,500,000,000원	12,000,000,000원	34,500,000,000원

* 23,000,000,000원−100,000,000원(매출할인)−40,000,000원(매출에누리)−500,000,000원(전기 위탁매출)+
140,000,000원(부산물 매각대금)=22,500,000,000원

4. 기업업무추진비 한도액 : 36,000,000원+(10,000,000,000원×$\frac{30}{10,000}$+12,500,000,000원×$\frac{20}{10,000}$)+
(12,000,000,000원×$\frac{20}{10,000}$)×10%=93,400,000원

5. 기업업무추진비 한도초과액 : 109,700,000원−93,400,000원=16,300,000원
〈손금불산입〉 기업업무추진비 한도초과액 16,300,000원 (기타사외유출)

6. 기타사외유출 처분 합계액 : 4,000,000원+16,300,000원=20,300,000원

 ⑤

11 다음은 제조업을 영위하는 영리내국법인(중소기업) ㈜A의 제24기 사업연도(2025.1.1.~6.30.) 자료로서 기업업무추진비는 전액 적격증빙을 수취하였으며, 문화 기업업무추진비로 지출한 금액은 없다. 제24기의 기업업무추진비에 대한 세무조정으로 옳은 것은? (단, 소득처분은 생략하며, 주어진 자료 이외의 다른 사항은 고려하지 않음) [세무사 2013]

> (1) 기업업무추진비의 내역
>   • 손익계산서상 판매비와 관리비로 계상된 금액 : 10,000,000원
>   • 제24기말 현재 재무상태표상 건설중인 공장에 계상된 금액 : 14,000,000원
>   • 제24기말 현재 재무상태표상 토지에 계상된 금액 : 47,000,000원
> (2) 기업회계기준에 따른 제24기 매출액은 100억원이며, 특수관계인과의 거래분은 없다.
> (3) ㈜A는 기업업무추진비 손금산입 한도액이 50%로 축소되는 규정을 적용받는 부동산임대업을 주된 사업으로 하는 법인 등이 아닌 것으로 가정한다.

① 손금산입 :   　　　　　 건설중인 공장   　　7,000,000원
　손금불산입 : 　기업업무추진비한도초과액   17,000,000원
② 손금산입 :   　　　　　　　　　 토지   　　7,000,000원
　손금불산입 : 　기업업무추진비한도초과액   17,000,000원
③ 손금산입 :   　　　　　 건설중인 공장   　14,000,000원
　　　토지   　　　　　　　　　　　　　　　　3,000,000원
　손금불산입 : 　기업업무추진비한도초과액   17,000,000원
④ 손금산입 :   　　　　　 건설중인 공장   　13,000,000원
　손금불산입 : 　기업업무추진비한도초과액   23,000,000원
⑤ 손금산입 :   　　　　　　　　　 토지   　 16,000,000원
　손금불산입 : 　기업업무추진비한도초과액   26,000,000원

해설

1. 기업업무추진비 해당액 : 10,000,000원 + 14,000,000원 + 47,000,000원 = 71,000,000원
2. 매출액 구분

구 분	일반매출	특수매출	합 계
매출액	10,000,000,000원	—	10,000,000,000원

3. 기업업무추진비 한도액 : $36,000,000원 \times \frac{6월}{12월} \div (10,000,000,000원 \times \frac{30}{10,000}) = 48,000,000원$
4. 기업업무추진비 한도초과액 : 71,000,000원 − 48,000,000원 = 23,000,000원
5. 기업업무추진비 한도초과액 구분

구 분	기업업무추진비 계상액	한도초과액
비용계상	10,000,000원	10,000,000원
건설중인 공장	14,000,000원	13,000,000원
토 지	47,000,000원	—
합 계	71,000,000원	23,000,000원

6. 세무조정
   〈손금불산입〉 기업업무추진비 한도초과액 23,000,000원 (기타사외유출)
   〈손금산입〉 건설중인 자산　13,000,000원 (△유보)

해답 ④

제10절 기부금

- I. 기부금의 의의
- II. 기부금의 종류
- III. 기부금의 손금한도액 및 시부인계산 등
- IV. 기부금의 특수문제

I. 기부금의 의의

 기부금의 개요

　기부금이란 법인이 특수관계 없는 자에게 법인의 사업과 직접 관계없이 무상으로 지출하는 재산적 증여의 가액을 말한다. 이와 같이 기부금은 업무와 관련이 없는 지출분이지만 사회적으로 바람직한 것 또는 공익성이 있는 것에 대하여는 법인세법에서 일정금액을 손금으로 인정하고 있다.
　한편, 특수관계인에게 사업과 직접 관계없이 무상으로 지출한 경우에는 부당행위계산부인규정이 적용된다. 다만, 해당 특수관계인에게 지출한 금액이 특례기부금, 일반기부금에 해당되는 경우에는 예외로 한다(법기통 24-0…1). 즉, 이 경우에는 특례기부금, 일반기부금으로 보겠다는 의미이다.

 의제기부금

　법인이 특수관계가 없는 자에게 정당한 사유없이 자산을 정상가액(시가×130%)보다 높은 가액으로 양수하거나 정상가액(시가×70%)보다 낮은 가액으로 양도한 경우에는 해당 차액을 기부금으로 본다. 이를 의제기부금 또는 간주기부금이라 하며, 이하 의제기부금이라 한다.
　예컨대, 시가 100원인 자산을 150원에 양수한 경우에는 정상가액 130원(=100원×130%)을 초과하는 20원을 기부금으로 의제하고, 시가 100원인 자산을 60원에 양도한 경우에는 정상가액 70원(=100원×70%)에 미달하는 10원을 기부금으로 의제한다.

의제기부금의 도해

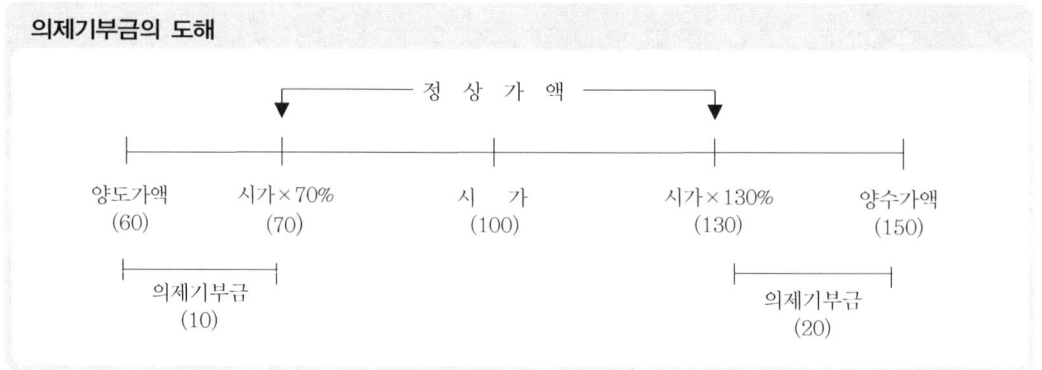

II. 기부금의 종류

 **50% 한도 기부금(이하 '특례기부금'이라 함)**

가. 국가나 지방자치단체에 무상으로 기증하는 금품의 가액. 다만, 「기부금품의 모집 및 사용에 관한 법률」의 적용을 받는 기부금품은 같은 법 제5조 제2항에 따라 접수하는 것만 해당한다.
나. 국방헌금과 국군장병 위문금품의 가액
다. 천재지변으로 생기는 이재민을 위한 구호금품의 가액
라. 다음의 기관(병원은 제외한다)에 시설비·교육비·장학금 또는 연구비로 지출하는 기부금
  1) 「사립학교법」에 따른 사립학교
  2) 비영리 교육재단(국립·공립·사립학교의 시설비, 교육비, 장학금 또는 연구비 지급을 목적으로 설립된 비영리 재단법인으로 한정한다)
  3) 「국민 평생 직업능력 개발법」에 따른 기능대학
  4) 「평생교육법」에 따른 전공대학의 명칭을 사용할 수 있는 평생교육시설 및 원격대학 형태의 평생교육시설
  5) 「경제자유구역 및 제주국제자유도시의 외국교육기관 설립·운영에 관한 특별법」에 따라 설립된 외국교육기관 및 「제주특별자치도 설치 및 국제자유도시 조성을 위한 특별법」에 따라 설립된 비영리법인이 운영하는 국제학교
  6) 「산업교육진흥 및 산학연협력촉진에 관한 법률」에 따른 산학협력단
  7) 「한국과학기술원법」에 따른 한국과학기술원, 「광주과학기술원법」에 따른 광주과학기술원, 「대구경북과학기술원법」에 따른 대구경북과학기술원, 「울산과학기술원법」에 따른 울산과학기술원 및 「한국에너지공과대학교법」에 따른 한국에너지공과대학교
  8) 「국립대학법인 서울대학교 설립·운영에 관한 법률」에 따른 국립대학법인 서울대학교, 「국립대학법인 인천대학교 설립·운영에 관한 법률」에 따른 국립대학법인 인천대학교 및 이와 유사한 학교로서 대통령령으로 정하는 학교
  9) 「재외국민의 교육지원 등에 관한 법률」에 따른 한국학교(대통령령으로 정하는 요건을 충족하는 학교만 해당한다)로서 대통령령으로 정하는 바에 따라 기획재정부장관이 지정·고시하는 학교
  10) 「한국장학재단 설립 등에 관한 법률」에 따른 한국장학재단
마. 다음의 병원 등에 시설비·교육비 또는 연구비로 지출하는 기부금
  1) 「국립대학병원 설치법」에 따른 국립대학병원
  2) 「국립대학치과병원 설치법」에 따른 국립대학치과병원
  3) 「서울대학교병원 설치법」에 따른 서울대학교병원

4) 「서울대학교치과병원 설치법」에 따른 서울대학교치과병원
5) 「사립학교법」에 따른 사립학교가 운영하는 병원
6) 「암관리법」에 따른 국립암센터
7) 「지방의료원의 설립 및 운영에 관한 법률」에 따른 지방의료원
8) 「국립중앙의료원의 설립 및 운영에 관한 법률」에 따른 국립중앙의료원
9) 「대한적십자사 조직법」에 따른 대한적십자사가 운영하는 병원
10) 「한국보훈복지의료공단법」에 따른 한국보훈복지의료공단이 운영하는 병원
11) 「방사선 및 방사성동위원소 이용진흥법」에 따른 한국원자력의학원
12) 「국민건강보험법」에 따른 국민건강보험공단이 운영하는 병원
13) 「산업재해보상보험법」 제43조 제1항 제1호에 따른 의료기관
14) 1)부터 13)까지의 병원이 설립한 「보건의료기술 진흥법」 제28조의 2 제1항에 따른 의료기술협력단

바. 사회복지사업, 그 밖의 사회복지활동의 지원에 필요한 재원을 모집·배분하는 것을 주된 목적으로 하는 비영리법인(대통령령으로 정하는 요건을 충족하는 법인만 해당한다)으로서 대통령령으로 정하는 바에 따라 기획재정부장관이 지정·고시하는 법인에 지출하는 기부금

2 10% 한도 기부금(이하 '일반기부금'이라 함)

(1) 유형

다음 각 목의 비영리법인(단체 및 비영리외국법인을 포함하며, 이하 이 조에서 "공익법인등"이라 한다)에 대하여 해당 공익법인등의 고유목적사업비로 지출하는 기부금은 일반기부금으로 본다. 여기서 고유목적사업비란 해당 기부금단체에 관한 법령 또는 정관에 규정된 설립목적을 수행하는 사업으로서 수익사업(보건 및 사회복지사업 중 의료업 제외) 외의 사업에 사용하기 위한 금액을 말한다(법령 36①, ③). 다만, 바목에 따라 지정·고시된 법인에 지출하는 기부금은 지정일이 속하는 연도의 1월 1일부터 3년간(지정받은 기간이 끝난 후 2년 이내에 재지정되는 경우에는 재지정일이 속하는 사업연도의 1월 1일부터 6년간으로 한다. 이하 이 조에서 "지정기간"이라 한다) 지출하는 기부금에 한정한다.

가. 「사회복지사업법」에 따른 사회복지법인
나. 「영유아보육법」에 따른 어린이집
다. 「유아교육법」에 따른 유치원, 「초·중등교육법」 및 「고등교육법」에 따른 학교, 「국민 평생 직업능력 개발법」에 따른 기능대학, 「평생교육법」 제31조 제4항에 따른 전공대학 형태의 평생교육시설 및 같은 법 제33조 제3항에 따른 원격대학 형태의 평생교육시설
라. 「의료법」에 따른 의료법인
마. 종교의 보급, 그 밖에 교화를 목적으로 「민법」 제32조에 따라 문화체육관광부장관 또는 지방자치단체의 장의 허가를 받아 설립한 비영리법인(그 소속 단체를 포함한다)
바. 「민법」 제32조에 따라 주무관청의 허가를 받아 설립된 비영리법인(이하 이 조에서 "「민법」상 비영리법인"이라 한다), 비영리외국법인, 「협동조합 기본법」 제85조에 따라 설립된 사회적협동조합(이하 이 조에서 "사회적협동조합"이라 한다), 「공공기관의 운영에 관한 법률」 제4조에 따른 공공기관(같은 법 제5조 제3항 제1호에 따른 공기업은 제외한다. 이하 이 조에서 "공공기관"이라 한다) 또는 법률에 따라 직접 설립 또는 등록된 기관 중 다음의 요건을 모두 충족한 것으로서 국세청장(주사무소 및 본점소재지 관할 세무서장을 포함한다. 이하 이 조에서 같다)의 추천을 받아 기획재정부장관이 지정하여 고시한 법인. 이 경우 국세청장은 해당 법인의 신청을 받아 기획재정부장관에게 추천해야 한다.

1) 다음의 구분에 따른 요건
  가) 「민법」상 비영리외국법인 또는 비영리외국법인의 경우: 정관의 내용상 수입을 회원의 이익이 아닌 공익을 위하여 사용하고 사업의 직접 수혜자가 불특정 다수일 것(비영리외국법인의 경우 추가적으로 「재외동포의 출입국과 법적 지위에 관한 법률」 제2조에 따른 재외동포의 협력·지원, 한국의 홍보 또는 국제교류·협력을 목적으로 하는 것일 것). 다만, 「상속세 및 증여세법 시행령」 제38조제8항제2호 단서에 해당하는 경우에는 해당 요건을 충족한 것으로 본다.
  나) 사회적협동조합의 경우: 정관의 내용상 「협동조합 기본법」 제93조 제1항 제1호부터 제3호까지의 사업 중 어느 하나의 사업을 수행하는 것일 것
  다) 공공기관 또는 법률에 따라 직접 설립 또는 등록된 기관의 경우: 설립목적이 사회복지·자선·문화·예술·교육·학술·장학 등 공익목적 활동을 수행하는 것일 것
2) 해산하는 경우 잔여재산을 국가·지방자치단체 또는 유사한 목적을 가진 다른 비영리법인에 귀속하도록 한다는 내용이 정관에 포함되어 있을 것
3) 인터넷 홈페이지가 개설되어 있고, 인터넷 홈페이지를 통해 연간 기부금 모금액 및 활용실적을 공개한다는 내용이 정관에 포함되어 있으며, 법인의 공익위반 사항을 국민권익위원회, 국세청 또는 주무관청 등 공익위반사항을 관리·감독할 수 있는 기관(이하 "공익위반사항 관리·감독 기관"이라 한다) 중 1개 이상의 곳에 제보가 가능하도록 공익위반사항 관리·감독기관이 개설한 인터넷 홈페이지와 해당 법인이 개설한 홈페이지가 연결되어 있을 것
4) 비영리법인으로 지정·고시된 날이 속하는 연도와 그 직전 연도에 해당 비영리법인의 명의 또는 그 대표자의 명의로 특정 정당 또는 특정인에 대한 「공직선거법」 제58조 제1항에 따른 선거운동을 한 사실이 없을 것
5) 제12항에 따라 지정이 취소된 경우에는 그 취소된 날부터 3년, 제9항에 따라 추천을 받지 않은 경우에는 그 지정기간의 종료일부터 3년이 지났을 것. 다만, 제5항 제1호에 따른 의무를 위반한 사유만으로 지정이 취소되거나 추천을 받지 못한 경우에는 그렇지 않다.

(2) 유형 ②

다음에 열거하고 있는 특정용도에 지출하는 경우에는 이를 일반기부금으로 본다.

가. 「유아교육법」에 따른 유치원의 장, 「초·중등교육법」 및 「고등교육법」에 의한 학교의 장, 「국민 평생 직업능력 개발법」에 의한 기능대학의 장, 「평생교육법」 제31조 제4항에 따른 전공대학 형태의 평생교육시설 및 같은 법 제33조 제3항에 따른 원격대학 형태의 평생교육시설의 장이 추천하는 개인에게 교육비·연구비 또는 장학금으로 지출하는 기부금
나. 「상속세 및 증여세법 시행령」 제14조 제1항 각 호의 요건을 갖춘 공익신탁으로 신탁하는 기부금
다. 사회복지·문화·예술·교육·종교·자선·학술 등 공익목적으로 지출하는 기부금으로서 기획재정부장관이 지정하여 고시하는 기부금

(3) 유형 ③

다음 각 목의 어느 하나에 해당하는 사회복지시설 또는 기관 중 무료 또는 실비로 이용할 수 있는 시설 또는 기관에 기부하는 금품의 가액 다만, 나목1)에 따른 노인주거복지시설 중 양로시설을 설치한 자가 해당 시설의 설치·운영에 필요한 비용을 부담하는 경우 그 부담금 중 해당 시설의 운영으로 발생한 손실금(기업회계기준에 따라 계산한 해당 과세기간의 결손금을 말한다)이 있는 경우에는 그 금액을 포함한다.

가. 「아동복지법」 제52조 제1항에 따른 아동복지시설
나. 「노인복지법」 제31조에 따른 노인복지시설 중 다음의 시설을 제외한 시설
　　1) 「노인복지법」 제32조 제1항에 따른 노인주거복지시설 중 입소자 본인이 입소비용의 전부를 부담하는 양로시설·노인공동생활가정 및 노인복지주택
　　2) 「노인복지법」 제34조 제1항에 따른 노인의료복지시설 중 입소자 본인이 입소비용의 전부를 부담하는 노인요양시설·노인요양공동생활가정 및 노인전문병원
　　3) 「노인복지법」 제38조에 따른 재가노인복지시설 중 이용자 본인이 재가복지서비스에 대한 이용대가를 전부 부담하는 시설
다. 「장애인복지법」 제58조 제1항에 따른 장애인복지시설. 다만, 다음 각 목의 시설은 제외한다.
　　1) 비영리법인(「사회복지사업법」 제16조 제1항에 따라 설립된 사회복지법인을 포함한다) 외의 자가 운영하는 장애인 공동생활가정
　　2) 「장애인복지법 시행령」 제36조에 따른 장애인생산품 판매시설
　　3) 장애인 유료복지시설
라. 「한부모가족지원법」 제19조 제1항에 따른 한부모가족복지시설
마. 「정신건강증진 및 정신질환자 복지서비스 지원에 관한 법률」 제3조 제6호 및 제7호에 따른 정신요양시설 및 정신재활시설
바. 「성매매방지 및 피해자보호 등에 관한 법률」 제6조 제2항 및 제10조 제2항에 따른 지원시설 및 성매매피해상담소
사. 「가정폭력방지 및 피해자보호 등에 관한 법률」 제5조 제2항 및 제7조 제2항에 따른 가정폭력 관련 상담소 및 보호시설
아. 「성폭력방지 및 피해자보호 등에 관한 법률」 제10조 제2항 및 제12조 제2항에 따른 성폭력피해상담소 및 성폭력피해자보호시설
자. 「사회복지사업법」 제34조에 따른 사회복지시설 중 사회복지관과 부랑인·노숙인 시설
차. 「노인장기요양보험법」 제32조에 따른 재가장기요양기관
카. 「다문화가족지원법」 제12조에 따른 다문화가족지원센터
타. 「건강가정기본법」 제35조제1항에 따른 건강가정지원센터
파. 「청소년복지 지원법」 제31조에 따른 청소년복지시설

(4) 유형 ④

다음 각 목의 요건을 모두 갖춘 국제기구로서 기획재정부장관이 지정하여 고시하는 국제기구에 지출하는 기부금

가. 사회복지, 문화, 예술, 교육, 종교, 자선, 학술 등 공익을 위한 사업을 수행할 것
나. 우리나라가 회원국으로 가입하였을 것

3 비지정기부금

비지정기부금이란 특례기부금 또는 일반기부금 외의 기부금을 말하며, 비지정기부금의 예로는 다음과 같은 기부금 등이 있다.

① 향우회, 동창회, 종친회, 신용협동조합, 새마을금고 등에 지출한 기부금
② 다음 중 어느 하나에 해당하는 영업자가 조직한 단체에 지급한 회비
　　㉠ 영업자가 조직한 단체로서 법인이거나 주무관청에 등록된 조합 또는 협회에 지급한 회비 중 조합 또는 협회가

법령 또는 정관이 정하는 바에 따른 정상적인 회비징수 방식에 의하여 경상경비 충당 등을 목적으로 조합원 또는 회원에게 부과하는 회비 외의 회비(종전 특별회비)
ⓒ 영업자가 임*의로 조직한 조합 또는 협회에 지급한 회비(경상회비 및 특별회비)

※ 경상회비 외의 회비(종전 특별회비)에 대해서는 법인세법상 규정이 없으나, 해당 조합 또는 협회가 특례기부금단체 또는 일반기부금단체인 경우에는 특례기부금 또는 일반기부금으로 볼 수 있다.

한편, 위의 ②의 ⓒ과 관련하여 해당 조합 또는 협회가 법령 또는 정관이 정하는 바에 따른 정상적인 회비징수 방식에 의하여 경상경비 충당 등을 목적으로 조합원 또는 회원에게 부과하는 회비(경상회비)는 전액 손금항목으로 인정됨에 유의해야 한다(법령 19 제11호, 법칙 10②).

Ⅲ. 기부금의 손금한도액 및 시부인계산 등

 기부금의 손금한도액 및 시부인계산

구 분		내 용
특례 기부금	손 금 한도액	(기준소득금액 - 이월결손금) × 50%
	시부인 계 산	손금한도액 범위 내에서 손금에 산입하며, 한도초과액은 손금불산입(기타사외유출)한다. 특례기부금 한도초과액은 10년간 이월하여 이월된 사업연도의 특례기부금 한도액 범위 내에서 손금에 산입한다.
일 반 기부금	손 금 한도액	(기준소득금액 - 이월결손금* - 특례기부금 손금인정액) × 10%(20%**) * 각 사업연도 소득의 80% 한도로 이월결손금 공제를 적용받는 법인은 기준소득금액의 80%를 한도로 함 ** 사업연도 종료일 현재 사회적기업육성법 제2조 제1호에 따른 사회적 기업이 지출한 일반기부금(사회적기업의 기부 활성화 지원 목적)
	시부인 계 산	손금한도액 범위 내에서 손금에 산입하며, 한도초과액은 손금불산입(기타사외유출)한다. 일반기부금 한도초과액은 10년간 이월하여 이월된 사업연도의 일반기부금 한도액 범위 내에서 손금에 산입한다.
비지정기부금		비지정기부금은 전액을 손금불산입(기부받은 자의 구분에 따라 배당·상여·기타사외유출로 처분)한다.

※ 기부금을 손금에 산입하는 경우에는 이월된 금액을 해당 사업연도에 지출한 기부금보다 먼저 손금에 산입한다. 이 경우 이월된 금액은 먼저 발생한 이월금액부터 손금에 산입한다(2020.1.1. 이후 과세표준을 신고하는 분부터 적용하되, 과세표준 신고 시 이월공제가 가능한 기부금에 대해서도 적용함).

 참고 및 유의사항

(1) 기준소득금액

기준소득금액은 다음 산식에 의한 금액을 말한다.

기준소득금액 = 차가감소득금액 + 특례기부금·일반기부금 지출액

(2) 차가감소득금액

차가감소득금액이란 기부금조정명세서상의 시부인계산(특례기부금·일반기부금 시부인계산)을 제외한 일련의 모든 세무조정(비지정기부금 및 현금주의 위배 기부금에 대한 세무조정 포함)을 반영한 소득금액을 말한다. 참고로 피합병법인·분할법인은 합병 시 피합병법인에 대한 과세(법법 44), 분할 시 분할법인 등에 대한 과세(법법 46) 및 분할 후 분할법인이 존속하는 경우 과세특례(법법 46의5)에 따른 양도손익은 차가감소득금액(손금 및 익금)에서 제외한다.

(3) 이월결손금의 범위

기부금 손금한도액 계산 시 차감되는 이월결손금이란 해당 사업연도 개시일 전 15년(2009.1.1. 이후 2019.12.31. 이전에 개시한 사업연도에 발생한 결손금은 10년, 2008.12.31. 이전에 개시한 사업연도에 발생한 결손금은 5년) 이내에 개시한 사업연도에서 발생한 세무상 이월결손금을 말한다. 다만, 이월결손금의 한도에 관한 규정에 따라 각 사업연도 소득의 80%를 한도로 이월결손금 공제를 적용받는 법인은 기준소득금액의 80%를 한도로 한다.

기부금 한도액 산식의 도출과정

① 논리의 출발: 법인세법에서는 기부금의 손금한도액을 세무상 소득금액을 기준으로 계산하도록 규정하고 있다.
② 甲·乙·丙기업은 기부금 지출액만 차이가 있을 뿐 나머지 경영성과는 일치하며 관련자료는 다음과 같다.

	甲기업	乙기업	丙기업
⋮	⋮	⋮	⋮
기　　　부　　　금	(1,000)	(2,000)	(3,000)
⋮	⋮	⋮	⋮
당　기　순　이　익	3,000	2,000	1,000
(+) 가　산　조　정	1,000	1,000	1,000
(−) 차　감　조　정	(1,000)	(1,000)	(1,000)
차 가 감 소 득 금 액	3,000	2,000	1,000

③ 만일 위의 차가감소득금액을 그대로 각 기업의 기부금한도액 산식의 출발점으로 한다면 경영성과가 일치함에도 불구하고 한도액에 차이가 발생하는 논리적 모순이 발생한다. 즉, 위의 자료에 따르면 경영성과가 일치하더라도 기부금 지출액이 많을수록 한도액이 적게 나오는 현상을 발견할 수 있다. 그 이유는 기부금 지출액이 비용으로 처리되어 당기순이익에 해당 금액만큼 영향을 미치기 때문이다. 결국 동일한 소득을 구현하였을 때 동일한 기부금한도액이 나오기 위해서는 기부금지출전 소득금액으로 환원시킬 필요가 있는 것이다. 이를 살펴보면 다음과 같다.

	甲기업	乙기업	丙기업
차 가 감 소 득 금 액	3,000	2,000	1,000
(+) 기　　부　　금	1,000	2,000	3,000
소　　득　　금　　액	4,000	4,000	4,000

④ 그런데 기부금 중 비지정기부금과 현금주의 위배 기부금은 소득금액과 관련없이 세무조정을 하게 되는 조정사항(조정서식도 필요치 않음)이므로 이는 차가감소득금액 계산단계에서 직접 수행하게 된다. 따라서 기부금한도액 산식의 출발이 되는 소득금액은 다음과 같은 산식이 도출되어 나오게 되는 것이다.

차가감 소득금액 + 기부금 지출액 중 특례기부금, 일반기부금

Ⅳ. 기부금의 특수문제

 현물기부금

(1) 규 정

법인이 기부금을 금전 이외의 자산으로 제공한 경우에 해당 현물기부금의 가액은 시가와 장부가액 중 큰 금액으로 한다. 다만, 특례기부금과 일반기부금(특수관계인에게 기부한 일반기부금은 제외)은 **장부가액**으로 한다.

구 분	내 용
1) 특례기부금과 일반기부금 (특수관계인에게 기부한 일반기부금 제외)	장부가액
2) 특수관계인에게 기부한 일반기부금과 비지정기부금	MAX[시가, 장부가액]

(2) 현물기부금의 세무조정방법(특수관계인에게 기부한 일반기부금과 비지정기부금)

구 분	내 용
유형 ①	기부금(원가 : 50,000원, 시가 : 80,000원)을 다음과 같이 원가법으로 회계처리시 (차) 기 부 금　　　50,000　　　(대) 제　품　　　50,000 ▶ 이 경우에는 시가와 원가와의 차액인 30,000원을 법인의 기부금지출액에 가산하여 기부금 시부인계산을 하면 된다.
유형 ②	기부금(원가 : 50,000원, 시가 : 80,000원)을 다음과 같이 시가법으로 회계처리시 (차) 기 부 금　　　80,000　　　(대) 제　품　　　50,000 　　　　　　　　　　　　　　　　　　잡 이 익　　　30,000 ▶ 이 경우에는 이미 장부상 제대로 계상되어 있으므로 바로 기부금 시부인계산을 하면 된다.
참 고	특례기부금과 일반기부금(특수관계인에게 기부한 일반기부금 제외)의 경우에는 위 '유형 ①'과 '유형 ②'의 회계처리와 무관하게 장부가액(원가) 50,000원을 기부금 지출액으로 하여 바로 시부인계산을 하면 된다.

(3) 유의점

상기 현물기부금의 지출은 부가가치세법상 사업상 증여에 해당하므로 부가가치세 매출세액을 고려하여 회계처리를 하여야 한다. 그러나 기부금을 받은 단체가 부가가치세법에서 규정하는 공익단체에 해당하면 이를 면세로 규정하고 있기 때문에 이 경우에는 부가가치세 매출세액을 고려할 필요가 없다. 따라서 상기의 현물기부금에 대한 회계처리는 면세를 가정하여 분개한 것임을 부언해 둔다.

현물기부금의 세무조정방법(특수관계인에게 기부한 일반기부금과 비지정기부금)

일반기부금(원가 50,000원, 시가 : 80,000원)을 원가법으로 회계처리한 경우(일반기부금 한도액은 60,000원임).

Book	일반기부금(비용, 원가법)	50,000 / 제 품		50,000
Tax	① 일반기부금(손금, 시가법)	80,000 / 제 품		50,000
		제품판매이익		30,000
	일반기부금 한도액 60,000원			
	② 일반기부금(손금)	60,000 / 제 품		50,000
	유출잉여금(to 기관)	20,000 제품판매이익		30,000
Adjustment	① 일반기부금	30,000 / 제품판매이익		30,000
	② 유출잉여금(to 기관)	20,000 / 일반기부금(손금)		20,000
Tax-Adj	① 손 금↑(순자산↓)	30,000 / 익 금↓(순자산↑)		30,000
	〈세무조정 없음〉			
	② 유출잉여금↓(순자산↓)	20,000 / 손 금↓(순자산↑)		20,000
	〈손금불산입〉 일반기부금 20,000·기타사외유출			

결론 : 원가법과 시가법의 차이는 세무조정을 유발하지 않으며, 시가와 원가의 차액인 30,000원을 법인의 기부금지출액에 가산하여 시부인계산을 하면 된다. 따라서 분개②에는 '평가'와 '한도'에 대한 규정이 모두 반영되어 있으므로 이를 기준으로 세무조정하면 된다. 즉,

Adjustment	일반기부금(손금)	10,000 / 제품매출이익		30,000
	유출잉여금(to 기관)	20,000		
Tax-Adj	유출잉여금↓(순자산↓)	20,000 / 익 금↑(순자산↑)		20,000
	〈익금산입〉 제품매출이익 20,000·기타사외유출			

 기부금의 손금귀속시기

(1) 원 칙

기부금의 손금귀속시기는 **현금주의**에 의한다. 이 경우 법인이 기부금의 지출을 위하여 어음을 발행(배서 포함)한 경우에는 **그 어음이 실제로 결제된 날**에 지출한 것으로 보며, 수표를 발행한 경우에는 해당 **수표를 교부한 날**에 지출한 것으로 본다(법칙 18).

(2) 예 외

정부로부터 인·허가를 받는 경우 일반기부금단체로 인정되는 사회복지법인, 의료법인 등에게 인·허가를 받기 이전 설립 중에 일반기부금을 지출하는 경우에는 그 법인 및 단체가 정부로부터 인가 또는 허가를 받은 날이 속하는 사업연도의 일반기부금으로 한다(법기통 24-39…2). 이와 같이 현금주의의 예외규정을 두고 있는 것은 이를 지출 사업연도, 즉 해당 공익법인 등이 설립되기 전에 기부금으로 보게 되면 전액 비지정기부금으로 손금부인되는 문제가 발생하기 때문이다.

(3) 미지급기부금에 대한 세무조정

1) 비용계상연도

구 분	내 용
회 계 처 리	(차) 기 부 금　　　　×××　　　(대) 미지급기부금　　×××
세 무 조 정	① 세무조정시 : 〈손금불산입〉미지급기부금　×××(유보) ② 기부금 시부인계산시 : 회사지출기부금 = 장부상 기부금 − 미지급기부금

2) 현금지출연도

구 분	내 용
회 계 처 리	(차) 미지급기부금　×××(대) 현　　　금　×××
세 무 조 정	① 세무조정시 : 〈손금산입〉전기 미지급기부금　×××(△유보) ② 기부금 시부인계산시 : 회사지출기부금 = 장부상 기부금 + 전기 미지급기부금

분개법　미지급기부금에 대한 세무조정

1) 비용계상연도

Book	기부금	1,000,000 / 미지급기부금		1,000,000
Tax	기부금 시부인계산시 : 회사지출기부금 = I/S상 기부금 − 미지급기부금 없 음			
Adjustment Tax-Adj	미지급기부금 부 채↓(순자산↑)	1,000,000 / 기부금 1,000,000 / 손　금↓(순자산↑)		1,000,000 1,000,000
	〈손금불산입〉기부금 1,000,000·유보			

2) 현금지출연도

Book	미지급기부금	1,000,000 / 현　금		1,000,000
Tax	기부금 시부인계산시 : 회사지출기부금 = I/S상 기부금 + 전기 미지급기부금 기부금　　　　1,000,000 / 현　금　　　　1,000,000			
Adjustment Tax-Adj	기부금 손　금↑(순자산↓)	1,000,000 / 미지급기부금 1,000,000 / 부 채↑(순자산↓)		1,000,000 1,000,000
	〈손금산입〉기부금　1,000,000·△유보			

(4) 가지급기부금에 대한 세무조정

1) 현금지출연도

구 분	내 용
회계처리	(차) 가지급기부금　　×××　　(대) 현　　금　　×××
세무조정	① 세무조정시 : 〈손금산입〉 가지급기부금　×××(△유보) ② 기부금 시부인계산시 : 회사지출기부금 = 장부상 기부금 + 가지급기부금

2) 비용계상연도

구 분	내 용
회계처리	(차) 기　부　금　×××(대) 가지급기부금　×××
세무조정	① 세무조정시 : 〈손금불산입〉 전기 가지급기부금　×××(유보) ② 기부금 시부인계산시 : 회사지출기부금 = 장부상 기부금 − 전기 가지급기부금

분개법 가지급기부금에 대한 세무조정

1) 현금지출연도

Book	가지급기부금	1,000,000 / 현　금	1,000,000

Tax　　기부금 시부인계산시 : 회사지출기부금 = I/S상 기부금 + 가지급기부금

	기부금	1,000,000 / 현　금	1,000,000
Adjustment	기부금	1,000,000 / 가지급기부금	1,000,000
Tax-Adj	손금↑(순자산↓)	1,000,000 / 자산↓(순자산↓)	1,000,000

　　　　〈손금산입〉 기부금　1,000,000·△유보

2) 비용계상연도

Book	기부금	1,000,000 / 가지급기부금	1,000,000

Tax　　기부금 시부인계산시 : 회사지출기부금 = I/S상 기부금 − 전기 가지급기부금
　　　없 음

Adjustment	가지급기부금	1,000,000 / 기부금	1,000,000
Tax-Adj	자　산↑(순자산↑)	1,000,000 / 손　금↓(순자산↑)	1,000,000

　　　　〈손금불산입〉 기부금　1,000,000·유보

기부금 시부인계산(Ⅰ)

다음은 비상장법인인 ㈜A의 제24기 사업연도(2025.1.1.~12.31.)의 법인세 신고와 관련된 자료이다.

1. 손익계산서상 당기순이익은 180,000,000원이고 기부금을 제외한 세무조정사항은 다음과 같다.
   ① 법인세비용   45,000,000원
   ② 정기예금 미수이자 계상액   16,000,000원
   ③ 자산수증이익 중 이월결손금보전액   11,000,000원

2. 이월결손금의 내역은 다음과 같다. 한편, 제11기 사업연도 발생분 중 11,000,000원은 자산수증이익(국고보조금 아님)에 보전하였다.
   제11기 사업연도 (2012.1.1.~12.31.)   25,000,000원
   제12기 사업연도 (2013.1.1.~12.31.)   21,000,000원
   제18기 사업연도 (2019.1.1.~12.31.)   15,000,000원

3. 기부금의 계정내역은 다음과 같다.
   ① 국군장병 위문금품   27,000,000원
   ② 이재민 구호금품   13,000,000원
   ③ 문화예술단체 기부금   17,000,000원
   ④ 사립학교 시설비   25,000,000원
   ⑤ 공립학교 장학금   23,000,000원
   ⑥ 어린이집 기부금(고유목적사업비로 지출)   6,000,000원
   ⑦ 불우이웃돕기성금   21,000,000원
   ⑧ 근로자복지진흥기금으로 출연한 금액   8,000,000원
   ⑨ 대표이사 향우회(법인) 기부금   7,000,000원

4. ㈜A에는 제21기에 발생한 특례기부금 한도초과액 10,000,000원이 있다.

요구사항

위의 자료에 따라 ① 소득금액조정합계표를 작성하고, ② 각 사업연도 소득금액을 계산하시오.

해답

1. 기부금의 구분

구 분	특례기부금	일반기부금	비지정기부금
① 국군장병 위문금품	27,000,000원	–	–
② 이재민 구호금품	13,000,000원	–	–
③ 문화예술단체 기부금	–	17,000,000원	–
④ 사립학교 시설비	25,000,000원	–	–
⑤ 공립학교 장학금	23,000,000원	–	–
⑥ 어린이집 기부금	–	6,000,000원	–
⑦ 불우이웃돕기성금	–	21,000,000원	–
⑧ 근로자복지진흥기금 출연금액	–	8,000,000원	–
⑨ 대표이사 향우회 기부금	–	–	7,000,000원
합 계	88,000,000원	52,000,000원	7,000,000원

2. 소득금액조정합계표의 작성

익금산입·손금불산입			손금산입·익금불산입		
법인세비용	45,000,000원	기타사외유출	정기예금 미수이자	16,000,000원	유 보
비지정기부금	7,000,000원	기타사외유출	자산수증이익	11,000,000원	기 타
합 계	52,000,000원		합 계	27,000,000원	

3. 각 사업연도 소득금액

① (포괄)손익계산서상 당기순이익   180,000,000원
② 익금산입·손금불산입   52,000,000원
③ 손금산입·익금불산입   27,000,000원
④ 차가감소득금액   205,000,000원
⑤ 기부금 한도초과액   28,800,000원❋
⑥ 기부금 한도초과 손금산입액   10,000,000원❋
⑦ 각 사업연도 소득금액   223,800,000원

❋ 기부금한도초과액 및 기부금한도초과 손금산입액

① 특례기부금 한도초과액의 계산
  ① 특례기부금 한도액 : (205,000,000원+88,000,000원+52,000,000원−15,000,000원)×50%=165,000,000원
    공제가능 이월결손금 = 15,000,000원(2009.1.1. 이후 2019.12.31. 이전에 개시한 사업연도에 발생한 결손금은 10년, 2008.12.31. 이전에 개시한 사업연도에 발생한 결손금은 5년)
    기준소득금액 = 205,000,000원+88,000,000원+52,000,000원 = 345,000,000원
    이월결손금 공제 한도 = 기준소득금액×80% = 345,000,000원×80% = 276,000,000원
  ② 특례기부금 해당액 : 전기 이월 10,000,000원+당기 88,000,000원=98,000,000원
  ③ 전기 특례기부금 세무조정: Min(10,000,000원, 165,000,000원)=10,000,000원 손금산입(기타)
  ④ 당기 특례기부금 세무조정 : 88,000,000원−(165,000,000원−10,000,000원)=△67,000,000원 세무조정 없음

② 일반기부금 한도초과액의 계산
  ① 일반기부금 한도액: (345,000,000원−15,000,000원−88,000,000원−10,000,000원)×10%=23,200,000원
  ② 일반기부금 해당액 : 당기 52,000,000원
  ③ 당기 일반기부금 세무조정 : 52,000,000원−23,200,000원=28,800,000원 손금불산입(기타사외유출)

③ 따라서 전기 특례기부금 한도초과액 손금산입액은 10,000,000원이며, 당기 일반기부금 한도초과액은 28,800,000원이다.

분개법 — 기부금 시부인계산(Ⅰ)

기부금한도초과액 세무조정(기부금한도초과액 손금불산입 및 기부금한도초과이월액 손금산입)은 '소득금액조정합계표(별지 제15호 서식)'에 표시되지 않고 '기부금조정명세서(별지 제21호 서식)'를 거쳐 '법인세 과세표준 및 세액조정계산서(별지 제3호 서식)'에 직접 표시된다. 그 이유는 기부금한도초과액 세무조정은 각 사업연도 소득에서 기부금한도초과액 세무조정을 제외한 모든 세무조정이 완료된 차가감소득에 대해 이루어지기 때문이다. 다만, 비지정기부금이나 현금주의 위배 기부금 등은 차가감소득에 영향을 받지 않는 세무조정사항이므로 '소득금액조정합계표'에 표시한다.

(1) 소득금액조정합계표 포함 세무조정 사항

1) 법인세비용

Book	법인세비용(비용=손금)	45,000,000 / 당기법인세부채	45,000,000
Tax	유출잉여금(to 국가)	45,000,000 / 당기법인세부채	45,000,000
Adjustment	유출잉여금	45,000,000 / 법인세비용	45,000,000
Tax-Adj	유출잉여금↓(순자산↓)	45,000,000 / 손 금↓(순자산↑)	45,000,000

〈손금불산입〉 법인세비용   45,000,000·기타사외유출(to 국가)

2) 정기예금 미수이자

Book	미수이자	16,000,000 / 이자수익	16,000,000
Tax	없 음		
Adjustment	이자수익	16,000,000 / 미수이자	16,000,000
Tax-Adj	익 금↓(순자산↓)	16,000,000 / 자 산↓(순자산↓)	16,000,000

〈익금불산입〉 이자수익   16,000,000・△유보(미수이자)

3) 자산수증이익 중 이월결손금보전액

Book	토 지(자산)	11,000,000 / 자산수증이익	11,000,000
Tax	토 지(자산)	11,000,000 / 자산수증이익	11,000,000
	자산수증이익	11,000,000 이월결손금	11,000,000
Adjustment	자산수증이익	11,000,000 / 이월결손금	11,000,000
Tax-Adj	익 금↓(순자산↓)	11,000,000 / 잉여금↑(순자산↑)	11,000,000

〈익금불산입〉 자산수증이익   11,000,000・기타

4) 비지정기부금

Book	대표이사 향우회 기부금(비용)	7,000,000 / 현 금	7,000,000
Tax	유출잉여금(to 대표이사 향우회)	7,000,000 / 현 금	7,000,000
Adjustment	유출잉여금(to 대표이사 향우회)	7,000,000 / 대표이사 향우회 기부금(손금)	7,000,000
Tax-Adj	유출잉여금↓(순자산↓)	7,000,000 / 손 금↓(순자산↑)	7,000,000

〈손금불산입〉 대표이사 향우회 기부금   7,000,000・기타사외유출

(2) 기부금 한도초과액 및 기부금 한도초과 손금산입액

1) 특례기부금 한도초과액의 계산
① 특례기부금 한도액
(205,000,000원 + 88,000,000원 + 52,000,000원 - 15,000,000원) × 50% = 165,000,000원
공제가능 이월결손금 = 15,000,000원(2009.1.1. 이후 2019.12.31. 이전에 개시한 사업연도에 발생한 결손금은 10년, 2008.12.31. 이전에 개시한 사업연도에 발생한 결손금은 5년)
기준소득금액 = 205,000,000원+88,000,000원+52,000,000원 = 345,000,000원
이월결손금 공제 한도 = 기준소득금액×80% = 345,000,000원×80% = 276,000,000원
② 특례기부금 해당액
전기 이월 10,000,000원+당기 88,000,000원=98,000,000원
③ 전기 특례기부금 한도초과액 세무조정
Min(10,000,000원, 165,000,000원)=10,000,000원 손금산입(기타)
④ 당기 특례기부금 한도초과액 세무조정
88,000,000원-(165,000,000원-10,000,000원)=△67,000,000원 세무조정 없음

2) 일반기부금 한도초과액의 계산
① 일반기부금 한도액
일반기부금 한도액 : (345,000,000원-15,000,000원 - 88,000,000원-10,000,000원)×10%=23,200,000원
② 일반기부금 해당액
당기 52,000,000원
③ 당기 일반기부금 한도초과액 세무조정
52,000,000원 - 23,200,000원 = 28,800,000원 손금불산입(기타사외유출)

3) 따라서 전기 특례기부금 한도초과액 손금산입액은 10,000,000원이며, 당기 일반기부금 한도초과액은 28,800,000원이다.

예 10-2 기부금 시부인계산(Ⅱ)

다음 자료에 의하여 비상장법인인 ㈜A의 당기 각 사업연도 소득금액을 계산하시오.

1. 손익계산서상 법인세비용차감전순이익은 400,000,000원이며, 제7기 사업연도에 발생한 이월결손금은 100,000,000원이다.

2. ㈜A는 서울특별시로부터 시가 900,000,000원인 토지를 1,200,000,000원에 양수하면서 다음과 같이 회계처리하였다.

(차) 토 지	1,200,000,000	(대) 현 금	1,200,000,000

3. ㈜A는 사회복지법인으로부터 시가 500,000,000원인 토지를 1,000,000,000원에 양수하면서 다음과 같이 회계처리하였다.

(차) 토 지	1,000,000,000	(대) 현 금	750,000,000
		미 지 급 금	250,000,000

한편, 미지급금 250,000,000원은 제11기에 지급될 예정이다.

4. ㈜A는 중고품가구만을 전문적으로 매매하는 ㈜B에 시가 600,000,000원인 집기비품을 400,000,000원에 양도하였다.

5. 상기 이외의 세무조정사항은 없다.

해답

1. 고가양수 의제기부금 – 서울특별시
   ① 의제기부금
      1,200,000,000원 − 900,000,000원 × 130% = 30,000,000원
   ② 세무조정
      ㉠ 〈손금산입〉 토지과다계상액   30,000,000(△유보)
      ㉡ 동 금액을 특례기부금으로 보아 시부인계산한다.

2. 고가양수 의제기부금 – 사회복지법인
   ① 의제기부금
      1,000,000,000원 − 500,000,000원 × 130% = 350,000,000원
      의제기부금 350,000,000원은 현금지급분 100,000,000원과 미지급분 250,000,000원으로 구분된다.
   ② 세무조정
      ㉠ 〈손금산입〉 토지 과다계상액   350,000,000(△유보)
      ㉡ 〈손금불산입〉 미지급기부금   250,000,000(유보)
      ㉢ 의제기부금 350,000,000원 중 현금지급분 100,000,000원을 제10기(당기)의 일반기부금으로 보아 시부인계산한다.

3. 저가양도 의제기부금
   ① 의제기부금
      600,000,000원 × 70% − 400,000,000원 = 20,000,000원
   ② 세무조정
      〈손금불산입〉 비지정기부금   20,000,000*(기타사외유출)
         * ㈜B는 특례기부금이나 일반기부금에 해당하는 법인(단체)이 아니므로 비지정기부금에 해당한다.

4. 각 사업연도 소득금액의 계산

① 법인세비용차감전순이익	400,000,000원
② 익금산입·손금불산입	270,000,000원❶
③ 손금산입·익금불산입	380,000,000원❷
④ 차가감소득금액	290,000,000원
⑤ 기부금한도초과액	71,000,000원❸
⑥ 각 사업연도 소득금액	361,000,000원

❶ 250,000,000원+20,000,000원=270,000,000원

❷ 30,000,000원+350,000,000원=380,000,000원

❸ 기부금한도초과액

   1 특례기부금 한도초과액의 계산
     ① 특례기부금한도액
      (290,000,000원+30,000,000원+100,000,000원−100,000,000원)×50%
      =160,000,000원
      공제가능 이월결손금 = 100,000,000원(2009.1.1. 이후 2019.12.31. 이전에 개시한 사업연도에 발생한 결손금은 10년, 2008.12.31. 이전에 개시한 사업연도에 발생한 결손금은 5년)
      기준소득금액 = 290,000,000원+30,000,000원+100,000,000원 = 420,000,000원
      이월결손금 공제 한도 = 기준소득금액×80% = 420,000,000원×80% = 336,000,000원
     ② 특례기부금 : 30,000,000원
     ③ 특례기부금 한도초과액 : 30,000,000원−160,000,000원=△130,000,000원
   2 일반기부금 한도초과액의 계산
     ① 일반기부금한도액 : (290,000,000원+30,000,000원+100,000,000원−100,000,000원−30,000,000원)×10%
      =29,000,000원
     ② 일반기부금 : 100,000,000원
     ③ 일반기부금 한도초과액 : 100,000,000원−29,000,000원=71,000,000원
   3 따라서 기부금 한도초과액은 71,000,000원이다.

분개법 기부금 시부인계산(II)

(1) 고가양수 의제기부금 − 서울특별시

Book	토 지	1,200,000,000 / 현 금	1,200,000,000
Tax	토 지 50% 기부금	1,170,000,000* / 현 금 30,000,000	1,200,000,000
		* 1,200,000,000원 − 900,000,000원 × 130%	
Adjustment Tax-Adj	특례기부금(손금) 손 금↑(순자산↓)	30,000,000 / 토 지 30,000,000 / 자 산↓(순자산↓)	30,000,000 30,000,000

          〈손금산입〉 특례기부금   30,000,000·△유보(토지)

; 동 금액을 특례기부금으로 보아 시부인계산한다

(2) 고가양수 의제기부금 − 사회복지법인

Book	토 지	1,000,000,000 / 현 금 미지급금	750,000,000 250,000,000
Tax	토 지 일반기부금	650,000,000* / 현 금 100,000,000	750,000,000
		* 1,000,000,000원 − 500,000,000원 × 130%	

Adjustment	일반기부금(손금) 미지급금	100,000,000 250,000,000	/	토 지	350,000,000
Tax-Adj	손 금↑(순자산↓) 부 채↓(순자산↑)	100,000,000 250,000,000	/	자 산↓(순자산↓)	350,000,000

〈손금산입〉 토 지   350,000,000 · △유보(토지)
〈손금불산입〉 미지급금   250,000,000 · 유보(미지급금)

; 현금지급분 100,000,000원을 제10기(당기)의 일반기부금으로 보아 시부인계산한다.

(3) 저가양도 의제기부금

Book	현 금 유형자산처분손실(비용)	400,000,000 200,000,000	/	비 품	600,000,000
Tax	현 금 비지정기부금(유출잉여금) 유형자산처분손실(손금)	400,000,000 20,000,000* 180,000,000	/	비 품	600,000,000
	* 600,000,000원 × 70% − 400,000,000원				
Adjustment	비지정기부금(유출잉여금)	20,000,000	/	유형자산처분손실	20,000,000
Tax-Adj	유출잉여금↓(순자산↓)	20,000,000	/	손 금↓(순자산↑)	20,000,000

〈손금불산입〉 비지정기부금   20,000,000 · 기타사외유출

(4) 기부금한도초과액

 1) 특례기부금 한도초과액의 계산
  ① 특례기부금 한도액
   (290,000,000원 + 30,000,000원 + 100,000,000원 − 100,000,000원) × 50% = 160,000,000원
   공제가능 이월결손금 = 100,000,000원(2009.1.1. 이후 2019.12.31. 이전에 개시한 사업연도에 발생한 결손금은 10년, 2008.12.31. 이전에 개시한 사업연도에 발생한 결손금은 5년)
   기준소득금액 = 290,000,000원 + 30,000,000원 + 100,000,000원 = 420,000,000원
   이월결손금 공제 한도 = 기준소득금액×80% = 420,000,000원×80% = 336,000,000원
  ② 특례기부금
   30,000,000원
  ③ 특례기부금 한도초과액
   30,000,000원 − 160,000,000원 = △130,000,000원
 2) 일반기부금 한도초과액의 계산
  ① 일반기부금한도액 : (290,000,000원+30,000,000원+100,000,000원−100,000,000원−30,000,000원)×10%
    =29,000,000원
  ② 일반기부금 100,000,000원
  ③ 일반기부금 한도초과액 100,000,000원 − 29,000,000원 = 71,000,000원
 3) 따라서 기부금한도초과액은 71,000,000원이다.

 기부금 시부인계산(Ⅲ)

다음 자료에 의하여 주권상장법인인 ㈜A의 제10기(2025.1.1~12.31) 각 사업연도 소득금액을 계산하시오.

1. 포괄손익계산서상 당기순이익은 372,000,000원이고, 법인세비용은 55,000,000원이다.
2. 이월결손금은 24,000,000원으로서 공제가능한 이월결손금이다.
3. 포괄손익계산서상 기부금계정금액은 100,200,000원이며, 그 내역은 다음과 같다.

① 이재민구호금품　　　　　　18,000,000원❶
② 불우이웃돕기성금　　　　　　64,200,000원
③ 사회복지법인기부금　　　　　12,000,000원❷
④ 국립대학기부금　　　　　　　6,000,000원❸

　❶ 이재민구호금품은 현물기부금으로서 장부가액은 15,000,000원, 시가는 18,000,000원이다.
　❷ 사회복지법인기부금은 현물기부금으로서 장부가액은 12,000,000원, 시가는 14,000,000원이며, 해당 사회복지법인은 ㈜A와 특수관계에 있다.
　❸ 국립대학기부금은 만기가 2025년 1월 10일인 어음을 지급한 것이다.

4. ㈜A는 위 사회복지법인에 장부가액 6,000,000원, 시가 9,000,000원인 비품을 기부하였으나 이에 대한 회계처리를 누락하였다.
5. 자본금과적립금조정명세서(을)에는 직전 사업연도에 기부금을 지출하였으나 인가를 받지 못하여 세무조정된 금액 4,000,000원이 있는데, 해당 단체는 2025년 7월 12일에 인가를 받았으며 일반기부금단체에 해당한다.
6. 상기 이외의 세무조정사항은 없다.

1. 기부금의 구분
　(1) 특례기부금
　　　15,000,000원(이재민구호금품)
　(2) 일반기부금
　　　64,200,000원(불우이웃돕기성금)+14,000,000원(사회복지법인기부금)+9,000,000원(사회복지법인기부금)+4,000,000원(당기에 인가받은 단체에 대한 기부금)=91,200,000원

2. 각 사업연도 소득금액계산
　(1) 소득금액조정합계표 작성

익금산입·손금불산입			손금산입·익금불산입		
법인세비용	55,000,000원	기타사외유출	장부미계상기부금	6,000,000원	유　보
미지급기부금	6,000,000원	유　보	당기인가 일반기부금	4,000,000원	유　보
합　　　계	61,000,000원		합　　　계	10,000,000원	

　(2) 각 사업연도 소득금액의 계산
　　　① 포괄손익계산서상 당기순이익　　　　372,000,000원
　　　② 익금산입· 손금불산입　　　　　　　　61,000,000원
　　　③ 손금산입· 익금불산입　　　　　　　　10,000,000원
　　　④ 차가감소득금액　　　　　　　　　　 423,000,000원
　　　⑤ 기부금한도초과액　　　　　　　　　　42,180,000원❹
　　　⑥ 각 사업연도 소득금액　　　　　　　 465,180,000원
　　❹ 기부금한도초과액
　　　1 특례기부금 한도초과액의 계산
　　　　① 특례기부금 한도액
　　　　　　(423,000,000원+15,000,000원(법정)+91,200,000원(지정)-24,000,000원)×50%=252,600,000원
　　　　　　공제가능 이월결손금 = 24,000,000원(2009.1.1. 이후 2019.12.31. 이전에 개시한 사업연도에 발생한 결손금은 10년, 2008.12.31. 이전에 개시한 사업연도에 발생한 결손금은 5년)
　　　　　　기준소득금액 = 423,000,000원+15,000,000원+91,200,000원 = 529,200,000원
　　　　　　이월결손금 공제 한도 = 기준소득금액×80% = 529,200,000원×80% = 423,360,000원
　　　　② 특례기부금 한도초과액
　　　　　　15,000,000원-252,600,000원=△237,600,000원
　　　2 일반기부금 한도초과액의 계산
　　　　① 일반기부금 한도액
　　　　　　(423,000,000원+15,000,000원(특례)+91,200,000원(일반)-24,000,000원-15,000,000원)×10%

= 49,020,000원
② 일반기부금 한도초과액
91,200,000원 − 49,020,000원 = 42,180,000원
③ 따라서 기부금한도초과액은 42,180,000원이다.

분개법 기부금 시부인계산(Ⅲ)

(1) 소득금액조정합계표 포함 세무조정 사항

1) 법인세비용

Book	법인세비용(비용=손금)	55,000,000 / 당기법인세부채	55,000,000
Tax	유출잉여금(to 국가)	55,000,000 / 당기법인세부채	55,000,000
Adjustment	유출잉여금	55,000,000 / 법인세비용	55,000,000
Tax-Adj	유출잉여금↓(순자산↓)	55,000,000 / 손 금↓(순자산↑)	55,000,000

〈손금불산입〉 법인세비용 55,000,000·기타사외유출(to 국가)

2) 미지급기부금

Book	국립대학기부금	6,000,000 / 미지급비용	6,000,000
Tax	없 음		
Adjustment	미지급비용	6,000,000 / 국립대학기부금	6,000,000
Tax-Adj	부 채↓(순자산↑)	6,000,000 / 손 금↓(순자산↑)	6,000,000

〈손금불산입〉 국립대학기부금 6,000,000·유보(미지급비용)

3) 장부미계상기부금

Book	누 락		
Tax	일반기부금	6,000,000 / 비 품	6,000,000
Adjustment	일반기부금	6,000,000 / 비 품	6,000,000
Tax-Adj	손 금↑(순자산↓)	6,000,000 / 자 산↓(순자산↓)	6,000,000

〈손금산입〉 일반기부금 6,000,000·△유보(비품)

; 장부상 누락된 회계처리를 세무상으로 추가하는 세무조정으로서 당기순이익상의 오류를 수정하는 의미에 불과하며 기부금한도계산시에는 시가인 9,000,000원을 기준으로 기부금을 계산한다.

4) 당기인가 일반기부금

〈전기〉

Book	일반기부금	4,000,000 / 현 금	4,000,000
Tax	없 음(인가 전이므로)		
Adjustment	현 금	4,000,000 / 일반기부금	4,000,000
Tax-Adj	자 산↑(순자산↑)	4,000,000 / 손 금↓(순자산↑)	4,000,000

〈손금불산입〉 일반기부금 4,000,000·유보(현금)

⟨당기⟩

Book	없 음			
Tax	일반기부금	4,000,000 / 현 금	4,000,000
Adjustment	일반기부금	4,000,000 / 현 금	4,000,000
Tax-Adj	손 금↑(순자산↓)	4,000,000 / 자 산↓(순자산↓)	4,000,000

⟨손금산입⟩ 일반기부금 4,000,000·△유보(현금)

(2) 기부금한도초과액

1) 특례기부금 한도초과액의 계산
  ① 특례기부금 한도액
    (423,000,000원 + 15,000,000원(특례) + 91,200,000원(일반) − 24,000,000원(이월결손금)) × 50% = 252,600,000원
    공제가능 이월결손금 = 24,000,000원(2009.1.1. 이후 2019.12.31. 이전에 개시한 사업연도에 발생한 결손금은 10년, 2008.12.31. 이전에 개시한 사업연도에 발생한 결손금은 5년)
    기준소득금액 = 423,000,000원+15,000,000원+91,200,000원 = 529,200,000원
    이월결손금 공제 한도 = 기준소득금액×80% = 529,200,000원×80% = 423,360,000원
  ② 특례기부금
    15,000,000원
  ③ 특례기부금 한도초과액
    15,000,000원 − 252,600,000원 = △237,600,000원

2) 일반기부금 한도초과액의 계산
  ① 일반기부금 한도액
    (423,000,000원+15,000,000원(특례)+91,200,000원(일반)−24,000,000원−15,000,000원)×10%
    =49,020,000원
  ② 일반기부금
    91,200,000원
  ③ 일반기부금 한도초과액
    91,200,000원 − 49,020,000원 = 42,180,000원

3) 따라서 기부금한도초과액은 42,180,000원이다.

조세법령 확인을 통해 기본개념 익히기

※ 다음 법인세 관련 조세법령의 빈 칸을 채우시오.

1. 법인세법 제24조 【기부금의 손금불산입】

   ① 이 조에서 "기부금"이란 □□법인이 사업과 직접적인 관계없이 □□으로 지출하는 금액(대통령령으로 정하는 거래를 통하여 □□적으로 □□한 것으로 인정되는 금액을 포함한다)을 말한다.
   ② 내국법인이 각 사업연도에 지출한 기부금 및 제5항에 따라 이월된 기부금 중 제1호에 따른 특례기부금은 제2호에 따라 산출한 손금산입한도액 내에서 해당 사업연도의 소득금액을 계산할 때 손금에 산입하되, □□□□ □□□을 □□하는 금액은 손금에 산입하지 아니한다.
   1. 특례기부금 : 다음 각 목의 어느 하나에 해당하는 기부금
      가. 국가나 지방자치단체에 무상으로 기증하는 금품의 가액. 다만, 「기부금품의 모집 및 사용에 관한 법률」의 적용을 받는 기부금품은 같은 법 제5조 제2항에 따라 접수하는 것만 해당한다.
      나. 국방헌금과 국군장병 위문금품의 가액
      다. 천재지변으로 생기는 이재민을 위한 구호금품의 가액
      라. 다음의 기관(병원은 제외한다)에 시설비·교육비·장학금 또는 연구비로 지출하는 기부금
        1) 「사립학교법」에 따른 사립학교
        2) 비영리 교육재단(국립·공립·사립학교의 시설비, 교육비, 장학금 또는 연구비 지급을 목적으로 설립된 비영리 재단법인으로 한정한다)
        3) 「국민 평생 직업능력 개발법」에 따른 기능대학
        4) 「평생교육법」에 따른 전공대학의 명칭을 사용할 수 있는 평생교육시설 및 원격대학 형태의 평생교육시설
        5) 「경제자유구역 및 제주국제자유도시의 외국교육기관 설립·운영에 관한 특별법」에 따라 설립된 외국교육기관 및 「제주특별자치도 설치 및 국제자유도시 조성을 위한 특별법」에 따라 설립된 비영리법인이 운영하는 국제학교
        6) 「산업교육진흥 및 산학연협력촉진에 관한 법률」에 따른 산학협력단
        7) 「한국과학기술원법」에 따른 한국과학기술원, 「광주과학기술원법」에 따른 광주과학기술원, 「대구경북과학기술원법」에 따른 대구경북과학기술원, 「울산과학기술원법」에 따른 울산과학기술원 및 「한국에너지공과대학교법」에 따른 한국에너지공과대학교
        8) 「국립대학법인 서울대학교 설립·운영에 관한 법률」에 따른 국립대학법인 서울대학교, 「국립대학법인 인천대학교 설립·운영에 관한 법률」에 따른 국립대학법인 인천대학교 및 이와 유사한 학교로서 대통령령으로 정하는 학교
        9) 「재외국민의 교육지원 등에 관한 법률」에 따른 한국학교(대통령령으로 정하는 요건을 충족하는 학교만 해당한다)로서 대통령령으로 정하는 바에 따라 기획재정부장관이 지정·고시하는 학교
        10) 「한국장학재단 설립 등에 관한 법률」에 따른 한국장학재단
      마. 다음의 병원에 시설비·교육비 또는 연구비로 지출하는 기부금
        1) 「국립대학병원 설치법」에 따른 국립대학병원

2) 「국립대학치과병원 설치법」에 따른 국립대학치과병원
3) 「서울대학교병원 설치법」에 따른 서울대학교병원
4) 「서울대학교치과병원 설치법」에 따른 서울대학교치과병원
5) 「사립학교법」에 따른 사립학교가 운영하는 병원
6) 「암관리법」에 따른 국립암센터
7) 「지방의료원의 설립 및 운영에 관한 법률」에 따른 지방의료원
8) 「국립중앙의료원의 설립 및 운영에 관한 법률」에 따른 국립중앙의료원
9) 「대한적십자사 조직법」에 따른 대한적십자사가 운영하는 병원
10) 「한국보훈복지의료공단법」에 따른 한국보훈복지의료공단이 운영하는 병원
11) 「방사선 및 방사성동위원소 이용진흥법」에 따른 한국원자력의학원
12) 「국민건강보험법」에 따른 국민건강보험공단이 운영하는 병원
13) 「산업재해보상보험법」 제43조 제1항 제1호에 따른 의료기관
14) 1)부터 13)까지의 병원이 설립한 「보건의료기술 진흥법」 제28조의 2 제1항에 따른 의료기술협력단

바. 사회복지사업, 그 밖의 사회복지활동의 지원에 필요한 재원을 모집·배분하는 것을 주된 목적으로 하는 비영리법인(대통령령으로 정하는 요건을 충족하는 법인만 해당한다)으로서 대통령령으로 정하는 바에 따라 기획재정부장관이 지정·고시하는 법인에 지출하는 기부금

2. 손금산입한도액: 다음 계산식에 따라 산출한 금액

> [□□소득금액(제44조, 제46조 및 제46조의 5에 따른 양도손익은 제외하고 제1호에 따른 특례기부금과 제3항 제1호에 따른 일반기부금을 손금에 산입하기 전의 해당 사업연도의 소득금액을 말한다. 이하 이 조에서 같다) - 제13조 제1항 제1호에 따른 결손금(제13조 제1항 각 호 외의 부분 단서에 따라 각 사업연도 소득의 □□퍼센트를 한도로 이월결손금 공제를 적용받는 법인은 기준소득금액의 □□퍼센트를 한도로 한다)] × □□퍼센트

③ 내국법인이 각 사업연도에 지출한 기부금 및 제5항에 따라 이월된 기부금 중 제1호에 따른 일반기부금은 제2호에 따라 산출한 손금산입한도액 내에서 해당 사업연도의 소득금액을 계산할 때 손금에 산입하되, 손금산입한도액을 초과하는 금액은 손금에 산입하지 아니한다.

1. 일반기부금 : 사회복지·문화·예술·교육·종교·자선·학술 등 공익성을 고려하여 대통령령으로 정하는 기부금(제2항 제1호에 따른 기부금은 제외한다. 이하 이 조에서 같다)

2. 손금산입한도액: 다음 계산식에 따라 산출한 금액

> [□□소득금액 - 제13조 제1항 제1호에 따른 결손금(제13조 제1항 각 호 외의 부분 단서에 따라 각 사업연도 소득의 □□퍼센트를 한도로 이월결손금 공제를 적용받는 법인은 기준소득금액의 □□퍼센트를 한도로 한다) - 제2항에 따른 손금산입액(제5항에 따라 이월하여 손금에 산입한 금액을 포함한다)] × □□퍼센트(사업연도 종료일 현재 「사회적기업 육성법」 제2조 제1호에 따른 사회적 기업은 □□퍼센트로 한다)

④ 제2항 제1호 및 제3항 제1호 외의 기부금은 해당 사업연도의 소득금액을 계산할 때 손금에 산입하지 아니한다.

⑤ 내국법인이 각 사업연도에 지출하는 기부금 중 제2항 및 제3항에 따라 기부금의 손금산입한도액을 초과하여 손금에 산입하지 아니한 금액은 해당 사업연도의 다음 사업연도 개시일부터 □□년 이내에 끝나는 각 사업연도로 이월하여 그 이월된 사업연도의 소득금액을 계산할 때 제2항 제2호 및 제3항 제2호에 따른 기부금 각각의 □□□□한도액의 범위에서 손금에 산입한다.

⑥ 제2항 및 제3항에 따라 손금에 산입하는 경우에는 제5항에 따라 이월된 금액을 해당 사업연도에 지출한 기부금보다 먼저 손금에 산입한다. 이 경우 이월된 금액은 □□ □□한 이월금액부터 손금에 산입한다.

> **해설과 해답**
> ① 내국, 무상, 실질, 증여
> ② 손금산입한도액, 초과, 기준, 80, 80, 50
> ③ 기준, 80, 80, 10, 20
> ⑤ 10, 손금산입
> ⑥ 먼저, 발생

2. 법인세법 시행령 제35조 【기부금의 범위】

법 제24조 제1항에서 "대통령령으로 정하는 거래"란 특수관계인 외의 자에게 정당한 사유 없이 자산을 정상가액보다 □□ 가액으로 양도하거나 특수관계인 외의 자로부터 정상가액보다 □□ 가액으로 매입하는 것을 말한다. 이 경우 □□가액은 시가에 □□의 100분의 □□을 더하거나 뺀 범위의 가액으로 한다.

> **해설과 해답**
> 낮은, 높은, 정상, 시가, 30

3. 법인세법 시행령 제36조 【기부금의 가액 등】

① 법인이 법 제24조에 따른 기부금을 □□ 외의 자산으로 제공한 경우 해당 자산의 가액은 다음 각 호의 구분에 따라 산정한다.
  1. 법 제24조 제2항 제1호에 따른 기부금의 경우: 기부했을 때의 □□가액
  2. 특수관계인이 아닌 자에게 기부한 법 제24조 제3항 제1호에 따른 기부금의 경우: □□했을 때의 장부가액
  3. 제1호 및 제2호 외의 경우: 기부했을 때의 장부가액과 □□ 중 큰 금액

② 법인이 법 제24조의 규정에 의한 기부금을 □□□□ 등으로 □□□□한 경우에는 이를 그 □□한 사업연도의 기부금으로 하고, 그 후의 사업연도에 있어서는 이를 기부금으로 보지 아니한다.

③ 법인이 법 제24조의 규정에 의한 기부금을 □□□□으로 □□한 경우 실제로 이를 지출할 때까지는 당해 사업연도의 소득금액계산에 있어서 이를 기부금으로 보지 아니한다.

> **해설과 해답**
> ① 금전, 장부, 기부, 시가
> ② 가지급금, 이연계상, 지출
> ③ 미지급금, 계상

4. 법인세법 시행령 제37조 【기부금의 손금산입 범위 등】

① 법 제24조 제2항 11호 가목에 따라 국가 또는 지방자치단체에 무상으로 □□하는 금품의 가액에는 법인이 개인 또는 다른 법인에게 자산을 기증하고 이를 기증받은 자가 □□없이 다시 국가 또는 지방자치단체에 기증한 금품의 가액과 「한국은행법」에 따른 한국은행이 「국제금융기구에의 가입조치에 관한 법률」 제2조 제2항에 따라 출연한 금품의 가액을 포함한다.

② 법 제24조 제2항 제1호 나목의 국방□□에는 「예비군법」에 따라 설치된 예비군에 직접 지출하거나 국방부장관의 승인을 받은 기관 또는 단체를 통하여 지출하는 기부금을 포함한다.

③ 법 제24조 제2항 제1호 다목의 천재지변에는 「재난 및 안전관리 기본법」 제60조에 따라 특별재난지역으로 선포된 경우 그 선포의 사유가 된 재난을 포함한다.

④ 법인이 법 제24조에 따라 기부금을 지출한 때에는 제2항 제1호에 따른 기부금과 법 제24조 제3항 제1호에 따른 기부금을 구분하여 작성한 기획재정부령으로 정하는 □□□□□를 법 제60조에 따른 신고와 함께 납세지 관할세무서장에게 제출하여야 한다.

> **해설과 해답**
> ① 기증, 지체
> ② 헌금
> ③ 기부금명세서

exercise

01 법인세법령상 기업업무추진비와 기부금에 대한 설명으로 옳지 않은 것은? [국가직 9급 2022]

① 법인이 그 직원이 조직한 단체에 복리시설비를 지출한 경우 해당 단체가 법인인 때에는 이를 기업업무추진비로 본다.
② 주주가 부담하여야 할 성질의 기업업무추진비를 법인이 지출한 것은 이를 기업업무추진비로 보지 아니한다.
③ 법인이 천재지변으로 생기는 이재민을 위한 구호금품을 금전 외의 자산으로 제공한 경우 해당 자산의 가액은 기부했을 때의 시가에 따라 산정한다.
④ 법인이 기부금을 미지급금으로 계상한 경우 실제로 이를 지출할 때까지는 당해 사업연도의 소득금액계산에 있어서 이를 기부금으로 보지 아니한다.

해설 ③ 법인이 천재지변으로 생기는 이재민을 위한 구호금품을 금전 외의 자산으로 제공한 경우 해당 자산의 가액은 기부했을 때의 장부가에 따라 산정한다.

해답 ③

02 법인세법상 기부금에 관한 설명이다. 옳지 않은 것은? [회계사 2023]

① 특수관계인 외의 자에게 정당한 사유 없이 자산을 정상가액보다 낮은 가액으로 양도하는 경우 정상가액과 양도가액의 차액은 기부금에 포함한다.
② 법인이 기부금을 금전 외의 자산으로 제공한 경우 특수관계인이 아닌 자에게 기부한 일반기부금은 기부했을 때의 장부가액과 시가 중 큰 금액으로 해당 자산가액을 산정한다.
③ 법령에 따라 특별재난지역으로 선포된 경우 그 선포의 사유가 된 재난으로 생기는 이재민을 위한 구호금품의 가액은 특례기부금이다.
④ 내국법인이 각 사업연도에 지출하는 일반기부금 중 손금산입한도액을 초과하여 손금에 산입하지 아니한 금액은 해당 사업연도의 다음 사업연도 개시일부터 10년 이내에 끝나는 각 사업연도로 이월하여 그 이월된 사업연도의 소득금액을 계산할 때 손금산입한도액의 범위에서 손금에 산입한다.
⑤ 내국법인이 각 사업연도에 지출하는 기부금을 이연계상한 경우에는 이를 그 지출한 사업연도의 기부금으로 하고, 그 후의 사업연도에 있어서는 이를 기부금으로 보지 아니한다.

해설 법인이 기부금을 금전 외의 자산으로 제공한 경우 특수관계인이 아닌 자에게 기부한 일반기부금은 기부했을 때의 장부가액으로 해당 자산가액을 산정한다.

해답 ②

03 법인세법령상 기업업무추진비와 기부금에 관한 설명으로 옳지 않은 것은? [세무사 2022]

① 법인이 기부금의 지출을 위하여 어음을 발행한 경우에는 그 어음을 발행한 날에 지출한 것으로 본다.
② 법인이 기부금을 가지급금 등으로 이연계상한 경우에는 이를 그 지출한 사업연도의 기부금으로 하고 그 후의 사업연도에는 이를 기부금으로 보지 않는다.
③ 내국법인이 한 차례의 접대에 지출한 기업업무추진비 중 3만원(경조금은 20만원)을 초과하는 기업업무추진비로서 증명서류를 수취하지 않은 것은 전액 손금불산입하고 대표자에 대한 상여로 처분한다.
④ 재화 또는 용역을 공급하는 신용카드 등의 가맹점이 아닌 다른 가맹점의 명의로 작성된 매출전표 등을 발급받은 경우 해당 지출액은 신용카드 등을 사용하여 지출한 기업업무추진비로 보지 않는다.
⑤ 법인이 특수관계인 외의 자에게 정당한 사유 없이 자산을 정상가액보다 낮은 가액으로 양도함으로써 실질적으로 증여한 것으로 인정되는 금액은 기부금으로 본다.

해설 ① 법인이 기부금의 지출을 위하여 어음을 발행한 경우에는 그 어음이 실제로 결제된 날에 지출한 것으로 본다.

해답 ①

04

다음은 내국법인 ㈜D의 제24기 사업연도(2025.1.1.~12.31.)의 기부금과 관련된 자료이다. 기부금 한도초과액 합계액으로 옳은 것은? [회계사 2010 수정]

(1) 차가감소득금액 : 50,000,000원
(2) (포괄)손익계산서에 계상된 기부금 내역
   ① 고등교육법상 사립대학교의 시설 기부금(특례) : 40,000,000원
   ② 독립기념관 기부금(특례) : 20,000,000원
   ③ 천재지변으로 인한 이재민 구호를 위한 기부금(특례) : 30,000,000원
   ④ 대한적십자사 기부금(특례) : 20,000,0000원
   ⑤ 사회복지법인 기부금(일반) : 10,000,000원
(3) 제23기 사업연도에 발생한 이월결손금 : 30,000,000원

① 17,500,000원 ② 27,500,000원 ③ 36,500,000원
④ 37,500,000원 ⑤ 43,000,000원

해설

1. 기부금 지출액
   (1) 특례기부금 : 40,000,000원+20,000,000원+30,000,000원+20,000,000원=110,000,000원
   (2) 일반기부금 : 10,000,000원

2. 기준소득금액 : 50,000,000원(차가감소득금액)+110,000,000원+10,000,000원=170,000,000원

3. 기부금 한도초과액
   (1) 특례기부금 한도액 : (170,000,000원−30,000,000원*)×50%=70,000,000원
      * 이월결손금 공제한도 : 170,000,000×80%=136,000,000 〉 30,000,000원
   (2) 특례기부금 한도초과액 : 110,000,000원−70,000,000원=40,000,000원
      〈손금불산입〉 특례기부금 한도초과액 40,000,000원(기타사외유출)
   (3) 일반기부금 한도액 : [(170,000,000원−30,000,000원)−70,000,000원]×10%=7,000,000원
   (4) 일반기부금 한도초과액 : 10,000,000원−7,000,000원=3,000,000원
      〈손금불산입〉 일반기부금 한도초과액 3,000,000원(기타사외유출)

4. 기부금 한도초과액 합계 : 40,000,000원+3,000,000원=43,000,000원

해답 ⑤

05 제조업을 영위하는 비상장 영리내국법인 ㈜A의 제24기 사업연도(2025.1.1.~12.31.) 자료이다. ㈜A의 제24기 일반기부금 한도초과액은 얼마인가? [세무사 2014 수정]

> (1) 제24기 차가감소득금액은 229,000,000원이다.
> (2) 제24기 손익계산서에 계상된 기부금 내역은 다음과 같다.
>   ① 국방헌금(특례) : 10,000,000원(현금)
>   ② 정부의 인가를 받은 문화예술단체[㈜A와 특수관계 없음]에 기부한 ㈜A의 제품(일반)
>   : 장부가액 30,000,000원으로 계상되었으며, 시가는 50,000,000원임
>   ③ 「대한적십자 조직법」에 따른 대한적십자사에 기부금 2,000,000원을 어음(발행일 : 2025.8.1. 만기 : 2026.1.31.)으로 교부함(특례)
> (3) 제23기 말 현재 법인세 과세표준을 계산할 때 공제할 수 있는 이월결손금과 이월된 특례기부금 및 일반기부금의 한도초과액은 없다.

① 4,100,000원   ② 4,300,000원   ③ 22,100,000원
④ 27,100,000원   ⑤ 27,200,000원

해설

1. 기부금 지출액
   (1) 특례기부금 : 10,000,000원
     ※ 대한적십자사 기부금은 어음 결제일(만기) 전이므로 당기 특례기부금에 해당하지 않는다.
   (2) 일반기부금 : 30,000,000원(특수관계 없는 자에 대한 일반 현물기부금은 장부가액으로 평가함)

2. 기준소득금액 : 229,000,000원(차가감소득금액)+10,000,000원+30,000,000원=269,000,000원

3. 기부금 한도초과액
   (1) 특례기부금 한도액 : 269,000,000원×50%=134,500,000원
   (2) 특례기부금 한도초과액 : 10,000,000원−134,500,000원=△124,500,000원
   (3) 특례기부금 세무조정 : 특례기부금이 한도 내 금액이므로 세무조정 없음
   (4) 일반기부금 한도액 : (269,000,000원−10,000,000원)×10%=25,900,000원
   (5) 일반기부금 한도초과액 : 30,000,000원−25,900,000원=4,100,000원
   (6) 일반기부금 세무조정 : 〈손금불산입〉일반기부금 한도초과액 4,100,000원 (기타사외유출)

해답 ①

제10절 기부금

06 다음은 제조업을 영위하는 영리내국법인 ㈜A의 제24기 사업연도(2025.1.1.~12. 31.) 기부금 세무조정을 위한 자료이다. 제24기의 일반기부금 한도초과액을 계산한 것으로 옳은 것은? [회계사 2018]

> (1) ㈜A의 제24기 차가감소득금액은 90,000,000원이다.
> (2) 제24기 손익계산서에 계상된 기부금의 내역은 다음과 같다.
>   ① 국방헌금(특례) : 5,000,000원
>   ② 「사회복지사업법」에 의한 비영리 사회복지법인의 고유목적사업비로 지출한 기부금(일반)
>   : 12,000,000원
> (3) 2025년 4월 1일에 지방자치단체(법인세법상 특수관계인에 해당하지 않음)로부터 시가100,000,000원인 토지를 정당한 사유 없이 150,000,000원에 고가 매입*하고, 장부에 매입가액을 토지의 취득가액으로 계상하였다. (특례기부금에 해당)
>   * 「기부금품의 모집 및 사용에 관한 법률」의 적용을 받지 아니하며, 매입가액과 정상가액의 차액은 20,000,000원이다.
> (4) 제22기 사업연도에 발생한 세무상 결손금으로서 그 후의 각 사업연도의 과세표준을 계산할 때 공제되지 아니한 금액 7,000,000원이 있다.
> (5) 전기 특례기부금 손금산입한도액 초과금액 10,000,000원이 있다.

① 500,000원   ② 1,500,000원   ③ 2,500,000원
④ 2,800,000원   ⑤ 3,500,000원

1. 기부금 지출액
   (1) 특례기부금 : 5,000,000원+20,000,000원(의제기부금)=25,000,000원
   (2) 일반기부금 : 12,000,000원

2. 기준소득금액 : 90,000,000원(차가감소득금액)+25,000,000원+12,000,000원=127,000,000원

3. 기부금 한도초과액
   (1) 특례기부금 한도액 : (127,000,000원−7,000,000원)×50%=60,000,000원
     ※ 이월결손금 공제한도 : 127,000,000×80%=101,600,000 > 7,000,000
   (2) 특례기부금 한도초과액 : 25,000,000원−60,000,000원=△35,000,000원
   (3) 특례기부금 세무조정 : 〈손금산입〉 전기 특례기부금 한도초과액 10,000,000원 (기타)
   (4) 일반기부금 한도액 : [(127,000,000원−7,000,000원)−25,000,000원−10,000,000원]×10%=8,500,000원
   (5) 일반기부금 한도초과액 : 12,000,000원−8,500,000원=3,500,000원
   (6) 일반기부금 세무조정 : 〈손금불산입〉 일반기부금 한도초과액 3,500,000원 (기타사외유출)

 ⑤

07 제조업을 영위하는 ㈜C의 제24기 사업연도(2025.1.1.~12.31.)의 기부금 세무조정에 대한 사항은 다음과 같다. 일반기부금 관련 세무조정으로 옳은 것은? [회계사 2011]

> (1) 차가감 소득금액은 18,000,000원이다.
> (2) 손익계산서상 기부금 내역
>   ① 국방헌금(특례) : 100,000,000원
>   ② 국민체육진흥기금으로 지출한 금액(일반) : 40,000,000원
> (3) 기타 기부금 관련 내역
>   ① 전기말 사회복지법인에 어음을 발행하고 손익계산서상 기부금으로 회계처리한 금액이 당기에 결제된 금액(일반) : 20,000,000원
>   ② 당기 중 서울특별시로부터 구입한 토지(특례) : 정당한 사유 없이 140,000,000원(시가 100,000,000원)에 매입*하고 매입가액을 자산으로 계상함.
>   * 「기부금품의 모집 및 사용에 관한 법률」의 적용을 받지 아니하며, 매입가액과 정상가액의 차액은 10,000,000원이다.
> (4) 전기의 세무조정은 모두 정상적으로 이루어졌으며 세무상 이월결손금은 없음.

① 〈손금산입〉   10,000,000원(△유보), 〈손금불산입〉 16,000,000원(기타사외유출)
② 〈손금불산입〉 17,000,000원(기타사외유출)
③ 〈손금산입〉   20,000,000원(△유보), 〈손금불산입〉 50,600,000원(기타사외유출)
④ 〈손금산입〉   10,000,000원(△유보), 〈손금불산입〉 17,000,000원(기타사외유출)
⑤ 〈손금산입〉   20,000,000원(△유보), 〈손금불산입〉 16,000,000원(기타사외유출)

해설

1. 기부금 지출액
   (1) 특례기부금 : 100,000,000원+10,000,000원(의제기부금)=110,000,000원
   (2) 일반기부금 : 40,000,000원+20,000,000원(당기 결제된 어음기부금)=60,000,000원

2. 기준소득금액 : 18,000,000원(차가감소득금액)+110,000,000원+60,000,000원=188,000,000원

3. 기부금 한도초과액
   (1) 특례기부금 한도액 : 188,000,000원×50%=94,000,000원
   (2) 특례기부금 한도초과액 : 110,000,000원-94,000,000원=16,000,000원
   (3) 특례기부금 세무조정 : 〈손금불산입〉 특례기부금 한도초과액 16,000,000원 (기타사외유출)
   (4) 일반기부금 한도액 : (188,000,000원-94,000,000원)×10%=9,400,000원
   (5) 일반기부금 한도초과액 : 60,000,000원-9,400,000원=50,600,000원
   (6) 일반기부금 세무조정 : 〈손금불산입〉 일반기부금 한도초과액 50,600,000원 (기타사외유출)

4. 일반기부금 관련 세무조정
   〈손금산입〉 전기 어음기부금 10,000,000원 (△유보)
   〈손금불산입〉 일반기부금 한도초과액 50,600,000원 (기타사외유출)

해답 ③

제10절 기부금

8 다음은 영리내국법인 ㈜A의 제24기 사업연도(2025.1.1.~12.31.) 기부금 세무조정을 위한 자료이다. 제24기의 각 사업연도 소득금액을 계산한 것으로 옳은 것은? 단, 계산 시 소수점 첫째 자리에서 반올림할 것. [회계사 2014]

> (1) 차가감소득금액은 40,000,000원이다.
> (2) 손익계산서에 계상된 기부금의 내역은 다음과 같다.
>   ① 천재·지변으로 인한 이재민을 위한 구호금품(특례) : 10,000,000원
>   ② 사립학교에 연구비로 지출한 기부금(특례) : 6,000,000원
>   ③ 사회복지법인에 고유목적사업비로 지출한 기부금(일반) : 4,000,000원
> (3) 제24기 과세표준 계산 시 공제가능한 이월결손금은 5,000,000원이다.
> (4) 전기 사업연도의 특례기부금 손금한도 초과액이 9,000,000원 있다.

① 29,750,000원　　② 31,100,000원　　③ 32,000,000원
④ 39,750,000원　　⑤ 40,100,000원

  1. 기부금 지출액
　(1) 특례기부금 : 10,000,000원 + 6,000,000원 = 16,000,000원
　(2) 일반기부금 : 4,000,000원

2. 기준소득금액 : 40,000,000원(차가감소득금액) + 16,000,000원 + 4,000,000원 = 60,000,000원

3. 기부금 한도초과액
　(1) 특례기부금 한도액 : (60,000,000원 − 5,000,000원*) × 50% = 27,500,000원
　　* 이월결손금 공제한도 : 60,000,000 × 80% = 48,000,000 > 5,000,000
　(2) 특례기부금 한도초과액 : 16,000,000원 − 27,500,000원 = △11,500,000원(미달)
　(3) 특례기부금 세무조정 : 〈손금산입〉 전기 특례기부금 한도초과이월액 9,000,000(기타)
　(4) 일반기부금 한도액 : [(60,000,000원 − 5,000,000원) − 16,000,000원 − 9,000,000원)] × 10% = 3,000,000원
　(5) 일반기부금 한도초과액 : 4,000,000원 − 3,000,000원 = 1,000,000원
　(6) 일반기부금 세무조정 : 〈손금불산입〉 일반기부금 한도초과액 1,000,000원(기타사외유출)

4. 각 사업연도 소득금액 : 40,000,000원 − 9,000,000원 + 1,000,000원 = 32,000,000원

※ 각 사업연도 소득의 계산구조는 다음과 같으며, 본문 제2절에서 학습한 바 있다.

```
        당  기  순  이  익
  (+)   익 금 산 입 · 손 금 불 산 입
  (−)   손 금 산 입 · 익 금 불 산 입
        차 가 감 소 득 금 액          세무조정, 소득처분
  (+)   기 부 금 한 도 초 과 액
  (−)   기부금한도초과이월액손금산입
        각  사 업 연 도  소 득 금 액   (개념 : 익금총액 − 손금총액)
```

 ③

09 다음은 제조업을 영위하는 영리내국법인 ㈜A(중소기업이 아님)의 제24기 사업연도(2025.1.1.~12.31.) 기부금 세무조정을 위한 자료이다. 제24기의 각 사업연도의 소득금액을 계산한 것으로 옳은 것은? [회계사 2017 수정]

(1) 제24기 차가감소득금액 : 100,000,000원
(2) 손익계산서상 기부금 내역

내 역	금 액
「고등교육법」에 의한 학교의 장이 추천하는 개인에게 지출한 장학금(일반)	25,000,000원
천재지변으로 생긴 이재민을 위한 구호물품(특례)*	6,000,000원
「사립학교법」에 따른 사립학교에 시설비로 지출한 기부금(특례)	2,000,000원

* 자사 제품을 기부한 것으로 동 제품의 장부가액은 6,000,000원, 시가는 20,000,000원임.

(3) 영업자가 조직한 법인인 단체에 지급한 일반회비 3,000,000원을 손익계산서상 세금과공과로 계상하였다.
(4) 제21기(2022.1.1.~12.31.)에 발생한 결손금으로서 그 후의 각 사업연도의 과세표준을 계산할 때 공제되지 아니한 금액 : 90,000,000원
(5) 제21기 특례기부금 손금산입 한도초과액 : 9,000,000원
(6) 위 자료 이외의 추가적인 세무조정은 없다.

① 100,350,000원 ② 109,350,000원 ③ 112,200,000원
④ 113,400,000원 ⑤ 115,650,000원

1. 기부금 지출액
   (1) 특례기부금 : 6,000,000원+2,000,000원=8,000,000원
   (2) 일반기부금 : 25,000,000원
       ※ 특례 현물기부금은 장부가를 기준으로 한도시부인 한다.

2. 기준소득금액 : 100,000,000원(차가감소득금액)+8,000,000원+25,000,000원=133,000,000원

3. 기부금 한도초과액
   (1) 특례기부금 한도액 : (133,000,000원-90,000,000원*)×50%=21,500,000원
       * 이월결손금 공제한도 : 133,000,000×80%=106,400,000 〉 90,000,000
   (2) 특례기부금 한도초과액 : 8,000,000원-21,500,000원=△13,500,000원
   (3) 특례기부금 세무조정 : 〈손금산입〉 전기 특례기부금 한도초과액 9,000,000원 (기타)
   (4) 일반기부금 한도액 : [(133,000,000원-90,000,000원)-8,000,000원-9,000,000원]×10%=2,600,000원
   (5) 일반기부금 한도초과액 : 25,000,000원-2,600,000원=22,400,000원
   (6) 일반기부금 세무조정 : 〈손금불산입〉 일반기부금 한도초과액 22,400,000원 (기타사외유출)

4. 각 사업연도 소득금액 : 100,000,000원-9,000,000원+22,400,000원=113,400,000원

정답 ④

제10절 기부금

10 영리내국법인 ㈜A의 제24기 사업연도(2025.1.1.~12.31.) 세무조정 관련 자료이다. 기부금 관련 세무조정이 각 사업연도 소득금액에 미치는 영향은 얼마인가? [회계사 2019 수정]

(1) 손익계산서상 법인세비용차감전순이익 : 20,000,000원
(2) 기부금 관련 세무조정사항을 포함한 기타의 모든 세무조정 내역은 다음과 같다.
　① 익금산입·손금불산입 : 14,000,000원
　② 손금산입·익금불산입 : 20,000,000원
(3) 손익계산서상 기부금 내역(전액 현금지급)
　① 국립대학병원 연구비(특례) : 3,000,000원
　② 대표이사 대학동창회 기부금 : 2,000,000원
(4) 당기 중 국가로부터 정당한 사유 없이 현금으로 구입한 토지 : 취득가액 70,000,000원, 취득 시 시가 50,000,000원(정상가액과 시가와의 차액은 5,000,000원이며, 특례기부금에 해당함)
(5) 제20기(2021.1.1.~12.31.)에 발생한 결손금으로서 이후 과세표준을 계산할 때 공제되지 아니한 금액 : 10,000,000원

① (-)6,500,000원　② (-)5,000,000원　③ (-)1,000,000원
④ (+)2,000,000원　⑤ (+)4,000,000원

1. 기부금 지출액
　(1) 특례기부금 : 3,000,000원+5,000,000원(의제기부금)=8,000,000원
　(2) 일반기부금 : 없음

2. 차가감소득금액 : 20,000,000원+14,000,000원-20,000,000원=14,000,000원

3. 기준소득금액 : 14,000,000원+8,000,000원=22,000,000원

4. 기부금 한도초과액
　(1) 특례기부금 한도액 : (22,000,000원-10,000,000원*)×50%=6,000,000원
　　* 이월결손금 공제한도 : 22,000,000×80%=17,600,000 > 10,000,000원
　(2) 특례기부금 한도초과액 : 8,000,000원-6,000,000원=2,000,000원
　(3) 특례기부금 세무조정 : 〈손금불산입〉 특례기부금 한도초과액 2,000,000원 (기타사외유출)

5. 각 사업연도 소득금액에 미치는 영향 : 2,000,000원

해답 ④

제11절 자산의 취득가액과 자산·부채의 평가 등

I. 자산의 취득가액
II. 자산·부채의 평가
III. 외화자산·부채의 평가

I. 자산의 취득가액

1 취득가액의 의미와 착안점

(1) 취득가액의 의미

기업회계상 재무상태표에 계상되는 자산의 가액은 결국 포괄손익계산서(또는 손익계산서)로 흘러들어가 비용으로 처리되면서 소멸된다. 이러한 논리는 세무회계에서도 동일하게 적용된다. 즉, 과세당국의 입장에서 볼 때 법인이 장부에 계상하는 자산의 취득가액을 얼마로 인정하느냐 하는 것은 그 자체로 종결되는 것이 아니라 추후 손금인정을 해당 금액만큼 허용한다는 것과 같은 개념인 것이다. 이러한 이유로 인하여 법인세법에서는 자산의 취득가액에 대하여 기업회계와는 상이한 내용이 포함된 별도의 독립된 규정을 두고 있는 것이다.

> **참고** 자산의 손비처리과정

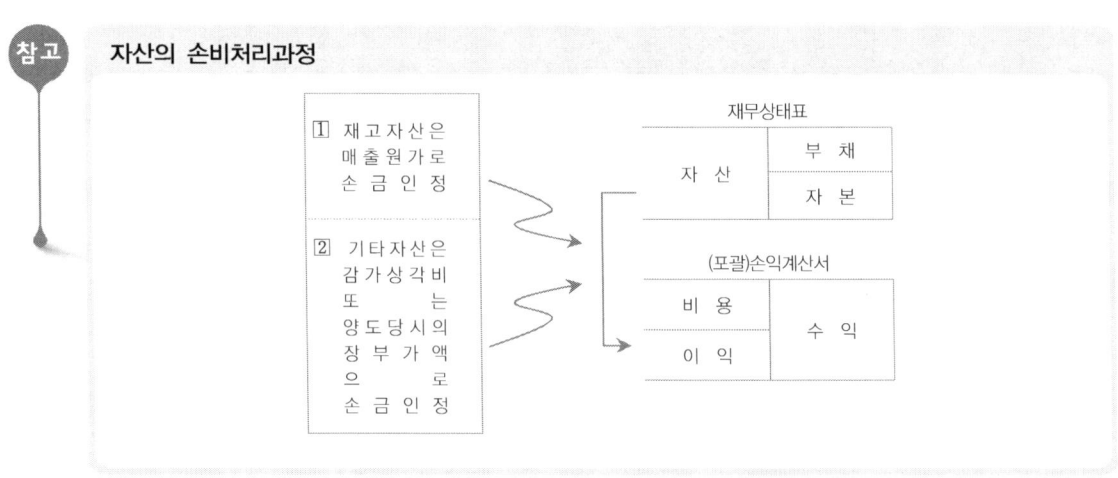

(2) 착안점

따라서 자산의 취득가액에 대한 법인세법의 제규정은 상기의 입장에서 일관된 논리로 제정되었기 때문에 해당 거래시점(=자산을 취득하는 시점)이 과세시점에 해당하는지 여부 또는 추후 과세소득에 미치는 영향(구체적으로 감가상각시 또는 자산의 양도시 손금으로 인정되어 소득금액에 직접적인 영향을 미침)을 고려하면 용이하게 이해를 할 수 있을 것이다.

2 자산의 취득가액에 대한 일반원칙

구 분	취 득 가 액
(1) 타인으로부터 매입한 자산❶	매입가액에 취득세(농어촌특별세·지방교육세 포함), 등록면허세, 그 밖의 취득부대비용을 더한 금액❷
(2) 자기가 제조·생산·건설 등에 의하여 취득한 자산	제조원가 또는 공사원가 등에 취득부대비용을 더한 금액
(3) (1)~(2) 이외의 자산❸	해당 취득한 자산의 취득당시의 시가

❶ 위 자산의 범위에는 기업회계기준에 따라 단기매매항목으로 분류된 금융자산 및 파생상품(이하 "단기금융자산 등"이라 함) 제외
❷ 법인이 토지와 그 토지에 정착된 건물 및 그 밖의 구축물 등을 함께 취득하여 토지의 가액과 건물 등의 가액의 구분이 불분명한 경우에는 법인세법 시행령 제89조[시가의 범위 등]에 따라 계산한 가액(=시가)에 비례하여 안분계산한다.
❸ 교환·증여 등에 의하여 취득한 경우를 말함

참고 교환거래에 대한 기업회계상 회계처리와 세무조정

① 기업회계상 회계처리기준
(1) 상업적 실질이 있는 자산간 교환(=이종자산간 교환)
  상업적 실질이 있는 자산간 교환시 양수자산의 취득가액은 양도자산의 공정가액으로 하되, 양도자산의 공정가액이 불확실하다면 양수자산의 공정가액을 취득가액으로 한다.
(2) 상업적 실질이 결여된 자산간 교환(=동종자산간 교환)
  상업적 실질이 결여된 자산간 교환시 양수자산의 취득가액은 양도자산의 장부가액으로 한다. 이 경우 현금 등이 추가로 수수되는 경우라 하더라도 동일하다. 다만, 교환에 포함된 현금 등의 금액이 중요하다면 동종자산간의 교환으로 볼 수 없고 이종자산간의 교환으로 보아 회계처리한다.

② 법인세법상 규정
  법인세법은 위에서 살펴본 바와 같이 상업적 실질이 있는 자산간 교환과 상업적 실질이 결여된 자산간 교환을 구분하지 않고 획일적으로 해당 취득한 자산의 시가를 취득가액으로 하도록 규정하고 있다.

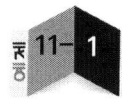

예 11-1 자산의 교환거래

㈜A는 ㈜B와 자산간 교환거래를 하였는데, 두 자산의 장부가액과 시가는 다음과 같다.

구 분	㈜A의 자산 A	㈜B의 자산 B
장부가액	2,100,000원	2,700,000원
시 가	3,000,000원	3,100,000원

분개법 원리로 배우는 법인세법

요구 사항

다음의 유형별로 기업회계상 회계처리와 이에 따른 세무조정을 하시오.
[유형 1] 상업적 실질이 있는 자산간 교환
[유형 2] 상업적 실질이 결여된 자산간 교환

해답

[유형 1] 상업적 실질이 있는 자산간 교환

구 분	㈜A		㈜B	
분 개	(차) 자 산 B 　　(대) 자 산 A 　　　　처분이익	3,000,000 2,100,000 900,000	(차) 자 산 A 　　(대) 자 산 B 　　　　처분이익	3,100,000 2,700,000 400,000
세 무 조 정	〈익금산입〉 자 산 B　100,000(유보)		〈손금산입〉 자 산 A　100,000(△유보)	

[유형 2] 상업적 실질이 결여된 자산간 교환

구 분	㈜A		㈜B	
분 개	(차) 자 산 B 　　(대) 자 산 A	2,100,000 2,100,000	(차) 자 산 A 　　(대) 자 산 B	2,700,000 2,700,000
세 무 조 정	〈익금산입〉 자 산 B　1,000,000(유보)		〈익금산입〉 자 산 A　300,000(유보)	

분개법 — 자산의 교환거래

(1) [유형 1] 상업적 실질이 있는 자산간 교환

1) ㈜A의 세무조정

Book	자 산B(양도자산의 공정가액) 3,000,000 / 자 산A 2,100,000 　　　　　　　　　　　　　　　　　　　　처분이익 900,000
Tax	자 산B(양수자산의 시가) 3,100,000 / 자 산A 2,100,000 　　　　　　　　　　　　　　　　　　　처분이익 1,000,000
Adjustment	자 산B 100,000 / 처분이익 100,000
Tax-Adj	자 산↑(순자산↑) 100,000 / 익 금↑(순자산↑) 100,000

〈익금산입〉 처분이익　100,000·유보(자산B)

2) ㈜B의 세무조정

Book	자 산A(양도자산의 공정가액) 3,100,000 / 자 산B 2,700,000 　　　　　　　　　　　　　　　　　　　　처분이익 400,000
Tax	자 산A(양수자산의 시가) 3,000,000 / 자 산B 2,700,000 　　　　　　　　　　　　　　　　　　　처분이익 300,000

| Adjustment | 처분이익 | 100,000 / 자 산A | 100,000 |
| Tax-Adj | 익 금↓(순자산↓) | 100,000 / 자 산↓(순자산↓) | 100,000 |

〈익금불산입〉 처분이익   100,000 · △유보(자산A)

(2) [유형 2] 상업적 실질이 결여된 자산간 교환

1) ㈜A의 세무조정

Book	자 산B(양도자산의 장부가액)	2,100,000 / 자 산A	2,100,000
Tax	자 산B(양수자산의 시가)	3,100,000 / 자 산A	2,100,000
		처분이익	1,000,000
Adjustment	자 산B	1,000,000 / 처분이익	1,000,000
Tax-Adj	자 산↑(순자산↑)	1,000,000 / 익 금↑(순자산↑)	1,000,000

〈익금산입〉 처분이익   1,000,000 · 유보(자산B)

2) ㈜B의 세무조정

Book	자 산A(양도자산의 장부가액)	2,700,000 / 자 산B	2,700,000
Tax	자 산A(양수자산의 시가)	3,000,000 / 자 산B	2,700,000
		처분이익	300,000
Adjustment	자 산A	300,000 / 처분이익	300,000
Tax-Adj	자 산↑(순자산↑)	300,000 / 익 금↑(순자산↑)	300,000

〈익금산입〉 처분이익   300,000 · 유보(자산A)

3 단기금융자산 등

단기금융자산 등(기업회계기준에 따라 단기매매항목으로 분류된 금융자산 및 파생상품)의 취득가액은 매입가액으로 한다. 따라서 취득부대비용은 당기에 즉시 손비처리된다.

4 온실가스배출권

온실가스 배출권의 할당 및 거래에 관한 법률 제12조에 따라 정부로부터 무상으로 할당받은 배출권의 취득가액은 영(0)원으로 한다.

5 채무의 출자전환으로 취득하는 주식의 취득가액

채무의 출자전환으로 주주가 취득한 주식은 취득당시의 **시가**로 한다. 다만, 법소정 요건(채무의 출자전환을 한 채무법인이 채무면제익을 이후 연도에 결손보전을 할 수 있는 요건)을 갖춘 채무의 출자전환으로 취득한 주식은 출자전환된 채권(채무보증으로 인하여 발생한 구상채권과 업무무관가지급금에 해당하는 채권을 제외)의 **장부가액**으로 한다(법령 72① 4호 단서).

예제 11-2 채무의 출자전환으로 취득하는 주식의 취득가액

㈜A는 매출채권 1억원을 출자전환을 통하여 ㈜B의 주식(발행가액 1억원, 시가 0.7억원, 액면가액 0.5억원)을 교부받았으며, 이와 관련된 회계처리는 다음과 같다.

(차) 주　　식	70,000,000	(대) 매 출 채 권	100,000,000
채권처분손실	30,000,000		

요구사항

상기 ㈜A의 채무의 출자전환으로 취득하는 주식의 취득가액과 관련하여 "1. 일반적인 경우"와 "2. 법소정 요건을 충족한 경우"로 구분하여 세무조정을 하시오.

해답

1. 일반적인 경우
　해당 매출채권의 처분손실을 기업업무추진비로 보아 시부인세산한다.
2. 법소정 요건의 충족시
　법소정 요건(채무의 출자전환을 한 채무법인이 채무면제익을 이후 연도에 결손보전을 할 수 있는 요건)의 충족시에는 매출채권의 장부가액을 주식의 취득가액으로 하므로 다음과 같이 세무조정한다.
　〈손금불산입〉 주　　식　　30,000,000 (유보)

분개법 채무의 출자전환으로 취득하는 주식의 취득가액

(1) 일반적인 경우

Book	주　식 채권처분손실	70,000,000 / 매출채권 30,000,000	100,000,000
Tax	주　식 기업업무추진비	70,000,000 / 매출채권 30,000,000	100,000,000

〈기업업무추진비 30,000,000원에 대해 시부인계산한다〉

(2) 법소정 요건을 충족한 경우

Book	주　식 채권처분손실	70,000,000 / 매출채권 30,000,000	100,000,000
Tax	주　식	100,000,000 / 매출채권	100,000,000
Adjustment	주　식	30,000,000 / 채권처분손실	30,000,000
Tax-Adj	자　산↑(순자산↑)	30,000,000 / 손　금↓(순자산↓)	30,000,000

〈손금불산입〉 채권처분손실　　30,000,000·유보(주식)

[취지] 채무의 출자전환으로 채권자가 취득한 주식의 취득가액을 일반 원칙에 따라 취득 당시의 시가로 규정하게 되면 위 사례에서 기업회계상 인식한 채권처분손실 30,000,000원을 손금인정하게 된다. 하지만 주식의 취득 당시 시가와 출자전환된 매출채권의 장부가액과의 차액은 원칙적으로 세법상 대손금으로 인정되지 않으므로 해당 주식을 시가로 인식할 경우 손금을 미리 인식하는 문제가 발생한다. 따라서 이러한 문제점을 관련 손금을 처분시점까지 이연하는 것으로 해결하기 위해 과세이연요건을 갖춘 채무의 출자전환으로 채권자가 취득한 주식의 취득가액은 출자전환된 채권의 장부가액으로 하는 예외를 인정하였다.

6 현재가치에 의한 평가

(1) 취득가액

구 분		내 용
현재가치할인차금	원 칙	법인이 장기할부조건 등으로 자산을 취득하는 경우에 현재가치할인차금은 자산의 취득가액에 포함된다. ➡ 자산의 취득가액 : 명목가액
	예 외	법인이 장부상 취득가액과 구분하여 현재가치할인차금을 계상한 경우에는 이를 인정하므로 취득가액에 포함되지 않는다. ➡ 자산의 취득가액 : 현재가치
연지급수입이자	원 칙	법인이 연지급수입에 의하여 자산을 취득하는 경우에 연지급수입이자는 자산의 취득가액에 포함된다. ➡ 자산의 취득가액 : 연지급수입이자를 포함한 금액
	예 외	법인이 연지급수입이자를 장부상 취득가액과 구분하여 이자비용으로 처리한 경우에는 이를 인정하므로 취득가액에 포함되지 않는다. ➡ 자산의 취득가액 : 연지급수입이자를 제외한 금액
	참 고	위에서 연지급수입이자란 ① D/A 수입자재에 대한 이자, ② Shipper's usance이자, ③ Banker's usance이자를 말한다.

(2) 현재가치할인차금상각액 등의 처리

현재가치할인차금의 상각액과 연지급수입시 취득가액과 구분하여 지급이자로 계상한 금액(① D/A 수입자재에 대한 이자, ② Shipper's usance이자, ③ Banker's usance이자)에 대해서는 일반적인 차입금 지급이자와는 달리 다음의 규정을 적용하지 않는다.

① 지급이자 손금불산입❋, ② 원천징수, ③ 지급명세서제출의무

❋ 또한 위의 현재가치할인차금상각액 등은 수입배당금액 익금불산입액 계산시 지급이자 차감규정에서의 지급이자에도 포함되지 않는다.

이는 회계이론상으로는 이자성격에 해당하는 것이지만 자금수수에 따른 지급이자와는 근본적으로 그 성격이 다르기 때문이다.

자산의 현재가치평가를 수용하는 이유

구 분	내 용
자 료	① 명목가액 : 12,000원　　② 현금가액 : 10,000원 ③ 할부기간 : 3년　　④ 감가상각방법 : 정액법(3년)
회 계 처 리	〈명목가치평가〉 (차) 자　　　　산　　12,000　　　(대) 장기미지급금　　12,000 〈현재가치평가〉 (차) 자　　　　산　　10,000　　　(대) 장기미지급금　　12,000 　　 현재가치할인차금　2,000
법 인 세 법	① 원칙 : 명목가액을 취득가액으로 한다. 이 경우 법인은 향후 3년간 12,000원의 금액을 감가상각비 또는 양도당시의 장부가액으로 손금인정을 받게 된다. ② 예외 : 법인의 장부상 현재가치평가를 하면 현재가치 상당액을 취득가액으로 한다. 이 경우 법인은 향후 3년간 10,000원의 금액을 감가상각비 또는 양도당시의 장부가액으로 손금인정을 받게 되며, 또한 유효이자율법에 의한 현재가치할인차금 상각액으로 3년간 2,000원을 추가로 손금인정을 받게 된다.
결 론	결국 명목가액을 취득가액으로 하는 경우나 현재가치 상당액을 취득가액으로 하는 경우 모두 3년간 12,000원의 손금인정을 받게 되므로 법인세법상 현재가치에 의한 평가규정의 제재가 아무런 실효성을 가져오지 못한다. 따라서 이를 수용하고 있는 것이다.

연지급수입의 범위

위에서 언급하고 있는 연지급수입의 범위는 다음과 같다(법칙 37③).
① 은행이 신용을 공여하는 기한부신용장방식 또는 공급자가 신용을 공여하는 수출자신용방식에 의한 수입방법에 의하여 그 선적서류나 물품의 영수일부터 일정기간이 경과한 후에 해당 물품의 수입대금 전액을 지급하는 방법에 의한 수입
② 수출자가 발행한 기한부 환어음을 수입자가 인수하면 선적서류나 물품이 수입자에게 인도되도록 하고 그 선적서류나 물품의 인도일부터 일정기간이 지난후에 수입자가 해당 물품의 수입대금 전액을 지급하는 방법에 의한 수입
③ 정유회사, 원유 등의 수입업자가 원유 등의 일람부방식 또는 수출자신용방식 등에 의한 수입대금결제를 위하여 외국환거래법에 따른 연지급수입기간 이내에 단기외화자금을 차입하는 방법에 의한 수입
④ 그 밖에 위 ①부터 ③과 유사한 연지급수입

현재가치에 의한 평가비교[법인세법 vs 소득세법 vs 부가가치세법]

구 분	내 용
① 법인세법	① 원칙 : 명목가액 ② 예외 : 현재가치할인차금을 계상한 경우에는 현재가치로 함
② 소득세법	① 사업자의 경우 : 법인세법 준용 ② 양도소득세 : 명목가액으로 하되, 타소득에서 필요경비 인정받은 금액은 제외
③ 부가가치 　세 법	부가가치세법에서는 재화의 간주공급시 과세표준을 다음과 같은 산식에 의하여 계산하는데, 이 경우 취득가액은 항상 명목가액으로 하여 계산한다. 　　　　과세표준 = 취득가액×(1 - 감가율×경과된 과세기간의 수) 이와 같이 부가가치세법에서는 법인세법과 소득세법과는 달리 현재가치평가를 인정하지 않고 있다. 그 이유는 현재가치평가를 허용하게 되면 위의 산식에서 보는 바와 같이 부가가치세 과세표준이 절대적으로 감소되기 때문이다.

제11절 자산의 취득가액과 자산·부채의 평가 등

  고가양수

(1) 규 정

법인세법에서는 자산의 취득과 관련하여 법인이 장부상 계상한 자산가액 중 해당 자산의 고가양수액(부당행위계산부인규정이 적용되는 경우의 **시가초과액**, 의제기부금규정이 적용되는 경우의 **정상가액초과액**)은 취득가액으로 인정하지 않고 있다. 이를 정리하면 다음과 같다.

① 특수관계인으로부터 자산을 고가로 양수한 경우 : 시가
② 특수관계가 없는 자로부터 자산을 고가로 양수한 경우 : 정상가액(=시가×130%)

❋ 현행 법인세법상 고가양수거래가 부당거래가 되기 위한 요건은 시가와 양수가액과의 차액이 3억원 이상이거나 시가의 5%에 상당하는 금액 이상인 경우이므로 비록 시가를 초과하여 양수하였다 하더라도 부당행위계산부인규정이 적용되지 않는 경우에는 해당 양수가액을 취득가액으로 하여야 한다.

(2) 사 례

1) 특수관계인인 법인으로부터 시가 10억원인 자산을 15억원에 취득한 경우

① 회계처리
   (차) 자   산   1,500,000,000   (대) 현   금   1,500,000,000
② 세무조정
   〈손금산입〉 자   산   500,000,000(△유보)
   〈익금산입〉 부당행위계산부인 500,000,000(기타사외유출)
③ 세무상 취득가액
   따라서 세무상 취득가액은 시가인 10억원(=15억원-5억원)이 된다.

분개법 | 특수관계인인 법인으로부터 시가 10억원인 자산을 15억원에 취득한 경우

Book	자 산	1,500,000,000 / 현 금	1,500,000,000
Tax	자 산	1,000,000,000 / 현 금	1,500,000,000
	유출잉여금(부당행위계산부인) 500,000,000		
Adjustment	유출잉여금	500,000,000 / 자 산	500,000,000
Tax-Adj	유출잉여금↓(순자산↓)	500,000,000 / 자 산↓(순자산↓)	500,000,000

〈익금산입〉 잉여금(부당행위계산부인)   500,000,000·기타사외유출(to 다른 법인)
〈손금산입〉 자   산   500,000,000·△유보

2) 특수관계가 없는 법인(특례·일반기부처가 아닌 기부처, 비지정기부처)으로부터 시가 10억원인 자산을 15억원에 취득한 경우

① 회계처리
  (차) 자　　　산　　1,500,000,000　(대) 현　　　금　　1,500,000,000
② 세무조정
  〈손금산입〉 자　　　산　　200,000,000(△유보)
  〈손금불산입〉 비지정기부금　200,000,000(기타사외유출)
③ 세무상 취득가액
  따라서 세무상 취득가액은 정상가액인 13억원(=15억원－2억원)이 된다.

분개법 | 특수관계가 없는 법인(비지정기부처)으로부터 시가 10억원인 자산을 15억원에 취득한 경우

Book	자　산	1,500,000,000 /	현　금	1,500,000,000
Tax	자　산 유출잉여금(비지정기부금)	1,300,000,000 / 200,000,000	현　금	1,500,000,000
Adjustment	유출잉여금	200,000,000 /	자　산	200,000,000
Tax-Adj	유출잉여금↓(순자산↓)	200,000,000 /	자　산↓(순자산↓)	200,000,000

〈익금산입〉 잉여금(비지정기부금)　200,000,000·기타사외유출(to 다른 법인)
〈손금산입〉 자　　　산　　　　　　200,000,000·△유보

참고 | 취득가액에 포함되는 금액 VS 취득가액에 포함되지 않는 금액

구 분	내 용
취득가액(○)	① 자산의 평가이익(익금항목), 특수관계인인 개인으로부터 유가증권을 시가에 미달하는 가액으로 매입한 경우 해당 매입가액과 시가와의 차액(익금항목) ② 자본적 지출액 ③ 유형자산의 취득과 함께 국·공채를 매입하는 경우 기업회계기준에 따라 매입가액과 현재가치의 차액을 해당 유형자산의 취득가액으로 계상한 금액
취득가액(×)	① 현재가치할인차금을 계상한 경우 해당 현재가치할인차금 ② 연지급수입에 있어서 취득가액과 구분하여 지급이자로 계상한 금액 　(① D/A 수입자재에 대한 이자, ② Shipper's usance이자, ③ Banker's usance이자) ③ 부당행위계산부인에 의한 시가초과액(특수관계인으로부터의 자산의 고가양수 또는 시가초과액으로 현물출자를 받거나 증자시 시가보다 높은 가액으로 인수한 경우 해당 시가초과액) ④ 자산의 고가양수액(의제기부금규정이 적용되는 경우의 정상가액초과액)

제11절 자산의 취득가액과 자산·부채의 평가 등

예 11-3 자산의 취득가액

다음 자료는 각각 독립된 사항이다. 세무조정을 하시오.

1. ㈜A는 장부가액이 15,000,000원 기계장치(A)를 시가 10,000,000원인 기계장치(B)와 교환하고 다음과 같이 회계처리하였다.

(차) 기계장치(B)	15,000,000	(대) 기계장치(A)	15,000,000

2. ㈜B는 시가 10,000,000원인 기계장치를 15,000,000원에 취득하면서 다음과 같이 회계처리하였다.

(차) 기계장치	15,000,000	(대) 현　　금	15,000,000

   ① ㈜B가 특수관계에 있는 법인으로부터 취득한 경우
   ② ㈜B가 특수관계 없는 법인(특례·일반기부처가 아닌 기부처, 비지정기부처)으로부터 취득한 경우

3. ㈜C는 해당연도 중 기계장치를 취득하고, 동 대금은 2년후에 20,000,000원, 3년 후에 20,000,000원을 지급하기로 하였다. 동 기계장치에 대한 현재가치는 30,000,000원이다.
   ① ㈜C가 현재가치로 자산가액을 계상한 경우

(차) 기계장치	30,000,000	(대) 장기미지급금	40,000,000
현재가치할인차금	10,000,000		

   ② ㈜C가 명목가액으로 자산가액을 계상한 경우

(차) 기계장치	40,000,000	(대) 장기미지급금	40,000,000

해답

1. 기계의 교환
   〈손금산입〉 기계장치 과대계상　5,000,000(△유보)
2. 자산의 고가양수
   ① ㈜B가 특수관계에 있는 법인으로부터 취득한 경우
   　〈손금산입〉 기계장치　5,000,000(△유보)
   　〈익금산입〉 부당행위계산부인　5,000,000(사외유출)
   ② ㈜B가 특수관계 없는 법인으로부터 취득한 경우
   　〈손금산입〉 기계장치　2,000,000(△유보)
   　〈익금산입〉 비지정기부금　2,000,000(사외유출)
3. 현재가치평가
   ① 현재가치로 자산가액을 계상한 경우
   　세무조정이 필요없다.
   ② 명목가액으로 자산가액을 계상한 경우
   　세무조정이 필요없다.

① 교환으로 취득한 자산의 법인세법상 취득가액은 취득한 자산의 취득당시의 시가로 한다.
② 자산의 고가양도시 특수관계인으로부터 취득한 경우에는 시가, 그 밖의 경우에는 정상가액을 취득가액으로 한다.
③ 자산의 장기연불조건 취득시 취득가액은 명목가액을 원칙으로 하되, 현재가치평가를 하면 현재가치를 취득가액으로 한다.

자산의 취득가액

(1) 기계의 교환(동종자산간의 교환으로 기업회계상 회계처리한 경우 ; 양수자산의 취득가액을 양도자산의 장부가액으로 함)

Book	기계장치(B)	15,000,000 / 기계장치(A)		15,000,000
Tax	기계장치(B)	10,000,000 / 기계장치(A)		15,000,000
	유형자산처분손실	5,000,000		
Adjustment	유형자산처분손실	5,000,000 / 기계장치(B)		5,000,000
Tax-Adj	익 금↓(순자산↓)	5,000,000 / 자 산↓(순자산↓)		5,000,000

〈손금산입〉 유형자산처분손실 5,000,000・△유보(기계장치B)

(2) 자산의 고가양수

1) 특수관계인인 법인으로부터 시가 10,000,000원인 기계장치를 15,000,000원에 취득한 경우

Book	기계장치	15,000,000 / 현 금		15,000,000
Tax	기계장치	10,000,000 / 현 금		15,000,000
	유출잉여금(부당행위계산부인)	5,000,000		
Adjustment	유출잉여금	5,000,000 / 기계장치		5,000,000
Tax-Adj	유출잉여금↓(순자산↓)	5,000,000 / 자 산↓(순자산↓)		5,000,000

〈익금산입〉 잉여금(부당행위계산부인)   5,000,000・사외유출(to 다른 법인)
〈손금산입〉 기 계 장 치   5,000,000・△유보

2) 특수관계가 없는 법인(특례・일반기부처가 아닌 기부처, 비지정기부처)으로부터 시가 10,000,000원인 기계장치를 15,000,000원에 취득한 경우

Book	기계장치	15,000,000 / 현 금		15,000,000
Tax	기계장치	13,000,000 / 현 금		15,000,000
	유출잉여금(비지정기부금)	2,000,000		
Adjustment	유출잉여금	2,000,000 / 기계장치		2,000,000
Tax-Adj	유출잉여금↓(순자산↓)	2,000,000 / 자 산↓(순자산↓)		2,000,000

〈익금산입〉 잉여금(비지정기부금) 2,000,000・사외유출(to 다른 법인)
〈손금산입〉 기 계 장 치   2,000,000・△유보

(3) 현재가치평가

법인이 장기할부조건 등으로 자산을 취득하는 경우 명목가액 평가가 원칙이나 법인이 결산서상 현재가치에 의한 평가를 수행한 경우에는 이를 세법상 인정함. 이는 법인이 결산서상 현재가치에 의한 평가를 수행하지 않은 경우에 적극적으로 현재가치에 의한 평가를 강제하는 것을 의미하는 것은 아니다. 즉 명목가치 평가와 현재가치 평가 모두를 인정하는 취지이다.

Ⅱ. 자산·부채의 평가

구 분	취 득 가 액
(1) 원 칙	내국법인이 보유하는 자산과 부채의 장부가액을 증액 또는 감액(감가상각을 제외하며, 이하 '평가'라 함)한 경우에는 그 평가일이 속하는 사업연도 및 그 후의 각 사업연도 소득금액을 계산할 때 그 자산 및 부채의 장부가액은 그 평가하기 전의 가액으로 한다. ➡ 임의평가불인정
(2) 예 외 : 감액할수 있는경우	① 재고자산으로서 파손·부패 등의 사유로 정상가액으로 판매할 수 없는 것 ➡ 평가액 : 사업연도 종료일 현재의 시가 ② 유형자산으로서 천재지변·화재 등의 사유로 파손되거나 멸실된 것 ➡ 평가액 : 사업연도 종료일 현재의 시가 ③ 다음에 해당하는 주식으로서 해당 주식발행법인이 부도가 발생한 경우 또는 채무자회생 및 파산에 관한 법률에 따른 회생계획인가의 결정을 받았거나 기업구조조정촉진법에 따른 부실징후기업이 된 경우 ㉠ 주권상장법인이 발행한 주식 ㉡ 중소기업창업투자회사 또는 신기술사업금융업자가 보유하는 주식 중 창업자 또는 신기술사업자가 발행한 주식 ㉢ 특수관계 없는 주권비상장법인이 발행한 주식 ➡ 평가액 : 사업연도 종료일 현재의 시가(시가로 평가한 가액이 1,000원 이하인 경우에는 1,000원으로 한다) ④ 주식발행법인이 파산한 경우의 해당 주식 ➡ 평가액 : 사업연도 종료일 현재의 시가(시가로 평가한 가액이 1,000원 이하인 경우에는 1,000원으로 한다)
(3) 예 외 : 증액할수 있는경우	보험업법이나 그 밖의 법률에 따른 평가(평가증에 한함) ➡ 평가액 : 보험업법이나 그 밖의 법률에 따른 평가액

Ⅲ. 외화자산·부채의 평가

 외화자산·부채의 평가손익(외화환산손익)

(1) 평가대상

법인세법상 외화자산·부채의 평가대상은 다음과 같다.

① 금융회사 등 : 화폐성 외화자산·부채와 통화선도 및 통화스왑
② 일반법인 : 화폐성 외화자산·부채와 화폐성 외화자산·부채의 환위험을 회피하기 위하여 보유하는 통화선도 및 통화스왑(=환위험회피통화선도·통화스왑)

통화선도와 통화스왑
① 통화선도 : 원화와 외국통화 또는 서로 다른 외국통화의 매매계약을 체결함에 있어 장래의 약정기일에 약정환율에 따라 인수·도 하기로 하는 거래
② 통화스왑 : 약정된 시기에 약정된 환율로 서로 다른 표시통화간의 채권·채무를 상호 교환하기로 하는 거래

(2) 평가방법

1) 금융회사 등

금융회사 등이 보유하는 화폐성 외화자산·부채와 통화선도 및 통화스왑은 다음의 방법에 따라 평가하여야 한다.

① **화폐성 외화자산·부채** : 사업연도 종료일 현재의 외국환거래규정에 따른 매매기준율 또는 재정(裁定)된 매매기준율(이하 '매매기준율 등'이라 함)로 평가하는 방법
② 통화선도, 통화스왑 및 환변동보험 : 다음의 어느 하나에 해당하는 방법 중 관할 세무서장에게 신고한 방법에 따라 평가하는 방법. 다만, 최초로 ㉡의 방법을 신고하여 적용하기 이전 사업연도에는 ㉠의 방법을 적용하여야 한다.
㉠ 계약의 내용 중 외화자산 및 부채를 **계약체결일**의 매매기준율 등으로 평가하는 방법
㉡ 계약의 내용 중 외화자산 및 부채를 **사업연도 종료일 현재**의 매매기준율 등으로 평가하는 방법

2) 일반법인

일반법인이 보유하는 화폐성 외화자산·부채와 화폐성 외화자산·부채의 환위험을 회피하기 위하여 보유하는 통화선도·통화스왑·환변동보험(이하 "환위험회피용 통화선도·통화스왑·환변동보험"이라 함)은 다음의 어느 하나에 해당하는 방법 중 관할 세무서장에게 신고한 방법에 따라 평가하여야 한다. 다만, 최초로 ②의 방법을 신고하여 적용하기 이전 사업연도의 경우에는 ①의 방법을 적용하여야 한다.

① 화폐성 외화자산·부채와 환위험회피용 통화선도·통화스왑·환변동보험의 계약 내용 중 외화자산 및 부채를 **취득일 또는 발생일**(통화선도·통화스왑의 경우에는 **계약체결일**을 말함) 현재의 매매기준율 등으로 평가하는 방법
② 화폐성 외화자산·부채와 환위험회피용 통화선도·통화스왑·환변동보험의 계약 내용 중 외화자산 및 부채를 **사업연도 종료일 현재**의 매매기준율 등으로 평가하는 방법

(3) 평가손익의 처리

화폐성 외화자산·부채, 통화선도·통화스왑·환변동보험 및 환위험회피용 통화선도·통화스왑·환변동보험의 평가손익은 장·단기를 구분하지 않고 전액을 해당 사업연도의 익금 또는 손금에 산입한다.

 ## 2 외화채권·채무의 상환손익

법인이 상환받거나 상환하는 외화채권·채무의 원화기장액과 실제로 상환받거나 상환하는 원화금액과의 차액인 차손익은 전액을 해당 사업연도의 손금 또는 익금에 산입한다.

제11절 자산의 취득가액과 자산·부채의 평가 등

조세법령 확인을 통해 기본개념 익히기

※ 다음 법인세 관련 조세법령의 빈 칸을 채우시오.

1. 법인세법 제41조 【자산의 취득가액】

   ① 내국법인이 매입·제작·□□ 및 □□ 등에 의하여 취득한 자산의 취득가액은 다음 각 호의 구분에 따른 금액으로 한다.
   1. 타인으로부터 매입한 자산(대통령령으로 정하는 금융자산은 제외한다): 매입가액에 □□비용을 더한 금액
   1의 2. 내국법인이 외국자회사를 인수하여 취득한 주식등으로서 대통령령으로 정하는 주식등: 제18조의 4에 따라 익금불산입된 수입배당금액, 인수 시점의 외국자회사의 이익잉여금 등을 고려하여 대통령령으로 정하는 금액
   2. 자기가 제조·생산 또는 건설하거나 그 밖에 이에 준하는 방법으로 취득한 자산: □□원가(制作原價)에 부대비용을 더한 금액
   3. 그 밖의 자산: □□ 당시의 대통령령으로 정하는 금액
   ② 제1항에 따른 매입가액 및 부대비용의 범위 등 자산의 취득가액의 계산에 필요한 사항은 대통령령으로 정한다.

   해설과 해답
   ① 교환, 증여, 부대, 제작, 취득

2. 법인세법 시행령 제72조 【자산의 취득가액 등】

① 법 제41조 제1항 제1호에서 "대통령령으로 정하는 금융자산"이란 ☐☐☐☐기준에 따라 단기매매항목으로 분류된 금융자산 및 파생상품(이하 이 조에서 "단기금융자산등"이라 한다)을 말한다.

② 법 제41조 제1항 및 제2항에 따른 자산의 취득가액은 다음 각 호의 금액으로 한다.

1. 타인으로부터 매입한 자산 : 매입가액에 ☐☐세(농어촌특별세와 지방교육세를 포함한다), ☐☐☐☐세, 그 밖의 부대비용을 가산한 금액[법인이 토지와 그 토지에 정착된 건물 및 그 밖의 구축물 등(이하 이 호에서 "건물등"이라 한다)을 함께 취득하여 토지의 가액과 건물등의 가액의 구분이 불분명한 경우 법 제52조 제2항에 따른 시가에 비례하여 안분계산한다]

1의 2. 내국법인이 외국자회사를 인수하여 취득한 주식등으로서 그 주식등의 취득에 따라 내국법인이 외국자회사로부터 받은 법 제18조의 4 제1항에 따른 수입배당금액(이하 이 조에서 "수입배당금액"이라 한다)이 다음 각 목의 요건을 모두 갖춘 경우에 해당하는 주식등: 해당 주식등의 매입가액에서 다음 각 목의 요건을 모두 갖춘 수입배당금액을 뺀 금액

가. 내국법인이 외국자회사의 의결권 있는 발행주식총수 또는 출자총액의 100분의 10(「조세특례제한법」 제22조에 따른 해외자원개발사업을 하는 외국법인의 경우에는 100분의 5) 이상을 최초로 보유하게 된 날의 직전일 기준 이익잉여금을 재원(財源)으로 한 수입배당금액일 것

나. 법 제18조의 4 제1항에 따라 익금에 산입되지 않았을 것

2. 자기가 제조·생산·건설 기타 이에 준하는 방법에 의하여 취득한 자산 : 원재료비·노무비·운임·하역비·보험료·☐☐료·☐☐금(취득세와 등록세를 포함한다)·설치비 기타 부대비용의 합계액

3. 합병·분할 또는 현물출자에 따라 취득한 자산의 경우 다음 각 목의 구분에 따른 금액
   가. 적격합병 또는 적격분할의 경우 : 제80조의 4 제1항 또는 제82조의 4 제1항에 따른 ☐☐가액
   나. 그 밖의 경우 : 해당 자산의 ☐☐

3의 2. 물적분할에 따라 분할법인이 취득하는 주식등의 경우: 물적분할한 순자산의 ☐☐

4. 현물출자에 따라 출자법인이 취득한 주식등의 경우 다음 각 목의 구분에 따른 금액
   가. 출자법인(법 제47조의 2 제1항 제3호에 따라 출자법인과 공동으로 출자한 자를 포함하며, 이하 "출자법인등"이라 한다)이 현물출자로 인하여 피출자법인을 새로 설립하면서 그 대가로 주식등만 취득하는 현물출자의 경우: 현물출자한 순자산의 ☐☐
   나. 그 밖의 경우: 해당 ☐☐등의 시가

4의 2. 채무의 출자전환에 따라 취득한 주식등: ☐☐ 당시의 시가. 다만, 제15조 제1항 각 호의 요건을 갖춘 채무의 출자전환으로 취득한 주식등은 출자전환된 채권(법 제19조의 2 제2항 각 호의 어느 하나에 해당하는 채권은 제외한다)의 ☐☐가액으로 한다.

5. 합병 또는 분할(물적분할은 제외한다)에 따라 취득한 주식등: 종전의 장부가액에 법 제16조 제1항 제5호 또는 제6호의 금액 및 제11조 제8호의 금액을 더한 금액에서 법 제16조 제2항 제1호에 따른 ☐☐대가 또는 같은 항 제2호에 따른 ☐☐대가 중 금전이나 그 밖의 재산가액의 합계액을 뺀 금액

5의 2. 단기금융자산등: ☐☐가액

5의 3. 「상속세 및 증여세법 시행령」 제12조에 따른 공익법인 등이 기부받은 자산: 특수관계인 외의 자로부터 기부받은 법 제24조제3항제1호에 따른 기부금에 해당하는 자산(제36조 제1항에 따른 금전 외의 자산만 해당한다)은 기부한 자의 ☐☐ 당시 장부가액[사업소득과 관련이 없는 자산(개인인 경우만 해당한다)의 경우에는 취득 당시의 「소득세법 시행령」 제89조에 따른 취득가액을 말한다]. 다만, 「상속세 및 증여세법」에 따라 증여세 과세가액에 산입되지 않은 출연재산이 그 후에 과세요인이 발생하여 그 과세가액에 산입되지 않은 출연재산에 대하여 증여세의 전액이 부과되는 경우에는 기부 당시의 ☐☐로 한다.

6. 「온실가스 배출권의 할당 및 거래에 관한 법률」 제12조에 따라 정부로부터 ☐☐으로 할당받은 배출권:

제11절 자산의 취득가액과 자산·부채의 평가 등

영(0)원
7. 「대기관리권역의 대기환경개선에 관한 특별법」 제17조에 따라 정부로부터 무상으로 할당받은 배출허용총량: 영(0)원
8. 그 밖의 방법으로 취득한 자산 : 취득당시의 □□

③ 제2항을 적용할 때 취득가액에는 다음 각 호의 금액을 포함하는 것으로 한다.
1. 법 제15조 제2항 제1호의 규정에 의하여 익금에 산입한 금액
2. 법 제28조 제1항 제3호 및 같은 조 제2항에 따라 손금에 산입하지 아니한 금액
3. 유형자산의 취득과 함께 국·공채를 매입하는 경우 기업회계기준에 따라 그 국·공채의 매입가액과 □□가치의 차액을 해당 유형자산의 취득가액으로 □□한 금액

④ 제2항을 적용할 때 취득가액에는 다음 각 호의 금액을 포함하지 □□하는 것으로 한다.
1. 자산을 제68조 제4항에 따른 장기할부조건 등으로 취득하는 경우 발생한 채무를 기업회계기준이 정하는 바에 따라 현재가치로 평가하여 □□□□□□차금으로 □□한 경우의 당해 현재가치할인차금
2. 기획재정부령이 정하는 □□□□에 있어서 취득가액과 구분하여 □□□□로 계상한 금액
3. 제88조 제1항 제1호 및 제8호 나목의 규정에 의한 시가초과액

⑤ 법인이 보유하는 자산에 대하여 다음 각 호의 어느 하나에 해당하는 사유가 발생한 경우의 취득가액은 다음과 같다.
1. 법 제18조 제8호에 따른 배당을 받은 경우에는 그 금액을 차감(내국법인이 보유한 주식의 장부가액을 한도로 한다)한 금액

1의 2. 법 제42조 제1항 각호 및 제3항의 규정에 의한 평가가 있는 경우에는 그 평가액

1의 3. 법 제44조 제3항 제2호에 따른 합병으로서 합병법인으로부터 합병대가로 취득하는 주식등이 없는 경우에는 해당 피합병법인 주식등의 취득가액(주식등이 아닌 합병대가가 있는 경우에는 그 합병대가의 금액을 차감한 금액으로 한다)을 가산한 금액

2. 제31조 제2항의 규정에 의한 □□적 지출이 있는 경우에는 그 금액을 가산한 금액
3. 합병 또는 분할합병(제2항 제5호에 해당하는 경우는 제외한다)으로 받은 제11조 제8호에 따른 이익이 있는 경우에는 그 □□을 가산한 금액

⑥ 제4항 제1호에 따른 현재가치할인차금의 상각액 및 같은 항 제2호에 따른 □□이자에 대하여는 법 제18조의 2 제1항 제2호, 제28조, 제73조, 제73조의 2, 제98조, 제120조 및 제120조의 2를 적용하지 아니한다.

해설과 해답

① 기업회계
② 취득, 등록면허, 수수, 공과, 장부, 시가, 시가, 시가, 주식, 취득, 장부, 합병, 분할, 매입, 기부, 시가, 무상, 시가
③ 현재, 계상
④ 아니, 현재가치할인, 계상, 연지급수입, 지급이자
⑤ 자본, 이익
⑥ 지급

3. 법인세법 제42조 【자산·부채의 평가】

① 내국법인이 보유하는 자산과 부채의 □□가액을 □□ 또는 □□(감가상각은 제외하며, 이하 이 조에서 "평가"라 한다)한 경우에는 그 평가일이 속하는 사업연도와 그 후의 각 사업연도의 소득금액을 계산할 때 그 자산과 부채의 장부가액은 평가 □□ 가액으로 한다. 다만, 다음 각 호의 어느 하나에 해당하는 경우에는 그러하지 아니하다.

  1. 「□□업법」이나 그 밖의 법률에 따른 유형자산 및 무형자산 등의 평가(장부가액을 □□한 경우만 해당한다)

  2. □□자산(在庫資産) 등 대통령령으로 정하는 자산과 부채의 평가

② 제1항 제2호에 따른 자산과 부채는 그 자산 및 부채별로 대통령령으로 정하는 방법에 따라 평가하여야 한다.

③ 제1항과 제2항에도 불구하고 다음 각 호의 어느 하나에 해당하는 자산은 대통령령으로 정하는 방법에 따라 그 장부가액을 □□할 수 있다.

  1. 재고자산으로서 □□·부패 등의 사유로 □□가격으로 판매할 수 없는 것

  2. □□자산으로서 천재지변·화재 등 대통령령으로 정하는 사유로 파손되거나 멸실된 것

  3. 대통령령으로 정하는 주식등으로서 해당 주식등의 발행법인이 다음 각 목의 어느 하나에 해당하는 것

    가. □□가 발생한 경우

    나. 「채무자 회생 및 파산에 관한 법률」에 따른 □□□□인가의 결정을 받은 경우

    다. 「기업구조조정 촉진법」에 따른 □□□□기업이 된 경우

    라. □□한 경우

④ 제2항과 제3항에 따라 자산과 부채를 평가한 내국법인은 대통령령으로 정하는 바에 따라 그 자산과 부채의 평가에 관한 □□□를 납세지 관할 세무서장에게 제출하여야 한다.

⑤ 제2항과 제3항에 따라 자산과 부채를 평가함에 따라 발생하는 평가이익이나 평가손실의 처리 등에 필요한 사항은 대통령령으로 정한다.

해설과 해답

① 장부, 증액, 감액, 전의, 보험, 증액, 재고
③ 감액, 파손, 정상, 유형, 부도, 회생계획, 부실징후, 파산
④ 명세서

4. 법인세법 시행령 제73조【평가대상 자산 및 부채의 범위】

법 제42조 제1항 제2호에서 "재고자산(在庫資産) 등 대통령령으로 정하는 자산과 부채"란 다음 각 호의 것을 말한다.

1. 다음 각목의 1에 해당하는 재고자산
   가. 제품 및 상품(부동산매매업자가 매매를 목적으로 소유하는 □□□을 포함하며, □□□□을 제외한다)
   나. 반제품 및 재공품
   다. 원재료
   라. 저장품
2. 다음 각 목의 어느 하나에 해당하는 유가증권 등
   가. 주식 등
   나. 채권
   다. 「자본시장과 금융투자업에 관한 법률」 제9조 제20항에 따른 □□□□재산
   라. 「보험업법」 제108조 제1항 제3호의 □□계정에 속하는 자산
3. 기업회계기준에 따른 □□성 외화자산과 부채(이하 "화폐성외화자산·부채"라 한다)
4. 제61조 제2항 제1호부터 제7호까지의 금융회사 등이 보유하는 통화 관련 파생상품 중 기획재정부령으로 정하는 통화□□, 통화□□ 및 환변동보험(이하 이 조 및 제76조에서 "통화선도등"이라 한다)
5. 제61조 제2항 제1호부터 제7호까지의 금융회사 등 외의 법인이 화폐성외화자산·부채의 환위험을 회피하기 위하여 보유하는 통화선도등
6. 「특정 금융거래정보의 보고 및 이용 등에 관한 법률」 제2조제3호에 따른 가상자산(이하 "가상자산"이라 한다)

해설과 해답
부동산, 유가증권, 집합투자, 특별, 화폐, 선도, 스왑

5. 법인세법 시행령 제76조 【외화자산 및 부채의 평가】

① 제61조 제2항 제1호부터 제7호까지의 금융회사 등이 보유하는 화폐성외화자산·부채와 통화선도등은 다음 각 호의 방법에 따라 평가하여야 한다.
  1. 화폐성외화자산·부채: 사업연도 □□일 현재의 기획재정부령으로 정하는 □□□□율 또는 □□(裁定)된 매매기준율(이하 "매매기준율등"이라 한다)로 평가하는 방법
  2. 통화선도등: 다음 각 호의 어느 하나에 해당하는 방법 중 관할 세무서장에게 □□한 방법에 따라 평가하는 방법. 다만, 최초로 나목의 방법을 신고하여 적용하기 이전 사업연도에는 가목의 방법을 적용하여야 한다.
    가. 계약의 내용 중 외화자산 및 부채를 계약체결일의 매매기준율등으로 평가하는 방법
    나. 계약의 내용 중 외화자산 및 부채를 사업연도 종료일 현재의 매매기준율등으로 평가하는 방법

② 제61조 제2항 제1호부터 제7호까지의 금융회사 등 외의 법인이 보유하는 화폐성외화자산·부채(보험회사의 책임준비금은 제외한다. 이하 이 조에서 같다)와 제73조 제5호에 따라 화폐성외화자산·부채의 □□□을 회피하기 위하여 보유하는 통화□□등(이하 이 조에서 "환위험회피용통화선도등"이라 한다)은 다음 각 호의 어느 하나에 해당하는 방법 중 관할 세무서장에게 신고한 방법에 따라 평가하여야 한다. 다만, 최초로 제2호의 방법을 신고하여 적용하기 이전 사업연도의 경우에는 제1호의 방법을 적용하여야 한다.
  1. 화폐성외화자산·부채와 환위험회피용통화선도등의 계약 내용 중 외화자산 및 부채를 취득일 또는 발생일(통화선도등의 경우에는 계약체결일을 말한다) 현재의 매매기준율등으로 평가하는 방법
  2. 화폐성외화자산·부채와 환위험회피용통화선도등의 계약 내용 중 외화자산 및 부채를 사업연도 종료일 현재의 매매기준율등으로 평가하는 방법

③ 법인이 제1항 제2호 및 제2항에 따라 신고한 평가방법은 그 후의 사업연도에도 계속하여 적용하여야 한다. 다만, 제2항에 따라 신고한 평가방법을 적용한 사업연도를 포함하여 5개 사업연도가 지난 후에는 다른 방법으로 신고를 하여 변경된 평가방법을 적용할 수 있다.

④ 제1항 및 제2항에 따른 화폐성외화자산·부채, 통화선도등 및 환위험회피용통화선도등을 평가함에 따라 발생하는 평가한 원화금액과 원화기장액의 차익 또는 차손은 해당 사업연도의 익금 또는 손금에 이를 산입한다. 이 경우 통화선도등 및 환위험회피용통화선도등의 계약 당시 원화기장액은 계약의 내용 중 외화자산 및 부채의 가액에 계약체결일의 매매기준율등을 곱한 금액을 말한다.

⑤ 내국법인이 상환받거나 상환하는 외화채권·채무의 원화금액과 원화기장액의 차익 또는 차손은 당해 사업연도의 익금 또는 손금에 이를 산입한다. 다만, 「한국은행법」에 따른 한국은행의 외화채권·채무 중 외화로 상환받거나 상환하는 금액(이하 이 항에서 "외화금액"이라 한다)의 환율변동분은 한국은행이 정하는 방식에 따라 해당 외화금액을 매각하여 원화로 전환한 사업연도의 익금 또는 손금에 산입한다.

⑥ 제1항 제2호 나목, 제2항 제2호의 평가방법을 적용하려는 법인 또는 제3항 단서에 따라 평가방법을 변경하려는 법인은 최초로 제1항 제2호 나목, 제2항 제2호의 평가방법을 적용하려는 사업연도 또는 제3항 단서에 따라 변경된 평가방법을 적용하려는 사업연도의 법 제60조에 따른 신고와 함께 기획재정부령으로 정하는 화폐성외화자산등평가방법신고서를 관할 세무서장에게 제출하여야 한다.

⑦ 제1항 및 제2항에 따라 화폐성외화자산·부채, 통화선도등 및 환위험회피용통화선도등을 평가한 법인은 법 제60조의 규정에 의한 신고와 함께 기획재정부령으로 정하는 외화자산등평가차손익조정명세서를 관할 세무서장에게 제출하여야 한다.

> **해설과 해답**
> ① 종료, 매매기준율, 재정, 신고
> ② 환위험, 선도

제11절 자산의 취득가액과 자산·부채의 평가 등

exercise

01 법인세법상 내국법인의 자산부채의 평가에 대한 설명으로 옳지 않은 것은? [국가직 9급 2019]

① 자산을 법령에 따른 장기할부조건 등으로 취득하는 경우 발생한 채무를 기업회계기준이 정하는 바에 따라 현재가치로 평가하여 현재가치할인차금으로 계상한 경우의 당해 현재가치할인차금은 취득가액에 포함하지 아니한다.

② 유형자산의 취득과 함께 국·공채를 매입하는 경우 기업회계기준에 따라 그 국·공채의 매입가액과 현재가치의 차액을 해당 유형자산의 취득가액으로 계상한 금액은 유형자산의 취득가액에 포함한다.

③ 기업회계기준에 따라 단기매매항목으로 분류된 금융자산 및 파생상품의 취득가액은 매입가액으로 한다.

④ 내국법인이 보유하는 「보험업법」이나 그 밖의 법률에 따른 유형자산 및 무형자산 등의 장부가액을 증액 또는 감액 평가한 경우에는 그 평가일이 속하는 사업연도 및 그 후의 사업연도의 소득금액을 계산할 때 그 장부가액은 평가한 후의 금액으로 한다.

해설 내국법인이 보유하는 보험업법이나 그 밖의 법률에 따른 유형자산 및 무형자산 등의 증액 평가(평가이익)는 인정하지만, 감액 평가(평가손실)는 인정하지 않는다.

해답 ④

02 법인세법상 자산·부채의 평가 및 손익의 귀속시기에 관한 설명이다. 옳지 않은 것은? [회계사 2019]

① 법인이 사채를 발행하는 경우 사채할인발행차금은 기업회계기준에 의한 상각방법에 따라 이를 손금에 산입한다.

② 중소기업인 법인이 장기할부조건으로 자산을 판매한 경우 그 장기할부조건에 따라 각 사업연도에 회수하였거나 회수할 금액과 이에 대응하는 비용을 각각 해당 사업연도의 익금과 손금에 산입할 수 있다.

③ 주권상장법인이 발행한 주식으로 그 발행법인이 부도가 발생한 경우 사업연도 종료일 현재 시가로 평가한 가액으로 장부가액을 감액할 수 있다. 이 경우 주식 발행법인별로 보유주식 총액을 시가로 평가한 가액이 1,000원 이하인 경우에는 1,000원을 시가로 한다.

④ 제조업을 영위하는 법인이 보유하는 화폐성외화자산·부채의 평가방법을 관할세무서장에게 신고하여 적용하기 이전 사업연도의 경우 사업연도 종료일 현재의 매매기준율로 평가하여야 한다.

⑤ 자산을 장기할부조건으로 취득하여 발생한 채무를 기업회계기준에 따라 현재가치로 평가하여 현재가치할인차금을 계상한 경우 현재가치할인차금은 자산의 취득원가에 포함하지 않는다.

해설 제조업을 영위하는 법인이 보유하는 화폐성외화자산·부채의 평가방법을 관할세무서장에게 신고하여 적용하기 이전 사업연도의 경우 취득일 또는 발생일 현재의 매매기준율로 평가하여야 한다.

해답 ④

03 법인세법상 자산 및 부채의 평가에 대한 설명이다. 옳지 않은 것은? [회계사 2011]

① 국제회계기준을 적용하는 법인이 단기매매항목으로 분류한 금융자산의 취득가액은 매입가액으로 하고 매입관련부대비용을 포함하지 않는다.
② ㈜A가 유형자산(장부가액 1,000원, 공정가치 1,200원)을 ㈜B의 유형자산(장부가액 800원, 공정가치 1,200원)과 교환하면서 제공받은 자산의 장부가액을 취득원가로 계상하였다면 ㈜A가 익금산입 또는 손금불산입 할 총금액은 400원이다.
③ ㈜C가 유형자산의 취득과 관련된 국공채의 매입가액과 현재가치의 차이를 해당 유형자산의 취득가액으로 계상하거나 국공채의 취득가액으로 계상함에 관계 없이 이에 대한 세무조정을 할 필요가 없다.
④ 제조업을 영위하는 법인이 결산상 기업회계기준에 따라 화폐성 외화자산 및 부채를 평가하여 장부에 반영하였으나 법인세법상 외화자산 및 부채의 평가방법을 신고하지 않은 경우, 장부상 계상된 평가손익을 인정하지 않으므로 이에 대한 세무조정을 하여야 한다.
⑤ 특수관계인이 아닌 자로부터 유형자산을 취득하면서 정당한 사유 없이 정상가액보다 높은 가격으로 매입하고 실제지급액을 장부상 취득원가로 계상한 경우, 해당 유형자산의 세무상 취득가액은 시가이다.

해설 ② (1) 기업회계상 회계처리

(차) 유 형 자 산 B	800원	(대) 유 형 자 산 A	1,000원
유형자산처분손실	200원		

(2) 세무상 회계처리

(차) 유 형 자 산 B	1,200원	(대) 유 형 자 산 A	1,000원
		유형자산처분이익	200원

(3) 세무조정 : 〈손금불산입〉 유형자산B 400원 (유보)
⑤ 특수관계인이 아닌 자로부터 유형자산을 취득하면서 정당한 사유 없이 정상가액보다 높은 가격으로 매입하고 실제지급액을 장부상 취득원가로 계상한 경우, 해당 유형자산의 세무상 취득가액은 정상가액이다.

해답 ⑤

제11절 자산의 취득가액과 자산·부채의 평가 등

4 비상장 영리내국법인 ㈜A는 다음 사항에 대하여 당기에 세무조정을 하지 않았는데, 세무조정이 필요한 경우를 모두 고른 것은? [세무사 2014]

> ㄱ. 감가상각자산인 기계장치의 물리적 손상(천재지변 등 법령이 정한 사유로 인한 손상이 아님)에 따라 시장가치가 급격히 하락하여 기업회계기준에 따른 손상차손을 장부상 손금으로 계상하였는데, 이 금액은 법인세법상 상각범위액을 초과한다.
> ㄴ. 유가증권 중 당기에 부도가 발생한 주권상장법인 ㈜B의 주식을 사업연도 종료일 현재의 시가(2,000원)로 감액하고 관련 손실을 장부상 손금으로 계상하였다.
> ㄷ. 재고자산의 시가(기업회계기준에 따른 평가액)가 원가법에 따른 평가액보다 낮은 것을 확인하고 관련 재고자산평가손실을 장부상 손금으로 계상하였다. ㈜A는 재고자산의 평가방법으로 저가법을 적법하게 신고·평가하였다.
> ㄹ. 전기 말 현재 차입금에 대한 미지급이자는 2,000,000원인데, 당기 말에 전기 말 미지급이자를 포함한 이자 4,000,000원을 지급하였다. ㈜A는 미지급이자를 기업회계기준에 따라 회계처리하였으며, 전기 말 미지급이자에 대한 세무조정을 하지 않았다.

① ㄱ　　② ㄱ, ㄴ　　③ ㄷ, ㄹ
④ ㄱ, ㄷ, ㄹ　　⑤ ㄴ, ㄷ, ㄹ

해설 ㄱ. 감가상각자산이 천재지변·화재 등의 사유로 파손되거나 멸실된 것이 아닌, 진부화·물리적 손상 등에 따라 시장가치가 급격히 하락하여 기업회계 기준에 따라 손상차손을 계상한 경우에는 세법에서 인정하는 감액사유에 해당하지 않는다. 세법상 감액사유가 아닌 손상차손 인식은 감가상각비를 계상한 것으로 보아 감가상각비 시부인한다.
세무조정 : 〈손금불산입〉 상각부인액 ××× (유보)

해답 ①

5 ㈜백두와 ㈜한라는 제24기 사업연도(2025.1.1.~12.31.)에 다음 자료와 같이 기계장치A와 기계장치B를 교환하였는데, 이 교환거래는 상업적 실질이 결여된 거래에 해당한다. [회계사 2008]

구 분	㈜백두의 기계장치A	㈜한라의 기계장치B
취 득 가 액	5,000,000원	6,000,000원
감가상각누계액	(1,300,000원)	(1,800,000원)
시 가	4,500,000원	4,500,000원

㈜백두의 기계장치 교환과 관련된 세무조정과 소득처분으로 옳은 것은? 단, 장부상 회계처리는 회계기준에 따라 적절하게 이루어졌고, 교환자산과 관련된 유보사항은 없다.

① 익금산입·손금불산입 800,000원(유보)
② 익금불산입·손금산입 800,000원(△유보)
③ 익금산입·손금불산입 500,000원(유보)
④ 익금불산입·손금산입 500,000원(△유보)
⑤ 세무조정 없음

해설

1. 기업회계상 회계처리

   (차) 기 계 장 치 B   3,700,000원   (대) 기 계 장 치 A   5,000,000원
       감가상각누계액   1,300,000원

2. 세무상 취득가액 : 4,500,000원

   (차) 기 계 장 치 B   4,500,000원   (대) 기 계 장 치 A   5,000,000원
       감가상각누계액   1,300,000원   기계장치처분이익   800,000원

3. 세무조정 : 〈익금산입〉 기계장치B   800,000(유보)

해답 ①

---

06 한국채택국제회계기준을 적용하고 있는 영리내국법인 ㈜A는 제24기 사업연도(2025.1.1.~12.31.)에 재평가모형을 채택하여 제24기말 장부가액 10억원인 토지를 12억원으로 재평가하였다. 이에 따라 자산재평가차익 2억원을 기타포괄손익누계액으로 계상하였을 경우 토지재평가와 관련된 세무조정으로 옳은 것은? [세무사 2013]

① 세무조정 없음
② 〈익금산입〉 재평가잉여금(기타)   200,000,000원
   〈손금산입〉 토지(△유보)   200,000,000원
③ 〈익금산입〉 재평가잉여금(유보)   200,000,000원
   〈손금산입〉 토지(△유보)   200,000,000원
④ 〈익금산입〉 토지(유보)   200,000,000원
   〈손금산입〉 재평가잉여금(△유보)   200,000,000원
⑤ 〈익금산입〉 재평가잉여금(△유보)   200,000,000원
   〈손금산입〉 토지(기타)   200,000,000원

해설 「보험업법」이나 그 밖의 법률에 따른 평가 이외의 평가이익은 인정되지 않으므로 다음의 세무조정이 필요하다.
〈익금산입〉 재평가잉여금 200,000,000원(기타)
〈손금산입〉 토   지 200,000,000원(△유보)

해답 ②

제12절 재고자산과 유가증권

I. 재고자산
II. 유가증권
III. 유가증권 평가손익의 세무조정

I. 재고자산

1 재고자산의 취득가액

재고자산의 취득가액은 법인세법의 일반원칙에 의하여 계산한다. 이하에서는 "제11절 자산의 취득가액과 자산·부채의 평가 등"에서 설명하지 않은 의제매입세액·재활용폐자원의 매입세액 등에 대하여 설명하고자 한다.

즉, 부가가치세법 등에 따른 의제매입세액과 재활용폐자원 등의 매입세액은 해당 원재료의 매입가액에서 이를 공제함과 동시에 VAT대급금으로 회계처리하게 된다. 왜냐하면 해당 의제매입세액 등의 금액은 부가가치세 납부세액 계산시 공제되기 때문이다. 예컨대, 면세로 공급받은 원재료의 가액이 1,020원이고, 이에 대한 의제매입세액이 20원이라면 원재료의 취득시 다음과 같은 회계처리를 하게 된다.

| (차) 원 재 료 | 1,000 | (대) 현 금 | 1,020 |
| VAT대급금 | 20 | | |

2 재고자산의 평가

(1) 재고자산에 대한 과세당국의 입장

1) 현 황

재고자산의 평가란 해당 기업의 해당 사업연도 판매가능원가[=기초재고액+당기매입액(제조기업은 당기제품제조원가)]를 매출원가와 기말재고액으로 배분하는 과정을 말한다.

기초재고액+당기매입액(제조기업은 당기제품제조원가)=매출원가+기말재고액

그런데 정상적인 기업을 가정하였을 때 기말재고액이 판매가능원가에서 차지하는 비율은 아주 낮은 것이 일반적이고, 따라서 재고자산의 평가가 과세소득에 미치는 영향은 극히 미미한 것일 수밖에 없는 것이다.

2) 결 론

따라서 과세당국에서는 재고자산과 관련된 제규정을 제정하여 운용하고는 있지만 법인세법 시행령에서 발췌한 다음의 내용을 살펴보면 형식적인 절차규정만 제대로 지켜준다면 자유롭게 평가방법의 선택과 변경을 허용(변경요건과 승인요건도 없음)하고 있음을 알 수 있다.

> 법인이 재고자산의 평가방법을 신고하고자 하는 때에는 법소정 기한내에 재고자산 등 평가방법신고(변경신고)서를 납세지 관할세무서장에게 제출(국세정보통신망에 의한 제출 포함)하여야 한다.

3) 참 고

현재 기업실무를 살펴보면 날이 갈수록 기술수준은 비약적이고 급진적으로 발전을 거듭하고 있고, 이에 따라 기업의 설비는 자동화·정밀화를 절대적으로 요구하게 됨으로써 막대한 투자재원을 필요로 하게 되었으며, 그 결과 기업의 재무제표에서 유형자산 및 무형자산이 차지하는 비율은 지속적으로 증가하는 추세에 있다.

한편, 이러한 유형자산 및 무형자산은 각 사업연도 소득금액 계산시 감가상각비로서 손금인정을 받게 되는데, 이러한 감가상각비가 과세소득에 미치는 영향은 위에서 살펴본 재고자산의 평가와는 비교할 수 없을 만큼 실로 엄청나다 할 수 있다.

따라서 과세당국에서는 유형자산 및 무형자산 감가상각비의 상각범위액에 영향을 미치는 내용연수와 감가상각방법의 변경시에는 재고자산평가방법의 변경시와는 달리 변경사유를 충족시키고 과세당국(내용연수는 관할지방국세청장, 감가상각방법은 관할세무서장)의 승인을 득하도록 규정하고 있는 등 엄격하게 다루고 있다.

(2) 재고자산의 평가방법

재고자산의 평가는 수량과 단가를 확정하여야 산출되는 것인데, 현행 법인세법은 수량의 확정방법에 대해서는 규정을 하지 않고 있으며, 단가산정방법에 대해서만 구체적 규정을 두고 있다. 그러나 법인세법의 근간을 이루는 실질주의에 입각해 살펴보면 당연히 계속기록법보다는 실지재고조사법에 의하여 수량을 확정짓는 것이 타당할 것이다.

한편, 법인세법은 단가의 산정방법과 관련해서는 다음에 열거하는 방법(원가법과 저가법) 중 하나를 선택하여 납세지 관할세무서장에게 신고를 하게 되면 동 재고자산평가방법을 인정하고 있다(법령 74①).

구 분	내 용
원가법	① 개별법, ② 선입선출법, ③ 후입선출법, ④ 총평균법, ⑤ 이동평균법, ⑥ 매출가격환원법❶ 중 하나의 방법에 의하여 산출한 가액으로 평가하는 방법
저가법	원가법에 의하여 평가한 가액과 기업회계기준이 정하는 바에 따라 시가로 평가한 가액❷ 중 낮은 가액으로 평가하는 방법❸

❶ 매출가격환원법이란 재고자산을 품종별로 해당 사업연도 종료일에 있어서 판매될 예정가격에서 판매예정차익금을 공제하여 산출한 취득가액을 그 자산의 평가액으로 하는 방법을 말한다(법령 74①1바). 이 경우 판매예정차손이 발생되는 경우에는 판매예정가액을 취득가액으로 한다(법기통 42-74…3).
❷ 제품·상품·반제품 및 재공품은 순실현가능가액, 원재료는 현행대체원가를 말한다. 여기서 순실현가능가액이란 추정판매가액에서 추정판매비용을 차감한 가액을 의미하며, 현행대체원가란 기업이 현재 보유하고 있는 자산을 다시 취득하는 경우 지불해야 하는 금액을 의미한다.
❸ 법인이 저가법을 신고하는 경우에는 시가와 비교되는 원가법을 함께 신고하여야 한다.

> **참고** 재고자산평가손실 발생시 신고한 재고자산 평가방법에 따른 세무조정
>
> ① 원가법으로 신고한 경우
>   이 경우에는 재고자산평가손실을 인정하지 않으므로 해당 재고자산평가손실액을 손금불산입(유보)하여야 한다.
>
> ② 저가법으로 신고한 경우
>   이 경우에는 재고자산평가손실을 인정하므로 세무조정이 필요없다. 참고로 기업회계기준서에서는 재고자산평가손실이 발생하면 다음과 같이 회계처리하도록 규정하고 있다.
>
> (차) 재고자산평가손실   ×××   (대) 재고자산평가충당금   ×××
>
> 여기서 재고자산평가손실은 매출원가에 가산하며, 재고자산평가충당금은 재고자산의 취득원가에서 차감하는 형식으로 기재한다.

(3) 평가대상 재고자산의 범위와 평가방법의 선택

1) 평가대상 재고자산의 범위

법인세법에서는 평가대상 재고자산을 다음과 같이 네가지의 유형으로 구분하고 있다.

① 제품과 상품(부동산매매업자의 매매목적 부동산을 포함하며, 유가증권 제외)
② 반제품과 재공품   ③ 원재료   ④ 저장품(소모품이나 소모성 재료 등)

2) 재고자산 평가방법의 선택

법인은 재고자산을 평가함에 있어 위 ①부터 ④의 자산별로 구분하여 재고자산의 종류별·영업장별·영업종목별로 각각 다른 방법에 의하여 평가할 수 있다.

3) 구분경리 및 제조원가보고서 등의 작성

다만, 재고자산을 영업장별 또는 영업종목별로 각각 다른 방법으로 평가한 경우에는 수익과 비용을 영업장별 또는 영업의 종목별로 각각 구분하여 기장하고, 영업장별 또는 영업의 종목별로 제조원가보고서와 포괄손익계산서(또는 손익계산서)를 작성하여야 한다(법령 74②).

(4) 재고자산 평가방법의 신고와 변경신고

1) 재고자산 평가방법의 신고

구 분	내 용
① 대상법인	신설법인과 수익사업을 개시한 비영리내국법인
② 신고기한	해당 법인의 설립일 또는 수익사업 개시일이 속하는 사업연도의 과세표준 신고기한내에 납세지 관할세무서장에게 신고하여야 한다(법령 74③).
③ 유의사항	만일 재고자산 평가방법의 신고를 하지 않은 법인이 제5기에 신고를 한 경우 제5기까지는 무신고로 보며, 제6기부터 신고한 방법을 세무상 평가방법으로 한다(법령 74⑤).

2) 재고자산 평가방법의 변경신고

구 분	내 용
① 대상법인	재고자산의 평가방법을 신고한 법인으로서 그 평가방법을 변경하고자 하는 법인
② 변경신고기한	변경할 평가방법을 적용하고자 하는 사업연도의 종료일 이전 3월이 되는 날까지 납세지 관할세무서장에게 신고하여야 한다(법령 74③).
③ 유의사항	법인이 신고기한을 경과하여 변경신고를 한 경우에는 그 후의 사업연도부터 변경신고한 평가방법을 세법상 평가방법으로 한다(법령 74⑤).

(5) 무신고와 임의변경시 세법상 평가방법

구 분		무신고시 평가방법※	임의변경시 평가방법
재 고 자 산		선입선출법	MAX [① 무신고시 평가방법 ② 당초 신고한 평가방법]
매매목적용 부동산		개별법	

※ 법인이 재고자산의 평가방법을 신고하지 아니하여 위의 무신고시 평가방법을 적용받는 경우에 그 평가방법을 변경하려면 변경할 평가방법을 적용하려는 사업연도의 종료일 전 3개월이 되는 날까지 변경신고를 하여야 한다.(법령 74⑥).

재고자산 평가방법에 착오가 있는 경우

재고자산 평가방법을 신고하고 신고한 방법에 의하여 평가하였으나 기장 또는 계산상의 착오가 있는 경우에는 재고자산 평가방법을 달리하여 평가한 것으로 보지 않는다(법기통 42-74…10).

(6) 재고자산 평가차액의 세무조정

구 분	내 용
해당 연도	① 장부상 평가액 < 세법상 평가액 ➡ 〈익금산입〉 재고자산평가감　×××(유보) ② 장부상 평가액 > 세법상 평가액 ➡ 〈손금산입〉 재고자산평가증　×××(△유보)
다음 연도	다음 연도 이후 해당 재고자산의 처분시 반대의 세무조정을 하여야 한다. 만일 문제의 자료에서 기초재고자산 중 일부만 해당 사업연도에 처분되었다는 정보가 주어지면 동 처분비율을 적용하여 계산된 금액만큼만 반대의 세무조정을 하여야 함에 유의하여야 한다.

제12절 재고자산과 유가증권

재고자산평가감 vs 재고자산평가증

구 분	의 미	세 무 조 정
재고자산 평가감	장부상 재고자산 평가액이 세법상 평가액보다 감소되어 있다는 의미	- 세무조정을 통해 세법상 재고자산 평가액을 장부상 평가액보다 증가시켜야 하므로 유보처분이 필요함 - 세법상 기말재고자산의 증가는 세법상 매출원가의 감소를 가져와 당기순이익보다 각 사업연도 소득이 증가해야 하므로 익금산입(또는 손금불산입)의 세무조정이 필요함
재고자산 평가증	장부상 재고자산 평가액이 세법상 평가액보다 증가되어 있다는 의미	- 세무조정을 통해 세법상 재고자산 평가액을 장부상 평가액보다 감소시켜야 하므로 △유보처분이 필요함 - 세법상 기말재고자산의 감소는 세법상 매출원가의 증가를 가져와 당기순이익보다 각 사업연도 소득이 감소해야 하므로 손금산입(또는 익금불산입)의 세무조정이 필요함

한국채택국제회계기준(K-IFRS) 적용 내국법인 등에 대한 재고자산평가차익 익금불산입

1 규 정

내국법인 또는 국내사업장이 있는 외국법인이 한국채택국제회계기준을 최초로 적용하는 사업연도에 재고자산평가방법을 후입선출법에서 다른 재고자산평가방법으로 납세지 관할세무서장에게 변경신고한 경우에는 해당 사업연도의 소득금액을 계산할 때 ①에서 ②를 뺀 금액(=재고자산평가차익)을 익금에 산입하지 아니할 수 있다. 이 경우 재고자산평가차익은 한국채택국제회계기준을 최초로 적용하는 사업연도의 다음 사업연도 개시일부터 5년간 균등하게 나누어 익금에 산입한다(법법 65③).

> ① 한국채택국제회계기준을 최초로 적용하는 사업연도의 기초 재고자산 평가액
> ② 한국채택국제회계기준을 최초로 적용하기 직전 사업연도의 기말 재고자산 평가액

2 익금산입액

위의 규정에 따라 재고자산평가차익을 익금에 산입하지 아니한 경우에는 한국채택국제회계기준을 최초로 적용하는 사업연도의 다음 사업연도 개시일부터 5년이 되는 날이 속하는 사업연도까지 다음 산식에 따라 계산한 금액을 익금에 산입한다. 이 경우 월수는 역에 따라 계산하되, 1개월 미만의 일수는 1개월로 하고, 이에 따라 사업연도 개시일이 속한 월을 1개월로 계산한 경우에는 사업연도 개시일부터 5년이 되는 날이 속한 월은 계산에서 제외한다.

$$\text{재고자산 평가차익} \times \frac{\text{해당 사업연도 월수}}{60\text{개월}}$$

3 사 례

(1) ㈜A는 12월말 법인으로서 2020 사업연도부터 한국채택국제회계기준을 적용하기로 하였다.
(2) ㈜A는 재고자산평가방법을 후입선출법으로 사용하였으나 한국채택국제회계기준에서는 이를 인정하지 않으므로 2020 사업연도부터는 선입선출법으로 변경하기로 하였으며, 관련 회계처리는 다음과 같다.

(차) 재고자산	1,000,000	(대) 이익잉여금	1,000,000

(3) 2020 사업연도로부터 2025 사업연도까지의 세무조정은 다음과 같다.
　① 2020 사업연도의 세무조정
　　　〈익금산입〉 이익잉여금　1,000,000(기타)
　　　〈손금산입〉 재고자산　　1,000,000(△유보)
　② 2021 사업연도부터 2025 사업연도까지의 세무조정
　　　〈익금산입〉 재고자산　　200,000*(유보)
　　　　* $1,000,000원 \times \dfrac{12개월}{60개월} = 200,000원$

3 재고자산 평가손익

(1) 재고자산 평가이익

법인세법상 재고자산의 평가는 원가법 또는 저가법에 의하고 있으므로 재고자산 평가이익은 익금불산입한다 ➡ 예외규정 없음

(2) 재고자산 평가손실

기업회계기준에서는 재고자산의 평가에 대하여 저가법 적용을 강제하고 있다. 반면, 법인세법에서는 다음의 경우에 한하여 재고자산 평가손실을 결산조정에 의하여 손금산입할 수 있다.

① 재고자산 평가방법으로 저가법을 신고한 후 사용하는 경우
② 파손·부패 그 밖의 사유로 인하여 정상가액으로 판매할 수 없는 경우
③ 매출가격환원법에 의한 재고자산평가시 판매예정차손이 발생되는 경우에는 판매예정가액을 재고자산가액으로 한다(법기통 42-74…3).

예제 12-1 재고자산의 평가(I)

다음 자료에 의하여 ㈜A의 당기 사업연도 기말재고자산에 대한 세무조정을 하시오.

1. 재고자산의 평가자료

구 분	제 품	원 재 료	저 장 품
회 사 평 가 액	4,500,000원	650,000원	1,600,000원
선 입 선 출 법	4,650,000원	450,000원	1,750,000원
후 입 선 출 법	4,000,000원	750,000원	1,400,000원
총 평 균 법	4,500,000원	650,000원	1,550,000원
신 고 한 평 가 방 법	무신고	총평균법	총평균법

2. 원재료는 직전 사업연도까지는 후입선출법으로 평가하였으나, 당기 10월 1일에 총평균법으로 변경신고하였다.
3. 저장품은 신고한 평가방법에 의하여 평가하였으나, 계산의 착오로 50,000원을 과다계상하였다.

해답

1. 제품 : 재고자산 평가방법을 신고하지 않았으므로 선입선출법에 의하여 평가한 가액을 재고자산가액으로 한다.

　① 회사평가액　　　　　　　　4,500,000원
　② 세무상 평가액　　　　　　　4,650,000원
　③ 재고자산평가감　　　　　　　 150,000원

　〈익금산입〉 제품평가감　　150,000(유보)

2. 원재료 : 재고자산 평가방법의 변경신고는 변경할 평가방법을 적용하고자 하는 사업연도 종료일 이전 3월이 되는 날(위 사례의 경우 9월 30일)까지 신고하여야 한다. 그런데 ㈜A는 변경신고기한을 경과하여 신고하고, 해당 신고한 평가방법으로 원재료를 평가하였으므로 임의변경에 해당한다. 법인세법상 재고자산 평가방법을 임의변경한 경우에는 당초 신고한 평가방법과 무신고시 평가방법(=선입선출법)에 의한 평가액 중 큰 금액으로 한다.

① 회사평가액   650,000원
② 세무상 평가액   750,000원   MAX(750,000원, 450,000원)
③ 재고자산평가감   100,000원

〈익금산입〉 원재료평가감   100,000 (유보)

3. 저장품 : 신고한 평가방법에 의하여 평가하였으나 계산착오로 인하여 해당 평가방법상의 금액보다 과다 또는 과소하게 계상한 경우에는 임의변경으로 보지 아니하므로 해당 차액만 조정한다.

① 회사평가액   1,600,000원
② 세무상 평가액   1,550,000원
③ 재고자산평가증   △50,000원

〈손금산입〉 저장품평가증   50,000(△유보)

분개법 | 재고자산의 평가

(1) 제품 : 장부상 평가법 – 총평균법(4,500,000원), 세법상 평가법 – 무신고이므로 선입선출법(4,650,000원)

1) 분개법

Book	기말제품 * 총평균법	4,500,000*	/ 매 입	4,500,000	〈결산수정분개〉
Tax	기말제품 * 선입선출법	4,650,000*	/ 매 입	4,650,000	
Adjustment	기말제품	150,000	/ 매 입	150,000	
Tax-Adj	자 산↑(순자산↑)	150,000	/ 손 금↓(순자산↑)	150,000	

〈손금불산입〉 매입(재고자산평가감)150,000·유보(제품)

2) 간편법

장부상 제품평가액(4,500,000원)이 세법상 제품평가액(4,650,000원)보다 150,000원 평가감되어 있으므로 세무조정을 통해 장부상 제품평가액을 세법상 제품평가액으로 증액시켜야 함. 따라서 세법상 자산증가를 위해 유보처분이 필요함. 한편, 세법상 재고자산의 증가는 세법상 매출원가를 감소시켜 당기순이익에 비해 각사업연도소득을 증가시키게 됨. 따라서 당기순이익에 비해 각사업연도소득을 재고자산 증가액만큼 증가시키기 위한 손금불산입 또는 익금산입의 소득금액조정이 필요함.

(2) 원재료
장부상 평가법 – 총평균법(650,000원), 세법상 평가법 – 임의변경이므로 MAX(무신고시 평가방법(선입선출법, 450,000원), 당초 신고한 평가방법(후입선출법, 750,000원)) = 후입선출법(750,000원)

1) 분개법

Book	기말원재료 * 총평균법	650,000*	/ 매 입	650,000	〈결산수정분개〉
Tax	기말원재료 * 후입선출법	750,000*	/ 매 입	750,000	
Adjustment	기말원재료	100,000	/ 매 입	100,000	

| Tax-Adj | 자 산↑(순자산↑) | 100,000 | / 손 금↓(순자산↑) | 100,000 |

〈손금불산입〉 매입(재고자산평가감) 100,000 · 유보(원재료)

2) 간편법

장부상 원재료평가액(650,000원)이 세법상 원재료평가액(750,000원)보다 100,000원 평가감되어 있으므로 세무조정을 통해 장부상 원재료평가액을 세법상 원재료평가액으로 증액시켜야 함. 따라서 세법상 자산증가를 위해 유보처분이 필요함. 한편, 세법상 재고자산의 증가는 세법상 매출원가를 감소시켜 당기순이익에 비해 각사업연도소득을 증가시키게 됨. 따라서 당기순이익에 비해 각사업연도소득을 재고자산 증가액만큼 증가시키기 위한 손금불산입 또는 익금산입의 소득금액조정이 필요함.

(3) 저장품

장부상 평가법 – 총평균법(1,600,000원), 세법상 평가법 – 총평균법(1,550,000원) → 계산착오는 임의변경에 해당하지 않음

1) 분개법

Book	기말저장품 * 총평균법	1,600,000*	/ 매 입	1,600,000 〈결산수정분개〉
Tax	기말저장품 * 총평균법	1,550,000*	/ 매 입	1,550,000
Adjustment	매입	50,000	/ 기말저장품	50,000
Tax-Adj	손 금↑(순자산↓)	50,000	/ 자 산↓(순자산↓)	50,000

〈손금산입〉 매입(재고자산평가증) 50,000 · △유보(저장품)

2) 간편법

장부상 저장품평가액(1,600,000원)이 세법상 저장품평가액(1,550,000원)보다 50,000원 평가증되어 있으므로 세무조정을 통해 장부상 저장품평가액을 세법상 저장품평가액으로 감액시켜야 함. 따라서 세법상 자산감소를 위해 △유보처분이 필요함. 한편, 세법상 재고자산의 감소는 세법상 매출원가를 증가시켜 당기순이익에 비해 각사업연도소득을 감소시키게 됨. 따라서 당기순이익에 비해 각사업연도소득을 재고자산 증가액만큼 감소시키기 위한 손금산입 또는 익금불산입의 소득금액조정이 필요함.

II. 유가증권

 **유가증권의 범위**

법인세법상 유가증권이란 기업회계상 당기손익-공정가치측정금융자산(단기매매증권), 기타포괄손익-공정가치측정금융자산(매도가능증권), 상각후원가측정금융자산(만기보유증권), 관계기업투자주식(지분법적용투자주식) 모두를 포함하는 개념이다. 본서에서는 편의상 당기손익-공정가치측정금융자산을 당기손익인식금융자산, 기타포괄손익-공정가치측정금융자산을 기타포괄손익인식금융자산이라 한다.

2 유가증권의 취득가액

(1) 원 칙

유가증권의 취득가액은 자산의 취득가액에 대한 법인세법의 일반원칙에 의하여 계산한다.

예컨대, 단기금융자산 등을 타인으로부터 매입한 경우에는 매입가액, 그 밖의 유가증권은 타인으로부터 매입한 경우에는 (매입가액＋취득부대비용), 교환이나 수증 등으로 취득한 경우에는 해당 유가증권의 (시가＋취득부대비용)을 취득가액으로 한다.

또한 유가증권을 고가로 매입한 경우 상대방이 특수관계인인 경우에는 (시가＋취득부대비용), 특수관계인이 아닌 경우에는 (정상가액＋취득부대비용)을 취득가액으로 하고, 유가증권을 저가로 매입한 경우에 취득가액은 원칙적으로 타인으로부터 매입한 경우의 취득가액규정에 의하여 (해당 매입가액＋취득부대비용)을 취득가액으로 한다.

(2) 예 외

다만, 특수관계있는 개인으로부터 유가증권을 저가로 매입한 경우에는 해당 매입가액과 시가와의 차액을 익금산입(유보)하고, 해당 금액을 취득가액에 가산한다. 즉, 이 경우에는 (시가＋취득부대비용)을 세법상 취득가액으로 하고 있는 것이다.

(3) 특 례(강제매입채권)

기업회계에서는 유형자산의 취득과 관련하여 국공채를 불가피하게 매입하는 경우 해당 국공채의 매입가액과 현재가치로 평가한 가액과의 차액을 해당 유형자산의 취득가액에 산입하도록 규정하고 있다. 따라서 이 경우 유가증권의 취득가액은 현재가치로 평가한 가액이 된다. 이에 대하여 현행 법인세법 시행령 제72조[자산의 취득가액 등] 제2항에서도 이를 허용하고 있다.

강제매입채권 취득가액과 세무조정

구 분	내 용
관 련 자 료	① 유형자산의 취득과 관련하여 불가피하게 매입한 유가증권의 취득가액 : 1,000,000원 ② 해당 유가증권의 현재가치 : 800,000원
회 계 처 리	(차) 자 산 200,000 (대) 현 금 1,000,000 유 가 증 권 800,000
세 무 조 정	법인세법에서도 상기의 회계처리를 수용하므로 세무조정문제는 발생하지 않는다.
유의점	물론 위의 경우 법인세법상 원칙적인 취득가액은 1,000,000원임에 유의하여야 한다.

3 유가증권의 평가

(1) 기업회계상 유가증권의 평가방법

기업회계상 유가증권의 평가방법은 유가증권의 종류에 따라 공정가치법, 원가법, 지분법에 의하여 평가하도록 규정하고 있다.

(2) 법인세법상 유가증권의 평가방법 및 제규정

1) 유가증권의 평가방법

구 분	내 용
원 칙	유가증권의 평가는 원가법 중 다음의 방법에서 하나를 선택하여 신고한 방법에 의한다. ① 개별법(채권에 한함), ② 총평균법, ③ 이동평균법 ▶ 다만, 자본시장과 금융투자업에 관한 법률에 따른 투자회사(Mutual Fund)가 보유한 집합투자재산은 시가법에 의한다.
예 외	① 다음에 해당하는 주식으로서 해당 주식발행법인이 부도가 발생한 경우 또는 채무자회생및파산에 관한법률에 따른 회생계획인가의 결정을 받았거나 기업구조조정촉진법에 따른 부실징후기업이 된 경우에는 해당 주식의 장부가액과 해당 사업연도 종료일 현재의 시가(시가평가액이 1,000원 이하인 경우에는 1,000원)와의 차액을 손금에 산입할 수 있다. ㉠ 주권상장법인이 발행한 주식 ㉡ 중소기업창업투자회사 또는 신기술사업금융업자가 보유하는 주식 중 창업자 또는 신기술사업자가 발행한 주식 ㉢ 특수관계가 없는 주권비상장법인이 발행한 주식❋ ② 주식발행법인이 파산한 경우의 해당 주식은 사업연도 종료일 현재의 시가(시가평가액이 1,000원 이하인 경우에는 1,000원)와의 차액을 손금에 산입할 수 있다.

❋ 법인과 특수관계의 유무를 판단할 때 발행주식 총수의 5% 이하를 소유하고 그 취득가액이 10억원 이하인 주주에 해당하는 법인은 소액주주로 보아 특수관계에 있는지 여부를 판단한다(법령 78④).

보유중인 주식의 발행법인이 파산한 경우의 법인세법상 제규정

구 분	내 용
평가 손실의 인 식	법인이 보유하고 있는 주식의 발행법인이 파산선고를 받은 경우 해당 주식은 사업연도 종료일 현재의 시가(시가평가액이 1,000원 이하인 경우에는 1,000원)와의 차액을 손금에 산입할 수 있다.
손 금 산 입 시 기	상기의 규정에 의한 손금산입시기는 해당 파산선고일이 속하는 사업연도부터 파산법인의 잔여재산가액이 확정된 날이 속하는 사업연도의 직전 사업연도 종료일까지 손금에 산입할 수 있다(서이 46012-10550, 2002. 3. 20).
잔 여 재 산 분배시	상기의 규정에 의하여 손금산입한 법인이 파산법인의 파산종결결정이 있은 후 잔여재산의 분배로서 취득하는 금전 그 밖의 재산이 있는 경우에는 해당 취득일이 속하는 사업연도의 익금에 산입한다(법기통 42-78…4).

2) 유가증권 평가방법의 신고와 변경신고

유가증권 평가방법의 신고 및 변경신고와 관련된 규정은 재고자산의 경우와 동일하다.

3) 무신고시 또는 임의변경시 세법상 평가방법

구 분	무신고시 평가방법	임의변경시 평가방법
유가증권	총평균법	MAX [① 무신고시 평가방법 ② 당초 신고한 평가방법]

Ⅲ. 유가증권 평가손익의 세무조정

앞에서 살펴본 바와 같이 법인세법상 유가증권의 평가는 일반법인의 경우 원가법만 인정된다. 따라서 기업회계기준과의 차이에 따른 유형별 세무조정은 다음과 같다.

1 당기 손익으로 처리한 경우

구 분	내 용	
평가이익	〈익금불산입〉 과 목❶	×××(△유보)
평가손실	〈손금불산입〉 과 목❷	×××(유보)

❶ 기업회계상 당기손익인식금융자산평가이익(단기매매증권평가이익)을 말한다.
❷ 기업회계상 당기손익인식금융자산평가손실(단기매매증권평가손실)을 말한다.

2 자본항목(기타포괄손익)으로 처리한 경우

구 분	내 용	
자본항목의 증가	〈익금산입〉 과 목❶ 〈손금산입〉 과 목	×××(기타) ×××(△유보)
자본항목의 감소	〈손금산입〉 과 목❷ 〈익금산입〉 과 목	×××(기타) ×××(유보)

❶ 기업회계상 기타포괄손익인식금융자산평가이익(매도가능증권평가이익)을 말한다.
❷ 기업회계상 기타포괄손익인식금융자산평가손실(매도가능증권평가손실)을 말한다.

유가증권의 평가(Ⅰ)

㈜A는 제12기에 주권상장법인인 ㈜B의 주식 1,000주를 단기투자목적으로 취득하였다가 제13기에 처분하였다. 다음 자료에 의하여 제12기와 제13기에 수행할 세무조정을 하시오.

1. 제12기 취득과 결산시
   (1) 취득시

(차) 당기손익인식금융자산	100,000,000	(대) 현 금	100,000,000

   (2) 결산시

(차) 당기손익인식금융자산	40,000,000	(대) 당기손익인식금융자산평가이익	40,000,000

2. 제13기 처분시

(차) 현 금	150,000,000	(대) 당기손익인식금융자산 당기손익인식금융자산처분이익	140,000,000 10,000,000

해답

1. 제12기
   〈익금불산입〉 당기손익인식금융자산평가이익   40,000,000(△유보)
2. 제13기
   〈익금산입〉 전기 당기손익인식금융자산평가이익   40,000,000(유보)

분개법 유가증권의 평가(Ⅰ)

(1) 제12기 취득과 결산시

1) 취득시

Book	당기손익인식금융자산	100,000,000 / 현 금	100,000,000
Tax	당기손익인식금융자산	100,000,000 / 현 금	100,000,000
Adjustment	없 음		
Tax-Adj	없 음		

〈세무조정 없음〉

2) 결산시

Book	당기손익인식금융자산		40,000,000 / 당기손익인식금융자산평가이익	40,000,000
Tax	없 음			
Adjustment	당기손익인식금융자산평가이익	40,000,000 / 당기손익인식금융자산		40,000,000
Tax-Adj	익 금↓(순자산↓)	40,000,000 / 자 산↓(순자산↓)		40,000,000

〈익금불산입〉 당기손익인식금융자산평가이익   40,000,000   △유보(당기손익인식금융자산)

(2) 제13기 처분시

Book	현 금	150,000,000 /	당기손익인식금융자산	140,000,000
			당기손익인식금융자산처분이익	10,000,000
Tax	현 금	150,000,000 /	당기손익인식금융자산	100,000,000
			당기손익인식금융자산처분이익	50,000,000
Adjustment	당기손익인식금융자산	40,000,000 /	당기손익인식금융자산처분이익	40,000,000
Tax-Adj	자 산↑(순자산↑)	40,000,000 /	익 금↑(순자산↑)	40,000,000

〈익금산입〉당기손익인식금융자산처분이익 40,000,000 유보(당기손익인식금융자산)

예제 12-3 유가증권의 평가(Ⅱ)

㈜A는 제5기에 주권상장법인인 ㈜B의 주식 1,000주를 장기투자목적으로 취득하였다가 제7기에 처분하였다. 다음 자료에 의하여 제5기, 제6기, 제7기에 수행할 세무조정을 하시오.

[자료 1] 취득원가 및 시가, 처분가액
       ① 제5기 취득원가 : 100,000,000원
       ② 제5기말의 시가 : 120,000,000원
       ③ 제6기말의 시가 : 115,000,000원
       ④ 제7기 처분가액 : 130,000,000원

[자료 2] 관련 회계처리
1. 제5기 취득과 결산시

  (1) 취득시

(차)	기타포괄손익인식금융자산	100,000,000	(대)	현 금	100,000,000

  (2) 결산시

(차)	기타포괄손익인식금융자산	20,000,000	(대)	기타포괄손익인식금융자산평가이익	20,000,000

2. 제6기 결산시

(차)	기타포괄손익인식금융자산평가이익	5,000,000	(대)	기타포괄손익인식금융자산	5,000,000

3. 제7기 처분시

(차)	현 금	130,000,000	(대)	기타포괄손익인식금융자산	115,000,000
	기타포괄손익인식금융자산평가이익	15,000,000		기타포괄손익인식금융자산처분이익	30,000,000

해답

1. 제5기 결산시
    〈익금산입〉 기타포괄손익인식금융자산평가이익   20,000,000(기타)
    〈익금불산입〉 기타포괄손익인식금융자산평가증   20,000,000(△유보)
    ※ 장부상 결산분개의 결과 순자산의 증가효과를 가져왔으나 수익계상을 하지 않았으므로 익금산입하고, 동 금액만큼 유가증권이 평가증되었으나 세무상 인정되지 않으므로 익금불산입한다.

2. 제6기 결산시

〈손금산입〉 기타포괄손익인식금융자산평가이익   5,000,000(기타)
〈손금불산입〉 기타포괄손익인식금융자산평가감   5,000,000(유보)

※ 장부상 결산분개의 결과 순자산의 감소효과를 가져왔으나 비용계상을 하지 않았으므로 손금산입하고, 동 금액만큼 유가증권이 평가감되었으나 세무상 인정되지 않으므로 손금불산입한다.

3. 제7기 처분시

〈손금산입〉 기타포괄손익인식금융자산평가이익   15,000,000(기타)
〈익금산입〉 전기 △유보금액 정리   15,000,000(유보)

※ 유가증권의 처분시 세무상 분개를 가정하면 다음과 같다.

(차) 현 금	130,000,000	(대) 기타포괄손익인식금융자산	100,000,000
		기타포괄손익인식금융자산처분이익	30,000,000

동 분개와 회사의 분개를 비교하여 보면 회사의 분개가 세무상 분개보다 자산과 자본(기타포괄손익인식금융자산평가이익)이 결국 각각 15,000,000원씩 추가로 감소하여 결국 15,000,000원의 순자산 감소효과를 가져왔으나 장부상으로는 동 금액을 기타포괄손익금융자산평가이익의 감소로 처리하였으므로 손금산입하고, 유가증권 관련 △유보금액 15,000,000원을 익금산입한다.

분개법 유가증권의 평가(II)

(1) 제5기 취득과 결산시

1) 취득시

Book	기타포괄손익인식금융자산 100,000,000 / 현 금	100,000,000
Tax	기타포괄손익인식금융자산 100,000,000 / 현 금	100,000,000
Adjustment	없 음	
Tax-Adj	없 음	

〈세무조정 없음〉

2) 결산시

Book	기타포괄손익인식금융자산 20,000,000 / 기타포괄손익인식금융자산평가이익*	20,000,000

* 재무상태표항목인 포괄손익에 해당. 포괄손익은 증자나 감자 또는 배당 등의 자본거래로 인한 순자산변동을 제외한 순자산 증감액으로서 자본을 불입자본과 잉여금으로 구분할 경우 잉여금으로 분류됨

Tax	없 음	
Adjustment	기타포괄손익인식금융자산평가이익 20,000,000 / 기타포괄손익인식금융자산	20,000,000
Tax-Adj	잉여금↓(순자산↓) 20,000,000 / 자 산↓(순자산↓)	20,000,000

〈익 금 산 입〉 기타포괄손익인식금융자산   20,000,000 기타
〈익금불산입〉 기타포괄손익인식금융자산평가이익 20,000,000 △유보(기타포괄손익인식금융자산)

(2) 제6기 결산시

Book	기타포괄손익인식금융자산평가이익 5,000,000 / 기타포괄손익인식금융자산 5,000,000
Tax	없 음

| Adjustment | 기타포괄손익인식금융자산 | 5,000,000 / 기타포괄손익인식금융자산평가이익 | 5,000,000 |
| Tax-Adj | 자　산↑(순자산↑) | 5,000,000 / 잉여금↑(순자산↑) | 5,000,000 |

〈익 금 산 입〉 기타포괄손익인식금융자산평가이익 5,000,000 유보(기타포괄손익인식금융자산)
〈익금불산입〉 기타포괄손익인식금융자산　　　　5,000,000 기타

(3) 제7기 처분시

| Book | 현　금 | 130,000,000 / 기타포괄손익인식금융자산 | 115,000,000 |
| | 기타포괄손익인식금융자산평가이익 15,000,000 | 　　　　기타포괄손익인식금융자산처분이익 | 30,000,000 |

| Tax | 현　금 | 130,000,000 / 기타포괄손익인식금융자산 | 100,000,000 |
| | | 　　　　　　기타포괄손익인식금융자산처분이익 | 30,000,000 |

| Adjustment | 기타포괄손익인식금융자산 15,000,000 / 기타포괄손익인식금융자산평가이익 15,000,000 |
| Tax-Adj | 자　산↑(순자산↑)　　　15,000,000 / 잉여금↑(순자산↑)　　　15,000,000 |

〈익 금 산 입〉 기타포괄손익인식금융자산평가이익　　15,000,000 유보*(기타포괄손익인식금융자산)
〈익금불산입〉 기타포괄손익인식금융자산　　　　15,000,000 기타*

＊ 간편법: 기타포괄손익인식금융자산이 처분되었으므로 이와 관련된 세무조정사항들을 추인하는 것임

예 12-4 유가증권의 평가(Ⅲ)

다음 자료에 의하여 ㈜A의 당기 사업연도의 세무조정을 하시오.

1. ㈜A는 만기보유목적으로 당기 9월 1일에 다음에 해당하는 회사채를 291,000,000원에 구입하였다.
   ① 액면가액 : 300,000,000원
   ② 액면이자율 : 5%
   ③ 이자지급일 : 1년 후 지급(매년 8. 31)
2. 상기 회사채의 유효이자율은 6%(가정)이다.
3. ㈜A는 주권비상장법인이며, 일반기업회계기준에 의하여 회계처리하였다.

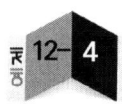

1. 미래의 회계처리
   ① 취득시

   | (차) 만기보유증권 | 291,000,000 | (대) 현　　금 | 291,000,000 |

   ② 결산시

   | (차) 만기보유증권 | 820,000 | (대) 이 자 수 익 | 5,820,000❷ |
   | 　　미 수 수 익 | 5,000,000❶ | | |

   ❶ $300,000,000원 \times 5\% \times \dfrac{4}{12} = 5,000,000원(액면이자)$

   ❷ $291,000,000원 \times 6\% \times \dfrac{4}{12} = 5,820,000원(유효이자)$

2. 세무조정
   〈익금불산입〉 만기보유증권　　820,000(△유보)
   　　※ 이는 만기일 원금상환을 받을 때 반대의 세무조정으로 종결된다.

   〈익금불산입〉 미 수 수 익　　5,000,000(△유보)
   　　※ 이는 다음연도 액면이자 수령시 반대의 세무조정으로 종결된다.

해설

채권의 할인취득시 해당 할인액은 액면이자와 같이 소득세법상 이자소득에 해당하므로 할인액의 익금귀속시기도 소득세법상 이자소득의 귀속시기와 일치한다.

분개법 유가증권의 평가(Ⅲ)

(1) 취득시

Book	만기보유증권	291,000,000	/ 현 금	291,000,000
Tax	만기보유증권	291,000,000	/ 현 금	291,000,000
Adjustment	없 음			
Tax-Adj	없 음			

(2) 결산시

Book	만기보유증권 미수수익	820,000 5,000,000	/ 이자수익	5,820,000
Tax	없 음*			

* 채권의 할인취득시 해당 할인액은 액면이자와 같이 소득세법상 이자소득에 해당하므로 할인액의 익금귀속시기도 소득세법상 이자소득의 귀속시기와 일치한다. 소득세법상 양도가능한 채권 등의 이자와 할인액은 무기명의 경우 그 지급을 받은 날, 기명의 경우 약정에 의한 이자지급 개시일이 속한 기간에 귀속한다. 따라서 본 사례(회사채이므로 기명에 해당함)에서는 이자지급 개시일(8.31.)이 도래하지 않았으므로 세무 상 이자수익을 인식할 수 없다.

Adjustment	이자수익	5,820,000	/ 만기보유증권 미수수익	820,000 5,000,000
Tax-Adj	익 금↓(순자산↓)	5,820,000	/ 자 산↓(순자산↓) 자 산↓(순자산↓)	820,000 5,000,000

〈익금불산입〉 이자수익   820,000・△유보(만기보유증권)*
* 이는 만기일 원금상환을 받을 때 반대의 세무조정으로 종결된다.

〈익금불산입〉 이자수익   5,000,000・△유보(미수이자)**
** 이는 다음연도 액면이자 수령시(8.31) 반대의 세무조정으로 종결된다.

조세법령 확인을 통해 기본개념 익히기

※ 다음 법인세 관련 조세법령의 빈 칸을 채우시오.

1. 법인세법 시행령 제74조 【재고자산의 평가】
   ① 제73조 제1호의 규정에 의한 재고자산의 평가는 다음 각호의 1에 해당하는 방법(제1호의 경우에는 동호 각목의 1에 해당하는 방법을 말한다) 중 법인이 납세지 관할세무서장에게 □□한 방법에 의한다.
   1. □□법 : 다음 각목의 1에 해당하는 방법에 의하여 산출한 취득가액을 그 자산의 평가액으로 하는 방법
      가. 재고자산을 개별적으로 각각 그 취득한 가액에 따라 산출한 것을 그 자산의 평가액으로 하는 방법(이하 "□□법"이라 한다)
      나. 먼저 입고된 것부터 출고되고 그 재고자산은 사업연도종료일부터 가장 가까운 날에 취득한 것이 재고로 되어 있는 것으로 하여 산출한 취득가액을 그 자산의 평가액으로 하는 방법(이하 "□□□□법"이라 한다)
      다. 가장 가까운 날에 입고된 것부터 출고되고 그 재고자산은 사업연도종료일부터 가장 먼 날에 취득한 것이 재고로 되어 있는 것으로 하여 산출한 취득가액을 그 자산의 평가액으로 하는 방법(이하 "□□□□법"이라 한다)
      라. 자산을 품종별·종목별로 당해 사업연도개시일 현재의 자산에 대한 취득가액의 합계액과 당해 사업연도 중에 취득한 자산의 취득가액의 합계액의 총액을 그 자산의 총수량으로 나눈 평균단가에 따라 산출한 취득가액을 그 자산의 평가액으로 하는 방법(이하 "총평균법"이라 한다)
      마. 자산을 취득할 때마다 장부시재금액을 장부시재수량으로 나누어 평균단가를 산출하고 그 평균단가에 의하여 산출한 취득가액을 그 자산의 평가액으로 하는 방법(이하 "이동평균법"이라 한다)
      바. 재고자산을 품종별로 당해 사업연도종료일에 있어서 판매될 예정가격에서 판매예정차익금을 공제하여 산출한 취득가액을 그 자산의 평가액으로 하는 방법(이하 "□□□□□□법"이라 한다)
   2. 저가법 : 재고자산을 제1호의 규정에 의한 □□법과 기업회계기준이 정하는 바에 따라 □□로 평가한 가액 중 낮은 편의 가액을 평가액으로 하는 방법
   ② 법인은 제1항에 따라 재고자산을 평가할 때 해당 자산을 제73조 제1호 각목의 자산별로 구분하여 □□별·□□장별로 각각 다른 방법에 의하여 평가할 수 있다. 이 경우 수익과 비용을 영업의 종목(한국표준산업분류에 의한 중분류 또는 소분류에 의한다)별 또는 영업장별로 각각 구분하여 기장하고, 종목별·영업장별로 □□□□보고서와 □□□□계산서(포괄손익계산서가 없는 경우에는 손익계산서를 말한다. 이하 같다)를 작성하여야 한다.
   ③ 법인이 제1항의 규정에 의한 재고자산의 평가방법을 신고하고자 하는 때에는 다음 각호의 기한내에 기획재정부령이 정하는 재고자산 등 □□□□□□(변경신고)서를 납세지 관할세무서장에게 제출(국세정보통신망에 의한 제출을 포함한다)하여야 한다. 이 경우 저가법을 신고하는 경우에는 시가와 비교되는 □□법을 함께 신고하여야 한다.
   1. 신설법인과 새로 수익사업을 개시한 비영리내국법인은 당해 법인의 □□일 또는 수익사업□□일이 속하는 사업연도의 법인세과세표준의 신고기한
   2. 제1호의 신고를 한 법인으로서 그 평가방법을 변경하고자 하는 법인은 변경할 평가방법을 적용하고자 하는

사업연도의 종료일 이전 □□이 되는 날
④ 법인이 다음 각 호의 어느 하나에 해당하는 경우에는 납세지 관할세무서장이 □□□□법(매매를 목적으로 소유하는 부동산의 경우에는 □□법으로 한다)에 의하여 재고자산을 평가한다. 다만, 제2호 또는 제3호에 해당하는 경우로서 신고한 평가방법에 의하여 평가한 가액이 선입선출법(매매를 목적으로 소유하는 부동산의 경우에는 개별법으로 한다)에 의하여 평가한 가액보다 큰 경우에는 신고한 평가방법에 의한다.
 1. 제3항 제1호의 규정에 의한 기한내에 재고자산의 평가방법을 신고하지 아니한 경우
 2. 신고한 평가방법외의 방법으로 평가한 경우
 3. 제3항 제2호의 규정에 의한 기한내에 재고자산의 평가방법 변경신고를 하지 아니하고 그 방법을 변경한 경우
⑤ 법인이 재고자산의 평가방법을 제3항 각호의 규정에 의한 기한이 경과된 후에 신고한 경우에는 그 신고일이 속하는 사업연도까지는 제4항의 규정을 준용하고, 그 후의 사업연도에 있어서는 법인이 신고한 평가방법에 의한다.
⑥ 법인이 재고자산의 평가방법을 신고하지 아니하여 제4항에 따른 평가방법을 적용받는 경우에 그 평가방법을 변경하려면 변경할 평가방법을 적용하려는 사업연도의 종료일 전 □개월이 되는 날까지 변경신고를 하여야 한다.
⑦ 제1항의 규정에 의하여 재고자산을 평가한 법인은 법 제60조의 규정에 의한 신고와 함께 기획재정부령이 정하는 재고자산평가조정명세서를 납세지 관할세무서장에게 제출하여야 한다.

해설과 해답
① 신고, 원가, 개별, 선입선출, 후입선출, 매출가격환원, 원가, 시가
② 종류, 영업, 제조원가, 포괄손익
③ 평가방법신고, 원가, 설립, 개시, 3월
④ 선입선출, 개별
⑥ 3

2. 법인세법 시행령 제75조【유가증권 등의 평가】

① 제73조 제2호 가목 및 나목에 따른 유가증권의 평가는 다음 각 호의 방법 중 법인이 납세지 관할세무서장에게 □□한 방법에 의한다.
  1. 개별법(□□의 경우에 한한다)
  2. 총□□법
  3. □□평균법

② 제74조 제3항 내지 제6항의 규정은 제73조 제2호 가목 및 나목에 따른 유가증권의 평가에 관하여 이를 준용한다. 이 경우 제74조 제4항 중 "선입선출법"은 "총평균법"으로, 동조 제6항 중 "재고자산평가조정명세서"는 "유가증권평가조정명세서"로 본다.

③ 투자회사등이 보유한 제73조 제2호 다목의 자산은 □□법에 따라 평가한다. 다만, 「자본시장과 금융투자업에 관한 법률」 제230조에 따른 환매금지형집합투자기구가 보유한 같은 법 시행령 제242조 제2항에 따른 시장성 없는 자산은 제1항 각 호의 어느 하나에 해당하는 방법 또는 시가법 중 해당 환매금지형집합투자기구가 법 제60조에 따른 신고와 함께 납세지 관할 세무서장에게 신고한 방법에 따라 평가하되, 그 방법을 이후 사업연도에 계속 적용하여야 한다.

④ 보험회사가 보유한 제73조 제2호 라목의 자산은 제1항 각 호의 어느 하나에 해당하는 방법 또는 시가법 중 해당 보험회사가 법 제60조에 따른 신고와 함께 납세지 관할 세무서장에게 □□한 방법에 따라 평가하되, 그 방법을 이후 사업연도에도 □□ 적용하여야 한다.

> **해설과 해답**
> ① 신고, 채권, 평균, 이동
> ③ 시가
> ④ 신고, 계속

3. 법인세법 시행령 제78조 【재고자산 등의 평가차손】

① 법 제42조 제3항 제2호에서 "천재지변·화재 등 대통령령으로 정하는 사유"란 다음 각 호의 어느 하나에 해당하는 사유를 말한다.
  1. 천재지변 또는 화재
  2. 법령에 의한 □□ 등
  3. 채굴예정량의 □□으로 인한 폐광(토지를 포함한 광업용 유형자산이 그 고유의 목적에 사용될 수 없는 경우를 포함한다)

② 법 제42조 제3항 제3호 각 목 외의 부분에서 "대통령령으로 정하는 주식등"이란 다음 각 호의 구분에 따른 주식 등을 말한다.
  1. 법 제42조 제3항 제3호 가목부터 다목까지의 경우: 다음 각 목의 어느 하나에 해당하는 주식등
     가. 「자본시장과 금융투자업에 관한 법률」에 따른 주권상장법인(이하 "주권상장법인"이라 한다)이 발행한 주식등
     나. 「중소기업 창업지원법」에 따른 중소기업창업투자회사 또는 「여신전문금융업법」에 따른 신기술사업금융업자가 보유하는 주식등 중 각각 창업자 또는 신기술사업자가 발행한 것
     다. 주권상장법인이 아닌 법인 중 제2조 제8항 각 호의 어느 하나의 관계에 있지 않은 법인이 발행한 주식등
  2. 법 제42조 제3항 제3호 라목의 경우: 주식등

③ 법 제42조 제3항 각 호 외의 부분에서 "대통령령으로 정하는 방법"이란 같은 항 각 호에 따른 자산의 장부가액을 해당 □□사유가 발생한 사업연도(법 제42조 제3항 제2호에 해당하는 경우에는 파손 또는 멸실이 확정된 사업연도를 포함한다)에 다음 각 호에 따른 평가액으로 감액하고, 그 감액한 금액을 해당 사업연도의 □□로 계상하는 방법을 말한다.
  1. 법 제42조 제3항 제1호의 재고자산의 경우에는 당해 재고자산을 사업연도종료일 현재 □□□□한 시가로 평가한 가액
  2. 법 제42조 제3항 제2호의 유형자산의 경우에는 사업연도종료일 현재 □□로 평가한 가액
  3. 법 제42조 제3항 제3호의 주식 등의 경우에는 사업연도 종료일 현재 □□(주식 등의 발행법인별로 보유주식총액을 시가로 평가한 가액이 1천원 이하인 경우에는 1천원으로 한다)로 평가한 가액

④ 제2항 제1호 다목에 따라 법인과 특수관계의 유무를 판단할 때 주식등의 발행법인의 발행주식총수 또는 출자총액의 100분의 □ 이하를 소유하고 그 취득가액이 □□억원 이하인 주주등에 해당하는 법인은 제50조 제2항에도 불구하고 소액주주등으로 보아 특수관계인에 해당하는 지를 판단한다.

> **해설과 해답**
> ① 수용, 채진
> ③ 감액, 손비, 처분가능, 시가, 시가
> ④ 5, 10

exercise

01 법인세법상 재고자산의 평가에 관한 설명으로 옳지 않은 것은? [국가직 9급 2013]

① 법정기한 내에 재고자산 평가방법을 신고하지 아니한 경우 매매를 목적으로 소유하는 부동산은 납세지 관할세무서장이 선입선출법에 의하여 평가한다.
② 재고자산은 영업장별로 다른 방법에 의하여 평가할 수 있다.
③ 신설법인이 재고자산 평가방법을 신고하고자 하는 때에는 설립일이 속하는 사업연도의 법인세과세표준 신고기한내에 신고하여야 한다.
④ 법인이 신고한 재고자산 평가방법을 변경하고자 하는 경우 변경할 평가방법을 적용하고자 하는 사업연도의 종료일 이전 3월이 되는 날까지 신고하여야 한다.

> 법정기한 내에 재고자산 평가방법을 신고하지 아니한 경우 매매를 목적으로 소유하는 부동산은 납세지 관할세무서장이 개별법에 의하여 평가한다.
> 해답 ①

02 법인세법상 재고자산의 평가에 관한 설명으로 옳지 않은 것은? [국가직 9급 2013]

① 법정 기한내에 재고자산 평가방법을 신고하지 아니한 경우 매매를 목적으로 소유하는 부동산은 납세지 관할세무서장이 선입선출법에 의하여 평가한다.
② 재고자산은 영업장별로 다른 방법에 의하여 평가할 수 있다.
③ 신설법인이 재고자산 평가방법을 신고하고자 하는 때에는 설립일이 속하는 사업연도의 법인세과세표준 신고기한내에 신고하여야 한다.
④ 법인이 신고한 재고자산 평가방법을 변경하고자 하는 경우 변경할 평가방법을 적용하고자 하는 사업연도의 종료일 이전 3월이 되는 날까지 신고하여야 한다.

> 법정 기한 내에 재고자산 평가방법을 신고하지 아니한 경우 매매를 목적으로 소유하는 부동산은 납세지 관할세무서장이 개별법에 의하여 평가한다.
> 해답 ①

03 법인세법상 내국법인의 자산의 취득가액과 평가에 관한 설명으로 옳은 것은? [국가직 9급 2018]

① 재고자산의 평가방법을 신고한 법인이 그 평가방법을 변경하기 위하여 재고자산 등 평가방법변경신고서를 납세지 관할세무서장에게 제출하려고 하는 경우에는 변경할 평가방법을 적용하고자 하는 사업연도의 종료일 이전 2월이 되는 날까지 제출하여야 한다.
② 재고자산이 부패로 인해 정상가격으로 판매할 수 없게 된 경우 그 사유가 발생한 사업연도 종료일 현재의 처분가능한 시가로 자산의 장부가액을 감액할 수 있고 그 감액분을 신고조정을 통해 손금산입할 수 있다.
③ 유형자산의 취득과 함께 국·공채를 매입하는 경우 기업회계기준에 따라 그 국·공채의 매입가액과 현재가치의 차액을 당해 유형자산의 취득가액으로 계상했더라도 그 금액은 자산의 취득가액에 포함하지 아니한다.
④ 재고자산의 평가방법을 신고한 법인이 그 평가방법을 변경하기 위하여 재고자산 등 평가방법변경신고서를 납세지 관할세무서장에게 제출하려고 하는 경우에는 변경할 평가방법을 적용하고자하는 사업연도의 종료일 이전 2월이 되는 날까지 제출하여야 한다.

해설
② 재고자산이 부패로 인해 정상가격으로 판매할 수 없게 된 경우 그 사유가 발생한 사업연도 종료일 현재의 처분가능한 시가로 자산의 장부가액을 감액할 수 있다. 그러나 그 감액분을 결산조정을 통해 손금산입할 수 있다.
③ 유형자산의 취득과 함께 국·공채를 매입하는 경우 기업회계기준에 따라 그 국·공채의 매입가액과 현재가치의 차액을 당해 유형자산의 취득가액으로 계상한 금액은 취득가액에 포함한다(법인세법 시행령 제72조 제3항).
④ 법인이 재고자산의 평가방법을 신고하고자 하는 때에는 평가방법을 변경하고자 하는 법인은 변경할 평가방법을 적용하고자 하는 사업연도의 종료일 이전 3월이 되는 날까지 재고자산 등 평가방법신고(변경신고)서를 납세지 관할 세무서장에게 제출(국세정보통신망에 의한 제출을 포함한다)하여야 한다(법인세법 시행령 제74조 제3항).

해답 ①

04

영리내국법인 ㈜A는 제22기 사업연도(2023.1.1.~12.31.)에 특수관계인인 甲(개인)으로부터 당시 시가가 3,000,000원인 유가증권을 현금 1,000,000원에 취득하고, 이를 재무상태표에 취득가액으로 계상하였다. 이후 제24기 사업연도(2025.1.1.~12.31.)에 당해 유가증권을 특수관계인인 ㈜B에게 시가인 4,000,000원의 현금을 받고 모두 처분하였으며, 처분이익 3,000,000원을 손익계산서에 영업외수익으로 계상하였다. 당해 유가증권 거래와 관련하여 ㈜A의 제24기 사업연도 세무조정에 관한 설명으로 옳은 것은? (단, 제22기 사업연도 이전의 세무조정은 모두 적정하였고, 주어진 자료 이외의 다른 세무조정 사항은 없는 것으로 가정함) [세무사 2012]

① 당해 유가증권 처분에 대하여 ㈜A가 제24기 사업연도에 세무조정할 사항은 없다.
② 만일 ㈜B가 ㈜A의 특수관계인이 아니라면, 당해 유가증권 처분에 대하여 ㈜A가 제24기 사업연도에 세무조정할 사항은 없다.
③ 당해 유가증권 처분으로 인해 ㈜A의 제24기 사업연도의 자본금과 적립금 조정명세서(을)에 기재된 금액에 미치는 영향은 없다.
④ 제24기 사업연도의 세무조정이 적정하게 이루어진다면, 당해 유가증권 처분으로 인한 결산상 처분이익 3,000,000원 전액만큼 ㈜A의 제24기 각 사업연도 소득금액이 증가되지는 않는다.
⑤ 만일 당해 유가증권을 결산상 취득가액인 1,000,000원에 처분하여 결산상 처분이익이 발생되지 않았다면, 당해 유가증권 처분에 대하여 ㈜A가 제24기 사업연도에 세무조정 해야 할 사항은 없다.

해설 법인이 특수관계자인 개인으로부터 유가증권을 저가로 매입 시 매입가액과 시가와의 차액을 익금에 산입한다.
- 제22기 : 〈익금산입〉 유가증권 2,000,000원 (유보)
- 제24기 : 〈익금불산입〉 유가증권 2,000,000원 (△유보)
  유보항목이므로 자본금과 적립금조정명세서(을)에 영향을 미친다.

해답 ④

05

다음은 제조업을 영위하는 영리내국법인 ㈜K가 제24기 사업연도(2025.1.1.~12.31.)말 현재 보유하고 있는 주식과 관련한 자료이다. ㈜A의 주식의 법인세법상 취득가액을 계산한 것으로 옳은 것은? [회계사 2017 수정]

(1) ㈜K가 제24기말 재무상태표에 계상한 ㈜A의 주식 장부가액은 25,000,000원이다.
(2) ㈜A의 주식은 2025. 5. 4. 시가 10,000,000원인 주식을 정당한 사유 없이 특수관계인 외의 자로부터 15,000,000원에 매입하였고, 2025. 12. 31.의 시가인 25,000,000원으로 평가하였다.

① 7,000,000원 ② 10,000,000원 ③ 13,000,000원
④ 15,000,000원 ⑤ 25,000,000원

해설 특수관계인 외의 자에 대한 매입이므로 정상가액(10,000,000원×130%=13,000,000원)까지 취득가액으로 인정되며, 유가증권의 평가손익은 인정되지 않는다. 따라서 취득가액은 13,000,000원이다.

해답 ③

06

제조업을 영위하는 영리내국법인 ㈜A(한국채택국제회계기준 적용대상 아님)의 제24기(2025.1.1.~12.31.) 재고자산 평가와 관련된 자료이다. ㈜A의 제24기 재고자산에 대한 세무조정으로 옳은 것은? [회계사 2023]

(1) 제24기 재고자산 내역

구 분	장부가액	선입선출법	총평균법	후입선출법
원재료	150,000원	250,000원	200,000원	150,000원
재공품	350,000원	370,000원	360,000원	350,000원
제 품	250,000원	230,000원	200,000원	270,000원

(2) ㈜A는 제23기까지 원재료의 평가방법을 총평균법으로 신고하여 평가하여 왔으나, 제24기부터 후입선출법으로 변경하기로 하고 제24기 10월 20일에 재고자산 평가방법의 변경신고를 하였다.
(3) ㈜A는 제23기까지 재공품의 평가방법을 총평균법으로 신고하여 평가하여 왔으나, 제24기에 평가방법 변경신고를 하지 않고 재공품을 후입선출법으로 평가하였다.
(4) ㈜A는 제품을 신고한 평가방법인 총평균법으로 평가하였으나, 계산착오로 인하여 50,000원을 과대 계상하였다.

	익금산입 및 손금불산입	손금산입 및 익금불산입
①	50,000원(유보)	–
②	70,000원(유보)	–
③	70,000원(유보)	50,000원(△유보)
④	120,000원(유보)	–
⑤	120,000원(유보)	50,000원(△유보)

해설

1. 원재료(임의변경)
   ① 장부상 가액 : 150,000원
   ② 세무상 가액 : MAX[200,000원, 250,000원]=250,000원
   ③ 세무조정 : 〈익금산입〉 원재료평가감 100,000원(유보)
   ※ 임의변경의 경우, 무신고시 평가방법과 당초 신고한 평가방법 중 큰 금액으로 평가한다.

2. 재공품(임의변경)
   ① 장부상 가액 : 350,000원
   ② 세무상 가액 : MAX[360,000원, 370,000원]=370,000원
   ③ 세무조정 : 〈익금산입〉 재공품평가감 20,000원(유보)
   ※ 임의변경의 경우, 무신고시 평가방법과 당초 신고한 평가방법 중 큰 금액으로 평가한다.

3. 제 품
   ① 장부상 가액 : 250,000원
   ② 세무상 가액 : 200,000원
   ③ 세무조정 : 〈손금산입〉 제품평가증 50,000원(△유보)

해답 ⑤

07 비상장법인인 ㈜A는 투자채권거래를 하고 다음과 같이 회계처리 하였다. 제24기(2025.1.1.~12.31.)에 이 채권과 관련하여 올바르게 세무조정을 한다면 필요한 가산조정과 차감조정의 순차이는 얼마인가? 이전 연도의 세무조정은 정확하게 했다. [회계사 2005 수정]

> (1) 2024. 1. 1. 만기보유 목적으로 액면가액 100,000,000원의 3년만기 사채를 94,850,000원에 취득하였다. 이 사채의 액면이자율은 6%이고, 유효이자율은 8%이며, 이자는 매년말 지급한다.
>
> | (차) 상각후원가측정금융자산 | 94,850,000 | (대) 현　금 | 94,850,000 |
> |---|---|---|---|
>
> (2) 2024. 12. 31. 유효이자율에 따라 이자수익을 계상하였다.
>
> | (차) 현　금 | 6,000,000 | (대) 이자수익 | 7,588,000 |
> |---|---|---|---|
> | 　상각후원가측정금융자산 | 1,588,000 | | |
>
> (3) 2025. 1. 1. 투자채권의 절반을 시장가격 48,500,000원에 매각하였다.
>
> | (차) 현　금 | 48,500,000 | (대) 상각후원가측정금융자산 | 48,219,000 |
> |---|---|---|---|
> | | | 　금융자산처분이익 | 281,000 |
>
> (4) 2025. 12. 31. 유효이자율에 따라 이자수익을 계상하였다.
>
> | (차) 현　금 | 3,000,000 | (대) 이자수익 | 3,858,000 |
> |---|---|---|---|
> | 　상각후원가측정금융자산 | 858,000 | | |

① 가산조정　794,000원　　② 가산조정　923,000원　　③ 차감조정　64,000원
④ 차감조정　858,000원　　⑤ 차감조정 2,446,000원

해설

1. 전기 세무조정
    〈익금불산입〉 상각후원가측정금융자산(이자수익) 1,588,000원 (△유보)

2. 당기 세무조정
    (1) 처분시
        〈익금산입〉 상각후원가측정금융자산　　　　　　794,000원㈜ (유보)
        ㈜ 1,588,000원×50%(처분비율)=794,000원
    (2) 이자수익 계산 시
        〈익금불산입〉 상각후원가측정금융자산(이자수익)　858,000원 (△유보)

3. 당기 가산조정과 차감조정 순차이 : 794,000원−858,000원 = △64,000원

해답 ③

8 주권상장 내국법인 ㈜A의 제24기(2025.1.1.~12.31.)의 자료이다. 각 거래에 대해 제24기의 세무조정에서 발생한 유보 합계와 △유보 합계는 각각 얼마인가? [단, ㈜A는 각 거래에 대해 한국채택국제회계기준(K-IFRS)에 따라 회계처리함] [세무사 2014 수정]

> (1) ㈜A는 2025년 초 28,000,000원에 취득하여 기타포괄손익인식금융자산으로 인식한 ㈜B의 주식을 제24기 말의 공정가치인 20,000,000원으로 평가하고 다음과 같이 회계처리하였다.
> (차) 기타포괄손익인식금융자산평가손실 8,000,000 (대) 기타포괄손익인식금융자산 8,000,000
> (2) ㈜A는 2025.10.1. 만기보유목적으로 7,000,000원에 취득한 ㈜C의 회사채(액면 10,000,000원)를 제24기말에 다음과 같이 회계처리하였다.
> (차) 상각후원가측정금융자산 2,000,000 (대) 이자수익 2,000,000

① 유보 합계 : 3,000,000원, △유보 합계 : 2,000,000원
② 유보 합계 : 8,000,000원, △유보 합계 : 2,000,000원
③ 유보 합계 : 8,000,000원, △유보 합계 : 5,000,000원
④ 유보 합계 : 11,000,000원, △유보 합계 : 5,000,000원
⑤ 유보 합계 : 11,000,000원, △유보 합계 : 7,000,000원

해설

1. 소득금액조정합계표

번호	익금산입 및 손금불산입			손금산입 및 익금불산입		
	과목	금액	처분	과목	금액	처분
(1)	기타포괄손익인식금융자산	8,000,000원	유보	기타포괄손익인식금융자산평가손실	8,000,000원	기타
(2)				상각후원가측정금융자산	2,000,000원	△유보

2. 유보 합계
   ① 유보 합계 : 8,000,000원
   ② △유보 합계 : 2,000,000원

해답 ②

09 다음은 주권상장 내국법인인 ㈜A의 제24기(2025.1.1.~12.31.) 자료이다. 관련된 세무조정을 소득처분별로 합계한 것으로 옳은 것은? (단, 한국채택국제회계기준에 따른 회계처리는 적정하였으며, 주어진 자료 이외에는 고려하지 않음) [세무사 2019]

> (1) ㈜A는 2025년 초 ㈜B의 주식을 20,000원에 취득하여 기타포괄손익인식금융자산으로 분류하였고, 제24기말 공정가치인 25,000원으로 평가하여 다음과 같이 회계처리하였다.
> (차) 기타포괄손익인식금융자산 5,000원 (대) 금융자산평가이익 5,000원
> (2) ㈜A는 2025.11.1. ㈜C의 회사채(액면 10,0000원)를 만기보유목적으로 8,000원 취득하였고, 제24기 말에 다음과 같이 회계처리하였다.
> (차) 상각후원가측정금융자산 200원 (대) 이자수익 200원

① 세무조정 없음
② 익금산입·손금불산입 5,000원(유보), 손금산입·익금불산입 5,200원(△유보)
③ 익금산입·손금불산입 5,000원(유보), 손금산입·익금불산입 200원(△유보)
④ 익금산입·손금불산입 10,000원(기타), 손금산입·익금불산입 200원(△유보)
⑤ 익금산입·손금불산입 5,000원(기타), 손금산입·익금불산입 5,200원(△유보)

해설

1. 소득금액조정합계표

번호	익금산입 및 손금불산입			손금산입 및 익금불산입		
	과목	금액	처분	과목	금액	처분
(1)	기타포괄손익인식금융자산	5,000원	유보	기타포괄손익인식금융자산평가손실	5,000원	기타
(2)				상각후원가측정금융자산	200원	△유보

2. 소득처분별 합계
   ① 익금산입 및 손금불산입 : 5,000원
   ② 손금산입 및 익금불산입 : 200원

  ⑤

10 제조업을 영위하는 ㈜G의 제24기 사업연도(2025.1.1.~12.31.)말 현재 보유하고 있는 유가증권과 관련된 자료는 다음과 같다. 제24기말 자본금과 적립금조정명세서(을)상 동 유가증권과 관련된 잔액으로 옳은 것은? [회계사 2011 수정]

> (1) 2024년 12월에 ㈜갑의 주식 1,000주를 특수관계인인 개인으로부터 7,000,000원(시가 8,000,000원)에 취득하고 당기손익인식금융자산으로 7,000,000원을 계상하였다.
> (2) 2024년 결산일 현재 장부가액과 시가와의 차이 297,500원의 평가이익을 장부상 수익으로 처리하였다.
> (3) 2025년 1월 ㈜갑으로부터 이익잉여금의 자본전입에 따른 주식배당 50주(주당 액면가 : 5,000원, 주당 발행가 : 6,600원)를 받고 장부상 회계처리하지 않았다.
> (4) 2025년 상반기 중 ㈜갑의 주식 중 330주를 3,000,000원에 처분하고 처분이익 706,500원을 계상하였다.
> (5) 2025년 결산일 현재 장부가액과 시가와의 차이는 장부에 반영하지 않았다.
> (6) 전기 이전의 세무조정은 모두 적정하게 이루어졌으며, 수입배당금 익금불산입 규정은 고려하지 않는다.

① 324,500원　　② 455,000원　　③ △702,500원
④ 708,000원　　⑤ 1,032,500원

1. 전기 세무조정
   (1) 주식취득
      〈익금산입〉 당기손익인식금융자산　1,000,000원 (유보)
   (2) 결산일 평가
      〈익금불산입〉 당기손익인식금융자산　297,500원 (△유보)

2. 당기 세무조정
   (1) 주식배당
      〈익금산입〉 당기손익인식금융자산　330,000원* (유보)
   (2) 주식처분
      〈익금불산입〉 당기손익인식금융자산　324,500원* (△유보)
   * $(1,000,000원 - 297,500원 + 330,000원) \times \dfrac{330주}{1,050주} = 324,500원$

3. 당기말 유보 잔액 : 1,000,000원 - 297,500원 + 330,000원 - 324,500원 = 708,000원

 ④

제13절 감가상각비

- I. 감가상각의 개요
- II. 감가상각자산의 범위
- III. 감가상각비의 시부인계산
- IV. 감가상각방법
- V. 상각범위액의 계산요소
- VI. 감가상각자산의 양도시 세무조정
- VII. 생산설비의 폐기시
- VIII. 자산평가와 감가상각의 적용순위 등
- IX. 감가상각의제와 감가상각비의 신고조정 특례

I. 감가상각의 개요

 감가상각의 의의

감가상각이란 유형자산 및 무형자산을 수익창출활동에 사용하여 수익을 얻는 기간에 해당 자산의 가액을 체계적이고 합리적인 방법에 의하여 비용으로 인식하는 원가배분과정이다.

 기업회계상 감가상각의 특징

기업회계상 감가상각에 대해서는 해당 기업의 업종 또는 상황에 따라 다양한 감가상각방법을 허용하고 있으며, 내용연수와 잔존가액도 합리적인 추정에 의할 수 있도록 규정하고 있다. 내용연수와 잔존가액 모두 추정과 예상의 결과이므로 재무회계상 목적적합한 정보를 제공하기 위해서는 적합하나, 세무회계에서도 이를 인정할 경우 세금을 회피하기 위한 기회주의적 선택이 가능한 문제점이 발생할 수 있다.

 법인세법상 감가상각의 특징

법인세법상 감가상각에 대해서는 위에서 살펴본 기업회계와는 달리 다음과 같은 특징을 갖고 있다.

(1) 결산조정사항과 그에 따른 임의상각제도의 채택

1) 결산조정사항

법인세법에서는 감가상각비를 손금의 귀속시기가 불분명한 결산조정사항으로 취급하고 있기 때문에 감가상각비를 손금으로 인정받기 위해서는 해당 법인이 감가상각비를 장부에 반영하여야 한다. 따라서 결산시 장부에 반영하지 아니한 금액은 이를 세무조정에 의하여 손금산입하거나 국세기본법상 경정청구를 할 수 없다(법기통 23-0…1).

한편, 법인세법상 감가상각비는 손금한도액(이하 "상각범위액"이라 함)까지만 손금인정을 하고 있으므로 장부에 계상한 금액이 상각범위액을 초과하면 해당 초과금액(이하 "상각부인액"이라 함)은 손금불산입된다. 그러나 장부에 계상한 금액이 상각범위액에 미달하면 해당 미달금액(이하 "시인부족액"이라 함)은 손금산입을 할 수가 없다. 그 이유는 앞에서 언급한 바와 같이 감가상각비는 결산조정사항이기 때문이다. 다만, 전기로부터 이월된 상각부인액이 있는 경우에는 시인부족액의 범위내에서 손금에 산입하는데(법령 32①), 이에 대해서는 차후 자세하게 설명하기로 한다.

2) 임의상각제도

법인세법상 상각범위액은 매 사업연도별 감가상각비로서 손금산입할 수 있는 최고한도액을 의미하며, 위에서 설명한 바와 같이 유형자산 및 무형자산의 감가상각비는 결산조정사항이므로 법인은 해당 상각범위액 한도내에서 임의로 손금에 산입하고 싶은 만큼의 금액을 감가상각비로 장부에 계상할 수 있다.

따라서 법인은 해당 사업연도에 감가상각을 할 것인지·안할 것인지의 여부, 상각범위액 내에서 감가상각금액, 감가상각비의 손금산입시기를 임의로 결정할 수가 있는 것이다.

한국채택국제회계기준(K-IFRS)을 적용하는 내국법인의 손금산입특례

위의 규정에 불구하고 한국채택국제회계기준을 적용하는 내국법인이 보유한 감가상각자산 중 유형자산과 내용연수가 비한정인 무형자산의 감가상각비는 개별 자산별로 일정한 경우에 일정 금액을 세무조정시 신고조정방식에 의하여 추가로 손금에 산입할 수 있는데, 이에 대해서는 후술하기로 한다.

(2) 감가상각계산요소의 법정화

법인세법에는 상각범위액의 계산요소(내용연수, 잔존가액, 감가상각방법)가 법정화되어 있다. 예컨대, 내용연수에 대해서는 [별표 2] 시험연구용 자산의 내용연수표·[별표 3], 무형자산의 내용연수표·[별표 5], 건축물 등의 기준내용연수 및 내용연수범위표·[별표 6], 업종별 자산의 기준내용연수 및 내용연수범위표가 제정되어 있으며, 잔존가액은 일률적으로 0(zero)으로 한다. 다만 정률법에 의하여 상각범위액을 계산하는 경우 잔존가액은 취득가액의 5%에 상당하는 금액으로 하되, 그 금액은 미상각잔액이 최초로 취득가액의 5% 이하가 되는 사업연도의 상각범위액에 가산한다. 감가상각방법은 정률법·정액법·생산량비례법 중에서 하나를 사용하도록 규정하고 있다.

(3) 내용연수와 감가상각방법의 변경시 변경사유의 충족과 승인을 요함

현재 기업실무를 살펴보면 날이 갈수록 기술수준은 비약적이고 급진적으로 발전을 거듭하고 있고, 이에 따라 기업의 설비는 자동화·정밀화를 절대적으로 요구하게 됨으로써 막대한 투자재원을 필요로 하게 되었으며, 그 결과 기업의 재무제표에서 유형자산 및 무형자산이 차지하는 비율은 지속적으로 증가하는 추세에 있다.

한편, 이러한 유형자산 및 무형자산은 법인세법상 각 사업연도 소득금액 계산시 감가상각비로서 손금인정을 받게 되는데, 이러한 감가상각비가 과세소득에 미치는 영향은 실로 엄청나다 할 수 있다.

따라서 과세당국에서는 감가상각비의 상각범위액에 영향을 미치는 내용연수와 감가상각방법의 변경시에는 재고자산평가방법의 변경시와는 달리 변경사유를 충족시키고 과세당국(내용연수는 관할지방국세청장, 감가상각방법은 관할세무서장)의 승인을 득하도록 규정하고 있는 등 엄격하게 다루고 있는 것을 살펴볼 수 있다.

(4) 투자지원책 도입의 필요성

현대기업의 제품수명주기는 날이 갈수록 그 기간이 단축되고 있는 것이 현실이다. 이러한 환경하에서 기업들이 살아남기 위해서는 끊임없는 연구와 신제품개발, 이에 따른 지속적인 설비의 개체를 하여야만 한다. 만일 이러한 기업들에 대해서 세제상 아무런 지원을 해주지 않는다면 외국기업들과의 경쟁에서 주도적인 역할을 하는데 많은 어려움이 따르게 된다.

이에 과세당국은 조세특례제한법에 각종 투자세액공제제도를 도입하여 기업의 설비투자에 대하여 세제지원을 해주고 있으며, 법인세법에서는 특례내용연수로의 변경 제도, 시설의 개체·기술의 낙후로 생산설비를 폐기한 경우에는 장부가액에서 1,000원을 공제한 금액을 손금으로 인정해 주는 제도 등을 병행하여 운용하고 있다.

II. 감가상각자산의 범위

1 감가상각자산의 유형

구 분	내 용
유 형 자 산	① 건물 및 구축물
	② 차량 및 운반구, 공구, 기구 및 비품
	③ 선박 및 항공기
	④ 기계 및 장치
	⑤ 동물 및 식물
	⑥ 그 밖에 ①부터 ⑤와 유사한 유형자산
무 형 자 산	① 영업권(합병 또는 분할로 인하여 합병법인등이 계상한 영업권 제외), 디자인권, 실용신안권, 상표권
	② 광업권, 전신전화전용시설이용권, 전용측선이용권, 하수종말처리장시설관리권, 수도시설관리권
	③ 특허권, 어업권, 양식업권, 해저광물자원 개발법에 의한 채취권, 유료도로관리권, 수리권, 전기가스공급시설이용권, 공업용수도시설이용권, 수도시설이용권, 열공급시설이용권
	④ 댐사용권
	⑤ 개발비
	⑥ 사용수익기부자산가액

구 분	내 용
무 형 자 산	⑦ 주파수이용권 및 공항시설관리권
	⑧ 항만시설관리권, 철도시설관리권
	⑨ 그 밖에 이와 유사한 무형자산

위의 자산 중 무형자산의 영업권, 개발비, 사용수익기부자산가액에 대한 구체적 내용을 살펴보면 다음과 같다.

(1) 영업권

법인세법상 감가상각대상이 되는 영업권에는 다음의 금액이 포함된다. 그러나 합병 또는 분할로 인하여 합병법인 또는 분할신설법인(분할합병의 상대방법인 포함)이 계상한 영업권은 감가상각대상에서 제외된다(법령 24①2가, 법칙 12①).

① 사업의 양도·양수과정에서 양도·양수자산과는 별도로 양도사업에 관한 허가·인가 등 법률상의 지위, 사업상 편리한 지리적 여건, 영업상의 비법, 신용·명성·거래선 등 영업상의 이점 등을 감안하여 적절한 평가방법에 따라 유상으로 취득한 금액
② 설립인가, 특정사업면허, 사업의 개시 등과 관련하여 부담한 기금·입회금으로서 반환청구를 할 수 없는 금액과 기부금 등

(2) 개발비

개발비란 상업적인 생산 또는 사용전에 재료, 장치, 제품, 공정, 시스템 또는 용역을 창출하거나 현저히 개선하기 위한 계획 또는 설계를 위하여 연구결과 또는 관련지식을 적용하는데 발생하는 비용으로서 기업회계기준에 따른 개발비 요건을 충족한 것을 말한다(법령 24①1바). 따라서 법인이 해당 금액을 전액 발생시점의 비용으로 처리하게 되면 전액 손금으로 인정된다.

장부상 회계처리	법인세법
개발비 계상시	무형자산으로 인정되며, 감가상각비로 손금인정됨
당기의 비용처리시	전액 당기의 손금으로 인정됨

(3) 사용수익기부자산가액

사용수익기부자산가액이란 금전 외의 자산을 법정기부처와 지정기부처에 기부한 후 일정기간 그 자산을 사용하거나 그 자산으로부터 수익을 얻는 경우 해당 자산의 장부가액을 말한다(법령 24①1사).

따라서 비지정기부처에 기부한 경우에는 현행법상 무형자산으로는 인정되지 않는다. 그러나 비지정기부처에 해당하는 자의 토지위에 건축물을 신축하고 일정기간동안 사용후 무상으로 양도하기로 한 경우 또는 무상양도 후 일정기간 동안 사용하기로 한 경우에는 사용수익기부자산으로는 보지 않으나 사용수익기간동안에 건축물의 가액을 안분계산하여 손금에 산입할 수 있다는 행정해석이 있음에 유의하여야 한다(법인 46012-847, 1996. 3. 16, 법인 46012-1889, 1997. 7. 10).

2 특정 자산의 감가상각 여부

(1) 감가상각대상이 되는 자산

 1) 장기할부조건 등으로 취득한 감가상각자산

장기할부조건 등으로 취득한 감가상각자산의 경우 법인이 해당 자산의 가액 전액을 자산으로 계상하고 사업에 사용하는 경우에는 그 대금의 청산 또는 소유권의 이전여부에 관계없이 이를 감가상각자산에 포함시킨다(법령 24③).

 2) 유휴설비

유휴설비는 감가상각자산에 포함시킨다. 그러나 다음에 해당하는 기계 및 장치 등은 감가상각자산에 해당하는 유휴설비에 포함되지 아니하는 것으로 한다(법칙 12②).

① 사용중 철거하여 사업에 사용하지 아니하는 기계 및 장치 등
② 취득후 사용하지 아니하고 보관중인 기계 및 장치 등

(2) 감가상각대상이 되지 않는 자산

 1) 미사용 자산

법인이 비록 기계설비 등을 취득했다 하더라도 사업에 사용하지 아니하는 경우 해당 자산은 감가상각자산에 해당하지 않는다.

그러나 위에서 설명한 바와 같이 유휴설비는 감가상각자산에 포함시킨다.

 2) 건설중인 자산

건설중인 자산은 감가상각자산에 해당하지 않는다. 이러한 건설중인 자산에는 설치중인 자산 또는 그 성능을 시험하기 위하여 시운전기간에 있는 자산을 포함한다.

다만, 건설중인 자산의 일부가 완성되어 해당 부분이 사업에 사용되는 경우 그 부분은 이를 감가상각자산에 포함시킨다(법칙 12③).

 3) 서화·골동품

직관적으로 보아도 이러한 자산은 시간의 경과에 따라 그 가치가 감소되지 아니하는 자산으로서 감가상각자산에 해당하지 않는 것으로 판단할 수 있다.

다만, 장식·환경미화 등을 위해 사무실·복도 등 여러 사람이 볼 수 있는 공간에 상시 비치하는 미술품의 취득가액을 그 취득한 날이 속하는 사업연도의 손금에 산입한 경우 해당 취득가액(거래단위별로 1,000만원 이하인 것에 한함)은 전액 손금으로 인정된다.

 4) 업무무관자산

업무무관자산은 사업에 공하는 자산이 아니므로 감가상각자산에 해당하지 않는다. 따라서 법인이 업무무관자산에 대한 감가상각비를 장부에 계상하면 해당 금액을 손금불산입(유보)한 후, 해당 업무무관자산의 처분시 손금산입(△유보)하여야 한다.

(3) 리스자산

금융리스의 경우 리스자산은 리스이용자의 감가상각자산으로 하며, 운용리스의 경우 리스자산은 리스회사의 감가상각자산으로 한다.

Ⅲ. 감가상각비의 시부인계산

 시부인계산의 의의

(1) 개 념

감가상각비의 시부인계산이란 회사가 비용으로 계상한 감가상각비와 세법상 손금한도액인 상각범위액을 비교하여 세무조정하는 것을 말한다.

(2) 회사계상액

회사가 계상한 감가상각비는 판매비와 관리비, 제조간접비로 계상한 금액뿐만 아니라 다음의 금액을 포함한다.

① 법인세법상 취득과 관련하여 지출된 금액을 비용처리하거나 자본적 지출액을 수익적 지출로 처리한 경우 해당 금액(이를 즉시상각의제액이라 하는데, 이에 대해서는 후술하기로 함)
　➡ 이 경우에는 별도의 절차없이 회사계상액에 가산(계상)하면 된다.
② 전기 이전에 과소계상한 감가상각비를 기업회계기준에 따라 전기오류수정손실로 계상하거나 이익잉여금을 감소시킨 경우 해당 금액
　➡ 전기오류수정손실로 계상한 경우에는 별도의 절차없이 회사계상액에 가산하면 되나, 이익잉여금을 감소시킨 경우에는 손금산입(기타)한 후 회사계상액에 가산(계상)하면 된다.
③ 진부화 또는 시장가치가 급격히 하락한 자산에 대하여 기업회계기준에 따라 손상차손을 계상한 경우[유형자산으로서 천재지변·화재, 법령에 의한 수용 등 및 채굴예정량의 채진으로 인한 폐광(토지를 포함한 광업용 유형자산이 그 고유의 목적에 사용될 수 없는 경우 포함) 사유로 파손되거나 멸실된 것에 해당하는 경우 제외] 해당 금액(법령 31⑧)
　➡ 이 경우에는 별도의 절차없이 회사계상액에 가산(계상)하면 된다.

(3) 상각범위액

상각범위액이란 각 사업연도에 손금에 산입할 수 있는 최고한도액을 의미한다.

(4) 감가상각 시부인의 계산단위

감가상각 시부인계산은 개별자산별로 한다.

2 시부인액에 대한 세무조정

(1) 상각부인액

법인이 장부상 손금으로 계상한 감가상각비가 세법상의 상각범위액을 초과하는 금액을 상각부인액이라 하며, 해당 상각부인액은 손금불산입(유보)한다. 따라서 이 경우 손금산입액은 상각범위액이 된다.

(2) 시인부족액

법인이 장부상으로 계상한 감가상각비가 세법상 상각범위액에 미달하는 금액을 시인부족액이라 한다. 감가상각비는 결산조정사항이므로 시인부족액은 세무조정을 통하여 손금산입할 수 없으며, 그 후 사업연도의 상각부인액에도 충당하지 못한다.

다만, 전기로부터 이월된 상각부인액이 있는 경우에는 시인부족액의 범위내에서 해당 상각부인액을 손금산입(△유보)한다. 따라서 만일 법인에 전기로부터 이월된 상각부인액이 있는 경우에는 해당 사업연도에 감가상각비를 계상하지 않은 경우에도 해당 사업연도의 상각범위액을 한도로 상각부인액을 손금산입(△유보)한다.

(3) 요 약

구 분	내 용
상각부인액 발생시	① 회사계상 감가상각비 > 상각범위액 ➡ 〈손금불산입〉 상각부인액 ×××(유보) ➡ 따라서 세무상 상각부인액은 당기 회사계상 감가상각비가 법인세법상 감가상각범위액을 초과할 때만 발생한다.
시인부족액 발생시	② 회사계상 감가상각비 < 상각범위액 ➡ (원칙) 소멸시킴, (예외) 전기 상각부인액이 있는 경우 시인부족액 범위내에서 손금산입함 ➡ 따라서 세무상 감가상각의 시인대상은 '당기 회사계상 감가상각비'와 '세무상 전기말부인누계액'의 합이다.

 시부인액에 대한 세무조정

1. 다음은 ㈜A의 기계장치 관련 자료이다.

   (1) 취득가액 : 60,000원
   (2) 감가상각방법 : 정액법
   (3) 내용연수 : 2년(정액법 상각률 : 0.500)
   (4) 취득일 : 제10기 1월 1일
   (5) 사업연도 : 매년 1월 1일부터 12월 31일까지

2. ㈜A가 다음과 같이 회계처리하는 경우 각 사업연도별 세무조정을 하시오.

사업연도	[유형 1]	[유형 2]
제10기	60,000원	20,000원
제11기	—	20,000원
제12기	—	20,000원

해답

[유형 1]

사업연도	회사계상액	상각범위액	세무조정	
제10기	60,000원	30,000원	〈손금불산입〉 상각부인액	30,000(유보)
제11기	—	30,000원	〈손금산입〉 전기 상각부인액	30,000(△유보)

[유형 2]

사업연도	회사계상액	상각범위액	세무조정
제10기	20,000원	30,000원	세무조정 없음
제11기	20,000원	30,000원	세무조정 없음
제12기	20,000원	20,000원	세무조정 없음

해설

[유형 1]
제10기에는 장부상 계상한 감가상각비가 상각범위액을 초과하므로 상각부인액이 발생하며, 제11기에는 장부상 계상한 감가상각비가 없다. 따라서 상각범위액 전액이 시인부족액이 되는데, 이 때 제10기로부터 이월된 상각부인액이 있으므로 동 시인부족액 범위내에서 손금에 산입한다. 결국 [유형 1]은 회사가 내용연수보다 단기에 장부상으로 감가상각을 완료하였으나 결국 세법상으로는 내용연수동안 감가상각이 완료되는 효과를 보여주고 있다.

[유형 2]
이 경우에는 매년도 시인부족액이 발생하므로 아무런 세무조정이 발생하지 않는다. 참고로 회사가 4년간, 5년간 또는 그 이상의 연수동안 감가상각을 하더라도 같은 결과가 발생한다. 결국 [유형 2]는 회사가 내용연수보다 장기에 걸쳐 감가상각을 하는 것은 아무런 세무조정을 발생시키지 않고 허용된다는 사실을 보여주고 있다.

분개법 | 시부인액에 대한 세무조정

∴ 감가상각 시부인 계산의 원리 : '장부상 감가상각비'와 '세무상 전기말부인누계액'의 〈합〉을 법인세법상 감가상각범위액을 한도로 시인여부와 법인세법상 감가상각범위액을 초과하는 당기 감가상각비에 대해 부인여부를 결정하는 과정

〈제10기〉

Book	감가상각비	60,000 / 감가상각누계액	60,000

　+ 전기말부인누계액 0원 = 60,000원 ← 시인대상(부인은 당기 계상액을 한도로 함)

Tax	상각범위액 : 60,000원 × 0.5 = 30,000원		
	감가상각비	30,000 / 감가상각누계액	30,000

		* MIN(① 상각범위액 30,000원, ② 결산액 + 전기말부인누계액 60,000원) = 30,000원		
Adjustment		감가상각누계액	30,000 / 감가상각비	30,000
Tax-Adj		자 산↑(순자산↑)	30,000 / 손 금↓(순자산↑)	30,000
		〈손금불산입〉 감가상각비 30,000·유보(기계장치)		

〈제11기〉

Book		감가상각비	0 / 감가상각누계액	0
		+ 전기말부인누계액 30,000원 = 30,000원 ← 시인대상(부인은 당기 계상액을 한도로 함)		
Tax		상각범위액 : 60,000원 × 0.5 = 30,000원		
		감가상각비	30,000 / 감가상각누계액	30,000
		* MIN(① 상각범위액 30,000원, ② 결산액 + 전기말부인누계액 30,000원) = 30,000원		
Adjustment		감가상각비	30,000 / 감가상각누계액	30,000
Tax-Adj		손 금↑(순자산↓)	30,000 / 자 산↓(순자산↓)	30,000
		〈손금산입〉 감가상각비 30,000·△유보(기계장치)		

〈제10기~제11기〉

Book		감가상각비	20,000 / 감가상각누계액	20,000
		+ 전기말부인누계액 0원 = 20,000원 ← 시인대상(부인은 당기 계상액을 한도로 함)		
Tax		상각범위액 : 60,000원 × 0.5 = 30,000원		
		감가상각비	20,000* / 감가상각누계액	20,000
		* MIN(① 상각범위액 30,000원, ② 결산액 + 전기말부인누계액 20,000원) = 20,000원		
Adjustment	없 음			
Tax-Adj	없 음			
		〈세무조정 없음〉		

〈제12기〉

Book		감가상각비	20,000 / 감가상각누계액	20,000
		+ 전기말부인누계액 0원 = 20,000원 ← 시인대상(부인은 당기 계상액을 한도로 함)		
Tax		상각범위액 : 60,000원 − 40,000원 = 20,000원*		
		감가상각비	20,000**/ 감가상각누계액	20,000
		* 내용연수가 종료되었으므로 법인세법상 감가상각비 규제의 목적은 달성되었음. 따라서 당기에 세무상 미상각액잔액을 모두 상각해도 형평성에 문제가 없으므로 미상각액이 상각범위액이 됨		
		** MIN(① 상각범위액 20,000원, ② 결산액+전기말부인누계액 20,000원) = 20,000원		
Adjustment	없 음			
Tax-Adj	없 음			
		〈세무조정 없음〉		

∴ 세무상 감가상각비는 법인세법상 '상각범위액' 내에서 Book계상을 전제로 인정됨. 결국 현행 법인세법은 감가상각대상 자산의 내용연수 동안 어느 한 해도 세무상 상각범위액을 초과하는 상각을 허용하지 않으며 반면에 상각범위액에 미달하는 상각은 신고조정 없이 그대로 받아들이는 ('시인') 다소 불합리한 입장을 고수하고 있음.

○ 법인세법상 감가상각의 3가지 철칙

① 범위액 내 상각	
② 결산조정사항(신고조정 예외 있음)	Min(①범위액, ②결산액 + 전기말부인누계액)
③ 법인세법상 내용연수는 최소한의 상각연수	

Ⅳ. 감가상각방법

1 감가상각방법의 적용과 신고기한·계속성의 원칙

(1) 감가상각방법의 적용

구 분		신고시 상각방법(선택 가능)	무신고시 상각방법
유형자산	건 축 물	정액법	정액법
	그 밖의 유형자산[1]	정률법·정액법	정률법
무형자산	개 발 비	20년 이내의 기간동안 정액법[2]	5년간 정액법[3]
	사용수익기부자산가액	사용수익기간동안의 정액법[4]	사용수익기간동안의 정액법[4]
	주파수이용권 공항시설관리권 항만시설관리권	사용기간동안의 정액법[5]	사용기간동안의 정액법[5]
	그 밖의 무형자산[1]	정액법	정액법

※ 업무용승용차는 정액법(내용연수 5년, 월할상각)으로 강제 상각함(상각범위액 연 800만원, 월할 계산함)

[1] 광업용 유형자산은 생산량비례법·정률법·정액법(광업권 및 폐기물매립시설은 생산량비례법·정액법)에서 선택할 수 있으며, 무신고시 상각방법은 생산량비례법이다.
[2] 관련제품의 판매 또는 사용이 가능한 시점부터 20년 이내의 기간내에서 신고한 내용연수에 따라 매 사업연도별 경과월수에 비례하여 상각하는 방법(월할상각)
[3] 관련제품의 판매 또는 사용이 가능한 시점부터 5년 동안 매년 균등액을 상각하는 방법(월할상각)
[4] 해당 자산의 사용수익기간(그 기간에 관한 특약이 없는 경우 신고내용연수)에 따라 균등하게 안분한 금액(그 기간중에 해당 기부자산이 멸실되거나 계약이 해지된 경우에는 그 잔액)을 상각하는 방법(월할상각)
[5] 주무관청에서 고시하거나 등록한 사용기간에 따라 균등하게 안분한 금액을 상각하는 방법(월할상각)

(2) 감가상각방법의 신고기한·계속성의 원칙

1) 감가상각방법의 신고기한

① 신설법인과 새로 수익사업을 개시한 비영리법인

이 경우에는 그 영업을 개시한 날이 속하는 사업연도의 법인세 과세표준 신고기한까지 감가상각방법을 신고하여야 한다.

② 법인이 감가상각자산(감가상각방법 유형이 다른 자산)을 새로 취득한 때

이 경우에는 그 취득한 날이 속하는 사업연도의 법인세 과세표준 신고기한까지 감가상각방법을 신고하여야 한다.

2) 계속성의 원칙

법인이 신고한 감가상각방법(감가상각방법을 신고하지 아니한 경우에는 무신고시 감가상각방법)은 그 후의 사업연도에 있어서도 계속하여 해당 감가상각방법을 적용하여야 한다(법령 26⑤).

2 감가상각방법의 변경

(1) 변경사유

다음에 해당하는 사유가 있는 법인은 **납세지 관할세무서장의 승인**을 얻어 그 감가상각방법을 변경할 수 있다.

① 감가상각방법이 서로 다른 법인이 합병(분할합병 포함)한 때
② 감가상각방법이 서로 다른 사업자의 사업을 인수 또는 승계한 때
③ 외국인투자촉진법의 규정에 따라 외국투자자가 내국법인의 주식 등을 20% 이상 인수 또는 보유하게 된 때
④ 해외시장의 경기변동 또는 경제적 여건의 변동으로 인하여 종전의 상각방법을 변경할 필요가 있을 때
⑤ 기획재정부령으로 정한 회계정책의 변경*에 따라 결산상각방법이 변경된 경우(변경한 결산상각방법과 같은 방법으로 변경하는 경우만 해당함)

*기획재정부령으로 정한 회계정책의 변경
  ⓐ 한국채택국제회계기준을 최초로 적용한 사업연도에 결산상각방법을 변경하는 경우
  ⓑ 한국채택국제회계기준을 최초로 적용한 사업연도에 지배기업의 연결재무제표 작성 대상에 포함되는 종속기업이 지배기업과 회계정책을 일치시키기 위하여 결산상각방법을 지배기업과 동일하게 변경하는 경우

(2) 변경신청기한

해당 변경할 감가상각방법을 적용하고자 하는 최초 사업연도의 종료일까지 납세지 관할세무서장에게 신청서를 제출하여야 한다.

(3) 통 지

신청서를 접수한 납세지 관할세무서장은 신청서의 접수일이 속하는 사업연도 종료일부터 1개월 이내에 그 승인여부를 결정하여 통지하여야 한다.

V. 상각범위액의 계산요소

상각범위액이란 법인이 해당 사업연도에 감가상각비로 손금산입할 수 있는 최대한의 금액(=손금한도액)을 말한다. 법인세법에서는 다음과 같은 상각범위액의 계산요소에 대하여 그 내용을 법정화하고 있다.

① 취득가액, ② 내용연수와 상각률, ③ 잔존가액

1 취득가액

(1) 취득가액의 계산기준 및 첨가취득 유가증권 등

1) 취득가액의 계산기준

감가상각자산의 취득가액은 자산의 취득가액에 대한 법인세법의 일반원칙에 의하여 계산한다. 예컨대, 타인으로부터 매입한 경우에는 (매입가액＋취득부대비용), 교환이나 수증 등으로 취득한 경우에는 (시가＋취득부대비용)을 취득가액으로 하는 것이다.

또한 감가상각자산을 고가로 매입한 경우 상대방이 특수관계인인 경우에는 (시가＋취득부대비용), 특수관계인이 아닌 경우에는 (정상가액＋취득부대비용)을 취득가액으로 하고, 저가로 매입한 경우에 취득가액은 타인으로부터 매입한 경우의 규정에 의하여 (해당 매입가액＋취득부대비용)을 취득가액으로 하는 것이다.

2) 첨가취득 유가증권

기업회계에서는 감가상각자산의 취득과 관련하여 국공채를 불가피하게 매입하는 경우 해당 국공채의 매입가액과 현재가치로 평가한 가액과의 차액을 해당 감가상각자산의 취득가액에 산입하도록 규정하고 있으며, 법인세법도 이를 수용하고 있다. 이에 대해서는 유가증권에서 이미 설명한 바 있다.

3) 복구비용 취득원가 계상금액

기업회계에 의하면 복구비용에 대한 충당부채는 감가상각자산을 취득하는 시점에 해당 감가상각자산의 취득원가에 반영하도록 규정하고 있으나, 법인세법은 이를 허용하지 않고 있다(서이 46012-11425, 2003. 7. 29).

 복구충당부채에 대한 회계처리와 세무조정

구 분	내 용	
관련자료	① 구축물(해양구조물)의 취득원가(취득일 2024.1.1.) : 1,000,000원 ② 잔존가액 : 0(zero) ③ 감가상각방법 : 정액법 ④ 내용연수 : 5년 ⑤ 복구충당부채(㉠ 시장위험프리미엄 조정후 예상현금흐름 : 400,000원 ㉡ 유효이자율 5%(5년)로 할인한 현재가치 : 313,410원) ⑥ 2028 사업연도말 실제복구비용 지출액 : 430,000원	
취득시	(차) 구 축 물 1,313,410 (대) 현 금 1,000,000 　　복구충당부채 313,410	1. 구축물 취득가액 과다계상 　〈손금산입〉구축물 313,410(△유보) 2. 복구충당부채 설정 　〈손금불산입〉복구충당부채 313,410(유보)
감가상각시	(차) 감가상각비 262,682 　　복구충당부채전입액 15,670 (대) 감가상각누계액 262,682 　　복구충당부채 15,670	1. △유보분 감가상각비 　〈손금불산입〉구축물 62,682❷(유보) 2. 감가상각 시부인 　세무조정 없음❸ 3. 복구충당부채 설정 　〈손금불산입〉복구충당부채 15,670(유보)
복구공사시	(차) 복구충당부채 400,000 　　복구공사손실 30,000 (대) 현 금 430,000	〈손금산입〉복구충당부채 400,000(△유보)

제13절 감가상각비

❶ 2024~2028 사업연도에도 유효이자율법에 의한 복구충당부채전입액의 차이만 있을 뿐 동일한 방식의 회계처리와 세무조정이 이루어짐

❷ 262,682원 × $\frac{\triangle 313,410원}{1,313,410원}$ = 62,682원

❸ 감가상각 시부인계산
① 회사계상액　　　　　　　　② 상각범위액　　　　　　　　③ 상각부인액
262,682원 − 62,682원 = 200,000원　(1,313,410원 − 313,410원) × 20% = 200,000원　①−② = 0(zero)

분개법 **복구충당부채(기업회계상 일종의 취득부대비용)에 대한 회계처리와 세무조정**

(1) 취득시

Book	구축물	1,313,410 / 현　금		1,000,000
		복구충당부채		313,410

Tax	구축물	1,000,000 / 현　금		1,000,000

Adjustment	복구충당부채	313,410 / 구축물		313,410
Tax-Adj	부　채↓(순자산↑)	313,410 / 자　산↓(순자산↓)		313,410

〈익 금 산 입〉 복구충당부채　313,410　유보(복구충당부채)
〈익금불산입〉 구　축　물　313,410　△유보(구축물)

(2) 감가상각시

Book	감가상각비	262,682* / 감가상각누계액		262,682

　* 1,313,410원 ÷ 5년 = 262,682원
　+ 전기말부인누계액 0원 = 262,682 · 시인대상(부인은 당기 계상액을 한도로 함)

	복구충당부채전입액	15,670 / 복구충당부채		15,670

Tax	상각범위액 : 200,000원(= 1,000,000원(세무상 취득원가) ÷ 5년)			
	감가상각비	200,000** / 감가상각누계액		200,000

　** MIN(① 상각범위액 200,000원 ② 결산액 + 전기말부인누계액 262,682원) = 200,000원

Adjustment	감가상각누계액	62,682 / 감가상각비		62,682
	복구충당부채	15,670 / 복구충당부채전입액		15,670
Tax-Adj	자　산↑(순자산↑)	62,682 / 손　금↓(순자산↑)		62,682

〈손금불산입〉 감　가　상　각　비　62,682·유보(구축물 감가상각누계액)

	부　채↓(순자산↑)	15,670 / 손　금↓(순자산↑)		15,670

〈손금불산입〉 복구충당부채전입액　15,670·유보(복구충당부채)

(3) 복구공사시

Book	복구충당부채	400,000 / 현　금		430,000
	복구공사손실	30,000		

Tax	복구공사손실	430,000 / 현　금		430,000

Adjustment	복구공사손실	400,000 / 복구충당부채		400,000
Tax-Adj	손　금↑(순자산↓)	400,000 / 부　채↑(순자산↓)		400,000

〈손금산입〉 복구공사손실　400,000·△유보(복구충당부채)

(2) 자본적 지출과 수익적 지출

1) 개 념

감가상각자산을 취득한 후 해당 자산의 가치를 현실적으로 증가시키거나 내용연수를 연장시키기 위하여 지출한 수선비를 "자본적 지출"이라 하고, 감가상각자산의 원상회복 또는 능률유지를 위하여 지출한 수선비를 "수익적 지출"이라 한다.

2) 자본적 지출과 수익적 지출의 구분사례

법인세법상 자본적 지출과 수익적 지출의 구분사례는 다음과 같다.

자본적 지출	수익적 지출
① 본래의 용도를 변경하기 위한 개조 ② 엘리베이터 또는 냉·난방장치의 설치 ③ 빌딩 등에 있어서 피난시설 등의 설치 ④ 재해 등으로 인하여 건물·기계·설비 등이 멸실 또는 훼손되어 해당 자산의 본래의 용도에 이용가치가 없는 것의 복구 등	① 건물 또는 벽의 도장 ② 파손된 유리나 기와의 대체 ③ 기계부속품의 대체와 벨트의 대체 ④ 자동차의 타이어튜브의 대체 ⑤ 재해를 입은 자산에 대한 외장의 복구, 도장, 유리의 삽입 등

(3) 즉시상각의제

1) 즉시상각의제의 개념

법인이 감가상각자산의 취득과 관련하여 지출된 금액과 보유기간 중 발생한 자본적 지출액을 손금으로 계상한 경우에는 이를 감가상각한 것으로 보아 감가상각시부인 계산을 한다. 이를 즉시상각의제라 한다.

2) 즉시상각의제규정의 적용시 유의사항

즉시상각의제규정의 적용시 유의할 사항은 다음과 같다.

① 감가상각시부인 계산시 해당 즉시상각의제액을 회사계상 감가상각비에 가산한다.
② 상각범위액의 계산시 해당 즉시상각의제액을 감가상각기초가액에 가산한다. 이 경우 정액법은 즉시상각의제액 누계액을 가산하고, 정률법은 즉시상각의제액 당기분만 가산한다.

3) 즉시상각의제의 예외

구 분	내 용
① 수선비 특 례	법인이 각 사업연도에 지출한 수선비가 다음 중 어느 하나에 해당하는 경우로서 그 수선비를 해당 사업연도의 손비로 계상한 경우에는 자본적 지출에 포함하지 않는다(법령 31③). ㉠ 개별 자산별로 수선비로 지출한 금액이 600만원(2020.1.1. 전에 개시한 사업연도분에 대해서는 300만원) 미만인 경우 ㉡ 개별 자산별로 수선비로 지출한 금액이 직전 사업연도 종료일 현재 재무상태표상 자산가액(취득가액 − 감가상각누계액)의 5%에 미달하는 경우 ㉢ 3년 미만의 주기적인 수선을 위하여 지출하는 경우

구 분	내 용
② 소 액 자산의 경 우	취득가액이 거래단위별로 100만원 이하인 감가상각자산(다음 중 어느 하나에 해당하는 자산 제외)을 그 사업에 사용한 날이 속하는 사업연도의 손비로 계상한 것에 한정하여 손금에 산입한다(법령 31④). ㉠ 그 고유업무의 성질상 대량으로 보유하는 자산 ㉡ 그 사업의 개시 또는 확장을 위하여 취득한 자산
③ 단 기 사 용 자산의 경 우	다음의 단기사용자산은 이를 그 사업에 사용한 날이 속하는 사업연도의 손비로 계상한 것에 한정하여 손금에 산입한다(법령 31⑥). ㉠ 영화필름, 공구, 가구, 전기기구, 가스기기, 가정용 기구·비품, 시계, 시험기기, 측정기기 및 간판 ㉡ 대여사업용 비디오테이프 및 음악용 컴팩트디스크(CD)로서 개별자산의 취득가액이 30만원 미만인 것 ㉢ 어업에 사용되는 어구(어선용구 포함) ㉣ 전화기(휴대용 전화기 포함) 및 개인용 컴퓨터(그 주변기기 포함)

◉ 자본적 지출액과 수익적 지출액을 합산한 금액을 말한다. 예컨대, 수선비로 지출한 금액이 590만원(자본적 지출액 510만원, 수익적 지출액 80만원)인 경우 회사가 모두 비용처리를 한 경우에는 600만원 미달요건에 충족되므로 인정이 되지만, 수선비로 지출한 금액이 610만원(자본적 지출액 510만원, 수익적 지출액 100만원)인 경우 회사가 모두 비용처리를 한 경우에는 600만원 미달요건을 충족시키지 못하므로 자본적 지출액 510만원에 대해서는 즉시상각의제규정을 적용하여야 한다.

예제 13-2 즉시상각의제

다음 자료에 의하여 감가상각 시부인계산을 하시오.

구 분	A기계	B기계	C기계
기초 F/P상 가액	200,000,000원	150,000,000원	60,000,000원
상 각 부 인 액	20,000,000원	–	10,000,000원
수 선 비◉	12,000,000원	7,000,000원	5,900,000원
감 가 상 각 비	–	–	–
감 가 상 각 방 법	정률법	정률법	정률법
상 각 률	0.140	0.140	0.140

◉ 수선비로 처리한 금액은 모두 자본적 지출에 해당한다.

해답

1. A기계
   (1) 회사계상 감가상각비
      12,000,000원(즉시상각의제금액)
   (2) 상각범위액
      (200,000,000원+20,000,000원+12,000,000원)×0.140=32,480,000원
   (3) 시인부족액
      (1)-(2)=△20,480,000원
      〈손금산입〉 전기상각부인액 손금추인   20,000,000(△유보)

2. B기계
   수선비(700만원)가 기말 F/P상 가액의 5%(1억 5,000만원×5%=750만원)에 미달하므로 세무조정 없음
3. C기계
   (1) 회사계상 감가상각비
       0원(zero)❷
       ❷ 수선비(590만원)가 600만원에 미달하므로 즉시상각의제규정은 적용하지 않음
   (2) 상각범위액
       (60,000,000원+10,000,000원)×0.140=9,800,000원
   (3) 시인부족액
       (1)-(2)=△9,800,000원
       〈손금산입〉 전기상각부인액 손금추인   9,800,000(△유보)

즉시상각의제

(1) A기계

Book 1	수선비	12,000,000 / 현 금		12,000,000
Book 2	A기계	12,000,000 / 현 금		12,000,000
	감가상각비	12,000,000* / 감가상각누계액		12,000,000

* 즉시상각의제액(기업회계상 감가상각비를 계상한 것으로 보겠다는 의미) 12,000,000원
+ 전기말부인누계액 20,000,000원 = 32,000,000원 ← 시인대상(부인은 당기 계상액을 한도로 함)

Tax	상각범위액 : 32,480,000원			
	=(전기말 미상각잔액 220,000,000원 + 자본적지출액 12,000,000원) × 0.14			
	A기계	12,000,000 / 현 금		12,000,000
	감가상각비	32,000,000 / 감가상각누계액		32,000,000
Adjustment	감가상각비	20,000,000 / 감가상각누계액		20,000,000
Tax-Adj	손 금↑(순자산↓)	20,000,000 / 자 산↓(순자산↓)		20,000,000

〈손금산입〉 감가상각비   20,000,000·△유보(A기계)

(2) B기계

수선비(700만원)가 기말 F/P상 가액의 5%(1억 5,000만원×5%=750만원)에 미달하므로 세무조정 없음

(3) C기계

Book	없 음*			

* 수선비(590만원)가 600만원에 미달하므로 즉시상각의제규정을 적용하지 않음
** + 전기말부인누계액 10,000,000원 = 10,000,000원 ← 시인대상(부인은 당기 계상액을 한도로 함)

Tax	상각범위액 : 9,800,000원			
	=(전기말 미상각잔액 70,000,000원 + 자본적지출액 0원) × 0.14			
	감가상각비	9,800,000 / 감가상각누계액		9,800,000
Adjustment	감가상각비	9,800,000 / 감가상각누계액		9,800,000
Tax-Adj	손 금↑(순자산↓)	9,800,000 / 자 산↓(순자산↓)		9,800,000

〈손금산입〉 감가상각비   9,800,000·△유보(C기계)

2 내용연수와 상각률

(1) 기준내용연수·내용연수범위·신고내용연수

1) 기준내용연수와 내용연수범위

기준내용연수란 구조 또는 자산별·업종별로 법인세법 시행규칙에 규정한 특정 내용연수를 말한다. 그리고 내용연수범위란 기준내용연수에 기준내용연수의 25%에 상당하는 연수를 가감하여 계산한 내용연수의 범위(기준내용연수±기준내용연수×25%)를 말한다.

2) 신고내용연수

상각범위액 계산시 적용하는 내용연수는 내용연수범위내에서 법인이 선택하여 납세지 관할세무서장에게 신고한 내용연수로 하는데, 이를 신고내용연수라 한다.

다만, 기한내에 신고를 하지 아니한 경우에는 기준내용연수에 의한다.

(2) 특례내용연수의 적용·변경 또는 내용연수의 변경사유

다음에 해당하는 사유가 있는 법인은 특례내용연수의 범위[기준내용연수±기준내용연수×50%(⑤ 및 ⑥의 경우에는 25%)] 내에서 **납세지 관할지방국세청장의 승인**을 받아 사업장별로 내용연수범위와 다르게 내용연수를 적용하거나, 적용하던 내용연수를 변경할 수 있다(법령 29①).

① 업장이 위치한 지리적·환경적 특성으로 자산의 부식·마모 및 훼손의 정도가 현저한 경우
② 영업개시 후 3년이 경과한 법인으로서 해당 사업연도의 생산설비(건축물을 제외)의 가동률이 직전 3개 사업연도의 평균가동률보다 현저히 증가한 경우
③ 새로운 생산기술 및 신제품의 개발·보급 등으로 기존 생산설비의 가속상각이 필요한 경우
④ 경제적 여건의 변동으로 조업을 중단하거나 생산설비의 가동률이 감소된 경우
⑤ 시험연구용자산과 무형자산을 제외한 감가상각자산에 대하여 한국채택국제회계기준을 최초로 적용하는 사업연도에 결산내용연수를 변경한 경우(결산내용연수가 연장된 경우 내용연수를 연장하고 결산내용연수가 단축된 경우 내용연수를 단축하는 경우만 해당하되 내용연수를 단축하는 경우에는 결산내용연수보다 짧은 내용연수로 변경할 수 없음)
⑥ 시험연구용자산과 무형자산을 제외한 감가상각자산에 대한 기준내용연수가 변경된 경우. 다만, 내용연수를 단축하는 경우로서 결산내용연수가 변경된 기준내용연수의 25%를 가감한 범위 내에 포함되는 경우에는 결산내용연수보다 짧은 내용연수로 변경할 수 없다.

기준내용연수·내용연수의 범위·특례내용연수의 범위

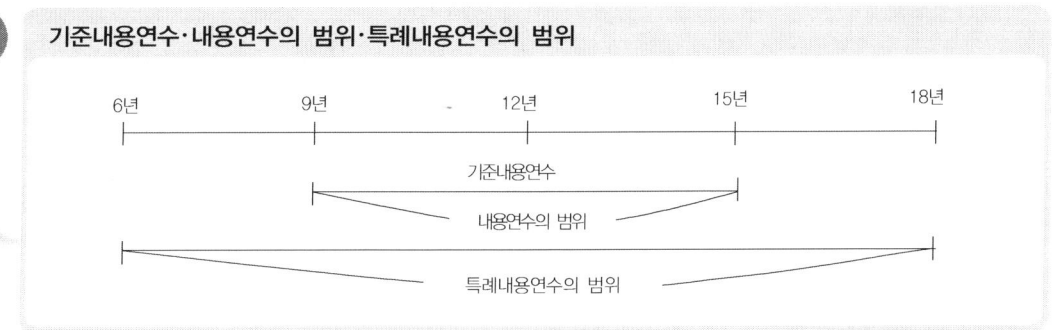

내용연수변경에 대한 기업회계와 법인세법의 차이

구 분	내 용
기업회계	내용연수의 변경은 회계추정의 변경에 해당하며, 전진법에 의한 회계처리를 한다. 이 경우 유의할 사항은 내용연수 변경후 감가상각연수는 해당 변경한 내용연수에서 경과한 내용연수를 차감한 잔존연수란 사실이다.
법인세법	법인세법에서는 변경된 내용연수에 따른 감가상각방법별 상각률을 적용하여야 한다.

내용연수표

1 시험연구용 자산의 내용연수표[별표 2]

자 산 범 위	자 산 명	내용연수
① 새로운 지식이나 기술의 발견을 위한 실험연구시설 ② 신제품이나 신기술을 개발할 목적으로 관련된 지식과 경험을 응용하는 연구시설	건물부속설비, 구축물, 기계장치	5년
③ 신제품이나 신기술과 관련된 시제품 등의 설계 등을 위한 설비 ④ 새로운 기술에 수반되는 공구, 기구, 금형 등의 설계 및 시험적 제작을 위한 시설 ⑤ 직업훈련용 시설	광학기기, 시험기기, 측정기기, 공구, 그 밖의 설비	3년

※ 시험연구용 자산 중 조세특례제한법상 연구및인력개발설비 투자세액공제를 이미 받은 자산에 대해서는 이 내용연수에 의한 감가상각비를 손금에 산입할 수 없다.
※ 법인이 시험연구용 자산에 대하여 이 내용연수표를 적용하지 아니하고자 하는 경우에는 건축물 등의 기준내용연수 및 내용연수범위표[별표 5] 또는 업종별 자산의 기준내용연수 및 내용연수범위표[별표 6]를 적용하여 감가상각비를 손금에 산입할 수 있다.

2 무형자산의 내용연수표[별표 3]

구 분	내용연수	무 형 자 산
1	5년	영업권, 디자인권, 실용신안권, 상표권
2	7년	특허권
3	10년	어업권, 「해저광물자원 개발법」에 따른 채취권(생산량비례법 선택 적용), 유료도로관리권, 수리권, 전기가스공급시설이용권, 공업용수도시설이용권, 수도시설이용권, 열공급시설이용권
4	20년	광업권(생산량비례법 선택 적용), 전신전화용시설이용권, 전용측선이용권, 하수종말처리장시설관리권, 수도시설관리권
5	30년	철도시설관리권
6	50년	댐사용권

3 건축물 등의 기준내용연수 및 내용연수범위표[별표 5]

구 분	기준내용연수 및 내용연수범위 (하한~상한)	구조 또는 자산명
1	5년(4년~6년)	차량 및 운반구[운수업, 임대업(부동산 제외)에 사용되는 차량 및 운반구는 제외], 공구, 기구 금형 및 비품
2	12년(9년~15년)	선박 및 항공기[어업, 운수업, 임대업(부동산 제외)에 사용되는 선박 및 항공기 제외]
3	20년(15년~25년)	연와조, 블록조, 콘크리트조, 토조, 토벽조, 목조, 목골모르타르조, 기타 조의 모든 건물(부속설비 포함)과 구축물 등의 건물과 구축물
4	40년(30년~50년)	철골·철근콘크리트조, 철근콘크리트조, 석조, 연와석조, 철골조의 모든 건물(부속설비를 포함한다)과 구축물 등의 모든 건물과 구축물

④ 업종별 자산의 기준내용연수 및 내용연수범위표[별표 6]

한국표준산업분류표상 대분류 및 중류분로 구분한 업종에 사용되는 자산에 대한 업종별 기준내용연수를 9가지로 구분하여 내용연수의 범위를 정하고 있는데, 여기서는 대분류 및 중분류에 대한 업종은 생략하고 기준내용연수와 이에 해당하는 내용연수의 범위(하한 ~ 상한)에 대해서만 표기한다.

구 분	기준내용연수	내용연수범위 (하한 ~ 상한)
1	4년	3년 ~ 5년
2	5년	4년 ~ 6년
3	6년	5년 ~ 7년
4	8년	6년 ~ 10년
5	10년	8년 ~ 12년
6	12년	9년 ~ 15년
7	14년	11년 ~ 17년
8	16년	12년 ~ 20년
9	20년	15년 ~ 25년

- 이 표는 별표 3 또는 별표 5의 적용을 받는 자산을 제외한 모든 감가상각자산에 대해 적용한다.
- 내용연수범위가 서로 다른 둘 이상의 업종에 공통으로 사용되는 자산이 있는 경우에는 그 사용기간이나 사용정도의 비율에 따라 사용비율이 큰 업종의 기준내용연수 및 내용연수범위를 적용한다.

(3) 내용연수의 신고, 특례내용연수의 승인신청 및 변경승인신청

1) 규 정

구 분	신고·신청기한	신청기관
내용연수 신 고 (법령 28③)	① 신설법인과 새로 수익사업을 개시한 비영리내국법인 : 영업개시일이 속하는 사업연도의 법인세 과세표준 신고기한 ② 자산별·업종별 구분에 의한 기준내용연수가 다른 감가상각자산을 새로이 취득하거나 새로운 업종의 사업을 개시한 경우 : 그 취득일·개시일이 속하는 사업연도의 법인세 과세표준 신고기한	납세지 관할 세무서장 (승인불필요)
특례내용연수 승 인 신 청	① 신설법인과 새로 수익사업을 개시한 비영리내국법인의 경우 : 영업개시일부터 3개월이 되는 날 ② 위 ① 외의 법인이 구조 또는 자산별·업종별 구분에 의한 기준내용연수가 다른 감가상각자산을 새로 취득하거나 새로운 업종의 사업을 개시한 경우 : 그 취득일 또는 개시일부터 3개월이 되는 날	납세지 관할 세무서장 (납세지 관할 지방국세청장의 승인필요)
특례내용연수 변경승인신청	변경할 내용연수를 적용하고자 하는 사업연도의 종료일	

2) 통 지

신청서를 접수한 납세지 관할세무서장은 신청서의 접수일이 속하는 사업연도 종료일부터 1개월 이내에 관할지방국세청장으로부터 통보받은 승인여부에 관한 사항을 통지하여야 한다(법령 29③).

(4) 수정내용연수

1) 규 정

법인이 기준내용연수(자산취득법인의 기준내용연수를 말함)의 50% 이상이 지난 중고자산을 다른 법인 또는 개인사업자로부터 취득(합병·분할에 의한 승계 포함)한 경우에는 내용연수를 수정할 수 있다.

2) 수정내용연수의 범위

[기준내용연수×50% ~ 기준내용연수] 범위내에서 선택하여 납세지 관할세무서장에게 신고한 연수(수정내용연수)를 내용연수로 할 수 있다. 한편, 수정내용연수의 계산에 있어서 1년 미만은 없는 것으로 한다(법령 29의2①). 예컨대, 기준내용연수가 5년인 경우에 수정내용연수는 2년(5년×50%=2.5년≒2년)에서 5년의 범위 내에서 선택하는 것이다.

3) 신고기한

법인이 수정내용연수를 적용받기 위해서는 중고자산의 취득일·합병등기일(또는 분할등기일)이 속하는 사업연도의 법인세 과세표준 신고기한까지 내용연수변경신고서를 제출하여야 한다.

예제 13-3 수정내용연수

㈜A는 제10기(1. 1~12. 31)에 비품을 취득하였다. 다음 자료에 의하여 각 비품의 상각범위액을 계산하시오.(단, 조세부담의 최소화를 가정한다)

1. 비품의 내역

구 분	취득가액	비 고
비품(갑)	1,000,000원	4월 5일 법인으로부터 5년 경과한 자산을 취득
비품(을)	1,000,000원	7월 5일 개인(비사업자)으로부터 6년 경과한 비품을 취득
비품(병)	1,000,000원	8월 7일 피합병법인으로부터 5년 경과한 비품을 취득

2. ㈜A의 비품에 대한 기준내용연수는 8년, 신고내용연수는 6년이다.
3. ㈜A는 감가상각방법을 신고하지 않았다.
4. 상각률은 다음과 같다.

	4년	6년	8년
정 액 법	0.250	0.166	0.125
정 률 법	0.528	0.394	0.313

1. 내용연수의 확정
   (1) 비품(갑) : 4년(=8년×50%)
   (2) 비품(을) : 6년(∵비사업자이므로)
   (3) 비품(병) : 4년(=8년×50%)

2. 상각범위액의 계산
   (1) 비품(갑) : $1,000,000원 \times 0.528 \times \frac{9}{12} = 396,000원$
   (2) 비품(을) : $1,000,000원 \times 0.394 \times \frac{6}{12} = 197,000원$
   (3) 비품(병) : $1,000,000원 \times 0.528 \times \frac{5}{12} = 220,000원$

수정내용연수

1. 내용연수의 판단

구 분	판 정	내용연수	근 거
비품(갑)	중고자산 ○	4년	8년 × 50%*
비품(을)	중고자산 ×(비사업자이므로)	6년	기존 신고내용연수
비품(병)	합병취득자산	4년	8년 × 50%*

* 문제에서 짧은 내용연수 신고를 가정하는 경우와 당기 법인세부담 최소화를 가정하는 경우에는 가장 높은 수정비율 적용함

2. 상각범위액

   ※ 기중 신규취득 자산이므로 월할계산하여 상각범위를 구한다. 단, 월수는 역에 따라 계산하되, 1개월 미만의 일수는 1개월로 한다.
   (1) 비품(갑) : 1,000,000원 × 0.528 × 9/12 = 396,000원
   (2) 비품(을) : 1,000,000원 × 0.394 × 6/12 = 197,000원
   (3) 비품(병) : 1,000,000원 × 0.528 × 5/12 = 220,000원

(5) 상각률

1) 원 칙

본래의 사업연도가 1년인 법인은 법인세법 시행규칙 별표4에 규정된 상각률(=소숫점 셋째자리까지 계산된 수치임)을 적용한다.

2) 예 외

그러나 본래의 사업연도가 1년 미만인 법인의 경우에는 다음과 같이 계산한 환산내용연수에 해당하는 상각률을 적용한다. 예를 들면, 사업연도 월수가 6개월인 경우 신고내용연수가 5년인 자산은 10년[＝5년×(12/6)]에 해당하는 상각률을 적용한다.

$$환산내용연수 = 신고내용연수 \times \frac{12}{해당\ 사업연도\ 월수}$$

이 경우 월수는 역에 따라 계산하되, 1개월 미만의 일수는 1개월로 한다.

 법인세법 시행규칙 별표4에 규정된 상각률

내 용 연 수	정 액 법	정 률 법
년	할분리	할분리
2	500	777
3	333	632
4	250	528
5	200	451
⋮	⋮	⋮
59	017	050
60	017	049

잔존가액

(1) 원 칙

법인세법상 감가상각자산의 잔존가액은 0(zero)으로 한다.

(2) 정률법에 의한 상각시

그러나 정률법에 의하여 상각하는 경우에는 취득가액의 5%에 상당하는 금액을 잔존가액으로 하되, 그 금액은 해당 감가상각자산에 대한 미상각잔액이 최초로 취득가액의 5% 이하가 되는 사업연도의 상각범위액에 가산한다.

이와 같이 정률법의 적용시 잔존가액을 취득가액의 5%로 가정하는 이유는 정률법의 상각률 계산산식에서 잔존가액을 0(zero)으로 하게 되면 계산자체가 불가능하기 때문이다.

(3) 사후관리

그런데 기업실무상으로는 비록 감가상각자산의 감가상각이 완료되었다 하더라도 실제로는 일정기간 계속 생산라인에서 제품생산을 하다가 처분하는 사례가 허다하다. 따라서 법인세법에서는 이러한 감가상각자산의 사후관리를 위하여 다음의 금액을 비망기록가액으로 남겨두도록 규정하고 있다.

$$\text{감가상각 종료자산의 비망기록가액} = \text{MIN}[① \ 1{,}000원, \ ② \ 취득가액 \times 5\%]$$

 상각범위액의 계산

(1) 일반적인 경우의 상각범위액

1) 정액법

구 분	내 용
개 념	정액법하의 상각범위액은 세무상 취득가액에 상각률을 적용하여 계산한다.
계 산 산 식	$\text{상각범위액} = \left(\begin{array}{c} \text{당기말 F/P상} \\ \text{취 득 가 액} \end{array} + \begin{array}{c} \text{전 기 즉 시} \\ \text{상 각 의 제 액} \end{array} + \begin{array}{c} \text{당 기 즉 시} \\ \text{상 각 의 제 액} \end{array} \right) \times \text{상각률}$

2) 정률법

구 분	내 용
개 념	정률법하의 상각범위액은 세무상 미상각잔액에 상각률을 적용하여 계산한다.
계 산 산 식	$\text{상각범위액} = \left(\begin{array}{c} \text{당기말 F/P상} \\ \text{취 득 가 액} \end{array} - \begin{array}{c} \text{당기말 F/P상} \\ \text{감 가 상 각} \\ \text{누 계 액} \end{array} + \begin{array}{c} \text{당 기 감 가} \\ \text{상 각 비} \\ \text{계 상 액} \end{array} + \begin{array}{c} \text{당 기 즉 시} \\ \text{상 각} \\ \text{의 제 액} \end{array} + \begin{array}{c} \text{상 각} \\ \text{부 인 액} \end{array} \right) \times \text{상각률}$

3) 생산량비례법

구 분	내 용
개 념	생산량비례법하의 상각범위액은 세무상 취득가액에 채굴량 비율에 의한 상각률을 적용하여 계산한다.
계산 산식	상각범위액 = (당기말 F/P상 취득가액 + 전기 즉시 상각의제액 + 당기 즉시 상각의제액) × 상각률

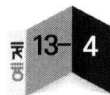

예제 13-4 정액법(Ⅰ)

다음 자료에 의하여 상장법인인 ㈜A의 당기 사업연도의 감가상각 시부인계산을 하시오.

1. 기계장치 A와 관련된 사항은 다음과 같다.

   ① 해당 사업연도말 F/P상 취득가액 : 500,000,000원
   ② 전기 사업연도말 F/P상 감가상각누계액 : 150,000,000원
   ③ 해당 사업연도 포괄손익계산서상 감가상각비 : 80,000,000원
   ④ 전기말 상각부인액 : 40,000,000원

2. 세무상 자본적 지출액을 장부상 비용으로 처리한 금액은 다음과 같다.

   ① 전기 이전 지출분 : 35,000,000원
   ② 당기 지출분 : 30,000,000원

3. 신고내용연수(상각률)와 감가상각방법

   ① 신고내용연수(상각률) : 5년(0.200)
   ② 감가상각방법 : 정액법

해답

1. 회사계상 감가상각비
   80,000,000원 + 30,000,000원 = 110,000,000원

2. 상각범위액
   (500,000,000원 + 35,000,000원 + 30,000,000원) × 0.200 = 113,000,000원

3. 시인부족액 발생
   110,000,000원 - 113,000,000원 = △3,000,000원

4. 세무조정
   〈손금산입〉 전기 상각부인액 손금추인 3,000,000(△유보)

 예 13-5 정액법(Ⅱ)

다음 자료에 의하여 상장법인인 ㈜A의 당기 사업연도의 감가상각 시부인계산을 하시오.

1. 기계장치 A와 관련된 사항은 다음과 같다.

   ① 해당 사업연도말 F/P상 취득가액 : 500,000,000원
   ② 해당 사업연도말 F/P상 감가상각누계액 : 230,000,000원
   ③ 해당 사업연도 포괄손익계산서상 감가상각비 : 80,000,000원
   ④ 전기말 상각부인액 : 40,000,000원

2. 세무상 자본적 지출액을 장부상 비용으로 처리한 금액은 다음과 같다.

   ① 전기 이전 지출분 : 35,000,000원
   ② 당기 지출분 : 30,000,000원

3. 신고내용연수(상각률)와 감가상각방법

   ① 신고내용연수(상각률) : 5년(0.200)
   ② 감가상각방법 : 정액법

해답

1. 회사계상 감가상각비
   80,000,000원 + 30,000,000원 = 110,000,000원

2. 상각범위액
   (500,000,000원 + 35,000,000원 + 30,000,000원) × 0.200 = 113,000,000원

3. 시인부족액 발생
   110,000,000원 − 113,000,000원 = △3,000,000원

4. 세무조정
   〈손금산입〉 전기 상각부인액 손금추인 3,000,000(△유보)

해설

① 정액법의 감가상각 기초가액은 다음과 같다.

   | 당기말 F/P상 취득가액 + 전기 즉시상각의제액 + 당기 즉시상각의제액 |

② 전기로부터 이월된 상각부인액이 있으므로 당기 시인부족액의 범위내에서 동 상각부인액을 손금산입(△유보)한다.

 정액법(Ⅰ, Ⅱ)

Book 1	감가상각비	80,000,000 / 감가상각누계액		80,000,000
	(실제 장부상 회계처리)			
	수선비	30,000,000 / 현 금		30,000,000
Book 2	감가상각비	80,000,000 / 감가상각누계액		80,000,000
				(의제 장부상 회계처리)

	기계장치A	30,000,000 / 현 금	30,000,000
	감가상각비	30,000,000* / 감가상각누계액	30,000,000

* 법인세법 관점의 당기 장부상 감가상각비(당기 감가상각비계상액)
  = 당기 포괄손익계산서상 감가상각비 80,000,000원 + 즉시상각의제액 30,000,000원
  = 110,000,000원
  + 전기말부인누계액(전기이월상각부인액) 40,000,000원 = 150,000,000원 · ← 시인대상(부인은 당기 계상액을 한도로 함)

Tax 상각범위액 : 113,000,000원
= (당기말 F/P상 취득가액 500,000,000원 + 전기즉시상각의제액 35,000,000원 + 당기즉시상각의제액 30,000,000원) × 0.2

감가상각비   113,000,000 / 감가상각누계액   113,000,000

Adjustment 감가상각비   3,000,000 / 감가상각누계액   3,000,000
Tax-Adj   손 금↑(순자산↓)   3,000,000 / 자 산↓(순자산↓)   3,000,000

〈손금산입〉 감가상각비   3,000,000 · △유보(기계장치 A)

예제 13-6 정률법(Ⅰ)

다음 자료에 의하여 비상장법인인 ㈜A의 당기 사업연도의 감가상각 시부인계산을 하시오.

1. 기계장치 A와 관련된 사항은 다음과 같다.

   ① 해당 사업연도말 F/P상 취득가액 : 500,000,000원
   ② 전기 사업연도말 F/P상 감가상각누계액 : 150,000,000원
   ③ 해당 사업연도 손익계산서상 감가상각비 : 80,000,000원
   ④ 전기말 상각부인액 : 40,000,000원

2. 세무상 자본적 지출액을 장부상 비용으로 처리한 금액은 다음과 같다.

   ① 전기 이전 지출분 : 35,000,000원
   ② 당기 지출분 : 30,000,000원

3. 신고내용연수(상각률)와 감가상각방법

   ① 신고내용연수(상각률) : 5년(0.451)
   ② 감가상각방법 : 정률법

1. 회사계상 감가상각비
   80,000,000원 + 30,000,000원 = 110,000,000원

2. 상각범위액
   (500,000,000원 − 150,000,000원 + 30,000,000원 + 40,000,000원) × 0.451 = 189,420,000원

3. 시인부족액 발생
   110,000,000원 − 189,420,000원 = △79,420,000원

4. 세무조정
   〈손금산입〉 전기 상각부인액 손금추인   40,000,000(△유보)

분개법 정률법(I)

Book 1	감가상각비	80,000,000 / 감가상각누계액	80,000,000	
			(실제 장부상 회계처리)	
	수선비	30,000,000 / 현 금	30,000,000	
Book 2	감가상각비	80,000,000 / 감가상각누계액	80,000,000	
			(의제 장부상 회계처리)	
	기계장치A	30,000,000 / 현 금	30,000,000	
	감가상각비	30,000,000*/ 감가상각누계액	30,000,000	

　* 법인세법 관점의 당기 장부상 감가상각비(당기 감가상각비계상액)
　　= 당기 손익계산서상 감가상각비 80,000,000원 + 즉시상각의제액 30,000,000원
　　= 110,000,000원
　　+ 전기말부인누계액(전기이월상각부인액) 40,000,000원 = 150,000,000원 ← 시인대상(부인은 당기 계상액을 한도로 함)

Tax	상각범위액 : 189,420,000원

　= 세무상 미상각잔액 × 상각률
　= (당기말 세무상 취득가액 − 세무상 전기말 감가상각누계액) × 상각률
　= {(당기말 F/P상 취득가액 500,000,000원 + 당기 세무상 자본적 지출액 30,000,000원) − (전기말 F/P상 감가상각누계액 150,000,000원 − 전기말 상각부인액* 40,000,000원)} × 상각률 0.451 = 189,420,000원
　* 전기말 상각부인액에는 유형자산 취득 후 전기말까지의 장부상 비용으로 처리한 자본적 지출액으로 인한 (세무상 취득가액의 증분 − 세무상 감가상각누계액의 증분)의 효과가 반영되어 있으므로 전기말까지 발생한 장부상 비용으로 처리한 자본적 지출을 당기말 세무상 취득가액 계산시 고려하지 않는 것임

	감가상각비	150,000,000 / 감가상각누계액	150,000,000
Adjustment	감가상각비	40,000,000 / 감가상각누계액	40,000,000
Tax−Adj	손 금↑(순자산↓)	40,000,000 / 자 산↓(순자산↓)	40,000,000

〈손금산입〉 감가상각비　40,000,000・△유보(기계장치 A)

정률법(II)

다음 자료에 의하여 비상장법인인 ㈜A의 당기 사업연도의 감가상각 시부인계산을 하시오.

1. 기계장치 A와 관련된 사항은 다음과 같다.

    ① 해당 사업연도말 F/P상 취득가액 : 500,000,000원
    ② 해당 사업연도말 F/P상 감가상각누계액 : 230,000,000원
    ③ 해당 사업연도 손익계산서상 감가상각비 : 80,000,000원
    ④ 전기말 상각부인액 : 40,000,000원

2. 세무상 자본적 지출액을 장부상 비용으로 처리한 금액은 다음과 같다.

    ① 전기 이전 지출분 : 35,000,000원
    ② 당기 지출분 : 30,000,000원

3. 신고내용연수(상각률)와 감가상각방법

    ① 신고내용연수(상각률) : 5년(0.451)
    ② 감가상각방법 : 정률법

해답

1. 회사계상 감가상각비
   80,000,000원 + 30,000,000원 = 110,000,000원
2. 상각범위액
   (500,000,000원 − 230,000,000원 + 80,000,000원 + 30,000,000원 + 40,000,000원) × 0.451 = 189,420,000원
3. 시인부족액 발생
   110,000,000원 − 189,420,000원 = △79,420,000원
4. 세무조정
   〈손금산입〉 전기 상각부인액 손금추인   40,000,000(△유보)

해설

① 정률법의 감가상각 기초가액은 다음과 같다.

> 당기말 F/P상 취득가액 − 당기말 F/PS상 감가상각누계액 + 당기 감가상각비계상액 + 당기 즉시상각의제액 + 상각부인액

② 전기로부터 이월된 상각부인액이 있으므로 당기 시인부족액의 범위내에서 동 상각부인액을 손금산입(△유보)한다.

분개법 정률법(II)

Book 1	감가상각비	80,000,000	/ 감가상각누계액	80,000,000	
				(실제 장부상 회계처리)	
	수선비	30,000,000	/ 현 금	30,000,000	
Book 2	감가상각비	80,000,000	/ 감가상각누계액	80,000,000	
				(의제 장부상 회계처리)	
	기계장치A	30,000,000	/ 현 금	30,000,000	
	감가상각비	30,000,000*	/ 감가상각누계액	30,000,000	

　* 법인세법 관점의 당기 장부상 감가상각비(당기 감가상각비계상액)
　 = 당기 손익계산서상 감가상각비 80,000,000원 + 즉시상각의제액 30,000,000원
　 = 110,000,000원
　 + 전기말부인누계액(전기이월상각부인액) 40,000,000원 = 150,000,000원 ← 시인대상(부인은 당기 계상액을 한도로 함)

Tax	상각범위액 : 189,420,000원				

　= 세무상 미상각잔액 × 상각률
　= (당기말 세무상 취득가액 − 세무상 전기말 감가상각누계액) × 상각률
　= {(당기말 F/P상 취득가액 + 당기 세무상 자본적 지출액) − (전기말 F/P상 감가상각누계액 − 전기말 상각부인액)} × 상각률
　= {[당기말 F/P상 취득가액 500,000,000원 + 당기 세무상 자본적 지출액 30,000,000원} − {(당기말 F/P상 감가상각누계액 230,000,000원 − 당기 감가상각비 계상액 8,000,000원) − 전기말 상각부인액* 40,000,000원}] × 상각률 0.451
　= 189,420,000원
　* 전기말 상각부인액에는 유형자산 취득 후 전기말까지의 장부상 비용으로 처리한 자본적 지출액으로 인한 (세무상 취득가액의 증분 − 세무상 감가상각누계액의 증분)의 효과가 반영되어 있으므로 전기말까지 발생한 장부상 비용으로 처리한 자본적 지출액을 당기말 세무상 취득가액 계산시 고려하지 않는 것임

	감가상각비	150,000,000	/ 감가상각누계액	150,000,000	
Adjustment	감가상각비	40,000,000	/ 감가상각누계액	40,000,000	
Tax-Adj	손 금↑(순자산↓)	40,000,000	/ 자 산↓(순자산↓)	40,000,000	

　〈손금산입〉 감가상각비   40,000,000 · △유보(기계장치 A)

 **정액법과 정률법**

상장법인인 ㈜A는 제10기에 기계장치를 취득하였는데, 다음은 해당 기계장치에 대한 자료이다.

1. 기계장치 A와 관련된 사항은 다음과 같다.

   ① 취득가액 : 48,000,000원
   ② 제10기 사업연도말 장부상 감가상각누계액 : 10,000,000원
   ③ 제10기말 시인부족액 : 2,000,000원
   ④ 제11기 9월말 자본적 지출액 7,000,000원을 포괄손익계산서상 비용으로 계상
   ⑤ 제11기 포괄손익계산서상 감가상각비 : 5,000,000원

2. 기계장치에 대한 상각률은 다음과 같다(신고내용연수 : 5년).

	5년	10년
정 액 법	0.200	0.100
정 률 법	0.451	0.259

3. ㈜A의 사업연도는 6개월이다.

㈜A의 제11기 사업연도 정액법과 정률법에 의한 세무조정을 하시오.

해답

1. 정액법
   ① 감가상각비 : 12,000,000원(=5,000,000원+7,000,000원)
   ② 상각범위액 : (48,000,000원+7,000,000원)×0.100=5,500,000원
   ③ 한도초과액 : 6,500,000원
      〈손금불산입〉 상각부인액   6,500,000(유보)
2. 정률법
   ① 감가상각비 : 12,000,000원(=5,000,000원+7,000,000원)
   ② 상각범위액 : (48,000,000원−10,000,000원+7,000,000원)×0.259=11,655,000원
   ③ 한도초과액 : 345,000원
      〈손금불산입〉 상각부인액   345,000(유보)

1. 정액법의 상각범위액

   (당기말 F/P상 취득가액+전기 즉시상각의제액+당기 즉시상각의제액)×상각률

2. 정률법의 상각범위액

   (당기말 F/P상 취득가액−당기말 F/P상 감가상각누계액+당기 감가상각비계상액+당기 즉시상각의제액+상각부인액)×상각률

정액법과 정률법

(1) 정액법

Book 1	감가상각비	5,000,000 / 감가상각누계액		5,000,000	
		(실제 장부상 회계처리)			
	수선비	7,000,000 / 현　금		7,000,000	
Book 2	감가상각비	5,000,000 / 감가상각누계액		5,000,000	
		(의제 장부상 회계처리)			
	기계장치A	7,000,000 / 현　금		7,000,000	
	감가상각비	7,000,000* / 감가상각누계액		7,000,000	

* 법인세법 관점의 당기 장부상 감가상각비(당기 감가상각비계상액)
　= 당기 포괄손익계산서상 감가상각비 5,000,000원 + 즉시상각의제액 7,000,000원
　= 12,000,000원
　+ 전기말부인누계액(전기이월상각부인액) 0원 = 12,000,000원 ← 시인대상(부인은 당기계상액을 한도로 함)

Tax　상각범위액 : 5,500,000원
　= (당기말 F/P상 취득가액 48,000,000원 + 전기즉시상각의제액 0원 + 당기즉시상각의제액 7,000,000원) × 상각률 0.1

감가상각비　5,500,000 / 감가상각누계액　5,500,000

Adjustment　감가상각누계액　6,500,000 / 감가상각비　6,500,000
Tax-Adj　자　산↑(순자산↑)　6,500,000 / 손　금↓(순자산↑)　6,500,000

〈손금불산입〉 감가상각비　6,500,000・유보(기계장치 A)

(2) 정률법

Book 1	감가상각비	5,000,000 / 감가상각누계액		5,000,000	
		(실제 장부상 회계처리)			
	수선비	7,000,000 / 현　금		7,000,000	
Book 2	감가상각비	5,000,000 / 감가상각누계액		5,000,000	
		(의제 장부상 회계처리)			
	기계장치A	7,000,000 / 현　금		7,000,000	
	감가상각비	7,000,000* / 감가상각누계액		7,000,000	

* 법인세법 관점의 당기 장부상 감가상각비(당기 감가상각비계상액)
　= 당기 포괄손익계산서상 감가상각비 5,000,000원 + 즉시상각의제액 7,000,000원
　= 12,000,000원
　+ 전기말부인누계액(전기이월상각부인액) 0원 = 12,000,000원 ← 시인대상(부인은 당기 계상액을 한도로 함)

Tax　상각범위액 : 11,655,000원
　= 세무상 미상각잔액 × 상각률
　= (당기말 세무상 취득가액 – 세무상 전기말 감가상각누계액) × 상각률
　= {(당기말 F/P상 취득가액 48,000,000원 + 당기 세무상 자본적 지출액 7,000,000원) – (전기말 F/PS상 감가상각누계액 10,000,000원 – 전기말 상각부인액 0원)} × 상각률 0.259
　= 11,655,000원

감가상각비　11,655,000 / 감가상각누계액　11,655,000

Adjustment　감가상각누계액　345,000 / 감가상각비　345,000
Tax-Adj　자　산↑(순자산↑)　345,000 / 손　금↓(순자산↑)　345,000

〈손금불산입〉 감가상각비　345,000・유보(기계장치 A)

(2) 의제사업연도 등이 1년 미만인 경우

사업연도의 의제 또는 사업연도의 변경에 따라 사업연도가 일시적으로 1년 미만이 된 경우에는 다음 산식에 의한 금액을 상각범위액으로 한다(법령 26⑧).

$$상각범위액 = 사업연도가\ 1년인\ 경우의\ 상각범위액 \times \frac{해당\ 사업연도\ 월수}{12}$$

이 경우 월수는 역에 따라 계산하되, 1개월 미만의 일수는 1개월로 한다.

(3) 신규취득자산·자본적 지출의 경우

1) 신규취득자산

신규취득자산의 상각범위액 계산은 다음과 같이 한다(법령 36⑨).

$$신규취득자산의\ 상각범위액 = 위\ (1)의\ 상각범위액 \times \frac{월수}{12}$$

위의 산식에서 월수는 해당 자산을 사업에 사용한 날부터 해당 사업연도 종료일까지의 월수를 말한다. 이 경우 월수는 역에 따라 계산하되, 1개월 미만의 일수는 1개월로 한다.

2) 자본적 지출이 발생한 경우

사업연도 중에 자본적 지출액이 발생한 경우에도 신규취득자산과는 달리 기존의 상각방법과 내용 연수에 따른 상각률을 그대로 적용한다.

한편, 감가상각이 완료된 감가상각자산에 대하여 자본적 지출이 발생한 경우에는 당초 신고한 내용연수에 의한 상각률에 따라 이를 상각한다(법기통 23-28…2).

(4) 양도자산

현재 법인세법에서는 사업연도 중에 양도한 자산의 감가상각과 관련해서는 아무런 규정을 두지 않고 있는데, 이는 감가상각비 계상액만큼 처분이익이 증가하거나 처분손실이 감소하여 과세소득에 미치는 영향이 없기 때문이다.

(5) 감가상각방법을 변경하는 경우

기업회계상 감가상각방법의 변경은 회계추정의 변경으로서 전진법에 의하여 회계처리를 하며, 법인세법상 감가상각방법을 변경하는 경우의 상각범위액은 변경 당시의 세무상 미상각잔액에 변경 후 상각방법에 따른 상각률을 곱한 금액으로 계산한다(법령 27⑥). 이를 정리하면 다음과 같다.

구 분	변경 후 상각범위액
정액법으로의 변경	(취득가액 − 감가상각누계액 + 전기이월상각부인액) × 정액법 상각률[1]
정률법으로의 변경	(취득가액 − 감가상각누계액 + 전기이월상각부인액) × 정률법 상각률[1]
생산량비례법으로의 변경	(취득가액 − 감가상각누계액 + 전기이월상각부인액) × 상각률[2]

❶ 신고내용연수(무신고시는 기준내용연수)의 상각률을 말한다.
❷ 상각률 = 해당 사업연도의 채굴량 / (총채굴예정량 − 변경전 사업연도까지의 총채굴량)

VI. 감가상각자산의 양도시 세무조정

 원 칙

법인이 감가상각자산을 양도한 경우에는 다음과 같이 세무조정한다.

① 상각부인액이 있는 경우 : 해당 금액을 손금산입(△유보)함
② 시인부족액이 있는 경우 : 세무조정 없음

 **감가상각자산의 양도**

다음 자료에 의하여 감가상각자산의 양도에 대한 세무조정을 하시오.

구 분	기계장치(A)	기계장치(B)
① 취득가액	500,000,000원	500,000,000원
② 감가상각누계액	430,000,000원	430,000,000원
③ 상각부인액(시인부족액)	90,000,000원	(15,000,000원)
④ 양도가액	200,000,000원	200,000,000원

해답

1. 기계장치(A)
   〈손금산입〉 전기 상각부인액 손금추인   90,000,000(△유보)

2. 기계장치(B)
   세무조정 없음

 감가상각자산의 양도

(1) 기계장치(A) : 상각부인액 90,000,000원이 있는 경우

Book	현 금	200,000,000	/ 기계장치	500,000,000	
	감가상각누계액	430,000,000	/ 유형자산처분이익	130,000,000	
Tax	현 금	200,000,000	/ 기계장치	500,000,000	
	감가상각누계액	340,000,000*	/ 유형자산처분이익	40,000,000	

* 세무상 상각부인액 90,000,000원이 있다는 것은 세무상 기계장치A의 장부금액(= 취득가액 - 감가상각누계액)이 90,000,000원 많다는 의미이다. 회계처리상 '취득가액'은 불변이므로 '감가상각누계액'이 90,000,000원 적다는 것을 의미함. 따라서 세무상 장부금액(처분시 처분원가에 해당함)이 더 많으므로 장부상 유형자산처분이익에 비해 세무상 유형자산처분이익이 상각부인액만큼 감소함.

Adjustment	유형자산처분이익	90,000,000	/ 감가상각누계액	90,000,000
Tax-Adj	익 금↓(순자산↓)	90,000,000	/ 자 산↓(순자산↓)	90,000,000

〈익금불산입〉 유형자산처분이익 90,000,000·△유보(기계장치A)

(2) 기계장치(B) : 시인부족액 15,000,000원이 있는 경우

Book	현 금	200,000,000	/ 기계장치	500,000,000
	감가상각누계액	430,000,000	/ 유형자산처분이익	130,000,000
Tax	현 금	200,000,000	/ 기계장치	500,000,000
	감가상각누계액	430,000,000*	/ 유형자산처분이익	130,000,000

* 세무상 시인부족액(15,000,000원)이 있다는 것은 처분전 감가상각과정에서 장부상 감가상각비보다 세무상 감가상각범위액이 컸다는 것만을 의미하는 것으로 세무상 감가상각비는 결산조정사항이므로 감가상각범위액 내에서 장부상 감가상각비를 인정하는 것에 그쳤을 것이므로 재무회계상 장부금액과 세무상 장부금액에 차이가 없음

Adjustment	없 음
Tax-Adj	없 음

〈세무조정 없음〉

자산의 일부 양도시

감가상각자산의 일부를 양도한 경우 해당 양도자산에 대한 감가상각누계액 및 상각부인액은 해당 감가상각자산 전체의 감가상각누계액 및 상각부인액에 양도부분의 가액(해당 자산의 취득시 장부가액을 말함)이 해당 감가상각자산의 전체가액(해당 자산의 취득시 장부가액을 말함)에서 차지하는 비율을 곱하여 계산한 금액으로 한다(법령 32⑥).

양도자산에 대한 감가상각누계액 및 상각부인액 =

해당 감가상각자산 전체의 감가상각누계액 및 상각부인액 × 양도부분의 가액 / 해당 감가상각자산 전체가액

감가상각자산의 일부양도

다음 자료에 의하여 감가상각자산의 일부양도에 대한 세무조정을 하시오.

1. 해당 사업연도초 자산가액의 내역

구 분	비 품	비품의 일부 양도
① 취득가액	5,000,000원	1,000,000원
② 감가상각누계액	4,000,000원	?
③ 상각부인액	1,200,000원	?

2. 비품의 일부를 양도하고, 기업회계기준에 따라 적절하게 회계처리하였다.
3. 양도한 비품의 감가상각비 100,000원과 사업연도말 현재 보유하고 있는 비품의 감가상각비 600,000원을 장부에 계상하였다.
4. 비품에 대한 감가상각방법은 정률법(신고내용연수 5년, 상각률 0.451)이다.

해답

1. 양도자산의 손금추인
    〈손금산입〉 양도자산의 상각부인액   240,000❶ (△유보)
    ❶ $1,200,000원 \times \frac{1,000,000원}{5,000,000원} = 240,000원$

2. 보유자산의 감가상각비 시부인계산
    ① 회사계상액 600,000원
    ② 상각범위액 (4,000,000원 − 3,200,000원❶ + 960,000원❷) × 0.451 = 793,760원
        ❶ $4,000,000원 \times \frac{4,000,000원}{5,000,000원} = 3,200,000원$
        ❷ 1,200,000원 − 240,000원 = 960,000원
    ③ 시인부족액 ① − ② = △193,760원
    ④ 세무조정 〈손금산입〉 전기 상각부인액   193,760(△유보)

분개법 감가상각자산의 일부양도

(1) 양도자산의 손금추인
    본 사례의 경우 '양도가액'에 대한 정보가 없으므로 분개법으로는 문제를 해결할 수 없고 상각부인액 중 처분된 부분을 계산하여 손금추인(한도초과로 손금불산입된 상각부인액이 처분을 계기로 손금산입되는 것임) 한다.
    상각부인액 1,200,000원 × 1,000,000원/5,000,000원 = 240,000원
    〈손금산입〉 유형자산처분이익   240,000 · △유보

(2) 보유자산의 감가상각비 시부인계산

Book	감가상각비	600,000 / 감가상각누계액		600,000
	+ 전기말부인누계액 960,000원 = 1,560,000원 · 시인대상(부인은 당기 계상액을 한도로 함)			
Tax	상각범위액 : 793,760원			
	= 세무상 잔존가액 × 상각률			
	= (취득가액 − 세무상 감가상각누계액) × 상각률			
	= (취득가액 4,000,000원 − 장부상 감가상각누계액 3,200,000원 + 상각부인액 960,000원) × 상각률 0.451 = 793,760원			
	감가상각비	793,760 / 감가상각누계액		793,760
	* MIN(① 상각범위액 793,760원, ② 결산액 + 전기말부인누계액 1,560,000원) = 793,760원			

| Adjustment | 감가상각비 | 193,760 / 감가상각누계액 | 193,760 |
| Tax-Adj | 손 금↑(순자산↓) | 193,760 / 자 산↓(순자산↓) | 193,760 |

〈손금산입〉 감가상각비 193,760 · △유보

Ⅶ. 생산설비의 폐기시

 생산설비의 폐기시 손금산입

① 시설의 개체 또는 기술의 낙후로 인하여 생산설비의 일부를 폐기한 경우 또는 ② 사업의 폐지 또는 사업장의 이전으로 임대차계약에 따라 임차한 사업장의 원상회복을 위하여 시설물을 철거하는 경우에는 결산조정에 의해 장부가액에서 1,000원을 공제한 금액을 폐기일이 속하는 사업연도의 손금에 산입할 수 있다. 이 경우 1,000원은 해당 자산의 처분시 손금산입한다(법령 31⑦).

① 손금산입액 : 장부가액-1,000원
② 시   점 : 폐기시점

 유의점

소득세법에서도 생산설비에 대하여 상기의 내용과 비슷한 규정이 있으나 다음과 같은 차이점이 있다.

① 필요경비산입액 : 장부가액-처분가액
② 시   점 : 폐기처분시점

Ⅷ. 자산평가와 감가상각의 적용순위 등

 감가상각과 평가증의 병행시 적용순위

법인이 감가상각자산에 대하여 감가상각과 보험업법 그 밖의 법률에 따른 평가증을 병행한 경우에는 먼저 감가상각을 한 후 자산의 평가증을 한 것으로 본다.

2 상각부인액의 처리

법인이 보험업법이나 그 밖의 법률에 따라 감가상각자산을 평가증한 경우 상각부인액 중 평가증액까지는 손금에 산입하며, 평가증액을 초과하는 금액은 그 이후의 사업연도에 이월할 상각부인액으로 계산한다.

예제 13-11 감가상각자산의 평가증

㈜A는 관계법령에 따라 건물을 평가하였다. 다음 자료에 의하여 평가증과 관련된 세무조정을 하시오.

구 분	건물(A)	건물(B)
① 취 득 가 액	500,000,000원	500,000,000원
② 감 가 상 각 누 계 액	420,000,000원	420,000,000원
③ 상 각 부 인 액	50,000,000원	130,000,000원
④ 감 정 가 액	200,000,000원	200,000,000원

해답

1. 건물(A)
    ① 장부상 평가이익
       200,000,000원 − (500,000,000원 − 420,000,000원) = 120,000,000원
    ② 세무상 평가이익
       200,000,000원 − (500,000,000원 − 420,000,000원 + 50,000,000원) = 70,000,000원
    ③ 세무조정
       〈손금산입〉 전기 상각부인액   50,000,000(△유보)

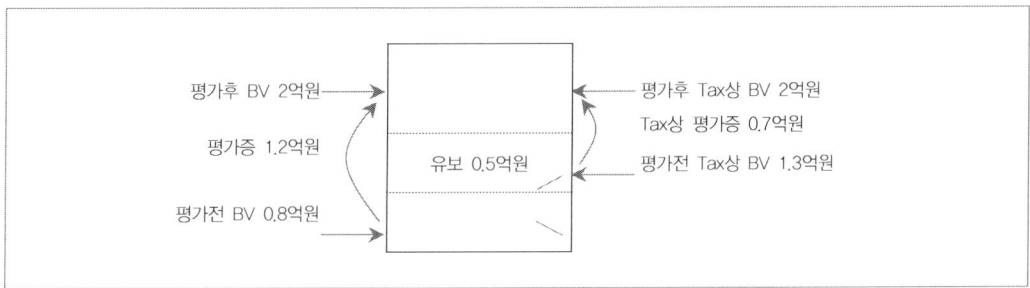

2. 건물(B)
    ① 장부상 평가이익
       200,000,000원 − (500,000,000원 − 420,000,000원) = 120,000,000원
    ② 세무상 평가이익
       200,000,000원 − (500,000,000원 − 420,000,000원 + 130,000,000원) = △10,000,000원
       세무상 장부가액이 210,000,000원이므로 평가이익은 없으며, 평가감도 인정되지 않으므로 210,000,000원을 세무상 장부가액으로 한다.
    ③ 세무조정
       〈손금산입〉 전기 상각부인액   120,000,000(△유보)
       ※ 이 경우 평가증의 한도를 초과하는 상각부인액 10,000,000원은 이월할 상각부인액으로 한다.

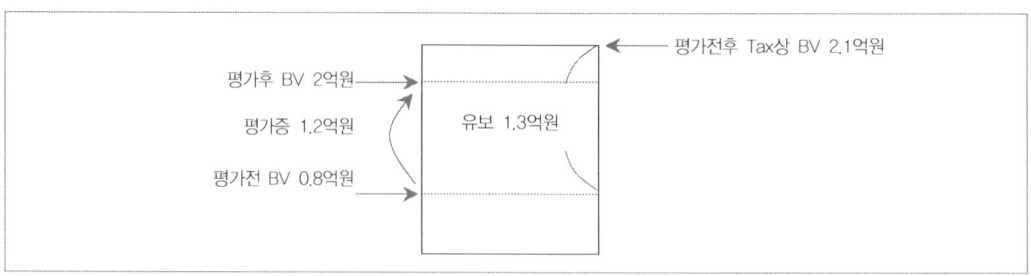

감가상각자산의 평가증

법인세법에서는 감정가액이 '세무상 장부가액'을 초과하는 평가증(보험업법 그 밖의 법률에 따라 감가상각자산의 장부가액을 증액한 것을 말한다)만을 인정함

(1) 상각부인액이 50,000,000원인 경우

Book	건 물	120,000,000 / 유형자산평가이익	120,000,000*

* = 감정가액 − 회계상 장부가액
   = 200,000,000원 − 80,000,000원(= 취득가액 500,000,000원 − 당기말 감가상각누계액 420,000,000원)

Tax	건 물	70,000,000 / 유형자산평가이익	70,000,000**

** = 감정가액 − 세무상 장부가액
   = 200,000,000원 − 130,000,000원(= 취득가액 500,000,000원 − 당기말 감가상각누계액 420,000,000원 + 상각부인액 50,000,000원)

Adjustment	유형자산평가이익	50,000,000 / 건 물	50,000,000
Tax-Adj	익 금↓(순자산↓)	50,000,000 / 자 산↓(순자산↓)	50,000,000

〈익금불산입〉 유형자산평가이익   50,000,000 · △유보(건물)

(2) 상각부인액이 130,000,000원인 경우

Book	건 물	120,000,000 / 유형자산평가이익	120,000,000*

* = 감정가액 − 회계상 장부가액
   = 200,000,000원 − 80,000,000원(= 취득가액 500,000,000원 − 당기말 감가상각누계액 420,000,000원)

Tax	없 음

** = 감정가액 − 세무상 장부가액
   = 200,000,000원 − 210,000,000원(= 취득가액 500,000,000원 − 당기말 감가상각누계액 420,000,000원 + 상각부인액 130,000,000원)
   = △10,000,000원 (평가감 불인정) "평가증 결과 회계상 장부가액은 200,000,000원이고 세무상 장부가액은 210,000,000원이므로 차기로 이월되는 상각부인액은 평가감 불인정분에 해당하는 10,000,000원이다"

Adjustment	유형자산평가이익	120,000,000 / 건 물	120,000,000
Tax-Adj	익 금↓(순자산↓)	120,000,000 / 자 산↓(순자산↓)	120,000,000

〈익금불산입〉 유형자산평가이익   120,000,000 · △유보(건물)

IX. 감가상각의제와 감가상각비의 신고조정 특례

1 감가상각의제

(1) 감가상각의제의 의의

감가상각의제란 법인이 감가상각비를 계상하지 않거나 과소계상하였더라도 법인세법상 상각범위액까지 감가상각을 한 것으로 보는 제도를 말한다. 감가상각의제는 다음의 경우에 적용한다.

① 법인세를 면제받거나 감면받은 경우
② 추계결정 또는 경정을 하는 경우

(2) 법인세를 면제받거나 감면받은 경우

1) 규 정

각 사업연도의 소득에 대하여 법인세가 면제받거나 감면받은 사업을 경영하는 법인으로서 법인세를 면제받거나 감면받은 경우에는 개별 자산에 대한 감가상각비가 상각범위액이 되도록 감가상각비를 손금에 산입하여야 한다. 다만, 한국채택국제회계기준을 적용하는 법인은 개별 자산에 대한 감가상각비를 추가로 손금에 산입할 수 있다.

2) 대상법인

법인세를 면제받거나 감면받은 경우란 특정사업에서 생긴 소득에 대하여 법인세(토지등 양도소득에 대한 법인세 제외)를 면제·감면(소득공제 포함)받은 경우를 말하며, 감가상각의 의제규정 적용대상 여부를 예시하면 다음과 같다(법기통 23-30…1).

① 감가상각의 의제규정 적용 대상법인
  ㉠ 조세특례제한법 제68조(농업회사법인에 대한 법인세의 면제 등)에 따라 법인세를 면제받는 법인
  ㉡ 조세특례제한법 제6조(창업중소기업 등에 대한 세액감면), 제7조(중소기업에 대한 특별세액감면), 제63조(수도권과밀억제권역 밖으로 이전하는 중소기업에 대한 세액감면), 제102조(산림개발소득에 대한 세액감면) 및 제121조의 2 제2항(외국인투자에 대한 조세 감면)에 따라 법인세를 감면받은 법인
② 감가상각의 의제규정 적용 제외법인
  ㉠ 조세특례제한법 제12조(기술이전 및 기술취득 등에 대한 과세특례)의 규정에 의하여 법인세를 감면받은 법인
  ㉡ 조세특례제한법 제22조(해외자원개발투자 배당소득에 대한 법인세의 면제)의 규정에 의하여 법인세를 면제받는 법인

이 경우 2개 이상의 사업장을 가지고 있는 법인으로서 그중 일부 사업장에 대해서만 법인세가 면제되거나 감면되는 경우를 포함하는 것으로 한다.

한편, 법인세가 면제되거나 감면되는 사업을 영위하는 법인이 법인세를 면제 또는 감면받지 아니한 경우에는 감가상각의 의제규정을 적용하지 아니한다.

(3) 추계결정 또는 경정을 하는 경우

추계결정 또는 경정을 하는 경우에는 감가상각자산에 대한 감가상각비를 손금에 산입한 것으로 본다. 이 제도의 취지는 기장한 법인과의 과세 형평을 제고하기 위함이다.

(4) 사후관리

1) 감가상각방법별 상각범위액

위 규정에 따라 감가상각의제가 적용된 사업연도의 다음 사업연도부터 적용되는 정액법과 정률법의 상각범위액 산식은 다음과 같다.

구 분	상각범위액
① 정액법	=(F/P상 취득가액+즉시상각의제액 누계)×상각률
② 정률법	=(F/P상 장부가액+당기 즉시상각의제액+상각부인액−의제상각누계액)×상각률

2) 유의사항

① 정액법 : 상기의 산식에서 보는 바와 같이 정액법은 상각범위액의 계산에는 직접적 영향을 주지 않는다. 다만, 감가상각비로 손금산입할 수 있는 금액은 "취득원가−의제상각누계액"이므로 감가상각 후기에 이를 고려하여야 한다.
② 정률법 : 상기의 산식에서 보는 바와 같이 정률법은 상각범위액 계산시 직접적인 영향을 주게되어 잔여 연수에 걸쳐 실질적으로 상각범위액이 매년 감소하는 효과를 가져온다.

감가상각의제 도입배경(법인세를 면제받거나 감면받은 경우)

1. 다음을 제외하고는 ㈜A와 ㈜B의 경영성과는 일치한다.
    (1) ㈜A
        ① 제10기(감면받은 사업연도) : 감가상각비 100계상
        ② 제11기(감면받지 않은 사업연도) : 감가상각비 미계상
    (2) ㈜B
        ① 제10기(감면받은 사업연도) : 감가상각비 미계상
        ② 제11기(감면받지 않은 사업연도) : 감가상각비 100계상
2. 감면율은 100%라고 가정한다.
3. 위 자료에 따라 ㈜A와 ㈜B의 양 사업연도 법인세 부담액을 비교하면 다음과 같다.

구 분	㈜A			㈜B		
	제10기	제11기	계	제10기	제11기	계
과세표준	100	200	300	200	100	300
산출세액(30% 가정)	30	60	90	60	30	90
감면세액(100%)	△30	−	△30	△60	−	△60
납부세액	−	60	60	−	30	30

4. 결국 경영성과가 같다 하더라도 법인세가 감면되는 사업연도에 감가상각을 하지 않고 감면받지 않은 사업연도에 감가상각을 하게 되면 법인세의 부담을 절대적으로 감소시킬 수 있는데, 이를 그대로 방치하면 과세당국의 입장에서는 세수의 안정적 확보에 많은 문제가 발생하게 된다. 이에 법인세법에서는 임의상각제도의 예외로서 감가상각의제규정을 제정하게 된 것이다. 그러나 여기서 유의하여야 할 것은 동 감가상각의제규정은 강제상각제도와는 근본적으로 차이가 있다는 점이다.

예 13-12 감가상각의제(Ⅰ)-정률법

[유형 1] ㈜A는 법인세를 감면받은 사업을 영위하는 법인이다. 다음 자료에 의하여 제7기(2025.1.1.~12.31.)의 감가상각 시부인계산을 하시오.

1. 기계장치의 취득가액 : 700,000,000원
2. 취득일 : 2024년 1월 23일
3. 신고내용연수(상각률) : 5년(0.451)
4. 감가상각방법 : 정률법
5. ㈜A는 제6기와 제7기에 법인세를 감면받았으며, 각각 125,000,000원 및 200,000,000원의 감가상각비를 계상하였다.

[유형 2] ㈜A는 제8기 초에 위 [유형 1]의 기계장치를 처분하면서 다음과 같이 회계처리하였다. 기계장치의 처분과 관련된 세무조정을 하시오.

(차)	현 금	500,000,000	(대)	기 계 장 치	700,000,000
	감가상각누계액	325,000,000		유형자산처분이익	125,000,000

해답

[유형 1]
1. 제6기 발생 감가상각의제액 125,000,000원 − 700,000,000원 × 0.451 = △190,700,000원(손금산입)
2. 제7기 상각범위액 (700,000,000원 − 125,000,000원 − 190,700,000원) × 0.451 = 173,319,300원
3. 상각부인액 200,000,000원 − 173,319,300원 = 26,680,700원
4. 세무조정 〈손금불산입〉 상각부인액   26,680,700(유보)

[유형 2]
세무상 장부가액은 210,980,700원(= 700,000,000원 − 325,000,000원 − 190,700,000원 + 26,680,700원)으로서 기업회계상 장부가액 375,000,000원(= 700,000,000원 − 325,000,000원)보다 164,019,300원이 더 작다. 결국 기업회계상 유형자산처분이익이 동 금액만큼 과소계상되었으므로 다음과 같은 세무조정이 필요하다.
〈익금산입〉 유형자산처분이익   164,019,300(유보)

분개법 감가상각의제(Ⅰ)-정률법

〈제6기〉

Book 감가상각비   125,000,000 / 감가상각누계액   125,000,000
+ 전기말부인누계액 0원 = 125,000,000원 • ← 시인대상(부인은 당기 계상액을 한도로 함)

Tax 상각범위액 : 315,700,000원
= 미상각잔액 × 상각률
= (당기말 F/P상 취득가액 700,000,000원 − 장부상 감가상각누계액 0원 + 상각부인액 0원 + 자본적지출액 0원 − 의제상각액 0원) × 상각률 0.451
= 315,700,000원

감가상각비   315,700,000 / 감가상각누계액   315,700,000

Adjustment 감가상각비   190,700,000 / 감가상각누계액   190,700,000
Tax-Adj   손 금↑(순자산↓)   190,700,000 / 자 산↓(순자산↓)   190,700,000

〈손금산입〉 감가상각비   190,700,000 • △유보(기계장치)

〈제7기〉

Book	감가상각비	200,000,000	/	감가상각누계액	200,000,000

 + 전기말부인누계액 0원 = 200,000,000원 ← 시인대상(부인은 당기 계상액을 한도로 함)

Tax 상각범위액 : 173,319,300원
= 미상각잔액 × 상각률
= (당기말 F/P상 취득가액 700,000,000원 − 장부상 감가상각누계액 125,000,000원 + 상각부인액 0원 + 자본적
  지출액 0원 − 의제상각액 190,700,000원*) × 상각률 0.451
= 173,319,300원
* 의제상각액 = 전기 감가상각범위액 315,700,000원 − 전기 세무상 감가상각비 125,000,000원

	감가상각비	173,319,300	/	감가상각누계액	173,319,300
Adjustment	감가상각누계액	26,680,700	/	감가상각비	26,680,700
Tax-Adj	자 산↑(순자산↑)	26,680,700	/	손 금↓(순자산↑)	26,680,700

〈손금불산입〉 감가상각비 26,680,700・유보(기계장치)

〈제8기〉 처분시

Book	현 금	500,000,000	/	기계장치	700,000,000
	감가상각누계액	325,000,000		유형자산처분이익	125,000,000
Tax	현 금	500,000,000	/	기계장치	700,000,000
	감가상각누계액	489,019,300		유형자산처분이익	289,019,300
Adjustment	감가상각누계액	164,019,300	/	유형자산처분이익	164,019,300
Tax-Adj	자 산↑(순자산↑)	164,019,300	/	익 금↑(순자산↑)	164,019,300

〈익금산입〉 유형자산처분이익 164,019,300・유보(기계장치)

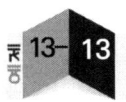

13-13 감가상각의제(Ⅱ)-정액법

[유형 1] ㈜A는 법인세를 감면받은 사업을 영위하는 법인이다. 다음 자료에 의하여 제7기(2025.1.1.~12.31.)의 감가상각 시부인계산을 하시오.
1. 기계장치의 취득가액 : 600,000,000원
2. 취득일 : 제5기(2023년 1월 23일)
3. 감가상각방법 : 정액법
4. 신고내용연수(상각률) : 2년(0.500)
5. ㈜A는 자산의 취득연도인 제5기에는 감가상각비를 계상하지 않았으며, 제6기와 제7기에는 각각 300,000,000원의 감가상각비를 계상하였다.
6. ㈜A는 제5기부터 제7기까지 법인세를 감면받았다.

[유형 2] ㈜A는 제8기 초에 위 [유형 1]의 기계장치를 처분하면서 다음과 같이 회계처리하였다. 기계장치의 처분과 관련된 세무조정을 하시오.

(차) 현 금	300,000,000	(대) 기 계 장 치	600,000,000
감가상각누계액	600,000,000	유형자산처분이익	300,000,000

제13절 감가상각비

해답

[유형 1]

1. 제5기의 감가상각의제액
   0원 − 600,000,000원 × 0.500 = △300,000,000원
   ∴ 〈손금산입〉 감가상각비 300,000,000(△유보)

2. 제6기 감가상각 시부인계산
   300,000,000원 − 600,000,000원 × 0.500 = 0원
   ∴ 세무조정 없음

3. 제7기 감가상각 시부인계산
   300,000,000원❶ − 0원❷ = 300,000,000원
   ∴ 〈손금불산입〉 상각부인액 300,000,000(유보)

   ❶ 회사는 제6기에만 300,000,000원의 감가상각비를 계상하였으므로 제7기에 300,000,000원의 감가상각비를 계상할 수 있다.
   ❷ 법인세법상으로는 제5기에 감가상각 시부인계산 결과 발생한 감가상각의제액 300,000,000원과 제6기에 손금인정받은 감가상각비가 300,000,000원이므로 제7기의 상각범위액은 0(zero)이다.

[유형 2]

세무상 장부가액은 0원(= 600,000,000원 − 600,000,000 − 300,000,000 + 300,000,000원)으로 기업회계상 장부가액 0원(= 600,000,000원 − 600,000,000원)과 동일하다. 따라서 세무조정은 없다.

분개법 감가상각의제(Ⅱ)-정액법

〈제5기〉

Book	감가상각비	0 / 감가상각누계액		0

+ 전기말부인누계액 0원 = 0원 ← 시인대상(부인은 당기 계상액을 한도로 함)

Tax 상각범위액 : 300,000,000원(장부에 계상한 감가상각비를 초과하는 부분이 의제감가상각비에 해당함)
= MIN(①, ②)
① 세무상 취득가액 × 상각률
  = (당기말 F/P상 취득가액 600,000,000원 + 자본적지출액 0원) × 상각률 0.500
  = 300,000,000원
② 미상각잔액 = 취득가액 − 세무상 감가상각누계액 − 의제상각액
  = 600,000,000원 − 0원 − 0원
  = 600,000,000원

	감가상각비	300,000,000 / 감가상각누계액	300,000,000
Adjustment	감가상각비	300,000,000 / 감가상각누계액	300,000,000
Tax-Adj	손 금↑(순자산↓)	300,000,000 / 자 산↓(순자산↓)	300,000,000

〈손금산입〉 감가상각비 300,000,000 · △유보(기계장치)

〈제6기〉

Book	감가상각비	300,000,000 / 감가상각누계액		300,000,000

+ 전기말부인누계액 0원 = 300,000,000원 ← 시인대상(부인은 당기 계상액을 한도로 함)

Tax 상각범위액 : 300,000,000원
= MIN(①, ②)
① 세무상 취득가액 × 상각률
  = (당기말 F/P상 취득가액 600,000,000원 + 자본적지출액 0원) × 상각률 0.500
  = 300,000,000원

② 미상각잔액 = 취득가액 − 세무상 감가상각누계액 − 의제상각액
  = 600,000,000원 − 0원 − 300,000,000원
  = 300,000,000원

감가상각비　　　　　　　　300,000,000　/　감가상각누계액　　　　　　300,000,000

Adjustment　없 음
Tax-Adj　　 없 음

〈세무조정 없음〉

〈제7기〉

Book　감가상각비　　　　　　　　300,000,000　/　감가상각누계액　　　　　　300,000,000
　　　+ 전기말부인누계액 0원 = 300,000,000원 ← 시인대상(부인은 당기 계상액을 한도로 함)

Tax　 상각범위액 : 0원
　　　= 미상각잔액 = 취득가액 − 세무상 감가상각누계액 − 의제상각액
　　　= 600,000,000원 − 300,000,000원 − 300,000,000원
　　　= 0원
　　　감가상각비　　　　　　　　　　　　0　/　감가상각누계액　　　　　　　　　　0

Adjustment　감가상각누계액　　　　　　300,000,000　/　감가상각비　　　　　　　　300,000,000
Tax-Adj　　 자　산↑(순자산↑)　　　　300,000,000　/　손　금↓(순자산↑)　　　　300,000,000

〈손금불산입〉 감가상각비　300,000,000 · 유보(기계장치)

〈제8기〉 처분시

Book　현　금　　　　　　　　　　300,000,000　/　기계장치　　　　　　　　　　600,000,000
　　　감가상각누계액　　　　　　600,000,000　　유형자산처분이익　　　　　　300,000,000

Tax　 현　금　　　　　　　　　　300,000,000　/　기계장치　　　　　　　　　　600,000,000
　　　감가상각누계액　　　　　　600,000,000　　유형자산처분이익　　　　　　300,000,000

Adjustment　없 음
Tax-Adj　　 없 음

〈세무조정 없음〉

  감가상각비의 신고조정 특례(1)

(1) 제정 취지

　과거 기업회계기준하에서는 대다수 기업들이 기계장치 등에 대하여는 사용초기에 감가상각비가 많이 계상되는 정률법을 사용하고 있었는데, 한국채택국제회계기준에 따르면 자산의 미래 경제적 효익이 소비되는 형태를 반영하여 감가상각방법을 결정해야 하므로 한국채택국제회계기준을 적용하여야 하는 기업 중 유형자산 등에 대한 감가상각방법을 정액법으로 변경해야 하는 기업들이 다수 발생하게 되었다. 이로 인하여 한국채택국제회계기준 도입 초기에는 신규 취득자산의 경우 일반적으로 감가상각비가 줄어들고, 이익 및 자본이 증가하게 되었다. 또한 과거 기업회계기준하에서는 대다수의 기업들이 유형자산에 대하여 세법상 내용연수를 사용해 왔지만, 한국채택국제회계

기준에서는 내용연수와 잔존가액을 매 보고기간 종료일에 재검토하도록 요구하고 있어, 한국채택국제회계기준의 도입으로 내용연수가 늘어나고 잔존가액이 커져 이익 및 자본이 증가하게 되었다. 따라서 한국채택국제회계기준의 도입 초기에는 유형자산 등의 감가상각비에 대한 세법상 손금인정액이 줄어들어 기업의 세부담이 증가하게 되었다. 이에 과세당국은 한국채택국제회계기준의 도입에 따른 기업의 세부담을 완화시켜주기 위하여 2013년까지 취득분에 대해서는 기존의 감가상각방법 및 내용연수를 적용한 감가상각비를 한도로, 2014년 이후 취득분에 대해서는 세법상 기준내용연수를 적용한 감가상각비까지는 신고조정방식을 통해서라도 손금산입을 허용하겠다는 다음의 특례규정을 신설하게 된 것이다.

(2) 규 정

한국채택국제회계기준을 적용하는 내국법인이 보유한 감가상각자산 중 유형자산과 내용연수가 비한정인 무형자산[=무형자산 중 감가상각비를 손금으로 계상할 때 적용하는 내용연수를 확정할 수 없는 것(예컨대, 추가비용 없이 갱신이 가능한 상표권 등), 한국채택국제회계기준을 최초로 적용하는 사업연도 전에 취득한 영업권]의 감가상각비는 개별 자산별로 다음의 금액을 추가로 손금에 산입할 수 있다(법법 23②, 법령 24②).

1) 2013년 12월 31일 이전 취득분

2013년 12월 31일 이전 취득한 기존보유자산과 동종자산의 감가상각비는 개별 자산별로 다음의 금액을 추가로 손금에 산입할 수 있다.

추가 손금산입액 = 종전 감가상각비 - 한국채택국제회계기준을 적용하여 손금으로 인정된 감가상각비

용어의 해설

① 기존보유자산과 동종자산
  ① 기존보유자산 : 한국채택국제회계기준을 최초로 적용한 사업연도의 직전 사업연도(=기준연도) 이전에 취득한 감가상각자산
  ② 동종자산 : 기존보유자산과 동일한 종류의 자산으로서 기존보유자산과 동일한 업종에 사용되는 자산
② 종전 감가상각비
  한국채택국제회계기준을 적용하지 않고 종전의 감가상각방법과 내용연수에 따라 감가상각비를 계상한 경우 세법상 손금으로 인정되는 다음의 감가상각비

구 분	종전 감가상각비
기준연도의 상각방법이 정액법인 경우	취득가액 × 기준상각률
기준연도의 상각방법이 정률법인 경우	미상각잔액 × 기준상각률

③ 기준상각률
  기준연도 및 그 이전 2개 사업연도에 대하여 각 사업연도별로 다음의 비율을 구하여 이를 평균하여 계산한 율

구 분	기준상각률
기준연도의 상각방법이 정액법인 경우	동종자산의 감가상각비 손금산입액 합계액 / 동종자산의 취득가액 합계액
기준연도의 상각방법이 정률법인 경우	동종자산의 감가상각비 손금산입액 합계액 / 동종자산의 미상각잔액 합계액

4 추가 손금산입액의 한도

구 분	추가 손금산입액의 한도
기준연도의 상각방법이 정액법인 경우	동종자산의 취득가액 합계액×기준상각률−국제회계기준을 적용하여 손금으로 인정된 동종자산의 감가상각비 합계액
기준연도의 상각방법이 정률법인 경우	동종자산의 미상각잔액 합계액×기준상각률−국제회계기준을 적용하여 손금으로 인정된 동종자산의 감가상각비 합계액

2) 2014년 1월 1일 이후 취득분

2014년 1월 1일 이후 취득한 자산의 감가상각비는 개별 자산별로 다음의 금액을 추가로 손금에 산입할 수 있다.

추가 손금산입액 = 기준 감가상각비 − 한국채택국제회계기준을 적용하여 손금으로 인정된 감가상각비

위에서 기준 감가상각비란 기준내용연수를 적용하여 계산한 감가상각비를 말한다.

한국채택국제회계기준(K-IFRS) 도입시 내용연수의 연장(2013. 12. 31 이전 취득분)

1 자 료
 ① ㈜A는 2010년까지 기계장치에 대하여 4년의 내용연수 및 정액법을 적용하여 왔으며, 법인세법상으로도 이와 동일하게 신고를 하였다.
 ② ㈜A는 2011년 한국채택국제회계기준을 도입하면서 내용연수를 6년으로 변경하였으며, 법인세법상 내용 연수 변경신고는 하지 않았다.
 ③ ㈜A는 2011년 1월 1일 기계장치를 1,200,000원에 취득하였다.

2 연도별 세무조정

연 도	회사계상액	상각범위액	세무조정
2011	200,000원	300,000원	〈손금산입〉 감가상각비 100,000(△유보)
2012	200,000원	300,000원	〈손금산입〉 감가상각비 100,000(△유보)
2014	200,000원	300,000원	〈손금산입〉 감가상각비 100,000(△유보)
2015	200,000원	300,000원	〈손금산입〉 감가상각비 100,000(△유보)
2015	200,000원	−	〈손금불산입〉 감가상각비 200,000(유보)
2016	200,000원	−	〈손금불산입〉 감가상각비 200,000(유보)

한국채택국제회계기준(K-IFRS) 도입시 감가상각방법을 변경(2013. 12. 31 이전 취득분)

1 자 료
 ① ㈜A는 2010년까지 기계장치에 대하여 5년의 내용연수 및 정률법을 적용하여 왔으며, 법인세법상으로도 이와 동일하게 신고를 하였다.
 ② ㈜A는 2011년 한국채택국제회계기준을 도입하면서 기계장치의 감가상각방법을 정액법으로 변경하였으며, 법인세법상 감가상각방법 변경신고는 하지 않았다.
 ③ ㈜A는 2011년 1월 1일 기계장치를 1,000,000원에 취득하였다.

② 연도별 세무조정

연 도	회사계상액	상각범위액	세무조정
2011	200,000원	451,000원	〈손금산입〉 감가상각비 251,000(△유보)
2012	200,000원	247,599원	〈손금산입〉 감가상각비 47,599(△유보)
2013	200,000원	135,931원	〈손금불산입〉 감가상각비 64,069(유보)
2014	200,000원	74,627원	〈손금불산입〉 감가상각비 125,373(유보)
2015	200,000원	90,843원	〈손금불산입〉 감가상각비 109,157(유보)

3 감가상각비의 신고조정 특례(2)

특수관계인으로부터 감가상각자산을 양수하면서 기업회계기준에 따라 장부에 계상한 자산가액이 시가에 미달하는 경우 다음의 어느 하나에 해당하는 금액에 대하여 법인세법상 감가상각비에 관한 규정(법령 24~26, 26의2, 26의3, 27~29, 29의2, 30~34)을 준용하여 계산한 감가상각비 상당액을 손금에 산입한다(법법 19 제5의2호). → 신고조정 강제

① 실제 취득가액이 시가를 초과하는 경우(실제 취득가액과 시가가 동일한 경우를 포함한다) : 시가와 장부에 계상한 자산가액과의 차액에 상당하는 금액
② 실제 취득가액이 시가에 미달하는 경우 : 실제 취득가액과 장부에 계상한 자산가액과의 차액에 상당하는 금액

감가상각비의 신고조정 특례(2)

[사 례] 종속회사인 ㈜A(정액법, 내용연수 5년)는 지배회사인 ㈜B로부터 건물을 양수하였다.

Case 1	Case 2
① ㈜B의 건물의 장부가액 : 1,000,000원 ② 건물의 시가 : 1,500,000원 ③ ㈜A의 건물 양수가액 : 1,800,000원	① ㈜B의 건물의 장부가액 : 1,000,000원 ② 건물의 시가 : 1,500,000원 ③ ㈜A의 건물 양수가액 : 1,200,000원

[해 설] ㈜A의 회계처리와 세무조정

Case 1	Case 2

(차) 건   물 1,000,000
    자본잉여금   800,000
      (대) 현   금 1,800,000
	(차) 건 물 1,000,000
	    자본잉여금 200,000
	      (대) 현 금 1,200,000

〈손금산입〉 자본잉여금 800,000(기타) 〈익금산입〉 건 물 500,000(유보) 〈익금산입〉 부당행위계산부인 300,000(기사) ⇨ 추후 ㈜A는 500,000원을 정액법(내용연수 5년)에 따라 손금산입한다.	〈손금산입〉 자본잉여금 200,000(기타) 〈익금산입〉 건 물 200,000(유보) ⇨ 추후 ㈜A는 200,000원을 정액법(내용연수 5년)에 따라 손금산입한다.

조세법령 확인을 통해 기본개념 익히기

※ 다음 법인세 관련 조세법령의 빈 칸을 채우시오.

1. 법인세법 제23조 【감가상각비의 손금불산입】

① 내국법인이 각 사업연도의 결산을 확정할 때 토지를 제외한 건물, 기계 및 장치, 특허권 등 대통령령으로 정하는 유형자산 및 무형자산(이하 이 조에서 "감가상각자산"이라 한다)에 대한 감가상각비를 손비로 □□한 경우에는 대통령령으로 정하는 바에 따라 계산한 금액(이하 이 조에서 "상각범위액"이라 한다)의 범위에서 그 계상한 감가상각비를 해당 사업연도의 소득금액을 계산할 때 손금에 산입하고, 그 계상한 금액 중 상각범위액을 □□하는 금액은 손금에 산입하지 아니한다.
② 제1항에도 불구하고 「주식회사 등의 외부감사에 관한 법률」 제5조 제1항 제1호에 따른 회계처리기준(이하 "한국채택국제회계기준"이라 한다)을 적용하는 내국법인이 보유한 감가상각자산 중 유형자산과 대통령령으로 정하는 무형자산의 감가상각비는 개별 자산별로 다음 각 호의 구분에 따른 금액이 제1항에 따라 손금에 산입한 금액보다 큰 경우 그 □□의 범위에서 추가로 손금에 산입할 수 있다.
  1. 2013년 12월 31일 이전 취득분: 한국채택국제회계기준을 적용하지 아니하고 종전의 방식에 따라 감가상각비를 손비로 계상한 경우 제1항에 따라 손금에 산입할 감가상각비 상당액(이하 이 조에서 "종전감가상각비"라 한다)
  2. 2014년 1월 1일 이후 취득분: 기획재정부령으로 정하는 기준내용연수를 적용하여 계산한 감가상각비 상당액(이하 이 조에서 "기준감가상각비"라 한다)
③ 제1항에도 불구하고 내국법인이 이 법과 다른 법률에 따라 법인세를 □□받거나 □□받은 경우에는 해당 사업연도의 소득금액을 계산할 때 대통령령으로 정하는 바에 따라 감가상각비를 손금에 산입하여야 한다.
④ 제1항을 적용할 때 내국법인이 다음 각 호의 어느 하나에 해당하는 금액을 손비로 계상한 경우에는 해당 사업연도의 소득금액을 계산할 때 감가상각비로 계상한 것으로 보아 상각범위액을 계산한다.
  1. 감가상각자산을 □□하기 위하여 지출한 금액
  2. 감가상각자산에 대한 대통령령으로 정하는 □□적 지출에 해당하는 금액
⑤ 제1항에 따라 상각범위액을 초과하여 손금에 산입하지 아니한 금액은 그 후의 사업연도에 대통령령으로 정하는 방법에 따라 손금에 산입한다.
⑥ 제1항부터 제5항까지의 규정에 따라 감가상각비를 손금에 산입한 내국법인은 대통령령으로 정하는 바에 따라 감가상각비에 관한 □□서를 납세지 관할 세무서장에게 제출하여야 한다.
⑦ 제1항부터 제5항까지의 규정을 적용할 때 감가상각비의 손금산입방법, 한국채택국제회계기준 적용 시기의 결정, 종전감가상각비 및 기준감가상각비의 계산, 감가상각방법의 변경, 내용연수의 특례 및 변경, 중고자산 등의 상각범위액 계산특례, 즉시 상각할 수 있는 자산의 범위 등에 필요한 사항은 대통령령으로 정한다.

해설과 해답

① 계상, 초과 ② 차액
③ 면제, 감면 ④ 취득, 자본
⑥ 명세

2. 법인세법 시행령 제24조【감가상각자산의 범위】

① 법 제23조 제1항에서 "건물, 기계 및 장치, 특허권 등 대통령령으로 정하는 유형자산 및 무형자산"이란 다음 각 호의 유형자산 및 무형자산(제3항의 자산은 제외하며, 이하 "감가상각자산"이라 한다)을 말한다.
  1. 다음 각 목의 어느 하나에 해당하는 유형자산
    가. 건물(부속설비를 포함한다) 및 구축물(이하 "건축물"이라 한다)
    나. 차량 및 운반구, 공구, 기구 및 비품
    다. 선박 및 항공기
    라. 기계 및 장치
    마. □□ 및 □□
    바. 그 밖에 가목부터 마목까지의 자산과 유사한 유형자산
  2. 다음 각 목의 어느 하나에 해당하는 □□자산
    가. 영업권(합병 또는 분할로 인하여 합병법인등이 계상한 영업권은 □□한다), 디자인권, 실용신안권, 상표권
    나. 특허권, 어업권, 양식업권,「해저광물자원 개발법」에 의한 채취권, 유료도로관리권, 수리권, 전기가스공급시설이용권, 공업용수도시설이용권, 수도시설이용권, 열공급시설이용권
    다. 광업권, 전신전화전용시설이용권, 전용측선이용권, 하수종말처리장시설관리권, 수도시설관리권
    라. 댐사용권
    마. (삭제, 2002. 12. 30.)
    바. 개발비 : 상업적인 생산 또는 사용 전에 재료·장치·제품·공정·시스템 또는 용역을 창출하거나 현저히 개선하기 위한 계획 또는 설계를 위하여 연구결과 또는 관련 지식을 적용하는데 발생하는 비용으로서 기업회계기준에 따른 개발비 요건을 □□ 것(「산업기술연구조합 육성법」에 따른 산업기술연구조합의 조합원이 해당 조합에 연구개발 및 연구시설 취득 등을 위하여 지출하는 금액을 포함한다)
    사. 사용수익기부자산가액: 금전 외의 자산을 국가 또는 지방자치단체, 법 제24조제2항제1호가목부터 바목까지의 규정에 따른 법인 또는 이 영 제39조 제1항 제1호에 따른 법인에게 기부한 후 그 자산을 사용하거나 그 자산으로부터 수익을 얻는 경우 해당 자산의 □□가액
    아.「전파법」제14조의 규정에 의한 주파수이용권 및「공항시설법」제26조의 규정에 의한 공항시설관리권
    자.「항만법」제24조에 따른 항만시설관리권
② 법 제23조 제2항 각 호 외의 부분에서 "대통령령으로 정하는 무형자산"이란 제1항 제2호 각 목의 어느 하나에 해당하는 무형자산 중에서 다음 각 호의 어느 하나에 해당하는 것을 말한다.
  1. 감가상각비를 손비로 계상할 때 적용하는 내용연수(이하 "결산내용연수"라 한다)를 □□할 수 없는 것으로서 기획재정부령으로 정하는 요건을 모두 갖춘 무형자산
  2.「주식회사 등의 외부감사에 관한 법률」제5조 제1항 제1호에 따른 회계처리기준(이하 "한국채택국제회계기준"이라 한다)을 최초로 적용하는 사업연도 전에 취득한 제24조 제1항 제2호 가목에 따른 영업권
③ 감가상각자산은 다음 각호의 자산을 포함하지 아니하는 것으로 한다.
  1. 사업에 사용하지 아니하는 것(□□설비를 제외한다)
  2. □□중인 것
  3. 시간의 경과에 따라 그 가치가 감소되지 아니하는 것
④ 제68조 제4항에 따른 장기할부조건 등으로 매입한 감가상각자산의 경우 법인이 해당 자산의 가액 전액을 자산으로 계상하고 사업에 사용하는 경우에는 그 대금의 □□ 또는 소유권의 □□여부에 관계없이 이를 감가상각자산에 포함한다.
⑤ 제1항을 적용할 때 자산을 시설대여하는 자(이하 이 항에서 "리스회사"라 한다)가 대여하는 해당 자산(이하 이

항에서 "리스자산"이라 한다) 중 기업회계기준에 따른 금융리스(이하 이 항에서 "금융리스"라 한다)의 자산은 리스□□자의 감가상각자산으로, 금융리스 외의 리스자산은 리스□□의 감가상각자산으로 한다.

⑥ 제5항의 규정을 적용함에 있어서 「자산유동화에 관한 법률」에 의한 유동화전문회사가 동법에 의한 자산유동화계획에 따라 금융리스의 자산을 양수한 경우 당해 자산에 대하여는 리스□□자의 감가상각자산으로 한다.

해설과 해답

① 동물, 식물, 무형, 제외, 갖춘, 장부
② 확정
③ 유휴, 건설
④ 청산, 이전
⑤ 이용, 회사
⑥ 이용

3. 법인세법 시행령 제25조【감가상각비의 손비계상방법】

① 법인이 각 사업연도에 법 제23조 제1항에 따라 감가상각자산의 감가상각비를 손비로 □□하거나 같은 조 제2항에 따라 손금에 □□하는 경우에는 해당 감가상각자산의 장부가액을 직접 감액하는 방법 또는 장부가액을 감액하지 아니하고 감가상각누계액으로 계상하는 방법 중 □□하여야 한다.

② 법인이 감가상각비를 감가상각누계액으로 계상하는 경우에는 □□ 자산별로 계상하되, 제33조의 규정에 의하여 개별자산별로 구분하여 작성된 감가상각비□□명세서를 보관하고 있는 경우에는 감가상각비 총액을 일괄하여 감가상각누계액으로 계상할 수 있다.

> **해설과 해답**
> ① 계상, 산입, 선택
> ② 개별, 조정

4. 법인세법 시행령 제26조 【상각범위액의 계산】

① 법 제23조 제1항에서 "대통령령으로 정하는 바에 따라 계산한 금액"이란 개별 감가상각자산별로 다음 각 호의 구분에 따른 상각방법 중 법인이 납세지 관할세무서장에게 □□한 방법에 의하여 계산한 금액(이하 "상각범위액"이라 한다)을 말한다.

1. 건축물과 무형자산(제3호 및 제6호부터 제8호까지의 자산은 제외한다): □□법
2. 건축물 외의 유형자산(제4호의 광업용 유형자산은 제외한다): □□법 또는 정액법
3. 광업권(「해저광물자원 개발법」에 의한 채취권을 포함한다) 또는 폐기물매립시설(「폐기물관리법 시행령」 별표 3 제2호 가목의 매립시설을 말한다): □□□□법 또는 정액법
4. 광업용 유형자산: 생산량비례법·정률법 또는 □□법
5. (삭제, 2002. 12. 30.)
6. 개발비: 관련 제품의 판매 또는 사용이 가능한 시점부터 □□년의 범위에서 연단위로 신고한 내용연수에 따라 매 사업연도별 경과월수에 비례하여 상각하는 방법
7. 사용수익기부자산가액: 해당 자산의 사용수익기간(그 기간에 관한 특약이 없는 경우 신고내용연수를 말한다)에 따라 □□하게 안분한 금액(그 기간 중에 해당 기부자산이 멸실되거나 계약이 해지된 경우 그 잔액을 말한다)을 상각하는 방법
8. 「전파법」 제14조에 따른 주파수이용권, 「공항시설법」 제26조에 따른 공항시설관리권 및 「항만법」 제24조에 따른 항만시설관리권: 주무관청에서 고시하거나 주무관청에 등록한 기간내에서 사용기간에 따라 □□액을 상각하는 방법

② 제1항 각 호에 따른 상각방법은 다음과 같다.

1. 정액법: 당해 감가상각자산의 취득가액(제72조의 규정에 의한 취득가액을 말한다. 이하 이 조에서 같다)에 당해 자산의 내용연수에 따른 상각률을 곱하여 계산한 각 사업연도의 상각범위액이 매년 균등하게 되는 상각방법
2. 정률법: 해당 감가상각자산의 취득가액에서 이미 감가상각비로 손금에 산입한 금액[법 제27조의 2 제1항에 따른 업무용승용차(이하 "업무용승용차"라 한다)의 경우에는 같은 조 제2항 및 제3항에 따라 손금에 산입하지 아니한 금액을 포함한다]을 공제한 잔액(이하 "미상각잔액"이라 한다)에 해당 자산의 □□□□에 따른 상각률을 곱하여 계산한 각 사업연도의 상각범위액이 매년 체감되는 상각방법
3. 생산량비례법: 다음 각 목의 어느 하나에 해당하는 금액을 각 사업연도의 상각범위액으로 하는 상각방법
   가. 해당 감가상각자산의 취득가액을 그 자산이 속하는 광구의 총채굴예정량으로 나누어 계산한 금액에 해당 사업연도의 기간 중 그 광구에서 채굴한 양을 곱하여 계산한 금액
   나. 해당 감가상각자산의 취득가액을 그 자산인 폐기물매립시설의 매립예정량으로 나누어 계산한 금액에 해당 사업연도의 기간 중 그 폐기물매립시설에서 매립한 양을 곱하여 계산한 금액

③ 법인이 제1항에 따라 상각방법을 신고하려는 때에는 같은 항 각 호의 구분에 따른 □□별로 하나의 방법을 선택하여 기획재정부령으로 정하는 감가상각방법신고서를 다음 각 호에 따른 날이 속하는 사업연도의 법인세 과세표준의 신고기한까지 납세지 관할세무서장에게 제출(국세정보통신망에 의한 제출을 포함한다)하여야 한다.

1. 신설법인과 새로 수익사업을 개시한 비영리법인은 그 □□을 개시한 날
2. 제1호 외의 법인이 제1항 각 호의 구분에 따른 감가상각자산을 새로 취득한 경우에는 그 □□한 날

④ 법인이 제3항에 따라 상각방법의 신고를 하지 아니한 경우 해당 감가상각자산에 대한 상각범위액은 다음 각 호의 구분에 따른 상각방법에 의하여 계산한다.

1. 제1항 제1호의 자산: 정액법
2. 제1항 제2호의 자산: 정률법
3. 제1항 제3호 및 제4호의 자산: 생산량비례법

4. 제1항 제6호의 자산: 관련 제품의 판매 또는 사용이 가능한 시점부터 □□동안 매년 균등액을 상각하는 방법

5. 제1항 제7호 및 제8호의 자산: 같은 호에 따른 방법

⑤ 법인이 제3항에 따라 신고한 상각방법(상각방법을 신고하지 아니한 경우에는 제4항 각 호에 따른 상각방법)은 그 후의 사업연도에도 계속하여 그 상각방법을 적용하여야 한다.

⑥ 상각범위액을 계산함에 있어서 감가상각자산의 □□가액은 "0"으로 한다. 다만, 정률법에 의하여 상각범위액을 계산하는 경우에는 취득가액의 100분의 □에 상당하는 금액으로 하되, 그 금액은 당해 감가상각자산에 대한 미상각잔액이 최초로 취득가액의 100분의 5 이하가 되는 사업연도의 상각범위액에 가산한다.

⑦ 법인은 감가상각이 종료되는 감가상각자산에 대하여는 제6항의 규정에 불구하고 취득가액의 100분의 5와 1천원 중 적은 금액을 당해 감가상각자산의 장부가액으로 하고, 동 금액에 대하여는 이를 손금에 산입하지 아니한다.

⑧ 제1항의 규정을 적용함에 있어서 법 제7조 및 법 제8조의 규정에 의한 사업연도가 1년 미만인 경우에는 상각범위액에 당해 사업연도의 월수를 곱한 금액을 12로 나누어 계산한 금액을 그 상각범위액으로 한다. 이 경우 월수는 역에 따라 계산하되 1월 미만의 일수는 1월로 한다.

⑨ 제1항의 규정을 적용함에 있어서 사업연도 중에 취득하여 사업에 사용한 감가상각자산에 대한 상각범위액은 사업에 사용한 날부터 당해 사업연도종료일까지의 □□에 따라 계산한다. 이 경우 월수는 역에 따라 계산하되 1월 미만의 일수는 1월로 한다.

해설과 해답

① 신고, 정액, 정률, 생산량비례, 정액, 20, 균등, 균등
② 내용연수
③ 자산, 영업, 취득
④ 5년
⑥ 잔존, 5
⑨ 월수

5. 법인세법 시행령 제27조 【감가상각방법의 변경】

① 법인이 다음 각호의 1에 해당하는 경우에는 제26조 제5항의 규정에 불구하고 납세지 관할세무서장의 □□을 얻어 그 상각방법을 변경할 수 있다.
  1. 상각방법이 서로 다른 법인이 □□(분할합병을 포함한다)한 경우
  2. 상각방법이 서로 다른 사업자의 사업을 □□ 또는 승계한 경우
  3. 「외국인투자촉진법」에 의하여 □□투자자가 내국법인의 주식 등을 100분의 □□ 이상 인수 또는 보유하게 된 경우
  4. 해외시장의 경기변동 또는 경제적 여건의 변동으로 인하여 종전의 상각방법을 변경할 필요가 있는 경우
  5. 기획재정부령으로 정하는 □□□□의 변경에 따라 결산상각방법이 변경된 경우(변경한 결산상각방법과 같은 방법으로 변경하는 경우만 해당한다)

② 제1항에 따라 상각방법의 변경승인을 얻고자 하는 법인은 그 변경할 상각방법을 적용하고자 하는 최초 사업연도의 □□일까지 기획재정부령으로 정하는 감가상각방법변경신청서를 납세지 관할세무서장에게 제출(국세정보통신망에 의한 제출을 포함한다)하여야 한다.

③ 제2항에 따른 신청서를 접수한 납세지 관할세무서장은 신청서의 접수일이 속하는 사업연도 종료일부터 □개월 이내에 그 승인여부를 결정하여 통지하여야 한다.

④ 납세지 관할세무서장이 제1항 제4호에 해당하는 사유로 인하여 상각방법의 변경을 승인하고자 할 때에는 국세청장이 정하는 기준에 따라야 한다.

⑤ 법인이 제1항의 규정에 의한 변경승인을 얻지 아니하고 상각방법을 변경한 경우 상각범위액은 변경하기 □□ 상각방법에 의하여 계산한다.

⑥ 제1항에 따라 상각방법을 변경하는 경우 상각범위액의 계산은 다음 각 호의 계산식에 따른다. 이 경우 제3호의 계산식 중 총채굴예정량은 「한국광해광업공단법」에 따른 한국광해광업공단이 인정하는 총채굴량을 말하고, 총매립예정량은 「폐기물관리법」 제25조 제3항에 따라 환경부장관 또는 시·도지사가 폐기물처리업을 허가할 때 인정한 총매립량을 말한다.
  1. 정률법 또는 생산량비례법을 정액법으로 변경하는 경우
     상각범위액 = (감가상각누계액을 공제한 장부가액 + 전기이월상각한도초과액) × 제28조 제1항 제2호 본문 및 제6항에 따른 신고내용연수(같은 조 제1항 제2호 단서에 해당하는 경우에는 기준내용연수)의 정액법에 의한 상각률
  2. 정액법 또는 생산량비례법을 정률법으로 변경하는 경우
     상각범위액 = (감가상각누계액을 공제한 장부가액 + 전기이월상각한도초과액) × 제28조 제1항 제2호 본문 및 제6항에 따른 신고내용연수(같은 조 제1항 제2호 단서에 해당하는 경우에는 기준내용연수)의 정률법에 의한 상각률
  3. 정률법 또는 정액법을 생산량비례법으로 변경하는 경우

$$상각범위액 = (감가상각누계액을\ 공제한\ 장부가액 + 전기이월상각한도초과액) \times \frac{해당\ 사업연도의\ 채굴량\ 또는\ 매립량}{총채굴예정량\ 또는\ 총매립예정량\ -\ 변경전\ 사업연도까지의\ 총채굴량\ 또는\ 총매립량}$$

해설과 해답
① 승인, 합병, 인수, 외국, 20, 회계정책   ② 종료
③ 1   ⑤ 전의

6. 법인세법 시행령 제28조 【내용연수와 상각률】

① 감가상각자산의 내용연수와 해당 내용연수에 따른 상각률은 다음 각 호의 구분에 따른다.

   1. 기획재정부령으로 정하는 시험연구용자산과 제24조 제1항 제2호 가목부터 라목까지의 규정에 따른 무형자산: 기획재정부령으로 정하는 내용연수와 그에 따른 기획재정부령으로 정하는 상각방법별 상각률(이하 "상각률"이라 한다)

   2. 제1호 외의 감가상각자산(제24조 제1항 제2호 바목부터 자목까지의 규정에 따른 무형자산은 제외한다): 구조 또는 자산별·업종별로 □□내용연수에 그 기준내용연수의 100분의 □□를 가감하여 기획재정부령으로 정하는 내용연수□□(이하 "내용연수범위"라 한다) 안에서 법인이 선택하여 납세지 관할 세무서장에게 신고한 내용연수(이하 "신고내용연수"라 한다)와 그에 따른 상각률. 다만, 제3항 각 호의 신고기한 내에 신고를 하지 않은 경우에는 □□내용연수와 그에 따른 상각률로 한다.

② 제1항을 적용할 때 법 제6조에 따른 사업연도가 1년 미만이면 다음 계산식에 따라 계산한 내용연수와 그에 따른 상각률에 따른다. 이 경우 개월 수는 태양력에 따라 계산하되, 1개월 미만의 일수는 1개월로 한다.

$$환산내용연수 = (A \text{ 또는 } B) \times \frac{12}{C}$$

A: 제1항 제1호에 따른 내용연수
B: 제1항 제2호에 따른 신고내용연수 또는 기준내용연수
C: 사업연도의 개월 수

③ 법인이 제1항 제2호 및 제6항에 따라 내용연수를 신고할 때에는 기획재정부령으로 정하는 내용연수신고서를 다음 각 호의 날이 속하는 사업연도의 법인세 과세표준의 신고기한까지 납세지 관할세무서장에게 제출(국세정보통신망에 의한 제출을 포함한다)하여야 한다.

   1. 신설법인과 새로 수익사업을 개시한 비영리내국법인의 경우에는 그 영업을 개시한 날

   2. 제1호 외의 법인이 자산별·업종별 구분에 따라 기준내용연수가 다른 감가상각자산을 새로 취득하거나 새로운 업종의 사업을 개시한 경우에는 그 취득한 날 또는 개시한 날

④ 법인이 제1항 제2호 및 제6항에 따라 자산별·업종별로 적용한 신고내용연수 또는 기준내용연수는 그 후의 사업연도에 있어서도 계속하여 그 내용연수를 적용하여야 한다

⑤ 제1항 제2호, 제3항 및 제6항에 따른 내용연수의 신고는 연단위로 하여야 한다.

⑥ (삭제, 2019. 2. 12.)

⑦ (삭제, 2019. 2. 12.)

해설과 해답

① 기준, 25, 범위, 기준

7. 법인세법 시행령 제29조의 2 【중고자산 등의 상각범위액】

① 내국법인이 □□내용연수(해당 내국법인에게 적용되는 기준내용연수를 말한다)의 100분의 □□ 이상이 경과된 자산(이하 이 조에서 "중고자산"이라 한다)을 다른 법인 또는 「소득세법」제1조의 2 제1항 제5호에 따른 사업자로부터 취득(합병·분할에 의하여 자산을 승계한 경우를 포함한다)한 경우에는 그 자산의 기준내용연수의 100분의 50에 상당하는 연수와 기준내용연수의 범위에서 선택하여 납세지 관할세무서장에게 □□한 연수(이하 이 조에서 "수정내용연수"라 한다)를 내용연수로 할 수 있다. 이 경우 □□내용연수를 계산할 때 1년 미만은 없는 것으로 한다.

② 적격합병, 적격분할, 적격물적분할 또는 적격현물출자(법 제47조의 2 제1항 각 호의 요건을 모두 갖추어 양도차익에 해당하는 금액을 손금에 산입하는 현물출자를 말한다. 이하 같다)(이하 이 조에서 "적격합병등"이라 한다)에 의하여 취득한 자산의 상각범위액을 정할 때 제26조 제2항 각 호 및 같은 조 제6항에 따른 취득가액은 적격합병등에 의하여 자산을 양도한 법인(이하 이 조에서 "양도법인"이라 한다)의 취득가액으로 하고, 미상각잔액은 양도법인의 양도 당시의 장부가액에서 적격합병등에 의하여 자산을 양수한 법인(이하 이 조에서 "양수법인"이라 한다)이 이미 감가상각비로 손금에 산입한 금액을 공제한 잔액으로 하며, 해당 자산의 상각범위액은 다음 각 호의 어느 하나에 해당하는 방법으로 정할 수 있다. 이 경우 선택한 방법은 그 후 사업연도에도 계속 적용한다.
  1. 양도법인의 상각범위액을 승계하는 방법. 이 경우 상각범위액은 법 및 이 영에 따라 양도법인이 적용하던 상각방법 및 내용연수에 의하여 계산한 금액으로 한다.
  2. 양수법인의 상각범위액을 적용하는 방법. 이 경우 상각범위액은 법 및 이 영에 따라 양수법인이 적용하던 상각방법 및 내용연수에 의하여 계산한 금액으로 한다.

③ 적격물적분할 또는 적격현물출자를 하여 제2항을 적용하는 경우로서 상각범위액이 해당 자산의 장부가액을 초과하는 경우에는 그 초과하는 금액을 손금에 산입할 수 있다. 이 경우 그 자산을 처분하면 전단에 따라 손금에 산입한 금액의 합계액을 그 자산을 처분한 날이 속하는 사업연도에 익금산입한다.

④ 제2항 및 제3항을 적용받은 법인이 적격요건위반사유에 해당하는 경우 해당 사유가 발생한 날이 속하는 사업연도 및 그 후 사업연도의 소득금액 계산 및 감가상각비 손금산입액 계산에 관하여는 제26조의 2 제10항을 준용한다. 이 경우 제26조의 2 제10항 제1호의 금액(제3항 전단에 따라 손금에 산입한 금액을 포함한다)에서 같은 항 제2호의 금액을 뺀 금액이 0보다 작은 경우에는 0으로 보며, 해당 사유가 발생한 날이 속하는 사업연도의 법 제60조에 따른 신고와 함께 제1항에 따라 적격합병등으로 취득한 자산 중 중고자산에 대한 수정내용연수를 신고하되, 신고하지 아니하는 경우에는 양수법인이 해당자산에 대하여 제28조 제1항에 따라 정한 내용연수로 신고한 것으로 본다.

⑤ 제1항의 규정은 내국법인이 다음 각호에 규정하는 기한내에 기획재정부령이 정하는 내용연수변경신고서를 제출한 경우에 한하여 적용한다.
  1. 중고자산을 취득한 경우에는 그 취득일이 속하는 사업연도의 법인세 과세표준 신고기한
  2. 합병·분할로 승계한 자산의 경우에는 합병·분할등기일이 속하는 사업연도의 법인세 과세표준 신고기한

해설과 해답

① 기준, 50, 신고, 수정

8. 법인세법 시행령 제30조 【감가상각의 의제】

① 각 사업연도의 소득에 대하여 법과 다른 법률에 따라 법인세를 □□받거나 □□받은 경우에는 개별 자산에 대한 감가상각비가 법 제23조 제1항에 따른 상각범위액이 되도록 감가상각비를 손금에 산입하여야 한다. 다만, □□□□□□□□기준을 적용하는 법인은 법 제23조 제2항에 따라 개별 자산에 대한 감가상각비를 □□로 손금에 산입할 수 있다.

② 법 제66조 제3항 단서에 따른 추계결정 또는 경정을 하는 경우에는 감가상각자산에 대한 감가상각비를 손금에 산입한 것으로 본다.

> **해설과 해답**
> ① 면제, 감면, 한국채택국제회계, 추가

9. 법인세법 시행령 제31조 【즉시상각의 의제】

① (삭제, 2019. 2. 12.)
② 법 제23조 제4항 제2호에서 "대통령령으로 정하는 자본적 지출"이란 법인이 소유하는 감가상각자산의 내용연수를 연장시키거나 해당 자산의 가치를 현실적으로 증가시키기 위하여 지출한 □□비를 말하며, 다음 각 호의 어느 하나에 해당하는 것에 대한 지출을 포함한다.
  1. 본래의 용도를 변경하기 위한 개조
  2. 엘리베이터 또는 냉난방장치의 설치
  3. 빌딩 등에 있어서 □□시설 등의 설치
  4. 재해 등으로 인하여 멸실 또는 훼손되어 본래의 용도에 이용할 가치가 없는 건축물·기계·설비 등의 복구
  5. 그 밖에 개량·확장·증설 등 제1호부터 제4호까지의 지출과 유사한 성질의 것
③ 법인이 각 사업연도에 지출한 수선비가 다음 각 호의 어느 하나에 해당하는 경우로서 그 수선비를 해당 사업연도의 손비로 계상한 경우에는 제2항에도 불구하고 자본적 지출에 포함하지 않는다.
  1. 개별 자산별로 수선비로 지출한 금액이 □□□만원 미만인 경우
  2. 개별자산별로 수선비로 지출한 금액이 직전 사업연도종료일 현재 재무상태표상의 자산가액(취득가액에서 감가상각누계액 상당액을 차감한 금액을 말한다)의 100분의 □에 미달하는 경우
  3. □년 미만의 기간마다 주기적인 수선을 위하여 지출하는 경우
④ 취득가액이 거래단위별로 □□□만원 이하인 감가상각자산(다음 각 호의 어느 하나에 해당하는 자산은 □□한다)에 대해서는 그 사업에 □□한 날이 속하는 사업연도의 손비로 계상한 것에 한정하여 손금에 산입한다.
  1. 그 고유업무의 성질상 □□으로 보유하는 자산
  2. 그 사업의 개시 또는 □□을 위하여 취득한 자산
⑤ 제4항에서 "거래단위"라 함은 이를 취득한 법인이 그 취득한 자산을 □□적으로 사업에 직접 사용할 수 있는 것을 말한다.
⑥ 제4항에도 불구하고 다음 각 호의 자산에 대해서는 이를 그 사업에 사용한 날이 속하는 사업연도의 손비로 □□한 것에 한정하여 손금에 산입한다.
  1. 어업에 사용되는 어구(어선용구를 포함한다)
  2. 영화필름, 공구, 가구, 전기기구, 가스기기, 가정용 기구·비품, 시계, 시험기기, 측정기기 및 간판
  3. 대여사업용 비디오테이프 및 음악용 콤팩트디스크로서 개별자산의 취득가액이 □□만원 미만인 것
  4. 전화기(휴대용 전화기를 포함한다) 및 개인용 컴퓨터(그 주변기기를 포함한다)
⑦ 다음 각 호의 어느 하나에 해당하는 경우에는 당해 자산의 장부가액에서 1천원을 공제한 금액을 폐기일이 속하는 사업연도의 손금에 산입할 수 있다.
  1. 시설의 개체 또는 기술의 낙후로 인하여 생산설비의 일부를 □□한 경우
  2. 사업의 폐지 또는 사업장의 이전으로 임대차계약에 따라 임차한 사업장의 원상회복을 위하여 시설물을 철거하는 경우
⑧ 감가상각자산이 진부화, 물리적 손상 등에 따라 시장가치가 급격히 하락하여 법인이 기업회계기준에 따라 □□□□을 계상한 경우(법 제42조 제3항 제2호에 해당하는 경우는 제외한다)에는 해당 금액을 □□□□비로서 손비로 계상한 것으로 보아 법 제23조 제1항을 적용한다.

해설과 해답

② 수선, 피난
③ 600, 5, 3
④ 100, 제외, 사용, 대량, 확장
⑤ 독립
⑥ 계상, 30
⑦ 폐기
⑧ 손상차손, 감가상각

10. 법인세법 시행령 제32조 【상각부인액 등의 처리】

① 법 제23조 제5항에 따라 법인이 상각범위액을 초과해 손금에 산입하지 않는 금액(이하 이 조에서 "상각□□액"이라 한다)은 그 후의 사업연도에 해당 법인이 손비로 계상한 감가상각비가 상각범위액에 미달하는 경우에 그 미달하는 금액(이하 이 조에서 "□□부족액"이라 한다)을 한도로 손금에 산입한다. 이 경우 법인이 감가상각비를 손비로 □□하지 않은 경우에도 상각범위액을 한도로 그 상각부인액을 손금에 산입한다.

② 시인부족액은 □ □ 사업연도의 상각부인액에 이를 □□하지 못한다.

③ 법인이 법 제42조 제1항 제1호에 따라 감가상각자산의 장부가액을 증액(이하 이 조에서 "□□□"이라 한다)한 경우 해당 감가상각자산의 상각부인액은 평가증의 한도까지 익금에 산입된 것으로 보아 손금에 산입하고, 평가증의 한도를 초과하는 금액은 이를 그 후의 사업연도에 이월할 상각□□액으로 한다. 이 경우 시인부족액은 □□하는 것으로 한다.

④ 법인이 감가상각자산에 대하여 감가상각과 평가증을 □□한 경우에는 먼저 감가상각을 한 후 평가증을 한 것으로 보아 상각범위액을 계산한다.

⑤ 감가상각자산을 양도한 경우 당해 자산의 상각부인액은 □□일이 속하는 사업연도의 손금에 이를 산입한다.

⑥ 제5항의 규정을 적용함에 있어서 감가상각자산의 일부를 양도한 경우 당해 양도자산에 대한 감가상각누계액 및 상각부인액 또는 시인부족액은 당해 감가상각자산 전체의 감가상각누계액 및 상각부인액 또는 시인부족액에 □□부분의 가액이 당해 감가상각자산의 전체 가액에서 차지하는 비율을 곱하여 계산한 금액으로 한다. 이 경우 그 가액은 □□당시의 □□가액에 의한다.

해설과 해답

① 부인, 시인, 계상   ② 그 후, 충당
③ 평가증, 부인, 소멸   ④ 병행
⑤ 양도   ⑥ 양도, 취득, 장부

11. 법인세법 시행령 제33조 【감가상각비에 관한 명세서】

법인이 각 사업연도에 법 제23조 제1항에 따라 감가상각비를 손비로 계상하거나 같은 조 제2항에 따라 감가상각비를 손금에 산입한 경우에는 □□□□별로 구분하여 기획재정부령으로 정하는 감가상각비조정명세서를 작성·보관하고, 법 제60조에 따른 신고와 함께 기획재정부령으로 정하는 감가상각비조정명세서합계표와 감가상각비시부인명세서 및 취득·양도자산의 감가상각비조정명세서를 납세지 관할 세무서장에게 □□하여야 한다.

해설과 해답

개별자산, 제출

exercise

1 법인세법상 감가상각방법을 신고하지 않은 경우 적용하는 상각방법으로 옳지 않은 것은? [세무사 2018]

① 제조업의 기계장치 : 정률법
② 광업용 유형자산 : 정액법
③ 해저광물자원 개발법에 의한 채취권 : 생산량비례법
④ 광업권 : 생산량비례법
⑤ 개발비 : 관련 제품의 판매 또는 사용이 가능한 시점부터 5년 동안 매년 균등액을 상각하는 방법

해설 광업용 유형자산은 감가상각방법을 신고하지 않은 경우 생산량비례법을 적용한다.

 ②

2 법인세법상 감가상각에 관한 설명으로 옳은 것은? [세무사 2011 수정]

① 취득 후에 사용하지 않고 보관 중인 자산과 일시적 조업중단에 따른 유휴설비는 감가상각을 하지 아니한다.
② 진부화 또는 시장가치가 급격히 하락한 자산에 대하여 기업회계기준에 따라 손상차손을 계상한 경우 해당 금액은 감가상각비에 포함한다.
③ 일반적인 유형자산의 감가상각은 결산조정사항이므로 감가상각비를 결산서에 반영한 경우에 한하여 손금으로 인정되지만, 무형자산의 감가상각비는 신고조정사항이므로 과소계상액은 세무조정 시 손금산입하면 인정된다.
④ 개발비의 감가상각에 적용할 내용연수를 신고하지 아니한 경우에는 관련 제품을 판매 또는 사용하여 수익을 얻을 것으로 예상되는 기간 동안 균등안분액을 상각한다.
⑤ 신규로 취득한 자산이나 기중에 발생한 자본적 지출액은 취득 또는 발생시점부터 월할계산하여 상각범위액을 계산하는데 이 경우 1개월 미만의 일수는 1개월로 한다.

해설
① 취득 후에 사용하지 않고 보관 중인 자산은 감가상각 대상자산이 아니나 일시적 조업중단에 따른 유휴설비는 감가상각 대상자산에 해당한다.
③ 일반적인 유형자산과 무형자산의 감가상각은 모두 결산조정사항이므로 감가상각비를 결산서에 반영한 경우에 한하여 손금으로 인정된다.
④ 개발비의 감가상각에 적용할 내용연수를 신고한 경우에는 20년 이내의 기간 중 신고한 내용연수에 따른 정액법에 따라 감가상각을 하지만, 신고하지 아니한 경우에는 5년간 정액법에 따라 감가상각한다.
⑤ 기중에 발생한 자본적 지출은 신규취득자산과는 달리 기존의 상각방법과 내용연수에 따른 상각률을 그대로 적용한다.

 ②

03 법인세법령상 즉시상각의 의제에 대한 설명으로 옳지 않은 것은? [국가직 9급 2022]

① 법인이 개별자산별로 수선비로 지출한 금액이 600만 원 미만인 경우로서 그 수선비를 해당 사업연도의 손비로 계상한 경우에는 자본적 지출에 포함하지 않는다.
② 자본적 지출이란 법인이 소유하는 감가상각자산의 내용연수를 연장시키거나 해당 자산의 가치를 현실적으로 증가시키기 위하여 지출한 수선비를 말한다.
③ 재해를 입은 자산에 대한 외장의 복구·도장 및 유리의 삽입에 대한 지출은 자본적 지출에 포함한다.
④ 시설의 개체 또는 기술의 낙후로 인하여 생산설비의 일부를 폐기한 경우에는 해당 자산의 장부가액에서 1천 원을 공제한 금액을 폐기일이 속하는 사업연도의 손금에 산입할 수 있다.

해설 ③ 재해를 입은 자산에 대한 외장의 복구·도장 및 유리의 삽입에 대한 지출은 수익적 지출에 포함한다.

해답 ③

04 법인세법령상 감가상각비에 대한 설명으로 옳지 않은 것은? [국가직 9급 2023]

① 건축물과 무형자산은 정률법 또는 정액법에 의하여 상각범위액을 계산한다.
② 상각부인액은 그 후의 사업연도에 해당 법인이 손비로 계상한 감가상각비가 상각범위액에 미달하는 경우에 그 미달하는 금액을 한도로 손금에 산입하며, 이 경우 법인이 감가상각비를 손비로 계상하지 않은 경우에도 상각범위액을 한도로 그 상각부인액을 손금에 산입한다.
③ 시인부족액은 그 후 사업연도의 상각부인액에 이를 충당하지 못한다.
④ 감가상각자산을 양도한 경우 당해 자산의 상각부인액은 양도일이 속하는 사업연도의 손금에 이를 산입한다.

해설 건축물과 무형자산은 정액법에 의하여 상각범위액을 계산한다.

해답 ①

05 내국법인 ㈜A가 유형자산과 관련하여 행하는 활동에 관한 설명으로 옳지 않은 것은? [세무사 2019]

① 시험기기 1,000,000원과 가스기기 1,500,000원을 한 거래처에서 구입하면서 2,500,000원을 지급하고 비용으로 처리하는 경우 세법상 모두 손금으로 인정된다.
② 개인용 컴퓨터 2,000,000원과 전기기구 2,500,000원을 한 거래처에서 구입하면서 4,500,000원을 지급하고 비용으로 처리하는 경우 세법상 모두 손금으로 인정된다.
③ 시설개체 또는 기술의 낙후로 인하여 생산설비의 일부를 폐기한 경우 당해 자산의 장부가액을 폐기일이 속하는 사업연도의 손금에 산입할 수 있다.
④ 2년 전에 업무용 승용차의 타이어를 교체한 후 2023년 4월 1일 다시 전체적으로 타이어를 교체하기 위하여 지출한 600,000원은 수익적지출에 해당된다.
⑤ 재무상태표상 직전사업연도 장부금액이 60,000,000원인 기계장치에 대한 자본적지출액 7,000,000원을 비용으로 처리할 경우 7,000,000원은 ㈜A가 감가상각한 금액으로 의제하여 시부인한다.

해설 ③ 시설개체 또는 기술의 낙후로 인하여 생산설비의 일부를 폐기한 경우 해당 자산의 장부가액에서 1,000원을 공제한 금액을 폐기일이 속하는 사업연도의 손금에 산입할 수 있다.
⑤ 자본적지출액 7,000,000원≥MAX(6,000,000원, 60,000,000×5%=3,000,000원)=6,000,000원 이므로 즉시상각 의제에 해당하여 감가상각한 금액으로 의제하여 시부인한다.

해답 ③

06 다음의 자료는 특정자산에 대한 감가상각과 관련된 것이다. 자료를 이용하여 세무조정을 할 경우 옳은 것은? [국가직 9급 2014]

(1) 전기말까지 감가상각비 부인누계액 1,000,000원
(2) 당기 중 감가상각비 범위액 1,500,000원
(3) 당기 중 회사계상 감가상각비 1,200,000원

① 감가상각비 부인누계액 중 300,000원은 손금산입하고, 나머지 700,000원은 다음 사업연도로 이월한다.
② 당기 감가상각비 시인부족액 300,000원은 소멸하고, 감가상각비 부인누계액 1,000,000원은 다음 사업연도로 이월한다.
③ 감가상각비 부인누계액 1,000,000원은 소멸하고, 당기 감가상각비 시인부족액 300,000원은 다음 사업연도로 이월한다.
④ 감가상각비 부인누계액 1,000,000원과 감가상각비 시인부족액 300,000원은 각각 다음 사업연도로 이월한다.

해설 시인부족액이 300,000원이므로 감가상각비 부인누계액 중 300,000원은 손금산입하고, 나머지 700,000원은 다음 사업연도로 이월한다.

해답 ①

07 다음 자료에 의하여 ㈜서울의 제4기(2025.7.1.~12.31.)의 기계장치에 대한 감가상각범위액을 계산하면 얼마인가? (단, ㈜서울의 사업연도는 6개월임) [국가직 9급 2015 수정]

> ○ 취득가액 : 50,000,000원
> ○ 취득일자 : 2021년 7월 1일
> ○ 신고내용연수 : 10년
> ○ 감가상각방법 : 정액법

① 2,500,000원
② 3,000,000원
③ 4,500,000원
④ 5,000,000원

해설 상각범위액 : $50,000,000 \times \dfrac{1}{10년}(상각률\ 0.1) \times \dfrac{6개월}{12개월} = 2,500,000원$

해답 ①

08 ㈜C는 제조업을 영위하는 법인이다. ㈜C의 제24기 사업연도(2025.1.1.~12.31.)의 기계장치에 대한 감가상각 자료는 다음과 같다. 기계장치의 감가상각에 대한 세무조정 및 소득처분으로 맞는 것은? 단, 계산 시 소수점 이하의 금액은 버릴 것 [세무사 2013 수정]

> (1) 기계장치 취득가액 : 100,000,000원
> (2) 기계장치 취득일 : 2023년 1월 10일
> (3) 감가상각방법 및 상각률 : 정률법(상각율 : 0.451)
> (4) 당기 감가상각비 계상액은 14,000,000원이다.
> (5) 재무상태표에 계상된 전기말 감가상각누계액과 상각부인액은 각각 70,000,000원, 140,000원이다.

① 손금산입 140,100원(△유보)
② 손금불산입 140,100원(유보)
③ 손금산입 406,860원(△유보)
④ 손금불산입 406,860원(유보)
⑤ 세무조정 없음

해설
1. 회사계상액 : 14,000,000원

2. 감가상각범위액 : (100,000,000원 − 70,000,000원 + 140,000원) × 0.451 = 13,593,140원

취득원가(①)	기초 감가상각누계액(②)	기초 상각부인액누계(③)	상각 기초가액 (①−②+③)
100,000,000원	70,000,000원	140,000원	30,140,000원

3. 한도초과액 : 14,000,000원 − 13,593,140원 = 406,860원

4. 세무조정 : 〈손금불산입〉 감가상각비 한도초과액 406,860원 (유보)

해답 ④

09 다음은 제조업을 영위하는 영리내국법인 ㈜A의 제24기 사업연도(2025.1.1.~12.31.) 감가상각과 관련된 자료이다. 관련된 세무조정과 소득처분으로 옳은 것은? (단, 전기 이전의 모든 세무조정은 적정하였으며, 주어진 자료 이외에는 고려하지 않음) [세무사 2019 수정]

> (1) 기계장치 취득가액 : 50,000,000원
> (2) 기계장치 취득일 : 2023.1.1.
> (3) 감가상각방법 및 상각률 : 정률법(상각률 : 0.45)
> (4) 전기말 감가상각누계액은 35,000,000원이며, 감가상각부인액 합계액은 125,000원이다.
> (5) 당기 감가상각비 계상액은 7,000,000원이다.

① 익금산입·손금불산입 625,000원(유보)
② 손금산입·익금불산입 250,000원(△유보)
③ 손금산입·익금불산입 625,000원(△유보)
④ 손금산입·익금불산입 750,000원(△유보)

해설

1. 회사계상액 : 7,000,000원

2. 감가상각범위액 : (50,000,000원 − 35,000,000원 + 125,000원) × 0.45 = 6,806,250원

취득원가(①)	기초 감가상각누계액(②)	기초 상각부인액누계(③)	상각 기초가액 (①−②+③)
50,000,000원	35,000,000원	125,000원	15,125,000원

3. 한도초과액 : 7,000,000원−6,806,250원=193,750원

4. 세무조정 : 〈손금불산입〉 감가상각비 한도초과액 193,750원 (유보)

해답 ③

제13절 감가상각비

10 다음은 제조업을 영위하는 영리내국법인 ㈜A의 제24기(2025.1.1.~2023.12.31.) 감가상각과 관련된 자료이다. 제24기 감가상각비 세무조정과 소득처분으로 옳은 것은? (단, 전기 이전의 모든 세무조정은 적정하였다) [국가직 7급 2023]

> (1) 기계장치 취득가액: 30,000,000원
> (2) 기계장치 취득일: 2023년 1월 1일
> (3) 감가상각방법: 정률법(상각률: 0.5)
> (4) 감가상각비 장부상 계상금액
>   ① 2023년: 16,500,000원
>   ② 2024년: 7,000,000원
>   ③ 2025년: 3,500,000원

① 익금산입·손금불산입 625,000원(유보)
② 손금산입·익금불산입 250,000원(△유보)
③ 손금산입·익금불산입 625,000원(△유보)
④ 손금산입·익금불산입 750,000원(△유보)

해설

1. 기계장치 취득 사업연도
   ① 회사계상액: 16,500,000원
   ② 감가상각범위액: 30,000,000원×0.5=15,000,000원

취득원가(①)	기초 감가상각누계액(②)	당기 즉시상각의제액(③)	기초 상각부인액누계(④)	상각 기초가액 (①-②+③+④)
30,000,000원	-	-	-	30,000,000원

   ③ 한도초과액: 16,500,000원-15,000,000원=1,500,000원
   ④ 세무조정: 〈손금불산입〉 감가상각비 한도초과액 1,500,000원 (유보)

2. 전기 사업연도
   ① 회사계상액: 7,000,000원
   ② 감가상각범위액: (30,000,000원-16,500,000원+1,500,000원)×0.5=7,500,000원

취득원가(①)	기초 감가상각누계액(②)	당기 즉시상각의제액(③)	기초 상각부인액누계(④)	상각 기초가액 (①-②+③+④)
30,000,000원	16,500,000원	-	1,500,000원	15,000,000원

   ③ 한도미달액: 7,000,000원-7,500,000원=△500,000원
   ④ 세무조정: 〈손금산입〉 전기 감가상각비 한도초과액 500,000원 (△유보)

3. 당기 사업연도
   ① 회사계상액: 3,500,000원
   ② 감가상각범위액: (30,000,000원-23,500,000원+1,000,000원)×0.5=3,750,000원

취득원가(①)	기초 감가상각누계액(②)	당기 즉시상각의제액(③)	기초 상각부인액누계(④)	상각 기초가액 (①-②+③+④)
30,000,000원	23,500,000원	-	1,000,000원	7,500,000원

   ③ 한도미달액: 3,500,000원-3,750,000원=△250,000원
   ④ 세무조정: 〈손금산입〉 전기 감가상각비 한도초과액 250,000원 (△유보)

정답 ④

11 다음은 제조업을 영위하는 영리내국법인 ㈜A(한국채택국제회계기준 적용대상 아님)의 감가상각 관련 자료이다. ㈜A의 제24기(2025.1.1.~12.31.) 감가상각과 관련하여 세무조정한 것으로 옳은 것은? [회계사 2015]

(1) 제23기(2024.1.1.~12.31.)의 세무조정계산서상 감가상각비 조정내역은 다음과 같으며, 세무조정은 적정하게 이루어졌다고 가정한다.

구 분	취득원가	기초 감가상각누계액	기초 상각부인액누계	당기 감가상각비	당기 상각범위액
건물	800,000,000원	240,000,000원	–	60,000,000원	40,000,000원
기계장치	200,000,000원	120,000,000원	10,000,000원	14,000,000원	16,000,000원

(2) 건물 : 정액법(20년, 상각률 0.05), 기계장치 : 정률법(8년, 상각률 0.313)
(3) 제24기 회계상 건물 감가상각비는 30,000,000원이고, 기계장치 감가상각비는 30,000,000원이며, 적절한 회계처리가 이루어졌다.

	건 물	기계장치
①	손금산입 8,000,000원	손금불산입 4,842,000원
②	손금산입 8,000,000원	손금불산입 6,242,000원
③	손금산입 8,000,000원	손금불산입 6,838,000원
④	손금산입 10,000,000원	손금불산입 6,242,000원
⑤	손금산입 10,000,000원	손금불산입 6,838,000원

1. 건물
   (1) 전기 세무조정 : 〈손금불산입〉 감가상각비 한도초과액 20,000,000원 (유보)
   (2) 당기
      ① 회사계상액 : 30,000,000원
      ② 감가상각범위액 : 800,000,000원×0.05=40,000,000원
      ③ 시인부족액 : 30,000,000원−40,000,000원=△10,000,000원
      ④ 세무조정 : 〈손금산입〉 전기 건물 감가상각비 한도초과액 10,000,000원 (△유보)

2. 기계
   (1) 전기 세무조정 : 〈손금산입〉 전기 감가상각부인액 2,000,000원 (△유보)
   (2) 당기
      ① 회사계상액 : 30,000,000원
      ② 감가상각범위액 : [200,000,000원−(120,000,000원+14,000,000원)+(10,000,000원
         −2,000,000원)]×0.313=23,162,000원

취득원가(①)	기초 감가상각누계액(②)	기초 상각부인액누계(③)	상각 기초가액 (①−②+③)
200,000,000원	134,000,000원	8,000,000원	74,000,000원

      ③ 한도초과액 : 30,000,000원−23,162,000원=6,838,000원
      ④ 세무조정 : 〈손금불산입〉 기계장치 감가상각비 한도초과액 6,838,000원 (유보)

 ⑤

12 다음은 제조업을 영위하는 영리내국법인 ㈜A의 제24기 사업연도(2025.1.1.~12.31.) 기계장치(B) 감가상각비 관련 자료이다. 제24기의 기계장치(B) 상각범위액을 계산한 것으로 옳은 것은?

[회계사 2014 수정]

(1) 7월 10일에 기계장치(B)를 10,000,000원에 취득하여 사업에 사용하기 시작하였으며, 동 금액을 장부상 취득가액으로 계상하였다.
(2) 기계장치(B)의 취득부대비용 2,000,000원을 손익계산서상 비용으로 계상하였다.
(3) 장부에 계상된 기계장치(B)의 감가상각비는 1,340,000원이다.
(4) 기계장치(B)의 감가상각방법은 정률법이며, 상각률은 0.390으로 가정한다.

① 1,950,000원 ② 2,340,000원 ③ 3,497,400원
④ 4,717,400원 ⑤ 5,497,400원

해설

1. 회사계상액 : 2,000,000원(취득부대비용)+1,340,000원=3,340,000원

2. 감가상각범위액 : (10,000,000원+2,000,000원)×0.390× $\frac{6월}{12월}$ =2,340,000원

3. 한도초과액 : 3,340,000원−2,340,000원=1,000,000원

4. 세무조정 : 〈손금불산입〉 감가상각비 한도초과액 1,000,000원 (유보)
   ※ 취득부대비용도 취득가액에 포함하며, 비용으로 계상한 경우 감가상각액에 포함하여 시부인한다.

해답 ②

13 비상장 영리내국법인 ㈜A는 제24기(2025.1.1.~12.31.) 중 기계장치의 일부를 양도하였다. 다음 자료에 의하여 기계장치 감가상각비에 관한 세무조정으로 옳은 것은? (단, 소득처분과 일부 양도된 부분에 관한 세무조정은 생략함) [세무사 2014]

(1) 2025.1.1. 현재 기계장치의 현황
 ① 취득가액 10,000,000원(일부 양도된 부분 3,000,000원이 포함됨)
 ② 감가상각누계액 6,000,000원(일부 양도된 부분 1,800,000원이 포함됨)
 ③ 상각부인액 누계 1,000,000원(일부 양도된 부분 300,000원이 포함됨)
(2) ㈜A는 기계장치의 일부 양도된 부분을 기업회계기준에 따라 회계처리하였으며, 신고한 감가상각방법은 정률법(신고내용연수 5년, 상각률 0.451)이다.
(3) ㈜A는 2025.12.31. 현재 기계장치의 감가상각비로 1,000,000원을 계상하였는데 이 중에는 일부 양도된 부분에 관한 감가상각비 300,000원이 포함되어 있다.

① 손금산입 700,000원
② 손금산입 878,500원
③ 손금산입 1,578,500원
④ 손금불산입 700,000원
⑤ 손금불산입 878,500원

해설

1. 양도비율 : $\frac{3,000,000원}{10,000,000원}$ = 30%

2. 전기말 기계장치의 유보잔액 : 1,000,000원 − 300,000원(양도한 부분) = 700,000원

3. 당기 세무조정
 (1) 회사계상액 : 1,000,000원 − 300,0000원 = 700,000원
 (2) 감가상각범위액 : (10,000,000원 − 6,000,000원 + 1,000,000원) × 0.451 × (1−30%) = 1,578,500원

취득원가(①)	기초 감가상각누계액(②)	기초 상각부인액누계(③)	상각 기초가액(①−②+③)
10,000,000원	6,000,000원	1,000,000원	5,000,000원

 (3) 시인부족액 : 700,000원 − 1,578,500원 = △878,500원
 (4) 세무조정 : 〈손금산입〉 전기 감가상각비 한도초과액 700,000원 (△유보)

해답 ①

14

법인세법령상 즉시상각의 의제와 관련하여, 내국법인이 각 사업연도에 해당 자산의 가치를 현실적으로 증가시키기 위하여 지출한 다음 〈보기〉와 같은 수선비를 해당 사업연도의 손비로 계상한 경우에 자본적 지출에 포함하지 않는 경우를 모두 고른 것은? (단, 다음 〈보기〉의 각 항목들은 상호독립적이며, 각 항목은 해당 경우에서 제시된 사항 이외의 다른 조건은 고려하지 않음)

[세무사 2023]

ㄱ. 개별자산별로 수선비로 지출한 금액이 600만원 이상인 경우
ㄴ. 개별자산별로 수선비로 지출한 금액이 직전 사업연도종료일 현재 재무상태표상의 자산가액(취득가액에서 감가상각누계액상당액을 차감한 금액을 말한다)의 100분의 5에 미달하는 경우
ㄷ. 3년의 기간마다 주기적인 수선을 위하여 지출하는 경우

① ㄱ   ② ㄱ, ㄴ   ③ ㄱ, ㄷ
④ ㄴ, ㄷ   ⑤ ㄱ, ㄴ, ㄷ

> ㄱ. 개별자산별로 수선비로 지출한 금액이 600만원 미만인 경우 손비로 계상한 경우 자본적 지출로 보지 않는다.
> ㄷ. 3년 미만의 기간마다 주기적인 수선을 위하여 지출하는 경우 손비로 계상한 경우 자본적 지출로 보지 않는다.

 ②

15

다음은 제조업을 영위하는 영리내국법인 ㈜A의 제24기 사업연도(2025.1.1.~12.31.) 포괄손익계산서상 수선비 및 소모품비 계정의 내역이다. 법인세법상 즉시상각의 의제규정에 따라 감가상각한 것으로 보아야 하는 금액으로 옳은 것은? [회계사 2013]

과 목	금 액	내 역
수선비	7,000,000원	㈜A 소유 본사건물(전기말 재무상태표상 장부가액 40,000,000원)에 대한 피난시설 설치비
	3,000,000원	기계장치(전기말 재무상태표상 장부가액 30,000,000원)에 대하여 2년마다 주기적으로 실시하는 수선을 위해 지출한 금액이며, 이로 인해 기계의 성능이 향상됨
소모품비	2,000,000원	㈜A의 사업확장을 위해 개인용 컴퓨터 1대를 구입하여 사용하고 그 취득가액을 소모품비로 계상한 것임

① 3,000,000원   ② 4,000,000원   ③ 5,000,000원
④ 6,000,000원   ⑤ 7,000,000원

과 목	감가상각액	비 고
수선비	7,000,000원	7,000,000원≥MAX(6,000,000, 40,000,000×5%=2,000,000원)
	–	3년 미만의 기간마다 지출하는 주기적인 수선비에 해당
소모품비	–	사업확장을 위하여 취득한 자산에 해당하므로 즉시상각의제의 예외에 해당

 ⑤

16 ㈜A는 제24기 사업연도 중 기계장치(취득가액 30,000,000원)에 대한 자본적지출액 8,000,000원을 장부상 비용으로 계상하였다. 해당 기계장치에 대한 다음 자료를 기초로 제10기 사업연도의 감가상각 한도초과액을 계산하면 얼마인가?

> (1) 제23기 사업연도말 장부상 감가상각누계액 : 13,000,000원
> (2) 제23기 사업연도로부터 이월된 상각부인액 : 6,000,000원
> (3) 신고내용연수 : 10년 (정률법 상각률 : 0.259)
> (4) 제24기 사업연도에 장부상 계상한 감가상각비 : 7,000,000원
> (5) 사업연도 : 매년 1월 1일부터 12월 31일까지

① 3,819,732원　　② 4,144,000원　　③ 4,222,218원
④ 4,971,000원　　⑤ 6,668,732원

해설

1. 회사계상액 : 7,000,000원 + 8,000,000원* = 13,000,000원

    * 비용처리한 자본적 지출액 8,000,000원은 6,000,000원 이상이며 직전 사업연도 종료일 현재 자산가액의 5%
     [(30,000,000원 − 20,000,000원 + 7,000,000원) × 5% = 850,000원] 이상이므로 즉시상각의제규정을 적용한다.

2. 감가상각범위액 : (30,000,000원 − 13,000,000원 + 8,000,000원 + 6,000,000원) × 0.259 = 8,029,000원

취득원가(①)	기초 감가상각누계액(②)	당기 즉시상각의제액(③)	기초 상각부인액누계(④)	상각 기초가액 (①−②+③+④)
30,000,000원	13,000,000원	8,000,000원	6,000,000원	31,000,000원

3. 한도초과액 : 13,000,000원 − 8,029,000원 = 4,971,000원

4. 세무조정 : 〈손금불산입〉 감가상각비 한도초과액 4,971,000원 (유보)

정답 ④

17 다음은 제조업을 영위하는 비상장 영리내국법인(한국채택국제회계기준을 적용하지 않음)인 ㈜A의 제23기(2024.1.1.~12.31.)와 제24기(2025.1.1.~12.31.) 감가상각비 관련 자료이다. ㈜A가 기계장치에 대해 신고한 감가상각방법이 정률법일 때 제24기말 유보 잔액을 계산한 것으로 옳은 것은? [회계사 2016]

(1) 2024년 1월 1일에 신규 기계장치를 100,000,000원에 취득하여 사업에 사용하고 있다.
(2) 손익계산서상 기계장치의 수선비 중 자본적지출에 해당하는 금액은 제23기에 10,000,000원, 제24기에 1,000,000원이다.
(3) 손익계산서상 기계장치의 감가상각비는 제23기에 20,000,000원, 제24기에 18,000,000원이다.
(4) 정률법 상각률은 0.2이며, 모든 세무조정은 적정하게 이루어진 것으로 가정한다.

① 6,400,000원   ② 8,000,000원   ③ 8,400,000원
④ 9,200,000원   ⑤ 10,000,000원

해설

1. 전기
  (1) 회사계상액 : 20,000,000원+10,000,000원(즉시상각의제)=30,000,000원
  (2) 감가상각범위액 : (100,000,000원+10,000,000원)×0.2=22,000,000원

취득원가(①)	기초 감가상각누계액(②)	당기 즉시상각의제액(③)	기초 상각부인액누계(④)	상각 기초가액 (①-②+③+④)
100,000,000원	–	10,000,000원	–	110,000,000원

  (3) 한도초과액 : 30,000,000원-22,000,000원=8,000,000원
  (4) 세무조정 : 〈손금불산입〉 감가상각비 한도초과액 8,000,000원 (유보)

2. 당기
  (1) 회사계상액 : 18,000,000원
    * 수선비 중 자본적 지출에 해당하는 금액(1,000,000원)은 6,000,000원 및 전기말 재무상태표상의 장부가액(80,000,000원)의 5%에 미달하므로 즉시상각의제의 특례규정이 적용되어 전액 손금으로 인정된다.
  (2) 감가상각범위액 : (100,000,000원-20,000,000원+8,000,000원)×0.2=17,600,000원

취득원가(①)	기초 감가상각누계액(②)	당기 즉시상각의제액(③)	기초 상각부인액누계(④)	상각 기초가액 (①-②+③+④)
100,000,000원	20,000,000원	–	8,000,000원	88,000,000원

  (3) 한도초과액 : 18,000,000원-17,600,000원=400,000원
  (4) 세무조정 : 〈손금불산입〉 감가상각비 한도초과액 400,000원 (유보)

3. 당기말 유보잔액 : 8,000,000원+400,000원=8,400,000원

 ③

18 다음은 제조업을 영위하는 영리내국법인 ㈜A(한국채택국제회계기준 적용하지 않음, 중소기업 아님)의 제23기(2024.1.1.~12.31.)와 제24기(2025.1.1.~12.31.) 건물의 감가상각과 관련된 자료이다. 제24기말 유보잔액으로 옳은 것은? [회계사 2017]

> (1) 본점용 건물을 2024.4.2.에 시가인 1,000,000,000원에 매입하고 장부에 매입가액으로 계상하였다. 동 건물은 매입일부터 사업에 사용하였다.
> (2) 제23기에 동 건물의 취득세로 2,500,000원을 지출하고 손익계산서상 세금과공과로 계상하였다.
> (3) 제24기에 동 건물에 대한 자본적 지출액(주기적인 수선을 위한 지출 아님) 50,000,000원을 손익계산서상 수선비로 계상하였다.
> (4) 동 건물과 관련하여 제23기와 제24기에 각각 100,000,000원을 손익계산서상 감가상각비로 계상하였다.
> (5) 건물의 감가상각방법은 신고하지 않았다(정액법 상각률은 0.1, 정률법 상각률은 0.2로 가정함).
> (6) 법인세부담 최소화를 가정하고, 주어진 자료 이외의 다른 사항은 고려하지 않는다.

① 0원 ② 47,000,000원 ③ 70,000,000원
④ 72,062,500원 ⑤ 72,312,500원

해설

1. 전기
   ① 회사계상액 : 100,000,000원+2,500,000원(즉시상각의제)=102,500,000원
   ② 감가상각범위액 : (1,000,000,000원+2,500,000원)×0.1× $\frac{9월}{12월}$ =75,187,500원

취득원가(①)	전기 즉시상각의제액(②)	당기 즉시상각의제액(③)	상각 기초가액 (①+②+③)
1,000,000,000원	–	2,500,000원	1,002,500,000원

   ③ 한도초과액 : 102,500,000원-75,187,500원=27,312,500원
   ④ 세무조정 : 〈손금불산입〉 감가상각비 한도초과액 27,312,500원 (유보)
   ※ 건물의 상각방법을 신고하지 않은 경우, 정액법으로 상각한다.

2. 당기
   ① 회사계상액 : 100,000,000원+50,000,000원*(즉시상각의제)=150,000,000원
      * 50,000,000원≥MAX[6,000,000원,(1,000,000,000원-100,000,000원)×5%=45,000,000원]
   ② 감가상각범위액 : (1,000,000,000원+2,500,000원+50,000,000원)×0.1=105,250,000원

취득원가(①)	전기 즉시상각의제액(②)	당기 즉시상각의제액(③)	상각 기초가액 (①+②+③)
1,000,000,000원	2,500,000원	50,000,000원	1,052,500,000원

   ③ 한도초과액 : 150,000,000원-105,250,000원=44,750,000원
   ④ 세무조정 : 〈손금불산입〉 감가상각비 한도초과액 44,750,000원 (유보)

3. 당기말 유보잔액 : 27,312,500원+44,750,000원=72,062,500원

해답 ④

19 영리내국법인 ㈜갑의 제24기 사업연도(2025.1.1.~12.31.) 기계장치에 관한 자료이다. 제24기 사업연도부터 감가상각방법을 정률법에서 정액법으로 변경할 경우, 제24기 기계장치의 감가상각범위액은 얼마인가? [회계사 2019]

> (1) 취득일자 : 2023.1.1.
> (2) 재무상태표상 취득원가 : 100,000,000원
> (3) 전기말 감가상각누계액 : 55,000,000원
> (4) 전기말 감가상각비 부인누계액 : 2,196,880원
> (5) 기계장치 신고 내용연수 : 8년
> (6) 내용연수에 따른 상각률
>
> | 내용연수 | 정액법 | 정률법 |
> |---|---|---|
> | 6년 | 0.166 | 0.394 |
> | 8년 | 0.125 | 0.313 |
>
> (7) ㈜갑은 한국채택국제회계기준을 적용하지 않으며, 감가상각방법의 변경은 적법하게 이루어졌다.

① 5,899,610원 ② 7,470,000원 ③ 7,834,682원
④ 12,500,000원 ⑤ 16,600,000원

  (100,000,000원－55,000,000원＋2,196,880원)×0.125(정액법, 8년)＝5,899,610원

취득원가(①)	기초 감가상각누계액(②)	기초 상각부인액누계(③)	상각 기초가액 (①-②+③)
100,000,000원	55,000,000원	2,196,880원	47,196,880원

※ 감가상각방법을 변경하는 경우 세법상 미상각잔액을 대상으로 한도시부인을 하며, 내용연수는 기존 신고내용연수를 적용한다.

 ①

20 ㈜A는 제24기 사업연도(2025.1.1.~12.31.)에 기계설비에 대한 감가상각방법을 정액법에서 정률법(상각률 0.259)으로 변경하였다. 다음 자료에 의하여 감가상각비에 대한 제24기 사업연도의 세무조정금액을 계산하면 얼마인가? [세무사 2011]

> (1) 재무상태표상 취득가액 : 600,000,000원
> (2) 재무상태표상 전기 말 감가상각누계액 : 200,000,000원
> (3) 전기말 상각부인누계액 : 30,000,000원
> (4) 당기 회사계상 감가상각비 : 180,000,000원
> (5) 정액법 적용 시 신고내용연수 : 10년
> (6) ㈜A는 한국채택국제회계기준(K-IFRS)을 적용하지 않는 것으로 가정한다.

① 65,600,000원 ② 68,630,000원 ③ 73,600,000원
④ 76,400,000원 ⑤ 82,600,000원

1. 회사계상액 : 180,000,000원

2. 상각범위액 : (600,000,000원 − 200,000,000원 + 30,000,000원) × 0.259 = 111,370,000원

취득원가(①)	기초 감가상각누계액(②)	기초 상각부인액누계(③)	상각 기초가액 (①−②+③)
600,000,000원	200,000,000원	30,000,000원	430,000,000원

3. 한도초과액 : 180,000,000원 − 111,370,000원 = 68,630,000원

4. 세무조정 : 〈손금불산입〉 감가상각비 한도초과액 68,630,000원 (유보)

 ②

21 다음은 법인세가 감면되는 사업을 영위하는 영리내국법인 ㈜A의 제24기 사업연도(2025.1.1.~12.31.) 기계장치와 관련된 자료이다. ㈜A의 제24기 감가상각비 손금불산입액은? (단, ㈜A는 매년 법인세를 감면받아 왔고, 계산결과는 원 단위 미만에서 절사하고 주어진 자료 이외에는 고려하지 않음) [세무사 2022]

(1) 취득일 : 2023.1.1.
(2) 취득가액 : 50,000,000원

구 분	제22기(2023.1.1.~12.31.)	제23기(2024.1.1.~12.31.)	제24기(2025.1.1.~12.31.)
감가상각비 장부금액	20,000,000원	0원	8,000,000원

(3) 기계장치에 대한 감가상각방법과 적용 내용연수를 신고한 바 없다.
(4) 기준내용연수 : 10년
(5) 내용연수 10년의 감가상각률

정액법	정률법
0.100	0.259

(6) 제22기와 제23기의 세무조정은 적정하게 이루어졌다.

① 889,402원 ② 902,352원 ③ 1,804,402원
④ 2,696,352원 ⑤ 2,980,402원

1. 기계장치 취득 사업연도
   ① 회사계상액 : 20,000,000원
   ② 감가상각범위액 : 50,000,000원×0.259=12,950,000원
   ③ 한도초과액 : 20,000,000원-12,950,000원=7,050,000원
   ④ 세무조정 : 〈손금불산입〉 감가상각비 한도초과액 7,050,000원 (유보)
   ※ 기계장치의 상각방법을 신고하지 않은 경우, 정률법으로 상각한다.

2. 전기 사업연도
   ① 회사계상액 : 0원
   ② 감가상각범위액 : (50,000,000원-20,000,000원+7,050,000원)×0.259=9,595,950원

취득원가(①)	기초 감가상각누계액(②)	기초 상각부인액누계(③)	상각 기초가액 (①-②+③)
50,000,000원	20,000,000원	7,050,000원	37,050,000원

   ③ 시인부족액 : 0원-9,595,950원=△9,595,950원
   ④ 세무조정 : 〈손금산입〉 전기 감가상각비 한도초과액 7,050,0000원 (△유보)
      〈손금산입〉 감가상각의제 2,545,950원 (△유보)

3. 당기 사업연도
   ① 회사계상액 : 8,000,000원
   ② 감가상각범위액 : (50,000,000원-20,000,000원-2,545,950원)×0.259=7,110,598원

취득원가(①)	기초 감가상각누계액(②)	기초 상각부인액누계(③)	상각 기초가액 (①-②+③)
50,000,000원	20,000,000원	△2,545,950원	27,454,050원

   ③ 한도초과액 : 8,000,000원-7,110,598원=889,402원
   ④ 세무조정 : 〈손금불산입〉 감가상각비 한도초과액 889,402원 (유보)

 ①

제14절 지급이자

- I. 지급이자의 개요
- II. 채권자불분명사채이자
- III. 수령자불분명 채권·증권의 이자
- IV. 건설자금이자
- V. 업무무관자산 관련 지급이자

I. 지급이자의 개요

법인에 지급이자가 발생하게 되면 해당 법인의 순자산가액을 감소시키므로 지급이자는 원칙적으로 손금에 산입된다. 다만, 법인세법에서는 일정한 경우 지급이자에 대한 손금불산입규정을 운용하고 있는데, 이를 유형별로 살펴보면 다음과 같다.

(1) 세법상 가공차입금으로 보는 Case
  ① 채권자불분명사채이자
  ② 수령자불분명 채권·증권의 이자

(2) 손금귀속시기의 차이로 인한 Case
  건설자금이자

(3) 세법상 정책적 목적으로 인한 Case
  업무무관자산 관련 지급이자

한편, 동일한 지급이자에 대해서 둘 이상의 손금불산입규정이 동시에 적용되는 경우에는 반드시 다음에 열거된 순서에 입각하여 세무조정을 하여야 한다(법령 55).

구 분	손금불산입대상 지급이자	소득처분
〈1순위〉	채권자불분명사채이자	대표자상여(원천징수세액은 기타사외유출)
〈2순위〉	수령자불분명 채권·증권의 이자	대표자상여(원천징수세액은 기타사외유출)
〈3순위〉	건설자금이자	유보 또는 △유보
〈4순위〉	업무무관자산 관련 지급이자	기타사외유출

과소자본세제에 따른 지급이자 손금불산입

구 분	내 용
개 요	국외투자자가 국내에 자회사나 지점으로 진출하는 경우 가급적 자본금은 적게 하고 차입금은 늘림으로써 과세소득을 최소화하려는 경향이 있다. 이에 따라 국제조세조정에관한법률에서는 특수관계가 있는 기업간의 과다한 차입금의 이자를 배당으로 간주하여 과세하는 제도를 도입하였는 바, 이것이 바로 과소자본세제이다.
유의점	국제조세조정에관한법률은 법인세법에 대해서 특별법적 지위에 있으므로 과소자본세제에 따른 지급이자 손금불산입규정은 법인세법의 지급이자 손금불산입규정(건설자금이자는 제외)보다 우선 적용된다.

Ⅱ. 채권자불분명사채이자

1 개념

채권자불분명사채이자란 다음의 차입금에서 발생한 이자(알선수수료·사례금 등 명칭여하를 불문하고 사채를 차입하고 지급하는 일체의 금품을 포함)를 말한다(법령 51①).

① 채권자의 주소·성명을 확인할 수 없는 차입금
② 채권자의 능력·자산상태로 보아 금전을 대여한 것으로 인정할 수 없는 차입금
③ 채권자와의 금전거래사실·거래내용이 불분명한 차입금

2 취지

법인세법에서는 채권자가 불분명한 사채(私債)를 가공차입금으로 인식하고 있다. 즉, 채무법인이 채권자의 실명을 밝히지 않으면 실명이 확인된 부채와는 다른 취급을 하겠다는 것인데, 이는 지하시장을 제도권 시장으로 끌어 올리겠다는 취지로 파악된다.

3 소득처분

채권자불분명사채이자의 손금불산입액에 대한 소득처분은 귀속자를 알 수 없으므로 대표자 상여로 하되, 원천징수세액 상당액(일반적으로 42%의 소득세와 해당 소득세의 10%에 해당하는 개인지방소득세의 합계액을 말함)은 국가 또는 지방자치단체에 귀속되므로 기타사외유출로 한다.

채권자불분명사채이자로 보지 아니하는 경우

거래일 현재 주민등록표에 의하여 그 거주사실 등이 확인된 채권자가 차입금을 변제받은 후 소재불명이 된 경우의 차입금이자는 손금산입한다(법령 51①단서).

Ⅲ. 수령자불분명 채권·증권의 이자

1 개념

수령자불분명 채권·증권이자란 채권·증권의 발행법인이 직접 그 채권·증권의 이자와 할인액 또

는 차익을 지급하는 경우에 그 지급사실이 객관적으로 인정되지 아니하는 이자와 할인액 또는 차익을 말한다(법령 51②).

 **취 지**

이의 취지는 채권자불분명사채이자를 손금불산입하는 이유와 같으며, 더불어 채권·증권의 발행법인에게 실명확인을 하도록 요구함으로써 금융소득 종합과세제도의 실효성을 제고시키기 위함이다.

 **소득처분**

수령자불분명 채권·증권이자의 손금불산입액에 대한 소득처분은 귀속자를 알 수 없으므로 대표자 상여로 하되, 원천징수세액 상당액(일반적으로 42%의 소득세와 해당 소득세의 10%에 해당하는 개인지방소득세의 합계액을 말함)은 국가 또는 지방자치단체에 귀속되므로 기타사외유출로 한다.

Ⅳ. 건설자금이자

1 건설자금이자의 적용대상

구 분	기업회계기준	법인세법
(1) 적용대상	재고자산(매입·제작·건설 등의 기간이 1년 이상이 소요되는 경우에 한함)·투자자산·유형자산·무형자산	① 재고자산·투자자산 : 적용대상(×) ② 유형자산·무형자산 : 적용대상(○)
	▶ 국제회계기준은 강제규정. 일반기업회계기준은 임의규정	▶ 법인세법은 일반기업회계기준과 달리 적용대상이 되는 경우에는 반드시 계상하여야 하는 강제규정임에 유의할 것
(2) 대상 차입금	① 특정차입금 ② 일반차입금	① 특정차입금 ② 일반차입금✽

✽ 건설자금에 충당한 차입금의 이자에서 특정차입금의 이자를 뺀 금액으로서 세법이 정하는 금액은 이를 손금에 산입하지 아니할 수 있다(법법 28②). 여기서 세법이 정하는 금액이란 MIN[①, ②×③]을 말한다.
① 해당 사업연도 중 자본화기간에 실제로 발생한 일반차입금의 지급이자
② 건설자금 평잔 − 특정차입금 평잔 =

$$\frac{\text{해당 건설 등에 대하여 해당 사업연도에 지출한 금액의 적수}}{\text{해당 사업연도 일수}} - \frac{\text{해당 사업연도의 특정차입금의 적수}}{\text{해당 사업연도 일수}}$$

③ 자본화이자율 =

$$\text{일반차입금에서 발생한 지급이자 등의 합계액} \div \frac{\text{해당 사업연도의 일반차입금의 적수}}{\text{해당 사업연도 일수}}$$

건설자금이자의 계산기간(=자본화기간)

건설자금이자의 계산은 건설을 개시한 날부터 건설이 준공된 날까지로 한다. 여기서 건설이 준공된 날이란 자산의 유형별로 달리 규정하고 있는데, 그 내용은 다음과 같다.

① 토 지 : 다음 중 빠른 날 [① 대금청산일, ② 사업에 사용하기 시작한 날]
② 건축물 : 다음 중 빠른 날 [① 취득일❊, ② 해당 건축물의 사용개시일]
③ 그 밖의 자산 : 사용개시일

❊ 이는 소득세법상 양도소득세의 계산시 적용되는 자산의 취득시기·양도시기(소령 162)를 말한다.

 건설자금이자의 세무상 처리

구 분	세무상 처리
(1) 특정차입금의 일부를 운영자금으로 전용한 경우	당기 손금으로 처리한다.
(2) 특정차입금의 일시예입에서 발생하는 수입이자	건설자금이자에서 차감한다.
(3) 특정차입금의 연체로 인하여 생긴 이자를 원본에 가산한 경우	• 그 가산한 금액 : 건설자금이자로 한다. • 원본에 가산한 금액에 대한 지급이자 : 당기 손금으로 처리한다.

4 세무조정

(1) 건설자금이자의 과다계상(기업회계 > 법인세법)

구 분	세무조정
감 가 상 각 자 산	손금산입(△유보) ➡ 감가상각 시부인계산시·처분시 손금불산입(유보)함
비 상 각 자 산	손금산입(△유보) ➡ 처분시 익금산입(유보)

(2) 건설자금이자의 과소계상(기업회계 < 법인세법)

구 분		세무조정
감가상각자산	건설중인자산	손금불산입(유보) ➡ 완성된 사업연도에 상각부인액으로 보아 세무조정함. 또한 상각범위액 계산시 적절한 고려를 요함 ▶ 정액법에 의한 상각범위액 계산시 즉시상각의제액으로 간주함
	완 성 자 산	즉시상각의제(감가상각비 시부인계산)
비 상 각 자 산		손금불산입(유보) ➡ 처분시 손금산입(△유보)

 건설자금이자

다음 자료에 의하여 12월말 법인인 ㈜A의 제10기와 제11기의 세무조정을 하시오.

1. ㈜A는 본사 사옥의 신축을 위하여 2,000,000,000원의 시설대를 차입하였는데, 그 내역은 다음과 같다.
   (1) 이자는 매월 1%를 선지급하기로 함
   (2) 차입기간 : 제10기 10월 1일부터 제11기 9월 30일까지
2. ㈜A는 시설대의 이자지급시 전액 비용처리하였다.
3. ㈜A는 시설대 2,000,000,000원 중 500,000,000원을 운영자금으로 사용하였으며, 나머지 금액은 건설대금으로 지급하였다.
4. ㈜A의 본사 사옥의 건설기간은 제10기 11월 1일부터 제11기 7월 31일까지이다.
5. ㈜A는 제10기에 시설대의 일시예치로 인하여 5,000,000원의 이자를 수령하였는데, ㈜A는 이를 수익으로 계상하였다.
6. ㈜A는 제11기 본사 사옥에 대한 감가상각비를 60,000,000원 계상하였으며, 해당 사옥에 대한 상각범위액은 180,000,000원이다.

1. 자료의 분석

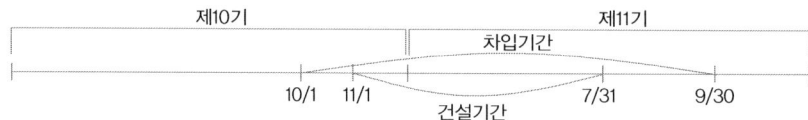

2. 제10기의 세무조정
   〈손금불산입〉 건설자금이자 25,000,000❋ (유보)
   ❋ 1,500,000,000원×1%×2개월−5,000,000원(이자수익)=25,000,000원
3. 제11기의 세무조정
   (1) 취득가액에 산입할 건설자금이자 상당액
       1,500,000,000원×1%×7개월=105,000,000원
   (2) 감가상각 시부인계산
       ① 회사계상액   165,000,000 (=60,000,000원+105,000,000원)
       ② 상각범위액   180,000,000원
       ③ 시인부족액   △15,000,000원
       〈손금산입〉 전기 상각부인액 손금추인 15,000,000(△유보)

① 위 사례의 제10기 세무조정에서 건설자금의 일시예입에서 발생한 수입이자로 인하여 동 수입이자를 차감한 25,000,000원을 손금불산입하였으나, 다음 단계의 지급이자 손금불산입 계산시 제외되어야 하는 지급이자와 차입금적수는 30,000,000원의 지급이자와 이에 따른 적수임에 유의하여야 한다.
② 제10기의 손금불산입액은 제11기 해당 본사 사옥의 완성시 상각부인액으로 전환되어 세무조정을 수행하게 되는데, 자본금과적립금조정명세서(을)의 양식에서 이를 표현하면 다음과 같다.

〈제10기 자본금과적립금조정명세서(을)〉

과 목	기초잔액	당기감소	당기증가	기말잔액
본사 사옥 건설자금이자	−	−	25,000,000원	25,000,000원

제14절 지급이자

⟨제11기 자본금과적립금조정명세서(을)⟩

과 목	기초잔액	당기감소	당기증가	기말잔액
본사 사옥 건설자금이자	25,000,000원 △25,000,000원	–	–	–
본사 사옥 상각부인액	25,000,000원	15,000,000원	–	10,000,000원

분개법 건설자금이자

(1) 제10기의 세무조정

Book 1	이자비용	60,000,000* / 현 금	60,000,000

* 2,000,000,000원 × 1% × 3개월

	현 금	5,000,000 / 이자수익	5,000,000

Book 2	이자비용	60,000,000* / 현 금	60,000,000

* 2,000,000,000원 × 1% × 3개월

	건설중인자산	60,000,000 / 이자비용	60,000,000
	감가상각비*	60,000,000 / 감가상각누계액	60,000,000
	현 금	5,000,000 / 이자수익	5,000,000

* 회계이론상 건설중인자산은 감가상각대상 자산이 될 수 없으나 법인세법에서는 건설완료 후 건설자금이자 과소계상액을 상각부인액으로 보아 시인부족액 발생시 손금산입하므로 건설중인자산에 대해서도 즉시상각의제규정을 적용하고 있는 것으로 해석할 수 있다.

Tax	지급이자	30,000,000 / 현 금	55,000,000
	건설중인자산	25,000,000	
Adjustment	감가상각누계액	25,000,000 / 감가상각비	30,000,000
	이자수익	5,000,000	
Tax-Adj	자 산↑(순자산↑)	25,000,000 / 손 금↓(순자산↑)	30,000,000
	익 금↓(순자산↓)	5,000,000	

⟨손금불산입⟩ 이자비용   25,000,000·유보(건설중인자산)

(2) 제11기의 세무조정

Book 1	이자비용	180,000,000* / 현 금	180,000,000

* 2,000,000,000원 × 1% × 9개월

	감가상각비	60,000,000 / 감가상각누계액	60,000,000

Book 2	건설중인자산	105,000,000 / 현 금	180,000,000
	이자비용	75,000,000	
	감가상각비*	165,000,000 / 감가상각누계액	165,000,000

+ 전기말부인누계액 25,000,000원 = 190,000,000원 ← 시인대상(부인은 당기 계상액을 한도로 함)
* 건설중인자산이 건물로 회계처리된 후에 이루어진 건물에 대한 감가상각비임

Tax	상각범위액 : 180,000,000원		
	감가상각비	180,000,000 / 감가상각누계액	180,000,000
Adjustment	감가상각비	15,000,000 / 감가상각누계액	15,000,000
Tax-Adj	손 금↑(순자산↓)	15,000,000 / 자 산↓(순자산↓)	15,000,000

⟨손금산입⟩ 감가상각비   15,000,000·△유보

V. 업무무관자산 관련 지급이자

 적용대상법인

업무무관자산 관련 지급이자 손금불산입 적용대상법인은 다음의 자산을 보유하고 있는 모든 법인을 대상으로 한다.

① 업무무관부동산·업무무관동산, ② 업무무관가지급금

이는 법인의 비생산적인 부동산투기 등을 억제하고 특수관계인에 대한 무리한 자금지원으로 해당 법인의 자금흐름의 단절로 인한 일시적 부도위기 등 고질적인 기업의 병폐를 방지하기 위함이다.

 업무무관부동산 등의 범위

(1) 업무무관부동산과 업무무관동산

업무무관부동산과 업무무관동산의 범위를 살펴보면 다음과 같다(법법 28①4호, 법령 49①1호).

1) 업무무관부동산

업무무관부동산이란 다음에 해당하는 부동산을 말한다.

① 법인이 업무에 직접 사용하지 아니하는 부동산. 다만, 다음에 정하는 기간(=유예기간)이 지나기 전까지의 기간 중에 있는 부동산을 제외한다.
  ㉠ 건축물 또는 시설물 신축용 토지 : 취득일부터 5년
  ㉡ 부동산매매업을 주업으로 하는 법인이 취득한 매매용 부동산 : 취득일부터 5년
  ㉢ 위 ㉠ 및 ㉡ 외의 부동산 : 취득일부터 2년
② 유예기간 중에 해당 법인의 업무에 직접 사용하지 아니하고 양도하는 부동산. 다만, 부동산매매업을 주업으로 영위하는 법인의 경우를 제외한다.

2) 업무무관동산

업무무관동산이란 다음에 해당하는 동산을 말한다.

① 서화 및 골동품. 다만, 장식·환경미화 등의 목적으로 사무실·복도 등 여러 사람이 볼 수 있는 공간에 상시 비치하는 것을 제외한다.
② 업무에 사용하지 아니하는 자동차·선박 및 항공기. 다만, 저당권의 실행 그 밖에 채권을 변제받기 위하여 취득한 선박으로서 3년이 경과하지 아니한 선박 등 법소정 사유가 있는 자동차·선박 및 항공기를 제외한다.
③ 그 밖에 위 ① 및 ②의 자산과 유사한 자산으로서 해당 법인의 업무에 직접 사용하지 아니하는 자산

(2) 업무무관가지급금

업무무관가지급금은 특수관계인에게 지급한 금액으로서 명칭 여하를 불구하고 해당 법인의 업무와 관련이 없는 자금의 대여액(금융회사 등의 경우에는 주된 수익사업으로 볼 수 없는 자금의 대여액을 포함)을 말한다(법령 53①).

다만, 다음 사유에 해당되는 경우에는 업무무관가지급금으로 보지 아니한다(법칙 28①).

① 소득세법상 지급시기의제규정에 따라 지급한 것으로 보는 미지급소득에 대한 소득세를 법인이 대납하고 가지급금으로 계상한 경우
② 정부의 허가를 받아 국외에 자본을 투자한 내국법인이 해당 국외투자법인에 종사하거나 종사할 자의 여비·급료 그 밖의 비용을 대신 부담하고 이를 가지급금 등으로 계상한 경우
③ 법인이 해당 법인의 주식 취득에 소요되는 금액을 우리사주조합 또는 그 조합원에게 대여한 경우
④ 국민연금법에 따라 근로자가 지급받는 것으로 보는 퇴직금전환금
⑤ 소득처분시 귀속불분명으로 인하여 대표자에게 상여처분한 금액에 대한 소득세를 법인이 납부하고 이를 가지급금으로 계상한 경우
⑥ 직원에 대한 월정급여액의 범위안에서의 일시적인 급료의 가불금
⑦ 직원에 대한 경조사비 또는 학자금(자녀의 학자금 포함)의 대여액

※ 지급시기의제규정 : 법인이 이익 또는 잉여금의 처분에 의한 배당소득 또는 상여를 그 처분을 결정한 날부터 3개월이 되는 날까지 지급하지 아니한 때에는 그 3개월이 되는 날에 배당소득 또는 상여를 지급한 것으로 보아 소득세를 원천징수한다(소법 131①, 135③). 따라서 이 경우 법인은 그 3개월이 되는 날이 속하는 달의 다음달 10일까지 과세당국에 원천징수세액을 납부하여야 한다. 이와 관련하여 시점별 회계처리를 예시하면 다음과 같다.

구 분	회 계 처 리			
잉여금처분결의일	(차) 이익잉여금	10,000	(대) 미지급배당금	10,000
원천징수세액대납시	(차) 대여금(가지급금)	1,400	(대) 현　　　금	1,400
배당금지급시	(차) 미지급배당금	10,000	(대) 현　　　금 대여금(가지급금)	8,600 1,400

3 손금불산입액의 계산

(1) 적용산식

업무무관자산 관련 지급이자 손금불산입액은 다음 산식에 의하여 계산한다.

$$\text{지급이자} \times \frac{\text{업무무관부동산·동산·가지급금적수}}{\text{차 입 금 적 수}}$$

(2) 유의사항

1) 차입금 및 지급이자의 범위

지급이자 손금불산입규정을 적용함에 있어 차입금 및 지급이자는 지급이자를 발생시키는 모든 부채와 동 부채에 관련된 지급이자로 한다. 다만, 선순위로 지급이자가 손금불산입된 차입금 및 지급이자는 제외한다.

지급이자(○)	지급이자(×)
① 금융어음(=융통어음)의 할인료 ② 금융리스에 의하여 지급하는 리스료 ③ 사채할인발행차금 상각액	① 상업어음(=진성어음)의 할인료❋ ② 운용리스에 의하여 지급하는 리스료 ③ 현재가치할인차금 상각액 ④ 연지급수입이자(D/A 수입자재에 대한 이자, Shipper's usance이자, Banker's usance이자) ⑤ 기업구매자금대출에 대한 이자

❋ 기업회계에서는 이를 매각거래로 보아 매출채권처분손실로 계상하도록 규정하고 있다.

2) 자산가액의 계산

업무무관부동산·동산의 가액은 취득가액(매입가격 및 부대비용, 건설자금이자, 자본적 지출액을 포함)으로 한다.

한편, 특수관계인으로부터 고가매입의 경우 법인세법에서는 부당행위계산부인규정에 의하여 시가를 취득가액으로 하도록 규정하고 있으나, 지급이자 손금불산입규정을 적용하는 경우에는 이와 달리 해당 시가초과액을 포함한 가액으로 하도록 규정하고 있다.

3) 가지급금의 적수계산시 동일인에 대한 가지급금과 가수금의 병존시

가지급금의 적수계산시 동일인에 대한 가지급금과 가수금이 함께 있는 경우에는 이를 상계한 금액으로 한다.

다만, 동일인에 대한 가지급금과 가수금의 발생시에 각각 상환기간 및 이자율 등에 관한 약정이 있어 이를 상계할 수 없는 경우에는 그러하지 아니하다.

예제 14-2 업무무관부동산 등 관련 지급이자

다음 자료에 의하여 ㈜A의 당기 사업연도 업무무관부동산 등 관련 지급이자 손금불산입액을 계산하시오.

(1) 가지급금 내역

일 자	내 역	차 변	대 변	잔 액
1. 1.	전 기 이 월	30,000,000원	—	30,000,000원
5. 3.	지 급	20,000,000원	—	50,000,000원
9. 8.	회 수	—	30,000,000원	20,000,000원

(2) 업무무관자산(취득일 : 전기 7월 5일) 내역
  ① 특수관계인으로부터 취득가액 : 90,000,000원
  ② 취득당시 시가 : 70,000,000원
  ③ 해당 사업연도 종료일 현재 장부가액 : 80,000,000원
(3) 지급이자와 차입금적수
  ① 지급이자 : 18,000,000원
  ② 차입금적수 : 65,700,000,000원

해답

(1) 가지급금 적수

금 액	일 수	적 수
30,000,000원	122일(1. 1~5. 2)	3,660,000,000원
50,000,000원	128일(5. 3~9. 7)	6,400,000,000원
20,000,000원	115일(9. 8~12. 31)	2,300,000,000원
합 계	365일(1. 1~12. 31)	12,360,000,000원

(2) 업무무관자산가액 적수
  90,000,000원×365일=32,850,000,000원

(3) 업무무관부동산 등 관련 지급이자
  $18,000,000원(지급이자) \times \dfrac{12,360,000,000원(가지급금적수) + 32,850,000,000원(업무무관자산가액적수)}{65,700,000,000원(차입금적수)}$
  =12,386,301원

〈손금불산입〉 업무무관자산 관련 지급이자 12,386,301·기타사외유출

분개법 업무무관부동산 등 관련 지급이자

Book	이자비용	18,000,000 / 현 금	18,000,000
Tax	지급이자	5,580,822 / 현 금	18,000,000
	유출잉여금	12,386,301*	

  *$18,000,000원 \times \dfrac{12,360,000,000원 + 32,850,000,000원}{65,700,000,000원}$

Adjustment	유출잉여금	12,386,301 / 이자비용	12,386,301
Tax-Adj	유출잉여금↓(순자산↓)	12,386,301 / 손 금↓(순자산↑)	12,386,301

〈손금불산입〉 이자비용 12,386,301·기타사외유출

예제 14-3 지급이자-종합

다음은 제조업을 영위하는 ㈜A의 당기 사업연도 지급이자에 대한 자료이다. 세무조정을 하시오.

1. ㈜A는 주권상장법인으로서 중소기업이 아니다.

2. 포괄손익계산서상 지급이자의 내용

이 자 율	지급이자	비 고
연 20%	12,000,000원	채권자불분명사채이자(원천징수 하지 않음)
연 18%	120,000,000원	-
연 15%	150,000,000원	-
계	282,000,000원	-

3. 회사가 전기부터 보유하고 있는 업무무관부동산의 세무상 취득가액은 60,000,000원이다. 한편, 해당 자산은 특수관계인으로부터 구입한 것으로 실제 취득가액은 90,000,000원이다.

1. 차입금적수의 계산

이 자 율	지급이자	차입금적수
연 20%	12,000,000원	21,900,000,000원
연 18%	120,000,000원	243,333,333,333원
연 15%	150,000,000원	365,000,000,000원
계	282,000,000원	630,233,333,333원

※ 차입금적수 = $\dfrac{\text{지급이자}}{\text{이자율}} \times 365$

2. 채권자불분명사채이자

〈손금불산입〉 채권자불분명사채이자   12,000,000(상여)

3. 업무무관부동산 등 관련 지급이자

① 차입금적수 : 630,233,333,333원 − 21,900,000,000원 = 608,333,333,333원
② 업무무관부동산적수 : 90,000,000원 × 365일 = 32,850,000,000원
③ 지급이자 손금불산입액

$(282,000,000원 - 12,000,000원)(지급이자) \times \dfrac{32,850,000,000(업무무관부동산적수)}{608,333,333,333(차입금적수)} = 14,580,000원$

〈손금불산입〉 업무무관자산 관련 지급이자   14,580,000(기타사외유출)

분개법 지급이자 – 종합

(1) 채권자불분명 사채(私債)이자

Book	이자비용	282,000,000 / 현 금	282,000,000
Tax	유출잉여금 지급이자	12,000,000 / 현 금 270,000,000	282,000,000
Adjustment	유출잉여금	12,000,000 / 이자비용	12,000,000
Tax−Adj	유출잉여금↓(순자산↓)	12,000,000 / 손 금↓(순자산↑)	12,000,000

〈손금불산입〉 지급이자   12,000,000·대표자상여

(2) 업무무관부동산 등 관련 지급이자

Book	이자비용	270,000,000 / 현 금	270,000,000
Tax	지급이자 유출잉여금	255,420,000 / 현 금 14,580,000*	270,000,000

*270,000,000원 × $\dfrac{32,850,000,000}{608,333,333,333}$

Adjustment	유출잉여금	14,580,000 / 이자비용	14,580,000
Tax−Adj	유출잉여금↓(순자산↓)	14,580,000 / 손 금↓(순자산↑)	14,580,000

〈손금불산입〉 지급이자   14,580,000·기타사외유출

조세법령 확인을 통해 기본개념 익히기

※ 다음 법인세 관련 조세법령의 빈 칸을 채우시오.

1. **법인세법 제28조 【지급이자의 손금불산입】**
   ① 다음 각 호의 차입금의 이자는 내국법인의 각 사업연도의 소득금액을 계산할 때 손금에 산입하지 아니한다.
      1. 대통령령으로 정하는 채권자가 불분명한 □□의 이자
      2. 「소득세법」 제16조 제1항 제1호·제2호·제5호 및 제8호에 따른 채권·증권의 이자·할인액 또는 □□ 중 그 지급받은 자가 불분명한 것으로서 대통령령으로 정하는 것
      3. 대통령령으로 정하는 □□□□에 충당한 차입금의 이자
      4. 다음 각 목의 어느 하나에 해당하는 자산을 취득하거나 보유하고 있는 내국법인이 각 사업연도에 지급한 차입금의 이자 중 대통령령으로 정하는 바에 따라 계산한 금액(차입금 중 해당 □□가액에 상당하는 금액의 이자를 한도로 한다)
         가. 제27조 제1호에 해당하는 자산
         나. 특수관계인에게 해당 법인의 업무와 관련 없이 지급한 □□□□ 등으로서 대통령령으로 정하는 것
   ② □□자금에 충당한 차입금의 이자에서 제1항 제3호에 따른 이자를 뺀 금액으로서 대통령령으로 정하는 금액은 내국법인의 각 사업연도의 소득금액을 계산할 때 손금에 산입하지 아니할 수 있다.
   ③ 제1항 각 호에 따른 차입금의 이자의 손금불산입에 관한 규정이 동시에 적용되는 경우에는 대통령령으로 정하는 □□에 따라 적용한다.
   ④ 제1항에 따른 차입금 및 차입금의 이자의 범위와 계산 등에 필요한 사항은 대통령령으로 정한다.

   해설과 해답
   ① 사채, 차익, 건설자금, 자산, 가지급금   ② 건설   ③ 순위

2. **법인세법 시행령 제51조 【채권자가 불분명한 사채이자 등의 범위】**
   ① 법 제28조 제1항 제1호에서 "대통령령으로 정하는 채권자가 불분명한 사채의 이자"란 다음 각 호의 어느 하나에 해당하는 차입금의 이자(알선수수료·사례금 등 명목여하에 불구하고 사채를 차입하고 지급하는 금품을 포함한다)를 말한다. 다만, 거래일 현재 주민등록표에 의하여 그 거주사실 등이 확인된 채권자가 차입금을 변제받은 후 □□□□이 된 경우의 차입금에 대한 이자를 제외한다.
      1. 채권자의 주소 및 □□을 확인할 수 없는 차입금
      2. 채권자의 □□ 및 자산상태로 보아 금전을 대여한 것으로 인정할 수 없는 차입금
      3. 채권자와의 금전거래사실 및 거래내용이 불분명한 차입금
   ② 법 제28조 제1항 제2호에서 "대통령령으로 정하는 것"이란 채권 또는 증권의 이자·할인액 또는 차익을 당해 채권 또는 증권의 발행법인이 □□ 지급하는 경우 그 지급사실이 객관적으로 인정되지 아니하는 이자·할인액 또는 차익을 말한다.

   해설과 해답
   ① 소재불명, 능력   ② 직접

3. 법인세법 시행령 제52조 【건설자금에 충당한 차입금의 이자의 범위】

① 법 제28조 제1항 제3호에서 "대통령령으로 정하는 건설자금에 충당한 차입금의 이자"란 그 □□여하에 불구하고 사업용 유형자산 및 무형자산의 매입·제작 또는 건설(이하 이 조에서 "건설 등"이라 한다)에 소요되는 차입금(자산의 건설등에 소요된지의 여부가 분명하지 아니한 차입금은 제외한다. 이하 이 조에서 "특정차입금"이라 한다)에 대한 지급이자 또는 이와 유사한 성질의 지출금(이하 이 조에서 "지급이자등"이라 한다)을 말한다.

② 특정차입금에 대한 지급이자등은 건설 등이 준공된 날까지 이를 □□적 지출로 하여 그 원본에 가산한다. 다만, 특정차입금의 일시예금에서 생기는 수입이자는 원본에 가산하는 자본적 지출금액에서 □□한다.

③ 특정차입금의 일부를 운영자금에 전용한 경우에는 그 부분에 상당하는 지급이자는 이를 □□으로 한다.

④ 특정차입금의 연체로 인하여 생긴 이자를 원본에 가산한 경우 그 가산한 금액은 이를 해당 사업연도의 □□적 지출로 하고, 그 원본에 가산한 금액에 대한 지급이자는 이를 □□으로 한다.

⑤ 특정차입금 중 해당 건설 등이 준공된 후에 남은 차입금에 대한 이자는 각 사업연도의 □□으로 한다. 이 경우 건설 등의 준공일은 당해 건설 등의 목적물이 □□ 준공된 날로 한다.

⑥ 제2항 본문 및 제5항 후단에서 "준공된 날"이라 함은 다음 각 호의 어느 하나에 해당하는 날로 한다.
  1. 토지를 매입하는 경우에는 그 대금을 □□한 날. 다만, 그 대금을 청산하기 전에 당해 토지를 사업에 사용하는 경우에는 그 사업에 사용되기 □□한 날
  2. 건축물의 경우에는 「소득세법 시행령」 제162조의 규정에 의한 □□일 또는 당해 건설의 목적물이 그 목적에 실제로 사용되기 시작한 날(이하 이 항에서 "사용개시일"이라 한다) 중 □□ 날
  3. 그 밖의 사업용 유형자산 및 무형자산의 경우에는 □□□□일

⑦ 법 제28조 제2항에서 "대통령령으로 정하는 금액"이란 해당 사업연도의 개별 사업용 유형자산 및 무형자산의 건설등에 대하여 제2호의 금액과 제3호의 비율을 곱한 금액과 제1호의 금액 중 □□ 금액을 말한다.
  1. 해당 사업연도 중 건설등에 소요된 기간에 실제로 발생한 □□차입금(해당 사업연도에 상환하거나 상환하지 아니한 차입금 중 특정차입금을 제외한 금액을 말한다. 이하 이 조에서 같다)의 지급이자등의 합계
  2. 다음 산식에 따라 계산한 금액

$$\frac{해당\ 건설등에\ 대하여\ 해당\ 사업연도에\ 지출한\ 금액의\ 적수}{해당\ 사업연도\ 일수} - \frac{해당\ 사업연도의\ 특정차입금의\ 적수}{해당\ 사업연도\ 일수}$$

  3. 다음 산식에 따라 계산한 비율

$$일반차입금에서\ 발생한\ 지급이자등의\ 합계액 \div \frac{해당\ 사업연도의\ 일반차입금의\ 적수}{해당\ 사업연도\ 일수}$$

해설과 해답

① 명목
② 자본, 차감
③ 손금
④ 자본, 손금
⑤ 손금, 전부
⑥ 청산, 시작, 취득, 빠른, 사용개시
⑦ 적은, 일반

4. 법인세법 시행령 제53조 【업무무관자산 등에 대한 지급이자의 손금불산입】

① 법 제28조 제1항 제4호 나목에서 "대통령령으로 정하는 것"이란 명칭여하에 불구하고 당해 법인의 □□와 관련이 없는 자금의 대여액(제61조 제2항 각호의 1에 해당하는 금융회사 등의 경우 주된 수익사업으로 볼 수 없는 자금의 대여액을 포함한다)을 말한다. 다만, 기획재정부령이 정하는 금액을 제외한다.

② 법 제28조 제1항 제4호 각 목 외의 부분에서 "대통령령으로 정하는 바에 따라 계산한 금액"이란 다음 산식에 의하여 계산한 금액을 말한다.

$$지급□□ \times \frac{제1항 \ 및 \ 제49조 \ 제1항의 \ 규정에 \ 의한 \ 자산가액의 \ 합계액 \ (총차입금을 \ 한도로 \ 한다)}{총차입금}$$

③ 제2항의 규정에 의한 총차입금 및 자산가액의 합계액은 □□로 계산한다. 이 경우 제1항의 자산은 동일인에 대한 가지급금 등과 가수금이 함께 있는 경우에는 이를 □□한 금액으로 하며, 제49조 제1항의 자산은 취득가액(제72조의 규정에 의한 자산의 취득가액으로 하되, 같은 조 제4항 제3호의 시가초과액을 포함한다)으로 한다.

④ 제2항의 규정에 의한 차입금에는 다음 각호의 금액을 제외한다.
  1. 제61조 제2항 각호의 규정에 의한 금융회사 등이 차입한 다음 각목의 금액
      가. 「공공자금관리기금법」에 따른 공공자금관리기금 또는 「한국은행법」에 의한 한국은행으로부터 차입한 금액
      나. 국가 및 지방자치단체(지방자치단체조합을 포함한다)로부터 차입한 금액
      다. 법령에 의하여 설치된 기금으로부터 차입한 금액
      라. 「외국인투자촉진법」 또는 「외국환거래법」에 의한 외화차입금
      마. 예금증서를 발행하거나 예금계좌를 통하여 일정한 이자지급 등의 대가를 조건으로 불특정 다수의 고객으로부터 받아 관리하고 운용하는 자금
  2. 내국법인이 한국은행총재가 정한 규정에 따라 기업구매자금대출에 의하여 차입한 금액

해설과 해답
① 업무
② 이자
③ 적수, 상계

5. 법인세법 시행령 제55조 【지급이자 손금불산입의 적용순위】

지급이자의 손금불산입에 관하여 법 제28조 제1항 각 호의 규정이 동시에 적용되는 경우의 지급이자 손금불산입은 다음 각호의 순서에 의한다.
1. 법 제28조 제1항 제1호의 규정에 의한 채권자가 불분명한 □□의 이자
2. 법 제28조 제1항 제2호의 규정에 의한 □□받은 자가 불분명한 채권·증권의 이자·할인액 또는 차익
4. 법 제28조 제1항 제3호의 규정에 의한 건설자금에 □□한 차입금의 이자
6. 제53조 제2항의 규정에 의하여 계산한 지급이자

해설과 해답
① 사채
② 지급
④ 충당

exercise

01 법인의 지급이자 손금불산입에 대한 설명 중 잘못된 것은?

① 채권자가 불분명한 사채이자는 손금불산입하고, 대표자상여로 처분하되, 그에 대한 원천징수세액은 기타사외유출로 처분한다.
② 사채할인차금상각액은 지급이자 손금불산입규정의 적용 시 지급이자로 본다.
③ 차입한 건설자금의 연체로 인하여 생긴 이자를 원본에 가산한 경우에 해당 가산한 금액은 건설자금이자로 하고, 원본에 가산한 금액에 대한 지급이자는 손금에 산입한다.
④ 건설자금이자를 과대계상한 경우 손금불산입(유보)하고, 그 후 기간에 있어서 해당 자산에 대한 처분 혹은 감가상각시 손금산입(△유보)으로 처리한다.
⑤ 지급이자 손금불산입액 계산시 앞 단계에서 이미 손금불산입된 지급이자와 관련 차입금적수는 제외한다.

해설 건설자금이자를 과대계상한 경우에는 다음과 같이 세무조정을 한다.

구 분	세 무 조 정
감 가 상 각 자 산	손금산입(△유보) ▷ 감가상각시 또는 처분시 손금불산입(유보)
비 상 각 자 산	손금산입(△유보) ▷ 처분시 익금산입(유보)

해답 ④

02 법인세법령상 지급이자의 손금불산입에 관한 설명으로 옳지 않은 것은? [세무사 2023]

① 「소득세법」에 따른 채권의 이자 중 그 지급받은 자가 불분명한 것으로서 채권의 이자를 당해 채권의 발행법인이 직접 지급하는 경우 그 지급사실이 객관적으로 인정되지 아니하는 이자는 내국법인의 각 사업연도의 소득금액을 계산할 때 손금에 산입하지 아니한다.
② 거래일 현재 주민등록표에 의하여 그 거주사실 등이 확인된 채권자가 차입금을 변제받은 후 소재불명이 된 경우의 차입금에 대한 이자는 채권자가 불분명한 사채의 이자에서 제외한다.
③ 특정차입금에 대한 지급이자 등은 건설등이 준공된 날이 속하는 사업연도 종료일까지 이를 자본적 지출로 하여 그 원본에 가산한다.
④ 특정차입금의 연체로 인하여 생긴 이자를 원본에 가산한 경우 그 가산한 금액은 이를 해당 사업연도의 자본적 지출로 하고, 그 원본에 가산한 금액에 대한 지급이자는 이를 손금으로 한다.
⑤ 「국민연금법」에 의하여 근로자가 지급받은 것으로 보는 퇴직금전환금(당해 근로자가 퇴직할 때까지의 기간에 상당하는 금액에 한한다)은 특수관계인에게 해당 법인의 업무와 관련 없이 지급한 가지급금등에서 제외한다.

해설 특정차입금에 대한 지급이자 등은 건설등이 준공된 날까지 이를 자본적 지출로 하여 그 원본에 가산한다.

해답 ③

03 법인세법상 영리내국법인의 지급이자 손금불산입에 관한 설명으로 옳지 않은 것은? [세무사 2020]

① 지급이자의 손금불산입 규정이 동시에 적용되는 경우 부인 순서는 채권자가 불분명한 사채의 이자, 지급받은 자가 불분명한 채권·증권의 이자·할인액 또는 차익, 건설자금에 충당한 차입금의 이자, 업무무관자산 등에 대한 지급이자의 순으로 부인한다.
② 건설자금이자와 관련하여 특정차입금의 일부를 운영자금에 전용한 경우에는 그 부분에 상당하는 지급이자는 이를 손금으로 한다.
③ 업무무관자산 등에 대한 지급이자 부인 시 직원에 대한 월정급여액의 범위에서의 일시적인 급료의 가불금은 업무무관가지급금의 범위에서 제외된다.
④ 지급이자가 손금부인되는 지급받은 자가 불분명한 채권·증권의 이자·할인액 또는 차익이란 당해 채권 또는 증권의 발행법인이 직접 지급하는 경우 그 지급사실이 객관적으로 인정되지 아니하는 이자·할인액 또는 차익을 말한다.
⑤ 지급이자가 손금부인되는 채권자가 불분명한 사채의 이자에는 거래일 현재 주민등록표에 의하여 그 거주사실 등이 확인된 채권자가 차입금을 변제받은 후 소재불명이 된 경우의 차입금에 대한 이자도 포함된다.

해설 거래일 현재 주민등록표에 의하여 그 거주사실 등이 확인된 채권자가 차입금을 변제받은 후 소재불명이 된 경우의 차입금에 대한 이자는 채권자 불분명 사채의 이자로 보지 않는다(법령 51① 단서).

해답 ⑤

04 법인세법상 영리내국법인의 인건비, 기업업무추진비 및 지급이자에 관한 설명이다. 옳지 않은 것은? [회계사 2014]

① 법인이 임원 또는 사용인에게 지급하는 상여금 중 이사회의 결의에 의하여 결정된 급여지급기준을 초과하여 지급한 경우 그 초과금액은 이를 손금에 산입하지 아니한다.
② 비상근임원에게 지급하는 보수는 부당행위계산 부인에 해당하는 경우를 제외하고 이를 손금에 산입한다.
③ 법인이 그 사용인이 조직한 조합 또는 단체에 복리시설비를 지출할 경우 당해 조합이나 단체가 법인인 때에는 이를 기업업무추진비로 본다.
④ 건설자금에 충당한 차입금 이자 중 특정차입금에 대한 지급이자는 건설등이 준공된 날까지 이를 자본적 지출로 하여 그 원본에 가산한다.
⑤ 건설자금에 충당한 차입금 이자와 채권자가 불분명한 사채이자를 손금불산입하는 경우에는 채권자가 불분명한 사채이자를 먼저 손금불산입한다.

해설 법인이 사용인에게 지급하는 상여금은 손금에 산입한다. 그러나 법인이 임원에게 지급하는 상여금 중 이사회의 결의에 의하여 결정된 급여지급기준을 초과하여 지급한 경우 그 초과금액은 이를 손금에 산입하지 아니한다.

해답 ①

05 법인세법상 영리내국법인의 기업업무추진비, 기부금 및 지급이자에 관한 설명으로 옳은 것은?
[회계사 2018 수정]

① 기업업무추진비를 신용카드로 결제한 경우 실제로 접대행위를 한 사업연도가 아니라 대금 청구일이 속하는 사업연도를 손금의 귀속시기로 한다.
② 기부금 한도는 기업회계기준에 따라 계산한 매출액에 일정률을 곱해 산출하며, 기업업무추진비 한도는 해당 사업연도의 소득금액에 일정률을 곱해 산출한다.
③ 채권자가 불분명한 사채이자 1,000,000원(소득세 등으로 원천징수된 금액 418,000원 포함)을 비용으로 계상한 경우, 1,000,000원을 손금불산입하고 전액 대표자에 대한 상여로 소득처분한다.
④ 지진으로 생긴 이재민을 위해 장부가액 3억원, 시가 5억원인 상품을 기부한 경우 해당 현물기부금의 가액은 3억원으로 한다(해당 기부금은 특례기부금에 해당).
⑤ 사용인(중소기업 아님)에게 주택자금을 대여하고 적정이자를 수령하였다면 업무무관자산으로 보지 않으므로 업무무관자산 등에 대한 지급이자의 손금불산입 규정이 적용되지 아니한다.

> **해설**
> ① 기업업무추진비를 신용카드로 결제한 경우 실제로 접대행위를 한 사업연도를 손금의 귀속시기로 한다.
> ② 기업업무추진비 한도는 기업회계기준에 따라 계산한 매출액에 일정률을 곱해 산출하며, 기부금 한도는 해당 사업연도의 소득금액에 일정률을 곱해 산출한다.
> ③ 채권자가 불분명한 사채이자 1,000,000원(소득세 등으로 원천징수된 금액 418,000원 포함)을 비용으로 계상한 경우, 원천징수된 금액을 제외한 금액을 손금불산입하고 대표자에 대한 상여로 소득처분한다.
> ⑤ 중소기업이 아닌 법인의 사용인에게 주택자금을 대여하고 적정이자를 수령하였다면 업무무관자산에 해당하므로 업무무관자산 등에 대한 지급이자의 손금불산입 규정이 적용된다.

정답 ④

06 다음은 제조업을 영위하는 영리내국법인 ㈜A의 제24기 사업연도(2025.1.1.~ 12.31.)의 지급이자에 관한 자료이다. 법인세법상 업무무관자산 등에 대한 지급이자에 해당되어 손금불산입으로 세무조정해야 하는 금액으로 옳은 것은? (단, 주어진 자료 이외의 다른 사항은 고려하지 않음)

(1) 제24기말 ㈜A의 모든 차입금은 연 이자율 5%로 제23기에 차입한 것이며, 제24기 중 차입금 금액의 변동은 없었다. 동 차입금에서 발생하여 제24기의 포괄손익계산서에 계상된 지급이자는 30,000,000원이며, 이 중 10,000,000원은 채권자가 불분명한 사채의 이자이다.
(2) 2025년 10월 20일에 당해 법인의 대표이사에게 업무와 관계 없이 대여한 금액이 100,000,000원 있다.
(3) 차입금적수는 146,000,000원이다.

① 740,000원   ② 850,000원   ③ 1,000,000원
④ 1,100,000원   ⑤ 1,250,000원

> **해설** 업무무관자산 관련 지급이자 손금불산입액은 다음 산식에 의하여 계산한다.
>
> $$지급이자 \times \frac{업무무관부동산 \cdot 동산 \cdot 가지급금적수}{차입금적수}$$
>
> $(30,000,000원 - 10,000,000원) \times \dfrac{100,000,000원 \times 73일}{146,000,000원} = 1,000,000원$

정답 ③

제14절 지급이자

07 제조업을 영위하는 내국법인 ㈜E의 차입금 관련 자료를 이용하여 제23기 사업연도(2024.1.1.~12.31.)와 제24기 사업연도(2025.1.1.~12.31.)의 건설자금이자에 관한 세무조정으로 옳은 것은? [회계사 2010]

(1) 차입금 관련 명세서
  가. 차입목적 : 사업용 본사건물 신축
  나. 은행 차입금 금액 : 800,000,000원(이자율 : 연리 8%)
  다. 차입기간 : 2024.7.1.~2025.6.30.
  라. ㈜E는 이자비용을 월할계산에 의하여 2024년과 2025년 장부상 비용으로 계상하였다.
(2) 차입금 운용 명세서
  가. 600,000,000원은 사업용 본사건물 신축에 사용하였다.
  나. 200,000,000원의 사용용도는 불분명하다.
(3) 본사건물 신축 공사기간 : 2024.9.1.~2025.2.28.
(4) ㈜E는 본사건물에 대한 감가상각비를 계상하지 않았으며, 본사건물에 대한 제24기 감가상각범위액은 5,000,000원이다.

	제23기 사업연도	제24기 사업연도
①	손금불산입 18,000,000원 (유보)	손금불산입 8,000,000원 (유보)
②	손금불산입 16,000,000원 (유보)	손금불산입 8,000,000원 (유보)
③	손금불산입 16,000,000원 (유보)	손금불산입 5,000,000원 (유보)
④	손금불산입 16,000,000원 (유보)	손금불산입 3,000,000원 (유보)
⑤	손금불산입 18,000,000원 (유보)	손금불산입 5,000,000원 (유보)

해설

1. 전기
   〈손금불산입〉 건설자금이자 16,000,000원[주1] (유보)

   [주1] $600,000,000원 \times 8\% \times \dfrac{4월}{12월} = 16,000,000원$

2. 당기
   〈손금불산입〉 상각부인액 3,000,000원 (유보)

   ※ 2024.2.28. 건물이 완공되었으므로, 당기 건설자금이자를 즉시상각의제액으로 보아 감가상각 시부인
   ① 감가상각비 회사계상액 : 0원+8,000,000원*(즉시상각의제)=8,000,000원
      * $(600,000,000원 \times 8\% \times \dfrac{2월}{12월}) = 8,000,000원$
   ② 감가상각범위액 : 5,000,000원
   ③ 한도초과액 : 8,000,000원-5,000,000원=3,000,000원

    ④

08 제조업을 영위하고 있는 ㈜A의 제24기(2025.1.1.~12.31.)의 자료에 의하여 업무무관자산관련 지급이자를 계산하면 얼마인가? [회계사 2005 수정]

(1) (포괄)손익계산서상 지급이자의 내역

이자율	지급이자	차입금적수	비 고
연 15%	3,000,000원	7,300,000,000원	채권자불분명사채이자[주]
연 13%	10,400,000원	29,200,000,000원	건설자금이자
연 9%	6,300,000원	25,550,000,000원	운영자금이자
연 7%	2,450,000원	12,775,000,000원	운영자금이자

[주] ㈜A는 소득세 및 지방소득세(소득세분) 1,155,000원을 적법하게 원천징수하였다고 가정한다.

(2) 특수관계인으로부터 취득한 업무무관자산의 내역

구 분	금 액	적 수
취득가액	18,000,000원	6,570,000,000원
시 가	12,000,000원	6,000,000,000원

① 2,655,000원　　② 14,900,000원　　③ 1,500,000원
④ 2,792,000원　　⑤ 15,037,000원

　1. 채권자불분명사채이자
　　〈손금불산입〉 채권자불분명사채이자　1,845,000원 (상여)
　　〈손금불산입〉 원천징수세액상당액　　1,155,000원 (기타사외유출)

2. 건설자금이자
　〈손금불산입〉 건설자금이자　10,400,000원 (유보)

3. 업무무관자산관련 지급이자
　〈손금불산입〉 업무무관자산관련 지급이자　1,500,000원* (기타사외유출)
　* $(6,300,000원 + 2,450,000원) \times \dfrac{6,570,000,000원}{25,550,000,000원 + 12,775,000,000원} = 1,500,000원$

※ 선순위로 지급이자가 손금불산입된 차입금 및 지급이자는 제외해야 하므로, 선순위 지급이자에 대해 먼저 구한 후에 업무무관자산관련 지급이자를 구해야 한다.

 ③

제14절 지급이자

09 제조업을 영위하는 영리내국법인 ㈜A의 제24기(2025.1.1.~12.31.) 차입금 및 업무무관자산 관련 자료이다. 법인세법상 손금불산입으로 세무조정하는 지급이자 중에서 기타사외유출로 소득처분되는 금액으로 옳은 것은? [회계사 2020 수정]

(1) 포괄손익계산서상 지급이자의 내역

구 분	이자율	이자비용	차입금적수
사채이자*	20%	3,000,000원	5,475,000,000원
은행차입금	10%	10,000,000원	36,500,000,000원

 * 채권자불분명사채이자로 동 이자와 관련하여 원천징수하여 납부한 세액은 1,260,000원이다.
(2) 재무상태표상 전기에 특수관계인으로부터 취득하여 보유하고 있는 업무무관자산(취득가액: 20,000,000원)에 대한 전기세무조정은 정확하게 이루어졌고 취득 이후 변동내역은 없다.
(3) 재무상태표상 대여금 5,000,000원(적수: 1,825,000,000원)은 업무와 관련이 없는 특수관계인에 대한 것이다.

① 1,260,000원   ② 2,500,000원   ③ 2,960,000원
④ 3,760,000원   ⑤ 5,500,000원

  1. 채권자불분명사채이자
  〈손금불산입〉 원천징수세액   1,260,000원 (기타사외유출)
  〈손금불산입〉 채권자불분명 사채이자 1,740,000원 (상여)

 2. 업무무관자산관련 지급이자
  〈손금불산입〉 업무무관자산관련 지급이자 2,5500,000원* (기타사외유출)
  * $10{,}000{,}000원 \times \dfrac{(20{,}000{,}000원 \times 365일) + 1{,}825{,}000{,}000원}{36{,}500{,}000{,}000원} = 2{,}500{,}000원$

 3. 기타사외유출로 소득처분되는 금액 : 1,260,000원 + 2,500,000원 = 3,760,000원

해답 ④

제15절 충당금

- I. 충당금의 개요
- II. 일시상각충당금과 압축기장충당금
- III. 구상채권상각충당금

I. 충당금의 개요

1 충당금의 의의

기업회계상 충당금은 평가성 충당금에 해당하는 대손충당금과 부채성 충당금에 해당하는 제충당부채(퇴직급여충당부채, 공사손실충당부채, 제품보증충당부채 등)로 구분되는데, 이는 발생주의에 입각한 합리적인 회계처리의 결과 도출된 산물인 것이다(이하 본서에서는 충당금이라 함).

그러나 법인세법은 이미 살펴본 바와 같이 손익의 귀속시기에 대해서 권리가 확정되고 의무가 확정된 시점에 익금과 손금으로 인정하는 권리의무확정주의를 채택하고 있으므로 발생주의의 결과물로서 아직 확정되지 않은 의무에 해당하는 충당금은 이를 원칙적으로 인정할 수가 없는 것이다.

한편, 이를 다른 각도에서 살펴보기로 하자. 만일, 법인세법에서 기업회계상 제충당금을 양보에 양보를 거듭하여 기업회계의 수용측면에서 인정한다고 하면, 각 기업들이 충당금의 설정금액·시기 등의 조정을 통하여 과세소득에 조작을 가해도 이를 저지할 수 있는 제도를 갖춘다는 것은 충당금의 본질적 특성상 어렵기 때문에 이를 세수의 안정적 확보차원에서 보게 되면 심각한 문제가 야기될 것이라는 사실은 너무도 자명한 것이다.

따라서 현행 법인세법에서는 모든 기업들에게 공통적으로 적용되는 대손충당금과 퇴직급여충당금, 그리고 조세정책적 목적에서 해당 세법에 제한적으로 열거한 충당금(물론 기업회계상으로는 인정되지 않는 충당금임)에 한해서 획일적인 기준에 의하여 일정금액을 손금으로 인정하고 있다.

2 충당금의 종류

법인세법상 인정되는 충당금의 유형은 다음과 같다.

① 재고자산평가충당금(제12절에서 설명하였음)　② 대손충당금(제16절에서 설명함)
③ 퇴직급여충당금(제17절에서 설명함)　④ 일시상각충당금 등(본절에서 설명함)
⑤ 구상채권상각충당금(본절에서 설명함)

3 법인세법상 충당금의 특징

(1) 법정손금항목
법인세법상 충당금은 실제로는 순자산가액을 감소시키는 거래에서 발생한 것이 아님에도 불구하고 세법에서 특별히 손금으로 인정하는 법정손금에 해당한다.

(2) 결산조정사항
법인세법상 충당금은 장부상 비용처리를 하여야만 법인세법상 한도액 범위내에서 손금으로 인정되는 결산조정사항이다. 그러나 일시상각충당금과 압축기장충당금, 한국채택국제회계기준을 적용하는 법인의 구상채권상각충당금은 기업회계상 이를 인정하지 않고 있기 때문에 법인세법에서는 이를 신고조정을 통하여 손금인정을 받을 수 있도록 특례규정을 운용하고 있다.

4 세무조정

법인세법에서는 해당 세법에 열거된 충당금에 대해서만 법정한도액 범위내에서 손금으로 인정되며, 열거되지 아니한 충당금에 대해서는 전액 손금으로 인정하지 않고 있다. 따라서 장부상 제충당금을 계상한 경우에는 다음과 같이 세무조정을 하여야 한다.

(1) 세법에 열거된 충당금
　① 손금한도액에 미달하게 계상한 경우 : 세무조정없음(∵ 결산조정사항이므로)
　② 손금한도액을 초과하여 계상한 경우 : 한도초과액을 손금불산입(유보)함
(2) 세법에 열거되지 아니한 충당금
　장부에 계상한 금액 전액을 손금불산입(유보)~함

미열거충당금의 예

기업회계기준에는 열거되어 있으나 법인세법상 열거되지 아니한 충당금의 예는 다음과 같다.

① 제품보증충당부채　　　　② 경품충당부채　　　　③ 복구충당부채
④ 하자보수충당부채　　　　⑤ 공사손실충당부채

미열거충당금의 세무조정

구 분	내　용
1 충당금 설정시	(차) 제품보증충당부채 등 전입액　×××　　(대) 제품보증충당부채　××× ▶ 〈손금불산입〉　제품보증충당부채 등　×××(유보)
2 충당금 상계시	(차) 제 품 보 증 충 당 부 채 등　×××　　(대) 현　　　금　××× ▶ 〈손금산입〉　제품보증충당부채 등　×××(△유보)

분개법 미열거충당금에 대한 세무조정

(1) 충당금 설정시

Book	제품보증충당부채전입액	100 /	제품보증충당부채	100
Tax	없 음			
Adjustment	제품보증충당부채	100 /	제품보증충당부채전입액	100
Tax-Adj	부 채↓(순자산↑)	100 /	손 금↓(순자산↑)	100

〈손금불산입〉 제품보증충당부채전입액 100·유보(제품보증충당부채)

(2) 충당금 상계시

Book	제품보증충당부채	80 /	현 금	80
Tax	수선비	80 /	현 금	80
Adjustment	수선비	80 /	제품보증충당부채	80
Tax-Adj	손 금↑(순자산↓)	80 /	부 채↑(순자산↓)	80

〈손금산입〉 제품보증충당부채 80·△유보(제품보증충당부채)

II. 일시상각충당금과 압축기장충당금

 의 의

국고보조금(기업회계에서는 정부보조금이라 하며, 이하 국고보조금이라 함)·공사부담금·보험차익은 순자산가액을 증가시키는 거래에서 발생한 것이므로 법인세법상 익금에 산입된다. 그러나 국고보조금 등은 사업용 자산의 취득에 사용될 재원인데, 이를 그대로 두게 되면 사업용 자산의 취득에 사용될 국고보조금 등의 일부가 법인세로 유출되는 결과를 가져오게 된다. 법인세법에서는 이를 해소하기 위하여 사업용자산 등에 대한 국고보조금·공사부담금·보험차익에 대하여 감가상각자산은 일시상각충당금, 비상각자산은 압축기장충당금의 설정을 통한 손금산입을 허용함으로써 당초 익금산입효과를 제거하여 법인세의 유출을 방지하도록 하였다.

한편, 해당 손금산입액은 추후 해당 사업용자산의 감가상각 또는 자산의 처분시 환입되어 세부담의 증가를 가져온다.

결국 일시상각충당금 등의 손금산입은 절대적 조세감면이 아니라 단지 국고보조금 등의 수령에 대한 과세를 추후 해당 사업용자산의 감가상각시 또는 자산의 처분시로 이연시키는 효과를 가져오므로 과세이연제도의 하나로 볼 수 있다.

일시상각충당금 등 손금산입의 적용대상

(1) 국고보조금

내국법인이 국고보조금을 지급받아 그 지급받은 날이 속하는 사업연도 종료일까지 사업용자산(사업용 유형자산 및 무형자산과 석유류)의 취득하거나 개량에 사용한 금액(사업용 자산을 취득하거나 개량하고 이에 대한 국고보조금을 사후에 지급받는 경우를 포함)은 이를 손금에 산입할 수 있다(법법 36①).

(2) 공사부담금

전기사업·도시가스사업·액화석유가스충전사업 등·집단에너지공급사업·초고속정보통신기반구축 사업 또는 수도사업을 경영하는 내국법인이 그 사업에 필요한 시설을 하기 위하여 수요자 등으로부터 첫째, 그 시설을 구성하는 토지 등 사업용자산(유형자산 및 무형자산)을 제공받은 경우 둘째, 금전 등을 제공받아 해당 시설을 구성하는 사업용자산의 취득에 사용하거나 사업용자산을 취득하고 이에 대한 공사부담금을 사후에 제공받은 경우에는 이를 손금에 산입할 수 있다(법법 37①).

(3) 보험차익

유형자산의 멸실·손괴로 인하여 지급받은 보험금으로 그 멸실한 유형자산에 대체하여 동일한 종류의 자산을 취득하거나 손괴된 유형자산을 개량하는 경우에는 그 자산의 취득 또는 개량에 사용된 보험차익에 상당하는 금액은 이를 손금에 산입할 수 있다(법법 38①).

따라서 이종자산의 취득시 또는 재고자산의 멸실 등으로 인한 보험차익은 손금에 산입할 수 없음에 유의하여야 한다.

손금산입액

구 분	내 용
국고 보조금	사업용자산의 취득·개량에 소요된 금액(사후에 국고보조금을 지급받는 경우 포함)
공사 부담금	• 사업용자산을 제공받은 경우: 제공받은 해당 사업용자산의 가액 • 금전 등을 제공받아 사업용자산의 취득에 사용하거나 사업용자산을 취득하고 이에 대한 공사부담금을 사후에 제공받은 경우: 해당 사업용자산의 취득에 소요된 금액
보험 차익	동일 종류의 유형자산의 취득이나 개량에 소요된 보험차익

 ## 손금산입시기

일시상각충당금 등의 손금산입시기는 국고보조금 등을 지급받은 사업연도로 한다. 이 경우 국고보조금 등을 지급받은 날이 속하는 사업연도의 종료일까지 사업용자산을 취득하거나 개량하지 아니한 법인이 다음의 기한 내(사용유예기간)에 사업용자산을 취득하거나 개량하고자 하는 경우에는 사용계획서를 제출하고 해당 사용하고자 하는 금액을 손금에 산입할 수 있다.

① 국고보조금 등 : 지급받은 사업연도의 다음 사업연도 개시일부터 1년 이내. 다만, 허가나 인가의 지연 등으로 인하여 국고보조금을 기한내에 사용하지 못한 경우에는 해당 사유가 끝나는 날이 속하는 사업연도의 종료일을 그 기한으로 한다.
② 공사부담금 : 지급받은 사업연도의 다음 사업연도 개시일부터 1년 이내. 다만, 공사의 허가나 인가의 지연 등으로 인하여 공사부담금을 기한내에 사용하지 못한 경우에는 해당 사유가 끝나는 날이 속하는 사업연도의 종료일을 그 기한으로 한다.
③ 보험차익 : 지급받은 사업연도의 다음 사업연도 개시일부터 2년 이내

5 손금산입방법

일시상각충당금과 압축기장충당금은 본래 결산조정사항이므로 법인이 손금인정을 받기 위해서는 이를 장부에 계상하여야 한다.

그러나 일시상각충당금과 압축기장충당금은 기업회계에서 인정하지 않으므로 법인세법에서는 신고조정도 허용하고 있다(법령 98②).

6 상계와 환입

구 분		내 용
(1) 상계		국고보조금 등으로 취득한 사업용자산의 감가상각비 중 국고보조금 등으로 취득한 부분에 상당하는 감가상각비(손금인정받은 감가상각비에 한함)는 일시상각충당금과 상계하여야 한다. ▶ 상계의 구체적 방법 ① 우선 감가상각 시부인계산을 한다. ② ①의 결과 손금인정받은 감가상각비를 대상으로 일시상각충당금과 상계한다.
(2) 환입	자산의 처분시	자산의 처분시에는 미상계잔액(일시상각충당금의 경우) 또는 전액(압축기장충당금의 경우)을 익금산입한다.
	미사용액	국고보조금 등에 상당하는 일시상각충당금 등을 손금에 산입한 법인이 손금에 산입한 금액을 기한 내에 사업용자산의 취득이나 개량에 사용하지 아니하거나 사용하기 전에 폐업이나 해산을 하는 경우에는 그 사유가 발생한 날이 속하는 사업연도의 소득금액을 계산할 때 손금에 산입한 금액을 익금에 산입한다. 다만, 합병하거나 분할하는 경우로서 합병법인 등이 그 금액을 승계한 경우는 제외하며, 이 경우 그 금액은 합병법인 등이 손금에 산입한 것으로 본다.

자산의 △유보분과 일시상각충당금의 상각 또는 상계시 차이점

1. 자산의 △유보분
   ① 장부상 감가상각비 계상액에서 △유보분 상각비 상당액을 식별하여 손금불산입한다.
   ② [장부상 감가상각비 계상액 − ①의 손금불산입액]을 회사계상액으로 하여 감가상각 시부인계산을 한다.
2. 일시상각충당금
   ① 우선 감가상각 시부인계산을 한다.
   ② ①의 결과 손금인정받은 감가상각비를 대상으로 일시상각충당금과 상계한다.

15-1 일시상각충당금−보험차익

다음 자료에 의하여 ㈜A의 거래일자별 회계처리와 결산조정·신고조정에 의한 세무조정을 하시오.

1. 1월 5일에 화재보험에 가입한 건물(취득가액 100,000,000원, 감가상각누계액 30,000,000원)이 화재로 소실되었다.
2. 1월 12일에 보험회사로부터 보험금 80,000,000원을 수령하였다.
3. 1월 15일에 건물을 120,000,000원에 취득하였다.
4. 12월 31일 감가상각비 14,000,000원을 계상하였다.
5. 해당 건물의 신고내용연수는 10년, 감가상각방법은 정액법, 잔존가액은 0(zero)이다.

해답

1. 거래발생 일자별 회계처리
   (1) 화재발생시(1월 5일)

(차)	감가상각누계액	30,000,000	(대)	건　　　물	100,000,000
	미결산계정	70,000,000			

   (2) 보험금 수령시(1월 12일)

(차)	현　　　금	80,000,000	(대)	미결산계정	70,000,000
				보험차익	10,000,000

   (3) 건물취득(1월 15일)

(차)	건　　　물	120,000,000	(대)	현　　　금	120,000,000

   (4) 감가상각(12월 31일)

(차)	감가상각비	14,000,000	(대)	감가상각누계액	14,000,000

2. 결산조정에 의한 세무조정
   (1) 일시상각충당금의 설정(=손금산입)

(차)	일시상각충당금전입액	10,000,000	(대)	일시상각충당금	10,000,000

   (2) 감가상각 시부인계산
   　〈손금불산입〉 상각부인액　2,000,000❶(유보)

   　❶ $14,000,000원 - 120,000,000원 \times 0.100 \times \dfrac{12}{12} = 2,000,000원$

   (3) 감가상각비와 상계

(차)	일시상각충당금	1,000,000❷	(대)	감가상각비	1,000,000

㉠ $12,000,000원 \times \dfrac{10,000,000원}{120,000,000원} = 1,000,000원$

3. 신고조정에 의한 세무조정
   (1) 설정에 대한 세무조정
   〈손금산입〉 일시상각충당금   10,000,000(△유보)
   (2) 상계에 대한 세무조정
   〈손금불산입〉 상각부인액   2,000,000(유보)
   〈손금불산입〉 일시상각충당금   1,000,000㉠(유보)
   ㉠ $12,000,000원 \times \dfrac{10,000,000원}{120,000,000원} = 1,000,000원$

참고

위 사례에서 만일 ㈜A가 건물을 75,000,000원에 취득하였다면 일시상각충당금의 설정으로 손금산입할 수 있는 금액은 소실된 건물의 장부가액을 초과하는 금액 5,000,000원(= 75,000,000원 − 70,000,000원)이다. 이와 같이 수령한 보험금 80,000,000원 중 일부인 75,000,000원을 자산취득에 사용한 경우 법인세법에서는 구자산의 장부가액부터 먼저 사용된 것으로 본다.

분개법 일시상각충당금-보험차익

(1) 결산조정에 의한 세무조정

1) 화재발생시(1월 5일)

    Book   감가상각누계액   30,000,000 / 건 물   100,000,000
               미결산계정   70,000,000

2) 보험금 수령시(1월 12일)

    Book   현 금   80,000,000 / 미결산계정   70,000,000
                                               보험차익   10,000,000
                                               (영업외수익)

3) 건물취득(1월 15일)

    Book   건 물   120,000,000 / 현 금   120,000,000

4) 일시상각충당금의 설정(12월 31일, 결산조정)

    Book   일시상각충당금전입액   10,000,000 / 일시상각충당금   10,000,000
    Tax   일시상각충당금전입액   10,000,000 / 일시상각충당금   10,000,000
    Adjustment   없 음
    Tax-Adj   없 음

                                             〈세무조정 없음〉

5) 감가상각비의 계상(12월 31일)

    Book   감가상각비   14,000,000 / 감가상각누계액   14,000,000
               + 전기말부인누계액 0원 = 14,000,000원 ← 시인대상(부인은 당기 계상액을 한도로 함)

Tax	상각범위액 : 12,000,000원			
	= 취득가액 120,000,000원 × 상각률 0.1			
	= 12,000,000원			
	감가상각비	12,000,000 / 감가상각누계액		12,000,000
Adjustment	감가상각누계액	2,000,000 / 감가상각비		2,000,000
Tax-Adj	자 산↑(순자산↑)	2,000,000 / 손 금↓(순자산↑)		2,000,000

〈손금불산입〉 감가상각비 2,000,000·유보(건물)

6) 감가상각비와 일시상각충당금의 상계 ; 취득가액에 대해 감가상각비가 차지하는 비율(정액법상각률)만큼 일시상각충당금을 감가상각비와 상계함으로써 당기의 소득을 증가시켜 일시상각충당금의 설정시 발생한 세액의 감소를 부분적으로 취소한다.

Book	일시상각충당금	1,000,000 / 감가상각비	1,000,000
	* 일시상각충당금 × 감가상각비/취득가액		
	= 10,000,000원 × 12,000,000원/120,000,000원		
	= 1,000,000원		
Tax	일시상각충당금	1,000,000 / 감가상각비	1,000,000
Adjustment	없 음		
Tax-Adj	없 음		

〈세무조정 없음〉

(2) 신고조정에 의한 세무조정

1)~3)까지는 결산조정과 동일함

4) 일시상각충당금의 설정(12월 31일, 신고조정)

Book	없 음(기업회계기준 위반 사항)		
Tax	일시상각충당금전입액	10,000,000 / 일시상각충당금	10,000,000
Adjustment	일시상각충당금전입액	10,000,000 / 일시상각충당금	10,000,000
Tax-Adj	손 금↓(순자산↓)	10,000,000 / 자 산↓(순자산↓)	10,000,000

〈손금산입〉 일시상각충당금전입액 10,000,000·△유보(일시상각충당금)

5) 감가상각비의 계상(12월 31일)

Book	감가상각비	14,000,000 / 감가상각누계액	14,000,000
	+ 전기말부인누계액 0원 = 14,000,000원 · 시인대상(부인은 당기 계상액을 한도로 함)		
Tax	상각범위액 : 12,000,000원		
	= 취득가액 120,000,000원 × 상각률 0.1		
	= 12,000,000원		
	감가상각비	12,000,000 / 감가상각누계액	12,000,000
Adjustment	감가상각누계액	2,000,000 / 감가상각비	2,000,000
Tax-Adj	자 산↑(순자산↑)	2,000,000 / 손 금↓(순자산↑)	2,000,000

〈손금불산입〉 감가상각비 2,000,000·유보(건물)

6) 감가상각비와 일시상각충당금의 상계 ; 취득가액에 대해 감가상각비가 차지하는 비율(정액법상각률)만큼 일시상각충당금을 감가상각비와 상계함으로써 당기의 소득을 증가시켜 일시상각충당금의 설정시 발생한 세액의 감소를 부분적으로 취소한다.

Book	없 음(기업회계기준 위반 사항)				
Tax	일시상각충당금	1,000,000	/	감가상각비	1,000,000
	* 일시상각충당금 × 감가상각비/취득가액 = 10,000,000원 × 12,000,000원/120,000,000원 = 1,000,000원				
Adjustment	일시상각충당금	1,000,000	/	감가상각비	1,000,000
Tax-Adj	자 산↑(순자산↑)	1,000,000	/	손 금↓(순자산↓)	1,000,000

〈손금불산입〉 감가상각비 1,000,000·유보(일시상각충당금)

일시상각충당금-국고보조금

다음 자료에 의하여 ㈜A의 신고조정에 의한 세무조정을 하시오.

1. ㈜A는 1월 5일에 국고보조금 10,000,000원을 수령하였으며, 1월 7일에 동 국고보조금으로 기계장치를 취득하였다.
2. 해당 기계장치의 신고내용연수는 5년, 감가상각방법은 정액법, 잔존가액은 0(zero)이다.
3. ㈜A의 사업연도는 1월 1일부터 12월 31일까지로 하며, ㈜A는 기업회계기준에 의하여 적절히 회계처리를 하였다고 가정한다.

(1) 국고보조금의 수령과 기계취득시
  〈익금산입〉 국고보조금 수령   10,000,000❶ (유보)
  〈손금산입〉 일시상각충당금 설정   10,000,000❷ (△유보)
  ❶ 국고보조금의 수령은 순자산가액의 증가를 초래하였으므로 법인세법상 익금사항에 해당하나, 기업회계상으로는 이를 수익으로 계상하지 아니하고 자산의 차감항목으로 회계처리하므로 익금산입(유보)한다.
  ❷ 일시상각충당금의 설정에 대한 세무조정이다.
(2) 감가상각시
  〈익금산입〉 일시상각충당금 상계   2,000,000❶ (유보)
  〈손금산입〉 국고보조금   2,000,000❷ (△유보)
  ❶ 설정된 일시상각충당금을 감가상각비와 상계하는 세무조정이다.
  ❷ 자산의 차감항목으로 계상된 국고보조금을 차기한 것에 대한 세무조정이다.

기업회계상 회계처리
(1) 국고보조금 수령시

(차) 현 금	10,000,000	(대) 국고보조금❸	10,000,000

❸ 현금의 차감계정임

(2) 기계장치 취득시

(차) 기 계 장 치	10,000,000	(대) 현 금	10,000,000
국고보조금❶	10,000,000	국고보조금❷	10,000,000

❶ 현금의 차감계정임
❷ 기계장치의 차감계정임

(3) 감가상각시

| (차) | 감가상각비 | 2,000,000❸ | (대) | 감가상각누계액 | 2,000,000 |

❸ 10,000,000원 × 0.200 × 12/12 = 2,000,000원

| (차) | 국고보조금❹ | 2,000,000 | (대) | 감가상각비 | 2,000,000 |

❹ 기계장치의 차감계정인 국고보조금을 감가상각비와 상계하는 회계처리임

분개법 일시상각충당금-국고보조금

(1) 국고보조금 수령시(1월 5일)

Book	현 금	10,000,000 / 국고보조금*	10,000,000
	* 현금(자산)의 차감계정		
Tax	현 금	10,000,000 / 국고보조금*	10,000,000
	* 익 금		
Adjustment	국고보조금(자산)	10,000,000 / 국고보조금(익금)	10,000,000
Tax-Adj	자 산↑(순자산↑)	10,000,000 / 익 금↑(순자산↑)	10,000,000

〈익금산입〉 국고보조금   10,000,000·유보(현금)

(2) 기계장치 취득시(1월 7일)

Book	기계장치	10,000,000 / 현 금	10,000,000
	국고보조금*	10,000,000 국고보조금**	10,000,000
	* 현금(자산)의 차감계정		
	** 기계장치(자산)의 차감계정		
Tax	기계장치	10,000,000 / 현 금	10,000,000
Adjustment	국고보조금(자산)	10,000,000 / 국고보조금(자산)	10,000,000
Tax-Adj	자 산↑(순자산↑)	10,000,000 / 자 산↓(순자산↓)	10,000,000

〈익금산입〉 국고보조금   10,000,000·유보(기계장치)
〈손금산입〉 국고보조금   10,000,000·△유보(현금)

(3) 일시상각충당금의 설정(12월 31일, 신고조정)

Book	없 음(기업회계기준 위반 사항)		
Tax	일시상각충당금전입액	10,000,000 / 일시상각충당금	10,000,000
Adjustment	일시상각충당금전입액	10,000,000 / 일시상각충당금	10,000,000
Tax-Adj	손 금↓(순자산↓)	10,000,000 / 자 산↓(순자산↓)	10,000,000

〈손금산입〉 일시상각충당금전입액   10,000,000·△유보(일시상각충당금)

(4) 감가상각비의 계상(12월 31일)

Book	감가상각비	2,000,000	/	감가상각누계액	2,000,000

+ 전기말부인누계액 0원 = 2,000,000원 ← 시인대상(부인은 당기 계상액을 한도로 함)

Tax	상각범위액 : 2,000,000원	
	=취득가액 10,000,000원 × 상각률 0.2	
	= 2,000,000원	

	감가상각비	2,000,000	/	감가상각누계액	2,000,000
Adjustment	없 음				
Tax-Adj	없 음				

〈세무조정 없음〉

(5) 감가상각비와 일시상각충당금의 상계 ; 취득가액에 대해 감가상각비가 차지하는 비율(정액법상각률)만큼 일시상각충당금을 감가상각비와 상계함으로써 당기의 소득을 증가시켜 일시상각충당금의 설정시 발생한 세액의 감소를 부분적으로 취소한다. 그런데 국고보조금의 경우에는 재무회계상 감가상각비에 대한 상계처리가 이루어지므로 이러한 효과가 장부상 이미 반영되어 있다.

Book	국고보조금*	2,000,000	/	감가상각비	2,000,000

* 기계장치의 차감계정인 국고보조금을 감가상각비와 상계하는 회계처리임

Tax	일시상각충당금	2,000,000	/	감가상각비	2,000,000
	* 일시상각충당금 × 감가상각비/취득가액				
	= 10,000,000원 × 2,000,000원/10,000,000원				
	= 2,000,000원				

Adjustment	일시상각충당금	2,000,000	/	국고보조금	2,000,000
Tax-Adj	자 산↑(순자산↑)	2,000,000	/	자 산↓(순자산↓)	2,000,000

〈익금산입〉 감가상각비　　2,000,000·유보(일시상각충당금)
〈손금산입〉 국 고 보 조 금　　2,000,000·△유보(기계장치)

III. 구상채권상각충당금

 **설정대상법인**

구상채권상각충당금의 설정대상법인을 살펴보면 다음과 같다.

① 신용보증기금법에 따른 신용보증기금
② 기술신용보증기금법에 따른 기술신용보증기금
③ 농림수산업자신용보증법에 따른 농림수산업자신용보증기금
④ 한국주택금융공사법에 따른 주택금융신용보증기금
⑤ 수출보험법에 따른 한국수출보험공사
⑥ 지역신용보증재단법에 따른 신용보증재단중앙회
⑦ 산업재해보상법에 따른 근로복지공단

⑧ 사회기반시설에 대한 민간투자법에 따른 산업기반신용보증기금
⑨ 서민의 금융생활 지원에 관한 법률에 따른 서민금융진흥원
⑩ 엔지니어링기술진흥법에 따른 엔지니어링공제조합
⑪ 소프트웨어산업진흥법에 따른 소프트웨어공제조합
⑫ 방문판매등에 관한 법률에 따른 공제조합
⑬ 한국주택금융공사법에 의한 한국주택금융공사
⑭ 건설산업기본법에 따른 공제조합
⑮ 전기공사공제조합법에 따른 전기공사공제조합
⑯ 산업발전법에 따른 자본재공제조합
⑰ 소방산업의 진흥에 관한 법률에 따른 소방산업공제조합
⑱ 한국주택금융공사법에 의한 한국주택금융공사
⑲ 건축사법에 따른 건축사공제조합
⑳ 건설기술 진흥법에 따른 공제조합
㉑ 콘텐츠산업 진흥법에 따른 콘텐츠공제조합

2 손금산입한도액과 손금산입방법

(1) 손금산입한도액

구상채권상각충당금의 손금산입한도액은 다음과 같다(법령 63②).

$$\text{해당 사업연도 종료일 현재 신용보증잔액} \times \text{MIN}[1\%, \text{구상채권발생률}^\bullet]$$

$$\bullet\text{구상채권발생률} = \frac{\text{해당 사업연도 구상채권발생액}}{\text{직전연도 보증잔액}}$$

(2) 손금산입방법

법인세법상 구상채권상각충당금은 결산조정사항이므로 해당 구상채권상각충당금의 손금산입은 결산조정에 의하여야 한다.

그러나 구상채권상각충당금은 한국채택국제회계기준에서는 인정되지 않는 충당금이므로 법인세법에서는 이를 고려하여 한국채택국제회계기준을 적용하는 법인의 경우에는 잉여금처분에 의한 신고조정을 허용하고 있다.

3 환 입

구상채권상각충당금을 손금에 산입한 내국법인은 신용보증사업으로 인하여 발생한 구상채권 중 대손금이 발생한 경우 그 대손금을 구상채권상각충당금과 먼저 상계하고, 상계하고 남은 구상채권상각충당금의 금액은 다음 사업연도의 소득금액을 계산할 때 익금에 산입한다(법법 35③)

조세법령 확인을 통해 기본개념 익히기

※ 다음 법인세 관련 조세법령의 빈 칸을 채우시오.

1. 법인세법 제36조 【국고보조금등으로 취득한 사업용자산가액의 손금산입】

   ① 내국법인이 「보조금 관리에 관한 법률」, 「지방재정법」, 그 밖에 대통령령으로 정하는 법률에 따라 보조금 등(이하 이 조에서 "국고보조금등"이라 한다)을 지급받아 그 지급받은 날이 속하는 사업연도의 종료일까지 대통령령으로 정하는 사업용자산(이하 이 조에서 "사업용자산"이라 한다)을 취득하거나 개량하는 데에 사용한 경우 또는 사업용자산을 취득하거나 개량하고 이에 대한 국고보조금등을 사후에 지급받은 경우에는 해당 사업용자산의 가액 중 그 사업용자산의 취득 또는 개량에 사용된 국고보조금등 상당액을 대통령령으로 정하는 바에 따라 그 사업연도의 소득금액을 계산할 때 □□에 산입할 수 있다.

   ② 국고보조금등을 지급받은 날이 속하는 사업연도의 종료일까지 사업용자산을 취득하거나 개량하지 아니한 내국법인이 그 사업연도의 다음 사업연도 개시일부터 1년 이내에 사업용자산을 취득하거나 개량하려는 경우에는 취득 또는 개량에 사용하려는 국고보조금등의 금액을 제1항을 준용하여 손금에 산입할 수 있다. 이 경우 허가 또는 인가의 지연 등 대통령령으로 정하는 사유로 국고보조금등을 기한 내에 사용하지 못한 경우에는 해당 □□가 끝나는 날이 속하는 사업연도의 종료일을 그 기한으로 본다.

   ③ 제2항에 따라 국고보조금등 상당액을 손금에 산입한 내국법인이 손금에 산입한 금액을 기한 내에 사업용자산의 취득 또는 개량에 사용하지 아니하거나 사용하기 전에 폐업 또는 해산하는 경우 그 사용하지 아니한 금액은 해당 사유가 발생한 날이 속하는 사업연도의 소득금액을 계산할 때 □□에 산입한다. 다만, 합병하거나 분할하는 경우로서 합병법인등이 그 금액을 승계한 경우는 제외하며, 이 경우 그 금액은 합병법인등이 제2항에 따라 손금에 산입한 것으로 본다.

   ④ 제1항을 적용할 때 내국법인이 국고보조금등을 금전 외의 자산으로 받아 사업에 사용한 경우에는 사업용자산의 취득 또는 □□에 사용된 것으로 본다.

   ⑤ 제1항과 제2항을 적용하려는 내국법인은 대통령령으로 정하는 바에 따라 국고보조금등과 국고보조금등으로 취득한 사업용자산의 명세서(제2항의 경우에는 국고보조금등의 사용계획서)를 납세지 관할 세무서장에게 제출하여야 한다.

   ⑥ 제1항부터 제3항까지의 규정을 적용할 때 손금산입액 및 익금산입액의 계산과 그 산입방법 등에 관하여 필요한 사항은 대통령령으로 정한다.

   해설과 해답
   ① 손금   ② 사유   ③ 익금   ④ 개량

2. 법인세법 시행령 제64조 【국고보조금등의 손금산입】

① 법 제36조 제1항에서 "대통령령으로 정하는 사업용자산"이란 사업용 유형자산 및 무형자산과 □□류를 말한다.

② 법 제36조 제1항에 따라 손금에 산입하는 금액은 개별 사업용 자산별로 해당 사업용 자산의 가액 중 그 취득 또는 개량에 사용된 「보조금 관리에 관한 법률」, 「지방자치단체 보조금 관리에 관한 법률」 또는 제6항 각 호의 어느 하나에 해당하는 법률에 따른 □□금 등(이하 이 조에서 "국고보조금 등"이라 한다)에 상당하는 금액으로 한다. 이 경우 사업용자산을 취득하거나 개량한 후 국고보조금등을 지급받았을 때에는 지급일이 속한 사업연도 이전 사업연도에 이미 손금에 산입한 □□□□에 상당하는 금액은 손금에 산입하는 금액에서 제외한다.

③ 제2항의 규정에 의하여 손금에 산입하는 금액은 당해 사업용 자산별로 다음 각호의 구분에 따라 일시상각충당금 또는 압축기장충당금으로 계상하여야 한다.
  1. 감가상각자산 : □□상각충당금
  2. 제1호외의 자산 : □□기장충당금

④ 제3항에 따라 손비로 계상한 일시상각충당금과 압축기장충당금은 다음 각 호의 어느 하나에 해당하는 방법으로 익금에 산입한다.
  1. 일시상각충당금은 해당 사업용자산의 □□□□□(취득가액 중 해당 일시상각충당금에 상당하는 부분에 대한 것에 한한다)와 상계할 것. 다만, 해당 자산을 처분하는 경우에는 상계하고 남은 잔액을 그 처분한 날이 속하는 사업연도에 전액 □□에 산입한다.
  2. 압축기장충당금은 당해 사업용 자산을 □□하는 사업연도에 이를 전액 익금에 산입할 것

⑤ 제4항을 적용할 때 해당 사업용자산의 □□를 처분하는 경우의 익금산입액은 해당 사업용자산의 가액 중 일시상각충당금 또는 압축기장충당금이 차지하는 비율로 안분계산한 금액에 의한다.

⑥ 법 제36조 제1항에서 "대통령령으로 정하는 법률"이란 다음 각 호의 법률을 말한다.
  1. 「농어촌 전기공급사업 촉진법」
  2. 「전기사업법」
  3. 「사회기반시설에 대한 민간투자법」
  4. 「한국철도공사법」
  5. 「농어촌정비법」
  6. 「도시 및 주거환경정비법」
  7. 「산업재해보상보험법」
  8. 「환경정책기본법」
  9. 「산업기술혁신 촉진법」

⑦ 법 제36조 제2항 후단에서 "대통령령으로 정하는 사유"란 다음 각호의 어느 하나에 해당하는 경우를 말한다.
  1. 공사의 허가 또는 인가 등이 □□되는 경우
  2. 공사를 시행할 장소의 미확정 등으로 공사기간이 □□되는 경우
  3. 용지의 보상 등에 관한 □□이 진행되는 경우
  4. 그 밖에 제1호부터 제3호까지의 규정에 준하는 사유가 발생한 경우

⑧ 법 제36조 제1항 및 제2항의 규정의 적용을 받고자 하는 내국법인은 법 제60조의 규정에 의한 신고와 함께 기획재정부령이 정하는 국고보조금 등 상당액 손금산입조정명세서(국고보조금 등 사용계획서)를 납세지 관할 세무서장에게 제출하여야 한다.

> **해설과 해답**
> ① 석유
> ② 보조, 감가상각비
> ③ 일시, 압축
> ④ 감가상각비, 익금, 처분
> ⑤ 일부
> ⑦ 지연, 연장, 소송

3. 법인세법 제37조 【공사부담금으로 취득한 사업용자산가액의 손금산입】

① 다음 각 호의 어느 하나에 해당하는 사업을 하는 내국법인이 그 사업에 필요한 시설을 하기 위하여 해당 시설의 수요자 또는 편익을 받는 자로부터 그 시설을 구성하는 토지 등 유형자산 및 무형자산(이하 이 조에서 "사업용자산"이라 한다)을 제공받은 경우 또는 금전 등(이하 이 조에서 "공사부담금"이라 한다)을 제공받아 그 제공받은 날이 속하는 사업연도의 종료일까지 사업용자산의 취득에 사용하거나 사업용자산을 취득하고 이에 대한 공사부담금을 사후에 제공받은 경우에는 해당 사업용자산의 가액(공사부담금을 제공받은 경우에는 그 사업용자산의 취득에 사용된 공사부담금 상당액)을 대통령령으로 정하는 바에 따라 그 사업연도의 소득금액을 계산할 때 □□에 산입할 수 있다.
  1. 「전기사업법」에 따른 전기사업
  2. 「도시가스사업법」에 따른 도시가스사업
  3. 「액화석유가스의 안전관리 및 사업법」에 따른 액화석유가스 충전사업, 액화석유가스 집단공급사업 및 액화석유가스 판매사업
  4. 「집단에너지사업법」 제2조 제2호에 따른 집단에너지공급사업
  5. 제1호부터 제4호까지의 사업과 유사한 사업으로서 대통령령으로 정하는 것
② 공사부담금으로 □□용자산을 취득하는 경우의 손금산입 등에 관하여는 제36조 제2항 및 제3항을 준용한다.
③ 제1항과 제2항을 적용하려는 내국법인은 대통령령으로 정하는 바에 따라 그 제공받은 사업용자산 및 공사부담금과 공사부담금으로 취득한 사업용자산의 명세서(제2항의 경우에는 공사부담금의 사용계획서)를 납세지 관할 세무서장에게 제출하여야 한다.
④ 제1항과 제2항을 적용할 때 손금산입액 및 익금산입액의 계산과 그 산입방법 등에 관하여 필요한 사항은 대통령령으로 정한다.

해설과 해답
① 손금
② 사업

4. 법인세법 시행령 제65조【공사부담금의 손금산입】

① 법 제37조 제1항 제5호에서 "대통령령으로 정하는 것"이란 다음 각호의 1에 해당하는 사업을 말한다.
   1. 「지능정보화 기본법」에 따른 초연결지능정보통신기반구축사업
   2. 「수도법」에 의한 수도사업
② 법 제37조 제1항에 따라 손금에 산입하는 금액은 개별 사업용자산별로 해당 □□가액에 상당하는 금액(공사부담금을 제공받아 자산을 취득하는 경우에는 그 취득에 사용된 공사부담금에 상당하는 금액을 말한다)으로 한다. 이 경우 자산을 취득한 후 공사부담금을 지급받았을 때에는 지급일이 속한 사업연도 이전 사업연도에 이미 손금에 산입한 감가상각비에 상당하는 금액은 손금에 산입하는 금액에서 □□한다.
③ 제2항에 따른 자산가액에 상당하는 금액의 손금산입 및 익금산입에 관해서는 제64조 제3항부터 제5항까지 및 제7항을 준용한다.
④ (삭제, 2008. 2. 22.)
⑤ 법 제37조 제1항 및 제2항의 규정을 적용받고자 하는 내국법인은 법 제60조의 규정에 의한 신고와 함께 기획재정부령이 정하는 공사부담금상당액 손금산입조정명세서(공사부담금사용계획서)를 납세지 관할세무서장에게 제출하여야 한다.

해설과 해답

② 자산, 제외

5. 법인세법 제38조【보험차익으로 취득한 자산가액의 손금산입】

① 내국법인이 유형자산(이하 이 조에서 "보험대상자산"이라 한다)의 멸실(滅失)이나 손괴(損壞)로 인하여 보험금을 지급받아 그 지급받은 날이 속하는 사업연도의 종료일까지 멸실한 보험대상자산과 같은 종류의 자산을 대체 취득하거나 손괴된 보험대상자산을 개량(그 취득한 자산의 개량을 포함한다)하는 경우에는 해당 자산의 가액 중 그 자산의 취득 또는 개량에 사용된 보험차익 상당액을 대통령령으로 정하는 바에 따라 그 사업연도의 소득금액을 계산할 때 □□에 산입할 수 있다.
② 보험차익으로 자산을 취득하거나 개량하는 경우의 손금산입 등에 관하여는 제36조 제2항 및 제3항을 준용한다. 이 경우 제36조 제2항 중 "1년"은 "2년"으로 본다.
③ 제1항과 제2항을 적용하려는 내국법인은 대통령령으로 정하는 바에 따라 그 지급받은 보험금과 보험금으로 취득하거나 개량한 자산의 명세서(제2항의 경우에는 보험차익의 사용계획서)를 납세지 관할 세무서장에게 제출하여야 한다.
④ 제1항과 제2항을 적용할 때 손금산입액 및 익금산입액의 계산과 그 산입방법 등에 관하여 필요한 사항은 대통령령으로 정한다.

해설과 해답

① 손금

6. 법인세법 시행령 제66조 【보험차익의 손금산입】

① 법 제38조 제1항에 따른 같은 종류의 자산은 멸실한 보험대상자산을 대체하여 취득한 유형자산으로서 그 □□나 □□이 멸실한 보험대상자산과 같은 것으로 한다.

② 법 제38조 제1항에 따라 손금에 산입하는 금액은 개별보험대상자산별로 해당 자산의 가액 중 그 취득 또는 개량에 사용된 □□□□에 상당하는 금액으로 한다. 이 경우 해당 보험대상자산의 가액이 지급받은 보험금에 미달하는 경우에는 보험금 중 보험차익□□ 금액을 먼저 사용한 것으로 본다.

③ 제64조 제3항 제1호·제4항 제1호 및 제5항의 규정은 제2항의 규정에 의한 보험차익에 상당하는 금액의 손금산입 및 익금산입에 관하여 이를 준용한다.

④ 법 제38조 제1항 및 제2항의 규정을 적용받고자 하는 내국법인은 법 제60조의 규정에 의한 신고와 함께 기획재정부령이 정하는 보험차익상당액 손금산입조정명세서(보험차익사용계획서)를 납세지 관할세무서장에게 제출하여야 한다.

> **해설과 해답**
> ① 용도, 목적   ② 보험차익, 외의

7. 법인세법 제35조 【구상채권상각충당금의 손금산입】

① 법률에 따라 신용보증사업을 하는 내국법인 중 대통령령으로 정하는 법인이 각 사업연도의 결산을 확정할 때 구상채권상각충당금(求償債權償却充當金)을 손비로 계상한 경우에는 대통령령으로 정하는 바에 따라 계산한 금액의 범위에서 그 계상한 구상채권상각충당금을 해당 사업연도의 소득금액을 계산할 때 □□에 산입한다.

② 제1항을 적용할 때 한국채택국제회계기준을 적용하는 법인 중 대통령령으로 정하는 법인이 구상채권상각충당금을 제60조 제2항 제2호에 따른 세무조정계산서에 계상하고 그 금액 상당액을 해당 사업연도의 □□□□을 할 때 구상채권상각충당금으로 적립한 경우에는 대통령령으로 정하는 바에 따라 계산한 금액의 범위에서 그 금액을 결산을 확정할 때 손비로 □□한 것으로 본다.

③ 제1항에 따라 구상채권상각충당금을 손금에 산입한 내국법인은 신용보증사업으로 인하여 발생한 구상채권 중 대통령령으로 정하는 대손금이 발생한 경우 그 대손금을 구상채권상각충당금과 □□ 상계하고, 상계하고 남은 구상채권상각충당금의 금액은 다음 사업연도의 소득금액을 계산할 때 □□에 산입한다.

④ 제1항을 적용하려는 내국법인은 대통령령으로 정하는 바에 따라 구상채권상각충당금에 관한 명세서를 납세지 관할 세무서장에게 제출하여야 한다.

⑤ 제1항에 따른 구상채권상각충당금의 처리에 필요한 사항은 대통령령으로 정한다.

> **해설과 해답**
> ① 손금   ② 이익처분, 계상   ③ 먼저, 익금

01 제조업을 영위하는 영리내국법인 ㈜A(중소기업이 아님)는 제24기 사업연도 (2025.1.1.~12.31.)에 「보조금 관리에 관한 법률」에 따른 국고보조금 6,000,000원을 현금으로 지급받아 손익계산서상 영업외수익으로 계상하였다. ㈜A가 지급받은 국고보조금 전액을 즉시 사업용 토지 취득에 사용하였을 때, 제24기 사업연도의 법인세 부담 최소화를 위한 세무조정으로 옳은 것은? (단, 법인세법상 결손금, 이월결손금 및 향후 법인세율 변동은 없는 것으로 가정함) [세무사 2012]

① 〈익금산입〉 국고보조금 6,000,000원(유보)
② 〈손금산입〉 일시상각충당금 6,000,000원(△유보)
③ 〈손금산입〉 압축기장충당금 6,000,000원(△유보)
④ 〈익금산입〉 국고보조금 6,000,000원(유보)
　〈손금산입〉 일시상각충당금 6,000,000원(△유보)
⑤ 〈익금산입〉 국고보조금 6,000,000원(유보)
　〈손금산입〉 압축기장충당금 6,000,000원(△유보)

> **해설** 국고보조금이 수익으로 계상되어 있으므로 이에 대한 세무조정은 없고, 토지를 취득하였으므로 법인세부담 최소화를 위해 압축기장충당금을 설정하여 과세이연한다.
> 〈손금산입〉 압축기장충당금 6,000,000원 (△유보)

해답 ③

제16절 대손금과 대손충당금

I. 대손금 II. 대손충당금

I. 대손금

1 대손금의 의의

(1) 대손금의 개념 및 처리방법

대손금이란 회수가능성이 없게 된 부실채권을 말하며, 대손충당금을 설정하고 있는 법인에 이러한 대손금이 발생하게 되면, 먼저 대손충당금과 상계하고 부족액은 대손상각비를 계상하여 손금에 산입한다.

① 대손충당금이 충분한 경우
  (차) 대손충당금   ×××   (대) 채   권   ×××
② 대손충당금이 부족한 경우
  (차) 대손충당금   ×××   (대) 채   권   ×××
      대손상각비   ×××

(2) 대손처리 가능채권과 불능채권

구 분	내 용
대손처리 가능채권	원칙적으로 대손처리할 수 있는 채권의 범위에는 제한이 없다.
대손처리 불능채권	다만, 다음의 채권은 대손금으로 손금산입할 수 없다. ① 대손세액공제를 받은 부가가치세 매출세액 미수금 ② 채무보증으로 인한 구상채권🟊 ③ 특수관계인에 대한 업무무관가지급금(특수관계인에 대한 판단은 대여시점 기준) ➡ 부가가치세법상 대손세액공제를 적용받게 되면 해당 금액만큼 채권가액이 제각되어 장부상 존재하지 않으므로 대손처리가 불가능한 것이며, 채무보증으로 인하여 발생한 구상채권과 업무무관가지급금은 정책적 목적에 의하여 대손금으로 손금산입할 수 없다.

🟊 다만, 다음에 해당하는 채무보증으로 인하여 발생한 구상채권은 대손금으로 손금산입할 수 있다(법령 61④, 19의2⑥).

⊙ 독점규제 및 공정거래에 관한 법률에 따른 소정의 채무보증
ⓒ 일정한 금융기관이 행한 채무보증
ⓒ 신용보증사업을 영위하는 법인이 행한 채무보증
ⓔ 위탁기업이 수탁기업협의회의 구성원인 수탁기업에 대하여 행한 채무보증
ⓜ 건설업 및 전기통신업을 영위하는 내국법인이 건설사업(미분양주택을 기초로 하는 유동화거래를 포함)과 직접 관련하여 특수관계인에 해당하지 아니하는 자에 대한 채무보증. 다만, 사회기반시설에 대한 민간투자법의 사업시행자 등에 대한 채무보증은 특수관계인에 대한 채무보증을 포함한다.

구상채권 등의 처분손실

위 대손금으로 인정되지 아니하는 구상채권과 특수관계인에 대한 업무무관가지급금의 처분손실은 법인세법상 손금으로 인정되지 아니한다(법령 19의2⑦).

대손금의 범위

위에서 살펴본 바와 같이 대손금이란 회수불능채권을 말한다. 그런데 특정채권에 대하여 해당 채권이 회수불능채권인지의 여부를 법인의 자율적인 판단에 맡기게 되면 과세소득의 조작목적으로 대손처리를 할 가능성이 매우 높게 된다. 이에 따라 법인세법에서는 아예 처음부터 대손처리를 할 수 있는 요건을 법으로 제정해 놓고 있는데, 이러한 요건을 분석해 보면 다음과 같이 신고조정사항과 결산조정사항으로 구분할 수 있다.

(1) 신고조정사항

신고조정사항에 해당하는 채권은 반드시 해당 사유가 발생한 날이 속하는 사업연도의 손금으로 처리하여야 한다(법령 19의2③1호). 따라서 법인이 다음의 요건에 해당하는 채권을 보유하고 있으면서 해당 사업연도에 장부상 대손금으로 처리하여 해당 채권을 제각하지 않으면 반드시 세무조정에 의한 손금산입(△유보)을 통하여 해당 채권을 제각시켜야 한다.

이와 같이 세법에서는 과세의 형평성, 이익조작의 방지 등을 위해 대손상각할 채권의 범위, 대손 요건 및 대손시기에 대하여 기업회계보다 엄격하게 규정하고 있다.

① 민법·상법·어음법·수표법에 따라 소멸시효가 완성된 채권(외상매출금 및 미수금, 어음, 수표, 대여금 및 선급금)
② 채무자 회생 및 파산에 관한 법률에 따른 회생계획인가의 결정이나 법원의 면책결정에 따라 회수불능으로 확정된 채권*
③ 서민의 금융생활 지원에 관한 법률에 따른 채무조정을 받아 신용회복지원협약에 따라 면책으로 확정된 채권 (2019. 7. 1. 이후 면책으로 확정되는 채권부터 적용)
④ 민사집행법의 규정에 따라 채무자의 재산에 대한 경매가 취소된 압류채권
⑤ 법인이 다른 법인과 합병하거나 분할하는 경우로서 결산조정사항에 해당하는 채권을 합병등기일 또는 분할 등기일이 속하는 사업연도까지 제각하지 않은 경우 해당 채권*

* 민법 상 정지조건에 해당하는 조건이 붙어 있는 회생계획에 대해 회생계획인가의 결정이 있는 경우에는 해당 조건이 성취되어 채무면제가 확정되는 날을 대손시기로 함

법인이 다른 법인과 합병하거나 분할하는 경우로서 결산조정사항에 해당하는 채권을 합병등기일 또는 분할등기일이 속하는 사업연도까지 손금으로 계상하지 아니한 경우 그 대손금은 해당 법인의 합병등기일 또는 분할등기일이 속하는 사업연도의 손금으로 한다(법령 19의2④). 즉, 이 경우에는 신고조정사항에 해당한다. 이렇게 규정하는 취지는 피합병법인 등이 손금으로 계상하지 않은 대손금을 합병법인 등이 장부가액으로 승계하여 대손금으로 손금에 산입함으로써 세부담을 회피하는 것을 방지하기 위함이다.

신고조정사항의 세무조정

① 장부상 대손금으로 인식한 경우
  ① 회계처리
    (차) 대손충당금 ××× (대) 채 권 ×××
  ② 세무조정
    없 음

② 장부상 대손금으로 인식하지 않은 경우
  ① 회계처리
    없 음
  ② 세무조정
    〈손금산입〉채 권 ×××(△유보)

신고조정사항의 세무조정

(1) 장부상 대손금으로 인식한 경우

Book	대손충당금	1,000,000 / 채 권	1,000,000
Tax	대손충당금	1,000,000 / 채 권	1,000,000
Adjustment	없 음		
Tax-Adj	없 음		

〈세무조정 없음〉

(2) 장부상 대손금으로 인식하지 않은 경우

Book	없 음		
Tax	대손금	1,000,000 / 채 권	1,000,000
Adjustment	대손금	1,000,000 / 채 권	1,000,000
Tax-Adj	손 금↑(순자산↓)	1,000,000 / 자 산↓(순자산↓)	1,000,000

〈손금산입〉대손금 1,000,000·△유보(채권)

(2) 결산조정사항

결산조정사항에 해당하는 다음의 채권은 법인이 장부상 대손금으로 처리한 날이 속하는 사업연도의 손금으로 인정한다(법령 19의2③2호, ⑤).

① 채무자의 파산·강제집행·형의집행·사업폐지·사망·실종·행방불명으로 인하여 회수할 수 없는 채권
② 부도발생일로부터 6개월 이상 지난 어음·수표 및 외상매출금(중소기업의 외상매출금으로서 부도발생일 이전의 것에 한함)
> ▶ 부도발생일이란 소지하고 있는 부도어음이나 수표의 지급기일을 말하되, 지급기일 전에 해당 어음이나 수표를 제시하여 금융기관으로부터 부도확인을 받은 경우에는 그 부도확인일을 말한다.
③ 중소기업의 외상매출금 및 미수금으로서 회수기일이 2년 이상 지난 외상매출금등. 다만, 특수관계인과의 거래로 인하여 발생한 외상매출금등은 제외한다.
④ 재판상 화해 등 확정판결과 같은 효력을 가지는 것으로서 기획재정부령으로 정하는 것에 따라 회수불능으로 확정된 채권
⑤ 회수기일이 6개월 이상 지난 채권 중 채권가액이 30만원 이하(채무자별 채권가액의 합계액을 기준으로 함)의 채권
⑥ 채무자와 특수관계에 있는지 여부를 불문하고 채권의 일부를 회수하기 위하여 해당 채권의 일부를 포기하여야 할 불가피한 사유가 있는 경우, 즉 포기사유가 정당한 경우 포기한 해당 채권금액
⑦ 물품의 수출 또는 외국에서의 용역제공으로 발생한 채권으로서 무역에 관한 법령에 따라 기획재정부령으로 정하는 사유에 해당하여 무역보험법에 따른 한국무역보험공사로부터 회수불능으로 확인된 채권
⑧ 민사소송법에 따른 화해·화해권고결정, 민사조정법에 따른 결정·조정에 따라 회수불능으로 확정된 채권
⑨ 금융기관의 채권 중 금융감독원장으로부터 대손금으로 승인받은 것과 대손처리 요구를 받아 대손금으로 계상한 것
⑩ 중소기업창업투자회사의 창업자에 대한 채권으로서 중소기업청장이 기획재정부장관과 협의하여 정한 기준에 해당한다고 인정한 것

그러나 포기사유가 정당하지 아니한 경우에는 기업업무추진비(매출채권) 또는 기부금(그 밖의 채권)으로 보되, 채무자가 특수관계인인 경우에는 부당행위계산부인규정을 적용한다.

한편, 상기의 결산조정사항에 해당하는 채권 중 ②의 경우 저당권이 설정되어 있는 채권은 대손금으로 처리할 수 없다. 참고로 ①·③·④·⑤·⑥·⑦·⑧·⑨·⑩의 경우에는 이러한 규정이 없다. 그 이유는 ①의 경우에는 이미 해당 대손사유로 인하여 100%는 아니지만 담보채권 여부를 불문하고 회수할 수 없다고 판단된 채권이기 때문이며, ③·④·⑤·⑥·⑦·⑧·⑨·⑩의 경우에는 정책적으로 대손을 인정해주는 요건이기 때문이다.

참고 결산조정사항의 세무조정

1 장부상 대손금으로 인식한 경우
  ① 회계처리
     (차) 대손충당금 ××× (대) 채 권 ×××
  ② 세무조정
     없음(※ 다만, 부도어음 및 부도수표의 경우에는 1,000원을 비망금액으로 남겨야 함)

2 장부상 대손금으로 인식하지 않은 경우
  ① 회계처리
     없 음
  ② 세무조정
     없 음

참고 > 결산조정에 의한 대손금과 신고조정에 의한 대손금의 차이

매출채권 등에 대한 대손처리가 일반적으로 채무자(보증인 포함)의 재산에 대하여 제반 법적 조치를 취한 결과 회수할 수 없다고 판단하여 회수불능채권으로 확정되었을 때 대손금으로 손비처리하는 것으로서 법인 스스로 매출채권 등을 대손금으로 계상하지 아니하는 경우에는 과세당국으로서는 해당 매출채권 등이 회수불능채권에 해당되는지를 알 수 없어 손비의 해당 여부를 결정할 수 없기 때문에, 대손금에 대하여 채무자가 무재산이나 행방불명 등의 상태에 있음을 입증하여야 하는 법인 스스로가 회수불능채권으로 확정한다는 의사결정을 하여 결산시 손비로 계상하는 방법으로 손금산입하는 것이 타당할 것이다. 그러나, 소멸시효가 완성된 매출채권의 경우는 법적인 청구권이 소멸되었기 때문에 더 이상 채권으로서 존재할 수 없어 법인의 의사결정 여부와 관계 없이 회수불능채권에 해당하므로, 소멸시효가 완성된 채권은 그 소멸시효가 완성된 날이 속하는 사업연도의 결산시 미처 손비로 계상하지 못하였더라도 세무조정에 의해 대손처리할 수 있도록 하는 것이다.

결산조정사항의 세무조정

(1) 장부상 대손금으로 인식한 경우

Book	대손충당금	1,000,000 / 채 권		1,000,000
Tax	대손충당금	1,000,000 / 채 권		1,000,000
Adjustment	없 음			
Tax-Adj	없 음			

〈세무조정 없음. 다만, 부도어음 등의 경우에는 1,000원을 비망금액으로 남겨야 함〉

(2) 장부상 대손금으로 인식하지 않은 경우

Book	없 음
Tax	없 음
Adjustment	없 음
Tax-Adj	없 음

〈세무조정 없음〉

부도어음 등의 대손사례

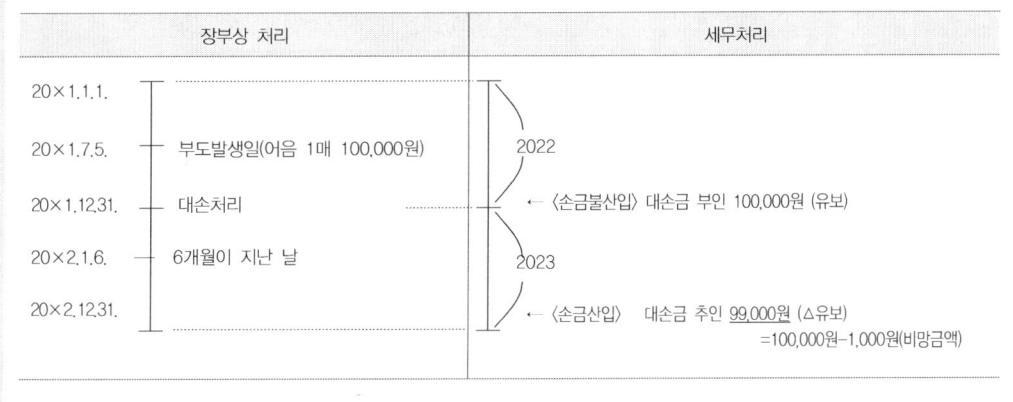

 금융회사 및 중소기업창업투자회사의 추가적 대손요건

금융회사 및 중소기업창업투자회사가 다음의 채권을 장부상 대손금으로 처리(계상)하는 경우 이를 손금으로 인정한다(법령 19의2 ① 제12호, 제13호).
① 금융회사 등의 채권 중 다음의 채권
  ㉠ 금융감독원장이 기획재정부장관과 협의하여 정한 대손처리기준에 따라 금융회사 등이 금융감독원장으로부터 대손금으로 승인받은 것
  ㉡ 금융감독원장이 위 ㉠의 기준에 해당한다고 인정하고 대손처리를 요구한 채권으로서 금융회사 등이 대손금으로 계상한 것
② 중소기업창업투자회사의 창업자에 대한 채권으로서 중소기업청장이 기획재정부장관과 협의하여 정한 기준에 해당한다고 인정한 것

3 대손금으로 인식하는 금액

(1) 원 칙

대손요건을 충족한 대상채권의 전액을 대손금으로 한다.

(2) 예 외

다만, 부도발생일로부터 6개월 이상 경과한 어음·수표 및 외상매출금(중소기업의 외상매출금으로서 부도발생일 이전의 것에 한함)의 경우에는 비망금액으로 1,000원(어음·수표 1매당 1,000원, 외상매출금은 채무자별로 1,000원)을 제외한 금액을 대손금으로 한다(법령 19의2②).

대손금 회수액

대손금으로 손금산입한 금액 중 회수된 금액은 회수된 날이 속하는 사업연도의 익금에 산입한다(법법 19의2③). 여기서 "익금에 산입한다"는 의미는 익금항목이라는 의미인 것이지, 익금산입하는 세무조정을 하라는 의미가 아님에 유의하여야 한다. 실제로 기업회계상 대손금으로 제각시킨 채권을 회수하게 되면 다음과 같은 회계처리를 하게 되는데, 이 자체가 이미 익금에 산입한 효과(= 수익으로 계상한 효과)를 가져오기 때문에 실제 세무조정은 필요가 없게 되는 것이다.

(차) 현   금   ×××   (대) 대손충당금   ×××

 대손금 회수시 세무조정

① 기업회계상 전기에 대손금으로 제각시킨 채권을 회수한 경우의 회계처리는 다음과 같다.
   (차) 현   금   ×××   (대) 대손충당금   ×××
   이러한 회계처리는 보충법 하에서는 기말에 설정하게 되는 대손충당금을 해당 금액만큼 과소하게 설정하도록 하는 효과를 가져오므로 소극적인 수익계상효과를 가져오는 것이며, 총액법 하에서는 해당 금액만큼 환입액이 증가하게 되므로 적극적인 수익계상효과를 가져오게 된다. 따라서 다음과 같은 세무조정이 이루어지게 된다.

② 상기의 채권이 손금인정되었던 경우의 세무조정
   세무조정 없음 [cf : 전기에도 세무조정이 없었음]

③ 상기의 채권이 손금부인되었던 경우의 세무조정
   〈익금불산입〉 채   권   ×××(△유보) [cf : 전기 ➡ 〈손금불산입〉 채   권   ×××(유보)]

 기업회계상 전기에 제각시킨 채권을 회수한 경우의 세무조정

(1) 동 채권이 손금인정되었던 경우

Book	현 금	1,000,000 / 대손충당금	1,000,000
Tax	현 금	1,000,000 / 대손충당금	1,000,000
Adjustment	없 음		
Tax-Adj	없 음		

〈세무조정 없음〉

(2) 동 채권이 손금부인되었던 경우

1) 손금부인시

Book	대손상각비	1,000,000 / 채 권	1,000,000
Tax	없 음		
Adjustment	채 권	1,000,000 / 대손상각비	1,000,000
Tax-Adj	자 산↑(순자산↑)	1,000,000 / 손 금↓(순자산↑)	1,000,000

〈손금불산입〉 대손상각비   1,000,000 · 유보(채권)

2) 채권회수시

Book	현 금	1,000,000 /	대손충당금		1,000,000
	대손충당금	1,000,000 /	대손충당금환입		1,000,000
Tax	현 금	1,000,000 /	채 권		1,000,000
Adjustment	대손충당금환입	1,000,000 /	채 권		1,000,000
Tax-Adj	익 금↓(순자산↓)	1,000,000 /	자 산↓(순자산↓)		1,000,000

〈익금불산입〉 대손충당금환입   1,000,000 · △유보(채권)

II. 대손충당금

대손충당금의 의의

(1) 대손충당금의 개념

대손충당금이란 각 사업연도에 발생한 외상매출금 등 채권의 대손가능성에 대비하기 위하여 일정금액을 손비로 계상한 금액을 말한다. 이러한 대손충당금은 결산조정사항에 해당하므로 장부에 계상한 것을 전제조건으로 하여 법인세법상 손금한도액 범위내에서만 손금인정이 되며, 장부에 계상하지 않거나 미달하게 계상한 경우에는 신고조정에 의하여 손금에 산입할 수 없다.

(2) 유의점

대손충당금의 회계처리방법은 총액법과 보충법으로 구분할 수 있다. 여기서 총액법은 대손충당금의 전기말 잔액(=기중에 대손금 발생시 해당 금액을 제각한 후의 금액을 의미하며, 이하 동일함)은 전액 환입하고, 당기말 대손충당금으로 설정해야 하는 금액은 전액 새로 전입하는 회계처리방법이다. 이에 반하여 보충법은 전기말 잔액(기말충당금 설정 전 잔액)을 환입하지 아니하고, 당기말 대손충당금으로 설정해야 하는 금액에서 전기말 잔액을 차감한 금액을 전입하는 회계처리방법이다.

한편, 대손충당금의 회계처리방법에 대하여 기업회계기준은 보충법, 법인세법은 총액법을 적용하도록 규정하고 있다. 이 경우 회사가 보충법에 의하여 대손충당금을 회계처리한 경우에는 이를 단순한 기표상의 생략으로 보아 각각을 익금과 손금에 산입한 것으로 본다(법칙 32①). 법인세법에서 이와 같이 규정하고 있는 이유는 어떤 방법으로 회계처리하건 과세소득에는 전혀 차이를 가져오지 않기 때문이다.

보충법 vs 총액법

㈜A의 당기말 매출채권 잔액은 1,000,000원이다. 대손충당금 설정률은 2%이고 대손충당금 전기이월액은 8,000원, 기말이월액은 20,000원이다.

대손충당금	
	전기이월액 8,000

(1) 당기 대손확정액이 3,000원이라고 할 때, 보충법에 의해 회계처리하라.

1) 대손확정시

　(차) 대손충당금　　3,000　　(대) 매출채권　　3,000

대손충당금(보충법)	
당기상계액 3,000	전기이월액 8,000

2) 대손충당금 설정시

　(차) 대손상각비　　15,000　　(대) 대손충당금　　15,000

대손충당금(보충법)	
당기상계액 3,000	전기이월액 8,000
차기이월액 20,000	당기설정액 15,000

(2) 당기 대손확정액이 3,000원이라고 할 때, 총액법에 의해 회계처리하라.

1) 대손확정시

　(차) 대손충당금　　3,000　　(대) 매출채권　　3,000

대손충당금(총액법)	
당기상계액 3,000	전기이월액 8,000

2) 대손충당금 설정시

① 대손충당금 설정 전 잔액의 환입

　(차) 대손충당금　　5,000　　(대) 대손충당금환입　　5,000

대손충당금(총액법)	
당기상계액 3,000	전기이월액 8,000
대손충당금환입 5,000	

② 대손충당금 설정

　(차) 대손상각비　　20,000　　(대) 대손충당금　　20,000

제16절 대손금과 대손충당금

대손충당금(총액법)

당기상계액	3,000	전기이월액	8,000
대손충당금환입	5,000	당기설정액	20,000

※ 꼭 알아야 할 사항
① 법인세법상 대손충당금한도액이 설정대상채권에 일정률을 곱한 금액에 해당하므로, 이를 당기설정액과 비교하려면 기업회계도 기말채권액에 대손설정률을 곱한 금액이 당기설정액으로 표시되는 총액법으로 회계처리되어야 직접 대응이 가능하다.
② 대손충당금에 대한 회계처리인 보충법과 총액법을 비교해 보면, 총액법에는 '대손충당금환입(=전기이월액 - 당기상계액)'이 추가 발생하고, 총액법의 '당기설정액'은 보충법의 '차기이월액'과 금액이 같다.

  손금산입방법과 손금한도액

(1) 손금산입방법

대손충당금의 손금산입은 결산조정에 의하며, 기초의 대손충당금 중 대손금과 미상계된 잔액은 전액 익금산입하고, 해당 사업연도의 설정액은 전액 손금산입하는 총액법을 사용하도록 규정하고 있다.

(2) 손금한도액

대손충당금 손금한도액 산식은 다음과 같다.

구 분	내 용
산 식	손금한도액=대손충당금 설정대상 채권잔액×설정률
설정률	1% 또는 대손실적률 중 큰 비율❸

❸ 법소정 금융회사 등의 경우에는 금융위원회가 기획재정부장관과 협의하여 정하는 대손충당금 적립기준에 따라 적립하여야 하는 금액, 채권잔액의 1% 또는 채권잔액에 대손실적률을 곱하여 계산한 금액 중 큰 금액으로 한다.

(3) 대손충당금 설정대상채권의 범위

1) 설정대상채권과 설정대상 제외채권

구 분	내 용
대상채권	① 외상매출금 : 상품·제품판매가액의 미수액과 가공료·용역 등의 제공에 의한 사업수입금액의 미수액
	② 대여금 : 금전소비대차계약 등에 의하여 타인에게 대여한 금액
	③ 그 밖에 이에 준하는 채권 : 어음상의 채권·미수금·기업회계기준에 따른 대손충당금 설정대상채권 (예컨대, 진행기준에 의하여 계상된 공사미수금 등)
제외채권	① 특수관계인에 대한 업무무관가지급금(특수관계인에 대한 판단은 대여시점 기준)❶
	② 보증채무를 대위변제함으로써 발생한 구상채권❷
	③ 부당행위계산부인규정을 적용받는 시가초과액에 상당하는 채권

▶ 예컨대, 특수관계인에게 시가 3억원인 재화를 5억원에 신용판매를 한 경우 장부상 계상된 채권가액 5억원 중 대손충당금 설정대상 채권가액은 3억원만 인정된다.

④ 익금의 귀속시기가 도래하지 아니한 미수이자(서이 46012-10667, 2003. 3. 31)
⑤ 매각거래에 해당하는 할인어음

❶ 특수관계인에 대한 채권이라 할지라도 업무무관가지급금 이외의 채권의 경우에는 대손충당금 설정대상채권이 됨에 유의하여야 한다.
❷ 다만, 다음에 해당하는 채무보증으로 인하여 발생한 구상채권은 대손충당금 설정대상채권으로 한다.
 ㉠ 독점규제 및 공정거래에 관한 법률에 따른 소정의 채무보증
 ㉡ 일정한 금융기관이 행한 채무보증
 ㉢ 신용보증사업을 영위하는 법인이 행한 채무보증
 ㉣ 위탁기업이 수탁기업협의회의 구성원인 수탁기업에 대하여 행한 채무보증
 ㉤ 건설업 및 전기통신업을 영위하는 내국법인이 건설사업(미분양주택을 기초로 하는 유동화거래를 포함)과 직접 관련하여 특수관계인에 해당하지 않는 자에 대한 채무보증. 다만, 사회기반시설에 대한 민간투자법의 사업시행자 등에 대한 채무보증은 특수관계인에 대한 채무보증을 포함한다.

매각거래에 해당하는 할인어음과 배서양도어음

① 받을어음을 만기전에 할인(매각거래에 한함)하게 되면 다음과 같은 회계처리가 필요하다.

    (차) 현   금   ×××   (대) 매 출 채 권   ×××
        매 출 채 권 처 분 손 실   ×××

② 한편, 어음을 배서양도하게 되면 다음과 같은 회계처리가 필요하다.

    (차) 매 입 채 무   ×××   (대) 매 출 채 권   ×××

③ 따라서 어음을 만기전에 할인(매각거래에 한함) 또는 배서양도를 한 상태에서 재무상태표에 여전히 채권으로 계상할 수 있다는 발상은 착각에 지나지 않는다. 그럼에도 불구하고 지금 현재 기획재정부 예규[법인(재) 46012-18, 2001. 10. 17]와 시중에 나온 모든 세무관련 교재에는 할인어음(매각거래·차입거래 불문)과 배서양도어음을 대손충당금 설정대상채권의 제외채권으로 분류하고 있다. 이는 오래전 우리나라 회계처리방식이 일본회계의 영향을 받아 재무상태표에 할인어음(매각거래·차입거래 불문)과 배서양도어음을 채권으로 계상하던 시절의 개념이므로 본서에서는 매각거래에 해당하는 할인어음과 배서양도어음을 대손충당금 설정대상 제외채권에서 배제시켰다. 왜냐하면 세법은 실천학문이기 때문이다.

④ 다만, 본 저자의 의견은 소수의견에 해당하므로 실전문제에서 오늘날의 회계현실을 무시하고 재무상태표상 채권에 할인어음(매각거래·차입거래 불문)이나 배서양도어음이 포함되어 있다는 정보가 주어지면 이를 제외채권으로 분류하여 문제를 풀기 바란다.

2) 설정대상채권의 가액계산

대손충당금 손금한도액 계산에 있어 설정대상채권의 가액은 해당 사업연도 종료일 현재의 세무상 장부가액으로 한다. 따라서 해당 사업연도 종료일 현재의 장부상 가액에 다음의 가산항목과 차감항목을 가감한 금액을 설정대상채권의 가액으로 한다.

구 분	내 용
가 산 항 목	① 대손부인된 채권액
	② (당기) 세무조정시 익금산입된 채권액(예 : 신용매출누락의 익금산입액)
차 감 항 목	(당기) 세무조정시 손금산입된 채권액(예 : 소멸시효 완성채권의 손금산입액)

동일인에 대한 채권과 채무의 병존시

법인이 동일인에 대하여 채권과 채무를 가지고 있는 경우에는 해당 채무를 상계하지 아니하고 대손충당금을 계상할 수 있다. 다만, 당사자간의 약정에 의하여 상계하기로 한 경우에는 그러하지 아니하다(법칙 32②).

3) 설정대상채권의 계산구조

위 1)과 2)의 내용을 토대로 설정대상채권의 계산구조를 도출해 보면 다음과 같다.

설정대상 채권가액 = 재무상태표상 채권가액 + 유보금액 − △유보금액 − 설정대상 제외채권

(4) 대손실적률의 계산산식

대손실적률은 다음 산식에 의한다.

$$\text{대손실적률} = \frac{\text{해당 사업연도의 세무상 대손금}}{\text{직전 사업연도 종료일 현재의 세무상 채권잔액}}$$

3 상계와 환입

대손충당금을 손금에 산입한 내국법인은 대손금이 발생한 경우 그 대손금을 대손충당금과 먼저 상계해야 하고, 상계하고 남은 대손충당금의 금액은 다음 사업연도의 소득금액을 계산할 때 익금에 산입한다(법법 34③).

4 대손충당금의 세무조정

(1) 대손충당금의 세무조정구조

대손충당금의 세무조정구조는 다음과 같다.

	대손충당금설정액	재무상태표상 대손충당금 기말잔액
(−)	한 도 액	
(+)	한 도 초 과 액	손금불산입(유보)
(−)	한 도 미 달 액	세무조정 없음(∵ 결산조정사항이므로)

(2) 대손충당금의 세무조정시 유의사항

1) 설정액

대손충당금 설정액은 장부상 비용계상액이 아니라 재무상태표상 대손충당금 기말잔액으로 한다. 왜냐하면 세무상 대손충당금 설정방법은 총액법에 의하기 때문이다.

 2) 한도초과액의 처리

대손충당금 한도초과액은 손금불산입(유보)하며, 다음 연도에는 해당 금액을 손금산입(△유보)한다 (자동조정유형임). 자동조정되는 과정을 좀 더 자세하게 살펴보면, 차기에 대손충당금 잔액을 환입해야 하는데, 대손충당금 한도초과액은 손금불산입(유보)이므로 세무상 채권잔액이 회계상 채권잔액보다 크고 대손충당금 잔액(결국 세무상 대손충당금환입액)은 적으므로 자동적으로 익금불산입 또는 손금산입(△유보)이 발생한다.

5 대손충당금의 승계

(1) 규 정

대손충당금을 손금산입한 법인이 합병되거나 분할된 경우 그 법인의 합병등기일이나 분할등기일 현재의 해당 대손충당금 중 합병법인 등에게 인계한 금액은 대손충당금에 대응하는 채권이 동시에 인계되는 경우에 한하여 그 합병법인 등이 합병등기일이나 분할등기일에 가지고 있는 대손충당금으로 본다(법법 34④).

(2) 적용요건

위의 규정에 의한 대손충당금의 승계는 이에 대응하는 채권이 동시에 인계되는 경우에 한하여 이를 적용한다.

(3) 세무조정시 유의점

문제에서 승계액에 대한 정보가 주어지면 합병법인 등의 기초금액으로 간주하여 세무조정을 하면 된다.

 대손금과 대손충당금(Ⅰ)

다음 자료에 의하여 제조업을 영위하는 ㈜A의 대손금과 대손충당금에 대한 세무조정을 하시오.

1. 대손충당금계정의 내역

대손충당금

당기상계액	3,000,000	전기이월액	17,000,000
차기이월액	19,000,000	당기설정액	5,000,000
계	22,000,000	계	22,000,000

① 전기이월액 중에는 손금부인된 금액 5,000,000원이 포함되어 있다.
② 당기상계액 중 1,800,000원은 법인세법상 대손요건을 충족시키지 못하였다.

2. 해당 사업연도말 현재 장부상 대손충당금 설정대상 채권은 600,000,000원이다.
3. 직전 사업연도말 현재 장부상 대손충당금 설정대상 채권은 100,000,000원이다.
4. ㈜A는 주권비상장법인으로서 12월말 법인(1. 1~12. 31)이다.

해답

1. 대손금에 대한 세무조정
   〈손금불산입〉 대손금 부인액   1,800,000(유보)
2. 대손충당금에 대한 세무조정
   ① 환입에 대한 세무조정
      〈손금산입〉 전기 대손충당금부인액 손금추인   5,000,000(△유보)
   ② 설정에 대한 세무조정
      ㉠ 회사설정액 : 19,000,000원(=대손충당금 기말잔액임에 유의할 것)
      ㉡ 한도액 : (600,000,000원+1,800,000원)×1.2%^주=7,221,600원
         ^주MAX$\left[1\%, \dfrac{3,000,000원 - 1,800,000원}{100,000,000원} = 1.2\%\right]$ =1.2%
      ㉢ 한도초과액 : 11,778,400원(=19,000,000원-7,221,600원)
      ㉣ 〈손금불산입〉 대손충당금 한도초과   11,778,400(유보)

해설

1. 회사는 보충법에 의하여 이월잔액 14,000,000원(17,000,000원-3,000,000원)을 환입하지 않고 기말설정액에 보충하였다. 그러나 법인세법은 총액법에 의하므로 이월잔액 14,000,000원을 환입과 설정을 각각 한 것으로 보아 세무조정을 하여야 한다.
2. 대손금 부인액은 세무상 채권에 해당하므로 설정대상채권에 포함시켜야 한다.
3. 설정률은 1%와 대손실적률 중 큰 비율로 한다.

참고

의제 사업연도가 1년 미만인 경우 대손실적률 계산
위의 사례에서 만일 ㈜A의 의제 사업연도 월수가 6개월인 경우 대손실적률은 다음과 같다.

$$\text{대손실적률} = \dfrac{(3,000,000원 - 1,800,000원) \times \dfrac{12}{6}}{100,000,000원} = 2.4\%$$

대손금과 대손충당금 (I)

재무회계		세무회계	

장부상 대손충당금(보충법)

당기상계액	3,000,000	전기이월액	17,000,000
차기이월액	19,000,000	당기설정액	5,000,000
(총액법상 당기설정액)		(보충법상 당기설정액)	

재무회계		세무회계	

장부상 대손충당금(총액법) / **세무상 대손충당금(총액법)**

당기상계액	3,000,000	전기이월액	17,000,000	당기상계액	1,200,000	전기이월액	12,000,000
대손충당금환입	14,000,000			(= 장부상 당기상계액	3,000,000)		
차기이월액	19,000,000	당기설정액	19,000,000	− 대손요건 미충족액	1,800,000)	당기설정액	7,221,600
				대손충당금환입	10,800,000		

장부상 대손충당금환입 / **세무상 대손충당금환입**

		대손충당금	14,000,000			대손충당금	10,800,000

장부상 대손상각비 / **세무상 대손상각비**

대손충당비	19,000,000			대손충당비	7,221,600		

장부상 채권 / **세무상 채권**

	603,000,000	대손충당금	3,000,000		603,000,000	대손충당금	1,200,000
(전기이월	100,000,000)	차기이월	62,000,000	(전기이월	100,000,000)	차기이월	601,800,000

(1) 대손금에 대한 세무조정 (대손충당금 '당기상계액')

〈제1법〉

Book	대손충당금	3,000,000 / 채 권	3,000,000
	대손충당금환입	3,000,000 / 대손충당금	3,000,000
Tax	대손충당금	1,200,000 / 채 권	1,200,000
	대손충당금환입	1,200,000 / 대손충당금	1,200,000
Adjustment	채 권	1,800,000 / 대손충당금	1,800,000
	대손충당금	1,800,000 / 대손충당금환입	1,800,000
Tax-Adj	자산↑(순자산↑)	1,800,000 / 자산↓(순자산↓)	1,800,000
	자산↑(순자산↑)	1,800,000 / 익금↑(순자산↑)	1,800,000

〈익금산입〉 대손충당금환입 1,800,000 · 유보(채권)

〈제2법〉

Book	대손충당금	3,000,000 / 채 권	3,000,000
Tax	대손충당금	1,200,000 / 채 권	1,200,000
Adjustment	채 권	1,800,000 / 대손충당금	1,800,000

⬇ 소득에 미치는 영향

512

	대손충당금	1,800,000	/ 대손충당금환입	1,800,000	
Tax-Adj	자산↑(순자산↑)	1,800,000	/ 익금↑(순자산↑)	1,800,000	

〈익금산입〉 대손충당금환입 1,800,000·유보(대손충당금)

(2) 대손충당금에 대한 세무조정

〈제1법〉

1) 환입에 대한 세무조정

Book	대손충당금	14,000,000*	/ 대손충당금환입	14,000,000	

 * 장부상 당기말 대손충당금 설정 전 잔액 = 전기이월 17,000,000원 - 당기상계 3,000,000원

Tax	대손충당금	9,000,000**	/ 대손충당금환입	9,000,000	

 ** 세무상 당기말 대손충당금 설정 전 잔액 = 전기이월 17,000,000원 - 당기상계 3,000,000원 - 손금부인액 5,000,000원

Adjustment	대손충당금환입	5,000,000	/ 대손충당금	5,000,000	
Tax-Adj	익금↓(순자산↓)	5,000,000	/ 자산↓(순자산↓)	5,000,000	

〈익금불산입〉 대손충당금환입 5,000,000·△유보(대손충당금)

2) 설정에 대한 세무조정

Book	대손상각비	19,000,000*	/ 대손충당금	19,000,000	

 * 장부상 당기말 대손충당금 설정 후 잔액 = 대손충당금 차기이월액(=전기이월 17,000,000원 - 당기상계 3,000,000원 + 당기설정 5,000,000원)

Tax	대손충당금 손금산입 한도액 : 7,221,600**				

 ** (600,000,000원 + 1,800,000원) × Max(1%, 세무상 대손실적률(= (3,000,000원 - 1,800,000원) /100,000,000원 = 1.2%)) = 7,221,600원

	대손상각비	7,221,600***	/ 대손충당금	7,221,600	

 *** Min(장부상 총액법상 대손충당금 설정액 19,000,000원, 세무상 대손충당금 손금산입 한도 7,221,600원)

Adjustment	대손충당금	11,778,400	/ 대손상각비	11,778,400	
Tax-Adj	자산↑(순자산↑)	11,778,400	/ 손금↓(순자산↑)	11,778,400	

〈손금불산입〉 대손상각비 11,778,400·유보(대손충당금)

〈제2법〉

Book	대손충당금	14,000,000*	/ 대손충당금환입	14,000,000	
	대손상각비	19,000,000**	/ 대손충당금	19,000,000	

 * 장부상 당기말 대손충당금 설정 전 잔액
   = 전기이월 17,000,000원 - 당기상계 3,000,000원
 ** 장부상 당기말 대손충당금 설정 후 잔액
   = 대손충당금 차기이월액
   (=전기이월17,000,000원 - 당기상계 3,000,000원 + 당기설정 5,000,000원)

Tax	대손충당금	10,800,000*	/ 대손충당금환입	10,800,000	

 * 세무상 당기말 대손충당금 설정 전 잔액
   = 전기이월 12,000,000원 - 당기상계 1,200,000원
 대손충당금 손금산입 한도액 : 7,221,600원**

	대손상각비	7,221,600***	/ 대손충당금	7,221,600	

Adjustment	대손충당금환입	3,200,000	/ 대손충당금	3,200,000	
	대손충당금	11,778,400	/ 대손상각비	11,778,400	
Tax-Adj	익금↓(순자산↑)	3,200,000	/ 자산↓(순자산↓)	3,200,000	

| 자산↑(순자산↑) | 11,778,400 / 손금↓(순자산↑) | 11,778,400 |

〈익금불산입〉 대손충당금환입 3,200,000 · △유보(대손충당금)
〈손금불산입〉 대손상각비 11,778,400 · 유보(대손충당금)

예제 16-2 대손금과 대손충당금(Ⅱ)

다음은 주권비상장법인 ㈜A의 결산자료 중 일부를 발췌한 것이다.
1. 대손충당금 기초잔액은 15,000,000원(전기 부인액 8,000,000원 포함)이다.
2. 대손충당금 설정대상채권과 관련하여 전기 부인액 40,000,000원 중 20,000,000원은 당기에 소멸시효가 완성되었으며, 3,000,000원은 회사가 당기에 회수하여 기업회계기준에 따라 회계처리하였다.
3. 회사의 대손실적률은 0.7%이며, 회사의 당기 대손충당금 기말잔액은 60,000,000원이다.
4. 재무상태표상 채권잔액은 다음과 같다.

과 목	금 액
외 상 매 출 금	4,000,000,000원
받 을 어 음	800,000,000원
부 가 세 미 수 금	40,000,000원
계	4,840,000,000원

5. 외상매출금 중 30,000,000원은 계열회사의 채무보증으로 인하여 발생한 구상채권이며, 받을어음 중 50,000,000원은 특수관계인에게 자산의 고가양도와 관련하여 계상된 시가초과액에 상당하는 금액이다.

요구사항

대손금 및 대손충당금과 관련된 세무조정을 하시오.

해답

1. 대손금에 대한 세무조정
   〈손금산입〉 전기 대손금부인액 손금추인(소멸시효완성) 20,000,000(△유보)
   〈손금산입〉 전기 대손금부인액 손금추인(추심) 3,000,000(△유보)❋

   ❋ ㈜A가 제각한 채권을 회수하였을 때 회계처리를 추정하면 다음과 같다.

   | (차) 현 금 | 3,000,000 | (대) 대손충당금 | 3,000,000 |

   그런데 상기의 회계처리는 수익으로 계상한 효과를 가져왔으므로 차감조정을 하여야 하며, 소득처분은 당초 ㈜A가 채권의 대손처리시 부인되어 자본금과적립금조정명세서(을)에 유보로 존재하므로 이를 제각시키기 위하여 △유보로 처분한다.

2. 대손충당금에 대한 세무조정
   ① 환입에 대한 세무조정
      〈손금산입〉 전기 대손충당금 부인액 손금추인 8,000,000(△유보)
   ② 설정에 대한 세무조정
      ㉠ 회사설정액 : 60,000,000원
      ㉡ 한도액 : (4,840,000,000원 − 80,000,000원❶ + 17,000,000원❷) × 1% = 47,770,000원
         ❶ 30,000,000원(구상채권) + 50,000,000원(특수관계인에 대한 시가초과채권액) = 80,000,000원
         ❷ 유보잔액 : 40,0000,000원 − 20,000,000원 − 3,000,000원 = 17,000,000원
      ③ 한도초과액 : 12,230,000원(= 60,000,000원 − 47,770,000원)
      ④ 〈손금불산입〉 대손충당금 한도초과 12,230,000(유보)

제16절 대손금과 대손충당금

분개법 대손금과 대손충당금(II)

재무회계

장부상 대손충당금(보충법)

당기상계액	0	전기이월액	15,000,000
차기이월액	60,000,000	현금	3,000,000
(총액법상 당기설정액)		당기설정액	42,000,000
		(보충법상 당기설정액)	

세무회계

재무회계

장부상 대손충당금(총액법)

당기상계액	0	전기이월액	15,000,000
대손충당금환입	18,000,000	현 금	3,000,000
차기이월액	60,000,000	당기설정액	60,000,000

세무회계

세무상 대손충당금(총액법)

당기상계액	0	전기이월액	7,000,000
대손충당금환입	7,000,000	당기설정액	47,770,600

장부상 대손충당금환입

		대손충당금	18,000,000

세무상 대손충당금환입

		대손충당금	7,000,000

장부상 대손상각비

대손충당금	60,000,000		

세무상 대손상각비

채 권	20,000,000		
대손충당금	47,770,600		

장부상 채권

	4,840,000,000	차기이월	4,840,000,000

세무상 채권

	4,800,000,000	대손충당금	20,000,000
(= 4,840,000,000		현 금	3,000,000
+ 40,000,000		차기이월	4,777,000,000
− 80,000,000)			

장부상 현금

대손충당금	3,000,000		

세무상 현금

채 권	3,000,000		

(1) 대손금에 대한 세무조정

Book	없 음			
Tax	대손상각비	20,000,000 /	채 권	20,000,000
Adjustment	대손상각비	20,000,000 /	채 권	20,000,000
Tax-Adj	손금↑(순자산↓)	20,000,000 /	자산↓(순자산↓)	20,000,000
	〈손금산입〉 대손상각비(전기 대손금 부인액 손금추인) 20,000,000 · △유보(채권)			
Book	현 금	3,000,000 /	대손충당금	3,000,000
	대손충당금	3,000,000 /	대손충당금환입	3,000,000

Tax	현 금	3,000,000	/ 채 권	3,000,000	
Adjustment	대손충당금환입	3,000,000	/ 채 권	3,000,000	
Tax-Adj	익금↓(순자산↓)	3,000,000	/ 자산↓(순자산↓)	3,000,000	

〈익금불산입〉 대손충당금환입 3,000,000·△유보(채권)

(2) 대손충당금에 대한 세무조정

1) 환입에 대한 세무조정

Book	대손충당금	15,000,000*	/ 대손충당금환입	15,000,000

* 장부상 당기말 대손충당금 설정 전 잔액 = 전기이월 15,000,000원 − 당기상계 0원

Tax	대손충당금	7,000,000**	/ 대손충당금환입	7,000,000

** 세무상 당기말 대손충당금 설정 전 잔액 = 전기이월 15,000,000원 − 당기상계 0원 − 손금부인액 8,000,000원

Adjustment	대손충당금환입	8,000,000	/ 대손충당금	8,000,000
Tax-Adj	익금↓(순자산↓)	8,000,000	/ 자산↓(순자산↓)	8,000,000

〈익금불산입〉 대손충당금환입 8,000,000·△유보(대손충당금)

2) 설정에 대한 세무조정

Book	대손상각비	60,000,000	/ 대손충당금	60,000,000

Tax	대손충당금 손금산입 한도액 : 47,770,000원**

** (4,840,000,000원 − 80,000,000원 + 유보잔액 17,000,000원) × Max(1%, 0.7%) = 47,770,000원

대손상각비   47,770,000*** / 대손충당금   47,770,000

*** Min(장부상 총액법상 대손충당금 설정액 60,000,000원, 세무상 대손충당금 손금산입 한도 47,770,000원)

Adjustment	대손충당금	12,230,000	/ 대손상각비	12,230,000
Tax-Adj	자산↑(순자산↑)	12,230,000	/ 손금↓(순자산↑)	12,230,000

〈손금불산입〉 대손상각비 12,230,000·유보(대손충당금)

 16-3 대손금과 대손충당금(Ⅲ)

다음 자료에 의하여 ㈜A의 당기(2025.1.1~12.31) 사업연도의 세무조정을 하시오.
1. 대손충당금의 기초잔액은 77,500,000원(손금부인액 7,800,000원)이다.
2. 기말 외상매출금 중 15,000,000원은 외상매입금과 상계하기로 약정한 거래처에 대한 채권가액이며, 동 거래처에 대한 외상매입금은 18,000,000원이다.
3. 손익계산서상 대손상각비 120,000,000원은 F/P상 대손충당금 설정대상 채권금액의 2%를 계상한 것이다.
4. 전기에 손금부인된 대손금의 내역은 다음과 같다.

구 분	일 자	금 액
외 상 매 출 금	2025. 5. 3❶	10,200,000원
받 을 어 음 (1 매)	2024. 9.10❷	8,000,000원
계		18,200,000원

❶ 소멸시효완성일
❷ 부도발생일

5. 대손충당금 계정은 다음과 같다.

대손충당금

상	계	20,000,000원	기	초	77,500,000원
기	말	177,500,000원	설	정	120,000,000원
계		197,500,000원	계		197,500,000원

6. 기초 F/P상 대손충당금 설정대상 채권가액은 3,165,050,000원이다.

해답

1. 대손금에 대한 세무조정
   〈손금산입〉 외상매출금(소멸시효완성)   10,200,000(△유보)
   〈손금산입〉 받을어음(부도발생일부터 6개월 이상 경과)   7,999,000(△유보)

2. 대손충당금에 대한 세무조정
   ① 환입에 대한 세무조정
      〈손금산입〉 전기 대손충당금부인액 손금추인   7,800,000(△유보)
   ② 설정에 대한 세무조정
      ㉠ 회사설정액 : 177,500,000원
      ㉡ 한도액 : ($\dfrac{120,000,000원}{2\%}$ - 15,000,000원❶ + 1,000원) × 1.2%❷ = 71,820,012원
         ❶ 외상매입금과 상계하기로 약정한 채권가액
         ❷ MAX[1%, $\dfrac{20,000,000원 + 10,200,000원 + 7,999,000원}{3,165,050,000원 + 18,200,000원}$ = 1.2%] = 1.2%
      ㉢ 한도초과액 : 105,679,988원(= 177,500,000원 - 71,820,012원)
      ㉣ 〈손금불산입〉 대손충당금 한도초과   105,679,988(유보)

해설

※ 대손실적률 계산시 착안사항

전기(제14기)	당기(제15기)
① 장부상 대손처리함 ② 세법상 대손요건 미비 　〈손금불산입〉 채 권 ×××(유보)	① 장부상 회계처리 없음 ② 세법상 대손요건 충족 　〈손금산입〉 채 권 ×××(△유보)
대손실적률 = $\dfrac{분\ 자}{분\ 모}$	대손실적률 = $\dfrac{분\ 자}{분\ 모}$

상기 세무조정은 신고조정사항에 해당하는 대손요건 충족시에 한함

분개법 대손금과 대손충당금(III)

재무회계

장부상 대손충당금(보충법)

상계	20,000,000	기초	77,500,000
기말	177,500,000	설정	120,000,000
(총액법상 당기설정액)		(보충법상 당기설정액)	

장부상 대손충당금(총액법)

상계	20,000,000	기초	77,500,000
대손충당금환입	57,500,000		
차기이월액	177,500,000	설정	177,500,000

장부상 대손충당금환입

	대손충당금	57,500,000

장부상 대손상각비

대손충당금 177,500,000	

세무회계

세무상 대손충당금(총액법)

상계	20,000,000	기초	69,700,000
대손충당금환입	49,700,000	설정	71,820,012

세무상 대손충당금환입

	대손충당금	49,700,000

세무상 대손상각비

채 권	10,200,000
채 권	7,999,000
대손충당금	71,820,012

재무회계

장부상 채권

기 초	3,165,050,000	기 말	6,000,000,000

세무회계

세무상 채권

기 초	3,183,250,000	대손상각비	10,200,000
(= 3,165,050,000		대손상각비	7,999,000
+ 18,200,000)		기 말	5,985,001,000
		(= 6,000,000,000	
		− 15,000,000+ 1,000)	

(1) 대손금에 대한 세무조정

Book	없 음				
Tax	대손상각비	10,200,000	/	채 권	10,200,000
Adjustment	대손상각비	10,200,000	/	채 권	10,200,000
Tax−Adj	손금↑(순자산↓)	10,200,000	/	자산↓(순자산↓)	10,200,000

〈손금산입〉 대손상각비(전기 대손금 부인액 손금추인) 10,200,000・△유보(채권)

Book	없 음				
Tax	대손상각비	7,999,000	/	채 권	7,999,000
Adjustment	대손상각비	7,999,000	/	채 권	7,999,000
Tax−Adj	손금↑(순자산↓)	7,999,000	/	자산↓(순자산↓)	7,999,000

〈손금산입〉 대손상각비(부도발생일부터 6월 이상 경과) 7,999,000・△유보(채권)

(2) 대손충당금에 대한 세무조정

1) 환입에 대한 세무조정

Book	대손충당금	57,500,000*	/ 대손충당금환입		57,500,000

  * 장부상 당기말 대손충당금 설정 전 잔액
  = 전기이월 77,500,000원 − 당기상계 20,000,000원

Tax	대손충당금	49,700,000**	/ 대손충당금환입		49,700,000

  ** 세무상 당기말 대손충당금 설정 전 잔액
  = 전기이월 69,700,000원 − 당기상계 20,000,000원

Adjustment	대손충당금환입	7,800,000	/ 대손충당금		7,800,000
Tax-Adj	익금↓(순자산↓)	7,800,000	/ 자산↓(순자산↓)		7,800,000

  〈익금불산입〉 대손충당금환입 7,800,000 · △유보(대손충당금)

2) 설정에 대한 세무조정

Book	대손상각비	177,500,000	/ 대손충당금		177,500,000

Tax	대손충당금 손금산입 한도액 : 71,820,012원**

  ** (120,000,000원/0.02 − 15,000,000원 + 1,000원) × Max(1%, 1.2%) = 71,820,012원

  대손상각비 71,820,012*** / 대손충당금 71,820,012

  *** Min(장부상 총액법상 대손충당금 설정액 177,500,000원, 세무상 대손충당금 손금산입 한도 71,820,012원)

Adjustment	대손충당금	105,679,988	/ 대손상각비		105,679,988
Tax-Adj	자산↑(순자산↑)	105,679,988	/ 손금↓(순자산↑)		105,679,988

  〈손금불산입〉 대손상각비 105,679,988 · 유보(대손충당금)

조세법령 확인을 통해 기본개념 익히기

※ 다음 법인세 관련 조세법령의 빈 칸을 채우시오.

1. 법인세법 제19조의 2 【대손금의 손금불산입】

   ① 내국법인이 보유하고 있는 채권 중 채무자의 파산 등 대통령령으로 정하는 사유로 회수할 수 없는 채권의 금액 [이하 "대손금"(貸損金)이라 한다]은 대통령령으로 정하는 사업연도의 소득금액을 계산할 때 □□에 산입한다.
   ② 제1항은 다음 각 호의 어느 하나에 해당하는 채권에는 적용하지 아니한다.
   　1. 채무보증(「독점규제 및 공정거래에 관한 법률」 제24조 각 호의 어느 하나에 해당하는 채무보증 등 대통령령으로 정하는 채무보증은 제외한다)으로 인하여 발생한 □□채권(求償債權)
   　2. 제28조 제1항 제4호 나목에 해당하는 □□□□(假支給金) 등. 이 경우 특수관계인에 대한 판단은 대여시점을 기준으로 한다.
   ③ 제1항에 따라 손금에 산입한 대손금 중 회수한 금액은 그 회수한 날이 속하는 사업연도의 소득금액을 계산할 때 □□에 산입한다.
   ④ 제1항을 적용하려는 내국법인은 대통령령으로 정하는 바에 따라 대손금 명세서를 납세지 관할 세무서장에게 제출하여야 한다.
   ⑤ 대손금의 범위와 처리 등에 필요한 사항은 대통령령으로 정한다.

   해설과 해답
   ① 손금
   ② 구상, 가지급금
   ③ 익금

2. 법인세법 시행령 제19조의 2 【대손금의 손금불산입】

① 법 제19조의 2 제1항에서 "채무자의 파산 등 대통령령으로 정하는 사유로 회수할 수 없는 채권"이란 다음 각 호의 어느 하나에 해당하는 것을 말한다.

1. 「□□」에 따른 소멸시효가 완성된 외상매출금 및 미수금
2. 「□□법」에 따른 소멸시효가 완성된 어음
3. 「□□법」에 따른 소멸시효가 완성된 수표
4. 「□□」에 따른 소멸시효가 완성된 대여금 및 선급금
5. 「채무자 회생 및 파산에 관한 법률」에 따른 회생계획인가의 결정 또는 법원의 면책결정에 따라 회수불능으로 확정된 채권
5의 2. 「서민의 금융생활 지원에 관한 법률」에 따른 채무조정을 받아 같은 법 제75조의 신용회복지원협약에 따라 면책으로 확정된 채권
6. 「민사집행법」 제102조에 따라 채무자의 재산에 대한 경매가 취소된 □□채권
7. 물품의 수출 또는 외국에서의 용역제공으로 발생한 채권으로서 무역에 관한 법령에 따라 기획재정부령으로 정하는 사유에 해당하여 「무역보험법」 제37조에 따른 한국무역보험공사로부터 회수불능으로 확인된 채권
8. 채무자의 파산, 강제집행, 형의 집행, 사업의 폐지, 사망, 실종 또는 행방불명으로 회수할 수 없는 채권
9. 부도발생일부터 □개월 이상 지난 수표 또는 어음상의 채권 및 외상매출금[중소기업의 외상매출금으로서 부도발생일 이전의 것에 한정한다]. 다만, 해당 법인이 채무자의 재산에 대하여 □□권을 설정하고 있는 경우는 제외한다.
9의 2. 중소기업의 외상매출금 및 미수금(이하 이 호에서 "외상매출금등"이라 한다)으로서 회수기일이 □년 이상 지난 외상매출금등. 다만, 특수관계인과의 거래로 인하여 발생한 외상매출금등은 제외한다.
10. 재판상 화해 등 확정판결과 같은 효력을 가지는 것으로서 기획재정부령으로 정하는 것에 따라 회수불능으로 확정된 채권
11. 회수기일이 □개월 이상 지난 채권 중 채권가액이 □□만원 이하(채무자별 채권가액의 합계액을 기준으로 한다)인 채권
12. 제61조 제2항 각 호 외의 부분 단서에 따른 금융회사 등의 채권(같은 항 제13호에 따른 여신전문금융회사인 신기술사업금융업자의 경우에는 신기술사업자에 대한 것에 한정한다) 중 다음 각 목의 채권
    가. 금융감독원장이 기획재정부장관과 협의하여 정한 대손처리기준에 따라 금융회사 등이 금융감독원장으로부터 대손금으로 승인받은 것
    나. 금융감독원장이 가목의 기준에 해당한다고 인정하여 대손처리를 요구한 채권으로 금융회사 등이 대손금으로 계상한 것
13. 「벤처투자 촉진에 관한 법률」 제2조제10호에 따른 벤처투자회사의 창업자에 대한 채권으로서 중소벤처기업부장관이 기획재정부장관과 협의하여 정한 기준에 해당한다고 인정한 것

② 제1항 제9호에 따른 □□□□일은 소지하고 있는 부도수표나 부도어음의 지급기일(지급기일 전에 해당 수표나 어음을 제시하여 금융회사 등으로부터 부도확인을 받은 경우에는 그 부도확인일을 말한다)로 한다. 이 경우 대손금으로 손비에 계상할 수 있는 금액은 사업연도 종료일 현재 회수되지 아니한 해당 채권의 금액에서 1천원을 뺀 금액으로 한다.

③ 법 제19조의 2 제1항에서 "대통령령으로 정하는 사업연도"란 다음 각 호의 어느 하나의 날이 속하는 사업연도를 말한다.

1. 제1항 제1호부터 제5호까지, 제5호의 2 및 제6호에 해당하는 경우에는 해당 사유가 발생한 날
2. 제1호 외의 경우에는 해당 사유가 발생하여 손비로 □□한 날

④ 제3항 제2호에도 불구하고 법인이 다른 법인과 합병하거나 분할하는 경우로서 제1항 제8호부터 제13호까지의

규정에 해당하는 대손금을 합병등기일 또는 분할등기일이 속하는 사업연도까지 손비로 계상하지 아니한 경우 그 대손금은 해당 법인의 □□등기일 또는 □□등기일이 속하는 사업연도의 손비로 한다.

⑤ 내국법인이 기업회계기준에 따른 채권의 재조정에 따라 채권의 □□가액과 □□가치의 차액을 대손금으로 계상한 경우에는 이를 손금에 산입하며, 손금에 산입한 금액은 기업회계기준의 환입방법에 따라 익금에 산입한다.

⑥ 법 제19조의 2 제2항 제1호에서 "독점규제 및 공정거래에 관한 법률" 제24조 각 호의 어느 하나에 해당하는 채무보증 등 대통령령으로 정하는 채무보증"이란 다음 각 호의 어느 하나에 해당하는 채무보증을 말한다.
  1. 「독점규제 및 공정거래에 관한 법률」 제24조 각 호의 어느 하나에 해당하는 채무보증
  2. 제61조 제2항 각 호의 어느 하나에 해당하는 금융회사 등이 행한 채무보증
  3. 법률에 따라 신용보증사업을 영위하는 법인이 행한 채무보증
  4. 「대·중소기업 상생협력 촉진에 관한 법률」에 따른 위탁기업이 수탁기업협의회의 구성원인 수탁기업에 대하여 행한 채무보증
  5. 건설업 및 전기 통신업을 영위하는 내국법인이 건설사업(미분양주택을 기초로 하는 제10조 제1항 제4호 각 목 외의 부분에 따른 유동화거래를 포함한다)과 직접 관련하여 특수관계인에 해당하지 아니하는 자에 대한 채무보증. 다만, 「사회기반시설에 대한 민간투자법」 제2조 제7호의 사업시행자 등 기획재정부령으로 정하는 자에 대한 채무보증은 특수관계인에 대한 채무보증을 포함한다.
  6. 「해외자원개발 사업법」에 따른 해외자원개발사업자가 해외자원개발사업과 직접 관련하여 해외에서 설립된 법인에 대하여 행한 채무보증
  7. 「해외건설 촉진법」에 따른 해외건설사업자가 해외자원개발을 위한 해외건설업과 직접 관련하여 해외에서 설립된 법인에 대해 행한 채무보증

⑦ (삭제, 2024. 2. 29.)

⑧ 법 제19조의 2 제1항을 적용받으려는 내국법인은 법 제60조에 따른 신고와 함께 기획재정부령으로 정하는 대손충당금 및 대손금조정명세서를 납세지 관할세무서장에게 제출하여야 한다.

해설과 해답

① 상법, 어음, 수표, 민법, 압류, 6, 저당, 2, 6, 30 ② 부도발생
③ 계상 ④ 합병, 분할
⑤ 장부, 현재

3. 법인세법 제34조 【대손충당금의 손금산입】

① 내국법인이 각 사업연도의 결산을 확정할 때 외상매출금, 대여금 및 그 밖에 이에 준하는 채권의 대손(貸損)에 충당하기 위하여 대손충당금을 손비로 계상한 경우에는 대통령령으로 정하는 바에 따라 계산한 금액의 범위에서 그 계상한 대손충당금을 해당 사업연도의 소득금액을 계산할 때 □□에 산입한다.

② 제1항은 제19조의 2 제2항 각 호의 어느 하나에 해당하는 채권에는 적용하지 아니한다.

③ 제1항에 따라 대손충당금을 손금에 산입한 내국법인은 대손금이 발생한 경우 그 대손금을 대손충당금과 먼저 상계하여야 하고, 상계하고 남은 대손충당금의 금액은 다음 사업연도의 소득금액을 계산할 때 □□에 산입한다.

④ 제1항에 따라 대손충당금을 손금에 산입한 내국법인이 합병하거나 분할하는 경우 그 법인의 합병등기일 또는 분할등기일 현재의 해당 대손충당금 중 합병법인등이 승계(해당 대손충당금에 대응하는 채권이 함께 승계되는 경우만 해당한다)받은 금액은 그 합병법인등이 합병등기일 또는 분할등기일에 가지고 있는 대손충당금으로 본다.

⑤ 제1항을 적용하려는 내국법인은 대통령령으로 정하는 바에 따라 대손충당금 명세서를 납세지 관할 세무서장에게 제출하여야 한다.

⑥ 제1항에 따른 외상매출금, 대여금 및 그 밖에 이에 준하는 채권의 범위와 대손충당금 처리에 필요한 사항은 대통령령으로 정한다.

해설과 해답

① 손금　　② 익금

4. 법인세법 시행령 제61조 【대손충당금의 손금산입】

① 법 제34조 제1항에 따른 외상매출금·대여금 및 그 밖에 이에 준하는 채권은 다음 각 호의 구분에 따른 것으로 한다.
  1. 외상매출금 : 상품·제품의 판매가액의 미수액과 가공료·용역 등의 제공에 의한 사업수입금액의 미수액
  2. 대여금 : 금전소비대차계약 등에 의하여 타인에게 대여한 금액
  3. 그 밖에 이에 준하는 채권: 어음상의 채권·미수금, 그 밖에 기업회계기준에 따라 대손충당금 설정대상이 되는 채권(제88조 제1항 제1호에 따른 시가초과액에 상당하는 채권은 제외한다)

② 법 제34조 제1항에서 "대통령령으로 정하는 바에 따라 계산한 금액"이란 해당 사업연도종료일 현재의 제1항에 따른 외상매출금·대여금, 그 밖에 이에 준하는 채권의 □□가액의 합계액(이하 이 조에서 "채권잔액"이라 한다)의 100분의 □에 상당하는 금액과 채권잔액에 □□□□률을 곱하여 계산한 금액 중 큰 금액을 말한다. 다만, 다음 각 호의 어느 하나에 해당하는 금융회사 등 중 제1호부터 제4호까지, 제6호부터 제17호까지, 제17호의 2 및 제24호의 금융회사 등의 경우에는 금융위원회(제24호의 경우에는 행정안전부를 말한다)가 기획재정부장관과 협의하여 정하는 대손충당금적립기준에 따라 적립하여야 하는 금액, 채권잔액의 100분의 1에 상당하는 금액 또는 채권잔액에 대손실적률을 곱하여 계산한 금액 중 큰 금액으로 한다.
  1. 「은행법」에 의한 인가를 받아 설립된 은행
  2. 「한국산업은행법」에 의한 한국산업은행
  3. 「중소기업은행법」에 의한 중소기업은행
  4. 「한국수출입은행법」에 의한 한국수출입은행
  5. (삭제, 2014. 12. 30. ; 한국산업은행법 시행령 부칙)
  6. 「농업협동조합법」에 따른 농업협동조합중앙회(같은 법 제134조 제1항 제4호의 사업에 한정한다) 및 농협은행
  7. 「수산업협동조합법」에 따른 수산업협동조합중앙회(같은 법 제138조 제1항 제4호 및 제5호의 사업에 한정한다) 및 수협은행
  8. 「자본시장과 금융투자업에 관한 법률」에 따른 투자매매업자 및 투자중개업자
  9. 「자본시장과 금융투자업에 관한 법률」에 따른 종합금융회사
  10. 「상호저축은행법」에 의한 상호저축은행중앙회(지급준비예탁금에 한한다) 및 상호저축은행
  11. 보험회사
  12. 「자본시장과 금융투자업에 관한 법률」에 따른 신탁업자
  13. 「여신전문금융업법」에 따른 여신전문금융회사
  14. 「산림조합법」에 따른 산림조합중앙회(같은 법 제108조 제1항 제3호, 제4호 및 제5호의 사업으로 한정한다)
  15. 「한국주택금융공사법」에 따른 한국주택금융공사
  16. 「자본시장과 금융투자업에 관한 법률」에 따른 자금중개회사
  17. 「금융지주회사법」에 따른 금융지주회사
  17의 2. 「신용협동조합법」에 따른 신용협동조합중앙회(같은 법 제78조 제1항 제5호·제6호 및 제78조의 2 제1항의 사업에 한정한다)
  18. 「신용보증기금법」에 따른 신용보증기금
  19. 「기술보증기금법」에 따른 기술보증기금
  20. 「농림수산업자 신용보증법」에 따른 농림수산업자신용보증기금
  21. 「한국주택금융공사법」에 따른 주택금융신용보증기금
  22. 「무역보험법」에 따른 한국무역보험공사
  23. 「지역신용보증재단법」에 따른 신용보증재단

24. 「새마을금고법」에 따른 새마을금고중앙회(같은 법 제67조제1항제5호 및 제6호의 사업에 한정한다)
25. 「중소기업창업 지원법」에 따른 중소기업창업투자회사
26. 「예금자보호법」에 따른 예금보험공사 및 정리금융회사
27. 「자산유동화에 관한 법률」에 따른 유동화전문회사
28. 「대부업 등의 등록 및 금융이용자 보호에 관한 법률」에 따라 대부업자로 등록한 법인
29. 「산업재해보상보험법」에 따른 근로복지공단(근로자 신용보증 지원사업에서 발생한 구상채권에 한정한다)
30. 「금융회사부실자산 등의 효율적 처리 및 한국자산관리공사의 설립에 관한 법률」에 따른 한국자산관리공사 (부실채권정리기금을 포함한다)
31. 「농업협동조합의 구조개선에 관한 법률」에 따른 농업협동조합자산관리회사

③ 제2항에 따른 대손실적률은 다음 산식에 따라 계산한 비율로 한다.

$$\text{대손실적률} = \frac{\text{해당 사업연도의 법 제19조의 2 제1항에 따른 대손금}}{\square\square \text{ 사업연도 종료일 현재의 채권가액}}$$

④ 법 제34조 제1항에 따른 대손충당금의 손금산입 범위액을 계산할 때에는 제19조의2 제5항에 따른 대손금과 관련하여 계상된 대손충당금은 제외한다.
⑤ 법 제34조 제1항의 규정을 적용받고자 하는 내국법인은 법 제60조의 규정에 의한 신고와 함께 기획재정부령이 정하는 대손충당금 및 대손금조정명세서를 납세지 관할세무서장에게 제출하여야 한다.

해설과 해답

② 장부, 1. 대손실적
③ 직전

exercise

01 법인세법상 대손금과 대손충당금에 대한 설명으로 옳지 않은 것은? [국가직 9급 2011]

① 대손충당금을 손금으로 계상한 내국법인은 대손금이 발생한 경우 그 대손금을 대손충당금과 먼저 상계하여야 하고, 상계 후 남은 대손충당금의 금액은 다음 사업연도의 소득금액계산에 있어서 이를 익금에 산입한다.
② 내국법인이 기업회계기준에 따른 채권의 재조정에 따라 채권의 장부가액과 현재가치의 차액을 대손금으로 계상한 경우에는 이를 손금에 산입하며, 손금에 산입한 금액은 기업회계기준의 환입방법에 따라 익금에 산입한다.
③ 법인이 다른 법인과 합병하는 경우로서 결산조정사항에 해당하는 대손금을 합병등기일이 속하는 사업연도까지 손금으로 계상하지 아니한 경우 그 대손금은 해당 법인의 합병등기일이 속하는 사업연도의 손금으로 한다.
④ 채무보증(법령으로 정하는 일정한 채무보증은 제외)으로 인하여 발생한 구상채권에 대하여는 주채무자에 대해 구상권을 행사한 결과 무재산 등으로 회수할 수 없는 경우에 대손처리할 수 있다.

해설 ④ 채무보증으로 인한 구상채권은 대손처리 불능채권이므로 대손처리할 수 없다.

해답 ④

02 법인세법령상 내국법인의 대손금에 대한 설명으로 옳지 않은 것은? [국가직 9급 2022]

① 「민법」에 따른 소멸시효가 완성된 대여금은 해당 사유가 발생한 날이 속하는 사업연도의 손금으로 한다.
② 부도발생일부터 6개월 이상 지난 어음상의 채권(해당 법인이 채무자의 재산에 대하여 저당권을 설정하고 있는 경우는 제외한다)은 해당 사유가 발생한 날이 속하는 사업연도의 손금으로 한다.
③ 채무자의 파산으로 회수할 수 없는 채권은 해당 사유가 발생하여 손비로 계상한 날이 속하는 사업연도의 손금으로 한다.
④ 회수기일이 6개월 이상 지난 채권 중 채권가액이 30만원 이하(채무자별 채권가액의 합계액을 기준으로 한다)인 채권은 해당 사유가 발생하여 손비로 계상한 날이 속하는 사업연도의 손금으로 한다.

해설 ② 부도발생일부터 6개월 이상 지난 어음상의 채권(해당 법인이 채무자의 재산에 대하여 저당권을 설정하고 있는 경우는 제외한다)은 결산조정사항이므로 대손금으로 처리한 날이 속하는 사업연도의 손금으로 한다.

해답 ②

제16절 대손금과 대손충당금

03 법인세법상 신고조정 대손사유에 해당하는 것은? [회계사 2019]

① 「채무자 회생 및 파산에 관한 법률」에 따른 회생계획인가의 결정에 따라 회수불능으로 확정된 채권
② 중소벤처기업부장관이 정한 대손기준에 해당한다고 인정한 중소기업창업투자회사의 창업자에 대한 채권
③ 채무자의 사업 폐지로 인하여 회수할 수 없는 채권
④ 부도발생일부터 6개월 이상 지난 중소기업의 외상매출금
⑤ 금융감독원장으로부터 대손금으로 승인받은 금융회사의 채권

> **해설** 「채무자 회생 및 파산에 관한 법률」에 따른 회생계획인가의 결정에 따라 회수불능으로 확정된 채권의 대손처리는 신고조정 대손사유이다.
>
> **해답** ①

04 법인세법상 손금으로 인정하는 대손금에는 해당 사유가 발생한 날이 속하는 사업연도의 손금으로 산입하는 것과 해당 사유가 발생하여 손비로 계상한 날이 속하는 사업연도의 손금으로 산입하는 것의 2가지로 분류된다. 이 분류는 적용할 경우 다음 중 성격이 다른 하나는? (단, 영리내국법인을 가정함) [세무사 2020]

① 「민사집행법」 제102조에 따라 채무자의 재산에 대한 경매가 취소된 압류채권
② 「민사소송법」에 따른 화해에 따라 회수불능으로 확정된 채권
③ 중소기업의 외상매출금으로서 부도발생일부터 6개월 이상 지난 어음상의 채권(부도발생일 이전의 것으로서 해당 법인이 채무자의 재산에 대하여 저당권을 설정하고 있지 않음)
④ 중소기업의 외상매출금으로서 회수기일이 2년 이상 지난 것(단, 특수관계인과의 거래로 인하여 발생한 외상매출금은 제외함)
⑤ 회수기일이 6개월 이상 지난 채권 중 채권가액이 30만원 이하(채무자별 채권가액의 합계액을 기준으로 함)인 채권

> **해설** 「민사집행법」 제102조에 따라 채무자의 재산에 대한 경매가 취소된 압류채권은 해당 사유가 발생한 날이 속하는 사업연도의 손금 산입하는 것(즉, 신고조정사항)이며, 나머지는 해당 사유가 발생하여 손비로 계상한 날이 속하는 사업연도의 손금으로 산입하는 것(즉, 결산조정사항)이다.
>
> **해답** ①

05 영리내국법인 ㈜A(중소기업이 아님)는 다음 자료의 모든 채권에 대하여 회수가 불가능하다고 판단하여 제24기 사업연도(2025.1.1.~12.31.)에 대손충당금과 상계하는 회계처리를 하였다. ㈜A가 제24기 사업연도에 다음의 채권들에 대하여 세무조정해야 하는 금액은 모두 얼마인가? (단, 제23기 사업연도 이전의 세무조정은 모두 적정하였고, 주어진 자료 이외의 다른 세무조정 사항은 없는 것으로 가정함) [세무사 2012]

(1) ㈜B에 대한 외상매출금 5,000,000원 : 제23기 사업연도에 「상법」에 따른 소멸시효가 완성되었다.
(2) ㈜C에 대한 외상매출금 2,000,000원 : 해당 채권에는 저당권이 설정되어 있지 않다. ㈜C는 2024년에 파산결정을 받았으나, ㈜A는 제23기 사업연도에 해당 채권에 대한 대손회계처리를 하지 않았다.
(3) ㈜D에 대한 어음상 채권 3,000,000원 : 제24기 사업연도 말 현재 해당 어음은 부도발생일로부터 8개월이 지났으며, ㈜A는 ㈜D 소유의 토지에 대하여 10,000,000원의 저당권을 설정하고 있다.
(4) ㈜E에 대한 외상매출금 150,000원 : 제24기 사업연도 말 현재 해당 외상매출금에 대한 회수기일로부터 10개월이 지났으며, 해당 외상매출금 외에 ㈜E와의 다른 거래는 없다.
(5) 특수관계인인 甲에게 업무와 무관하게 대여한 4,000,000원 : 甲은 2025년에 파산결정을 받아 채권회수가 불가능하다.

	〈익금산입 및 손금불산입〉	〈손금산입 및 익금불산입〉
①	0원	7,000,000원
②	1,000원	원
③	5,150,000원	7,000,000원
④	9,151,000원	0원
⑤	12,000,000원	0원

구 분	설 명
㈜B	이는 신고조정사항으로서 소멸시효완성일이 속하는 제23기에 대손처리를 하여야 하나, 제24기에 하였으므로 손금불산입(유보)하여야 한다.
㈜C	이는 결산조정사항에 해당하므로 제24기의 대손처리에 대하여 세무조정이 필요치 않다.
㈜D	이는 결산조정사항에 해당하지만 저당권이 설정되어 있으므로 대손금으로 인정되지 않는다.
㈜E	이는 회수기일이 6개월 이상 지난 채권 중 채권가액이 20만원(채무자별 채권가액의 합계액을 기준으로 함) 이하의 채권에 해당하는 결산조정사항이므로 세무조정이 필요치 않다.
㈜F	이는 특수관계인에 대한 업무무관가지급금에 해당하므로 대손처리 불능채권에 해당한다.

5,000,000원(제23기 소멸시효완성채권)+3,000,000원(저당권설정채권)+4,000,000원(업무무관대여금)= 12,000,000원

 ⑤

제16절 대손금과 대손충당금

06 다음은 제조업을 영위하는 ㈜K의 제24기 사업연도(2025.1.1.~12.31.)의 대손충당금 관련 자료이다. 대손충당금 한도초과액으로 옳은 것은? [회계사 2011]

(1) 당기 대손충당금에 대한 내용은 다음과 같다.

대손충당금 (단위: 원)

당기상계	10,000,000[2]	전기이월	25,000,000[1]
차기이월	20,000,000	당기설정	5,000,000
	30,000,000		30,000,000

[1] 한도초과액 5,000,000원이 포함되어 있음.
[2] 당기상계액 중 3,000,000원은 「법인세법」상 대손요건을 불충족함.

(2) 재무상태표상 채권

항목	금액	비고
외상매출금	100,000,000원	
대여금	50,000,000원	특수관계자에 대한 업무무관가지급금 15,000,000원 포함
미수금	5,000,000원	
할인어음	4,000,000원	
총액	159,000,000원	

(3) 당기 대손실적률은 0.9%로 가정한다.

① 0원 ② 3,570,000원 ③ 3,713,000원
④ 18,530,000원 ⑤ 18,570,000원

1. 전기 한도초과액 환입에 대한 세무조정
   〈손금산입〉 전기 대손금부인액 손금추인 5,000,000원 (△유보)

2. 대손금 세무조정
   〈손금불산입〉 매출채권 3,000,000원 (유보)

3. 대손충당금 설정에 대한 세무조정
   (1) 대손충당금 한도계산
     ① 회사설정액 : 20,000,000원
     ② 한도액 : (100,000,000원+(50,000,000원-15,000,000원)+5,000,000원+3,000,000원*)
             × MAX[1%, 0.9%]=1,430,000원
         * 대손금 유보액 : 3,000,000원(요건 불충족채권)
     ③ 한도초과액 : 20,000,000원-1,430,000원=18,570,000원
   (2) 세무조정 : 〈손금불산입〉 대손충당금 한도초과액 18,570,000원 (유보)

 ⑤

07 다음 자료를 이용하여 제조업을 영위하는 영리내국법인인 ㈜A의 제24기(2025.1.1.~12.31.) 사업연도 법인세법상 대손충당금 한도초과액을 계산하면 얼마인가? [세무사 2015]

> (1) 당기 대손충당금 변동내역은 다음과 같다.
>
> | 기초잔액 | 당기증가 | 당기감소 | 기말잔액 |
> |---|---|---|---|
> | 25,000,000원 | 5,000,000원 | 17,000,000원 | 13,000,000원 |
>
> (2) 당기감소액 17,000,000원은 외상매출금을 대손처리한 금액으로 7,000,000원은 「법인세법」상 대손요건을 충족하였으나, 10,000,000원은 「법인세법」상 대손요건을 충족하지 못하였다.
> (3) 기말 현재 재무상태표상 채권잔액은 다음과 같다.
>
> | 구 분 | 금 액 |
> |---|---|
> | 외상매출금* | 280,000,000원 |
> | 대여금(「법인세법」상 특수관계인에게 업무와 관련 없이 지급한 가지급금 50,000,000원 포함) | 150,000,000원 |
> | 합 계 | 430,000,000원 |
>
> * 외상매출금은 제품 판매가액의 미수액으로 「법인세법」상 시가초과액에 상당하는 금액은 없다.
> (4) 전기말 대손부인 누계액 10,000,000원은 전액 외상매출금에 관한 것으로 당기 중 대손요건을 충족한 금액은 없다.
> (5) 당기 대손실적률은 0.9%라고 가정한다.

① 1,000,000원   ② 6,000,000원   ③ 9,000,000원
④ 9,100,000원   ⑤ 10,000,000원

  1. 회사설정액 : 13,000,000원

　　2. 한도액 : (430,000,000원−50,000,000원+20,000,000원*)× MAX[1%, 0.9%]=4,000,000원
　　　　* 대손금 유보액 : 10,000,000원(요건 불충족채권)+10,000,000원(전기 외상매출금)=20,000,000원

　　3. 한도초과액 : 13,000,000원−4,000,000원=9,000,000원

 ③

제16절 대손금과 대손충당금

08 다음은 제조업을 영위하는 영리내국법인 ㈜A의 제24기 사업연도(2025.1.1.~12.31.) 대손충당금 관련 자료이다. 제24기의 대손충당금 손금한도액을 계산한 것으로 옳은 것은? [회계사 2014 수정]

(1) 당기의 재무상태표상 대손충당금 계정의 증감내역은 다음과 같다.

대손충당금			(단위: 원)
당기상계액	6,000,000	전기이월액	10,000,000
차기이월액	12,000,000	당기설정액	8,000,000

(2) 당기 상계액 중 4,000,000원은 대손요건을 충족하였으나, 매출채권 2,000,000원은 대손요건을 충족하지 못하여 손금불산입(유보)하였다.
(3) 전기말 대손부인액 50,000,000원 중 2,250,000원은 당기 중 대손요건이 충족되어 손금산입하였으며, 나머지는 당기 중 회수되었다.
(4) 재무상태표상 대손충당금 설정대상채권의 잔액
  가. 제23기말 : 200,000,000원
  나. 제24기말 : 300,000,000원
(5) 대손실적률은 2.5%, 전기의 세무조정은 적법하게 이루어진 것으로 가정한다.

① 3,200,000원 ② 6,000,000원 ③ 6,040,000원
④ 7,500,000원 ⑤ 7,550,000원

1. 전기 한도초과액 환입에 대한 세무조정
   〈손금산입〉 전기 대손금부인액 손금추인 2,250,000원 (△유보)

2. 대손금 세무조정
   〈손금불산입〉 매출채권 2,000,000원 (유보)
   〈익금불산입〉 전기 대손금부인액 당기회수 47,750,000원 (△유보)

3. 대손충당금 설정에 대한 세무조정
   (1) 대손충당금 한도계산
      ① 회사설정액 : 12,000,000원
      ② 한도액 : (300,000,000원+2,000,000원*)× 2.5%=7,550,000원
        * 대손금 유보액 : 50,000,000원-2,250,000원(요건 충족채권)-47,750,000원(회수)+2,000,000원(요건 불충족채권)
          =2,000,000원
      ③ 한도초과액 : 12,000,000원-7,550,000원=4,450,000원
   (2) 세무조정 : 〈손금불산입〉 대손충당금 한도초과액 4,450,000원 (유보)

 ⑤

09 다음은 제조업을 영위하는 ㈜A(중소기업)의 외상매출금 관련 자료이다. 당기(2025.1.1.~12.31.)의 세무조정으로 맞는 것은?

(1) 전기말 현재 재무상태표상 대손충당금 설정대상채권은 80,000,000원이다. 여기에는 2024년 중에 상법상 소멸시효가 완성된 외상매출금 10,000,000원이 포함되어 있으며, 이 외상매출금은 당기 말 재무상태표상 외상매출금에 계속 포함되어 있다.

(2) 당기의 대손충당금 계정은 다음과 같다.

당기상계액	1,400,000원	전기이월액	2,000,000원
차기이월액	3,600,000원	당기설정액	3,000,000원
	5,000,000원		5,000,000원

당기의 대손충당금 상계액은 당기말 현재 부도발생일로부터 8개월이 지난 외상매출금에 대한 상계액이며, 해당 채권금액에서 1,000원을 공제한 금액이다. 대손충당금의 전기 이월액 중에는 한도초과로 부인된 금액(200,000원)이 포함되어 있다.

(3) 대손실적률을 2%라고 가정한다.

(4) 당기말 현재 재무상태표상 대손충당금 설정대상채권은 50,000,000원이며, 전기말의 세무조정은 적절하게 이루어졌다.

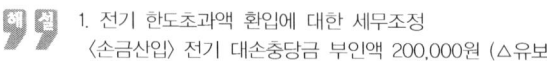

	익금산입·손금불산입	손금산입·익금불산입
①	2,600,000원 (유보)	200,000원 (△유보)
②	2,800,000원 (유보)	200,000원 (△유보)
③	2,900,000원 (유보)	200,000원 (△유보)
④	2,725,000원 (유보) 1,400,000원 (유보)	200,000원 (△유보)
⑤	2,200,000원 (유보)	—

해설

1. 전기 한도초과액 환입에 대한 세무조정
   〈손금산입〉 전기 대손충당금 부인액 200,000원 (△유보)

2. 대손충당금 설정에 대한 세무조정
   (1) 대손충당금 한도계산
     ① 회사설정액 : 3,600,000원
     ② 한도액 : (50,000,000원-10,000,000원*)×2%=800,000원
      * 대손금 유보액 : △10,000,000원(전기 소멸시효 완성채권)
     ③ 한도초과액 : 3,600,000원-800,000원=2,800,000원
   (2) 세무조정 : 〈손금불산입〉 대손충당금 한도초과액 2,800,000원 (유보)

해답 ②

제16절 대손금과 대손충당금

10 다음은 제조업을 영위하는 영리내국법인 ㈜A의 대손충당금에 관한 자료이다. 다음 자료를 이용하여 제24기 사업연도(2025.1.1.~12.31.) 세무조정 시 각 사업연도 소득금액에 미치는 영향금액은 얼마인가? (단, 전기 이전의 모든 세무조정은 적정하였고, 주어진 자료 이외에는 고려하지 않음) [세무사 2019 수정]

(1) 대손충당금 변동

가. 회사계상 대손충당금 내역

기초잔액	당기 상계액(감소)	당기 설정액(증가)	기말잔액
20,000원	10,000원	16,000원	26,000원

나. 당기 상계액 10,000원은 세법상 대손요건을 모두 충족하여 대손처리 하였음.

다. 대손충당금 기초잔액 20,000원 중 대손충당금 한도초과액 3,000원이다.

구 분	당기 말	전기 말
매출채권	360,000원	160,000원
선 급 금	40,000원	-
구상채권	6,000원	-

(2) 회사계상 기말 자산 내역 중 일부

가. 전기 말 채권 중 대손부인된 채권은 없음

나. 자회사의 채무보증으로 인하여 발생한 구상채권임

(3) 대손실적률은 2%라 가정함.

① 14,760원 ② 18,000원 ③ 20,000원
④ 21,000원 ⑤ 21,120원

해설

1. 전기 한도초과액 환입에 대한 세무조정
   〈손금산입〉 전기 대손충당금 부인액 3,000원 (△유보)

2. 대손충당금 설정에 대한 세무조정
   ① 회사설정액 : 26,000원
   ② 한도액 : (360,000원+40,000원)×2% = 8,000원
   ③ 한도초과액 : 26,000원-8,000원=18,000원

3. 세무조정 : 〈손금불산입〉 대손충당금 한도초과액 18,000원 (유보)

 ②

11 제조업을 영위하는 영리내국법인 ㈜A의 제24기(2025.1.1.~12.31.) 대손금 및 대손충당금 관련 자료이다. ㈜A의 대손금 및 대손충당금 관련 세무조정이 제24기 각 사업연도 소득금액에 미치는 영향으로 옳은 것은? [회계사 2020]

(1) 제24기(2025.1.1.~12.31.) 대손충당금 계정

대손충당금

당기상계	5,000,000*	전기이월	15,000,000
차기이월	30,000,000	당기설정	20,000,000
	30,000,000		30,000,000

* 당기상계액 중 2,000,000원은 법령상 대손요건을 충족하지 못한 외상매출금임.

(2) 전기말 자본금과 적립금조정명세서(을) 중 유보 잔액내역

과목 또는 사항	기말잔액
대손충당금 한도초과액	3,000,000원
외상매출금(대손부인액)*	7,000,000원
대여금(대손부인액)	10,000,000원

* 회수 노력에도 불구하고 회수하지 못하여 당기 중 「상법」상 소멸시효가 완성됨

(3) 재무상태표상 채권

항목	금액	비고
대여금	50,000,000원	특수관계인이 아닌 자에 대한 금전소비대차계약으로 인한 것임
미수금	300,000,000원	
할인어음	500,000,000원	
총 액	850,000,000원	

(4) 당기 대손실적률은 1.5%로 가정한다.

① (−) 10,000,000원 ② (−) 9,070,000원 ③ (+) 9,070,000원
④ (+) 10,000,000원 ⑤ (−) 19,070,000원

 1. 전기 한도초과액 환입에 대한 세무조정
〈익금불산입〉 전기 대손금부인액 손금추인 3,000,000원 (△유보)

2. 대손금 세무조정
〈손금불산입〉 외상매출금 2,000,000원 (유보)
〈손금산입〉 소멸시효 완성 외상매출금 7,000,000원 (△유보)

3. 대손충당금 설정에 설정에 대한 세무조정
(1) 대손충당금 한도계산
① 회사설정액 : 30,000,000원
② 한도액 : (850,000,000원+10,000,000원+2,000,000원)×1.5%=12,930,000원
③ 한도초과액 : 30,000,000원−12,930,000원=17,070,000원
(2) 세무조정 : 〈손금불산입〉 대손충당금 한도초과액 17,070,000원 (유보)

4. 각 사업연도 소득에 미치는 영향
△3,000,000원+2,000,000원−7,000,000원+17,070,000원=9,070,000원

 ③

제17절 퇴직급여충당금과 퇴직연금부담금

I. 퇴직급여충당금   II. 퇴직연금부담금(퇴직연금충당금)

I. 퇴직급여충당금

1 퇴직급여충당금의 의의

(1) 개 념

법인세법상 퇴직급여충당금(=일반기업회계 : 퇴직급여충당부채, K-IFRS : 확정급여채무라 하며, 이하 퇴직급여충당금이라 함)이란 임원이나 직원이 퇴직할 때 지급하여야 할 퇴직급여에 대비하기 위하여 매 사업연도별 손비로 계상하는 충당금을 말한다.

(2) 유의점

일반기업회계기준에서는 회계연도말 현재 전 임직원(확정기여형 퇴직연금 등이 설정된 임직원 제외)이 퇴직한다면 지급하여야 할 금액 상당액을 퇴직급여충당금으로 설정하도록 규정하고 있으며, K-IFRS에서는 예측급여 개념에 기초하여 미래에 지급할 퇴직급여를 추정하여 현재가치로 할인한 금액 상당액을 퇴직급여충당금으로 설정하도록 규정하고 있으나, 법인세법에서는 이와는 달리 퇴직급여충당금으로는 일정 금액만 손금인정을 해주고 있으며, 나머지는 외부적립을 유도하기 위한 정책적 목적에서 외부적립(=일반기업회계 : 퇴직연금운용자산, K-IFRS : 사외적립자산이라 하며, 이하 퇴직연금운용자산이라 함)을 해야만 손금인정을 해주고 있다.

이는 기업에 부실사태가 발생하여 청산절차를 거치게 될 때 근로채권 중 특정임금채권(3개월 급여, 3년간 퇴직급여, 재해보상금)은 소액임차보증금과 더불어 피담보채권과 국세채권보다 우선변제를 받을 수 있으나, 그 밖의 임금채권은 피담보채권의 후순위로 밀려나 현실적으로 받을 가능성은 거의 없게 된다. 이러한 문제 때문에 현행 법인세법에서는 내부적립은 일정금액만 허용하고, 나머지는 퇴직연금부담금 등의 부담을 통한 외부적립을 한 경우에 한하여 해당 금액 상당액을 손금으로 인정해주고 있는 것이다.

한편, 법인세법은 사외적립 방식인 퇴직연금으로의 전환을 유도하기 위하여 퇴직급여충당금의 내부적립 한도를 2011년부터 매년 5%씩 단계적으로 하향 조정하여 왔으며, 2016년에 개시하는 사업연도부터는 퇴직급여추계액의 설정률이 0%가 되었다. 따라서 2016년에 개시하는 사업연도부터는 퇴직급여의 내부적립에 대한 세제상의 혜택인 퇴직급여충당금의 손금산입은 더 이상 허용되지 않는다.

 **손금산입**

(1) 퇴직급여충당금의 손금산입방법

퇴직급여충당금은 결산조정사항에 해당하므로 장부에 손금으로 계상한 것을 전제조건으로 하여 법인세법상 손금한도액 범위 내에서만 손금인정이 되며, 장부에 계상하지 않거나 미달하게 계상한 경우에는 신고조정에 의하여 손금에 산입할 수 없다(법법 42①).

(2) 퇴직급여충당금의 손금한도액

손금한도액 = MIN[①, ②]
① 총급여액기준 = 퇴직급여의 지급대상이 되는 임원·직원의 총급여액 × 5%
② 충당금누적액기준 = 퇴직급여추계액 × 설정률❸ − 퇴직급여충당금 이월잔액 + 퇴직급여전환금

❸ 퇴직연금으로의 전환을 유도하기 위하여 퇴직급여충당금의 사내적립 한도를 2011년부터 매년 5%씩 단계적으로 하향 조정하여 왔다. 2016년에 개시하는 사업연도부터는 퇴직급여추계액의 설정률이 0%가 됨으로 인하여, 퇴직급여충당금의 손금산입은 더 이상 허용되지 않는다.

1) 총급여액

총급여액은 퇴직급여의 지급대상이 되는 임원·직원(확정기여형 퇴직연금 등이 설정된 자 제외)에게 해당 사업연도 중에 지급한 금액으로 한다. 따라서 1년 미만 근속자도 퇴직급여지급규정에서 지급대상자로 정한 경우에는 설정대상자에 포함시킨다.

2) 퇴직급여추계액

① 퇴직급여추계액은 일시퇴직기준 추계액과 보험수리기준 추계액 중 큰 금액으로 한다.
② 일시퇴직기준 추계액 : 일시퇴직기준 추계액이란 해당 사업연도 종료일 현재 임원·직원(확정기여형 퇴직연금 등이 설정된 자 제외) 전원이 일시에 퇴직할 경우 소요되는 퇴직급여 상당액을 말한다. 여기서 퇴직급여추계액은 정관이나 퇴직급여지급규정 등에 따라 계산한 금액으로 한다. 다만, 퇴직급여지급규정 등이 없는 법인의 경우에는 근로자퇴직급여보장법이 정하는 바에 따라 계산한 금액(임원은 동 금액과 퇴직급여지급규정이 없는 경우의 법인세법상 임원퇴직급여 한도액 중 적은 금액)으로 한다(법칙 31①).
③ 보험수리기준 추계액 : 보험수리기준 추계액이란 다음의 금액을 더한 금액으로 한다.
  ㉠ 근로자퇴직급여 보장법 제16조제1항제1호에 따라 매 사업연도 말일 현재를 기준으로 산정한 가입자의 예상퇴직시점까지의 가입기간에 대한 급여에 드는 비용 예상액의 현재가치에서 장래 근무기간분에 대하여 발생하는 부담금 수입 예상액의 현재가치를 뺀 금액으로서 고용노동부령으로 정하는 방법에 따라 산정한 금액
  ㉡ 해당 사업연도종료일 현재 재직하는 임원 또는 직원 중 근로자퇴직급여 보장법 제2조제8호에 따른 확정급여형 퇴직연금제도에 가입하지 아니한 사람 전원이 퇴직할 경우에 퇴직급여로 지급되어야 할 금액의 추계액과 확정급여형퇴직연금제도에 가입한 사람으로서 그 재직기간 중 가입하지 아니한 기간이 있는 사람 전원이 퇴직할 경우에 그 가입하지 아니한 기간에 대하여 퇴직급여로 지급되어야 할 금액의 추계액을 더한 금액

3) 설정률

퇴직연금(사외적립) 활성화를 유도하고자 퇴직급여추계액 설정률을 다음과 같이 2011년부터 매년 5%씩 단계적으로 축소하여 2016년에는 설정률이 0%가 된다.

① 2010년 1월 1일부터 2010년 12월 31일까지의 기간 중에 개시하는 사업연도 : 30%
② 2011년 1월 1일부터 2011년 12월 31일까지의 기간 중에 개시하는 사업연도 : 25%
③ 2012년 1월 1일부터 2012년 12월 31일까지의 기간 중에 개시하는 사업연도 : 20%
④ 2013년 1월 1일부터 2013년 12월 31일까지의 기간 중에 개시하는 사업연도 : 15%
⑤ 2014년 1월 1일부터 2014년 12월 31일까지의 기간 중에 개시하는 사업연도 : 10%
⑥ 2015년 1월 1일부터 2015년 12월 31일까지의 기간 중에 개시하는 사업연도 : 5%
⑦ 2016년 1월 1일 이후 개시하는 사업연도 : 0%

> **참고** 설정률의 축소에 따른 사후관리규정과 사례
>
> 1. 규 정
> 위 "3) 설정률"의 매 사업연도별 한도 내에서 손금에 산입한 퇴직급여충당금의 누적액에서 퇴직급여충당금을 손금에 산입한 사업연도의 다음 사업연도 중 임원 또는 직원에게 지급한 퇴직급여를 뺀 금액(=퇴직급여충당금 이월잔액)이 퇴직급여추계액에 해당 사업연도의 비율을 곱한 금액을 초과하는 경우 그 초과한 금액은 익금으로 환입하지 아니한다(법령60③).
>
> $$\text{퇴직급여충당금 이월잔액(설정전잔액)} - \text{퇴직급여추계액} \times \text{설정율}$$
>
> 2. 사 례
> (1) ㈜A의 퇴직급여충당금 관련자료는 다음과 같다.
>   ① 퇴직급여지급대상 임직원의 총급여액은 8,000원이다.
>   ② 당기말 현재 퇴직급여지급대상 임직원의 퇴직급여추계액은 44,000원(보험수리기준 추계액 : 41,000원) 이다.
>   ③ 퇴직급여충당금의 계정내역은 다음과 같다.
>
> 퇴직급여충당금
>
> | 지 급 | 200원 | 기 초 | 10,000원 |
> |---|---|---|---|
> | 기 말 | 44,000원 | 설 정 | 34,200원 |
> | 계 | 44,200원 | 계 | 44,200원 |
>
>   ④ 자본금과 적립금조정명세서(을)에는 퇴직급여충당금 한도초과액 7,500원이 있다.
> (2) 해 설
> 1) 퇴직급여충당금 손금한도액
>   MIN(①, ②)=0원
>   ① 총급여액기준 : 8,000원×5%=400원
>   ② 충당금누적액기준 : MAX[44,000원, 41,000원]×0%-(10,000원-200원-7,500원)=△2,300원❶
>   ❶설정률의 감소로 인한 부(負)의 금액은 익금에 산입하지 아니함
> 2) 한도초과액
>   34,200원-0원=34,200원
> (3) 세무조정
>   〈손금불산입〉 퇴직급여충당금 한도초과   34,200(유보)

4) 퇴직급여충당금 이월잔액

퇴직급여충당금 이월잔액은 다음과 같이 계산된다.

$$\text{F/P상 전기말 퇴직급여충당금 잔액}^{❶} - \text{당기 감소액} - \text{부인누계액(유보)}^{❷}$$

❶ 확정기여형 퇴직연금 설정자의 설정전 기 계상된 퇴직급여충당금 제외
❷ 확정기여형 퇴직연금 설정자의 설정전 기 계상된 퇴직급여충당금 관련 부인액 제외

위의 산식에서 당기 감소액이란 해당 사업연도 중에 실제로 퇴직자에 지급하는 퇴직급여와 관련하여 감소되는 분과 장부상 퇴직급여충당금을 환입처리한 결과 감소되는 분을 말한다. 이 경우 전기로부터 이월된 퇴직급여충당금부인액이 있는 법인이 퇴직급여충당금을 환입한 경우에는 부인액에 상당하는 퇴직급여충당금을 먼저 환입한 것으로 본다.

5) 퇴직금전환금

이는 국민연금법에 따라 사용자가 국민연금관리공단에 퇴직급여에 충당할 금액 중 일부를 퇴직급여전환금으로 납부하고 재무상태표에 계상한 금액을 말하며, 사업연도 종료일 현재의 잔액으로 한다. 이러한 퇴직급여전환금은 1999년 4월 1일부터 폐지되었다. 그러나 종전에 납부한 금액은 해당 임원이나 직원이 퇴직할 때까지는 잔존하게 되므로 퇴직급여충당금 한도액 계산시 계속 감안하여야 한다.

3 퇴직급여충당금의 세무조정구조

퇴직급여충당금의 세무조정구조를 살펴보면 다음과 같다.

```
      회   사   계   상   액
( - ) 한           도           액
──────────────────────────
( + ) 한    도    초    과    액    손금불산입(유보)
(   ) 한    도    미    달    액    세무조정 없음(∵ 결산조정사항이므로)
```

위에서 회사계상액의 범위에는 비용(판관비, 제조간접비)으로 계상한 금액뿐만 아니라 전기 이전에 과소계상한 금액을 당기에 오류수정분개를 통하여 장부에 계상한 금액도 포함시켜야 한다. 다만, 오류수정분개를 함에 있어 해당 법인이 비용처리를 한 경우에는 단순히 회사계상액에 가산하면 되지만, 이익잉여금의 감소로 처리한 경우에는 손금산입(기타)한 후 회사계상액에 가산하여 세무조정을 하게 된다.

(1) 비용으로 처리한 경우

| (차) 전기오류수정손실 | ××× | (대) 퇴직급여충당금 | ××× |

➡ 해당 금액을 회사계상액에 가산

(2) 이익잉여금의 감소로 처리한 경우

(차) 이익잉여금	×××	(대) 퇴직급여충당금	×××

➡ ① 〈손금산입〉 이익잉여금 ×××(기타)
② 해당 금액을 회사계상액에 가산

4 퇴직급여 지급시 처리방법

(1) 규 정

위에서 살펴본 바와 같이 매 사업연도별로 퇴직급여충당금을 손금에 산입한 법인이 실제로 임직원이 퇴직을 하여 해당 임직원에게 퇴직급여를 지급하는 경우에는 이미 매 사업연도별로 손금인정을 받은 퇴직급여충당금에서 먼저 지급하여야 한다(법법 33②).

(2) 유의점

퇴직급여 지급시 처리방법과 관련하여 각각의 상황별 유의사항을 정리하면 다음과 같다.

① 퇴직급여충당금을 계상한 법인이 퇴직하는 임직원에게 퇴직급여를 지급하는 때에는 개인별 퇴직급여충당금과는 관계없이 이를 해당 퇴직급여충당금에서 지급하여야 한다.

② 직전 사업연도 종료일 현재 퇴직급여충당금 설정대상자에 해당하지 아니하는 임직원에게 퇴직급여를 지급하는 경우에도 다음과 같이 퇴직급여충당금과 상계하여야 한다.

(차) 퇴직급여충당금	×××	(대) 현 금	×××

③ 현실적인 퇴직을 하였으나 법인의 자금사정으로 사업연도 종료일까지 퇴직급여를 지급하지 못한 경우라도 해당 퇴직급여는 확정부채에 해당하므로 다음과 같은 회계처리에 의하여 퇴직급여충당금을 사용할 수 있다.

(차) 퇴직급여충당금	×××	(대) 미 지 급 금	×××

5 퇴직급여 지급시 세무조정

퇴직급여 지급시 세무조정의 유형은 과다상계의 경우와 과소상계의 경우로 구분되는데, 각 상황별 세무조정방법을 정리하면 다음과 같다.

(1) 과다상계의 경우

1) 퇴직급여 지급시 손금불산입된 퇴직급여충당금과 상계(=퇴직급여충당금 과다상계)한 경우

〈손금산입〉 퇴직급여충당금 과다상계 ×××(△유보)

2) 비현실적 퇴직자에게 퇴직급여를 지급하고 퇴직급여충당금과 상계한 경우

〈손금산입〉 퇴직급여충당금 과다상계 ×××(△유보)
〈익금산입〉 업무무관가지급금 ×××(유보)

3) 임원퇴직급여 한도초과액을 퇴직급여충당금과 상계한 경우

〈손금산입〉 퇴직급여충당금 과다상계 ×××(△유보)
〈손금불산입〉 임원퇴직급여 한도초과 ×××(상여)

4) 퇴직급여 지급시 퇴직연금부담금(퇴직연금충당금) 상계분을 퇴직급여충당금과 상계한 경우

〈손금산입〉 퇴직급여충당금 과다상계 ×××(△유보)
〈손금불산입〉 퇴직연금부담금(퇴직연금충당금)×××(유보)

(2) 과소상계의 경우

퇴직급여 지급시 퇴직급여충당금과 상계하지 아니하고 퇴직급여로 비용처리한 경우

〈손금불산입〉 퇴직급여충당금 과소상계 ×××(유보)

> **참고** 퇴직급여 지급시 세무조정
>
> ① 공통자료
>
> | 퇴직급여충당금 | | | |
> |---|---|---|---|
> | 감 소 액 | 40,000 | 기초잔액 | 100,000 |
>
> ② 과다상계의 경우
> (1) 퇴직급여충당금 과다상계시(퇴·충부인액 : 80,000원)
>   〈손금산입〉 퇴직급여충당금 과다상계 20,000(△유보)
> (2) 비현실적 퇴직시(퇴·충부인액 : 30,000원)
>   〈손금산입〉 퇴직급여충당금 과다상계 40,000(△유보)
>   〈익금산입〉 업무무관가지급금 40,000(유보)
> (3) 현실적 퇴직시(퇴·충부인액 : 20,000원, 임원퇴직급여한도액 : 30,000원)
>   〈손금산입〉 퇴직급여충당금 과다상계 10,000(△유보)
>   〈손금불산입〉 임원퇴직급여 한도초과 10,000(상여)
> (4) 퇴직연금부담금(퇴직연금충당금) 상계분을 퇴직급여충당금과 상계시
>
>   ① 퇴·충부인액 : 80,000(유보)
>   ② 퇴직연금부담금(퇴직연금충당금) : 80,000(△유보)
>   ③ 회계처리
>   (차) 퇴직급여충당금 40,000 (대) 현 금 8,000
>   퇴직연금부담금 32,000
>
>   〈손금산입〉 퇴직급여충당금 과다상계 32,000(△유보)
>   〈익금산입〉 퇴직연금부담금(퇴직연금충당금) 32,000(유보)

③ 과소상계의 경우
(1) 기초 퇴직급여충당금 잔액 : 100,000원
(2) 퇴·충부인액 : 40,000원
(3) 퇴직급여 지급시 회계처리
  (차) 퇴 직 급 여   20,000   (대) 현   금   20,000
〈손금불산입〉퇴직급여충당금 과소상계   20,000(유보)

6 그 밖의 사항

(1) 관계회사에의 전출

직원이 해당 법인과 직접 또는 간접으로 출자관계에 있는 법인에의 전출은 다음과 같이 구분된다(법칙 22①).

1) 퇴직급여를 전입법인에 인계한 경우

전출법인이 퇴직급여를 전입법인에 인계하면 전출법인의 입장에서는 이를 현실적인 퇴직으로 본다. 따라서 전출법인은 해당 퇴직급여 인계액을 퇴직급여충당금과 상계하고, 전입법인은 퇴직급여추계액과 해당 직원이 전입법인에서 퇴직할 경우 지급할 퇴직급여를 통산한 근속연수에 의하여 계산할 수 있다.

2) 퇴직급여를 전입법인에 인계하지 않은 경우

전출법인이 퇴직급여를 전입법인에 인계하지 아니하면 현실적인 퇴직으로 보지 아니한다. 따라서 이 경우에는 통산한 근속연수에 의하여 계산한 총액을 전출법인과 전입법인에서 각각의 근속기간에 의해서 계산된 금액비율로 안분하여 계산된 금액을 기준으로 각각 퇴직급여추계액과 퇴직급여를 계산하게 된다.

2) 퇴직급여충당금의 인수

1) 규 정

퇴직급여충당금을 손금에 산입한 내국법인이 합병이나 분할로 인하여 해산한 경우 그 법인의 합병등기일이나 분할등기일 현재의 해당 퇴직급여충당금 중 합병법인이나 분할신설법인(분할합병의 상대방법인 포함)에게 인계한 금액은 그 합병법인이나 분할신설법인(분할합병의 상대방법인 포함)이 합병등기일이나 분할등기일에 가지고 있는 퇴직급여충당금으로 본다. 이는 사업자가 그 사업을 내국법인에게 포괄적으로 양도하는 경우에도 적용된다(법법 42③,④).

2) 세무조정시 유의점

대손충당금과 마찬가지로 계산문제에서 승계액에 대한 정보가 주어지면 합병법인 등의 기초금액으로 간주하여 세무조정을 하면 된다.

예 17-1 퇴직급여충당금(Ⅰ)

다음 자료에 의하여 ㈜A의 퇴직급여충당금에 대한 세무조정을 하시오.

1. ㈜A의 퇴직급여충당금의 계정내역은 다음과 같다.

퇴직급여충당금			
지　　　급	3,000,000원	기　　　초	20,000,000원
기　　　말	35,000,000원	설　　　정	18,000,000원
계	38,000,000원	계	38,000,000원

2. 자본금과 적립금조정명세서(을)에는 퇴직급여충당금 한도초과액 2,000,000원이 있다.
3. 당기말 현재 근속 중인 임직원에 대한 인건비 내역은 다음과 같다.

구　분	급료와 임금	상여금	비　　　고
임　원	30,000,000원	10,000,000원	급여지급기준 초과분 4,000,000원 포함
직　원	120,000,000원	20,000,000원	급여지급기준 초과분 5,000,000원 포함

4. 임직원의 퇴직급여추계액은 다음과 같다.

구　분	일시퇴직기준 추계액	보험수리기준 추계액
임　원	104,000,000원	103,000,000원
직　원	200,000,000원	280,000,000원

(1) 퇴직급여충당금 손금한도액
　　MIN(①, ②)=0원(zero)
　　① 총급여액기준
　　　(30,000,000원+10,000,000원-4,000,000원+120,000,000원+20,000,000원)×5%=8,800,000원
　　② 충당금누적액기준
　　　(104,000,000원+280,000,000원)×0%-(20,000,000원-3,000,000원-2,000,000원)=△15,000,000원
(2) 한도초과액
　　18,000,000원-0원=18,000,000원
(3) 세무조정
　　〈손금불산입〉 퇴직급여충당금 한도초과　　18,000,000(유보)

제17절 퇴직급여충당금과 퇴직연금부담금

분개법 퇴직급여충당금(Ⅰ)

장부상 퇴직급여충당금				세무상 퇴직급여충당금			
지 급	ⓑ3,000,000	기 초	20,000,000	지 급	3,000,000	기 초	ⓐ18,000,000
						(장부금액	20,000,000
						– 부인누계액	2,000,000)
기 말	35,000,000	설 정	18,000,000	기 말	15,000,000	설 정	0
계	38,000,000	계	38,000,000	계	18,000,000	계	18,000,000

∴ ⓐ > ⓑ이므로 퇴직급여지급에 대한 세무조정 없음

장부상 퇴직급여	세무상 퇴직급여
0	0

장부상 현금		장부상 현금	
퇴직급여충당금 3,000,000		퇴직급여충당금 3,000,000	

(1) 지급에 대한 세무조정

Book	퇴직급여충당금	3,000,000 /	현 금		3,000,000
Tax	퇴직급여충당금	3,000,000 /	현 금		3,000,000
Adjustment	없 음				
Tax	없 음				

〈세무조정 없음〉

(2) 설정에 대한 세무조정

Book	퇴직급여충당금전입액	18,000,000 /	퇴직급여충당금		18,000,000

Tax 퇴직급여충당금 한도액 : 0원(zero)

  Min(① 총급여액 기준, ② 충당금누적액 기준)
  ① 총급여액 기준
    퇴직급여의 지급대상이 되는 임원이나 직원(계속근로기간을 고려하여 문제를 보고 판단함)에게 지급한 총급여액 × 5%
    = (30,000,000원 + 10,000,000원 – 4,000,000원 + 120,000,000원 + 20,000,0000원) × 5%
    = 8,800,000원
  ② 충당금누적액 기준
        (퇴직급여추계액 × 0%) – 당기말세무상퇴직급여충당금잔액 + 퇴직전환금계상액
    = (퇴직급여추계액 × 0%) – (전기이월F/P상 퇴직급여충당금 – 당기장부상충당금감소액 – 충당금부인누계액(유보)) + 퇴직전환금계상액
    = (104,000,000원 + 280,000,000원) × 0% – (20,000,000원 – 3,000,000원 – 2,000,000원) + 0원
    = △15,000,000원

	퇴직급여충당금전입액	0* /	퇴직급여충당금		0

  * Min(장부상 퇴직급여충당금전입액, 세무상 퇴직급여충당금 한도액)
    퇴직급여충당금의 손금산입은 결산조정사항이므로 한도미달액이 발생한다 하더라도 이를 세무조정에 의하여 손금산입할 수 없음

Adjustment	퇴직급여충당금	18,000,000 /	퇴직급여충당금전입액		18,000,000
Tax-Adj	부채↓(순자산↑)	18,000,000 /	손금↓(순자산↑)		18,000,000

〈손금불산입〉 퇴직급여충당금전입액 18,000,000·유보(퇴직급여충당금)

예 17-2 퇴직급여충당금(Ⅱ)

다음 자료에 의하여 ㈜A의 퇴직급여충당금에 대한 세무조정을 하시오.
1. ㈜A의 퇴직급여충당금의 계정내역은 다음과 같다.

	퇴직급여충당금		
지　　　급	10,000,000원	기　　　초	20,000,000원
기　　　말	29,000,000원	설　　　정	19,000,000원
계	39,000,000원	계	39,000,000원

2. 자본금과 적립금조정명세서(을)에는 퇴직급여충당금 한도초과액 12,000,000원이 있다.
3. 당기말 현재 근속 중인 임직원에 대한 인건비 내역은 다음과 같다.

구 분	급료와 임금	상여금	비　　　고
임 원	30,000,000원	10,000,000원	급여지급기준 초과분 4,000,000원 포함
직원	150,000,000원	20,000,000원	급여지급기준 초과분 5,000,000원 포함

4. 임직원의 퇴직급여추계액은 다음과 같다.

구 분	일시퇴직기준 추계액	보험수리기준 추계액
임 원	36,000,000원	40,000,000원
직원	192,000,000원	200,000,000원

1. 지급에 대한 세무조정
   〈손금산입〉 퇴직급여충당금 과다상계　　2,000,000❶(△유보)
   ❶10,000,000원-(20,000,000원-12,000,000원)=2,000,000원

2. 설정에 대한 세무조정
   (1) 퇴직급여충당금 손금한도액
   　　MIN(①, ②)=0원(zero)
   　　① 총급여액기준
   　　　 (30,000,000원+10,000,000원-4,000,000원+150,000,000원+20,000,000원)×5%=10,300,000원
   　　② 충당금누적액기준
   　　　 (40,000,000원+200,000,000원) × 0% - (20,000,000원-8,000,000원❷-12,000,000원) + 0원 = 0원
   　　　 ❷10,000,000원-2,000,000원=8,000,000원
   (2) 한도초과액 19,000,000원-0원=19,000,000원
   (3) 세무조정 〈손금불산입〉 퇴직급여충당금 한도초과　　19,000,000(유보)

분개법 퇴직급여충당금(II)

장부상 퇴직급여충당금				세무상 퇴직급여충당금			
지 급	ⓑ10,000,000	기 초	20,000,000	지 급	8,000,000	기 초	ⓐ8,000,000
						(장부금액	20,000,000
						− 부인누계액	12,000,000)
기 말	29,000,000	설 정	19,000,000	기 말	0	설 정	0
계	39,000,000	계	39,000,000	계	0	계	0

∴ ⓐ < ⓑ이므로 퇴직급여지급에 대한 세무조정 필요

장부상 퇴직급여			세무상 퇴직급여	
퇴직급여충당금	0		퇴직급여충당금	2,000,000

장부상 현금			세무상 현금	
	퇴직급여충당금 10,000,000			퇴직급여충당금 10,000,000

(1) 지급에 대한 세무조정

Book	퇴직급여충당금	10,000,000 / 현 금	10,000,000
Tax	퇴직급여충당금	8,000,000 / 현 금	10,000,000
	퇴직급여	2,000,000	
Adjustment	퇴직급여	2,000,000 / 퇴직급여충당금	2,000,000
Tax	손금↑(순자산↓)	2,000,000 / 부채↑(순자산↓)	2,000,000

〈손금산입〉 퇴직급여 2,000,000 · △유보(퇴직급여충당금)*

* 퇴직급여충당금의 손금산입은 결산조정사항이므로 퇴직급여를 지급함에 있어서 세무상 퇴직급여충당금을 초과하여 상계할 때 손금산입하는 금액은 전기 퇴직급여충당금 한도초과부인누계액을 추인하는 것으로 그 금액(본 사례에서는 ₩12,000,000)을 한도로 함

(2) 설정에 대한 세무조정

Book	퇴직급여충당금전입액	19,000,000 / 퇴직급여충당금	19,000,000

Tax 퇴직급여충당금 한도액 : 0원(zero)
Min(① 총급여액 기준, ② 충당금누적액 기준)
① 총급여액 기준
   퇴직급여의 지급대상이 되는 임원이나 직원(계속근로기간을 고려하여 문제를 보고 판단함)에게 지급한 총급여액 × 5%
   = (30,000,000원 + 10,000,000원 − 4,000,000원 + 150,000,000원 + 20,000,0000원)× 5%
   = 10,300,000원
② 충당금누적액 기준
   (퇴직급여추계액 × 0%) − 당기말세무상퇴직급여충당금잔액 + 퇴직전환금계상액
   = (퇴직급여추계액 × 0%) − (전기이월F/P상 퇴직급여충당금 − 당기장부상충당금감소액 − 충당금부인누계액(유보)) + 퇴직전환금계상액
   = (40,000,000원 + 200,000,000원) × 0% − (20,000,000원 − 10,000,000원 − 10,000,000원*) + 0원
   = 0원
* 전기부인누계액 12,000,000원 − 당기추인액 2,000,000원
   퇴직급여충당금전입액   0*   / 퇴직급여충당금   0
* Min(장부상 퇴직급여충당금전입액, 세무상 퇴직급여충당금 한도액)
   퇴직급여충당금의 손금산입은 결산조정사항이므로 한도미달액이 발생한다 하더라도 이를 세무조정에 의하여 손금산입할 수 없음

Adjustment	퇴직급여충당금	19,000,000 / 퇴직급여충당금전입액	19,000,000
Tax-Adj	부채↓(순자산↑)	19,000,000 / 손금↓(순자산↑)	19,000,000

〈손금불산입〉 퇴직급여충당금전입액 19,000,000 · 유보(퇴직급여충당금)

II. 퇴직연금충당금(퇴직연금부담금)

 **퇴직연금충당금의 개요**

(1) 퇴직연금제도의 개관

이미 앞에서 언급한 바와 같이 법인세법에서는 임원과 직원에 대한 퇴직급여의 안정적 보장을 위하여 퇴직급여충당금의 내부적립은 일정 금액만 허용하고 나머지는 퇴직연금부담금의 부담을 통한 외부적립(=일반기업회계 : 퇴직연금운용자산, K-IFRS : 사외적립자산이라 하며, 이하 퇴직연금운용자산이라 함)을 한 경우에 한하여 손금인정을 해주고 있다.

(2) 세법의 규정

임원이나 직원의 퇴직급여를 지급하기 위하여 사외에 납입하거나 부담하는 다음의 퇴직연금부담금은 손금에 산입한다(법령 44의2②, 법칙 23).

① 보험업법에 따라 허가를 받은 보험회사가 취급하는 퇴직연금
② 자본시장과 금융투자업에 관한 법률에 따른 신탁업자가 취급하는 퇴직연금
③ 자본시장과 금융투자업에 관한 법률에 따른 집합투자업자가 취급하는 퇴직연금
④ 은행법에 따른 금융회사 등이 취급하는 퇴직연금
⑤ 자본시장과 금융투자업에 관한 법률에 따른 투자매매업자 또는 투자중개업자가 취급하는 퇴직연금

(3) 퇴직연금충당금의 손금한도액

퇴직연금부담금의 손금한도액은 추계액기준과 예치금기준에 따른 금액 중 작은 금액인데, 이를 산식으로 표시하면 다음과 같다.

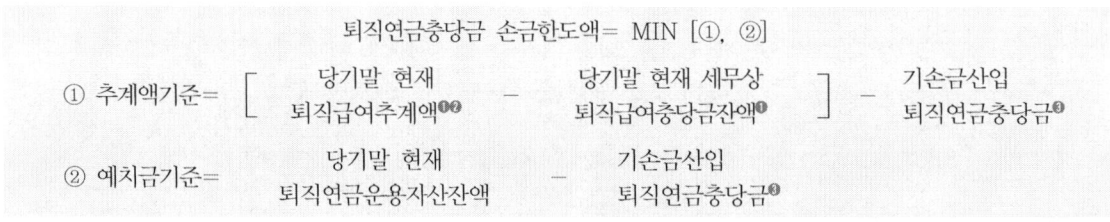

❶ 당기말 현재 퇴직급여추계액은 해당 사업연도 종료일 현재 재직하는 임원이나 직원의 전원이 퇴직할 경우에 지급할 금액(손금에 산입하는 확정기여형 퇴직연금 부담금은 제외)을 말하며, 당기말 현재 세무상 퇴직급여충당금 잔액에는 확정기여형 퇴직연금자의 세무상 퇴직급여충당금을 제외한 금액임.
❷ 위의 일시퇴직기준 추계액(당기말 현재 퇴직급여추계액)보다 보험수리기준 추계액(근로자퇴직급여 보장법 제16조 제1항 제1호에 따라 매 사업연도 말일 현재 급여에 소요되는 비용예상액의 현재가치와 부담금 수입예상액의 현재가치를 추정하여 산정된 금액)이 큰 경우에는 해당 금액으로 함(종전에는 기말 퇴직급여추계액을 일시퇴직기준에 따른 추계액만을 인정하였으나, 퇴직연금제도에 의한 사외적립을 유도하기 위하여 기말 퇴직급여추계액을 일시퇴직기준에 따른 추계액과 보험수리기준에 따른 추계액 중 큰 금액으로 하도록 개정하였음. 이 규정은 2011년 1월 1일 이후 개시하는 사업연도 분부터 적용함)
❸ 기손금산입 퇴직연금부담금(=세무상 퇴직연금충당금 이월잔액)
 =전기말 현재 손금산입된 퇴직연금부담금잔액-당기 중 퇴사 등으로 인한 퇴직연금부담금감소액

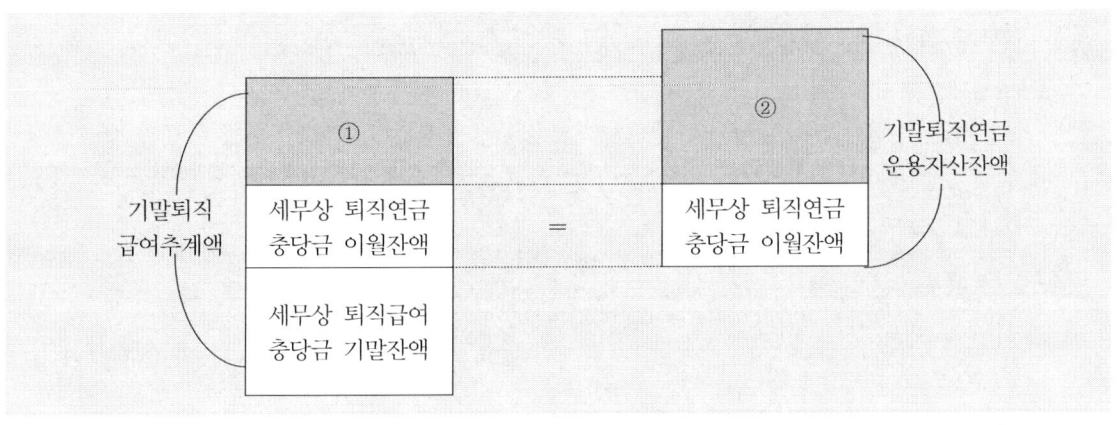

다만, 근로자퇴직급여보장법 제13조의 규정에 따른 확정기여형 퇴직연금 및 동법 제26조의 규정에 따른 개인퇴직계좌(이하 "확정기여형 퇴직연금 등"이라 함)의 부담금은 전액 손금에 산입한다(법령 44의2③).

퇴직급여충당금 당기 설정액의 손금한도액이 flow관점의 기준(총급여액기준)과 stock관점(충당금누적액기준)의 기준으로 정해진 것과 달리 퇴직연금부담금의 손금한도액은 기말 퇴직급여추계액 중 퇴직급여충당금 설정에 의해 보장되지 못하는 부분에 대해 퇴직연금의 적립에 의해 퇴직급여지급을 보장하는 만큼 손금을 인정한다(단, 기말 퇴직연금운용자산가액 중 손금인정 받지 못한 금액을 한도로)는 취지이므로 철저하게 stock관점의 기준으로 한도가 정해진다.

(4) 자산관리수수료의 처리

회사가 납입하는 퇴직연금부담금 중 연금사업자의 운영경비에 충당되는 자산관리수수료는 이를 납부한 사업연도에 손금산입한다.

(차) 퇴직연금운용자산	×××	(대) 현　　　　금	×××
지 급 수 수 료	×××		

(5) 적립금운용수익의 처리

확정급여형 퇴직연금제도하에서의 적립금운용수익은 확정된 사업연도의 익금에 산입한다.

한편, 법인이 적립금운용수익 등을 현금으로 수령하지 아니하고 납입할 퇴직연금부담금에 대체하는 때에는 동 금액을 퇴직연금부담금 납입액으로 본다. 즉, 다음과 같이 회계처리한다.

(차) 퇴직연금운용자산	×××	(대) 이 자 수 익	×××

퇴직연금제도

1. 퇴직연금제도의 유형

    (1) 확정급여형 퇴직연금제(DB, Defined Benefit Retirement Pension)
    이는 근로자가 받을 연금액이 사전에 확정되고, 사용자가 부담할 금액은 적립금 운용결과에 따라 변동될 수 있는 연금제도를 말한다. 즉, 근로자가 받을 금액은 일시금 기준으로 현행 퇴직급여와 같으며, 사용자는 동 금액의 지급을 위하여 예상액의 일정비율 이상을 사외의 금융기관에 적립·운용한 후 근로자의 수급권 발생시 지급되는 제도이다. 따라서 사용자는 기금운용수익률 등이 변하는 경우 그에 따른 위험부담을 지게 된다.

    (2) 확정기여형 퇴직연금제(DC, Defined Contribution Retirement Pension)
    이는 사용자의 부담금이 사전에 확정되고 근로자가 받을 금액은 적립금 운용실적에 따라 변동될 수 있는 연금제도를 말한다. 즉, 사용자가 연간 임금총액의 1/12 이상의 금액을 노사가 퇴직연금규약에서 선정한 금융기관의 근로자 개인별 계좌에 적립하면 근로자는 금융기관이 선정·제시하는 운용방법을 선택하여 적립금을 운용하는 방식의 제도이다. 이러한 적립금은 사용자로부터 독립되고, 사용자의 기여액이 100% 적립되며 개인별 계좌가 있으므로 근로자가 직장을 옮겨도 계속해서 통산할 수 있으나, 운용방법의 선택·결과에 따라서 연금액이 달라지게 된다.

2. 근로자가 사용자 부담분에 더하여 추가로 부담할 수 있는지 여부
    확정급여형의 경우에는 사업장별로 하나의 계좌만이 존재하므로, 근로자 개인별로 적립금이 구분되어 있지 않아 근로자별 추가적인 부담이 어려우나, 확정기여형의 경우에는 개인계좌가 존재하므로 근로자의 추가부담이 가능하며, 만일 근로자가 추가부담을 하는 경우에는 소득세법상 연금계좌세액공제(퇴직연금 납입액과 연금저축 납입액을 합산하여 700만원 한도로 12% 또는 15% 공제)를 적용받을 수 있다.

3. 확정급여형 퇴직연금제도하의 회계처리

    (1) 임직원이 근무하는 경우
        1) 퇴직급여충당금의 설정

        | (차) | 퇴 직 급 여 | ××× | (대) | 퇴직급여충당금 | ××× |

        2) 퇴직연금의 불입시

        | (차) | 퇴직연금운용자산 | ××× | (대) | 현   금 | ××× |
        | | 지 급 수 수 료 | ××× | | | |

        3) 적립금 운용수익과 자산관리수수료의 처리

        | (차) | 퇴직연금운용자산 | ××× | (대) | 퇴직연금운용수익 | ××× |
        | | 지 급 수 수 료 | ××× | | | |

    (2) 임직원의 퇴사시
        1) 일시금을 선택한 경우

        | (차) | 퇴직급여충당금 | ××× | (대) | 현   금 | ××× |
        | | | | | 퇴직연금운용자산 | ××× |

        2) 연금을 선택한 경우
            ① 퇴직시

        | (차) | 퇴직급여충당금 | ××× | (대) | 퇴직연금미지급금 | ××× |

            ② 퇴직연금 지급시

        | (차) | 퇴직연금미지급금 | ××× | (대) | 퇴직연금운용자산 | ××× |

4. 확정기여형 퇴직연금제도하의 회계처리
    확정기여형 퇴직연금제도를 선택한 경우에는 해당 회계기간에 대하여 회사가 납부하여야 할 부담금을 퇴직급여로 인식하며, 퇴직연금운용자산·퇴직급여충당금 등은 인식하지 아니한다.

제17절 퇴직급여충당금과 퇴직연금부담금

 확정급여형 퇴직연금의 회계처리와 세무조정방법

구 분	결산조정	신고조정
부담금 납부시	(차) 퇴직연금운용자산 8,000 　　(대) 현　　금 8,000	(차) 퇴직연금운용자산 8,000 　　(대) 현　　금 8,000
설정시	(차) 퇴직급여(비용) 2,000 　　퇴직연금충당금(비용) 8,000 　　(대) 퇴직급여충당금 2,000 　　　　퇴직연금충당금 8,000	(차) 퇴 직 급 여(비용) 10,000 　　(대) 퇴직급여충당금 10,000 ➡ 〈손불〉퇴직급여충당금 8,000(유보) 　〈손금〉퇴직연금충당금 8,000(△유보)
퇴직시 (연금 선택시)	(차) 퇴직급여충당금 200 　　퇴직연금충당금 800 　　(대) 현　　금 200 　　　　퇴직연금미지급금 800	(차) 퇴직급여충당금 1,000 　　(대) 현　　금 200 　　　　퇴직연금미지급금 800 ➡ 〈손금〉퇴직급여충당금 800(△유보) 　〈익금〉퇴직연금충당금 800(유보)
퇴직시 (일시금 선택시)	(차) 퇴직급여충당금 200 　　퇴직연금충당금 800 　　(대) 현　　금 200 　　　　퇴직연금운용자산 800	(차) 퇴직급여충당금 1,000 　　(대) 현　　금 200 　　　　퇴직연금운용자산 800 ➡ 〈손금〉퇴직급여충당금 800(△유보) 　〈익금〉퇴직연금충당금 800(유보)

위의 회계처리와 세무조정은 퇴직연금 가입비율을 80%로 가정하여 설명한 것임을 부언해 둔다.

 **17-3 퇴직연금충당금-신고조정**

다음 자료에 의하여 ㈜A의 퇴직연금부담금에 대한 세무조정을 하시오.

1. 퇴직급여 지급대상 임직원의 총급여액 : 380,000,000원
2. 해당 사업연도 종료일 현재 퇴직급여추계액
   ① 일시퇴직기준 : 480,000,000원
   ② 보험수리기준 : 460,000,000원
3. 전기말 퇴직급여충당금 부인누계액 : 75,000,000원
4. 퇴직급여충당금의 계정내역

퇴 직 급 여 지 급 액	40,000,000	기 초 잔 액	100,000,000
기 말 잔 액	120,000,000	당 기 설 정 액	60,000,000

5. 당기 퇴직급여지급액은 모두 현실적인 퇴직으로 인해 지급한 것이며, 퇴직급여 지급시 ㈜A의 회계처리는 다음과 같다.

| (차) 퇴직급여충당금 | 40,000,000 | (대) 현　　　　　금
　　퇴직연금운용자산 | 10,000,000
30,000,000 |

6. 퇴직연금운용자산의 기말잔액은 465,000,000원, 기초잔액은 75,000,000원이며, 전기말 퇴직연금부담금에 대한 △유보잔액은 75,000,000원이다.

해답

1. 퇴직급여 지급에 대한 세무조정
   〈손금산입〉 퇴직급여충당금 과다상계   30,000,000(△유보)
   〈익금산입〉 퇴직연금부담금(퇴직연금충당금)   30,000,000(유보)
2. 퇴직급여충당금 한도액
   MIN[①, ②]=0원
   ① 총급여액기준
      380,000,000원×5%=19,000,000원
   ② 충당금누적액기준
      480,000,000원×0%-(100,000,000원-10,000,000원❶-75,000,000원)=△15,000,000원
      ❶ 40,000,000원-30,000,000원=10,000,000원
3. 퇴직급여충당금 한도초과액
   60,000,000원-0원=60,000,000원
   〈손금불산입〉 퇴직급여충당금 한도초과 60,000,000원·유보
4. 당기말 세무상 퇴직급여충당금 잔액
   120,000,000원-(75,000,000원-30,000,000원+60,000,000원)=15,000,000원
5. 퇴직연금충당금 손금한도액
   MIN(①, ②)=420,000,000
   ① 추계액기준
      480,000,000원-15,000,000원-(75,000,000원-30,000,000원)=420,000,000원
   ② 예치금기준
      465,000,000원-(75,000,000원-30,000,000원)=420,000,000원
6. 세무조정
   〈손금산입〉 퇴직연금부담금(퇴직연금충당금)   420,000,000(△유보)

분개법 — 퇴직연금부담금-신고조정

장부상 퇴직급여충당금

지 급	ⓑ40,000,000	기 초	100,000,000
기 말	120,000,000	설 정	60,000,000
계	160,000,000	계	160,000,000

세무상 퇴직급여충당금

지 급	ⓐ10,000,000	기 초	25,000,000
		(장부금액	100,000,000
		-부인누계액	75,000,000)
기 말	15,000,000	설 정	0
계	25,000,000	계	25,000,000

∴ ⓐ≠ⓑ이므로 퇴직급여지급에 대한 세무조정 필요

장부상 현금

퇴직급여충당금10,000,000

세무상 현금

퇴직급여충당금10,000,000

장부상 퇴직연금운용자산

기 초	75,000,000	지 급	30,000,000
설 정	420,000,000	기 말	465,000,000
계	495,000,000	계	495,000,000

세무상 퇴직연금운용자산

기 초	75,000,000	지 급	30,000,000
설 정	420,000,000	기 말	465,000,000
계	495,000,000	계	495,000,000

장부상 퇴직연금충당금(N/A)

세무상 퇴직연금충당금

지 급	30,000,000	기 초	75,000,000*
기 말	465,000,000	설 정	420,000,000
계	495,000,000	계	495,000,000

* 전기말 퇴직연금부담금에 대한 △유보 잔액

제17절 퇴직급여충당금과 퇴직연금부담금

```
       장부상 퇴직연금부담금(N/A)              세무상 퇴직연금부담금
       ─────────────────────              ─────────────────────
                                          퇴직연금충당금  420,000,000
```

(1) 퇴직급여 지급에 대한 세무조정

Book	퇴직급여충당금	40,000,000	/ 현 금	10,000,000	
			퇴직연금운용자산	30,000,000	
Tax	퇴직급여충당금	10,000,000	/ 현 금	10,000,000	
	퇴직연금충당금	30,000,000	/ 퇴직연금운용자산	30,000,000	
Adjustment	퇴직연금충당금	30,000,000	/ 퇴직급여충당금	30,000,000	
Tax-Adj	부 채↓(순자산↑)	30,000,000	/ 부 채↑(순자산↓)	30,000,000	

⟨익금산입⟩ 퇴직연금충당금   30,000,000・유보(퇴직연금충당금)*
⟨손금산입⟩ 퇴직급여충당금   30,000,000・△유보(퇴직급여충당금)**

  * 전기 퇴직연금부담금에 대한 △유보잔액 75,000,000원 중 30,000,000원이 추인되는 것임.
  ** 퇴직급여충당금의 손금산입은 결산조정사항이므로 퇴직급여를 지급함에 있어서 세무상 퇴직급여충당금을 초과하여 상계할 때 손금산입하는 금액은 전기 퇴직급여충당금 한도초과부인누계액을 추인하는 것으로 그 금액(본 예제에서는 75,000,000원)을 한도로 함.

(2) 퇴직급여충당금 당기설정에 대한 세무조정

Book	퇴직급여충당금전입액	60,000,000	/ 퇴직급여충당금	60,000,000	

Tax   퇴직급여충당금 한도액 : 0원
                Min(① 총급여액 기준, ② 충당금누적액 기준)
      ① 총급여액 기준
         퇴직급여의 지급대상이 되는 임원이나 직원(계속근로기간을 고려하여 문제를 보고 판단함)에게 지급한 총급여액 × 5%
         = 380,000,000원 × 5% = 19,000,000원
      ② 충당금누적액 기준
         (퇴직급여추계액 × 0%) - 당기말세무상충당금잔액 + 퇴직전환금계상액
         = (퇴직급여추계액 × 0%) - (전기이월F/P상 퇴직급여충당금 - 당기장부상충당금감소액 - 충당금부인누계액(유보)) + 퇴직전환금계상액
         = (480,000,000원 × 0%) - (100,000,000원 - 40,000,000원 - 45,000,000원*) + 0
         = △15,000,000원
         * 전기부인누계액 75,000,000원 - 당기추인액 30,000,000원

	퇴직급여충당금전입액	0*	/ 퇴직급여충당금	0	

         * Min(장부상 퇴직급여충당금전입액, 세무상 퇴직급여충당금 한도액)
      퇴직급여충당금의 손금산입은 결산조정사항이므로 한도미달액이 발생한다 하더라도 이를 세무조정에 의하여 손금산입할 수 없음

Adjustment	퇴직급여충당금	60,000,000	/ 퇴직급여충당금전입액	60,000,000	
Tax-Adj	부 채↓(순자산↑)	60,000,000	/ 손 금↓(순자산↑)	60,000,000	

⟨손금불산입⟩ 퇴직급여충당금전입액 60,000,000・유보(퇴직급여충당금)

(3) 퇴직연금부담금에 대한 세무조정 (결산조정)

Book	퇴직연금운용자산	3,600,000,000	/ 현 금	3,600,000,000	
	퇴직연금부담금	3,600,000,000	/ 퇴직연금충당금	3,600,000,000	
Tax	퇴직연금운용자산	3,600,000,000	/ 현 금	3,600,000,000	
	퇴직연금부담금 손금한도액 : 3,600,000,000*				

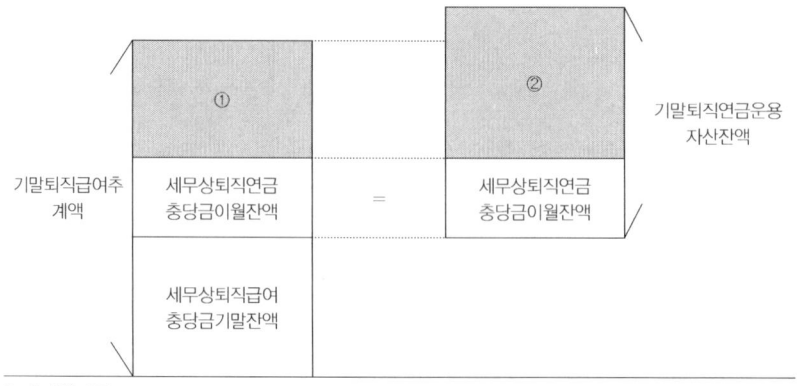

* Min[① 추계액(퇴직급여충당금 미설정액)기준, ②예치금(기말 퇴직연금운용자산잔액 중 손금미산입액)기준]

① 추계액기준
  = 기말퇴직급여추계액 − 세무상퇴직급여충당금잔액 − 세무상퇴직연금충당금이월잔액
  = 4,400,000,000원 − 200,000,000원 − (750,000,000원 −   0원 − 150,000,000원)
                                     기초퇴직연금충당금 퇴직연금충당금부인액 기중연금수령액
  = 3,600,000,000원
② 예치금기준 = 기말퇴직연금운용자산잔액 − 세무상퇴직연금충당금이월잔액
  = 4,200,000,000원 − (750,000,000원 −   0원 − 150,000,000원)
  = 3,600,000,000원
  퇴직연금부담금   3,600,000,000 / 퇴직연금충당금   3,600,000,000

Adjustment 없 음
Tax-Adj   없 음

〈세무조정 없음〉

예 17-4 퇴직연금부담금-결산조정

다음 자료에 의하여 ㈜A의 퇴직연금부담금에 대한 세무조정을 하시오.

1. 퇴직급여 지급대상 임직원의 총급여액 : 1,600,000,000원
2. 해당 사업연도 종료일 현재 퇴직급여추계액
   ① 일시퇴직기준 : 4,400,000,000원
   ② 보험수리기준 : 4,200,000,000원
3. 퇴직급여충당금의 계정내역

| 퇴 직 급 여 지 급 액 | 50,000,000 | 전 기 이 월 액 | 250,000,000 |
| 차 기 이 월 액 | 220,000,000 | 당 기 설 정 액 | 20,000,000 |

4. 퇴직연금운용자산의 계정내역

| 전 기 이 월 액 | 750,000,000 | 당 기 감 소 액 | 150,000,000 |
| 당 기 납 입 액 | 3,600,000,000 | 차 기 이 월 액 | 4,200,000,000 |

5. 퇴직연금충당금의 계정내역

| 당 기 감 소 액 | 150,000,000 | 전 기 이 월 액 | 750,000,000 |
| 차 기 이 월 액 | 4,200,000,000 | 당 기 설 정 액 | 3,600,000,000 |

제17절 퇴직급여충당금과 퇴직연금부담금

6. 퇴직급여 지급시 회계처리

(차)	퇴직급여충당금	50,000,000	(대)	현　　　　　금	50,000,000
	퇴직연금충당금	150,000,000		퇴직연금운용자산	150,000,000

해답

1. 퇴직급여충당금 한도액
   MIN[①, ②]=0원
   ① 총급여액 기준
      1,600,000,000원×5%=80,000,000원
   ② 충당금누적액 기준
      4,400,000,000원×0%−(250,000,000원−50,000,000원)=△200,000,000원

2. 퇴직급여충당금 한도초과액
   20,000,000원−0원=20,000,000원
   〈손금불산입〉 퇴직급여충당금 한도초과액 20,000,000(유보)

3. 당기말 세무상 퇴직급여충당금 잔액
   220,000,000원−20,000,000원=200,000,000원

4. 퇴직연금부담금(퇴직연금충당금) 손금한도액
   MIN(①, ②)=3,600,000,000원
   ① 추계액기준
      4,400,000,000원−200,000,000원−(750,000,000원−150,000,000원)
      =3,600,000,000원
   ② 예치금기준
      4,200,000,000원−(750,000,000원−150,000,000원)=3,600,000,000원

5. 한도초과(미달)액
   3,600,000,000원−3,600,000,000원=0원

6. 세무조정
   세무조정 없음

분개법 원리로 배우는 법인세법

분개법 | 퇴직연금부담금-결산조정

장부상 퇴직급여충당금				세무상 퇴직급여충당금			
지 급	ⓑ50,000,000	기 초	250,000,000	지 급	ⓐ50,000,000	기 초	250,000,000
기 말	220,000,000	설 정	20,000,000	기 말	200,000,000	설 정	0
계	270,000,000	계	270,000,000	계	250,000,000	계	250,000,000

∴ ⓐ = ⓑ이므로 퇴직급여지급에 대한 세무조정 필요없음

장부상 현금				세무상 현금			
		퇴직급여충당금	50,000,000			퇴직급여충당금	50,000,000
		퇴직연금운용자산	3,580,000,000			퇴직연금운용자산	3,580,000,000

장부상 퇴직연금운용자산				세무상 퇴직연금운용자산			
기 초	750,000,000	지 급	150,000,000	기 초	750,000,000	지 급	150,000,000
설 정	3,600,000,000	기 말	4,200,000,000	설 정	3,600,000,000	기 말	4,200,000,000
계	4,350,000,000	계	4,350,000,000	계	4,350,000,000	계	4,350,000,000

장부상 퇴직연금충당금				세무상 퇴직연금충당금			
지 급	150,000,000	기 초	750,000,000	지 급	150,000,000	기 초	750,000,000
기 말	4,200,000,000	설 정	3,600,000,000	기 말	4,200,000,000	설 정	3,600,000,000
계	4,350,000,000	계	4,350,000,000	계	4,350,000,000	계	4,350,000,000

장부상 퇴직연금부담금			세무상 퇴직연금부담금		
퇴직연금충당금	4,200,000,000		퇴직연금충당금	4,200,000,000	

(1) 퇴직급여 지급에 대한 세무조정

Book	퇴직급여충당금	50,000,000 / 현 금	50,000,000
	퇴직연금충당금	150,000,000 / 퇴직연금운용자산	150,000,000
Tax	퇴직급여충당금	50,000,000 / 현 금	50,000,000
	퇴직연금충당금	150,000,000 / 퇴직연금운용자산	150,000,000
Adjustment	없 음		
Tax-Adj	없 음		

〈세무조정 없음〉

(2) 퇴직급여충당금 당기설정에 대한 세무조정

Book	퇴직급여충당금전입액	20,000,000 / 퇴직급여충당금	20,000,000

Tax   퇴직급여충당금 한도액 : 0원(zero)
       Min(① 총급여액 기준, ② 충당금누적액 기준)
       ① 총급여액 기준
          퇴직급여의 지급대상이 되는 임원이나 직원(계속근로기간을 고려하여 문제를 보고 판단함)에게 지급한 총급여액 × 5%
          = 1,600,000,000원 × 5% = 80,000,000원
       ② 충당금누적액 기준
          (퇴직급여추계액 × 0%) - 당기말세무상충당금잔액 + 퇴직전환금계상액
          = (퇴직급여추계액 × 0%) - (전기이월F/P상 퇴직급여충당금 - 당기장부상충당금감소액 - 충당금부인누계액(유보)) + 퇴직전환금계상액
          = (4,400,000,000원 × 0%) - (250,000,000원 - 50,000,000원 - 0원) + 0원
          = △200,000,000원

제17절 퇴직급여충당금과 퇴직연금부담금

| | 퇴직급여충당금전입액 | 0* / 퇴직급여충당금 | 0 |

* Min(장부상 퇴직급여충당금전입액, 세무상 퇴직급여충당금 한도액)
  퇴직급여충당금의 손금산입은 결산조정사항이므로 한도미달액이 발생한다 하더라도 이를 세무조정에 의하여 손금산입할 수 없음

| Adjustment | 퇴직급여충당금 | 20,000,000 / 퇴직급여충당금전입액 | 20,000,000 |
| Tax-Adj | 부　채↓(순자산↑) | 20,000,000 / 손금불산입↓(순자산↑) | 20,000,000 |

〈손금불산입〉 퇴직급여충당금전입액 20,000,000·유보(퇴직급여충당금)

(3) 퇴직연금부담금에 대한 세무조정 (결산조정)

| Book | 퇴직연금운용자산 | 3,600,000,000 / 현　금 | 3,600,000,000 |
| | 퇴직연금부담금 | 3,600,000,000 / 퇴직연금충당금 | 3,600,000,000 |

| Tax | 퇴직연금운용자산 | 3,600,000,000 / 현　금 | 3,600,000,000 |

퇴직연금부담금 손금한도액 : 3,600,000,000*

* Min[① 추계액(퇴직급여충당금 미설정액)기준, ②예치금(기말 퇴직연금운용자산잔액 중 손금미산입액)기준]

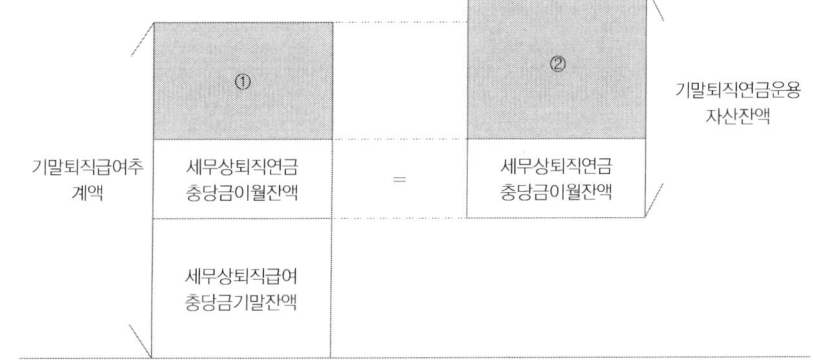

① 추계액기준
  = 기말퇴직급여추계액 − 세무상퇴직급여충당금잔액 − 세무상퇴직연금충당금이월잔액
  = 4,400,000,000원 − 200,000,000원 − (750,000,000원 −　　0원 − 150,000,000원)
  　　　　　　　　　　　　　　　　　　　　　　기초퇴직연금충당금 퇴직연금충당금부인액 기중연금수령액
  = 3,600,000,000원

② 예치금기준 = 기말퇴직연금운용자산잔액 − 세무상퇴직연금충당금이월잔액
  = 4,200,000,000원 − (750,000,000원 −　　0원 − 150,000,000원)
  = 3,600,000,000원

| | 퇴직연금부담금 | 3,600,000,000 / 퇴직연금충당금 | 3,600,000,000 |

| Adjustment | 없　음 |
| Tax-Adj | 없　음 |

〈세무조정 없음〉

조세법령 확인을 통해 기본개념 익히기

※ 다음 법인세 관련 조세법령의 빈 칸을 채우시오.

1. 법인세법 제33조【퇴직급여충당금의 손금산입】

   ① 내국법인이 각 사업연도의 결산을 확정할 때 임원이나 직원의 퇴직급여에 충당하기 위하여 퇴직급여충당금을 손비로 □□한 경우에는 대통령령으로 정하는 바에 따라 계산한 금액의 범위에서 그 계상한 퇴직급여충당금을 해당 사업연도의 소득금액을 계산할 때 손금에 산입한다.
   ② 제1항에 따라 퇴직급여충당금을 손금에 산입한 내국법인이 임원이나 직원에게 퇴직금을 지급하는 경우에는 그 □□□□충당금에서 먼저 지급한 것으로 본다.
   ③ 제1항에 따라 퇴직급여충당금을 손금에 산입한 내국법인이 합병하거나 분할하는 경우 그 법인의 합병등기일 또는 분할등기일 현재의 해당 퇴직급여충당금 중 합병법인·분할신설법인 또는 분할합병의 상대방 법인(이하 "합병법인등"이라 한다)이 승계받은 금액은 그 합병법인등이 합병□□일 또는 분할□□일에 가지고 있는 퇴직급여충당금으로 본다.
   ④ 사업자가 그 사업을 내국법인에게 □□적으로 양도하는 경우에 관하여는 제3항을 준용한다.
   ⑤ 제1항을 적용하려는 내국법인은 대통령령으로 정하는 바에 따라 퇴직급여충당금에 관한 명세서를 납세지 관할 세무서장에게 제출하여야 한다.
   ⑥ 제1항부터 제4항까지의 규정에 따른 퇴직급여충당금의 처리에 필요한 사항은 대통령령으로 정한다.

> **해설과 해답**
> ① 계상
> ② 퇴직급여
> ③ 등기, 등기
> ④ 포괄

2. 법인세법 시행령 제44조의 2【퇴직보험료등의 손금불산입】

① 내국법인이 임원 또는 직원의 퇴직급여를 지급하기 위하여 납입하거나 부담하는 보험료·부금 또는 부담금(이하 이 조에서 "보험료등"이라 한다) 중 제2항부터 제4항까지의 규정에 따라 손금에 산입하는 것 외의 보험료 등은 이를 □□에 산입하지 아니한다.

② 내국법인이 임원 또는 직원의 퇴직을 퇴직급여의 지급사유로 하고 임원 또는 직원을 수급자로 하는 연금으로서 기획재정부령으로 정하는 것(이하 이 조에서 "퇴직연금등"이라 한다)의 부담금으로서 지출하는 금액은 해당 사업연도의 소득금액계산에 있어서 이를 □□에 산입한다.

③ 제2항에 따라 지출하는 금액 중 확정기여형 퇴직연금등(「근로자퇴직급여 보장법」 제19조에 따른 확정기여형 퇴직연금, 같은 법 제23조의 6에 따른 중소기업퇴직연금기금제도, 같은 법 제24조에 따른 개인형퇴직연금제도 및 「과학기술인공제회법」에 따른 퇴직연금 중 확정기여형 퇴직연금에 해당하는 것을 말한다. 이하 같다)의 □□금은 □□ 손금에 산입한다. 다만, 임원에 대한 부담금은 법인이 퇴직 시까지 부담한 부담금의 합계액을 퇴직급여로 보아 제44조 제4항을 적용하되, 손금산입한도 초과금액이 있는 경우에는 퇴직일이 속하는 사업연도의 부담금 중 손금산입 한도 초과금액 상당액을 손금에 산입하지 아니하고, 손금산입 한도 초과금액이 퇴직일이 속하는 사업연도의 부담금을 초과하는 경우 그 초과금액은 퇴직일이 속하는 사업연도의 □□에 산입한다.

④ 제2항에 따라 지출하는 금액 중 확정기여형 퇴직연금등의 부담금을 제외한 금액은 제1호 및 제1호의 2의 금액 중 큰 금액에서 제2호의 금액을 뺀 금액을 한도로 손금에 산입하며, 둘 이상의 부담금이 있는 경우에는 먼저 계약이 체결된 퇴직연금등의 부담금부터 손금에 산입한다.

1. 해당 사업연도종료일 현재 재직하는 임원 또는 직원의 전원이 퇴직할 경우에 퇴직급여로 지급되어야 할 금액의 추계액(제44조에 따라 손금에 산입하지 아니하는 금액과 제3항 본문에 따라 손금에 산입하는 금액은 제외한다)에서 해당 사업연도종료일 현재의 퇴직급여충당금을 공제한 금액에 상당하는 연금에 대한 부담금

1의 2. 다음 각 목의 금액을 더한 금액(제44조에 따라 손금에 산입하지 아니하는 금액과 제3항 본문에 따라 손금에 산입하는 금액은 제외한다)에서 해당 사업연도 종료일 현재의 퇴직급여충당금을 공제한 금액에 상당하는 연금에 대한 부담금

　가. 「근로자퇴직급여 보장법」 제16조 제1항 제1호에 따른 금액

　나. 해당 사업연도종료일 현재 재직하는 임원 또는 직원 중 「근로자퇴직급여 보장법」 제2조 제8호에 따른 확정급여형퇴직연금제도에 가입하지 아니한 사람 전원이 퇴직할 경우에 퇴직급여로 지급되어야 할 금액의 추계액과 확정급여형퇴직연금제도에 가입한 사람으로서 그 재직기간 중 가입하지 아니한 기간이 있는 사람 전원이 퇴직할 경우에 그 가입하지 아니한 기간에 대하여 퇴직급여로 지급되어야 할 금액의 추계액을 더한 금액

2. 직전 사업연도종료일까지 지급한 부담금

⑤ 제2항에 따라 부담금을 손금에 산입한 법인은 법 제60조에 따른 신고와 함께 기획재정부령으로 정하는 퇴직연금부담금조정명세서를 첨부하여 납세지 관할세무서장에게 제출하여야 한다.

해설과 해답

① 손금
② 손금
③ 부담, 전액, 익금

3. 법인세법 시행령 제60조【퇴직급여충당금의 손금산입】

① 법 제33조 제1항에서 "대통령령으로 정하는 바에 따라 계산한 금액"이란 퇴직급여의 지급대상이 되는 임원 또는 직원(확정기여형 퇴직연금등이 설정된 자는 제외한다. 이하 이 조에서 같다)에게 해당 사업연도에 지급한 총급여액(제44조 제4항 제2호에 따른 총급여액을 말한다)의 100분의 □에 상당하는 금액을 말한다.

② 제1항에 따라 손금에 산입하는 퇴직급여충당금의 누적액은 해당 사업연도종료일 현재 재직하는 임원 또는 직원의 전원이 퇴직할 경우에 퇴직급여로 지급되어야 할 금액의 □□액과 제44조의 2 제4항 제1호의 2 각 목의 금액을 더한 금액 중 큰 금액(제44조에 따라 손금에 산입하지 아니하는 금액은 제외한다)에 다음 각 호의 비율을 곱한 금액을 한도로 한다.

1. 2010년 1월 1일부터 2010년 12월 31일까지의 기간 중에 개시하는 사업연도: 100분의 30
2. 2011년 1월 1일부터 2011년 12월 31일까지의 기간 중에 개시하는 사업연도: 100분의 25
3. 2012년 1월 1일부터 2012년 12월 31일까지의 기간 중에 개시하는 사업연도: 100분의 20
4. 2013년 1월 1일부터 2013년 12월 31일까지의 기간 중에 개시하는 사업연도: 100분의 15
5. 2014년 1월 1일부터 2014년 12월 31일까지의 기간 중에 개시하는 사업연도: 100분의 10
6. 2015년 1월 1일부터 2015년 12월 31일까지의 기간 중에 개시하는 사업연도: 100분의 5
7. 2016년 1월 1일 이후 개시하는 사업연도: 100분의 0

③ 제2항 각 호의 한도 내에서 손금에 산입한 퇴직급여충당금의 누적액에서 퇴직급여충당금을 손금에 산입한 사업연도의 다음 사업연도 중 임원 또는 직원에게 지급한 퇴직금을 뺀 금액이 제2항에 따른 추계액에 같은 항 각 호의 비율을 곱한 금액을 초과하는 경우 그 초과한 금액은 익금으로 환입하지 아니한다.

④ 내국법인이 「국민연금법」에 의한 퇴직금전환금으로 계상한 금액은 제2항의 규정에 불구하고 이를 손금에 산입하는 퇴직급여충당금의 누적액의 한도액에 가산한다.

⑤ 법 제33조 제1항의 규정을 적용받고자 하는 내국법인은 법 제60조의 규정에 의한 신고와 함께 기획재정부령이 정하는 퇴직급여충당금조정명세서를 납세지 관할세무서장에게 제출하여야 한다.

해설과 해답

① 5
② 추계

제17절 퇴직급여충당금과 퇴직연금부담금

exercise

01 퇴직급여충당금에 관한 다음 설명 중 맞는 것은?

① 해당 사업연도의 퇴직급여충당금 한도초과액은 다음 사업연도 세무조정 시 자동적으로 손금산입된다.
② 결산상 손금에 산입하지 아니한 퇴직급여충당금은 신고조정에 의하여 손금에 산입할 수 있다.
③ 현실적인 퇴직을 하였으나 법인의 자금사정으로 퇴직급여를 미지급한 경우에도 퇴직급여충당금에서 차감하여야 한다.
④ 퇴직급여충당금을 계상한 법인이 퇴직하는 사용인에게 퇴직급여를 지급하는 때에는 개인별 퇴직급여충당금과 상계하고 부족액은 해당 사업연도의 손금에 산입한다.
⑤ 해당 법인과 직·간접으로 출자관계에 있는 법인으로 종업원이 전출하는 경우에는 현실적 퇴직이 아니므로 퇴직급여를 지급할 수 없다.

해설
① 퇴직급여충당금 한도초과액은 대손충당금 한도초과액과는 달리 퇴직급여 지급 시 세무상 상계하여야 할 퇴직급여충당금을 초과하여 상계한 경우 또는 장부상 퇴직급여충당금 부인액을 환입하는 경우에만 손금산입된다.
② 퇴직급여충당금은 결산조정사항이므로 신고조정에 의하여 손금에 산입할 수 없다.
④ 퇴직급여충당금을 계상한 법인이 퇴직하는 임원이나 사용인에게 퇴직급여를 지급하는 때에는 개인별 퇴직급여충당금과는 관계없이 이를 해당 퇴직급여충당금에서 지급하여야 한다.
⑤ 해당 법인과 직·간접으로 출자관계에 있는 법인으로 전출하는 경우에는 현실적인 퇴직으로 보아 퇴직급여를 지급할 수도 있고, 현실적인 퇴직으로 보지 않을 수도 있다.

해답 ③

02 ㈜A의 퇴직급여충당금과 관련한 다음 자료를 기초로 할 때 제24기 사업연도(2025.1.1.~12.31.)에 필요한 세무조정은?

(1) 퇴직급여충당금 계정의 변동내역

당기지급액	50,000,000원	전기이월액	150,000,000원
차기이월액	155,000,000원	당기설정액	55,000,000원
합 계	205,000,000원	합 계	205,000,000원

(2) 퇴직급여충당금 기초잔액 중 한도초과부인액의 누적액 : 120,000,000원
(3) 퇴직급여 지급대상이 되는 임원 및 사용인의 총급여액 : 500,000,000원
(4) 기말 퇴직급여추계액(일시퇴직기준 추계액 : 400,000,000원, 보험수리기준 추계액 : 390,000,000원)

① 〈손금산입〉 20,000,000원
② 〈손금산입〉 30,000,000원
③ 〈손금산입〉 20,000,000원 및 〈손금불산입〉 55,000,000원
④ 〈손금불산입〉 30,000,000원
⑤ 〈손금불산입〉 50,000,000원

해설

1. 당기 지급액에 대한 세무조정
   주어진 자료에 의하면 재무상태표상 퇴직급여충당금 기초잔액은 150,000,000원이고, 세무상 퇴직급여충당금 기초잔액은 30,000,000원(=150,000,000원−120,000,000원)이다. 이와 같은 상태에서 퇴직급여지급액이 50,000,000원이므로 기업회계상 분개와 세무상 분개(가정)는 다음과 같을 것이다.
   (1) 기업회계상 분개

(차) 퇴 직 급 여 충 당 금	50,000,000원	(대) 현 금	50,000,000원

   (2) 세무상 분개(가정)

(차) 퇴 직 급 여 충 당 금	30,000,000원	(대) 유 형 자 산 A	50,000,000원
퇴 직 급 여	20,000,000원		

   따라서 상기의 차이조정을 위해서는 다음과 같은 세무조정이 필요하다.
   〈손금산입〉 퇴직급여충당금 과다상계 20,000,000 (△유보)

2. 당기 설정에 대한 세무조정
   (1) 한도액 : MIN(①, ②)=0원
      ① 총급여액기준 : 500,000,000원×5%=25,000,000원
      ② 충당금누적액기준 : 400,000,000원❶×0%−(150,000,000원−50,000,000원−100,000,000원❷)=0원
         ❶ MAX[400,000,000원, 390,000,000원]
         ❷ 120,000,000원−20,000,000=100,000,000원
   (2) 회사계상액 : 55,000,000원
   (3) 세무조정 : 〈손금불산입〉 퇴직급여충당금 한도초과 55,000,000 (유보)

 ③

03 다음 자료에 의하여 제24기 사업연도(2025.1.1.~12.31.)의 퇴직급여충당금에 대한 세무조정을 할 경우 맞는 것은? [회계사 2004]

(1) 퇴직급여충당금 계정

당기지급액	220,000,000	전기이월액	250,000,000
차기이월액	200,000,000●	당기설정액	170,000,000
합 계	420,000,000	합 계	420,000,000

● 회사는 일시퇴직기준 추계액과 보험수리기준 추계액 중 큰 금액의 100%를 퇴직급여충당금으로 설정하였음. 한편, 회사의 퇴직금지급규정에 의하면 퇴직급여는 1년 이상 근무한 자에 대하여만 지급하도록 되어있으며, 「국민연금법」에 따른 퇴직급여전환금은 없는 것으로 가정함.

(2) (포괄)손익계산서상의 인건비 계정

구 분	1년 이상 근무	1년 미만 근무	합 계
임 원	250,000,000원	120,000,000원	370,000,000원
종업원	1,050,000,000원	280,000,000원	1,330,000,000원
합 계	1,300,000,000원	400,000,000원	1,700,000,000원

(3) 전기말 현재 자본금과 적립금조정명세서(을)표상의 퇴직급여충당금 유보금액 : 150,000,000원

	손금산입		손금불산입	
①	120,000,000원	(△유보)	170,000,000원	(유보)
②	150,000,000원	(△유보)	105,000,000원	(유보)
③	150,000,000원	(△유보)	45,000,000원	(유보)
④	130,000,000원	(△유보)	45,000,000원	(유보)
⑤	–		90,000,000원	(유보)

1. 지급에 대한 세무조정
   220,000,000원 – (250,000,000원 – 150,000,000원) = 120,000,000원
   〈손금산입〉 퇴직급여충당금 과다상계 120,000,000원 (△유보)

2. 설정에 대한 세무조정
   (1) 퇴직급여충당금 한도액 : MIN[①, ②] = 0원
     ① 총급여액기준 : 1,300,000,000원 × 5% = 65,000,000원
     ② 누적액기준 : 200,000,000원 × 0% – (250,000,000원 – 220,000,000원 – 30,000,000원*) = 0원
        * 150,000,000원 – 120,000,000원 = 30,000,000원
   (2) 퇴직급여충당금 한도초과액 : 170,000,000원 – 0원 = 170,000,000원
     〈손금불산입〉 퇴직급여충당금 한도초과 170,000,000원 (유보)

 ①

04 다음은 ㈜K의 제24기 사업연도(2025.1.1.~12.31.)의 확정급여형 퇴직연금에 대한 자료이다. 확정급여형 퇴직연금에 대한 세무조정으로 옳은 것은? [회계사 2011]

(1) 급여 및 퇴직급여충당금 정보는 다음과 같다.
    가. ㈜K의 퇴직급여지급 규정상 퇴직급여 지급대상자의 총급여액 : 99,000,000원
    나. 기말 퇴직급여추계액
        - 일시퇴직기준 : 49,000,000원
        - 보험수리기준 : 53,000,000원
    다. 기말 퇴직급여충당금 잔액 : 35,000,000원(부인액 27,050,000원 포함)

(2) 당기 퇴직연금운용자산에 대한 내용은 다음과 같다.

퇴직연금운용자산

전기이월액	28,000,000원	당기지급액	11,000,000원
당기증가액	28,050,000원	차기이월액	45,050,000원
	56,050,000원		56,050,000원

(3) 당기 퇴직연금충당금에 대한 내용은 다음과 같다.

퇴직연금충당금

당기지급액	11,000,000원	전기이월액	32,000,000원❶
차기이월액	45,050,000원	당기설정액	24,050,000원
	56,050,000원		56,050,000원

❶ 한도초과액 4,000,000원이 포함되어 있음.

① 〈손금산입〉   1,000,000원 (△유보)   ② 〈손금불산입〉 2,000,000원 (유보)
③ 〈손금산입〉   4,000,000원 (△유보)   ④ 〈손금불산입〉 8,000,000원 (유보)
⑤ 〈손금불산입〉 10,000,000원 (유보)

해설

1. 퇴직연금충당금 한도액 : MIN[①, ②]=28,050,000원
   ① 추계액기준
      53,000,000원❶ - 7,950,000원❷ - (32,000,000원 - 4,000,000원 - 11,000,000원)=28,050,000원
      ❶ MAX[49,000,000원, 53,000,000원]=53,000,000원
      ❷ 35,000,000원 - 27,050,000원=7,950,000원
   ② 예치금기준
      45,050,000원 - (32,000,000원 - 4,000,000원 - 11,000,000원)=28,050,000원

2. 퇴직연금충당금 한도초과액 : 24,050,000원 - 28,050,000원=△4,000,000원

3. 세무조정 : 〈손금산입〉 퇴직연금충당금 4,000,000원 (△유보)

해답 ③

제17절 퇴직급여충당금과 퇴직연금부담금

05 다음은 내국법인 ㈜A의 제24기 사업연도(2025.1.1.~12.31.)에 관한 자료이다. ㈜A의 제24기 사업연도에 대한 확정급여형 퇴직연금 관련 세무조정으로 옳은 것은? [세무사 2011]

> (1) ㈜A의 당기 사업연도말 퇴직급여추계액은 일시퇴직기준으로 90,000,000원이고, 보험수리기준으로 80,000,000원이다.
> (2) 당기 말 퇴직급여충당부채 잔액은 30,000,000원이고, 이 중 세무상 부인액은 16,500,000원이다.
> (3) 당기 중에 종업원의 퇴직으로 인하여 보험회사가 15,000,000원을 지급하였으며, 다음과 같이 회계처리하였다.
>   (차) 퇴직급여충당부채   15,000,000   (대) 퇴직연금운용자산   15,000,000
> (4) 당기 말 퇴직연금운용자산 계정내역은 다음과 같다.
>
> 퇴직연금운용자산
>
> | 전기이월액 | 40,000,000원 | 당기지급액 | 15,000,000원 |
> |---|---|---|---|
> | 당기증가액 | 20,000,000원 | 차기이월액 | 45,000,000원 |
> | | 60,000,000원 | | 60,000,000원 |
>
> (5) ㈜A는 확정급여형퇴직연금과 관련하여 신고조정으로 손금산입하고 있으며, 전기 말까지 신고조정으로 손금산입된 금액은 40,000,000원이다.
> (6) ㈜A는 한국채택국제회계기준(K-IFRS)을 적용하지 않는 것으로 가정한다.

① 〈손금산입〉   10,000,000원 (△유보)
② 〈손금불산입〉 15,000,000원 (유보), 〈손금산입〉 20,000,000원 (△유보)
③ 〈손금불산입〉 15,000,000원 (유보), 〈손금산입〉 37,000,000원 (△유보)
④ 〈손금산입〉   37,000,000원 (△유보)
⑤ 〈손금불산입〉 15,000,000원 (유보)

해설

1. 당기 지급액에 대한 세무조정
   (1) 기업회계상 분개
   (차) 퇴직급여충당금   15,000,000   (대) 퇴직연금운용자산   15,000,000
   (2) 세무상 분개(가정)
   (차) 퇴직연금충당금   15,000,000   (대) 퇴직연금운용자산   15,000,000
   (3) 세무조정
   〈손금산입〉 퇴직급여충당금 15,000,000원 (△유보)
   〈익금산입〉 퇴직연금충당금 15,000,000원 (유보)

2. 퇴직연금충당금 한도액 : MIN(①, ②) = 20,000,000원
   ① 추계액기준
     90,000,000원❶ − (30,000,000원 − 16,500,000원) − (40,000,000원 − 15,000,000원) = 51,500,000원
     ❶MAX[90,000,000원, 80,000,000원] = 90,000,000원
   ② 예치금기준
     45,000,000원 − (40,000,000원 − 15,000,000원) = 20,000,000원

3. 퇴직연금충당금 한도초과액 : 0원 − 20,000,000원 = △20,000,000원

4. 세무조정
   〈손금산입〉 퇴직연금충당금 20,000,000원 (△유보)

해답 ②

제18절 준비금

- I. 준비금의 개념 및 종류
- II. 법인세법상 준비금과 조세특례제한법상 준비금의 비교
- III. 법인세법상 준비금
- IV. 조세특례제한법상 손실보전준비금

I. 준비금의 개념 및 종류

준비금의 개념

 기업회계상 준비금은 보험업을 영위하는 법인이 보험업법에 따라 설정하는 부채로서의 준비금(책임준비금·비상위험준비금)과 자본계정 중 이익잉여금의 구성항목으로서의 이익준비금 등으로 구분된다.
 한편, 법인세법상 준비금은 보험업을 영위하는 법인의 책임준비금·비상위험준비금·해약환급금준비금과 비영리내국법인의 고유목적사업준비금이 있으며, 조세특례제한법상 준비금으로는 영리내국법인의 손실보전준비금이 있다.
 유의할 점은 현행 법인세법과 조세특례제한법상 준비금제도는 직접적인 조세감면제도가 아니라 과세시기를 일정기간 연장해 주는 효과만 갖고 있는 과세이연제도(간접적인 조세혜택)에 불과하다는 것이다.

준비금의 종류

 현행법상 준비금은 법인세법과 조세특례제한법상 준비금으로 구분되며, 그 종류를 요약하면 다음과 같다.

법인세법상 준비금	조세특례제한법상 준비금
① 책임준비금[1]·비상위험준비금·해약환급금준비금[2] (보험업법인) ② 고유목적사업준비금(비영리내국법인)	손실보전준비금(영리내국법인)

[1] 보험업법에 따른 보험회사 제외한다.
[2] 한국채택국제회계기준(K-IFRS) 제1117호(보험계약)을 최초로 적용하는 사업연도의 전환이익에 대해 과세특례(법법42의 3③·⑤)를 적용한 보험회사에 대해서는 해약환급금준비금의 손금산입을 적용하지 않는다.

II. 법인세법상 준비금과 조세특례제한법상 준비금의 비교

법인세법상 준비금과 조세특례제한법상 준비금의 차이점을 각 항목별로 구분하여 설명하면 다음과 같다.

구 분	법인세법상 준비금	조세특례제한법상 준비금
설정근거법	① 보험업법 ② 고유목적사업준비금은 법인세법	조세특례제한법
설정대상법인	보험업 영위법인과 비영리내국법인	일반업종 영위법인
성 격	① 강제규정 ② 고유목적사업준비금은 임의규정	임의규정
기업회계측면	책임준비금과 일반기업회계기준을 적용하는 보험업 영위법인의 비상위험준비금은 기업회계상 인정되나, 한국채택국제회계기준을 적용하는 보험업 영위법인의 비상위험준비금과 비영리내국법인의 고유목적사업준비금은 인정되지 않음	조세특례제한법상 준비금은 기업회계상 인정되지 않음
손금산입방법	① 원칙 : 결산조정 ② 예외 : 한국채택국제회계기준을 적용하는 보험업 영위법인과 외부회계감사를 받는 비영리내국법인은 잉여금처분에 의한 신고조정가능하고, 또한 한국채택국제회계기준을 도입한 보험회사가 해약환급준비금을 이익잉여금처분을 통해 적립한 경우 신고조정 가능함	① 원칙 : 결산조정 ② 예외 : 조세특례제한법상 준비금은 기업회계상 인정되지 않으므로 잉여금처분에 의한 신고조정가능
최저한세 적용	적용대상이 아님	적용대상임

III. 법인세법상 준비금

 책임준비금·비상위험준비금·해약환급금준비금

법인세법상 준비금인 책임준비금·비상위험준비금은 보험업을 영위하는 법인에 한해서 그 설정이 허용되며, 이들 준비금의 구체적 내용을 살펴보면 다음과 같다.

구 분	손금산입범위	환입 및 상계
책 임 준 비 금	손금한도액＝①＋②＋③ ① 보험약관에 의하여 해당 사업연도 종료일 현재 모든 보험계약이 해약된 경우 계약자 또는 수익자에게 지급하여야 할 환급액(해약공제액 포함). 다만, 한국채택국제회계기준을 적용하는 법인의 경우에는 환급액과 금융위원회가 기획재정부장관과 협의하여 고시한 최소적립액 중 큰 금액으로 한다. ② 해당 사업연도 종료일 현재 보험사고가 발생하였으나 아직 지급하여야 할 보험금이 확정되지 아니한 경우 그 손해액을 감안하여 추정한 보험금 상당액	①과 ②는 다음 사업연도에 익금산입하고, ③은 보험계약자에게 배당한 때에 먼저 계상한 것부터 순차로 상계하되 3년이 되는 날이 속하는 사업연도에 남은 잔액을 전액 환입❶

	③ 보험계약자에게 배당하기 위하여 적립한 배당준비금으로서 금융감독원장이 기획재정부장관과 협의하여 정한 손금산입 기준에 따라 적립한 금액	
비상위험 준 비 금	손금한도액=MIN[①, ②] ① 단기손해보험(인보험의 경우에는 해약환급금이나 만기지급금이 없는 사망보험 및 질병보험에 한함)의 보유보험료×금융위원회가 정하는 보험종목별 적립기준율 ② 단기손해보험의 경과보험료×50%(자동차보험은 40%, 보증보험의 경우에는 150%)-기말 준비금 잔액	다음 사업연도 이후 사고별로 10억원(인보험의 경우는 2천만원)이상 지급시 기획재정부장관의 승인을 얻어 상계
해약환급 준 비 금	손금산입액 = (① - ②) 보험업법 시행령 제65조 제2항 제3호에 따라 해약환급금준비금에 관하여 금융위원회가 정하여 고시하는 방법으로 계산한 금액 ① 해약환급금과 미경과보험료 합계액 ② 책임준비금과 특별계정부채의 합계액	손비로 계상한 해약환급금준비금의 처리에 필요한 사항은 보험업법 시행령 제65조 제2항 제3호에 따라 금융위원회가 정하여 고시하는 바에 따름

❶ 이 경우 3년이 되는 날이 속하는 사업연도에 잔액을 환입하는 경우에는 이자상당액(1일 0.025% 적용)을 법인세에 가산하여 납부하여야 한다.
❷ 보험회사가 보험계약의 해약 등에 대비하여 적립하는 해약환급준비금은 그 적립한 금액의 범위에서 세무조정계산서에 계상을 한 경우에는 그 계상한 금액을 결산을 확정할 때 손비로 계상한 것으로 보아 해당 사업연도의 소득금액을 계산할 때 손금에 산입한다.

한편, 법인세법상 책임준비금과 일반기업회계기준을 적용하는 보험업 영위법인의 비상위험준비금은 결산조정사항임과 동시에 기업회계에서도 인정되는 부채이므로 법인세법상 해당 준비금의 손금산입은 결산조정 외에는 허용되지 않고 있다. 그러나 법인세법상 비상위험준비금을 한국채택국제회계기준에서는 인정하지 아니하므로 한국채택국제회계기준을 적용하는 보험회사는 잉여금처분에 의한 신고조정을 허용하고 있다. 또한, 보험회사가 한국채택국제회계기준(K-IFRS) 제1117호에 따라 법인세법상 해약환급준비금을 적립하는 경우 2023.01.01. 이후 개시하는 사업연도부터 적용(2024. 12. 31.이 속하는 사업연도에 2023.1.1. 이후 신고하는 사업연도 분부터 적용)하도록 신설되어, 해당 사업연도 적립한 해약환급준비금은 신고조정으로 손금으로 산입할 수 있다.

고유목적사업준비금

(1) 설정대상법인

고유목적사업준비금을 설정할 수 있는 법인은 비영리내국법인(법인으로 보는 단체의 경우 일반기부금 단체, 법령에 따라 설치된 기금, 공동주택의 입주자대표회의·임차인대표회의 또는 자치관리기구에 한함)에 한한다(법법 29①).

(2) 손금한도액

고유목적사업준비금의 손금한도액은 다음과 같다(법령 56).

```
손금한도액 = ①+②
① (이자소득금액+배당소득금액+융자금에서 발생한 이자금❶)×100%
② 위 ① 외의 수익사업에서 발생한 소득금액❷×50% (80%❸, 100%❹)
```

❶ 특별법에 따라 설립된 비영리내국법인이 해당 법률에 따른 복지사업으로서 그 회원이나 조합원에게 대출한 융자금에서 발생한 이자금액을 말한다.
❷ 수익사업소득금액-이자소득금액·배당소득금액·융자금이자금-이월결손금-특례기부금. 여기서 수익사업소득금액에는 경정으로 증가된 소득

금액 중 해당법인의 특수관계인에게 상여 및 기타소득으로 처분된 금액은 제외하며, 이월결손금은 각 사업연도 소득의 60%를 이월결손금 공제한도로 적용받는 법인이 공제한도 적용으로 인해 공제받지 못하고 이월된 결손금을 차감한 금액을 말한다.
❸ 공익법인의설립·운용에관한법률에 따라 설립된 법인으로서 고유목적사업 등에 대한 지출액 중 50% 이상의 금액을 장학금으로 지출하는 비영리법인은 80%를 적용하며, 사립학교법인·산학협력단·원격내학형태의 평생교육시설을 운영하는 법인·국립대학교병원·서울대학교병원·국립암센터·지방의료원·대한적십자사가 운영하는 병원·문화예술단체 등은 100%(조특법 74①)

(3) 손금산입방법

법인세법상 고유목적사업준비금은 결산조정사항이므로 해당 고유목적사업준비금의 손금산입은 결산조정에 의하여야 한다.

그러나 고유목적사업준비금은 위에서 살펴본 책임준비금과는 달리 기업회계상 인정되지 않는 준비금이므로 외부회계감사를 받는 비영리법인의 경우에는 잉여금처분에 의한 신고조정을 허용하고 있다.

분개법 고유목적사업준비금 : 잉여금처분에 의한 신고조정

(1) 준비금 설정에 대한 세무조정

Book	처분전이익잉여금	3,000,000	/	고유목적사업준비금(임의적립금)	3,000,000
Tax	고유목적사업준비금전입액(손금)	3,000,000	/	고유목적사업준비금(충당부채)	3,000,000
Adjustment	고유목적사업준비금(임의적립금)	3,000,000	/	처분전이익잉여금	3,000,000
	고유목적사업준비금전입액(손금)	3,000,000	/	고유목적사업준비금(충당부채)	3,000,000
Tax-Adj	~~잉여금↓(순자산↓)~~	~~3,000,000~~	/	~~잉여금↑(순자산↑)~~	~~3,000,000~~
	손금↑(순자산↓)	3,000,000	/	부채↑(순자산↓)	3,000,000

〈손금산입〉 고유목적사업준비금전입액 3,000,000 · △유보(고유목적사업준비금)

(2) 준비금 사용에 대한 세무조정

Book	고유목적사업준비금(임의적립금)	1,000,000	/	현 금	1,000,000
Tax	고유목적사업준비금(충당부채)	1,000,000	/	현 금	1,000,000
Adjustment	고유목적사업준비금(충당부채)	1,000,000	/	고유목적사업준비금(임의적립금)	1,000,000
Tax-Adj	부채↓(순자산↑)	1,000,000	/	잉여금↑(순자산↑)	1,000,000

〈익금산입〉 고유목적사업준비금 1,000,000 · 유보(고유목적사업준비금)
〈손금산입〉 고유목적사업준비금 1,000,000 · 기타(고유목적사업준비금)

(3) 준비금 환입에 대한 세무조정

Book	고유목적사업준비금(임의적립금)	1,000,000	/	처분전이익잉여금	1,000,000
Tax	고유목적사업준비금(충당부채)	1,000,000	/	고유목적사업준비금환입액(익금)	1,000,000
Adjustment	처분전이익잉여금	1,000,000	/	고유목적사업준비금(임의적립금)	1,000,000
	고유목적사업준비금(충당부채)	1,000,000	/	고유목적사업준비금환입액(익금)	1,000,000
Tax-Adj	~~잉여금↓(순자산↓)~~	~~1,000,000~~	/	~~잉여금↑(순자산↑)~~	~~1,000,000~~
	부채↓(순자산↑)	1,000,000	/	익금↑(순자산↑)	1,000,000

〈익금산입〉 고유목적사업준비금환입액 1,000,000 · 유보(고유목적사업준비금)

(4) 상계와 환입, 승계

1) 상 계

비영리내국법인이 손금산입한 고유목적사업준비금을 고유목적사업 또는 일반기부금(이하 "고유목적사업 등"이라 함)에 지출하는 경우에는 그 금액을 먼저 계상한 사업연도의 고유목적사업준비금부터 차례로 상계하여야 한다. 이 경우 직전 사업연도 종료일 현재의 고유목적사업준비금의 잔액을 초과하여 해당 사업연도의 고유목적사업 등에 지출한 금액은 이를 해당 사업연도에 계상할 고유목적사업준비금에서 지출한 것으로 본다(법법 29③).

2) 환 입

손금에 산입한 고유목적사업준비금의 잔액이 있는 비영리내국법인이 다음 중 어느 하나에 해당하는 경우 그 잔액은 해당 사유가 발생한 날이 속하는 사업연도에 익금산입한다(법법 47⑤).

① 해산하거나 고유목적사업을 전부 폐지한 때
② 법인으로 보는 단체가 승인취소 또는 거주자로 변경된 때
③ 고유목적사업준비금을 손금으로 계상한 사업연도의 종료일 이후 5년이 되는 날까지 고유목적사업 등에 사용하지 아니한 때(5년 내 사용하지 아니한 잔액에 한함)
④ 고유목적사업준비금을 손금으로 계상한 사업연도의 종료일 이후 5년 이내에 고유목적사업준비금의 잔액 중 일부를 환입하여 익금으로 계상한 경우

3) 승 계

고유목적사업준비금을 손금에 산입한 법인이 다른 비영리내국법인에게 포괄적으로 양도하고 해산하는 경우에는 해산등기일 현재의 고유목적사업준비금 잔액은 그 다른 비영리내국법인이 승계할 수 있다(법법29④).

(5) 이자상당액

상기 (4)의 2)의 ③에 의하여 익금산입하는 경우에는 다음 산식에 의하여 계산한 이자상당액을 해당 사업연도의 법인세에 가산하여 납부하여야 한다(법법 29⑦, 법령 56⑦).

$$\text{이자상당액} = \text{법인세 감소액}^{\text{❶}} \times \text{기간}^{\text{❷}} \times 0.022\%(2024년도 \text{ 말 현재})$$

❶ 법인세 감소액=(당초 과세표준+일시환입액)×법인세율−당초 과세표준×법인세율
❷ 준비금을 손금에 산입한 사업연도 종료일의 다음날부터 해당 준비금을 익금에 산입한 사업연도 종료일까지의 기간을 말한다.

조세법령 확인을 통해 기본개념 익히기

※ 다음 법인세 관련 조세법령의 빈 칸을 채우시오.

1. 법인세법 제29조 【비영리내국법인의 고유목적사업준비금의 손금산입】
    ① 비영리내국법인(법인으로 보는 단체의 경우에는 대통령령으로 정하는 단체만 해당한다. 이하 이 조에서 같다)이 각 사업연도의 결산을 확정할 때 그 법인의 □□□□사업이나 제24조 제3항 제1호에 따른 □□□□금(이하 이 조에서 "고유목적사업등"이라 한다)에 지출하기 위하여 고유목적사업준비금을 □□로 계상한 경우에는 다음 각 호의 구분에 따른 금액의 합계액(제2호에 따른 수익사업에서 결손금이 발생한 경우에는 제1호 각 목의 금액의 합계액에서 그 □□금 상당액을 차감한 금액을 말한다)의 범위에서 그 □□한 고유목적사업준비금을 해당 사업연도의 소득금액을 계산할 때 □□에 산입한다.
    1. 다음 각 목의 금액
        가. 「소득세법」 제16조 제1항 각 호(같은 항 제11호에 따른 비영업대금의 이익은 제외한다)에 따른 이자소득의 금액
        나. 「소득세법」 제17조 제1항 각 호에 따른 배당소득의 금액. 다만, 「상속세 및 증여세법」 제16조 또는 제48조에 따라 상속세 과세가액 또는 증여세 과세가액에 산입되거나 증여세가 부과되는 주식등으로부터 발생한 배당소득의 금액은 제외한다.
        다. 특별법에 따라 설립된 비영리내국법인이 해당 법률에 따른 복지사업으로서 그 회원이나 조합원에게 대출한 융자금에서 발생한 이자금액
    2. 그 밖의 수익사업에서 발생한 소득에 100분의 50(「공익법인의 설립·운영에 관한 법률」에 따라 설립된 법인으로서 고유목적사업등에 대한 지출액 중 100분의 50 이상의 금액을 장학금으로 지출하는 법인의 경우에는 100분의 80)을 곱하여 산출한 금액
    ② 제1항을 적용할 때 「주식회사 등의 외부감사에 관한 법률」 제2조 제7호 및 제9조에 따른 감사인의 회계감사를 받는 비영리내국법인이 고유목적사업준비금을 제60조 제2항 제2호에 따른 세무조정계산서에 계상하고 그 금액 상당액을 해당 사업연도의 □□□□을 할 때 고유목적사업준비금으로 □□한 경우에는 그 금액을 결산을 □□할 때 손비로 □□한 것으로 본다.
    ③ 제1항에 따라 고유목적사업준비금을 손금에 산입한 비영리내국법인이 고유목적사업등에 지출한 금액이 있는 경우에는 그 금액을 먼저 계상한 사업연도의 고유목적사업준비금부터 차례로 □□(相計)하여야 한다. 이 경우 고유목적사업등에 지출한 금액이 직전 사업연도 종료일 현재의 고유목적사업준비금의 잔액을 초과한 경우 초과하는 금액은 그 사업연도에 □□할 고유목적사업준비금에서 지출한 것으로 본다.
    ④ 제1항에 따라 고유목적사업준비금을 손금에 산입한 비영리내국법인이 사업에 관한 모든 권리와 의무를 다른 비영리내국법인에 포괄적으로 양도하고 해산하는 경우에는 해산등기일 현재의 고유목적사업준비금 잔액은 그 다른 비영리내국법인이 □□할 수 있다.
    ⑤ 제1항에 따라 손금에 산입한 고유목적사업준비금의 잔액이 있는 비영리내국법인이 다음 각 호의 어느 하나에 해당하게 된 경우 그 잔액(제5호의 경우에는 고유목적사업등이 아닌 용도에 사용한 금액을 말하며, 이하 이 조에서 같다)은 해당 사유가 발생한 날이 속하는 사업연도의 소득금액을 계산할 때 □□에 산입한다.
    1. 해산한 경우(제4항에 따라 고유목적사업준비금을 승계한 경우는 제외한다)

2. 고유목적사업을 전부 폐지한 경우
3. 법인으로 보는 단체가 「국세기본법」 제13조 제3항에 따라 승인이 취소되거나 거주자로 변경된 경우
4. 고유목적사업준비금을 손금에 산입한 사업연도의 종료일 이후 □년이 되는 날까지 고유목적사업등에 사용하지 아니한 경우(5년 내에 사용하지 아니한 잔액으로 한정한다)
5. 고유목적사업준비금을 고유목적사업등이 아닌 용도에 사용한 경우

⑥ 제1항에 따라 손금에 산입한 고유목적사업준비금의 잔액이 있는 비영리내국법인은 고유목적사업준비금을 손금에 산입한 사업연도의 종료일 이후 □년 이내에 그 잔액 중 일부를 감소시켜 □□에 산입할 수 있다. 이 경우 먼저 손금에 산입한 사업연도의 잔액부터 차례로 감소시킨 것으로 본다.

⑦ 제5항 제4호·제5호 및 제6항에 따라 고유목적사업준비금의 잔액을 익금에 산입하는 경우에는 대통령령으로 정하는 바에 따라 계산한 □□상당액을 해당 사업연도의 □□□에 더하여 납부하여야 한다.

⑧ 제1항은 이 법이나 다른 법률에 따라 감면 등을 적용받는 경우 등 대통령령으로 정하는 경우에는 적용하지 아니한다.

⑨ 제1항을 적용하려는 비영리내국법인은 대통령령으로 정하는 바에 따라 해당 준비금의 계상 및 지출에 관한 명세서를 비치·보관하고 이를 납세지 관할 세무서장에게 제출하여야 한다.

⑩ 제1항부터 제5항까지의 규정에 따른 고유목적사업의 범위 및 승계, 수익사업에서 발생한 소득의 계산 등에 필요한 사항은 대통령령으로 정한다.

해설과 해답

① 고유목적, 일반기부, 손비, 결손, 계상, 손금 ② 이익처분, 적립, 확정, 계상
③ 상계, 계상   ④ 승계
⑤ 익금, 5   ⑥ 5, 익금
⑦ 이자, 법인세

2. 법인세법 제30조【책임준비금의 손금산입】

① 보험사업을 하는 내국법인(「보험업법」에 따른 보험회사는 제외한다)이 각 사업연도의 결산을 확정할 때 「수산업협동조합법」 등 보험사업 관련 법률에 따른 책임준비금(이하 이 조에서 "책임준비금"이라 한다)을 손비로 □□한 경우에는 대통령령으로 정하는 바에 따라 계산한 금액의 범위에서 그 계상한 책임준비금을 해당 사업연도의 소득금액을 계산할 때 □□에 산입한다.

② 제1항에 따라 손금에 산입한 책임준비금은 대통령령으로 정하는 바에 따라 다음 사업연도 또는 손금에 산입한 날이 속하는 사업연도의 종료일 이후 □년이 되는 날(3년이 되기 전에 해산 등 대통령령으로 정하는 사유가 발생하는 경우에는 해당 사유가 발생한 날)이 속하는 사업연도의 소득금액을 계산할 때 □□에 산입한다.

③ 제2항에 따라 책임준비금을 손금에 산입한 날이 속하는 사업연도의 종료일 이후 3년이 되는 날이 속하는 사업연도에 책임준비금을 익금에 산입하는 경우 대통령령으로 정하는 바에 따라 계산한 □□상당액을 해당 사업연도의 □□세에 더하여 납부하여야 한다.

④ 제1항을 적용하려는 내국법인은 대통령령으로 정하는 바에 따라 책임준비금에 관한 명세서를 납세지 관할 세무서장에게 제출하여야 한다.

해설과 해답

① 계상, 손금
② 3, 익금
③ 이자, 법인

3. 법인세법 제31조【비상위험준비금의 손금산입】

① 보험사업을 하는 내국법인이 각 사업연도의 결산을 확정할 때 「보험업법」이나 그 밖의 법률에 따른 비상위험준비금(이하 이 조에서 "비상위험준비금"이라 한다)을 손비로 □□한 경우에는 대통령령으로 정하는 바에 따라 계산한 금액의 범위에서 그 계상한 비상위험준비금을 해당 사업연도의 소득금액을 계산할 때 □□에 산입한다.

② 제1항을 적용할 때 한국채택국제회계기준을 적용하는 내국법인이 비상위험준비금을 제60조 제2항 제2호에 따른 세무조정계산서에 계상하고 그 금액 상당액을 해당 사업연도의 □□□□을 할 때 비상위험준비금으로 □□한 경우에는 대통령령으로 정하는 바에 따라 계산한 금액의 범위에서 그 금액을 결산을 확정할 때 손비로 계상한 것으로 □□.

③ 제1항을 적용하려는 내국법인은 대통령령으로 정하는 바에 따라 비상위험준비금에 관한 명세서를 납세지 관할 세무서장에게 제출하여야 한다.

④ 제1항 및 제2항에 따른 비상위험준비금의 처리에 필요한 사항은 대통령령으로 정한다.

> **해설과 해답**
> ① 계상, 손금
> ② 이익처분, 적립, 본다

제19절 소득금액 계산의 특례

- I. 부당행위계산의 부인
- II. 기능통화 도입기업의 과세표준 계산특례
- III. 해외사업장의 과세표준 계산특례

I. 부당행위계산의 부인

 1 부당행위계산부인의 개요

(1) 부당행위계산부인의 개념

법인의 행위 또는 소득금액의 계산이 특수관계인과의 거래로 인하여 법인의 소득에 대한 조세를 부당하게 감소시킨 것으로 인정되는 경우에는 그 행위 또는 계산에 불구하고 납세지 관할세무서장 또는 관할지방국세청장은 법인세법에 따라 해당 법인의 각 사업연도 소득금액을 계산할 수 있다(법법 54). 이를 부당행위계산의 부인이라 한다.

이 때 '행위'란 법인의 재산상태에 영향을 미치는 법률효과를 초래하는 대외적 행위를 의미하고, '계산'이란 법인의 재산상태에 영향을 미칠 수 있는 대내적 회계처리를 의미한다.

부당행위계산부인에 관한 규정은 실질과세원칙을 전제로 하여 부당하다고 인정되는 '형식'을 과세상 부인하는 것이므로, 국세기본법에서 규정하고 있는 실질과세원칙에서 파생된 규정이다. 따라서 독자적인 의의를 지닌 규정은 아니지만, 조세회피의 소지가 짙은 특수관계인 간의 구체적인 행위나 거래 사례를 열거하여 실질과세를 적용하게 함으로써 ① 내용이 불명확한 실질과세원칙이 세법에 던지는 불안정성을 덜어주고, ② 부인대상으로 열거된 회피행위 이외의 행위에 대하여 부인권을 행사하는데 신중을 기하게 하는 의미가 있다.

(2) 부당행위계산부인규정의 적용효과

이러한 부당행위계산의 부인은 사법상 적법하게 성립한 거래 자체를 무효로 하는 것이 아니라, 해당 거래를 건전한 사회통념 및 상거래 관행과 특수관계인이 아닌 자간의 정상적인 거래에서 적용되거나 적용될 것으로 판단되는 가격(요율·이자율·임대료 및 교환비율 등)을 기준으로 세법상의 소득금액을 계산하여 조세회피를 방지하고 공평과세(=조세평등주의)를 실현함과 동시에 거래상대방인 특수관계인에 대해서도 적절한 과세를 함에 있다.

(3) 사례를 통한 부당행위계산부인규정의 이해

다음과 같은 사례를 통하여 부당행위계산부인규정의 개념을 이해하여 보도록 하자.

① 특수관계인이 아닌 자에게 시가 100원인 자산(장부가는 0원으로 가정)을 100원에 양도시
② 특수관계인인 주주에게 시가 100원인 자산(장부가는 0원으로 가정)을 70원에 양도시
③ 특수관계인이 아닌 자에게 시가 100원인 자산(장부가는 0원으로 가정)을 70원에 양도시※

※ 이 경우에는 법인세법도 거래사실을 인정하여 양도법인의 처분이익을 100원이 아닌 70원으로 한다. 또한 자산 양수자의 자산을 시가보다 30원 싸게 매입한 이득은 처분시점까지 이연되었다가 처분이익에 포함하여 과세한다. 다만, 특수관계인 이외의 자에게 자산을 저가로 양도한 경우에는 정상가액(=시가×70%)과의 차액을 의제기부금으로 본다.

위의 사례에서 ②를 그대로 방치한다면 ①에 비해서 자산을 양도한 법인은 소득금액이 30원 만큼 감소하게 되고, 거래상대방인 특수관계인도 30원의 이득(소득)을 세부담 없이 누리게 된다. 따라서 ②의 경우에 자산을 양도한 법인에 대해서는 100원에 양도한 것으로 보고, 거래상대방도 법인으로부터 30원의 배당금을 받은 것(∵ 해당 특수관계인이 주주이므로 배당금을 받은 것으로 보는 것이 타당함)으로 보는 다음의 세무조정을 함으로써 조세회피를 방지하고 공평과세(=조세평등주의)를 실현함과 동시에 거래상대방인 특수관계인에 대해서도 적절한 과세를 할 수 있게 된다.

〈익금산입〉 저가양도   30(배당)

이를 그림으로 도식화하면 다음과 같다.

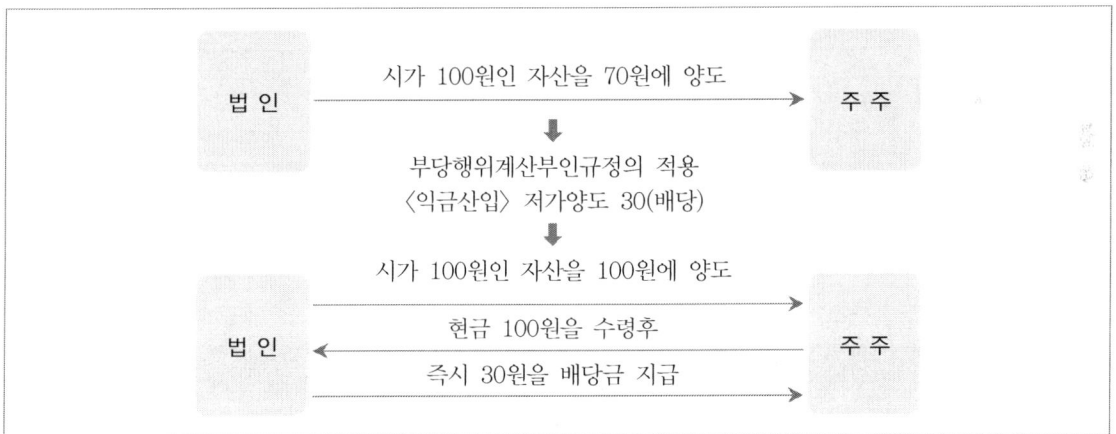

'행위의 부인'이란, 납세자가 선택한 형식의 행위가 없었던 것으로 보고 그의 과세표준 계산을 부인하는 것이고, '계산의 부인'은 납세자가 선택한 형식의 행위 자체는 부인하지 않고 그의 과세표준 계산만을 부인하는 것을 뜻한다. 위의 예는 행위와 계산을 아울러 부인하는 예이다.

어떤 법인의 거래가격을 시가로 치환하여 부당행위계산 부인을 하는 경우 그 거래상대방이 치환된 시가로 거래를 한 것으로 보아 그 소득과 세부담을 감액하는 과세관청의 행위를 '대응조정(matching adjustment of profits)'이라 한다. 하지만 우리나라는 법인세법에 따라 부당행위계산 부인을 하여 해당 내국법인의 세부담을 증액조정하는 경우 거래상대방(특수관계인)의 세부담을 이

에 맞추어 감액조정(즉, 대응조정)하는 것은 인정하지 않고 있고, 거래상대방에게 소득을 지급한 것으로 처분한다(법법 67).

(4) 유의점

내국법인이 해당 법인의 국외에 있는 지점, 비거주자 또는 외국법인과 한 거래의 거래금액에 대하여 조세조약의 상대국과 그 조세조약의 상호합의 규정에 따라 국제조세조정에 관한 법률 제2조(정의) 제1항 제4호에 따른 권한이 있는 당국 간에 합의를 하는 경우 납세지 관할 세무서장 또는 납세지 관할 지방국세청장은 그 합의에 따라 그 법인의 각 사업연도의 소득금액을 조정하여 계산할 수 있다.

2 적용 요건

부당행위계산부인규정이 적용되기 위해서는 다음의 두 가지 요건이 모두 충족되어야 한다.

① 거래상대방 : 법인세법이 규정한 특수관계인과의 거래일 것
② 거래내용 : 조세부담을 부당하게 감소시킨 것으로 인정되는 거래일 것

➡ 이를 네 가지 요건으로 세분하면 다음과 같다.

㉠ 특수관계인과의 거래일 것
㉡ 해당 거래가 특정(세법에 열거된) 행위 또는 계산에 해당할 것
㉢ 행위 또는 계산이 부당할 것
㉣ 법인소득에 대한 조세부담의 감소가 있을 것

※ '조세회피의 의도'는 요건이 아님에 유의할 것

(1) 특수관계인의 범위 및 판단시기

1) 특수관계인의 범위

구 분	내 용
1차관계	① 임원의 임면권의 행사, 사업방침의 결정 등 해당 법인의 경영에 대하여 사실상 영향력을 행사하고 있다고 인정되는 자와 그 친족
	② 주주 등(지분비율이 1%에 미달하는 소액주주등를 제외한다. 이하 같다)과 그 친족
	③ 법인의 임원·직원 또는 주주 등의 직원이나 직원 외의 자로서 법인 또는 주주 등의 금전 그 밖의 자산에 의하여 생계를 유지하는 자와 이들과 생계를 함께하는 친족
2차관계	④ ①부터 ③에 규정하는 자가 발행주식총수의 30% 이상을 출자하고 있는 다른 법인
	⑤ ①부터 ③에 규정하는 자와 해당 법인이 이사의 과반수를 차지하거나 출연금(설립을 위한 출연금에 한한다)의 30% 이상을 출연하고 그 중 1인이 설립자로 되어 있는 비영리법인
3차관계	⑥ ④ 또는 ⑤에 규정하는 자가 발행주식총수의 30% 이상을 출자하고 있는 다른 법인

구 분	내 용
그 밖의 관 계	⑦ 해당 법인에 30% 이상을 출자하고 있는 법인에 30% 이상을 출자하고 있는 법인이나 개인
	⑧ 해당 법인이 기업집단에 속하는 법인인 경우 그 기업집단에 소속된 다른 계열회사 및 그 계열회사의 임원

❶발행주식총수 또는 출자총액의 1%에 미달하는 주식등을 소유한 주주등(해당 법인의 국가, 지방자치단체가 아닌 지배주주등의 특수관계인인 자는 제외)을 말한다.
❷주주 등이 영리법인인 경우에는 그 임원을, 비영리법인인 경우에는 그 이사 및 설립자를 말한다.

2) 특수관계인의 판단시기

① 원 칙

부당행위계산부인규정은 그 행위 당시(=거래 당시)를 기준으로 하여 해당 법인과 특수관계인간의 거래(특수관계인 외의 자를 통하여 이루어진 거래 포함)에 대하여 이를 적용한다(법법 54④ 전단). 따라서 부인의 대상이 된 행위나 계산이 행하여지기 전에 특수관계가 있었다고 하더라도 문제의 거래나 행위를 실제로 행한 시점에 특수관계가 소멸되고 없었다면 부당행위계산 부인 규정을 적용할 수 없다. 여기서 행위나 계산이 행하여진 시점은 그 효력이 발생하는 시점이 아니라, 거래대상·가격 등 중요한 조건이 결정된 시점이라고 봄이 제도의 취지상 타당하다.

② 예 외

다만, 불공정합병의 경우에 있어서 특수관계에 있는 법인의 판정은 합병등기일이 속하는 사업연도의 직전 사업연도의 개시일(사업연도 개시일이 서로 다른 법인이 합병한 경우에는 먼저 개시한 날로 함)부터 합병등기일까지의 기간에 의한다(법법 54④ 후단).

(2) 부당행위계산의 유형

현재 법인세법에서 열거하고 있는 부당행위계산의 유형을 네 가지의 거래유형으로 구분하여 요약하면 다음과 같다.

구 분	내 용
자 산 이 전 거 래	① 자산을 시가를 초과하는 가액으로 매입 또는 현물출자를 받았거나 그 자산을 과대상각한 때
	② 자산을 무상 또는 시가보다 낮은 가액으로 양도 또는 현물출자한 때. 다만, 법인세법 시행령 제19조[손비의 범위] 제19호의2 각목 외의 부분에 해당하는 주식매수선택권의 행사에 따라 주식을 양도하는 경우는 제외
	③ 무수익자산을 매입 또는 현물출자받았거나 해당 무수익자산에 대한 비용을 부담한 때
	④ 불량자산을 차환하거나 불량채권을 양수한 때
금 전 대 차 거 래❸	⑤ 금전 그 밖의 자산 또는 용역을 무상 또는 낮은 이율·요율이나 임대료로 대부하거나 제공한 때 ▶ ㉠ 상법 등에 따른 주식매수선택권의 행사 또는 지급에 따라 금전을 제공하는 경우, ㉡ 주주나 출자자가 아닌 임원 및 직원에게 사택(임차사택 포함)을 제공하는 경우, ㉢ 연결납세방식을 적용받는 연결법인 간에 연결법인세액의 변동이 없는 등 일정한 요건을 충족하여 용역을 제공하는 경우는 제외함
	⑥ 금전 그 밖의 자산 또는 용역을 높은 이율·요율이나 임차료로 차용하거나 제공을 받은 때
	⑦ 파생상품(선도거래, 선물, 스왑, 옵션 등)에 근거한 권리를 행사하지 아니하거나 그 행사기간을 조정하는 등의 방법으로 이익을 공여하는 때
자 본 거 래	⑧ 불공정자본거래(합병·증자·감자)로 인하여 주주 등인 법인이 특수관계인인 다른 주주 등에게 이익을 공여한 때
	⑨ 위 ⑧ 외의 경우로서 합병·증자·감자·분할·상속세및증여세법상 전환사채 등에 의한 주식전환 등 법인의 자본을 증가시키거나 감소시키는 거래를 통하여 법인의 이익을 공여하였다고 인정되는 때.

그밖의 거래	⑩ 출연금을 대신 부담한 때
	⑪ 그 밖에 이에 준하는 행위 또는 계산 및 그 외에 법인의 이익을 공여하였다고 인정되는 것이 있는 때(제한적 열거규정으로서 이는 위에 열거된 것과 동일시 할 수 있을 정도로 긴밀한 유사성이 인정되는 경우를 의미하는 것으로 조세법률주의의 원칙상 유추해석 및 확장해석이 허용되지 않음)

 자산 등 임대차거래 포함

위의 거래 중 다음에 해당하는 거래는 시가와 거래가액의 차액이 3억원 이상이거나 시가의 5%에 상당하는 금액 이상인 경우에 한하여 부당거래로 본다. 다만, 주권상장법인이 발행한 주식을 거래한 경우에는 적용하지 않는다.(법령 88③,④).

① 자산을 시가를 초과하는 가액으로 매입 또는 현물출자를 받았거나 그 자산을 과대상각한 때
② 자산을 무상 또는 시가보다 낮은 가액으로 양도 또는 현물출자한 때
③ 금전 그 밖의 자산 또는 용역을 무상 또는 시가보다 낮은 이율·요율이나 임대료로 대부하거나 제공한 때
④ 금전 그 밖의 자산 또는 용역을 시가보다 높은 이율·요율이나 임차료로 차용하거나 제공을 받은 때
⑤ 그 밖에 ①부터 ④에 준하는 행위 또는 계산 및 그 외에 법인의 이익을 공여하였다고 인정되는 것이 있는 때

> **참고 자기주식의 매입소각과 부당행위계산부인 여부**
>
> 비상장법인이 상법규정에 따라 자본을 감소할 목적으로 해당 법인의 주주로부터 자기주식을 취득하여 소각하는 경우 특정주주(법인 또는 개인)로부터 해당 주식의 시가보다 높은 가액으로 취득하는 경우라 하더라도 해당 법인(주식발행법인을 말함)에 대하여는 부당행위계산부인규정을 적용하지 아니한다(기획재정부 법인 46012-115, 2002. 6. 20).

(3) 부당행위계산부인규정의 적용시 시가

1) 시가의 개념

시가란 특수관계인이 아닌 자간의 정상적인 거래에서 적용되거나 적용될 가격·요율·이자율·임대료 및 교환비율 그 밖에 이에 준하는 것을 말한다.

따라서 부당행위계산부인규정의 적용시 해당 거래와 유사한 상황에서 해당 법인이 특수관계인 외의 불특정다수인과 계속적으로 거래한 가격 또는 특수관계가 없는 제3자와의 거래가격이 있는 경우에는 해당 가액을 시가로 한다.

한편, 주권상장법인이 발행한 주식을 거래소에서 거래한 경우 해당 주식의 시가는 그 거래일의 거래소 최종시세가액을 시가로 한다. 다만, 주권상장법인이 발행한 주식을 ① 자본시장법(자본시장과 금융투자업에 관한 법률)에 따른 증권시장 외에서 거래하는 방법 또는 ② 대량매매 등 기획재정부령으로 정하는 방법으로 거래한 경우 해당 주식의 시가는 그 거래일의 거래소 최종시세가액(거래소가 휴장 중에 거래한 경우에는 그 거래일의 직전 최종시세가액)으로 하되, 사실상 경영권의 이전이 수반되는 경우에는 상속세 및 증여세법을 준용하여 그 가액의 20%을 가산한다(법령 89①).

부당행위계산부인에서 시가가 중요한 이유는 법인이 특수관계인과의 거래로 인하여 그 특수관계인에게 이익을 분여하여 소득금액을 감소시켰는지의 여부는 부당행위계산으로 지목된 행위나 계산에 적용한 가격을 기준으로 판정하는데, 이 과정에서 기준이 되는 가격이 시가이기 때문이다.

2) 시가가 불분명한 경우

과세당국이 당사자 간의 거래가격이 시가가 아니라고 부인하려면 특수관계인이 아닌 자 간의 거래가격을 찾아서 제시해야 한다. 하지만 특수관계인이 아닌 자간의 거래가격을 찾을 수 없는 경우가 흔히 발생하는데 이때는 다음에 따른다.

① 일반적인 거래의 경우

시가가 불분명한 경우 일반적인 거래에 적용되는 자산에 대해서는 다음의 가액을 시가로 본다.

일반적인 자산	주식 또는 출자지분❶
〈1순위〉 감정평가업자(감정평가법인 또는 감정평가사)의 감정가액(감정가액이 2 이상인 경우에는 동 감정가액의 평균액)❷	상속세 및 증여세법상 평가액
〈2순위〉 상속세 및 증여세법상 평가액	

❶ 위에서 설명한 바와 같이 주권상장법인의 주식으로서 매일 매일의 시세가 공시되는 경우에는 시가가 불분명한 경우에 해당하지 아니하는 것이며, 따라서 해당 거래일의 증권시장(한국거래소) 최종시세가액을 시가로 함에 유의하여야 한다.
❷ 다만, 주식은 제외한다.

② 자산(금전 제외) 또는 용역을 제공하거나 제공받은 경우

자산(금전 제외) 또는 용역에 대해서는 다음의 가액을 시가로 본다.

구 분	시 가
유형·무형자산을 제공하거나 제공받는 경우	$\left[\text{해당 자산의 시가 적수} \times 50\% - \text{보증금 등 적수}\right] \times \dfrac{1}{365}\left(\dfrac{1}{366}\right) \times$ 정기예금이자율 (2024년도 말 연 3.5%)
건설 그 밖의 용역을 제공하거나 제공받는 경우	해당 용역의 제공에 소요된 금액(직·간접비) × (1+동일·유사 용역제공거래의 원가산율❸)

❸ 당해 사업연도 중 특수관계인 외의 자에게 제공한 유사한 용역제공거래에 있어서의 수익률(기업회계기준에 의하여 계산한 매출액에서 원가를 차감한 금액을 원가로 나눈 율. 원가산율 = $\dfrac{\text{매출액} - \text{원가}}{\text{원가}}$)

③ 금전차입 및 대여의 경우

금전차입 및 대여의 경우에는 가중평균차입이자율을 시가로 한다. 다만, 가중평균차입이자율의 적용이 불가능한 경우 등 법소정 사유에 해당하는 경우에는 해당 대여금 또는 차입금에 한정하여 당좌대출이자율(2024년도 말 현재 연 4.6%, 법칙 43②)을 시가로 하는데, 이에 대한 구체적 내용에 대해서는 뒤의 "가지급금 인정이자"에서 설명하기로 한다.

3 부당행위계산부인의 사례–일반

(1) 자산의 고가양수·저가양도

1) 자산의 고가양수

① 대금을 전액 지급한 경우

자산의 고가양수로서 대금을 전액 지급한 경우의 세무조정은 다음과 같다.

구 분	내 용
⊙ 자 산 매입시	자산의 고가양수시 세무상 자산가액은 시가이므로 시가초과액을 손금산입(△유보)한다. 또한 해당 금액은 부당행위계산부인규정이 적용되므로 익금산입하고 해당 귀속자에 대하여 소득처분(배당·상여 등)한다.
ⓒ 감 가 상각시	시가초과액에 대한 감가상각비를 손금불산입(유보)한다('계산의 부인'의 예).
ⓒ 양도시	시가초과액 잔액 전액을 익금산입(유보)한다.

참고 시가초과액에 대한 감가상각비

구 분	내 용
산 식	△유보분 상각비＝회사계상 감가상각비 × $\dfrac{\triangle \text{유보분 잔액}}{\text{해당 연도 감가상각전 장부가액}}$
유 의 점	만일 법인이 시가초과부인액에 대한 감가상각비를 손금으로 계상하지 않은 것이 명백한 경우에는 익금산입할 감가상각비로 보지 아니한다.

② 대금의 일부를 지급한 경우(해당 지급액이 시가미달시) ⇦ 대금지급은 시가분부터 지급하는 것으로 봄

자산의 고가양수로서 대금의 일부를 지급한 경우(해당 지급액이 시가미달시)의 세무조정은 다음과 같다.

구 분	내 용
⊙ 자 산 매입시	시가초과액을 손금산입(△유보)하고(자산에 대한 세무조정임), 해당 금액을 익금산입(유보)한다(미지급금에 대한 세무조정임).
ⓒ 매 입 대 금 잔 액 지급시	그 후 매입대금잔액을 지급하는 경우로서 그 지급액이 시가초과액에 해당하는 부분을 지급하는 경우에는 해당 시가초과액을 익금산입(배당·상여 등)하고, 해당 금액을 손금산입(△유보)한다.
ⓒ 감 가 상각시 양도시	감가상각시와 양도시에는 위 "1)"의 ⓒ, ⓒ"의 규정을 준용한다.

③ 대금의 일부를 지급한 경우(해당 지급액이 시가초과시) ⇦ 대금지급은 시가분부터 지급하는 것으로 봄

자산의 고가양수로서 대금의 일부를 지급한 경우(동 지급액이 시가초과시)의 세무조정은 다음과 같다.

구 분	내 용
⊙ 자 산 매입시	시가초과액을 손금산입(△유보)한다(자산에 대한 세무조정임). 그리고 대금지급액 중 시가상당액을 초과하는 금액을 익금산입(배당·상여 등)하고, 매입대금 중 미지급액은 익금산입(유보)한다(미지급금에 대한 세무조정임).
ⓒ 매 입 대 금 잔 액 지급시	그 후 매입대금잔액을 지급하는 때에 익금산입하면서 위 ⊙에 준하여 소득처분을 하고, 해당 금액을 손금산입(△유보)한다.
ⓒ 감 가 상각시 양도시	감가상각시와 양도시에는 위 "1)"의 ⓒ, ⓒ"의 규정을 준용한다.

19-1 자산의 고가양수(Ⅰ)

㈜A는 특수관계인인 ㈜B로부터 당기 1월 1일에 건물을 다음과 같이 매입하였다. 세무조정을 하시오.

1. 건물의 매입가액은 10억원이며 매입 당시의 시가는 6억원이다.
2. 회사는 해당 사업연도의 건물에 대한 감가상각비 1억원을 계상하였으며, 법인세법상 감가상각방법은 정액법(내용연수 10년)이다.
3. 회사의 건물매입과 감가상각비에 대한 회계처리는 다음과 같다.
   (1) 건물매입시

(차) 자 산	1,000,000,000	(대) 현 금	1,000,000,000

   (2) 감가상각시

(차) 감 가 상 각 비	100,000,000	(대) 감 가 상 각 누 계 액	100,000,000

해답

3억원 또는 5% 이상 차이 검증
매입가액 − 시가 = 1,000,000,000원 − 600,000,000원 = 400,000,000원
(매입가액 − 시가) / 시가
= (1,000,000,000원 − 600,000,000원) / 600,000,000원 = 66.7% ≥ 5%

1. 건물매입시 세무조정
   〈손금산입〉 건물가액 중 시가초과액   400,000,000(△유보)
   〈익금산입〉 부당행위계산부인액(고가매입)   400,000,000(기타사외유출)

2. △유보분 관련 세무조정
   〈손금불산입〉 건물시가초과액에 대한 상각비   40,000,000❶(유보)

   ❶ $100,000,000원 \times \dfrac{400,000,000원}{1,000,000,000원} = 40,000,000원$

3. 감가상각 관련 세무조정
   ① 회사계상액 : 100,000,000원 − 40,000,000원 = 60,000,000원
   ② 상각범위액 : (1,000,000,000원 − 400,000,000원) × 0.100 = 60,000,000원
   ③ 상각부인액 : ① − ② = 0원(zero)
   ④ 세무조정 : 없 음

분개법 자산의 고가양수(Ⅰ) − 대금을 전액 지급한 경우

3억원 또는 5% 이상 차이 검증
매입가액 − 시가 = 1,000,000,000원 − 600,000,000원 = 400,000,000원
  (매입가액 − 시가) / 시가
= (1,000,000,000원 − 600,000,000원) / 600,000,000원 = 66.7% ≥ 5%

(1) 건물매입시 세무조정

Book	건 물	1,000,000,000	/ 현 금		1,000,000,000
Tax	건 물	600,000,000	/ 현 금		1,000,000,000
	유출잉여금	400,000,000			

| Adjustment | 유출잉여금 | 400,000,000 / 건 물 | 400,000,000 |
| Tax-Adj | 유출잉여금↓(순자산↓) | 400,000,000 / 자 산↓(순자산↓) | 400,000,000 |

〈손금산입〉 건 물   400,000,000 · △유보(건물)
〈익금산입〉 건 물   400,000,000 · 기타사외유출

(2) 감가상각 관련 세무조정

| Book | 감가상각비 | 100,000,000* / 감가상각누계액 | 100,000,000 |

* 1,000,000,000원 × 0.1 = 100,000,000원
 + 전기말부인누계액(전기이월상각부인액) 0원 = 100,000,000원 · 시인대상(부인은 당기 계상액을 한도로 함)

| Tax | 상각범위액 : 60,000,000 | | |

= (당기말 F/P상 취득가액(매입 당시 시가) 600,000,000원 + 전기즉시상각의제액 0원 + 당기즉시상각의제액 0원) × 상각률 0.1

| | 감가상각비 | 60,000,000 / 감가상각누계액 | 60,000,000 |
| Adjustment | 감가상각누계액 | 40,000,000*** / 감가상각비 | 40,000,000 |

*** 시가초과액에 대한 감가상각비
 : 100,000,000원 × 400,000,000원/1,000,000,000원 = 40,000,000원

| Tax-Adj | 자 산↑(순자산↑) | 40,000,000 / 손 금↓(순자산↑) | 40,000,000 |

〈손금불산입〉 감가상각비   40,000,000 · 유보(건물)

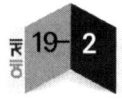 **자산의 고가양수(Ⅱ)**

㈜A는 특수관계인인 ㈜B로부터 당기 7월 1일에 건물을 다음과 같이 매입하였다. 세무조정을 하시오.

1. 건물의 매입가액은 5억원이며 매입 당시의 시가는 3억원이다.
2. 회사는 해당 사업연도의 건물에 대한 감가상각비 5천만원을 계상하였으며, 법인세법상 감가상각방법은 정액법(내용연수 10년)이다.
3. 회사의 건물매입과 감가상각비에 대한 회계처리는 다음과 같다.
   (1) 건물매입시

| (차) 자 산 | 500,000,000 | (대) 현 금 | 400,000,000 |
| | | 미 지 급 금 | 100,000,000 |

   (2) 감가상각시

| (차) 감 가 상 각 비 | 50,000,000 | (대) 감가상각누계액 | 50,000,000 |

3억원 또는 5% 이상 차이 검증
매입가액 - 시가 = 500,000,000원 - 300,000,000원 = 200,000,000원
(매입가액 - 시가) / 시가
= (500,000,000원 - 300,000,000원) / 300,000,000원 = 66.7% ≥ 5%
1. 건물매입시 세무조정
   〈손금산입〉 건물가액 중 시가초과액   200,000,000 (△유보)
   〈익금산입〉 부당행위계산부인액(고가매입) 100,000,000 (기타사외유출)
   〈익금산입〉 미지급금   100,000,000 (유보)
   ※ 대금의 일부지급시 해당 대금지급액은 시가분부터 지급하는 것으로 본다.

2. △유보분 관련 세무조정
   〈손금불산입〉 건물시가초과액에 대한 상각비   20,000,000[주](유보)

   [주] $50,000,000원 \times \dfrac{200,000,000원}{500,000,000원} = 20,000,000원$

3. 감가상각 관련 세무조정
   ① 회사계상액
      50,000,000원 − 20,000,000원 = 30,000,000원
   ② 상각범위액
      $(500,000,000원 - 200,000,000원) \times 0.100 \times \dfrac{6}{12} = 15,000,000원$
   ③ 상각부인액
      ① − ② = 15,000,000원
   ④ 세무조정
      〈손금불산입〉 상각부인액   15,000,000(유보)

> **참고**
>
> ㈜A가 당기에 미지급금을 상환한 경우의 세무조정은 다음과 같다.
> 〈손금산입〉 전기 미지급금   100,000,000(△유보)
> 〈익금산입〉 부당행위계산부인액   100,000,000(기타사외유출)

분해법 자산의 고가양수(Ⅱ) - 대금의 일부를 지급한 경우

3억원 또는 5% 이상 차이 검증
매입가액 − 시가 = 500,000,000원 − 300,000,000원 = 200,000,000원
(매입가액 − 시가) / 시가
= (500,000,000원 − 300,000,000원) / 300,000,000원 = 66.7% ≥ 5%

(1) 건물매입시 세무조정

Book	건 물	500,000,000 / 현 금 미지급금		400,000,000 100,000,000
Tax	건 물 유출잉여금	300,000,000 / 현 금 100,000,000		400,000,000
Adjustment	미지급금 유출잉여금	100,000,000 / 건 물 100,000,000		200,000,000
Tax-Adj	부 채↓(순자산↑) 유출잉여금↓(순자산↓)	100,000,000 / 자 산↓(순자산↓) 100,000,000 100,000,000·유보 100,000,000·기타사외유출 200,000,000·△유보		200,000,000

⬇

〈익금산입〉 미지급금   100,000,000·유보(미지급금)
〈익금산입〉 잉여금   100,000,000·기타사외유출
〈손금산입〉 건 물   200,000,000·△유보(건물)

만약, 현금지급액이 시가에 미달한 경우

Book	건 물	500,000,000	/	현 금	200,000,000
				미지급금	300,000,000
Tax	건 물	200,000,000	/	현 금	200,000,000
Adjustment	미지급금	300,000,000	/	건 물	300,000,000
Tax-Adj	부 채↓(순자산↑)	300,000,000	/	자 산↓(순자산↓)	300,000,000
	300,000,000·유보				
	300,000,000·△유보				

⇩

〈익금산입〉 미지급금 300,000,000·유보(미지급금)
〈손금산입〉 건 물 300,000,000·△유보(건물)

(2) 감가상각관련 세무조정

Book	감가상각비	50,000,000*	/	감가상각누계액	50,000,000

* 500,000,000원 × 0.1 = 50,000,000원
+ 전기말부인누계액(전기이월상각부인액) 0원 = 50,000,000원 ← 시인대상(부인은 당기 계상액을 한도로 함)

Tax	상각범위액 : 15,000,000				

= (당기말 F/P상 취득가액(매입 당시 시가) 300,000,000원 + 전기즉시상각의제액 0원 + 당기즉시상각의제액 0원) × 상각률 0.1 × 6/12

	감가상각비	15,000,000	/	감가상각누계액	15,000,000
Adjustment	감가상각누계액	35,000,000	/	감가상각비	35,000,000
Tax-Adj	자 산↑(순자산↑)	35,000,000	/	손 금↓(순자산↑)	35,000,000

〈손금불산입〉 감가상각비 35,000,000·유보(건물)

(3) 미지급금 상환 시의 세무조정(당기)

Book	미지급금	100,000,000	/	현 금	100,000,000
Tax	유출잉여금	100,000,000	/	현 금	100,000,000
Adjustment	유출잉여금	100,000,000	/	미지급금	100,000,000
Tax-Adj	유출잉여금↓(순자산↓)	100,000,000	/	부 채↑(순자산↓)	100,000,000

〈익금산입〉 잉여금 100,000,000·기타사외유출
〈손금산입〉 미지급금 100,000,000·△유보(미지급금)

고가양수시 의제기부금의 세무조정

특수관계인 외의 자로서 자산을 정상가액(=시가×130%)을 초과하는 금액으로 양수하는 때에는 다음과 같이 세무조정을 한다.

① 대금을 전액 지급한 경우

구 분	내 용
자 산 매입시	정상가액 초과액을 손금산입(△유보)함(자산에 대한 세무조정임). 또한 동 금액은 의제기부금이므로 타 기부금과 합산하여 기부금 시부인계산을 한다.
감 가 상각시	정상가액 초과액에 대한 감가상각비를 손금불산입(유보)함
양도시	정상가액 초과액 잔액 전액을 익금산입(유보)함

제19절 소득금액 계산의 특례

② 대금의 일부를 지급한 경우(동 지급액이 정상가액 미달시)

구 분	내 용
자 산 매입시	정상가액 초과액을 손금산입(△유보)하고(자산에 대한 세무조정임), 동 금액을 익금산입(유보)함(미지급기부금에 대한 세무조정임)
잔 액 지급시	그 후 매입대금잔액을 지급하는 경우로서 그 지급액이 정상가액 초과액에 해당하는 부분을 지급하는 경우에는 동 금액을 손금산입(△유보)하고, 해당 금액을 의제기부금으로 보아 타 기부금과 합산하여 기부금 시부인 계산을 함
감 가 상각시 양도시	감가상각시와 양도시에는 위 "①"의 규정을 준용함

③ 대금의 일부를 지급한 경우(동 지급액이 정상가액 초과시)

구 분	내 용
자 산 매입시	정상가액 초과액을 손금산입(△유보)함(자산에 대한 세무조정임). 그리고 대금지급액 중 정상가액 초과액을 의제기부금으로 하여 기부금 시부인계산을 하고, 매입대금 중 미지급액은 익금산입(유보)함(미지급기부금에 대한 세무조정임)
잔 액 지급시	그 후 매입대금잔액을 지급하는 때에 손금산입(△유보)하고, 해당 금액을 의제기부금으로 하여 기부금 시부인 계산을 함
감 가 상각시 양도시	감가상각시와 양도시에는 위 "①"의 규정을 준용함

2) 자산의 저가양도

자산의 저가양도시 세무상 양도가액은 시가이므로 양도가액과 시가와의 차액인 시가미달액을 익금산입하고 해당 귀속자에 대하여 소득처분(배당·상여 등)한다.

한편, 자산의 저가양도는 해당 자산이 기업외부로 유출되는 거래이므로 사후관리를 할 필요가 없다.

특수관계인 이외의 자에게 저가양도시

특수관계인 이외의 자에게 자산을 저가로 양도한 경우에는 정상가액(=시가×70%)과의 차액을 의제기부금으로 본다.

(2) 사택의 임대

법인이 출자임원(비출자임원·소액주주임원 제외)에게 시가(적정임대료)에 미달하게 사택을 제공한 경우에는 부당행위계산부인규정이 적용되는데, 이 경우에는 법인이 출자임원(비출자임원·소액주주임원 제외)으로부터 수령한 임대료수익과 시가(적정임대료)와의 차액을 익금산입(배당·상여 등) 한다. 한편, 법인이 지출하는 출자임원(비출자임원·소액주주임원 제외)이 사용하는 사택의 유지비는 업무무관비용으로 보아 손금불산입(상여)한다.

(3) 건설 그 밖의 용역의 제공·수령시

법인이 건설 그 밖의 용역을 무상 또는 낮은 대가로 제공하거나 높은 대가로 제공을 받은 때에는 부당행위계산부인규정이 적용되는데, 이 경우에는 해당 법인이 건설 그 밖의 용역을 제공하거나 제공받으면서 받거나 지급하는 금액과 시가와의 차액을 익금산입(배당·상여 등)한다.

 **19-3 사택임대의 부당행위계산부인**

다음 자료에 의하여 코스닥상장법인인 ㈜A의 당기 각 사업연도 소득금액계산에 필요한 세무조정을 하시오.

(1) 회사의 사택임대현황은 다음과 같다.

사 택 명	임 차 인	임대보증금	월임대료(수령함)	임대기간
A	출자임원(대주주)	10,000,000원	125,000원	7. 1 ~ 12. 31
B	비출자임원	–	100,000원	6. 1 ~ 12. 31
C	직원	500,000원	–	9. 1 ~ 12. 31
계		10,500,000원	225,000원	

(2) 위 사택에 대한 임대료 시가는 불분명하며, 관련 자료는 다음과 같다.
   ① 사택의 매매가는 불분명하나 기준시가는 120,000,000원(A, B, C 동일)이며, 재무상태표상 장부가액은 80,000,000원이다.
   ② 사택에 대한 재산세 등 유지·관리비 지출액은 각각 2,000,000원(A, B, C 동일)이며, 정기예금이자율은 10%로 가정한다.

 해답

(1) 5% 이상 차이 검증
    (적정임대료 − 임대료수입액❶) / 적정임대료
    = (2,513,661원 − 750,000원) / 2,513,661원
    ≒ 70.2% ≥ 5%
    ❶ 125,000원×6개월=750,000원

(2) 적정임대료
    (시가적수×50% − 보증금적수) × $\frac{1}{365}$ × 정기예금이자율
    =(120,000,000원×184×50% − 10,000,000원×184) × $\frac{1}{365}$ × 10%
    =2,520,548원

(3) 부당행위계산부인액
    적정임대료 − 임대료수입액
    =2,520,548원 − 750,000원❶
    =1,770,548원
    ❶ 125,000원×6개월=750,000원

(4) 유지관리비
    유지관리비는 업무무관비용으로서 전액 손금불산입한다.

(5) 세무조정 요약
    〈익금산입〉 사택임대료 부당행위계산부인액   1,770,548(상여)
    〈손금불산입〉 출자임원사택유지비   2,000,000(상여)

(1) 직원과 비출자임원·소액주주임원에게 무상 또는 낮은 요율로 사택을 제공하는 것은 부당거래에 해당하지 않는다.
(2) 직원과 비출자임원·소액주주임원과 관련된 사택의 유지관리비는 업무무관비용으로 보지 않는다.

사택임대의 부당행위계산부인

Book	현 금	750,000	/ 임대료	750,000*	
	* 1,500,000원 × 6/12 = 750,000원				
	재산세 등	2,000,000	/ 현 금	2,000,000	
Tax	현 금	750,000	/ 임대료	2,520,548**	
	유출잉여금	1,770,548			
	** (120,000,000원 × 184일 × 50% − 10,000,000원 × 184일) × 1/365 × 10% = 2,520,548원				
	*** 5% 이상 차이 검증: (2,520,548원 − 750,000원) / 2,520,548원 ≒ 70.2% ≥ 5%				
	유출잉여금	2,000,000	/ 현 금	2,000,000	
Adjustment	유출잉여금	3,770,548	/ 임대료	1,770,548	
			재산세 등	2,000,000	
Tax-Adj	유출잉여금↓(순자산↓)	3,770,548	/ 익 금↑(순자산↑)	1,770,548	
			손 금↓(순자산↑)	2,000,000	

〈익금산입〉 임 대 료   1,770,548·상여(출자임원)
〈손금불산입〉 재산세 등   2,000,000·상여(출자임원)

19-4 용역제공의 부당행위계산부인

다음 자료에 의하여 코스닥상장법인인 ㈜A의 당기 각 사업연도 소득금액계산에 필요한 세무조정을 하시오.
(1) 지분율 1%인 개인주주에게 주택건설용역을 50,000,000원에 제공하였다.
(2) 동 건설용역을 제공하는데 소요된 원가는 50,000,000원이다.
(3) ㈜A의 포괄손익계산서로부터 계산된 특수관계 없는 자에게 제공한 유사한 건설용역의 관련자료는 다음과 같다.
  ① 매 출 액   100억원
  ② 매 출 원 가   80억원
  ③ 매 출 총 이 익   20억원

해답

(1) 용역의 시가
  소요된 원가×(1+원가가산율)=50,000,000원×(1+25%❸)=62,500,000원

  ❸ 원가가산율 = $\dfrac{\text{매출액} - \text{매출원가}}{\text{매출원가}}$
  = $\dfrac{100억원 - 80억원}{80억원}$
  = 25%

(2) 5% 이상 차이 검증
  (시가 − 수령한 대가) / 시가

                = (62,500,000원 − 50,000,000원) / 62,500,000원
                ≒ 20% ≥ 5%
    (3) 부당행위계산부인액
        용역의 시가−수입액
        = 62,500,000원 − 50,000,000원
        = 12,500,000원
    (4) 세무조정
        〈익금산입〉 부당행위계산부인액   12,500,000(배당)

분개법 | 용역제공의 부당행위계산부인

Book	현 금	50,000,000	/ 매 출	50,000,000	
Tax	현 금 유출잉여금	50,000,000 12,500,000	/ 매 출	62,500,000*	

  * 용역의 시가
    = 소요된 원가 × (1 + 원가가산율)
    = 50,000,000원 × (1 + 25%**)
    = 62,500,000원
  ** 원가가산율 = (매출액 − 매출원가) / 매출원가
    = (100억원 − 80억원) / 80억원
    = 25%
  *** 5% 이상 차이 검증 :
    (시가 − 수령한 대가) / 시가
    = (62,500,000원 − 50,000,000원) / 62,500,000원
    ≒ 20% ≥ 5%

Adjustment Tax-Adj	유출잉여금 유출잉여금↓(순자산↓)	12,500,000 12,500,000	/ 매 출 / 익 금↑(순자산↑)	12,500,000 12,500,000	

〈익금산입〉 매출   12,500,000・배당(개인대주주)

4 부당행위계산부인의 사례−가지급금 인정이자

(1) 가지급금 인정이자의 개념 및 가지급금의 범위

1) 가지급금 인정이자의 개념

법인이 특수관계인에게 무상 또는 낮은 이자율로 자금을 대여한 경우에는 가중평균차입이자율 등으로 계산한 이자상당액과 실제 수입이자와의 차액을 익금산입(배당·상여 등)한다.

> 익금에 산입할 금액 = 가지급금 인정이자 − 실제 수입이자

따라서 법인세법의 규정에 따라 계산한 적정이자를 실제로 지급받는 경우에는 익금에 산입할 금액이 없게 되는 것이다.

2) 가지급금의 범위

가지급금이란 계정과목의 명칭 여하에 불구하고 해당 법인의 업무와 관련 없는 자금의 대여액을 말하는데, 이 중 부당행위계산부인규정이 적용되는 가지급금이란 거래상대방이 특수관계인인 경우에 한한다. 따라서 "제2장 제6절 인건비"에서 살펴본 바와 같이 현실적으로 퇴직하지 않은 임직원에게 퇴직급여 명목으로 지급한 금액은 현실적으로 퇴직을 할 때까지 업무와 관련이 없는 가지급금으로 보게 되는 것이다.

한편, 업무무관부동산 등 지급이자 손금불산입액 계산시 업무무관가지급금으로 보지 않는 가지급금은 인정이자계산에서도 제외된다.

특수관계인에 대한 업무무관가지급금의 세무상 규제

세무상 규제	이자율
① 지급이자 손금불산입 ② 대손충당금 설정대상채권에서 배제 ③ 대손처리시 손금불산입	이자율과 무관함
④ 가지급금 인정이자	무이자 또는 낮은 이자율로 대여시

(2) 가지급금 인정이자의 계산

1) 적용산식

$$\text{가지급금 인정이자} = \text{가지급금 적수} \times \frac{1}{365}(\text{윤년의 경우에는 } \frac{1}{366}) \times \text{이자율}$$

2) 가지급금 적수

① 가지급금의 적수계산시 초일은 산입하고 말일은 불산입한다.
② 동일인에 대하여 가지급금과 가수금이 함께 있는 경우에는 상계 후 잔액에 대하여 인정이자를 계산한다. 다만, 상환기간·이자율 등의 사전약정이 있어 이를 서로 상계할 수 없는 경우에는 상계하지 아니한다.

3) 이자율의 적용방법

이자율은 원칙적으로 가중평균차입이자율로 한다. 다만, 다음의 경우에는 해당 구분에 따라 당좌대출이자율로 한다.

종전에는 가중평균차입이자율과 당좌대출이자율 중 선택하여 신고하지 않는 경우에는 항구적으로 당좌대출이자율을 시가로 하였으나, 해당 법인이 과세표준신고와 함께 당좌대출이자율(2024년도 말 현재 연 4.6%)을 시가로 선택하는 경우 3개 사업연도는 당좌대출이자율을 시가로 하고 당좌대출이자율을 시가로 신고하지 않으면 가중평균차입이자율을 시가로 하도록 개정하였다.

① 가중평균차입이자율의 적용이 불가능한 경우로서 법소정 사유가 있는 경우 : 해당 사업연도에 한정하여 당좌대출이자율을 시가로 한다.
② 해당 법인이 과세표준 등의 신고와 함께 세법에 따라 당좌대출이자율을 시가로 선택하는 경우 : 당좌대출이자율을 시가로 하여 선택한 사업연도와 이후 2개 사업연도는 당좌대출이자율을 시가로 한다.

가중평균차입이자율과 법소정 사유

① 가중평균차입이자율

$$\text{가중평균차입이자율} = \frac{\Sigma(\text{각각의 차입금 잔액} \times \text{해당 차입금 이자율})}{\text{차입금 잔액의 합계액}}$$

② 법소정 사유
법소정 사유는 다음의 어느 하나에 해당하는 경우를 말한다.
① 특수관계인이 아닌 자로부터 차입한 금액이 없는 경우
② 차입금 전액이 채권자가 불분명한 사채 또는 매입자가 불분명한 채권·증권의 발행으로 조달된 경우
③ 대여한 날(계약을 갱신한 경우에는 그 갱신일)부터 해당 사업연도 종료일까지의 기간이 5년을 초과하는 대여금이 있는 경우
④ 가중평균차입이자율 또는 대여금리가 해당 대여시점 현재 자금을 차입한 법인의 각각의 차입금 잔액(특수관계인으로부터의 차입금은 제외한다)에 차입 당시의 각각의 이자율을 곱한 금액의 합계액을 해당 차입금 잔액의 총액으로 나눈 비율보다 높은 경우.(법인세법 시행규칙 제43조 3항 3호)

(3) 세무조정시 유의사항

앞에서 살펴본 바와 같이 가지급금 인정이자의 익금산입액은 다음과 같다.

$$\text{익금산입액} = \text{가지급금 인정이자} - \text{실제 수입이자}$$

여기서 "실제 수입이자"란 특수관계인으로부터 받았거나 받을 수입이자를 말하는데, 이의 계산시 유의사항은 다음과 같다.

① 약정(有) : 이 경우에는 법인이 장부에 계상한 미수이자를 인정하므로 "익금에 산입할 금액"의 계산시 가지급금 인정이자에서 해당 금액을 차감한다.
② 약정(無) : 이 경우에는 법인이 미수이자를 계상하더라도 이를 인정하지 않으므로 "실제 수입이자"로 차감할 금액은 없다.

가지급금의 미수이자에 대한 인정이자 계산

법인이 특수관계인간의 금전거래에 있어서 상환기간 및 이자율 등에 대한 약정이 없는 대여금 및 가지급금 등에 대하여 결산상 미수이자를 계상한 경우에도 동 미수이자는 익금불산입하고, 가지급금 인정이자를 계산하여 인정이자상당액을 익금에 산입하고 귀속자에 따라 소득처분한다(법인세 집행기준 52-89-7).

가지급금 인정이자(I)

다음 자료에 의하여 ㈜A의 당기 사업연도 가지급금 인정이자에 대한 세무조정을 하시오. 다만, 세부담의 최소화를 가정한다.

1. 이자비용 및 차입금 관련 자료
포괄손익계산서상 이자비용 내역은 다음과 같고, 차입금은 연중 변함이 없다.

구 분	이 자 율	이자비용	차입금
회사채	연 9%	2,160,000원	24,000,000원
차입금(A)	연 7%	9,100,000원	130,000,000원
차입금(B)	연 5%	5,000,000원	100,000,000원
계		16,260,000원	254,000,000원

2. 특수관계인에 대한 대여금의 내역은 다음과 같다.
   ① 관계회사에 대한 대여금(약정 있음) : 12,000,000원(적수 : 4,380,000,000원)
   ② 대표이사에 대한 대여금(약정 있음) : 16,000,000원(적수 : 5,840,000,000원)
3. ㈜A는 각각의 금전소비대차계약에 의하여 관계회사로부터는 480,000원, 대표이사로부터는 640,000원의 이자를 수령하였다.
4. 당좌대출이자율은 연 4.6%(가정)이다.

해답

① 5% 이상 차이 검증 : 관계회사에 대한 대여금
   (가지급금 인정이자 − 실제 수입이자) / 가지급금 인정이자
   = (552,000원 − 480,000원) / 552,000원
   ≒ 13% ≥ 5%

② 5% 이상 차이 검증 : 대표이사에 대한 대여금
   5% 이상 차이 검증 :
   (가지급금 인정이자 − 실제 수입이자) / 가지급금 인정이자
   = (736,000원 − 640,000원) / 736,000원
   ≒ 13% ≥ 5%

1. 가중평균차입이자율의 계산
$$\frac{9\% \times 24,000,000원 + 7\% \times 130,000,000원 + 5\% \times 100,000,000원}{24,000,000원 + 130,000,000원 + 100,000,000원} = 6.4\%$$
   요구사항에서 세부담의 최소화를 가정하였으므로 가중평균차입이자율과 당좌대출이자율 중 적은 당좌대출이자율을 시가로 한다.

2. 가지급금 인정이자의 계산
   (1) 관계회사
   $4,380,000,000원 \times \frac{1}{365} \times 4.6\% = 552,000원$
   (2) 대표이사
   $5,840,000,000원 \times \frac{1}{365} \times 4.6\% = 736,000원$

3. 세무조정
   (1) 관계회사
   〈익금산입〉 가지급금 인정이자   72,000*(기타사외유출)
      * 552,000원−480,000원
   (2) 대표이사
   〈익금산입〉 가지급금 인정이자   96,000*(상여)
      * 736,000원−640,000원

만일 관계회사로부터의 이자수령액이 530,000원인 경우에는 인정이자(시가 552,000원)와의 차액이 22,000원(530,000원 −552,000원)으로서 시가의 5%(27,600원)에 미달하므로 부당행위계산부인규정을 적용하지 않는다.

가지급금 인정이자(Ⅰ)

(1) 관계회사에 대한 대여금

5% 이상 차이 검증 :
(가지급금 인정이자 − 실제 수입이자) / 가지급금 인정이자
= (552,000원 − 480,000원) / 552,000원
≒ 13% ≥ 5%

Book	현 금	480,000	/	이자수익	480,000
Tax	현 금	480,000	/	이자수익 (가지급금인정이자)	552,000*
	유출잉여금	72,000			

* 관계회사 가지급금 적수 × 이자율 × 1/365(윤년 366)
  = 4,380,000,000원 × 4.6%** × 1/365
  = 768,000원
  ** Min(①, ②) = 4.6%
    ① 당좌대출이자율: 4.6%
    ② 가중평균차입이자율: 이자금액합계/차입금잔액합계
      = 16,260,000원 / 254,000,000원
      = 6.4%

차입금	㉠ 차입금 잔액	㉡ 이자율	이자금액(㉠×㉡)
회사채	24,000,000원	연9%	2,160,000원
A	130,000,000원	연7%	9,100,000원
B	100,000,000원	연5%	5,000,000원
합 계	254,000,000원	−	16,260,000원

Adjustment	유출잉여금	72,000	/	이자수익	72,000
Tax−Adj	유출잉여금↓(순자산↓)	72,000	/	익 금↑(순자산↑)	72,000

〈익금산입〉 이자수익 72,000 기타사외유출(관계회사)

(2) 대표이사에 대한 대여금

5% 이상 차이 검증 :
(가지급금 인정이자 − 실제 수입이자) / 가지급금 인정이자
= (736,000원 − 640,000원) / 736,000원
≒ 13% ≥ 5%

Book	현 금	640,000	/	이자수익	640,000
Tax	현 금	640,000	/	이자수익 (가지급금인정이자)	736,000*
	유출잉여금	96,000			

* 대표이사 가지급금 적수 × 이자율 × 1/365(윤년 366)
  = 5,840,000,000원 × 4.6% × 1/365
  = 736,000원

Adjustment	유출잉여금	96,000	/	이자수익	96,000
Tax−Adj	유출잉여금↓(순자산↓)	96,000	/	익 금↑(순자산↑)	96,000

〈익금산입〉 이자수익 96,000 상여(대표이사)

예제 19-6 가지급금 인정이자(Ⅱ)

다음 자료에 의하여 ㈜A의 당기 사업연도 가지급금 인정이자에 대한 세무조정을 하시오.

1. ㈜A는 대표이사에게 금전소비대차계약을 체결하고 자금을 대여하였는데, 해당 대여금의 적수는 6,570,000,000원이다.
2. ㈜A의 약정에 의한 이자수익의 내역은 다음과 같다.
   ① 포괄손익계산서에 계상된 수입이자 : 600,000원
   ② 재무상태표에 계상된 미수이자(300,000원) 중 약정일 미도래분 : 100,000원
3. ㈜A에는 지급이자와 차입금이 없으며, 당좌대출이자율은 4.6%(가정)이다.

해답

5% 이상 차이 검증 : (가지급금 인정이자 − 실제 수입이자) / 가지급금 인정이자
= (828,000원 − 600,000원) / 828,000원
≒ 27.5% ≥ 5%

1. 가중평균이자율의 계산
   ㈜A에는 지급이자와 차입금이 없으므로 당좌대출이자율을 시가로 한다.
2. 가지급금 인정이자의 계산
   $6,570,000,000원 \times \frac{1}{365} \times 4.6\% = 828,000원$
3. 세무조정
   〈익금산입〉 가지급금 인정이자   228,000*(상여)
   * 828,000원 − 600,000원

   〈익금불산입〉 미수수익(약정일 미도래분)   100,000(△유보)

참고

① 미수수익 인정여부 : ㈜A는 대표이사와 약정을 체결하였으므로 미수수익 계상액을 포함한 600,000원 전액을 실제수입이자로 한다.
② 약정을 체결하고 특수관계인에게 대여를 한 후 사업연도 종료일에 약정이자율에 따라 계상한 미수수익에 대한 익금의 귀속시기는 약정에 의한 이자지급일로 한다(법인 46012-3731, 1999. 10. 14). 따라서 미수수익 계상액 중 약정에 의한 이자지급일이 도래하지 않은 분(=귀속시기 미도래분)에 대해서는 익금불산입(△유보)하여야 한다.

분개법 가지급금 인정이자(Ⅱ)

5% 이상 차이 검증 :
(가지급금 인정이자 − 실제 수입이자) / 가지급금 인정이자
= (828,000원 − 600,000원) / 828,000원
≒ 27.5% ≥ 5%

Book	현 금	300,000 / 이자수익		600,000
	미수이자	300,000		
Tax	현 금	300,000 / 이자수익		828,000*
		(가지급금인정이자)		
	미수이자	300,000		
	유출잉여금	228,000		
	이자수익	100,000 / 미수이자		100,000**

* 대표이사 가지급금 적수 × 이자율 × 1/365(윤년 366)
= 6,570,000,000원 × 4.6% × 1/365 = 828,000원

** 약정을 체결하고 특수관계인에게 대여를 한 후 사업연도 종료일에 약정이자율에 따라 계상한 미수수익에 대한 익금의 귀속시기는 약정에 의한 이자지급일로 한다(법인 46012-3731, 1999. 10. 14). 따라서 미수수익 계상액 중 약정에 의한 이자지급일이 도래하지 않은 분(= 귀속시기 미도래분)에 대해서는 법인세법상 이자수익으로 인식하지 않는다.

Adjustment	유출잉여금	228,000 /	이자수익	128,000
			미수이자	100,000
Tax-Adj	유출잉여금↓(순자산↓)	228,000 /	익 금↑(순자산↑)	128,000
			자 산↓(순자산↓)	100,000

〈익금산입〉 228,000 상여
         128,000
         100,000 △유보

↓

〈익 금 산 입〉 이자수익 228,000 상여(대표이사)
〈익금불산입〉 이자수익 100,000 △유보(미수이자)

5 외국법인 등과의 거래에 대한 소득금액 계산의 특례

내국법인이 해당 법인의 국외에 있는 지점, 비거주자 또는 외국법인과 한 거래의 거래금액에 대하여 조세조약의 상대국과 그 조세조약의 상호합의 규정에 따라 국제조세조정에 관한 법률 제2조(정의) 제1항 제4호에 따른 권한이 있는 당국 간에 합의를 하는 경우 납세지 관할 세무서장 또는 납세지 관할 지방국세청장은 그 합의에 따라 그 법인의 각 사업연도의 소득금액을 조정하여 계산할 수 있다. 여기서 "조세조약"이란 우리나라가 조세의 이중과세 방지를 위하여 체결한 국제조세조정에 관한 법률 제2조(정의) 제1항 제2호에 따른 조세조약을 말한다(법법 55).

6 부당행위계산부인의 사례-불공정 자본거래

(1) 개 요

불공정 자본거래, 즉 불공정 합병·증자·감자란 해당 합병·증자·감자로 인하여 현저한 이익(불공정 증자로서 실권주가 재배정된 분은 제외)이 손실을 본 주주로부터 이익을 받은 주주에게로 무상이전된 경우를 말한다. 위에서 현저한 이익이란 평가차액이 30% 이상이거나 공여이익이 3억원 이상인 경우를 말하며, 이를 요약하면 다음과 같다.

구 분		현저한 이익요건	현저한 이익의 개념
불공정합병		O	30% 이상 또는 3억원 이상
불공정증자	실권주 재배정(O)	×❋	-
	실권주 재배정(×)	O	30% 이상 또는 3억원 이상
불공정감자		O	30% 이상 또는 3억원 이상

❋ 직접적인 이익분여가 명백하므로 금액을 불문하고 적용한다.

(2) 현행 세법상 규정

불공정 합병·증자·감자에 대한 현행 세법상의 규정을 살펴보면 다음과 같다.

손실을 본 주주	이익을 얻은 주주
① 영리법인 : 익금산입(기타사외유출) ∴ 부당행위계산부인규정 적용	① 영리법인 : 익금산입(유보)❶ ∴ 익금항목임
② 개인·비영리법인 : 현행법상 규정없음	② 개인·비영리법인 : 증여세 과세❷

❶ 불균등자본거래로 인하여 법인주주가 얻은 이익을 익금산입한 금액은 반드시 유보로 소득처분한다. 이는 주식을 새로 취득하는 과정에서 발생하는 익금산입액은 그 주식의 취득가액에 포함하며 주식을 보유하는 기간 중에 생기는 익금산입액은 보유주식의 장부가액에 가산하여야 하기 때문이다.
❷ 만일 귀속자에게 증여세가 과세되지 않는 경우에는 해당 귀속자에 따라 배당·상여 등으로 처분한다.

(3) 불공정합병

1) 개 요

특수관계에 있는 법인의 합병으로 인하여 합병당사법인의 주주가 합병으로 인하여 손실을 본 경우에는 해당 합병등기일에 그 상대방인 합병당사법인의 주주에게 그 손실에 상당하는 금액을 공여한 것으로 본다. 회사의 합병에 있어서 합병비율을 각 회사의 주식가치와 다르게 정하게 되면 한쪽 회사(주가가 과대평가된 회사)의 주주들은 이익을 얻고 상대편 회사(주가가 과소평가된 회사)의 주주들은 손실을 보게 되는데, 이러한 합병을 불공정합병 또는 불균등합병이라 한다.

2) 요 건

불공정합병의 요건은 다음과 같다.

① 특수관계에 있는 법인 간의 합병이어야 한다.
② 합병당사법인의 특수관계인이 이익을 얻어야 한다.
③ 현저한 이익을 얻어야 한다. 여기서 현저한 이익이란 1주당 평가차액이 30% 이상이거나 공여이익이 3억원 이상인 경우를 말한다.

불공정합병의 부당행위계산부인

㈜A는 특수관계에 있는 ㈜B를 당기 7월 1일자로 흡수합병(합병비율 1 : 2)하였다. 다음 자료에 의하여 ㈜A의 주주인 ㈜甲의 부당행위계산부인액을 계산하시오.

1. 합병 직전 ㈜A와 ㈜B의 내역

구 분	㈜A	㈜B
① 총발행주식수	1,000주	2,000주
② 1주당 평가액	10,000원	2,500원
③ 주주구성	㈜甲 : 50%, ㈜乙 : 25%, ㈜丙 : 25%	㈜X : 45%, ㈜Y : 55%

2. ㈜甲과 ㈜X는 주권비상장법인으로 특수관계인에 해당한다.

해답

1. 불공정합병 여부와 검토
   ① 합병법인의 합병후 1주당 평가액

   $$\frac{10,000,000원 + 5,000,000원}{1,000주 + 1,000주} = 7,500원$$

   ② 주가가 과대평가된 합병당사법인의 1주당 평가액 × $\frac{합병전\ 주식수}{합병후\ 주식수}$

   $$2,500원 \times \frac{2,000주}{1,000주} = 5,000원^{⊙}$$

   ⊙ 동 금액은 주가가 과대평가된 ㈜B의 주주가 합병후 주식가치가 7,500원에 해당하는 주식 1주를 얻기 위하여 포기한 경제적 가치에 해당하는 금액임

   ③ 현저한 이익에 해당하는지 여부

   $$\frac{7,500원 - 5,000원}{7,500원} = 33.3\% \geq 30\%$$

   ④ 따라서 현저한 이익을 제공한 것으로 판단한다.

2. 부당행위계산부인액
   ① [방법1] ← 공여받은 이익의 계산 (7,500원 - 5,000원) × 450주 × 50% = 562,500원
   ② [방법2] ← 공여한 이익의 계산 (10,000원 - 7,500원) × 500주 × 45% = 562,500원

해설

① 위의 사례에서 정상적인 합병비율은 1:4일 것이다.
② 위의 합병에서 이익공여자는 합병법인인 ㈜A의 주주들이고 이익수혜자는 피합병법인인 ㈜B의 주주들인 바, 이 중 ㈜ 甲과 ㈜X가 특수관계인이므로 이들 법인간에 주고 받은 이익만 계산하면 된다.

분개법 불공정합병의 부당행위계산부인

(1) 불공정합병 여부의 검토

- 30% 이상 차이가 나는지의 여부 :
  1주당 평가차액 = ① 합병법인의 불공정합병 시 1주당 평가액 ;
  $$\frac{(합병법인의\ 총주식가액 + 피합병법인의\ 총주식가액)}{합병후\ 합병법인의\ 주식수}$$
  ② 과대평가된 피합병법인의 공정합병 시 1주당 평가액 ;
  피합병법인의 1주당 평가액 × 합병전 주식수/합병후 주식수
  1주당 평가차액 / 합병법인의 불공정합병시 1주당 평가액 ≥ 30%

- 불공정합병시 공여한 금액 = 1주당 평가차액 × 주가가 과대평가된 합병당사법인 주주의 합병후 주식수 ≥ 3억원

  ① 합병법인의 합병후 1주당 평가액 = $\frac{(10,000원 \times 1,000주) + (2,500원 \times 2,000주)}{1,000주 + 1,000주}$ = 7,500원

  ② 주가가 과대평가된 피합병법인의 공정합병시 1주당 평가액
     2,500원 × 2,000주/1,000주 = 5,000원*
     * 이 금액은 주가가 과대평가된 피합병법인 ㈜B의 주주가 합병후 주식가치가 7,500원에 해당하는 주식 1주를 얻기 위하여 포기한 경제적 가치에 해당하는 금액을 의미함

  ③ 현저한 이익에 해당하는지 여부
     = (7,500원 - 5,000원) / 7,500원
     = 33.3% ≥ 30%

(2) 이익을 준 합병회사 ㈜A의 법인주주 ㈜甲의 세무처리

Book	없 음			
Tax	유출잉여금	562,500 /	공정합병이익	562,500***
			(불공정합병손실)	

           *** 공정합병시 ㈜A 주주의 부 : 10,000원 × 1,000주 = 10,000,000원
              - 불공정합병시 ㈜A 주주의 부 :   7,500원 × 1,000주 =   7,500,000원

㈜A 전체주주의 공정합병이익	2,500,000원
㈜A 법인주주 ㈜甲의 지분률	× 50%
㈜A 법인주주 ㈜甲의 공정합병이익	1,250,000원
㈜B 법인주주 ㈜X의 지분률	× 45%
㈜A 법인주주 ㈜甲의 공정합병이익 중	562,500원
㈜B 법인주주 ㈜X로 이전된 부분	

Adjustment	유출잉여금	562,500 /	공정합병이익	562,500
Tax-Adj	유출잉여금↓(순자산↓)	562,500 /	익 금↑(순자산↑)	562,500

        〈익금산입〉 공정합병이익(불공정합병손실)   562,500·기타사외유출

(3) 이익을 얻은 피합병회사 ㈜B의 법인주주 ㈜X의 세무처리

Book	유가증권㈜A	2,250,000 /	유가증권㈜B	2,250,000*

        * 2,000주 × 2,500원 × 45% = 2,250,000원

Tax	유가증권㈜A	2,812,500 /	유가증권㈜B	2,250,000
			불공정합병이익	562,500**

        ** 불공정합병시 ㈜B 주주의 부 : 7,500원 × 1,000주 = 7,500,000원
           - 공정합병시 ㈜B 주주의 부 : 5,000원 × 1,000주 = 5,000,000원

㈜B 전체주주의 불공정합병이익	2,500,000원
㈜B 법인주주 ㈜X의 지분률	× 45%
㈜B 법인주주 ㈜X의 불공정합병이익	1,125,000원
㈜A 법인주주 ㈜甲의 지분률	× 50%
㈜B 법인주주 ㈜X의 불공정합병이익 중	562,500원
㈜A 법인주주 ㈜甲로부터 이전된 부분	

Adjustment	유가증권㈜A	562,500 /	불공정합병이익	562,500
Tax-Adj	자 산↑(순자산↑)	562,500 /	익 금↑(순자산↑)	562,500

        〈익금산입〉 불공정합병이익   562,500·유보(유가증권)

(4) 불공정증자

법인이 자본을 증가시키는 거래로 인하여 신주(전환사채, 신주인수권부사채 또는 교환사채 등을 포함)를 배정·인수하는 경우에 기존 주주가 신주인수권을 포기하여 실권주(그 포기한 신주를 말함)가 발생하거나 당초부터 신주를 불균등하게 배정하는 경우에는 주주들 상호간의 지분비율이 변동된다. 이 경우 신주를 저가 또는 고가로 발행하면 어떤 주주들은 이익을 얻고 어떤 주주들은 손실을 보게 되는데, 이러한 증자를 불공정증자 또는 불균등증자라고 한다.

1) 실권주 재배정

① 저가재배정

    실권주주와 특수관계에 있는 자가 그 실권주주의 실권주를 배정받음으로써, 실권주를 배정받

은 자가 얻은 이익은 실권주를 배정받은 실권주주의 특수관계인이 실권주주로부터 증여받은 것으로 본다. 다만, 공모배정의 경우에는 그러하지 아니하다.

② 고가재배정

실권주주와 특수관계에 있는 자가 그 실권주주의 실권주를 배정받음으로써, 실권주주가 얻은 이익은 실권주주가 실권주를 배정받은 실권주의 특수관계인으로부터 증여받은 것으로 본다. 다만, 공모배정의 경우에는 그러하지 아니하다.

③ 요 건

실권주를 인수한 자가 실권주주와 특수관계에 있어야 한다. 즉, 현저한 이익은 적용 요건이 아님에 유의하여야 한다.

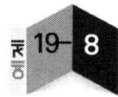

19-8 불공정증자(실권주 재배정)

㈜A는 당기 8월 1일 유상증자를 실시하였다. 다음 자료에 의하여 ㈜甲의 부당행위계산부인액을 계산하시오.

(1) ㈜A의 증자내역

구 분	증자전 주식수	1차배정	2차배정	증자후 주식수
㈜甲	400주	–	–	400주
㈜乙	300주	300주	450주	1,050주
㈜丙	200주	–	–	200주
㈜丁	100주	100주	150주	350주
계	1,000주	400주	600주	2,000주

(2) ㈜A의 증자전 1주당 평가액은 100,000원이고, 증자시 1주당 인수가액은 20,000원이다.
(3) ㈜A의 주주 중 ㈜甲과 ㈜乙이 특수관계에 있고, 나머지 주주는 그러하지 아니하다.
(4) ㈜A는 주권비상장법인이다.

1. 현저한 이익에 해당하는지 여부 : N/A
2. 부당행위계산부인액(=이익공여액)
    (1) 신주 1주당 평가액

    $$\frac{100{,}000원 \times 1{,}000주 + 20{,}000원 \times 1{,}000주}{1{,}000주 + 1{,}000주} = 60{,}000원$$

    (2) 부당행위계산부인액
    ① [방법 1] ← 공여한 이익의 계산

    $$(60{,}000원 - 20{,}000원) \times 400주 \times \frac{450주}{600주} = 12{,}000{,}000원$$

    ② [방법 2] ← 공여받은 이익의 계산

    $$(60{,}000원 - 20{,}000원) \times 450주 \times \frac{400주}{600주} = 12{,}000{,}000원$$

위의 사례에서 이익공여자는 실권주주인 ㈜甲과 ㈜丙이고 이익수혜자는 실권주를 배정받은 ㈜乙과 ㈜丁인 바, 이 중 ㈜甲과 ㈜乙이 특수관계인이므로 이들 법인간에 주고 받은 이익만 계산하면 된다.

제19절 소득금액 계산의 특례

분개법 불공정증자(실권주 재배정)

(1) 현저한 이익에 해당하는지 여부 : N/A(not available or not applicable)
(2) 실권주주로서 이익을 준 법인주주 ㈜甲의 세무처리

Book	없 음			
Tax	유출잉여금	12,000,000	/ 공정증자이익 (불공정증자손실)	12,000,000*

　　* 공정증자 시 법인주주 ㈜甲의 이익 : 40,000원** × 400주 　＝ 16,000,000원
　　　실권주 중 법인주주 ㈜乙의 추가배정비율 : 　　　　　　　× 450주/600주
　　　공정증자 시 법인주주 ㈜甲의 이익 중 　　　　　　　　　　 12,000,000
　　　법인주주 ㈜乙에게 이전된 이익

Adjustment	유출잉여금	12,000,000	/ 공정증자이익	12,000,000
Tax-Adj	유출잉여금↓(순자산↓)	12,000,000	/ 익 금↑(순자산↑)	12,000,000

〈익금산입〉 공정증자이익(불공정증자손실)　12,000,000・기타사외유출(㈜B)

(3) 추가배정 받아 이익을 얻은 법인주주 ㈜乙의 세무처리

Book	유가증권	9,000,000*	/ 현 금	9,000,000

　* 20,000원 × 450주 = 9,000,000원

Tax	유가증권	21,000,000	/ 현 금 불공정증자이익	9,000,000 12,000,000*

　　* 불공정증자시 법인주주 ㈜乙의 이익 : 40,000원** × 450주 = 18,000,000원
　　　실권주 중 법인주주 ㈜甲의 비중 : 　　　　　　　　× 400주/600주
　　　법인주주 ㈜甲의 실권으로 인해 이전된 이익　　　　12,000,000원
　　** 증자 후 1주당 평가액 − 증자시 발행되는 신주 1주당 인수가액
　　　= 60,000원*** − 20,000원
　　　= 40,000원
　　*** $\frac{(100{,}000원 × 1{,}000주) + (20{,}000원 × 1{,}000주)}{1{,}000주 + 1{,}000주}$ = 60,000원

Adjustment	유가증권	12,000,000	/ 불공정증자이익	12,000,000
Tax-Adj	자 산↑(순자산↑)	12,000,000	/ 익 금↑(순자산↑)	12,000,000

〈익금산입〉 불공정증자이익　12,000,000・유보(유가증권)

2) 실권주 미배정

① 저가발행

실권주주는 해당 신주를 인수하지 않은 반면에 그 실권주주와 특수관계에 있는 자(해당 신주에 대한 본인 몫을 인수한 주주)는 해당 신주를 인수함으로써, 그 실권주주의 특수관계인이 얻은 이익은 해당 신주를 인수한 실권주주의 특수관계인이 실권주주로부터 증여받은 것으로 본다.

② 고가발행

실권주주는 해당 신주를 인수하지 않은 반면에 그 실권주주와 특수관계에 있는 자(해당 신주에 대한 본인 몫을 인수한 주주)는 해당 신주를 인수함으로써, 실권주주가 얻은 이익은 해당 실권주주가 신주를 인수한 실권주주의 특수관계인으로부터 증여받은 것으로 본다.

③ 요 건

위의 규정을 적용하기 위해서는 다음의 요건을 충족시켜야 한다.

㉠ 신주를 인수한 자가 실권주주와 특수관계에 있어야 한다.
㉡ 현저한 이익을 얻어야 한다. 여기서 현저한 이익이란 평가차액이 30% 이상이거나 공여이익이 3억원 이상인 경우를 말한다.

 불공정증자(실권주 미배정)

㈜A는 당기 8월 1일 유상증자를 실시하였다. 다음 자료에 의하여 ㈜乙의 부당행위계산부인액을 계산하시오.

(1) ㈜A의 증자내역

구 분	증자전 주식수	1차배정	2차배정	증자후 주식수
㈜甲	400주	400주	-	800주
㈜乙	300주	-	-	300주
㈜丙	200주	200주	-	400주
㈜丁	100주	-	-	100주
계	1,000주	600주	-	1,600주

(2) ㈜A의 증자전 1주당 평가액은 100,000원. 증자시 1주당 인수가액은 20,000원이다.
(3) ㈜A의 주주 중 ㈜甲과 ㈜乙이 특수관계에 있고, 나머지 주주는 그러하지 아니하다.
(4) ㈜A는 주권비상장법인이다.

1. 현저한 이익에 해당하는지 여부
   (1) 균등증자시 신주 1주당 평가액
   $$\frac{100,000원 \times 1,000주 + 20,000원 \times 1,000주}{1,000주 + 1,000주} = 60,000원$$
   (2) 1주당 인수가액 : 20,000원
   (3) 현저한 이익여부
   $$\frac{60,000원 - 20,000원}{60,000원} = 66.6\% \geq 30\%$$
2. 부당행위계산부인액(=이익공여액)
   $$(60,000원 - 20,000원) \times 300주 \times \frac{800주}{1,600주} = 6,000,000원$$

위의 사례에서 이익공여자는 실권주주인 ㈜乙과 ㈜丁이고 이익수혜자는 증자에 참가한 ㈜甲과 ㈜丙인 바, 이 중 ㈜乙과 ㈜甲이 특수관계인이므로 이들 법인간에 주고 받은 이익만 계산하면 된다.

분개법 불공정증자(실권주 미배정)

(1) 현저한 이익에 해당하는지 여부

① 공정증자시 신주 1주당 평가액 = $\dfrac{(100{,}000원 \times 1{,}000주) + (20{,}000원 \times 1{,}000주)}{1{,}000주 + 1{,}000주}$ = 60,000원

② 1주당 인수가액 ; 20,000원

③ 현저한 이익에 해당하는지 여부
= (60,000원 − 20,000원) / 60,000원
= 66.6% ≥ 30%

(2) 실권주주로서 이익을 준 법인주주 ㈜乙의 세무처리

Book	없 음				
Tax	유출잉여금	6,000,000	/	공정증자이익 (불공정증자손실)	6,000,000*

* 공정증자시 법인주주 ㈜乙의 이익 :
  40,000원(공정증자시 신주 1주당 평가액) × 300주 = 12,000,000원
  증자후 주식수 중 법인주주 ㈜甲의 비중 :   × 800주/1,600주
  공정증자시 법인주주 ㈜乙의 이익 중   6,000,000원
  법인주주 ㈜甲에게 이전된 이익

Adjustment	유출잉여금	6,000,000	/	공정증자이익	6,000,000
Tax-Adj	유출잉여금↓(순자산↓)	6,000,000	/	익 금↑(순자산↑)	6,000,000

〈익금산입〉 공정증자이익(불공정증자손실) 6,000,000·기타사외유출(㈜A)

(3) 유상증자 받아 이익을 얻은 법인주주 ㈜甲의 세무처리

Book	유가증권	8,000,000*	/	현 금	8,000,000

* 20,000원 × 400주 = 8,000,000원

Tax	유가증권	14,000,000	/	현 금 불공정증자이익	8,000,000 6,000,000*

불공정증자 시 법인주주 ㈜甲의 이익 : (50,000원** × 400주) − (30,000원**** × 400주)
= 8,000,000원
법인주주 ㈜乙의 실권주비중 :   × 300주/400주
법인주주 ㈜乙의 실권으로 인해 이전된 이익 :   6,000,000원

** 증자 후 1주당 평가액 − 증자 시 발행되는 신주 1주당 인수가액
= 70,000원*** − 20,000원
= 50,000원

*** $\dfrac{(100{,}000원 \times 1{,}000주) + (20{,}000원 \times 600주)}{1{,}000주 + 600주}$ = 70,000원

**** 증자 전 1주당 평가액 − 증자 후 1주당 평가액
= 100,000원 − 70,000원
= 30,000원

Adjustment	유가증권	6,000,000	/	불공정증자이익	6,000,000
Tax-Adj	자 산↑(순자산↑)	6,000,000	/	익 금↑(순자산↑)	6,000,000

〈익금산입〉 불공정증자이익 6,000,000·유보(유가증권)

(5) 불공정감자

1) 개 요

법인이 감자를 함에 있어서 일부 주주의 주식을 저가로 소각하는 경우에는 그와 특수관계에 있는 주주가 이익을 공여받은 것으로 본다. 법인이 자본감소를 위해 주식을 소각하는 경우에 일부 주주의 주식만을 무상 또는 저가로 소각하게 되면 그 주주는 손실을 보고 다른 주주들은 주가상승으로 인하여 이익을 얻게 되는데, 이러한 감자를 불공정감자 또는 불균등감자라고 한다.

2) 요 건

위의 규정을 적용하기 위해서는 감자주식의 1주당 평가액에서 주식소각시 지급한 1주당 금액을 차감한 가액이 감자주식의 1주당 평가액의 30% 이상 차이가 나거나 공여이익이 3억원 이상이어야 한다.

 불공정감자

㈜권비상장법인인 ㈜A은 당기 8월 1일 유상감자를 실시하였다. 다음 자료에 의하여 ㈜乙의 부당행위계산부인액을 계산하시오.

(1) ㈜A의 감자내역

구 분	감자전 주식수	감자주식수	감자후 주식수
㈜甲	400주	–	400주
㈜乙	300주	150주	150주
㈜丙	200주	–	200주
㈜丁	100주	50주	50주
계	1,000주	200주	800주

(2) ㈜A의 감자전 1주당 평가액은 100,000원이고, ㈜甲의 주주에게 지급한 감자대가는 1주당 20,000원이다.
(3) ㈜A의 주주 중 ㈜甲과 ㈜乙이 특수관계에 있고, 나머지 주주는 그러하지 아니하다.

1. 현저한 이익에 해당하는지 여부
   (1) 감자전 1주당 평가액 : 100,000원
   (2) 1주당 감자대가 : 20,000원
   (3) 현저한 이익여부
   $$\frac{100,000원 - 20,000원}{100,000원} = 80\% \geq 30\%$$
2. 부당행위계산부인액(=이익공여액)
   $(100,000원 - 20,000원) \times 150주 \times \frac{400주}{800주} = 6,000,000원$

위의 사례에서 이익공여자는 감자에 참여한 ㈜乙과 ㈜丁이고 이익수혜자는 감자에 참가하지 않은 ㈜甲과 ㈜丙인 바, 이 중 ㈜乙과 ㈜甲이 특수관계인이므로 이들 법인간에 주고 받은 이익만 계산하면 된다.

분개법: 불공정감자

(1) 현저한 이익에 해당하는지 여부

　① 감자전 1주당 평가액 = 100,000원
　② 1주당 감자대가 = 20,000원
　③ 현저한 이익에 해당하는지 여부
　　= (100,000원 − 20,000원) / 100,000원
　　= 80% ≥ 30%

(2) 불공정감자로 손실을 입은 법인주주 ㈜乙의 세무처리

Book	현　금	3,000,000*	유가증권	150,000,000**
	유가증권처분손실	10,000,000		

　* 20,000원 × 150주 = 3,000,000원
　** 100,000원 × 150주 = 15,000,000원

Tax	현　금	3,000,000*	유가증권	150,000,000**
	유가증권처분손실	10,000,000		
	유출잉여금	6,000,000	공정감자이익	6,000,000***
			(불공정감자손실)	

　* 20,000원 × 150주 = 3,000,000원
　** 100,000원 × 150주 = 15,000,000원
　*** 공정감자시 법인주주 ㈜乙의 이익　　: 80,000원** × 150주 = 12,000,000원
　　　주식소각 후 법인주주 ㈜甲의 지분율：　　　　　　　× 400주/800주
　　　공정감자시 증가할 법인주주 ㈜乙의 이익 중　　　　6,000,000원
　　　법인주주 ㈜甲에게 이전된 이익

Adjustment	유출잉여금	6,000,000	공정감자이익	6,000,000
Tax-Adj	유출잉여금↓(순자산↓)	6,000,000	익　금↑(순자산↑)	6,000,000

　〈익금산입〉공정감자이익(불공정감자손실)　6,000,000·기타사외유출

(3) 불공정감자로 이익을 얻은 법인주주 ㈜甲의 세무처리

Book	없　음

Tax	유가증권	6,000,000	불공정감자이익	6,000,000*

　* 불공정감자시 법인주주 ㈜甲의 이익: 80,000원** × 200주 × 400주/800주 = 8,000,000원
　　법인주주 ㈜乙의 소각비율：　　　　　　　　　　　　　　　× 150주/200주
　　불공정감자로 인한 법인주주 ㈜甲의 이익 중　　　　　　　　6,000,000원
　　법인주주 ㈜乙의 소각으로 인해 발생한 부분
　** 감자주식 1주당 평가액 − 1주당 소각대가
　　= 100,000원 − 20,000원
　　= 80,000원

Adjustment	유가증권	6,000,000	불공정감자이익	6,000,000
Tax-Adj	자　산↑(순자산↑)	6,000,000	익　금↑(순자산↑)	6,000,000

　〈익금산입〉불공정감자이익　6,000,000·유보(유가증권)

II. 기능통화 도입기업의 과세표준 계산특례

1 규정

기업회계기준에 따라 원화 외의 통화를 기능통화로 채택하여 재무제표를 작성하는 내국법인의 과세표준 계산은 다음의 구분에 따른 방법(이하 "과세표준 계산방법"이라 함) 중 납세지 관할세무서장에게 신고한 방법에 따른다(법법 57① 전단).

① 원화 외의 기능통화를 채택하지 아니하였을 경우에 작성하여야 할 재무제표를 기준으로 과세표준을 계산하는 방법

> 원화재무제표 ─────〈세무조정〉───── → 원화과세표준

② 기능통화로 표시된 재무제표를 기준으로 과세표준을 계산한 후 이를 원화로 환산하는 방법

> 기능통화재무제표 ──〈세무조정〉── → 기능통화과세표준 ──〈환산〉── → 원화과세표준

③ 재무상태표 항목은 사업연도 종료일 현재의 환율, (포괄)손익계산서 항목은 해당 거래일 현재의 매매기준율 등(감가상각비, 퇴직급여충당금, 현재가치할인차금상당액 등 세법이 정하는 항목의 경우에는 평균환율)을 적용하여 원화로 환산한 재무제표를 기준으로 과세표준을 계산하는 방법

> 기능통화재무제표 ──〈환산〉── → 원화재무제표 ──〈세무조정〉── → 원화과세표준

다만, 최초로 위 ② 또는 ③의 과세표준 계산방법을 신고하여 적용하기 이전 사업연도의 소득에 대한 과세표준을 계산할 때에는 위 ①의 방법을 적용하여야 하며, 같은 연결집단에 속하는 연결법인은 같은 과세표준계산방법을 신고하여 적용하여야 한다(법법 57① 후단).

2 과세표준 계산방법의 변경

위 ② 또는 ③의 과세표준 계산방법을 신고하여 적용하는 법인은 기능통화의 변경, 과세표준 계산방법이 서로 다른 법인 간 합병(분할합병 포함), 과세표준 계산방법이 서로 다른 사업자의 사업을 인수한 경우 등 외에는 과세표준 계산방법을 변경할 수 없다(법법 57③, 법령 91의2②).

3 기능통화의 변경

위 ② 또는 ③의 과세표준 계산방법을 적용하는 법인이 기능통화를 변경하는 경우에는 기능통화를 변경하는 사업연도의 소득금액을 계산할 때 개별 자산·부채별로 다음 ①의 금액에서 ②의 금액을 뺀 금액을 익금에 산입하고 그 상당액을 일시상각충당금 또는 압축기장충당금으로 계상하여 손금에 산입하여야 한다. 손금에 산입한 일시상각충당금은 해당 사업용 자산의 감가상각비와 상계하고 처분

시에 상계 후 남은 잔액을 익금에 산입하며, 압축기장충당금은 해당 자산의 처분 시 전액 익금에 산입한다(법법 53의2③, 법령 91의3⑧).

① 변경 후 기능통화로 표시된 해당 사업연도의 개시일 현재 해당 자산·부채의 장부가액
② 변경 전 기능통화로 표시된 직전 사업연도의 종료일 현재 자산·부채의 장부가액에 해당 자산·부채의 취득일 또는 발생일의 환율을 적용하여 변경 후 기능통화로 표시한 금액

Ⅲ. 해외사업장의 과세표준 계산특례

 **규 정**

내국법인의 해외사업장의 과세표준 계산은 다음의 구분에 따른 방법(이하 "과세표준 계산방법"이라 함) 중 납세지 관할세무서장에게 신고한 방법에 따른다(법법 53의3① 전단).

① 해외사업장 재무제표를 원화 외의 기능통화를 채택하지 아니하였을 경우에 작성하여야 할 재무제표로 재작성하여 본점의 재무제표와 합산한 후 합산한 재무제표를 기준으로 과세표준을 계산하는 방법
② 해외사업장의 기능통화로 표시된 해외사업장 재무제표를 기준으로 과세표준을 계산한 후 이를 원화로 환산하여 본점의 과세표준과 합산하는 방법
③ 해외사업장의 재무제표에 대하여 재무상태표 항목은 사업연도 종료일 현재의 환율, (포괄)손익계산서 항목은 해당 거래일 현재의 매매기준율 등(감가상각비, 퇴직급여충당금, 현재가치할인차금상당액 등 세법이 정하는 항목의 경우에는 평균환율)을 적용하여 원화로 환산하고 본점 재무제표와 합산한 후 합산한 재무제표를 기준으로 과세표준을 계산하는 방법

다만, 최초로 위 ② 또는 ③의 과세표준 계산방법을 신고하여 적용하기 이전 사업연도의 소득에 대한 과세표준을 계산할 때에는 위 ①의 방법을 적용하여야 하며, 같은 연결집단에 속하는 연결법인은 같은 과세표준계산방법을 신고하여 적용하여야 한다(법법 53의3① 후단).

2 과세표준 계산방법의 변경

위 ② 또는 ③의 과세표준 계산방법을 신고하여 적용하는 법인은 과세표준 계산방법이 서로 다른 법인 간 합병(분할합병 포함)이나 과세표준 계산방법이 서로 다른 사업자의 사업을 인수하는 경우 외에는 과세표준 계산방법을 변경할 수 없다(법법 53의3②, 법령 91의4).

조세법령 확인을 통해 기본개념 익히기

※ 다음 법인세 관련 조세법령의 빈 칸을 채우시오.

1. 법인세법 제52조 【부당행위계산의 부인】

    ① 납세지 관할 세무서장 또는 관할지방국세청장은 내국법인의 행위 또는 소득금액의 계산이 □□□□인과의 거래로 인하여 그 법인의 소득에 대한 조세의 부담을 □□하게 □□시킨 것으로 □□되는 경우에는 그 법인의 □□ 또는 소득금액의 □□(이하 "부당행위계산"이라 한다)과 관계없이 그 법인의 각 사업연도의 소득금액을 계산한다.

    ② 제1항을 적용할 때에는 건전한 사회 통념 및 상거래 관행과 특수관계인이 아닌 자 간의 정상적인 거래에서 적용되거나 적용될 것으로 판단되는 가격(요율·이자율·임대료 및 교환 비율과 그 밖에 이에 준하는 것을 포함하며, 이하 "□□"라 한다)을 기준으로 한다.

    ③ 내국법인은 대통령령으로 정하는 바에 따라 각 사업연도에 특수관계인과 거래한 내용에 관한 명세서를 납세지 관할 세무서장에게 제출하여야 한다.

    ④ 제1항부터 제3항까지의 규정을 적용할 때 부당행위계산의 유형 및 시가의 산정 등에 필요한 사항은 대통령령으로 정한다.

    ① 특수관계, 부당, 감소, 인정, 행위, 계산
    ② 시가

제19절 소득금액 계산의 특례

2. 법인세법 시행령 제88조【부당행위계산의 유형 등】

① 법 제52조 제1항에서 "조세의 부담을 부당하게 감소시킨 것으로 인정되는 경우"란 다음 각 호의 어느 하나에 해당하는 경우를 말한다.

1. 자산을 시가보다 □□ 가액으로 매입 또는 현물출자받았거나 그 자산을 과대상각한 경우
2. 무수익 자산을 매입 또는 현물출자받았거나 그 자산에 대한 비용을 부담한 경우
3. 자산을 무상 또는 시가보다 □□ 가액으로 양도 또는 현물출자한 경우. 다만, 제19조 제19호의 2 각 목 외의 부분에 해당하는 주식매수선택권등의 행사 또는 지급에 따라 주식을 양도하는 경우는 제외한다.
3의 2. 특수관계인인 법인 간 합병(분할합병을 포함한다)·분할에 있어서 불공정한 비율로 합병·분할하여 합병·분할에 따른 양도손익을 감소시킨 경우. 다만, 「자본시장과 금융투자업에 관한 법률」 제165조의 4에 따라 합병(분할합병을 포함한다)·분할하는 경우는 제외한다.
4. 불량자산을 □□하거나 불량채권을 □□한 경우
5. 출연금을 대신 □□한 경우
6. 금전, 그 밖의 자산 또는 용역을 무상 또는 시가보다 □□ 이율·요율이나 임대료로 대부하거나 제공한 경우. 다만, 다음 각 목의 어느 하나에 해당하는 경우는 제외한다.
   가. 제19조 제19호의 2 각 목 외의 부분에 해당하는 주식매수선택권등의 행사 또는 지급에 따라 금전을 제공하는 경우
   나. 주주등이나 출연자가 □□ 임원(소액주주등인 임원을 포함한다) 및 직원에게 사택(기획재정부령으로 정하는 임차사택을 포함한다)을 제공하는 경우
   다. 법 제76조의8에 따른 연결납세방식을 적용받는 연결법인 간에 연결법인세액의 변동이 없는 등 기획재정부령으로 정하는 요건을 충족하여 용역을 제공하는 경우
7. 금전, 그 밖의 자산 또는 용역을 시가보다 □□ 이율·요율이나 임차료로 차용하거나 제공받은 경우. 다만, 법 제76조의8에 따른 연결납세방식을 적용받는 연결법인 간에 연결법인세액의 변동이 없는 등 기획재정부령으로 정하는 요건을 충족하여 용역을 제공받은 경우는 제외한다.
7의 2. 기획재정부령으로 정하는 파생상품에 근거한 권리를 행사하지 아니하거나 그 행사기간을 조정하는 등의 방법으로 이익을 분여하는 경우
8. 다음 각 목의 어느 하나에 해당하는 □□거래로 인하여 주주등(소액주주등은 제외한다. 이하 이 조에서 같다)인 법인이 특수관계인인 다른 주주 등에게 이익을 분여한 경우
   가. 특수관계인인 법인간의 합병(분할합병을 포함한다)에 있어서 주식등을 시가보다 높거나 낮게 평가하여 □□□□ 비율로 합병한 경우. 다만, 「자본시장과 금융투자업에 관한 법률」 제165조의 4에 따라 합병(분할합병을 포함한다)하는 경우는 제외한다.
   나. 법인의 자본(출자액을 포함한다)을 증가시키는 거래에 있어서 신주(전환사채·신주인수권부사채 또는 교환사채 등을 포함한다. 이하 이 목에서 같다)를 배정·인수받을 수 있는 권리의 전부 또는 일부를 □□(그 포기한 신주가 「자본시장과 금융투자업에 관한 법률」 제9조 제7항에 따른 모집방법으로 배정되는 경우를 제외한다)하거나 신주를 시가보다 □□ 가액으로 인수하는 경우
   다. 법인의 감자에 있어서 주주 등의 소유주식 등의 □□에 의하지 아니하고 일부 주주 등의 주식 등을 소각하는 경우
8의 2. 제8호 외의 경우로서 증자·감자, 합병(분할합병을 포함한다)·분할, 「상속세 및 증여세법」 제40조 제1항에 따른 전환사채등에 의한 주식의 전환·인수·교환 등 □□거래를 통해 법인의 이익을 분여하였다고 인정되는 경우. 다만, 제19조 제19호의 2 각 목 외의 부분에 해당하는 주식매수선택권등 중 주식매수선택권의 행사에 따라 주식을 발행하는 경우는 제외한다.
9. 그 밖에 제1호부터 제3호까지, 제3호의 2, 제4호부터 제7호까지, 제7호의 2, 제8호 및 제8호의 2에 준하는

행위 또는 계산 및 그외에 법인의 이익을 분여하였다고 인정되는 경우

② 제1항의 규정은 그 □□□□를 기준으로 하여 당해 법인과 특수관계인 간의 거래(특수관계인 외의 자를 통하여 이루어진 거래를 포함한다)에 대하여 이를 적용한다. 다만, 제1항 제8호 가목의 규정을 적용함에 있어서 특수관계인인 법인의 판정은 합병등기일이 속하는 사업연도의 직전사업연도의 □□일(그 개시일이 서로 다른 법인이 합병한 경우에는 먼저 개시한 날을 말한다)부터 합병□□일까지의 기간에 의한다.

③ 제1항 제1호·제3호·제6호·제7호 및 제9호(제1항 제1호·제3호·제6호 및 제7호에 준하는 행위 또는 계산에 한한다)는 시가와 거래가액의 차액이 □억원 이상이거나 시가의 100분의 □에 상당하는 금액 이상인 경우에 한하여 적용한다.

④ 제3항은 주권상장법인이 발행한 주식을 거래한 경우에는 적용하지 않는다.

해설과 해답

① 높은, 낮은, 차환, 양수, 부담, 낮은, 아닌, 높은, 자본, 불공정한, 포기, 높은, 비율, 자본
② 행위당시, 개시, 등기
③ 3, 5

3. 법인세법 시행령 제89조【시가의 범위 등】

① 법 제52조 제2항을 적용할 때 해당 거래와 유사한 상황에서 해당 법인이 특수관계인 외의 □□□□□과 계속적으로 거래한 가격 또는 특수관계인이 아닌 □□□간에 일반적으로 거래된 가격이 있는 경우에는 그 가격에 따른다. 다만, 주권상장법인이 발행한 주식을 다음 각 호의 어느 하나에 해당하는 방법으로 거래한 경우 해당 주식의 시가는 그 거래일의 「자본시장과 금융투자업에 관한 법률」제8조의2제2항에 따른 거래소(이하 "거래소"라 한다) □□□□가액(거래소가 휴장 중에 거래한 경우에는 그 거래일의 직전 최종시세가액)으로 하되, 기획재정부령으로 정하는 바에 따라 사실상 경영권의 이전이 수반되는 경우(해당 주식이 「상속세 및 증여세법 시행령」 제53조 제8항 각 호의 어느 하나에 해당하는 주식인 경우는 제외한다)에는 그 가액의 100분의 20을 가산한다.
  1. 「자본시장과 금융투자업에 관한 법률」제8조의2제4항제1호에 따른 증권시장 외에서 거래하는 방법
  2. 대량매매 등 기획재정부령으로 정하는 방법

② 법 제52조 제2항을 적용할 때 시가가 불분명한 경우에는 다음 각 호를 차례로 적용하여 계산한 금액에 따른다.
  1. 「감정평가 및 감정평가사에 관한 법률」에 따른 □□□□법인등이 감정한 가액이 있는 경우 그 가액(감정한 가액이 2 이상인 경우에는 그 감정한 가액의 평균액). 다만, □□등 및 가산자산은 제외한다.
  2. 「상속세 및 증여세법」 제38조·제39조·제39조의 2·제39조의 3, 제61조부터 제66조까지의 규정을 준용하여 평가한 가액. 이 경우 「상속세 및 증여세법」 제63조 제1항 제1호 나목 및 같은 법 시행령 제54조에 따라 비상장주식을 평가할 때 해당 비상장주식을 발행한 법인이 보유한 주식(주권상장법인이 발행한 주식으로 한정한다)의 평가금액은 □□□□일의 거래소 □□□□가액으로 하며, 「상속세 및 증여세법」 제63조 제2항 제1호·제2호 및 같은 법 시행령 제57조 제1항·제2항을 준용할 때 "직전 □개월(증여세가 부과되는 주식등의 경우에는 □개월로 한다)"은 각각 "직전 6개월"로 본다.

③ 제88조 제1항 제6호 및 제7호에 따른 금전의 대여 또는 차용의 경우에는 제1항 및 제2항에도 불구하고 기획재정부령으로 정하는 □□□□□□이자율(이하 "가중평균차입이자율"이라 한다)을 시가로 한다. 다만, 다음 각 호의 경우에는 해당 각 호의 구분에 따라 기획재정부령으로 정하는 □□□□□□율(이하 "당좌대출이자율"이라 한다)을 시가로 한다.
  1. 가중평균차입이자율의 적용이 불가능한 경우로서 기획재정부령으로 정하는 사유가 있는 경우: 해당 대여금 또는 차입금에 한정하여 당좌대출이자율을 시가로 한다.
  1의 2. 대여기간이 5년을 초과하는 대여금이 있는 경우 등 기획재정부령으로 정하는 경우 : 해당 대여금 또는 차입금에 한정하여 당좌대출이자율을 시가로 한다.
  2. 해당 법인이 법 제60조에 따른 신고와 함께 기획재정부령으로 정하는 바에 따라 당좌대출이자율을 시가로 선택하는 경우: 당좌대출이자율을 시가로 하여 선택한 사업연도와 이후 2개 사업연도는 당좌대출이자율을 시가로 한다.

④ 제88조 제1항 제6호 및 제7호의 규정에 따른 자산(□□을 제외한다) 또는 용역의 제공할 때 제1항 및 제2항을 적용할 수 없는 경우에는 다음 각 호에 따라 계산한 금액을 시가로 한다.
  1. 유형 또는 무형의 자산을 제공하거나 제공받는 경우에는 당해 자산 시가의 100분의 □□에 상당하는 금액에서 그 자산의 제공과 관련하여 받은 전세금 또는 보증금을 차감한 금액에 □□□□이자율을 곱하여 산출한 금액
  2. 건설 기타 용역을 제공하거나 제공받는 경우에는 당해 용역의 제공에 소요된 금액(직접비 및 간접비를 포함하며, 이하 이 호에서 "원가"라 한다)과 원가에 해당 사업연도 중 특수관계인 외의 자에게 제공한 유사한 용역제공거래 또는 특수관계인이 아닌 제3자간의 일반적인 용역제공거래를 할 때의 □□률(기업회계기준에 따라 계산한 매출액에서 원가를 차감한 금액을 원가로 나눈 율을 말한다)을 곱하여 계산한 금액을 합한 금액

⑤ 제88조의 규정에 의한 부당행위계산에 해당하는 경우에는 법 제52조 제1항의 규정에 의하여 제1항 내지 제4항의 규정에 의한 시가와의 차액 등을 익금에 산입하여 당해 법인의 각 사업연도의 소득금액을 계산한다. 다만, 기획재정부령이 정하는 금전의 대여에 대하여는 이를 적용하지 아니한다.

⑥ 제88조 제1항 제8호 및 제8호의 2의 규정에 의하여 특수관계인에게 이익을 분여한 경우 제5항의 규정에 의하여 익금에 산입할 금액의 계산에 관하여는 그 유형에 따라 「상속세 및 증여세법」 제38조·제39조·제39조의 2·제39조의 3·제40조·제42조의 2와 같은 법 시행령 제28조 제3항부터 제7항까지, 제29조 제2항, 제29조의 2 제1항·제2항, 제29조의 3 제1항, 제30조 제5항 및 제32조의 2의 규정을 준용한다. 이 경우 "대주주" 및 "특수관계인"은 이 영에 의한"특수관계인"으로 보고, "이익" 및 "대통령령으로 정하는 이익"은 "특수관계인에게 분여한 이익"으로 본다.

해설과 해답

① 불특정다수인, 제3자, 최종시세
② 감정평가, 주식, 평가기준, 최종시세, 6, 3
③ 가중평균차입, 당좌대출이자
④ 금전, 50, 정기예금, 유사, 수익

제19절 소득금액 계산의 특례

exercise

01 법인세법령상 조세의 부담을 부당하게 감소시킨 것으로 인정되는 경우(부당행위계산)에 해당하지 않는 것은? (단, 다른 요건은 모두 충족된 것으로 본다) [국가직 9급 2023]

① 특수관계인인 법인 간 분할에 있어서 불공정한 비율로 분할하여 분할에 따른 양도손익을 감소시킨 경우(다만, 「자본시장과 금융투자업에 관한 법률」 제165조의4에 따라 분할하는 경우는 제외)
② 출연금을 대신 부담한 경우
③ 금전을 시가보다 낮은 이율로 차용한 경우
④ 불량자산을 차환하거나 불량채권을 양수한 경우

> 해설 금전을 시가보다 높은 이율로 차용한 경우 부당행위계산부인에 해당한다

해답 ③

02 법인세법상 부당행위계산의 부인에 관한 설명으로 옳은 것은? [회계사 2017 수정]

① 주권상장법인이 발행주식총수의 100분의 10의 범위에서 「상법」에 따라 부여한 주식매수선택권의 행사로 주식을 시가보다 낮은 가액으로 양도한 경우에는 조세의 부담을 부당하게 감소시킨 것으로 보지 아니한다.
② 중소기업이 아닌 법인이 사용인에게 주택자금을 무상으로 대여한 경우에는 부당행위계산의 부인 규정이 적용되지 아니한다.
③ 토지의 시가가 불분명한 경우로 「부동산가격공시 및 감정평가에 관한 법률」에 의한 감정평가법인이 감정한 가액이 2 이상인 경우에는 그 중 가장 큰 금액으로 평가한다.
④ 금전, 그 밖의 자산 또는 용역을 무상 또는 시가보다 낮은 이율·요율이나 임대료로 대부하거나 제공한 경우에는 시가와 거래가액의 차액에 관계 없이 부당행위계산의 부인 규정을 적용한다.
⑤ 특수관계인에 대한 금전 대여의 경우 원칙적으로 당좌대출이자율을 시가로 한다.

> 해설
> ② 중소기업이 아닌 법인이 사용인에게 주택자금을 무상으로 대여한 경우에는 부당행위계산의 부인 규정이 적용된다.
> ③ 토지의 시가가 불분명한 경우로「부동산가격공시 및 감정평가에 관한 법률」에 의한 감정평가법인이 감정한 가액이 2 이상인 경우에는 그 감정한 가액의 평균액으로 평가한다.
> ④ 금전, 그 밖의 자산 또는 용역을 무상 또는 시가보다 낮은 이율·요율이나 임대료로 대부하거나 제공한 경우에는 시가와 거래가액의 차액이 3억원 이상이거나 시가의 5%에 상당하는 금액 이상인 경우에 한하여 부당행위계산의 부인규정을 적용한다.
> ⑤ 특수관계인에 대한 금전 대여의 경우 원칙적으로 가중평균차입이자율을 시가로 한다.

해답 ①

03 법인세법상 부당행위계산의 부인에 관한 설명으로 옳지 않은 것은? [세무사 2019]

① 내국법인의 행위 또는 소득금액의 계산이 특수관계인과의 거래로 인하여 그 법인의 소득에 대한 조세의 부담을 부당하게 감소시킨 것으로 인정되는 경우에는 그 법인의 행위 또는 소득금액의 계산과 관계 없이 그 법인의 각 사업연도의 소득금액을 계산한다.
② 부당행위계산에 있어서의 시가란 건전한 사회통념 및 상관행과 특수관계인이 아닌 자간의 정상적 거래에서 적용되거나 적용될 것으로 판단되는 가격을 말한다.
③ 토지의 시가가 불분명한 경우로 「감정평가 및 감정평가사에 관한 법률」에 의한 감정평가업자가 감정한 가액이 2 이상인 경우에는 그 감정한 가액의 평균액을 적용한다.
④ 특수관계인에 대한 금전 대여의 경우 대여기간이 5년을 초과하는 대여금이 있으면 해당 대여금에 한정하여 가중평균차입이자율을 시가로 한다.
⑤ 특수관계인에게 자산을 무상 또는 시가보다 낮은 가액으로 양도하는 경우에는 시가와 거래가액의 차액이 3억원 이상이거나 시가의 100분의 5에 상당하는 금액 이상인 경우에 한하여 부당행위계산의 부인규정을 적용한다.

> **해설** 특수관계인에 대한 금전 대여의 경우 대여기간이 5년을 초과하는 대여금이 있으면 해당 대여금에 한정하여 당좌대출이자율을 시가로 한다.
>
> **해답** ④

04 법인세법상 특수관계인 간 부당행위계산의 부인과 관련된 설명이다. 옳지 않은 것은? [회계사 2020]

① 주식을 제외한 자산의 시가가 불분명한 경우 감정평가업자의 감정가액이 있으면 그 가액을 적용하며, 감정한 가액이 2 이상인 경우에는 감정가액의 평균액을 적용한다.
② 금전의 대여 또는 차용의 경우 해당 법인이 법인세 과세표준신고와 함께 기획재정부령이 정하는 당좌대출이자율을 선택한 경우 선택한 사업연도와 이후 2개 사업연도는 당좌대출이자율을 시가로 한다.
③ 기계를 임대하고 임대료를 계산할 때 당해 자산의 시가에서 그 자산의 제공과 관련하여 받은 보증금을 차감한 금액에 정기예금이자율을 곱하여 산출한 금액을 시가로 한다.
④ 출연금을 대신 부담한 경우 부당행위계산 부인의 규정은 그 행위 당시를 기준으로 하여 당해 법인과 특수관계인 간의 거래에 대하여 적용한다.
⑤ 건물을 시가보다 높은 가격으로 매입하는 경우 시가와 거래가액의 차액이 3억원 이상이거나 시가의 100분의 5에 상당하는 금액 이상인 경우에 한하여 부당행위계산 부인의 규정을 적용한다.

> **해설** 부동산 등을 임대하거나 임차함에 있어서 시가가 불분명한 경우에는 해당 자산시가의 100분의 50에 상당하는 금액에서 그 자산의 제공과 관련하여 받은 전세금 또는 보증금을 차감한 금액에 정기예금이자율을 곱하여 산출한 금액을 시가로 한다.
>
> **해답** ③

05
영리내국법인 ㈜A(중소기업 아님)의 제24기(2025.1.1.~12.31.) 거래이다. 부당행위계산의 부인과 관련하여 제24기에 세무조정이 필요하지 않은 경우는? [단, 甲, 乙, 丙, 丁은 모두 거주자이며, ㈜A의 가중평균차입이자율은 5%임] [세무사 2014 수정]

① 2025.2.1. ㈜A의 경리부장 甲으로부터 시가 2억원인 ㈜B의 주식을 3억원에 매입한 경우
② 2025.1.1. ㈜A의 출자임원(지분율 1%) 乙에게 3년간 주택매입자금 3억원을 무상으로 대여해준 경우
③ ㈜A의 소액주주가 아닌 출자임원인 丙이 사용하는 사택의 연간 유지비 1억원을 ㈜A가 2025년도 말 현재까지 전액 부담하고 있는 경우
④ 2025.3.5. ㈜A의 주주 丁(지분율 2%)에게 시가 30억원인 토지를 29억원에 매각한 경우
⑤ ㈜A의 발행주식의 30%를 출자하고 있는 내국법인 ㈜C에게 2025.4.1. 운영자금 10억원을 3년간 무상으로 대여해준 경우

해설

1. 부당행위계산의 부인의 판단(④)
   3,000,000,000원−2,900,000,000원=100,000,000원
   ≤MIN(3,000,000,000원×5%=150,000,000원, 300,000,000원)=150,000,000원
   ∴ 시가와 대가의 차액이 시가의 5%보다 작으므로 부당행위계산의 부인규정이 적용되지 않음

2. ①, ②, ③, ⑤ : 부당행위계산의 부인규정이 적용되어 세무조정이 필요함
   ① 특수관계인으로부터 자산을 시가보다 높은 가액으로 매입한 경우
   ② 특수관계인에게 금전을 무상으로 대부하거나 제공한 경우
   ③ 소액주주가 아닌 출자임원에 대한 사택유지비용을 부담한 경우
   ⑤ 특수관계인에게 금전을 무상으로 대부하거나 제공한 경우

해답 ④

06 제조업을 영위하는 영리내국법인 ㈜A의 제24기(2025.1.1.~12.31.) 자료이다. 전기와 당기의 토지관련 세무조정으로 옳은 것은? [회계사 2021 수정]

> (1) ㈜A는 공장을 증축하기 위하여 특수관계인 갑이 소유한 토지를 2024년 5월 6일에 30,000,000원(시가 20,000,000원)에 취득하고 다음과 같이 회계처리하였다.
>
> (차) 토 지 30,000,000원 (대) 현 금 15,000,000원
> (대) 미 지 급 금 15,000,000원
>
> (2) ㈜A는 당기에 토지 취득 미지급금을 전액 지급하고, 미지급금 감소로 회계처리하였다.

	제23기			제24기		
①	손금산입	10,000,000원	(△유보)	손금산입	10,000,000원	(△유보)
	익금산입	10,000,000원	(유보)	익금산입	10,000,000원	기타사외유출
②	손금산입	10,000,000원	(△유보)	익금산입	10,000,000원	(유보)
	익금산입	10,000,000원	(상여)			
③	익금산입	10,000,000원	(배당)	손금산입	10,000,000원	(△유보)
④	익금산입	10,000,000원	(배당)	익금산입	10,000,000원	기타사외유출
⑤	세무조정 없음			세무조정 없음		

1. 전기 세무조정
   (1) 기업회계상 분개

(차) 토 지	30,000,000	(대) 현 금	15,000,000원
		미 지 급 금	15,000,000원

   (2) 세무상 분개(가정)

(차) 토 지	20,000,000	(대) 현 금	15,000,000원
		미 지 급 금	5,000,000원

   (3) 세무조정
   〈손금산입〉 토 지 10,000,000원 (△유보)
   〈익금산입〉 미지급금 10,000,000원 (유보)

2. 당기 세무조정
   (1) 기업회계상 분개

(차) 미 지 급 금	15,000,000원	(대) 현 금	15,000,000원

   (2) 세무상 분개(가정)

(차) 미 지 급 금	5,000,000원	(대) 현 금	15,000,000원
사 외 유 출	10,000,000원		

   (3) 세무조정
   〈손금산입〉 미지급금 10,000,000원 (△유보)
   〈손금불산입〉 부당행위계산부인 10,000,000원 (기타사외유출)

 ①

제19절 소득금액 계산의 특례

07 건설업을 영위하는 영리내국법인 ㈜A의 제24기(2025.1.1.~12.31.) 자료이다. 사택 임대 및 건설용역 제공과 관련된 세무조정이 제24기 각 사업연도 소득금액에 미치는 순영향으로 옳은 것은? [회계사 2022]

(1) 사택 임대
  ① ㈜A는 출자임원(소액주주 아님)인 갑에게 사택을 임대(임대기간: 2024.1.1.~2026.12.31.)하고 보증금 100,000,000원을 임대개시일에 수령하였으며, 약정에 의해 수령한 연간 임대료 총액 2,000,000원을 손익계산서상 수익으로 계상하였다.
  ② 사택 제공에 대한 임대료의 시가는 불분명하나 사택의 시가는 400,000,000원으로 확인된다.
  ③ 기획재정부령으로 정하는 정기예금이자율은 3%로 가정한다.
(2) 건설용역 제공
  ① ㈜A는 특수관계인인 ㈜B에게 건설용역(계약기간: 2025.3.1.~2025.10.31.)을 제공하고 받은 용역대가 240,000,000원을 매출로 계상하였으며, 해당 용역의 원가 200,000,000원을 매출원가로 계상하였다.
  ② 동 건설용역의 시가는 불분명하며, ㈜A가 당기 중 특수관계인이 아닌 자에게 제공한 유사용역의 매출액은 500,000,000원, 매출원가는 400,000,000원이다.

① 0원   ② (+) 1,000,000원   ③ (+) 7,000,000원
④ (+)11,000,000원   ⑤ (+)17,000,000원

1. 사택임대
   (1) 시 가 : (400,000,000원×50%-100,000,000원)×3%=3,000,000원
   (2) 시가와 실제임대료와의 차이 : 2,000,000원-3,000,000원=1,000,000원
   (3) 현저한 이익에 해당하는지 여부 : 현저한 이익에 해당함
       1,000,000원≥MIN(3,000,000×5%=150,000원, 300,000,000원)=150,000원
   (4) 세무조정 : 〈익금산입〉 부당행위계산부인 1,000,000원 (상여)

2. 건설용역 제공
   (1) 시 가 : 200,000,000원×(1+25%*)=250,000,000원
       * 유사용역 원가이익률 : $\dfrac{500,000,000원-400,000,000원}{400,000,000원}=25\%$
   (2) 시가와 실제임대료와의 차이 : 240,000,000원-250,000,000원=10,000,000원
   (3) 현저한 이익에 해당하는지 여부 : 해당하지 않음
       10,000,000원<MIN(250,000,000×5%=12,500,000원, 300,000,000원)=12,500,000원
   (4) 세무조정 : 세무조정 없음

3. 각 사업연도 소득금액에 미치는 순영향 : 1,000,000원

해답 ②

08 제조업을 영위하는 영리내국법인 (주)A의 제24기(2025.1.1.~12.31.)에 대한 자료가 다음과 같을 경우 법인세법령상 부당행위계산과 관련한 제24기 사업연도 익금산입 세무조정 금액은? (단, 계산 시 원 미만은 절사하며, 주어진 자료 이외에는 고려하지 않음) [세무사 2023 수정]

(1) ㈜A가 임원에게 업무와 관련 없이 대여한 자금(가지급금) 내역 (단위: 원)

구 분	금 액	대여일 및 대여기간	제24기 약정이자 수취액 (결산상 이자수익 계상)
대표이사	50,000,000	2025.7.1.부터 1년	500,000
전무이사	40,000,000	2025.5.1.부터 2년	800,000
상무이사	30,000,000	2025.4.1.부터 7년	-

(2) 기획재정부령이 정하는 당좌대출이자율은 연 3%로 가정한다.
(3) ㈜A는 과세표준 신고 시 당좌대출이자율을 금전의 대여에 대한 시가로 선택하였다.
(4) 1년은 365일로 가정한다.

① 934,246원   ② 1,295,890원   ③ 1,434,246원
④ 2,239,725원   ⑤ 2,601,369원

 1. 가지급금 인정이자의 계산
  (1) 대표이사 : 50,000,000원 × $\frac{184일}{365일}$ × 3% = 756,164원
  (2) 전무이사 : 40,000,000원 × $\frac{245일}{365일}$ × 3% = 805,479원
  (3) 상무이사 : 30,000,000원 × $\frac{275일}{365일}$ × 3% = 678,082원

2. 세무조정
  (1) 대표이사 : 〈익금산입〉 가지급금 인정이자 256,164원* (기타사외유출)
      * (756,164원 − 500,000원) = 256,164원 ≥ MIN(756,164원 × 5%, 300,000,000원) = 37,808원
  (2) 전무이사 : 세무조정 없음**
      ** (805,479원 − 800,000원) = 5,479원 < MIN(805,479원 × 5%, 300,000,000원) = 40,273원
  (3) 상무이사 : 〈익금산입〉 가지급금 인정이자 678,082원*** (상여)
      *** 678,082원 ≥ MIN(678,082원 × 5%, 300,000,000원) = 33,904원

3. 익금산입액 : 256,164원 + 678,082원 = 934,246원

 ①

제19절 소득금액 계산의 특례

09 다음 자료에 의하여 ㈜A의 제24기 사업연도(2025.1.1.~12.31.)의 가지급금 인정이자에 대한 세무조정으로 옳은 것은?

1. 이자비용 및 차입금 관련 자료
   (포괄)손익계산서상 이자비용 내역은 다음과 같고, 차입금은 연중 변함이 없다.

구 분	이 자 율	이자비용	차입금
회사채	연 9%	2,160,000원	24,000,000원
차입금(A)	연 7%	9,100,000원	130,000,000원
차입금(B)	연 5%	5,000,000원	100,000,000원
합 계		16,260,000원	254,000,000원

2. 특수관계인에 대한 대여금의 내역은 다음과 같다.
   ① 관계회사에 대한 대여금(약정 있음) : 12,000,000원(적수 : 4,380,000,000원)
   ② 대표이사에 대한 대여금(약정 있음) : 16,000,000원(적수 : 5,840,000,000원)
3. ㈜A는 금전소비대차계약에 의하여 관계회사로부터는 480,000원, 대표이사로부터는 640,000원의 이자를 수령하였다.
4. 가중평균차입이자율 계산 시 소수점 둘째자리에서 반올림한다. (예: 10.21%→10.2%)
5. 당좌대출이자율은 7%(가정)이다.
6. ㈜A는 가지급금 인정이자에 대한 세무조정시 가중평균차입이자율과 당좌대출이자율 중 낮은 이자율을 적용할 예정이다.

① 가지급금인정이자 288,000원 (기타사외유출), 가지급금인정이자 384,000원 (상여)
② 가지급금인정이자 672,000원 (상여)
③ 가지급금인정이자 672,000원 (기타사외유출)
④ 가지급금인정이자 8,000,000원 (기타사외유출)
⑤ 익금에 산입할 가지급금 등의 인정이자가 없다.

해설

1. 가중평균이자율의 계산
$$\frac{24,000,000원 \times 9\% + 130,000,000원 \times 7\% + 100,000,000원 \times 5\%}{24,000,000원 + 130,000,000원 + 100,000,000원} = 6.4\%$$

2. 가지급금 인정이자의 계산
   (1) 관계회사 : $4,380,000,000원 \times \frac{1}{365일} \times 6.4\% = 768,000원$
   (2) 대표이사 : $5,840,000,000원 \times \frac{1}{365일} \times 6.4\% = 1,024,000원$

3. 세무조정
   (1) 관계회사 : 〈익금산입〉 가지급금 인정이자 288,000원* (기타사외유출)
      * (768,000원−480,000원)=288,000원≥MIN(768,000원×5%, 300,000,000원)=38,400원
   (2) 대표이사 : 〈익금산입〉 가지급금 인정이자 384,000원** (상여)
      ** (1,024,000원−640,000원)=384,000원≥MIN(1,024,000원×5%, 300,000,000원)=51,200원

해답 ①

10 다음의 자료를 이용하여 법인주주 갑과 법인주주 을이 행할 세무조정 및 소득처분으로 옳은 것은?
[회계사 2015]

(1) 비상장 영리내국법인 ㈜A는 특수관계에 있는 비상장 영리내국법인 ㈜B를 적격 흡수합병하였다.
(2) 합병직전 ㈜A와 ㈜B의 발행주식 현황은 다음과 같다.

구 분	1주당 평가액	발행주식총수
㈜A	40,000원	40,000주
㈜B	10,000원	20,000주

(3) ㈜A는 ㈜B의 주주에게 ㈜B의 주식 2주당 ㈜A의 주식 1주를 교부하였다.
(4) 합병직전 ㈜A의 법인주주 갑(지분율 40%)과 ㈜B의 법인주주 을(지분율 20%)은 특수관계인에 해당한다.

	법인주주 갑	법인주주 을
① 〈익금산입〉	6,400,000원 (유 보)	〈익금산입〉 6,400,000원 (기타사외유출)
② 〈익금산입〉	12,800,000원 (기타사외유출)	〈익금산입〉 12,800,000원 (유 보)
③ 〈익금산입〉	12,800,000원 (유 보)	〈익금산입〉 12,800,000원 (기타사외유출)
④ 〈익금산입〉	25,600,000원 (기타사외유출)	〈익금산입〉 25,600,000원 (유 보)
⑤ 〈익금산입〉	25,600,000원 (유 보)	〈익금산입〉 25,600,000원 (기타사외유출)

1. 현저한 이익에 해당하는지 여부 : 현저한 이익 요건을 충족함
   (36,000원* − 20,000원)=16,000원≥(36,000원*×30%)=10,800원

   $$* \frac{40{,}000주 \times 40{,}000원 + 10{,}000주 \times 20{,}000원}{40{,}000주 + 10{,}000주} = 36{,}000원$$

2. 분여이익 : 16,000원×2,000주×40%=12,800,000원

3. 세무조정
   갑 : 〈익금산입〉 부당행위계산부인 12,800,000원 (기타사외유출)
   을 : 〈익금산입〉 투 자 주 식 12,800,000원 (유보)

 ②

11 비상장법인인 내국법인 ㈜A가 제24기 사업연도(2025.1.1.~12.31.)에 실시한 증자와 관련한 자료가 다음과 같을 때, 해당 증자와 관련한 ㈜갑과 ㈜을의 세무조정과 소득처분으로 옳은 것은?

[회계사 2010]

(1) ㈜A는 증자를 위해 20,000주의 신주를 발행하기로 결의하고 주주들에게 지분비율대로 배정했으나, ㈜을과 ㈜정이 신주인수권을 포기하여 이를 다음과 같이 ㈜갑과 ㈜병에게 재배정하였다.

주 주	증자 전	신주 배정	추가 배정	증자 후
㈜갑	40,000주	10,000주	6,000주	56,000주
㈜을	20,000주	포기	–	20,000주
㈜병	10,000주	2,500주	1,500주	14,000주
㈜정	10,000주	포기	–	10,000주
합계	80,000주	12,500주	7,500주	100,000주

(2) ㈜갑은 ㈜을과 ㈜정의 주식을 각각 1%와 1.5%씩 보유하고 있고, ㈜병은 ㈜을과 ㈜정의 주식을 각각 0.5%와 1%씩 보유하고 있다. 2025년에는 동 지분율들이 변동하지 않았다.

(3) ㈜A의 증자 전 1주당 평가액은 40,000원이고, 증자시 발행되는 신주 1주당 인수가액은 20,000원으로 책정되었다.

① ㈜갑 : 〈익금산입〉 96,000,000 (유보)
　㈜을 : 〈익금산입〉 64,000,000 (기타사외유출)

② ㈜갑 : 〈익금산입〉 32,000,000 (유보)
　㈜을 : 세무조정 없음

③ ㈜갑 : 〈익금산입〉 96,000,000 (유보)
　㈜을 : 〈익금산입〉 80,000,000 (기타사외유출)

④ ㈜갑 : 〈익금산입〉 64,000,000 (유보)
　㈜을 : 〈익금산입〉 64,000,000 (기타사외유출)

⑤ ㈜갑 : 〈익금산입〉 32,000,000 (기타사외유출)
　㈜을 : 세무조정 없음

해설

1. 현저한 이익에 해당하는지 여부 : 재배정은 현저한 이익요건과 무관함

2. 신주 1주당 평가액
$$\frac{80,000주 \times 40,000원 + 20,000주 \times 20,000원}{80,000주 + 20,000주} = 36,000원$$

3. ㈜갑이 ㈜을과 ㈜정으로부터 분여받은 이익
(36,000원 - 20,000원) × 6,000주 = 96,000,000원

4. ㈜을이 ㈜갑에게 공여한 이익
(36,000원 - 20,000원) × 5,000주 × $\frac{6,000주}{7,500주}$ = 64,000,000원

5. 세무조정
㈜갑 : 〈익금산입〉 투 자 주 식 96,000,000원 (유보)
㈜을 : 〈익금산입〉 부당행위계산부인 64,000,000원 (기타사외유출)

해답 ①

제20절 과세표준과 산출세액

Ⅰ. 과세표준　　　　　　　　　Ⅱ. 산출세액

Ⅰ. 과세표준

 과세표준의 계산구조

과세표준은 각 사업연도 소득금액에서 이월결손금·비과세소득·소득공제를 차감한 금액으로 하는데, 이를 도식화하면 다음과 같다.

```
    각 사 업 연 도 소 득 금 액
(-) 이   월   결   손   금      15년 이내에 개시한 사업연도에 발생한 이월결손금*
(-) 비   과   세   소   득      공익신탁의 신탁재산에서 생긴 소득 등(미공제시 소멸됨)
(-) 소       득       공      제   유동화전문회사 등에 대한 소득공제 등(미공제시 소멸됨)
    과       세       표      준
```

* 2009.1.1. 이후 2019.12.31. 이전에 개시한 사업연도에 발생한 결손금은 10년(2008.12.31. 이전에 개시한 사업연도에 발생한 결손금은 5년) 이내로 제한하며, 조세특례제한법에 따른 중소기업과 회생계획을 이행 중인 기업 등의 법인을 제외한 내국법인의 경우 공제의 범위는 각 사업연도 소득의 80%로 한다.

위에서 살펴본 바와 같이 법인세 과세표준은 각 사업연도 소득금액의 범위에서 ① 이월결손금, ② 비과세소득, ③ 소득공제를 차례로 차감하여 계산한다. 여기서 차례로 차감한다는 의미는 이월결손금이 있음에도 불구하고 비과세소득이나 소득공제를 먼저 적용할 수 없는 것을 말한다.

 이월결손금

(1) 결손금과 이월결손금

1) 결손금과 이월결손금의 개념

결손금이란 각 사업연도의 손금총액이 익금총액을 초과하는 경우 해당 금액을 말하며, 이월결손금이란 이러한 결손금이 다음 사업연도로 이월된 경우 해당 금액을 일컫는 용어이다.

2) 결손금의 처리

법인세법상 결손금은 다음 사업연도로 이월하여 이월공제하는 것을 원칙으로 하되, 중소기업에 대해서는 소급공제를 허용하고 있다.

3) 참 고

소득세법에서도 개인사업자인 중소기업체에 대해서는 소급공제를 허용하고 있다. 다만, 법인세법에서는 결손금이 발생하면 즉시 이월공제할 것인지 소급공제할 것인지를 선택할 수 있지만, 소득세법에서는 사업소득에서 결손금이 발생하게 되면 먼저 타소득과 통산을 한 후 이월공제할 것인지 아니면 소급공제할 것인지를 선택할 수 있도록 규정하고 있다.

(2) 결손금 소급공제

1) 의의 및 환급요건

법인에 결손금이 발생한 경우로서 다음의 요건을 갖춘 경우에는 이월공제를 하는 대신에 해당 결손금을 소급공제함으로써 직전 사업연도 법인세를 환급받을 수 있다(법법 72①).

① 중소기업에 해당하여야 한다.
② 직전 사업연도에 납부한 법인세액이 있어야 한다.
③ 결손금이 발생한 해당 사업연도와 그 직전 사업연도의 법인세 과세표준과 세액을 법정신고기한내에 각각 신고한 경우에 한한다.

2) 결손금 소급공제에 의한 환급세액

결손금 소급공제에 의한 환급세액은 다음과 같이 계산된다.

환급세액 = MIN[①, ②]
① 환급대상세액 = 직전 사업연도의 법인세 산출세액※ − [직전 사업연도의 과세표준 − 소급공제 결손금액] × 직전 사업연도 법인세율
② 환급한도액 = 직전 사업연도의 법인세 산출세액※ − 직전 사업연도의 공제·감면세액

※ 토지 등 양도소득에 대한 법인세 제외

3) 환급세액의 추징

① 규 정

납세지 관할 세무서장은 다음의 어느 하나에 해당되는 경우에는 세법이 정하는 바에 따라 계산한 초과환급세액(① 및 ②의 경우에는 과다하게 환급된 세액 상당액)에 이자상당액을 더한 금액을 해당 결손금이 발생한 사업연도의 각 사업연도의 소득에 대한 법인세로서 징수한다. 이 경우 결손금 중 일부금액만을 소급공제받은 때에는 소급공제받지 아니한 결손금이 먼저 감소된 것으로 본다.

① 법인세를 환급한 후 결손금이 발생한 사업연도에 대한 법인세 과세표준과 세액을 경정함으로써 결손금이 감소된 경우
② 결손금이 발생한 사업연도의 직전 사업연도에 대한 법인세 과세표준과 세액을 경정함으로써 환급세액이 감소된 경우
③ 중소기업에 해당하지 않는 내국법인이 법인세를 환급받은 경우

② 추징세액의 계산

결손금 감소분에 대한 추징세액은 다음과 같이 계산한다.

$$\text{결손금 감소분에 대한 추징세액} = \text{당초 환급세액} \times \frac{\text{결손금 감소액}}{\text{소급공제 결손금액}}$$

③ 이자상당액의 계산

이자상당액은 다음과 같이 계산한 금액으로 한다(법령 110⑤). 이 경우 기간은 당초 환급세액 통지일의 다음날부터 추징세액 고지일까지의 일수로 한다.

$$\text{이자상당액} = \text{환급취소세액} \times \text{기간(일수)} \times \text{일(日) } 0.022\%(22/100,000)^{*} \text{ (2024년도 말 현재)}$$

* 다만, 납세자를 탓할 수 없는 정당한 사유가 있는 때에는 국세기본법상 국세환급가산금(국기령 43의3②, 국기칙19의3)에 따른 이자율(2024년 말 현재 연 3.5%)을 적용한다.

 결손금 소급공제

코스닥상장법인인 ㈜A의 제12기 사업연도의 다음 자료에 의하여 요구사항에 답하라.

(1) 해당 사업연도(제12기) 관련자료
  • 결손금 : △60,000,000원
(2) 직전 사업연도(제11기) 관련자료
  ① 과세표준 : 204,000,000원
  ② 산출세액 : 22,560,000원
  ③ 감면세액 : 17,994,000원
  ④ 가 산 세 : 1,700,000원
(3) ㈜A는 중소기업에 해당한다.
(4) 법인세율은 제11기와 제12기 모두 9%, 19%, 21%, 24%로 가정한다.

요구 사항

1. 상기 자료에 의하여 ㈜A의 환급세액을 계산하시오.
2. ㈜A는 결손금 소급공제로 인한 환급세액을 환급받은 후, 과세당국의 경정에 의하여 결손금이 19,630,000원으로 감소되었다. 이로 인하여 발생하는 환급취소세액과 이자상당액을 계산하시오.(일수는 300일로 가정함)

요구 사항 ❶

(1) 환급세액 : MIN[(2), (3)] = 7,800,000원
(2) 환급대상세액 : 22,560,000원 − (224,000,000원 − 60,000,000원) × 9% = 7,800,000원
(3) 환급한도액 : 22,560,000원 − 10,560,000원 = 12,000,000원

요구 사항 ❷

(1) 소급공제받은 결손금의 계산

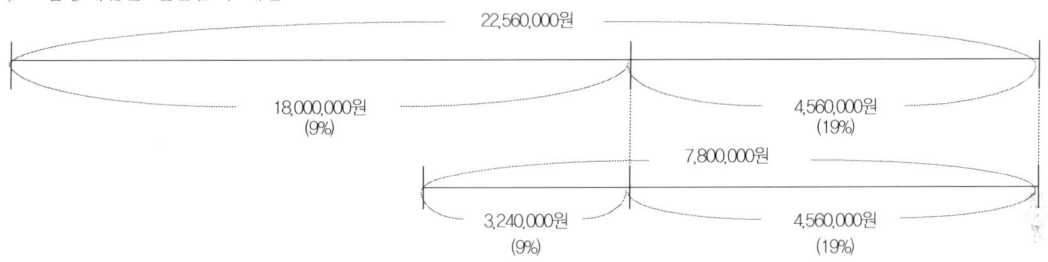

(2) 소급공제받은 결손금 중 감소된 결손금

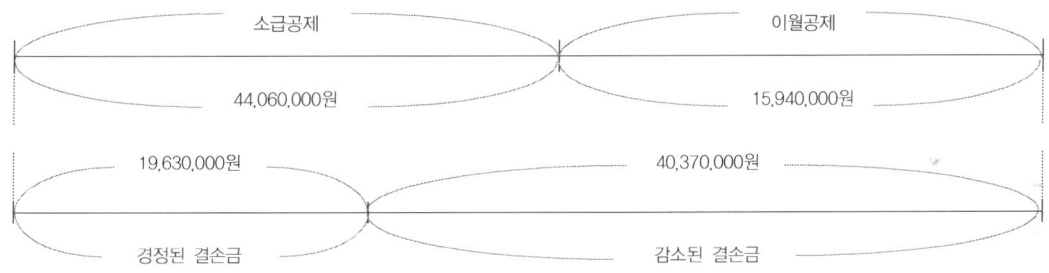

(3) 환급취소세액 : $6,806,000원 \times \dfrac{24,430,000원}{44,060,000원} = 3,773,730원$

(4) 이자상당액 : $5,727,800원 \times 300일 \times \dfrac{22}{100,000} = 378,035원$

(5) 합계액 : (3) + (4) = 5,765,605원

(3) 이월결손금 공제

1) 규 정

과세표준을 계산할 때 공제되는 이월결손금의 범위는 각 사업연도 개시일전 15년(2009.1.1. 이후 2019.12.31. 이전에 개시한 사업연도에 발생한 결손금은 10년, 2008.12.31. 이전에 개시한 사업연도에 발생한 결손금은 5년) 이내에 개시한 사업연도에 발생한 세무상 결손금으로서 소급공제 또는 그 후의 과세표준계산시 공제되지 아니한 금액에 한한다. 다만, 다음의 법인을 제외한 내국법인의 이월결손금에 대한 공제의 범위는 각 사업연도 소득의 80%로 한다(법법 13, 법령 10①).

① 조세특례제한법 제6조 제1항에 따른 중소기업
② 채무자 회생 및 파산에 관한 법률에 따라 법원이 인가한 회생계획을 이행중인 법인
③ 기업구조조정 촉진법에 따라 경영정상화계획의 이행을 위한 약정을 체결하고 경영정상화계획을 이행중인 법인
④ 해당 법인의 채권을 보유하고 있는 금융실명거래 및 비밀보장에 관한 법률에 따른 금융회사 등 또는 그 밖의 법률에 따라 금융업무 또는 기업 구조조정 업무를 하는 공공기관의 운영에 관한 법률에 따른 공공기관으로서 기획재정부령으로 정하는 기관과 경영정상화계획의 이행을 위한 협약을 체결하고 경영정상화계획을 이행중인 법인
⑤ 채권, 부동산 또는 그 밖의 재산권(이하 '유동화자산'이라 한다)을 기초로 자본시장과 금융투자업에 관한 법률에 따른 증권을 발행하거나 자금을 차입(이하 '유동화거래'라 한다)할 목적으로 설립된 법인으로서 다음의 요건을 모두 갖춘 법인
  ㉠ 상법 또는 그 밖의 법률에 따른 주식회사 또는 유한회사일 것
  ㉡ 한시적으로 설립된 법인으로서 상근하는 임원 또는 직원을 두지 아니할 것
  ㉢ 정관 등에서 법인의 업무를 유동화거래에 필요한 업무로 한정하고 유동화거래에서 예정하지 아니한 합병, 청산 또는 해산이 금지될 것
  ㉣ 유동화거래를 위한 회사의 자산 관리 및 운영을 위하여 업무위탁계약 및 자산관리위탁계약이 체결될 것
  ㉤ 2015년 12월 31일까지 유동화자산의 취득을 완료하였을 것
⑥ 유동화전문회사 등 소득공제 및 프로젝트금융투자회사에 대한 소득공제 대상에 해당하는 내국법인*
⑦ 기업 활력 제고를 위한 특별법에 따른 사업재편계획승인을 받은 법인
⑧ 조세특례제한법 제74조(고유목적사업준비금의 손금산입특례) 제1항(제4호부터 제6호까지 제외) 또는 제4항(의원급 의료기관 및 병원급 의료기관)에 따라 법인의 수익사업에서 발생한 소득을 고유목적사업준비금으로 손금에 산입할 수 있는 비영리내국법인

* 배당가능이익의 90% 이상을 배당한 경우 소득공제를 통하여 사실상 법인세가 비과세되는 유동화전문회사, 투자회사(Mutual Fund), 일정한 요건을 갖춘 투자회사와 유사한 투자회사 등 명목회사를 말한다.

이 경우 여러 사업연도에 걸쳐 이월결손금이 있는 경우에는 먼저 발생한 사업연도부터 차례로 공제한다(법령 10①).

2) 적용 배제

법인세 과세표준을 추계결정 또는 추계경정하는 경우에는 이월결손금공제를 적용하지 아니한다. 다만, 천재지변 등으로 장부 그 밖의 증명서류가 멸실되어 과세표준을 추계하는 경우에는 그러하지 아니하다.

공제대상 이월결손금의 범위

구 분	내 용
① 과세표준계산시 공제된 것으로 보는 것	① 중소기업이 소급공제받은 결손금
	② 자산수증익과 채무면제익으로 충당된 이월결손금
	③ 채무의 출자전환시 주식의 시가를 초과하여 발행된 금액으로서 해당 사업연도의 익금에 산입하지 않고 그 이후의 각 사업연도에 발생한 결손금의 보전에 충당한 경우 그 충당된 결손금
② 과세표준계산시 공제할 이월결손금에 포함되는 것	① 추계결정·경정시 공제되지 아니한 이월결손금
	② 자본잉여금과 이익준비금·재무구조개선적립금 등으로 보전 또는 충당된 이월결손금

예제 20-2 이월결손금

다음 자료는 비상장중소기업인 ㈜A의 당기 과세연도인 제29기 산출세액을 계산하기 위한 자료이다.

1. 손익계산서상 당기순이익 : 12,000,000원
2. 연도별 각 사업연도 소득(△는 결손금)의 내용

사업연도	세무상 금액	기업회계상 금액
제23기	△5,000,000원	△6,000,000원
제24기	0원	0원
제25기	3,000,000원	△2,000,000원
제26기	△4,000,000원	1,000,000원
제27기	△2,000,000원	△7,000,000원
제28기	1,000,000원	△3,000,000원

3. 아래 4의 내용을 제외한 세무조정사항은 다음과 같다.
   ① 기업업무추진비 한도초과액 : 1,500,000원
   ② 벌금과 과료 : 500,000원
   ③ 전기 대손충당금 한도초과액 : 1,600,000원
4. 해당 연도 중 결손보전을 위한 주주로부터의 자산수증익 2,000,000원을 영업외수익에 계상하였다.

요구 사항

1. 소득금액의 최소화를 가정하여 각 사업연도 소득금액을 계산하시오.
2. 과세표준 계산시 공제가능한 이월결손금을 계산하시오.

해답

1. 각 사업연도 소득금액
   ① 결산서상 당기순이익　　　　　　　　　　　　　　　　　　　12,000,000원
   ② 익금산입·손금불산입　　　　　　　　　　　　　　　　　　　 2,000,000원
   　　㉠ 기업업무추진비 한도초과액　　　1,500,000원
   　　㉡ 벌금과 과료　　　　　　　　　　　500,000원
   ③ 손금산입·익금불산입　　　　　　　　　　　　　　　　　　　 3,600,000원
   　　㉠ 전기 대손충당금 한도초과액　　　1,600,000원
   　　㉡ 자산수증익 이월결손보전분❷　　 2,000,000원
   ④ 각 사업연도 소득금액　　　　　　　　　　　　　　　　　　　10,400,000원

   ❷ 자산수증익의 이월결손금공제는 법인의 선택사항이다. 소득금액의 최소화가정에 따라 영업외수익으로 계상한 자산수증익 전액을 이월결손금 보전액으로 하여 익금불산입한다.

2. 공제가능한 이월결손금(한도내 금액임)

사업 연도	당초발생액(A)	기공제액(B)	전기이월액 (C=A-B)	당기자산수증익 보전액(D)	과세표준계산시 공제가능액(C-D)
제23기	5,000,000원	4,000,000원❶	1,000,000원	1,000,000원❷	–
제26기	4,000,000원	–	4,000,000원	1,000,000원❷	3,000,000원
제27기	2,000,000원	–	2,000,000원	–	2,000,000원
계	11,000,000원	4,000,000원	7,000,000원	2,000,000원	5,000,000원

❶ 이월결손금의 과세표준계산시 공제는 법정공제사항이다. 즉, 이월결손금이 발생한 후의 사업연도에 소득이 있는 경우 이월결손금은 반드시 공제하여야 하며, 먼저 발생한 결손금부터 순차적으로 공제한다. 따라서 다음의 금액은 제23기 발생분에서 기공제된 것으로 본다.

　　3,000,000원(제25기 소득)+1,000,000원(제28기 소득)=4,000,000원

❷ 자산수증익의 보전에 충당하는 이월결손금은 세무상 이월결손금으로서 공제기한의 제한이 없다.

비과세소득

비과세소득이란 과세당국이 조세정책적 목적으로 과세를 하지 않은 소득을 말한다. 이러한 비과세소득은 법인세법과 조세특례제한법에 규정되어 있는데, 이를 살펴보면 다음과 같다.

구 분		내 용
(1) 법인세법		공익신탁의 신탁재산에서 생기는 소득(법법 51)
(2) 조세특례제한법	중소기업창업투자회사 등의 주식양도차익 등에 대한 비과세(조특법 13)	① 중소기업창업투자회사, 창업기획자, 벤처기업출자유한회사 또는 신기술사업금융업자가 창업자, 신기술사업자, 벤처기업, 신기술창업전문회사(중소기업에 한함), 코넥스상장기업 등에 2025년 12월 31일까지 출자함으로써 취득한 주식을 양도함으로써 발생하는 양도차익
		② 중소기업창업투자회사, 창업기획자, 벤처기업출자유한회사 또는 신기술사업금융업자가 ①에 따른 출자로 인하여 창업자, 신기술사업자, 벤처기업, 신기술창업전문회사 또는 코넥스상장기업으로부터 2025년 12월 31일까지 받는 배당소득
	중소기업창업투자회사 등의 소재·부품·장비전문기업 주식양도차익 등에 대한 비과세(조특법 13의4)	① 중소기업창업투자회사, 창업기획자 또는 신기술사업금융업자, ② 중소기업창업투자회사, 창업기획자, 벤처기업출자유한회사 또는 신기술사업금융업자가 창투조합 등을 통하여, ③ 기금운용법인 등이 창투조합 등을 통하여 소재·부품·장비 관련 중소기업에 2025년 12월 31일까지 출자함으로써 취득한 주식 또는 출자지분을 양도함으로써 발생하는 양도차익
		② 벤처투자회사, 창업기획자, 벤처기업출자유한회사 또는 신기술사업금융업자가 제1항에 따른 출자로 투자대상기업으로부터 2025년 12월 31일까지 받는 배당소득
	창업자 등에의 출자에 대한 과세특례(조특법 14)	③ 중소기업창업투자조합, 한국벤처투자조합, 농식품투자조합 등이 창업자, 벤처기업 또는 신기술창업전문회사 등에 출자함으로써 2025년 12월 31일까지 취득한 주식을 양도함으로써 발생하는 양도차익

 소득공제

(1) 소득공제의 의의

소득공제란 이중과세의 조정 및 조세정책적 목적으로 비과세소득과 함께 과세표준 계산상 공제되는 것을 말한다.

현행 세법에는 배당소득에 대한 이중과세의 문제를 해소하기 위하여 배당금을 지급하는 법인의 단계에서 조정하는 방안과 배당금을 지급받는 주주의 단계에서 조정하는 방안을 규정하고 있다. 법인단계에서 조정하는 방안으로, 일반적인 법인과 달리 도관(導管, conduit)의 성격이 강한 유동화전문회사 등'에 한하여, 해당 법인이 해당 법인의 주주 등에게 배당가능이익 중 일정비율 이상의 금액을 배당하는 경우 그 금액을 해당 법인의 각 사업연도 소득금액에서 공제하는 방법으로 이중과세문제를 조정하고 있다.

한편, 주주단계에서 조정하는 방안으로, 개인주주(소득세법)에게는 Gross-up에 따른 세액공제 방식으로, 법인주주(법인세법)에게는 과세대상 소득금액을 산정함에 있어 지주회사와 지주회사 이외의 일반회사로 나누어 일정금액을 배당소득금액에서 차감하는 방식으로, 그리고 국제거래와 관련된 이중과세에 대하여는 일차적으로는 해당국과 체결된 조세조약으로, 조세조약으로 방지되지 않는 경우에는 세액공제 등의 방법으로 이중과세문제를 조정하고 있다.

(2) 소득공제의 내용

다음에 해당하는 내국법인이 배당가능이익의 90% 이상을 배당한 경우 해당 금액은 해당 배당을 결의한 잉여금 처분의 대상이 되는 사업연도의 소득금액에서 이를 공제한다(법법 51의2①).

여기서 '배당가능이익'이란 당기순이익에 이월이익잉여금을 가산하거나 이월결손금을 공제하고 상법의 규정에 따라 적립한 이익준비금을 차감한 금액을 말한다. 이 경우 자본준비금의 감액으로 인하여 받는 배당액과 당기순이익, 이월이익잉여금 및 이월결손금 중 유가증권평가에 따른 손익을 제외하되, 투자회사(Mutual Fund) 등의 집합투자재산의 평가손익에 대하여는 그러하지 아니하다 (법령 86의2①).

① 자산유동화에 관한 법률에 따른 유동화전문회사
② 자본시장과 금융투자업에 관한 법률에 따른 투자회사, 투자목적회사, 투자유한회사, 투자합자회사(같은 법 제9조 제19항 제1호의 기관전용 사모집합투자기구 제외) 및 투자유한책임회사
③ 기업구조조정투자회사법에 따른 기업구조조정투자회사
④ 부동산투자회사법에 따른 기업구조조정부동산투자회사 및 위탁관리부동산투자회사
⑤ 선박투자회사법에 따른 선박투자회사
⑥ 민간임대주택에 관한 특별법 또는 공공주택 특별법에 따른 특수 목적 법인 등으로서 민간임대주택에 관한 특별법 시행령 제4조 제2항 제3호 다목의 투자회사의 규정에 따른 요건을 갖추어 설립된 법인
⑦ 문화산업진흥기본법에 따른 문화산업전문회사
⑧ 해외자원개발사업법에 따른 해외자원개발투자회사 및 해외자원개발투자전문회사

법인세법 기본통칙

① 법기통 51의2-86의2…1 [유동화전문회사 등에 대한 소득공제]
  ① 법 제51조의2의 규정에 의한 소득공제는 당해 배당을 결의한 잉여금 처분의 대상이 되는 사업연도에 이를 적용한다.
  ② 법 제51조의2 제1항의 규정에 의한 "배당"에는 현금배당과 주식배당을 모두 포함한다. 이 경우 재무제표상 배당 가능이익의 한도를 초과하여 관련법령에 따라 배분하는 경우를 포함한다.
② 법기통 51의2-86의2…2 [해산한 투자회사에 대한 소득공제]
  간접투자자산운용업법에 의한 투자회사가 법인세법 제79조 제5항의 규정에 의한 청산기간 중에 금융기관 등에 자산을 예치함으로 인하여 발생하는 이자소득의 경우에도 법인세법 제51조의 2의 규정을 적용한다.

이 외의 소득공제로는 프로젝트금융투자회사에 대한 소득공제가 있다. 프로젝트금융투자회사에 대한 소득공제란 법인세법상 유동화전문회사 등에 대한 소득공제 규정에 따른 투자회사와 유사한 투자회사로서 일정한 요건을 모두 갖춘 법인이 2025년 12월 31일 이전에 끝나는 사업연도에 대하여 배당가능이익의 90% 이상을 배당한 경우 그 금액은 해당 배당을 결의한 잉여금 처분의 대상이 되는 사업연도의 소득금액에서 공제하는 것을 말한다(조특법 104의31).

II. 산출세액

1 각 사업연도 소득에 대한 법인세 산출세액

(1) 계산구조

각 사업연도 소득에 대한 법인세 산출세액의 계산구조는 다음과 같다.

과 세 표 준	
(×) 세 율	9%, 19%, 21%, 24% (단, 성실신고확인대상 소규모법인은 19%, 21%, 24%)
산 출 세 액	토지 등 양도소득에 대한 법인세, 미환류소득에 대한 법인세 포함

(2) 세 율

법인세법상 각 사업연도 소득에 대한 법인세 산출세액 계산 시 적용되는 세율은 4단계 초과누진세율이며, 이를 정리하면 다음과 같다.

1) 성실신고확인대상 소규모법인인 경우

과 세 표 준	세 율
200억원 이하	과세표준금액 × 19%
200억원 초과 3,000억원 이하	3,800,000,000원 + 200억원을 초과하는 금액 × 21%
3,000억원 초과	62,600,000,000원 + 3,000억원을 초과하는 금액 × 24%

✱ ①~③의 요건을 모두 갖춘 성실신고확인대상 법인(유동화전문회사 등에 대한 소득공제 및 프로젝트금융투자회사에 대한 소득공제 대상 법인 제외)
① 지배주주등 지분율 50% 초과
② 부동산임대업이 주된 사업이거나 부동산임대수입이자배당소득이 매출액의 50% 이상
③ 상시근로자 수가 5인 미만

2) 그 외 법인의 경우

과 세 표 준	세 율
2억원 이하	과세표준금액 × 9%
2억원 초과 200억원 이하	18,000,000원 + 2억원을 초과하는 금액 × 19%
200억원 초과 3,000억원 이하	3,780,000,000원 + 200억원을 초과하는 금액 × 21%
3,000억원 초과	62,580,000,000원 + 3,000억원을 초과하는 금액 × 24%

(3) 사업연도가 1년 미만인 경우

법인의 사업연도가 1년 미만인 경우에는 다음 산식에 의하여 계산된 세액을 산출세액으로 한다.

구 분	세 율
산 식	산출세액 = $\left[\left(\text{과세표준} \times \dfrac{12}{\text{사업연도 월수}}\right) \times \text{세율}\right] \times \dfrac{\text{사업연도 월수}}{12}$
월 수 계 산	월수는 역에 따라 계산하되, 1개월 미만의 일수는 1개월로 한다(법령 92).
사 례	① 사업연도 : 7월 23일부터 12월 31일까지 ② 과세표준 : 180,000,000원 ③ 산출세액 : $[(180,000,000원 \times \dfrac{12}{6}) \times 세율] \times \dfrac{6}{12} = 25,200,000원$

참고 | 법인지방소득세와 법인세에 부가되는 농어촌특별세

구 분	내 용
법 인 지 방 소 득 세	법인지방소득세란 법인세 과세표준에 법인세율의 10%에 해당하는 법인지방소득세율(1%, 2%, 2.2%, 2.5%)을 적용하여 과세하는 지방세를 말한다. 법인은 각 사업연도의 종료일이 속하는 달의 말일부터 4개월 이내에 그 사업연도의 소득에 대한 법인지방소득세의 과세표준과 세액을 납세지 관할 지방자치단체의 장에게 신고하여야 한다. 법인세법에서는 법인지방소득세를 법인세와 동일하게 손금불산입항목으로 규정하고 있다.
농 어 촌 특 별 세	① 개 요 : 농어촌특별세는 1994년 7월 1일부터 2024년 6월 30일까지 한시적으로 운용되는 목적세이다. 이러한 농어촌특별세는 법인세·소득세·관세·취득세·등록면허세의 감면을 받거나 개별소비세·증권거래세·취득세·레저세를 납부하는 경우 또는 종합부동산세를 납부하는 경우에 과세한다. 이 중 법인세에 부가되는 농어촌특별세는 법인세 감면세액의 20%를 적용하여 산출된 금액으로 하는데, 여기서 감면이란 조세특례제한법에 따른 비과세·세액감면·세액공제·소득공제 등을 말한다. 한편, 농어촌특별세는 법인세의 부가세에 해당하므로 본세와 동일하게 취급한다(손금불산입항목). ② 비과세 : 농어촌특별세의 비과세대상 감면은 다음과 같다. 　① 창업중소기업에 대한 세액감면　　② 중소기업에 대한 특별세액감면 　③ 연구및인력개발비세액공제　　　　④ 연구및인력개발설비투자세액공제 　⑤ 중소기업창업투자회사 등의 주식양도차익에 대한 비과세 등

2 토지 등 양도소득에 대한 법인세

법인의 부동산양도차익에 대하여 법인세에 추가하여 일반적으로 과세하던 특별부가세가 2001년 12월 31일 폐지되면서 부동산 가격이 급등하거나 급등할 우려가 있는 경우(소득세법 제104조의 2 제2항에 따른 지정지역에 있는 부동산) 선별적으로 토지·건물의 양도차익에 대하여 법인세와 별도로 과세할 수 있는 특례규정으로서 토지 등 양도소득에 대한 법인세 규정을 두었다. 이는 투기재발 등 부동산 시장 변화에 탄력적으로 대처할 수 있도록 하기 위한 것으로 법인이 토지 등을 양도하는 경우에 일반법인세 이외에 추가로 과세하는 제도이다.

(1) 과세대상 및 비과세

1) 과세대상

토지 등 양도소득에 대한 법인세 과세대상을 살펴보면 다음과 같다.

① **법소정 주택** : 국내에 소재하는 주택(부수토지 포함) 및 별장(읍면지역의 일정한 농어촌 주택 제외)으로서 다음에 해당하지 아니하는 주택의 양도로 인하여 발생한 소득(=토지 등 양도소득)을 과세대상으로 한다.
  ㉠ 임대주택법에 따라 5호 이상의 국민주택을 임대하고 있는 법인이 10년 이상 임대한 국민주택
  ㉡ 해당 법인이 임대하는 건설임대주택으로서 다음의 요건을 모두 갖춘 주택이 2호 이상인 경우 그 주택
    • 대지면적이 298제곱미터 이하이고 주택의 연면적(공동주택의 경우는 전용면적)이 149제곱미터 이하일 것
    • 5년 이상 임대하는 것일 것
    • 해당 주택 및 이에 부수되는 토지의 기준시가의 합계액이 해당 주택의 양도 당시 6억원을 초과하지 아니할 것
  ㉢ 주주 등이나 출연자가 아닌 임원 및 직원에게 제공하는 사택 및 그 밖에 무상으로 제공하는 법인 소유의 주택으로서 사택제공기간 또는 무상제공기간이 10년 이상인 주택
  ㉣ 저당권의 실행으로 인하여 취득하거나 채권변제를 대신하여 취득한 주택으로서 취득일부터 3년이 경과하지 아니한 주택
  ㉤ 그밖에 부득이한 사유로 보유하고 있는 주택으로서 기획재정부령으로 정하는 주택
② **비사업용 토지** : 다음에 해당하는 토지를 양도한 경우에는 해당 양도로 인하여 발생한 소득(=토지 등 양도소득)을 과세대상으로 한다.
  ㉠ 전·답 및 과수원으로서 농업을 주업으로 하지 아니하는 법인이 소유하는 토지
  ㉡ 보안림·채종림 등을 제외한 임야
  ㉢ 축산업을 주업으로 하는 법인이 소유하는 목장용지 중 기준면적을 초과하는 토지 등
③ **조합원주권 및 분양권** : 주택을 취득하기 위한 권리로서 소득세법에 따른 조합원입주권 및 분양권
  ㉠ 조합원입주권 : 도시 및 주거환경정비법에 따른 관리처분계획의 인가 및 빈집 및 소규모주택 정비에 관한 특례법에 따른 사업시행계획인가로 인하여 취득한 입주자로 선정된 지위. 이 경우 도시 및 주거환경정비법 따른 재건축사업 또는 재개발사업, 빈집 및 소규모주택 정비에 관한 특례법에 따른 소규모재건축사업을 시행하는 정비사업조합의 조합원으로서 취득한 것(그 조합원으로부터 취득한 것 포함)으로 한정하며, 이에 딸린 토지 포함
  ㉡ 분양권 : 주택법 등 대통령령으로 정하는 법률에 따른 주택에 대한 공급계약을 통하여 주택을 공급받는 자로 선정된 지위(해당 지위를 매매 또는 증여 등의 방법으로 취득한 것 포함)

2) 비과세

다음에 해당하는 토지 등 양도소득에 대하여는 과세대상에서 제외한다. 그러나 미등기 토지 등에 대하여는 그러하지 아니하다.

① 파산선고에 의한 토지 등의 처분으로 인하여 발생하는 소득
② 법인이 직접 경작하던 농지로서 소득세법에 따라 양도소득세가 비과세되는 농지의 교환 또는 분합으로 인하여 발생하는 소득
③ 도시개발법 그 밖의 법률규정에 따른 환지처분으로 지목 또는 지번이 변경되거나 체비지로 충당됨으로써 발생하는 소득
④ 소득세법에 따라 양도로 보지 아니하는 교환으로 발생하는 소득
⑤ 법정요건을 갖춘 분할·현물출자·조직변경 및 교환으로 인하여 발생하는 소득
⑥ 한국토지공사법에 따른 한국토지공사가 동법에 따른 토지개발사업으로 조성한 토지 중 주택건설용지로 양도함으로써 발생하는 소득
⑦ 주택을 신축하여 판매(임대주택법에 따른 건설임대주택을 동법에 따라 분양하는 경우 포함)하는 법인이 그 주택 및 주택부수토지를 양도함으로써 발생하는 소득

⑧ 민간임대주택에 관한 특별법에 따른 기업형임대사업자에게 토지를 양도하여 발생하는 소득
⑨ 공공주택특별법에 따른 공공주택사업자와 공공매입임대주택으로 사용할 주택을 건설하여 양도하기로 약정을 체결하여, 이에 따라 해당 주택을 건설할 자에게 2022년 12월 31일까지 해당 주택 건설을 위한 토지를 양도하여 발생하는 소득
⑩ 그 밖에 공공목적을 위한 양도 등 일정한 사유로 인하여 발생하는 소득

(2) 토지 등 양도소득의 계산

1) 토지 등 양도소득의 계산산식

토지 등 양도소득의 계산산식은 다음과 같다. 다만, 비영리 내국법인이 1990년 12월 31일 이전에 취득한 토지 등 양도소득은 양도금액에서 장부가액과 1991년 1월 1일 현재 상속세및증여세법 제60조[평가의 원칙 등]와 같은 법 제61조[부동산 등의 평가] 제1항에 따라 평가한 가액 중 큰 가액을 뺀 금액으로 할 수 있다.

```
    양 도 가 액
(-) 장 부 가 액    ·양도당시의 세무상 장부가액을 말함
(=) 양 도 소 득       (=과세표준)
```

2) 둘 이상의 토지 등을 양도한 경우

법인이 각 사업연도에 둘 이상의 토지 등을 양도한 경우에 토지 등 양도소득은 해당 사업연도에 양도한 자산별로 계산한 금액을 합산한 금액으로 한다. 이 경우 양도한 자산 중 양도당시의 장부가액이 양도금액을 초과하는 토지 등이 있는 경우에는 그 초과하는 금액(이하 '양도차손'이라 함)을 다음의 양도소득에서 순차로 차감하여 토지 등 양도소득을 계산한다.

① 양도차손이 발생한 자산과 같은 세율을 적용받는 자산의 양도소득
② 양도차손이 발생한 자산과 다른 세율을 적용받는 자산의 양도소득

(3) 토지 등 양도소득에 대한 법인세액의 계산

1) 세액의 계산

토지 등 양도소득에 대한 법인세는 과세표준(토지 등 양도소득)에 주택(부수토지 포함), 별장, 분양권 및 조합원 입주권은 20%, 비사업용 토지 등기분은 10%, 미등기전매시(미등기토지 등)에는 40%의 세율을 적용하여 계산한다.

2) 미등기 토지 등

위에서 '미등기 토지 등'이란 토지 등을 취득한 법인이 그 취득에 관한 등기를 하지 아니하고 양도하는 토지 등을 말한다.

다만, 다음에 해당하는 토지 등은 '미등기 토지 등'으로 보지 아니한다.

① 장기할부조건으로 취득한 토지 등으로서 그 계약조건에 의하여 양도당시 그 토지 등의 취득등기가 불가능한 토지 등
② 법률 규정·법원의 처분에 의하여 양도당시 취득에 관한 등기가 불가능한 토지 등
③ 비과세대상인 교환 또는 분합되는 토지

(4) 토지 등 양도소득의 귀속시기

1) 일반적인 양도시

토지 등 양도소득의 귀속시기는 아래의 예약매출을 제외하고는 획일적으로 대금청산일, 소유권 이전 등기·등록일, 인도일·사용수익일 중 빠른 날로 한다(법령 92의2⑥).

2) 예약매출시

예약매출시에는 그 계약일에 토지 등이 양도된 것으로 본다. 이 경우의 토지 등 양도소득은 작업진행률을 기준으로 하여 계산한 수익과 비용 중 지가급등지역에 포함되는 기간에 상응하는 수익과 비용을 각각 해당 사업연도의 익금과 손금으로 하여 계산한다.

다만, 작업진행률을 계산할 수 없다고 인정되는 일정한 경우에는 계약금액 및 총공사예정비를 그 목적물의 착수일부터 인도일까지의 기간에 균등하게 배분한 금액 중 지가급등지역에 포함되는 기간에 상응하는 금액을 각각 해당 사업연도의 익금과 손금으로 하여 계산한다(법령 92의2⑦, ⑧).

미환류소득에 대한 법인세

(1) 의 의

미환류소득에 대한 법인세(투자·상생협력 촉진을 위한 과세특례 또는 투자·상생협력촉진세제, 조특법 100의32)란 기업의 소득 중 일정액 이상을 투자, 임금 등으로 사용하지 않는 경우 가 사업연도 소득에 대한 법인세 외에 추가하여 과세하는 제도를 말한다. 이는 종전 기업소득환류세제(법법 56)가 2017년 12월 31일부로 일몰 종료됨에 따라 신설된 제도로, 기업의 소득이 투자나 임금 등을 통해 가계의 소득으로 흘러들어가는 선순환 구조의 정착을 위해 2025년 12월 31일까지 한시적으로 도입된 제도이다.

(2) 적용대상법인

각 사업연도 종료일 현재 상호출자제한기업집단에 속하는 법인이 아래에 따른 투자, 임금 등으로 환류하지 않은 소득(미환류소득)이 있는 경우에는 해당 미환류소득에 20%을 곱하여 산출한 세액을 미환류소득에 대한 법인세로 하여 법인세 산출세액에 추가하여 납부해야 한다.

① 각 사업연도 종료일 현재 자기자본이 500억원을 초과하는 법인. 다만, 다음 각 목의 어느 하나에 해당하는 법인은 제외한다.
   ㉠ 조세특례제한법에 따른 중소기업
   ㉡ 법인세법에 따른 비영리법인

ⓒ 유동화전문회사 등에 대한 소득공제 및 프로젝트금융투자회사에 대한 소득공제 대상 법인
② 각 사업연도 종료일 현재 상호출자제한기업집단에 속하는 법인

(3) 미환류소득 산정방법 및 신고절차

투자·상생협력촉진세제의 적용을 받는 내국법인은 다음 ①, ② 중 어느 하나에 해당하는 방식을 선택하여 계산한 금액을 각 사업연도의 종료일이 속하는 달의 말일부터 3개월 이내에 납세지 관할 세무서장에게 신고해야 한다. 이때 산정한 금액이 양수인 경우에는 '미환류소득'이라 하고, 산정한 금액이 음수인 경우에는 음의 부호를 뗀 금액을 '초과환류액'이라 한다.

① 기업소득❋ × 60%에서 80% 이내의 범위에서 대통령령으로 정하는 비율(70%) - (㉠+㉡+㉢)
② 기업소득❋ × 10%에서 20% 이내의 범위에서 대통령령으로 정하는 비율(15%) - (㉡+㉢)
  ㉠ 기계장치 등 자산에 대한 투자금액
  ㉡ 임원, 근로소득 8천만원 이상자 등을 제외한 상시근로자의 해당 사업연도 임금증가금액
  ㉢ 대·중소기업 상생협력 촉진에 관한 법률에 따른 상생협력을 위하여 출연하는 금액 등 × 300%

❋ 기업소득이란 각 사업연도 소득에 가산항목(국세·지방세 과오납금 환급금 이자, 이월기부금 손금산입액 등)을 더한 금액에서 차감항목(법인세·법인지방소득세, 이월결손금 등)을 뺀 금액을 말하며, 그 수가 음수인 경우 0(영)으로 보고, 3,000억원을 초과하는 경우 3,000억원으로 본다.

위 방법 중 어느 하나의 방법을 선택하여 신고한 경우 해당 사업연도의 개시일부터 다음에 정하는 기간까지는 그 선택한 방법을 계속 적용하여야 한다.

① 내국법인이 위 ①의 방법을 선택하여 신고한 경우 : 3년이 되는 날이 속하는 사업연도
② 내국법인이 위 ②의 방법을 선택하여 신고한 경우 : 1년이 되는 날이 속하는 사업연도

한편, 위 방법 중 어느 방법을 선택할지 신고를 하지 않은 경우에는 해당 법인이 최초로 투자·상생협력 촉진세제의 적용을 받게 되는 사업연도에 미환류소득이 적게 산정되거나 초과환류액이 많게 산정되는 방법을 선택하여 신고한 것으로 본다.

(4) 차기환류적립금과 초과환류액의 이월

1) 차기환류적립금

투자·상생협력촉진세제의 적용을 받는 내국법인은 해당 사업연도 미환류소득의 전부 또는 일부를 다음 사업연도의 투자, 임금 등으로 환류하기 위한 금액(차기환류적립금)으로 적립하여 해당 사업연도의 미환류소득에서 차기환류적립금을 공제할 수 있다. 한편, 직전 사업연도에 차기환류적립금을 적립한 경우 다음 계산식에 따라 계산한 금액(음수인 경우 0으로 함)을 해당 사업연도의 법인세액에 추가하여 납부해야 한다.

(차기환류적립금 - 해당 사업연도 초과환류액) × 20%

2) 초과환류액의 이월

　해당 사업연도에 초과환류액(초과환류액으로 차기환류적립금을 공제한 경우에는 그 공제 후 남은 초과환류액)이 있는 경우 2020년 12월 31일 이전에 신고한 초과환류액까지는 그 초과환류액을 다음 사업연도(해당 사업연도 종료 이후 최초로 개시하는 사업연도에 한함)로 이월하여 다음 사업연도의 미환류소득에서 공제할 수 있으며, 2021년 1월 1일 이후 신고하는 초과환류액 분부터는 그 초과환류액을 그 다음 2개 사업연도까지 이월하여 그 다음 2개 사업연도 동안 미환류소득에서 공제할 수 있다.

조세법령 확인을 통해 기본개념 익히기

※ 다음 법인세 관련 조세법령의 빈 칸을 채우시오.

1. 법인세법 제51조 【비과세소득】

내국법인의 각 사업연도 소득 중 「공익신탁법」에 따른 ①□□□□의 ①□□□□에서 생기는 소득에 대하여는 각 사업연도의 소득에 대한 법인세를 과세하지 아니한다.

> **해설과 해답**
> ① 공익신탁, 신탁재산

2. 법인세법 제51조의 2 【유동화전문회사 등에 대한 소득공제】

① 다음 각 호의 어느 하나에 해당하는 내국법인이 대통령령으로 정하는 배당가능이익의 100분의 □□ 이상을 배당한 경우 그 금액은 해당 배당을 결의한 잉여금 처분의 대상이 되는 사업연도의 소득금액에서 공제한다.
  1. 「자산유동화에 관한 법률」에 따른 유동화전문회사
  2. 「자본시장과 금융투자업에 관한 법률」에 따른 투자회사, 투자목적회사, 투자유한회사, 투자합자회사(같은 법 제9조 제19항 제1호의 경영참여형 사모집합투자기구는 제외한다) 및 투자유한책임회사
  3. 「기업구조조정투자회사법」에 따른 기업구조조정투자회사
  4. 「부동산투자회사법」에 따른 기업구조조정 부동산투자회사 및 위탁관리 부동산투자회사
  5. 「선박투자회사법」에 따른 선박투자회사
  6. 「민간임대주택에 관한 특별법」 또는 「공공주택 특별법」에 따른 특수 목적 법인 등으로서 대통령령으로 정하는 법인
  7. 「문화산업진흥 기본법」에 따른 문화산업전문회사
  8. 「해외자원개발 사업법」에 따른 해외자원개발투자회사
  9. (삭제, 2020. 12. 22.)

② 다음 각 호의 어느 하나에 해당하는 경우에는 제1항을 적용하지 아니한다.
  1. 배당을 받은 주주등에 대하여 이 법 또는 「조세특례제한법」에 따라 그 배당에 대한 소득세 또는 법인세가 □□□되는 경우. 다만, 배당을 받은 주주등이 「조세특례제한법」 제100조의 15에 따라 동업기업과세특례를 적용받는 동업기업인 경우로서 그 동업자들(그 동업자들의 전부 또는 일부가 같은 조 제3항에 따른 상위 동업기업에 해당하는 경우에는 그 상위 동업기업에 출자한 동업자들을 말한다)에 대하여 같은 법 제100조의 18에 따라 배분받은 배당에 해당하는 소득에 대한 소득세 또는 법인세가 전부 과세되는 경우는 제외한다.
  2. 배당을 지급하는 내국법인이 주주등의 수 등을 고려하여 대통령령으로 정하는 기준에 해당하는 법인인 경우

③ 제1항을 적용받으려는 자는 대통령령으로 정하는 바에 따라 □□□□신청을 하여야 한다.

④ 제1항을 적용할 때 배당금액이 해당 사업연도의 소득금액에서 제13조 제1항 제1호에 따른 이월결손금(이하

이 조에서 "이월결손금"이라 한다)을 뺀 금액을 최초로 초과하는 경우에는 그 초과하는 금액을 해당 사업연도의 다음 사업연도 개시일부터 5년 이내에 끝나는 각 사업연도로 이월하여 그 이월된 사업연도의 소득금액에서 공제할 수 있다. 다만, 내국법인이 이월된 사업연도에 배당가능이익의 100분의 90 이상을 배당하지 아니하는 경우에는 그 이월된 금액을 공제하지 아니한다.

⑤ 제4항 본문에 따라 최초로 이월된 사업연도 이후 사업연도의 배당금액이 해당 사업연도의 소득금액에서 이월결손금과 해당 사업연도로 이월된 금액을 순서대로 뺀 금액(해당 금액이 0보다 작은 경우에는 0으로 한다)을 초과하는 경우에는 그 초과하는 금액을 해당 사업연도의 다음 사업연도 개시일부터 5년 이내에 끝나는 각 사업연도로 이월하여 그 이월된 사업연도의 소득금액에서 공제할 수 있다. 다만, 내국법인이 이월된 사업연도에 배당가능이익의 100분의 90 이상을 배당하지 아니하는 경우에는 그 이월된 금액을 공제하지 아니한다.

⑥ 제4항 본문 및 제5항 본문에 따라 이월된 금액(이하 이 조에서 "이월공제배당금액"이라 한다)을 해당 사업연도의 소득금액에서 공제하는 경우에는 다음 각 호의 방법에 따라 공제한다.
1. 이월공제배당금액을 해당 사업연도의 배당금액보다 먼저 공제할 것
2. 이월공제배당금액이 둘 이상인 경우에는 먼저 발생한 이월공제배당금액부터 공제할 것

해설과 해답

① 90　　　　② 비과세　　　　③ 소득공제

3. 법인세법 제72조 【중소기업의 결손금 소급공제에 따른 환급】

① 중소기업에 해당하는 내국법인은 각 사업연도에 결손금이 발생한 경우 대통령령으로 정하는 □□ □□□□의 법인세액(이하 이 조에서 "직전 사업연도의 법인세액"이라 한다)을 한도로 제1호의 금액에서 제2호의 금액을 차감한 금액을 □□ 신청할 수 있다.
  1. 직전 사업연도의 법인세 □□세액(제55조의 2에 따른 토지등 양도소득에 대한 법인세액은 □□한다)
  2. 직전 사업연도의 과세표준에서 소급공제를 받으려는 해당 사업연도의 □□□ 상당액을 차감한 금액에 직전 사업연도의 제55조 제1항에 따른 세율을 적용하여 계산한 금액

② 제1항에 따라 법인세액을 환급받으려는 내국법인은 제60조에 따른 신고기한까지 대통령령으로 정하는 바에 따라 납세지 관할 세무서장에게 □□하여야 한다.

③ 납세지 관할 세무서장은 제2항에 따른 신청을 받으면 □□ □□ 환급세액을 결정하여「국세기본법」제51조 및 제52조에 따라 환급하여야 한다.

④ 제1항부터 제3항까지의 규정은 해당 내국법인이 제60조에 따른 □□□□ 내에 결손금이 발생한 사업연도와 그 직전 사업연도의 소득에 대한 법인세의 과세표준 및 세액을 각각 신고한 경우에만 적용한다.

⑤ 납세지 관할 세무서장은 다음 각 호의 어느 하나에 해당되는 경우에는 환급세액(제1호 및 제2호의 경우에는 과다하게 환급한 세액 상당액)에 대통령령으로 정하는 바에 따라 계산한 이자상당액을 더한 금액을 해당 □□ □이 발생한 사업연도의 법인세로서 징수한다.
  1. 제3항에 따라 법인세를 환급한 후 결손금이 발생한 사업연도에 대한 법인세 과세표준과 세액을 제66조에 따라 □□함으로써 결손금이 감소된 경우
  2. 결손금이 발생한 사업연도의 직전 사업연도에 대한 법인세 과세표준과 세액을 제66조에 따라 경정함으로써 □□세액이 감소된 경우
  3. □□□□에 해당하지 아니하는 내국법인이 법인세를 환급받은 경우

⑥ 납세지 관할 세무서장은 제3항에 따른 환급세액(이하 이 항에서 "당초 환급세액"이라 한다)을 결정한 후 당초 환급세액 계산의 기초가 된 직전 사업연도의 □□□□ 또는 □□□□이 달라진 경우에는 즉시 당초 환급세액을 경정하여 추가로 환급하거나 과다하게 환급한 세액 상당액을 징수하여야 한다.

⑦ 제1항부터 제6항까지의 규정을 적용할 때 결손금 소급공제에 따른 환급세액의 계산 등에 필요한 사항은 대통령령으로 정한다.

해설과 해답
① 직전 사업연도, 환급, 산출, 제외, 결손금
② 신청
③ 지체 없이
④ 신고기한
⑤ 결손금, 경정, 환급, 중소기업
⑥ 법인세액, 과세표준

01 법인세법상 과세표준 및 세액의 계산에 관한 설명으로 옳은 것은? [세무사 2018]

① 중소기업은 각 사업연도에 결손금이 발생한 경우, 직전 및 직전 전 사업연도의 소득에 대하여 과세된 법인세액을 한도로 그 결손금의 환급을 신청할 수 있다.
② 재해손실세액공제는 천재지변 등 재해로 상실 전 자산총액의 100분의 15 이상을 상실하여 납세가 곤란하다고 인정되는 경우 적용된다.
③ 외국납부세액공제는 해당 법인의 국내 법인세 산출세액을 한도로 하며, 이를 초과하는 금액은 3년간 이월공제 가능하다.
④ 천재지변 등으로 장부나 그 밖의 증명서류가 멸실되어 법인세를 추계하여 결정하는 경우에는 이월결손금 공제와 외국납부세액공제 모두 적용 가능하다.
⑤ 결손금의 이월공제는 각 사업연도의 소득의 범위에서 각 사업연도의 개시일 전 5년 이내에 개시한 사업연도에서 발생한 결손금에 한하여 이월하여 공제한다.

> ① 중소기업은 각 사업연도에 결손금이 발생한 경우, 직전 사업연도의 소득에 대하여 과세된 법인세액을 한도로 그 결손금의 환급을 신청할 수 있다.
> ② 재해손실세액공제는 천재지변 등 재해로 상실 전 자산총액의 100분의 20 이상을 상실하여 납세가 곤란하다고 인정되는 경우 적용된다.
> ③ 외국납부세액공제는 과세표준에 포함된 국외원천소득에 대한 법인세 산출세액을 한도로 하며, 이를 초과하는 외국납부세액은 다음 사업연도 개시일부터 10년간(2014.12.31. 이전 발생분은 5년) 이월공제 가능하다.
> ⑤ 결손금의 이월공제는 각 사업연도의 소득의 범위에서 각 사업연도의 개시일 전 15년(2009.1.1. 이후 2019.12.31. 이전 발생분은 10년, 2008.12.31. 이전 발생분은 5년)에 개시한 사업연도에서 발생한 결손금에 한하여 이월하여 공제한다.

 ②

02 다음은 법인세법상 이월결손금의 공제시한에 대한 설명이다. 옳지 않은 것은? [회계사 2008]

① 내국법인의 각 사업연도 소득에 대한 과세표준 계산상 공제가능한 이월결손금은 각 사업연도의 개시일 전 15년(2009년 1월 1일 이후 2019년 12월 31일 이전 발생분은 10년, 2008년 12월 31일 이전 발생분은 5년) 이내에 개시한 사업연도에서 발생한 이월결손금에 한한다.
② 무상으로 받은 자산의 가액으로 충당하여 보전할 수 있는 이월결손금은 발생시점에 제한이 없다.
③ 내국법인의 해산에 의한 청산소득의 금액을 계산함에 있어서 자기자본총액과 상계하는 이월결손금은 발생시점에 제한이 없다.
④ 채무의 면제로 인한 부채의 감소액으로 충당하여 보전할 수 있는 이월결손금은 발생시점에 제한이 없다.
⑤ 기부금의 손금산입 한도액을 계산함에 있어 공제하는 이월결손금은 발생시점에 제한이 없다.

해설 기부금 손금산입 한도액 계산 시 차감되는 이월결손금이란 해당 사업연도 개시일 전 15년(2009.1.1. 이후 2019.12.31. 이전 발생분은 10년, 2008.12.31. 이전 발생분은 5년) 이내에 개시한 사업연도에서 발생한 세무상 이월결손금을 말한다.

해답 ⑤

03 비상장 영리내국법인(중소기업 및 성실신고확인대상 소규모법인이 아님)인 ㈜A의 세무조정 자료를 이용하여 제24기(2025.1.1.~12.31.) 법인세 산출세액을 계산한 것으로 옳은 것은? [회계사 2015 수정]

(1) 제24기 각 사업연도 소득금액은 300,000,000원이고, 비과세소득은 20,000,000원이다.
(2) 제23기 결손금 60,000,000원이 발생하였으며, 제22기 사업연도까지 발생한 결손금은 없었다.
(3) 각 사업연도 소득금액에 대한 법인세율은 다음과 같다.

과세표준	세 율
2억원 이하	과세표준금액의 9%
2억원 초과 200억원 이하	18,000,000원+2억원을 초과하는 금액의 19%
200억원 초과	3,780,000,000원+200억원을 초과하는 금액의 21%

(4) 위에서 제시한 자료 이외에는 고려하지 않는다.

① 21,800,000원 ② 26,000,000원 ③ 28,000,000원
④ 32,000,000원 ⑤ 36,000,000원

산출세액의 계산	
각 사업연도 소득금액	300,000,000원
이월결손금	(60,000,000원)
비과세소득	(20,000,000원)
과세표준	220,000,000
세율	×9%, 19%
산출세액	21,800,000원

1. 과세표준 : 300,000,000원-60,000,000원(이월결손금)-20,000,000원(비과세)=220,000,000원
2. 산출세액 : 200,000,000×9%+20,000,000×19%=21,800,000원

해답 ①

04

영리내국법인 ㈜A(중소기업에 해당되지만 성실신고확인대상 소규모법인은 아님)는 제24기 사업연도(2025.1.1.~12.31.)에 발생한 법령에 따른 결손금 100,000,000원 전액에 대하여 법인세법상 결손금 소급공제에 의한 법인세액의 환급을 신청하는 경우, ㈜A가 환급받을 수 있는 금액은 얼마인가? (단, 결손금 소급공제에 필요한 모든 요건은 충족하며, 주어진 자료 이외에는 고려하지 않음) [세무사 2016]

〈제24기 법인세 과세표준 등 신고 내역〉

과세표준	300,000,000원
산출세액	37,000,000원
공제·감면세액	(21,000,000원)
가산세액	3,000,000원
기납부세액	(10,000,000원)
차감납부세액	12,000,000원

※ 법인세율: 과세표준 2억원 이하는 9%, 2억원 초과 200억원 이하는 1,800만원 + (2억원 초과금액의 19%)로 가정함.

① 16,000,000원 ② 19,000,000원 ③ 21,000,000원
④ 22,000,000원 ⑤ 25,000,000원

해설

환급 법인세액 계산

과세표준	300,000,000원	−100,000,000원=	200,000,000원	
	×9%, 19%		×9%, 19%	
산출세액	37,000,000원	−	18,000,000원 =19,000,000원	① 환급대상세액
공제·감면세액	(21,000,000)원			
② 환급 한도액	16,000,000원			

1. 환급받을 수 있는 법인세 : MIN[①, ②]=16,000,000원
   ① 환급대상세액 : 37,000,000원−200,000,000원×9%=19,000,000원
   ② 환급 한도액 : 37,000,000원−21,000,000원=16,000,000원

※ 결손금 소급공제 환급세액=MIN[①, ②]
   ① 환급대상세액= 직전 사업연도의 법인세 산출세액 − [직전 사업연도의 과세표준 − 소급공제 결손금액] × 직전 사업연도 법인세율
   ② 환급한도액 = 직전 사업연도의 법인세 산출세액 − 직전 사업연도의 공제·감면세액

해답 ①

제20절 과세표준과 산출세액

05 제조업을 영위하는 영리내국법인 ㈜A(중소기업에 해당되지만 성실신고확인대상 소규모법인은 아님)의 제24기(2025.1.1.~12.31.) 각 사업연도 소득에 대한 법인세 환급과 관련된 자료이다. 법인세 환급 후 결손금 경정으로 징수되는 법인세액(이자상당액은 고려하지 말 것)으로 옳은 것은? [회계사 2020]

(1) 제23기(2024.1.1.~12.31.) 법인세 관련 내역

법인세 과세표준	산출세액	공제 · 감면세액	가산세액
350,000,000원	46,500,000원	30,000,000원	3,000,000원

(2) 당기에 결손금 100,000,000원이 발생하여 이 중 80,000,000원을 소급공제 신청하고 이에 대한 법인세를 환급받았다.
(3) 법인세 환급 이후 제23기에 대한 법인세 과세표준과 세액의 경정으로 인해 당초의 결손금 100,000,000원이 70,000,000원으로 감소하였다.
(4) 제23기 사업연도까지 발생한 결손금은 없었다.
(5) ㈜A는 결손금 소급공제에 필요한 모든 조건을 충족하고 있다.
(6) 각 사업연도 소득에 대한 법인세율은 다음과 같다.

과세표준	세 율
2억원 이하	과세표준금액의 9%
2억원 초과 200억원 이하	18,000,000원+2억원을 초과하는 금액의 19%
200억원 초과	3,780,000,000원+200억원을 초과하는 금액의 21%

① 1,900,000원   ② 2,000,000원   ③ 5,000,000원
④ 10,000,000원   ⑤ 15,000,000원

해설

1. 환급받은 법인세 : MIN(①,②)=15,200,000원
   ① 환급대상세액 : 46,500,000원-[(350,000,000원-80,000,000원)×세율]=15,200,000원
   ② 환급한도 : 46,500,000원-30,000,000원=16,500,000원

2. 환급취소세액
   $15,200,000원 \times \dfrac{10,000,000원}{80,000,000원} = 1,900,000원$

해답 ①

제21절 자진납부세액

- I. 자진납부세액의 계산구조
- II. 세액감면
- III. 세액공제
- IV. 가산세
- V. 감면분 추가납부세액
- VI. 기납부세액

I. 자진납부세액의 계산구조

법인세 자진납부세액의 계산구조를 요약하면 다음과 같다.

산　　출　　세　　액	토지 등 양도소득에 대한 법인세 포함·미환류소득에 대한 법인세 포함
(-) 공　제·감　면　세　액	세액감면, 세액공제
(+) 가　　　산　　　세	
(+) 감 면 분 추 가 납 부 세 액	
(=) 총　　부　　담　　세　　액	
(-) 기　　납　　부　　세　　액	중간예납세액, 원천징수세액, 수시부과세액
자　진　납　부　세　액	각 사업연도 종료일이 속하는 달의 말일부터 3개월 이내 자진신고·납부

참고 │ 최저한세 등 적용 시 자진납부세액의 계산구조

위 본문의 자진납부세액 계산구조는 조세특례제한법상 최저한세 등을 고려하지 아니한 것이다. 그러나 본절의 내용과 "제23절 최저한세"를 정리한 후에는 다음의 세액계산구조로 최종 완성하여야 함을 부언해 둔다.

산　　출　　세　　액	토지 등 양도소득에 대한 법인세·미환류소득에 대한 법인세 포함
(-) 최 저 한 세 적 용 대 상 공 제 감 면 세 액	
차　　감　　세　　액	
(-) 최 저 한 세 적 용 제 외 공 제 감 면 세 액	
(+) 가　　　산　　　세	
(+) 감 면 분 추 가 납 부 세 액	
(=) 총　　부　　담　　세　　액	
(-) 기　　납　　부　　세　　액	중간예납세액, 원천징수세액, 수시부과세액
(=) 차　감　납　부　할　세　액	
(-) 경　정　세　액　공　제	사실과 다른 회계처리에 기인한 경정세액공제
자　진　납　부　세　액	각 사업연도 종료일이 속하는 달의 말일부터 3개월 이내 자진신고·납부

Ⅱ. 세액감면

현행법상 세액감면제도는 조세특례제한법에만 규정되어 있으며, 세액감면의 유형은 일정기간만 적용되는 감면과 기간제한이 없이 적용되는 감면으로 구분된다.

 **일정기간만 적용되는 감면**

구 분	대 상	감 면 내 용
창업중소기업 등에 대한 세액감면 (조특법 6)	2027년 12월 31일까지 ① 수도권과밀억제권역 외의 지역에서 일정한 업종으로 창업한 창업중소기업(수도권과밀억제권역에서 창업한 청년창업중소기업 포함), ② 창업보육센터사업자로 지정받은 법인, ③ 창업 후 3년 이내에 벤처기업으로 확인받은 창업벤처중소기업 ④ 창업일이 속하는 과세연도와 그 다음 3개 과세연도가 지나지 않은 에너지신기술중소기업	최초로 소득이 발생한 과세연도와 그 다음 4년간 50%(수도권과밀억제권역 외의 지역에서 창업한 청년창업중소기업의 경우 100%) 감면❶❷+상시근로자수 증가에 따른 추가감면❸ 한편, 2026년 1월 1일 이후 ①의 창업을 하는 경우 세액공제율이 25%, 50%, 75% 및 100%가 적용됨
그 밖의 세액감면	① 연구개발특구에 입주하는 첨단기술기업 등에 대한 세액감면(조특법 12의2)	
	② 수도권 밖으로 공장을 이전하는 기업에 대한 세액감면(조특법 63)	
	③ 수도권 밖으로 본사를 이전하는 법인에 대한 세액감면(조특법 63의2)	
	④ 농공단지 입주기업 등에 대한 세액감면(조특법 64)	
	⑤ 농업회사법인에 대한 세액감면(조특법 68①)	
	⑥ 사회적기업 및 장애인 표준사업장에 대한 세액감면(조특법 85의6)	
	⑦ 위기지역 창업기업에 대한 세액감면(조특법 99의9)	
	⑧ 외국인투자자에 대한 세액감면(조특법 121의2)	
	⑨ 제주첨단과학기술단지 입주기업에 대한 세액감면(조특법 121의8) 등	

❶ 최초로 소득이 발생한 과세연도와 그 다음 4년간 수입금액이 8,000만원 이하인 경우로서 수도권과밀억제권역 외의 지역에서 창업한 창업중소기업(청년창업중소기업 제외)의 경우에는 100%, 수도권과밀억제권역에서 창업한 창업중소기업의 경우에는 50%에 상당하는 세액을 감면한다.
❷ 수도권과밀억제권역 외의 지역에서 창업한 창업중소기업(청년창업중소기업 제외)과 창업벤처중소기업 및 에너지신기술중소기업에 해당하는 경우로서 신성장서비스업을 영위하는 기업의 경우에는 최초 과세연도와 그 다음 2년간 75%, 그 다음 2년간 50%에 상당하는 세액을 감면한다.
❸ 업종별최소고용인원(광업·제조업·건설업 및 물류산업은 10인, 그 밖의 업종은 5인) 이상을 고용하는 감면기간 중 해당 과세연도의 상시근로자 수가 직전 과세연도의 상시근로자 수보다 큰 경우에는 다음에 상당하는 세액을 추가로 감면한다(청년창업중소기업 및 ❶의 100% 감면을 받는 경우 제외).

Min[㉠ 상시근로자수 증가율 × 50%, ㉡ 한도: 50%(❷의 75% 감면을 받는 경우 25%)]

2 기간제한이 없이 적용되는 감면

구 분	대 상	감면내용
중소기업에 대한 특별세액감면 (조특법 7)	제조업·건설업·도매 및 소매업 등을 영위하는 중소기업으로서 2025년 12월 31일 이전에 종료하는 사업연도까지 해당 사업에서 발생한 소득	지역·업종·규모에 따라 5%, 10%, 15%, 20%, 30% 감면(한도 1억원*)
그 밖의 세액감면	① 공공차관도입에 따른 세액감면(조특법 20) ② 국제금융거래에 따른 이자소득 등에 대한 세액감면(조특법 21) ③ 해외자원개발투자 배당소득에 대한 세액감면(조특법 22) ④ 영농조합법인에 대한 세액감면(조특법 66①) ⑤ 영어조합법인에 대한 세액감면(조특법 67①) ⑥ 소형주택 임대사업자에 대한 세액감면(조특법 96) ⑦ 상가건물 장기 임대사업자에 대한 세액감면(조특법 96의2) ⑧ 산림개발소득에 대한 세액감면(조특법 102) 등	

✽ 해당 과세연도의 상시근로자 수가 직전 과세연도의 상시근로자 수보다 감소한 경우에는 1억원에서 감소한 상시근로자 1명당 500만원씩을 뺀 금액(해당 금액이 음수인 경우에는 0)으로 한다.

중소기업에 대한 특별세액감면비율

구 분	대 상	감면율
소기업❶	① 도매 및 소매업, 의료업(도매업 등)을 경영하는 사업장	10%
	② 수도권 안에서 감면업종 중 도매업 등 외의 업종을 경영하는 사업장	20%
	③ 수도권 외의 지역에서 감면업종 중 도매업 등 외의 업종을 경영하는 사업장	30%
중기업❶	① 수도권 외의 지역에서 도매업 등을 경영하는 사업장	5%
	② 수도권 외의 지역에서 감면업종 중 도매업 등 외의 업종을 경영하는 사업장	15%
자동차 대여 사업자	자동차대여사업자로서 전기자동차 또는 연료전지자동차를 50% 이상 보유한 중소기업	30%

❶ 소기업이란 중소기업 중 매출액이 업종별로 중소기업기본법 시행령(별표 3)을 준용하여 산정한 규모 기준 이내인 기업을 말하며, 소기업 제외한 중소기업을 중기업이라 한다.

3 감면세액의 계산

(1) 감면세액의 산식

내국법인의 감면소득에 대한 법인세 감면세액은 다른 법률에 특별한 규정이 있는 경우를 제외하고는 다음과 같이 계산한다(법법 59②).

$$감면세액 = 법인세\ 산출세액 \times \frac{감면소득}{과세표준} \times 감면비율$$

(2) 법인세 산출세액

법인세 산출세액은 가산세와 토지 등 양도소득에 대한 법인세, 미환류소득에 대한 법인세를 제외한 금액으로 한다.

(3) 감면소득

법인세 과세표준 계산시 각 사업연도 소득금액에서 공제한 이월결손금·비과세소득·소득공제액(이하 "공제액 등"이라 한다)이 있는 경우에는 다음의 금액을 차감한 금액을 감면소득으로 한다.

① 공제액 등이 감면사업 또는 면제사업에서 발생한 경우 : 공제액 전액
② 공제액 등이 감면사업 또는 면제사업에서 발생하였는지 여부가 불분명한 경우 : 공제액 등을 소득금액에 비례하여 안분계산한 금액

(4) 사 례

1 자 료
① 과세표준 : 400,000,000원(감면사업 240,000,000원, 그 밖의 사업 160,000,000원)
② 산출세액 : 56,000,000원(가산세 120,000원, 토지 등 양도소득에 대한 법인세 1,500,000원 제외)
③ 감면비율 : 50%

2 감면세액의 계산

$$감면세액 = 56,000,000원 \times \frac{240,000,000원}{400,000,000원} \times 50\% = 16,800,000원$$

III. 세액공제

1 세액공제의 개요

(1) 세액공제의 종류

현행법상 세액공제제도는 법인세법과 조세특례제한법에 규정되어 있는데, 이를 요약하면 다음과 같다.

구 분	법인세법상 세액공제	조세특례제한법상 세액공제
종 류	① 외국납부세액공제 ② 재해손실세액공제 ③ 사실과 다른 회계처리에 기인한 경정세액공제	① 연구및인력개발비세액공제 ② 통합투자세액공제 ③ 특허권 등의 취득에 대한 세액공제 ④ 전자신고에 대한 세액공제 등
이 월 공 제[1]	① 외국납부세액공제 : 10년 ② 재해손실세액공제 : 없음 ③ 사실과 다른 회계처리에 기인한 경정세액공제 : 공제허용기간의 제한 없음	10년[2]
최 저 한 세	—	적용[연구및인력개발비세액공제(중소기업은 전액, 일반기업은 석박사 핵심연구인력 인건비분)와 지급명세서에 대한 세액공제는 최저한세 적용대상이 아님]

❶ 법인세법상 외국납부세액공제나 조세특례제한법상 세액공제는 해당 사업연도에 공제를 받지 못한 경우에 향후 10년간 이월공제가 되는데 반하여 법인세법상 사실과 다른 회계처리에 기인한 경정세액공제는 공제허용기간의 제한이 없다.

❷ 2021.1.1. 전에 종전의 다음의 구분에 따른 기간이 지나 이월하여 공제받지 못한 세액에 대해서는 종전의 규정에 따른다.

① 중소기업이 설립일부터 5년이 되는 날이 속하는 과세연도까지 공제받지 못한 경우
　㉠ 중소기업 등 투자세액공제: 7년
　㉡ 연구·인력개발비세액공제: 10년
② 신성장동력·원천기술연구개발비(위 ①의 ㉡ 경우 제외): 10년
③ 그 밖의 조세특례제한법상 세액공제: 5년

(2) 세액공제와 세액감면의 적용순서

세액공제와 세액감면은 산출세액(토지 등 양도소득에 대한 법인세 및 가산세 제외)을 한도로 적용하며, 세액공제와 세액감면이 동시에 적용되는 경우에는 다음 순서에 따라 적용한다(법법 59①).

① 세액감면
② 이월공제가 인정되지 아니하는 세액공제
③ 이월공제가 인정되는 세액공제❸
④ 사실과 다른 회계처리에 기인한 경정세액공제❸

❸ 이 경우 해당 사업연도 중에 발생한 세액공제액과 이월된 미공제세액이 함께 있는 경우에는 이월된 미공제세액을 먼저 공제한다.

외국납부세액공제

(1) 외국납부세액공제의 개요

법인세법에서는 영리내국법인의 경우 국외원천소득에 대해서도 법인세를 과세하므로 해당 법인에 국외원천소득에 대한 외국납부세액이 있는 경우에는 국가간의 이중과세문제가 발생한다. 이를 해결하기 위해 법인세법에서는 내국법인의 각 사업연도의 소득에 대한 과세표준에 국외원천소득이 포함되어 있는 경우로서 그 국외원천소득에 대하여 외국법인세액을 납부하였거나 납부할 것이 있는 경우에는 공제한도금액 내에서 외국법인세액을 해당 사업연도의 산출세액에서 공제할 수 있도록 규정하고 있다(법법 57①). 이는 외국납부세액공제 제도의 명확화를 위해 손금산입 방법을 삭제하고 세액공제 방법만 적용(단, 세액공제 방법을 적용하지 않은 경우 직접외국납부세액에 한정하여 손금으로 인정)할 수 있도록 개정한 것으로서, 2021년 1월 1일 전의 사업연도분에 대해서는 종전의 규정에 따라 세액공제와 손금산입 방법 중 선택할 수 있다(법법 부칙 2020.12.22. 19).

(2) 외국납부세액의 범위

1) 직접외국납부세액

① 개 요

직접외국납부세액이란 법인의 국외원천소득에 대하여 외국정부에 의하여 과세된 다음의 세액(가산세 및 가산금은 제외)을 말하며, 외국납부세액으로 본다.

㉠ 초과이윤세 및 그 밖에 법인의 소득을 과세표준으로 하여 과세된 세액
㉡ 법인의 소득을 과세표준으로 하여 과세된 세액의 부가세액
㉢ 법인의 소득 등을 과세표준으로 하여 과세된 세액과 동일한 세목에 해당하는 것으로서 소득 외의 수입금액 등을 과세표준으로 하여 과세된 세액

② 직접외국납부세액의 범위

직접외국납부세액은 법인의 각 사업연도의 과세표준금액에 포함된 국외원천소득에 대하여 납부하였거나 납부할 것으로 확정된 금액을 말하되, 해당 세액 등의 가산세·가산금은 포함되지 않는다(법기통 57-94…2).

한편, 국제조세조정에 관한 법률 제12조 제1항에 따라 내국법인의 소득이 감액조정된 금액 중 국외특수관계인에게 반환되지 않고 내국법인에게 유보되는 금액에 대하여 외국정부가 과세한 금액과 해당 세액이 조세조약에 따른 비과세·면제·제한세율에 관한 규정에 따라 계산한 세액을 초과하는 경우에는 그 초과하는 세액은 제외(∵이중과세문제가 발생되지 않았으므로)하되, 러시아연방 정부가 비우호국과의 조세조약 이행중단을 내용으로 하는 자국 법령에 근거하여 조세조약에 따른 비과세·면제·제한세율에 관한 규정에 따라 계산한 세액을 초과하여 과세한 세액은 포함한다(법령 94①단서).

2) 의제외국납부세액

① 개 요

국외원천소득이 있는 법인이 조세조약의 상대국에서 해당 국외원천소득에 대하여 감면받은 법인세 상당액은 해당 조세조약이 정하는 범위안에서 외국납부세액으로 본다(법법 57③). 이를 의제외국납부세액 또는 간주외국납부세액이라고도 하며, 이하 본서에서는 의제외국납부세액이라 하겠다.

② 의제외국납부세액의 사례

만일 외국의 세법에 따라 계산된 산출세액이 1,000원이고 감면세액이 400원이라면 내국법인이 외국의 과세당국에 실제로 납부한 세액은 600원일 것이다. 여기서 실제로 납부한 600원을 직접외국납부세액이라고 하며, 400원을 의제외국납부세액이라 한다.

3) 간접외국납부세액

① 개 요

내국법인이 해외로 진출하는 방식은 지점형태로 진출하는 방식과 법인설립을 통한 자회사의 형태로 진출하는 방식(외국법인의 주식취득을 통한 진출방식 포함)이 있다. 이 경우 지점형태로 진출한 경우에는 위에서 설명한 직접외국납부세액과 의제외국납부세액이 해당 법인에 존재하므로 해당 금액을 기준으로 국가간 이중과세를 조정하게 되는 것이며, 자회사의 형태로 진출한 경우에는 해당 외국자회사가 납부한 법인세 중 내국법인이 수령한 배당금에 대한 법인세 상당액을 계산한 후 해당 금액을 내국법인이 납부한 것으로 보아 국가간 이중과세를 조정하게 되는데, 이를 간접외국납부세액이라 한다.

② 간접외국납부세액의 규정

내국법인의 각 사업연도 소득금액에 외국자회사로부터 받은 수입배당금액이 포함되어 있는 경우로서 세액공제 적용을 선택한 경우에는 해당 수입배당금액에 대한 외국법인세 상당액(=간접외국납부세액)을 익금산입(기타사외유출)하고, 외국납부세액으로 본다. 여기서 간접외국납부세액은 다음 산식에 의하여 계산된 금액을 말한다.

$$\text{외국자회사의 법인세액} \times \frac{\text{수입배당금액}}{\text{외국자회사의 소득금액} - \text{외국자회사의 법인세액}}$$

 외국납부세액의 회계처리 및 세무조정

구 분	회계처리	세무조정	
		원칙(세액공제 적용을 선택한 경우)	예외(세액공제를 적용받지 못한 경우)
직접외국납부세액	세금과공과	손금불산입(기타사외유출)	없 음(손금인정)
의제외국납부세액	없 음	없 음	없 음
간접외국납부세액	없 음	익금산입(기타사외유출)	없 음

외국납부세액의 세무조정

(1) 직접외국납부세액

Book	세금과공과	3,000,000 / 현 금	3,000,000
Tax	외국납부세액	3,000,000 / 현 금	3,000,000
Tax-Adj Adjustment	외국납부세액 손 금↓(순자산↓)	3,000,000 / 세금과공과 3,000,000 / 손 금↑(순자산↑)	3,000,000 3,000,000

〈세무조정 없음〉

(2) 간접외국납부세액

Book 1	배당금수익*	3,000,000 / 현 금	3,000,000
	* 자회사 이익잉여금 (4,000,000원) − 외국법인세납부세액(25% 가정, 1,000,000원, 간접외국납부세액)		
Book 2	현 금 외국법인세납부세액(비용)	4,000,000 / 자회사 이익잉여금배당금 1,000,000 / 현 금	4,000,000 1,000,000
Tax 1	수입배당금	3,000,000 / 현 금	3,000,000
Tax 2	현 금 외국법인세납부세액(손금)	4,000,000 / 자회사 이익잉여금배당금 1,000,000 / 현 금	4,000,000 1,000,000
Tax-Adj Adjustment	없 음 없 음		

〈세무조정 없음〉

(3) 의제외국납부세액

Book	외국납부세액*	3,000,000 / 현 금			3,000,000

　　* 외국 세법에 의한 산출세액 (4,000,000원) − 외국 세법에 의한 감면세액(1,000,000원. 의제외국납부세액)

Tax	외국납부세액	3,000,000 / 현 금			3,000,000

Tax-Adj Adjustment	없 음 없 음

〈세무조정 없음〉

◉ 의제외국납부세액의 경우 기업회계기준상 비용으로 처리되지 않고 법인세법 개정규정상 손금산입 방식이 삭제되었으므로 세액공제 적용을 선택하지 않은 경우 종전과 달리 손금으로 인정되지 않는 문제가 발생할 수 있다.

(1) 직접외국납부세액

Book	세금과공과	3,000,000 / 현 금		3,000,000
Tax	유출잉여금	3,000,000 / 현 금		3,000,000
Tax-Adj Adjustment	유출잉여금 유출잉여금↓(순자산↓)	3,000,000 / 세금과공과 3,000,000 / 손 금↓(순자산↓)		3,000,000 3,000,000

〈손금불산입〉 세금과공과 3,000,000 · 기타사외유출

(2) 간접외국납부세액

Book 1	배당금수익*	3,000,000 / 현 금		3,000,000

　　* 자회사 이익잉여금 (4,000,000원) − 외국법인세납부세액(25% 가정. 1,000,000원. 간접외국납부세액)

Book 2	현 금 외국법인세납부세액(비용)	4,000,000 / 자회사 이익잉여금배당금 1,000,000 / 현 금		4,000,000 1,000,000
Tax 1	수입배당금	3,000,000 / 현 금		3,000,000
Tax 2	현 금 유출잉여금	4,000,000 / 자회사 이익잉여금배당금 1,000,000 / 현 금		4,000,000 1,000,000
Tax-Adj Adjustment	유출잉여금 유출잉여금↓(순자산↓)	1,000,000 / 외국법인세납부세액 1,000,000 / 손 금↓(순자산↓)		1,000,000 1,000,000

〈손금불산입〉 외국법인세납부세액 1,000,000 · 기타사외유출

(3) 의제외국납부세액

Book	외국납부세액*	3,000,000 / 현 금		3,000,000

　　* 외국 세법에 의한 산출세액 (4,000,000원) − 외국 세법에 의한 감면세액(1,000,000원. 의제외국납부세액)

Tax	외국납부세액	3000,000 / 현 금		3,000,000

Tax-Adj Adjustment	없 음 없 음

〈세무조정 없음〉

(3) 외국납부세액공제액

외국납부세액공제액은 다음 산식에 의하여 계산한 금액으로 한다. 이 경우 국외사업장이 2개 이상의 국가에 있는 때의 공제한도는 국가별로 구분하여 이를 계산하는 방법(국별한도제)만이 허용되며, 국가별로 구분하지 아니하고 일괄하여 계산하는 방법(일괄한도제)은 허용되지 않는다.

한편, 외국납부세액공제 한도액을 국가별로 구분하여 계산하는 경우에 어느 국가의 소득금액이 결손인 경우의 기준국외원천소득금액 계산은 각국별 소득금액에서 그 결손금액을 총소득금액에 대한 국가별 소득금액 비율로 안분계산하여 차감한 금액으로 한다(통칙 57-94…1).

외국납부세액공제액 = MIN[①, ②]
① 외국납부세액(직접외국납부세액 + 의제외국납부세액 + 간접외국납부세액)
② 법인세 산출세액 × $\dfrac{\text{국외원천소득}}{\text{과세표준}}$

또한 해당 사업연도에 국외원천소득에 대하여 「조세특례제한법」이나 그 밖의 법률에 따라 세액 감면 또는 면제를 적용하는 경우에는 다음 계산식에 따라 계산한 금액을 세액공제액으로 한다.

외국납부세액공제액 = MIN[①, ②]
① 외국납부세액(직접외국납부세액 + 의제외국납부세액 + 간접외국납부세액)
② 산출세액 × $\dfrac{\text{국외원천소득} - \text{감면대상국외원천소득} \times \text{감면율}}{\text{과세표준}}$

한편, 위의 산식에서 법인세 산출세액과 국외원천소득의 계산시 유의하여야 할 사항을 살펴보면 다음과 같다.

구 분	내 용
법인세 산출세액	법인세 산출세액에는 토지 등 양도소득에 대한 법인세를 제외한다.
국외원천소득	과세표준 계산시 각 사업연도 소득금액에서 공제한 이월결손금·비과세소득·소득공제액(이하 "공제액 등"이라 한다)이 있는 경우에는 다음의 금액을 차감한 금액을 국외원천소득으로 한다. ① 공제액 등이 국외원천소득에서 발생한 경우 : 공제액 전액 ② 공제액 등이 국외원천소득에서 발생하였는지 여부가 불분명한 경우 : 공제액 등을 소득금액에 비례하여 안분계산한 금액

(4) 이월공제 등 그 밖의 규정

구 분	내 용	
이 월 공 제 및 손 금 산 입	외국납부세액이 공제한도액을 초과하는 경우 해당 초과액은 해당 사업연도의 다음 사업연도의 개시일부터 10년 이내에 끝나는 각 사업연도(이월공제기간)로 이월하여 그 이월된 사업연도의 공제한도금액 내에서 공제받을 수 있다. 다만, 외국정부에 납부하였거나 납부할 외국법인세액을 이월공제기간 내에 공제받지 못한 경우 그 공제받지 못한 외국법인세액은 이월공제기간의 종료일 다음날이 속하는 사업연도의 소득금액을 계산할 때 손금에 산입할 수 있다(법법 57②).	
서 류 제 출	외국납부세액공제를 적용받고자 하는 내국법인은 법인세 과세표준신고와 함께 외국납부세액 공제세액계산서를 납세지 관할세무서장에게 제출하여야 한다.	
공 제 배 제	원 칙	법인세의 과세표준을 추계결정·경정하는 경우에는 외국납부세액공제를 적용하지 않는다.
	예 외	다만, 천재지변 등으로 장부 그 밖의 증명서류가 멸실되어 추계하는 경우에는 그러하지 아니하다(법법 68).

 단, 내국법인은 외국정부의 국외원천소득에 대한 법인세의 결정·통지의 지연, 과세기간의 상이 등의 사유로 법인세 과세표준신고와 함께 외국납부세액공제세액계산서를 제출할 수 없는 경우에는 외국정부의 국외원천소득에 대한 법인세결정통지를 받은 날부터 3개월 이내에 외국납부세액공제세액계산서에 증빙서류를 첨부하여 제출할 수 있다.

> **참고 국외원천소득에 대응하는 비용의 차감**
>
> 국외원천소득은 국외에서 발생한 소득으로서 내국법인의 각 사업연도 소득의 과세표준 계산에 관한 규정을 준용하여 산출한 금액으로 한다. 이 경우 외국납부세액의 세액공제방법이 적용되는 경우의 국외원천소득은 해당 사업연도의 과세표준을 계산할 때 손금에 산입된 금액(국외원천소득이 발생한 국가에서 과세할 때 손금에 산입된 금액 제외)으로서 국외원천소득에 대응하는 다음의 국외원천소득 대응 비용을 뺀 금액으로 한다(법령 94②).
>
> ① 직접비용: 해당 국외원천소득에 직접적으로 관련되어 대응되는 비용. 이 경우 해당 국외원천소득과 그 밖의 소득에 공통적으로 관련된 비용은 제외한다.
> ② 배분비용: 해당 국외원천소득과 그 밖의 소득에 공통적으로 관련된 비용 중 기획재정부령으로 정하는 방법에 따라 계산한 국외원천소득 관련 비용
>
> 다만, 내국법인이 연구개발 관련 비용 등 기획재정부령이 정하는 비용에 대하여 기획재정부령으로 정하는 계산방법을 선택하여 적용하는 경우에는 그에 따라 계산한 금액을 국외원천소득 대응 비용으로 한다. 이 경우, 기획재정부령으로 정하는 계산방법 중 하나의 방법을 선택한 경우에는 그 방법을 적용받으려는 사업연도부터 5개 사업연도 동안 연속하여 그 선택한 방법을 적용해야 한다.

 **21-1 외국납부세액공제(Ⅰ)**

다음 자료에 의하여 (주)A(성실신고확인대상 소규모법인이 아님)의 외국납부세액공제액을 계산하시오.

1. 소득금액 및 외국납부세액의 내역

구 분	일 본	미 국	캐나다	국 내	합 계
소 득 금 액	45,000,000원	30,000,000원	△55,000,000원	300,000,000원	375,000,000원
외국납부세액	13,500,000원	5,000,000원	-	-	18,500,000원

2. 외국납부세액은 소득금액 계산시 손금불산입되었다.

1. 과세표준의 계산
   375,000,000원 − 55,000,000원 = 320,000,000원

2. 법인세 산출세액의 계산
   200,000,000원 × 9% + 120,000,000원 × 19% = 40,800,000원

3. 외국납부세액공제액의 계산(국별한도제)

구 분	소득금액	이월결손금	과세표준	외국납부세액	공제한도액	공 제 액
국 내	300,000,000원	44,000,000원	256,000,000원	−	−	−
일 본	45,000,000원	6,600,000원	38,400,000원	13,500,000원	4,836,000원❶	4,836,000원
미 국	30,000,000원	4,400,000원	25,600,000원	5,000,000원	3,224,000원❷	3,224,000원
합 계	375,000,000원	55,000,000원	320,000,000원	18,500,000원	8,060,000원	8,060,000원

❶ $40,800,000원 \times \dfrac{38,400,000원}{320,000,000원} = 4,836,000원$

❷ $40,300,000원 \times \dfrac{25,600,000원}{320,000,000원} = 3,224,000원$

위 계산에 의해 8,060,000원을 외국납부세액공제액으로 한다.

국별한도제에 의하는 경우에는 과세표준을 국가별로 구분하여 계산하므로 상기 사례의 캐나다에서 발생한 결손금은 국내원천소득을 포함한 국가별 소득금액비율로 안분하여 공제하여야 한다(법기통 57−94…1).

21−2 외국납부세액공제(Ⅱ)

㈜A(성실신고확인대상 소규모법인이 아님)는 일본에 있는 ㈜B의 주식 50%를 보유하고 있다. 다음 자료에 의하여 외국납부세액공제액을 계산하시오.

1. ㈜A는 ㈜B로부터 배당금을 수령하면서 다음과 같이 회계처리하였다.

(차) 현 금	36,000,000	(대) 배당금수익	40,000,000
세금과공과	4,000,000		

2. ㈜B의 관련 자료는 다음과 같다.
   (1) 소득금액 : 120,000,000원
   (2) 법인세 : 40,000,000원

3. ㈜A의 관련 자료는 다음과 같다.
   (1) 상기의 배당금수익을 제외한 소득금액 : 240,000,000원
   (2) 이월결손금·비과세소득·소득공제 : 없음

1. 외국납부세액의 계산
   (1) 직접외국납부세액 : 4,000,000원
   (2) 간접외국납부세액 : $40,000,000원 \times \dfrac{40,000,000원}{120,000,000원 - 40,000,000원} = 20,000,000원$

(3) (1)+(2)=24,000,000원
2. 과세표준의 계산
240,000,000원+40,000,000원❋+20,000,000원=300,000,000원
❋ 40,000,000원−4,000,000원+4,000,000원=40,000,000원
3. 산출세액의 계산
200,000,000원×9%+100,000,000원×19%=37,000,000원
4. 외국납부세액공제액의 계산
(1) 외국납부세액 : 24,000,000원
(2) 한도액 : 37,000,000원 × $\dfrac{60,000,000원}{300,000,000원}$ = 7,400,000원
(3) MIN[(1), (2)]=7,400,000원

상기의 사례에서 국외원천소득금액은 다음과 같이 계산된다.

장부상 금액	36,000,000원	(=40,000,000원−4,000,000원)
세무조정금액	24,000,000원	(=4,000,000원+20,000,000원)
국외원천소득금액	60,000,000원	

3 재해손실세액공제

(1) 재해손실세액공제의 의의

법인이 사업연도 중에 천재지변 그 밖의 재해로 인하여 납세가 곤란하다고 인정되는 경우에는 재해손실세액공제를 적용받을 수 있다. 다만, 재해손실세액공제를 적용받기 위해서는 자산상실비율이 20% 이상이어야 한다.

(2) 재해손실세액공제액

1) 재해손실세액공제액의 계산

재해손실세액공제액은 다음 산식에 의하여 계산된 금액으로 한다.

> 재해손실세액공제액=MIN[공제대상 법인세×재해상실비율, 상실된 재산가액]

한편, 위의 산식에서 공제대상 법인세의 범위와 재해상실비율의 계산방법은 다음과 같다.

구 분	내 용
공제대상 법인세	[①+②+③−④] ① 재해발생일 현재 부과되지 아니한 법인세와 부과된 법인세로서 미납된 법인세(2020.1.1. 전 납세의무 성립분은 가산금 포함) ② 재해발생일이 속하는 사업연도의 소득에 대한 법인세 산출세액 ③ 가산세❋ ④ 다른 법률에 따른 공제·감면세액

재해상실비율	자산상실비율 = 상실된 사업용 자산가액 / 상실전 사업용 총자산가액(토지가액 제외) 여기서 자산가액은 재해발생일 현재 해당 법인의 장부가액으로 하되, 재해로 인하여 장부가 소실·분실되어 장부가액을 알 수 없는 경우에는 납세지 관할세무서장이 조사하여 확인한 재해발생일 현재의 가액에 의하여 계산한다(법령 95②).

✪ 여기서 가산세란 무기장가산세, 무신고가산세, 과소신고·초과환급신고가산세, 납부지연가산세, 장부의 기록·보관불성실가산세를 말한다(법령 95③).

2) 유의사항

① 상실한 자산이 수탁자산 또는 타인소유자산인 경우에 그로 인한 변상책임이 해당 법인에 있는 경우에는 해당 자산은 사업용 총자산가액 및 상실된 자산가액에 포함시킨다. 그러나 변상책임이 없는 경우에는 그러하지 아니하다.
② 예금·받을어음·외상매출금 등은 해당 채권추심에 관한 증서가 소실된 경우에도 상실된 자산가액에 포함시키지 않는다.
③ 재해자산에 대하여 보험금을 수취한 경우 해당 보험금은 상실된 사업용 자산가액에서 공제하지 않는다.

(3) 신청서의 제출

재해손실세액공제를 적용받고자 하는 법인은 다음의 기한내에 납세지 관할세무서장에게 재해손실세액공제신청서를 제출하여야 한다(법법 83③).

구 분	내 용
유형 ①	재해발생일 현재 부과되지 아니한 법인세와 부과된 법인세로서 미납된 법인세 ➡ 재해발생일로부터 1개월
유형 ②	과세표준신고기한이 지나지 아니한 법인세 ➡ 그 신고기한. 다만, 재해발생일로부터 신고기한까지의 기간이 1개월 미만인 경우에는 재해발생일로부터 1개월

예 21-3 재해손실세액공제

다음 자료에 의하여 ㈜A의 재해손실세액공제액을 계산하라.

1. 당기 8월 9일에 ㈜A의 공장에 화재가 발생하여 140,000,000원의 재해손실이 발생하였다.

2. 재해손실의 내용

자 산	재해전 자산가액	재해후 자산가액	재해손실액
토 지	40,000,000원	40,000,000원	−
건 물	60,000,000원	30,000,000원	30,000,000원
기 계 장 치	120,000,000원	60,000,000원	60,000,000원
재 고 자 산✪	140,000,000원	90,000,000원	50,000,000원
합 계	360,000,000원	220,000,000원	140,000,000원

✪ 재고자산의 재해전 자산가액과 재해손실액에는 수탁상품 20,000,000원이 포함되어 있는데, ㈜A에는 변상책임이 없다.

3. ㈜A는 재고자산의 멸실에 대하여 화재보험금 20,000,000원을 수령하였다.

4. ㈜A에는 재해발생일 현재 미납세액으로 법인세 20,000,000원(당기에 발생한 가산금 1,500,000원 불포함)과 부가가치세 30,000,000원이 있다.

5. 당기의 법인세 산출세액은 12,500,000원이며, 당기에 세액공제대상이 되는 금액은 외국납부세액공제액 1,000,000원과 연구·인력개발비세액공제액 1,500,000원이 있다.

해답

1. 재해상실비율

$$= \frac{\text{상실된 사업용 자산가액}}{\text{상실전 사업용 총자산가액(토지가액 제외)}}$$

$$= \frac{140,000,000원 - 20,000,000원}{360,000,000원 - 40,000,000원 - 20,000,000원}$$

$$= 40\%$$

※ 수탁상품에 대한 변상책임이 없으므로 재해상실비율 계산시 이를 고려하지 않는다.

2. 재해손실세액공제액의 계산
   ① 미납법인세에 대한 세액공제액
      20,000,000원 × 40% = 8,000,000원
   ② 당기 법인세에 대한 세액공제액
      (산출세액 - 다른 법률에 따른 공제·감면세액) × 재해상실비율
      = (12,500,000원 - 1,500,000원) × 40% = 4,400,000원
      ※ 외국납부세액공제액은 법인세법상 세액공제액이므로 차감하지 아니한다.
   ③ 합계액
      ① + ② = 12,400,000원
   ③ 재해손실세액공제액
      MIN[12,400,000원, 120,000,000원] = 12,400,000원

참고

만일 상기 사례에서 수탁상품에 대한 변상책임이 있다면 재해상실비율은 다음과 같이 계산된다.

$$\text{재해상실비율} = \frac{140,000,000원}{360,000,000원 - 40,000,000원} = 43.75\%$$

4 사실과 다른 회계처리에 기인한 경정세액공제

(1) 경정세액공제의 의의

일반적으로 경영성과가 좋은 기업은 비자금 조성에 관심을 갖게 되고, 경영성과가 부진한 기업은 이익을 보고하기 위해 분식회계(粉飾會計)를 하게 된다. 이 경우 전자의 경우에는 세무실사 등을 통하여 세액의 추징을 하게 되고, 후자의 경우에는 과세표준과 세액의 과다계상으로 인하여 법인이 국세기본법에 따라 경정청구를 하게 되면 환급을 해주어야 한다.

그러나 분식회계를 하게 되면 해당 재무제표를 보고 의사결정을 한 외부회계정보이용자들에게 많은 피해를 주게 되므로 법인세법에서는 국세기본법상 환급의 특례규정으로서 다음과 같은 제도를 도입하게 된 것이다.

참고로 국세기본법상 환급은 국세환급금의 결정을 한 날로부터 30일 이내에 환급한다.

(2) 규정과 유의사항

1) 규 정

내국법인이 다음의 요건을 모두 충족하는 사실과 다른 회계처리를 하여 과세표준 및 세액을 과다하게 계상함으로써 국세기본법에 따라 경정을 청구하여 경정을 받은 경우에는 과다 납부한 세액을 환급하지 않고 그 경정일이 속하는 사업연도부터 각 사업연도의 법인세액에서 과다 납부한 세액을 공제한다. 이 경우 각 사업연도별로 공제하는 금액은 과다 납부한 세액의 20%를 한도로 하고, 공제 후 남아 있는 과다 납부한 세액은 이후 사업연도에 이월하여 공제한다(법법 58의3①).

> ① 자본시장과 금융투자업에 관한 법률에 따른 사업보고서 및 주식회사 등의 외부감사에 관한 법률에 따른 감사보고서를 제출할 때 수익 또는 자산을 과다 계상하거나 손비 또는 부채를 과소 계상할 것
> ② 내국법인, 감사인 또는 그에 소속된 공인회계사가 대통령령으로 정하는 경고·주의 등의 조치를 받을 것

위의 규정을 적용할 때 내국법인이 해당 사실과 다른 회계처리와 관련하여 그 경정일이 속하는 사업연도 이전의 사업연도에 국세기본법에 따른 수정신고를 하여 납부할 세액이 있는 경우에는 그 납부할 세액에서 위의 규정에 따른 과다 납부한 세액을 과다 납부한 세액의 20%를 한도로 먼저 공제해야 한다(법법 58의3②).

한편, 위의 규정에 따라 과다 납부한 세액을 공제받은 내국법인으로서 과다 납부한 세액이 남아 있는 내국법인이 해산하는 경우에는 다음에 따른다(법법 58의3③).

> ① 합병 또는 분할에 따라 해산하는 경우: 합병법인 또는 분할신설법인(분할합병의 상대방 법인을 포함)이 남아 있는 과다 납부한 세액을 승계하여 전술한 규정에 따라 세액공제
> ② 위 ① 외의 방법에 따라 해산하는 경우: 납세지 관할 세무서장 또는 관할지방국세청장은 남아 있는 과다 납부한 세액에서 청산소득에 대한 법인세 납부세액을 빼고 남은 금액을 즉시 환급

예제 21-4 사실과 다른 회계처리에 기인한 경정세액공제

다음 자료를 이용하여 ㈜A의 제10기로 이월되는 경정세액공제액을 계산하시오.

1. ㈜A의 제10기 사업연도의 과세자료는 다음과 같다.
   (1) 산출세액 : 35,000,000원
   (2) 외국납부세액공제 : 6,000,000원
   (3) 중소기업에 대한 특별세액감면 : 19,000,000원
   (4) 조세특례제한법에 따른 최저한세 : 17,000,000원
2. ㈜A는 제8기 사업연도에 결손자료를 보고하면 차입금 조달에 문제가 있을 것으로 판단하여 가공매출액 80,000,000원을 장부에 계상하여 법인세 신고납부 하였다. 제8기 사업연도의 과세자료는 다음과 같다.
   (1) 과세표준 : 390,000,000원
   (2) 산출세액 : 54,100,000원
3. ㈜A는 제8기 법인세 신고자료와 관련된 분식회계사실이 감독기관에 의하여 적발되었으며 감독기관의 경고조치를 받았다.
4. ㈜A는 12월말 법인이며, 제8기의 법인세율은 9%, 19%, 21%이었다.

1. 경정세액공제 대상금액의 계산
 54,100,000원-(390,000,000원-80,000,000원)×세율
 = 54,100,000원-(18,000,000원+110,000,000원×19%)
 = 15,200,000원
2. 제10기 경정세액공제액(한도)
 15,200,000원×20%=3,040,000원
3. 제11기로 이월되는 경정세액공제액
 15,200,000원-3,040,000원=12,160,000원

1. 상기 이월된 경정세액공제액은 이후 각 사업연도별로 과다 납부한 세액의 20%를 한도로 하여 공제한다(기간 제한 없음).
2. 참고로 제10기 자진납부세액을 계산해보면 다음과 같다.
 (1) 최저한세 검토 : MAX(①,②)=17,000,000원
  ① 감면후 세액
   35,000,000원 - 19,000,000원 = 16,000,000원
  ② 최저한세
   17,000,000원
  ③ 따라서 ㈜A는 최저한세의 규정을 적용받게 되어 감면후 세액과 최저한세의 차액인 1,000,000원의 조세감면을 배제하여야 한다.
 (2) 자진납부세액
  17,000,000원(최저한세)-6,000,000(외국납부세액공제)-3,040,000(경정세액공제)=7,960,000원

5 연구·인력개발비세액공제

(1) 적용대상

내국인이 각 과세연도에 연구·인력개발비가 있는 경우에는 다음 (2)의 세액공제액을 합한 금액을 해당 과세연도의 법인세에서 공제한다. 이 경우 아래 (2)-1) 신성장·원천기술연구개발비(신성장·원천기술을 얻기 위한 연구개발비)는 2027년 12월 31일까지 발생한 해당 연구·인력개발비에 대해서만 적용한다.

> **연구·인력개발의 정의 및 연구·인력개발비의 범위**
>
> ① 연구·인력개발의 정의
> 연구개발이란 과학적 또는 기술적 진전을 이루기 위한 활동과 새로운 서비스 및 서비스전달체계를 개발하기 위한 활동을 말하며, 대통령령으로 정하는 활동을 제외한다. 인력개발이란 내국인이 고용하고 있는 임원 또는 사용인을 교육·훈련시키는 활동을 말한다(조특법 2① 제11호, 제12호).
> ② 연구·인력개발비의 범위
> 연구개발 및 인력개발을 위한 비용으로서 조특령 별표 6의 비용을 말한다. 다만, 다음에 해당하는 비용은 제외한다(조특령 9①).
>
>> ㉠ 연구개발출연금등을 지급받아 연구개발비로 지출하는 금액
>> ㉡ 국가, 지방자치단체, 공공기관 및 지방공기업으로부터 연구개발 또는 인력개발 등을 목적으로 출연금 등의 자산을 지급받아 연구개발비 또는 인력개발비로 지출하는 금액
>
> 한편, 연구·인력개발비세액공제를 적용할 때 새로운 서비스 및 서비스전달체계를 개발하기 위한 활동에 지출한 금액 중 과학기술분야와 결합되어 있지 아니한 금액에 대해서는 자체 연구개발에 지출한 것에 한정한다(조특법 10⑤).

(2) 세액공제액

연구·인력개발비세액공제액은 일반법인과 중소기업으로 구분하여 그 내용을 달리 규정하고 있는데, 이를 살펴보면 다음과 같다.

1) 신성장·원천 기술연구개발비

구 분	세 액 공 제 액
중소기업	해당 과세연도 발생액 × [30% + Min(①, ②)] ① 10% ② $\dfrac{\text{해당 과세연도 신성장·원천기술연구개발비}}{\text{해당 과세연도 수입금액}} \times 3$
일반법인	해당 과세연도 발생액 × [20%(중소기업에 해당되지 않게 된 일정한 경우❶ 25%) + Min(①, ②)] ① 10% ② $\dfrac{\text{해당 과세연도 신성장·원천기술연구개발비}}{\text{해당 과세연도 수입금액}} \times 3$

❶ 중소기업이 대통령령으로 정하는 바에 따라 최초로 중소기업에 해당하지 아니하게 된 경우에는 최초로 중소기업에 해당하지 아니하게 된 과세연도의 개시일부터 3년 이내에 끝나는 과세연도까지는 25%의 공제율이 적용된다.

2) 국가전략기술❶ 연구개발비

구 분	세 액 공 제 액
중소기업	해당 과세연도 발생액 × [40% + Min(①, ②)] ① 10% ② $\dfrac{\text{해당 과세연도 국가전략기술연구개발비}}{\text{해당 과세연도 수입금액}} \times 3$
일반법인	해당 과세연도 발생액 × [30%(중소기업에 해당되지 않게 된 일정한 경우❷ 35%) + Min(①, ②)] ① 10% ② $\dfrac{\text{해당 과세연도 국가전략기술연구개발비}}{\text{해당 과세연도 수입금액}} \times 3$

❶ 반도체, 이차전지, 백신, 디스플레이, 수소, 미래형 이동수단, 바이오의약품 및 그 밖에 대통령령으로 정하는 분야와 관련된 기술로서 국가안보 차원의 전략적 중요성이 인정되고 국민경제 전반에 중대한 영향을 미치는 대통령령으로 정하는 기술
❷ 중소기업이 대통령령으로 정하는 바에 따라 최초로 중소기업에 해당하지 아니하게 된 경우에는 최초로 중소기업에 해당하지 아니하게 된 과세연도의 개시일부터 3년 이내에 끝나는 과세연도까지는 25%의 공제율이 적용된다.

3) 일반연구·인력개발비(위 1·2를 선택하지 않는 경우 포함)

구 분	세 액 공 제 액
중소기업	①과 ② 중 하나 선택❶ ① 초과발생액 × 50% ② 해당연도 발생액 × 25%❷
중소기업에 해당하지 않게 된 기업❷	①과 ② 중 하나 선택❶ ① 초과발생액 × 50% ② 해당연도 발생액 × 20%(중소기업에 해당하지 않게 된 후 4~5년은 15%)
상기에 속하지 않는 중견기업	①과 ② 중 하나 선택❶ ① 초과발생액 × 40% ② 해당연도 발생액 × 8%

구 분	세 액 공 제 액
일반기업	①과 ② 중 하나 선택❶ ① 초과발생액 × 25% ② 해당연도 발생액 × Min(㉠ 2%, ㉡ $\dfrac{\text{해당 과세연도 일반연구·인력개발비}}{\text{해당 과세연도 수입금액}} \times 50\%$)

❶ 다만, 해당 사업연도 개시일부터 소급하여 4년간 일반연구·인력개발비가 발생하지 않은 경우에는 ②의 금액을 세액공제액으로 한다.
❷ 중소기업이 대통령령으로 정하는 바에 따라 최초로 중소기업에 해당하지 아니하게 된 기업을 말한다.

여기서 "초과발생액"은 다음과 같이 계산한다.

구 분	내 용
초과 발생액	초과발생액 = 해당 사업연도 연구·인력개발비 발생액 − 소급 4년간 연평균발생액
유의 사항	위에서 "소급 4년간 연평균발생액"은 다음과 같이 계산한다. $\dfrac{\text{소급 4년간 발생 연구·인력개발비의 합계액}}{\text{소급 4년간 연구·인력개발비가 발생한 사연도의 수}} \times \dfrac{\text{해당 사업연도 월수}}{12}$ 위 계산식을 적용할 때 개월 수는 월력에 따라 계산하되, 과세연도 개시일이 속하는 달이 1개월 미만인 경우에는 1개월로 하고, 과세연도 종료일이 속하는 달이 1개월 미만인 경우에는 산입하지 않는다(조특령 9⑧).

(3) 연구·인력개발비세액공제와 관련된 유의사항

조세특례제한법상 각종 세액공제는 최저한세 적용대상에 해당하지만 중소기업의 연구·인력개발비세액공제는 최저한세 적용대상이 아니다.

21-5 연구·인력개발비세액공제

다음 자료를 이용하여 중소기업과 일반기업(중견기업에 해당하지 아니함)으로 구분된 제5기 사업연도의 연구·인력개발비세액공제액을 계산하시오. 다만, 회사는 세부담을 최소화하고자 한다.

(1) 연구·인력개발비 발생액. 단, 아래 금액 중 신성장·원천기술연구개발비 및 국가전략기술연구개발비에 해당하는 금액은 없다.
  〈제1기〉 20,000,000원
  〈제2기〉 60,000,000원
  〈제3기〉   −
  〈제4기〉 70,000,000원
  〈제5기〉 90,000,000원
(3) 제5기 연구·인력개발비 90,000,000원에는 어음교부분 8,000,000원이 포함되어 있다.
(4) 매출액
  〈제4기〉 3,500,000,000원
  〈제5기〉 3,600,000,000원

해답

1. 중소기업
 (1) 초과발생액기준
  ① 직전 4년간 발생한 연구·인력개발비 합계액
   20,000,000원 + 60,000,000원 + 70,000,000원 = 150,000,000원

② 세액공제액

$(90,000,000원 - \frac{150,000,000원}{3} \times \frac{12}{12}) \times 50\% = 20,000,000원$

(2) 해당연도 발생액기준

$90,000,000원 \times 25\% = 22,500,000원$

(3) 세액공제액

MAX[(1), (2)] = 22,500,000원

2. 일반기업

(1) 초과발생액기준

$(90,000,000원 - \frac{150,000,000원}{3} \times \frac{12}{12}) \times 25\% = 10,00,000원$

(2) 해당연도 발생액기준

$90,000,000원 \times MIN[① 2\%, ② \frac{0.9억원}{36억원} \times 50\% = 1.25\%] = 1,125,000원$

(3) 세액공제액

MAX[(1), (2)] = 10,000,000원

 투자세액공제

(1) 통합투자세액공제(조특법 24)

구 분	내 용
적 용 대 상	소비성서비스업, 부동산임대 및 공급업 외의 사업을 영위하는 법인
공 제 대 상	① 기계장치 등 사업용 유형자산(중고품 및 대통령령으로 정하는 임대용 자산을 제외하며, 리스에 의한 투자도 제외함), 다만, 토지와 건축물 등은 제외한다. ② 위 ①에 해당하지 않는 유형자산과 무형자산으로서 연구시험용·직업훈련용 시설, 에너지 절약 시설 및 환경보전 시설 등 그 밖에 사업에 필수적인 자산
공 제 금 액	① 기본공제 금액: 해당 과세연도에 투자한 금액의 1%(중소기업은 10%, 중소기업이 대통령령으로 정하는 바에 따라 최초로 중소기업에 해당하지 아니하게 된 경우로서 최초로 중소기업에 해당하지 아니하게 된 과세연도의 개시일부터 3년 이내에 끝나는 과세연도까지의 경우는 7.5%, 상기 외 중견기업은 5%)에 상당하는 금액. 다만, 신성장·원천기술의 사업화를 위한 시설(신성장사업화시설)에 투자하는 경우에는 3%(중견기업은 5%, 중소기업은 12%)에 상당하는 금액이며, 국가전략기술사업화시설에 투자하는 경우에는 15%(중소기업은 25%, 중소기업이 대통령령으로 정하는 바에 따라 최초로 중소기업에 해당하지 아니하게 된 경우로서 최초로 중소기업에 해당하지 아니하게 된 과세연도의 개시일부터 3년 이내에 끝나는 과세연도까지의 경우는 20%)에 상당하는 금액으로 한다. ② 추가공제 금액: 해당 과세연도에 투자한 금액이 해당 과세연도의 직전 3년간 연 평균 투자 또는 취득금액을 초과하는 경우에는 그 초과하는 금액의 10%에 상당하는 금액. 다만, 추가공제 금액이 기본공제 금액을 초과하는 경우에는 기본공제 금액의 2배를 그 한도로 한다.
기 타 규 정	① 위에 따른 투자가 2개 이상의 과세연도에 걸쳐서 이루어지는 경우에는 그 투자가 이루어지는 과세연도마다 해당 과세연도에 투자한 금액에 대하여 통합투자세액공제를 적용한다.

② 위에 따라 법인세를 공제받은 자가 투자완료일부터 건축물 또는 구축물의 경우 5년, 이외 사업용 자산의 경우 2년 이내에 그 자산을 다른 목적으로 전용하는 경우에는 이자상당가산액(1일 0.022%)을 가산하여 법인세로 납부해야 한다.
③ 통합투자세액공제를 적용받으려는 법인은 세액공제신청을 해야 한다.

(2) 특례규정

2021년 1월 1일부터 기업투자 활성화를 지원하기 위하여 종전 중소기업 등 투자세액공제와 특정시설 투자세액공제 등을 폐지하고 통합투자세액공제로 일원화하였다. 다만, 법인이 2021년 12월 31일까지(종전의 초연결네트워크구축시설 투자세액공제에 따른 투자는 2020년 12월 31일까지) 투자를 완료하는 경우에는 종전규정을 선택하여 적용받을 수 있다. 이 경우 종전규정을 적용받는 법인은 다른 공제대상 자산에 대하여 개정규정을 적용받을 수 없다. 즉, 법인은 종전방식과 개정방식 중 하나를 선택할 수 있으나 투자자산별로 구분하여 선택할 수는 없다(조특법 2020.12.29. 부칙 36①).

(3) 중복적용배제

구 분	내 용
유 형 ① (조특법 127②)	동일한 자산의 투자에 대하여 여러 투자세액공제가 동시에 적용되는 경우에는 그 중 하나만을 선택하여 적용받을 수 있다.
유 형 ② (조특법 127③)	투자세액공제와 외국인투자에 대한 세액감면(조특법 121의2)이 동시에 적용되는 경우에는 투자세액공제액에 내국인 투자자의 지분비율을 곱하여 계산한 금액을 공제한다.
유 형 ③ (조특법 127④)	투자세액공제와 일정기간만 적용되는 세액감면이 동시에 적용되거나, 투자세액공제와 중소기업에 대한 특별세액감면이 동시에 적용되는 경우에는 그 중 하나만을 선택하여 적용받을 수 있다.

7 내국법인의 소재·부품·장비전문기업에의 출자·인수에 대한 세액공제

(1) 적용대상

둘 이상의 내국법인이 2025년 12월 31일까지 소재·부품·장비 관련 중소기업·중견기업의 주식 또는 출자지분을 공동으로 취득하는 경우에는 세액공제를 적용받을 수 있다(조특법 13의3).

(2) 세액공제액

세액공제액 = 주식 또는 출자지분 취득가액 × 5%

전자신고에 대한 세액공제

(1) 납세자에 대한 세액공제

법인이 전자신고방법에 의하여 법인세 과세표준신고를 하는 경우에는 해당 납부세액에서 2만원을 공제한다(조특법 104의8①, 조특령 104의5②).

(2) 세무대리인에 대한 세액공제

세무사법에 따른 세무사(세무사법에 따라 등록한 공인회계사, 세무사법에 따른 세무법인 및 공인회계사법에 따른 회계법인 포함)가 납세자를 대리하여 전자신고의 방법으로 직전 과세연도 동안 소득세, 양도소득세 또는 법인세를 신고한 경우에는 해당 세무사의 소득세(사업소득에 대한 소득세만 해당함) 또는 법인세의 납부세액에서 납세자 1인당 2만원을 공제하고, 직전 과세기간 동안 부가가치세를 신고한 경우에는 당해 세무사의 부가가치세 납부세액에서 납세자 1인당 1만원을 공제한다(조특법 104의8③, 조특령 104의5⑤).

구 분	공 제 액	공 제 한 도
소 득 세 · 법 인 세 양 도 소 득 세	납세자 1인당 2만원 × 신고건수	연 300만원 (세무법인·회계법인 750만원)
부 가 가 치 세	납세자 1인당 1만원 × 신고건수	

Ⅳ. 세액감면 및 공제세액의 계산

 ## 적용순위

법인세법 및 다른 법률을 적용할 때 법인세의 감면에 관한 규정과 세액공제에 관한 규정이 동시에 적용되는 경우에 그 적용순위는 별도의 규정이 있는 경우 외에는 다음의 순서에 따른다. 이 경우 ①과 ②의 금액을 합한 금액이 내국법인이 납부할 법인세액(가산세는 제외)을 초과하는 경우에는 그 초과하는 금액은 없는 것으로 본다(법법 59①).

① 각 사업연도의 소득에 대한 세액감면(면제를 포함한다)
② 이월공제(移越控除)가 인정되지 아니하는 세액공제
③ 이월공제가 인정되는 세액공제. 이 경우 해당 사업연도 중에 발생한 세액공제액과 이월된 미공제액이 함께 있을 때에는 이월된 미공제액을 먼저 공제한다.
④ 법인세법 제84조(사실과 다른 회계처리로 인한 경정에 따른 세액공제)에 따른 세액공제. 이 경우 해당 세액공제액과 이월된 미공제액이 함께 있을 때에는 이월된 미공제액을 먼저 공제한다.

V. 가산세

 장부의 비치·기록 불성실 가산세

구 분	내 용
사 유	법인(비영리내국법인 제외)이 장부의 비치·기장의무를 이행하지 아니한 경우
가산세액	Max(① 산출세액[☉] × 20%, ② 수입금액 × 0.07%) ☉ 토지 등 양도소득에 대한 법인세, 미환류소득에 대한 법인세 제외

 주주 등의 명세서 불성실 가산세

구 분	내 용
사 유	내국법인의 설립신고 또는 사업자등록시 주주 등의 명세서를 제출하여야 하는 내국법인이 주주 등의 명세서를 미제출·명세의 전부 또는 일부 누락제출·제출한 명세서가 불분명한 경우
가산세액	미제출·누락·불분명한 주식 등의 액면가액 × 0.5%

 증명서류 불성실 가산세

구 분	내 용
사 유	법인이 사업과 관련하여 사업자로부터 재화나 용역을 공급받고 증명서류를 받지 아니하거나 사실과 다른 증명서류를 받은 경우[건당 3만원(부가가치세 포함) 초과 지출에 한함]
가산세액	그 받지 않거나 사실과 다르게 받은 금액으로 손금에 산입하는 것이 인정되는 금액 × 2%

4 지급명세서제출 불성실 가산세

구 분	내 용
사 유	지급명세서·근로소득간이지급명세서를 제출해야 할 의무가 있는 자(내국법인과 국내원천소득을 지급하는 외국법인 포함)가 기한까지 제출하지 않은 경우 또는 제출된 명세서가 불분명 하거나 기재된 지급금액이 사실과 다른 경우

구 분	내 용
가산세액	① 지급명세서 　　미제출·불분명한 지급금액 × 1%(지연제출 0.5%) 　　[단, 일용근로자 0.25%(지연제출 0.125%)] 🔴 제출기한이 지난 후 3개월(일용근로자는 1개월) 이내에 제출하는 경우를 말한다. ② 근로소득간이지급명세서 　　미제출·불분명한 지급금액 × 0.25%(지연제출 0.125%) 🔴 제출기한이 지난 후 1개월 이내에 제출하는 경우를 말한다.

5 주식·출자지분변동상황명세서 불성실 가산세

구 분	내 용
사 유	주식·출자지분변동상황명세서를 제출하여야 할 법인이 변동상황명세서를 제출하지 아니하거나 변동상황을 누락하여 제출한 경우 또는 변동상황명세서가 불분명한 경우
가산세액	미제출·누락제출·불분명제출한 주식액면금액 × 1%🔴 🔴 제출기한이 지난 후 1개월 이내에 제출하는 경우에는 50% 감면한다(국기법 48②).

6 계산서 불성실 가산세

구 분	내 용	세율
사 유	① 가공계산서 등 수수 : 재화 또는 용역을 공급하지(공급받지) 않고 계산서·신용카드매출전표·현금영수증 등을 발급한(발급받은) 경우	2%
	② 타인명의계산서 등 수수 : 재화 또는 용역을 공급하고(공급받고) 실제로 재화 또는 용역을 공급하는 법인이 아닌 법인의 명의로 계산서·신용카드매출전표·현금영수증 등을 발급한(발급받은) 경우	
	③ 계산서 미발급 : 계산서의 발급시기가 지난 후 해당 재화 또는 용역의 공급시기가 속하는 사업연도 말의 다음 달 25일까지 계산서를 발급하지 않은 경우	
	④ 계산서 지연발급 : 계산서의 발급시기가 지난 후 해당 재화 또는 용역의 공급시기가 속하는 사업연도 말의 다음 달 25일까지 계산서를 발급한 경우	1%
	⑤ 계산서의 필요적 기재사항(공급하는 사업자의 등록번호와 성명 또는 명칭, 공급받는 자의 등록번호와 성명 또는 명칭, 공급가액, 작성연월일) 부실기재 시	
	⑥ 전자계산서를 발급하지 아니하였으나 전자계산서 외의 계산서를 발급한 경우	
	⑦ 전자계산서 발급명세의 미전송 : 전자계산서 발급명세 전송기한이 지난 후 재화 또는 용역의 공급시기가 속하는 사업연도 말의 다음 달 25일까지 전송하지 않은 경우	0.5%

구 분	내 용	세율
	⑧ 매입·매출처별계산서합계표 미제출·부실기재시	
	⑨ 매입처별세금계산서합계표를 미제출·부실기재시	
	⑩ 전자계산서 발급명세의 지연전송시 : 전자계산서 발급명세 전송기한이 지난 후 재화 또는 용역의 공급시기가 속하는 사업연도 말의 다음 달 25일까지 전송하는 경우	0.3%
가산세액	공급가액 × 가산세율* *부가가치세법에 따른 세금계산서 관련 가산세가 적용되는 경우는 제외하며, 제출기한이 지난 후 1개월 이내에 제출하는 경우에는 50% 감면한다(국기법 48②).	

7 기부금영수증 불성실 가산세

구 분	내 용
사 유	① 기부금영수증 발급자가 기부금영수증을 사실과 다르게 적어 발급하거나 기부자의 인적사항 등을 사실과 다르게 적어 발급하는 경우, ② 기부자별 발급명세를 작성·보관하지 아니한 경우
가산세액	① 기부금영수증의 경우 기부금영수증을 사실과 다르게 발급된 금액* × 5% *기부자의 인적사항 등을 사실과 다르게 적어 발급한 경우에는 해당 영수증에 적힌 금액 ② 기부자별 발급명세의 경우 그 작성·보관하지 아니한 금액 × 0.2%

8 신용카드 불성실 가산세

구 분	내 용
사 유	신용카드가맹점으로 가입한 법인이 신용카드에 의한 거래를 거부하거나 신용카드 매출전표를 사실과 다르게 발급한 경우
가산세액	건별 발급거부금액 또는 신용카드 매출전표를 사실과 다르게 발급한 금액❶ × 5%❷ ❶ 건별로 발급하여야 할 금액과의 차액을 말한다. ❷ 건별로 계산한 금액이 5천원 미만이면 5천원으로 한다.

9 현금영수증 불성실 가산세

구 분	내 용
사 유	① 현금영수증가맹점으로 가입하여야 할 내국법인이 가입하지 않거나 ② 현금영수증가맹점이 건당 5천원 이상의 거래금액에 대하여 현금영수증 발급을 거부하거나 사실과 다르게 발급한 경우, ③ 전문직사업자 등 현금영수증의무발행업종을 영위하는 사업자가 현금영수증발급의무를 위반하여 현금영수증을 발급하지 않은 경우(국민건강보험법에 따른 보험급여의 대상인 경우 등 제외)
가산세	① 현금영수증가맹점으로 가입하지 아니한 경우 　　　　　수입금액 × 1% × A/B❋ ❋ A : 가맹하지 아니한 사업연도의 일수, B : 현금영수증 가입·발급의무 요건(법법 117조의2①)에 해당하는 날부터 3개월이 지난 날의 다음 날부터 가맹한 날의 전일까지의 일수(그 기간이 2 이상의 사업연도에 걸쳐 있는 경우 각 사업연도별로 적용함) ② 현금영수증 발급을 거부하거나 사실과 다르게 발급한 경우 　　　건별 발급거부금액 또는 건별로 사실과 다르게 발급한 금액❶ × 5%❷ ❶ 건별로 발급하여야 할 금액과의 차액을 말한다. ❷ 건별로 계산한 금액이 5천원 미만이면 5천원으로 한다. ③ 전문직사업자 등이 현금영수증발급의무❶를 위반한 경우 　　　　　미발급금액 × 20%❷ ❶ 현금영수증의무발행업종(변호사업, 공인회계사업, 세무사업 등)을 경영하는 내국법인이 건당 거래금액(부가가치세액 포함)이 10만원 이상인 재화 또는 용역을 공급하고 그 대금을 현금으로 받은 경우에는 상대방이 현금영수증 발급을 요청하지 않더라도 현금영수증을 발급해야 한다. ❷ 착오나 누락으로 인하여 거래대금을 받은 날부터 7일 이내에 관할 세무서에 자진 신고하거나 현금영수증을 자진 발급한 경우에는 10%로 한다.

10 성실신고확인서 미제출 가산세

구 분	내 용
사 유	성실신고확인대상법인이 각 사업연도의 종료일이 속하는 달의 말일부터 4개월 이내에 성실신고확인서를 납세지 관할세무서장에게 제출하지 않은 경우
가산세액	Max(① 산출세액❋ × 5%, ② 수입금액×0.02%) ❋ 토지 등 양도소득에 대한 법인세액 및 미환류소득에 대한 법인세액은 제외하며, 경정으로 산출세액이 0보다 크게 된 경우에는 경정된 산출세액을 기준으로 가산세를 계산한다.

국세기본법상 가산세

국세기본법상 가산세로는 무신고가산세, 과소신고·초과환급신고가산세, 납부지연가산세, 원천징수 등 납부지연가산세가 있다. 이에 대한 자세한 내용은 국세기본법을 참고하기 바란다(국기법 47의2, 47의3, 47의4, 47의5).

 가산세의 한도

다음의 어느 하나에 해당하는 가산세는 그 의무위반의 종류별로 각각 1억원(중소기업은 5천만원)을 한도로 한다. 다만, 해당 의무를 고의적으로 위반한 경우에는 그러하지 아니하다(국기법 49①).

① 주주등의 명세서 등 제출 불성실 가산세(주식 등 변동상황명세서제출불성실가산세 포함)
② 기부금영수증 발급·작성·보관 불성실 가산세
③ 증명서류 수취 불성실 가산세
④ 지급명세서 제출 불성실 가산세
⑤ 계산서 등 제출 불성실 가산세(법법 75의8① 제4호에 따른 계산서 미발급 및 가공·위장수수 가산세 제외)
⑥ 특정외국법인의 유보소득 계산 명세서 제출 불성실 가산세

V. 감면분 추가납부세액

법인이 해당 사업연도 이전에 조세감면을 적용받은 후 조세감면의 사후관리규정에 위배를 한 경우에는 해당 감면받은 세액과 이자상당액을 해당 사업연도의 자진납부세액계산시 가산하여 납부하여야 하는데, 이를 감면분 추가납부세액이라 한다.

① 조세특례제한법상 투자세액공제를 적용받은 자산의 2년(건물과 구축물의 경우에는 5년)간 매각제한의 위배에 따른 공제세액의 추징액과 이자상당액
② 근로자복지증진시설투자세액공제를 적용받은 내국법인이 해당 자산의 준공일 또는 구입일부터 3년 이내에 해당 자산을 다른 목적에 전용함에 따른 공제세액의 추징액과 이자상당액

 이자상당액의 계산

이자상당액의 계산은 다음과 같다.

$$이자상당액 = 공제·감면받은 세액 \times 기간 \times 0.022\% (2024년도 말 현재)$$

◉ 기간 : 공제·감면받은 사업연도의 과세표준신고일로부터 추징사유가 발생한 날이 속하는 사업연도의 과세표준신고일까지의 일수를 말한다.

Ⅵ. 기납부세액

　법인세는 각 사업연도 종료일이 속하는 달의 말일부터 3개월 이내에 신고·납부하는 것이 원칙이나 사업연도 중에도 법인세로 납부하는 세액(① 중간예납세액, ② 원천징수세액, ③ 수시부과세액)이 있는데, 이를 기납부세액이라 한다. 기납부세액은 자진납부세액 계산시 차감된다.

01 다음은 법인세 과세표준과 관련된 내용이다. 가장 옳은 것은?

① 과세표준 계산 시 이월결손금은 비과세소득과 소득공제보다 우선적으로 적용을 하게 되지만, 수 개의 사업연도 이월결손금을 보유하고 있는 법인의 경우 이월결손금 간의 공제순서는 법인의 선택에 따라 공제받을 수 있다.
② 법인이 주식발행초과금·감자차익 등으로 장부상 이월결손금 보전에 충당한 경우 해당 이월결손금은 과세표준 계산 시 공제할 수 없다.
③ 천재지변 등을 이유로 장부 등이 없는 법인의 추계결정 또는 추계경정 시에는 이월결손금을 공제하지 않는다.
④ 일반법인이 결손금 소급공제에 의한 법인세 환급을 받은 경우에는 해당 환급세액을 해당 결손금이 발생한 사업연도의 법인세로서 추징한다.
⑤ 중소기업은 결손금 소급공제와 이월결손금공제를 자유롭게 선택할 수 있다.

해설
① 과세표준 계산 시 이월결손금은 먼저 발생한 사업연도의 이월결손금부터 순차적으로 공제한다.
② 법인이 주식발행초과금 등으로 장부상 이월결손금의 보전에 충당한 경우 이는 세무상 이월결손금의 보전에 충당한 것으로 보지 않으므로 과세표준 계산 시 공제할 수 있다.
③ 원칙적으로 추계결정 또는 추계경정 시에는 과세표준 계산 시 이월결손금공제를 배제한다. 다만, 추계결정 또는 추계경정의 사유가 천재지변 그 밖에 불가항력으로 인한 장부 등의 멸실인 경우에는 과세표준 계산 시 공제한다.
④ 일반법인이 결손금 소급공제에 의한 법인세 환급을 받은 경우에는 해당 환급세액과 이자상당액을 해당 결손금이 발생한 사업연도의 법인세로서 추징한다.

해답 ⑤

02

다음 자료는 ㈜A의 제24기 사업연도(2025.1.1.~12.31.)의 법인세액의 계산에 관련된 자료이다. 법인세 자진납부세액을 계산하면?

(1) 각 사업연도 소득금액   270,000,000원
(2) 재해손실세액공제액   2,000,000원
(3) 수시부과세액   3,000,000원
(4) 공익신탁재산소득(비과세소득)   20,000,000원
(5) 원천징수세액   1,500,000원
(6) 각 사업연도 소득금액에 대한 법인세율은 다음과 같다.

과세표준	세 율
2억원 이하	과세표준금액의 9%
2억원 초과 200억원 이하	18,000,000원+2억원을 초과하는 금액의 19%
200억원 초과	3,780,000,000원+200억원을 초과하는 금액의 21%

① 19,800,000원 ② 21,000,000원
③ 23,500,000원 ④ 24,300,000원
⑤ 24,800,000원

해설

1. 과세표준의 계산 : 270,000,000원 - 20,000,000원 = 250,000,000원

2. 산출세액의 계산 : 200,000,000원×9% + 50,000,000원×19% = 27,500,000원

3. 자진납부세액 계산

산출세액	27,500,000원
재해손실세액공제액	(2,000,000원)
원천징수세액	(1,500,000원)
수시부과세액	(3,000,000원)
자진납부세액	21,000,000원

정답 ②

03 법인세법상 외국납부세액공제와 관련하여, (   )에 들어갈 내용으로 옳은 것은? (단, 2025.1.1. 이후 개시하는 사업연도에 발생한 외국법인세액만 있는 경우로 가정함) [세무사 2021]

> 내국법인의 각 사업연도의 소득에 대한 과세표준에 국외원천소득이 포함되어 있는 경우로서 법령에 따라 외국법인세액을 해당 사업연도의 산출세액에서 공제하고자 할 때, 그 국외원천소득에 대하여 외국정부에 납부하였거나 납부할 외국법인세액이 해당 사업연도의 공제한도금액을 초과하는 경우 그 초과하는 금액은 해당 사업연도의 다음 사업연도 개시일부터 (   ) 이내에 끝나는 각 사업연도로 이월하여 그 이월된 사업연도의 공제한도금액 내에서 공제받을 수 있다.

① 10년 ② 12년 ③ 15년
④ 17년 ⑤ 20년

해설 외국납부세액 한도초과액이 발생한 경우 10년간 이월하여 한도 내에서 공제받을 수 있다.

해답 ①

04 다음은 제조업을 주업으로 하는 내국법인 ㈜A의 제24기 사업연도(2025.1.1.~12.31.)의 세무조정 및 신고·납부 관련 자료이다. 다음 자료에 의하여 간접외국납부세액 공제액을 계산하면 얼마인가? [세무사 2018 수정]

> ㈜A가 2024년에 출자하여 설립한 외국자회사 ㈜B로부터 수령한 수입배당금액 10,000,000원이 제24기 각 사업연도 소득금액에 포함되어 있으며, ㈜A는 외국법인세액에 대하여 세액공제방법을 적용한다. ㈜A는 동 배당금과 관련하여 간접외국납부세액을 익금산입하고, 법정금액을 공제한도로 하여 당해 외국법인세액을 제24기 사업연도 법인세액에서 공제하였다. ㈜B에 대한 ㈜A의 출자비율은 40%이며, ㈜B의 당해 사업연도 소득금액과 법인세액은 각각 3억원과 1억원이다.

① 3,333,333원 ② 5,000,000원 ③ 7,500,000원
④ 10,000,000원 ⑤ 15,000,000원

해설 간접외국납부세액 : $100,000,000원 \times \dfrac{10,000,000원}{300,000,000원 - 100,000,000원} = 5,000,000원$

해답 ②

05 제조업을 영위하는 영리내국법인 ㈜A의 제24기(2025.1.1.~12.31.) 자료이다. 외국납부세액공제액으로 옳은 것은? 단, ㈜A는 외국납부세액에 대하여 세액공제방법을 적용한다. [회계사 2022]

(1) 국내원천 소득금액은 292,000,000원이다.
(2) B국에 소재하는 외국자회사로부터의 수입배당금 내역

지분율	수입배당금	직접외국납부세액
40%	100,000,000원	10,000,000원

① 배당기준일은 2025년 3월 31일이며, ㈜A는 자회사의 주식을 2024년 3월 1일에 취득하여 계속 보유하고 있다.
② 직접외국납부세액은 수입배당금에 대한 B국의 원천징수세액이며, 수입배당금은 직접외국납부세액을 차감하기 전의 금액이다.
③ 자회사의 해당 사업연도 소득금액은 270,000,000원, 법인세액은 20,000,000원이다.

(3) 각 사업연도 소득에 대한 법인세율

과세표준	세율
2억원 이하	과세표준×9%
2억원 초과 200억원 이하	1,800만원+(과세표준-2억원)×19%

① 8,000,000원 ② 10,000,000원 ③ 12,500,000원
④ 15,120,000원 ⑤ 18,000,000원

1. 외국납부세액 : 18,000,000원
   (1) 직접외국납부세액 : 10,000,000원
   (2) 간접외국납부세액 : $20,000,000원 \times \dfrac{100,000,000원}{270,000,000원 - 20,000,000원} = 8,000,000원$

2. 과세표준 : 292,000,000원(국내원천 소득금액)+8,000,000원(간접외국납부세액)+270,000,000원(자회사 소득금액)=400,000,000원

3. 산출세액 : 200,000,000원×9%+200,000,000원×19%=56,000,000원

4. 외국납부세액공제액 : MIN(①,②)=15,120,000원
   ① 외국납부세액 : 18,000,000원
   ② 한도 : $56,000,000원 \times \dfrac{100,000,000원 + 8,000,000원(간접외국납부세액)}{400,000,000원} = 15,120,000원$

정답 ④

제21절 자진납부세액

06 다음은 영리내국법인 ㈜A(성실신고확인대상 소규모법인이 아님)의 제24기 사업연도(2025.1.1.~12.31.)의 외국납부세액 관련 자료이다. ㈜A는 외국에서 사업을 영위하는 외국자회사 ㈜B의 의결권 있는 주식 30%를 보유하고 있다. 2024.1.1. ㈜B의 주식을 취득한 이후 지분율에는 변동이 없는 상태이다. ㈜A가 외국납부세액공제를 적용할 경우 제24기 법인세 산출세액에서 공제할 외국납부세액은? (단, 주어진 자료이외에는 고려하지 않음) [세무사 2022]

(1) ㈜B로부터 외국법인세 원천징수세액 200,000원 차감 후 배당금 1,800,000원을 수령하고 다음과 같이 회계처리하였다.

(차) 현　　　　금	1,800,000원	(대) 배 당 금 수 익	2,000,000원
선 급 법 인 세	200,000원		

(2) ㈜B의 제24기 사업연도(2025.1.1.~12.31.) 소득금액은 5,000,000원이고, 이에 대한 외국법인세는 1,000,000원이다.

(3) ㈜A의 법인세비용차감전순이익은 150,000,000원이며, 세무상 이월결손금은 없다.

① 150,674원　　② 170,235원　　③ 200,790원
④ 251,163원　　⑤ 300,234원

해설

1. 외국납부세액 : 700,000원
   (1) 직접외국납부세액 : 200,000원
   (2) 간접외국납부세액 : $1,000,000원 \times \dfrac{2,000,000원}{5,000,000원 - 1,000,000원} = 500,000원$

2. 과세표준 : 150,000,000원(법인세비용차감전순이익)+500,000원(간접외국납부세액)=150,500,000원

3. 산출세액 : 150,500,000원×9%=13,545,000원

4. 외국납부세액공제액 : MIN(①,②)=15,120,000원
   ① 외국납부세액 : 700,000원
   ② 한도 : $15,120,000원 \times \dfrac{2,000,000원 + 500,000원(간접외국납부세액)}{150,500,000원} = 251,163원$

해답 ④

07 제조업을 영위하는 영리내국법인 ㈜A의 제24기(2025.1.1.~12.31.)에 발생한 화재와 관련된 자료이다. 재해손실세액공제액으로 옳은 것은? [회계사 2020]

(1) 사업용 자산의 화재내역

구 분	화재전 장부가액	재해상실가액	화재 후 장부가액
건 물	250,000,000원	250,000,000원	–
토 지	500,000,000원	–	500,000,000원
기계장치	150,000,000원	50,000,000원	100,000,000원
계	900,000,000원	300,000,000원	600,000,000원

(2) 건물은 화재보험에 가입되어 있어 보험금 250,000,000원을 수령하였다.
(3) 재해발생일 현재 미납법인세액은 200,000,000원이다.
(4) 당기 사업연도의 법인세 관련 자료는 다음과 같다.

법인세 산출세액	공제 · 감면세액	가산세액
150,000,000원	25,000,000원*	5,000,000원**

* 「조세특례제한법」상 투자세액공제액임
** 무신고가산세 해당액임

① 93,750,000원 ② 150,000,000원 ③ 232,500,000원
④ 243,750,000원 ⑤ 247,500,000원

1. 재해상실비율 : $\dfrac{250,000,000원 + 50,000,000원}{250,000,000원 + 150,000,000원} = 75\% \geq 20\%$ (∴ 요건을 충족함)

2. 재해손실세액공제액 : MIN[①, ②]=210,000,000원
   ① 미납된 법인세에 대한 세액공제액
   (200,000,000원+150,000,000원+5,000,000원-25,000,000원)*×75%=247,500,000원
   * 공제대상 법인세에는 가산세(무기장가산세, 신고불성실가산세 및 납부·환급불성실가산세, 원천징수·납부 등 불성실가산세)가 포함된다.
   ② 상실된 재산가액 : 300,000,000원

 ⑤

제22절 최저한세

- I. 최저한세의 의의 및 적용대상법인범위
- II. 최저한세의 적용대상이 되는 조세감면
- III. 최저한세의 적용대상이 되지 아니하는 조세감면
- IV. 최저한세의 계산 및 적용방법
- V. 최저한세 적용시 조세감면의 적용배제 순위
- VI. 최저한세 적용 후 자진납부세액의 계산

I. 최저한세의 의의 및 적용대상법인범위

최저한세는 조세감면을 적용받는 법인과 조세감면을 적용받지 못하는 법인간의 과세형평을 유지하고, 조세수입의 감소를 방지하기 위하여 각종 조세감면을 적용받는 법인의 경우에도 일정수준 이상의 조세를 부담하도록 하는 제도이다. 현행 세법에서는 이러한 최저한세제도의 적용대상법인을 다음과 같이 열거하고 있다(조특법 132①).

① 내국법인
② 국내사업장, 부동산소득이 있어 법인세의 신고의무가 있는 외국법인

II. 최저한세의 적용대상이 되는 조세감면

조세감면단계별 최저한세의 적용대상이 되는 조세감면제도로는 다음과 같은 것이 있다.

조세감면단계	적용대상 조세감면
(1) 각 사업연도 소득금액 계산단계	조세특례제한법상 연구개발 관련 출연금 등 과세특례 등
(2) 과세표준 계산단계	조세특례제한법상 비과세 및 소득공제
(3) 자진납부세액 계산단계	조세특례제한법상 세액감면 및 세액공제

참고로 법인세법상 세액공제(외국납부세액공제, 재해손실세액공제, 사실과 다른 회계처리에 기인한 경정세액공제)에 대해서는 최저한세를 적용하지 아니함에 유의하여야 한다.

III. 최저한세의 적용대상이 되지 아니하는 조세감면

최저한세의 적용대상이 되지 아니하는 조세감면제도로는 다음과 같은 것이 있다.

구 분	내 용
비과세	중소기업창업투자회사 등의 소재·부품·장비전문기업 주식양도차익 등에 대한 비과세 (조특법 13의4)
소득공제	프로젝트금융투자회사에 대한 소득공제(조특법 104의31)
세액공제	① 연구 및 인력개발비세액공제(조특법 10) ➡ 중소기업에 한함 ② 상가임대료를 인하한 임대사업자에 대한 세액공제(조특법 96의3) ③ 성실신고 확인비용에 대한 세액공제(조특법 126의6)
세액감면	① 공공차관도입에 따른 세액감면(조특법 20) ② 해외자원개발투자 배당소득에 대한 세액감면(조특법 22) ③ 수도권 밖으로 공장을 이전하는 기업에 대한 세액감면 등(조특법 63) ④ 수도권 밖으로 본사를 이전하는 법인에 대한 세액감면 등 (조특법 63의2) ⑤ 사회적기업 및 장애인표준사업장에 대한 세액감면(조특법 85의6) ⑥ 위기지역 창업기업에 대한 세액감면(조특법 99의9) ⑦ 외국인투자에 대한 세액감면(조특법 121의2) ⑧ 제주첨단과학기술단지 입주기업에 대한 세액감면(조특법 121의8) ⑨ 제주투자진흥지구 또는 제주자유무역지역 입주기업에 대한 세액감면(조특법 121의9) 등

IV. 최저한세의 계산 및 적용방법

최저한세의 계산 및 적용방법을 설명하면 다음과 같다.

구 분	내 용
(1) 최저한세의 계산	일반기업 ⇨ 최저한세=감면 전 과세표준❶×10%(과세표준 100억원에서 1,000억까지 12%, 과세표준 1,000억원 초과부분 17%) 중소기업 ⇨ 최저한세=감면 전 과세표준❶×7%❷
(2) 적용방법	① 최저한세 > 감면 후 세액❸ 　해당 미달세액에 상당하는 부분에 대하여 조세감면 등을 배제하는 조정절차를 거침 ② 최저한세 < 감면 후 세액❸ 　조정절차없이 종결

❶ 감면 전 과세표준=감면 후 과세표준+최저한세 적용대상 손실보전준비금, 특별감가상각비 및 익금불산입·비과세·소득공제
❷ 중소기업이 중소기업에 해당하지 아니하게 된 경우에는 최초로 중소기업에 해당하지 아니하게 된 과세연도의 개시일부터 3년 이내에 끝나는 사업연도까지는 8%, 그 후 2년 이내에 끝나는 사업연도까지는 9%
❸ 감면 후 세액=산출세액−최저한세 적용대상 공제·감면세액

V. 최저한세 적용시 조세감면의 적용배제 순위

최저한세의 적용시 배제되는 조세감면제도의 순위는 다음과 같다.

구 분	내 용
(1) 신고시	해당 법인의 선택에 의한다.
(2) 경정시	① 연구및인력개발준비금　　② 손금산입 및 익금불산입 ③ 세액공제　　　　　　　　④ 세액감면 ⑤ 소득공제 및 비과세

✽ 각 항목 내에서는 조문순서에 의해 순차적으로 배제하며, 세액공제에 이월된 분이 있는 경우에는 나중에 발생한 것부터 적용배제함

VI. 최저한세 적용 후 자진납부세액의 계산

최저한세의 적용후 자진납부세액의 계산구조를 살펴보면 다음과 같다.

```
      최   저   한   세
(-)   외 국 납 부 세 액 공 제
(-)   재 해 손 실 세 액 공 제
(+)   토지등양도소득에대한법인세
(+)   미 환 류 소 득 에 대 한 법 인 세
(+)   가           산           세
(+)   감 면 분 추 가 납 부 세 액
(=)   총       부       담       세       액
(-)   기       납       부       세       액      · 중간예납세액·원천징수세액·수시부과세액
(-)   경   정   세   액   공   제                · 사실과 다른 회계처리에 기인한 경정세액공제
(=)   자       진       납       부       세       액
```

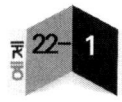 **22-1** 최저한세(Ⅰ)

다음 자료에 의하여 ㈜A의 당기 사업연도 총부담세액을 계산하시오.

(1) 각 사업연도 소득금액 : 855,000,000원
(2) 이월결손금(공제가능 기한 내 결손금) : 240,000,000원
(3) 공익신탁의 신탁재산소득 : 15,000,000원
(4) 통합투자세액공제 : 44,800,000원
(5) 외국납부세액공제액 : 4,200,000원
(6) 고용창출투자세액공제 : 35,100,000원
(7) 지출증명서류미수취가산세 : 2,650,000원
(8) ㈜A는 중소기업이 아니며, 세율은 9%, 19%, 21%, 24%이다.

해답

(1) 과세표준
855,000,000원 − 240,000,000원 − 15,000,000원 = 600,000,000원
(2) 산출세액
200,000,000 × 9% + 400,000,000원 × 19% = 94,000,000원
(3) 최저한세
MAX[①, ②] = 60,000,000원
① 감면후 세액
= 94,000,000원 − 44,800,000원 − 35,100,000원
= 14,100,000원
② 감면전 과세표준 × 10%
= 600,000,000원 × 10%
= 60,000,000원
(4) 총부담세액
60,000,000원 − 4,200,000원 + 2,650,000원 = 58,450,000원

예제 22-2 최저한세(Ⅱ)

다음은 ㈜A의 당기 사업연도 자료이다.

(1) 과세표준 : 491,600,000원
(2) 산출세액 : 73,404,000원
(3) 해당 사업연도 일반 연구및인력개발비 발생액은 80,000,000원이며, 직전연도 연구및인력개발비 발생액은 40,000,000원이다.(당기발생액기준만 공제액으로 하는 경우가 아님)
(4) 외국납부세액공제액 : 4,200,000원
(7) 통합투자세액공제 : 56,968,000원
(8) ㈜A는 중소기업임

요구사항

상기의 자료에 의하여 연구및인력개발비 세액공제액을 계산하고, 총부담세액을 계산하라.

해답

(1) 연구 및 인력개발비 세액공제액
MAX[①, ②] = 20,000,000원
① (80,000,000원 − 40,000,000원) × 50% = 20,000,000원
② 80,000,000원 × 25% = 20,000,000원
(2) 최저한세
MAX[①, ②] = 34,412,000원
① 감면후 세액
= 78,404,000원 − 56,968,000원
= 16,436,000원
② 감면전 과세표준 × 7%
= 491,600,000원 × 7%
= 34,412,000원
(3) 총부담세액
34,412,000원 − 4,200,000원 − 20,000,000원 = 10,212,000원

제22절 최저한세

xercise

01 다음은 내국 중소기업인 ㈜A(제조업)의 제24기 사업연도(2025.1.1.~12.31.)에 관한 법인세 신고 관련 자료이다. ㈜A의 제24기 사업연도의 최저한세액으로 옳은 것은? [회계사 2012 수정]

(1) 제24기 각 사업연도 소득은 343,500,000원이다.
(2) 제24기 세무조정사항 중 연구 개발 관련 출연금 익금불산입액 10,000,000원이 있다.
(3) 제24기 세액공제(적법하게 계산되었으며 이외의 세액공제액은 없음)
  가. 외국납부세액공제액   10,000,000원
  나. 고용창출투자세액공제액   30,000,000원
  다. 연구 및 인력개발비 세액공제액 4,000,000원
(4) 중소기업의 최저한세율은 7%이다.
(5) 각 사업연도 소득금액에 대한 법인세율은 다음과 같다.

과세표준	세율
2억원 이하	과세표준금액의 9%
2억원 초과 200억원 이하	18,000,000원+2억원을 초과하는 금액의 19%
200억원 초과	3,780,000,000원+200억원을 초과하는 금액의 21%

① 3,300,000원 ② 4,700,000원 ③ 15,265,000원
④ 24,045,000원 ⑤ 24,745,000원

감면후세액		최저한세	
과세표준	343,500,000원	각 사업연도 소득금액	343,500,000원
×세율(9%, 19%)		익금불산입액	10,000,000원
산출세액	45,265,000원	과세표준	353,500,000원
세액공제	(30,000,000원)	× 세율(7%)	
감면후세액	15,265,000원	최저한세액	24,745,000원

1. 과세표준 : 350,000,000원+2,000,000원+1,500,000원-10,000,000원=343,500,000원

2. 산출세액 : 343,500,000원×세율=45,265,000원

3. 최저한세 : MAX[①, ②]=24,750,000원
   ① 감면후세액 : 45,265,000원-30,000,000원=15,265,000원
   ② 최저한세 : (343,500,000원+10,000,000원)×7%=24,745,000원

 ⑤

02 다음은 영리내국법인 ㈜A(제조업을 영위하는 중소기업임)의 제24기 사업연도(2025.1.1.~12.31.) 법인세 과세표준 및 세액계산 관련 자료이다. 제24기의 각 사업연도 소득에 대한 차감납부할세액을 계산한 것으로 옳은 것은? 단, 법인세부담 최소화를 가정할 것. [회계사 2014 수정]

> (1) 각 사업연도 소득금액은 250,000,000원이다.
> (2) 이월결손금, 비과세소득 및 소득공제액은 없다.
> (3) 각 사업연도 소득에 대한 법인세 산출세액은 30,000,000원으로 가정한다.
> (4) 연구·인력개발비에 대한 세액공제액은 21,000,000원이다.
> (5) 중소기업투자세액공제액은 2,000,000원이다.
> (6) 중간예납세액 및 수시부과세액은 없으며, 원천징수세액은 500,000원이다.
> (7) 중소기업의 최저한세율은 7%이다.

① 5,500,000원 ② 6,500,000원 ③ 7,000,000원
④ 10,000,000원 ⑤ 11,000,000원

감면후세액		최저한세	
산출세액	30,000,000원	감면전 과세표준	250,000,000원
투자세액공제	(2,000,000원)	최저한세율	×7%
감면후세액	28,000,000원	최저한세	17,500,000원
연구·인력개발비세액공제	(21,000,000원)		
총납부세액	7,000,000원		
기납부세액	(500,000원)		
차감납부할세액	6,500,000원		

1. 최저한세 : MAX[①, ②]=17,500,000원
   ① 감면후세액 : 30,000,000원-2,000,000원=28,000,0000원
   ② 최저한세 : 250,000,000원×7%=17,500,0000원

2. 차감납부할 세액 : 30,000,000원-2,000,000원-21,000,000원-500,000원=6,500,000원

 ②

03 제조업을 영위하는 영리내국법인 ㈜A(중소기업 및 성실신고확인대상 소규모법인이 아님))의 제24기 사업연도(2025.1.1.~12.31.)의 법인세 신고 관련 자료이다. ㈜A의 제24기 차감납부할 법인세액을 계산한 것으로 옳은 것은? [회계사 2017]

(1) 각 사업연도의 소득금액: 100,000,000원
(2) 이월결손금의 내역

발생사업연도	발생액
제22기 (2023.1.1.~12.31.)	70,000,000원

(3) 연구·인력개발비에 대한 세액공제액: 100,000원
(4) 외국납부세액공제액: 200,000원
(5) 중간예납세액: 50,000원
(6) 중소기업이 아닌 내국법인의 과세표준 100억원 이하 부분에 적용되는 최저한세율: 10%

① 1,750,000원 ② 2,150,000원 ③ 2,250,000원
④ 2,650,000원 ⑤ 2,750,000원

감면후세액		최저한세	
각 사업연도 소득금액	100,000,000원	과세표준	30,000,000원
이월결손금	(70,000,000원)	최저한세율	×10%
과세표준	30,000,000원	최저한세	3,000,000원
	×세율(9%)	외국납부세액공제	(200,000원)
산출세액	2,700,000원	총부담세액	2,800,000원
세액공제	(100,000원)	중간예납세액	(50,000원)
감면후세액	2,600,000원	차감납부할세액	2,750,000원

1. 최저한세 : MAX[①, ②]=42,200,000원
   ① 감면후세액 : 2,700,000원-100,000원=2,600,000원
   ② 최저한세 : 30,000,000원×10%=3,000,000원

2. 차감납부할 법인세: 3,000,000원-200,000원-50,000원=2,750,000원

 ⑤

제23절 신고·납부와 결정·경정 및 징수·환급

I. 사업연도중의 납부·징수(중간예납·원천징수·수시부과)
II. 확정신고·납부
III. 결정·경정과 징수·환급

I. 사업연도중의 납부·징수(중간예납·원천징수·수시부과)

 사업연도 중 납부·징수의 의의

법인세는 각 사업연도 종료일이 속하는 달의 말일부터 3개월 이내에 신고·납부하는 것을 원칙으로 하되, 예외적으로 법인세법에서는 세수의 평준화 등을 위하여 사업연도 중의 납부·징수제도인 중간예납·원천징수·수시부과제도를 두고 있다. 이와 같이 사업연도 중에 납부·징수된 중간예납세액·원천징수세액·수시부과세액은 자진납부세액 계산시 기납부세액으로 공제된다.

총 부 담 세 액	
(-) 기 납 부 세 액	• 중간예납세액·원천징수세액·수시부과세액
자 진 납 부 세 액	

 중간예납

(1) 중간예납의 의의

법인세법에서는 각 사업연도의 기간이 6개월을 초과하는 법인의 경우에는 해당 사업연도 개시일부터 6개월간을 중간예납기간으로 하여 해당 기간에 대한 법인세를 납부하도록 규정하고 있는데, 이를 중간예납이라 한다.

 사업연도 변경시

법인이 사업연도를 변경한 경우 변경 후 사업연도의 중간예납기간은 변경한 사업연도의 개시일로부터 6개월이 되는 날까지로 한다(법기통 63-0…1).

(2) 중간예납 대상법인과 제외법인

1) 중간예납 대상법인

중간예납 대상법인은 사업연도가 6개월을 초과하는 법인으로 한다.

2) 중간예납 제외법인

다음에 해당하는 법인은 중간예납 제외법인으로 한다.

① 고등교육법 및 초·중등교육법에 따른 사립학교를 경영하는 학교법인인 경우
② 산업교육진흥 및 산학연협력촉진에 관한 법률에 따른 산학협력단인 경우
③ 새로 설립된 법인(합병이나 분할에 의해 설립된 법인을 제외)의 설립 후 최초 사업연도인 경우
④ 청산 중인 법인인 경우. 다만, 청산기간 중에 해산 전의 사업을 계속 영위하는 경우로서 해당사업에서 사업수입금액이 발생하는 경우는 제외한다.
⑤ 납세지 관할세무서장이 중간예납기간 중 휴업 등의 사유로 사업수입금액이 없는 것으로 확인한 휴업법인인 경우
⑥ 직전 사업연도의 중소기업으로서 직전 사업연도의 실적을 기준으로 계산한 중간예납세액이 50만원 미만인 내국법인
⑦ 국립대학법인 서울대학교 및 인천대학교

(3) 중간예납세액의 계산

1) 계산방법의 선택

중간예납세액은 직전 사업연도의 실적을 기준으로 계산하는 방법과 해당 중간예납기간의 실적을 기준으로 계산하는 방법 중 법인이 임의로 선택할 수 있다. 다만, 직전 사업연도 종료일 현재 독점규제 및 공정거래에 관한 법률 제31조 제1항에 따른 공시대상기업집단에 속하는 내국법인(중소기업기본법 시행령 별표 1에 따른 업종별 매출액 기준을 충족한 중소기업 제외)은 아래 3)의 방법(중간예납기간의 실적에 의한 중간예납세액)에 따라 중간예납세액을 계산한다.

또한, 다음에 해당하는 경우(위문단 단서의 공시대상기업집단에 속하는 내국법인 포함)에는 반드시 해당 중간예납기간의 실적을 기준으로 중간예납세액을 계산하여야 한다(법법 63의2② 제2호).

① 직전 사업연도의 법인세로서 확정된 산출세액(가산세 제외)이 없는 경우(유동화전문회사 등에 대한 소득공제 및 프로젝트금융투자회사에 대한 소득공제 대상 법인은 제외)
② 해당 중간예납기간 만료일까지 직전 사업연도의 법인세액이 확정되지 않은 경우
③ 분할신설법인 또는 분할합병의 상대방 법인의 분할 후 최초의 사업연도인 경우
④ 합병법인 또는 피합병법인이 합병 당시 상기 독점규제 및 공정거래에 관한 법률에 따른 공시대상기업집단에 속하는 내국법인에 해당하는 경우로서 해당 합병법인의 합병 후 최초의 사업연도인 경우

2) 직전 사업연도 실적에 의한 중간예납세액

$$\text{중간예납세액} = \left(\text{직전 사업연도의 법인세 산출세액} - \text{직전 사업연도의 감면세액·원천징수세액·수시부과세액} \right) \times \frac{6}{\text{직전 사업연도 월수 (1월 미만은 1월)}}$$

> **note** 직전 사업연도의 법인세 산출세액 : 가산세를 포함하고, 토지 등 양도소득에 대한 법인세와 미환류소득에 대한 법인세를 제외한다.

> **참고** 합병시 직전 사업연도
>
> | 구 분 | 내 용 |
> |---|---|
> | 신 설 합 병 | 합병에 따라 설립된 합병법인이 설립 후 최초의 사업연도에 직전 사업연도 실적기준에 따라 중간예납세액을 납부하는 경우에는 각 피합병법인의 합병등기일이 속하는 사업연도의 직전 사업연도를 직전 사업연도로 보고, 각 피합병법인의 직전 사업연도의 법인세로서 확정된 산출세액을 합한 금액을 직전 사업연도의 산출세액으로 본다(법법 92③). |
> | 흡 수 합 병 | 합병 후 존속하는 합병법인이 합병 후 최초의 사업연도에 직전 사업연도 실적기준에 따라 중간예납세액을 납부하는 경우에는 합병법인의 직전 사업연도와 각 피합병법인의 합병등기일이 속하는 사업연도의 직전 사업연도를 모두 직전 사업연도로 보고, 각 피합병법인(합병법인 포함)의 직전 사업연도의 법인세로서 확정된 산출세액을 합한 금액을 직전 사업연도의 산출세액으로 본다. |

3) 중간예납기간의 실적에 의한 중간예납세액(가결산방법)

$$\text{중간예납세액} = \text{중간예납기간의 산출세액}^{\circledast} - \text{중간예납기간의 감면세액·원천징수세액·수시부과세액}$$

◉ 중간예납기간의 산출세액 : 중간예납기간을 대상으로 과세표준을 계산하고, 다음 산식에 의해 산출세액을 계산한다.

$$[(\text{중간예납기간의 과세표준} \times \frac{12}{6}) \times \text{세율}] \times \frac{6}{12}$$

(4) 중간예납세액의 신고·납부 등

1) 신고·납부

중간예납세액은 중간예납기간이 지난 날부터 2개월 이내에 신고·납부하여야 한다.

> **참고** 중간예납세액의 신고·납부기한(12월말 법인인 경우)
>
>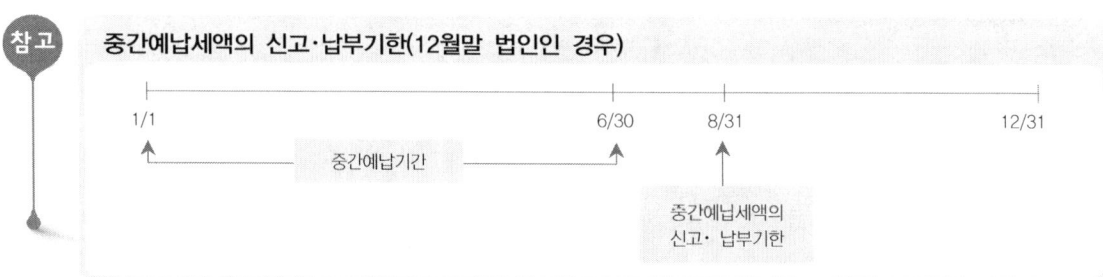

2) 분 납

중간예납세액의 납부할 세액이 1천만원을 초과하는 경우에는 분납규정에 따라 분납할 수 있다(법법 63④).

3) 제출서류

중간예납세액의 신고·납부시 첨부서류는 다음과 같다.

① 재무상태표와 포괄손익계산서(이익잉여금처분계산서·결손금처리계산서 제외)
② 세무조정계산서 및 그 부속서류

(5) 무신고 납부시

납세지 관할세무서장은 법인이 중간예납세액의 전부 또는 일부를 납부하지 않은 경우에는 해당 미납세액을 국세징수법에 따라 징수하여야 한다.

다만, 가결산방법에 의하여 중간예납세액을 계산하여야 하는 법인인 경우에는 가결산방법에 의하여 중간예납세액을 결정하여 국세징수법에 따라 징수하여야 한다(법법 71②).

중간예납세액의 무신고 납부시 가산세

중간예납세액의 무신고 납부시 적용되는 가산세는 납부지연가산세이다.
➡ 신고 관련 가산세는 적용하지 않음

원천징수

(1) 원천징수 대상소득과 원천징수 제외소득

내국법인이 받은 소득 중 법인세법상 원천징수대상소득은 소득세법상 이자소득금액과 집합투자기구로부터의 이익 중 자본시장과 금융투자업에 관한 법률에 따른 투자신탁의 이익이다. 그러나 다음의 소득에 대하여는 법인세를 원천징수하지 않는다(법령 111①).

① 법인세가 부과되지 아니하거나 면제되는 소득 : 공익신탁의 이익
② 신탁회사의 신탁재산에 귀속되는 소득(채권 등의 이자와 할인액으로서 원천징수되는 것은 제외)
③ 신고한 과세표준에 이미 산입된 미지급소득 등

(2) 원천징수세율

구 분	원천징수세율
이자소득금액	14% (비영업대금의 이익 : 25%)
투자신탁의 이익(배당소득)	14%

한편, 위의 원천징수대상 이자소득금액을 계산함에 있어서 차입금과 이자의 변제에 관한 특별한 약정이 없이 차입금과 그 차입금에 대한 이자에 해당하는 금액의 일부만을 변제한 경우에는 이자를 먼저 변제한 것으로 본다. 다만, 비영업대금의 이익의 경우에는 소득세법 시행령 제51조[총수입금액의 계산] 제7항의 규정을 준용한다(법칙 56).

소득세법 시행령 제51조[총수입금액의 계산] 제7항

비영업대금의 이익에 대한 이자소득금액을 계산함에 있어서 해당 비영업대금의 이익이 대손요건을 만족시키는 채권에 해당하여 채무자 또는 제3자로부터 원금 및 이자의 전부 또는 일부를 회수할 수 없는 경우에는 회수한 금액에서 원금을 먼저 차감하여 계산한다. 이 경우 회수한 금액이 원금에 미달하는 때에는 이자는 이를 없는 것으로 한다(소령 51⑦).

(3) 원천징수세액의 납부

원천징수의무자는 원천징수 대상소득을 지급하는 때에 원천징수하여 익월 10일까지 정부에 납부하여야 한다(법법 73①).

다만, 직전연도(신규로 사업을 개시한 사업자의 경우 신청일이 속하는 반기를 말함)의 상시 고용인원이 20인 이하인 원천징수의무자(금융 및 보험업을 영위하는 법인은 제외함)로서 원천징수 관할세무서장으로부터 원천징수세액을 반기별로 납부할 수 있도록 승인을 얻거나 국세청장이 정하는 바에 따라 지정을 받은 자는 그 징수일이 속하는 반기의 마지막 달의 다음달 10일까지 납부할 수 있다(법법 73⑦, 법령 115②).

(4) 원천징수세액 미납액의 징수

납세지 관할세무서장은 원천징수의무자가 해당 징수하여야 할 세액을 징수하지 않았거나 징수한 세액을 기한 내에 납부하지 않은 때에는 지체없이 원천징수의무자로부터 해당 원천징수하여 납부하여야 할 세액 상당액에 원천징수 등 납부지연가산세를 가산한 금액을 법인세로서 징수하여야 한다.

다만, 원천징수의무자가 원천징수하지 않은 경우 납세의무자가 신고납부한 과세표준금액에 해당 원천징수대상금액이 이미 산입되어 있는 때에는 원천징수 등 납부지연가산세만을 징수한다(법법 71③).

소액부징수

원천징수세액이 1,000원 미만인 경우에는 해당 법인세를 징수하지 않는다.

(5) 채권의 중도매매에 대한 규정

1) 제도의 개요

법인이 채권의 이자계산기간 중에 해당 채권을 매도하는 경우 해당 채권의 보유기간에 대한 이자상당액에 대하여는 해당 법인이 원천징수의무자를 대리하여 원천징수하여야 한다. 이 경우 해당 법인에 대하여는 이를 원천징수의무자로 보아 법인세법을 적용한다.

$$원천징수세액 = 보유기간의\ 이자상당액 \times 원천징수세율$$

❂ '보유기간의 이자상당액'은 다음과 같이 계산된 금액을 말한다.

구 분	내 용
① 산 식	채권 등의 액면가액×보유기간×적용이자율
② 보 유 기 간	㉠ 채권 등의 이자소득금액을 지급받기 전에 매도하는 경우 : 채권 등의 취득일(또는 직전 이자소득금액의 계산기간종료일)의 다음날부터 매도하는 날까지의 기간 ㉡ 채권 등의 이자소득금액을 지급받는 경우 : 채권 등의 취득일(또는 직전 이자소득금액의 계산기간종료일)의 다음날부터 이자소득금액의 계산기간 종료일까지의 기간
③ 적 용 이자율	이자율은 공개시장에서 발행하는 국채와 산업금융채권·예금보험기금채권·상환기금채권은 표면이자율에 의하고, 그 밖의 채권은 해당 채권의 표면이자율에 발행시의 할인율을 가산하고 할증률을 차감한 이자율에 의한다(법령 113②).

2) 선이자 지급방식채권의 중도매도시

법인이 선이자지급방식의 채권을 취득한 후 사업연도가 종료되어 실제로 원천징수당한 세액을 전액 공제하여 법인세를 신고하였으나 그 후의 사업연도 중 해당 채권의 만기상환일이 도래하기 전에 이를 매도함으로써 해당 사업연도 전에 공제한 원천징수세액이 해당 보유기간의 이자에 대한 원천징수세액을 초과하는 경우에는 그 초과하는 금액을 해당 채권을 매도한 날이 속하는 사업연도의 법인세에 가산하여 납부하여야 한다.

4 수시부과

(1) 수시부과의 의의

다음의 수시부과사유에 해당하는 경우에는 사업연도 종료일이 지나지 않더라도 수시로 법인세를 부과할 수 있다(법법 97①).

① 일반적인 경우
  ㉠ 신고를 하지 아니하고 본점 또는 주사무소를 이전한 때
  ㉡ 사업부진 그 밖의 사유로 인하여 휴업 또는 폐업상태에 있을 때
  ㉢ 그 밖에 조세를 포탈할 우려가 있다고 인정되는 상당한 이유가 있을 때
② 주한국제연합군 또는 외국기관으로부터 사업수입금액을 외국환은행을 통하여 외환증서 또는 원화로 수령할 때

(2) 수시부과세액

수시부과세액은 다음과 같이 계산된 세액으로 한다.

① 일반적인 경우 : 수시부과기간❂을 1사업연도로 보아 세액을 계산하되, 가산세는 적용하지 않는다.
② 외국군 등에 대한 군납의 경우 : 사업수입금액×(1−기준경비율)×세율

❂ 사업연도 개시일부터 수시부과사유가 발생한 날까지를 수시부과기간으로 한다. 다만, 직전 사업연도에 대한 법인세 과세표준 등의 신고기한 이전에 수시부과사유가 발생한 경우에는 직전 사업연도 개시일부터 수시부과사유가 발생한 날까지를 수시부과기간으로 한다(법법 97②).

II. 확정신고·납부

 과세표준과 세액의 확정신고

(1) 신고기한

납세의무있는 내국법인은 각 사업연도의 종료일이 속하는 달의 말일부터 3개월 이내에 법인세 과세표준과 세액을 납세지 관할세무서장에게 신고하여야 한다(법법 86①).

이 경우 내국법인으로서 각 사업연도 소득금액이 없거나 결손금이 있는 법인의 경우에도 동일하다.

(2) 제출서류

1) 일반적인 경우

법인세 과세표준 및 세액의 확정신고는 법인세과세표준및세액신고서[별지 제1호 서식]에 다음의 서류를 첨부하여 신고하여야 한다.

① 기업회계기준에 따라 작성한 개별 내국법인의 재무상태표·(포괄)손익계산서·이익잉여금처분(결손금처리)계산서
② 세무조정계산서[별지 제3호 서식]
③ 그 밖에 세무조정계산서 부속서류 및 현금흐름표(외감법대상법인에 한함)

2) 합병 또는 분할로 해산하는 경우

한편, 내국법인이 합병 또는 분할로 해산하는 경우로서 신고를 할 때에는 법인세과세표준및세액신고서[별지 제1호 서식]에 다음의 서류를 첨부하여 신고하여야 한다(법법 86③).

① 합병등기일 또는 분할등기일 현재의 피합병법인 등의 재무상태표와 합병법인 등이 그 합병 또는 분할에 의하여 승계한 자산 및 부채의 명세서
② 그 밖에 대통령령이 정하는 서류

3) 외부조정

기업회계와 세무회계의 정확한 조정 또는 성실한 납세를 위하여 필요하다고 인정하여 세법이 정하는 내국법인의 경우 세무조정계산서는 다음의 어느 하나에 해당하는 자로서 세법이 정하는 조정반에 소속된 자가 작성하여야 한다(법법 60⑨).

① 세무사법에 따른 세무사등록부에 등록한 세무사
② 세무사법에 따른 세무사등록부 또는 세무대리업무등록부에 등록한 공인회계사
③ 세무사법에 따른 세무사등록부에 등록한 변호사

(3) 참 고

소득세법상 개인사업자는 이익잉여금처분(결손금처리)계산서 대신에 합계잔액시산표를 제출하도록 규정하고 있다.

(4) 유의점

① 위 첨부서류 중 ①, ②의 첨부서류를 첨부하지 않은 경우에는 무신고로 보아 무신고가산세를 적용한다. 다만, 사업소득에 해당하는 수익사업을 영위하지 않는 비영리내국법인은 그러하지 아니하다(법법 60⑤).
② 위 (1)의 규정에 불구하고 주식회사의 외부감사에 관한 법률에 따라 감사인에 의한 감사를 받아야 하는 내국법인이 해당 사업연도의 감사가 종결되지 않아 결산이 확정되지 않았다는 사유로 신고기한의 종료일 3일 전까지 신고기한연장신청서를 제출한 경우에는 그 신고기한을 1개월의 범위에서 연장할 수 있다(법법 60⑦). 이 경우 기한 연장일수에 국세환급가산금의 이자율(연 1.2%)을 적용하여 계산한 금액을 가산하여 납부해야 한다(법법 60⑧, 국기령43의3②, 국기칙19의3).

2 세액의 납부

(1) 납부기한

법인세 과세표준과 세액을 신고한 내국법인은 자진납부세액을 과세표준 신고기한(각 사업연도 종료일이 속하는 달의 말일부터 3개월 이내)까지 정부에 납부하여야 한다.

(2) 분 납

1) 세법의 규정

납부할 세액(가산세 및 감면분 추가납부세액은 제외. 이하 같음)이 1천만원을 초과하는 경우에는 다음의 세액을 납부기한이 지난 날로부터 1개월(중소기업의 경우에는 2개월) 이내에 분납할 수 있다(법법 64②).

① 납부할 세액이 2천만원 이하인 때 : 1천만원을 초과하는 금액
② 납부할 세액이 2천만원을 초과하는 때 : 그 세액의 50% 이하의 금액

2) 사 례

구 분	내 용
사례 ①	12월말 법인인 ㈜A(일반기업)의 납부할 세액이 1,600만원(가산세 100만원 포함)인 경우 ① 납부기한내 납부할 세액 : 1,100만원 이상 ② 분납할 수 있는 세액 : 500만원 이하

구 분	내 용
사례 ②	12월말 법인인 ㈜A(일반기업)의 납부할 세액이 3,000만원(가산세 100만원 포함)인 경우 ① 납부기한내 납부할 세액 : 1,550만원 이상 ② 분납할 수 있는 세액 : 1,450만원 이하
참 고	사례 ① 사업연도 종료일 ——— 법정신고기한 ——— 분납기한 12/31 ——— 3/31 ——— 4/30 　　　　　　11,000,000원　　5,000,000원 사례 ② 사업연도 종료일 ——— 법정신고기한 ——— 분납기한 12/31 ——— 3/31 ——— 4/30 　　　　　　15,500,000원　　14,500,000원

3 성실신고확인제도

(1) 의 의

부동산임대업을 주된 사업으로 하는 내국법인 등 성실신고확인대상법인에 대해서는 성실한 납세를 위하여 각 사업연도 소득에 대한 법인세 과세표준과 세액을 신고할 때 성실신고확인서를 제출하도록 규정하고 있는데, 이를 성실신고확인제도라 한다. 여기서 성실신고확인서란 비치·기록된 장부와 증명서류에 의하여 계산한 법인세 과세표준 금액의 적정성을 세무사 등이 확인하고 작성한 서류를 말한다.

(2) 성실신고확인대상법인

성실신고확인대상법인이란 다음 중 어느 하나에 해당하는 내국법인을 말한다. 다만, 주식회사의 외부감사에 관한 법률에 따라 감사인에 의한 감사를 받은 내국법인은 제외한다(법법 60의2, 법령 97의4).

① 부동산임대업을 주된 사업으로 하는 등 대통령령으로 정하는 요건에 해당하는 내국법인(유동화전문회사 등에 대한 소득공제 및 프로젝트금융투자회사에 대한 소득공제 대상 법인은 제외)
② 소득세법에 따른 성실신고확인대상사업자가 사업용자산을 현물출자하는 등의 방법에 따라 내국법인으로 전환한 경우 그 내국법인(사업연도 종료일 현재 법인으로 전환한 후 3년 이내의 내국법인에 한함)
③ ②에 따라 전환한 내국법인이 그 전환에 따라 경영하던 사업을 ②에서 정하는 방법으로 인수한 다른 내국법인(②에 따른 전환일부터 3년 이내인 경우로서 그 다른 내국법인의 사업연도 종료일 현재 인수한 사업을 계속 경영하고 있는 경우로 한정함)

(3) 혜택과 제재

구 분		내 용
1) 혜택	신고기한 연장	성실신고확인대상법인이 성실신고확인서를 제출하는 경우에는 법인세의 과세표준과 세액을 각 사업연도의 종료일이 속하는 달의 말일부터 4개월 이내에 납세지 관할 세무서장에게 신고해야 한다(법법 60).
	성실신고 확인비용에 대한 세액공제	성실신고확인대상법인이 성실신고확인서를 제출하는 경우에는 성실신고 확인에 직접 사용한 비용의 60%에 해당하는 금액을 해당 과세연도의 법인세에서 공제한다. 다만, 공제세액의 한도는 150만원으로 한다(조특법 126의6①).❶
2) 제재	성실신고확인서 미제출 가산세	성실신고확인대상법인이 각 사업연도의 종료일이 속하는 달의 말일부터 4개월 이내에 성실신고확인서를 납세지 관할 세무서장에게 제출하지 않은 경우에는 다음의 금액 중 큰 금액을 가산세로 해당 사업연도의 법인세액에 더하여 납부하여야 한다(법법 75). 성실신고확인서 미제출가산세 = Max(①, ②) ① 법인세 산출세액❷ × 5% ② 수입금액 × 2/10,000

❶ 성실신고확인대상법인이 해당 과세연도의 과세표준을 과소 신고한 경우로서 그 과소 신고한 과세표준이 경정(수정신고로 인한 경우 포함)된 과세표준의 10% 이상인 경우에는 공제받은 금액에 상당하는 세액을 전액 추징한다.

❷ 토지 등 양도소득에 대한 법인세액 및 미환류소득에 대한 법인세액은 제외하며, 경정으로 산출세액이 0보다 크게 된 경우에는 경정된 산출세액을 기준으로 가산세를 계산한다.

법인세법 시행규칙 [별지 제1호 서식]

법인세 과세표준 및 세액신고서

(앞 쪽)

① 사업자등록번호				② 법인등록번호		
③ 법 인 명				④ 전 화 번 호		
⑤ 대 표 자 성 명				⑥ 전자우편주소		
⑦ 소 재 지						
⑧ 업 태			⑨ 종 목		⑩ 주업종코드	
⑪ 사 업 연 도	. . . ~ . . .			⑫ 수시부과기간	. . . ~ . . .	

⑬ 법 인 구 분		1. 내국 2. 외국 3. 외투(비율 %)				⑭ 조 정 구 분		1. 외부 2. 자기	
⑮ 종 류 별 구 분		중소기업	일반			당기순이익과세	⑯ 외부감사대상	1. 여 2. 부	
			중견기업	상호출자제한기업	그외기업				
영리법인	상 장 법 인	11	71	81	91		⑰ 신 고 구 분	1. 정기신고	
	코스닥상장법인	21	72	82	92			2. 수정신고(가. 서면분석, 나. 기타)	
	기 타 법 인	30	73	83	93			3. 기한후 신고	
비 영 리 법 인		60	74	84	94	50		4. 중도폐업신고	
								5. 경정청구	
⑱ 법 인 유 형 별 구 분			코드			⑲ 결 산 확 정 일			
⑳ 신 고 일						㉑ 납 부 일			
㉒ 신고기한 연장승인		1. 신청일				2. 연장기한			

구 분	여	부	구 분	여	부
㉓주식변동	1	2	㉔장부전산화	1	2
㉕사업연도의제	1	2	㉖결손금소급공제 법인세환급신청	1	2
㉗감가상각방법(내용연수)신고서 제출	1	2	㉘재고자산등평가방법신고서 제출	1	2
㉙기능통화 채택 재무제표 작성	1	2	㉚과세표준 환산시 적용환율		
㉛동업기업의 출자자(동업자)	1	2	㉜한국채택국제회계기준(K-IFRS)적용	1	2
㊼기능통화 도입기업의 과세표준 계산방법			㊽미환류소득에 대한 법인세 신고	1	2
㊾성실신고확인서 제출	1	2			

구 분	법 인 세			계
	법 인 세	토지 등 양도소득에 대한 법인세	미환류소득에 대한 법인세	
㉝ 수 입 금 액	(	)		
㉞ 과 세 표 준				
㉟ 산 출 세 액				
㊱ 총 부 담 세 액				
㊲ 기 납 부 세 액				
㊳ 차 감 납 부 할 세 액				
㊴ 분 납 할 세 액				
㊵ 차 감 납 부 세 액				

㊶ 조 정 반 번 호		㊸ 조정자	성 명	
㊷ 조 정 자 관 리 번 호			사업자등록번호	
			전 화 번 호	

국세환급금 계좌 신고	㊹ 예 입 처	은행 (본)지점
	㊺ 예 금 종 류	
	㊻ 계 좌 번 호	예금

신고인은 「법인세법」 제60조 및 「국세기본법」 제45조, 제45조의2, 제45조의3에 따라 위의 내용을 신고하며, 위 내용을 충분히 검토하였고 **신고인이 알고 있는 사실 그대로를 정확하게 적었음을 확인합니다.**

년 월 일

신고인(법 인) (인)
신고인(대표자) (서명)

세무대리인은 조세전문자격자로서 위 신고서를 성실하고 공정하게 작성하였음을 확인합니다.

세무대리인 (서명 또는 인)

세무서장 귀하

첨부서류	1. 재무상태표 2. (포괄)손익계산서 3. 이익잉여금처분(결손금처리)계산서 4. 현금흐름표(「주식회사의 외부감사에 관한 법률」 제2조에 따른 외부감사의 대상이 되는 법인의 경우만 해당합니다), 5. 세무조정계산서	수수료 없 음

Ⅲ. 결정·경정과 징수·환급

 결정·경정

(1) 결정·경정의 의의 및 사유, 결정·경정권자

1) 결정·경정의 의의

법인세는 신고납세제도 세목으로서 과세표준과 세액을 법인이 신고·납부함으로써 납세의무가 종결된다. 다만, 무신고시는 과세당국이 결정하며, 신고는 하였으나 신고내용에 오류·탈루가 있는 경우에는 과세당국이 경정한다.

2) 사 유

① 결정사유

법정신고기한내에 과세표준과 세액을 신고하지 아니하는 경우

② 경정사유

㉠ 신고내용에 오류·탈루가 있는 때
㉡ 지급명세서, 매출·매입처별계산서합계표 또는 매출·매입처별세금계산서합계표의 전부·일부를 제출하지 아니한 때
㉢ 다음의 어느 하나에 해당하는 경우로서 시설규모나 업황(業況)으로 보아 신고내용이 불성실하다고 판단되는 경우
ⓐ 신용카드가맹점 가입대상자로 지정받은 법인이 정당한 사유없이 신용카드가맹점으로 가입하지 아니한 경우
ⓑ 신용카드가맹점이 정당한 사유 없이 신용카드에 의한 거래를 거부하거나 신용카드매출전표를 사실과 다르게 발급한 경우
ⓒ 현금영수증가맹점가입대상자로 지정받은 법인이 정당한 사유없이 현금영수증가맹점으로 가입하지 아니한 경우
ⓓ 현금영수증가맹점이 정당한 사유 없이 현금영수증을 발급하지 않거나 사실과 다르게 발급한 경우

3) 결정·경정권자

납세지 관할세무서장. 다만, 국세청장이 특히 중요하다고 인정하는 것에 대하여는 관할지방국세청장이 할 수 있다.

(2) 결정·경정방법

1) 실지조사

법인세의 과세표준과 세액을 결정·경정하는 경우에는 장부 그 밖의 증명서류를 근거로 하여야 한다(법법 94③).

2) 추계조사

그러나 법정사유로 실지조사결정·경정을 할 수 없는 경우에는 추계조사결정·경정할 수 있다.

(3) 추계조사결정·경정

1) 추계조사의 법정사유

추계조사결정·경정의 법정사유를 살펴보면 다음과 같다.

① 소득금액을 계산함에 있어서 필요한 장부 또는 증명서류가 없거나 그 중요한 부분이 미비 또는 허위인 때
② 기장내용이 시설규모·종업원수와 원자재·상품·제품 또는 각종 요금의 시가 등에 비추어 허위임이 명백한 때
③ 기장내용이 원자재사용량·전력사용량·그 밖에 조업상황에 비추어 허위임이 명백한 때

2) 사업수입금액의 추계

추계조사결정·경정시 첫 번째 단계는 사업수입금액을 계산하는 것이며, 두 번째 단계는 해당 사업수입금액을 기준으로 하여 과세표준을 산정하는 것이다. 여기서 사업수입금액의 추계방식은 동업자권형법·입회조사기준에 의한 방법 등 소득세의 사업수입금액과 부가가치세법상 과세표준을 추계하는 방법과 같다. 이에 대한 자세한 내용은 소득세법과 부가가치세법에 기술하였다.

한편, 상기의 규정에 의하여 사업수입금액을 추계결정·경정한 경우에도 법인이 비치한 장부 그 밖의 증명서류에 의하여 소득금액을 계산할 수 있는 경우에는 해당 사업연도의 과세표준과 세액은 실지조사에 의하여 결정·경정하여야 한다(법령 105①,②).

3) 과세표준의 추계

추계조사결정·경정시 과세표준은 **기준경비율법** 또는 **동업자권형법**에 의하여 계산하며, 이월결손금공제와 외국납부세액공제를 적용하지 아니한다. 다만, 천재지변 그 밖의 불가항력으로 장부·그 밖의 증명서류가 멸실되어 추계(동업자권형법)하는 경우에는 그러하지 아니하다.

기준경비율법

기준경비율법에 의한 과세표준은 다음과 같이 계산한다(법령 104②1호).

```
     사  업  수  입  금  액
(-)  매     입     비    용   등❶
(-)  급                여     등❷
(-)  사 업 수 입 금 액 × 기 준 경 비 율❸
(+)  충  당  금  환  입  액   등❹
(=)  과     세     표     준
```

❶ 매입비용(사업용자산의 매입비용 제외)과 사업용자산에 대한 임차료로서 증명서류에 의하여 지출하였거나 지출할 금액
❷ 대표자 및 임원이나 직원의 급여와 임금 및 퇴직급여로서 증명서류에 의하여 지급하였거나 지급할 금액
❸ 소득세법 시행령 제145조의 규정에 의한 기준경비율을 말함
❹ 사업수입금액 외의 수익의 금액에서 이에 직접 대응되고 증명서류나 객관적인 자료에 의해 확인되는 원가상당액을 차감한 금액과 특수관계인과의 거래에서 부당행위계산부인규정에 따라 익금에 산입하는 금액 포함

제23절 신고·납부와 결정·경정 및 징수·환급

동업자권형법

구 분	내 용
① 원 칙	기준경비율이 결정되지 아니하였거나 천재지변 등 불가항력으로 장부·그 밖의 증명서류가 멸실된 경우에는 기장이 가장 정확하다고 인정되는 동일업종의 다른 법인과 권형을 맞추어 그 과세표준을 결정·경정한다(법령 104 ①2호).
② 예 외	다만, 동일업종의 다른 법인이 없는 경우에는 다음과 같이 과세표준을 결정·경정한다. ① 과세표준 신고 후에 장부 등이 멸실된 때: 당초의 신고서·첨부서류에 의한다. ② 과세표준 신고 전에 장부 등이 멸실된 때: 직전 사업연도의 소득률에 의한다.

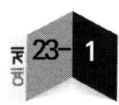

예 23-1 기준경비율법

다음 자료에 의하여 추계결정시 법인세 과세표준을 계산하시오.

```
(1) 사업수입금액 : 350,000,000원
(2) 매입비용 : 100,000,000원(집기 및 비품 구입액 25,000,000원 포함)
(3) 인건비 : 70,000,000원
(4) 임차료 : 12,000,000원
(5) 그 밖의 경비 : 5,000,000원
(6) 충당금환입액 : 13,000,000원
(7) 이월결손금 : 11,000,000원(직전 사업연도 발생분)
(8) 기준경비율 : 12%
```

해답

```
    사 업 수 입 금 액        350,000,000원
(-) 매   입   비   용   등    87,000,000원 (=100,000,000원-25,000,000원+12,000,000원)
(-) 인         건         비   70,000,000원
(-) 사업수입금액 × 기준경비율  42,000,000원 (=350,000,000원×12%)
(+) 충  당  금  환  입  액    13,000,000원
    과   세   표   준       164,000,000원
```

2 징수와 환급

(1) 징 수

과세당국은 법인이 각 사업연도의 법인세로서 납부하여야 할 세액의 전부 또는 일부를 납부하지 아니한 때에는 해당 미납세액을 국세징수법에 따라 징수하여야 한다(법법 99①).

(2) 환 급

법인세의 세액계산의 결과 법인세 기납부세액(중간예납세액·원천징수세액·수시부과세액)이 각 사업연도 소득에 대한 법인세액(가산세 포함)을 초과하는 경우에는 이를 환급하거나 다른 국세·가산금·강제징수비에 충당하여야 한다(법법 99③).

01 다음은 법인세 중간예납에 관한 설명이다. 틀린 것은? [회계사 2014]

① 각 사업연도의 기간이 6개월 이하인 법인은 중간예납세액의 납부의무를 지지 않는다.
② 합병이나 분할에 의하지 아니하고 새로 설립된 법인의 경우 설립 후 최초의 사업연도에는 중간예납세액의 납부의무를 지지 않는다.
③ 중간예납세액은 그 중간예납기간이 지난 날부터 2개월 이내에 납부하여야 한다.
④ 「고등교육법」에 따른 사립학교를 경영하는 학교법인과 「산업교육진흥 및 산학연협력촉진에 관한 법률」에 따른 산학협력단은 중간예납세액의 납부의무를 지지 않는다.
⑤ 중간예납세액에 대해서는 분납이 허용되지 않는다.

해설 법인이 중간예납에 따라 납부할 세액이 1천만원을 초과하는 경우에는 이를 분납할 수 있다.

해답 ⑤

02 다음은 제조업을 주업으로 하는 내국법인 ㈜A(중소기업 아님)의 제24기 사업연도(2025.1.1.~12.31.)의 세무조정 및 신고·납부 관련 자료이다. 다음 자료를 이용하여 분납할 수 있는 최대금액을 계산하면 얼마인가? [세무사 2018 수정]

> 가산세 3,000,000원을 포함한 자진납부할 세액이 18,000,000원으로 산출되어, 분납할 수 있는 최대금액을 분납하기로 결정하였다.

① 3,000,000원 ② 5,000,000원 ③ 9,000,000원
④ 10,000,000원 ⑤ 15,000,000원

구 분	납부액	
1차납부	13,000,000원	=10,000,000원+3,000,000원(가산세)
2차납부	5,000,000원	=18,000,000원−13,000,000원

가산세는 분납할 수 없으며, 납부할 세액이 20,000,000원 이하이므로 가산세 제외금액인 15,000,000원 중에서 10,000,000원을 초과하는 금액을 분납할 수 있다. 따라서 분납가능한 최대금액은 5,000,000원이다.

해답 ②

3

다음은 제조업을 주업으로 하는 내국법인 ㈜A(중소기업 아님)의 제24기 사업연도(2025.1.1.~12.31.)의 세무조정 및 신고·납부 관련 자료이다. 다음 이자수익과 배당수익에 대하여 발생한 원천징수세액은 얼마인가? [세무사 2018 수정]

> 제24기 각 사업연도 소득금액에는 ㈜A의 개인주주 甲에게 자금을 대여하고 수취한 이자수익 20,000,000원과 유가증권시장 주권상장법인으로부터 직접 받은 현금배당금 10,000,000원이 포함되어 있으며, 이를 모두 국내에서 지급받으면서 법인세 원천징수세액이 발생하였다.

① 2,800,000원 ② 4,200,000원 ③ 5,000,000원
④ 6,400,000원 ⑤ 7,500,000원

해설
1. 비영업대금의 이익 : 20,000,000원×25%=5,000,000원
2. 현금배당금 : 투자신탁의 이익을 제외한 일반적인 배당수익은 원천징수의무가 존재하지 않는다.

해답 ③

04

법인세법상 영리내국법인의 각 사업연도 소득에 대한 법인세 과세표준 및 세액의 계산과 신고 및 납부에 대한 설명이다. 옳지 않은 것은? [회계사 2020]

① 성실신고확인대상 내국법인이 성실신고확인서를 제출하는 경우 사업연도 종료일이 속하는 달의 말일부터 4개월 이내에 법인세 과세표준과 세액을 신고하여야 한다.
② 납부할 중간예납세액이 1,500만원인 경우 750만원을 납부기한이 지난 날부터 1개월 이내에 분납할 수 있다.
③ 외부조정대상법인이 외부조정계산서를 첨부하지 아니하는 경우 신고를 하지 않은 것으로 보고 무신고가산세를 적용한다.
④ 신고를 하지 아니하고 본점을 이전하여 법인세를 포탈할 우려가 있다고 인정되는 경우에는 납세지 관할 세무서장이 수시로 그 법인에 대한 법인세를 부과할 수 있다.
⑤ 천재지변으로 장부나 그 밖의 증명서류가 멸실되어 법인세 과세표준과 세액을 추계하는 경우에도 외국납부세액공제를 받을 수 있다.

해설 법인이 중간예납에 따라 납부할 세액이 1천만원을 초과하는 경우에는 이를 분납할 수 있으며, 납부할 세액이 2천만원 이하인 경우 1천만원을 초과하는 금액을 분납할 수 있다.

해답 ②

05 법인세법상 성실신고확인서 제출에 관한 설명으로 옳지 않은 것은? [세무사 2023]

① 「주식회사 등의 외부감사에 관한 법률」에 따라 감사인에 의한 감사를 받은 내국법인은 성실신고확인서를 제출하지 아니할 수 있다.
② 성실신고확인 대상인 내국법인이 법령에 따라 성실신고확인서를 제출하는 경우에는 각 사업연도의 종료일이 속하는 달의 말일부터 4개월 이내에 그 사업연도의 소득에 대한 법인세의 과세표준과 세액을 납세지 관할 세무서장에게 신고하여야 한다.
③ 「소득세법」에 따른 성실신고확인대상사업자가 사업용자산을 현물출자하여 내국법인으로 전환한 경우 그 내국법인은 법인으로 전환한 후 5년 동안 성실신고확인서를 제출해야 한다.
④ 성실신고확인서 제출 불성실 가산세를 적용할 때 법령에 따른 경정으로 산출세액이 0보다 크게 된 경우에는 경정된 산출세액을 기준으로 가산세를 계산한다.
⑤ 성실신고확인서 제출 불성실 가산세는 산출세액이 없는 경우에도 적용한다.

해설 「소득세법」에 따른 성실신고확인대상사업자가 사업용자산을 현물출자하여 내국법인으로 전환한 경우 그 내국법인은 법인으로 전환한 후 3년 동안 성실신고확인서를 제출해야 한다.

해답 ③

PART 03

비영리법인에 대한 법인세

제1절 비영리법인의 납세의무
제2절 과세표준과 세액
제3절 신고·납부 및 각종 과세특례

제1절 비영리법인의 납세의무

- I. 비영리법인의 범위
- II. 납세의무의 범위
- III. 수익사업의 범위

I. 비영리법인의 범위

 비영리내국법인

현행 법인세법에서는 다음에 해당하는 법인을 비영리내국법인으로 규정하고 있다(법법 2 2호).

① 민법 제32조[비영리법인의 설립과 허가]의 규정에 따라 설립된 법인
② 사립학교법 그 밖의 특별법에 따라 설립된 법인으로서 민법 제32조[비영리법인의 설립과 허가]에 규정된 목적과 유사한 목적을 가진 법인(세법이 정하는 조합법인 등이 아닌 법인으로서 그 주주·사원 또는 출자자에게 이익을 배당할 수 있는 법인을 제외한다)
③ 국세기본법 제13조 제4항의 규정에 따라 법인으로 보는 법인 아닌 단체

 비영리외국법인

현행 법인세법상 비영리외국법인이란 외국의 정부·지방자치단체 및 영리를 목적으로 하지 않는 법인을 말한다.

II. 납세의무의 범위

구 분	각 사업연도 소득	청산 소득	토지 등 양도소득
비영리내국법인	수익사업소득	–	과 세
비영리외국법인	국내원천소득 중 수익사업소득	–	과 세

Ⅲ. 수익사업의 범위

구 분	비 고
(1) 제조업·건설업 등 수익이 발생하는 각종 사업에서 발생하는 소득	특정 사업소득❶은 제외
(2) 소득세법상 이자소득·배당소득	-
(3) 주식·신주인수권·출자지분의 양도로 인한 수입	-
(4) 유형자산 및 무형자산의 처분으로 인한 수입	유형자산 및 무형자산의 처분일(국가균형발전 특별법에 따라 이전하는 공공기관의 경우에는 공공기관 이전일) 현재 3년 이상 계속하여 법령 또는 정관에 규정된 고유목적사업(수익사업은 제외)에 직접 사용한 유형자산 및 무형자산의 처분으로 인하여 생기는 수입과 고유목적사업에 총 10년 이상 직접 사용한 유형·무형자산으로서 해당 자산의 보유기간 대비 고유목적사업 사용기간에 비례에 상당하는 처분수입은 제외❷
(5) 소득세법상 채권·증권(법인세가 비과세되는 채권·증권 제외)을 양도함으로써 발생하는 채권매매익	
(6) 소득세법상 부동산에 관한 권리 및 기타자산의 양도로 생기는 수입	-

❶ 수익사업에서 제외되는 특정 사업소득의 범위는 다음과 같다(법령 3①).
 ① 축산업(축산관련 서비스업 포함)·조경관리 및 유지서비스업 외의 농업
 ② 연구개발업(계약 등에 의하여 그 대가를 받고 연구 및 개발용역을 제공하는 사업 제외)
 ③ 유치원, 학교, 제주특별법에 따른 비영리 국제학교, 평생교육시설 등에서 해당 법률에 따른 교육과정에 따라 제공하는 교육서비스
 ④ 보건 및 사회복지 서비스업 중 사회복지시설에서 제공하는 사회복지사업
 ⑤ 사회보장보험업 중 의료보험사업과 산업재해보상보험사업
 ⑥ 주무관청에 등록된 종교단체가 공급하는 용역 중 부가가치세가 면제되는 용역을 공급하는 사업
 ⑦ 대한적십자사가 행하는 혈액사업 등

❷ 이 경우 해당 자산의 유지·관리 등을 위한 관람료·입장료수입 등 부수수익이 있는 경우에도 이를 고유목적사업에 직접 사용한 자산으로 보며, 비영리법인이 수익사업에 속하는 자산을 고유목적사업에 전입한 후 처분하는 경우에는 전입 시 시가로 평가한 가액을 그 자산의 취득가액으로 하여 처분으로 인하여 생기는 수입을 계산한다.

제2절 과세표준과 세액

- I. 과세표준과 세액의 계산구조
- II. 구분경리

I. 과세표준과 세액의 계산구조

현행 법인세법상 비영리법인의 과세표준과 세액의 계산은 영리법인의 규정을 준용하여 계산하도록 되어 있다.

II. 구분경리

비영리법인이 수익사업을 영위하는 경우에는 자산·부채 및 손익을 해당 수익사업에 속하는 것과 비영리사업에 속하는 것으로 각각 구분하여 경리하여야 한다(법법 113).

이 경우 공통자산과 공통부채, 공통익금과 공통손금의 구분경리방법은 다음과 같다.

구 분	내 용		
공통자산 공통부채	수익사업과 비영리사업에 공통되는 자산·부채는 이를 수익사업에 속하는 것으로 한다(법칙 76①). 그리고 수익사업의 자본금은 수익사업의 자산합계액에서 부채(충당금 포함)합계액을 공제한 금액으로 한다(법칙 76①,②).		
공통익금 공통손금	① 공통익금		수입금액·매출액 비율로 안분계산
	② 공통손금	업종이 동일한 경우	수입금액·매출액 비율로 안분계산
		업종이 다른 경우	개별손금액 비율로 안분계산

 소득세법 시행령 제51조[총수입금액의 계산] 제7항수익사업과 그 밖의 사업간 자산의 전출입

구 분	내 용
자본의 원입	그 밖의 사업에 속하는 자산을 수익사업에 지출 또는 전입한 경우 해당 자산가액은 자본의 원입(元入)으로 경리한다.
자본원입액의 반환	수익사업에 속하는 자산을 그 밖의 사업에 지출한 경우 해당 자산가액 중 수익사업의 소득금액(잉여금을 포함)을 초과하는 금액은 자본원입액의 반환으로 본다.

제3절 신고·납부 및 각종 과세특례

I. 신고·납부절차
II. 이자소득의 분리과세특례
III. 자산양도소득에 대한 과세특례
IV. 조합법인 등에 대한 과세특례
V. 그 밖의 사항의 특례

I. 신고·납부절차

현행 법인세법상 비영리법인의 신고·납부절차는 영리법인의 신고·납부절차와 관련된 사항을 준용하도록 규정하고 있다.

II. 이자소득의 분리과세특례

구 분	내 용
(1) 개 념	비영리내국법인이 다음의 요건을 모두 갖춘 이자소득(과세특례대상 이자소득)이 있는 경우에는 과세특례대상 이자소득의 일부 또는 전부에 대하여 과세표준을 신고하지 않고 분리하여 과세할 수 있다. 이 경우 과세표준을 신고하지 않은 과세특례대상 이자소득은 각 사업연도의 소득금액을 계산할 때 포함하지 않는다(법법 62①). ① 소득세법상 이자소득(비영업대금의 이익은 제외하고, 투자신탁의 이익을 포함)일 것 ② 원천징수되었을 것 ③ 금융 및 보험업을 영위하는 비영리내국법인이 받는 이자소득이 아닐 것
(2) 효 과	따라서 과세특례대상 이자소득은 각 사업연도 소득금액계산에 있어서 이를 포함하지 아니하며, 원천징수로서 납세의무가 종결된다.

III. 자산양도소득에 대한 과세특례

구 분	내 용
(1) 의 의	**수익사업을 영위하지 아니하는 비영리내국법인**은 자산양도소득에 대하여 각 사업연도 소득에 대한 법인세를 납부하는 것에 갈음하여 소득세법상 양도소득세 규정을 준용하여 계산한 과세표준에 양도소득세율을 적용한 금액을 법인세로 납부할 수 있다.
(2) 적용대상자산	① 토지·건물 ② 특정주식·특정법인의 주식·특정시설물이용권이 부여된 주식 ③ 양도소득세 과세대상 주식 또는 출자지분

구 분	내 용
(3) 과 세 표준과 세 율	과세표준과 세율은 양도소득세 규정을 준용하며, 과세표준은 다음과 같이 계산된다. 과세표준＝양도가액－필요경비－장기보유특별공제－양도소득기본공제
(4) 예 정 신 고	비영리법인이 특례규정을 선택한 경우에는 부동산 등을 양도한 날이 속하는 달의 말일부터 2개월이 되는 날까지 양도소득과세표준 예정신고 및 자진납부를 하여야 한다. 이 규정에 의하여 양도소득과세표준 예정신고를 한 비영리내국법인은 법인세의 신고를 한 것으로 본다.
(5) 유의점	앞에서도 언급하였지만 상기의 과세특례규정은 수익사업을 영위하지 아니하는 비영리법인에 한하여 적용받을 수 있다는 점이다.

Ⅳ. 조합법인 등에 대한 과세특례

구 분	내 용
(1) 당 기 순이익 과 세	조합법인 등의 각 사업연도 소득에 대한 법인세는 법인세법의 규정에 불구하고 2025년 12월 31일 이전에 끝나는 사업연도까지 다음과 같이 과세한다(조특법 72①). 다만, 해당 조합법인 등이 당기순이익과세를 포기한 경우에는 그 이후의 사업연도에 대하여 당기순이익과세를 하지 않는다. 법인세 산출세액 ＝ (결산재무제표상 법인세비용차감전순이익 ＋ 법소정 손금불산입액❋) × 9%(20억원 초과분 12%)
(2) 조 세 감 면 배 제	조합법인 등이 당기순이익과세를 선택한 경우에는 조세특례제한법상 각종 조세감면제도를 적용받을 수 없다.

❋ 기부금, 기업업무추진비, 인건비·복리후생비 등 과다경비, 업무무관비용, 차입금 지급이자, 퇴직급여충당금, 대손충당금 손금불산입액(채무보증 구상채권과 업무무관 가지급금에 대한 대손충당금·대손금)을 말함

Ⅴ. 그 밖의 사항의 특례

구 분	내 용
(1) 기 장 의 무	비영리법인의 경우에도 기장의무를 지는 것이 원칙이나, 수익사업을 영위하지 아니하는 비영리법인은 기장의무를 지지 않는다. 한편, 기장의무를 지는 비영리법인이 기장을 하지 않은 경우에도 무기장가산세는 적용하지 않는다.
(2) 서 류 제출의 면 제	수익사업을 영위하지 아니하는 비영리법인이 과세표준신고를 하는 경우에는 재무상태표, 포괄손익계산서, 이익잉여금처분계산서 및 세무조정계산서를 첨부하지 않은 경우에도 신고한 것으로 본다.
(3) 가산세	비영리내국법인이 기부금영수증을 사실과 다르게 발급하거나 기부자별 발급내역을 작성·보관하지 아니한 경우에는 다음의 기부금영수증불성실가산세를 적용한다. 1) 기부금영수증의 경우 : 사실과 다르게 발급된 영수증에 기재된 금액의 2% 2) 기부자별 발급내역의 경우 : 그 작성·보관하지 아니한 금액의 0.2%

제3절 신고·납부 및 각종 과세특례

01 법인세법상 비영리내국법인의 법인세 납세의무에 관한 설명으로 옳지 않은 것은? [회계사 2013]

① 「국세기본법」에 따라 법인으로 보는 단체로서 국내에 주사무소를 둔 단체는 「법인세법」상 비영리내국법인에 해당한다.
② 이자소득만 있는 비영리내국법인이 고유목적사업준비금을 손금으로 계상한 경우에는 이자소득의 금액에 50%를 곱한 금액의 범위 내에서 고유목적사업준비금을 손금에 산입한다.
③ 비영리내국법인은 주식 또는 신주인수권의 양도로 인하여 생기는 수입에 대하여 각 사업연도의 소득에 대한 법인세 납세의무를 진다.
④ 비영리내국법인은 「소득세법」에 따른 이자소득(비영업대금의 이익은 제외하고 투자신탁의 이익은 포함)으로서 「법인세법」에 따라 원천징수된 이자소득에 대하여는 과세표준 신고를 하지 아니할 수 있다.
⑤ 「소득세법」에 따른 이자소득만이 있는 비영리내국법인은 복식부기 방식으로 장부를 기장할 의무가 없다.

해설 비영리내국법인이 고유목적사업준비금을 손금으로 계상하는 경우 이자소득금액의 손금산입 한도는 손금으로 계상한 이자소득의 전체 금액이다.

해답 ②

02 비영리내국법인의 법인세 납세의무와 과세소득에 관한 설명으로 옳지 않은 것은? [회계사 2016]

① 출자지분의 양도로 인하여 생기는 수입과 정기예금에서 발생한 이자소득은 수익사업에서 생기는 소득에 포함된다.
② 고유목적사업준비금을 손금으로 계상한 사업연도의 종료일 이후 5년이 되는 날까지 고유목적사업등에 사용하지 아니한 때에는 그 잔액을 익금에 산입한다.
③ 직전 사업연도 종료일 현재의 고유목적사업준비금의 잔액을 초과하여 해당 사업연도의 고유목적사업등에 지출한 금액은 그 사업연도에 계상할 고유목적사업준비금에서 지출한 것으로 본다.
④ 해당 법인의 고유목적사업 또는 특례기부금에 지출하기 위하여 고유목적사업준비금을 손금으로 계상한 경우에는 법정한도까지 이를 손금에 산입한다.
⑤ 토지·건물의 양도소득만 있는 경우 법인세 과세표준 신고를 하지 않고 「소득세법」을 준용하여 계산한 금액을 법인세로 납부할 수 있다.

해설 해당 법인이 고유목적사업 또는 일반기부금에 지출하기 위하여 고유목적사업준비금을 손금으로 계상한 경우에 법정한도까지 이를 손금에 산입한다.

해답 ④

03 법인세법상 고유목적사업준비금에 관한 설명이다. 옳은 것은? [회계사 2021]

① 고유목적사업준비금을 손금에 산입한 비영리내국법인이 사업에 관한 모든 권리와 의무를 다른 비영리내국법인에 포괄적으로 양도하고 해산하는 경우 해산등기일 현재의 고유목적사업준비금 잔액은 그 다른 비영리내국법인이 승계할 수 있다.
② 손금에 산입한 고유목적사업준비금의 잔액이 있는 비영리내국법인이 고유목적사업을 일부라도 폐지한 경우 그 잔액은 해당 사유가 발생한 날이 속하는 사업연도의 소득금액을 계산할 때 익금에 산입한다.
③ 고유목적사업준비금을 손금에 산입한 사업연도의 종료일 이후 10년이 되는 날까지 고유목적사업에 일부만 사용한 경우 미사용 잔액을 익금에 산입한다.
④ 법인으로 보는 단체가 거주자로 변경된 경우 손금에 산입한 고유목적사업준비금 잔액을 익금에 산입하고 그 잔액에 대한 이자상당액을 법인세에 더하여 납부하여야 한다.
⑤ 고유목적사업준비금은 「소득세법」상 이자소득금액 및 배당소득금액에 100분의 50을 곱하여 산출한 금액을 한도로 손금에 산입한다.

해설
② 손금에 산입한 고유목적사업준비금의 잔액이 있는 비영리내국법인이 고유목적사업을 전부 폐지한 경우 그 잔액은 해당 사유가 발생한 날이 속하는 사업연도의 소득금액을 계산할 때 익금에 산입한다.
③ 고유목적사업준비금을 손금에 산입한 사업연도의 종료일 이후 5년이 되는 날까지 고유목적사업에 일부만 사용한 경우 미사용 잔액을 익금에 산입한다.
④ 법인으로 보는 단체가 거주자로 변경된 경우 손금에 산입한 고유목적사업준비금 잔액을 익금에 산입하지만, 그 잔액에 대한 이자상당액은 납부하지 않는다
⑤ 고유목적사업준비금은 「소득세법」상 이자소득금액(비영업대금 제외) 및 배당소득금액(상속세 또는 증여세 과세가액에 산입되거나 증여세가 부과되는 주식 등으로부터 발생한 배당소득 제외)은 전액 손금에 산입한다.

해답 ①

PART 04

외국법인에 대한 법인세

제1절 개요
제2절 과세방법
제3절 과세표준과 세액의 계산
제4절 신고·납부·결정·경정과 징수
제5절 외국법인의 국내사업장에 대한 과세특례(지점세)

제1절 개요

I. 외국법인의 납세의무
II. 국내원천소득

I. 외국법인의 납세의무

외국법인이란 외국에 본점 또는 주사무소를 둔 법인(국내에 사업의 실질적 관리장소가 소재하지 아니한 경우에 한함)을 말하며, 이러한 외국법인에 대한 납세의무의 범위를 살펴보면 다음과 같다.

구 분	각 사업연도 소득	청산소득	토지 등 양도소득
(1) 영리법인	국내원천소득	—	과 세
(2) 비영리법인	국내원천소득 중 수익사업소득	—	과 세

II. 국내원천소득

1 국내원천소득의 요건

외국법인에 대하여 과세할 수 있는 국내원천소득이 되기 위해서는 다음의 요건이 충족되어야 한다.

구 분	내 용
(1) 경제적 활동 장소	소득을 발생시키기 위한 경제적 활동이 국내에서 이루어져야 한다.
(2) 지 급 장 소	소득을 국가·지방자치단체, 내국법인·거주자, 외국법인·비거주자의 국내사업장으로부터 국내에서 지급받아야 한다. 따라서 외국법인 또는 비거주자로부터 받는 것이나 내국법인·거주자의 국외사업장에서 지급받는 것은 국내원천소득에 해당하지 않는다.

국내원천소득의 범위

국내원천소득은 법인세법에 열거된 소득에 한하며, 현행 법인세법에 열거된 국내원천소득은 다음과 같다.

구 분	내 용
(1) 이자소득	국가·지방자치단체, 거주자, 내국법인 등으로부터 지급받는 이자소득 및 그 밖의 대금의 이자와 신탁의 이익
(2) 배당소득	내국법인·법인으로 보는 단체로부터 국내에서 지급받는 배당소득 등
(3) 부동산소득 [아래 (7)제외]	국내소재 부동산·부동산상 권리, 국내에서 취득한 광업권 등의 양도·임대소득
(4) 자산임대소득	선박·항공기·등록된 자동차·건설기계 등을 임대함으로 인하여 발생하는 소득
(5) 사업소득	국내에서 영위하는 사업으로 인하여 발생하는 소득
(6) 인적용역소득	국내에서 일정한 인적용역을 제공하거나 이용하게 함으로 인하여 발생하는 소득❋
(7) 자산권리양도소득	국내소재 자산·권리의 양도소득
(8) 사용료소득	저작권, 특허권, 상표권 등 권리·자산 또는 정보(권리 등)를 국내에서 사용하거나 그 대가를 국내에서 지급하는 경우 그 대가 및 그 권리 등을 양도함으로써 발생하는 소득. 이 경우 산업상·상업상·과학상의 기계·설비·장치 등을 임대함으로써 발생하는 소득을 조세조약에서 사용료소득으로 구분하는 경우 그 사용대가를 포함한다.
(9) 유가증권양도소득	① 내국법인이 발행한 주식 등의 양도소득 ② 외국법인이 발행하는 주식 등(우리나라에 상장된 것에 한함) 및 외국법인의 국내사업장이 발행한 그 밖의 유가증권의 양도소득
(10) 그밖의 소득	보상금, 일정한 위약금, 증여소득, 포상금, 면허등 양도소득, 복권당첨금, 가상자산소득 등 상기 소득 외에 국내에서 하는 사업이나 국내에서 제공하는 인적용역 또는 국내에 있는 자산과 관련하여 제공받은 경제적 이익으로 생긴 소득 또는 이와 유사한 소득으로서 대통령령으로 정하는 소득

❋ 국외에서 제공하는 인적용역 중 과학기술·경영관리 기타 분야에 관한 전문적 지식 또는 특별한 기능을 가진 자가 당해 지식 또는 기능을 활용하여 인적용역을 제공함으로써 발생하는 소득이 조세조약에 따라 국내에서 발생하는 것으로 간주되는 소득을 포함한다.

제2절 과세방법

- Ⅰ. 외국법인에 대한 과세방법
- Ⅱ. 국내사업장

Ⅰ. 외국법인에 대한 과세방법

구 분		과세방법
국내사업장이 있는 외국법인		신고납부(=종합과세)
국내사업장 없는 외국법인	부동산소득(3호)이 있는 경우	
	부동산등양도소득(7호)이 있는 경우	신고납부(=분리과세)❶
	그 밖의 국내원천소득	완납적 원천징수(=분리과세)

❶ 부동산등양도소득은 신고납부(분리과세)하나, 원천징수에 관한 규정도 적용됨에 유의해야 한다. 이 경우 양수재(부동산등양도소득을 지급하는 자)가 개인(거주자 및 비거주자)인 경우에는 원천징수의무가 배제된다.

Ⅱ. 국내사업장

국내사업장이란 외국법인이 국내에 사업의 전부 또는 일부를 수행하는 고정된 장소를 가지고 있는 경우 해당 장소를 말한다.

 국내사업장의 범위

구 분	내 용
(1) 국내사업장으로 보는 형유	① 지점·사무소 또는 영업소
	② 상점 그 밖에 고정된 판매장소
	③ 작업장·공장 또는 창고
	④ 6개월을 초과하여 존속하는 건설장소, 건설·조립·설치공사의 현장 또는 이와 관련되는 감독활동을 수행하는 장소
	⑤ 고용인을 통하여 용역을 제공하는 경우로서 다음에 해당하는 장소 ㉠ 용역의 제공이 계속되는 12개월 기간 중 합계 6개월을 초과하는 기간동안 용역이 수행되는 장소 ㉡ 용역의 제공이 계속되는 12개월 기간 중 합계 6개월을 초과하지 아니하는 경우로서 유사한 종류의 용역이 2년 이상 계속적·반복적으로 수행되는 장소
	⑥ 광산·채석장 또는 해저천연자원 그 밖의 천연자원의 탐사 및 채취장소

구 분	내 용
(2) 특 정 활 동 장 소	① 외국법인이 자산의 단순한 구입만을 위하여 사용하는 일정한 장소
	② 외국법인이 판매를 목적으로 하지 아니하는 자산의 저장 또는 보관을 위해서만 사용하는 일정한 장소
	③ 외국법인이 광고, 선전, 정보의 수집 및 제공, 시장조사, 그 밖에 이와 유사한 활동만을 위하여 사용하는 일정한 장소
	④ 외국법인이 자기의 자산을 타인으로 하여금 가공하게 하기 위해서만 사용되는 일정한 장소

위의 (2) 특정활동장소가 외국법인의 사업 수행상 예비적이며 보조적인 성격을 가진 활동을 하기 위하여 사용되는 경우에는 국내사업장에 포함되지 않는다(법법 94④). 다만, 특정활동장소가 다음 중 어느 하나에 해당하는 경우에는 국내사업장에 포함한다(법법 94⑤).

① 외국법인 또는 특수관계가 있는 외국법인(비거주자 포함하며 특수관계가 있는 자라 함)이 특정활동장소와 같은 장소 또는 국내의 다른 장소에서 사업을 수행하고 다음의 요건을 모두 충족하는 경우
  ㉠ 특정활동장소와 같은 장소 또는 국내의 다른 장소에 해당 외국법인 또는 특수관계가 있는 자의 국내사업장이 존재할 것
  ㉡ 특정활동장소에서 수행하는 활동과 가목의 국내사업장에서 수행하는 활동이 상호 보완적일 것
② 외국법인 또는 특수관계가 있는 자가 특정 활동 장소와 같은 장소 또는 국내의 다른 장소에서 상호 보완적인 활동을 수행하고 각각의 활동을 결합한 전체적인 활동이 외국법인 또는 특수관계가 있는 자의 사업 활동에 비추어 예비적이며 보조적인 성격을 가진 활동에 해당하지 않는 경우

2 국내사업장으로 의제하는 경우

(1) 개 요

국내사업장이 없는 외국법인이 종속대리인을 두고 사업을 영위하는 때에는 해당 종속대리인의 사업장소재지(사업장이 없는 경우에는 주소지 또는 거소지)에 국내사업장을 둔 것으로 본다(법법 153③).

(2) 종속대리인

종속대리인이란 다음 ①~② 중 어느 하나에 해당하는 자 또는 이에 준하는 자로서 ③~⑤에 해당하는 자를 말한다(법법 94③, 법령 133①).

① 국내에서 그 외국법인을 위하여 다음 중 어느 하나에 해당하는 계약(외국법인 명의 계약 등)을 체결할 권한을 가지고 그 권한을 반복적으로 행사하는 자
  ㉠ 외국법인 명의의 계약
  ㉡ 외국법인이 소유하는 자산의 소유권 이전 또는 소유권이나 사용권을 갖는 자산의 사용권 허락을 위한 계약
  ㉢ 외국법인의 용역제공을 위한 계약

② 국내에서 그 외국법인을 위하여 외국법인 명의 계약 등을 체결할 권한을 가지고 있지 않더라도 계약을 체결하는 과정에서 중요한 역할(외국법인이 계약의 중요사항을 변경하지 않고 계약을 체결하는 경우에 한함)을 반복적으로 수행하는 자
③ 외국법인의 자산을 상시 보관하고 관례적으로 이를 배달 또는 인도하는 자
④ 중개인·일반위탁매매인 그 밖에 독립적 지위의 대리인으로서 주로 특정 외국법인만을 위하여 계약체결 등 사업에 관한 중요한 부분의 행위를 하는 자
⑤ 보험사업(재보험사업 제외)을 영위하는 외국법인을 위하여 보험료를 징수하거나 국내소재 피보험물에 대한 보험을 인수하는 자

제3절 과세표준과 세액의 계산

- I. 종합과세하는 경우
- II. 분리과세하는 경우

I. 종합과세하는 경우

국내사업장을 두거나 부동산소득이 있는 경우에는 내국법인의 규정을 준용하여 다음과 같이 계산한다(법법 91①, 95①).

국내원천소득금액	
(−) 국내원천이월결손금	15년 이내 개시한 사업연도 발생분❶
(−) 비과세소득	법인세법·조세특례제한법 등에 따른 비과세소득
(−) 외국항행소득	상호면세주의 적용
과세표준	
(×) 세율	9%, 19%, 21%, 24%
산출세액	

❶ 국내에서 발생한 결손금만 해당하며, 공제의 범위는 각 사업연도 소득의 80%로 한다.

구 분	내 용
(1) 국내원천소득금액	국내원천소득금액은 내국법인의 각 사업연도 소득금액계산에 관한 규정을 준용하여 계산한다(법법 154②).
(2) 외국항행소득	선박 또는 항공기의 외국항행으로 인한 소득을 말한다. 다만, 그 외국법인의 본점 또는 주사무소가 있는 외국이 우리나라 법인이 운용하는 선박·항공기에 대하여 동일한 면제를 하는 경우에 한한다.

II. 분리과세하는 경우

  부동산 등 양도소득

부동산 등 양도소득은 다음과 같이 계산한다(법법 95).

양 도 가 액	실지거래가액을 원칙으로 함
(−) 취 득 가 액	실지거래가액을 원칙으로 함
(−) 양 도 비 용	자산을 양도하기 위하여 직접 지출한 비용
과 세 표 준	
(×) 세 율	9%, 19%, 21%, 24%
산 출 세 액	

 상기의 과세표준에 원천징수된 소득이 포함되어 있는 경우에는 산출세액에서 해당 원천징수세액을 차감하여 납부세액을 계산한다. 참고로 부동산 등 양도소득의 원천징수세액은 다음과 같다(법법 161).

> ① 원칙 : 지급액×10%
>
> ② 자산의 취득가액 및 양도비용이 확인되는 경우
> MIN[㉠ 지급액×10%, ㉡ 양도차익(양도가액−취득가액−양도비용)×20%]

참고로 자산의 양수자가 법인이 아닌 개인의 경우에는 소득세법 제156조[비거주자의 국내원천소득에 대한 원천징수의 특례] 제1항에 의하여 원천징수의무를 면제하는 규정을 운영하고 있어 원천징수의무를 지지 않음에 유의하여야 한다.

  그 밖의 국내원천소득

국내사업장을 두거나 부동산소득 또는 부동산 등 양도소득을 제외한 국내원천소득은 국내원천소득별로 계산한 원천징수세액을 납부함으로써 납세의무가 종결된다. 참고로 외국법인의 국내원천소득에 대한 원천징수세액을 살펴보면 다음과 같다(법법 98).

금 액	원천징수세액
(1) 이자소득·배당소득·사용료소득·그 밖의 소득	지급액×20%(다만, 채권의 이자소득은 14%)[1]
(2) 사업소득·자산임대소득	지급액×2%
(3) 인적용역소득	지급액×20%[2]
(4) 유가증권 양도소득	① 원칙 : 지급액×10% ② 유가증권의 취득가액 및 양도비용이 확인되는 경우 MIN [㉠ 지급액×10% ㉡ 양도차익(양도가액−취득가액−양도비용)×20%

[1] 사용지 기준 조세조약 상대국의 법인이 소유한 특허권등으로서 국내에서 등록되지 아니하고 국외에서 등록된 특허권등을 침해하여 발생하는 손해에 대하여 국내에서 지급하는 손해배상금·보상금·화해금·일실이익 또는 그 밖에 이와 유사한 소득에 대해서는 15%를 적용한다.

[2] 다만, 국외에서 제공하는 인적용역 중 과학기술·경영관리 기타 분야에 관한 전문적 지식 또는 특별한 기능을 가진 자가 당해 지식 또는 기능을 활용하여 인적용역을 제공함으로써 발생하는 소득이 조세조약에 따라 국내에서 발생하는 것으로 간주되는 소득에 대해서는 그 지급액의 3%로 한다.

제3절 과세표준과 세액의 계산

> **참고** **가상자산소득에 대한 과세**
>
> 과세형평 제고를 위하여 외국법인이 가상자산을 양도·대여·인출하여 발생하는 소득을 국내원천 기타소득으로 분류하고, 국제세원 확보 등을 위하여 외국법인이 가상자산사업자를 통하여 가상자산을 양도·대여·인출하는 경우 가상자산사업자에게 원천징수의무를 부여하였다. 가상자산에 대해서는 유가증권 양도소득과 유사하게 가상자산의 취득가액 등이 확인되지 않는 경우 지급금액의 10%, 확인되는 경우 지급금액의 10%에 해당하는 금액과 수입금액에서 취득가액 등을 공제하여 계산한 금액의 20%에 해당하는 금액 중 적은 금액을 원천징수금액으로 한다(법법 92② 1호 나목 등).

제4절 신고·납부·결정·경정과 징수

1. 원칙

외국법인의 종합과세대상소득에 대한 법인세의 신고·납부·결정·경정 및 징수에 대해서는 다음의 규정을 준용한다(법법 158①).

① 세액공제와 세액감면의 경우 : 법인세법 제81조(외국납부세액의 세액공제 및 손금산입)제1항·제2항, 법인세법 제83조(재해손실에 대한 세액공제), 법인세법 제84조(사실과 다른 회계처리로 인한 경정에 따른 세액공제), 법인세법 제85조(감면 및 공제세액의 계산)
② 신고와 납부의 경우 : 법인세법 제86조(과세표준 등의 신고)(같은 조 제2항제3호에 따른 이익잉여금처분계산서 또는 결손금처리계산서는 제외함), 법인세법 제87조(비영리내국법인의 이자소득에 대한 과세특례), 법인세법 제89조(납부), 법인세법 제90조(보상채권납부)
③ 중간예납의 경우 : 법인세법 제91조(중간예납대상법인)부터 법인세법 제93조(중간예납세액의 납부)까지의 규정
④ 과세표준의 결정과 경정의 경우 : 법인세법 제94조(결정 및 경정)부터 제98조(과세표준과 세액의 통지)까지의 규정
⑤ 세액의 징수와 환급의 경우: 법인세법 제99조(징수 및 환급), 법인세법 제101조(사실과 다른 회계처리로 인한 경정에 따른 환급)
⑥ 가산세의 경우: 법인세법 제102조(장부의 비치·기록 불성실가산세)부터 법인세법 제110조(현금영수증 불성실가산세 및 그 밖의 가산세)까지의 규정

2. 외국법인의 특정유가증권 양도소득 및 기타소득에 대한 신고·납부 등의 특례

국내사업장이 없는 외국법인은 동일한 내국법인의 주식 또는 출자증권을 동일한 사업연도(그 주식 또는 출자증권을 발행한 내국법인의 사업연도를 말함.)에 2회 이상 양도함으로써 조세조약에서 정한 과세기준을 갖추게 된 경우에는 양도 당시 원천징수되지 아니한 소득에 대한 원천징수세액 상당액을 양도일이 속하는 사업연도의 종료일부터 3개월 이내에 납세지 관할 세무서장에게 신고·납부하여야 한다(법법 98의2①).

제5절 외국법인의 국내사업장에 대한 과세특례(지점세)

I. 지점세의 개요　　　　II. 지점세의 계산

I. 지점세의 개요

1 개 념

외국법인(비영리법인 제외)의 국내사업장은 우리나라와 해당 외국법인의 거주지국과 체결한 조세조약의 규정에 따라 일정액의 지점세를 각 사업연도 소득에 대한 법인세에 추가하여 납부하여야 한다(법법 96).

2 취 지

이의 과세취지는 자회사 형태로 국내에 진출하는 외국법인과 지점(국내사업장) 형태로 진출하는 외국법인간의 과세형평을 도모함에 있다.

자회사의 배당금에 대해서는 해외 송금 시 법인세가 과세된다. 하지만 지점(국내사업장) 형태로 진출한 경우는 법인세를 납부하고 남는 잔여 이윤의 송금액은 배당소득이 아니므로 법인세를 부담하지 않는다. 그 결과 국내 자회사가 아니라 국내사업장 형태로 사업을 영위하는 외국법인이 과세상 더 유리한 입장에 처하게 되어 사업영위의 법률적 방식에 대한 조세의 중립성을 해하게 된다.

지점세(Branch tax)는 이러한 문제점을 해결하기 위해 외국법인의 국내사업장의 국내원천소득 중 법인세로 과세된 후의 송금액을 마치 배당을 지급한 것으로 의제하여 그 배당의제 금액에 대하여 추가의 법인세를 과세하는 것이다. 또한 상대방국가는 해외진출한 우리기업에 대해 과세하고 있으나 우리나라의 경우 지점세 규정이 없어 상대방기업에 과세하지 못하는 문제점을 해소하기 위한 제도이다.

II. 지점세의 계산

구 분	내 용
(1) 산 식	지점세 과세대상 소득금액 × 지점세율
(2) 과세대상 소득금액	해당 국내사업장의 각 사업연도 소득금액 (−) 산출세액(공제·감면세액은 차감, 가산세와 추가납부세액은 가산) (−) 토지 등 양도소득에 대한 추가 법인세 (−) 지방소득세 법인세분 (−) 과소자본세제에 의한 지급이자 손금불산입액 (−) 해당 국내사업장이 사업을 위하여 재투자할 것으로 인정되는 금액 (=) 지점세 과세대상 소득금액 여기서 해당 국내사업장이 사업을 위하여 재투자할 것으로 인정되는 금액이란 자본금 상당액 증가액을 말한다. 따라서 자본금 상당액 감소액은 각 사업연도 소득금액에 합산한다. ① 자본금 상당액 : 사업연도 종료일 현재 재무상태표상의 자산의 합계액에서 부채(충당금 포함, 미지급법인세 제외)의 합계액을 공제한 금액을 말한다(법령 134②). ② 자본금 상당액 증가액 또는 감소액 : 해당 사업연도 개시일 현재의 자본금 상당액과 해당 사업연도 종료일 현재의 자본금 상당액과의 차액을 말한다(법령 134①).
(3) 지점세율	지점세율은 배당소득에 대한 원천징수세율(20%)로 하되, 우리 나라와 해당 외국법인의 거주지국이 체결한 조세조약에서 따로 정하는 경우에는 그에 따른다(법법 96③).

제5절 외국법인의 국내사업장에 대한 과세특례(지점세)

exercise

01 외국법인의 법인세 납세의무에 대한 설명이다. 옳지 않은 것은? [회계사 2011]

① 외국법인은 청산소득에 대한 법인세 납세의무를 부담하지 않는다.
② 외국법인이 국내에 사업의 전부 또는 일부를 수행하는 고정된 장소를 가지고 있지 아니한 경우에도 국내에 그 외국법인을 위하여 계약을 체결할 권한을 가지고 그 권한을 반복적으로 행사하는 자를 두고 사업을 경영하는 경우에는 그 자의 사업장 소재지에 국내사업장을 둔 것으로 본다.
③ 국내사업장을 가진 외국법인의 경우에는 외국법인의 국내원천소득의 구분에 따른 각 국내원천소득의 금액을 그 법인의 각 사업연도의 소득에 대한 법인세의 과세표준으로 한다.
④ 외국법인의 국내사업장에는 지점, 사무소 또는 영업소를 포함하는 것으로 한다.
⑤ 각 사업연도의 소득에 대한 법인세의 과세표준을 신고하여야 할 외국법인으로서 본점 등의 결산이 확정되지 아니하거나 기타 부득이한 사유로 그 신고기한까지 신고서를 제출할 수 없는 경우에는 납세지 관할 세무서장 또는 관할 지방국세청장의 승인을 받아 그 신고기한을 연장할 수 있다.

해설 외국법인의 국내원천소득 중 국내사업장과 실질적으로 관련되지 아니하거나 그 국내사업장에 귀속되지 아니하는 소득의 금액(국내사업장이 없는 외국법인에 지급하는 금액을 포함한다.)은 원천징수로 납세의무를 종결한다.

해답 ③

제1절 청산소득에 대한 납세의무

- I. 청산소득의 의의
- II. 납세의무자
- III. 청산소득에 대한 법인세의 비과세

I. 청산소득의 의의

1 청산소득의 개념

청산소득이란 법인의 해산시 잔여재산가액이 자기자본총액을 초과하는 경우 해당 초과액을 말한다.

2 청산소득의 계산구조

청산소득 과세표준(=청산소득금액)은 잔여재산가액에서 자기자본총액을 차감하여 계산하는데, 이를 계산구조로 나타내 보면 다음과 같다.

	잔 여 재 산 가 액
(−)	자 기 자 본 총 액
	과 세 표 준

II. 납세의무자

청산소득에 대한 법인세 납세의무자는 해산으로 인한 청산소득이 있는 영리내국법인으로 한다(법법 3①). 즉, 청산소득에 대한 법인세 납세의무자는 영리내국법인에 한하며, 비영리법인과 외국법인은 청산소득에 대한 법인세 납세의무를 지지 아니한다.

Ⅲ. 청산소득에 대한 법인세의 비과세

다음의 경우에는 비록 법률적으로는 소멸의 효과를 가져오나 실질적으로는 계속법인과 다를 바가 없으므로 청산소득에 대한 법인세를 과세하지 아니한다(법법 78, 법령 121).

① 상법의 규정에 따라 조직변경하는 경우
② 특별법에 따라 설립된 법인이 그 특별법의 개정이나 폐지로 인하여 상법에 따른 회사로 조직변경하는 경우
③ 그 밖의 법률에 따라 내국법인이 조직변경하는 다음의 경우
 ㉠ 변호사법에 따라 법무법인이 법무법인(유한)으로 조직변경하는 경우
 ㉡ 관세사법에 따라 관세사법인이 관세법인으로 조직변경하는 경우
 ㉢ 변리사법에 따라 특허법인이 특허법인(유한)으로 조직변경하는 경우
 ㉣ 협동조합 기본법에 따라 법인등이 협동조합으로 조직변경하는 경우
 ㉤ 지방공기업법에 따라 지방공사가 지방공단으로 조직변경하거나 지방공단이 지방공사로 조직변경하는 경우

제2절 청산소득에 대한 과세표준과 세액

Ⅰ. 과세표준　　　　　　　　Ⅱ. 청산소득에 대한 법인세

Ⅰ. 과세표준

1 해산의 경우

법인이 해산을 하게 되면 청산인에 의한 청산절차를 거치게 된다. 여기서 청산절차란 법인의 모든 자산을 환가하여 부채를 상환하고 잔여재산이 있으면 이를 주주에게 분배하는 것을 말하는데, 이 경우 잔여재산가액에서 세무상 자기자본총액을 차감한 금액을 청산소득에 대한 과세표준이라 한다. 이를 산식으로 표시하면 다음과 같다.

```
  잔 여 재 산 가 액
(−) 자 기 자 본 총 액     해산등기일 현재의 자기자본총액을 말함
  과  세  표  준
```

(1) 잔여재산가액

잔여재산가액은 해산등기일 현재의 자산총액에서 부채총액을 차감한 금액으로 한다. 여기서 자산총액은 해산등기일 현재 자산가액의 합계액으로 하되, 추심할 채권과 환가처분할 자산의 가액은 추심·환가처분한 날 현재의 금액으로 하고, 추심·환가처분전에 분배한 경우에는 그 분배한 날 현재의 시가에 의한 평가액으로 한다.

(2) 자기자본총액

자기자본총액이란 해산등기일 현재의 자본금과 잉여금의 합계금액에서 이월결손금을 차감한 금액으로 한다. 이를 산식으로 표시하면 다음과 같다.

$$\text{자기자본총액} = \text{자본금} + \text{MAX}[\text{잉여금} - \text{이월결손금},\ 0(\text{zero})]$$

제2절 청산소득에 대한 과세표준과 세액

용어의 해설

① 자본금 : 자본금은 주식의 액면가액에 발행주식총수를 곱한 금액으로 한다.
② 잉여금 : 잉여금은 세무상 금액으로 하므로 재무상태표상 잉여금에 세무조정상 유보(△유보)액을 가감한다. 한편, 청산기간 중에 국세기본법의 규정에 따라 환급되는 법인세액이 있는 경우에는 동 환급법인세를 가산한다(법법 79③).
③ 이월결손금 : 이월결손금은 발생연도에 제한이 없는 세무상의 이월결손금으로 한다. 다만, 이월결손금은 잉여금을 한도로 자기자본에서 차감하며 미공제이월결손금은 소멸한다(법법 79④).
④ 해산등기일 전 2년 이내에 자본금에 전입한 잉여금의 처리 : 위 ③에 따라 청산소득금액을 계산할 때 해산등기일 전 2년 이내에 자본금에 전입한 잉여금이 있는 경우에는 해당 금액을 자본금에 전입하지 아니한 것으로 보아 계산한다(법법79⑥).

  해산 후 청산중 사업의 계속 시

해산으로 인하여 청산중인 내국법인이 그 해산에 의한 잔여재산의 일부를 주주 등에게 분배한 후 상법의 규정에 따라 사업을 계속하는 경우 청산소득에 대한 법인세 과세표준은 다음과 같다(법법 79②).

잔여재산분배액의 합계액	・해산등기일부터 계속등기일까지의 사이에 분배한 금액
(−) 자 기 자 본 총 액	・해산등기일 현재의 자기자본총액
과 세 표 준	

Ⅱ. 청산소득에 대한 법인세

청산소득에 대한 법인세는 청산소득 과세표준에 세율을 곱한 금액으로 한다. 청산소득에 대한 법인세의 세율은 각 사업연도 소득에 대한 법인세의 세율(9%, 19%, 21%, 24%, 성실신고확인대상 소규모법인은 19%, 21%, 24%임)과 같다(법법 83).

제3절 납세절차

- I. 확정신고·납부
- II. 중간신고
- III. 결정·경정과 징수 등

I. 확정신고·납부

청산소득에 대한 법인세 납부의무가 있는 법인은 다음의 기한내에 과세표준과 세액을 신고·납부하여야 한다. 이 경우 청산소득금액이 없는 경우에도 과세표준·세액의 확정신고는 하여야 한다(법법 84).

① 해산시 : 잔여재산가액 확정일이 속하는 달의 말일부터 3개월 이내
② 사업의 계속시 : 사업계속등기일이 속하는 달의 말일부터 3개월 이내

II. 중간신고

구 분	확정신고기한
사 유	① 해산에 의한 잔여재산가액이 확정되기 전에 그 일부를 주주 등에게 분배한 경우 ② 해산등기일로부터 1년이 되는 날까지 잔여재산가액이 확정되지 아니한 경우
절 차	법인(유동화전문회사 등에 대한 소득공제 및 프로젝트금융투자회사에 대한 소득공제 대상 법인 제외)이 상기 사유에 해당하는 때에는 해당 분배한 날 또는 그 1년이 되는 날로부터 1개월 이내에 청산소득에 대한 중간신고 및 세액의 납부를 하여야 한다. 다만, 국유재산법에 따른 청산절차에 의하여 청산하는 경우에는 중간신고에 관한 규정을 적용하지 아니한다(법법 85).

III. 결정·경정과 징수 등

구 분	확정신고기한
결 정 경 정	납세지 관할세무서장 또는 관할지방국세청장은 법인이 청산소득에 대한 법인세의 확정신고·중간신고를 하지 아니하거나 그 신고내용에 오류·탈루가 있는 때에는 과세표준과 세액을 결정·경정한다. 청산소득에 대한 결정·경정은 각 사업연도 소득에 대한 결정·경정절차를 준용한다(법법 143).
징 수	법인이 청산소득에 대한 법인세의 전부 또는 일부를 납부하지 아니하면 그 미납된 법인세를 국세징수법에 따라 징수하여야 한다(법법 89). 한편, 청산소득에 대한 법인세를 징수할 때에는 국세징수법 제21조(가산금)를 적용하지 아니한다(법법 146).

제3절 납세절차

exercise

01 다음 자료를 이용하여 제24기 사업연도(2025.1.1.~12.31.)말에 해산을 결의하고 청산절차에 착수한 영리내국법인 ㈜A의 법인세법상 청산소득금액을 계산하면 얼마인가? (단, 주어진 자료 이외에 다른 사항은 고려하지 않음) [세무사 2016]

(1) 해산등기일 현재 재무상태표상 자본의 내역

구 분	금 액
자본금	80,000,000원
자본잉여금	30,000,000원
이익잉여금	10,000,000원

(2) 해산등기일 현재 법령으로 정하는 이월결손금은 50,000,000원이며, 이 금액 중 자기자본의 총액에서 이미 상계되었거나 상계된 것으로 보는 금액은 없다.
(3) 해산에 의한 잔여재산의 가액은 1억원으로 확정되었다.
(4) 해산등기일 전 2년 이내에 자본금에 전입한 잉여금은 없다.

① 10,000,000원 ② 20,000,000원 ③ 30,000,000원
④ 40,000,000원 ⑤ 50,000,000원

1. 잔여재산가액: 100,000,000원

2. 자기자본: 80,000,000원+(30,000,000원+10,000,000원)-40,000,000원=80,000,000원
   * 이월결손금: Min(50,000,000원, 40,000,000원)=40,000,000원

3. 청산소득금액: 100,000,000원-80,000,000원=20,000,000원

02 다음은 제조업을 영위하는 영리내국법인 ㈜A가 제24기(2025.1.1.~12.31.)말에 해산하기로 결의한 후의 해산등기일 현재 재무상태 등에 관한 자료이다. ㈜A의 청산소득금액을 계산한 것으로 옳은 것은? [회계사 2016]

(1) 제24기 해산등기일(2025. 12. 31.) 현재 재무상태표는 다음과 같다.

재무상태표

토 지	35,000,000원*	차 입 금	35,000,000원
건 물	66,000,000원*	자 본 금	50,000,000원
기계장치	12,000,000원*	자본잉여금	10,000,000원
		이익잉여금	18,000,000원
합 계	113,000,000원	합 계	113,000,000원

* 청산과정 중 토지는 40,000,000원, 건물은 70,000,000원, 기계장치는 15,000,000원으로 환가하여 차입금 상환 등에 사용되었다.
(2) 제24기말 현재 세무상 이월결손금은 37,000,000원이다.
(3) 합병이나 분할에 의한 해산이 아니며, ㈜A는 「채무자의 회생 및 파산에 관한 법률」에 따른 회생계획인가 결정 또는 「기업구조조정촉진법」에 따른 경영정상화계획의 이행에 대한 약정을 체결한 법인이 아니다.

① 40,000,000원　　② 41,800,000원　　③ 42,200,000원
④ 53,800,000원　　⑤ 55,200,000원

 1. 잔여재산가액: 40,000,000원(토지)+70,000,000원(건물)+15,000,000원(기계장치)-35,000,000원(차입금)
　　　　　　　　＝90,000,000원

2. 자기자본: 50,000,000원+(10,000,000원+18,000,000원)-28,000,000원* ＝50,000,000원
　　*이월결손금: Min(37,000,000원, 28,000,000원)＝28,000,000원

3. 청산소득금액: 90,000,000원-50,000,000원＝40,000,000원

 ①

PART 06

법인세의 특수분야

제1절 합병 및 분할에 대한 과세
제2절 각 연결사업연도의 소득에 대한 법인세
제3절 법인과세 신탁재산의 각 사업연도의 소득에 대한 법인세 과세특례

제1절 합병 및 분할에 대한 과세

I. 합 병　　　　　　　　　　II. 분 할

I. 합 병

 1 피합병법인의 과세문제

피합병법인이 합병으로 해산하는 경우에는 해당 피합병법인은 자산을 양도한 것으로 보아 다음과 같이 계산한 양도손익을 합병등기일이 속하는 사업연도의 익금 또는 손금에 산입한다(법법 68①).

$$양도손익 = 양도가액 - 순자산\ 장부가액$$

(1) 일반적인 경우의 양도손익 계산

1) 양도가액

이 경우에는 합병대가(합병교부주식의 가액 및 금전이나 그 밖의 재산가액의 합계액)와 합병법인이 대신 납부하는 피합병법인의 법인세비용을 양도가액으로 한다(법령 80①).

2) 순자산 장부가액

이 경우에는 합병등기일 현재 피합병법인의 세무상 자산의 장부가액에서 세무상 부채의 장부가액을 빼고 피합병법인이 환급받은 법인세를 더한 금액을 순자산 장부가액으로 한다(법법 68①, 법령 80②).

$$순자산\ 장부가액 = 세무상\ 자산의\ 장부가액 - 세무상\ 부채의\ 장부가액 + 법인세환급액$$

(2) 적격합병인 경우의 양도손익 계산

1) 적격합병시 양도손익 계산의 특례

적격합병시 피합병법인은 양도가액을 합병등기일 현재의 순자산 장부가액으로 보아 양도손익이 없는 것으로 할 수 있다(법법 68②). 이러한 특례규정을 적용받으려는 피합병법인은 과세표준 신고시 합병법인과 함께 합병과세특례신청서를 납세지 관할세무서장에게 제출하여야 한다(법령 80③).

2) 적격합병 요건

법인세법에서는 다음의 요건을 모두 갖춘 합병을 적격합병이라 한다. 다만, 대통령령(법령 80의2①)이 정하는 부득이한 사유가 있는 경우에는 ②와 ③ 또는 ④의 요건을 갖추지 못한 경우에도 적격합병으로 본다(법법 44②).

구 분	내 용
① 법 인 요 건	합병등기일 현재 1년 이상 계속하여 사업을 영위하던 내국법인간의 합병일 것. 다만, 다른 법인과 합병하는 것을 유일한 목적으로 하는 기업인수목적회사가 법정요건을 갖춘 경우에는 예외로 한다.
② 지분의 연속성 요 건	피합병법인의 주주가 합병법인으로부터 받은 합병대가 중 주식가액이 80% 이상이거나 합병법인의 모회사의 주식가액이 80% 이상인 경우로서 피합병법인의 주주가 지급받은 합병교부주식가액의 총합계액에 지배주주의 지분율을 곱한 금액 이상의 주식을 지배주주에게 배정하고, 지배주주는 해당 주식을 합병등기일이 속하는 사업연도 종료일까지 보유할 것
③ 사업의 계속성 요 건	합병법인이 합병등기일이 속하는 사업연도의 종료일까지 피합병법인으로부터 승계받은 사업을 계속 영위할 것
④ 고 용 승 계 요 건	합병등기일 1개월 전 당시 피합병법인에 종사하는 근로기준법에 따라 근로계약을 체결한 내국인 근로자(임원, 일용근로자 등 제외) 중 합병법인이 승계한 근로자의 비율이 80% 이상이고, 합병등기일이 속하는 사업연도의 종료일까지 그 비율을 유지할 것

위의 규정에도 불구하고 다음 중 어느 하나에 해당하는 경우에는 양도손익이 없는 것으로 할 수 있다.
① 내국법인이 발행주식총수 또는 출자총액을 소유하고 있는 다른 법인을 합병하거나 그 다른 법인에 합병되는 경우❶
② 동일한 내국법인이 발행주식총수 또는 출자총액을 소유하고 있는 서로 다른 법인 간에 합병하는 경우❷

❶ 이는 완전모자회사간의 합병을 의미한다.
❷ 이는 동일모회사가 100% 지배하는 완전자회사간의 합병을 의미한다.

피합병법인의 주주에 대한 과세

피합병법인의 주주에 대해서는 의제배당에 대한 과세문제가 발생하는데, 이를 살펴보면 다음과 같다.

의제배당액 = 피합병법인의 주주가 받은 재산가액 − 종전 주식의 장부가액

이 경우 피합병법인의 주주가 받은 재산가액의 평가는 다음과 같이 한다.

구 분		재산가액
적격합병시 주식가액	주식만 받은 경우	종전 주식의 장부가액
	주식과 그 밖의 재산을 받은 경우	Min[종전 주식의 장부가액, 받은 주식의 시가]
위 이외의 그 밖의 경우		시 가

3. 합병법인에 대한 과세

(1) 일반적인 합병시 과세규정

1) 자산의 취득가액

합병법인이 합병에 따라 피합병법인의 자산을 승계한 경우에는 해당 자산을 합병등기일 현재의 시가로 양수한 것으로 본다. 이 경우 합병법인은 피합병법인의 이월결손금을 승계할 수 없으며, 퇴직급여충당금 또는 대손충당금을 승계한 경우에는 그와 관련된 세무조정사항을 승계하고, 그 밖의 세무조정사항은 승계할 수 없다(법법 69①, 법령 85).

2) 합병매수차익과 합병매수차손

① 합병매수차익

합병법인이 승계한 순자산의 시가가 피합병법인에게 지급한 대가를 초과하는 경우 해당 초과액을 합병매수차익이라고 한다. 이러한 합병매수차익은 5년간 균등하게 나누어 익금에 산입한다(법법 69②).

$$합병매수차익 \times \frac{해당\ 사업연도\ 월수}{60개월}$$

◉ 월수는 역에 따라 계산하되 1개월 미만의 일수는 1개월로 한다.

② 합병매수차손

합병법인이 승계한 순자산의 시가가 피합병법인에게 지급한 대가에 미달하는 경우 해당 미달액을 합병매수차손이라고 한다. 이러한 합병매수차손은 합병법인이 피합병법인의 상호·거래관계, 그 밖의 영업상의 비밀 등에 대하여 사업상 가치가 있다고 보아 지급한 경우에만 합병등기일부터 5년간 균등하게 나누어 손금에 산입한다(법법 69③).

(2) 적격합병시 과세규정

1) 적격합병시 자산의 취득가액

피합병법인이 합병등기일 현재 순자산의 장부가액을 양도가액으로 보아 양도차익이 없는 것으로 한 경우 합병법인은 피합병법인의 자산을 장부가액으로 양수받은 것으로 한다. 이 경우 합병법인은 추후 사후관리를 위하여 양도받은 자산과 부채를 합병등기일 현재의 시가로 계상하되, 시가에서 피합병법인의 장부가액을 뺀 금액(=시가-장부가액)을 자산조정계정으로 계상하여야 한다(법법

44의3, 법령 80의4①). 이러한 자산조정계정은 다음과 같이 처리한다.

구 분	내 용
자산조정계정>0	장부상 자산이 세무상 자산보다 자산조정계정만큼 과다계상되었으므로 그 차액을 익금에 산입하고 이에 상당하는 금액을 자산조정계정으로 손금에 산입함❶
자산조정계정<0	장부상 자산이 세무상 자산보다 자산조정계정만큼 과소계상되었으므로 시가와 장부가액의 차액을 손금에 산입하고 이에 상당하는 금액을 자산조정계정으로 익금에 산입함❷

❶ 이 경우 계상한 자산조정계정은 다음의 구분에 따라 처리한다.
  ㉠ 감가상각자산에 설정된 자산조정계정 : 자산조정계정으로 손금에 산입한 경우에는 해당 자산의 감가상각비(해당 자산조정계정에 상당하는 부분에 대한 것만 해당)와 상계하고, 자산조정계정으로 익금에 산입한 경우에는 감가상각비에 가산. 이 경우 해당 자산을 처분하는 경우에는 상계 또는 더하고 남은 금액을 그 처분하는 사업연도에 전액 익금 또는 손금에 산입한다.
  ㉡ 위 ㉠ 외의 자산에 설정된 자산조정계정 : 해당 자산을 처분하는 사업연도에 전액 익금 또는 손금에 산입. 다만, 자기주식을 소각하는 경우에는 익금 또는 손금에 산입하지 아니하고 소멸한다.

2) 적격합병시 사후관리규정의 적용사유

피합병법인의 자산을 장부가액으로 양도받은 합병법인이 합병등기일이 속하는 사업연도의 다음 사업연도 개시일부터 2년(③의 경우에는 3년) 이내에 다음 중 어느 하나에 해당하는 사유가 발생하는 경우에는 사후관리규정을 적용한다(법법 44의3, 법령 80의4③).

① 합병법인이 피합병법인으로부터 승계받은 사업을 폐지하는 경우
② 피합병법인의 지배주주가 합병법인으로부터 받은 주식을 처분하는 경우
③ 각 사업연도 종료일 현재 합병법인에 종사하는 근로기준법에 따라 근로계약을 체결한 내국인 근로자 수가 합병등기일 1개월 전 당시 피합병법인과 합병법인에 각각 종사하는 근로자 수의 합의 80% 미만으로 하락하는 경우

3) 사후관리규정

합병법인은 사후관리규정의 적용사유가 발생한 경우에는 자산조정계정 잔액의 총합계액(0보다 큰 경우에 한하며, 0보다 작은 경우에는 없는 것으로 봄)과 피합병법인으로부터 승계받은 결손금 중 공제한 금액 전액을 익금에 산입한다(법령 80의4④).

4) 합병매수차익과 합병매수차손의 처리

합병법인이 위의 규정에 따라 자산조정계정 잔액의 총합계액을 익금에 산입한 경우 합병매수차익 또는 합병매수차손에 상당하는 금액은 다음과 같이 처리한다(법령 80의4⑤).

① 합병매수차익

㉠ 사후관리규정 적용사유가 발생한 날이 속하는 사업연도 : 합병매수차익에 합병등기일부터 해당 사업연도 종료일까지의 월수를 60개월로 나눈 비율을 곱한 금액(월수는 역에 따라 계산하되, 1개월 미만의 일수는 1개월로 함)을 익금에 산입

㉡ 위 ㉠ 이후의 사업연도부터 합병등기일부터 5년이 되는 날이 속하는 사업연도 : 합병매수차익에 해당 사업연도의 월수를 60개월로 나눈 비율을 곱한 금액(합병등기일이 속하는 월의 일수가 1개월 미만인 경우 합병등기일부터 5년이 되는 날이 속하는 월은 없는 것으로 함)을 익금에 산입

② 합병매수차손

이 경우에는 합병매수차손에 상당하는 금액을 사후관리규정 적용사유가 발생한 날이 속하는 사업연도에 익금에 산입하되, 영업권에 해당하는 경우에 한정하여 그 금액에 상당하는 금액을 합병등기일부터 5년이 되는 날까지 다음과 같이 손금에 산입한다.

㉠ 사후관리규정 적용사유가 발생한 날이 속하는 사업연도 : 합병매수차손에 합병등기일부터 해당 사업연도 종료일까지의 월수를 60개월로 나눈 비율을 곱한 금액(월수는 역에 따라 계산하되, 1개월 미만의 일수는 1개월로 함)을 손금에 산입
㉡ 위 ㉠ 이후의 사업연도부터 합병등기일부터 5년이 되는 날이 속하는 사업연도 : 합병매수차손에 해당 사업연도의 월수를 60개월로 나눈 비율을 곱한 금액(합병등기일이 속하는 월의 일수가 1개월 미만인 경우 합병등기일부터 5년이 되는 날이 속하는 월은 없는 것으로 함)을 손금에 산입

(3) 합병시 이월결손금의 공제 제한

① 합병법인의 이월결손금 : 합병법인의 합병등기일 현재 세무상 결손금 중 합병법인이 승계한 결손금을 제외한 금액은 피합병법인으로부터 승계받은 사업에서 발생한 소득금액의 범위에서는 공제하지 아니한다(법법 45①).
② 승계한 피합병법인의 이월결손금 : 적격합병을 한 합병법인이 피합병법인으로부터 승계받은 이월결손금은 피합병법인으로부터 승계받은 사업에서 발생한 소득금액의 범위에서 공제한다(법법 45②).

합병법인의 합병등기일 현재 결손금과 합병법인이 승계한 피합병법인의 결손금에 대한 공제는 ①의 경우 합병법인의 소득금액에서 피합병법인으로부터 승계받은 사업에서 발생한 소득금액을 차감한 금액의 80%(중소기업과 회생계획을 이행 중인 기업 등은 100%), ②의 경우 피합병법인으로부터 승계받은 사업에서 발생한 소득금액의 80%(중소기업과 회생계획을 이행 중인 기업 등은 100%)을 한도로 한다(법법 45⑤).

(4) 합병시 기부금 한도초과액 손금산입 한도

합병법인의 합병등기일 현재 기부금 중 이월된 금액으로서 그 후의 각 사업연도의 소득금액을 계산할 때 손금에 산입하지 않은 금액(기부금한도초과액) 중 합병법인이 승계한 기부금한도초과액을 제외한 금액은 합병법인의 각 사업연도의 소득금액을 계산할 때 합병 전 합병법인의 사업에서 발생한 소득금액을 기준으로 기부금 각각의 손금산입한도액의 범위에서 손금에 산입한다(법법 45⑥).

한편, 피합병법인의 합병등기일 현재 기부금한도초과액으로서 합병법인이 승계한 금액은 합병법인의 각 사업연도의 소득금액을 계산할 때 피합병법인으로부터 승계받은 사업에서 발생한 소득금액을 기준으로 기부금 각각의 손금산입한도액의 범위에서 손금에 산입한다(법법 45⑦).

II. 분 할

 ### 인적분할시 분할법인의 과세문제

분할법인이 분할로 해산하는 경우에는 해당 분할법인은 자산을 양도한 것으로 보아 다음과 같이 계산한 양도손익을 분할등기일이 속하는 사업연도의 익금 또는 손금에 산입한다(법법 72①).

양도손익 = 양도가액 − 순자산 장부가액

(1) 일반적인 경우의 양도손익 계산

1) 양도가액

이 경우에는 분할대가(분할교부주식의 가액 및 금전이나 그 밖의 재산가액의 합계액)와 분할신설법인이 대신 납부하는 분할법인의 법인세비용을 양도가액으로 한다(법령 82①).

2) 순자산 장부가액

이 경우에는 분할등기일 현재 분할법인의 세무상 자산의 장부가액에서 세무상 부채의 장부가액을 빼고 분할법인이 환급받은 법인세를 더한 금액을 순자산 장부가액으로 한다(법법 72①, 법령 80②).

순자산 장부가액 = 세무상 자산의 장부가액 - 세무상 부채의 장부가액 + 법인세환급액

(2) 적격분할인 경우의 양도손익 계산

1) 적격분할시 양도손익 계산의 특례

적격분할시 분할법인은 양도가액을 분할등기일 현재의 순자산 장부가액으로 보아 양도손익이 없는 것으로 할 수 있다(법법 46②). 이러한 특례규정을 적용받으려는 분할법인은 과세표준 신고시 분할신설법인과 함께 분할과세특례신청서를 납세지 관할세무서장에게 제출하여야 한다(법령 82③).

2) 적격분할 요건

법인세법에서는 다음의 요건을 모두 갖춘 분할을 적격분할이라 한다. 다만, 대통령령(법령 82의 2①)이 정하는 부득이한 사유가 있는 경우에는 ②와 ③ 또는 ④의 요건을 갖추지 못한 경우에 적격분할로 본다(법법 46②).

구 분	내 용
① 법인 요건	분할등기일 현재 5년 이상 사업을 계속하던 내국법인이 다음의 요건을 모두 갖추어 분할하는 경우일 것. 다만, 분할합병의 경우에는 소멸한 분할합병의 상대방법인이 분할등기일 현재 1년 이상 사업을 계속하던 내국법인일 것 ① 분리하여 사업이 가능한 독립된 사업부문을 분할하는 것일 것 ② 분할하는 사업부분의 자산 및 부채가 포괄적으로 승계될 것 ③ 분할법인만의 출자에 의하여 분할하는 것일 것
② 지분의 연속성 요건	분할법인등의 주주가 분할신설법인등으로부터 받은 분할대가의 전액이 주식인 경우(분할합병의 경우에는 분할대가의 80% 이상이 분할신설법인등의 주식인 경우 또는 분할대가의 80% 이상이 분할합병의 상대방 법인의 발행주식총수 또는 출자총액을 소유하고 있는 내국법인의 주식인 경우)로서 그 주식이 분할법인등의 주주가 소유하던 주식의 비율 등을 고려하여 배정(분할합병의 경우에는 대통령령으로 정하는 바에 따라 배정)되고 대통령령으로 정하는 분할법인등의 주주가 분할등기일이 속하는 사업연도의 종료일까지 그 주식을 보유할 것
③ 사업의 계속성 요건	분할신설법인이 분할등기일이 속하는 사업연도의 종료일까지 분할법인으로부터 승계받은 사업을 계속 영위할 것
④ 고용 승계 요건	분할등기일 1개월 전 당시 분할하는 사업부문에 종사하는 근로기준법에 따라 근로계약을 체결한 내국인 근로자(임원, 일용근로자 등 제외) 중 분할신설법인등이 승계한 근로자의 비율이 80% 이상이고, 분할등기일이 속하는 사업연도의 종료일까지 그 비율을 유지할 것

인적분할시 분할법인의 주주에 대한 과세

분할법인의 주주에 대해서는 의제배당에 대한 과세문제가 발생하는데, 이를 살펴보면 다음과 같다.

> 의제배당액 = 분할법인의 주주가 받은 재산가액 − 종전 주식의 장부가액

이 경우 분할법인의 주주가 받은 재산가액의 평가는 다음과 같이 한다.

구 분		재산가액
적격분할시 주식가액	주식만 받은 경우	종전 주식의 장부가액
	주식과 그 밖의 재산을 받은 경우	Min[종전 주식의 장부가액, 받은 주식의 시가]
	위 이외의 그 밖의 경우	시 가

 인적분할시 분할신설법인에 대한 과세

(1) 일반적인 분할시 과세규정

1) 자산의 취득가액

분할신설법인이 분할에 따라 분할법인의 자산을 승계한 경우에는 해당 자산을 분할등기일 현재의 시가로 양도받은 것으로 본다. 이 경우 분할신설법인은 분할법인의 이월결손금을 승계할 수 없으며, 퇴직급여충당금 또는 대손충당금을 승계한 경우에는 그와 관련된 세무조정사항을 승계하고, 그 밖의 세무조정사항은 승계할 수 없다(법령 85).

2) 분할매수차익과 분할매수차손

분할매수차익과 분할매수차손의 처리방법은 합병시 합병매수차익과 합병매수차손의 처리방법의 규정을 준용한다.

(2) 적격분할시 과세규정

1) 적격분할시 자산의 취득가액

분할법인이 분할등기일 현재 순자산의 장부가액을 양도가액으로 보아 양도차익이 없는 것으로 한 경우 분할신설법인은 분할법인의 자산을 장부가액으로 양수받은 것으로 한다. 이 경우 분할신설법인은 추후 사후관리를 위하여 양도받은 자산과 부채를 분할등기일 현재의 시가로 계상하되, 시가에서 분할법인의 장부가액을 뺀 금액(=시가−장부가액)을 자산조정계정으로 계상하여야 한다(법법 74, 법령 82의4①). 이러한 자산조정계정은 다음과 같이 처리한다.

구 분	내 용
자산조정계정>0	장부상 자산이 세무상 자산보다 자산조정계정만큼 과다계상되었으므로 추후 해당 자산의 상각 또는 양도시 해당 과다계상액을 익금산입
자산조정계정<0	장부상 자산이 세무상 자산보다 자산조정계정만큼 과소계상되었으므로 추후 해당 자산의 상각 또는 양도시 해당 과소계상액을 손금산입

2) 적격분할시 사후관리규정의 적용사유

분할법인의 자산을 장부가액으로 양도받은 분할신설법인이 분할등기일이 속하는 사업연도의 다음 사업연도 개시일부터 2년(③의 경우에는 3년) 이내에 다음 중 어느 하나에 해당하는 사유가 발생하는 경우에는 사후관리규정을 적용한다(법법 74, 법령 82의4③).

> ① 분할신설법인이 분할법인으로부터 승계받은 사업을 폐지하는 경우
> ② 분할법인의 지배주주가 분할신설법인으로부터 받은 주식을 처분하는 경우
> ③ 각 사업연도 종료일 현재 분할신설법인에 종사하는 근로기준법에 따라 근로계약을 체결한 내국인 근로자 수가 분할등기일 1개월 전 당시 분할하는 사업부문에 종사하는 근로자 수의 80% 미만으로 하락하는 경우*

* 분할합병의 경우에는 각 사업연도 종료일 현재 분할합병의 상대방법인(또는 분할신설법인)에 종사하는 근로기준법에 따라 근로계약을 체결한 내국인 근로자 수가 분할등기일 1개월 전 당시 분할하는 사업부문과 분할합병의 상대방법인(또는 소멸한 분할합병의 상대방법인)에 각각 종사하는 근로자 수의 합의 80% 미만으로 하락하는 경우를 말한다.

3) 사후관리규정과 분할매수차익과 분할매수차손의 처리

사후관리규정과 분할매수차익과 분할매수차손의 처리는 합병에서 설명한 것과 동일하다.

(3) 분할시 이월결손금의 공제 제한

> ① 분할합병의 상대방법인의 이월결손금 : 분할합병의 상대방법인의 분할등기일 현재 세무상 결손금 중 분할신설법인 등이 승계한 결손금을 제외한 금액은 분할법인으로부터 승계받은 사업에서 발생한 소득금액의 범위에서는 공제하지 아니한다(법법 46의4②).*
> ② 승계한 분할법인의 이월결손금 : 적격분할을 한 분할신설법인이 분할법인으로부터 승계받은 이월결손금은 분할법인으로부터 승계받은 사업에서 발생한 소득금액의 범위에서 공제한다(법법 46의4②).*

* 분할합병의 상대방법인의 분할등기일 현재 결손금과 분할신설법인등이 승계한 분할법인등의 결손금에 대한 공제는 ①의 경우 분할합병의 상대방법인의 소득금액에서 분할법인으로부터 승계받은 사업에서 발생한 소득금액을 차감한 금액의 60%(중소기업과 회생계획을 이행 중인 기업 등은 100%), ②의 경우 분할법인등으로부터 승계받은 사업에서 발생한 소득금액의 60%(중소기업과 회생계획을 이행 중인 기업 등은 100%)을 한도로 한다(법법 46의4⑤).

(4) 분할시 기부금 한도초과액 손금산입 한도

분할합병의 상대방법인의 분할등기일 현재 기부금 중 이월된 금액으로서 그 후의 각 사업연도의 소득금액을 계산할 때 손금에 산입하지 않은 금액(기부금한도초과액) 중 분할신설법인 등이 승계한 기부금한도초과액을 제외한 금액은 분할신설법인 등의 각 사업연도의 소득금액을 계산할 때 분할합병 전 분할합병의 상대방법인의 사업에서 발생한 소득금액을 기준으로 기부금 각각의 손금산입한도액의 범위에서 손금에 산입한다(법법 46의4⑥).

한편, 분할법인 등의 분할등기일 현재 기부금한도초과액으로서 분할신설법인 등이 승계한 금액은 분할신설법인 등의 각 사업연도의 소득금액을 계산할 때 분할법인 등으로부터 승계받은 사업에서 발생한 소득금액을 기준으로 기부금 각각의 손금산입한도액의 범위에서 손금에 산입한다.(법법 46의4⑦).

4. 물적분할시 분할법인에 대한 과세특례

(1) 일반적인 물적분할시 과세규정

일반적인 물적분할시 분할법인은 분할신설법인으로부터 받은 주식의 시가와 양도한 순자산의 장부가액의 차액을 양도손익으로 하여 각 사업연도 소득에 대한 법인세를 부담하게 된다. 이 경우 분할신설법인의 양도받은 자산의 취득가액은 분할등기일 현재의 시가로 한다.

(2) 적격물적분할시 과세특례규정

1) 압축기장충당금의 손금산입

적격분할 요건(인적분할의 요건과 동일하나 분할시 양도대가는 전액 주식이어야 함)을 갖춘 경우에는 물적분할로 취득한 주식가액 중 물적분할로 인한 자산의 양도차익 상당액은 분할등기일이 속하는 사업연도에 압축기장충당금을 설정하여 손금에 산입할 수 있다(법법 47①, 법령 84①,②).

한편, 분할법인은 위 규정에 따라 양도차익에 상당하는 금액을 손금에 산입한 경우 분할법인이 각 사업연도의 소득금액 및 과세표준을 계산할 때 익금 또는 손금에 산입하거나 산입하지 아니한 금액, 그 밖의 자산·부채 및 감면·세액공제 등을 대통령령으로 정하는 바에 따라 분할신설법인에 승계한다.

2) 압축기장충당금의 익금산입

① 분할법인이 손금에 산입한 양도차익 상당액은 다음 중 어느 하나에 해당하는 사유가 발생한 사업연도에 해당 주식 등과 자산의 처분비율에 해당하는 금액만큼 익금에 산입한다. 다만, 분할신설법인이 적격합병되거나 적격분할하는 등 대통령령으로 정하는 부득이한 사유가 있는 경우에는 그러하지 아니하다(법법 47②).
   ㉠ 분할법인이 분할신설법인으로부터 받은 주식을 처분하는 경우
   ㉡ 분할신설법인이 분할법인으로부터 승계받은 감가상각자산, 토지 및 주식 등을 처분하는 경우. 이 경우 분할신설법인은 그 자산의 처분사실을 처분일로부터 1개월 이내에 분할법인에 알려야 한다.
② 양도차익 상당액을 손금에 산입한 분할법인은 분할등기일이 속하는 사업연도의 다음 사업연도 개시일부터 2년(㉢의 경우에는 3년) 이내에 다음 중 어느 하나에 해당하는 사유가 발생하는 경우 손금에 산입한 금액 중 위 ①에 따라 익금에 산입하고 남은 금액을 그 사유가 발생한 날이 속하는 사업연도에 익금산입한다. 다만, 대통령령(법령 84⑤)으로 정하는 부득이한 사유가 있는 경우에는 그러하지 아니하다(법법 47③).
   ㉠ 분할신설법인이 분할법인으로부터 승계받은 사업을 폐지하는 경우
   ㉡ 분할법인이 분할신설법인의 발행주식총수의 50% 미만으로 주식 등을 보유하게 되는 경우
   ㉢ 각 사업연도 종료일 현재 분할신설법인에 종사하는 근로기준법에 따라 근로계약을 체결한 내국인 근로자 수가 분할등기일 1개월 전 당시 분할하는 사업부문에 종사하는 근로자 수의 80% 미만으로 하락하는 경우

제1절 합병 및 분할에 대한 과세

exercise

01 합병 및 분할 등에 관한 특례에 대한 설명이다. 옳지 않은 것은? [회계사 2011]

① 적격합병의 경우에는 피합병법인이 합병법인으로부터 받은 양도가액을 피합병법인의 합병등기일 현재의 순자산 장부가액으로 보아 양도손익이 없는 것으로 할 수 있다.
② 적격합병에 따라 양도손익이 없는 것으로 한 경우 합병법인은 피합병법인의 자산을 장부가액으로 양도받은 것으로 한다. 이 경우 장부가액과 시가와의 차액을 자산별로 계상하여야 한다.
③ 합병법인은 피합병법인의 자산을 장부가액으로 양도받은 경우 피합병법인이 각 사업연도의 소득금액 및 과세표준을 계산할 때 익금 또는 손금에 산입하거나 산입하지 아니한 금액을 승계한다.
④ 분할법인이 물적분할에 의하여 분할신설법인의 주식을 취득한 경우로서 적격분할의 요건을 갖춘 경우 그 주식의 가액 중 물적분할로 인하여 발생한 자산의 양도차익에 상당하는 금액은 분할등기일이 속하는 사업연도의 소득금액을 계산할 때 손금에 산입할 수 있다.
⑤ 적격합병에 따라 피합병법인의 자산을 장부가액으로 양도받은 합병법인은 3년 이내의 기간에 피합병법인으로부터 승계받은 사업을 폐지하는 경우에는 그 사유가 발생하는 날이 속하는 사업연도의 소득금액을 계산할 때 양도받은 자산의 장부가액과 시가와의 차액을 손금에 산입한다.

> **해설** 합병법인은 2년 이내의 범위에서 합병등기일이 속하는 사업연도의 다음 사업연도의 개시일로부터 2년의 기간에 피합병법인으로부터 승계받은 사업을 폐지하는 경우에는 양도받은 자산의 장부가액과 시가와의 차액을 익금에 산입한다.

해답 ⑤

02 법인세법상 영리내국법인의 합병 및 분할 등에 관한 설명으로 옳지 않은 것은? [세무사 2020]

① 적격합병의 경우 피합병법인이 합병법인으로부터 받은 양도가액을 피합병법인의 합병등기일 현재의 순자산 장부가액으로 보아 양도손익이 없는 것으로 할 수 있다.
② 적격합병의 경우 합병법인이 승계한 피합병법인의 결손금은 피합병법인으로부터 승계받은 사업에서 발생한 소득금액의 범위에서 합병법인의 각 사업연도의 과세표준을 계산할 때 공제한다.
③ 적격합병의 경우 합병법인은 피합병법인의 자산을 장부가액으로 양도받은 것으로 한다. 이 경우 장부가액과 시가와의 차액을 법령으로 정하는 바에 따라 자산별로 계상하여야 한다.
④ 합병 시 피합병법인의 대손충당금 관련 세무조정사항의 승계는 적격합병의 요건을 갖추고, 대손충당금에 대응하는 채권이 합병법인에게 함께 승계되는 경우에만 가능하다.
⑤ 합병법인이 합병등기일이 속하는 사업연도의 종료일까지 피합병법인으로부터 승계받은 사업을 계속 영위하는 것도 적격합병의 요건 중 하나이다.

> **해설** 합병 시 피합병법인의 대손충당금 관련 세무조정사항의 승계는 비적격합병의 경우도 가능하다.

해답 ④

03 법인세법상 적격합병에 관한 설명이다. 옳지 않은 것은? [회계사 2022]

① 합병등기일 현재 1년 이상 사업을 계속하던 내국법인 간의 합병이어야 한다는 것은 적격합병의 요건 중 하나이다.
② 피합병법인의 주주 등이 합병으로 인하여 받은 합병대가의 전액이 합병법인의 주식 등이어야 한다는 것은 적격합병의 요건 중 하나이다.
③ 합병법인이 합병등기일이 속하는 사업연도의 종료일까지 피합병법인으로부터 승계받은 사업을 계속하여야 한다는 것은 적격합병의 요건 중 하나이다.
④ 피합병법인의 합병으로 발생하는 양도손익을 계산할 때 적격합병의 경우에는 피합병법인이 합병법인으로부터 받은 양도가액을 피합병법인의 합병등기일 현재의 순자산 장부가액으로 보아 양도손익이 없는 것으로 할 수 있다.
⑤ 적격합병을 한 합병법인은 피합병법인의 자산을 장부가액으로 양도받은 것으로 한다.

> **해설** 피합병법인의 주주 등이 합병으로 인하여 받은 합병대가의 80% 이상이 합병법인의 주식 등이어야 한다는 것은 적격합병의 요건 중 하나이다.

해답 ②

04 법인세법령상 합병 및 분할 등에 관한 특례의 내용으로 옳지 않은 것은? [세무사 2022]

① 적격합병이 아닌 경우 합병법인이 합병으로 피합병법인의 자산을 승계한 경우에는 그 자산을 피합병법인으로부터 합병등기일 현재의 시가로 양도받은 것으로 본다.
② 적격합병이 아닌 경우 합병법인이 피합병법인에게 지급한 양도가액과 피합병법인의 합병등기일 현재의 순자산 시가가 서로 일치하지 않으면, 그 차액은 합병매수차익 또는 합병매수차손으로 한다.
③ 적격분할이 아닌 경우 분할신설법인등이 분할로 분할법인등의 자산을 승계한 경우에는 그 자산을 분할법인등으로부터 분할등기일 현재의 시가로 양도받은 것으로 본다.
④ 적격합병을 한 합병법인은 피합병법인의 자산을 시가로 양도받은 것으로 하고, 양도받은 자산 및 부채의 가액을 합병등기일 현재의 장부가액으로 계상하되 시가에서 피합병법인의 장부상 장부가액을 뺀 금액은 자산조정계정으로 계상해야 한다.
⑤ 중소기업간 적격합병인 경우 합병법인이 승계한 피합병법인의 결손금에 대한 공제는 피합병법인으로부터 승계받은 사업에서 발생한 소득금액의 100%를 한도로 한다.

> **해설** 적격합병을 한 합병법인은 피합병법인의 자산을 장부가액으로 양도받은 것으로 하고, 양도받은 자산 및 부채의 가액을 합병등기일 현재의 시가로 계상하되 시가에서 피합병법인의 장부상 장부가액을 뺀 금액을 자산조정계정으로 계상한다.

해답 ④

제1절 합병 및 분할에 대한 과세

05 다음 자료를 이용하여 甲법인의 합병매수차익, 乙법인의 양도차익, 丙법인의 의제배당금액을 각각 계산한 것으로 옳은 것은? 단, 甲법인, 乙법인 및 丙법인은 모두 영리내국법인이다. [회계사 2014]

(1) 甲법인은 乙법인을 2025년 1월 1일에 흡수합병하였으며, 동 합병은 비적격합병에 해당한다.
(2) 합병 직전 乙법인의 재무상태는 다음과 같다.

구 분	장부가액	시 가
자 산	100,000원	120,000원
부 채	30,000원	30,000원
자 본 금	40,000원	
자본잉여금	20,000원	
이익잉여금	10,000원	

(3) 甲법인은 乙법인의 주주인 丙법인에게 합병대가로 갑법인 주식 100주(1주당 액면가액 500원, 1주당 시가 800원)를 교부하고 다음과 같이 회계처리하였다.

(차) 자 산	120,000원	(대) 부 채	30,000원
		자 본 금	50,000원
		주식발행초과금	30,000원
		미지급법인세	2,500원(주1)
		염가매수차익	7,500원

(주1) 을법인의 합병에 따른 양도차익에 대한 법인세를 갑법인이 대신 납부하는 금액임.

(4) 丙법인은 두 법인의 합병 전에 乙법인의 주식을 100% 소유하고 있었으며, 합병 직전 주식의 장부가액(취득가액과 동일)은 70,000원이었다.

	합병매수차익	양도차익	의제배당금액
①	7,500원	12,500원	10,000원
②	10,000원	20,000원	10,000원
③	7,500원	12,500원	0원
④	7,500원	10,000원	10,000원
⑤	10,000원	20,000원	0원

해설

1. 甲법인(합병법인)의 합병매수차익: (120,000원-30,000원)-(100주×800원+2,500원)=7,500원

2. 乙법인(피합병법인)의 양도손익: 82,500원-(100,000원-30,000원)=12,500원

3. 丙법인의 의제배당금액: 100주×800원-70,000원=10,000원

해답 ①

6 ㈜A는 ㈜B를 흡수합병하고 2025.3.10. 합병등기를 하였다. 두 법인은 모두 영리내국법인으로 사업연도는 제24기(2025.1.1.~12.31.)이다. 다음의 자료를 이용하여 ㉠ 비적격합병이라 가정할 때의 ㈜B의 양도손익에서 ㉡ 적격합병이라 가정할 때의 ㈜B의 양도손익을 차감하면 얼마인가? (단, 전기 이전의 세무조정은 적정하였으며, 주어진 자료 이외에는 고려하지 않음) [세무사 2019]

(1) 합병등기일 현재 ㈜B의 재무상태표는 다음과 같다.

재무상태표

건 물	150,000원	부 채	100,000원
		자본금	30,000원
		자본잉여금	15,000원
		이익잉여금	5,000원
합 계	150,000원	합 계	150,000원

(2) 합병등기일 현재 ㈜B의 건물의 시가는 250,000원이었고, ㈜A는 ㈜B의 구주주에게 현금 15,000원과 주식(액면가액 75,000원, 시가 135,000원)을 교부하고, 다음과 같이 회계처리하였다.

(차) 건 물 250,000원 (대) 부 채 100,000원
자 본 금 75,000원
주 식 발 행 초 과 금 60,000원
현 금 15,000원

① 0원 ② 50,000원 ③ 100,000원
④ 150,000원 ⑤ 200,000원

해설

1. 비적격합병의 경우 양도손익 : (15,000원+135,000원)-100,000원=50,000원

2. 적격합병의 경우 양도손익 : (150,000원-100,000원)-50,000원=0원

3. 양도손익 차이 : 50,000원-0원=50,000원

해답 ②

제2절 각 연결사업연도의 소득에 대한 법인세

> I. 연결납세방식의 개요
> II. 각 연결사업연도 소득금액의 계산
> III. 연결과세표준의 계산
> IV. 세액의 계산
> V. 연결납세방식의 제절차규정

I. 연결납세방식의 개요

 연결납세방식의 적용

(1) 규 정

다른 내국법인을 완전 지배하는 내국법인(비영리법인 등을 제외하며 완전모법인이라고 함)과 그 다른 내국법인(청산중인법인 등을 제외하며 완전자법인이라고 함)은 완전모법인의 납세지 관할지방국세청장의 승인을 받아 연결납세방식을 적용할 수 있다. 이 경우 완전자법인이 둘 이상일 때에는 해당 법인 모두가 연결납세방식을 적용해야 한다.(법법 76의8①). 연결납세방식 제도의 취지는 모회사와 자회사가 경제적으로 결합되어 있는 경우 경제적 실질에 따라 해당 모회사와 자회사를 하나의 과세단위로 보아 소득을 통산하여 법인세를 신고·납부하도록 하는 것이다.

여기서 완전 지배란 내국법인이 다른 내국법인의 발행주식총수(주식회사가 아닌 법인인 경우에는 출자총액을 말하며, 의결권이 없는 주식 등을 포함하되, 상법 또는 자본시장법에 따라 보유하고 있는 자기주식을 제외한 주식을 전부 보유하고 있는 경우에는 그 자기주식은 제외)의 전부(근로복지기본법에 따른 우리사주조합을 통하여 근로자가 취득한 주식 등 발행주식총수의 5% 이내의 주식은 제외)를 보유하는 경우를 말하며, 내국법인과 그 내국법인의 완전자법인이 보유한 다른 내국법인의 주식 등의 합계가 그 다른 내국법인의 발행주식총수의 전부인 경우를 포함한다(법법 76의8⑤).

(2) 연결납세방식의 적용제외 법인

구 분	연결모법인에서 제외	연결자법인에서 제외
① 비영리내국법인	○	—
② 다른 내국법인의 완전지배를 받는 법인	○	—
③ 해산으로 청산 중인 법인	○	○
④ 유동화전문회사 등에 대한 소득공제 및 프로젝트금융투자회사에 대한 소득공제 대상 법인	○	○

⑤ 동업기업 과세특례를 적용하는 동업기업	○	○
⑥ 해운기업 과세특례를 적용하는 법인	○	○

(3) 연결납세방식의 적용특례

다음의 어느 하나에 해당하는 합병, 분할 또는 주식의 포괄적 교환·이전의 경우에는 그 합병등 기일, 분할등기일 또는 교환·이전일이 속하는 연결사업연도에 한정하여 연결납세방식을 적용할 수 있다(법법 76의8⑥).

① 위 (1)에 따라 이미 연결납세방식을 적용받는 연결모법인 간의 적격합병
② 위 (1)에 따라 이미 연결납세방식을 적용받는 연결모법인 간의 주식의 포괄적 교환, 이전(조세특례제한법 제38조[주식의 포괄적 교환, 이전에 대한 과세특례]에 따라 과세이연을 받는 경우만 해당한다]
③ 위 (1)에 따라 이미 연결납세방식을 적용받는 연결모법인 적격분할

2 연결납세방식의 제절차규정

구 분	내 용
① 신 청	연결납세방식을 적용받으려는 내국법인과 해당 내국법인의 완전자회사법인(이하 "연결대상법인 등"이라 함)은 최초의 연결사업연도 개시일부터 10일 이내에 연결납세방식적용신청서를 해당 내국법인의 납세지 관할세무서장을 경유하여 연결모법인의 납세지 관할지방국세청장에게 제출하여야 한다(법령 120의13①).
② 승 인 통 지	위의 신청을 받은 납세지 관할지방국세청장은 최초의 연결사업연도 개시일부터 2개월이 되는 날까지 승인여부를 서면으로 통지하여야 하며, 그 날까지 통지하지 아니한 경우에는 승인한 것으로 본다(법령 120의13③).
③ 취 소	연결모법인의 납세지 관할지방국세청장은 다음 중 어느 하나에 해당하는 경우 연결납세방식의 적용 승인을 취소할 수 있다(법법76의9①). ① 연결법인의 사업연도가 연결사업연도와 일치하지 않는 경우 ② 연결모법인이 완전자법인이 아닌 영리내국법인에 대하여 연결납세방식을 적용하는 적용하는 경우 ③ 연결모법인의 완전자법인에 해당하는 영리내국법인 대하여 연결납세방식을 적용하지 아니하는 경우 ④ 법인세법 제94조(결정 및 경정) 제3항 단서에 따른 사유나 그 밖의 증명서류에 의하여 연결법인의 소득금액을 계산할 수 없거나 수시부과사유가 있는 경우 ⑤ 연결모법인이 다른 내국법인(비영리내국법인 제외)의 완전지배를 받는 경우
④ 적 용 승 인 취소시	연결납세방식을 적용받는 각 연결법인은 연결납세방식을 적용받은 연결사업연도와 그 다음 연결사업연도의 개시일부터 4년 이내에 끝나는 연결사업연도 중에 위 "③ 취소"의 규정에 따라 연결납세방식의 적용 승인이 취소된 경우 다음 각 호의 구분에 따라 소득금액이나 결손금을 연결납세방식의 적용 승인이 취소된 사업연도의 익금 또는 손금에 각각 산입하여야 한다. 다만, 세법이 정하는 부득이한 사유가 있는 경우에는 그러하지 아니하다(법법76의9②). ① 연결사업연도 동안 법인세법 제76조의 14[각 연결사업연도의 소득] 제1항에 따라 다른 연결법인의 결손금과 합한 해당 법인의 소득금액 : 익금에 산입 ② 연결사업연도 동안 법인세법 제76조의 14[각 연결사업연도의 소득] 제1항에 따라 다른 연결법인의 소득금액과 합한 해당 법인의 결손금 : 손금에 산입

구분	내용
⑤ 재적용 제한	연결납세방식의 적용 승인이 취소된 연결법인은 취소된 날이 속하는 사업연도와 그 다음 사업연도의 개시일부터 4년 이내에 종료하는 사업연도까지는 연결납세방식의 적용 당시와 동일한 법인을 연결모법인으로 하여 연결납세방식을 적용받을 수 없다(법법 76의9②).
⑥ 적용 포기	연결납세방식의 적용을 포기하려는 연결법인은 연결납세방식을 적용하지 아니하려는 사업연도 개시일 전 3개월이 되는 날까지 연결납세방식 포기신고서를 납세지 관할세무서장을 경유하여 연결모법인의 납세지 관할지방국세청장에게 제출하여야 한다. 다만, 연결납세방식을 최초로 적용받은 연결사업연도와 그 다음 연결사업연도의 개시일부터 4년 이내에 끝나는 연결사업연도까지는 연결납세방식의 적용을 포기할 수 없다(법법 76의10①).

3 연결자법인의 추가와 제외

구분	내용
추가	연결모법인이 새로 다른 내국법인을 완전 지배하게 된 경우에는 완전 지배가 성립한 날이 속하는 연결사업연도의 다음 연결사업연도부터 해당 내국법인은 연결납세방식을 적용하여야 한다. 그러나 법인의 설립등기일부터 연결모법인이 완전 지배하는 내국법인은 설립등기일이 속하는 사업연도부터 연결납세방식을 적용하여야 한다. 한편, 연결모법인은 연결자법인이 변경된 경우 변경일 이후 중간예납기간 종료일과 사업연도 종료일 중 먼저 도래하는 날부터 1개월 이내에 납세지 관할 지방국세청장에게 신고하여야 한다(법법 76의11).
제외	연결모법인의 완전 지배를 받지 아니하게 되거나 해산한 연결자법인은 해당 사유가 발생한 날이 속하는 연결사업연도의 개시일부터 연결납세방식을 적용하지 아니한다. 다만, 연결자법인이 다른 연결법인에 흡수합병되어 해산하는 경우에는 해산등기일이 속하는 연결사업연도에 연결납세방식을 적용할 수 있다(법법 76의12).

II. 각 연결사업연도 소득금액의 계산

각 연결사업연도의 소득금액은 각 연결법인별로 다음 순서에 따라 계산한 각 사업연도 소득금액 또는 결손금을 합한 금액으로 한다(법법 76의14).

① 연결법인별 각 사업연도의 소득금액 계산
② 연결법인별 연결조정항목의 제거
③ 연결법인별 거래손익의 조정
④ 연결조정항목의 연결법인별 배분
⑤ 연결법인별 소득금액 및 연결소득금액 계산

  연결법인별 각 사업연도의 소득금액 계산

개별납세방식으로 각 연결법인의 각 사업연도 소득금액 또는 결손금을 계산한다.

연결법인별 연결조정항목의 제거

　수입배당금액의 익금불산입, 기업업무추진비의 손금불산입, 기부금의 손금불산입의 세무조정은 연결기준으로 적용하여야 하므로 개별납세방식에 따라 연결법인별로 한 세무조정금액은 다음과 같이 제거한다(법법 76의14①).

① 수입배당금액 익금불산입 : 익금산입하여 제거함
② 기업업무추진비 손금불산입 : 손금산입
③ 기부금 손금불산입(기부금한도초과이월액 손금산입) : 손금산입(손금불산입)

 ## 연결법인별 거래손익의 조정

　연결납세방식을 적용하는 연결집단은 하나의 법인과 다를 바 없으므로 연결집단의 내부거래로 인한 손익은 제거되어야 한다. 연결집단의 내부거래로 인한 손익조정은 다음과 같이 한다(법법 76의14③).

① 연결법인이 다른 연결법인으로부터 받은 수입배당금액은 익금불산입한다.
② 다른 연결법인에 지급한 기업업무추진비 상당액과 다른 연결법인에 대한 채권에 대하여 설정한 대손충당금 상당액을 손금불산입한다.
③ 연결법인이 다른 연결법인에 양도손익이연자산을 양도함에 따라 발생하는 소득이나 손실을 익금불산입 또는 손금불산입하고, 연결집단 외부로 매각 등 실현될 때 익금 또는 손금에 산입한다.

 양도손익이연자산

구　　　분	내부손익 제거대상
① 유형자산(건축물 제외)과 무형자산 ② 매출채권, 대여금, 미수금 등의 채권	거래 건별 장부가액이 1억원 이하인 경우에는 해당 자산을 제외할 수 있음
③ 금융투자상품, 토지와 건축물	장부가액에 관계없이 적용

 ## 연결조정항목의 연결법인별 배분

　연결집단을 하나의 내국법인으로 보아 새로이 산출한 수입배당금액 익금불산입, 기업업무추진비 및 기부금 손금불산입액을 각 연결법인별로 배분한다.

 ## 연결법인별 소득금액 및 연결소득금액 계산

　연결법인별로 소득금액을 계산하여, 이를 합산한 것이 연결법인의 연결소득금액이 된다.

Ⅲ. 연결과세표준의 계산

```
    연 결 소 득 금 액
(-) 연 결 이 월 결 손 금    • 15년 이내에 개시한 사업연도에 발생한 이월결손금
(-) 비  과  세  소  득    • 공익신탁의 신탁재산에서 생긴 소득 등(미공제시 소멸됨)
(-) 소    득    공    제    • 유동화전문회사 등에 대한 소득공제 등(미공제시 소멸됨)
    연 결 과 세 표 준
```

위의 계산구조에서 연결법인의 각 연결사업연도의 소득에 대한 과세표준 계산시 이월결손금, 비과세소득, 소득공제는 각 사업연도 소득금액 범위에서 차례로 공제하여 계산한다. 이월결손금의 경우 2009.1.1. 이후 2019.12.31. 이전에 개시한 사업연도에 발생한 결손금에 대해서는 10년(2008.12.31. 이전에 개시한 사업연도에 발생한 결손금은 5년) 이내로 제한하며, 조세특례제한법에 따른 중소기업과 회생계획을 이행 중인 기업 등의 법인을 제외한 내국법인의 경우 이월결손금에 대한 공제의 범위는 각 사업연도 소득의 80%로 한다.

Ⅳ. 세액의 계산

```
    연  결  산  출  세  액    • 토지 등 양도소득에 대한 법인세, 미환류소득에 대한 법인세 포함
(-) 공  제 · 감  면  세  액    • 각 연결 법인별 세액감면과 세액공제
(+) 가        산        세    • 각 연결 법인별 가산세의 합계액
(=) 연  결  총  부  담  세  액
(-) 기    납    부    세    액    • 연결중간예납세액, 각 연결법인별 원천징수세액
    자  진  납  부  세  액    • 각 사업연도 종료일이 속하는 달의 말일부터 4개월 이내 신고·납부
```

 연결산출세액

연결과세표준에 법인세율(9%, 19%, 21%, 24%)을 적용하여 연결산출세액을 계산한다. 한편, 연결법인이 토지등을 양도한 경우 또는 미환류소득이 있는 경우에는 토지등 양도소득에 대한 법인세와 미환류소득에 대한 법인세를 합산한 금액을 연결산출세액으로 한다.

 공제·감면세액 등

각 연결법인의 공제·감면세액은 연결법인별 산출세액에 대하여 법인세법 및 조세특례제한법에 따른 세액공제와 세액감면을 적용하여 계산한 금액으로 하며, 연결집단을 하나의 내국법인으로 보아 최저한세 규정을 적용한다.

가산세

가산세도 각 연결법인별로 계산한 가산세의 합계액으로 한다.

V. 연결납세방식의 제절차규정

 연결과세표준 등의 신고

연결모법인(각 연결사업연도의 소득금액이 없거나 결손금이 있는 연결모법인을 포함)은 각 연결사업연도의 종료일이 속하는 달의 말일부터 4개월 이내에 해당 연결사업연도의 소득에 대한 법인세 과세표준과 세액을 납세지 관할세무서장에게 신고하여야 한다. 다만, 주식회사의 외부감사에 관한 법률에 따라 감사인에 의한 감사를 받아야 하는 연결모법인 또는 연결자법인이 해당 사업연도의 감사가 종결되지 아니하여 결산이 확정되지 아니하였다는 사유로 신고기한의 연장을 신청한 경우에는 그 신고기한을 1개월의 범위에서 연장할 수 있다(법법 76의17①).

한편, 연결모법인이 위의 규정에 따라 과세표준 및 세액의 신고를 할 때에는 다음의 서류를 첨부해야 한다(법법 76의17②).

① 연결소득금액 조정명세서
② 법인세 과세표준 및 세액조정계산서, 기업회계기준에 따라 작성한 연결내국법인의 재무상태표·(포괄)손익계산서·이익잉여금처분(결손금처리)계산서
③ 그 밖에 세무조정계산서 부속서류

참고로 위 ① 및 ②의 서류를 첨부하지 아니하면 무신고로 본다(법법 76의17③).

 연결법인세의 납부

(1) 연결모법인의 납부

연결모법인은 연결산출세액에서 다음의 법인세액(가산세 제외)을 뺀 금액을 각 연결사업연도의 소득에 대한 법인세로서 위 "1"의 신고기한까지 납세지 관할세무서 등에 납부하여야 한다(법법 76의19①).

① 해당 연결사업연도의 공제·감면세액
② 해당 연결사업연도의 연결중간예납세액
③ 해당 연결사업연도의 각 연결법인의 원천징수된 세액의 합계액

(2) 연결자법인의 납부

연결자법인은 위 "1"의 신고기한까지 연결법인별 산출세액에서 다음의 금액을 공제한 금액에 가산

세를 가산하여 연결모법인에 지급하여야 한다(법법 76의19②).

① 해당 연결사업연도의 해당 법인의 공제·감면세액
② 해당 연결사업연도의 연결법인별 중간예납세액
③ 해당 연결사업연도의 해당 법인의 원천징수된 세액

 결정·경정·징수·환급

각 연결사업연도의 소득에 대한 법인세의 결정·경정·징수·환급에 관하여는 개별납세방식을 준용(다만, 추계결정·경정은 제외)한다(법법 76의20).

 중소기업 등 관련규정의 적용

(1) 중소기업 또는 중견기업 규정 적용 기준

각 연결사업연도의 소득에 대한 법인세액을 계산할 때 연결집단을 하나의 내국법인으로 보아 그 연결집단이 법인세법 및 조세특례제한법에 따른 중소기업 또는 중견기업에 해당하는 경우에는 다음 각 호의 구분에 따라 법인세법 및 및 조세특례제한법에 따른 중소기업 또는 중견기업에 관한 규정을 적용한다(법법 76의22①).
① 연결집단이 중소기업에 해당하는 경우에는 다음의 구분에 따른 규정을 적용한다.
  • 중소기업에 해당하는 연결법인: 중소기업에 관한 규정을 적용
  • 중견기업에 해당하는 연결법인: 중견기업에 관한 규정을 적용
② 연결집단이 중견기업에 해당하는 경우: 중소기업에 해당하는 연결법인과 중견기업에 해당하는 연결법인에 각각 중견기업에 관한 규정을 적용한다.

(2) 중소기업 적용기준의 유예

연결납세방식을 적용하는 최초의 연결사업연도의 직전 사업연도 당시 중소기업에 해당하는 법인이 연결납세방식을 적용함에 따라 중소기업에 관한 규정을 적용받지 못하게 되는 경우에는 상기 규정에도 불구하고 연결납세방식을 적용하는 최초의 연결사업연도와 그 다음 연결사업연도의 개시일부터 5년 이내에 끝나는 연결사업연도까지는 중소기업에 관한 규정을 적용한다(법법 76의22②).

exercise

01 법인세법상 연결납세제도에 대한 설명이다. 옳지 않은 것은? [회계사 2011]

① 연결납세방식을 적용하는 경우 완전자법인이 둘 이상일 때에는 해당 법인 모두 연결납세방식을 적용하여야 한다.
② 추계조사결정 사유로 장부나 그 밖의 증명서류에 의하여 연결법인의 소득금액을 계산할 수 없는 경우 국세청장은 연결납세방식의 적용승인을 취소할 수 있다.
③ 연결납세방식을 최초로 적용받은 연결사업연도와 그 다음 연결사업연도의 개시일부터 5년 이내에 끝나는 연결사업연도까지는 연결납세방식의 적용을 포기할 수 없다.
④ 법인의 설립등기일로부터 연결모법인이 완전 지배하는 내국법인은 설립등기일이 속하는 사업연도부터 연결납세방식을 적용하여야 한다.
⑤ 연결모법인은 각 연결사업연도의 종료일이 속하는 달의 말일부터 4개월 이내에 연결사업연도의 소득에 대한 법인세과세표준 및 세액신고서를 납세지관할세무서장에게 신고하여야 한다.

> **해설** 연결납세방식을 최초로 적용받은 연결사업연도와 그 다음 연결사업연도의 개시일부터 4년 이내에 끝나는 연결사업연도까지는 연결납세방식의 적용을 포기할 수 없다.

해답 ③

02 법인세법상 각 연결사업연도의 소득에 대한 법인세에 관한 설명이다. 옳은 것은? [회계사 2015]

① 둘 이상의 연결법인에서 발생한 결손금은 연결법인 간 균등하게 배분하여 결손금 공제를 할 수 있다.
② 연결모법인은 각 연결사업연도의 개시일이 속하는 달의 말일부터 4개월 이내에 해당 연결사업연도의 소득에 대한 법인세의 과세표준과 세액을 납세지 관할세무서장에게 신고하여야 한다.
③ 각 연결사업연도의 기간이 6개월을 초과하는 연결모법인은 해당사업연도 개시일부터 6개월간을 중간예납기간으로 하여 연결중간예납세액을 중간예납기간이 지난 날부터 3개월 이내에 납세지 관할세무서에 납부하여야 한다.
④ 연결납세방식의 적용을 포기한 연결법인은 연결납세방식이 적용되지 않는 최초 사업연도와 그 다음 사업연도의 개시일부터 4년 이내에 끝나는 사업연도까지는 연결납세방식의 적용당시와 동일한 법인을 연결모법인으로 하여 연결납세방식을 적용받을 수 없다.
⑤ 연결모법인이 연결자법인으로부터 지급받은 연결법인세액 할당 상당액은 익금에 산입하지 않으나, 연결자법인이 지급한 연결법인세액 할당 상당액은 연결자법인의 손금으로 산입할 수 있다.

① 같은 사업연도에 2 이상의 연결법인에서 발생한 결손금이 있는 경우에는 연결사업연도의 과세표준을 계산할 때 해당 연결법인에서 발생한 결손금부터 연결소득개별귀속액을 한도로 먼저 공제하고 해당 연결법인에서 발생하지 아니한 2 이상의 다른 연결법인의 결손금은 해당 결손금의 크기에 비례하여 각각 공제된 것으로 본다.
② 연결모법인은 각 연결사업연도의 종료일이 속하는 달의 말일부터 4개월 이내에 대통령령으로 정하는 바에 따라 해당 연결사업연도의 소득에 대한 법인세의 과세표준과 세액을 납세지 관할 세무서장에게 신고하여야 한다.
③ 각 연결사업연도의 기간이 6개월을 초과하는 연결모법인은 해당 사업연도 개시일부터 그 6개월간을 중간예납기간으로 하여 중간예납기간이 지난 날부터 2개월 이내에 납세지 관할 세무서장에게 납부하여야 한다.
⑤ 연결모법인에 지급하였거나 지급할 연결법인세액은 손금에 산입하지 아니한다.

해답 ④

03 법인세법상 연결납세제도에 관한 설명으로 옳지 않은 것을 모두 고른 것은? [세무사 2019]

> ㄱ. 내국법인인 완전모법인과 그 다른 내국법인인 완전자법인은 완전모법인의 납세지 관할지방국세청장의 승인을 받아 연결납세방식을 적용할 수 있다.
> ㄴ. 연결납세방식을 적용받으려는 내국법인과 해당 내국법인의 완전자법인은 최초의 사업연도 개시일부터 20일 이내에 연결납세방식 적용신청서를 해당 내국법인의 납세지 관할세무서장을 경유하여 관할지방국세청장에게 제출하여야 한다.
> ㄷ. 같은 사업연도에 2 이상의 연결법인에서 발생한 결손금이 있는 경우에는 연결법인 간 균등하게 배분하여 결손금 공제를 할 수 있다.
> ㄹ. 연결납세방식의 적용 승인이 취소된 연결법인은 취소된 날이 속하는 사업연도와 그 다음 사업연도의 개시일부터 4년 이내에 끝나는 사업연도까지는 연결납세방식의 적용 당시와 동일한 법인을 연결모법인으로 하여 연결납세방식을 적용받을 수 없다.
> ㅁ. 각 연결사업연도의 기간이 6개월을 초과하는 연결모법인은 해당 연결사업연도 개시일부터 6개월간을 중간예납으로 하여 연결중간예납세액을 중간예납기간이 지난 날부터 2개월 이내에 납세지 관할 세무서등에 납부하여야 한다.

① ㄱ, ㄴ   ② ㄴ, ㄷ   ③ ㄹ, ㅁ
④ ㄴ, ㄷ, ㄹ   ⑤ ㄷ, ㄹ, ㅁ

 ㄴ. 연결납세방식을 적용받으려는 내국법인과 해당 내국법인의 완전자법인은 최초의 사업연도 개시일부터 10일 이내에 연결납세방식 적용신청서를 해당 내국법인의 납세지 관할세무서장을 경유하여 관할지방국세청장에게 제출하여야 한다.
ㄷ. 같은 사업연도에 2 이상의 연결법인에서 발생한 결손금이 있는 경우에는 연결사업연도의 과세표준을 계산할 때 해당 연결법인에서 발생한 결손금부터 연결소득개별귀속액을 한도로 먼저 공제하고 해당 연결법인에서 발생하지 아니한 2 이상의 다른 연결법인의 결손금은 해당 결손금의 크기에 비례하여 각각 공제된 것으로 본다.

해답 ②

04 ㈜A는 ㈜B를 완전지배하고 있으며, 제24기 사업연도(2025.1.1.~12.31.)부터 연결납세를 적용하기 위하여 연결납세방식 적용신청서를 적절하게 제출하여 승인을 받았다. 각 연결법인별 기업업무추진비 손금불산입액 배분액으로 옳은 것은? [회계사 2012]

(1) 수입금액 및 기업업무추진비 지출액

구 분	㈜A	㈜B
손익계산서상 매출액	3,000,000,000원	1,500,000,000원
손익계산서상 매출액 중 특수관계인(㈜B가 아님) 매출액	100,000,000원	-
손익계산서상 기업업무추진비	30,000,000원	18,000,000원

(2) ㈜A의 손익계산서상 기업업무추진비에는 건당 1만원 초과 적격증빙서류 미수취 기업업무추진비 3,000,000원과 ㈜B에게 지출한 기업업무추진비 5,000,000원이 포함되어 있으며, 위에서 언급한 내용 이외의 기업업무추진비는 모두 적격증빙을 구비하였고, 전기에 세무조정은 적정하게 이루어졌다.
(3) ㈜A와 ㈜B는 제조업을 영위하는 내국법인이며, 중소기업이 아니다.
(4) 위 자료 이외의 추가적인 세무조정은 없다.
(5) 기업업무추진비 한도액 계산 시 수입금액에 대한 적용률은 다음과 같다.

수입금액	적용률
100억원 이하	20/10,000
100억원 초과 500억원 이하	2천만원 + 100억원을 초과하는 금액의 10/10,000
500억원 초과	6천만원 + 500억원을 초과하는 금액의 3/10,000

	㈜A	㈜B
①	6,344,000원	2,736,000원
②	7,994,000원	4,086,000원
③	10,494,000원	3,000,000원
④	13,450,000원	8,550,000원
⑤	13,494,000원	8,586,000원

해설

1. 기업업무추진비 한도시부인
    (1) 기업업무추진비 지출액 : (30,000,000원−3,000,000원−5,000,000원)+18,000,000원=40,000,000원
    (2) 기업업무추진비 한도액 : $12,000,000원 \times \frac{12}{12} + 4,450,000,000원 \times \frac{20}{10,000} + 100,000,000원 \times \frac{2}{1,000} \times 10\%$ = 20,920,000원
    (3) 한도초과액 : 40,000,000원−20,920,000원=19,080,000원

2. 각 연결법인별 기업업무추진비 손금불산입액 배분액
    (1) ㈜A : $3,000,000원 + 19,080,000원 \times \frac{22,000,000원}{40,000,000원} = 13,494,000원$
    (2) ㈜B : $19,080,000원 \times \frac{18,000,000원}{40,000,000원} = 8,586,000원$

해답 ⑤

제3절 법인과세 신탁재산의 각 사업연도의 소득에 대한 법인세 과세특례

> I. 개요
> II. 과세표준 계산
> III. 신고·납부 및 징수

I. 개요

 법인과세 신탁재산(법법 5, 75의10)

신탁재산에 귀속되는 소득에 대해서는 그 신탁의 이익을 받을 수익자가 그 신탁재산을 가진 것으로 보고 법인세법을 적용한다. 다만, 다음 중 어느 하나에 해당하는 신탁으로서 일정한 요건을 충족하는 신탁(자본시장법에 따른 투자신탁 및 소득세법에 따른 국내 또는 국외에서 받는 수익증권에서 발행된 신탁 제외)의 경우에는 신탁재산에 귀속되는 소득에 대하여 신탁계약에 따라 그 신탁의 수탁자(내국법인 또는 소득세법에 따른 거주자인 경우에 한함)가 법인세를 납부할 의무가 있다.

① 신탁법에 따른 목적신탁
② 신탁법에 따른 수익증권발행신탁
③ 신탁법에 따른 유한책임신탁
④ 그 밖에 ①부터 ③까지의 규정에 따른 신탁과 유사한 신탁으로서 대통령령으로 정하는 신탁

이 경우 신탁재산별로 각각을 하나의 내국법인으로 보며 이러한 내국법인으로 보는 신탁재산을 법인과세 신탁재산이라 한다. 법인과세 신탁재산 및 이에 귀속되는 소득에 대하여 법인세를 납부하는 신탁의 수탁자(법인과세 수탁자)에 대해서는 법인과세 신탁재산의 각 사업연도의 소득에 대한 법인세 과세특례규정을 우선하여 적용한다.

한편, 위 규정에도 불구하고 위탁자가 신탁재산을 실질적으로 통제하는 등 일정한 요건을 충족하는 신탁의 경우에는 신탁재산에 귀속되는 소득에 대하여 그 신탁의 위탁자가 법인세를 납부할 의무가 있다. 한편, 자본시장법의 적용을 받는 법인의 신탁재산(보험회사의 특별계정은 제외)에 귀속되는 수입과 지출은 그 법인에 귀속되는 수입과 지출로 보지 않는다.

신탁재산에 대한 법인세 과세방식의 적용(법법 75의11)

법인과세 수탁자는 법인과세 신탁재산에 귀속되는 소득에 대하여 그 밖의 소득과 구분하여 법인세를 납부하여야 한다. 재산의 처분 등에 따라 법인과세 수탁자가 법인과세 신탁재산의 재산으로 그 법인과세 신탁재산에 부과되거나 그 법인과세 신탁재산이 납부할 법인세 및 강제징수비를 충당하여도 부족한 경우에는 그 신탁의 수익자(신탁법에 따라 신탁이 종료되어 신탁재산이 귀속되는 자 포함)는 분배받은 재산가액 및 이익을 한도로 그 부족한 금액에 대하여 제2차 납세의무를 진다. 법인과세 신탁재산이 그 이익을 수익자에게 분배하는 경우에는 배당으로 본다. 신탁계약의 변경 등으로 법인과세 신탁재산이 과세특례 대상에 해당하지 않게 되는 경우에는 그 사유가 발생한 날이 속하는 사업연도분부터 과세특례 규정을 적용하지 않는다.

 ## 법인과세 신탁재산의 설립 및 해산 등(법법 75의12)

법인과세 신탁재산은 신탁법에 따라 그 신탁이 설정된 날에 설립된 것으로 본다. 법인과세 신탁재산은 신탁법의 규정에 따라 그 신탁이 종료된 날(신탁이 종료된 날이 분명하지 않은 경우에는 부가가치세법에 따른 폐업일을 말함)에 해산된 것으로 본다. 법인과세 수탁자는 법인과세 신탁재산에 대한 사업연도를 따로 정하여 법인 설립신고 또는 사업자등록과 함께 납세지 관할세무서장에게 사업연도를 신고해야 한다. 이 경우 사업연도의 기간은 1년을 초과하지 못한다. 법인과세 신탁재산의 법인세 납세지는 그 법인과세 수탁자의 납세지로 한다.

 ## 공동수탁자가 있는 법인과세 신탁재산에 대한 적용(법법 75의13)

하나의 법인과세 신탁재산에 신탁법에 따라 둘 이상의 수탁자가 있는 경우에는 수탁자중 신탁사무를 주로 처리하는 수탁자(대표수탁자)로 신고한 자가 법인과세 신탁재산에 귀속되는 소득에 대하여 법인세를 납부해야 한다. 대표수탁자 외의 수탁자는 법인과세 신탁재산에 관계되는 법인세에 대하여 연대하여 납부할 의무가 있다.

II. 과세표준 계산

 ## 법인과세 신탁재산에 대한 소득공제(법법 75의14)

법인과세 신탁재산이 수익자에게 배당한 경우에는 그 금액을 해당 배당을 결의한 잉여금 처분의 대상이 되는 사업연도의 소득금액에서 공제한다. 다만, 배당을 받은 법인과세 신탁재산의 수익자에 대하여 그 배당에 대한 소득세 또는 법인세가 비과세되는 경우에는 소득공제를 적용하지 아니한다. 그러나 배당을 받은 수익자가 조세특례제한법 제100조의 15에 따라 동업기업과세특례를 적

제3절 법인과세 신탁재산의 각 사업연도의 소득에 대한 법인세 과세특례

용받는 동업기업인 경우로서 그 동업자(그 동업자들의 전부 또는 일부가 같은 조 제3항에 따른 상위 동업기업에 해당하는 경우에는 그 상위 동업기업에 출자한 동업자들을 말함)들에 대하여 배분받은 배당에 해당하는 소득에 대한 소득세 또는 법인세가 전부 과세되는 경우에는 소득공제를 적용한다. 소득공제를 적용받으려는 법인과세 신탁재산의 수탁자는 대통령령으로 정하는 바에 따라 소득공제 신청을 해야 한다.

2 신탁의 합병 및 분할(법법 75의15)

법인과세 신탁재산에 대한 신탁법에 따른 신탁의 합병은 법인의 합병으로 보아 법인세법을 적용한다. 이 경우 신탁이 합병되기 전의 법인과세 신탁재산은 피합병법인으로 보고, 신탁이 합병된 후의 법인과세 신탁재산은 합병법인으로 본다. 법인과세 신탁재산에 대한 신탁법에 따른 신탁의 분할(분할합병 포함)은 법인의 분할로 보아 법인세법을 적용한다. 이 경우 신탁의 분할에 따라 새로운 신탁으로 이전하는 법인과세 신탁재산은 분할법인 등으로 보고, 신탁의 분할에 따라 그 법인과세 신탁재산을 이전받은 법인과세 신탁재산은 분할신설법인 등으로 본다.

3 법인과세 신탁재산의 소득금액 계산(법법 75의16)

수탁자의 변경에 따라 법인과세 신탁재산의 수탁자가 그 법인과세 신탁재산에 대한 자산과 부채를 변경되는 수탁자에게 이전하는 경우 그 자산과 부채의 이전가액을 수탁자 변경일 현재의 장부가액으로 보아 이전에 따른 손익은 없는 것으로 한다.

Ⅲ. 신고·납부 및 징수

법인과세 신탁재산의 신고 및 납부(법법 75의17)

법인과세 신탁재산에 대해서는 성실신고확인서의 제출에 관한 규정 및 중간예납에 관한 규정을 적용하지 않는다.

법인과세 신탁재산의 원천징수(법법 75의18)

법인과세 신탁재산이 대통령령으로 정하는 소득을 지급받고, 법인과세 신탁재산의 수탁자가 대통령령으로 정하는 금융회사 등에 해당하는 경우에는 원천징수하지 않는다. 내국법인의 채권 등의 보유기간 이자상당액에 대한 원천징수에 관한 규정을 적용하는 경우에는 법인과세 신탁재산에 속한 원천징수 대상채권 등을 매도하는 경우 법인과세 수탁자를 원천징수의무자로 본다.

저자

저자 | 김갑순

약력 | 서울대학교 경영학과(경영학사)
서울대학교 대학원 경영학과 졸업(경영학 석사)
서울대학교 대학원 경영학과 졸업(경영학 박사)
한국회계기준원 초빙연구위원(전)
금융감독원 회계제도실 자문교수(전)
한국회계기준원 회계기준자문위원회 위원(전)
공인회계사, 세무사시험 출제위원(전)
행정고등고시 시험출제 및 선정위원(전)
한국세무학회 「세무학연구」 편집위원장(전)
한국회계학회 「회계저널」 편집위원장(전)
국세청 국세행정개혁위원회 위원(전)
한국세법학회 연구이사(전)
한국납세자연합회 회장(전)
서울지방국세청 납세자보호위원회 위원장(전)
한국세무학회 회장(전)
기획재정부 세제발전심의위원회 위원(전)
한국납세자연합회 명예회장(현)
한국세무학회 고문(현)
한국회계학회 회장(현)
동국대학교 경영대학 교수(현)

저서 | 기업의 조세전략과 세무회계연구(영화조세통람)
IFRS 회계원리(도서출판 오래)
입법취지로 배우는 세무입문(나눔에이엔티)
분개법 원리로 배우는 법인세법(나눔에이엔티)
입법취지로 배우는 소득세법(나눔에이엔티)
입법취지로 배우는 부가가치세법(나눔에이엔티)

저자 | 양성희

약력 | 공인회계사, 세무사
동국대학교 경상대학 경영학과(졸)
한영회계법인 근무(전)
삼화회계법인 근무(전)
삼일회계법인 교육사업부 강사(전)
(주)영화조세통람 세법강사(전)
동국대학교 겸임교수(전)
아이파경영아카데미 강사(전)
중소기업연수원 강사(전)
한국생산성본부 강사(전)
아세아세무그룹 대표(현)

저서 | 한국기업회계기준해설
PRIME 객관식 세법
PRIME 세법의 마스터키
PRIME 세무회계3급
입법취지로 배우는 세무입문(나눔에이엔티)
분개법 원리로 배우는 법인세법(나눔에이엔티)
입법취지로 배우는 소득세법(나눔에이엔티)
입법취지로 배우는 부가가치세법(나눔에이엔티)
세무회계뱅크

저자 | 양재영

약력 | 공인회계사, 세무사, CFP®
동국대학교 경영대학 회계학과 박사(세무회계 전공)
동국대학교 경영대학 경영학과 석사(재무관리 전공), 학사
세동회계법인 근무(전)
상명대학교 경영대학원 겸임교수(전)
교보생명 교보재무설계센터 세무/
경영분야 창단자문역(전)
한국공인회계사회 국세연구위원회 위원(전)
국세청 재산평가심의위원회 위원(전)
서울지방국세청 재산평가심의위원회 위원(전)
고양세무서 납세자보호위원회 위원(전)
한국금융연수원 강사(현)
인하대학교 소비자학과 겸임교수(현)
동국대학교 회계학과 겸임교수(현)
양재영세무회계사무소 대표(현)

저서 | 개인재무설계시대가치)
세무편람(한국공인회계사회)
사업승계컨설팅·세무가이드(한국공인회계사회)
개인금융종합마케팅3(한국금융연수원)
고객상담을 위한 생애설계기초1·2(한국금융연수원)
은퇴설계전문가3−은퇴설계 상담실무와 상속설계
(한국FP협회)
CFP 세금설계, CFP 상속설계(한국FPSB)
AFPK 세금설계, AFPK상속설계(한국FPSB)
개인재무설계사례집(한국FPSB)

분개법 원리로 배우는 법인세법 가격 38,000원

5판발행	2025년 3월 4일	주 소	서울시 성북구 오패산로 38 2층(하월곡동)
저 자	김갑순·양성희·양재영	홈페이지	www.nanumclass.com
발 행 인	김상길	전 화	02-911-2722
발 행 처	나눔클래스	팩 스	02-911-2723
편 집	(주)서울멀티넷	ISBN	979-11-91475-94-4 (13320)
등 록	제2021-000008호	2025@나눔클래스	

파본은 구입하신 서점이나 출판사에서 교환해 드립니다.

나눔클래스는 정확한 지식과 정보를 독자분들께 제공하고자 최선의 노력을 다하고 있습니다. 본서가 모든 경우에 완벽성을 갖는 것은 아니므로 주의를 기울이시고 필요한 경우 전문가와 사전 논의를 하시기 바랍니다. 본서의 수록내용은 특정사안에 대한 구체적인 의견 제시가 될 수 없으므로 본서의 적용결과에 대해서 책임 지지 않습니다.